DICTIONNAIRE UNIVERSEL

DES CONNAISSANCES HUMAINES

PARIS. — TYPOGRAPHIE MORRIS ET COMPAGNIE

rue Amelot, 64.

DICTIONNAIRE

UNIVERSEL

DES CONNAISSANCES HUMAINES

avec la collaboration ou d'après les ouvrages de

MM. Adde-Margras (de Nancy), Azémard, Barbot (C.), Bécberand, Becquerel, Biot, Blanc, Boitard, Bossu, Bouillet, Bourgain (E.), Bourdonnay, Brierre de Boismont, Brongniart, Castaing, Cazeaux, Champollion, Charma, Chasles (Ph.), Chomel, Conte, Cruveilher, Delecour, Delahaye, Descoings (A.), Dubocage, Desparquets, Dupasquier, Edwards (Milne), Elwart, Esquirol, Favre, Flourens, Gaillard (X.), Garnier (Ch.), Geoffroy-Saint-Hilaire, Gossart, Heinrieoh, Hervé, Jemonville, Joissel, Jomard, Kramer, Larivière, Lagarrigue, Le Roi, Lesson, Lévy Alvarez, Louyet, Lunel mère (Mᵐᵉ), Menorval, Mercé, Montémont (A.), Nodier (Ch.), Rédarez Saint-Remy, Orbigny (D'), Pariset, Payen, Pelouze, Pétron, Piorry, Prodhomme, Richard (du Cantal), Rambosson, Sirven (de Toulouse), Thénot, Valenciennes, Vallin, Yvon, etc.

ILLUSTRÉ D'UNE GRANDE QUANTITÉ DE DESSINS

SOUS LA DIRECTION DE

B. LUNEL

MEMBRE DE L'ACADÉMIE IMPÉRIALE DES SCIENCES DE CAEN,

Ancien Médecin commissionné par le Gouvernement pour l'épidémie cholérique de 1854; ex-vice-Président de la classe des Sciences à l'Académie des Arts et Métiers, Industrie, Sciences et Belles-Lettres de Paris; ancien Secrétaire général de l'Athénée des Arts; Membre honoraire et Secrétaire perpétuel de la Société des Sciences industrielles, de la Société des Sciences et des Arts, etc.; Membre de la Société des Archivistes de France; de la Société universelle des Sciences, des Lettres, des Beaux-Arts de Paris; Membre de la Société de Secours des Amis des Sciences, fondée par le baron Thénard; Membre correspondant de l'Académie royale de Chambéry; de la Société universelle de Londres pour l'encouragement des Arts et de l'Industrie; de la Société d'Émulation littéraire de Joigny; de la Société de l'Union des Arts de Nancy, etc.

LAURÉAT DE PLUSIEURS ACADÉMIES ET SOCIÉTÉS SAVANTES.

Ouvrage honoré de 3 Médailles d'Or.

TOME CINQUIÈME

PARIS

MAGIATY ET Cⁱᵉ, LIBRAIRES-ÉDITEURS

RUE CHRISTINE, 3

1858

DICTIONNAIRE

UNIVERSEL

DES CONNAISSANCES HUMAINES

D

SUITE

DIAMANT (taille du).—Tout fait supposer que la taille du diamant était connue de temps immémorial, et les Romains, en employant le diamant pour la gravure des pierres fines, semblent aussi, d'après un passage de Pline, avoir connu la propriété qu'il a de s'user lui-même; mais il est certain qu'on ne connaissait pas encore les divisions mathématiques des facettes qui pouvait augmenter sa beauté, et ce ne fut qu'avec la suite des temps et encore après de très-longs intervalles, que ce travail, si longtemps dans l'enfance, parvint au point où nous le voyons. Ainsi, dès ces premiers temps, la taille du diamant fut tout à fait facultative et nullement raisonnée ; on le tailla à 4 pointes, en tables, à faces bien dressées, à tranches taillées en biseaux, à pans, et enfin à facettes, mais irrégulièrement disposées.

Les diamants épais que l'on rencontre parfois dans de vieux joyaux d'église, sont taillés, dessus, en table à quatre biseaux et dessous en prisme quadrangulaire ou pyramidal formant culasse. On peut voir dans l'inventaire des joyaux de Louis, duc d'Anjou, dressé de 1360 à 1368, que le diamant, bien qu'il fût déjà apprécié et qu'il entrât dans l'ornementation des parures princières pour une large part, était encore dans des conditions bien inférieures sous le rapport de la taille. Ainsi il est fait mention d'un reliquaire dans lequel est un diamant taillé en *écus-*

son; puis de deux petits diamants plats à deux côtés faits à trois carrés. Sur le fruit d'une salière est un petit diamant plat, rond, en façon de miroir, un gros diamant pointu à 4 faces, un diamant en façon de losange, un diamant à 3 faces, un diamant en cœur, un diamant à 8 côtés, un diamant plat à 6 côtés, etc. On comprend que toutes ces tailles informes ne favorisaient nullement le jeu du diamant. Aussi à cette époque encore les pierres de couleur étaient-elles, et depuis longtemps, plus estimées. Cet art était donc toujours dans l'enfance bien qu'il fût pratiqué, et même à Paris, car, tout au commencement du quinzième siècle, on trouve sa trace dans les nomenclatures des arts-et-métiers ; et l'on y cite un carrefour de Paris, nommé la Courarie, où demeuraient les ouvriers en diamants. Enfin, vers 1407, nous trouvons que la taille du diamant fait de notables progrès sous la pratique d'un habile ouvrier, nommé Hermann. Il est probable qu'il y avait déjà un certain temps que lui et d'autres travaillaient, puisqu'au splendide repas donné au Louvre, en 1403, par le duc de Bourgogne au roi et à la cour de France, les nobles convives reçurent, parmi les présents du glorieux amphitryon, onze diamants estimés 786 écus d'or de l'époque.

Plus tard, en 1416, le duc de Berry en possédait un que l'on estimait 5000 écus ; il est évident, dès-lors, que ces diamants étaient taillés imparfaitement, il est vrai, mais cependant assez pour augmenter leur jeu naturel et par suite leur valeur brute.

Le même art se pratiquait aussi à la même époque à Bruges; car, en 1465, on voit figurer, comme arbitres et experts, Jean Bellamy, Chrestien Van-de-Scilde, Gilbert Van-Histberghe et Léonard de Brouckère, diamantslipers (tailleurs de diamants).

Cette ville faisait donc déjà concurrence à Paris, et cependant tout donnerait à penser qu'on était plus avancé dans cette dernière ville pour la taille du diamant, puisque ce ne fut qu'à son retour de Paris, et après un assez long séjour, que Louis de Berqueen imagina la taille actuelle, qui fit une telle révolution dans ce commerce, que tous ses contemporains et même leurs successeurs se plurent à le proclamer *l'inventeur* du diamant.

Il y a dans tout cela à prendre et à laisser:

D'abord, il faut reléguer au compte des absurdités, que frottant par hasard deux diamants ensemble, Louis de Berqueen se serait aperçu qu'ils se polissaient mutuellement, et aurait de là deviné la taille! Malheureusement, c'est précisément le contraire qui a lieu; deux diamants bien polis, frottés l'un contre l'autre, deviennent totalement gris et inaccessibles à tout effet de lumière.

Mais laissons cela, il faudrait des milliards de volumes pour relever des erreurs qui, à force d'être répétées par des écrivains ignorants, finissent par acquérir la force de la vérité. Si l'on fait considérer la taille du diamant dans la découverte de la faculté qu'il a de s'user lui-même, il est certain que cette invention se perd dans la nuit des temps, et ne peut être attribuée à personne. Mais si, au contraire, on comprend sous la dénomination de taille du diamant l'art de coordonner ses facettes, de manière à produire les plus beaux jeux de lumière, alors tout le mérite de cet art est à Louis de Berqueen, orfévre et mathématicien ingénieux, qui comprit que la taille du diamant était susceptible de perfectionnement, et l'exécuta telle qu'on la pratique encore aujourd'hui. Maintenant s'inspira-t-il des travaux des ouvriers français pendant son séjour à Paris? Nous le pensons, mais c'est ce qu'on ne peut savoir positivement; c'est donc à lui que revient la gloire d'avoir donné une taille convenable au diamant.

C'est en 1475 que Louis de Berqueen fit ses premiers essais de taille perfectionnée sur trois diamants bruts et d'une dimension hors ligne qui lui furent donnés par Charles le Téméraire, duc de Bourgogne, dont la magnificence était sans bornes. Le premier était une pierre épaisse que l'on couvrit de facettes et qui fut depuis le Sancy. L'infortuné duc le portait encore lors de la fatale bataille de Granson. Le second, pierre étendue, fut taillé en brillant et donné au pape Sixte IV, et le troisième, pierre difforme, fut taillé en triangle et monté sur une bague figurant deux mains, comme symbole de bonne foi, et donnée à Louis XI. Étrange cadeau pour un tel roi. Robert de Berqueen raconte que son aïeul Louis reçut du généreux duc 3,000 ducats pour

ses travaux. Les premiers ateliers de Berqueen fonctionnèrent à Bruges, sa patrie, où il forma des élèves dont les uns passèrent à Anvers, d'autres à Amsterdam, enfin il en vint à Paris; mais il paraît que, faute de travaux et d'encouragements, ou plutôt manque de diamants bruts, on fut près de deux siècles à végéter. Enfin le cardinal Mazarin s'éprit tout à coup de cet art et résolut d'en augmenter les progrès; et, sous sa puissante impulsion, les diamantaires de Paris travaillèrent pour toutes les cours, et s'ils n'atteignaient pas encore la perfection, du moins n'étaient-ils pas surpassés par d'autres. Le puissant ministre, glorieux de la régénération de cet art, confia alors à ces diamantaires les douze plus gros diamants de la couronne de France pour être retaillés; on fit à ces pierres de nombreuses facettes qui, quoique mal disposées, augmentèrent néanmoins le jeu des diamants. Il en fut satisfait et les redonna de nouveau pour voir si on ferait mieux, ou plutôt pour alimenter cet art, qui l'intéressait. C'est alors qu'on reprit l'idée de Louis de Berqueen d'appliquer aux diamants des divisions mathématiques, d'abord imparfaites et très-limitées; mais enfin ces douze diamants furent ce qu'on vit de mieux alors; aussi portèrent-ils le nom des — Douze Mazarins. — Que sont devenues ces pierres, précieux spécimen de l'art du diamantaire à cette époque? Nous l'ignorons, toutes nos recherches ont été vaines pour en retrouver les traces; seulement, l'inventaire des diamants de la couronne de France fait en 1791 relate, sous le n° 349, un grand diamant brillant reconnu sous la dénomination du *dixième Mazarin*, forme carrée arrondie, de bonne eau, vif et mal net, fort épais, annoncé peser 16 carats par l'inventaire de 1774, et estimé 50,000 fr. Sous le n° 350, et assorti à ce diamant, est fait mention d'un autre pesant 17 carats; c'était peut-être aussi un des Mazarins, mais il n'en est pas question.

Le haut encouragement du cardinal, le goût du diamant qui commençait à se répandre dans les hautes classes, fit faire de tels efforts aux artistes français, que l'on arriva à la taille du brillant en seize; et plus tard, à la fin du dix-septième siècle, Vincent Peruzzi, de Venise, trouvait la taille du brillant recoupé en faisant des recherches sur les diamants colorés. A cette époque, Paris possédait soixante-quinze diamantaires en pleine activité; il y avait, parmi, des maîtres très-habiles, tels que Dauvergne, Jarlet, etc., etc. Ce dernier tailla même pour la Russie un diamant de 360 grains. Tout faisait présager un splendide avenir à cette industrie, lorsque tout à coup elle déclina; on ne fit plus d'élèves, toutes les anciennes pierres étaient retaillées, le brut n'arrivait pas à Paris: il fallait donc succomber. Ainsi, en 1775, il n'y avait plus que sept maîtres, gagnant à peine pour vivre, quoique d'un talent reconnu supérieur, ce qui n'empêcha pas, vers cette époque, que l'on envoya de Paris à Anvers mille neuf cent quatre-vingt-seize pierres brutes pesant 3832 carats pour y être taillées en brillants, et pendant ce temps nos nationaux mouraient de faim, et une de nos industries les plus artistiques s'en allait à l'étranger, où de nombreux ateliers étaient ouverts par les malheureux réformés victimes de la révocation de l'édit de Nantes. On le voit, le travail si intéressant de la taille du diamant languissait, il allait périr, lorsque, vers la fin du ministère de Calonne, un étranger nommé Srabracq offrit au gouvernement de remonter cette industrie. On dressa donc, dans un vaste local du faubourg Saint-Antoine, vingt-sept moulins, on prit des élèves; tout semblait bien aller, lorsqu'un jour Srabracq disparut tout à coup sans motif plausible, et on ne le revit jamais. Pour cette fois, ce fut fini de la taille du diamant à Paris; de hautes influences l'avaient enfin emporté!

Depuis, cet art ne fut plus exercé à Paris que par deux ou trois ouvriers, et encore n'étaient-ils employés, la plupart du temps, qu'à reprendre quelques facettes brisées en sertissant.

On taille le diamant dans les Indes, à Golconde, en Perse, à Ispahan, à Bornéo, à Landak et Benjermassin, en Océanie. Au Brésil, on le taille à Rio-de-Janeiro; et enfin ce sont les deux villes d'Amsterdam et d'Anvers qui, jusqu'à ces derniers temps, ont eu ce monopole en Europe. Il paraît que, dans le siècle dernier, on taillait aussi le diamant en Angleterre; car dans le catalogue du chevalier la Roque, édité par Gersaint, on peut lire, page 114 : « La meilleure taille pour le diamant rose se fait en Hollande; mais pour le diamant brillant, celle d'Angleterre est beaucoup plus régulière, plus nette, plus vive, et par conséquent plus estimée. »

Quant à Paris, on a vu, par l'historique abrégé des vicissitudes que cet art y a éprouvées, les causes de sa disparition. Cependant, tout nous porte à croire qu'il y reprendra plus fort que jamais. Malgré que Gallais et Lagroux, les derniers diamantaires de Paris, soient morts dans la misère, diverses tentatives ont encore eu lieu. Ainsi, en 1848, M. Lelong-Burnet, joaillier, voulut rendre cette industrie à la capitale; il inventa même un appareil fort ingénieux et très-curieux pour la distribution parfaitement égale des facettes; mais la machine inintelligente ne put jamais trouver ce qu'on nomme — le fil du diamant, — et son projet fut abandonné. Peut-être quelques recherches et un peu de persévérance eussent-elles produit un meilleur résultat. En 1852, M. Philippe aîné, après un séjour de quinze années en Hollande, revint à Paris et y fonda une taillerie; en 1855, il fut admis à l'Exposition universelle, où tout le monde put voir fonctionner sa machine taillant le diamant, admirablement dirigée par un jeune élève français qu'il a formé, et dont la rare aptitude rendra vraisemblablement à la capitale cette précieuse industrie. Depuis, une autre taillerie a été créée par des industriels, MM. Gaensly et Bernard. Cet établissement, élevé seulement dans un but de spéculation privée, est monté sur une assez grande échelle : machine à vapeur, métiers, rien n'y manque; une trentaine d'ouvriers, tous israélites hollandais, y sont presque constamment occupés et façonnent, en brillant seulement, des parties de diamants bruts achetés au Brésil.

Certes, personne plus que nous ne désire avec ardeur la réintégration de cet art en France. La Hollande a conquis ce monopole pour servir des intérêts que nous ne voulons pas qualifier, et ils sont grands, puisque la majeure partie des plus fortes maisons de Paris qui s'occupent du commerce de diamants sont intéressées dans la taillerie d'Amsterdam et ont préféré fonder à l'étranger un établissement considérable qu'il leur eût été plus agréable d'avoir sous la main; mais, nous le répétons, il s'agit d'intérêts particuliers devant lesquels, dans notre siècle égoïste, ont dû s'effacer les intérêts nationaux. Aussi sommes-nous disposé à encourager de tout notre pouvoir toute fabrique française de diamants, persuadé que nous sommes des immenses progrès que le temps et une bonne installation amèneraient. Mais, tout en émettant des vœux pour la réussite de la taillerie de diamants de MM. Gaensly et Bernard, notre devoir d'écrivain nous force à déclarer que cet établissement pèche par deux points principaux : les ouvriers d'abord, et le travail qu'on leur laisse produire.

Pour nous, une industrie quelconque ne peut être nationale en France et avoir des chances de durée sans être alimentée par des ouvriers français; or, jamais les israélites hollandais de cette fabrique ne consentiront à faire des élèves français. Il est donc totalement indifférent qu'un diamant soit taillé à Amsterdam ou à Paris, du moment que cet art ne peut progresser par le manque d'initiative de ceux qui l'exercent; et je ne sache pas qu'un ouvrier hollandais ait plus d'esprit et de bon vouloir chez nous que dans sa patrie.

Le Hollandais, naturellement apathique, habitué dès son enfance à ce travail, n'y a jamais et ne voudra jamais y changer un iota. Nous avons nous-mêmes présenté à des diamantaires hollandais de nouveaux modèles de taille pouvant parfaitement s'exécuter; ils n'ont pas même voulu les essayer, comme s'il était possible que tout fût dit dans cette importante question.

Quant aux pierres sorties des ateliers de cette nouvelle taillerie, elles sont en tout semblables à celles sorties des ateliers d'Amsterdam, c'est-à-dire que tout est sacrifié au poids. Ce n'est pas ainsi que nous comprenons la rénovation de l'art du diamantaire; et, il faut que nous le disions, la France ne peut espérer arracher ce monopole à la Hollande qu'à la condition de mieux faire, et pour cela il n'y a qu'à sacrifier un peu de poids à la forme et au fini, et c'est malheureusement ce qu'on ne fait pas. Pour conserver un seizième ou un trente-deuxième de carat, on laisse une pierre difforme ou mal polie, d'épais feuillets qui la colorent, des facettes irrégulières, etc., etc. A notre sens, c'est un mauvais calcul; il vaut mieux produire cent carats de beaux diamants que cent dix de défectueux; le prix compenserait, et puis, ne fût-ce qu'à avantage financier égal, il y aurait au moins progrès, et c'est tout ce que nous demandons, sachant qu'avec un peu de bon vouloir rien ne reste stationnaire dans notre France. Quoi qu'il en soit, cette nouvelle tentative

tative française peut devenir fatale à la Hollande.

Le travail de la taille du diamant comprend trois opérations bien distinctes : le clivage, le brutage et le polissage. Quand un diamant contient dans son intérieur un ou plusieurs de ces nombreux défauts dont nous avons parlé, ou qu'il est trop défectueux sous le rapport de la forme, on procède alors au clivage, c'est-à-dire à la séparation mécanique des lames aux endroits mauvais, ce qui permet de les faire disparaître, et, dans le second cas, d'élaguer les parties nuisant à la forme régulière de la pierre. Cette opération exige de la part des ouvriers une connaissance profonde du décroissement des cristaux, ou, ce qui arrive le plus souvent, une grande habitude. Pour la pratiquer, on fait aux endroits à séparer une cannelure peu profonde au moyen d'un diamant tranchant et dans le sens des lames; on y applique une lame d'acier à tranchant un peu émoussé, et, par l'effet d'un léger coup sec, la pierre se trouve divisée.

Le brutage dont le but est de donner au diamant la forme dont il est le plus susceptible en ménageant le poids, s'obtient au moyen du frottement mutuel de deux diamants autant que possible de même grosseur. Pour cela, on les encimente au bout de deux poignées, et la poussière impalpable qui résulte du frottement, tombant dans une boîte nommée égrisoir, est recueillie soigneusement et sert, mélangée avec de l'huile, à la troisième partie du travail. Rien ne peut rendre le son aigre et grinçant de cette opération, et indépendamment de l'art d'attaquer la pierre dans le sens le plus avantageux, c'est un des métiers les plus fatigants qui existent, surtout pour les grosses pierres.

Quant au polissage, on sait qu'on y arrive en soumettant le diamant à l'action rotatoire continue de plates-formes de fer deux enduites d'égrisée de diamant, ou de carbone. Les principales précautions à observer sont la juste division des facettes et de saisir promptement ce qu'on appelle le fil de la pierre, c'est-à-dire le seul sens par lequel on parvient à la polir, chose indispensable, car un diamant posé à contre-sens sur la meule, resterait des milliers d'années sans se polir ni s'user, malgré la vitesse des roues, qui font 2500 à 3000 tours à la minute.

Il arrive parfois qu'on détachera facilement vingt à trente facettes sur un diamant, et soudain, une dernière restant, se montrera rebelle et toute la puissance de l'art et de l'ouvrier n'arriveront pas à la polir, ou, si l'on y parvient, on peut toujours remarquer que cette facette est grise et sillonnée de raies.

Les anciens ont gravé sur le diamant ; ce devait être une énorme difficulté vaincue, et voilà tout. Nous ne croyons pas que de nos jours on le fasse, et si nous avions quelque chose à regretter, ce serait le moyen du percement des brillolettes, emporté par son auteur, mort de misère et de faim, il y a une trentaine d'années, dans un galetas de la rue du Harlay.

La différence du diamant brut au diamant taillé, relativement au poids, est assez difficile à apprécier, les variétés dans les rendements dépendant toujours de la pureté de la forme et de la netteté des cristaux. Cependant, le terme moyen est pour les diamants jusqu'au carat, de 38 à 40 pour 0/0, de 50 pour 0/0 pour ceux dépassant ce poids et souvent plus pour les fortes pierres, et c'est surtout dans celles-ci que les bruts sont plus déformés ou accidentés.

Les diamants qui venaient anciennement de Pannah étant presque tous des octaèdres purs (4 pointes) ne perdaient que 1/5 à la taille, mais ils faisaient certainement exception. On verra, du reste, dans l'historique des gros diamants, que la perte est toujours très-grande ; ainsi :

Le Régent pesait brut 410 carats et taillé 136 3/4 1/8
Le Grand Mogol — 780 1/2 — 279 9/16
Le Ko-hi-noor   — 186 1/2 — 82 3/4
L'Étoile du Sud — 254 1/2 — 124 1/4
Le Nassack déjà taillé pesait 89 3/4 et retaillé 78 5/8.

Et cependant, il est indubitable que l'on a fait de grands progrès dans l'art de *prendre* le diamant dans le sens le plus favorable à la taille et d'arriver, par un clivage intelligent, à en tirer le meilleur parti.

A cet égard, a-t-on bien réussi dans les deux fortes pierres modernes, le Ko-hi-noor et l'Étoile du Sud ? Nous ne le pensons pas, surtout pour la première. On a perdu beaucoup, et on n'est arrivé qu'à faire une pierre trop plate, et il est facile de comprendre, en voyant le modèle du Ko-hi-noor indien, que s'il eût été pris dans un sens contraire on eût produit une pierre beaucoup mieux proportionnée.

Quant à l'Étoile du Sud, l'étude approfondie que nous en avons faite à l'état brut nous porte à croire qu'on eût pu lui conserver un peu plus de poids, en la laissant un peu plus épaisse, ce qui eût encore augmenté la beauté de sa forme. Et on ne doit pas le perdre de vue, le grand art de la taille du diamant réside dans la production de formes régulières tout en conservant le plus de matière, car si la beauté de la forme tient à l'art, la quantité de poids tient au commerce ; le diamantaire habile doit donc viser à concilier ces deux exigences. Cependant nous avouons qu'en tous cas, il vaut mieux roguer et user une pierre que de la laisser imparfaite ; en un mot, nous préférons la forme au poids, persuadé que ce n'est qu'en suivant résolument cette voie, que l'on régénérera cet art en France.   CH. BARBOT.

DIAMANT DE BORE (chimie). — Le bore adamantoïde ou bore cristallisé vient de faire son apparition dans le monde scientifique. Cette production, digne à tous égards de l'attention publique, nous paraît être la suite des curieux travaux de MM. Ebelmen et Gaudin pour la production artificielle des gemmes de toute nature. En ce sens, nous ne pouvons qu'applaudir et louer de pareils travaux, ce sont vraiment des efforts de science et de génie ; mais il reste à résoudre la question de savoir si les résultats obtenus sont en rapport avec les espérances un peu prématurées des auteurs.

On lit dans un rapport à l'Académie des sciences : « Le bore cristallisé (ou diamant de bore, comme l'ont heureusement appelé MM. Wöhler et H. Sainte-Claire Deville) offre une belle transparence : il est tantôt rouge grenat, tantôt jaune de miel ; mais ces diverses nuances paraissent tenir, comme la couleur des pierres précieuses, à des quantités excessivement faibles et variables de matières étrangères. On a tout lieu d'espérer que pur il est complétement blanc. Il présente un éclat et une réfringence des plus remarquables, et suivant toutes les présomptions, incolore et en gros cristaux, il aura tout le feu, tous les magnifiques effets de lumière du diamant. Il en a d'ailleurs la dureté : il raye le corindon ou rubis oriental, qui, parmi les corps durs, avait tenu jusqu'ici le second rang ; il raye même le diamant. Quant à sa forme cristalline, elle n'a pu encore être bien nettement déterminée. »

Voici ce que nous pensons, tout en désirant bien sincèrement nous tromper :

La cristallisation du bore, quoique n'ayant encore réussi à produire que des cristaux plus que microscopiques, n'en a pas moins ému le monde savant et industriel. Cette découverte, bien qu'à l'état d'enfance, prônée par les mille voix de la presse, a porté le trouble dans certains esprits, alarmé le commerce du diamant et ceux qui en possèdent, soit comme parure, soit comme fortune. Nous nous devons à nous-même, spécial dans la matière, de rassurer les uns et les autres en examinant un peu près les prétendus diamants produits.

Cette dénomination quelque peu ambitieuse ne doit cependant tromper personne ; elle signifie tout au plus durcissement du bore, et il ne peut être venu à l'idée des auteurs de cette découverte, admirable du reste, de comparer leurs produits au carbone cristallisé, c'est-à-dire au diamant. Examinons cependant si les qualités qu'on s'est plu à leur reconnaître ont pu être appréciées avec certitude. Il nous est permis d'en douter. Les infiniment petits cristaux produits n'ont d'abord pas encore présenté à la science de formes bien déterminées, ce qui est déjà un grand inconvénient pour leur rapprochement avec une production naturelle. Nous passerons sur leur coloration, cela n'infirmant en rien leur nature. Quant à l'éclat et à la réfringence extraordinaire qu'on s'est plu à leur attribuer, n'y a-t-il rien d'exagéré, et peut-on l'affirmer de visu, quand la petitesse des cristaux observés permet difficilement d'apprécier ces qualités ? Puis cet éclat est-il celui du diamant, si spécial, et partant si reconnaissable ? C'est ce qu'on ne dit pas. Reste la question de dureté ; a-t-elle été bien jugée ? Il nous est encore permis d'en douter, avec d'autant plus de raison qu'on ne les a pas soumis à l'épreuve de la meule du diamantaire, seul moyen de constater le degré de dureté d'une manière irréfutable, puisque le diamant seul peut la supporter. Parmi les masses de faits que nous pourrions citer, si notre allégation en avait besoin, il en est un hors ligne qui mérite d'être connu. Il y a un an, un Américain apportait un soi-disant diamant, gros comme un œuf, et en demandait 15 millions ; il le présenta à l'École des Mines, où, après avoir examiné sa structure et constaté sa pesanteur spécifique, on crut reconnaître un diamant. C'est du moins ce que l'Américain affirmait. Cette pierre nous ayant été soumise, nous comprîmes de suite que le minéralogiste avait dû être trompé par le poids de la pierre, lequel est absolument le même pour la topaze blanche du Brésil et le diamant ; et ayant reconnu d'autres caractères la véritable nature de cette pierre, qui était une merveilleuse topaze, nous le dîmes à l'Américain, qui ne voulut pas nous croire, tant il lui en coûtait d'être désillusionné, et cela se comprend... 15 millions ! Enfin il revint plusieurs jours après pour la faire essayer sur la meule de M. Philippe, le diamantaire. En vain le jeune ouvrier lui affirma-t-il un mauvais résultat, il ne voulut rien entendre et exigea qu'elle fût placée sur la plate-forme ; au premier frottement, elle fut affreusement mutilée ; un tour de roue avait brisé 15 millions ! L'Américain sortit comme fou, et nous ne le revîmes plus.

Il est donc patent pour nous que, bien que la substance factice nommée diamant de bore, étendue sur la meule du *lapidaire* ou sur le tour du graveur, use les gemmes corindons, on ne peut en conclure qu'elle attaquerait le diamant avant d'en avoir fait l'épreuve seule décisive. Autrefois, cette constatation suprême eût présenté beaucoup de difficultés ; mais aujourd'hui, il est très-facile aux honorables auteurs de la découverte de la cristallisation du bore de s'assurer de son degré de dureté, Paris possédant deux ateliers de diamantaires dont les plates-formes, saupoudrées d'*égrisée*, sont au service de la science.

Notre dissertation sur le bore adamantoïde nous amène tout naturellement à parler des nombreux essais tentés par bien des célébrités scientifiques dans le but de produire le diamant.

Sans remonter jusqu'aux travaux curieux, et surtout patients des alchimistes, nous en citerons que quelques-uns bien connus de nos jours.

Nous laisserons ici parler le savant M. Julia de Fontenelle, qui en a fait un excellent exposé :

Fabrication du diamant au moyen de l'art.

Depuis qu'il a été reconnu que le diamant est du carbone ou du charbon dans son plus grand éclat de pureté, quelques chimistes ont conçu l'espoir de faire cristalliser le carbone et de former ainsi des diamants. Les dernières tentatives faites à ce sujet, avaient déjà alarmé les joailliers. Cependant tout prouve que M. Gannal n'a pas réussi ; le silence de la commission, nommée par l'Académie royale des sciences pour examiner son procédé semble l'attester. Quoi qu'il en soit, nous osons concevoir l'espérance qu'on pourra parvenir, par les miracles de la chimie ou de l'électro-chimie, à opérer cette cristallisation. Il faudrait, dans le premier cas, trouver un dissolvant du charbon qu'on pût ensuite évaporer. Malgré cela, dit M. Dumas, il n'est pas certain que le charbon cristallisât en se déposant. Comme le chimiste n'a acquis aucune preuve du contraire, nous continuerons à regarder cette cristallisation comme possible. On pourrait tenter avec plus d'espoir, ajoute-il, l'effet des réactions lentes sur des composés liquides de carbone qui seraient soumis à l'influence de corps capables de leur enlever les autres principes constituants : telle est la marche qu'a suivie M. Gannal. Les carbures d'hydrogène, le sulfure de carbone, etc., soumis à l'influence du chlore, du brôme, de l'iode, dans les circonstances convenables, pourraient, peut-être, se tranformer en acide hydro-chlorique et en charbon assez lentement pour que celui-ci prit la forme cristalline [1]. L'auteur cite ces corps comme exemple et non point comme les plus favorables. En effet, le chlore qu'on fait agir sur les carbures d'hydrogène les décompose, mais il s'unit lui-même au carbone, etc. Pour que cette cristallisation soit possible, il faut que le dépôt de carbone se fasse très-lentement, sinon le précipité est constamment une poudre noire. Ainsi, par des procédés électro-chimiques aussi curieux que variés, M. Becquerel est parvenu à faire cristalliser plusieurs substances minérales, et nous sommes portés à croire que la nature emploie des procédés électro-chimiques analogues à ceux de cet honorable physicien pour faire cristalliser le carbone et donner naissance au diamant. Il est des chimistes qui ont cherché à faire des diamants en soumettant le charbon à une très-haute température, surtout à celle d'une forte pile voltaïque. Il en est qui, par suite, ont cru reconnaître des traces de fusion du carbone, ainsi que des globules vitreux. Mais tous ces effets, dit le chimiste précité, étaient dus à de la cendre provenant de la combustion du charbon employé, et qui, contenant de la silice, de la potasse et des phosphates a donné lieu à des molécules vitreuses. On pourrait donner la même explication au fait rapporté par F. Joyce [1], que le charbon provenant de la mouchure de bougie, brûlée dans une petite cuiller de platine et chauf-fée fortement au chalumeau, donne une cendre rude qui qui raye le verre comme la poudre de diamant. Dans ce cas, le fait est constant, il doit se produire un composé vitreux plus dur que le verre lui-même. Il serait à désirer que l'auteur eût essayé d'user le diamant avec cette cen-dre ; il n'eût resté alors aucune incertitude sur sa nature.

On a essayé aussi de brûler, par l'étincelle électrique, un mélange de gaz acide carbonique et d'hydrogène. De cette manière, dit l'auteur anglais précité, l'oxygène du premier a dû s'unir à l'hydrogène, en déposant du carbone à l'état de pureté ; mais je ne sais, ajoute-t-il, si l'on est parvenu à faire des diamants de la sorte, quoique j'aie vu souvent l'appareil destiné à cette opération, et qu'on ait rapporté que, dans un cas, il avait formé des diamants qu'on ne pouvait distinguer qu'au moyen d'une forte lentille. Il parait plus naturel de croire que si l'auteur eût obtenu des résultats heureux, il n'eût pas manqué de leur donner la plus grande publicité. Nous rangerons donc cette annonce au rang des hypothèses, ainsi que celle d'une formation de diamants, opérée par un professeur de chimie des États-Unis, en chauffant la plombagine au chalumeau à gaz hydro-oxygène. Dans cette opération, l'auteur doit avoir obtenu de l'acide carbonique et une sorte d'acier fondu. Le 10 octobre 1828, M. Cagnard de Latour adressa à l'Académie royale des sciences dix tubes remplis de petits cristaux, de couleur brunâtre, qu'il crut être de carbone cristallisé. Les plus gros de ces cristaux pesaient 4 centigrammes ; ils furent examinés par MM. Thénard et Dumas. Ces cristaux étaient transparents, semblables au diamant, plus durs que le quartz, mais moins que le diamant ; celui-ci les rayait : soumis à l'action de la chaleur

[1] Dumas, *loco citato*.
[1] *Chimie minéralogique*, traduite de l'anglais par Coulier.

la plus intense, ils n'éprouvent point de combustion ; en-fin, ces cristaux furent reconnus être des silicates ou bien des pierres précieuses artificielles. Dans la même séance, M. Arago annonça qu'un chimiste de sa connaissance s'é-tait occupé de la décomposition de soufre par l'électricité, mais que, malheureusement, le carbure de soufre n'étant pas conducteur de l'électricité, il n'avait pu y parvenir. Cet habile physicien ajoute que l'auteur continue ses tra-vaux et sur ce carbure et sur l'acide carbonique, et qu'il espère obtenir d'heureux résultats.

Enfin, M. Gannal, comme nous l'avons dit, adressa à l'Académie des sciences, le 23 novembre 1828, un travail sur la formation artificielle des diamants par la précipi-ta-tion du carbone, qui paraissait basé sur des faits si posi-tifs, que le commerce des diamants en fut alarmé. D'après l'auteur, si l'on introduit plusieurs bâtons de phosphore dans un petit matras contenant du carbure de soufre, recouvert d'une couche d'eau, l'on remarque qu'au mo-ment où le phosphore se trouve en contact avec le carbure, il se fond et se précipite à l'état liquide au fond du ma-tras ; la masse se trouve alors partagée en trois couches distinctes ;

La 1re est formé d'eau pure ;
La 2e de carbure de soufre ;
La 3e de phosphore liquéfié.

Si l'on mêle les liqueurs par l'agitation, le mélange de-vient laiteux et, par le repos, il se sépare en deux cou-ches : la supérieure est de l'eau, et l'inférieure se trouve être du phosphore de soufre. Entre ces deux couches on en remarque une troisième qui est très-mince et qui est formée par une poudre blanche qui, lorsqu'on expose le matras aux rayons solaires, offre toutes les nuances du prisme, et parait formée d'une multitude de cristaux.

Voulant obtenir des cristaux plus volumineux, M. Gan-nal a introduit, dans un matras placé dans un endroit bien abrité, huit onces d'eau, autant de carbure de soufre et de phosphore. Après avoir opéré comme pour l'expérience précédente, il s'est formé, après un jour de repos, entre les deux couches précitées, une pellicule très-mince de poudre blanche qui présentait çà et là plusieurs bulles d'air et divers centres de cristallisation formés, les uns par des aiguilles ou des lames très-minces, et les autres par des étoiles ; au bout de quelques jours, cette pellicule aug-menta graduellement d'épaisseur, en même temps la sé-paration des deux liqueurs devint moins nette, et, après trois mois, elles semblaient ne plus en former qu'une. Un autre mois après, aucun autre changement notable ne s'opérant dans la liqueur, l'auteur les filtra à travers une peau de chamois qu'il plaça ensuite sous une cloche de verre, dont il eut soin de renouveler l'air de temps en temps. Au bout d'un nouveau mois, cette peau ne pouvant être maniée sans inconvénient, fut remise dans ses plis, ensuite lavée et séchée. Ce fut seulement alors qu'il put examiner la substance cristalline qui s'était déposée à sa surface, laquelle exposée aux rayons solaires, réfléchissait toutes les nuances de l'arc-en-ciel.

Vingt de ces cristaux étaient assez gros pour être enle-vés avec la pointe du canif, trois autres étaient de la grosseur d'un grain de millet. Ils furent remis par M. Gan-nal à M. Champigny, directeur des ateliers de joaillerie de M. Petitot, qui les examina soigneusement, et se con-vainquit :

1° Qu'ils rayaient l'acier ;
2° Qu'aucun métal ne pouvait les rayer ;
3° Que l'eau en était pure ;
4° Qu'ils répandaient l'éclat le plus vif. En un mot M. Champigny lui déclara que c'étaient de véritables

étincelles de diamant. L'auteur ayant examiné quelques-uns de ces cristaux à la loupe, reconnut qu'ils avaient la forme dodécaédrique, qui est une de celles qu'affecte le diamant. Il eût été à désirer qu'il eût brûlé quelques-uns de ces cristaux dans le gaz oxygène, afin de se convaincre si ce produit n'eût donné que du gaz acide carbonique. Ce caractère, qui distingue le diamant de toutes les autres pierres, eût imprimé quelque certitude à cette découverte. Mais cette épreuve n'ayant point été faite, et le silence de la commission nommée par l'Académie royale des sciences pour vérifier le travail de M. Gannal, nous portent à croire, malgré cette sorte de conviction avec laquelle il s'exprime dans son mémoire, qu'il a été induit en erreur, sans cependant nier la possibilité d'arriver à de pareils résultats.

Si nous examinons maintenant les essais de cristallisation du carbone tentés par notre grand physicien, M. Despretz, nous ne trouvons malheureusement encore rien de décisif. Il faut alors que la difficulté soit bien grande, car qui est plus capable?

Voici ce que nous lisons dans une excellente publication récente, le *Dictionnaire de la Conversation et de la Lecture*:

M. Despretz a déjà obtenu quelques résultats remarquables. Il a fourni de nouveaux arguments contre la supposition que le diamant aurait une origine ignée. Réunissant tout ce qu'il y avait de piles de Bunsen disponibles dans la capitale, et les rangeant en bataille, il a concentré tous leurs feux sur des pôles de charbons renfermés dans une enceinte de verre: le carbone, qui jusque-là passait pour absolument fixe, soumis à une température effroyable, a fourni des vapeurs qui se sont précipitées presque aussitôt sur les parois du vase; mais cette fois encore l'intervention directe de la chaleur n'a fourni qu'une poudre amorphe, une sorte de noir de fumée dépourvu d'apparence cristalline.

Après avoir reconnu que la précipitation des vapeurs de charbon dégagées à la haute température de la conflagration électrique ne donne qu'une poudre noire, à peu près comme une lampe qui fume, M. Despretz a cherché à opérer à froid et à compenser par l'intervention du temps la faiblesse de l'action qu'il comptait mettre en jeu. Il a employé un appareil de M. Ruhmkorff, lequel, mis en relation avec un simple couple voltaïque, donne une suite de décharges dues au développement des courants d'induction; tant que la pile conserve assez de puissance, l'instrument fait luire à l'intérieur d'un globe privé d'air un arc de lumière électrique qui se reproduit périodiquement à des instants très-rapprochés. Cet arc ne développe que peu de chaleur, et cependant, à la longue il transporte d'un pôle sur l'autre de très-petites quantités de matière. En plaçant au pôle positif une masse de charbon pur et disposant au pôle négatif des fils de platine, M. Despretz a pensé que le transport et l'accumulation du carbone se feraient dans des conditions favorables à la cristallisation. L'expérience seule pouvait décider si cette supposition était fondée; elle a duré plus d'un mois. Pendant ce laps de temps, il s'est en effet formé sur les fils de platine un léger dépôt d'une couche noirâtre que M. Despretz compare à de la poudre de diamant. « Cette couche, dit M. Despretz, vue à la loupe, ne présente rien de bien distinct; au microscope composé, avec un grossissement d'environ trente fois, elle offre plusieurs points intéressants. J'ai vu sur ces fils, et surtout aux extrémités, des parties séparées les unes des autres et qui m'ont paru appartenir à des octaèdres. J'ai également vu sur la couche

noire, et non aux extrémités, quelques petits octaèdres reposant sur un sommet. J'ai examiné ces fils à plusieurs reprises, et j'ai toujours vu les mêmes choses. Un cristallographe habile et exercé, M. Delafosse, a également reconnu les octaèdres noirs et blancs reposant çà et là sur les fils de platine. J'ai substitué aux fils une plaque de platine polie de 1 centimètre et demi de diamètre; quoique cette expérience soit restée en activité pendant près de six semaines, il ne s'est pas déposé de cristaux sur la plaque. Elle était couverte dans la moitié de sa surface de courbes presque circulaires, d'un rayon plus grand que celui de la plaque; chacune de ces courbes était peinte des couleurs des lames minces; on voyait çà et là de petites taches d'un gris blanchâtre qui paraissaient être le résultat de l'adhérence momentanée de dépôts isolés. »

Nous allons essayer de résumer tous ces travaux, qui, malgré leur avortement, n'en sont pas moins d'admirables spécimens de ce que peut l'intelligence humaine unie à la science pour rivaliser la nature. Nous partirons d'un principe irréfutable, quoi qu'on en ait pu dire: c'est que le carbone, en quelque état qu'il se trouve, est totalement *infusible* à toute température, et *insoluble* dans quelque liquide que ce soit.

Il y avait donc impossibilité absolue à M. Cagniard de la Tour de réussir; et lorsqu'en 1837 ce savant déposa à l'Académie de soi-disant diamants produits au moyen d'un procédé de son invention, il fut constaté que ses cristaux, bien qu'inattaquables par l'hydrate de potasse en fusion, rayant le verre et disparaissant à la chaleur rouge, malgré leurs éminentes qualités, produit de l'art, ne suffisaient pas à constituer le diamant. En effet, ces cristaux, créés en lamelles microscopiques, circulaires, très-minces, transparents et incolores, il est vrai, n'ayant qu'un vingt-cinquième de millimètre de diamètre, étaient déjà, il faut le dire, très-curieux; mais les qualités dominantes du diamant leur manquaient, et force fut bien de déclarer que ce n'était pas là le carbone cristallisé. Ajoutons que, dix ans plus tard, l'auteur, dont les travaux n'en sont pas moins dignes d'admiration, reconnut lui-même qu'il s'était trompé.

Quant à M. Gannal, ses idées étaient saines, et peut-être ne lui a-t-il manqué que la puissance de l'électricité convenablement dirigée pour arriver à un meilleur résultat. Mais s'il s'agit de l'appréciation des caractères de ses cristaux faite par le directeur des ateliers de M. Pelitot, il est évident pour tous que leur ensemble ne suffisait pas pour constituer le diamant.

Maintenant nous croyons devoir exposer succinctement aux chimistes et physiciens de notre époque qui ont bien voulu employer leurs éminentes facultés à ces travaux scientifiques quelques faits dont nous garantissons la véracité.

Le carbone s'évapore simplement au feu, *mais ne s'y fond pas*; il se *mêle* avec certains liquides, mais ne s'y *dissout* pas.

Ainsi donc quand de savants physiciens ont cru voir s'opérer la *fusion* du diamant, ou même du charbon, les uns au moyen du chalumeau à gaz hydrogène et oxygène, les autres aux miroirs ardents, d'autres par l'énergie de piles voltaïques intenses, il est évident qu'ils ont fait erreur.

Le charbon et le diamant peuvent, dans certains cas, décrépiter; mais se *ramollir*, jamais. Au contraire, plus le diamant est soumis au feu, plus il acquiert de dureté; c'est du reste un fait reconnu pour tous les combustibles dont on n'a pas enlevé le carbone au moyen de l'oxygène.

Le diamant possède la propriété d'absorber le calorique avec la même puissance qu'il absorbe la lumière. La preuve scientifique en est que, dans les expériences au moyen de la pile, la lumière électrique qui jaillit du pôle zinc semble fuir le diamant; et la preuve pratique se montre parfaitement dans nos travaux de décoloration du diamant brut. Pendant cette opération, les diamants sont plongés dans un bain chauffé à près de 2880°°; à cette température, déjà assez élevée, les diamants sont évidemment plus imprégnés de calorique que le liquide qui les contient, car ils s'éloignent constamment les uns des autres, bien loin de se rapprocher, preuve positive que ce n'est que le calorique qu'ils dégagent mutuellement qui les fait ainsi se repousser au lieu de s'unir, comme dans tout bain froid constitué dans un creuset ordinaire et dont tout le monde connaît la structure.

Quant aux quelques cas où le diamant, soumis à la pile, au miroir, au chalumeau, etc., etc., devient noir et paraît changer de nature, c'est seulement une carbonisation causée par l'insuffisance du calorique; c'est une combustion avortée ou inachevée, et non une transformation. Le diamant, dans ce cas, se trouve plus ou moins recouvert d'une couche carbonique très-adhérente, qui cependant cède à la meule et qui est produite par le même fait de la carbonisation du bois. A cet égard, nos expériences sur plus de dix-huit mille diamants bruts et taillés ne nous laissent aucun doute, et nous nous engageons toujours à rendre *cristallin* un diamant que, par une opération quelconque, on aurait transformé en graphite ou en coke; il aura seulement diminué de volume et perdu du poids, mais voilà tout : sa nature et sa forme seront les mêmes.

Un dernier mot maintenant. On a prétendu souvent arguer que certains cristaux factices ayant pu arriver à poli des rubis, il était clair qu'ils avaient l'extrême dureté du diamant; c'est encore une erreur. Tous les lapidaires taillant habituellement les gemmes corindons, même les pierres orientales les plus dures, n'ont jamais besoin que d'émeri et ne se servent pas *obligatoirement d'égrisée*, et par conséquent le fait obtenu par l'emploi de cristaux factices à la taille du rubis ne pourra jamais prouver qu'ils sont égaux en dureté au diamant. Nous avons, depuis seize années, au milieu d'autres travaux, constamment cherché la transformation du charbon en diamant; nous avons essayé et usé de toutes les théories que la science mettait à notre disposition, adjointes à des travaux qui n'appartiennent qu'à nous; eh bien! nous l'avouons, nous avons échoué jusqu'à présent, sans pourtant être découragé, car

nous sommes certain qu'à un moment donné l'on arrivera à la solution de cette importante question. Et nous pouvons le dire à ceux dont les travaux tendent à résoudre ce problème, notre conviction est : que la nature a créé le diamant par la voie ignée, mais que nos instruments actuels de physique ne nous fournissant pas des moyens suffisants de concentration et de condensation pour les vapeurs oxycarboniques, il n'est possible à la science de le produire que par un dépôt amenant la cristallisation..... Et pour cela, que faut-il? Le dissolvant du charbon?

CH. BARBOT.

DIAMÈTRE (géométrie). — Ligne droite, tirée d'un point de la circonférence d'une figure au point opposé de cette circonférence, en passant par le centre de la figure. — Voy. *Cercle*.

DIARRHÉE ou *dévoiement* (pathologie) [du grec *diarrhéô*, couler de toutes parts]. — Fréquence et liquidité des déjections alvines, qui est quelquefois un incident sans importance, mais quelquefois aussi le symptôme d'un état de maladie. Cette définition laisse de côté toutes les subtilités de la science, et convient parfaitement aux gens du monde. Nous allons laisser parler le docteur Lagasquie [1].

Diarrhée accidentelle. — Nous placerons en tête de ses causes certaines espèces d'aliments et de boissons, l'abus des fruits mucoso-sucrés et aqueux, des substances grasses, huileuses, indigestes; l'abondance des boissons particulièrement aqueuses, mucilagineuses, ou en état de fermentation, plutôt froides que tempérées. Une digestion imparfaite est, sans contredit, la cause la plus fréquente de ces diarrhées éphémères qui ne troublent pas sensiblement la santé, et auxquelles il suffit d'opposer momentanément une modification de régime dans la dose et l'espèce des aliments. Quelquefois, cependant, ces dévoiements passagers sont occasionnés par l'impression du froid et l'humidité aux pieds surtout; par des émotions débilitantes dont maints poltrons ont ressenti les humiliants effets, etc. L'espèce de diarrhée dont nous parlons n'a ni gravité, ni durée, à moins qu'on n'ait la négligence de fatiguer les organes digestifs en les soumettant trop longtemps aux mêmes influences. En santé, comme dans les maladies, le dévoiement est quelquefois un *bénéfice de nature*. On peut considérer comme tel celui qui survient de temps en temps, sans cause appréciable, et sans altérations manifestes dans les autres fonctions, chez les gens replets qui mènent une vie trop sédentaire, chez les sujets éminemment bilieux ou habituellement constipés; chez ceux qui ont quelque autre évacuation supprimée, comme les femmes à l'âge critique. La diarrhée est beaucoup plus commune dans l'enfance qu'à toute autre époque de la vie; dans l'activité du travail de la dentition, elle est généralement salutaire et bien préférable à la constipation.

Diarrhée maladive. — On l'a surnommée essentielle parce que l'affection gastro-intestinale, dont elle est un symptôme, n'est que peu ou point appré-

---

[1] *Dict. de Méd.* de Beaude.

ciable ; on dirait qu'il s'opère tout simplement, à la surface interne du tube digestif, une exhalaison surabondante de mucus et de sérosité qui délaye les matières et les précipite en dévoiement. Cette diarrhée est communément l'indice d'une affection catarrhale des intestins. Si l'on réfléchit à l'abondance du liquide que sécrètent les fosses nasales dans le coryza, on concevra très-bien qu'une modification de même nature, étendue sur la longue surface du canal digestif, donne lieu à ces sécrétions diarrhéiques qu'on a vues s'élever jusqu'au poids de 20 kilogrammes en un jour. Les causes occasionnelles de ce dévoiement, dit *essentiel*, ou *catarrhal*, ne diffèrent pas de celles de la diarrhée éphémère, seulement elles ont agi plus profondément ou plus longtemps. Cependant, l'impression vive ou prolongée de l'humidité froide, une constitution lymphatique, déterminent plus souvent le dévoiement catarrhal que les écarts du régime. Il est aussi plutôt le résultat de la mauvaise qualité que de l'abondance des substances alimentaires.

Le traitement de la diarrhée simple, accidentelle, cesse avec la cause qui la produit. Si elle continue quelques jours, la diète ou un régime léger, la tisane de riz, un œuf frais pour chaque repas, en triomphent généralement. Si les selles sont bilieuses ou glaireuses, si elles présentent des stries sanguinolentes, enfin si la langue est rouge et piquetée et qu'il y ait de la soif, la diarrhée offre un caractère inflammatoire et doit être combattue de la manière suivante :

Le malade sera mis à une diète absolue, à la tisane de riz gommée, sucrée avec du sirop de gomme ou de coings ; on mettra des cataplasmes tièdes sur le ventre, on fera prendre des lavements d'eau de riz ou d'amidon, de blancs d'œufs mêlés avec de l'eau tiède, de décoctions de têtes de pavots, etc. Du reste, quand la diarrhée est peu abondante et survient chez une personne bien portante, on peut se borner à un régime modéré pendant un jour ou deux, avant de chercher à la combattre. Il est bien entendu qu'il ne s'agit pas ici des temps d'épidémie cholérique, où les premiers symptômes de diarrhée doivent être arrêtés avec soin. Quand, au contraire, la diarrhée atteint des sujets affaiblis, des vieillards, des malheureux vivant de privations et d'aliments de mauvaise qualité, de légumes verts, de fruits, etc. ; quand les coliques sont peu marqués, que le ventre n'est pas douloureux à la pression, que l'aspect général du malade, sa pâleur, la faiblesse de son pouls l'état séreux des selles, dénotent suffisamment la débilité, les moyens de traitement ne sauraient être les mêmes. Ici on permettra une alimentation *peu abondante* mais réparatrice, un peu de viande rôtie ou grillée, un œuf frais, une panade à l'œuf, quelques cuillerées de bouillon, un peu de vin de Bordeaux sucré. Comme boisson on préférera les tisanes légèrement aromatiques, tilleul, camomille, bien sucrées. Chaque jour un ou deux quarts de lavement, avec de quatre à huit grammes de *diascordium*, ou de huit à dix gouttes de laudanum. Chez les vieillards, on pourra, en outre, donner un peu de vin de

gentiane ou de quinquina, une ou deux cuillerées par jour ; en un mot, il s'agit ici de rendre du ton aux organes, tandis que dans la diarrhée avec irritation il fallait adoucir et calmer. (*Docteur Beaugrand.*)

Lorsque la diarrhée tient à un état maladif, c'est-à-dire qu'elle persiste malgré les moyens indiqués ci-dessus, elle réclame impérieusement la présence du médecin, qui est seul apte à opposer à l'affection dont elle est alors le symptôme le traitement rationnel qui lui convient.

DIASTASE (chimie). — Matière blanche, non cristalline, insoluble dans l'alcool concentré, soluble dans l'eau et dans l'alcool faible. Sa solution s'altère rapidement ; elle devient acide, et perd la propriété de convertir la fécule en sucre. Cette propriété caractérise la diastase. La diastase existe dans l'orge germée. On se la procure en chauffant à 75° l'orge germée écrasée avec son volume d'eau, de manière à en coaguler l'albumine. En exprimant la masse et en filtrant, on obtient une solution aqueuse, contenant la diastase mêlée de sucre et de matière colorante. Précipitée par l'alcool, cette solution donne la diastase sous forme de flocons, que l'on jette sur un filtre et que l'on dessèche à une basse température. L'orge germée des brasseurs fournit rarement plus de $\frac{1}{1500}$ de diastase. Le sucre de canne n'est pas transformé par la diastase en sucre de raisin avec la rapidité avec laquelle cette transformation est opérée par l'acide sulfurique étendu ; mais la diastase surpasse de beaucoup ce dernier dans la faculté de changer la fécule en dextrine et en sucre : une partie de diastase suffit pour changer 2000 p. d'empois d'amidon en un mélange de dextrine et de sucre. La diastase est un principe azoté. On n'en a pas exactement déterminé la formule. (*Hœfer.*)

DIATHÈSE (pathologie générale) (du grec *diathésis*, disposition). — État de l'économie qui dispose à contracter une espèce déterminée de maladie. On sait, a-t-on dit d'un de nos maîtres, que les transmissions héréditaires, les âges, les sexes, disposent plus particulièrement à certaines maladies. Mais les notions les plus générales et les plus utiles sur les diathèses sont basées, sans contredit, sur les tempéraments généraux et sur des idiosyncrasies qui apportent des variations infinies aux espèces principales. Il est presque inutile de rappeler que le tempérament sanguin dispose aux inflammations ; le nerveux, aux affections nerveuses, etc. ; et qu'il convient de régler son hygiène conséquemment à ces données bien établies. Que n'aurait-on pas à dire si l'on voulait relater ce que les idiosyncrasies ou variétés particulières de tempéraments, qu'elles soient natives ou acquises, offrent de remarquable dans l'ordre des diathèses ! l'un est disposé à l'apoplexie, l'autre à la gastrite, etc., et les signes en sont apparents ; mais les rapporter ici, ce serait rentrer dans la pathologie spéciale.

DICOTYLÉDONES. — Voy. *Botanique.*

DICTIONNAIRE (grammaire) [du latin *dictionarium*, fait de *dictum*, parole]. — Recueil de mots accompagnés ou non d'une explication et rangés soit méthodiquement, soit étymologiquement, soit alphabétiquement.

Après avoir examiné ce qui constitue un bon dictionnaire, je passerai successivement en revue les différences qui existent entre les diverses espèces de dictionnaires.

Un dictionnaire étant composé d'une quantité considérable de mots de toute espèce, on a appelé *dictionnaire vivant*, un homme d'une profonde érudition, et qui communique aisément ce qu'il sait.

Les anciens nous ont laissé fort peu de monuments en ce genre, et le moyen âge, jusqu'au commencement du seizième siècle, ne nous offre guère que des essais très-incomplets. Ce ne fut qu'à l'époque de la renaissance que l'on sentit le besoin d'ouvrages de cette nature. Mais, de nos jours, le nombre s'en est tellement multiplié, qu'à eux seuls les dictionnaires formeraient une bibliothèque immense.

Disposition d'un dictionnaire. — Le nombre des matières dont on s'occupe dans un dictionnaire est si considérable, qu'il est très-important d'adopter une bonne disposition de ces immenses matériaux. Trois classifications ont été adoptées : l'ordre des matières, les familles de mots et l'ordre alphabétique.

La disposition des mots par ordre des matières a été la première employée dans les ouvrages lexicographiques, parce que, dans l'origine, ils étaient peu étendus ; mais il a fallu nécessairement y renoncer, lorsqu'on a voulu les faire plus développés, sans quoi les recherches auraient été extrêmement longues et difficiles et quelquefois même infructueuses.

La disposition des mots par familles ou par racines est beaucoup plus savante et beaucoup plus philosophique que celle par ordre alphabétique ; elle est la plus rationnelle, la plus logique, la plus propre à instruire, parce qu'elle montre immédiatement, et sous le mot primitif, tous ceux qui en dérivent. Mais l'ordre radical, plus approprié à l'usage des savants, qui n'ont guère besoin de dictionnaire, qu'à celui du commun des lecteurs pour lesquels ils sont surtout faits, offre beaucoup moins de facilité pour les recherches que l'ordre alphabétique, qui a universellement prévalu.

Cependant d'Alembert aurait désiré qu'on conservât la disposition des mots par racines, surtout dans les langues mortes ; mais comme « il n'y a point, dit-il, de langue qui n'ait des mots primitifs et des mots dérivés, je crois que cette disposition, à tout prendre, pourrait être utile, et abrégerait beaucoup l'étude de la langue, par exemple celle de la langue anglaise, qui a tant de mots composés, et celle de l'italien, qui a tant de diminutifs et une si grande analogie avec le latin. »

Malgré tous ces avantages, on a été obligé d'y renoncer, parce que les dictionnaires ainsi disposés étaient trop incommodes, ou l'on était obligé, pour en faciliter l'usage de les terminer par une table des mots rangés alphabétiquement, ce qui en augmen-

tait le volume, sans enrichir l'ouvrage. L'Académie avait adopté cet ordre dans la première édition ; elle y a renoncé depuis, et peu de dictionnaires modernes ont suivi ce plan.

Les langues anciennes, étant plus homogènes, se seraient plutôt accommodées de cette classification que nos langues modernes, formées des débris de plusieurs autres langues, et dans lesquelles les mots de la même famille, au point de vue de la pensée, sont souvent empruntés à diverses racines ou même à diverses langues ; tels sont, par exemple, les mots *bœuf, vache, taureau, génisse, veau ; œil, œillade, oculaire, oculiste, ophthalmie, ophthalmique.*

Lors même qu'ils ont la même racine, les mots de nos langues modernes sont souvent tellement altérés, qu'on ne saisit pas toujours facilement leur origine ; tels sont, par exemple, les mots *chaire, chaise* et *cathédrale,* etc.

D'un autre côté, souvent un mot est formé de plusieurs radicaux. Pour procéder régulièrement, il faudrait donc répéter ce mot autant de fois qu'il entre de radicaux différents dans sa composition. Ainsi le mot *présupposition* devrait se trouver rangé avec les autres mots formés des prépositions *pré* et *sur*, et avec *poser* et ses dérivés. Mais on ne le fait pas, dans la crainte de trop grossir le volume, et alors les familles de mots sont incomplètes, et toute l'utilité qu'on espérait en retirer est détruite.

Aucun de ces inconvénients n'existe avec l'ordre alphabétique ; quelque grossière, quelque imparfaite que soit cette classification, elle est aujourd'hui la seule adoptée, et paraît la seule adoptable, parce qu'elle n'exige aucune peine, aucun travail de la part de celui qui fait usage du dictionnaire.

Les seules langues qui ne soient pas susceptibles de l'adopter sont celles qui n'ont pas d'alphabet, comme le chinois ; on est obligé alors de classer les mots d'après les clefs qui entrent dans leur composition.

Nomenclature des mots. — La nomenclature des mots d'un dictionnaire est déterminée par la nature même du dictionnaire ; tout le monde est d'accord sur le principe, mais on est loin de l'être sur les applications.

Si un dictionnaire est universel, c'est-à-dire s'il comprend tous les mots d'une langue, il doit nécessairement contenir tous ceux qui sont admis dans la langue, qu'ils fassent partie du langage ordinaire ou qu'ils soient en usage dans les sciences, les arts ou les métiers. On ne doit en exclure que les barbarismes reconnus pour tels. Il me semble donc que c'est à tort qu'on en proscrit les termes de sciences qui ne sont point d'un usage familier, car ce serait plutôt là un motif d'en donner l'explication. On veut admettre tous les mots scientifiques que le commun des lecteurs est sujet à entendre prononcer ou à trouver dans les ouvrages ordinaires ; mais quel est l'homme capable d'établir cette distinction, aujourd'hui que les sciences ont été mises à la portée du peuple et qu'il n'est pas un seul numéro de journal qui ne contienne plusieurs de ces mots que l'on veut proscrire? Si le lecteur ne les trouve pas dans un livre aussi usuel qu'un dictionnaire, où voulez-vous qu'il les cherche? Dans les livres spéciaux, direz-vous. Il faudra donc avoir toujours une bibliothèque à sa disposition; tandis que si l'on adopte le plan que vous condamnez, un seul livre suffira. Ce que je viens de dire des termes scientifiques s'applique également aux termes techniques des arts et des métiers.

Un autre motif engage d'Alembert à demander leur proscription; c'est que beaucoup de ces expressions ne sont guère intelligibles sans figures. Je conviens que souvent les figures en facilitent l'intelligence; mais une définition simple et claire peut presque toujours suffire à la grande majorité des lecteurs; d'ailleurs, fût-elle vague et difficile à saisir, elle vaudrait encore mieux que rien du tout.

Quant aux noms propres, dont on demande la proscription complète, il n'est pas mal d'en rencontrer un certain nombre, car ils servent souvent à l'explication de mots usuels.

Sous prétexte qu'un dictionnaire n'est pas une encyclopédie, M. Pellissier demande qu'on rejette « tous les mots tirés du grec qui servent à la nomenclature des méthodes scientifiques, et dont la plupart ne sont véritablement que la redondance de noms qui existaient déjà dans le langage usuel. Quand j'ai le mot *hanneton*, qu'ai-je besoin de celui de *mélolonthe*, que la science lui a donné? Et si mon dictionnaire m'indique, me définit, me caractérise un insecte, le *cerf-volant*, par exemple, qu'est-il nécessaire que j'y trouve à son rang alphabétique celui de *platycère*, dont un nomenclateur minutieux s'est plu à le doter? » Que l'on fasse ce reproche aux savants, je le veux bien; mais c'est à tort qu'on l'adresse aux lexicographes. Ces derniers ne créent pas les mots; ils sont chargés seulement de les expliquer. Si les mots *hanneton* et *mélolonthe* ne sont pas tous les deux dans le dictionnaire, comment un lecteur qui trouvera un article où il sera question du *mélolonthe* pourra-t-il s'imaginer que c'est le même insecte que nous appelons *hanneton*?

Le motif qu'allègue l'Académie pour ne pas admettre les termes scientifiques ou techniques, c'est que, dans les sciences surtout, ces expressions ne recouvrent souvent que des erreurs, et qu'ils ne tardent pas à être remplacés quand de nouvelles découvertes sont venues prouver leur fausseté ou leur inutilité. Cette raison n'est pas solide; on ne peut pas exiger d'un dictionnaire qu'il soit infaillible; il doit seulement représenter l'état de la science au moment où il paraît.

Il est des savants qui ne voudraient pas qu'on fît figurer dans un dictionnaire la plupart des mots dérivés ou composés, sous prétexte que quelques règles placées en tête de l'ouvrage suffiraient pour en tenir lieu. Ils ne songent pas que les dictionnaires sont plutôt faits pour les ignorants que pour les savants, et qu'on ne saurait trop en faciliter l'usage; ils oublient aussi que souvent un mot a un dérivé, et qu'un autre mot, exactement analogue, n'a pas

toujours un dérivé de même nature. Qui lui enseignera ces différences s'il ne les trouve pas dans un dictionnaire?

Les dictionnaires de poche ne devraient différer des autres que par la brièveté des définitions.

Quant aux dictionnaires spéciaux, ils ne doivent nécessairement contenir que les expressions en usage dans la science, l'art ou métier auxquels ils sont consacrés.

Qualification des mots. — Elle a pour but de déterminer l'espèce de chaque mot comme partie du discours; de désigner le genre des substantifs; de faire connaître s'ils ont ou non un pluriel et si ce pluriel est régulier ou non; si les substantifs sont susceptibles de remplir les fonctions d'adjectifs. A l'égard de ces derniers, il faut en indiquer la terminaison, faire observer les cas où elle est la même pour les deux genres, et distinguer les adjectifs qui doivent être nécessairement unis à un substantif de ceux qu'on emploie substantivement. Pour les verbes, on indiquera s'ils sont actifs, neutres ou personnels, s'ils peuvent être pris absolument ou s'ils s'adjoignent le pronom personnel, et dans ce dernier cas, on distinguera leur emploi dans le sens réfléchi et dans le sens réciproque, ou l'on dira s'ils ne se prennent que dans ce dernier sens. On doit aussi désigner les principaux temps des verbes, et surtout ceux des verbes irréguliers, et même, pour ceux-ci, il serait bon de faire de chacun de leurs temps des articles séparés, qu'on placerait dans le dictionnaire à leur rang alphabétique, comme on l'a fait dans le *Dictionnaire de Napoléon Landais*, en renvoyant simplement à l'infinitif, qui forme toujours l'article principal; ceci faciliterait beaucoup les recherches et serait très-utile pour ceux qui ne connaissent qu'imparfaitement leur langue. Pour les mots invariables, c'est-à-dire les adverbes, les prépositions, les conjonctions et les exclamations, on indiquerait leurs différents emplois, et l'on distinguerait ceux de ces mots qui ne forment qu'un tout avec les locutions adverbiales, prépositives, conjonctives.

Ces indications ne sont pas encore suffisantes pour les termes techniques; il faut faire connaître dans quelle science, dans quel art ils sont en usage.

Il faut aussi y distinguer les mots dont on ne se sert que dans la conversation d'avec ceux qu'on emploie en écrivant; ceux que la prose et la poésie admettent également d'avec ceux qui ne sont propres qu'à l'une ou à l'autre; les mots qui sont employés par les gens éclairés d'avec ceux qui ne sont qu'à l'usage du peuple; les mots qu'on admet dans le style noble d'avec ceux qui sont réservés au langage familier; les mots qui commencent à vieillir d'avec ceux qui commencent à s'introduire, et pour les mots nouveaux, il ne suffit pas de les signaler comme des néologismes, il est bon, outre le nom de leur introducteur, de le connaître, d'examiner si le mot est utile, s'il est bien formé. Quant au lexicographe lui-même, il ne doit pas créer de mots nouveaux; cependant, il pourrait être utile qu'il fît sentir la nécessité qu'on en fît quelques-uns, pour exprimer certaines idées qui ne peuvent être rendues qu'imparfaitement par des périphrases. S'il se permettait d'en hasarder, il devrait avertir de l'innovation. Mais ce qu'un lexicographe doit surtout réclamer, c'est la réintégration dans la langue de mots utiles qu'on a laissés mal à propos vieillir, et dont la proscription a énervé et appauvri la langue au lieu de la polir. Ce qui serait également très-utile, ce serait la recherche dans nos patois des mots très-énergiques qui nous manquent; il y a là une riche mine à exploiter pour un homme de goût.

Classement des acceptions. — On appelle *acceptions* d'un mot ses diverses significations. La plupart des mots sont employés dans un grand nombre d'acceptions différentes qu'il importe de bien saisir, et de grouper avec méthode autour du mot qui en est le signe principal. Mais telle est souvent la multiplicité de ces acceptions, qu'il est à peine possible d'en recueillir tous les sens, et de même leur confusion est souvent telle, que l'esprit se fatigue et se perd à poursuivre une distinction qui échappe, quoique la goût souvent la conçoive, sans pouvoir toutefois l'analyser. D'un autre côté, les nuances des significations passent souvent si imperceptiblement de l'une à l'autre, que, malgré leur différence bien sensible à chaque extrémité, il n'en devient pas moins fort difficile de marquer leur point de contact, tandis que, d'autre part, des idées de même origine, sans être parfaitement semblables, sont d'ailleurs si peu différentes, qu'aucun mot ne saurait exprimer en quoi consiste cette diversité, et pourtant c'est une des conditions obligées de tout bon dictionnaire, d'indiquer à chaque mot toutes les acceptions qu'il s'est appropriées en passant d'analogie en analogie, et toutes les alliances qu'il a formées avec ces expressions vives et pittoresques qui animent le langage, fécondent les idées, servent au mouvement des passions, et qui, créées par le besoin, sanctionnées ensuite par l'usage, sont autant de reflets dont l'éclat marque les différents styles et distingue les passages du propre au figuré.

Définitions. — Les définitions sont l'objet important d'un dictionnaire. On en distingue de plusieurs espèces; elles peuvent être explicatives ou synonymiques.

Les définitions *explicatives* consistent à comprendre les mots sous un aspect général, en distinguant ce qu'ils ont de commun, de ce par quoi ils diffèrent, et en indiquant les relations du mot défini avec l'usage et les circonstances dans lesquelles il s'emploie.

Les définitions *synonymiques* se bornent à donner un ou plusieurs mots qui servent comme de traduction au mot défini dont ils sont les équivalents; mais ces sortes de définitions portent avec elles un caractère de généralité et d'extension qui peut nuire à la clarté et devenir une cause d'erreurs fréquentes. D'ailleurs, les définitions synonymiques seraient fort restreintes, car l'idée que beaucoup de mots expriment n'a dans la langue qu'un seul nom pour la désigner.

La rigueur de l'interprétation lexicographique demanderait qu'une définition pût être employée au lieu du mot défini, et réciproquement. C'est bien rarement qu'elle possède cette qualité.

Une définition doit être au moins claire, précise, et aussi courte que possible; elle doit donner le sens propre de chaque mot, même lorsqu'il n'est plus en usage dans cette acception, sauf à en faire la remarque; elle y ajoute le sens figuré et le sens métaphorique.

Il y a des dictionnaires dont les définitions sont tellement vagues, qu'elles n'apprennent rien, telles sont les suivantes : *sorte de plante, sorte d'animal, instrument*, etc.

D'autres sont tellement hérissées de termes scientifiques, qu'on est obligé de chercher chacun des mots de la définition pour les comprendre. C'est aller de l'inconnu à quelque chose de plus inconnu encore.

Il est des mots qui semblent se refuser à toute espèce de définition, tels sont, par exemple, ceux qui désignent la qualité des choses, comme la couleur, le goût, l'odeur, etc., ou les propriétés générales des êtres, comme *existence, pensée, temps*, etc., que leurs synonymes *vie, idée, durée*, etc., n'expliquent certainement pas, puisque eux-mêmes ne peuvent être définis qu'à l'aide de ces mots primitifs, qui, selon l'expression de d'Alembert, forment les *racines philosophiques de la langue*, et servent à expliquer les autres mots, comme les racines grammaticales servent à leur formation.

Il est aussi des termes dont la signification est tellement indécise, qu'on ne saurait la fixer distinctement, et dont l'emploi est si vague, les divers sens si douteux, qu'il est presque impossible de les circonscrire dans des limites positives, et de les suivre à travers le labyrinthe de leurs variations.

Il est également d'autres mots qui ne peuvent s'expliquer par des périphrases, parce que les idées simples ne sont pas susceptibles de développement; d'autres enfin, tels que les mots explétifs, et certaines particules qui entrent surabondamment dans des façons de parler consacrées par l'usage, et dont il n'est pas toujours aisé de préciser le sens.

Du reste, toutes les voies sont bonnes pour parvenir à donner une idée distincte et précise de l'objet qu'on veut définir; il n'est pas jusqu'à la figure représentative de cet objet qu'on ne pût bien admettre, soit pour remplacer la définition lorsqu'elle est réellement impossible, soit même pour l'établir au besoin.

Mais il est avant tout un moyen presque infaillible de suppléer au vice et à l'insuffisance des définitions, et même d'ajouter encore aux plus complètes; c'est d'établir, par des exemples, les sens et les emplois divers de chaque mot, en se conformant à la marche que ses différentes significations ont suivie, et en montrant les mêmes intermédiaires qui séparent le sens primitif des sens éloignés ou accidentels.

Synonymes. — Les synonymes sont un objet important dans un dictionnaire. Sans doute, dit d'Alembert, il n'existe pas deux mots qui puissent, en toute occasion, être substitués indifféremment l'un à l'autre ; deux mots absolument synonymes seraient un défaut dans une langue ; mais il est des circonstances où deux mots peuvent fort bien être employés sans choix l'un à la place de l'autre. Ce qui constitue deux mots synonymes, c'est le sens général qui est commun à ces deux mots ; mais des nuances délicates et souvent insensibles modifient ce sens primitif, et voilà comment ces mêmes mots ne sont pas toujours synonymes. Ainsi, toutes les fois que l'on n'a besoin que du sens général, et que, par la nature du sujet, on n'a pas à exprimer ces nuances, chacun des synonymes peut être indifféremment employé; compris de la sorte, ils sont très-nombreux dans la langue française. Un dictionnaire doit donc indiquer d'abord le sens général qui est commun à tous ces mots, déterminer ensuite avec précision l'idée que chaque mot ajoute au sens général, et enfin rendre le tout sensible par des exemples.

Syntaxe, construction. — Bien que la syntaxe et la construction doivent plutôt faire l'objet d'une grammaire que d'un dictionnaire, cependant, il est bon que les règles les plus importantes de la syntaxe soient expliquées dans un dictionnaire de la langue. Outre quelques règles particulières qui devront être éparses dans l'ouvrage, il sera bon de faire quelques articles généraux plus étendus, et de renvoyer à ces articles généraux dans les applications aux exemples et aux articles particuliers. Le lexicographe signalera aussi les gallicismes, écarts de la langue que l'usage a ratifiés, quoiqu'ils s'éloignent des règles générales de la grammaire; mais il devra aussi indiquer la place des épithètes, dont les unes peuvent indifféremment précéder ou suivre les noms substantifs, tandis que d'autres sont fixes et que quelques-unes, quoique mobiles, reçoivent parfois, selon la place qu'elles occupent, une acception différente. Les règles principales qui constituent l'usage des mots doivent être successivement expliquées dans un bon dictionnaire, et il faut en proscrire rigoureusement l'impropriété des termes et les mauvaises tournures qui tendent à corrompre la langue; car autant il est bon d'accueillir tout ce qui l'enrichit réellement, autant on doit repousser tout ce qui peut la dénaturer ou l'appauvrir. cependant, il ne serait peut-être pas mal d'admettre certaines tournures, certaines expressions vicieuses, surtout si elles avaient été employées par des écrivains jouissant d'une certaine réputation; mais il faudrait toujours les accompagner d'une note motivée, indiquant le vice qu'elles renferment.

Orthographe. — La règle qu'on doit suivre, en matière d'orthographe, dans un dictionnaire, est de donner à chaque mot l'orthographe la plus communément reçue. Il serait, en effet, extrêmement difficile de trouver un mot si l'on s'écartait trop de l'usage ordinaire. Il ne serait pas mal, cependant, d'accompagner certains mots d'observations, ayant pour but de démontrer le vice de leur orthographe, soit au point de vue de l'étymologie, soit au point de vue

de la prononciation, et d'y ajouter quelques observations générales sur ce sujet aux mots qui en seraient susceptibles. Quand un mot aura différentes orthographes reçues, on aura soin de tenir compte de toutes ces différentes orthographes, et d'en faire même différents articles avec un renvoi à l'article principal. Cet article principal doit être celui dont l'orthographe paraîtra la plus régulière, soit par rapport à la prononciation, soit par rapport à l'étymologie. Mais ce qu'il ne faut pas oublier surtout, c'est de suivre dans tout l'ouvrage l'orthographe principale, adoptée pour chaque mot, et de suivre, autant que possible, un plan uniforme par rapport à l'orthographe.

Prononciation. — Il est nécessaire d'indiquer la prononciation pour les nationaux aussi bien que pour les étrangers, lorsque le mot ne se prononce pas comme il s'écrit, ce qui n'arrive que trop souvent. Cette indication se fait au moyen d'une orthographe parfaitement conforme à la manière dont le mot doit être prononcé. Une innovation, réclamée par d'Alembert comme pouvant présenter quelque utilité, en ce qu'elle aiderait aux étrangers et aux Français à apprendre un peu plus aisément la prononciation de leur langue réciproque, ce serait d'ajouter à chaque lettre du dictionnaire, et même à certains mots, la manière dont ils devraient se prononcer suivant l'orthographe des autres nations.

Quantité. — Prononciation longue ou brève d'une syllabe. D'Alembert désirait qu'on marquât la quantité dans nos dictionnaires français. L'utilité n'en est pas bien démontrée; car, dans les cas où elle est vraiment nécessaire, les accents l'indiquent la plupart du temps ; et, dans les cas contraires, elle n'est d'aucun usage, puisque nous n'y avons aucun égard dans notre versification. Les signes prosodiques ne sont vraiment utiles que dans les langues qui ont égard à la quantité dans leur versification, comme le grec, le latin, etc.

Étymologie. — L'étymologie nous apprend à connaître le sens primitif des mots, et, par conséquent, leur sens propre, en remontant du connu à l'inconnu, des composés au simple, des dérivés au radical; cet objet est d'une grande importance dans un dictionnaire. Mais, pour que le lecteur puisse en retirer de l'utilité, il ne faut pas donner dans les excès que l'on reproche aux étymologistes, qui ont souvent substitué des systèmes absolus et de fausses hypothèses aux simples notions qui eussent généralement été suffisantes. On ne doit pas non plus se contenter de dire *tel mot vient de tel autre mot*; il faut, autant que possible, en expliquer les raisons. Le dictionnaire qui, au mot *rival*, ajoutera pour racine le mot latin *rivalis*, ne m'apprend rien s'il ne m'explique pas comment les laboure rs latins et les jurisconsultes latins appelaient *rivales* les deux riverains qui se partageaient et souvent se disputaient un ruisseau pour arroser leurs prés, et comment ce mot a pris de là un sens moral éloigné du terme primitif. Quand une étymologie est inconnue, incertaine, il vaut mieux n'en pas donner que d'en présenter une ridicule ou tirée de trop loin, comme a fait Ménage, qui dérive *chez* d'*apud*, *alfana* d'*equus*, etc. Le celtique ayant été longtemps la langue de notre pays, il aurait semblé naturel d'y recourir dans la plupart des cas, mais il est prouvé aujourd'hui que ce langage est tout de tradition, et qu'il nous a fourni à peine quelques mots. C'est le latin qui a le plus contribué à la formation de notre langue moderne, soit directement, soit par l'intermédiaire des dialectes romans. Ainsi *coutume* vient de l'accusatif de *consuetudo*, c'est-à-dire de *consuetudinem*, dont on a fait par contraction des lettres italiques, *consuetudinem*, ou *costum*, qui a produit le mot *coustume*, que l'on écrit aujourd'hui *coutume*.

C'est donc avec raison qu'on reproche à l'Académie de n'avoir admis aucune étymologie. M. Villemain dit, pour sa justification, que la matière présente beaucoup de difficultés et exige de grands développements pour être utile. Que la matière soit difficile, je le veux bien ; mais quand, malgré la difficulté, on la traite avec talent, le mérite en est plus grand. Quant aux développements, les hommes du talent de M. Villemain sont bien capables de choisir les détails indispensables et de rejeter ceux qui sont superflus.

Exemples. — Voltaire a dit qu'*un dictionnaire sans exemples est un squelette.* En effet, l'autorité d'un dictionnaire est fondée beaucoup moins sur son auteur, quel qu'il soit, que sur celle des grands écrivains qu'on y cite ; et, malgré la persistance de l'Académie française à rejeter tout exemple tiré d'un grand écrivain, il n'est personne aujourd'hui, pas même un de ses membres, qui ne reconnaisse la toute-puissance des citations tirées de nos bons livres. En effet, où trouver, mieux que dans les régulateurs avoués du langage, des solutions à tous les problèmes lexicologiques, des éclaircissements à toutes les difficultés, des exemples pour toutes les explications ? Est-il avis ou opinion qui puisse faire loi comme ceux qui émanent, pour ainsi dire, d'un jury d'écrivains d'élite ? Que peut être, auprès d'un bon choix de citations, un froid assemblage d'expressions familières, de sèches locutions, de phrases tronquées où des substantifs s'accolent à des adjectifs sans occasion et sans but, des adverbes à des verbes, des verbes à des prépositions sans rapport à aucune idée déterminée ou complète ? « S'il est vrai, dit M. Pellissier, que les dictionnaires soient des archives, ils ne doivent contenir que des titres, et leur trésor des chartes ne doit se composer que des décisions authentiques des maîtres souverains de la langue. C'est donc uniquement dans les ouvrages connus et approuvés que le lexicographe puisera toutes ses autorités. » Aussi M. Pellissier recommande-t-il au lexicographe de commencer par dresser un tableau classique des auteurs avoués du pays, et de trier ensuite dans chacun d'eux les mots qu'ils ont le mieux employés dans leurs diverses acceptions. Mais il ne lui suffira pas de trouver le mot à citer, il faut surtout qu'il se trouve combiné de manière que la signification soit clairement déterminée par l'ensemble

et la suite de la phrase. Ce travail ne suffit pas encore ; il est bon d'indiquer aussi les quelques expressions vicieuses qui peuvent se trouver dans les grands écrivains qui ont illustré notre langue, car plus le talent fut grand, plus la contagion de leur exemple est dangereuse. Quant aux citations, il ne faut pas s'en tenir seulement aux écrivains de premier ordre ; combien se trouve-t-il, dans les écrivains d'un ordre inférieur, d'expressions, de phrases, de tournures heureuses que l'on aurait tort de dédaigner ! Il faut seulement être, à leur égard, beaucoup plus réservé qu'à l'égard des premiers. Jamais ce travail ne fut plus essentiel et plus indispensable qu'aujourd'hui, où le nombre des écrivains est si considérable et celui des écrivains purs et corrects si petit.

Pour justifier l'Académie de ne pas avoir admis d'exemples tirés des écrivains de génie qui ont illustré notre langue, M. Villemain dit : « On ne peut nier que cette méthode ne soit plus instructive, plus curieuse, plus agréable aux lecteurs, s'il y a des lecteurs de dictionnaires. Mais elle n'est pas, dans l'application, aussi sûre et aussi simple qu'on le croit. Il y aura toujours une extrême difficulté à poser la limite entre l'emploi, même le plus étendu, des ressources de la langue, et les saillies particulières de la passion et du génie des écrivains. L'idée d'un tel recueil, sous la forme de lexique ou d'index, se retrouve au déclin de toutes les langues ; et elle n'est propre souvent qu'à favoriser le retour à l'archaïsme, qui est une des phases et une des formes de ce déclin.

» Loin de fixer et de retenir l'usage, un dictionnaire ainsi conçu, excellent pour l'histoire de la langue, en rend, pour le goût, les applications indécises et illimitées. Car si, comme le remarque Cicéron, il n'est rien de si absurde qui n'ait été dit par quelque philosophe, il n'est rien, en fait de langage, de si étrange qui ne se trouve dans quelque écrivain, même estimé. Ce n'est pas tout : les beautés d'expression les plus rares ont été faites pour la place ; elles sont scellées à la pensée : les arracher, les découper, les entasser dans les pages d'un lexique, c'est toujours en altérer le sens et le caractère, et souvent tromper le lecteur. Si le goût d'une pareille étude prévalait trop, notre langue serait traitée bientôt en langue morte, qu'on écrit trop souvent avec un mélange de vieilles phrases qui sont copiées, et de tours nouveaux qui sont barbares. »

Ces raisons de M. Villemain ne me convainquent nullement. Bien que le choix et la disposition des exemples présentent d'assez grandes difficultés, ce n'est pas une raison pour ne pas tenter ce travail. Et la preuve que la timidité de l'Académie a été beaucoup trop grande en ce point, c'est que plusieurs lexicographes modernes ont suivi ce plan avec plus ou moins de succès, et que le public s'en est montré très-reconnaissant.

Les dictionnaires, il est vrai, sont plus faits pour être consultés que pour être lus ; mais est-ce une raison pour condamner le lexicographe qui sème de quelques fleurs les sentiers arides de la lexicographie? De belles pensées de Bossuet, de Pascal, de Fénelon, de Voltaire, etc., ne sont-elles pas plus propres à fixer l'acception d'un mot qu'une sèche définition, quelque parfaite qu'elle soit? S'il est difficile de fixer, par des exemples bien choisis, les diverses acceptions d'un mot, il est toujours permis d'en faciliter l'intelligence par des explications analogues à celles que l'on donne dans les dictionnaires de synonymes.

Un tel travail est, aux yeux de M. Villemain, un signe de décadence, parce que les travaux lexicographiques n'ont été entrepris, en Italie et en Grèce, qu'après l'âge d'or de la littérature. Cet argument n'est pas bien concluant, car on pourrait citer des travaux philologiques qui ont précédé le siècle de Périclès, et même, à l'époque la plus brillante de la littérature grecque, ne voyons-nous pas Platon et Aristote s'occuper de recherches grammaticales, et, sous le règne d'Auguste, Cicéron, César, Varron et plusieurs autres? Loin de contribuer à la décadence, des acceptions fixées au moyen d'exemples bien choisis, accompagnés d'annotations quand le besoin s'en ferait sentir, seraient plutôt un excellent moyen d'opposer une digue au mauvais goût beaucoup trop répandu de nos jours.

M. Villemain trouve qu'un dictionnaire conçu dans cet esprit ne pourrait servir qu'à l'histoire de la langue, mais qu'à tout autre point de vue il serait plutôt nuisible qu'utile. Ce qui l'a porté à adopter cette opinion, c'est qu'il a supposé que, dès qu'on adopterait ce plan, il faudrait admettre même les expressions vicieuses des bons écrivains, car il dit : « Si, comme le remarque Cicéron, il n'est rien de si absurde qui n'ait été dit par quelque philosophe, il n'est rien, en fait de langage, de si étrange, qui ne se trouve dans quelque écrivain, même estimé. » Il est singulier qu'il n'ait pas songé que jamais un lexicographe digne de ce nom n'admettra ces exemples vicieux sans les accompagner d'observations critiques.

Examinons maintenant son dernier argument. « Les beautés d'expression les plus rares ont été faites pour la place ; elles sont scellées à la pensée : les arracher, les découper, les entasser dans les pages d'un lexique, c'est toujours en altérer le sens et le caractère, et souvent tromper le lecteur. Si le goût d'une pareille étude prévalait trop, notre langue serait traitée bientôt en langue morte, qu'on écrit trop souvent avec un mélange de vieilles phrases qui sont copiées, et de tours nouveaux qui sont barbares. »

Pour que ce reproche de M. Villemain fût juste, il faudrait que les lexicographes n'eussent cité que des tronçons de phrase ; ce qui n'est pas : les meilleurs dictionnaires font des citations assez longues pour qu'on puisse parfaitement juger de l'emploi qu'un auteur a fait d'un mot dans un cas particulier. Par exemple, à propos de ce beau vers :

Et, monté sur le faîte, il aspire à descendre,

on ne se contentera pas de dire : *aspirer à descendre*, car toute la beauté de la pensée disparaîtrait ; on ci-

tera le vers entier. Exécuté de cette façon, un dictionnaire ne peut présenter les dangers que redoute le savant secrétaire de l'Académie française.

Il ne suffit pas de bien choisir et de bien classer ces exemples, il est bon aussi de n'en mettre qu'aux mots qui en sont susceptibles, c'est-à-dire aux mots usuels, oratoires, poétiques, ou pris dans un sens métaphorique. Mais les exemples ne sont pas utiles pour les mots scientifiques, techniques, dont la définition fait connaître suffisamment l'emploi.

Renvois. — Les matières traitées dans un dictionnaire sont si nombreuses, que souvent, pour économiser l'espace, on est obligé de renvoyer à un autre article. On doit le faire le plus rarement possible, parce que c'est doubler la peine de la personne qui se sert de l'ouvrage.

Voici les principales circonstances dans lesquelles les renvois paraissent nécessaires. Quand on a donné une forme irrégulière d'un substantif, d'un adjectif ou d'un verbe, on peut renvoyer au mot dont dépend cette forme pour en trouver les diverses acceptions.

Si on enregistre une forme orthographique peu correcte, on renvoie à celle qui est généralement adoptée.

Dans tous les cas, avant de faire un renvoi, il faut bien s'assurer que le mot auquel on renvoie existe dans le dictionnaire ; c'est ce que n'ont pas toujours fait les lexicographes, si bien qu'on le croirait quelquefois qu'ils ont voulu mystifier leurs lecteurs.

DES DIVERSES ESPÈCES DE DICTIONNAIRES. — *Dictionnaire universel.* — Le dictionnaire universel est celui qui ajoute à la langue générale l'ensemble de tous les idiomes spéciaux. C'est la seule espèce de dictionnaire réellement utile, car c'est là seulement qu'on peut trouver tous les renseignements dont on peut avoir besoin.

Dictionnaire universel encyclopédique. — On peut désigner, sous ce nom, les dictionnaires qui contiennent tous les mots de la langue, quels qu'ils soient, et qui, pour quelques-uns, ajoutent des développements assez étendus, comme cela a lieu dans les encyclopédies. Tel est le *Dictionnaire national*, de M. Bescherelle, et quelques autres récemment publiés.

M. Barré appelle *dictionnaire proprement dit*, celui de l'Académie, parce qu'il comprend, dit-il, « la langue usuelle dans toute son étendue, depuis l'expression la plus élégante des conversations, depuis les types les plus vigoureux de l'éloquence écrite, jusqu'aux locutions les plus précises qui servent aux affaires positives, et même jusqu'aux formes les plus familières du langage du peuple. C'est à la fois le répertoire des salons, des bibliothèques, des bureaux et même de ces lieux où, selon Dumarsais, il se fait tant de tropes en un jour. » Il n'est pas possible d'admettre de telles assertions. Avec le Dictionnaire de l'Académie, il y a impossibilité complète d'exprimer une pensée quelconque sans admettre quelque barbarisme, c'est-à-dire quelque mot non sanctionné par la docte société. Aussi M. Barré lui-même, dit-il plus loin : « Les besoins littéraires d'un grand nombre d'individus se bornent à parler et à écrire la langue française dans toute sa pureté et sa précision, et plutôt dans sa rigueur classique que dans toute son étendue possible : ceux-là ne demandent qu'un guide qui leur enseigne l'orthographe, le sens et les emplois actuels des mots; s'ils ne trouvent point dans le dictionnaire l'expression cherchée, ils se contenteront de s'en abstenir, de la remplacer par des équivalents. A ces personnes, le Dictionnaire de l'Académie suffit et bien au delà. » Et c'est cet ouvrage si incomplet que l'on nous présente comme le code de notre langue !

Ses admirateurs conviennent eux-mêmes qu'il renferme de très-nombreuses lacunes; mais ils s'en consolent, en disant : « Si vous ne trouvez pas un mot dans l'Académie, remplacez-le par un équivalent. » Mais est-ce la même chose? Y a-t-il des équivalents exacts? Et c'est avec ce code si inutile que vous voulez enseigner aux Français la propriété des termes? Vous me répondrez à cela, sans doute, que si les équivalents n'existent pas ou ne suffisent pas, on peut se servir de périphrases. C'est là, en effet, un excellent moyen d'acquérir de la concision !

L'Académie ne pèche pas seulement par omission. On y trouve encore assez fréquemment des erreurs. Par exemple, on lit au mot *Partial*: *Partial*, dans le style didactique, signifie quelquefois partiel. *Éclipse portiale*. Qui oserait s'exprimer ainsi? On y trouve aussi des expressions surannées, qui ne sont plus que dans la bouche du peuple, tels que *bouquet de fleurs d'orange, eau de fleurs d'orange*, pour *fleur d'oranger*. Des velours s'y rencontrent également : *entre-quatre-s-yeux*, expression fort en honneur à la halle. On y voit également des prononciations inexactes; tel est celle du mot *asthme*, que l'Académie figure *azme*, au lieu de *asme*.

Quant au système qu'elle a suivi pour admettre ou rejeter certains mots, il est impossible de s'en faire une idée: ce n'est pas un *Gradus* ou dictionnaire renfermant seulement les mots de la langue oratoire ou poétique ; car on y trouve des mots orduriers et des proverbes qui ne sont usités que parmi les classes les plus grossières de la société. Il ne faut donc pas s'étonner si, dès la première édition, on a extrait du *Dictionnaire de l'Académie*, un *dictionnaire des halles*. Cette critique, qui aurait été injuste pour un dictionnaire plus complet, ne l'était nullement pour le Dictionnaire de l'Académie; c'était une espèce de parodie, qui faisait très-bien ressortir les vices de l'ouvrage; aussi y a-t-on recouru plusieurs fois.

Si l'Académie ne voulait admettre que les expressions usuelles, pourquoi y trouve-t-on tant de termes de blason, de fauconnerie, dont quelques-uns même ne sont plus admis dans la science?

Dès que certains termes techniques s'y trouvent, pourquoi n'y en rencontre-t-on pas d'autres tout aussi usités, et quelquefois même davantage ? Ou il faut admettre une nomenclature complète, ou il faut la rejeter tout à fait.

Ainsi le Dictionnaire de l'Académie, pour mériter la réputation qu'on lui a faite, et qui est bien usurpée, devrait être entièrement refondu, et conçu sur de tout autres bases.

Je ne parle pas de ses innombrables contradictions orthographiques ou autres, car je n'en finirais pas.

Je ne dirai rien non plus de ses indécisions perpétuelles, car je n'ai pas dessein de faire une critique développée de cet ouvrage. Je me propose seulement d'appeler l'attention de mes lecteurs sur les imperfections de ce lexique.

On me répondra que si l'Académie a des défauts, les dictionnaires particuliers n'en sont pas exempts. Je suis loin de le nier; mais il faut remarquer qu'ils ne se trouvent pas dans la même position. L'Académie est subventionnée par le gouvernement pour faire son travail, qui est imposé dans toutes les administrations, tandis que les dictionnaires particuliers sont faits aux risques et périls des éditeurs, qui ont souvent à lutter contre de nombreux concurrents, au lieu que l'Académie n'en peut pas avoir. Plus elle jouit de priviléges, plus on doit se montrer sévère à son égard.

Dictionnaire historique du langage. — Celui qui prend tous les mots à leur naissance, à leur entrée dans la langue, les suit dans toutes leurs phases, dans toutes leurs modifications d'orthographe, de construction et d'acception, jusqu'à celles qu'ils ont reçues en dernier lieu, dans lequel toutes ces parties de chaque article doivent être appuyées d'exemples pris dans les auteurs des diverses époques. C'est en partie sur ce plan qu'a été composé le dictionnaire italien de la Crusca et le grand dictionnaire portugais. M. Pougens a publié le spécimen d'un grand ouvrage de cette espèce. Lacurne de Sainte-Palaye a tenté ce travail pour la langue du moyen âge. MM. Boissonnade et Bertin ont aussi fait quelques tentatives en ce genre. Enfin on dit que l'Académie française travaille depuis plusieurs années à un dictionnaire de cette espèce. Dieu veuille qu'il soit supérieur à celui qui porte son nom !

Dictionnaire portatif. — M. Barré désigne sous ce nom un dictionnaire qui n'est que l'abrégé du dictionnaire complet : il en reproduit tous les articles, dégagés seulement des raisonnements critiques et des développements qui ne sont demandés que par l'élégance du style ; on n'y rencontre pas non plus la même multiplicité d'exemples. Il est difficile de déterminer d'une manière exacte les limites qui séparent cette espèce de dictionnaire du vocabulaire et du dictionnaire de poche.

Vocabulaire [du latin *vocabulum*, nom d'une chose]. — Tout dictionnaire contenant simplement la liste alphabétique des mots d'une langue, sans explications détaillées ni exemples, et en particulier tout recueil de mots ou de termes qui appartiennent spécialement à une science ou à un art.

Ce mot a encore l'acception particulière d'ensemble de tous les mots d'une langue : Le VOCABULAIRE *de ce peuple est très-étendu*.

Glossaire [du latin *glôssa*, langue]. — Dictionnaire

servant à l'explication de certains mots abandonnés ou moins connus d'une langue, par d'autres plus connus de la même langue plus connus. Les principaux ouvrages de ce genre sont le glossaire de du Cange, *de la moyenne et de la basse latinité*, et son glossaire *de la moyenne et de la basse grécité*. Chaque pays a publié des glossaires particuliers sur les antiquités de sa langue nationale.

Outre ces glossaires généraux, on publie souvent des vocabulaires spéciaux, par des auteurs anciens ou modernes. On en a publié pour Homère, pour Xénophon, pour Pindare, etc. Beaucoup de nos anciens auteurs sont aussi accompagnés d'un glossaire, comme Rabelais, Montaigne, etc.

Glossaire se dit quelquefois abusivement d'un simple dictionnaire.

Lexique [du grec *lexikon*, fait de *lexis*, mot].—On appelle ainsi un dictionnaire de mots, mais surtout un dictionnaire grec.

Quelquefois on a employé ce mot adjectivement. On a publié plusieurs ouvrages, sous le titre de *Manuels lexiques*, de petits dictionnaires, dont l'usage est facile et fréquent, mais ces ouvrages ne sont pas spécialement grecs. En effet, il est arrivé à ce mot, ordinairement employé dans un sens très-restreint, d'être employé dans le sens plus étendu de dictionnaire.

On trouve aussi le mot lexique employé pour désigner un dictionnaire qui ne contient que les expressions et les locutions particulières à tel ou tel auteur, à tel ou tel mode de composition, à tel ou tel dialecte ou état de la langue.

On s'en est servi aussi pour désigner un dictionnaire d'une langue quelconque. Lexique français, italien, anglais, etc.

Dictionnaire de poche. — Le dictionnaire de poche est un dictionnaire de petit format, ne contenant que les mots les plus usuels, dont il donne l'orthographe et la définition indirecte. Cependant quelques-uns donnent une nomenclature assez étendue des expressions scientifiques et des termes techniques; leur utilité n'en est que plus grande. Quelques anglomanes, ennemis de tout ce qui a une physionomie française, ont voulu substituer à l'expression si claire et si intelligible de dictionnaire de poche, le mot anglais *peocket*, qui, jusqu'à présent, n'a pas encore été adopté. Faisons en sorte qu'il ne le soit jamais. Notre langue est déjà trop souillée de barbarismes anglais.

Gradus [du latin *gradus*, degré, marche]; le titre entier de l'ouvrage est *Gradus ad Parnassum*, c'est-à-dire degrés qui conduisent au Parnasse, montagne de Grèce consacrée aux Muses. — Le *Gradus* est un dictionnaire latin indiquant pour chaque mot la quantité, les synonymes, les épithètes, les périphrases, et quelquefois des morceaux de poésie latine. Il est ordinairement précédé des principes de la poésie latine.

M. Charpentier a publié, sous le titre de *Gradus français*, un dictionnaire contenant les règles de la poésie française, un dictionnaire de rimes et un vocabulaire de tous les mots de la langue poétique, avec des synonymes, des épithètes, des périphrases et des morceaux de vers, comme le *Gradus latin*.

Dictionnaire de rimes. — L'utilité de ce genre de dictionnaires est fort problématique. Si quelquefois un bon poëte, en le consultant, a trouvé le moyen d'exprimer une belle pensée, combien plus souvent a-t-il fourni à des gens sans talent le moyen de rimer malgré Minerve, et d'offenser la langue et le bon sens.

Dictionnaires de langues étrangères. — Ce que j'ai dit des dictionnaires français, s'applique exactement aux dictionnaires des autres langues.

Dictionnaires polyglottes. — On appelle ainsi les dictionnaires de plusieurs langues. Les uns ne contiennent que deux langues, comme les dictionnaires français-latins, grecs-latins, latins-français, grecs-français, dont on se sert dans les colléges, d'autres en contiennent un plus grand nombre, trois, quatre et même quelques-uns jusqu'à douze et quinze langues.

Dictionnaire encyclopédique. — Le dictionnaire encyclopédique diffère d'un dictionnaire universel en ce qu'il n'admet que certains mots; mais il donne sur chacun d'eux des développements plus considérables que ceux qu'on trouve dans les dictionnaires ordinaires. La nomenclature peut être plus ou moins complète, suivant que l'auteur réunit à un mot tous les développements qui s'y rattachent ou qu'il renvoie les détails aux mots secondaires rangés à leur ordre alphabétique. Quoique les premiers essais de dictionnaires encyclopédiques remontent assez haut, ce n'est que depuis une époque assez rapprochée de nous que le nombre des encyclopédies s'est multiplié chez tous les peuples civilisés. Il y en a de tous les formats, depuis l'in-folio jusqu'à l'in-18. Elles sont plus ou moins développées. Il y en a qui ont cinquante à soixante volumes; il y en a aussi qui n'en ont que deux ou trois, ou même quelquefois un seul.

Dictionnaire historique. — On comprend sous ce nom les dictionnaires biographiques ainsi que ceux qui traitent de l'histoire générale ou particulière d'un pays, d'une ville, etc.; ceux qui sont consacrés aux généalogies, etc. Comme tous ces ouvrages n'ont du dictionnaire que la forme, je ne m'en occuperai pas davantage.

Dictionnaire géographique. — Ce que je viens de dire des dictionnaires historiques s'applique exactement aux dictionnaires géographiques.

Dictionnaires scientifiques. — Le nombre de ces dictionnaires est très-considérable; les uns ne sont que de simples vocabulaires contenant les termes techniques avec de courtes explications; les autres contiennent sur chaque mot tous les développements nécessaires pour leur complète intelligence. Quelquefois ils sont accompagnés de planches qui éclaircissent certains passages du texte.

Dictionnaires technologiques. — Ce que je viens de dire des dictionnaires scientifiques s'applique parfaitement aux dictionnaires technologiques. La seule différence qui existe entre eux, c'est que les diction-naires scientifiques s'occupent plutôt des théories, et les dictionnaires technologiques des applications des arts aux sciences ou à l'industrie.

Dictionnaires monographiques. — On appelle ainsi les dictionnaires dans lesquelles on ne traite que de quelque point obscur ou difficile d'une science. Ainsi on a publié les *dictionnaires des participes*, *des verbes*, *des substantifs composés*, *des noms en al*, et pour que les ouvrages soient réellement utiles, il faut qu'ils exposent d'abord les règles générales de la matière, puisque chaque cas particulier est examiné avec tous ses développements dans un article spécial.

Ouvrages divers en forme de dictionnaires. — La commodité de l'ordre alphabétique a poussé à l'adopter pour les ouvrages les plus variés, ceux qui traitent des matières les plus graves comme ceux qui s'occupent des plus futiles. On a des dictionnaires d'a-necdotes, d'ana, de quolibets, de bibliographie, d'inscriptions, de légendes, et comme ces ouvrages n'ont d'autre ressemblance avec les dictionnaires que leur disposition, je ne m'en occuperai pas ; je ne les cite ici que pour mémoire.

J. B. PRODHOMME,
Correcteur à l'Imprimerie Impériale.

DIÉRÈSE (grammaire) [du grec *diaeresis*, divi-vision]. — La diérèse est une figure que l'on emploie quand, pour le besoin des vers, on fait deux syllabes de lettres qui, dans le langage ordinaire, n'en font qu'une. C'est ainsi qu'Horace a employé *silu-œ* pour *sylvœ*, et que Plaute a employé *i-am* pour *jam*.

Nous ne permettrions pas de telles licences à nos poëtes.

Beauzée désigne aussi le tréma sous le nom de *diérèse*, mais comme ce mot n'est pas usité en ce sens, je renverrai ce qui a rapport à cet article au mot *Tréma*. J. B. PRODHOMME.

DIÈSE (musique) [du grec *diésis*, action de faire passer au delà]. — Signe qui fait élever l'intonation musicale d'un demi-ton. Quelquefois on emploie le double-dièse pour élever l'intonation de deux demi-tons. La note précédée d'un dièse est appelée *note diésée* ; celle-ci est plus près de celle vers laquelle elle monte. Par exemple, *ut* dièse est plus près de *ré* que d'*ut*. « Les dièses placés à la clef marquent les modifications que doit subir l'ordre des demi-tons dans la gamme et déterminent ainsi le ton dans lequel tout le morceau est écrit. Ainsi, dans la gamme de *sol*, pour qu'il y ait cinq tons et deux demi-tons comme dans la gamme en *ut* majeur, il faut mettre un dièse. Les dièses se placent de quinte en quinte en montant. Dans la musique des anciens, le mot *diésis* était le nom d'un petit intervalle que nous appelons *comma*. Cet intervalle résultait de la différence de deux sons approximatifs, comme *ré* bémol et *ut* dièse ; ses proportions se déterminent par 128 : 125. On distinguait le *diésis enharmonique mineur*, qui haussait la note d'un quart de ton ; le *chromatique*, qui l'élevait d'un demi-ton mineur ; et l'*enharmonique majeur*, qui l'élevait de trois quarts de ton. »

DIÈTE (médecine). — Partie de la thérapeutique qui s'occupe de la nourriture des malades exclusive-ment. Le plus souvent ce mot est employé comme sy-nonyme d'*abstinence*, et indique alors la privation d'a-liments imposée au malade. — La nature elle-même indique la *diète* ou l'abstinence dans les *maladies aiguës*, qui s'accompagnent toujours de la perte de l'appétit. Dans beaucoup de cas, la diète seule peut amener la résolution de la maladie. Elle doit être fort sévère au début des maladies fébriles, et pen-dant leur développement. On peut commencer à permettre des aliments aux malades quand la fièvre a cessé et que la faim reparaît : on débute par des bouillons, auxquels plus tard on incorpore des fé-cules ; puis, on arrive aux panades, au régime lacté, aux poissons, aux légumes farineux ; enfin aux viandes blanches et autres plus nutritives ; ces ali-ments doivent être préparés simplement et sans épices. On permet en même temps une petite quan-tité de vin vieux, coupé avec autant d'eau ordinaire, et souvent avec un peu d'eau de Seltz. Dans les *ma-ladies chroniques*, on a recours à la diète lactée, au régime féculent, aux viandes blanches, aux légu-mes, etc.

Quant à ce qui concerne le rôle de l'abstinence dans les maladies les plus communes du cadre no-sologique, voici en quels termes M. Frédéric Durieu résume le résultat de ses observations et les préceptes pratiques qui en découlent :

« L'abstinence n'exerce aucune action sur les fièvres continues ; elle n'en modifie point la marche ni les manifestations symptomatiques.

» Dans ces affections, l'inanition prime souvent la maladie principale et devient une nouvelle cause d'accidents.

» Dans les fièvres intermittentes, on devra se gar-der de priver les malades de nourriture ; une alimen-tation insuffisante peut donner à la maladie un ca-ractère sinistre et faciliter le développement de la cachexie paludéenne.

» Très-utile dans les inflammations du tube diges-tif, l'abstinence ne doit jamais être conseillée dans les maladies dont elle peut favoriser la production, telles que la gastralgie, etc.

» Les inflammations du poumon sont combattues par l'abstinence avec autant de succès que par tout autre agent thérapeutique.

» Les épanchements séreux de la plèvre se résor-bent rapidement sous l'influence de la privation d'aliments et de boisson.

» L'abstinence prolongée peut contribuer puissam-ment à amender les symptômes des maladies du cœur lorsqu'il n'existe aucune lésion organique de ce viscère ; mais elle n'est d'aucun secours quand cet organe présente des altérations dans sa structure, dans les maladies des vaisseaux, etc.

» Les affections rhumatismales ne disparaissent point par l'emploi exclusif de l'abstinence.

» Cet agent diététique est funeste dans l'anémie.

» Facilement tolérée dans les névroses, l'abstinence ne doit jamais être mise en usage dans les névralgies.

» Enfin, dans les maladies de l'appareil urinaire, l'abstinence des boissons amène toujours une diminution notable dans la quantité des urines et dans la proportion d'albumine que ce liquide peut renfermer anormalement. »

DIEU. — Dans notre langue, ce mot est l'expression qui sert à désigner le Créateur de la nature universelle.

Dans toutes les langues et chez tous les peuples Dieu a son synonyme : *Jehovah* chez les Hébreux ; *Théos* chez les Grecs ; *Deus* chez les Latins ; *Allah* chez les Musulmans ; *Bouddha* chez les Chinois ; *Brahma* chez les Indiens. Il n'est pas même de peuplade sauvage qui n'ait une expression pour désigner Dieu ou le Grand-Esprit.

Dieu est un pur esprit, un principe immatériel ; principe éternel de vie et d'action, cause première et essentielle de tout ce qui existe.

Dieu est donc le Créateur de la nature universelle ; il est l'Auteur et le Principe de la vie.

Universellement répandu dans la nature, l'immensité est son domaine, l'infini son étendue ; il n'a jamais eu de commencement, il n'aura jamais de fin. Pour lui, le temps n'existe pas, car il est *éternel.*

Dieu est une intelligence parfaite et infinie. Il connaît à la fois le passé, le présent et l'avenir ; son horizon est sans bornes, sa vue est sans limites ; il est présent partout et dans le même temps, car il est *un et indivisible.*

Dieu est la puissance infinie ; par sa volonté il a fait sortir du néant la nature universelle et la lumière du chaos. Il a placé les astres au firmament et il fait graviter les mondes, dont le nombre est infini, dans l'immensité de l'espace sans limites.

C'est lui qui a commandé au soleil d'éclairer la terre et de la vivifier par sa bienfaisante chaleur. Il a placé l'homme au sommet de sa création sur le globe terrestre ; il lui a donné une âme intelligente et libre, capable de s'élever jusqu'à lui, de comprendre les merveilles de sa création et les lois sur lesquelles elle est établie.

Dieu a créé la nature entière dans un état parfait d'harmonie, et l'harmonie est le caractère essentiel de ses œuvres. Tout dans la création tend sans cesse à l'harmonie ; elle repose sur une loi fixe et invariable ; cette loi est éternelle et immuable comme Dieu lui-même ; sur cette loi d'harmonie universelle repose aussi l'ordre providentiel de Dieu au sein de l'univers.

Dieu est l'Auteur et le Principe de la vie ; c'est Lui qui donne la vie, c'est Lui qui l'entretient et qui la conserve. La vie est la manifestation évidente de son amour immense et infini. Tous les êtres doués de la vie procèdent de sa puissance créatrice par la loi de vie et d'amour dont il est la source éternelle. C'est Lui qui préside à la procréation de chaque être pris isolément, comme il préside à la reproduction incessante de tous les règnes dans la nature. C'est Dieu qui donne à chaque être vivant le pouvoir de transmettre la vie par la voie de la génération, mais seulement dans des conditions identiques à sa propre nature. — Voy. *Animisme.*

La loi de la transmission de la vie est le résultat de sa fécondité bienfaisante ; par elle il perpétue sa création, et la nature vivante devient impérissable.

L'homme, créé à l'image de Dieu, est le chef-d'œuvre de sa création sur le globe terrestre. L'âme qui l'anime est une émanation de Dieu lui-même, une émission de son essence divine.

C'est Dieu qui préside à la procréation de chaque homme par la loi de vie et d'amour dont il est le principe éternel.

L'Humanité procède donc de la puissance créatrice de Dieu ; il est, par conséquent, le Père de l'Humanité, et tous les hommes sont ses enfants.

Dans la pensée de Dieu, l'Humanité est comme un seul homme ; elle représente une seule famille dont il est le Père. Donc tous les hommes sont frères en Dieu. Devant Lui, tous les hommes sont égaux ; ils ont les mêmes droits à son amour et à ses bienfaits ; ils lui doivent le même amour et la même reconnaissance ; ils ont aussi les mêmes devoirs à remplir.

Cette identité d'origine de tous les hommes, cette corrélation de droits et de devoirs réciproques établit le grand principe de l'égalité et de la fraternité humaines. Sur elle repose la solidarité mutuelle des familles et des peuples. Elle est la base du lien social ; sur elle repose aussi l'ordre providentiel de Dieu au sein de l'humanité.

Dieu étant un pur esprit universellement répandu dans la nature, ne peut être perçu par les sens, car les sens, organes matériels, ne peuvent mettre l'homme en rapport qu'avec des objets matériels ; mais il est parfaitement compris par l'âme humaine parce qu'elle est elle-même, nous l'avons dit, une émanation de Dieu lui-même, une émission de son essence divine. — Voy. *Ame.*

Preuves de l'existence de Dieu. — Dieu se manifeste à l'homme par les merveilles de sa création. Pour les savants, l'idée de Dieu se rattache principalement à la connaissance des lois éternelles sur lesquelles repose l'harmonie de l'univers.

L'homme connaît Dieu par ses divins attributs, par ses perfections infinies et par ses bienfaits providentiels. Nous venons d'énumérer les principaux attributs de Dieu qui sont : l'Unité, l'Éternité, la Puissance créatrice infinie, l'Harmonie et la Perfection infinie, l'Amour infini, principe et source de la vie universelle.

L'idée de Dieu, présentée ainsi dans toute sa grandeur et dans toute sa simplicité, s'impose fatalement et nécessairement à la raison humaine. Dégagée des mystères dont on l'a bien souvent enveloppée, elle apparaît à l'âme humaine radieuse comme un soleil, car elle est l'expression de la vérité éternelle ; elle est la divine lumière qui éclaire l'intelligence humaine. Elle se révèle à l'homme par les lois harmoniques de la création ; car, nous le répétons, l'harmonie, c'est la pensée de Dieu, c'est le but de la création, *Dieu est vérité comme il est harmonie.*

En effet, quel est l'homme qui pourrait nier Dieu

ou la cause première? qui pourrait ne pas admettre l'Être Suprême ou l'Intelligence Créatrice par laquelle l'univers a été créé? qui pourrait ne pas reconnaître cette force ou puissance supérieure, absolue et nécessaire qui conserve l'univers dans un état parfait d'harmonie? Nous avons, dans un autre article, prouvé surabondamment qu'il n'y a pas un seul athée qui nie Dieu de bonne foi; disons ici que, sans Dieu, la nature entière rentrerait dans le chaos. L'absence de Dieu dans la nature, ce serait le néant.

Manifestation de Dieu par sa Providence; preuves physiques. — Nous avons dit que Dieu se manifeste à l'homme, non-seulement par ses divins attributs, mais aussi par la multitude de ses bienfaits providentiels. En effet, l'homme qui réfléchit trouve Dieu dans la beauté de l'univers créé, dans l'harmonie qui préside à sa conservation, dans le retour périodique des saisons, dans toute la nature vivante et animée; pour lui, l'herbe des champs, les fleurs, les fruits qui parent la nature, la végétation, la procréation des animaux, leurs instincts naturels, sont, chaque jour, la preuve de l'existence de Dieu. Il voit que tout a été réglé et harmonisé par Dieu pour satisfaire aux besoins de la vie de l'homme.

Si l'homme fait un retour sur lui-même et qu'il considère son organisation, il trouve dans sa nature physique la preuve de l'existence de Dieu. En effet, il a reçu de son Créateur le type le plus beau et le plus parfait de l'organisation; sa pose verticale, son regard intelligent, sa figure noble et majestueuse, font de lui la plus belle merveille de la nature créée. Son corps est composé d'organes qui tous concourent simultanément au même but; ce but, c'est la vie. Ces organes forment des systèmes différents, ayant des fonctions diverses qui toutes concourent à l'unité vitale; tous ces systèmes organiques fonctionnent avec une régularité parfaite sous l'influence du principe vital. Le principe vital n'est lui-même qu'une faculté de l'âme humaine; c'est une force ou puissance inhérente aux organes qui maintient l'équilibre entre toutes les fonctions organiques, et l'harmonie qui en résulte constitue la santé (voyez *Animisme*). La force vitale est soumise elle-même à la loi d'harmonie universelle qui émane de la création, et la loi de l'harmonie vitale, sur laquelle repose la vie et la santé, est un bienfait de la Providence envers l'homme. C'est Dieu qui y préside comme cause première; car il est le principe de la nature conservatrice.

Dans chaque organisme, Dieu a placé un sentiment instinctif qui avertit l'homme de ses besoins organiques; ce sentiment est comme une sentinelle vigilante qui indique à l'homme la nécessité qu'il y a de les satisfaire pour la conservation de sa vie et de sa santé (voy. *Appétit*). Les appétits instinctifs révèlent à l'homme son Créateur; ils ne sont autre qu'une action providentielle intérieure qui veille incessamment à la conservation de son œuvre.

Là ne se borne pas ce que Dieu a fait pour l'homme et pour l'humanité. Il lui a donné l'empire de la terre qu'il habite, et il l'a créé pour le rendre parfaitement heureux par la possession de tous ses dons; il lui a donné l'intelligence, la parole et le génie, afin qu'il puisse dompter les animaux et maîtriser les éléments; il a voulu qu'il fût le roi de la nature terrestre.

Preuves morales de l'existence de Dieu. — La Providence de Dieu ne s'est pas bornée, pour l'homme, aux besoins matériels de la vie; il a fait beaucoup plus encore pour son bien-être moral et intellectuel.

En créant l'homme, Dieu lui a donné une âme intelligente et libre, douée de facultés supérieures par lesquelles il peut s'élever jusqu'à Lui et accomplir sa destinée dans le grand œuvre de sa création.

Ces trois facultés supérieures de l'âme humaine sont la raison, la conscience, le libre arbitre.

Pour accomplir sa destinée, Dieu a imprimé à l'âme humaine une loi morale qu'il a gravée en traits ineffaçables dans la conscience de chaque homme venant au monde; cette loi, c'est la loi de justice et d'amour fraternel et divin. Elle constitue la loi divine et humanitaire de Dieu; elle est indéniable et inattaquable; elle est immuable et elle est éternelle comme Dieu lui-même. La loi morale universelle est obligatoire pour tous les hommes sans exception; nul ne peut la modifier ni la changer sans s'élever contre Dieu lui-même, sans prétendre substituer son autorité à celle de Dieu, et sans chercher à renverser un ordre providentiel au sein de l'humanité. — Voy. *Athéisme*.

L'homme connaît cette loi divine par sa raison; par sa conscience, il apprécie la valeur morale de ses actions par rapport à la loi de Dieu, et, en vertu de son libre arbitre, il est libre d'accomplir sa tâche dans le grand œuvre de la création.

Dieu se révèle à l'homme par sa loi morale et humanitaire; car elle s'impose fatalement et nécessairement à la conscience humaine. Seule, cette loi peut s'appliquer à toutes les nations; seule aussi, elle peut constituer la religion universelle des peuples selon la pensée du Christ. — Voy. *Christianisme*.

La loi morale et humanitaire de Dieu n'est autre que la loi naturelle qu'il a donnée à l'homme dès la création. Elle n'a d'autre but que d'établir et de conserver l'harmonie au sein de la grande famille humaine, dont il est le Père, pour le bonheur de tous ses enfants; car *Dieu est le type de l'amour paternel.*

Pour constituer l'harmonie sociale, but de la création humanitaire, Dieu a doué l'âme humaine de deux facultés essentielles : l'intelligence et le sens moral. Il lui a donné une âme, non-seulement intelligente, mais affective. Il a créé l'homme naturellement bon, sensible, aimant, et il a voulu qu'il trouvât dans les sentiments affectifs de son âme les plus puissants éléments de son bonheur. En un mot, il a tout réglé, tout harmonisé, afin que l'organisation morale de l'homme pût répondre à la grandeur de ses desseins.

L'harmonie entre l'intelligence et le sens moral constitue l'essence de la raison humaine; elle est manifestée par la conscience.

La conscience est au sens moral ce que la raison est à l'intelligence. Elles sont l'une et l'autre un bienfait providentiel destiné à gouverner les impulsions instinctives de la nature humaine vers le but moral de la création pour l'accomplissement des desseins éternels.

Dieu a placé dans l'âme humaine un sentiment puissant et attractif, la sympathie, qui rattache l'homme à son Créateur, à sa famille et à ses frères en Dieu. Ce sentiment naturel dérive de sa loi d'harmonie universelle; il constitue l'amour moral, amour pur, amour saint, qui a sa source en Dieu, d'où il émane, pour s'irradier sur la famille et sur l'humanité; car Dieu est tout amour : *Deus charitas est.* L'amour moral, qui n'est autre que la manifestation du sens moral, est aussi la manifestation la plus évidente de Dieu par rapport à l'âme affective.

C'est au sens moral de l'homme que se rattachent les sentiments naturels de l'amour paternel ou maternel, de l'amour filial et de l'amour conjugal qui, seuls, constituent le lien moral de la famille.

C'est au sens moral des peuples que se rattachent les sentiments d'équité qui constituent le lien moral des nations.

C'est au sens moral que se rattachent les sentiments de justice, d'amour divin et fraternel qui constituent le lien moral de l'humanité.

Le sens moral est donc l'unique base sur laquelle est établie l'harmonie de l'ordre providentiel de Dieu sur l'humanité, comme l'amour moral est le seul lien qui rattache l'homme à l'humanité et à Dieu, et Dieu à l'humanité. C'est sur cette harmonie, établie par Dieu lui-même, que repose le bien-être moral de l'homme, des familles et des peuples.

L'Harmonie morale repose elle-même sur l'accomplissement des devoirs de l'homme envers Dieu, envers sa famille et envers ses frères en Dieu. L'ensemble de tous ces devoirs constitue la loi humanitaire ou naturelle que Dieu a donnée à l'homme dès la création. Celui qui les accomplit tous, pratique la loi de Dieu; par conséquent, il adore Dieu en esprit et en vérité. Dieu a pour agréables ses actions : Il sera son éternelle récompense.

C'est donc dans les sentiments affectifs qui constituent le lien moral de la famille et dans l'accomplissement des devoirs qu'ils imposent, que l'homme puise la véritable source de son bonheur comme membre de la famille.

C'est dans les sentiments de justice, d'amour fraternel et divin et dans l'accomplissement de ses devoirs sociaux, que l'homme trouve les éléments de son bien-être comme membre du corps social.

C'est dans les sentiments d'équité qui constituent le lien moral des nations, qu'existe l'équilibre social et la paix universelle des peuples.

En créant l'homme, Dieu a placé en lui les sentiments affectifs qui constituent l'amour moral; éclairés par la raison, ils sont le flambeau et la divine lumière qui doit le guider dans la vie morale.

Il a formé lui-même le lien de famille, car la famille, c'est le but de la création, et c'est dans la famille qu'il a placé pour l'homme les plus puissants éléments de son bonheur. Et, nous le répétons, ce bonheur repose sur les sentiments affectifs qui en sont le lien moral.

Dans la pensée de Dieu, nous ne pouvons trop le répéter, l'humanité émanant de sa puissance créatrice, représente une seule famille dont il est le Père, et la grande famille humanitaire est subdivisée en une infinité de familles unies par les mêmes sentiments. Ces familles réunies forment des peuples, des nations qui doivent tous s'unir par les sentiments d'équité et de fraternité pour constituer l'harmonie sociale du peuple de Dieu.

Le lien moral de la famille, comme le lien social, reposent l'un et l'autre sur la loi puissante et attractrice de l'amour moral. Cette loi de l'amour moral émane de Dieu comme principe; elle revient vers Lui comme but: d'une part, par l'union sympathique des membres de chaque famille, et de l'autre par l'union fraternelle et sympathique de tous les hommes qui sont frères et enfants de Dieu.

D'après l'exposé simple et rationnel de la nature de l'homme moral, qui pourrait élever des doutes sur l'existence de Dieu? Qui pourrait nier sa loi morale universelle? Qui pourrait méconnaître la Providence et le but de la création humanitaire? Pour tout homme dont le sens moral n'a pas été perverti par les passions égoïstes, il est évident que Dieu régit par ses lois éternelles l'homme moral comme il régit l'homme physique; qu'il a tout fait pour établir et pour conserver son harmonie providentielle au sein de l'humanité comme au sein de la nature universelle; qu'il voulait, par ses lois sages et harmoniques, que l'homme pût, dès cette vie, jouir par anticipation du bonheur qu'il lui réservait dans l'immortalité, et l'homme qui a le sens moral droit reconnaîtra que s'il n'a pas conservé ce bonheur primitif pour lequel Dieu l'a créé, c'est qu'il a renversé lui-même le principe d'harmonie sur lequel il repose; c'est qu'il a détruit l'ordre de sa Providence envers l'humanité.

Manifestation de Dieu par le progrès intellectuel de l'humanité. — Dieu ne se révèle pas seulement à l'homme par l'harmonie de son organisation morale, mais aussi par le progrès intellectuel de l'humanité, dont il est le principe.

En créant l'homme, Dieu lui a donné le génie, et le génie est le feu sacré de l'intelligence humaine. Dieu est le foyer d'où il émane, car il s'inspire aux sources mêmes de sa création; c'est Dieu qui inspire l'homme de génie, c'est lui qui lui découvre les secrets et les lois de la nature universelle.

L'homme ne fait pas ces lois; il les voit, il les découvre. Dieu seul est l'auteur de ces lois; sur elles est établie la conservation de ses œuvres éternelles.

L'homme de génie suit l'impulsion qui le dirige; Dieu est lui-même le moteur de cette impulsion. Il est la puissance attractive qui l'attire sans cesse dans le cercle des idées de sa découverte.

Chaque découverte du génie humain n'est qu'une application raisonnée d'une des lois qui constituent l'harmonie de la création. Elle est, par conséquent, un bienfait providentiel de Dieu en faveur de l'humanité.

L'homme de génie cherche d'abord la loi; il la découvre; puis il en fait l'application. Il perfectionne graduellement ces applications; il crée ainsi les sciences, les arts et l'industrie.

Lorsque le génie humain prend ses inspirations dans le sentiment religieux, il produit les sublimes conceptions de la pensée; lorsqu'il s'inspire dans le sentiment de l'amour moral, il produit les grandes découvertes et les actions héroïques, il humanise les peuples, il civilise les nations, il contribue à l'amélioration de l'homme, il augmente le bien-être physique et moral des populations; En un mot, il favorise le développement du vrai progrès social et humanitaire.

Si, au contraire, il a pour point de départ, l'égoïsme, le génie s'individualise: il tend à accumuler les richesses par la spéculation et par le monopole, il s'oppose à l'amélioration de la condition humaine, il arrête le vrai progrès et détruit l'harmonie de l'ordre providentiel.

Qui pourrait douter de l'action providentielle de Dieu sur l'humanité en voyant le progrès réalisé depuis un demi-siècle par le génie humain? Déjà des voies ferrées couvrent l'Europe et l'Amérique; elles sillonnent de toutes parts les pays civilisés. Déjà le fil électrique fait communiquer entre elles les grandes nations. Bientôt il va relier deux continents. Des canaux immenses vont être ouverts pour faire communiquer les deux Océans. Les grandes montagnes seront traversées par des voûtes souterraines, et les vallons seront comblés pour faciliter les communications sur tous les points. Le génie humain, inspiré par Dieu, s'est déjà élevé à une hauteur prodigieuse. Des prodiges plus grands encore seront réalisés par lui pour aplanir tous les obstacles qui peuvent s'opposer à l'accomplissement des desseins éternels!

Dieu, dans sa sagesse infinie, a résolu d'appeler tous les hommes à l'unité fraternelle, but de sa création humanitaire. Il fait concourir au même but toutes les intelligences d'élite; chacun, sans s'en douter, apporte son contingent à l'œuvre immense et générale du progrès humain. Il fait servir à ses desseins toutes les passions humaines. L'ambition des uns, la cupidité des autres, le travail et les forces de tous; ceux-là même qui commandent et qui exécutent ces travaux gigantesques ne se doutent même pas du but que, dans la pensée de Dieu, ils sont appelés à réaliser. Mais ceux qui observent l'action providentielle de la Divinité, voient, dans les immenses travaux qui s'exécutent et dans le progrès qui se réalise, les éléments d'une civilisation progressive destinée à cimenter un jour l'alliance fraternelle de tous les peuples de la terre. Ces hommes ont la prescience de la vérité, car Dieu place au-dessus de toutes les combinaisons humaines le bonheur social des peuples et le bien-être général de ses enfants.

A la vue du progrès intellectuel qui s'accomplit, qui pourrait mettre en doute l'action de l'intelligence créatrice qui dirige le génie humain, pour réaliser en faveur de l'humanité cette pensée d'harmonie qui jaillit comme une vive lumière de tous les points de l'univers créé? L'humanité marche à grands pas vers la perfection qui doit enfin rapprocher l'homme de son créateur, et elle y arrivera certainement par le concours simultané de toutes les intelligences d'élite agissant sous l'œil de Dieu, pour réaliser sa pensée divine.

Les prodiges déjà opérés par le génie humain, sont la preuve évidente que Dieu veut enfin rétablir son ordre providentiel au sein de la grande famille humaine.

En effet, qui pourrait en douter en voyant les mers sillonnées de toutes parts par les nombreux navires qui transportent rapidement hommes et marchandises d'un pôle à l'autre pôle, du nord au midi, de l'orient à l'occident, pour les besoins de tous les peuples?

Comment l'homme qui réfléchit ne comprendrait-il pas l'avenir que Dieu prépare aux nations, en voyant sur la terre qu'il habite les distances s'effacer par la rapidité avec laquelle la locomotive, lancée par la vapeur, franchit l'espace, entraînant à sa suite hommes et marchandises pour faciliter les affaires et le bien-être général de tous?

Enfin, comment l'homme qui réfléchit ne proclamerait-il pas hautement l'action de Dieu sur les destinées humaines, en voyant qu'il peut communiquer sa pensée et sa volonté à travers l'espace avec la rapidité de l'éclair, à l'aide d'un agent invisible émanant de sa puissance créatrice? Comment ne verrait-il pas, dans la découverte du télégraphe électrique, un progrès appelé à opérer des merveilles; progrès qui tient du prodige, puisqu'il rapproche l'intelligence humaine des purs esprits qui se meuvent avec la rapidité de la pensée dans l'espace infini des mondes?

Mais, pour réaliser l'harmonie sociale selon la pensée divine, il faut que les peuples comprennent bien que le véritable progrès humain se compose, non-seulement du progrès intellectuel ou industriel, mais aussi du progrès moral; il faut que ces deux ordres de progrès concourent simultanément au même but. Ce but, c'est le bien-être général des familles et des peuples.

Le progrès intellectuel ou industriel seul, sans le progrès moral, ne peut conduire l'harmonie sociale; car alors il s'individualise et tend à substituer la créature à son créateur. En un mot, il tend à matérialiser l'âme humaine et à éloigner l'homme de Dieu.

Sans le progrès moral, le progrès industriel n'a d'autre but que d'accumuler les richesses dans les mains de quelques-uns au détriment du bien-être général des masses. Par conséquent, il est antisocial; il s'oppose au véritable progrès; il détruit le lien de la solidarité humaine; il rompt l'équilibre social; en un mot, il détruit l'harmonie de la création au sein de l'humanité.

Le progrès moral consiste dans l'accomplissement de la loi de justice et d'amour à laquelle tous les hommes sont soumis sans exception : à cette loi se rattache, comme nous l'avons dit, les devoirs de la famille comme les devoirs sociaux; ils ont aussi pour but le bien-être général des familles et des peuples; et un des devoirs sociaux les plus importants, c'est de faire concourir les découvertes du génie, qui nous viennent de Dieu, au bien-être de tous. Tel est le progrès moral de l'humanité, sur lequel est fondée l'harmonie sociale; tel est l'unique moyen de rétablir l'ordre providentiel au sein des nations par la solidarité mutuelle de tous les membres de la grande famille humaine; telle est la loi sur laquelle repose la véritable richesse des nations. Elle seule peut constituer leur force, leur puissance; elle seule peut assurer leur durée.

C'est donc par le concours simultané de toutes les forces et de toutes les intelligences que l'humanité progressive doit accomplir sa destinée dans le grand œuvre de la création; elle arrivera au but qu'elle doit atteindre lorsque chacun apportera librement sa pierre à la construction de l'édifice social, représenté par le progrès humain.

Les uns doivent y concourir par le travail manuel; les autres, par le génie de la science, des arts, de l'industrie; d'autres, par le génie des affaires et de la navigation; d'autres, par l'émission libre et facile des capitaux qu'ils possèdent pour alimenter le travail. Un certain nombre par la propagation des lumières et des vérités qui sont appelées à régénérer l'humanité; quelques-uns, enfin, en coordonnant avec sagesse les matériaux que chacun aura apportés pour constituer l'édifice social sur le plan du grand Architecte de l'univers, c'est-à-dire, sur les principes d'équité qui émanent de sa loi morale et humanitaire.

Lors donc que tous les hommes, éclairés par la lumière de la vérité, auront reconnu qu'ils sont tous frères et enfants de Dieu, et que par, conséquent, ils ont les mêmes droits à son amour et à ses bienfaits; lorsqu'ils auront compris qu'ils doivent tous concourir, selon la mesure de leurs forces, de leurs facultés ou de leurs richesses à l'accomplissement des desseins de Dieu, alors seulement l'harmonie sociale sera établie, la paix universelle sera fondée, le véritable progrès humain réalisé. Alors tous les hommes, unis par le sentiment religieux, qui a sa source dans le grand principe de l'amour fraternel et divin, enseignée par le Christ, adresseront ensemble au Dieu éternel une hymne de reconnaissance et d'amour!   Dʳ PÉTRON.

DIFFRACTION (physique). — Déviation qu'éprouve la lumière, en rasant les bords d'un corps opaque. Le P. Grimaldi (*physico-mathesis de lumine, coloribus et iride*; Bologne, 1665) a, le premier, observé cette inflexion des rayons sur la surface des corps, et d'où résulte non-seulement une plus grande ombre, mais encore différentes couleurs à côté de cette ombre, fort semblables à celles de l'expérience ordinaire du prisme. Lorsqu'on regarde le soleil à travers les barbes d'une plume ou auprès des bords d'un chapeau, ou de tout autre corps filamenteux, on aperçoit une infinité de petits arcs-en-ciel ou franges colorées. C'est là le phénomène de diffraction, que le P. Grimaldi regardait comme une espèce particulière de transmission de la lumière. Brisson attribua la cause de la diffraction à l'atmosphère particulière dont tous les corps seraient entourés, et dont la densité différerait de celle de l'air. D'après cette hypothèse, les rayons de lumière, rasant les bords des corps, seraient diversement réfractés en traversant l'atmosphère particulière qui envelopperait chaque corps; et dans ces atmosphères, il y aurait non-seulement réfraction, mais encore réflexion de la lumière, comme cela arrive dans les gouttes de pluie présentant les apparences de l'arc-en-ciel. Les phénomènes de diffraction ont été particulièrement examinés par le docteur Young, qui introduisit le premier dans la science, le mot d'*interférence*. (*Hœfer.*)

DIGESTION (physiologie). — Fonction par laquelle certaines substances, connues sous le nom d'aliments, sont converties par une série d'organes (appareil digestif), en un fluide susceptible de se transformer en la propre substance des organes, et que l'on connaît sous le nom de *chyle*.

Chez l'homme, l'appareil digestif s'étend de la bouche à l'extrémité inférieure du tronc. Il se compose d'organes immédiats et d'organes accessoires. Les premiers, qui embrassent toute l'étendue du canal alimentaire, comprennent successivement la bouche, le pharynx, l'œsophage, puis l'estomac, le duodénum, le reste des intestins grêles, et enfin le gros intestin, le cœcum, le colon et le rectum. Au nombre des organes accessoires se présentent, dans le même ordre de position, les glandes salivaires, les amygdales, le pancréas et le foie, lié lui-même par les matériaux qui fournissent à sa sécrétion, avec la circulation de la veine-porte, la rate, etc.

Voici le mécanisme de la digestion chez l'homme : après le travail préliminaire de la *mastication* et de l'*insalivation*, les aliments sont transmis par la *déglutition* à l'œsophage, qui les conduit dans l'estomac, où ils pénètrent par un orifice appelé *cardia*. Là, le bol alimentaire est dissous par le suc gastrique; il subit en même temps de douces pressions de la part des parois membraneuses et contractiles de l'estomac; soumis à l'influence de 40° et de l'humidité, il se trouve au bout de quatre à cinq heures, converti en une pulpe grisâtre et homogène, qu'on appelle le *chyme*. Celui-ci passe, par petites portions, à travers une ouverture nommée *pylore*, dans le premier intestin ou *duodénum*, où sa présence produit une excitation qui détermine un afflux de bile et de fluide pancréatique, dont le contact lui fait subir une *seconde digestion*. Ainsi élaborée par ces fluides, la masse chymeuse est poussée dans l'intestin grêle, où les vaisseaux *chylifères* ou *absorbants* en extraient les éléments nutritifs, qui, sous le nom de *chyle*, sont portés dans le torrent de la circulation. A mesure qu'il fournit à l'absorption, le chyme prend une couleur plus foncée et une consistance plus grande; modifié encore par les mucosités intestinales, il arrive au gros intestin, où il se durcit, se colore de plus en plus, et acquiert une fétidité qu'il n'avait pas alors; enfin, parvenu au rectum, il est rejeté au dehors par les contractions des muscles inférieurs du tronc.

Les phénomènes chimiques qui s'accomplissent dans le canal digestif ont pour but final l'absorption des substances alimentaires, c'est-à-dire leur transformation en une série de produits *solubles*, capables de traverser les membranes intestinales, et de pénétrer dans le cercle de la circulation du sang.

L'*insalivation*, la *chymification* et la *chylification*, sont les principaux phénomènes chimiques de la digestion. Nous ne parlerons ici que des deux premiers, renvoyant aux mots *chylification* et *absorption* pour compléter l'étude de la digestion chez l'homme.

L'*insalivation* consiste dans l'imbibition des substances soumises à la mastication par la salive. On croyait, il y a peu d'années encore, que la salive avait pour but unique de dissoudre les aliments; on supposait alors, qu'à défaut de ce fluide, les boissons pouvaient y suppléer; c'est une erreur que la science a démontrée. On sait aujourd'hui que la salive renferme une matière spéciale, la *ptyaline*, qui est un véritable *ferment* destiné à transformer en *glucose* ou *sucre d'amidon*, les aliments féculents, afin de les rendre solubles et assimilables.

La *chymification* ou digestion stomacale est la conversion des aliments ou *chyme*, espèce de pâte grisâtre demi-liquide, sous l'action chimique du suc gastrique, liquide acide renfermant un principe particulier, la *pepsine*. Ce principe, véritable ferment, possède la propriété de dissoudre et de rendre assimilables la fibrine, l'albumine coagulée et toutes les substances azotées.

En résumé, la digestion stomacale se réduit à ces deux actions :

1° Transformation par la ptyaline des aliments féculents en glucose.

2° Transformation par la pepsine des aliments azotés en une substance soluble appelée albuminose.

La digestion s'accomplit chez l'homme, avons-nous dit, en quatre ou cinq heures. Elle est beaucoup plus active chez les enfants et les adolescents; aussi convient-il de multiplier leurs repas, toutefois en les réglant. Les vieillards, au contraire, digèrent avec difficulté et lentement, un seul repas quelquefois suffit à les maintenir en bonne santé. Deux repas par jour sont le régime le plus convenable à l'âge mûr. Au reste, le temps de la digestion varie avec l'état de santé, les occupations, le genre de vie, le climat qu'on habite, etc. Tout ce qui fait refluer le sang aux extrémités, comme la saignée, le bain, un exercice violent, doit être évité pendant la digestion. Au contraire, elle peut être utilement aidée par des boissons toniques, telles que le café, le thé, le vin, qui sont stimulantes et activent la sécrétion du suc gastrique. Lorsque la digestion est laborieuse, on sent une augmentation de chaleur intérieure, accompagnée d'accélération du pouls, et suivie d'une sensation de torpeur et même de somnolence lorsqu'elle s'achève.

B. LUNEL.

DIGESTION COMPARÉE. — Tous les animaux, sauf les infusoires et les spongiaires, qui se bornent à opérer, par la surface même du corps, les échanges nécessaires à l'entretien de la vie, tous les animaux, disons-nous, possèdent une cavité intérieure, dans laquelle sont reçues et élaborées les matières nutritives. L'appareil de la digestion présente de nombreuses variétés de forme, de texture, de disposition; il se simplifie de plus en plus, à mesure qu'on descend dans la série animale, pour se réduire à une cavité qui reçoit la nourriture et rejette le résidu par une même ouverture. Mais l'essence de la fonction reste toujours la même; des sucs variés sont déposés à la surface des cavités, les aliments y séjournent un temps plus ou moins long, se dissolvent dans les sucs digestifs, et pénètrent enfin, par des voies diverses, dans l'épaisseur même des tissus qu'ils doivent nourrir.

Digestion des carnivores. — La digestion des mammifères en général offre avec celle de l'homme la plus grande analogie. La principale différence porte sur le régime, qui est ou animal ou végétal. Chez les carnivores, les dents sont tranchantes, les canines longues et pointues, les molaires garnies d'aspérités, se croisant et agissant comme des branches de ciseaux (voy. *Dents*). La mâchoire inférieure est mise en mouvement par des muscles masséters et temporaux puissants; l'articulation, entourée de ligaments solides, ne permet guère que des mouvements d'élévation et d'abaissement. Le tube intestinal est court, l'estomac sécrète un suc gastrique d'une puissance dissolvante très-grande, et la digestion est très-rapide. Du reste, les appareils salivaire, pancréatique et biliaire sont généralement composés comme ceux de l'homme.

Digestion des herbivores. — Les herbivores se distinguent par la longueur du tube digestif, et quelques-uns par la multiplicité des renflements de ce canal. Nous avons vu, au mot *Dents*, la différence que présente leur système dentaire avec celui des carnivores; ajoutons que les mouvements de leurs mâchoires sont aussi très-différents, car ils s'exécutent non-seulement perpendiculairement, mais d'avant en arrière et latéralement. Chez les ruminants, la langue est longue, charnue, couverte d'aspérités pour faciliter la préhension des aliments. L'estomac est multiple : il se compose de quatre poches qui communiquent les unes avec les autres; ce sont : la *panse* ou *rumen*, la plus grande de ces cavités; le *bonnet* ou *réseau*, qui vient après et qui est beaucoup plus petit; le *feuillet*, qui présente, ainsi que son nom l'indique, des lames plus ou moins développées, entre lesquelles se rassemble la bouillie alimentaire; la *caillette* ou dernier estomac, estomac de la véritable digestion; car c'est elle qui sécrète le suc gastrique.

Les herbes, grossièrement divisées, sont d'abord versées par l'œsophage dans la panse ; ces aliments volumineux dilatent ce canal, et, écartant mécaniquement les bords du demi-canal qui conduit au feuillet, tombent dans les deux premiers estomacs. Ils y sont en dépôt jusqu'à ce que l'animal ait achevé sa provision. Alors commence la *rumination*, c'est-à-dire que la panse se contracte pour faire passer successivement son contenu dans le bonnet, où il s'imbibe de sucs macérateurs, et où il se forme en petites pelottes qui sont rendues à l'œsophage ; puis ce conduit, par un mouvement antipéristaltique, ramène ces petits bols alimentaires dans la bouche pour être soumis à une mastication nouvelle. Le broiement étant complétement opéré, les aliments sont avalés de nouveau ; mais cette fois, la pâte molle qu'ils forment n'étant pas assez volumineuse pour dilater l'œsophage, elle n'écarte pas les parois du demi-canal ; la portion terminale de l'œsophage conserve, par conséquent, la forme d'un tube et conduit les aliments en totalité ou en majeure partie dans le feuillet. Dans le *feuillet*, la substance alimentaire subit une véritable macération et passe dans la *caillette*, où elle achève de se convertir en chyme. Les liquides et les aliments très-diffluents ne vont ni dans la panse ni dans le bonnet : ils arrivent plus directement dans le feuillet et la caillette, où ils sont mêlées avec la pâte chymeuse.

Chez les herbivores à *estomac simple*, tels que le cheval et autres solipèdes, les aliments séjournent beaucoup moins dans l'organe de la digestion. L'estomac est, d'ailleurs, d'une capacité beaucoup moindre ; et si la quantité des aliments consommés par l'animal à chaque repas l'emporte beaucoup sur cette capacité, c'est qu'une partie s'échappe dans l'intestin à mesure qu'une nouvelle portion arrive dans l'estomac.

Digestion des oiseaux. — Les oiseaux n'ont pas de dents ; leurs maxillaires sont garnies d'enveloppes cornées, prolongées en forme de *bec*, qui servent plutôt à saisir qu'à diviser l'aliment ; mais chez eux la mastication, qui fait défaut, est suppléée par un estomac très-musculeux et puissant, le *gésier*. Leur tube digestif a une capacité proportionnée à la nature de leur régime, qui, très-variable selon les genres, se compose de graines, d'insectes, de poissons et même de chair. Il présente ordinairement trois estomacs espacés, qui acquièrent, chez les granivores, tout leur développement. Le premier de ces estomacs est un renflement plus ou moins développé, qui porte le nom de *jabot* : il manque chez un grand nombre de carnivores ; le second est le *ventricule succenturié*, dont les parois sont remplies de follicules glanduleux, et qui, quoique peu développé, a une grande importance au point de vue de la digestion ; le troisième estomac, enfin, est le *gésier*, qui est garni d'une tunique musculaire extrêmement épaisse et puissante chez les granivores. La salive des oiseaux, épaisse et gluante, est sécrétée par des amas de follicules arrondis situés sous la langue. A l'union de l'intestin grêle avec le gros intestin on

trouve deux appendices vermiculaires très-longs. Le gros intestin se termine par une poche commune à l'urine et aux fèces, que l'on appelle *cloaque*. Le foie est volumineux ; la bile et le fluide pancréatique sont versés dans la première partie de l'intestin grêle.

Les graines dures, recouvertes parfois d'une enveloppe très-résistante, sont conduites dans le jabot, où elles séjournent un temps plus ou moins long et se ramollissent ; de là elles traversent le ventricule succenturié, puis arrivent dans le gésier, qui est un véritable organe masticateur, agissant avec une telle force pour broyer les aliments, qu'il brise les corps les plus durs. Pour faciliter ce broiement, l'animal introduit dans son gésier des graviers qui, roulés avec les graines, remplissent les fonctions de meules. Une fois broyée et chymifiée par le gésier, la substance nutritive chemine dans l'intestin, et l'absorption du chyle se fait comme chez les autres animaux.

Digestion des reptiles. — La bouche est largement fendue ; il y a des dents aux deux mâchoires et souvent aussi à la voûte palatine ; elles sont petites, semblables entre elles, plus propres à saisir qu'à broyer. La bouche et l'œsophage sont susceptibles d'une énorme dilatation ; un enduit gluant très-abondant lubréfie ce dernier, pour faciliter le glissement de la proie dans son intérieur. L'estomac est de forme variée, peu dilaté si on le compare à l'œsophage ; l'intestin grêle et le gros intestin sont peu distincts, ordinairement courts ; il y a un foie volumineux et un pancréas.

Les reptiles, comme tous les animaux à sang froid, ont la digestion lente, et peuvent supporter le jeûne des aliments pendant plusieurs mois ; ils supportent également bien l'abstinence des boissons, parce qu'ils ne font que très-peu de pertes, vu la rareté de leurs sécrétions et l'imperméabilité de leur enveloppe extérieure. Ces animaux enlacent leur proie dans les anneaux que forme leur corps ; ils lui brisent les os et la réduisent en bol alimentaire, qui s'engage peu à peu dans l'œsophage et y séjourne un temps fort long, pendant lequel il est soumis à l'action extrêmement dissolvante du liquide gluant sécrété par les follicules du canal. —

Digestion des poissons. — La bouche des poissons est susceptible d'une dilatation énorme, encore plus que celle des reptiles ; elle se perd insensiblement dans l'œsophage. Nous avons parlé ailleurs des dents dont elle est armée. L'estomac est fusiforme, il fait suite à l'œsophage et se continue avec l'intestin sans transition bien marquée : d'ailleurs cet estomac est simple, et l'intestin court. Le foie est très-grand et mou ; le pancréas est remplacé par des prolongements infundibuliformes ou cœcums groupés autour du pylore ; pas de glandes salivaires.

Les poissons sont pour la plupart très-voraces : ils avalent tous les petits animaux placés à leur portée, tels que vers, mouches, insectes, mollusques, poissons, etc. ; quelques-uns d'entre eux avalent en même temps des aliments végétaux.

Digestion des invertébrés. — Les organes digestifs

se simplifient de plus en plus, tout en présentant de grandes différences. — Chez les insectes, l'appareil digestif offre un grand développement, surtout chez ceux qui sont herbivores. On trouve, en effet, un premier estomac ou *jabot*, un deuxième estomac ou *ventricule chylifique*, pourvu de follicules nombreux, quelquefois même un troisième estomac ou *gésier*, pourvu de lames cornées. Les insectes n'ont pas de foie véritable, mais des tubes longs et déliés, parfois accolés ensemble et s'ouvrant soit dans le ventricule chylifique, soit au-dessous de l'estomac. Ils sont pourvus de *suçoirs* ou trompes, ou bien de mandibules et de mâchoires plus ou moins modifiées ou compliquées, selon qu'ils sucent des sucs de plantes ou des sucs animaux, ou qu'ils prennent des aliments solides.

Chez les *crustacés*, on rencontre souvent un seul estomac, armé de dents puissantes; ils ont des mandibules et des mâchoires; chez quelques-uns d'entre eux, les pattes antérieures, rapprochées de la bouche et accommodées à la préhension et à la division des aliments, ont reçu le nom de *pates mâchelières*. L'appareil biliaire offre chez eux la disposition de celui des insectes.

« Les *mollusques* ont souvent un appareil digestif très-développé, avec glandes salivaires et foie volumineux. En général, l'extrémité du tube intestinal, au lieu d'être terminale ou sub-terminale, s'ouvre chez eux dans des points peu éloignés de la bouche. Quelques mollusques, en particulier les céphalopodes, ont des organes masticateurs ou *mandibules*.

» L'appareil digestif des *rayonnés* est assez variable; mais, en général, il n'y a qu'un seul orifice pour l'entrée et la sortie des aliments. Cet appareil représente, en conséquence, une sorte de cœcum, qui garde quelque temps les aliments et les rejette ensuite au dehors. »

Dans les *éponges*, les *infusoires*, le corps vivant absorbe, sans les digérer, les matériaux alimentaires qu'il trouve suspendus dans le liquide ambiant au milieu duquel il est placé.

Digestion chez les végétaux. — Nous venons de voir comment l'appareil de nutrition se modifie successivement depuis l'homme jusqu'aux polypes et aux spongiaires, arrivant à un degré de simplicité tel qu'il ne représente plus qu'un appareil d'absorption ou mieux d'imbibition par le tégument externe. Les végétaux se nourrissent à la manière des éponges et des infusoires, avec cette différence pourtant que les fluides nourriciers qu'ils absorbent sont préparés, élaborés par le sol.

Néanmoins, telle est l'unité de plan de la nature, qu'on peut trouver une certaine analogie entre le mode de nutrition de l'homme et celui de la plante. En effet, chez le premier on peut considérer les vaisseaux chylifères comme des racines puisant dans un réservoir spécial, l'intestin, une séve particulière, appelée chyle, qui doit circuler dans un système de vaisseaux et être soumise à l'action vivifiante de l'air atmosphérique dans les poumons; ainsi se comporte la séve végétale, qui, puisée dans le sol, se rend par

mille vaisseaux aux feuilles, qui jouent dans les plantes le rôle d'organes respirateurs, de poumons. Donc l'animal, considéré sous le rapport purement végétatif, est un arbre qui porte en lui-même son sol et ses racines, pourvu que ce sol soit amendé et qu'il reçoive son engrais préparé par la digestion. — Voy. *Absorption, Respiration.*   Dʳ Bossu.

DIGITALE POURPRÉE (botanique et matière médicale). — Genre de plante de la famille des scrophulariées de Jussieu, qui doit à la forme de sa corolle les dénominations vulgaires de *gant de Notre-Dame, gantelée, doigtier.* La *digitale* est remarquable par son bel et long épi, formé de grosses fleurs pendantes et de couleur purpurine. Sa tige droite et herbacée s'élève à la hauteur de 60 centimètres à 1 mètre; ses feuilles sont grandes, ovales, dentées et cotonneuses inférieurement. « La digitale croît naturellement dans les terrains élevés et sablonneux, particulièrement dans le voisinage des vieilles habitations. Les feuilles sont les seules parties de la plante dont on fasse usage en médecine; leur odeur est nulle ou presque nulle; leur saveur, amère et légèrement âcre; réduites en poudre, elles font la base de certaines préparations magistrales et pharmaceutiques; ces dernières sont la teinture alcoolique éthérée, les extraits aqueux ou alcoolique. Ces médicaments jouissent de propriétés assez énergiques pour devoir être employés avec une sage réserve; leur action varie suivant les doses auxquelles on les emploie : c'est ainsi que si elles sont faibles, elles donnent pour résultat constant un ralentissement dans la circulation; le pouls tombe souvent à cinquante pulsations par minute; on l'a vu descendre à trente et même à vingt-deux; si les doses sont fortes, l'action peut aller à la stupéfaction et la syncope; il arrive souvent même qu'elles produisent des accidents qui simulent l'empoisonnement par les substances narcotico-âcres. La teinture alcoolique est employée avec succès en frictions pour résoudre les infiltrations séreuses. C'est principalement dans les cas d'hydropisie générale et partielle, d'anévrismes du cœur et de toux nerveuses, qu'on emploie en France la digitale pourprée. Plusieurs médecins anglais, et notamment les docteurs Baddoës et Mossman, lui attribuent, dans certains cas, et particulièrement dans la phthisie pulmonaire, des effets héroïques. Si l'on en croit même M. Thomas, le fameux sirop végétal, si pompeusement préconisé dans ce pays contre cette cruelle maladie, aurait pour base la digitale pourprée, et la scille pour auxiliaire. » On a conseillé encore la digitale pour guérir la fièvre intermittente : elle réussit souvent; enfin on l'a employée avec succès contre la spermatorrhée. La digitale joue un rôle assez important en thérapeutique pour avoir fixé l'attention des chimistes : M. Dulong d'Astafort est l'un de ceux qui se sont occupés avec son analyse avec le plus de succès; on lui doit la découverte du principe actif qu'elle renferme, et auquel il a donné le nom de *digitaline.* C'est une substance neutre, se présentant sous forme d'une poudre légèrement jaunâtre, d'une cristallisation confuse :

elle est peu soluble dans l'eau, mais très-soluble dans l'alcool; sa saveur est excessivement amère. Elle agit comme la digitale, mais d'une manière infiniment plus active. On l'emploie à la dose de 1 à 2 milligrammes, en pilules, granules, sirop, etc.

B. LUNEL.

DIGITALINE (chimie, matière médicale). — Principe actif de la *digitale.* — Voy. ce mot.

DIGITIGRADES (zoologie) [*digitus*, doigt; *gradior*, je marche]. — Famille de mammifères carnivores, à ongles crochus, qui marchent, ainsi que l'exprime leur nom, en appuyant sur le sol leurs doigts ou l'extrémité de ceux-ci : tels sont les chiens, les chats, les martres, etc.

DILATABILITÉ (physique).—Propriété qu'ont les corps d'augmenter de volume par l'application de la chaleur, et de diminuer, par conséquent, de volume par la soustraction de ce même agent. Ainsi, dit Hœfer, les corps, tour à tour dilatés ou contractés, n'ont jamais les dimensions fixes que nous leur supposons. S'il est vrai que la dilatation est le résultat de l'écartement plus ou moins grand des molécules dont se compose la matière, il doit s'ensuivre que la matière qui nous semble la plus inerte a une activité perpétuelle dans toute l'étendue de sa masse. Les corps gazeux sont plus dilatables que les corps liquides, et ceux-ci le sont plus que les corps solides. Ainsi, lorsqu'on chauffe l'air contenu dans une vessie flasque bien fermée, on voit la vessie se gonfler, c'est-à-dire que l'air qui s'y trouve emprisonné se dilate au point de faire rompre la vessie en éclats. La simple chaleur de la main appliquée à la boule d'un thermomètre, fait monter le liquide dans la colonne, ce qui prouve la grande dilatabilité de celui-ci. Enfin, on peut se convaincre de la dilatabilité des corps solides, en voyant qu'une boule métallique qui passe très-bien à travers un anneau, est trop grosse pour passer par cet anneau, après qu'elle a été rougie au feu.

DILATATION (physique, chimie). — Augmentation de volume d'un corps sous l'influence de diverses causes, et spécialement par le calorique. Tous les corps se dilatent lorsqu'on les expose à une température supérieure à la leur, ou que le calorique s'accumule dans les interstices que laissent entre eux les atomes qui composent ces corps, à moins qu'ils ne soient suffisamment comprimés. « Leur dilatation est d'autant plus grande, que la température à laquelle on les expose est plus élevée. Il n'y a qu'un petit nombre de corps qui fassent exception, et encore n'est-ce que dans les degrés voisins de leur passage de l'état solide à l'état liquide. C'est ainsi, par exemple, qu'à 4 degrés l'eau occupe moins de volume qu'à 3 degrés; à 2 degrés qu'à 1 degré; à 1 degré moins qu'à zéro liquide; à zéro liquide moins qu'à zéro solide. Ce phénomène dépend, selon toute apparence, de ce qu'alors les particules tendent à s'arranger de manière à donner naissance à des cristaux, et de ce que cet arrangement nécessite un plus grand écartement entre elles. Quoi qu'il en soit, hormis ces exceptions, qui sont en très-petit nombre, et qui n'ont lieu que pour une très-petite partie de l'échelle thermométrique, la loi est générale; et l'on remarque que, pour un même nombre de degrés de cette échelle, les solides se dilatent moins en général que les liquides, et ceux-ci moins que les gaz; ce qui provient sans doute de ce que les premiers ont beaucoup plus de cohésion que les seconds, et les seconds plus que les derniers. Lorsque la température devient plus faible, les corps se contractent, c'est-à-dire diminuent de volume. Les dilatations et les contractions sont assez régulières dans les trois genres de corps, solides, liquides et gazeux; mais le passage d'un état à l'autre modifie cette régularité dans une proportion très-considérable. »

DILATATION DES SOLIDES. — Elle est peu considérable, et il faut employer des moyens très-précis pour la mesurer avec exactitude. Ces corps ne suivent pas des lois régulières dans leur dilatation.

« Les effets de la dilatation des métaux sont d'une puissance énorme; on ne connaît pas de force capable de leur résister : aussi, dans toutes les constructions, est-il bien important de les prévoir, de les estimer et d'agir en conséquence. Cette dilatation, quoique très-petite, produit cependant, sur des barres de fer très-longues, des variations si considérables qu'il est souvent indispensable d'y avoir égard. Aussi les tuyaux de fonte destinés à conduire les eaux éprouvent, par le changement de température des saisons, des variations de longueur si grandes, qu'elles détermineraient leur rupture si elles n'avaient pas été prévues. Pour empêcher les accidents, les bouts de tuyaux s'emboîtent à frottement, de manière à ce que les variations de température n'aient d'autre effet que de faire entrer les tuyaux plus ou moins les uns dans les autres. La force avec laquelle les corps solides tendent à augmenter de volume par l'accroissement de température, est évidemment égale à l'effort qu'il faudrait faire pour les comprimer d'une quantité égale à la dilatation. Cette force est considérable; car de très-grandes pressions ne produisent sur les corps solides, et principalement sur les métaux, que des diminutions de volume extrêmement petites. La limite de cette force est évidemment égale à l'effort qu'il faudrait faire, en sens contraire à l'extension, pour écraser le corps : cette force varie avec la forme du corps. La force avec laquelle les corps solides tendent à se contracter est également très-considérable; elle est égale à l'effort qu'il faudrait faire pour les allonger de tout le retrait qu'ils tendent à prendre. La limite de cette force est égale à l'effort qu'il faudrait faire pour briser le corps en le tirant dans le sens de la contraction. »

Voici cinq tables qui présentent les dilatations des solides, observées par un grand nombre de physiciens :

I.

Table de la dilatalion des solides par la chaleur, obtenue par Lavoisier et Laplace.

SUBSTANCES ESSAYÉES.	Dilatation éprouvée de 0 à 100°, le volume primitif étant 1.
Acier trempé.....................	0,00107915
Acier trempé, recuit à 65°............	0,00123956
Argent de coupelle...:...............	0,00190974
Argent au titre de Paris...............	0,00190868
Cuivre.	0,00171735
Cuivre jaune, ou laiton	0,00187821
Étain des Indes......	0,00193765
Étain de Falmouth.................	0,00217198
Fer doux, forgé.....................	0,00122045
Fer rond, passé à la filière...........	0,00123504
Flint-glass français..... ....:	0,00081166
Mercure.........................	0,00615915
Or de départ	0,00146606
Or au titre de Paris, non recuit........	0,00155155
Or id. recuit........:...	0,00151361
Platine........................ ....:	0,00085655
Plomb........................	0,00284836
Verre de f. avec plomb..............	0,00087199
Verre, sans plomb (en tube).........	0,00087572
Verre de Saint-Gobain (glace)........	0,00089089

II.

Table de la dilatation des solides, par la chaleur, publiée par M. Sméaton.

Verre blanc, en tube..................	0,00083
Antimoine.........................	0,001083
Acier trempé.... ....:.	0,001125
Acier non trempé...................	0,001225
Fer..............................	0,001254
Bismuth........................	0,001392
Cuivre battu.	0,001700
Cuivre contenant 1/17 d'étain........	0,001816
Cuivre contenant 1/9 d'étain....... ..	0,001908
Métal de miroir....................	0,001933
Soudure de zinc....................	0,002058
Étain fin..........................	0,002283
Étain en grains................. ...	0,002483
Soudure, 2 part. plomb et 1 étain	0,002508
Zinc contenant 1 part. d'étain........	0,002692
Plomb............................	0,002867
Zinc.............................	0,002942

III.

Table de la dilatation des solides par la chaleur, par le général Roy.

Verre en tube..............	0,00077615
Verre en baguettes	0,00080787
Fonte de fer prismatique.............	0,0011094
Acier en baguettes..................	0,0011447
Bronze en écailles, de Hambourg	0,0081554
Bronze anglais, en baguettes.........	0,001875
Bronze anglais, en auge......;.. ...	0,00188928

IV.

Tableau de la dilatation des solides, par la chaleur, d'après différents auteurs.

Acier............................	0,0011899
Argent...........................	0,0020826
Cuivre.......	0,0019188
Fil de fer.,......................	0,0014401
Platine...........................	0,0009918
Palladium......:...............	0,0010000
Fer..............................	0,001446

V.

Tableau de la dilatation des solides, d'après MM. Dulong et Petit.

Platine de 0° à 100°.................	0,00088420
Id. de 0° à 300°.................	0,00275482
Verre de 0° à 100°.................	0,00086133
Id. de 0° à 200°.................	0,00184502
Id. de 0° à 300°.................	0,00303232
Fer de 0° à 100°.................	0,00118240
Id. de 0° à 300°.................	0,00440528
Cuivre de 0° à 100°............. ....:	0,00171820
Id. de 0° à 300°.................	0,00564972

DILATATION DES LIQUIDES. — A un petit nombre d'exceptions près, les liquides sont tous dilatés par une addition de calorique. Cette dilatation est plus considérable que celle des solides, mais elle est encore moins uniforme. En général, les liquides les plus volatils se dilatent davantage : ainsi le mercure se dilate moins que l'eau, l'eau moins que l'alcool, etc.

« Le mercure, à raison de sa densité considérable, étant le seul liquide que l'on pût employer à la construction du baromètre, il était impossible que tôt ou tard les physiciens ne cherchassent pas à déterminer l'étendue des modifications que la température fait éprouver au volume de ce métal. Néanmoins, ils ont été prévenus à cet égard par Fahrenheit, qui, lors de l'invention de son thermomètre, en fixa les degrés d'après la dilatation que subit le mercure que l'on échauffe. Les motifs qui avaient engagé ce physicien à partager son échelle en 212 parties, ne nous sont pas assez bien connus pour que nous puissions indiquer avec certitude les résultats que l'expérience lui avait donnés ; cependant, si l'on adopte les nombres cités par Boerhaave et Musschenbroeck, il paraîtrait que Fahrenheit s'appuyait sur les données suivantes : un volume de mercure, qui, à la température de la glace fondante, est représenté par 11156, le sera par 11336, si on lui communique la chaleur de l'eau bouillante, ce qui, pour sa dilatation entre ces deux limites, donnerait 180/11156, ou 1/62, quantité qui diffère assez peu du coefficient indiqué par MM. Petit et Dulong, pour exprimer la dilatation apparente du mercure contenu dans un vase de verre. Un fait assez remarquable, quoique accidentel, est celui-ci : en représentant le volume de ce liquide à zéro par 10,000, et celui qu'il occupe à 1000 degrés par 10,180, entre ces deux limites la dilatation serait de 180/10000, ou 1/555, nombre qui exprime la dilatation absolue du mercure, trouvée par les deux physiciens que nous venons de citer. Ainsi, il est vrai de dire que chacun des degrés du thermomètre de Fahrenheit répond à 1/10000 du volume du liquide employé pour le construire. Depuis environ un demi-siècle, de nouvelles tentatives avaient été faites à cet égard, et les résultats obtenus différaient assez les uns des autres pour faire douter de l'exactitude des méthodes expérimentales qui avaient servi à les déterminer. Ainsi, entre les deux limites de notre échelle thermométrique, Dalton supposait la dilatation absolue du mercure de 1/50; Cavendish la croyait de 1/53; Laplace et Lavoisier, de 1/54; Deluc, de 1/56; le général Roy, de 1/59; Delisle, de 1/66; Casbois, de 1/67. De nouvelles expériences étaient donc indispensables pour fixer sans retour un nombre d'autant plus indispensable à connaître, qu'il est un des principaux éléments dont on se sert pour faire subir aux opérations barométriques, des corrections, sans lesquelles elles ne sauraient être comparables. MM. Petit et Dulong ont entrepris ce travail délicat, et ils ont étendu leurs recherches en deçà et au delà des limites où s'étaient arrêtés leurs prédécesseurs. En effet, jusqu'alors on s'était borné à étudier la dilatation depuis zéro jusqu'à cent degrés environ, tandis que ces deux physiciens l'ont observée depuis la température — 36° jusqu'au delà du 300e degré. En prenant une valeur moyenne entre les résultats fournis par un grand nombre d'observations, ils ont constaté que, depuis zéro jusqu'à la température de l'eau bouillante, la dilatation uniforme et absolue de ce métal était de 1/5550 pour chaque degré du thermomètre centigrade; au delà de cette limite, l'accroissement de volume est plus considérable, en sorte que de zéro à 200 degrés, son terme moyen est 1/5425, et depuis zéro jusqu'à 300 degrés, il s'élève à 1/5300. »

Table de la dilatation de l'eau, par Gilpin et Kirwan.

Thermomètre centigrade.	Température observée.	Température calculée.
— 1,11	0,00020	0,00018
0	0,00022	0,00011
+ 1,11	0,00006	0,00005
3,89	0,00000	0,00000
6,67	0,00006	0,00005
8,89	0,00018	0,00018
9,44	0,00022	0,00022
12,22	0,00049	0,00048
15,»	0,00086	0,00084
17,78	0,00133	0,00130
20,56	0,00188	0,00186
23,33	0,00251	0,00251
26,11	0,00321	0,00326
32,22	0,00491	0,00513
37,78	0,00692	0,00720
38,89	0,00760	0,00763
50,»	0,01258	0,01264
61,11	0,01833	0,01839
77,22	0,02481	0,02512
83,33	0,03198	0,03219
95,44	0,04005	0,03961
100,»	0,04333	0,04332

Table de la dilatation apparente, dans le verre, des liquides, depuis la température de zéro jusqu'à 100 degrés centigrades, le volume supposé à 0° égal à 1.

Eau..........................	1/22	0,0466
Acide hydrochlorique (P. S. 1,137).	1/17	0,0600
— nitrique (P. S. 1,40)........	1/9	0,1100
— sulfurique (P. S. 1,85)......	1/17	0,0600
Éther sulfurique	1/14	0,0700
Huile d'olive et de lin............	1/12	0,0800
Essence de térébenthine..........	1/14	0,0700
Eau saturée de sel commun......	1/20	0,0500
Alcool	1/9	0,1100
Mercure (suiv. Dalton)...........	1/50	0,0200
— (suiv. Cavendish)........	1/53	0,0187
— (suiv. Roy)..	1/39	0,0168
— (suiv. Haellstroem).......	1/65	0,0175
— (suiv. Lalande et Delisle)..	1/66	0,0150

Dilatation absolue.

Mercure de 0°	à 100°........	1/5550	0,0180180
— de 100° à 200°........	1/5425	0,0184331
— de 200° à 300°......	1/5300	0,0188679

DILATATION DES FLUIDES ÉLASTIQUES. — Elle est beaucoup plus grande que celle qu'éprouvent les corps liquides placés dans les mêmes circonstances. Les gaz, dit un habile physicien, peuvent être considérés comme des corps en dissolution dans le calorique, qui tend à écarter indéfiniment leurs molécules les unes des autres. Les expériences de MM. Dalton et Gay-Lussac ont constaté que les gaz se dilatent tous également par une même élévation de température, et par chaque degré du thermomètre. Cette dilatation est de 100 à 137,499 de 0° à 100° du thermomètre centigrade, ou 0,375 du volume primitif. En l'évaluant pour chaque degré centigrade, elle se trouve 1/266,67 du volume primitif, ou de 0,00375. Ainsi, pour avoir le volume d'un gaz, quand on connaît son volume à 0°, il suffit de diviser le volume à 0° par 266,67, et d'ajouter autant de fois le nombre trouvé qu'il y a de degrés au-dessus de zéro, ou de retrancher ce même nombre autant de fois qu'il y a de degrés au-dessous. Cette dilatation est commune non-seulement à tous les fluides élastiques, mais encore aux vapeurs, aussi longtemps toutefois que leur température ne s'abaisse pas au-dessous de la limite où elles peuvent conserver leur état aériforme. Nous donnons ici une table contenant les dilatations de l'air par la chaleur depuis zéro jusqu'à 100 degrés.

Table de la dilatation de l'air.

TEMPÉRATURE.			TEMPÉRATURE.		
Fahr.	centig.	VOLUME.	Fahr.	centig.	VOLUME.
32°	0°	100000	42	55,5	102083
33	0,55	100208	43	6,11	102219
34	1,11	100416	44	6,66	102475
35	1,66	100624	45	7,22	102708
36	2,22	100833	46	7,77	102916
37	2,77	101041	47	8,33	103124
38	3,33	101249	48	8,88	103333
39	3,88	101458	49	9,44	103541
40	4,44	101666	50	10,00	103749
41	5,00	101874	51	10,55	103958

TEMPÉRATURE.		VOLUME.	TEMPÉRATURE.		VOLUME.
Fahr.	centig.		Fahr.	centig.	
52	11,11	104166	83	28,33	110624
53	11,66	104374	84	28,88	110833
54	12,22	104583	85	29,44	111041
55	12,77	104791	86	30,00	111249
56	13,33	104999	87	30,55	111458
57	13,88	105208	88	31,11	111666
58	14,44	105416	89	31,66	111874
59	15,00	105624	90	32,22	112083
60	15,55	105833	91	32,77	112291
61	16,11	106041	92	33,33	112499
62	16,66	106249	93	33,88	112708
63	17,22	106458	94	34,44	112916
64	17,77	106666	95	35,00	113124
65	18,33	106874	96	35,55	113333
66	18,88	107083	97	36,11	113541
67	19,44	107291	98	36,66	113749
68	20,00	107499	99	37,22	113958
69	20,55	107708	100	37,77	114166
70	21,11	107916	110	43,33	116249
71	21,66	108124	120	48,88	118333
72	22,22	108333	130	54,44	120416
73	22,77	108541	140	60,00	122499
74	23,33	108749	150	65,55	124583
75	23,88	108938	160	71,11	126666
76	24,44	109166	170	76,66	128749
77	25,00	109374	180	82,22	130833
78	25,55	109583	190	88,77	132916
79	26,11	109791	200	93,33	134999
80	26,66	109999	210	98,88	137083
81	27,22	110208	212	100,00	137499
82	27,77	110416			

TABLEAU

De la contraction de certains liquides de 5 en 5° centig. par l'abaissement de température. En supposant le volume du liquide représenté par 1000 à la température de son ébullition, cette température étant pour l'eau 100°; pour l'alcool 78,41; pour le sulfure de carbone 46,60; pour l'éther sulfurique 35,66. Par M. GAY-LUSSAC.

TEMPÉRATURE au-dessous de 0°.	EAU.	ALCOOL.	SULFURE de CARBONE.	ÉTHER SULFURIQUE.
0°	0,00	0,00	0,00	0,00
— 5	3,34	5,55	6,14	8,15
— 10	6,61	11,43	12,01	16,17
— 15	10,50	17,51	17,98	24,16
— 20	13,15	24,34	23,80	31,83
— 25	16,06	29,15	29,65	39,14
— 30	18,85	34,74	36,06	46,42
— 35	21,52	40,28	40,48	52,06
— 40	24,10	45,68	45,77	58.77
— 45	26,50	50,85	51,08	65,48
— 50	28,56	56,02	56,28	72,01
— 55	30,60	61,01	61,14	78,38
— 60	32,42	65,96	66,22	» »
— 65	34,02	70,74	» »	» »
— 70	35,47	75,48	» »	» »
— 75	36,76	80,11	» »	» »

ROGER.

DIMORPHIE [*hétéromorphie*]. — C'est la propriété qu'a un corps simple ou composé de cristalliser sous deux formes différentes qui ne se laissent pas déduire géométriquement l'une de l'autre. «C'est ainsi que le soufre cristallise (dans une solution concentrée de sulfide de carbone) en octaèdres à triangle scalène et (par fusion) en prismes obliques à bases rhombes. Le sulfate de nickel, cristallisé à fine température au-dessous de 15°, a la forme prismatique, tandis qu'à 20° il cristallise en octaèdres, forme incompatible avec la précédente. La dimorphie contredit le principe de Haüy, qui tendait à établir que des formes cristallines différentes appartiennent à des corps différents. »

DINDONS (zoologie). — Genre d'oiseaux de l'ordre des gallinacés, faciles à distinguer à la peau nue et ridée qui couvre leur tête et le haut de leur cou. Sous la gorge et sur le front du mâle sont placés deux appendices charnus, susceptibles de s'enfler et de s'allonger considérablement dans les moments de passion. Leur queue, large et arrondie, se relève comme chez le paon, de manière à faire la roue.

On se ferait une idée fausse de la nature de ces oiseaux si on les jugeait d'après ce qu'ils sont dans nos basses-cours. Autant leur port est lourd et leur physionomie stupide en domesticité, autant ils sont vifs et alertes dans les plaines et dans les forêts de l'Amérique septentrionale, leur patrie primitive. Ils y sont si rusés et si agiles, que, bien qu'ils aient le vol pesant, il est presque impossible au chasseur de les découvrir dans les cachettes où ils se fourrent. Farouches et défiants à l'excès, ils ne se laissent approcher qu'avec des peines incroyables; et souvent, au moment où l'on croit être sur le point de pouvoir les tirer, ils prennent tout à coup leur essor et vont tomber, en volant, à une centaine de pas. C'est en vain que le chasseur les y suit à la hâte, dans l'espoir de les atteindre; ils se dispersent en courant de tous côtés et se cachent si bien qu'il est impossible de les découvrir. Ils se montrent si fins dans cette circonstance, qu'ils demeurent tapis dans leur retraite sans bouger, lors même qu'ils voient passer à côté d'eux les chiens eux-mêmes. Malgré leur nature sauvage et leur amour pour la liberté, les dindons s'accoutument assez facilement à la vie domestique; mais ils y perdent beaucoup de leur force et de leur beauté. C'est depuis environ trois siècles qu'ils sont connus en Europe. Le premier qui parut en France fut servi au mariage de Charles IX, en 1570. On ne compte que deux espèces de ce genre : le *dindon commun* et le *dindon ocellé*. (Dr Salacroux.)

DINOTHÉRIUM (paléontologie) [du grec *deinos*, terrible, et de *thérion*, animal). — Genre de mammifères fossiles de l'ordre des pachydermes, fondé par Cuvier sur une espèce appelée *tapir gigantesque*, qui surpassait en grandeur et en force les plus grands éléphants. « Ce mammifère avait une trompe, et de sa mâchoire inférieure, qui était recourbée en bas, partaient deux défenses dont les pointes étaient dirigées vers la terre. » On en a reconnu plusieurs espèces.

DIOPTRIQUE (physique). — Partie de l'optique ayant pour objet les effets de la lumière réfractée. On peut distinguer deux parties dans la dioptrique : l'une considère, indépendamment de la vision, les propriétés de la lumière lorsqu'elle traverse les corps transparents, et la manière dont les rayons se brisent et s'écartent ou se rapprochent mutuellement; l'autre examine l'effet de ces rayons sur les yeux, et les phénomènes qui doivent en résulter par rapport à la vision. — Voy. *Réfraction.*

DIORAMA [du grec *dia*, à travers, et *rama*, vue.] — Sorte de panorama éclairé comme aux diverses parties du jour par une lumière mobile. Voici comment ça spectacle a été constitué par Bouton et Daguerre, qui en sont les inventeurs.

Le *diorama*, comme l'ont compris ces grands artistes, est une application rigoureuse des principes scientifiques qui sont la base de l'art; par cette application, due au génie du peintre, le diorama peut arriver à une telle vérité, à un tel prestige dans le relief, qu'il est fort difficile à tout autre genre de peinture d'obtenir des résultats aussi satisfaisants.

Le diorama est un procédé d'optique consistant en un tableau complétement isolé de tout objet pouvant servir de terme de comparaison, et dont les bords ou extrémités ne doivent, dans aucun cas, être aperçus par les spectateurs.

Les effets magiques du passage du jour à la nuit, du sombre au clair vif, les grands contrastes des ténèbres et de la lumière, s'obtiennent au diorama en éclairant le tableau d'en haut et par devant, puis en le pénétrant de clarté d'arrière en avant, soit que cette lumière ait atteint à son maximum d'intensité, ou qu'on la fasse paraître sur la face de la peinture par des modifications graduées.

On sait qu'avant d'être introduit dans la salle où se trouve le tableau, on doit traverser des endroits infiniment sombres; que la salle qui contient les spectateurs pendant toute la durée de la représentation doit être elle-même faiblement éclairée, rien que par les rayons affaiblis renvoyés par le tableau. Cette disposition a été calculée afin de produire toute l'illusion possible. Un moyen qui a presque toujours été employé depuis la fondation du diorama, et dont l'effet est infaillible, est l'établissement au-devant du premier plan du tableau, c'est-à-dire en repoussoirs, d'objets naturels dont les rapports avec les objets peints doivent être dans un accord parfait. Ces objets et le tableau, absorbant seuls les rayons visuels, donnent naturellement le résultat que l'on s'est proposé. Pour obtenir tout le prestige que l'artiste désire, il faut que la salle soit complétement couverte jusqu'à la rampe du théâtre, qui contient le tableau à quelques mètres en arrière; que la lumière qui doit éclairer le tableau et la salle par réflexion soit disposée au plafond, devant le tableau et au-dessus de la couverture de la salle. Puis, derrière le tableau, il faut de l'espace et une grande fenêtre qui permette d'entrer une masse de lumière bien autrement considérable que le jour du devant.

Lorsqu'on veut obtenir un tableau pouvant produire successivement plusieurs effets, on peint la toile devant et derrière; mais comme cette toile doit, selon la variété de l'effet, être éclairée par réflexion ou par réfraction, et souvent des deux manières à la fois, il faut qu'elle soit le plus transparente possible, ce qui fait préférer la percale ou le calicot.

La toile étant tendue sur un châssis à clef, autant rectangulaire que possible, on lui donne au moins deux couches de colle de parchemin, que l'on étend de chaque côté, afin que la couleur ne puisse s'emboire dans l'exécution. C'est sur la surface de devant, de cette toile ainsi apprêtée, que doit s'obtenir le premier effet, qui est toujours le plus clair des deux.

Le trait des objets se fait à la mine de plomb, en observant, quant à la perspective, une distance convenable, celle qui est en rapport avec les spectateurs qui seront placés dans la salle.

On doit apporter beaucoup de propreté au tracé, par la raison que la blancheur de la toile est la seule ressource de laquelle les artistes puissent disposer pour les lumières de l'effet.

Les procédés que l'on emploie pour peindre ressemblent à ceux dont on se sert dans l'aquarelle, avec la seule différence que les couleurs, broyées à l'eau au lieu de l'être à la gomme, s'étendent avec de l'essence; cependant, pour obtenir de grandes vigueurs, on ajoute quelquefois à l'essence un peu d'huile de farine de graine de lin, même de l'huile grasse dans les parties les plus foncées. Dans les derniers tableaux réalisés par Bouton, des portions entières, celles qui devaient rester compactes, étaient entièrement peintes à l'huile, avec des couleurs apprêtées à l'huile, ce qui produisait les plus heureux contrastes. Ajoutons que dans les parties transparentes les teintes doivent être parfaitement unies, et ne présenter aucun empâtement, qui ferait nécessairement tache dans le second effet, car, dans les transparents, le travail de devant ne doit porter aucun obstacle à celui de derrière la toile; bien au contraire, il doit le fortifier. Le premier tableau terminé, on passe au second, qui, comme nous venons de le dire, est au revers du premier, le tracé de l'esquisse devant se confondre dans les deux, c'est-à-dire chaque ligne recouvrant rigoureusement la ligne qui lui correspond. Pendant la nouvelle exécution, l'artiste ne doit avoir d'autre lumière que celle qui lui arrive du devant, après avoir traversé le tableau; d'où il résulte qu'il aperçoit en transparent toutes les formes, toutes les couleurs, et même les nuances les plus délicates du premier tableau, ce qui lui permet de les conserver, modifier ou annuler au besoin. Mais ce qui est important dans ce second travail, c'est de conserver presque intactes les places des grandes lumières, qu'on ne fait guère que légèrement glacer, afin de ne pas les affaiblir. Cependant Bouton et Daguerre employaient dans leurs glacis, même des lumières, un peu de blanc, et ils préféraient le blanc de Clichy.

Lorsque les deux tableaux sont terminés, qu'ils peuvent s'utiliser l'un l'autre, on les met en place; alors ils doivent être éclairés, comme nous l'avons dit, par devant et par derrière. La lumière de devant vient d'en haut; c'est la moins puissante; celle qui entre par la fenêtre placée derrière doit avoir une plus grande énergie : il faut pour cela que la baie de la fenêtre soit spacieuse et assez éloignée du tableau pour pouvoir se répandre également sur toute sa surface. Dans le spectacle du diorama, c'est ordinairement le tableau de devant qu'on fait voir le premier aux spectateurs. Alors celui de derrière ne peut pas même être pressenti; faute de lumière il se trouve dans l'obscurité la plus complète. Celui de devant, au contraire, apparaît ou brillant ou obscurci, suivant qu'il est nécessaire à l'effet auquel on veut arriver; mais, dans ce cas, nous ferons observer qu'il ne peut être éclairé que par la lumière qui se trouve devant lui, qui vient du plafond, et ne peut être aperçue de n'importe quel point de la salle.

M. Bouton a employé un procédé fort ingénieux pour arriver par transition des ténèbres à la lumière. Il se servait à cet effet d'une toile épaisse, très-opaque, à laquelle il avait attaché, et ne faisant qu'un avec elle, d'autres morceaux de toile de plus en plus transparente, et qui se terminaient par du calicot et des gazes les plus légères. Cet appareil, qui bouchait hermétiquement la lumière, se déroulait d'un côté et s'enroulait de l'autre sur des rouleaux verticaux, ce qui permettait des résultats prompts et certains.

Il existe un moyen très-précieux pour changer complétement les effets de la lumière locale, c'est l'usage des verres de couleurs graduées dans chaque gamme, de manière à pouvoir passer d'une couleur à une autre coloration par les nuances intermédiaires les plus délicates. Ces verres s'interposent entre le tableau et la fenêtre, tout près de celle-ci, et on en obtient, avec les couleurs bleues, bleuâtres et bleues blanchâtres, les clairs de lune et la nuit; avec les gammes rosées, violacées, le matin et toute sa fraîcheur; les couleurs jaunes et orangées servent à imiter le soleil couchant; ces mêmes couleurs augmentées du rouge illuminent les objets comme s'ils étaient frappés par la lueur d'un incendie, ou bien encore donnent, à s'y tromper, la lumière d'une lampe ou d'une bougie.

Des notes écrites de la main de Daguerre constatent que sur 29 tableaux faits pour le premier établissement, lors de la fondation Bouton et Daguerre, 19 ont été exécutés par Daguerre, 8 par Bouton, et deux seulement en commun par les deux artistes. C'est le 11 juillet 1822 qu'eut lieu l'ouverture du Diorama, par deux tableaux extrêmement remarquables : *la Vallée de Goldeau*, par Daguerre, et *la Cathédrale de Cantorbéry*, par Bouton. Vinrent ensuite : *le Port de Brest*, par Daguerre et Bouton, ainsi que *le Port Sainte-Marie*.

Daguerre fit paraître successivement : *la Chapelle d'Holyrood*, *la Chapelle de Roslyn*, un *Effet de brouillard et de neige*, *le Village d'Eintersen* (en Suisse), *l'Incendie d'Édimbourg*, *le Pont de Thiers* et *le Saint-Gothard*. Bouton fit aussi paraître les *Vues de Rouen* et *Meudon*, *le cloître Saint-Vandrille*, *Saint-Pierre de Rome*, *l'Intérieur de Reims*, *Venise* et *le Campo-Santo*.

Daguerre, resté seul directeur du Diorama de Paris, y exposa six tableaux sortis de son pinceau, savoir : *le Déluge*, *Vue de Paris* (prise de Montmartre), *le 28 juillet 1830 à l'Hôtel de ville*, *le Tombeau de*

Napoléon, *le Mont Blanc* et *la Forêt Noire*. Jusqu'alors tous les changements d'effets s'étaient opérés sur des verres de couleurs habilement graduées. Daguerre, tout en conservant cette ressource pour les tableaux qui vont suivre, y apporta une notable amélioration, celle du double effet. Dans ce nouveau système de peinture, la nature est représentée en plein jour, par toutes les modifications de lumière, pour arriver à la nuit obscure, puis à un éclairage, soit de la lune, soit de lumières artificielles. Voici l'ordre de ces nouvelles créations : *le Bassin du commerce de Gand*, *la Messe de minuit dans l'église de Saint-Etienne-du-Mont*, *la Vallée de Goldeau*, *le Temple de Salomon* et *le Sermon dans l'église de Sainte-Marie de Montréal*. Ici se termine l'existence du premier Diorama fondé à Paris, car, le 8 mars 1839, tout l'établissement fut entièrement détruit par un incendie. Bouton, qui, après une séparation avec Daguerre, était allé fonder un diorama à Londres, y composa les tableaux suivants : *les Caveaux de Saint-Denis*, *Campo Vaccino*, *l'Église Saint-Paul*, *l'Intérieur de Santa Croce* (à Florence), enfin, *Tivoli* et *Westminster*. De retour à Paris, il se hâta de créer un second Diorama, et il l'inaugura par *la Vue de la Ville de Fribourg* et *l'Intérieur de la Basilique de Saint-Paul*, qui représentait d'abord l'église dans toute sa splendeur; puis, par une décomposition graduelle, que l'œil du spectateur pouvait suivre, on la voyait telle qu'elle était plusieurs années avant l'incendie qui l'avait détruite, et alors que les voyageurs affluaient pour visiter ses ruines imposantes.

A ces tableaux succédèrent *le Déluge*, *l'Intérieur de l'Eglise de Saint-Marc* (Venise), *l'Inondation de la Loire*, *la Vue de Chine*, ouvrages qui clôturèrent le second Diorama, car il fut une seconde fois la proie des flammes : tout fut consumé. Bouton, en proie à un chagrin mortel, mourut peu de temps après.

Après la mort de Daguerre et de Bouton, le Diorama a plusieurs fois essayé de revivre; mais c'était toujours pour retomber.

A. SIRVEN (de Toulouse).

DIPTÈRES (zoologie) [du grec *dis*, deux, et *ptéron*, aile]. — Ordre d'insectes comprenant les *mouches* proprement dites, les *cousins*, les *taons*, etc., caractérisé par « l'existence de deux ailes membraneuses, plus ou moins diaphanes, presque toujours accompagnées de petits appendices écailleux appelés *balanciers*, *ailerons* ou *cuillerons*, et leur servant, dit-on, à régulariser leur vol. » Les diptères sont, en général, de petite taille; leurs femelles sont ovipares; elles déposent leurs œufs sous l'eau, dans les liquides corrompus ou les substances en putréfaction, et quelquefois sous la peau de certains animaux. Plusieurs espèces se nourrissent du suc des plantes; d'autres sucent le sang des animaux; d'autres, enfin, dévorent les substances en putréfaction. L'action des diptères est telle, que, vu leur extrême multiplication, Linné a cru pouvoir avancer que trois mouches consomment le cadavre d'un cheval aussi vite que le fait un lion.

DIPHTHONGUE (grammaire) *du grec* diph-
thoggos, fait de dis, deux fois, et de phthoggos, son.
— Bien que ce mot soit ordinairement substantif,
on le trouve quelquefois employé comme adjectif.
Son DIPHTHONGUE. *Consonnance* DIPHTHONGUE. *Nos*
grammairiens n'ont jamais pu s'entendre pour re-
présenter convenablement nos sons DIPHTHONGUES*,*
parce que, sans doute, ils ne se sont pas donné la
peine de les analyser. (RAGON.)

La diphthongue est une syllabe que l'on prononce
en faisant entendre d'une seule émission de voix le
son de deux voyelles.

Pour qu'il y ait diphthongue, il ne suffit pas qu'il
y ait plusieurs voyelles dans la même syllabe, il
faut encore qu'il y ait double son. Ainsi il n'y a pas
de diphthongue dans les mots *eau, couteau,* parce
que les syllabes *eau* et *cou* ne forment qu'un seul
son. Mais quand les doubles voyelles produisent un
son double, il n'y a diphthongue que lorsqu'elles
forment une syllabe. Ainsi, dans les mots *géographie, géant,* les voyelles *éo* et *éa* ne sont pas des
diphthongues, parce que chacune d'elles fait une
syllabe séparée, *é-o, é-a.*

Les anciens grammairiens avaient les plus fausses
idées sur les diphthongues : ils admettaient des
diphthongues vraies ou *propres* et des *diphthongues*
fausses ou *impropres.* Ils appelaient aussi les premières *diphthongues de l'oreille* ou *auriculaires,* et
les secondes *diphthongues aux yeux* ou *oculaires.*
Ainsi pour eux, *eau* formait aussi bien une diphthongue que *Dieu,* parce que, dans un cas comme
dans l'autre, il y a réunion de voyelles. Peu de
grammairiens partagent aujourd'hui cette erreur.

Par une conséquence de la même erreur, on a
appelé *triphthongue* une réunion de trois voyelles,
soit qu'il forme diphthongue, comme *oui, lieu,* soit
qu'il n'y ait qu'une seule syllabe, comme dans *eau,*
oie.

Des grammairiens ont appelé *diphthongue mouillée*
celle qui est accompagnée de lettres dont la prononciation semble accompagnée d'une plus grande sécrétion de salive. L'*i* placé devant une autre voyelle
produit, dit-on, le son mouillé. *Bien, tien, pied.*

Les *diphthongues nasales* sont celles qui sont ter-
minées par une nasale.

Les grammairiens ont l'habitude de présenter le
tableau des syllabes qui forment diphthongue, ce
qui ne me semble guère utile, car, dès que l'on
comprend bien les principes, il est bien facile de
distinguer les réunions de voyelles qui forment
diphthongue de celles qui n'ont qu'une syllabe ou
qui constituent plusieurs syllabes distinctes.

Suivant le *Dictionnaire* de Trévoux, ce qui est le
plus difficile dans une langue, c'est la prononciation
des diphthongues. Pour n'en citer qu'un exemple,
combien est-on loin d'être d'accord sur la pronon
ciation de notre diphthongue *oi?* C'est encore bien
pis quand il s'agit de prononcer les diphthongues
d'une langue étrangère.

Quelques combinaisons de voyelles formant diphthongue en prose et dans la conversation font deux

syllabes en poésie; tel est, dans l'exemple suivant,
le mot *passion.*

> Cette fière raison dont on fait tant de bruit,
> Contre les *passions* n'est pas un sûr remède.
>
> (Mme DESHOULIÈRES.)

Après avoir établi ce qui constitue matériellement
une diphthongue, les grammairiens ont voulu se
rendre compte de sa nature, et voici à ce sujet les
diverses opinions qu'ils ont émises.

Les Grecs appelaient *prépositive* la première des
deux voyelles composant la diphthongue, et *postpo-
sitive* la seconde; depuis eux, on a admis que ces
deux parties de la diphthongue n'entrent pas pour
des valeurs égales dans la composition à laquelle
elles concourent, que l'une des deux voyelles se prononce avec beaucoup plus de force que l'autre. Le
P. Buffier suppose que c'est par la rapidité que l'on
met à prononcer deux voyelles qu'on en fait une
diphthongue. Boindin, après avoir partagé les
voyelles en grandes et fortes (*a, é, eu, o*) et en petites
et faibles (*é, i, u, ou*), établit cette règle, que la première voyelle d'une diphthongue doit toujours appartenir à la seconde de ces deux catégories. Enfin,
Dumarsais dit que, pour la prononciation des deux
éléments de la diphthongue, les organes commencent par être disposés comme si l'on allait prononcer
une voyelle, mais que ce que l'on entend est, en
réalité, de la nature d'une consonne. D'après ce
principe, de l'émission de deux voyelles il résultera
toujours nécessairement deux syllabes. Ce que nous
appelons diphthongue ne serait donc pas une syllabe
essentiellement différente de la catégorie de celles
qui sont composées d'une consonne et d'une voyelle.
C'est ce que je me propose d'examiner à la lettre Y,
en recherchant quelle est sa véritable nature et celle
des *lettres mouillées.*

Il y a souvent dans une langue des diphthongues
inconnues dans une autre.

Les diphthongues impropres de nos anciens grammairiens représentent quelquefois un son intermédiaire entre ceux des deux voyelles dont elles sont
composées; quelquefois elles font double emploi
avec quelques-unes des voyelles de la langue; d'autres fois elles servent à remédier à l'insuffisance de
l'alphabet, en donnant le moyen d'écrire une valeur
phonétique qui n'a pas de représentant spécial.
Ainsi, dans notre langue, tandis que *ai* et *au* font
double emploi avec *é* et *ô, eu* et *ou,* au contraire,
nous donnent le seul moyen d'écrire deux sons d'un
emploi cependant très-fréquent chez nous.

On admet que la langue anglaise possède des
voyelles simples qui équivalent à une diphthongue,
tel est l'*i,* dont la prononciation est souvent la même
que celle de *ai* dans notre mot *ail;* c'est ainsi que les
Anglais prononcent aussi leur *y,* lettre dont on
a l'habitude de faire une voyelle. Les Russes prononcent également, dit-on, plusieurs de leurs caractères comme diphthongues. C'est encore là une opinion que j'examinerai à l'Y.

J. B. PRODHOMME,
Correcteur à l'Imprimerie Impériale.

DISCOURS (du latin *discursus*). — Réunion de phrases et de raisonnements ayant pour but de prouver quelque chose. Pour faire un discours, il faut d'abord en rassembler les matériaux, les disposer ensuite avec ordre, enfin les traiter convenablement. Ces trois occupations différentes de l'esprit constituent les trois chefs principaux de la rhétorique : L'INVENTION, la DISPOSITION, l'ÉLOCUTION.

I. INVENTION. — L'orateur se propose de convaincre ceux auxquels il s'adresse : son premier objet est donc de chercher les raisons les plus solides et les mieux appropriées à son sujet. Il faut que les arguments soient autant de preuves qui, arrangées dans l'ordre de leur valeur respective et présentées ensuite avec art, finissent par persuader.

On nomme argument le raisonnement par lequel on tire une conséquence d'une, de deux, ou d'un plus grand nombre de propositions.

Le syllogisme est un argument composé de trois propositions :

L'homme doit s'appliquer à apprendre tout ce qui le rend plus parfait.
Or, l'étude des sciences rend l'homme plus parfait,
Donc l'homme doit s'appliquer à l'étude des sciences.

La première proposition se nomme *majeure*, la seconde, *mineure*, et la troisième, *conclusion*. Les deux premières s'appellent aussi *prémisses*, parce qu'elles précèdent la troisième qui en est la conséquence.

L'enthymème n'est qu'un syllogisme dont l'une des deux prémisses manque : c'est un syllogisme plus énergique, plus resserré dans l'expression, aussi est-il le plus souvent employé : les deux pensées exprimées en font entendre une troisième qui doit toujours être facilement saisie. Laissez à celui qui écoute le plaisir de deviner quelque chose, mais faites en sorte que son intelligence ne puisse pas être en défaut. Voici un enthymème :

Vous haïssez le mensonge,
Donc vous aimez la vérité.

Dans cet argument il manque la proposition majeure, pour en faire un syllogisme en forme ; mais cette proposition est facile à deviner. On voit, en effet, que le syllogisme serait :

Celui qui hait le mensonge aime la vérité.
Or, vous haïssez le mensonge,
Donc vous aimez la vérité.

Le dilemme est un argument par lequel on détruit les moyens de défense de son adversaire par une réponse sans réplique.

Ou tu étais à ton poste ou tu n'y étais :
Si tu y étais, tu mourras pour avoir laissé passer l'ennemi ;
Si tu n'y étais pas, tu mourras pour l'avoir abandonné.

Le sorite n'est autre chose qu'une suite de syllogismes enchaînés de manière que l'attribut de la première proposition est le sujet de la seconde ; l'attribut de la seconde, le sujet de la troisième, etc., jusqu'à une conclusion qui a pour sujet celui de la première proposition, et pour attribut, l'attribut de la dernière.

Le vrai sage a le cœur grand et courageux ;
Celui qui a le cœur grand et courageux a l'âme élevée ;
Celui qui a l'âme élevée supporte ses maux sans se plaindre ;
Donc le vrai sage supporte ses maux sans se plaindre [1].

Les autres arguments tiennent tous au syllogisme et à l'enthymème, ce sont : l'épichérême, l'exemple, l'induction et l'argument personnel ; mais ces divers arguments, avec l'explication des lieux communs, tant intrinsèques qu'extrinsèques, et celle des sophismes, font partie de la logique, et ne peuvent entrer dans un article dont les limites sont aussi resserrées, et dont le but est d'offrir aux lecteurs les éléments des connaissances qui doivent être le complément indispensable de toutes bonnes études grammaticales.

II. DISPOSITION. — Dans cette seconde partie de la rhétorique, on traite de l'arrangement en ordre des pensées et des preuves fournies par l'invention.

Suffit-il, en effet, d'avoir trouvé des arguments, des faits, des preuves en sa faveur ? Ne doit-on pas encore disposer ces arguments et ces preuves de manière que l'auditoire puisse en suivre le développement, les saisir et les apprécier ? Il faut, dans le discours oratoire, de la symétrie et de l'ordre. On n'est jamais trop clair, on n'est jamais trop compris.

Le discours se compose de six parties : l'exorde, la proposition et la division, la narration, la confirmation, la réfutation et la péroraison.

De l'exorde. — Dans l'exorde, l'orateur prépare les esprits à entendre le sujet qu'il va traiter. Son but doit être de s'attirer l'attention et la bienveillance de ceux qui l'écoutent, car si dès le commencement il donnait mauvaise opinion de lui, ce serait une impression fâcheuse qu'il aurait peine ensuite à détruire. Si, au contraire, il sait s'attirer la bienveillance, l'assemblée s'intéresse à lui, tous les esprits se trouvent disposés en sa faveur.

L'orateur s'attirera la bienveillance s'il a un air de modestie et de probité : être modeste et éclairé, c'en est assez pour gagner les sympathies de l'auditoire. Il s'acquerra l'intérêt et l'attention s'il sait montrer l'affaire dont il va parler comme avantageuse, utile, importante ou nécessaire, si, dès le commencement, il donne une bonne idée de ses lumières, et enfin s'il est court et précis. « L'exorde est la partie du discours qui doit être travaillée avec le plus de scrupule ; ce sont les premières paroles de l'orateur, c'est là, par conséquent, qu'il est le plus en butte à la critique ; aussi un exorde mauvais en lui-même peut-il entraîner tout le discours dans sa disgrâce [2]. »

N'allez pas, dans un exorde, montrer que vous avez beaucoup de confiance en vous, étendre vos raison-

[1] Ponel.
[2] Victor Leclerc.

nements de manière à faire prévoir de trop longues discussions; évitez l'emphase, et, en général, un style pompeux et élevé, chargé d'images, de figures; point de feu, point d'enthousiasme, vous ressembleriez à un fou au milieu d'une société de gens raisonnables.

Voici l'exorde du discours que le jeune Orozimbo tient à l'Inca, roi de Quito, lorsque celui-ci le prie de lui raconter ses malheurs :

« Le souvenir en est cruel, dit le Cacique mexicain, avec un triste et profond soupir; mais je te dois l'effort d'en retracer la désolante image. Écoute, généreux prince, et puisse l'exemple de ma patrie t'apprendre à garantir ces bords du fléau qui l'a ravagée! »

L'exorde doit donc préparer les esprits. Mais si chaque auditeur est déjà initié à ce que l'on doit dire, ou si l'orateur est lui-même transporté de quelque passion subite, d'un sentiment de douleur ou d'indignation, il devra entrer tout à coup en matière; ce serait attiédir les esprits que de ne pas attiser encore le feu qui les échauffe déjà. Cet exorde s'appelle exorde *ex abrupto.*

Catilina conspire contre Rome; il croit que ses complots sont encore secrets : il entre au sénat, y prend sa place accoutumée. Tous ses collègues indignés se lèvent et laissent Catilina isolé sur son siége. Cicéron profite de cette indignation générale, monte à la tribune, et écrase le traître de ces paroles foudroyantes [1] :

« Jusques à quand, Catilina, abuseras-tu de notre patience? jusques à quand servirons-nous de jouet à ta faveur, et quelles seront les bornes de ton audace effrénée? Quoi! ni ces gardes posées de nuit sur le mont Palatin, ni les sentinelles dispersées dans la ville, ni la consternation du peuple, ni cette horreur générale des citoyens vertueux, ni ce lieu fortifié où s'assemble le sénat, ni ces visages, ces yeux fixés sur toi, n'ont rien qui puisse t'émouvoir! Ne sens-tu pas que tes complots sont découverts? Ne vois-tu pas dans le silence de tous ceux qui t'environnent que ton crime est dévoilé? etc., etc. [2]. »

De la proposition et de la division. — La proposition est l'énoncé du sujet. C'est dans la proposition que l'orateur doit exposer les pensées principales, qu'il aura ensuite à développer; c'est le sommaire de ce qui va être dit. Si l'on a qu'une seule pensée en vue, la proposition est dite simple; par exemple : Pierre et Paul se disputent la propriété d'un champ; je vais prouver que ce champ appartient à Pierre et non à Paul; voilà la proposition. Si on doit, au contraire, s'occuper de plusieurs objets, on en fait la division; on dit ce qu'on va traiter d'abord, ce dont il sera parlé ensuite, etc., sans rien omettre de tout ce qui fera l'objet du discours. Si les propositions ont besoin d'être subdivisées, on fait ces subdivisions par ordre et avec clarté, afin que les auditeurs puissent bien comprendre le sujet de la discussion subséquente.

Fléchier, dans l'oraison funèbre de madame de

---

[1] Traduction tirée de *la Rhétorique* de M. V. Leclerc.
[2] Quousque tandem abuteris patientiâ nostrâ, etc.

Montausier, pose ainsi sa proposition : « Je prétends vous remettre aujourd'hui sous les yeux sa vie mortelle, afin de vous persuader de son immortalité bien heureuse; je veux retracer dans votre mémoire les grâces que Dieu lui a faites, afin que vous louiez les miséricordes qu'il vient de lui faire. Autant de vertus qu'elle a pratiquées sont autant de sujets de confiance en la bonté de Dieu, qui se plaît à récompenser ceux à qui il inspire de le servir. » *Division.* « Partagez donc avec moi les trois états différents de sa vie; examinez sa sagesse dans une condition privée, sa modération dans les plus grandes dignités de la cour, et sa patience dans une longue et ennuyeuse maladie. Admirez cette femme forte qui résiste aux faiblesses de son sexe dès son enfance; à l'orgueil, dans sa plus grande élévation; à la douleur, dans le temps de son abattement et de sa mort même. » Voilà le sujet de ce discours.

De la narration. — Après avoir indiqué sommairement la marche qu'on va suivre, on arrive à exposer les faits. Mais entre la narration oratoire et la narration historique, il y a une grande différence; l'historien n'a en vue que de rapporter le fait, l'orateur doit de plus raconter le fait d'une manière convenable et favorable au succès de sa cause.

Les qualités de la narration sont : 1° la vraisemblance; 2° la clarté; 3° la précision; 4° l'intérêt.

La vraisemblance. « Le vrai peut quelquefois n'être pas vraisemblable », a dit Boileau. En effet, quoique vraie, une chose invraisemblable ne serait pas toujours crue, si l'orateur n'avait pas soin d'énumérer toutes les circonstances accessoires qui ne signifient rien séparément, et qui, réunies, démontrent les faits assez clairement pour les rendre croyables. Accuse-t-on une personne d'un vol? l'avocat indiquera les motifs qui ont dû décider cette personne à voler, il peindra le caractère cupide de cette personne, ses antécédents mal notés, sa position actuelle, ses relations; il fera voir combien le temps était opportun, le lieu accessible, etc., etc. On ferait valoir des raisons contraires si l'on défendait une personne faussement accusée.

La clarté. Cette qualité n'est pas seulement applicable à la narration, il faut être clair autant qu'on le peut et dans tout ce qu'on dit. Dans la narration cependant, plus que partout ailleurs, il faut éviter d'être obscur; si l'auditeur ne vous a pas compris lors de l'exposition des faits, il lui sera impossible de vous entendre dans tout le reste du discours.

La précision. Bien qu'il faille être clair, il faut aussi être précis, c'est-à-dire qu'il ne faut rien dire de trop. Pour expliquer un fait et en détailler les circonstances nécessaires, il ne faut jamais écrire en dix lignes ce qu'on peut expliquer en cinq. Cependant, pour être précis, craignez de devenir obscur : il vaudrait mieux sacrifier la précision à la clarté, que la clarté à la précision; soyez clair d'abord, et ensuite précis autant que vous le pourrez.

L'intérêt. Outre les trois qualités précédentes, la narration doit encore avoir de l'intérêt. Dans un sujet élevé vous pouvez attacher votre auditoire par des sentiments de douleur, de commisération, de surprise; ménager pour la fin un fait auquel on ne s'attendait pas. Il vous sera déjà permis de toucher au pathétique; mais craignez d'en user trop. Ce n'est pas en exposant un fait pour le faire comprendre qu'il faut agiter les passions; tenez l'âme en haleine, mais ne l'échauffez pas trop, ne la fatiguez pas; un arc ne peut rester tendu bien longtemps. Si vous avez un sujet simple où la passion ne puisse entrer, vous intéresserez l'auditoire par des tours adroits, de la délicatesse, de l'ingénuité; par quelques ornements naturels et sagement distribués.

Voici un modèle de narration tiré de l'oraison funèbre de Turenne par Fléchier :

« Il passe le Rhin, et trompe la vigilance d'un général habile et prévoyant. Il observe les mouvements des ennemis, il relève le courage des alliés, il ménage la foi suspecte et chancelante des voisins. Il ôte aux uns la volonté, aux autres les moyens de nuire; et, profitant de toutes ces conjonctures importantes qui préparent de grands et glorieux événements, il ne laisse rien à la fortune de ce que le conseil et la prudence lui veut ôter. Déjà frémissait dans son camp l'ennemi confus et déconcerté; déjà prenait l'essor pour se sauver dans la montagne cet aigle dont le vol hardi avait d'abord effrayé nos provinces. Ces foudres de bronze, que l'enfer a inventées pour la destruction des hommes, tonnaient de tous côtés pour favoriser leur retraite, et la France en suspens attendait le succès d'une entreprise qui, selon toutes les règles de la guerre, devait être infaillible. »

De la confirmation. — La confirmation est cette partie du discours où l'on expose ses preuves. Dans la narration on a établi des faits, dans la confirmation ces faits sont prouvés. C'est là que l'orateur a besoin de toutes les connaissances de l'art oratoire pour persuader. La force des preuves, le talent de les rendre avec art, l'adresse à les présenter sous leur plus beau jour, une logique serrée et sans écarts, voilà l'objet de l'avocat.

Si après la narration les esprits sont déjà disposés en votre faveur, commencez par les preuves les plus faibles, mais ayez soin de les accumuler pour en faire un corps, un ensemble qui impose; continuez par des preuves plus fortes, et enfin finissez par celles que vous jugerez les plus convaincantes. Mais si vous ne parlez qu'après votre adversaire, commencez par une ou deux preuves des plus frappantes, entassez au milieu les preuves les plus faibles, et finissez également par celles que vous trouvez les plus capables de persuader.

De la réfutation. — C'est dans la réfutation qu'on détruit les objections de la partie adverse. La réfutation demande beaucoup de sagacité et d'adresse; il faut un grand art pour savoir détruire ou au moins atténuer les raisons qu'on vous oppose. C'est qu'il faut assez d'habileté pour redresser les moindres écarts de l'orateur que vous devez combattre. S'il a parlé avant vous, et qu'il ait produit beaucoup d'effet, il y aura avantage à fondre la confirmation dans la réfutation, parce que, tout en alléguant une preuve en votre faveur, vous détruirez une preuve contraire. Lorsque vous aurez eu le bonheur de ren-

verser les arguments les plus forts qu'il vous ait opposés, vous pourrez détruire les plus faibles en vous servant de l'ironie, pourvu toutefois que vous sachiez vous servir de cette arme avec justesse et modération.

Voici un exemple de réfutation tiré du dicours de Démosthènes sur la couronne :

« Malheureux, si c'est le désastre public qui te donne de l'audace, quand tu devrais gémir avec nous, essaye donc de faire voir dans ce qui a dépendu de moi quelque chose qui ait contribué à notre malheur, ou qui n'ait pas dû le prévenir! Partout où j'ai été en ambassade, les envoyés de Philippe ont-ils eu quelque avantage sur moi? Non, jamais, non, nulle part; ni dans la Thessalie, ni dans la Thrace, ni dans Byzance, ni dans Thèbes, ni dans l'Illyrie. Mais ce que j'avais fait par la parole, Philippe le détruisait par la force, et tu t'en prends à moi, et tu ne rougis pas de m'en demander compte! Ce même Démosthènes, dont tu fais un homme si faible, tu veux qu'il l'emporte sur les armées de Philippe, et avec quoi? avec la parole, car il n'y avait que la parole qui fût à moi; je ne disposais ni des bras ni de la fortune, je n'avais aucun commandement militaire, et il n'y a que toi d'assez insensé pour m'en demander raison. Mais que pouvait, que devait faire l'orateur d'Athènes? Voir le mal dans sa naissance, le faire voir aux autres, et c'est ce que j'ai fait; prévenir, autant qu'il était possible, les retards, les faux prétextes, les oppositions d'intérêts, les méprises, les fautes, les obstacles de toute espèce, trop ordinaires entre les républiques alliées et jalouses, et c'est ce que j'ai fait; opposer à toutes ces difficultés de zèle, l'empressement, l'amour du devoir, l'amitié, la concorde, et c'est ce que j'ai fait. Sur aucun de ces points je défie qui que ce soit de me trouver en défaut; et si l'on me demande comment Philippe l'a emporté, tout le monde répondra pour moi : par ses armes qui ont tout envahi, par son or qui a tout corrompu. Il n'était pas en moi de combattre ni l'un ni l'autre; je n'avais ni trésors ni soldats. Mais, pour ce qui est de moi, j'ose le dire, j'ai vaincu Philippe; et comment? En refusant ses largesses, en résistant à la corruption. Quand un homme s'est laissé acheter, l'acheteur peut dire qu'il a triomphé de lui; mais celui qui demeure incorruptible peut dire qu'il a triomphé du corrupteur. Ainsi donc, autant qu'il a dépendu de Démosthènes, Athènes a été victorieuse, Athènes a été invincible [1]. »

De la péroraison. — La péroraison est la dernière partie du discours. Elle a deux objets : 1° de récapituler les preuves; 2° de réveiller les passions, d'émouvoir le sentiment.

Dans un discours d'une certaine étendue, les preuves qu'on a données, qu'on a amplifiées pour augmenter la force, peuvent bien ne pas être restées clairement établies dans l'esprit des juges; il faut donc résumer la confirmation, c'est-à-dire en rappeler seulement les preuves les plus fortes, les plus convaincantes; vous ne faites plus le discours, vous en faites la récapitulation. Le talent de l'orateur est de présenter les preuves sous un nouveau jour, car des arguments que vous répéteriez dans les mêmes termes que dans la confirmation, porteraient déjà le cachet de l'ancienneté; il faut les représenter, mais sous une forme nouvelle, et les embellir de ce coloris, de cette fraîcheur, de cette

[1] Traduction tirée du *Cours de littérature* de La Harpe.

diction élégante qui font qu'on écoute avec plaisir ce que l'on connaît déjà.

Nous devons exciter les émotions du sentiment ; c'est à présent ou jamais qu'il faut toucher les cœurs. Dans la péroraison on usera de toutes les ressources du pathétique : style figuré, hardi, impétueux, séduisant, sublime; l'orateur mettra tout en œuvre pour maîtriser son auditoire, remuer les âmes et les entraîner !   J. M. RAVEAUD.

DISPENSE (droit) exemptant de la règle ordinaire, qui permet, dans certaines circonstances, d'autoriser ce qui n'est pas généralement permis. — Il y a, 1° les dispenses de publications pour le mariage; 2° les dispenses d'âge pour le même objet.

Dispenses de publications pour le mariage. — Le procureur impérial peut accorder dispense de la seconde des deux publications prescrites par la loi, lorsqu'il y a urgence, et permettre de n'en faire qu'une seule.

Dispenses d'âge pour le mariage. — Des dispenses d'âge peuvent être accordées par le ministre de la justice dans des cas graves : par exemple, la grossesse de la future, des arrangements de famille à faciliter, un procès à prévenir ou à terminer. — Les demandes de dispenses doivent être présentées et signées par les futurs époux, par les pères et mères, ascendants ou tuteurs dont le consentement est nécessaire pour la validité du mariage; elles doivent être accompagnées des actes de naissance légalisés des futurs, ou des actes de notoriété qui les remplacent.

Excepté dans les cas d'indigence constatée, les expéditions des lettres patentes portant dispenses d'âge en cas de mariage, sont soumises, outre le droit de sceau, lequel est de 100 francs, au droit fixe d'enregistrement de 20 francs. (*De Lusignan.*)

DISSECTION (anatomie, salubrité publique) [du latin *dissectio*, même sens; radical *secare*, couper].— Opération par laquelle on divise et l'on met à découvert les différentes parties d'un corps organisé pour en connaître la structure. Appliquée aux végétaux, la dissection prend le nom de *phytotomie*; pratiquée sur les animaux, elle constitue la *zootomie*, et sur le corps de l'homme, l'*anthropotomie*.

A une époque qui n'est pas encore fort reculée, les dissections, dit M. Trébuchet, étaient considérées comme un sacrilège qu'on ne pouvait expier que par un pèlerinage à la Terre-Sainte, et que le célèbre Vésale en était réduit à s'enfermer la nuit dans le charnier des Innocents, et à disséquer des cadavres qu'il obtenait en courant les plus grands dangers. On connaît également les discussions qui partageaient les médecins et qui portaient sur la question de savoir si les criminels condamnés à mort pouvaient être livrés aux chirurgiens de leur vivant, pour être soumis à des recherches anatomiques, ou s'il fallait attendre qu'ils eussent subi leur sentence; les uns disaient qu'il n'était pas permis de faire du mal pour procurer du bien, les autres pensaient que, relativement à la société, « la mort » d'un criminel était aussi utile sur un amphi-

théâtre que sur un échafaud ; » que, relativement au criminel lui-même, on ne lui faisait aucun tort, si on lui laissait le choix entre une mort certaine et l'espérance de la guérison à la suite d'une opération faite avec soin et précaution.

Une vieille chronique appelée *Chronique scandaleuse*, cite l'histoire suivante d'un archer de Meudon sur lequel fut faite la première opération de la pierre, sous Louis XI. « Au mois de janvier (mil) » quatre cens soixante et quatorze, advint que ung » franc archier de Meudon, près Paris, estoit pri- » sonnier ez prisons de chastelet, pour occasion de » plusieurs larrecins qu'il avoit faictes en divers » lieux, et mesmement en l'église dudict Meudon. » Et pour lesdits cas et comme sacrilége fut con- » damné à estre pendu et étranglé au gibet de Paris, » nommé Montfaulcon, dont il appela en la court » de parlement, où il fut mené pour discuter de son » appel : par laquelle court et par son arrest fut, le » dit franc-archier, déclaré avoir mal appellé et » bien jugé par le prevost de Paris, par devers le- » quel fut renvoyé pour exécuter sa sentence. Et ce » mesme jour fust resmontré au roi (Louis XI), par » les médecins et chirurgiens de la dite ville, que » plusieurs et diverses personnes estoient fort tra- » vaillées et molestées de la pierre, colique, passion, » et maladie du costé, dont pareillement avoit esté » fort molesté le dit franc-archier. Et aussi des dites » maladies estoit lors fort malade M. du Bocaige, » et qu'il seroit fort requis de voir les lieux où les » dites maladies sont concréées dans les corps hu- » mains, laquelle chose ne pouvoit mieux estre » sceue que « inciser le corps d'un homme vivant, » » ce qui pouvoit bien estre faict en la personne » d'icelluy franc-archier, qui aussi bien estoit prest » de souffrir mort, laquelle ouverture et incision fut » faicte au dit corps du dit franc-archier, et dedans » icelluy quis et regardé le lieu des dictes maladies. » Et après qu'ils eurent esté veues fut recousu, et » ses entrailles remises dedans. Et fut, par l'ordon- » nance du roi, fait très-bien panser, et tellement » que dedans quinze jours après, il fut bien guery, » et eut rémission de ses cas sans despens, « et si » lui fut donné avecques ce argent. »

Ce ne fut qu'au dix-huitième siècle que l'on s'occupa sérieusement des études anatomiques, et que l'on établit des lieux qui leur furent spécialement consacrés. Le 4 juillet 1750, « un arrêt du conseil, après avoir prescrit un cours complet des études de toutes les parties de l'art chirurgical, qui était de trois années consécutives, décida que pour rendre ces cours plus utiles aux élèves, il serait établi dans le *collège de Saint-Côme*, à Paris, une école pratique d'anatomie et d'opérations chirurgicales, où toutes les parties de l'anatomie seraient démontrées gratuitement, et où les élèves feraient eux-mêmes les dissections et les opérations qui leur auraient été enseignées. »

En 1775, on créa les amphithéâtres de Metz, de Strasbourg et de Lille, pour l'instruction des hôpitaux militaires.

A Paris, depuis 1813, le privilége des dissections est attribué à la Faculté de médecine et à l'administration des hôpitaux; dès lors, on prononça la suppression des amphithéâtres particuliers et de ceux établis dans les hôpitaux, et l'on renferma les dissecteurs dans les pavillons de l'École de Médecine et dans l'amphithéâtre de la Pitié, entièrement séparé des bâtiments de l'hôpital.

L'ordonnance de police du 15 octobre 1813, renouvelée par celles du 11 janvier 1815 et du 25 novembre 1834, défend « d'ouvrir dans Paris aucun amphithéâtre particulier, soit pour professer l'anatomie ou la médecine opératoire, soit pour faire disséquer ou manœuvrer sur le cadavre les opérations chirurgicales. Elle prononce la même défense en ce qui concerne les hôpitaux, les hospices, les maisons de santé, infirmeries, maisons de détention, et en quelque autre localité que ce soit, et il porte que les dissections ne pourront être faites que dans les pavillons de la Faculté de Médecine et dans l'amphithéâtre des hôpitaux établis sur l'emplacement de l'ancien cimetière de Clamart. Suivant la même ordonnance, les cadavres provenant des hôpitaux et hospices sont seuls affectés au service des amphithéâtres d'anatomie; mais les familles peuvent réclamer, pour le faire enterrer à leurs frais, les corps de leurs parents décédés dans les hôpitaux et hospices. La distribution des cadavres entre l'amphithéâtre des hôpitaux et les pavillons de la Faculté de Médecine a lieu conformément à des dispositions d'administration intérieure; ils ne peuvent être enlevés des hôpitaux et hospices que vingt-quatre heures après que le décès a été régulièrement constaté; ils sont portés aux amphithéâtres dans des voitures couvertes et pendant la nuit seulement; il est expressément défendu d'emporter hors des amphithéâtres des cadavres ou des portions de cadavres; enfin, les dissections doivent être suspendues depuis le 1er mai jusqu'au 1er septembre. »

Voici l'arrêté du 3 vendémiaire an VII concernant l'hygiène et la salubrité des salles de dissection, arrêté qui n'a été modifié par aucune législation postérieure.

« Art 1. Aucune salle de dissection, soit publique, soit particulière, aucun laboratoire d'anatomie, ne pourront être ouverts sans l'agrément du bureau central, dans les communes où il en existe, et ailleurs sans celui de l'administration municipale. Ces administrations feront, pour l'inspection de ces lieux, toutes les dispositions qu'elles jugeront nécessaires, sous la réserve de l'approbation du ministre de la police générale.

» Art. 2. Pour favoriser l'instruction dans cette partie de l'art de guérir, les directeurs et professeurs des établissements chargés de l'enseignement de l'anatomie se concerteront avec le bureau central ou l'administration municipale.

» Art. 3. Tout individu ayant droit de s'occuper de dissection sera préalablement tenu : 1° de se faire inscrire chez le commissaire de police de son arrondissement; 2° d'observer, pour obtenir des cadavres,

les formalités qui lui seront prescrites par la police en vertu du présent arrêté et des instructions qui seront données pour son exécution; et 3° de désigner les lieux où seront déposés les débris des corps dont il a fait usage, sous peine d'être privé à l'avenir de cette distribution, dans le cas où il ne les aurait pas fait porter aux lieux de sépulture.

» Art. 4. Les enlèvements nocturnes de cadavres inhumés continueront d'être prohibés et punis suivant la rigueur des lois[1]. »   B. L.

DISSOLUTION (chimie)[solution, *solutum*].—Tout corps qui disparaît dans l'eau ou dans tout autre véhicule sans en troubler la transparence est soluble, et le liquide qui le contient s'appelle une dissolution. Dans cet état, le corps n'a rien perdu de ses propriétés physiques ni de ses propriétés chimiques. Le sucre, dissous dans l'eau, n'a point perdu la saveur qui le caractérise. L'eau est un dissolvant précieux en ce qu'elle conserve les propriétés des corps qui s'y dissolvent. Les corps insolubles troublent les liquides, s'y déposent au bout d'un temps plus ou moins long, et forment ce qu'on appelle un *précipité* ou *dépôt*. Cependant il faut se garder de considérer comme insolubles tous les corps qui troublent l'eau; très-peu de corps sont absolument insolubles dans le sens propre du mot; car les corps les plus insolubles, tels que le sulfate de baryte et le chlorure d'argent, sont sensiblement solubles, mais, à la vérité, dans une quantité d'eau tellement considérables que, dans les circonstances ordinaires, on peut les regarder comme à peu près insolubles. Il ne faut pas considérer comme des corps solubles ceux qui décomposent l'eau de manière à former des produits nouveaux qui s'y dissolvent. C'est ainsi que le bromure de phosphore disparaît dans l'eau, mais il ne s'y dissout pas; ce sont les acides bromhydrique et hypophosphoreux, auxquels le bromure de phosphore donne naissance avec les éléments de l'eau qui s'y dissolvent. La dissolution, en écartant les molécules, divise les corps à l'infini, ce qui permet d'affaiblir ceux dont les propriétés seraient trop énergiques à l'état solide. La dissolution offre l'exemple le plus frappant de la grande divisibilité de la matière. Les gaz se dissolvent proportionnellement à la pression à laquelle ils sont soumis, tandis que les corps solides sont généralement plus solubles à chaud qu'à froid; la chaux, la magnésie, la zircone, font exception à cette dernière loi. Tout liquide ayant dissous un corps en quantité si grande que ce même liquide refuse d'en dissoudre davantage dans les circonstances ordinaires s'appelle une *dissolution saturée*. Lorsqu'un corps est plus soluble à chaud qu'à froid, la dissolution saturée à la température ordinaire est propre à dissoudre une plus grande quantité de ce corps à chaud; elle est alors *sursaturée* et laisse déposer lentement, à mesure qu'elle se refroidit, l'excédant du corps soluble, dont les molécules prennent

[1] Pour la peine qu'entraîne la violation de sépulture dont parle l'art. 4, voyez l'art. 360 du Code pénal, et sur la police des lieux de sépulture, les art. 16 et 17 du décret du 23 prairial an XIII.

un arrangement particulier à formes géométriques qu'on appelle *cristallisation*. Certaines dissolutions saturées n'ont point perdu la faculté de dissoudre d'autres corps; ainsi une dissolution saturée de sel marin ne se refuse pas à dissoudre une certaine quantité de nitre; cette circonstance a été mise à profit dans l'art des salpêtriers. En définitive, la dissolution n'est ni une combinaison ni un mélange; c'est quelque chose d'intermédiaire entre ces deux états. Ce qu'il y a de certain, c'est que les dissolutions favorisent singulièrement les combinaisons; les anciens savaient cela, quand ils disaient : *Corpora non agunt, nisi sint dissoluta.* (*Hoefer.*)

DISTANCE (géographie, jurisprudence).—Intervalle qui sépare un lieu ou un pays d'un autre.

Voici le tableau des distances de Paris à tous les ports de marchandises, pour stipuler le temps pendant lequel ils doivent être exécutés, soit aussi pour les délais de payement ou de protêt, ou de la dénonciation des sinistres, que la loi lui accorde suivant l'éloignement des lieux.

DISTILLATION (chimie).—La distillation est une opération par laquelle on réduit les liquides en vapeur, à l'aide de la chaleur, pour les faire retourner ensuite à l'état liquide par le refroidissement. Cette opération a pour but principal de séparer les liquides d'avec les corps fixes, ou des corps d'une volatilité différente. Elle peut encore avoir pour but la désunion des éléments d'un composé, et de donner ainsi naissance à des produits nouveaux. On opère la distillation dans des vases particuliers (voy. *Alambic*). L'art distillatoire n'est pas une invention des Arabes,

DÉPARTEMENTS.	CHEFS-LIEUX.	m. k.	l. anc.	DÉPARTEMENTS.	CHEFS-LIEUX.	m. k.	l. anc.
Ain	Bourg	43 2	86 2/5	Loiret	Orléans	12 3	28 3/5
Aisne	Laon	12 7	25 2/5	Lot	Cahors	55 8	111 3/5
Allier	Moulins	28 9	57 4/5	Lot-et-Garonne	Agen	71 4	142 4/5
Alpes (Basses-)	Digne	75 5	151	Lozère	Mende	56 6	113 1/5
Alpes (Hautes-)	Gap	66 5	133	Maine-et-Loire	Angers	30 0	60
Ardèche	Privas	60 6	121 1/5	Manche	Saint-Lô	32 6	65 1/2
Ardennes	Mézières	23 4	46 1/3	Marne	Châlons	16 4	32 4/5
Ariége	Foix	75 2	150 3/5	Marne (Haute-)	Chaumont	24 7	49 2/5
Aube	Troyes	15 9	31 4/5	Mayenne	Laval	28 1	56 1/5
Aude	Carcassonne	76 5	153	Meurthe	Nancy	33 4	66 4/5
Aveyron	Rodez	69 2	138 2/5	Meuse	Bar-le-Duc	25 1	50 1/5
Bouches-du-Rhône	Marseille	81 3	162 3/5	Morbihan	Vannes	50 0	100
Calvados	Caen	26 3	52 3/5	Moselle	Metz	30 8	61 3/5
Cantal	Aurillac	53 9	107 4/5	Nièvre	Nevers	23 6	47 1/5
Charente	Angoulème	45 4	90 4/5	Nord	Lille	23 6	47 1/5
Charente-Inférieure	Saintes	48 5	96 4/5	Oise	Beauvais	8 8	17 3/5
Cher	Bourges	22 3	46 3/5	Orne	Alençon	19 1	38 1/5
Corrèze	Tulle	46 1	92 1/5	Pas-de-Calais	Arras	19 3	38 3/5
Corse	Ajaccio	87 3	174 3/5	Puy-de-Dôme	Clermont	38 4	76 4/5
Côte-d'Or	Dijon	30 5	61	Pyrénées (Basses-)	Pau	78 1	156 1/5
Côtes-du-Nord	Saint-Brieuc	44 6	89 1/5	Pyrénées (Hautes-)	Tarbes	81 5	163
Creuse	Guéret	42 8	85 3/5	Pyrénées-Orientales	Perpignan	88 8	177 1/5
Dordogne	Périgueux	47 2	94 2/5	Rhin (Bas-)	Strasbourg	41 4	92 4/5
Doubs	Besançon	39 7	79 2/5	Rhin (Haut-)	Golmar	48 1	96 1/5
Drôme	Valence	56 0	112	Rhône	Lyon	46 6	93 1/5
Eure	Evreux	10 4	20 4/5	Saône (Haute-)	Vesoul	35 4	70 4/5
Eure-et-Loir	Chartres	9 2	18 2/5	Saône-et-Loire	Mâcon	39 9	79 4/5
Finistère	Quimper	62 3	124 3/5	Sarthe	Le Mans	21 1	42 1/5
Gard	Nîmes	70 2	140 2/5	Seine	Paris	» »	»
Garonne (Haute-)	Toulouse	66 9	133 4/5	Seine-Inférieure	Rouen	13 7	27 2/5
Gers	Auch	74 3	148 3/5	Seine-et-Marne	Melun	4 6	9 1/2
Gironde	Bordeaux	57 3	114 3/5	Seine-et-Oise	Versailles	2 1	4 1/5
Hérault	Montpellier	75 2	150 2/5	Sèvres (Deux-)	Niort	41 6	83 1/5
Ille-et-Vilaine	Rennes	34 6	68 1/5	Somme	Amiens	12 7	25 3/5
Indre	Châteauroux	25 9	51 4/5	Tarn	Albi	65 7	131 2/5
Indre-et-Loire	Tours	24 2	48 2/5	Tarn-et-Garonne	Montauban	70 0	140
Isère	Grenoble	56 8	113 3/5	Var	Draguignan	89 0	178
Jura	Lons-le-Saunier	41 1	82 1/5	Vaucluse	Avignon	70 7	141 2/5
Landes	Mont-de-Marsan	70 2	140 2/5	Vendée	Fontenay	44 7	89 2/5
Loir-et-Cher	Blois	18 1	36 1/5	Vienne	Poitiers	34 3	68 3/5
Loire	Montbrison	44 3	88 3/5	Vienne (Haute-)	Limoges	38 0	76
Loire (Haute-)	Le Puy	50 5	101	Vosges	Epinal	38 1	76 1/5
Loire-Inférieure	Nantes	38 9	77 4/5	Yonne	Auxerre	16 8	33 3/5

chefs-lieux des départements, évalués en myriamètres et lieues anciennes, pour servir de régulateur et d'indicateur du jour où, conformément à l'article 1er du Code civil, la promulgation de chaque loi est réputée connue dans chacun des départements du royaume. La connaissance de ces distances légales est également nécessaire au commerce, soit pour les trans-

ainsi que je l'ai démontré ailleurs; cet art est beaucoup plus ancien. Pline décrit ainsi un procédé distillatoire extrêmement curieux, et qui prouve combien l'esprit humain est habile à faire varier les moyens pour arriver au même but. « On allume, dit-il, du feu sous le pot qui contient la résine; une vapeur (*halitus*) s'élève et se condense dans de la laine qu'on étend sur l'ouverture du pot où l'on fait cuire la résine; l'opération étant terminée, on exprime la laine ainsi imprégnée d'huile. » Ce procédé distillatoire, dont Pline ne prétend pas être l'inventeur (ce qui en fait remonter la découverte probablement à plus de deux mille ans), rappelle le passage suivant d'Alexandre Aphrodise, déjà signalé par l'illustre Alexandre de Humboldt : « On rend, y est-il dit, l'eau de mer potable en la vaporisant dans des vases placés sur le feu, et en recevant la vapeur condensée sur des couvercles récipients. » Le célèbre commentateur d'Aristote ajoute qu'on peut traiter de même le vin et d'autres liquides. Geber (qui vivait, d'après Abulféda, vers la fin du huitième ou au commencement du neuvième siècle) s'exprime ainsi sur la distillation : « Il y a deux espèces de distillations : l'une s'opère à l'aide du feu, l'autre sans le feu. La première peut se faire de deux manières différentes : ou par *ascension* des vapeurs dans l'alambic, ou *per descensum*, dans le but de séparer des huiles ou d'autres matières liquides par les parties inférieures du vase. Quand à la distillation sans l'aide du feu, elle consiste à séparer les liquides limpides par le filtre; c'est une simple filtration. » On voit que le mot *distillation* avait autrefois un sens beaucoup plus large qu'aujourd'hui. « La distillation par le feu peut être, continue Geber, variée dans son intensité, suivant qu'on chauffe le vase sur un bain d'eau ou sur un bain de cendres. » (HOEFER, *Histoire de la Chimie.*)

DISTIQUE (belles-lettres) [du grec *dis*, deux, et *stichos*, vers]. — Couplet en vers, ou petite pièce de poésie dont le sens se trouve renfermé dans deux vers, l'un hexamètre et l'autre pentamètre. — Voy. *Versification.*

DITHYRAMBE (belles-lettres) [du grec *dithyrambos*, surnom de Bacchus, à cause de sa double naissance]. — Sorte de poésie grecque consacrée à Bacchus. L'enthousiasme, le désordre, l'inégalité des mesures caractérisaient ce genre de poëme. — Voy. *Versification.*

DIURÉTIQUE (matière médicale) [du grec *diouréô*, uriner]. — Médicaments ou boissons qui ont la propriété d'augmenter la sécrétion urinaire, tels que le nitre (azotate de potasse), la pariétaire, la digitale, la réglisse, etc.

DIVINITÉ (philosophie). — Dieu même, Être suprême de nature divine. —Les idées de Dieu et de religion, a dit un auteur, ont pris leur origine dans les objets physiques, et ont été, dans l'entendement de l'homme, le produit de ses sensations, de ses besoins, des circonstances de sa vie et de l'état progressif de ses connaissances. Or, de ce que les idées de la Divinité eurent pour premiers modèles les êtres physiques, il résulta que la Divinité fut d'abord variée et multipliée comme les formes sous lesquelles elle parut agir : chaque être fut une puissance, un génie; et l'univers, pour les premiers hommes, fut rempli de dieux innombrables; et de ce que les idées de la Divinité eurent pour moteurs les affections du cœur humain, elles subirent un

ordre de division calqué sur les sensations de douleur et de plaisir, d'amour et de haine; les puissances de la nature, les dieux, les génies furent partagés en bienfaisants et en malfaisants, en bons et en mauvais; et de là l'universalité de ces deux caractères dans tous les systèmes de religion. Dans le principe, ces idées, analogues à la condition de leurs inventeurs, furent longtemps confuses et grossières. Errant dans les bois, obsédés de besoins, dénués de ressources, les hommes sauvages n'avaient pas le loisir de combiner des rapports et des raisonnements. Affectés de plus de maux qu'ils n'éprouvaient de jouissances, leur sentiment le plus habituel était la crainte, leur théologie la terreur; leur culte se bornait à quelques pratiques de salut et d'offrande à des êtres qu'ils se peignaient féroces et avides comme eux. Telle fut l'origine nécessaire et première de toute idée de la Divinité.

DIVISIBILITÉ (physique).—Propriété qu'a la matière de pouvoir être divisée en particules plus ou moins petites. Cette division peut être poussée si loin, que l'œil devient incapable de percevoir les particules de la matière. La matière est-elle divisible à l'infini, ou bien, en continuant la division, arrive-t-on à des particules tout à fait indivisibles et insécables, enfin à de véritables *atomes?* C'est là une question qui a été en tout temps agitée par les physiciens, dit Hoefer, mais qu'il sera impossible de résoudre par la voie mécanique. Ce n'est que par la voie des combinaisons chimiques qu'on arrive à l'hypothèse probable, que la matière est composée de particules insécables ou atomes. Mais la division chimique de la matière s'applique à des molécules si petites, qu'elles échappent à tous nos sens; elles ne sont saisissables que par le raisonnement. Quant à la division mécanique, elle peut être poussée fort loin, sans cesser cependant d'être physiquement appréciable. Ainsi, le platine peut être étiré en fils si minces que plusieurs centaines de fils réunis donnent à peine l'épaisseur d'un cheveu. L'or se réduit en feuilles si minces, que 14,000 réunies font à peine l'épaisseur d'un millimètre. Les dissolutions colorées (de carmin, de sulfate de cuivre ammoniacal) offrent des exemples d'une divisibilité encore plus grande. Un morceau d'azur, du poids et du volume d'un grain de blé, colore sensiblement 10 kilogrammes d'eau; or, ces dix kilogrammes d'eau renferment dix millions de millimètres cubes; donc, puisque chaque millimètre cube renferme au moins une particule colorante, le petit corps de la grosseur d'un grain de blé se trouve divisé en plus de dix millions de parties.

DIVISION (arithmétique). — Opération par laquelle : étant donné un produit et l'un de ses facteurs, on cherche l'autre facteur.

Le nombre à diviser, s'appelle *dividende*; le nombre par lequel on le divise, s'appelle *diviseur*; le résultat de l'opération se nomme *quotient* (du latin *quoties*, combien de fois).

Le dividende et le diviseur se nomment conjointement : *termes de la division.*

La division est une espèce de soustraction; car,

pour obtenir le quotient, il suffirait de soustraire le diviseur du dividende autant de fois qu'il est possible. Le nombre des soustractions indiquerait le quotient cherché.

Le quotient d'une division peut être considéré : 1° Comme le nombre de fois que le dividende contient le diviseur; 2° comme une partie du dividende, qui s'y trouve contenue autant de fois que l'indique le diviseur.

En effet :

Soit 40 fr. à partager de manière que chaque personne reçoive 10 fr.; quel sera le nombre de personnes qui recevront?

Il sera de 4. Ici 4 exprime le nombre de fois.

Combien recevront 4 personnes entre lesquelles on veut partager 40 fr. ? Chaque personne recevra 10 fr. Ici 10 exprime une partie du dividende.

Pour faire la division, il faut écrire le diviseur à la droite du dividende, les séparer par un trait vertical et souligner le diviseur, au-dessous duquel on écrit les chiffres du quotient à mesure qu'on les obtient.

On prend ensuite, sur la gauche du dividende, un nombre suffisant de chiffres pour contenir au moins une fois le diviseur, mais au plus 9 fois.

On cherche combien de fois ce dividende partiel contient le diviseur, et l'on place le nombre trouvé au quotient; multipliant ensuite le diviseur par ce quotient, on en retranche le produit du dividende partiel.

Après la soustraction, on abaisse du côté du reste le chiffre suivant du dividende, répétant l'opération qui vient d'être décrite jusqu'à l'entier épuisement des chiffres du dividende. Lorsque l'abaissement d'un chiffre ne suffit pas pour que le dividende partiel contienne le diviseur, on place zéro au quotient, et, abaissant le chiffre suivant du dividende, on continue l'opération.

Exemple. — Soit à diviser 2472 par 24.

Je dispose ainsi l'opération, et je dis :

Dividende	2472	24	diviseur.
	0072		
	00	103	quotient.

En 24 combien de fois 24? Il y est une fois.

Une fois 24 retranché de 24, reste zéro; j'abaisse le 7; en 7 combien de fois 24? il n'y est pas; je pose zéro au quotient; abaissant le chiffre suivant, je dis : en 72 combien de fois 24? il y est 3 fois. Multipliant le diviseur par ce dernier chiffre 3, j'ai pour produit 72, qui, retranché de 72, me donne zéro pour reste.

Le nombre 103 est donc le quotient cherché.

Cela n'est que la pratique de la division. Appliquons la théorie sur l'exemple suivant : 4536 à diviser par 8.

Dividende	4536	8 diviseur.	
	4000	5 centaines.	
1er reste.	536	6 dixaines.	Quotients partiels.
	480		
2e reste.	56	7 unités.	
	56		
3e reste.	0	567 quotient général.	

Je cherche d'abord l'espèce des plus hautes unités du quotient.

4 mille étant divisés en 8 parties égales, ne peuvent donner 1 mille au quotient; ainsi, le quotient renferme au plus des centaines.

4 mille et 5 centaines ou 45 centaines, divisés en 8 parties égales, donnent, pour chacune d'elles, 5 centaines,

plus un reste. Or, 8 fois 5 centaines font 40 centaines ou 4000, qui, retranchées de 4,536, donnent un reste de 536 à partager en 8 parties égales; 536 contient 53 dizaines qui, divisées en 8 parties égales, donnent, pour chacune d'elles, 6 dizaines, plus un reste. Or, 8 fois 6 dizaines font 48 dizaines, ou 480, qui, retranchées du nombre 536, donnent pour reste : 56 à partager en 8 parties égales. 56 unités, partagées en 8 parties égales, donnent, pour chacune d'elles, 7 unités, sans reste. Car, 8 fois 7 unités font 56 unités, qui, retranchées de 56, donnent zéro pour reste.

Le quotient se compose donc de 5 centaines, de 6 dizaines et de 7 unités, ou de 567 unités.

Dans une division, le diviseur est toujours le facteur connu, le produit donné est le dividende, et le facteur cherché est le quotient. D'après cela, diviser 135 par 5, c'est chercher un nombre nommé quotient, qui, multiplié par le diviseur 5, donne pour produit 135.

Avant de faire une division, on peut toujours savoir combien de chiffres aura le quotient. Il suffit pour cela de marquer le premier dividende partiel; le nombre de chiffres restés au dividende, plus un, indique combien il y en aura au quotient.

Si l'on divise 12,735 par 64, il y aura 3 chiffres au quotient.

Si l'on divise 967,589 par 175, il y aura 4 chiffres au quotient, etc.

Lorsque le diviseur ne renferme que l'unité suivie d'un ou de plusieurs zéros, comme 10, 100, 1000, etc., la division s'effectue avec une grande rapidité. En effet, elle consiste à partager les chiffres du dividende en deux groupes; celui de droite contient autant de chiffres qu'il y a de zéros dans le diviseur, et forme le reste de la division; celui de gauche, comprenant tous les autres chiffres du dividende, donne le quotient.

Exemple. — Soit 2356 à diviser par 10.

Mettant une virgule après le 6, le nombre 235 est le quotient, et le chiffre 6, le reste.

Si l'on avait eu ce nombre à diviser par 100, on aurait mis la virgule entre le 5 et le 3, etc.

Si le diviseur et le dividende d'une division sont terminés par des zéros, on peut, sans changer le quotient, en supprimer un nombre égal de part et d'autre.

Exemple. — Soit à diviser 675000 par 3000.

Opération. — Je supprime trois zéros à droite de chaque terme; divisant ensuite 675 par 3, je trouve 225 pour quotient, comme si j'avais divisé 675000 par 3000. En voici la raison :

675000 c'est 675 mille, et 3000 c'est 3 mille. Or, deux nombres de mille se contiennent autant de fois que les mêmes nombres d'unités simples. Donc 675000 contient 3000 autant de fois que 675 contient 3, c'est-à-dire 225 fois.

Il est toujours facile, dit Reynaud, de déterminer la partie du dividende qui renferme le produit du diviseur par le chiffre des plus hautes unités du quotient, et l'on en déduit quel est ce chiffre. Mais les produits partiels du diviseur par les autres chiffres du quotient, étant confondus dans le dividende, il n'est pas possible d'apercevoir ces produits dans le dividende total : ce qui empêche de trouver directement les autres chiffres du quotient, avant d'avoir obtenu celui de ses plus hautes unités.

Il est donc indispensable de commencer par la recherche du premier chiffre à gauche du quotient.

La preuve de la multiplication par la division, se fait en divisant le produit obtenu par l'un des deux facteurs qui a servi à le former. Si l'on divise par le multiplicande, on doit trouver le multiplicateur, *et vice versâ*.

Soit à multiplier 425 par 365, j'ai pour produit 155,125; si je divise ce produit par 425 (multiplicande), j'aurai pour quotient 365 (multiplicateur); enfin, si j'avais divisé le produit par 365 (multiplicateur), j'aurais eu pour quotient 425 (multiplicande).

Preuve de la division. — La preuve de la division se fait en multipliant le diviseur par le quotient, et en y ajoutant le reste de la division, s'il y en a un. On obtient pour résultat : le dividende.

La raison en est, dans ces deux principes admis, qu'en divisant un produit par l'un de ses facteurs, on doit retrouver l'autre facteur, et qu'en multipliant le diviseur par le quotient, on doit obtenir le dividende. Ainsi s'expliquent les preuves de la multiplication et de la division.

Divisibilité des nombres. — On reconnaît qu'un nombre est divisible par 2, quand le premier chiffre à droite est lui-même divisible par 2.

Exemple. — 124 et 368 sont divisibles par 2.

Un nombre est divisible par 3 quand la somme de ses chiffres, additionnés comme des unités simples, est divisible par 3.

Exemple. — 3492 est divisible par 3, parce que 18, la somme de ses chiffres 3, 4, 9, 2, est divisible par 3.

Divisible par 4, lorsque ses deux derniers chiffres à droite sont divisibles par 4.

Exemple. — 1232436 est divisible par 4, parce que 36 est divisible par 4.

Divisible par 5, quand le nombre est terminé par 5 ou 0.

Exemple. — 295 et 120 sont divisibles par 5.

Divisible par 6, quand il l'est par 2 et par 3.

Exemple. — 1236354 est divisible par 6.

(On ne peut reconnaître quand un nombre est divisible par 7.)

Divisible par 8, lorsque ses trois derniers chiffres à droite sont divisibles par 8.

Exemple. — 242664 est divisible par 8, puisque ses trois derniers chiffres, 664, sont divisibles par 8.

Divisibles par 9, quand la somme des chiffres est divisible par 9.

Exemple. — 146214 est divisible par 9.

Propriété du nombre 9. — Le nombre 9 jouit d'une propriété particulière; c'est qu'en additionnant les chiffres d'un nombre, et en en soustrayant 9 autant de fois qu'il y est contenu, le reste de cette soustraction est le même que si l'on divisait le nombre lui-même par 9.

Cette propriété, particulière au nombre 9, donne le moyen de faire la preuve de la multiplication et de la division.

Voici la méthode pour faire la preuve par 9 d'une multiplication :

Soit le nombre 425 (multiplicande).
Multiplié par 57 (multiplicateur).

$$
\begin{array}{r}
2975 \\
2125 \\
\hline
24225 \ \text{produit.}
\end{array}
$$

Je dis, 1° sur le multiplicande : 4 et 2 font 6, et 5 font 11; 9 de 11 reste 2, que je place à gauche de ces lignes.

$$
\begin{array}{c}
6 \\
2 \times 3 \\
6
\end{array}
$$

2° Sur le multiplicateur : 5 et 7 font 12; 9 de 12 reste

3, que je place à droite des lignes; je multiplie les deux restes l'un par l'autre: c'est-à-dire 2 par 3, ce qui me donne 6. Ne pouvant retirer 9 de 6, je le regarde comme un reste que je pose au-dessus des lignes; enfin, passant au produit de la multiplication, je dis : 2 et 4 font 6, et 2 font 8, et 2 font 10, et 5 font 15; 9 de 15 reste 6, que je place au bas des lignes. Ce quatrième reste étant égal au troisième, il est probable que la multiplication est exacte.

Voici la méthode pour faire la preuve par 9 de la division :

Soit le nombre 24240 à diviser par 505, j'ai pour quotient 48.

$$
\text{OPÉRATION :} \quad
\begin{array}{r|l}
24240 & 505 \\
4040 & 48 \\
0000 &
\end{array}
$$

Après avoir disposé mes lignes comme pour la preuve de la multiplication, je dis, sur le diviseur : 5 et 5, 10, moins 9 reste 1, que je pose à gauche de mes lignes.

$$
\begin{array}{c}
3 \\
1 \times 3 \\
3
\end{array}
$$

Sur le quotient : 4 et 8, 12, moins 9 reste 3, que je place à droite des lignes; multipliant ces deux restes l'un par l'autre, 1 fois 3, 3; je pose 3 au-dessus des lignes (ne pouvant retirer 9 de 3, ce nombre 3 est considéré comme un reste).

Enfin je dis, sur le dividende: 2 et 4, 6, et 2, 8, et 4, 12, moins 9 reste 3, que je place au bas des lignes.

Ce quatrième reste étant égal au troisième, il est probable que l'opération est bonne.

Si la division avait un reste, il faudrait le soustraire du dividende avant de faire la preuve par 9.

La preuve par 9 n'est point infaillible. Quand elle réussit, il est seulement probable que l'opération est bonne; car il peut arriver dans un produit, par exemple, qu'un chiffre soit trop fort d'une unité, tandis qu'un autre est trop faible d'une unité, de sorte que la somme des chiffres resterait la même, quoique le produit fût inexact.

Remarques sur la division. — 1° Un chiffre porté au quotient est trop grand quand le produit du diviseur par ce chiffre est plus grand que le dividende partiel correspondant, et n'en peut être retranché.

2° Un chiffre porté au quotient est trop petit, lorsque le produit du diviseur par ce chiffre ayant été retranché du dividende partiel correspondant, on trouve un reste plus grand que le diviseur.

3° Un chiffre porté au quotient est exact lorsque le produit du diviseur par ce chiffre peut être retranché du dividende partiel correspondant, et que le reste est plus petit que le diviseur.

4° Il sera toujours facile de reconnaître, dans un problème, si le facteur cherché était multiplicande ou multiplicateur dans l'opération qui a donné le produit.

Si le dividende et le diviseur sont de même espèce, le facteur cherché est abstrait et a servi de multiplicateur dans l'opération qui a donné le dividende.

Si le dividende et le diviseur sont de nature différente, le facteur cherché est de même nature que le dividende, et a servi de multiplicande dans l'opération qui a donné le dividende.

Voici le raisonnement qu'on doit faire pour la solution d'un problème qui exige une division.

On a partagé 54,628 fr. entre plusieurs personnes ; chaque personne a reçu 218 fr. ; on demande le nombre de personnes.

Solution. — Si ce nombre était connu, en répétant 218 fr. autant de fois qu'il y a d'unités dans ce nombre, on trouverait pour résultat 54,628 fr. ; donc 54,628 est un produit, 218 l'un des facteurs de ce produit ; il s'agit de trouver l'autre facteur : l'opération à faire est une division.

Lorsque le dividende est plus petit que le diviseur, on pose d'abord au quotient un zéro suivi immédiatement d'une virgule, pour exprimer qu'il n'y a pas d'entiers ; on réduit ensuite le dividende en dixièmes, en centièmes, etc., en ajoutant des zéros à sa droite, et l'on divise comme à l'ordinaire.

Exemple. — 2 divisé par 8 = 0 entier, 25 centièmes.

Dans une division, lorsque, après avoir abaissé tous les chiffres du dividende, il y a un reste, on réduit ce reste en dixièmes, en mettant un zéro à sa droite, et l'on continue la division après avoir mis une virgule au quotient ; s'il y a un second reste, on le convertit en centièmes, et l'on continue la division, etc.

De cette manière, on obtient une approximation aussi grande qu'on veut.

Manière d'abréger la division. — Lorsque le diviseur est un seul chiffre, l'opération consiste à prendre la moitié, le tiers, le quart, etc., du dividende.

Exemple. — Soit à diviser 24,624 par 6. Je dispose ainsi l'opération, et je dis :

$$\frac{24,624}{4,104}$$

Le sixième de 24 est 4 pour 24 ; le sixième de 6 est 1, le sixième de 2 n'est pas, je pose 0 ; il me reste 2 qui valent 20, et 4 font 24 ; le sixième de 24 est 4 ; le quotient est 4,104, même nombre que si j'avais disposé l'opération de la manière suivante :

$$\begin{array}{r|l} 24624 & 6 \\ 06 & \overline{} \\ 024 & 4104 \\ 00 & \end{array}$$

Usages de la division. — La division sert : 1° à trouver combien de fois un nombre est contenu dans un autre.

Exemple. — En 245 combien de fois 5.

2° A partager un nombre en autant de parties égales que l'on veut.

Exemple. — Partager 634,933 entre 9 personnes.

3° A trouver le prix d'un seul objet lorsqu'on connaît le prix total de plusieurs.

Exemple. — 30 mètres d'étoffe ont coûté 300 fr., quel est le prix d'un mètre ?

4° A trouver combien on aura d'objets pour une somme donnée, connaissant le prix d'un objet.

Exemple. — Un mètre de drap coûte 30 fr., combien en aura-t-on pour 300 fr. ?

5° A rappeler les parties à leur tout, comme des minutes en heures, des heures en jours, etc.

Exemple. — En 600 minutes, combien y a-t-il d'heures ?

La division des nombres décimaux présente trois cas :

1° Lorsque le dividende et le diviseur ont le même nombre de décimales, on supprime les virgules, et l'on opère comme sur la division des nombres entiers ; le résultat donnera le quotient cherché, puisque les deux termes n'ont point été changés, l'un par rapport à l'autre. Dans ce cas, le quotient n'a pas de décimales.

2° Si le dividende est décimal et le diviseur entier, on fait la division sans avoir égard à la virgule, et l'on sépare, à la droite du quotient, autant de décimales qu'en a le dividende.

Exemple :
$$\begin{array}{r|l} 12,50 & 5 \\ 2\ 5 & \overline{} \\ \hline 0 & 2,50 \end{array}$$

3° Si le diviseur a plus de décimales que le dividende, on ajoute à la droite du dividende, autant de zéros que le diviseur a de décimales en plus que le dividende.

Exemple. — Divisez 2489 par 4,75.
$$\begin{array}{r|l} 248900 & 475 \\ 1140 & \overline{} \\ 190 & 524 \\ \hline 000 & \end{array}$$

La preuve de la division des nombres décimaux se fait comme celle des nombres entiers.

KRAMER.

DIVISION (grammaire et typographie). — Action de couper un mot trop long qui ne peut entrer tout entier dans une ligne. On donne le même nom au signe qui sert à indiquer cette coupure. C'est à tort que quelques personnes, et même des grammairiens l'appellent *trait d'union* ; sous le rapport de la forme, la division et le trait d'union sont bien une seule et même chose, mais il n'en est pas de même sous le rapport de l'emploi : la division indique la coupure d'un mot qui n'a pu entrer en entier dans une ligne, tandis que le trait d'union se place entre plusieurs parties d'un mot composé pour indiquer qu'elles doivent être considérées comme un tout, quoiqu'elles ne soient pas encore réunies à l'état de mot. Les compositeurs font une confusion en sens contraire : ils appellent division tout signe placé à la fin d'une ligne, quelle que soit trop long pour y entrer, ou qu'il admette un trait d'union.

On l'a aussi confondu avec le *tiret* ou *trait de séparation*, que les compositeurs appellent *moins*, à cause de sa ressemblance avec le signe arithmétique ; cependant, il n'y a aucune espèce de rapport entre ce dernier signe et la division ou le trait d'union.

Pour éviter que l'on se trompât dans l'emploi de la division et du trait d'union, Girault-Duvivier avait proposé que l'on employât un trait double pour la division et un trait simple pour le trait d'union. Napoléon Landais lui fait observer avec raison que le double trait serait plus utilement employé pour la division, mais seulement quand elle concourrait avec le trait d'union. D'après ce système, il faudrait mettre un trait double à *rendez-vous* si *rendez=* se trouvait au bout de la ligne, au lieu qu'un trait simple serait nécessaire pour le mot *méthode*, après la syllabe *mé-* dans un cas semblable. C'est le contraire qu'aurait voulu Girault-Duvivier.

La division s'emploie aussi bien dans l'écriture que dans l'impression. Napoléon Landais n'est pas de cet avis: « Il n'est plus permis, dit-il, dans l'écriture, même dans un écrit épistolaire, de se servir du trait de séparation; il faut que l'œil mesure la portée de la ligne pour ne pas couper un mot, cela n'est plus reçu; on supporte plutôt un blanc de l'étendue d'un mot ordinaire; telle est la règle du *bon usage*. Ce n'est pas que nous veuillions dire que ce soit absolument une faute de ne pas se conformer à cette règle, mais c'est un manquement dont ne se rendra pas coupable le bon goût. » Il me semble que, s'il y a une faute contre le goût, c'est plutôt quand on laisse du blanc sans motif au bout d'une ligne. Au reste, toutes les personnes qui savent écrire ne craignent nullement de recourir à la division quand l'occasion s'en présente, et elles font bien.

Les opinions sont très-partagées relativement à la manière de diviser les mots. Les uns veulent qu'on suive rigoureusement l'étymologie des mots; les autres ne veulent pas qu'on en tienne compte. Enfin, il en est quelques-uns qui adoptent un système mixte. De quel côté est la vérité? c'est ce qu'il est assez difficile de déterminer.

Les grammairiens, qui étaient compétents pour décider cette question, l'ont abandonnée aux imprimeurs; aussi chaque correcteur a-t-il souvent un système particulier; de là sont résultées des difficultés inextricables.

Sans entrer ici dans de longs développements pour justifier tel ou tel système, j'examinerai les principaux cas qui peuvent offrir des difficultés, et j'en donnerai la solution qui me semblera la plus fondée.

Des cas qui ne présentent pas de difficulté. — Il n'est pas permis de diviser une seule lettre. Ainsi on ne pourrait diviser de cette manière les mots *a-liment, é-tourderie, o-raison, u-niversel.* Il vaut mieux espacer davantage la ligne.

Mais la division serait admissible, si la voyelle était précédée d'une apostrophe: *l'a-liment, l'é-tourderie,* etc.

On ne peut diviser après l'apostrophe, même dans les mots composés, quand la lettre élidée est suivie d'une voyelle. *Qu'-elles, qu'-environ, s'entr'-aider, s'entr'-aimer.*

Mais on peut le faire si l'apostrophe du mot composé est suivi d'une consonne. *Grand'-mère, grand'-messe, grand'-rue, grand'-tante.*

On ne peut couper d'une ligne à l'autre les abréviations de cette nature: S. | M., V. | A. | I., N. | O.

Le mot *monsieur*, exprimé en abrégé, ainsi que es initiales des prénoms, ne se sépare pas du nom propre. M. | A. | Vannucci, B. | Pascal.

Il en est de même des noms propres qui sont suivis d'adjectifs numéraux. Henri | IV. Louis | XIV.

Les mots *primo, article, numéro, paragraphe*, etc., en abrégé, ne peuvent rester isolés à la fin de la ligne. Ainsi l'on n'écrira pas: 1° | un magnifique camélia. L'art. | 7, Le n° | 25. Le § | 55.

Les abréviations *fr. c.* et *m.*, et autres analogues, précédées d'un nombre, ne peuvent, non plus que les fractions, être séparées de ce nombre. 7,055 | fr. 25 c., 1,025 | m. 128 | ½.

Un nombre en chiffres ne peut être divisé.

Lorsqu'il est trop long pour être reporté à la ligne suivante, sans nuire sensiblement à l'espacement, on peut mettre une partie de ce mot en toutes lettres, et le faire passer à l'autre ligne. 125 | millions, 755 | mille fr., 5 millions | 117 mille fr.

Le besoin de diviser n'a jamais lieu dans les titres, parce que leurs lignes ne sont pas astreintes à remplir la justification, et que d'ailleurs, quand un mot ne peut pas entrer en entier, on peut employer un autre caractère.

Ce besoin se manifestera rarement dans les sommaires, parce que leur justification totale peut être restreinte, et que l'espacement facultatif favorise aussi la non-division quand ils sont composés en grandes ou en petites capitales.

La division des mots, ayant pour but unique de faciliter la régularité de l'espacement, doit, dans le plus grand nombre des cas, être subordonnée à ce principe: il faudra donc, si l'on tient à une bonne composition, s'écarter de la règle peu fondée qui exclut les divisions d'une syllabe de deux lettres à la fin des lignes, et celle des syllabes muettes de trois et même de quatre lettres répétées au commencement de la ligne, toutes les fois que l'espacement aurait à en souffrir. Mais il n'en est pas ainsi des divisions d'une seule lettre laissée à la fin d'une ligne, ni de celle de deux lettres muettes ou non, reportées au commencement; elles peuvent, le plus souvent, être évitées sans inconvénients, puisque, dans le premier cas, il suffit de jeter des espaces pour la valeur d'une lettre et de la division, et dans le second, d'en retrancher pour la valeur d'une seule lettre, la division tenant à peu près la place de la seconde. Ces divisions ne peuvent être tolérées que dans des justifications où il n'existe que très-peu de mots, comme dans les petits formats, les têtes de colonnes, les notes marginales.

Mais il faut bien se garder de pousser l'horreur des divisions jusqu'à proscrire celles qui peuvent se trouver au bas des pages au recto, sous prétexte qu'on est obligé de tourner le feuillet pour trouver la fin du mot. Quelques imprimeurs ont été jusqu'à ne vouloir pas même permettre qu'on mette dans ce cas un mot composé qui admet un trait d'union. Si cette opinion avait le moindre fondement, il faudrait donc, comme conséquence, proscrire le renvoi à la page suivante de toute phrase non terminée.

D'autres rigoristes ont voulu proscrire certaines divisions, sous prétexte qu'elles sont malhonnêtes. Ainsi on ne peut, suivant eux, diviser les mots *cu-*

lotte, curé, conscience, en deux; il en résulte, dit-on, des syllabes très-déshonnêtes. Alors pourquoi tolère-t-on les mots dans lesquels elles se trouvent, si, dans ce mot entier, les syllabes ne sont pas déshonnêtes, elles ne peuvent l'être davantage dans le mot coupé. Cependant, il arrive quelquefois que, pour contenter leurs clients, les imprimeurs sont obligés de se soumettre à cette absurde prescription. Mᵐᵉ de Maintenon, malgré sa grande piété, n'en était nullement scandalisée. Elle écrivait, en 1694, à propos d'une jeune pensionnaire de Saint-Cyr qu'avait scandalisé le mot *culotte* prononcé devant elle par son père : «..... C'est un usage. Quelle finesse y entendent-elles? Est-ce l'arrangement des lettres qui fait un mot immodeste? Auraient-elles de la peine à entendre les mots de *cure*, de *cupidité*, de *curieux*? Cela est pitoyable! »

Comme il est quelquefois difficile d'éviter les mauvaises divisions, on en est venu à considérer comme un chef-d'œuvre un ouvrage sans divisions. De là est résulté un espacement inégal et choquant que tout compositeur de goût ne peut admettre. Pourquoi d'ailleurs proscrire toutes les divisions? Chaque mot, dit-on, présentant une seule idée ou un seul sens, et un entier offrant toujours une idée plus simple et plus facilement perceptible que ses fractions, il est plus convenable que ce mot soit reproduit sans coupure. C'est très-bien quand la chose est possible, mais elle l'est rarement, et le plus souvent on ne peut y arriver que par l'irrégularité de la composition. « Il importe au lecteur, dit M. Frey, que les mots soient suffisamment espacés pour qu'il ne les confonde pas entre eux; il lui importe encore qu'ils soient le plus possible offerts dans le même écartement, parce que, de cette régularité d'écartement, à laquelle la vue s'habitue, naît la facilité dans la lecture, et qu'un écartement alternativement large et serré produit le contraire, par un effet qui est analogue à celui que produit le changement subit dans la forme et dans la force des caractères..... Si nous ajoutons que les signes représentatifs de la parole sont tout matériels, qu'ils ne peuvent être ni resserrés ni rallongés dans une justification et un caractère donnés, qu'on n'a que la faible ressource de gagner ou de chasser par l'espacement un nombre de lettres souvent insuffisant pour éviter la coupure d'un mot, nous serons convaincus que l'état de syllabe muette est un motif dérisoire d'exclusion, que le motif déterminant doit être uniquement fondé sur l'exiguïté du nombre de lettres que cette syllabe comporte... Enfin, si nous ajoutons que, dans la lecture, articulée ou muette, la perception ne s'opère pas instantanément avec l'exercice des yeux, qui la devance toujours de plusieurs mots, quelquefois de six à huit..., nous serons également convaincus que les divisions, dans les livres, ne nuisent pas plus à là lecture que ne lui servirait leur absence. »

Division dans les voyelles. — Il n'est pas permis de diviser des mots au milieu des voyelles. Ainsi on ne peut pas écrire : *cœ-ur, cu-eillir, lou-able.*

Mais la division est admise au milieu des voyelles dans les mots composés. *Extra-ordinaire, anti-occupation.*

Les grammairiens, qui considèrent l'*y* comme étant toujours une voyelle, condamnent la division dans les mots *vo-yelle, cro-yance, pa-yer*, etc. Bien qu'elle soit unanimement proscrite, cette coupure me semble admissible, parce que l'*y*, dans ces mots, n'est pas une voyelle, ainsi que je le démontrerai à l'Y. Mais ce serait très-mal diviser que de couper le mot après l'*y, voy-elle, croy-ance*, comme on le trouve quelquefois.

Division dans les consonnes simples. — Une seule consonne appartient ordinairement à la seconde des deux voyelles. *Ré-ha-bi-li-ter, i-ma-gi-ner.*

On fait une exception pour la lettre *x*; on ne permet pas de diviser les mots *ta-xer, soi-xante, Bru-xelles.* Malgré l'usage général, je ne verrais aucun inconvénient à admettre ces divisions. Mais il ne faudrait pas diviser *soix-ante, Brux-elles*, comme le font quelques personnes.

Il existe une difficulté pour les mots composés.

Lorsque les mots qui entrent dans leur composition sont tout français, on les divise d'après cette composition, quoique le trait d'union ne l'indique plus. C'est ce qui a lieu dans *mal-aise, mal-entendu, sur-abondant, sur-anné*, etc.

On fait de même dans *en-ivrer, en-orgueillir*, dans lesquels cette division est de rigueur, sans quoi on diviserait une seule lettre, et il en résulterait une altération de la prononciation, car on serait exposé à dire *é-niver, é-norgueillir*, comme le font beaucoup de personnes.

Mais si les mots composés français sont formés d'une des prépositions latines inséparables *ab, abs, ad, de, des, in, sub, trans*, on n'a plus égard à l'étymologie. On divise donc *a-dapter, a-dopter, dé-sapprouver, i-nanimé, su-blingual, su-blunaire, tran-salpin*, comme on divise *a-basourdir, a-battre, a-dage, dé-camper, i-nimitié, i-nique, su-bir, su-bit, su-borner, tran-sit, tran-sitoire.* Tout cela est bien contradictoire et peu satisfaisant.

Division dans les consonnes doubles. — Les deux mêmes consonnes successives peuvent toujours être disjointes. *Com-mencement, an-noncer.*

On n'a pas cru devoir faire exception pour les deux *l* mouillés, parce que le premier étant toujours précédé de l'*i* ne saurait être mal prononcé, et que la valeur du second est appris par la grammaire.

Deux consonnes qui sont jointes ensemble au commencement d'un mot sont indivisibles lorsqu'on les rencontre dans l'intérieur :

Bl.	Blâmer.	Éta-blir.
Br.	Braver.	Célé-brité.
Ch.	Chérir.	Tran-cher.
Cl.	Clapir.	É-clairer.
Cr.	Craindre.	Sa-crer.
Dr.	Draper.	Ca-drer.
Fl.	Fléchir.	Mou-fle.
Fr.	Frémir.	Sou-frer.
Gl.	Glacer.	Ai-gle.

Gn.	Gnome.	Ma-gnanime.
Gr.	Gravir.	Ai-grir.
Ph.	Philosophe.	Triom-pher.
Phth.	Phthisie.	Di-phthongue.
Pl.	Placer.	Accom-plir.
Pr.	Prendre.	Ex-primer.
Rh.	Rhabiller.	En-rhumer.
Sc.	Scandaliser.	In-scrire.
Sp.	Spolier.	A-spirer.
Sq.	Squelette.	Ma-squer.
St.	Statuer.	Ju-stifier.
Th.	Théâtre.	Ana-thématiser.
Tr.	Tracer.	Ex-traire.
Vr.	Vrai.	Vi-vre.

On est bien loin, dans l'usage, de se conformer à ce principe.

Tout le monde est d'accord pour le cas où les consonnes *l*, *r* sont précédées d'une autre consonne, mais il n'en est pas de même pour les autres cas.

On fait d'abord une exception pour les mots dans lesquels l'*e* est suivi des consonnes *sc*, *sp*, *sq*, *st*, lorsque l'indivisibilité de ces consonnes pourrait faire paraître muet l'*e* qui les précède immédiatement, alors qu'il doit être prononcé comme s'il était fermé ou aigu. Voilà pourquoi l'on divise ainsi les mots *des-cendre*, *es-pace*, *es-quisse*, *es-time*, et non *de-scendre*, *e-space*, *e-squisse*, *e-stime*.

On agit de même dans les mots composés français lorsque les diverses parties du mot sont parfaitement distinctes, comme dans *lors-que*, *puis-que*, *plus-que-parfait*.

Mais on ne s'en tient pas là; dans les mots où un *s* se trouve suivi d'une ou de plusieurs consonnes, le *s* est ordinairement placé avant la division. Ainsi l'on écrit *ins-truire*, *cons-truire*, *as-pirer*, *mas-quer*, *jus-tifier*, beaucoup plus souvent que *in-struire*, *con-struire*, *a-spirer*, *ma-squer*, *ju-stifier*. Dans beaucoup de ces mots l'œil n'en est pas choqué, mais il en est d'autres où cet effet se produit, tel est le mot *conscience*, qui, divisé *cons-cience*, paraît mutilé, ce qui n'a pas lieu quand la coupe a lieu après *con*, *con-science*.

Cette matière, comme on le voit, présente de très-grandes difficultés, et il est douteux que l'on puisse s'accorder. Jusqu'à ce jour, aucun principe n'a été rigoureusement suivi, ni le système étymologique, ni le système anti-étymologique.

Observations sur l'application rigoureuse du système étymologique. — La prononciation s'y oppose quelquefois, comme dans *description*, *préséance*.

Les étymologistes, c'est-à-dire les partisans de l'étymologie dans la division, veulent qu'on divise les mots *monarque*, *magnanime*, *partager*, *rivaliser*, *herboriser*, etc., à *mon-arque*, *magn-anime*, *part-ager*, *rival-iser*, *herbor-iser*, etc., et non à *mo-narque*, *ma-gnanime*, *par-tager*, *riva-liser*, *herbo-riser*, ce qui choque, disent-ils, tous les principes, et n'est pas supportable. Quelques-uns même appellent les mots ainsi divisés, des barbarismes. Je n'opposerai pas à cette opinion la pratique presque unanimement suivie, car la vérité n'est pas toujours du côté du

grand nombre. Je dirai, avec M. Frey, que ce principe est inexécutable pour l'immense majorité des ouvriers chargés de l'appliquer, car combien y a-t-il entre eux de capables de remonter à l'étymologie d'un mot? Comment alors pourraient-ils être choqués d'une division anti-étymologique? Lors même qu'ils sauraient que *monarque* dérive de *monos*, seul, et *arché*, commandement, la division étymologique serait plutôt de nature à les induire en erreur, puisque la consonnance de l'*n* serait dans ce cas la même que celle de l'adjectif possessif *mon*, c'est-à-dire fautive en conséquence du principe étymologique de division même. D'un autre côté, est-ce une si grande faute, même au point de vue étymologique de diviser *monarque*, quand on sait que *monos* a deux syllabes, et que *mo* est une de ces syllabes? Si on écrivait en français *mon'arque* pour indiquer que la terminaison *os* a été supprimée, ne serait-il pas possible de diviser *mo-n'arque*? Le cas actuel ne présente-t-il pas la plus grande analogie avec ce cas fictif? Ce raisonnement peut s'appliquer à une infinité d'autres mots semblables; dans *magnanime*, formé de *magna*, grande, et *anima*, âme, le latiniste lui-même ne serait-il pas choqué de trouver à la fin d'une ligne ces deux lettres *gn* qui n'ont jamais terminé un mot français? Le lecteur ne serait-il pas embarrassé? comment les prononcer? En divisant *ma-gnanime* au contraire, plus de difficulté, et même l'on est plus près de l'étymologie, puisque les Latins auraient divisé *ma-gna anima*.

À l'égard des mots *partager* (du latin *pars*, part, ou *partio*, je partage), *rivaliser* (de *rivalis*, rival), *herboriser* (de *herba*, herbe, auquel nous avons donné la désinence d'*arbor*), les étymologistes demandent qu'on les divise entre la racine et les finales. Pourquoi? Quelle utilité peut-on en retirer? Qui a jamais eu égard à cette considération dans la division des mots par syllabes? D'ailleurs, *partager* vient de *pars*, qui fait au génitif *partis*, où le *t* appartient évidemment à la seconde syllabe. Pour *herboriser*, la prétention est encore plus singulière, puisque *herbor* n'existe pas en latin.

M. Brun prétend que toute division, soit qu'elle commence par une voyelle ou par une consonne, est également bonne, si elle est étymologique. Non, cela n'est pas, je pense l'avoir suffisamment démontré.

Le même auteur prétend encore qu'un compositeur doit éviter avec soin les divisions qui peuvent produire une espèce de contre-sens : « Par exemple, dans *secrètement*, il ne convient pas de diviser à *secré-*, car il est évident que l'*é* est nécessaire pour la syllabe *te*, qui suit immédiatement, et en dépend en quelque façon; il est donc mieux de diviser à *secrète-*. » Jamais personne ne s'est conformé à cette règle que rien ne justifie, qui n'éclaircit rien, et qui serait un embarras continuel pour les compositeurs; s'il fallait proscrire les divisions de cette nature, quelles seraient les divisions qui pourraient résister à l'examen? Cette prétention, de la part de M. Brun, ne doit nullement étonner, puisque le beau idéal, pour lui, était la suppression complète des divisions.

Division dans les langues étrangères. — Les règles de la division ont les mêmes bases qu'en français, et on est tout aussi peu d'accord sur l'application des principes.   J. B. PRODHOMME,
        Correcteur à l'Imprimerie Impériale.

DIVORCE (législation philosophique et religieuse). Admis chez les Romains, il était la séparation des conjoints faite selon les lois. Bien qu'il fût autorisé par la loi romaine, on n'en saurait conclure que le mariage fût regardé, chez les Romains, comme un contrat de pur droit civil; la preuve en est qu'il n'était pas dissous par la déportation, qui emportait privation de tous les droits civils, liv. XIII, § 1, 55, *De donat inter vir.* Il était également admis en Grèce, où la vertueuse et trop sensible Hipparète n'eut pas le courage de persister à s'en prévaloir contre l'adroite perfidie de son infidèle époux Alcibiade. Inconnu à Lacédémone, il était autorisé par les lois de Solon, qui le permettaient aux Athéniens, tant aux maris qu'aux femmes. L'adultère, la stérilité, la mauvaise humeur, les mauvais traitements, étaient à Athènes, les causes du divorce. Ainsi, lorsque l'un des époux était mécontent de l'autre, ils se présentaient ensemble à l'archonte Éponyme, qui nommait des juges pour entendre les parties, et juger s'il y avait lieu à la demande du divorce. Dans le cas du divorce obtenu par le mari, celui-ci, après avoir rendu la dot à sa femme, lui remettait, en présence du juge, le billet de répudiation qui devait être signé de sa main; si, au contraire, il était fait droit à la demande formée par la femme, l'épouse promettait de ne plus rentrer dans la maison de son mari, et lui remettait ensuite son acte de renonciation qu'elle écrivait sous les yeux des juges. A Rome, où la puissance des liens du mariage avait, aux yeux des Romains, une force morale puisée à la source même des exigences de l'état social, les cas de divorce furent d'autant plus rares que les mœurs furent plus régulières. Aussi, l'adultère, l'une des principales causes du divorce, autorisait-il le mari qui surprenait sa femme dans le crime d'infidélité, à la tuer sur-le-champ. Le divorce, permis aux hommes, y était défendu aux femmes, par la raison que celles-ci, étant mises au rang des choses, n'y jouissaient d'aucun des priviléges légaux accordés aux maris. Le divorce se faisait par écrit avec cette formule : *Res tuas tibi habeto,* emportez ce qui vous appartient. Le premier exemple de divorce chez les Romains, fut celui de *Spurius Carvilius,* qui eut lieu pour cause de stérilité, en l'an 520. Plus de cinq siècles écoulés sans qu'on se fût servi de cette permission, attestent, dit *Furgault,* la régularité des mœurs des Romains.

Passant de l'état de pure nature à l'état de société pour lequel il a été incontestablement créé, l'homme a eu des intérêts à régler, dont les conditions de régularisation ont fait du mariage un contrat civil, à l'instant même religieux. Les conditions d'accomplissement du but providentiel du contrat de mariage naturel et civil de l'homme, étant né-

cessairement soumises à des lois dont la règle doit être conforme à la volonté de Dieu, le seul vrai législateur des hommes, il est rigoureusement exact de dire qu'il n'a pu être aucun instant de l'existence de l'humanité où l'homme n'ait reçu des lois divines l'avertissement salutaire que Dieu lui-même lui fait un devoir d'user de sobriété et de modération dans la satisfaction de ses désirs et de ses instincts. Le mariage,—le seul acte qui puisse réaliser l'accomplissement des conditions du but providentiel, ayant pour piédestal la religion, qui est la vie du corps social, et la règle à l'autorité de laquelle doivent obéir tous les cœurs honnêtes et vertueux, — est devenu, pour tout chrétien, un contrat d'institution divine élevé à la dignité de sacrement, d'où l'indissolubilité du lien spirituel du mariage résultant de ces paroles de l'Écriture : « Que l'homme ne puisse jamais séparer ce que Dieu a conjoint. » C'est qu'en effet, le mariage est pour ainsi dire le premier anneau social de la grande famille universelle. C'est, dit un ancien jurisconsulte, une union sacrée qui renferme ce qu'il y a de plus saint et de plus inviolable dans la nature, dans la loi civile et dans la religion; d'où ces autres paroles de l'Écriture, qui nous peignent d'une manière si touchante le bonheur des véritables époux : « *Mulier diligens corona est viro suo,* la femme vigilante est la couronne de son époux;» et celles du vingt-sixième chapitre de l'Ecclésiastique : « *Mulieris bonæ beatus vir, numerus enim annorum illius duplex,* le mari d'une femme qui est bonne est heureux, car le nombre de ses années sera double. »

Décrété en France le 23 mars 1803, le divorce y a été aboli par la loi du 8 mai 1816, qui, à l'égard du divorce pour causes déterminées, et dont les poursuites étaient commencées à l'époque de la promulgation de la loi, les a converties en demandes et instances en séparation de corps; et quant à ceux par consentement mutuel, en cet état à la même époque, les a déclarés non avenus.

L'indissolubilité du mariage est fondée sur la nature de celui-ci et sur l'institution divine qui établit que le mariage valablement contracté et fait selon les lois de l'Église est indissoluble. Toutefois, il résulte d'une décision d'Alexandre III, dans le chapitre x, *Extra de convers conjugator,* tirée, par interprétation, de ces paroles de l'Écriture sainte : *Et erunt duo in carne unâ,* que la dissolution absolue du mariage étant moins fondée sur ce qu'il est un sacrement que sur l'union des corps opérée par sa consommation, l'Église peut admettre, en certains cas, la dissolution du mariage qui n'a pas été consommé de manière que les conjoints *facti sint una caro.* Une fois consommé, le mariage est indissoluble, *quoad vinculum matrimonii,* qui ne saurait plus être rompu, sans contrevenir, selon l'opinion de tous les théologiens et de tous les canonistes, à ces paroles de Jésus-Christ, rapportées dans saint Mathieu, chap. vi, 10, 11 : *Quod Deus conjunxit, homo non separet.*

Aussi l'adultère, quelque criminel qu'il soit aux

yeux de l'Eglise, n'a jamais été admis par elle comme une cause de divorce ou de dissolution du mariage.

Laissant nécessairement de côté toute réflexion relative à la question du divorce, aboli en France après y avoir été admis, nous nous contenterons d'adresser aux heureux couples qui jouissent des inestimables avantages d'une union bien assortie les paroles suivantes :

Heureux époux, qui avez su préluder à votre union par les précautions de la prudence et de la sagesse, qui avez su, avant de vous unir, consulter les inspirations de votre conscience, éclairée par les lumières divines de votre croyance en un but providentiel des desseins de Dieu sur vous, pour vous, la lune de miel aura la durée de votre union; car les emportements de la colère viendraient se briser devant la douceur de vos paroles. *Responsio mollis enim frangit iram* (*Parab.*, ch. xv); car vous n'oublierez pas que la santé du cœur est la vie de la chair. *Vita carnium sanitas cordis* (*Id.*, ch. xxx). Vous vous aimerez d'un amour indélibile, dont l'inaltérabilité reposera sur la sainteté de votre croyance, qui vous dira que la plus noble partie de vous-même a été tirée de la plus forte par le Père du genre humain, dans la divine pensée d'harmonie qu'il a voulu qui existât au sein de la dualité de votre être. Vous vous aimerez de cet amour qui, lorsqu'il a pour principe l'honnêteté, la charité, l'honneur et la vertu, de deux cœurs n'en fait qu'un ayant les mêmes goûts, les mêmes affections et les mêmes désirs. Vous vous aimerez d'un amour indestructible, parce qu'ayant agi avec réflexion, vous avez eu, en vous conformant aux règles de la sagesse, le soin prudent de donner pour bases au choix que vous avez mutuellement fait les uns des autres des considérations d'honnêteté, d'honneur et de vertu, de préférence à celles de la richesse et du rang. Aussi ne puis-je résister au doux plaisir de vous faire l'application, en terminant, de ces dernières paroles, qui peignent d'une manière si candide et si touchante les dispositions préliminaires du cœur de celle que vous avez prise pour modèle, de la tendre et vertueuse Ruth avant son mariage avec Booz : « En quelque lieu que vous alliez, j'irai avec vous, et partout où vous demeurerez, j'y demeurerai aussi; votre peuple sera mon peuple, et votre Dieu sera mon Dieu; la terre où vous mourrez me verra mourir, et je serai ensevelie où vous le serez. » (*Ruth*, chap. i, 16 et 17.)

J. Bécherand.

DOCIMASIE (chimie, métallurgie). [du grec *docimazó*, éprouver].—Art de faire les essais, de déterminer la nature et les proportions des métaux utiles contenus dans les mélanges naturels et artificiels, afin d'évaluer les produits qu'on peut espérer tirer de leur exploitation en grand. La docimasie s'opère tantôt par la *voie sèche*, c'est-à-dire par le feu et à l'aide quelquefois de fondants et de moyens désoxydants, tantôt par la *voie humide*, c'est-à-dire en dissolvant les métaux et en les précipitant ensuite au moyen de certains réactifs. — Voy. *Métallurgie*.

DOCIMASIE PULMONAIRE (médecine légale). — On donne ce nom à l'ensemble des épreuves auxquelles on soumet les poumons d'un fœtus, dans le but de constater s'il a respiré, et, par conséquent, s'il est sorti vivant du sein de sa mère, ou s'il était mort avant l'accouchement. L'idée de plonger les poumons du fœtus dans l'eau pour savoir s'ils flotteraient ou s'ils immergeraient se trouve, pour la première fois, exprimée par Galien. Cette idée a été reprise, d'abord par Thomas Bartholin et par Swammerdam, plus récemment par Schreger, et, depuis, adoptée par la généralité des médecins. Elle repose sur ce fait, que *les poumons du fœtus qui a respiré surnagent, et que ceux qui n'ont pas respiré se précipitent dans l'eau.* Pour faire l'expérience, il faut avoir un vase de verre de 30 centimètres environ de profondeur. L'eau dont on doit le remplir de préférence est l'eau de rivière. Celle de puits est chargée de sels et un peu plus pesante; à plus forte raison ne faudrait-il pas se servir d'eau de mer. Cette eau doit être de 12 à 19 degrés centigr. Brinkmann a cru que l'eau très-froide condenserait la substance pulmonaire et que l'eau chaude dilaterait les fluides du même poumon et le rendrait dans le premier cas plus lourd, dans le second plus léger spécifiquement. Si cet effet avait lieu, il serait balancé par la densité plus grande de l'eau froide et moindre de l'eau chaude. Cette différence de densité de l'eau aux deux états, fait qu'après avoir essayé l'effet des poumons sur l'eau ordinaire, on pourra répéter l'essai sur l'eau très-froide et sur l'eau chaude. Si des poumons plongent dans de l'eau très-froide, la preuve de l'absence de la respiration est plus décisive. La preuve contraire est aussi plus forte, si des poumons surnagent sur de l'eau chaude.

On commence par essayer les poumons avec le cœur et le thymus. S'ils surnagent avec ces appendices, la conclusion en faveur de la respiration est bien plus forte. On retranche ensuite le thymus, puis le cœur, et l'on note ce qui se passe. Il est essentiel de préciser si des poumons qui se sont précipités au fond de l'eau quand ils étaient adhérents aux appendices tombent plus doucement ou flottent, ou nagent entre deux eaux, lorsque un ou deux de ces appendices sont retranchés.

Lorsqu'on enlève le cœur, il faut avoir le soin de lier les vaisseaux par lesquels il tient aux poumons.

Lorsqu'on a vu comment se comportent les poumons tout seuls, il faut les diviser et répéter l'essai sur chacun des poumons isolés. On finit par couper chaque poumon en morceaux, de la grosseur d'une amande, sur lesquels on répète l'expérience hydrostatique. Il faut noter si ces morceaux immergent ou flottent, après avoir remarqué à quelle portion du poumon on les avait empruntés. Beaucoup d'experts s'arrêtent là. Il faut, pour compléter l'épreuve, comprimer chaque morceau sous l'eau, et examiner quel fluide s'en dégage, si c'est du sang, si c'est de l'air; si l'air sort en grosses bulles, ou en bulles minimes, imperceptibles et formant une mousse. Enfin, il faut bien s'assurer si, après avoir été comprimé, le morceau gagne le fond ou flotte comme auparavant. La surnatation des poumons peut être totale ou partielle. Dans le premier cas, les présomptions de respiration naturelle sont très-fortes; elles sont moindres dans le second[1].

Les différences dans le mode de surnatation, ou dans le degré d'immersion de la masse entière ou des poumons détachés, ont donné lieu à trois principales objections.

On a dit :

1° *Des poumons peuvent surnager, bien qu'appartenant à un enfant mort sans avoir respiré.*

Réponse. Lorsque ce phénomène a lieu, il résulte de la *putréfaction*, de *l'emphysème morbide* ou d'une *insufflation.* Le médecin reconnaîtra, dans certains cas, les causes de la surnatation, et, dans le doute, s'abstiendra de conclure.

2° *Les poumons peuvent surnager, au moins partiellement, si l'enfant a respiré pendant l'accouchement, et s'il est mort aussitôt.*

Réponse. Ce n'est qu'après la rupture des membranes et l'écoulement des eaux de l'amnios que l'enfant pourrait respirer. On a donné le nom de *vagissement utérin* aux petits cris poussés par l'enfant placé dans cette condition; mais, bien que les docteurs Hufeland, Henri, Marinus de Bruxelles et Caffe aient entendu ou étudié le *vagissement utérin*, ce phénomène a donné lieu à trop d'opinions divergentes parmi les praticiens pour qu'il puisse être pris en considération pour le rapport médico-légal.

3° *Les poumons d'un enfant qui a respiré peuvent ne pas surnager.*

Réponse. La congestion pulmonaire, sans phlegmasie, l'hépatisation rouge, l'hépatisation grise, l'endurcisement lardaciforme, peuvent être des causes qui empêchent l'air de pénétrer complètement dans les vésicules; mais le praticien exercé reconnaîtra, dans ce cas, les altérations pathologiques qui rendent plus lourds que l'eau les poumons soumis à l'expérience. Il est toujours possible[2] de démontrer qu'un enfant n'a pas respiré lorsque ses poumons sont petits, lorsque leur couleur se rapproche de celle du foie de l'adulte; ils pèsent environ 1/50 du poids total du corps; plongés dans l'eau, ils immergent en totalité et immergent encore coupés par morceaux, alors même qu'on a exprimé le sang de ces morceaux. Les artères et la veine ombilicale ont encore tout leur diamètre; le trou de Botal est ouvert, ainsi que le canal artériel et le canal veineux. L'intestin contient encore le méconium.

On peut affirmer que l'enfant a respiré quand la voussure du thorax est manifeste, quand les poumons recouvrent le cœur, quand leurs cellules sont distendues par de l'air, quand leur poids est environ 1/35 du poids total du corps, quand ces poumons surnagent en masse et en morceaux, même après qu'on les a comprimés, quand le méconium est rejeté, quand la veine et les artères ombilicales com-

mencent à s'oblitérer, ainsi que le trou de Botal et les canaux artériel et veineux. A plus forte raison, pourra-t-on affirmer que l'enfant a respiré et vécu quelque temps si l'on aperçoit au cordon quelqu'un des changements que nous avons notés comme ne se passant que pendant la vie : le cordon desséché et vrillé avec rougeur de l'anneau ombilical, la chute du cordon avec suintement de l'anneau, etc.

Les cas véritablement embarrassants sont ceux où la respiration a été incomplète. La voussure du thorax est peu manifeste, les poumons ne recouvrent pas le cœur; mis dans l'eau, les poumons surnagent par un point, immergent par d'autres. Les portions qui surnagent flottent encore après compression. Le poids total du poumon comparé à celui du corps n'offre rien de significatif. Dans ces cas douteux, il faut bien se garder de prendre des conclusions qui seraient de nature à trancher une question aussi grave pour la science et pour la justice.

B. LUNEL.

DOCKS (commerce maritime) [dérive du mot teutonique *dock*, qui vient de l'ancien saxon *dekken*, couvrir, renfermer, protéger, enclore]. — Vastes bassins creusés artificiellement dans un terrain limitrophe d'un fleuve ou d'un port de mer, avec lequel il communique par de petits canaux qui y introduisent et y maintiennent l'eau à une hauteur convenable par des écluses. Sur leurs quais sont disposés, selon les besoins du commerce, des hangars et bâtiments qui servent de magasins aux marchandises. Ces espèces de ports artificiels sont clos de hautes murailles, bien surveillés, et servent en même temps d'entrepôts. Ils protégent les navires contre l'inconstance des marées, ainsi que contre la violence des vents; ils ont l'avantage de rendre les chargements et déchargements plus faciles, plus expéditifs, et aussi plus économiques; étant pourvus de machines nécessaires à ces opérations; les navires peuvent aborder en tous temps les quais, sortir et entrer suivant leur convenance, sans aucun risque ni obstacle. Un autre avantage incalculable, c'est qu'en Angleterre ces docks servent en même temps d'entrepôts, sous le rapport des douanes, qui y placent des employés et des gardes pour recevoir et livrer les marchandises qui sont entreposées dans les docks, sans acquitter les droits jusqu'à leur réexportation ou à leur entrée en consommation. Enfin, on pourrait dire que les docks forment une partie importante du matériel de la puissance commerciale et maritime de la Grande-Bretagne.

On distingue en Angleterre, ainsi qu'ailleurs, deux espèces de docks, d'après leurs différentes destination : 1° ceux appelés *Wet-Docks*, par les Anglais, sont des bassins à flot ou à niveau, qui servent de mouillage ou d'abri aux vaisseaux, ainsi qu'au chargement ou déchargement de leurs cargaisons; 2° l'autre espèce, que les Anglais nomment *Dry-Docks*, qui signifient des docks à sec, sont des bassins que nous appelons, en terme de marine, des *calles*. Les premiers sont généralement construits avec des écluses pour retenir l'eau à la haute marée, avec laquelle les

---

[1] Eusèbe de Salles.
[2] Ouvrage cité.

bâtiments y font leur entrée; l'écluse étant ensuite fermée, ils demeurent constamment à flot, tandis que les seconds sont des bassins destinés à la construction et aux réparations des vaisseaux, que l'on y admet à la marée montante, et dont on fait écouler l'eau à la marée descendante, ou que l'on extrait au moyen des pompes, pour que le bâtiment reste à sec, étayé par des solives dans le bassin.

C'est à Liverpool que les premiers docks furent exécutés (1708). Ceux de Londres furent ouverts en 1805. Quoique possédant de magnifiques bassins à flot, la France a peu de véritables docks. On donne aussi ce nom à des entrepôts établis près des chemins de fer. LARIVIERRE.

DOGME (religion) [du grec *dogma*]. — Maxime, sentiment, proposition ou principe établi en matière de religion. C'est ainsi qu'on dit les dogmes de la foi, pour exprimer les vérités que Dieu a révélées et que nous sommes obligés de croire; tel dogme a été décidé par tel concile. L'Église ne peut pas créer de nouveaux dogmes, mais elle nous fait connaître avec une certitude infaillible quels sont les dogmes que Dieu a révélés. Elle ne les crée pas, elle les tire de la tradition universelle et les proclame. Les dogmes principaux de la religion catholique sont : la *Trinité de personnes*, la *chute du premier homme*, l'*incarnation*, la *rédemption*, la *vie future*, etc.

DOMESTICATION (histoire naturelle appliquée). — Ensemble des moyens qui ont pour but de faire passer une espèce à l'état de domesticité. Depuis quelques années, de curieuses expériences ont été faites pour multiplier le nombre des espèces domestiques; mais les résultats ont encore été peu satisfaisants : on est seulement parvenu à apprivoiser des individus.

M. Dureau Delamalle a provoqué des expériences en sens contraire, c'est-à-dire sur le retour des espèces domestiques à l'état sauvage, expériences qui pourront servir à découvrir quelques procédés efficaces de domestication. De curieux détails sur ce sujet ont été communiqués, en 1855, à l'Académie des sciences par M. Delamalle. Voici un exemple, cité par ce savant, du retour d'animaux domestiques à l'état sauvage :

« Un couagga mâle fut acccouplé, en Angleterre, au commencement du dix-neuvième siècle, avec une jument issue d'un étalon arabe, mais au sixième degré. La jument produisit de ce premier accouplement un métis presque entièrement semblable à son père. La même jument fut ensuite unie deux fois, dans l'espace de trois ans, avec un cheval anglais; elle donna encore, d'abord un métis rapproché du couagga, son premier mari, et enfin, la dernière fois, quoique le couagga en eût été tout à fait séparé depuis le premier accouplement, le produit fut si ressemblant au couagga, père du frère aîné, qu'on ne pouvait plus l'en distinguer. Ces métis ont longtemps vécu à Londres, où l'on en a fait faire les portraits qui sont placés au collége des chirurgiens de cette capitale, avec les procès-verbaux qui attestent toutes les circonstances de cette singulière généra-

tion. Ce fait démontre qu'en moins de dix ans on peut, par des expériences directes, faire remonter la variété domestique vers sa source primitive. » Voici un autre fait confirmatif, fourni par M. J. Geoffroy Saint-Hilaire, le 6 novembre 1855 : « Un cochon domestique fut introduit dans l'Amérique du Nord et redevint sauvage; sa progéniture resta féconde, et, au bout de trois ans, elle ressembla beaucoup plus au cochon d'Inde qu'au sanglier de nos forêts. »

La domestication a pour effet d'adoucir les mœurs des animaux; elle augmente aussi leur embonpoint, modifie la couleur de leur pelage ou de leur plumage; mais, en général, elle les fait dégénérer. — Voy. *Animaux domestiques*.

DOMICILE (droit) [du latin *domus*]. — Lieu de résidence ordinaire. On distingue le *domicile civil*, lieu de la demeure ordinaire fixe et permanente, et le *domicile politique*, où l'on exerce ses droits de citoyen; il se confond d'ordinaire avec le domicile civil. La femme mariée n'a d'autre domicile que celui de son mari; le mineur que celui de son tuteur; le domestique que celui de son maître. (Ar. 108 et 109 du Code civil.).

DORADE ou **DAURADE** (zoologie). — Nommé par les ichthyologistes *cyprin doré* ou daurade de la Chine.—Petite espèce de poisson du genre carpe, que l'on nourrit dans des bocaux, où il flatte la vue par les reflets dorés et par la pourpre de ses écailles. Il faut les changer d'eau tous les jours en été, et ne point les exposer aux rayons du soleil.

DORSIBRANCHES (zoologie). — Ordre d'annelides qui comprend les espèces dont les branchies règnent tout le long du corps et surtout à sa partie supérieure. Ces animaux ne doivent donc pas vivre dans des tubes solides, ou du moins ils ne peuvent y faire leur demeure habituelle. Ils sont, en effet, libres, et nagent au sein des eaux avec une agilité qui leur a fait donner le nom d'*annelides errantes*. A cet effet, ils sont pourvus de soies grandes et bien développées qui leur servent de nageoires, et leur permettent de se mouvoir à leur gré pour chercher leur nourriture. Mais comme leur humeur vagabonde et le défaut de tube solide les expose à de fréquents dangers, la nature leur a donné, outre la vitesse des mouvements, des armes défensives, dont ils se servent avec beaucoup d'adresse contre leurs ennemis; ce sont des soies roides, saillantes, placées de chaque côté de leur corps, et tout à fait différentes de celle de la locomotion; elles portent le nom d'*acicules*. Et, pour qu'elles ne perdent pas leur acuité pendant la marche de l'animal, celui-ci peut les faire rentrer à volonté dans l'intérieur de son corps, au moyen de muscles dont elles sont garnies à leur base; aussi sont-elles si aiguës, qu'elles percent la peau des plus grands animaux, sans en excepter celle de l'homme.

L'organisation extérieure des *dorsibranches* semble indiquer que ces animaux sont destinés à vivre au sein des eaux; quelques-uns d'entre eux sont, en effet, pélagiens, et ne se rencontrent qu'à de grandes distances des côtes. Cependant, la plupart des espèces sont littorales, et se tiennent près du rivage, où elles se cachent sous les pierres ou parmi les zoophytes et les plantes marines; quelques-unes même s'enfouissent dans le sable, ou même dans des tubes solides. Ces dernières ressemblent, par conséquent, aux annelides de l'ordre précédent; mais, outre qu'elles ne contractent aucune adhérence avec cette habitation accidentelle et qu'elles peuvent la quitter sans inconvénient pour aller chercher au loin leur nourriture, leurs pieds ne sont jamais munis, comme ceux des espèces tubicoles, de ces soies crochues au moyen desquelles les annelides du premier ordre peuvent s'enfoncer dans leur tube ou en sortir à leur gré.

Les *dorsibranches* sont les annelides les mieux organisés; leur forme est svelte et allongée, rarement ovale ou aplatie. Ils ont tous une *tête* bien distincte, avec des *yeux*, des *antennes*, et une cavité qu'on prendrait au premier abord pour leur bouche, mais qui n'est en réalité que le fourreau destiné à loger la trompe de l'animal. Leur nourriture se compose principalement de mollusques, de zoophytes ou d'autres annelides qu'ils poursuivent quelquefois et atteignent à la nage, mais que, le plus souvent, ils attrapent, en se mettant en embuscade, parmi les thalassiophytes ou dans les fentes des rochers. (Dr *Salacroux.*)

DORURE (technologie). — Opération chimique, au moyen de laquelle on dépose une couche d'or plus ou moins épaisse sur une surface de métal ou d'objet quelconque.

La dorure peut s'appliquer surtout aux métaux, au bois, au papier, au cuir, au verre, à la porcelaine, aux étoffes, à l'ivoire, à la pierre, au plâtre, et sur une quantité d'objets de toute nature que la science et l'industrie augmentent chaque jour.

Différents procédés sont en usage, les anciens et nouveaux; la dorure par les anciens procédés s'obtient au moyen d'un amalgame d'or et de mercure, chauffés à une haute température.

Les procédés nouveaux sont ceux obtenus par l'électricité développée par la pile galvanique.

Avant d'entrer dans les détails pratiques de l'art du doreur, nous allons donner préalablement la préparation de l'amalgame de l'ancien procédé, afin d'initier le lecteur au travail intéressant de la dorure.

Une des propriétés du mercure est d'absorber l'or sitôt qu'on le met en contact avec lui; le mélange s'effectue instantanément, si la quantité de mercure est suffisante pour que l'attraction ait toute sa valeur.

Les personnes qui emploient le mercure remarquent que ce métal attaque et blanchit les bagues ou les bijoux qu'elles portent sur elles. Une pièce d'or frottée avec du mercure s'en pénètre sur-le-champ, et devient si fragile qu'elle casse facilement entre les doigts.

La préparation de ce mélange se fait donc ainsi :

On met deux parties de mercure dans un creuset, on le chauffe jusqu'à ce qu'une vague s'en élève; on y ajoute alors une partie d'or (ou d'argent s'il s'agit d'argenter), on remue avec une tige de fer. Quand

l'or ou l'argent sera fondu, l'amalgame sera formé; il faut ensuite le verser dans un vase d'eau froide, le laisser refroidir et le décanter; il est alors serviable.

Cet alliage représente une masse d'une couleur d'argent jaunâtre, de la consistance du beurre. Après avoir été bien lavé par la trituration dans un mortier avec de l'eau, cet amalgame peut être gardé longtemps dans un flacon bouché.

Il est essentiel que le mercure employé dans cet amalgme soit très-pur; car la moindre quantité de plomb ou de bismuth altérerait la dorure s'il était destiné à cet usage : on ne doit donc y employer que le vif-argent qui aura été retiré par la distillation de l'oxyde rouge de mercure. Pour dorer ou argenter le cuivre, par exemple, il faut le frotter avec l'amalgame et l'exposer à une chaleur suffisante pour sublimer le mercure, qui, en se vaporisant, laisse une couche d'or ou d'argent sur le cuivre. On a construit pour cette opération des fourneaux, avec lesquels le mercure ne peut plus attaquer les mains ou la figure de l'ouvrier. Le temps n'est pas encore très-éloigné où les malheureux qui exerçaient cette profession ne pouvaient la pratiquer que jusqu'à un âge peu avancé.

L'empoisonnement lent qui arrivait par degrés les marquait fatalement du sceau de la mort, le plus souvent dans la virilité !

Nous allons esquisser rapidement les différentes manière de dorer et argenter.

Méthode de dorer le cuivre, etc., par amalgame. — « Plongez une pièce de cuivre bien propre dans une dissolution d'azotate de mercure, le cuivre précipitera ce dernier métal; sur cette couche de mercure, étendez-en une légère d'amalgame d'or, et exposez la pièce à un feu de fourneau qui ne dégage pas de fumée. Le mercure se volatilisera et l'or restera uni au cuivre. »

Méthode de dorer le fer par l'intermédiaire du cuivre. — « On nettoie d'abord avec beaucoup de soin la pièce de fer, au moyen d'un bain acidule dans lequel on la tient plongée, et des linges avec lesquels on la frotte pour l'essuyer. Cela fait, on l'immerge dans une dissolution de sulfate de cuivre; en quelques instants elle se trouve couverte d'une couche légère de ce métal; on lui applique alors l'amalgame d'or, comme dans l'expérience qui précède, et on l'expose à la chaleur pour dissiper le mercure. Elle imite l'or à s'y méprendre. »

Précipitation de l'or contenu dans une dissolution éthérée par l'acier. — « Plongez dans une dissolution éthérée d'or la lame d'un canif, d'un rasoir ou d'une lancette; retirez-la et laissez évaporer l'éther, elle restera couverte d'une belle couche d'or. Au lieu d'immerger la lame, on peut la frotter avec une éponge trempée dans la dissolution; c'est la méthode suivie pour dorer les épées et autres pièces de coutellerie. »

Précipitation d'or sur le fer. — « Si une verge de fer bien polie est plongée dans une solution de nitro-muriate d'or, elle se couvrira d'une couche d'or, à l'état métallique. »

Précipitation de l'or métallique sur la soie, le satin, l'ivoire, etc., par l'hydrogène. — «Prenez une dissolution d'une partie de nitro-muriate d'or sur trois d'eau distillée. Plongez-y un morceau de satin blanc, de soie ou d'ivoire, et passez-le immédiatement dans une atmosphère d'hydrogène, vous le verrez se couvrir d'une belle couche d'or.

On peut varier l'expérience ainsi qu'il suit : peignez sur de la soie ou du satin, etc., des fleurs ou tout autre ornement avec un pinceau de poil de chameau bien fin, trempé dans une dissolution de nitro-muriate d'or, et exposez-les à un dégagement d'hydrogène. Au bout de quelques minutes, elles prendront l'éclat de l'or le plus pur, et ne se terniront ni par le lavage ni par l'exposition à l'air.

On dore la porcelaine avec un mélange de nitro-muriate d'or, d'eau gommée et de borax en poudre ; on applique cette composition avec un pinceau, après quoi on met la porcelaine au four, dont la chaleur revivifie l'or. C'est par ce procédé qu'on platinise, qu'on argente, étame et bronze la porcelaine, et autres poteries.»

Autre méthode d'appliquer l'or sur les tissus. — «Plongez un ruban blanc de soie ou de satin dans l'éther phosphorique, et quand cet éther est dissipé, c'est-à-dire quand il ne produit plus de fumée, immergez le ruban dans une solution de nitro-muriate d'or. Le sel se réduira sur-le-champ, et l'or se précipitera sur la soie.»

Autre. — «Dessinez des figures sur une pièce de soie blanche ou un morceau d'ivoire, avec une dissolution de nitro-muriate d'or, et exposez-les à une atmosphère de gaz hydrogène phosphoré, et le gaz agira sur l'oxyde d'or, le réduira et en couvrira les dessins. »

Autre.— « Si on dessine des fleurs sur le satin, l'ivoire, etc., avec un pinceau de poil de chameau, trempé dans une dissolution de nitro-muriate d'or, et qu'on plonge les dessins dans une atmosphère de gaz sulfureux, les fleurs apparaîtront avec le brillant métallique de l'or le plus pur. »

Huile pour dorer sur bois. — Le bois doit recevoir d'abord deux ou trois couches d'huile de lin bouillie et de carbonate de plomb, afin de remplir les pores et cacher les défectuosités. On laisse sécher et on donne une couche d'une composition qu'on prépare avec de l'oxyde rouge de plomb et de l'huile siccative la plus grasse que l'on puisse se procurer. La plus vieille est la meilleure ; quand elle est fraîche, il faut la mêler, avant d'en faire usage, avec un peu d'huile de térébenthine ; si cette composition est de bonne qualité, il lui suffira de dix et douze heures pour sécher et recevoir l'or. Dans ce but, on étend une feuille de ce métal sur un coussin fait de lanières de flanelle, assujetties sur une pièce de bois par une couverture de peau, on la divise au moyen d'un couteau émoussé ; on en saisit les fragments avec un pinceau, on les applique sur la partie à laquelle ils sont destinés, et on les presse avec une balle de coton.

Ils adhèrent à la surface huileuse et s'y unissent avec assez de force pour qu'on puisse enlever avec une brosse les parties inutiles. Un jour ou deux suffisent pour cette opération. Cette méthode est avantageuse en ce qu'elle est simple, solide et peu susceptible d'altération. Si les pièces se ternissent, une brosse et de l'eau chaude suffisent pour leur rendre leur éclat ; mais il n'est jamais bien brillant. C'est pourquoi l'on est obligé de recourir à la méthode suivante :

Dorure au brunissoir. — Elle s'applique principalement sur les moulures, les stucs, etc. On donne d'abord une couche de colle concentrée, qu'on prépare en faisant bouillir des peaux blanches, des rognures de parchemin, etc., jusqu'à ce qu'elles soient réduites en gelée. Quand cette couche est sèche, on en applique huit à dix autres étendues de plâtre ou de chaux lavée.

Lorsqu'il y en a suffisamment, et que le tout est sec, on donne une couche légère de colle, de bol d'Arménie ou oxyde jaune de plomb. On applique par-dessus, tant qu'elle est encore humide, la feuille d'or à la manière ordinaire. On la presse avec la balle de coton, et quand la colle est bien sèche, on frotte avec une agate ou une dent de chien emmanchée, les parties qui doivent être les plus brillantes.

Afin d'éviter la peine du brunissage, on suit ordinairement la mauvaise méthode de polir légèrement les parties brillantes, et d'affaiblir les autres en passant dessus un pinceau imbibé de colle. On obtient, à la vérité, un contraste saillant ; mais l'effet général est bien au-dessous de ce qu'il devrait être, et la plus petite goutte d'eau produit une tache sur la partie collée. Quant au terni, on le fait disparaître avec la brosse et l'esprit-de-vin, ou l'huile de térébenthine.

On emploie souvent pour diverses espèces de dorures, une substance connue sous le nom d'*orsidu*, de métal de Hollande, etc.; mais elle est peu permanente.

Quand on veut qu'elle dure, on donne une couche de vernis qui la met à l'abri du contact de l'air. La composition de cette substance n'est pas connue ; mais il y a des raisons de croire qu'elle se prépare en grand en Angleterre, puisqu'il s'en fait des expéditions de centaines de tonneaux pour les fournitures qui servent à parer les femmes, les danseuses, les prêtres, les divinités et les temples de l'Inde.

Art de dorer l'écriture et les gravures, etc., sur papier et sur parchemin. — Les lettres tracées sur le papier ou le vélin se dorent de trois manières : 1° on mêle un peu de colle avec l'encre, et on écrit comme à l'ordinaire. Quand les tracés sont secs, on humecte légèrement avec l'haleine ceux que l'on veut dorer ; puis on applique immédiatement la feuille d'or, qu'une faible pression fait adhérer avec force ; 2° on broie un peu de blanc de plomb ou de craie avec une dissolution de gomme concentrée, et on l'emploie pour tracer les lettres au moyen d'une brosse ; quand elles sont sèches, on applique la feuille d'or et on brunit ; 3° enfin, on ajoute un peu de poudre d'or à une dissolution de colle, et on dessine les lettres avec un pinceau ; c'est, à ce qu'on croit, cette dernière méthode que suivaient les moines pour dorer leurs missels, psautiers, etc.

Art de dorer la bordure des livres. — Les bords des feuillets des livres et du papier à lettres se dorent dans une situation horizontale, sous la presse du relieur. On leur donne d'abord une couche de quatre parties de bol d'Arménie et d'une de sucre candi, broyés dans l'eau et amenés à une consistance convenable. On applique cette composition avec un blanc d'œuf, au moyen d'un pinceau ; quand elle est sèche, on la passe au brunissoir, qui est ordinairement une agate polie et bien emmanchée. On l'humecte avec une éponge imbibée d'eau claire, et on applique dessus la feuille d'or avec une pièce de coton. Quand elle est sèche, on passe d'une extrémité à l'autre le brunissoir, qu'on dirige de manière à ne pas attaquer la surface. On tient constamment une feuille de papier de soie entre le brunissoir et la feuille d'or.

Les relieurs emploient généralement du coton en laine pour prendre l'or sur le coussin. La raison en est qu'il est plus doux, plus flexible et qu'il est légèrement humide ; cette dernière propriété lui est naturelle. On la lui communique d'ailleurs facilement en se l'appliquant au front. C'est ce que font les relieurs.

Art de dorer le cuir. — Quand on veut imprimer des figures, lettres dorées, etc., sur du cuir, il faut d'abord le recouvrir de résine jaune ou de mastic en poudre très-fine. Les instruments de fer ou les marques sont disposés sur un gril de manière qu'ils s'échauffent sans rougir. La température varie suivant les lettres, et la pratique fait connaître celle qui convient à chacune d'elles. Ils sont appliqués successivement sur la feuille d'or qui se divise et reçoit l'empreinte. La résine fond et fixe l'or. S'il y en a de trop, on le recueille avec un linge et il ne reste sur le cuir que l'impression nette et bien dorée des lettres qu'on y a portées.

Nouveaux procédés de dorure et d'argenture sur verre. — Un des plus célèbres chimistes de l'Allemagne, M. Liebig, a publié récemment de nouvelles méthodes qui permettent de déposer sur le verre une couche mince d'or et d'argent très-adhérente et d'un brillant parfait.

L'objet de verre que l'on veut dorer ou argenter doit être d'abord parfaitement nettoyé, puis essuyé avec une peau de daim, et non avec un linge, qui produirait des stries à sa surface. On lave ensuite l'objet avec de l'alcool, afin de faciliter le dégagement de l'air qui est toujours adhérent à la surface du verre ; on l'introduit alors dans le *bain à argenter*, en le maintenant plongé d'une très-petite quantité, et en ayant soin que tous les points de la surface à recouvrir d'argent soient à la même distance du fond de la capsule plate qui soutient la liqueur argentifère ; cette précaution est nécessaire pour que l'épaisseur de la couche d'argent déposée soit partout la même.

Pour préparer le bain, on dissout 10 grammes d'azotate d'argent fondu dans 200 centimètres cubes d'eau distillée (le centimètre cube est la millième partie du litre) ; on ajoute de l'ammoniaque en quantité suffisante pour obtenir une dissolution limpide ; on verse ensuite 450 centimètres cubes d'une dissolution de potasse ou de soude *parfaitement pure* ; la concentration de cette dernière dissolution doit être telle que, sous le volume d'un litre, elle pèse 1 kilog. 50 grammes quand il s'agit de la potasse, et 1 kilog. 35 grammes quand on emploie de la soude. Enfin, on ajoute au mélange assez d'eau pour obtenir un peu moins d'un litre et demi ; il ne reste plus qu'à verser goutte à goutte une dissolution étendue d'azotate d'argent, de manière à produire un dépôt gris permanent et à compléter avec de l'eau le volume d'un litre et demi.

Au moment où l'on veut procéder à l'argenture, on ajoute au bain 45 ou 50 centimètres cubes d'une dissolution de sucre de lait contenant 1 gramme de sucre pour 10 grammes d'eau distillée. L'argent se sépare immédiatement de la liqueur, qui se colore en brun ; l'objet devient noir après quelques minutes, et miroitant au bout d'un quart d'heure. Lorsque le bain s'est recouvert d'une pellicule brillante d'argent métallique, l'opération est terminée ; on lave l'objet avec de l'eau distillée chaude, et on le met à sécher dans un endroit chaud. La pellicule d'argent est devenue très-adhérente au verre, et il serait difficile de l'enlever en frottant avec le doigt. La quantité d'argent ainsi déposée peut être évaluée à 2 grammes 21 centigrammes par mètre carré.

M. Liebig propose d'employer ce mode d'argenture pour obtenir des miroirs courbes exempts de défauts, en recouvrant des surfaces de verre bien travaillées d'une couche d'argent d'épaisseur bien uniforme, qui serait ensuite soumise au polissage. La préparation du bain argentifère a dû paraître un peu compliquée ; on pourra peut-être la simplifier, mais il faudra toujours avoir soin que l'ammoniaque ne soit pas en excès.

La dorure doit être exécutée à chaud, car la dorure à froid, qui est très-brillante, manque de solidité. Pour préparer le bain destiné à la dorure, on dissout 1 gramme d'or dans l'eau régale, et l'on ajoute à la liqueur 29 centigrammes de chlorure de sodium (sel ordinaire) ; on évapore à sec, de manière à chasser l'excès d'acide ; on dissout le résidu dans l'eau pure, de manière à obtenir un volume de 100 centimètres cubes. On prend 50 centimètres cubes de cette première dissolution, plus, 300 centimètres d'eau, et 20 centimètres cubes de la dissolution de soude dont nous avons parlé pour l'argenture ; on réduit le mélange par l'évaporation à 250 centimètres cubes. On prépare une autre liqueur exactement de la même manière, si ce n'est qu'au lieu de 300 centimètres cubes d'eau, on n'en prend que 230 ; cette seconde liqueur est maintenue pendant une heure à la chaleur de l'eau bouillante. Enfin les deux liqueurs sont mêlées, et on les verse dans le vase de verre qu'on veut dorer intérieurement, et dans lequel on a d'abord introduit un mélange de 2 parties d'alcool et 1 partie d'éther, qui doit occuper à peu près le dixième du volume du vase. En maintenant ce vase dans de l'eau à la température de 80 degrés, on voit la surface intérieure se recouvrir, en moins d'un quart d'heure, d'une pellicule d'or brillante.

Le bain pour la dorure doit être employé aussitôt après sa préparation; les proportions indiquées doivent être suivies avec la plus scrupuleuse exactitude.

Voici maintenant les nouveaux moyens de dorure et d'argenture par les procédés Ruolz et Elkington:

Dorure électro-chimique pour l'argent et le cuivre. — On place l'objet à dorer, argent ou laiton, dans une dissolution d'or très-étendue, qui est renfermée dans une espèce de sac cylindrique fait de baudruche ou de vessie. Il faut avoir soin de remplir d'eau ce sac avant de s'en servir, pour l'humecter, rendre ses parties bien flexibles et s'assurer qu'il n'y a aucun trou; quand on y a introduit la dissolution d'or, on le place dans un bocal de verre plein d'eau acidulée par quelques gouttes d'acide nitrique ou sulfurique.

Dans cette eau plonge une lame de zinc à laquelle on donne parfois la forme d'un cylindre, et, pour qu'elle puisse entourer le sac ou vessie, cette lame communique par un fil métallique avec l'objet à dorer qui joue ainsi le rôle de pôle négatif. Le courant auquel ce couple donne naissance suffit pour mettre en mouvement la dissolution d'or; ce dernier métal se porte sur la pièce qui y est pendue et y adhère de façon qu'elle en sort parfaitement dorée.

Au moyen de ce sac ou vessie, le mélange des deux liquides ne peut avoir lieu; le zinc se dissout graduellement dans l'eau acidulée, et produit l'électricité nécessaire au travail.

On peut encore, dans certains cas, mettre l'eau acidulée dans l'intérieur de la vessie, et la dissolution d'or en dehors.

Un cylindre solide de zinc plonge alors dans l'eau acidulée, et l'objet à dorer est placé extérieurement dans la dissolution d'or. On emploie surtout ce moyen pour dorer les coupes ou timbales; elles servent ainsi elles-mêmes de bocal. Voici comment on procède pour ce genre d'objets : on commence par y placer le sac rempli de l'eau acidulée dans laquelle le zinc est immergé; puis on remplit l'espace vide entre l'extérieur dudit sac et la partie intérieure du vase par la dissolution d'or, et on établit enfin la communication métallique entre le zinc et le vase à dorer. Pour établir cette communication, on se sert d'un fil d'argent ou de platine qui communique d'une part, par l'intermédiaire d'un gros fil de cuivre, avec le morceau de zinc, et qui est attaché par son autre extrémité à un point de l'objet à dorer.

La solution acide dans laquelle plonge le zinc doit être très-étendue; cinq à six gouttes d'acide dans un verre d'eau suffisent pour l'aciduler convenablement. Il est essentiel d'employer l'acide sulfurique pour l'argent, et l'acide nitrique pour le cuivre ou le laiton.

Il n'est pas nécessaire de donner une grande surface au zinc; on peut, en le tenant suspendu au moyen d'un support, l'enfoncer plus ou moins selon la force du courant; il faut que celui-ci soit très-faible, sans quoi la dorure est irrégulière. L'emploi du zinc distillé est très-préférable.

La surface du métal à dorer peut être polie ou simplement décapée; dans le premier cas, la dorure s'opère plus facilement et ressort plus brillante; il suffit de la frotter avec un linge fin ou une peau pour lui donner tout l'éclat dont elle est susceptible. Dans le second cas, l'opération est plus longue, et il faut brunir la dorure pour lui donner son brillant.

Les préparatifs pour dorer ces objets se font dans les conditions suivantes :

On attache l'objet à dorer au fil métallique d'argent ou de platine fixé au zinc; on plonge un instant cet objet dans de l'eau acidulée pour enlever de sa surface brunie ou adoucie toute substance étrangère. Après ce bain, on plonge l'objet dans la dissolution d'or, on l'y laisse une ou deux minutes; puis on le trempe de nouveau dans l'eau acidulée, on l'essuie avec un linge fin, en le frottant un peu fortement, et on répète deux ou trois fois cette même série d'opérations pour les objets polis, et cinq à six fois pour ceux décapés.

Il faut employer une dissolution d'or aussi neutre que possible, et tellement étendue, qu'il n'y ait que cinq milligrammes d'or dans un centimètre cube de dissolution.

Une cuillère à café d'argent n'exige que huit centigrammes d'or pour être parfaitement dorée.

L'art du doreur paraît être fort ancien. On trouve des armes et des vases antiques enrichis de dorures; l'opération seule a changé par la différence des moyens. Ainsi, la dorure ancienne, par exemple, nous paraît être plutôt une application d'or à l'état de feuille très-mince, semblable à la damasquinerie, qu'un dépôt ainsi que cela se fait aujourd'hui; notre opinion se fonde sur ceci : que la chimie, à l'état rudimentaire dans les siècles passés, et spécialement pratiquée par les alchimistes en ce qui concerne les métaux précieux, n'eut point encore à sa disposition la possibilité de dissoudre l'or à l'état impalpable. Nous voyons, en effet, que cette propriété du mercure, d'étendre indéfiniment et séparer les molécules de ce métal, était inconnue; et le temps n'est pas encore très-éloigné (deux siècles environ) où les orfèvres et bijoutiers jetaient en la Seine leurs ordures et immondices, lesquelles contenaient les déchets d'or et d'argent. Aujourd'hui, ces ordures sont brûlées et réduites en cendres; des laveurs (laveurs de cendres) s'en emparent, les broient dans des moulins de fonte, au moyen de gros cylindres, et en y mélangeant une certaine quantité de mercure qui assimile les métaux fins. On les sépare ensuite en pressant le mercure dans une peau de chamois; il jaillit à travers les pores, et laisse les autres métaux en résidu ou boule assez solide que l'on fond ensuite en lingots.

Aussi la dorure de ce temps, forcément plus épaisse, défie les siècles et offre une ténacité que n'ont pas nos dorures.

Chaque invention nouvelle naît toujours aux dépens de la qualité et de la solidité; le désir extrême du bon marché en est la seule cause.

Le procédé de dorure par le mercure se soutient encore malgré la découverte de l'électricité; c'est qu'en effet, cette manière de dorer ne peut tromper, le doreur est toujours forcé de déposer sur l'objet la quantité d'amalgame nécessaire pour obtenir la dorure, laquelle ne peut être obtenue qu'avec des conditions de résistance que l'ouvrier ne peut modifier.

La dorure à la pile galvanique, au contraire, peut se doser selon la dépense qu'on a à faire. On sera étonné de savoir qu'il suffit de 3 grammes d'argent (66 centimes) pour argenter une douzaine de couverts de table, soit : 24 pièces.

On est donc obligé, par ce nouveau procédé, de s'en rapporter entièrement à l'honnêteté du doreur quand on exige plusieurs couches, c'est-à-dire une solidité plus grande.

Par le nouveau procédé aussi, on a des facilités plus grandes d'exécution et la possibilité d'obtenir d'immenses résultats. On obtient en ce moment, par des moyens analogues, le recouvrement de la fonte de fer par du cuivre. M. Oudry est chargé, par la ville de Paris, d'habiller de cuivre pur les fontaines de la place de la Concorde ; des statues entières seront plongées dans le bain galvanique.

Nul doute qu'il en puisse être de même pour la dorure. Ce progrès seul est immense !

Au onzième siècle le moine Théophile, dans son Traité (*Essai sur divers Arts*), donne un aperçu sur la dorure et l'argenture, et fait présumer que lui seul, ou peu de personnes, possédaient ces moyens.

Hennequin dora les fermoirs de livres au quinzième siècle, et enfin cet art se développa et reçut de nouvelles applications jusqu'à nos jours.

Aujourd'hui le nombre des doreurs est trop considérable pour que nous puissions les nommer; nous citerons seulement, selon notre habitude, quelques artistes et chercheurs en cette profession : les frères Perrin nous donneront l'occasion d'expliquer en peu de mots la spécialité qu'ils ont entreprise. Ils font ce qu'on appelle, en terme de métier, *l'épargne artistique*. Ce genre de dorure consiste à réserver sur la même pièce différentes couleurs d'or, et parfois des parties d'argent. Les objets qui s'y prêtent le plus sont les ornements et les fleurs; on peut aussi les nuancer de façon à faire supposer que chaque fleur a été faite avec un métal différent. Picard, Mongeot et Poly pratiquent tous les genres, et élèvent leur profession à la hauteur du dix-neuvième siècle.

De toutes les dorures dans la bijouterie, la plus difficile est, sans contredit, celle qui s'opère sur le bijou émaillé. L'émail, pour le doreur, est un des plus grands tourments de son existence; il est une perplexité continuelle pour l'orfèvre-bijoutier, et un véritable fléau pour toutes les professions qui s'y rattachent. Il faut un soin et une habileté extrêmes pour faire sortir de la dorure une pièce émaillée saine et sauve.

En un mot, comme toutes les industries, celle-ci a ses énormes difficultés, et se modifie à chaque pas que le char du progrès fait vers l'avenir.

E. PAUL, *statuaire-orfèvre*.

DOSE (pharmacie).—Quantité d'une substance qui entre dans une préparation pharmaceutique, ou de la proportion dans laquelle un médicament peut être administré à un malade. Dans le premier cas, les proportions de substances sont fixes et constituent ce que l'on nomme une *formule*. Les doses des médicaments administrés aux malades peuvent varier suivant une foule de circonstances : l'âge, le tempérament, la nature de la maladie, l'effet que l'on veut obtenir font souvent varier d'une manière notable la dose des médicaments ; aussi a-t-on soin de noter, dans les ouvrages de matière médicale, que telle substance s'emploie de telle dose à telle autre. Il est même des cas où l'on administre des médicaments à des doses inusitées ; ces faits s'observent lorsque l'habitude ou toute autre cause ont émoussé la sensibilité des sujets. Par rapport à l'âge, Gaubius a donné le tableau suivant :

Pour un adulte, dose entière prise pour unité.. 1
Au-dessous d'un an.................... 1/15 à 1/12
À 2 ans.................................. 1/8
À 3 ans.................................. 1/6
À 4 ans.................................. 1/4
À 7 ans.................................. 1/3
À 14 ans................................. 1/2
À 20 ans................................. 2/3
De 20 à 60 ans........................... 1
Au-dessus de cet âge, on suivra la gradation inverse.

B. L.

DOT (droit) [du latin *dos, dotis*; radical *do*, je donne].—La dot, quel que soit le régime sous lequel les époux se marient, est le bien que la femme apporte pour soutenir les charges du mariage.

Les intérêts de la dot non payée comptant courent de plein droit du jour du mariage, à moins de stipulation contraire.

Le mari, pour réclamer le payement de la dot, a dix ans depuis l'échéance des termes pris pour la payer. Passé ce délai, il y a présomption légale qu'il l'a reçue, et la femme ou ses héritiers peuvent la réclamer contre le mari après la dissolution du mariage, sans être tenus de prouver qu'il l'a reçue, à moins qu'il ne justifie de poursuites inutilement faites pour en obtenir le payement.

Les garanties que la loi accorde à la femme pour le remboursement de la dot sont une hypothèque légale, c'est-à-dire indépendante de toute inscription, sur les immeubles du mari, et cela à partir du jour du mariage.

Comment se répartissent entre le père et la mère les sommes ou valeurs fournies en dot? — Si le contrat de mariage n'énonce pas dans quelles proportions les père et mère entendent contribuer à la dot, ils sont censés avoir doté chacun pour moitié, soit que la dot ait été fournie ou promise en effets de la communauté, soit qu'elle ait été en biens personnels à l'un des époux. Au second cas, l'époux dont l'immeuble ou l'effet personnel a été constitué en dot, a sur les biens de l'autre une action en indemnité pour la moitié de ladite dot, eu égard à la valeur de l'effet donné, au temps de la donation. — Le mari peut donner en dot à l'enfant commun des immeubles de la communauté. La dot constituée par lui seul à l'enfant commun en effets de la communauté est à la charge de la communauté, et, dans le cas où la communauté, lors de la dissolution, est acceptée par la femme, celle-ci doit supporter la moitié de la dot, à moins que le mari n'ait déclaré expressément qu'il s'en chargeait pour le tout, ou pour une portion plus forte que la moitié.—Si la femme renonce à la communauté lors de la dissolution, la dot est à la charge du mari seul. (Arrêt de la cour de Riom du 3 juillet 1855.)

La dot doit être considérée comme une avance sur la succession des père et mère. A moins de dispense formelle, elle est sujette à rapport entre cohéritiers quand la succession du donateur vient à s'ouvrir. Dans le cas de dispense de rapport, elle est encore réductible à la quotité disponible. (*De Lusignan.*)

DOTHIÉNENTÉRIE (pathologie). — Nom donné par Bretonneau à la fièvre *typhoïde.* — Voy. ce mot.

DOUANE [de l'italien, *dogana,* droit établi à Venise au nom du *doge* pour créer des ressources au trésor public].—Administration chargée de percevoir les droits imposés, à la frontière, sur l'entrée et la sortie des marchandises, et de veiller à ce que les importations et les exportations prohibées n'aient pas lieu.

On attribue à Philippe le Bel l'établissement des douanes en France. Sous le même règne, les Juifs, expulsés de France, inventèrent la lettre de change : et la gabelle fut organisée sur des bases fiscales.

Si Philippe-Auguste est le premier des rois de France qui ait songé à se procurer un revenu fixe, on doit à François 1er l'idée première de l'institution d'un budget. C'est lui qui a créé la charge de *trésorier de l'épargne,* dont les fonctions sont devenues depuis si importantes, et qui consistaient à tenir deux registres, l'un pour la recette et l'autre pour la dépense, obligation commune à tous les receveurs généraux. Plus tard, on plaça auprès du trésorier un intendant des finances, chargé de tenir registre des recettes seulement et *contre-rôle,* ou contrôle des dépenses. De cette institution utile sont sortis, sous le règne suivant, les intendants des finances, et peu après les surintendants, suivis des contrôleurs généraux.

L'administration des douanes, créée d'abord en France, sous la forme de régie, après la suppression de la ferme générale, succéda à ce que, dans cette ferme, on appelait les *traites.* Aussi, la loi du 5 novembre 1790, qui abolit les droits des traites, est-elle considérée comme le fondement de la nouvelle législation des douanes, dont les dispositions principales furent ensuite posées dans la loi du 22 août 1791.

Depuis le tarif de 1791, les lois qui ont le plus modifié la législation des douanes sont celles du 28 avril 1816, du 27 juillet 1822, du 17 mai 1826, des 3 et 5 juillet 1836, et le décret du 21 mars 1852; une *direction générale,* qui, depuis le décret du 27 dé-

cembre 1851, porte le titre de *Direction générale des Douanes et des Contributions indirectes,* et dont le siége est à Paris, préside à l'exécution des règlements de douane. L'administration des douanes, proprement dites, ne comprend pas moins de vingt mille employés (inspecteurs, contrôleurs, simples commis ou *douaniers*); ils sont soumis au régime militaire, et portent un uniforme spécial et des armes.

Le mot *douane* se dit également de l'édifice où est établie cette administration ou quelqu'un de ses bureaux, et du lieu où l'on porte les marchandises pour acquiter les droits. LARIVIERRE.

DOUCE-AMÈRE (botanique, matière médicale). — Plante de la famille des solanées, dite aussi *morelle grimpante, vigne de Judée,* qui se présente sous la forme d'un petit arbrisseau sarmenteux assez-élégant; les fleurs, de couleur violacée et disposées en cime, se développent pendant une grande partie de l'été et produisent un très-bel effet; les fruits, de couleur rouge corail lors de la maturité, se détachent d'une manière très-pittoresque sur les feuilles, qui sont glabres et de forme ovale; les tiges ou rameaux sont flexibles, lisses, de forme cylindrique, leur volume égale celui d'une plume à écrire. Toutes les parties de la plante répandent une odeur nauséeuse peu agréable. La saveur d'abord douce puis amère de la tige a fait donner à la plante le nom spécifique et caractéristique qui la distingue. Bien que la douce-amère ait été classée parmi les poisons (Alibert), elle jouit cependant à un assez faible degré des propriétés délétères qui distinguent la sombre et dangereuse famille des solanées, et à tel point que ses jeunes pousses entrent dans le régime alimentaire des habitants de plusieurs contrées de l'Europe. Quoi qu'il en soit, lorsque ses préparations sont administrées à trop fortes doses, il peut en résulter des perturbations assez graves dans l'économie. Tels sont le vomissement, la syncope.

Les propriétés médicales de la douce-amère, préconisées par les uns, niées par d'autres, ne méritent certainement ni *cet excès d'honneur ni cette indignité.* La différence d'opinion sur les propriétés de cette substance est vraisemblablement due à ce qu'on ne tient généralement pas assez de compte, dans son administration comme dans celle de beaucoup d'autres substances végétales, de l'influence du climat sous lequel elles se sont développées, de leur état de conservation et souvent même des doses, conditions fort essentielles cependant pour déterminer la manifestation de propriété.

Les préparations les plus communes de douce-amère sont l'infusion, la décoction, le sirop et les extraits alcoolique et aqueux; leur usage augmente d'une manière assez sensible la transpiration cutanée pour qu'on ait cru devoir en conseiller l'emploi dans les rhumatismes chroniques, les affections cutanées et celles syphilitiques.

On doit à M. Desfosses la découverte, dans les tiges de douce-amère, d'un principe immédiat alcalin auquel il a donné le nom de *dulcamarine,* et qui paraît contenir en lui-même toutes les propriétés de la plante. Les baies, les feuilles et les jeunes pousses fournissent à l'analyse de la solanine, mais en assez faible proportion cependant pour que leur usage alimentaire offre peu de danger.

(Dr Couverchel.)

DOUCHE (thérapeutique) [du latin *duco*, diriger, conduire]. — Colonne de liquide, de vapeur d'eau ou de gaz, dirigée avec une certaine force, sur une partie quelconque du corps, le plus souvent sur la tête. Voici les principales espèces de douches et leur mode d'administration :

1° *Douches liquides*. « Elles sont *chaudes* ou *froides*. Les premières sont administrées de la manière suivante : le liquide est contenu dans un réservoir élevé de 2 à 5 mètres, de la partie inférieure duquel part un tuyau en cuir, muni d'un robinet qui s'ouvre et se ferme à volonté. On tient le tuyau à la main, et l'on dirige ainsi à son gré un jet continu sur telle ou telle partie du corps du malade. Quelquefois, on divise le jet en forme de pluie, au moyen d'un ajutage en pomme d'arrosoir. La durée de la douche est ordinairement de 15 à 20 minutes. Le nombre des douches, pour un traitement, varie de 12 à 30. Les douches chaudes sont employées avec succès pour combattre certaines affections chroniques des articulations, les rhumatismes chroniques, les fausses ankyloses, quelques espèces de paralysies, etc. — Les douches d'eau froide, dont on se sert surtout dans le traitement des aliénés, s'administrent à peu près de la même manière : on dirige le jet sur la tête du malade, placé dans une baignoire pleine d'eau tiède; on lui donne encore des douches par surprise, en laissant tomber brusquement sur sa tête, et d'une hauteur de 4 mètres environ, une certaine masse d'eau froide. Les bons effets de ces douches, que les aliénés craignent beaucoup, sont attribués à l'ébranlement particulier qu'elles déterminent dans le système nerveux, et à l'action perturbatrice qu'elles exercent sur le cerveau.

2° *Douches de vapeur*. « Elles s'administrent aussi au moyen d'un tuyau flexible qui part d'un réservoir où l'eau est en ébullition. La vapeur s'échappe avec force par l'extrémité du tuyau, et vient frapper la partie malade. Ces douches sont employées avec succès contre les engorgements chroniques des articulations et les douleurs rhumatismales ou goutteuses. On peut construire économiquement un appareil de douches de vapeur en adaptant un simple entonnoir en fer-blanc à un vase métallique renfermant une certaine quantité d'eau que l'on maintient à l'état d'ébullition, au moyen d'un réchaud ou d'une lampe à esprit-de-vin. »

3° *Douches d'air*. « Elles ont été employées dans les maladies de l'oreille pour dégager la trompe d'Eustache. Le docteur Deleau jeune, qui, le premier, a fait usage de ce moyen, lui doit plusieurs guérisons remarquables. »

DOUVE (zoologie). — Genre d'entozoaires constitué par des espèces de vers mous, dont le corps, généralement aplati, offre deux ventouses ou su-çoirs, placés l'un sous le ventre et l'autre vers sa partie antérieure; c'est à cette double ouverture qu'ils doivent leur nom scientifique de *distomes*, qui veut dire deux bouches.

Les *douves* sont tous de petits animaux, dont les plus grands n'atteignent pas 3 centimètres de long, et qui n'ont ordinairement que quelques millimètres d'une extrémité du corps à l'autre. Comme ils sont d'une consistance très-molle, il est difficile d'en déterminer rigoureusement la forme; on en trouve de longs, d'ovales, d'aplatis, de cylindriques, sans que la diversité de ces formes puisse s'expliquer par la différence des espèces; car on les voit, comme les sangsues, s'allonger et se raccourcir, soit en totalité, soit en partie, selon la sensation qu'ils éprouvent. Des deux orifices que présentent ces animaux, celui de devant constitue la bouche et est destiné à absorber la nourriture; celui du ventre ne paraît servir qu'à fixer l'animal aux viscères dans lesquels il se développe, ou plutôt est destiné à livrer passage aux organes de la génération.

Les douves proprement dites, aussi appelées *fascioles*, parce que la plupart d'entre elles ont le corps aplati comme un ruban ou une bandelette (*fasciola*), ont une de leurs ventouses placée à l'extrémité antérieure du corps, et l'autre en dessous, un peu plus en arrière. On connaît plus de deux cents espèces de *douves*, dont la plus célèbre est la *douve du foie*, qu'on trouve sur la plupart des ruminants, dans le cochon, le cheval et même l'homme. Son corps est aplati, ovale, gros en avant, mince en arrière. Elle pullule quelquefois tellement dans l'intérieur des moutons qui paissent dans des prairies humides, qu'il n'est pas rare de voir ces mammifères devenir hydropiques, et périr par suite de son excessive multiplication. (Dr Salacroux.)

DRACHME ou **DRAGME** (métrologie). — Huitième partie de l'once (environ 4 grammes). On l'appelle gros quand on parle du poids de marc, et le gros équivaut à 2 drachmes; ainsi, la livre a 16 onces de 8 gros ou 16 drachmes. Le drachme se divise en 3 deniers ou scrupules, et le denier ou scrupule en 24 grains.

DRAGON (zoologie). — Le dragon des naturalistes est tout à fait différent de celui de la mythologie ancienne et de la chevalerie du moyen âge. C'était pour celles-ci un monstre ayant le bec et les ailes d'un aigle, le corps et les griffes d'un lion, et la queue d'un serpent, auquel elles attribuaient une puissance sans bornes, et qu'elles faisaient intervenir dans toutes les circonstances où l'on avait besoin de merveilleux. Cet être, comme on le pense bien, était chimérique, et n'avait d'existence que dans l'imagination fantastique des poëtes et des romanciers. Cependant les naturalistes ont cru pouvoir adopter ce nom pour l'appliquer à un petit reptile de la tribu des agamiens, qui offre quelques rapports éloignés avec le dragon fabuleux, par sa queue et par les espèces d'ailes qui garnissent ses flancs. Ces appendices, qui sont formés, comme ceux des phalangers et des galéopithèques, par un petit prolongement de la peau, sont soutenus par six des fausses côtes de l'animal, lesquelles, au lieu de se contourner autour du tronc, s'étendent en ligne droite, pour donner attache à cette membrane, et former ainsi, de chaque côté du corps, une espèce d'aile ou de parachute. Mais comme ces organes sont indépendants des quatre membres, ils n'exécutent que des mouvements très-bornés et ne peuvent servir au vol; ils sont seulement destinés à soutenir l'animal, lorsqu'il saute de branche en branche sur les arbres où il établit son domicile, et lui fournissent ainsi le moyen d'attraper plus aisément les insectes dont il se nourrit.

Le reste de l'organisation des *dragons* ressemble à celle des autres sauriens de la même tribu; leurs écailles, leurs membres, leur tête et leurs dents ne diffèrent pas; on leur remarque seulement au-dessous du cou une espèce de *fanon*, comme aux iguanes, aux anolis, etc. Il paraît que, dans le vol, ils remplissent d'air cette espèce de poche, ce qui leur permet de se soutenir plus longtemps dans l'atmosphère. Il est inutile de dire que ces sauriens sont aussi inoffensifs que les autres reptiles de la même famille; ils ne sont ni venimeux ni méchants. Les habitants de

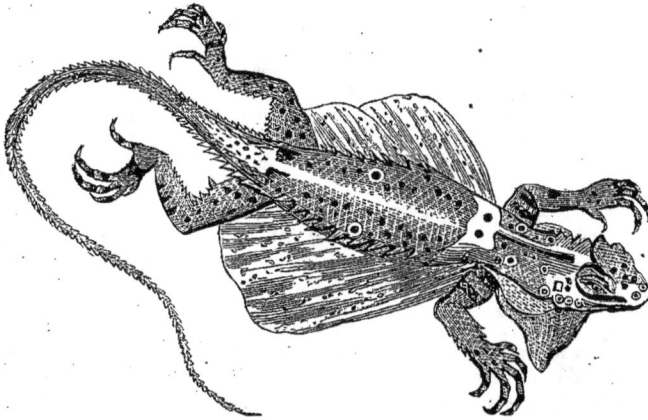

Fig. 1. — Dragon.

Java les manient sans crainte, comme sans danger. Les seuls animaux qui aient à les redouter sont les insectes, qu'ils chassent avec agilité et qu'ils dévorent avec avidité. Leur taille, qui surpasse à peine celle du lézard vert de France, ne leur permettrait pas, d'ailleurs, de faire du mal à des animaux un peu plus grands, quand ils en auraient la volonté.

On compte sept à huit espèces de ce genre, qui appartient entièrement aux Indes et à l'archipel Indien. Le plus anciennement connu est le *dragon vert*, qui a environ 35 centimètres de long, et qui se distingue à son tympan visible, à ses narines percées obliquement, et à sa crête qui recouvre la nuque et une partie du dos. Le *dragon varié*, autre espèce de ce genre, est un peu plus grand; il se reconnaît sur-le-champ, en ce qu'il a le tympan caché sous la peau. Sa couleur est généralement brune, avec des raies ou des taches blanches ou noires.

(Dr *Salacroux*.)

DRAGONS (art militaire). — Milice française, faisant partie de la grosse cavalerie, composée de soldats coiffés d'un casque en cuivre, à crinière flottante, et armés d'un sabre droit et d'un petit fusil de munition avec lequel ils manœuvrent quelquefois à pied comme l'infanterie. « Les dragons furent institués en 1550, sous le règne de Henri II, par le maréchal de Brissac. Ils ne se composaient d'abord que de quelques compagnies d'arquebusiers accoutumés à combattre à pied comme à cheval, et destinés à harceler l'ennemi, à se répandre en tirailleurs sur les ailes de l'armée, à escorter les bagages aux passages des rivières et des défilés. Leur mobilité, leur force et leur audace leur valurent bientôt le surnom de *dragons*. Ils formaient un corps spécial qui subit de nombreuses modifications, mais qui jouit toujours d'une haute réputation de valeur. En 1789, on comptait en France 18 régiments de dragons; sous la République, le Consulat et l'Empire, il y en eut de 24 à 31; depuis la Restauration jusqu'à nos jours, 8, 10 et 12. Ce dernier chiffre est encore le chiffre actuel. » Sous Louis XIV, Louis XV et Louis XVI, la noblesse, dit le capitaine F. de Lacombe, tenait à honneur de servir dans les dragons. Leurs rangs furent tour à tour illustrés par les plus beaux noms de la monarchie, et ceux qui portaient ces noms fameux y furent vaillants comme l'épée de leurs pères. Nous pourrions les enregistrer en grand nombre; qu'il nous suffise de citer les Condé, les Guiche, les Conti, les Jaucourt, les Lautrec, les Montmorency. S'ils furent courageux capitaines, ils furent aussi bons écrivains : les officiers de dragons de Florian, de Boufters, de Vauvenargues, de Parny. Il suffit d'ouvrir notre histoire pour rencontrer à chaque page les immenses services rendus au pays, agrandi, sauvé, défendu, par nos armées, et, par elles, rendu célèbre jusque dans son deuil.

DRAGONNADES (histoire). — Nom infligé par l'histoire aux persécutions exercées par les dragons, sous le règne de Louis XIV, contre les calvinistes, par suite de la révocation de l'édit de Nantes. Ces persécutions commencèrent en 1685, et ne cessèrent qu'en 1715. Les protestants avaient surnommé les dragons les *missionnaires bottés*.

DRAGONNEAU (zoologie). — Genre d'entozoaire cylindrique qu'on trouve dans les organes respiratoires des cétacés, et dont une espèce, le *ver de Guinée*, s'insinue sous la peau des jambes et cause de graves accidents.

DRAINAGE (agriculture).—Voilà un sujet dont on parle beaucoup aujourd'hui en France. Nous-mêmes avons déjà prononcé ce mot bien des fois, à propos d'améliorations agricoles. Nous avons dit ailleurs que la France, au lieu d'acheter du pain, devrait en vendre à ses voisins, ce qui serait toute une révolution dans sa richesse territoriale. Comment donc opérer un si heureux changement? Il y a pour cela plusieurs moyens; le drainage est certainement un des plus puissants. Disons donc d'abord : 1° en quoi consiste le drainage; 2° à quels terrains il convient; 3° quels sont ses effets; 4° les moyens de le pratiquer; 5° les dépenses qu'il impose.

1° *En quoi consiste le drainage?* — Qu'on examine un pot de fleurs. Pourquoi y voit-on une petite ouverture au fond? Cette ouverture présente à elle seule toute la théorie du drainage. En effet, c'est par elle que l'eau se renouvelle en évacuant le vase après avoir rafraîchi la motte de terre qui le remplit. — Mais pourquoi renouveler l'eau? — Parce que l'eau vivifiera la fleur si elle circule, et qu'elle la tuera si elle croupit. Règle générale et sans exception dans la culture : toute eau croupissante est pour les plantes un élément de mort, et toute eau courante un élément de fertilité. En effet, l'eau qui circule abandonne à la terre les principes fécondants qu'elle contient, et dissout les sucs propres à nourrir les racines des plantes. L'eau stagnante, au contraire, se corrompt par l'immobilité, pourrit les racines, et leur intercepte l'air et la chaleur. Donc que toutes les eaux qui arrosent vos terres deviennent circulantes, et vos terres seront d'une fécondité qui payera au centuple vos travaux et vos sacrifices pour les amener à cet état.

Le drainage est précisément cette opération, ou plutôt il comprend les diverses opérations par lesquelles on procure un écoulement souterrain aux eaux qui imprègnent le sol, et dont l'immobilité nuit à la végétation. On nomme *drains* les conduits qui garnissent les tranchées ouvertes dans ce but, et qu'on dispose de manière à assurer par leurs vides un passage aux eaux souterraines.

Au fond, le drainage n'est pas chose tout à fait neuve. De temps immémorial les cultivateurs intelligents ont pratiqué des travaux d'assèchement dans les terres compactes et humides; le procédé le plus habituel consistait à creuser des saignées qu'on garnissait de pierres concassées, ou de pierres couvertes de planches ou d'autres matières, en forme d'aqueduc, tantôt de madriers ou de branchages d'aune, pin, bouleau, pierres plates, etc. Ces moyens sont toujours recommandables, et nous ne proposons point d'y renoncer faute de mieux. Mais ce qui caractérise le drainage moderne dans sa pratique la plus avancée, ce sont des tranchées plus profondes;

l'emploi de tuyaux fabriqués exprès en terre cuite, au lieu des anciens matériaux; enfin quelques détails de main-d'œuvre qui en rendent les effets plus puissants, plus durables, et l'exécution plus économique.

2° *A quels terrains le drainage est-il applicable?* — Nous répondrons de suite aux terres *froides* et aux terres *fortes*. Par terres *froides*, nous entendons celles qui, bien que perméables en elles-mêmes, reposent sur un sous-sol *imperméable* (c'est-à-dire que les eaux ne traversent pas). Les terres *fortes* sont celles où domine *l'argile* ou terre grasse, collante, dure à travailler. Les premières sont dans un état constant d'humidité très-défavorable à la végétation; c'est en vain qu'on les fume abondamment. L'engrais ne peut produire son effet; il faudrait qu'il subît une fermentation puissante qui le décomposerait entièrement, et que les racines pussent se nourrir des fluides provenant de cette décomposition. Or, cette fermentation exige le concours de l'humidité, de la chaleur et de l'air, et les deux derniers éléments lui manquent dans les terres froides. L'eau stagnante, en décomposant les matières organiques, y développe des principes acides et ferrugineux qui ne conviennent qu'aux plantes aquatiques, à tissu lâche et spongieux, comme les joncs, les roseaux, etc. Ces plantes malsaines envahissent peu à peu tout le terrain, et le fourrage qu'on y récolte est nuisible aux bestiaux. Quant aux terres arables, l'eau qui séjourne à la surface y absorbe toute la chaleur du soleil, qui est perdue pour les plantes. Si l'eau s'évapore, la terre devient croûteuse et l'air n'y pénètre plus, et d'ailleurs les sources intérieures renouvellent l'eau qui empêche l'action de l'air et du soleil sur l'engrais et sur les plantes. De là, en dépit d'un engrais abondant, des moissons tardives, et toujours faibles en quantité et en qualité; heureux lorsqu'elles ne sont pas détruites par les gelées suivies de dégels, ou par les grandes pluies.

Quant aux terres fortes et argileuses, elles ont le double défaut de se laisser difficilement pénétrer par l'eau, et de la retenir trop longtemps lorsqu'elles en sont imprégnées. Il en résulte qu'elles sont presque toujours ou trop mouillées ou trop sèches, double difficulté pour les travaux de labour et de semence.

Quand le soleil les durcit, la croûte dont elles se couvrent arrête la végétation, en interceptant l'air nécessaire aux racines. S'il vient à pleuvoir dans cette situation, l'eau, ne pouvant pénétrer la croûte supérieure, s'écoule à la surface, qu'elle ravive lorsque le sol est incliné, et entraîne avec elle des matières utiles à la végétation. Si, au contraire, l'eau pénètre dans le sol, elle s'y attache si fortement que l'humidité permanente expose les plantes aux ravages des gelées, et les prive de l'action bienfaisante de la chaleur et de l'air.

Enfin tout le monde sait combien les terres argileuses sont rebelles au travail de l'homme. Si le temps est sec, elles sont d'une dureté qui épuise les efforts des bêtes de trait; s'il est pluvieux, le sol est réduit en une pâte compacte où les pieds des chevaux et les roues de la charrue enfoncent sans pouvoir s'en tirer. Travail pénible et ingrat. La terre s'agglomère en mottes qu'on ne brise qu'avec des peines énormes, et il est rare néanmoins que les semailles soient faites dans des conditions favorables à une bonne végétation. De là, dépense d'argent et de main-d'œuvre; incertitude du succès; voilà les obstacles que les terres argileuses opposent au travail agricole, et que le drainage, pratiqué avec intelligence, fait disparaître; c'est un fait universellement constaté.

D'après ce qui précède, on s'explique facilement l'utilité du drainage dans les terres fortes et froides? on peut également en conclure que toutes les terres qui participent dans une mesure quelconque de ces deux types sont susceptibles d'une grande amélioration par le même moyen.

3° *Effets du drainage.* — L'établissement de rigoles souterraines dans ces sortes de terres remédie bien au vice de leur constitution; mais il faut qu'elles soient nombreuses et profondes pour assurer l'écoulement des eaux et pour donner à la terre la légèreté et la perméabilité dont elle a besoin. D'un autre côté, les fossés à découvert ont l'inconvénient d'être fort coûteux, par la place qu'ils occupent et par le travail qu'ils exigent; et d'ailleurs, ils entravent les travaux de culture, et ne remédient qu'imparfaitement au mal.

Le drainage, au contraire, avec ses rigoles souterraines et durables, délivre le sol de tout excès d'humidité, et livre toute la surface à la circulation et au travail agricole. L'eau qui filtre dans la terre n'y séjourne pas; en s'écoulant par les drains, elle laisse des vides où descendent les eaux de la couche supérieure pour s'écouler par le même chemin. Ce mouvement, provoqué par le réseau des drains, s'étend à toute la couche et jusqu'à la surface, et permet aux eaux de pluie de traverser le sol en y laissant, comme dans un filtre, les principes fécondants qu'elles renferment. Quant aux eaux souterraines, elles ne montent pas plus haut que les drains, qui leur donnent une facile issue; ainsi, au-dessous comme au-dessus des drains, la terre est débarrassée de toutes les eaux nuisibles.

Un des résultats les plus importants de cette circulation à travers sol, c'est de rendre les terres argileuses moins compactes, plus perméables et plus faciles à cultiver. Les drains y maintiennent d'ailleurs une fraîcheur naturelle qu'on n'obtient pas des tranchées ouvertes; car elle résiste même aux grandes sécheresses. En effet, l'ameublissement du sol le rend plus pénétrable aux rosées et aux pluies, et permet à l'humidité naturelle du sous-sol, attirée par la chaleur du soleil, de remonter à la surface.

Ainsi, le drainage est un remède presque aussi efficace contre la sécheresse que contre l'humidité. Mais par cela même, il dessèche le sol; en l'ameublissant, il y accélère la végétation et la maturité des produits. C'est un fait avéré que dans les champs drainés, la moisson est toujours de quinze jours plus hâtive que dans les autres. Cela se conçoit aisément. Dans les terres drainées, les premiers rayons du soleil du printemps agissent directement sur les plantes et ne sont plus obligés de commencer par évaporer l'humidité qui intercepte la chaleur. Aussi, grâce au drainage, les terres *froides* deviennent-elles aussi précoces que les sols dits secs et chauds, si recherchés des cultivateurs.

Résumons en quelques mots les effets bienfaisants du drainage :

1° Augmentation des récoltes du tiers au moins, et quelquefois du double.

2° Ameublissement de la terre qui devient plus facile à travailler, moins détrempée par les temps pluvieux, plus fraîche dans les sécheresses, par conséquent diminution de peine pour les hommes et pour les attelages, économie de frais de culture.

3° Enfin, il rend possible en tout temps des travaux qu'on est souvent obligé de retarder, au grand détriment des produits. C'est ainsi que souvent le cultivateur est forcé de remplacer les semailles d'automne par celles du printemps, ou de retarder ces dernières que les mauvais temps compromettraient.

4° Par l'enlèvement de l'humidité, il préserve les semences et les racines de l'action meurtrière des gelées.

5° Il rend la fertilité aux terrains sourceux que les eaux envahissent et frappent de stérilité.

6° Il rend le terrain apte à produire toute espèce de végétaux, et les récoltes plus précoces.

7° Il permet de nettoyer, à moins de frais, la terre des plantes nuisibles.

8° Le drainage permet de labourer à plat ou à très-larges planches. Donc, suppression de ces billons étroits et élevés, où les semences ne réussissent que sur les sommets, le fond étant affecté à l'écoulement des eaux de pluies.

9° Il équivaut à un approfondissement de la couche cultivable; car la circulation de l'eau permet aux racines d'aller chercher leur nourriture beaucoup plus avant dans la terre. Disons mieux : il remplace même l'effet des jachères, parce que l'eau circulante porte dans toute la couche arable l'influence bienfaisante de l'air qu'elle contient.

10° Les engrais profitent beaucoup plus aux terres drainées qu'aux autres; nous en avons vu les raisons à propos des terres froides. Mais quand même nous ne saurions pas l'expliquer, c'est un fait irrécusable. Or, en agriculture, les faits sont la vraie, la seule autorité que nous reconnaissions.

11° Enfin, en supprimant les pâturages humides qu'il transforme en bonnes terres à fourrage, le drainage augmente et améliore la nourriture des bestiaux, et les préserve des maladies mortelles, telles que la cachexie ou pourriture, qui décime les troupeaux de brebis. Les vaches non plus ne s'accommodent pas des pâturages humides; et d'ailleurs, elles y sont incommodées par des insectes dont les larves se développent dans ces eaux stagnantes. Cette suppression des marécages est non-seulement salutaire aux bestiaux, souvent elle assainit le climat même de la contrée, qui est moins sujette aux fièvres intermittentes et autres graves maladies.

. Voilà un abrégé des bienfaits du drainage. Voyons maintenant par quels moyens et à quel prix on peut se les procurer.

4° *Pratique du drainage.* — Les travaux de drainage exigent des connaissances et une pratique dont nous ne pouvons que donner ici une idée très-imparfaite. Néanmoins, dans une petite exploitation, où la pente du terrain indique tout naturellement la marche à suivre, un propriétaire peut se passer du concours des ingénieurs. Quoiqu'en général nous soyons d'avis d'y avoir recours, nous allons éclairer de notre mieux les cultivateurs qui désirent drainer eux-mêmes.

Quatre points réclament notre attention dans l'exécution d'un bon drainage : 1° le tracé des drains; 2° la profondeur et la distance des rigoles; 3° la forme et la grosseur des tuyaux; 4° leur pente ; 5° modes d'opérer et outils.

1° *Tracé des drains.* — On les dispose *régulièrement*, c'est-à-dire par lignes droites parallèles et également distantes les unes des autres, qui sillonnent le champ dans le sens de la pente du terrain, et se déversent dans un drain dit *collecteur*, placé dans le bas de la pièce de terre, et qui conduit l'eau réunie au cours d'eau le plus voisin. Cette disposition convient aux terrains qui n'ont qu'une seule pente; mais dans les terrains onduleux, dont les pentes varient de direction, on est obligé d'avoir autant de drains collecteurs qu'il y a de pentes, et de disposer ses drains en lignes courbes, de manière à donner le plus de pente possible au cours des eaux souterraines. Cette disposition est dite *irrégulière*, elle exige de l'habitude et une certaine science du métier. Les terrains sourceux surtout la rendent nécessaire, parce qu'il est utile de mettre les drains en contact direct avec toutes les sources souterraines. Dans ce cas, on s'assure par des sondages du point de départ de chaque source, et on trace les drains de manière à en faciliter l'écoulement. Si l'eau est très-abondante, on ne se contente pas de l'écouler par les tuyaux, on creuse, çà et là, quelques puits perdus dits *boit tout*, dont le fond doit atteindre une couche de terre perméable. Dans tout tracé de drainage, il faut éviter la rencontre du pied des arbres, les tuyaux doivent s'en écarter de 5 à 6 mètres au moins.

2° *Profondeur des tranchées et leur distance.*— La profondeur et la distance des tranchées dépendent de la constitution du sous-sol. Il est nécessaire qu'elles portent sur la couche de terre imperméable qui retient les eaux pluviales ou souterraines. On dirige les embranchements vers les endroits où l'eau est la plus abondante.

Dans les terres argileuses, où l'on se propose surtout d'ameublir le sol, on se contente d'une profondeur de 75 centimètres, et d'une distance de 5 à 6 mètres entre les tuyaux. Cependant on a remarqué qu'une plus grande profondeur permet un plus grand écartement. Nous engageons à consulter les draineurs expérimentés sur ces questions, lorsqu'il s'agit de pratique. La profondeur d'un mètre et la

distance de 10 mètres sont une proportion assez souvent observée dans les terres argileuses. L'essentiel, c'est que toutes les eaux souterraines soient entraînées dans les drains.

3° *Forme et grosseur des tuyaux.* — Après de nombreuses expériences comparatives entre les tuyaux ronds et les tuyaux ovales, on a donné la préférence à ces derniers. Quant à la grosseur, un diamètre de 25 centimètres suffit généralement dans les terres argileuses, où il ne s'agit que d'expulser les eaux de pluie; mais dans les terrains à sources, un plus fort diamètre est nécessaire; on le proportionne à la quantité présumée de l'eau qu'il s'agit de faire écouler. Lorsque les drains ont un long parcours, le volume des eaux grossit à mesure qu'on descend la pente du terrain, et il est bon alors d'élargir successivement le diamètre à mesure qu'on avance vers le drain collecteur. De même, le dernier doit avoir un volume proportionné à la masse des eaux qu'il est destiné à recevoir.

4° *Pente des drains.* — La pente à donner aux tuyaux dépend aussi de la quantité d'eau à entraîner. En tout cas, on leur donne le plus d'inclinaison qu'on peut, suivant que le permettent la nature et la disposition du terrain. Mais on conçoit que plus la pente est rapide, moins il est besoin d'un fort diamètre pour les tuyaux, qui sont d'autant moins exposés à être obstrués.

En général, le meilleur est de donner aux drains la plus grande pente possible; en aucun cas, elle ne doit être de moins de 2 millimètres par mètre, ou de 20 centimètres par 100 mètres. Il est peu de terres, même en pays plat, où on ne puisse y réussir sans grand effort.

5° *Outils et modes d'opérer.* — Dans presque tous nos départements, il s'est formé des commissions de drainage qui, sous les auspices de l'autorité, donnent aux cultivateurs les renseignements nécessaires, et même leur assurent le concours des agents de l'État pour les aider dans leurs essais de drainage. Nous les engageons à user des bons offices qui leur sont offerts. Néanmoins, voici, en attendant, les indications qu'ils auront à suivre.

Lorsqu'on a décidé, par l'étude du terrain, la forme et la disposition de ses tranchées, ainsi que leur pente, on établit soigneusement la ligne d'inclinaison sur une certaine longueur de chaque tranchée, puis on la prolonge au moyen de mirettes de même hauteur. On se sert, pour les tranchées, de bêches ou pelles ordinaires. Mais comme la tranchée se rétrécit en approfondissant, lorsqu'on arrive au fond, on emploie une pelle spéciale, dont le fer est plus long et plus étroit; pour entamer les terrains pierreux, on emploie les *pioches bicornes* ou piémontaises; on creuse le fond concave des drains et on en retire les déblais avec des *curettes* ou *écopes* emmanchées à la façon des houes, c'est-à-dire formant le coude; enfin, il faut des crochets ou pinces pour descendre les tuyaux et les placer convenablement au fond des drains.

On donne aux tranchées de 40 à 50 centimètres

do largeur à l'ouverture; cette largeur va toujours en diminuant, et au fond elle n'est que suffisante pour contenir les tuyaux.

En France, on pose les tuyaux bout à bout dans les terrains ordinaires; mais dans les couches de sable où de terres mouvantes, où on peut craindre un dérangement, on les relie solidement les uns aux autres, au moyen de colliers en terre cuite, de 7 à 8 centimètres de long, embrassant les deux tuyaux qui s'y rejoignent. Ce moyen est surtout recherché des Anglais.

Les tuyaux étant posés, on couvre chaque joint d'une pelote d'argile, ou mieux d'un fragment de tuyaux; puis on l'enterre sous une couche de 15 centimètres, en se gardant de déranger les tubes; on tasse fortement cette couche de terre pour qu'elle maintienne les tuyaux en place. On termine en remplissant la tranchée de la terre qui en provient sans aucune précaution particulière. Comme les tuyaux ne se joignent jamais parfaitement, l'eau s'y insinue toujours par les fissures des joints; il n'y a point à craindre qu'elle ne puisse passer.

Ce qui étonne souvent dans les terres argileuses, c'est que l'eau puisse se rendre au fond des drains, d'une distance de plusieurs mètres. Cela est cependant un fait avéré, mais souvent la perméabilité de ces terres ne se révèle qu'au bout d'un an de drainage.

5° *Dépenses.* — Les précieux bienfaits du drainage s'achetaient un peu cher il y a dix ans. A force de recherches et de perfectionnement, on est arrivé à en rendre l'exécution possible à la plupart des petits cultivateurs. Grâce aux encouragements de toute nature, prodigués par le gouvernement et par les conseils généraux, on peut aujourd'hui se procurer partout des tuyaux de drainage, depuis 15 fr. jusqu'à 100 fr. le millier, suivant leur grosseur. Les chemins de fer les transportent à des prix très-réduits pour seconder les vues de l'autorité. Enfin, la main-d'œuvre, facilitée par l'emploi des outils spéciaux, devenue moins onéreuse à ceux qui la payent, est plus expéditive sous la main de ceux qui l'exécutent. Ajoutons enfin que les agents départementaux mettent partout leur expérience bien établie au service des cultivateurs et propriétaires qui veulent drainer leurs terres.

Grâce à tous ces avantages, la dépense moyenne du drainage, en France, ne revient pas aujourd'hui à plus de 200 fr. l'hectare, en payant toute la main-d'œuvre; mais le cultivateur, qui manie la pioche lui-même, peut, en s'aidant de ses fils et de ses domestiques, obtenir une notable diminution sur cette moyenne. Jamais les anciens procédés d'assèchement n'ont coûté moins du double. Si l'on compare ces sacrifices à l'importance des résultats, on se convaincra sans peine que sur le tiers au moins du territoire français, la meilleure et la plus sûre des spéculations à faire, pour les propriétaires, c'est de doter leurs possessions de ce précieux moyen de fertilité.

Pour ceux qui ont besoin de capitaux, ils trouvent non-seulement dans le *crédit foncier* de France, mais dans beaucoup de compagnies financières locales, et même dans les avances offertes par l'État, les avantages d'un mode d'emprunt qui ne les grève nullement, puisque les annuités à rembourser sont souvent deux et trois fois couvertes par l'augmentation de leurs récoltes et la plus-value de leur sol. C'est surtout aux petits propriétaires que nous adressons un conseil sincèrement amical. Nous leur avons déjà reproché d'être trop enclins à *s'étendre* ou à *s'arrondir*, et pas assez à *améliorer*. Pour Dieu! qu'ils veuillent bien considérer que deux hectares de terre bien drainés et bien cultivés leur donneront plus de produits que quatre hectares ordinaires, et avec trois fois moins de peine et de frais. Espérons que le bon sens et l'exemple du succès auront raison à la fin des préjugés et de la routine.

Terminons par une objection que font beaucoup de propriétaires. Ils seraient disposés à drainer leurs terres, mais ils seraient obligés d'écouler les eaux par le champ de leur voisin, qui est en aval de leur terrain, pour les envoyer au cours d'eau du fond de la vallée.

La loi du 10 juin 1845 leur a répondu. Cette loi autorise le propriétaire du fonds supérieur à donner passage aux eaux provenant du drainage sur les fonds inférieurs, en indemnisant les propriétaires, bien entendu. Mais si ceux-ci désirent utiliser le canal souterrain qui traverse leur terrain, ils doivent participer à la dépense avec le propriétaire du fonds supérieur. Les juges de paix règlent souverainement et à très-peu de frais toutes les contestations qui peuvent surgir dans ce cas. Ce point est très-rassurant pour les propriétaires timides qui pourraient redouter des procès avec des voisins peu commodes.

On le voit, la propriété territoriale est mise en demeure, par des facilités et des encouragements inconnus jusqu'ici, de s'enrichir en accroissant le revenu du pays, grande et précieuse mission, et qui, bien comprise et bien remplie, peut conjurer bien des périls sociaux. Quel précieux moyen que le drainage, de multiplier les travaux qui manquent aux manouvriers des campagnes! Puisse la France comprendre l'importance de ces vérités, et réaliser à son honneur cet adage où se résume le bon sens de nos pères: *Tant vaut la terre, tant vaut l'homme!*

L. HERVÉ.

DRAME (art théâtral) [du grec *dráma*, dérivé de *draó*, j'agis, parce que, dit-on, dans le drame on fait agir les acteurs qui représentent les divers personnages qui y sont introduits]. — Si, chez les Grecs, cette définition était admise, toute pièce de théâtre pouvait être qualifiée de drame, depuis la tragédie jusqu'à la parodie: les tragédies d'Eschyle, de Sophocle, d'Euripide, les comédies d'Aristophane, de Ménandre, les dithyrambes de Thespis, les satires de Protynas, les mimes de Sophion, les parodies d'Hégémon, etc., parce que, dans tous ces genres de pièces, les personnages agissent suivant les situations où ils se trouvent placés.

Malgré l'opinion d'hommes éminents, nous ne

sommes pas de cet avis, comme il le sera prouvé par la suite dans cet article.

Gardons-nous de tout confondre sans réflexion, parce que, une fois une chose admise, il est difficile de revenir d'un jugement, surtout lorsqu'il a reçu la sanction quelquefois des siècles. Ce sont des discussions interminables, et les efforts sont d'autant plus grands qu'il semble que c'est une loi ou une règle qu'on veut ébranler. Heureusement ici nous pensons que notre conviction sera partagée bientôt, sans beaucoup d'efforts, par les esprits droits et réfléchis.

Drama signifie action, et tout nous porte à croire que chez les Grecs ce mot n'était point appliqué à l'œuvre qui représentait une action, mais à l'action elle-même. Cette différence, d'une haute importance, puisqu'elle est la source d'une grande erreur, a échappé à des philologues d'un mérite incontestable.

Ainsi nous aurions tort de traduire *drama* par drame; c'est action qu'il faudrait dire.

Du Grec, cette erreur s'est propagée chez les Latins par rapport à nous; ainsi nous traduisons *acta apostolorum* par actes des apôtres; c'est actions des apôtres qu'il faudrait dire pour bien parler. Cette observation est de l'abbé Roubaud.

Les Latins, à ce qu'il paraît, ont traduit *drama* par *actus*, si l'on s'en rapporte aux savants Suidas, Vossius et autres; mais alors la signification aurait bien changé de sens.

Horace, dans son *Art poétique*, dit:

> Neve minor neu sit quinto productior actu
> Fabula, quæ posci vult, et spectata reponi.

« Que la fable se divise en cinq actes, ni plus, ni » moins, si vous voulez que la pièce soit redemandée » et vue de nouveau. »

Actus vient du verbe *ago*, *actum*, qui a la même signification que le verbe grec *draô*, ce qui a occasionné l'erreur, parce que Horace n'a pu dire que la fable se divise en cinq actions, et ensuite la traduction ne serait pas exacte parce que les Grecs ne connaissaient pas la division en actes.

Les Français ont été conséquents en traduisant l'*actus* des Latins par actes, et ont su distinguer la différence qu'il y a entre action et acte.

Il est bon de la faire sentir.

L'action est la puissance qui agit; l'acte, l'effet de cette puissance. L'acte est donc le produit de l'action. C'est ainsi qu'une action dramatique se divise en plusieurs actes.

Il est évident que le mot *drama*, chez les Grecs, ne peut avoir la signification que les modernes donnent au mot drame.

Des savants, néanmoins, dans leurs raisonnements plus spécieux que solides, ont voulu prouver que les Grecs avaient eu des drames comme nous les comprenons.

On veut trouver des comparaisons dans les trois tragiques grecs dont les productions sont venues jusqu'à nous.

Ce n'est pas dans Eschyle, dont le langage toujours noble, énergique, ne peut en donner, certes, une idée; nous ne trouverons rien qui puisse nous autoriser à avoir une telle opinion, en lisant les sept pièces de cet auteur sur quatre-vingt-dix qu'il avait composées: *Prométhée enchaîné*, *les Sept Chefs devant Thèbes*, *les Perses*, *Agamemnon*, *les Coéphores*, *les Euménides*, *les Suppliantes*.

Serait-ce Sophocle? Voici ce qu'en dit Boileau, et tout le monde confirme ce jugement:

> Sophocle, enfin, donnant l'essor à son génie,
> Accrut encor la pompe, augmenta l'harmonie,
> Intéressa le chœur dans toute l'action;
> Des vers trop raboteux polit l'expression,
> Lui donna chez les Grecs cette hauteur divine
> Où jamais n'atteignit la faiblesse latine.

Sophocle servit de modèle à Aristote, à Denis d'Halicarnasse, à Longin pour établir les règles de la poétique, par la noblesse, la vérité, la sagesse, la pureté et l'élégance de ses conceptions tragiques.

Nous ne retrouvons non plus notre drame dans les sept tragédies qui nous restent de ce poëte, sur cent vingt: *les Trachiniennes*, *Œdipe roi*, *Œdipe à Colone*, *Antigone*, *Ajax furieux*, *Philoctéte*, *Electre*.

Parce que Sophocle a des peintures terribles, émouvantes dans quelques-unes de ces pièces; que ces tableaux, avec la pitié et la terreur, inspirent quelquefois l'horreur, comme dans *Œdipe* et dans *Philoctète*, lorsque le premier arrive en scène avec les yeux sanglants, et le second est couvert de haillons, et se roule à terre en poussant des cris effroyables, on a cru retrouver là les indices du drame moderne; mais la majesté du langage ne doit point souffrir de s'arrêter à une pareille pensée.

On a dit que Sophocle, dans une pièce intitulée *l'Assemblée des Grecs*, qui n'est pas venue jusqu'à nous, avait représenté des héros grecs, s'enivrant, s'injuriant, en venant aux mains, et se jetant toutes sortes d'ustensiles.

Il n'y a rien là d'étonnant; Racine a bien fait *les Plaideurs*.

Reste Euripide. Il est vrai qu'Euripide a semé dans ses tragédies beaucoup de traits qui approchent du comique.

Est-ce sa nature qui l'a porté à s'écarter des sentiers tracés par Eschyle et Sophocle? est-ce pour paraître original? Eschyle s'est emparé du genre terrible, Sophocle du genre pathétique, Euripide a voulu probablement se tracer une autre route.

La nature donna à Euripide une imagination si féconde et une expression si facile, qu'il sut mêler, sans pécher contre les règles de la bienséance, la grandeur tragique avec le naturel et la grâce comique.

Les sujets de ses tragédies sont intéressants, ses caractères sont frappants et bien contrastés, ses sentiments nobles et sublimes, sa diction douce, élégante et persuasive. Cicéron regarde chaque vers de ce poëte comme un précepte pour la conduite de la vie. Il a peint la nature avec cette naïveté charmante que nous appelons simplicité bourgeoise et un peu libre. Il mérite le titre de philosophe tragique.

Mais les sujets qu'il a traités ont-ils quelque rapport avec notre drame?

Et d'abord, à quel genre de drames ses tragédies appartiendront-elles?

A qui le comparerons-nous?

Est-ce à l'auteur du *Préjugé à la mode* et de *l'École des Mères*? Est-ce à l'auteur de *Marion Delorme*? Est-ce à l'auteur de *Trente Ans ou la Vie d'un Joueur*? Est-ce à l'auteur du *Courrier de Lyon*?

Les sujets de ces pièces excluent toute idée de ressemblance.

Nous allons rapporter les titres seulement des tragédies d'Euripide qui nous restent sur les cent, environ, qu'il avait composées.

C'est *Hécube*, sujet simple et touchant; *Oreste*, les *Phéniciennes*, sujet terrible; *Médée*, *Hippolyte* (*Phèdre* de Racine), *Alceste*, *Andromaque*, les *Suppliantes*, peu intéressant, beaucoup de sentences et de dissertations; *Iphigénie en Aulide*, *Iphigénie en Tauride*, *Rhésus*, médiocre; les *Troyennes*, sujet touchant rempli des malheurs d'Hécube, d'Andromaque, de Cassandre, d'Hélène; les *Bacchantes*, le *Cyclope*, sujet bizarre, et qui sort de toutes les règles. C'est Ulysse qui se trouve dans l'antre de Polyphème, imité d'Homère dans *l'Odyssée*. On a rangé cette pièce dans les satiriques; elle est remarquable par l'introduction de Silène et des satyres, et l'on sait que la fonction de ces personnages était de répandre de la gaieté dans les pièces où on les introduisait: c'est une débauche d'esprit; les *Héraclides*, *Hélène*, *Ion*, sujet un peu emphatique, mais néanmoins terrible; c'est à peu près *Mérope*: Hercule furieux égorgeant ses enfants; *Électre*.

De tout ce que nous venons de dire, il est évident que rien ne se rattache à notre drame moderne.

Conséquemment le mot *drame* est un mot nouveau adapté à un genre nouveau.

Le drame, comme la tragédie, vise à la pitié et à la terreur; mais ces deux sentiments sont généralement accompagnés de peintures empruntées à une classe plus inférieure que celle de la tragédie, et les héros sont ordinairement pris parmi la bourgeoisie; c'est ce qui l'a fait appeler tragédie bourgeoise. Le drame participe de la tragédie et de la comédie; c'est un genre tout à fait bâtard. Nous ne le condamnons pas pour cela.

Tous les genres sont bons hors le genre ennuyeux.

Le désespoir d'atteindre à la hauteur des tragiques célèbres, ou le désir de la nouveauté, a porté certains esprits à se créer des routes nouvelles.

Le premier qui s'essaya dans ce genre fut la Chaussée. Malgré les critiques qui criaient beaucoup à la corruption de l'art, et malgré le mot de Piron qui appelait ses drames les sermons du révérend père la Chaussée, ce nouveau genre fut accueilli par une classe nombreuse, qui était flattée de se voir transportée en scène, à côté des princes et des rois. On applaudit beaucoup le *Préjugé à la mode*, *Mélanide*,

la *Gouvernante*, l'*École des Mères*, qui obtinrent plus ou moins de succès.

Ce qui contribua sans doute beaucoup à ses succès, c'est qu'à l'apparition de ce nouveau genre l'opinion de Voltaire lui fut acquise. Il n'en fallait pas davantage pour entraîner le public. D'autres auteurs ont marché sur les traces de la Chaussée. Diderot a fait le *Père de famille*, Saurin, *Beverley*, etc., mais ils sont encore loin du maître.

Quelle que soit l'opinion sur ce genre, tel qu'il a été conçu et exécuté par la Chaussée, il offre un certain mérite. Cet auteur a écrit avec pureté et avec une grande facilité; sa versification est généralement harmonieuse. Il a des défauts, sans doute; qui n'en a pas? On ne peut lui contester un rang distingué parmi ceux qui ont écrit pour le théâtre et pour l'amusement du public. Jusqu'à présent il n'a point été surpassé, malgré bien des tentatives dans cette carrière.

Le drame, ainsi traité, ne laisse pas que de présenter encore de grandes difficultés à vaincre aux esprits médiocres. Aussi, pour le mettre à leur portée, se sont-ils efforcés de le défigurer, de le rabaisser et de le mettre au niveau de leur intelligence.

La littérature facile a horreur de tout ce qui peut contribuer à entraver sa marche; elle n'aime point à rencontrer des obstacles qui peuvent fatiguer son esprit et lui donner du travail. Elle a pris exemple sur les progrès du jour, où tout s'exécute par le moyen de la vapeur. Il faut bien l'avouer, il y a longtemps qu'elle a même devancé cette époque.

Un véritable obstacle se présentait, infranchissable à ses petits moyens. C'était pour elle le génie des mers se présentant aux yeux de Vasco de Gama; ne pouvant le vaincre, elle tourna adroitement l'obstacle en le dépréciant. La poésie n'est pas naturelle au génie de l'homme; elle impose une gêne inutile à l'auteur; elle arrête son élan; elle ne se prête pas à tous les développements dont un sujet est susceptible; elle restreint le terrain et ne laisse qu'une liberté étroite à tous les incidents dont la vie humaine offre partout le spectacle; elle empêche de descendre à des détails domestiques et sociaux; elle ne peut plus suffire à tous les besoins; elle n'est plus entendue par l'auditoire appelé à voir les scènes, les actions, les événements pris dans les relations populaires. La prose seule peut satisfaire le goût et répondre aux exigences du jour: ainsi parle la littérature facile. Ainsi, après cent ans, l'ombre de la Motte peut voir ses idées triompher par la partie infime de la littérature.

Et de ce genre elle en a fait un monstre. En tout et partout nous n'interdirons pas la prose, mais nous blâmons le souverain mépris pour la poésie, mépris qui naît de l'impuissance.

Le drame donc s'est transformé.

La partie tragique y est devenue toute emphatique, par l'emploi d'expressions boursouflées, et la partie comique y est descendue jusqu'au burlesque. Les faiseurs de drames, affranchis de toutes difficultés sérieuses, sont parfaitement à l'aise; aussi taillent-ils

en plein drap. Si en littérature, si dans l'art dramatique il est quelque chose de facile, c'est le drame
en prose conçu dans ces règles, le boulevard du
Crime, comme l'on dit pour désigner le boulevard
du Temple, est là pour attester sa déplorable fécondité.

Victor Hugo a su relever, par son génie, ce genre
aussi indignement ravalé. Il s'y est distingué d'une
manière éclatante. Nous n'entrerons pas dans des
détails à cet égard, tout le monde connaît ses œuvres. Personne n'a osé le suivre dans la carrière
qu'il a si glorieusement ouverte, et le mauvais
drame fleurit toujours plus que jamais.

Il est venu à l'idée de certains critiques de comprendre sous la dénomination de drames la tragédie,
la comédie, la pastorale, l'opéra, et jusqu'à la farce,
par cette raison que, comme le signifie le mot grec,
tous ces genres représentent également une action.
Pourquoi ne pas aller plus loin et descendre aux
marionnettes de Séraphin et de Polichinelle? Polichinelle, sa femme et le commissaire représentent
une action, et l'oiseau bleu, couleur du temps, de
Séraphin, représente aussi une action.

Nous ne sommes pas de l'avis de ces critiques;
nous ne conclurons pas de même que nous l'avons
fait pour l'exemple grec rapporté au commencement
de cet article, mais par le simple bons sens.

Et d'abord, quelle nécessité de donner deux mots
à un substantif, lorsqu'on le définit d'une manière
exacte, pour lui en substituer un autre, à l'occasion,
très-vague, puisqu'il peut s'étendre à d'autres genres? Tragédie, comédie, etc., sont des noms parfaitement clairs; ils n'ont pas besoin de commentaires
pour être compris.

Pourquoi également confondre par un nom générique des genres diamétralement opposés? Qu'a de
commun la comédie, dans son ensemble, avec l'opéra?
Pouvez-vous dire indistinctement l'un pour l'autre
en les qualifiant de drames?

Si vous dites : Je viens de voir un drame bien
intéressant, qui ne croira que vous avez assisté à
une représentation d'une pièce soit à la Porte-
Saint-Martin, soit à l'Ambigu, ou à la Gaîté? Personne ne se doutera que vous sortez des Français ou
de l'Opéra, ou des Variétés.

Qui s'avisera de dire, après avoir vu le Bourgeois-
Gentilhomme ou les Fourberies de Scapin, le Misanthrope, les Plaideurs, ou les Pilules du Diable : Je me
suis bien amusé et j'ai vu de jolis drames?

Parce que certaines parties constitutives sont communes aux divers genres, est-ce une raison de les
confondre dans une même appellation, comme si
c'étaient des familles de plantes que la botanique
range dans une même classe?

En grammaire soyons surtout logiques, et évitons de jeter l'esprit dans l'hésitation; la langue
française offre déjà assez d'anomalies. Nous n'en
appelons pas à l'Académie, parce que cette docte
assemblée, à en juger par son Dictionnaire, se plaît
beaucoup à laisser l'esprit dans le doute pour la définition et même l'orthographe d'une infinité de mots.

Ainsi donc une tragédie est une tragédie, pas autre
chose ; une comédie est une comédie, un opéra est
un opéra, un vaudeville est un vaudeville; les Fu-
nambules, Séraphin, une parade; et un drame de
messieurs tels et tels est bien un drame, et, Dieu
merci, pas autre chose, lorsque c'est quelque chose,
et si tant est que souvent ce soit quelque chose.

                         RÉDAREZ SAINT-REMY.

DRAMATIQUE. — Qui appartient au drame, qui
concerne le drame ou qui a rapport aux ouvrages
pour le théâtre. C'est dans ce sens que l'on dit les
œuvres dramatiques d'un auteur, en parlant de
Racine, de Voltaire, de Molière, de la Chaussée, de
Beaumarchais ou de Théaulon, quoique ces auteurs
n'aient fait aucun drame proprement dit.

Le mot dramatique a un autre sens; il présente
à l'esprit une action accompagnée de circonstances
graves, intéressantes; ainsi l'on dit d'un incident
pathétique, dans une tragédie, que, dans telle scène,
il y a une situation extrêmement dramatique. Po-
lyeucte, Néron, Mérope et autres présentent des situations dramatiques en dehors de l'action principale.

Le mot dramatique peut aussi s'employer dans le
même sens en dehors de tout effet scénique. Dans
un poème épique, il peut se présenter des situations
dramatiques: dans l'Iliade, la mort d'Hector, Achille
traînant son corps, sur son char, autour des murs
de Troie, le vieux Priam réclamant le corps de
son fils, sont des situations des plus dramatiques.
L'Énéide en offre des exemples, la Pharsale, ainsi
que la Henriade.

Ces effets, dans la comédie, sont rares et doivent
l'être ; cependant, il s'en rencontre lorsque la situation est empreinte d'une certaine force, comme dans
le Tartuffe, au quatrième acte; comme dans le Glorieux, au cinquième acte, au moment où le père
oblige son fils à se jeter à ses genoux.

Les romans surtout sont bourrés de ces situations, qui procurent de si vives émotions aux femmes
à crinoline, aux jeunes pensionnaires, aux cuisi-
nières et aux femmes de chambre.

                       RÉDAREZ SAINT-REMY.

DRAP (industrie, commerce) [en italien drappo,
étoffe]. — Nom générique de toutes les étoffes dont
la chaîne et la trame sont en laine, et dont le tissu
est couvert d'un duvet plus ou moins fin.

La fabrication de cette étoffe comprend une série
d'opérations très-compliquées. « Après le lavage, le
triage et le dégraissage des laines, on procède, à
l'aide de mécaniques, au cardage, qui a pour but de
disposer les filaments de la façon la plus utile à la
confection du drap; puis au filage et au tissage. Au
sortir du métier, le drap est visité, et ses imperfections réparées par les nopeuses ou épineuses; il passe
alors au foulage, qui, en le feutrant, fait un véritable drap de ce qui n'était encore qu'une toile de
laine; puis, au lainage ou lanage, qui a pour objet
de recouvrir sa surface d'un duvet court et très-
serré; il reçoit enfin divers apprêts, tels que le ton-
dage, le couchage des poils, le ramage, l'époutis-
sage, etc. Quant à la teinture, les draps la reçoivent soit

en laine, c'est-à-dire avant la filature, soit en fil, soit en pièces. La teinture en laine est la plus parfaite, mais la plus coûteuse; la teinture en pièces est la moins bonne. »

L'usage du drap était connu des anciens; les Romains, dit un auteur, le nommaient *pannus*; mais il paraît qu'ils se servaient plutôt de tissus de laine que de drap proprement dit. On pense aussi qu'ils ignoraient l'art de tondre le drap. Aujourd'hui, l'usage de ce tissu est universellement répandu : les propriétés qu'il possède de ne pas être conducteur de la chaleur, d'être perméable à l'air, de ne pas froisser la peau, de recevoir toutes sortes de couleurs, etc., l'ont fait adopter chez toutes les nations civilisées. L'Angleterre, la Hollande, la Flandre, la Silésie, nous ont devancés dans la fabrication des draps; mais les progrès rapides qu'ont faits nos manufactures, surtout depuis 1785, nous ont mis d'abord au niveau des autres pays, et ensuite nous les ont fait dépasser. Les localités les plus importantes, en France, pour la fabrication du drap, sont : au nord, Beauvais, Mouy et Sedan (draps noirs); à l'ouest, Vire, Louviers (draps fins), les Andelys, Elbeuf; au centre, Châteauroux et Romorantin; à l'est, Nancy, Bühl et Bischwiller; au midi, Vienne, Lodève, Bédarieux, Castres, Mazamet, Montauban, Limoux, Carcassonne et Chalabre : c'est dans ces dernières villes que se fabriquent les draps communs pour la troupe et l'exportation.

DROIT (science du) [du latin *directum*, dérivé de *dirigere*, diriger].—Règle de direction des droits et des devoirs de l'homme. Par opposition 1° à la loi, qui est la règle constituante des préceptes généraux imposés par une autorité souveraine; 2° à la jurisprudence, qui est la science des dispositions qu'il renferme; 3° à la justice, qui est la pratique de ces dispositions, ou, suivant les termes de sa définition la plus rigoureuse, la volonté ferme et constante de rendre à chacun ce qui lui est dû (1); le droit est l'ensemble des préceptes, objets de l'étude dont il constitue la science ou l'art.

La définition que nous venons de donner de cette espèce de droit ne saurait permettre de le confondre avec le simple droit naturel, que tout homme tient de sa propre nature, à laquelle il doit le sentiment de la moralité des devoirs que lui impose la conscience du privilége de son droit; nous disons privilége de son droit, parce qu'en effet, c'est à ce glorieux privilége, inhérent à la nature de l'homme, que celui-ci doit sa supériorité sur les animaux qui, contrairement au sentiment du législateur romain (2), sont d'autant moins capables de la possession d'un droit, qu'ils ne font, dans tous leurs actes, qu'obéir fatalement à l'aveugle impulsion d'un mouvement purement instinctif.

Le mot *droit* peut être pris aussi pour la faculté

(1) *Institutionum Justiniani* liber primus, titulus primus : *De Justicia et Jure*.

(2) Jus naturale est illud quod natura omnia animalia docuit. Titulus secundus : *De Jure naturali, gentium et civili*.

accordée par la loi; c'est ainsi que l'on dit : le droit de voter, de succéder. Pris dans l'acception du mot *art*, le droit se divise, ainsi que nous le traitons ici, en science du droit naturel, du droit positif, du droit romain, du droit des gens, du droit public, et du droit civil ou privé.

Droit naturel. — Le droit naturel est, nous le répétons, un droit inhérent à la nature de l'homme; celui qui, découlant des lois de la nature, est, suivant l'expression de Montesquieu, ainsi appelé parce qu'il dérive de la constitution de notre être.

Droit positif. — Le droit positif est celui qui a pour objet les lois que les nécessités de l'état social ont fait ajouter aux lois naturelles, et qui règlent les nouveaux rapports nés de l'état de société dans lequel l'homme ne peut se dispenser de vivre.

Droit romain. — Le droit romain, abstraction faite et indépendamment même de la loi des Douze Tables et des décisions et des formules des premiers jurisconsultes de Rome, doit, à proprement parler, sa première origine à l'empereur Théodose II, qui le premier publia, en 429 de l'ère chrétienne, le Code auquel il donna son nom. Cent ans après le Code Théodosien, parut le Code de Justinien, qui prévalut sur le premier, parce que, rédigé par les premiers jurisconsultes, il renfermait les constitutions faites depuis Auguste jusqu'à Constantin, tandis que le Code Théodosien ne contenait que les constitutions depuis Constantin jusqu'à lui.

Le nom de droit romain, qui, par conséquent, ne date réellement que de l'empereur Justinien, et renferme les *Institutes*, le *Digeste* ou les *Pandectes*, le *Code* et les *Novelles* (1), est celui qu'on donne au droit civil par excellence, *legum omnium mater*, par opposition au droit de chaque peuple en particulier.

Défini suivant la loi romaine, le droit civil est celui que chaque peuple s'est donné : *Jus civile est illud quod quisque populus ipse sibi constituit.* (2).

Le droit civil romain peut être pris dans un sens général, ou dans un sens particulier; pris dans un sens général, il se dit de tout le droit appartenant en propre au peuple romain; pris dans un sens particulier, il comprend que les droits qui dérivent des édits des magistrats.

Envisagé d'une manière générale, il se divise en droit écrit et en droit non écrit.

La différence qui existe entre le droit écrit et le droit coutumier ou non écrit, consiste en ce que le premier a un auteur certain, et a été expressément sanctionné et promulgué, tandis que le second est dû à la coutume qui en a fait approuver l'usage (3).

(1) Auxquelles on peut ajouter *les Authentiques*, ou *Extraits des Novelles*, rédigés par Irnérius, qui professait le droit à Boulogne, vers le milieu du douzième siècle. Delvincourt, *Juris romani elementa*.

(2). *Institutes*, lib. prim., titul. secund.

(3) Ainsi, nos anciennes coutumes, bien qu'elles fussent écrites, n'en étaient pas moins de l'espèce du droit qu'on appelle droit non écrit. En un mot, une loi promulguée pourrait, à la rigueur, n'être pas écrite, et serait toujours une loi, et une coutume, pour être écrite, n'en est pas

Le premier, qui constituait plus particulièrement le droit civil des Romains, se divise en six parties : la loi, le plébiscite, le sénatus-consulte, la constitution des princes, les édits des magistrats et les réponses des prudents. Les limites nécessairement imposées à la rédaction d'un des articles d'une œuvre encyclopédique ne pouvant nous permettre de rien ajouter à l'énoncé des divisions que nous venons de signaler, nous devons nous hâter de passer à la définition du droit des gens.

Droit des gens. — Le droit des gens est celui que la raison naturelle a établi entre tous les hommes, qui règle les rapports des différentes nations entre elles, et est presque toujours reçu et observé par elles; il se divise, suivant l'opinion des interprètes, en droit des gens primaire, *jus gentium primarium*, et droit des gens secondaire, *jus gentium secundarium*.

Le premier est celui que la raison seule a établi entre les hommes, et dont tous les hommes ont reçu de Dieu la conscience des devoirs qu'il leur impose; ses effets sont la connaissance du bien et du mal, la religion envers Dieu, *religio erga Deum*, et l'accomplissement des obligations que leur impose l'amour des parents et de la patrie.

Le second, ou le droit des gens secondaire, est celui que les exigences de l'usage et les nécessités humaines ont établi parmi les hommes. C'est à ce droit qu'appartiennent la distinction des terres, les bornes des champs, *termini agris positi*, la distinction des peuples, la fondation des empires, le droit de guerre, *orto bello*, d'affranchissement, *ex captivitatibus manumissiones*, et presque tous les contrats. Les traités et les lois qui règlent les devoirs et les intérêts des nations entre elles sont du droit des gens; on peut dire, en général, que les lois dont l'application peut se faire aux étrangers comme aux citoyens d'un même gouvernement appartiennent au droit des gens; parmi ces lois, quelques-unes découlent du droit naturel, et les autres du droit positif, dont les dispositions ne peuvent être entièrement étrangères à celles du droit naturel.

Le droit des gens est ainsi appelé parce que les lois qui en dérivent se fondent sur des usages universellement reçus, et qui témoignent, en quelque sorte, de l'aveu général de conventions établies entre toutes les nations civilisées. Or, suivant l'expression d'un savant jurisconsulte, ce qui est avoué de tous est aussi convenu entre tous.

Droit public. — Le droit public, pris dans son sens le plus général, et relativement à sa cause, se dit de tout droit expressément accordé par la loi. Envisagé sous ce point de vue, il est opposé au droit privé ou à celui que chacun peut acquérir par l'effet des conventions. C'est à cette distinction qu'est dû le principe *jus publicum privatorum pactio infringi non potest*. Il peut être également ainsi appelé en le

moins une coutume. Sa véritable distinction devrait être en droit promulgué et en droit non promulgué. (Delvincourt, *Institutes*, lib., prim., titulus secundus.

considérant relativement à son objet, deuxième point de vue sous lequel il est envisagé dans la définition suivante : *jus publicum est illud quod ad statum reipublicæ directe spectat. Publicum jus in sacris, in sacerdotibus, in magistratibus consistit.*

Le droit public, qui a pour objet la constitution de l'état politique des nations, c'est-à-dire de leur formation en monarchies ou en républiques, ainsi que l'établissement de la base des institutions civiles et législatives, est l'ensemble des lois qui règlent les rapports existant entre le pouvoir ou gouvernement et les citoyens.

La date de son origine et sa nécessité se déduisent de celle de la sociabilité, qui est une des lois naturelles de l'existence de l'homme. C'est, dit l'auteur des *Éléments du Droit public*, la nature de l'homme et la Providence, qui y a présidé, qui ont fait les sociétés civiles, comme la Providence a fait tout ce qui est dans l'univers.

Le droit public, servant de fondement à la constitution du gouvernement, établit l'exercice de la souveraineté d'un État et règle les attributions du pouvoir législatif, exécutif et judiciaire.

Droit privé. — Le droit privé, défini par la loi romaine *jus privatum est illud quod primario ad singulorum utilitatem pertinet*, est la collection de lois qui règlent les droits et les intérêts des particuliers entre eux. Il résulte de la relation naturelle de ces intérêts qui concernent les personnes, les choses et les actions, qu'en général le droit, pris dans sa signification la plus réelle et en tant qu'il est l'art de ce qui est juste et convenable, a trois objets, savoir : les personnes, *personæ quæ litigant*; les choses, *res de quibus litigatur*; et les actions, *actiones per quas litigatur*.

En tête des différentes espèces de droit que nous venons de définir, nous devons nécessairement placer le droit naturel et le droit des gens, qui, servant de base à tous les autres, se distinguent par leur caractère particulier d'immutabilité. Le premier, qui est le flambeau dont Dieu s'est servi pour éclairer la conscience humaine, est la lumière aux rayons de laquelle tout homme apprend à distinguer le bien du mal, le juste de l'injuste; le deuxième, *jus gentium primarium*, est un rayon réfléchi de la lumière du premier ou de la raison, que Dieu a imprimé dans le cœur de tous les hommes et aux avertissements duquel ils doivent d'apercevoir les règles qu'ils sont obligés de suivre.

La distinction des droits résultant de la définition que nous avons donnée du droit positif, consiste en celle de droits politiques et droits civils.

Des droits politiques. — Les droits politiques sont ceux dont jouissent les citoyens appelés à participer, dans une certaine mesure, aux charges de la puissance publique; ainsi le droit de voter dans les assemblées électorales, d'être élu membre du Corps législatif, est dû à l'exercice d'un droit politique.

Des droits civils. — Les droits civils dont jouit tout Français, aux termes de l'art. 8 du Code civil, sont certains avantages, tels que la puissance maritale et paternélle, dont les citoyens jouissent entre eux, et qui leur sont garantis par la loi civile.

Droit canonique [du grec *canón*, règle]. — Le droit canonique est la collection des règles qui, faites par l'Église, ont pour objets les matières religieuses et tout ce qui concerne l'établissement et le maintien de la discipline ecclésiastique. « La fin du droit canonique, dit M. de Ferrière, est d'apprendre aux fidèles à mener une vie conforme à l'esprit de Dieu, et de les conduire, *non coacte, sed spontanee*, à la béatitude éternelle; *Ecclesia enim charitate potius quam imperio regit.* »

La science du droit canonique a pour fondements les canons apostoliques, les constitutions des papes ou dépositaires de l'autorité du saint-siége, et les écrits des saints pères. Six collections de documents composent le corps du droit canonique, savoir : le décret de Gratien; les décrétales de Grégoire IX, mises en ordre, en 1230, par saint Raimond de Pegnafort; le texte de Boniface VIII; les Clémentines; les Extravagantes de Jean XXII et les Extravagantes communes. Vingt-huit volumes in-folio du *Magnum Bullarium Romæ*, 1739-37, forment le corps des éléments du droit canonique.

Nous ne saurions nous dispenser de faire ici l'application des diverses distinctions que nous ont fournies nos précédentes définitions du droit aux lois qui forment le corps du Code civil français. En se rappelant la distinction que nous avons établie entre le droit naturel et des gens et le droit positif, on comprendra facilement que le droit positif, qui, selon la différence de nature des objets qu'il a en vue, comprend le droit public ou le droit privé, renferme, comme composant le droit public de la France, le droit politique, le droit constitutionnel, le droit administratif, et, comme constituant son droit privé, le droit civil, le droit criminel, le droit commercial, le droit maritime, le droit militaire, enfin toutes les dispositions de la législation civile, commerciale, maritime et militaire de la France.

Le droit civil, qui est la collection des lois servant de règles aux matières civiles, comprend donc tout ce qui touche aux personnes, c'est-à-dire à la jouissance ou à la privation des droits civils énumérés dans la série des chapitres et des articles du Code civil, commercial et maritime. Variable selon la nature du gouvernement, il est propre au peuple dont il règle les conventions et les intérêts.

Assujettie pendant une longue série de siècles à l'empire de la législation romaine, fondatrice du droit civil, mélangée avec les lois des Barbares, telles que celles des Ripuaires, des Bourguignons, des Visigoths, etc., modifiée plus tard par les Capitulaires de la première et de la deuxième race et par les édits et ordonnances des rois de la troisième, auxquels vint se mêler la diversité des lois provinciales et coutumières, la France vit enfin arriver l'ère nouvelle de 1789, à partir de laquelle l'Assemblée constituante entreprit de doter le pays d'une législation uniforme, œuvre colossale, à laquelle l'empereur Napoléon Ier eut la gloire d'attacher son nom

en présidant à la rédaction du Code civil, dont il fut le fondateur.

Plus d'un siècle et demi avant la rédaction du Code Napoléon, les bases de la science du droit avaient été posées par des jurisconsultes et des légistes du plus grand mérite. Les noms illustres de Domat et de Pothier furent, pour le droit civil, les équivalents de ceux de princes de la science, comme le furent, pour le droit naturel et des gens, ceux de Grotius, de Pufendorf, de Barbeyrac et de Burlamaqui.

Droit constitutionnel. — Ce droit (et c'est par lui que nous terminerons cet article), ce droit, dont la signification qualificative veut dire constitution, établissement, se traduisait, dans l'ancien droit, par une ordonnance, une décision d'un règlement octroyé par le prince ou chef de l'État. Ce droit, dont l'importance s'est accrue avec les progrès de la raison humaine, doit être, aujourd'hui, défini celui qui, dans chaque État, règle l'exercice des pouvoirs de la souveraineté en s'appuyant sur des titres revêtus d'un caractère d'authenticité. Il avait anciennement pour objet l'application des dispositions contenues dans les chartes, concessions et priviléges accordés par les rois et les seigneurs aux villes libres et aux communes ou municipalités. Il est aujourd'hui devenu pour la France la consécration solennelle de l'harmonie et de l'accord des priviléges nationaux avec l'autorité paternelle et protectrice de l'auguste souverain qui la régit (1).   J. BÉCHERAND.

DROMADAIRE. — Voy. *Chameau.*

DRUIDES (histoire) [du celtique *derwiden* ou *derwidon*, gui de chêne]. — Ministres de la religion chez les Gaulois. Ils étaient en même temps ministres de la justice, médecins, astronomes, magiciens, chefs de conseils et instituteurs de la jeunesse. Leur enseignement était tout oral et exigeait vingt ans de noviciat.

Les druides se partageaient en trois classes : 1° les *druides* proprement dits ou prêtres; 2° les *eubages*, devins ou sacrificateurs ; 3° les *bardes*, qui chantaient les hymmes divins et les exploits des héros. Les druides croyaient à l'immortalité de l'âme et enseignaient qu'après la mort les âmes allaient habiter d'autres mondes; la nature était surtout l'objet de leur culte, cependant ils reconnaissaient plusieurs dieux, tels qu'Ésus ou Hésus, Teutatès, etc.; mais ils n'avaient point de temples et se réunissaient dans de sombres forêts, entre Dreux et Chartres, et à certains jours ils y cueillaient en grande cérémonie le gui sacré sur un chêne antique, avec une serpe d'or.

On appelait *druidesses* des femmes gauloises agrégées au sacerdoce des druides. Leurs principales fonctions étaient de consulter les astres, les entrailles des victimes, de présider à certains sacri-

(1) Au mot *Divorce*, page 47, il s'est glissé les fautes suivantes : ligne 1re, au lieu de : *philosophique*, lisez : *civile*. — Ligne 8e, au lieu de : 55, lisez : *ff*. Page 42, ligne 22e, au lieu de : *indélibile*, lisez : *indélébile*. — Ligne 29e, au lieu de : *charité*, lisez : *chasteté*.

·fices, d'accomplir, loin des regards des hommes, des rites mystérieux et de rendre des oracles.

La religion des Gaulois, de même que beaucoup de religions de l'antiquité, prescrivait les sacrifices humains. Des victimes étaient prises, non, comme on pourrait le supposer, parmi les prisonniers de guerre ou les criminels, — ce qui, en faisant la part de la barbarie de l'époque, eût pu expliquer jusqu'à un certain point cette horrible pratique, — mais choisies dans les rangs même du peuple, qui, dans son fanatisme aveugle, enviait le sort des malheureux sur lesquel le choix était tombé. Plus tard, néanmoins, des criminels seuls étaient sacrifiés, et c'est seulement à leur défaut que des innocents remplaçaient les coupables.

Il y avait deux manières d'accomplir les sacrifices. Tantôt on étendait la victime sur une pierre consacrée à cet office, et, après lui avoir plongé un couteau dans le corps, le sacrificateur prétendait découvrir dans· les convulsions de son agonie les choses à venir. D'autres fois on élevait au milieu de la nuit, dans les forêts sacrées de chêne, un colosse d'osier, dans le vide duquel étaient entassés les infortunés dévoués à une mort cruelle. Un druide y jetait une torche allumée, en chantant, et l'abominable holocauste était bientôt dévoré par les flammes d'un énorme bûcher. Les spectateurs, loin de se retirer mornes et silencieux, terminaient la cérémonie par des festins dans lesquels ils buvaient immodérément et se livraient ensuite à toutes sortes d'excès.

Jamais un sacrifice ne s'accomplissait sans que les Gaulois portassent sur eux le *gui de chêne*, pour lequel ils avaient une profonde vénération. Malheur à l'imprudent qui eût osé porter une main sacrilège sur cette plante sacrée!

Le sacerdoce, avons-nous dit, n'était point le partage exclusif des druides, les femmes y étaient aussi admises. Presque toujours les druidesses se vouaient à une virginité perpétuelle, et leur pouvoir dura plus longtemps sur l'esprit des Gaulois que celui des druides. On les voit encore sous les rois de la seconde race exercer un grand empire sur les Francs, et bien tard leur mémoire subsista sous le nom de fées.   DUROZIER.

DUALISME (philosophie) [du latin *dualis*, de deux]. — Ce mot se dit de tout système philosophique ou cosmogonique qui admet deux principes, comme la matière et l'esprit, le corps et l'âme, Dieu et le monde, le principe du bien et le principe du mal, soit qu'il accorde à chacun de ces principes l'égalité et la coéternité, soit qu'il les suppose en lutte perpétuelle l'un avec l'autre. — Voy. *Spiritualisme*, *Panthéisme*, etc.

DUCTILITÉ (physique) [de *ducere*, conduire]. — Propriété qu'ont un grand nombre de corps de pouvoir être déformés, réduits en fils plus ou moins minces, de s'aplatir sous le marteau, et de s'étendre lorsqu'on les soumet au laminoir. Certains corps, tels que l'argile, la cire, demandent de faibles efforts pour les déformer; d'autres, comme le verre et les résines, exigent, en outre, l'action de la chaleur;

d'autres, enfin, les métaux, nécessitent de puissants efforts, comme ceux de la percussion, de la filière, du laminoir. La ductilité qui se produit sous le marteau prend le nom de *malléabilité*. Le métal le plus malléable est le plomb, le plus ductile au laminoir est l'or, et à la filière c'est le platine. Tous les métaux malléables sont ductiles; mais les plus malléables ne sont pas toujours les plus ductiles. Voici l'ordre de la ductilité absolue des principaux métaux : or, platine, argent, fer, étain, cuivre, plomb, zinc, nickel. Comme exemple frappant de l'extrême ductilité de quelques-uns des métaux, Wolaston est parvenu à obtenir des fils de platine de $\frac{1}{1200}$ de millimètre de diamètre. Un kilomètre de ce fil ne pesait que 5 centigrammes.   DUPASQUIER.

DUEL (philosophie, morale) [en latin *duellum*, combat à deux]. — Combat d'homme à homme. Les moralistes ont justement condamné le duel, comme une action qui viole la première loi des sociétés civilisées. On connaît les belles pages de J. J. Rousseau à ce sujet dans *la Nouvelle Héloïse*. Un écrivain moderne, M. Chauvelot, réfute ainsi les raisons qu'on allègue pour justifier le duel :

On dit que, dans certains cas, on ne peut éviter de se battre ou de se déshonorer; belle raison, ma foi! ou plutôt sophisme odieux! C'est ici qu'il est nécessaire de faire une distinction entre l'honneur réel et l'honneur apparent. Est-ce l'honneur réel ou l'honneur apparent qui vous pousse au duel? Pour moi, je ne vois pas comment cela peut même faire question. Qu'y a-t-il de commun entre la gloire d'égorger un homme et le témoignage d'une âme droite? et quelle prise peut avoir la vaine opinion d'autrui sur l'honneur véritable dont toutes les racines sont au fond du cœur? Quoi! les vertus ou à réellement périssent-elles sous les mensonges d'un calomniateur? Les injures d'un homme ivre prouvent-elles qu'on les mérite? et l'honneur d'un homme sage serait-il à la merci du premier brutal qu'il peut rencontrer? Me direz-vous qu'un duel témoigne qu'on a du cœur, et que cela suffit pour effacer la honte ou le reproche de tous les autres vices? Je vous demanderai quel bonheur peut dicter une pareille décision, et qu'elle raison peut la justifier? A ce compte, un fripon n'a qu'à se battre pour cesser d'être un fripon; les discours d'un menteur, soutenus à la pointe de l'épée, deviendront des vérités; et si l'on vous accusait d'avoir tué un homme, vous en iriez tuer un autre pour prouver que cela n'est pas vrai. Ainsi, vertu, honneur, infamie, vérité, mensonge, tout peut tirer son être de l'événement d'un combat; une salle d'armes est le siége de toute justice; il n'y a d'autre droit que la force, d'autre raison que le meurtre; toute la réparation due à ceux que l'on a offensés est de les tuer, et toute offense est également bien lavée dans le sang de l'offenseur ou de l'offensé! Dites, si les loups savaient raisonner, auraient-ils d'autres maximes?

Avez-vous reçu un démenti dans une occasion où vous mentiez en effet? Pensez-vous donc tuer la vérité avec celui que vous voulez punir de l'avoir dite? Songez-vous qu'en vous soumettant au sort d'un duel vous appelez le ciel en témoignage d'une fausseté, et que vous osez dire à l'arbitre des combats: Viens soutenir ma cause et faire triompher le mensonge? Ce blasphème n'a-t-il rien qui vous épouvante? Cette absurdité n'a-t-elle rien qui vous révolte? Eh! Dieu! quel est ce misérable honneur qui ne craint pas de mentir, mais se reproche d'avoir menti, et qui ne vous permet pas d'endurer d'un autre un démenti reçu d'avance de votre propre cœur?

Gardez-vous donc de confondre le nom sacré de l'honneur avec ce préjugé féroce qui met toutes les vertus à la pointe d'une épée et n'est propre qu'à faire de braves scélérats.

Souvent on ne consent à un duel que par une fausse honte, que par soumission au préjugé, à l'opinion. Eh bien! j'affirme qu'il y a dans cette fausse honte, dans cette soumission au préjugé et à l'opinion du vulgaire vingt fois plus de lâchetés que dans le refus de se battre. Mais que viens-je de dire? Refuser de se battre quand on est outragé, quand on a reçu de sanglants affronts, quand on se sent possédé par toutes les fureurs de la vengeance et poussé par l'opinion qui vous regarde, bien loin d'être une lâcheté, est, au contraire, si extraordinaire, qu'il dépasse presque toujours les vertus naturelles, et qu'il n'est en général inspiré que par la religion, dont la salutaire influence a pu seule dominer et calmer cette passion dans les temps barbares où, par une naïve aberration de l'esprit, on avait donné aux décisions de la force le nom de *jugement de Dieu*. Pour détruire cette erreur d'autant plus funeste qu'elle avait pris un caractère religieux, l'Église lutta pendant presque tout le moyen âge et sauva nos ancêtres de leurs propres fureurs.

Rentrez donc en vous-même et considérez, s'écrie un illustre philosophe, s'il vous est permis d'attaquer de propos délibéré la vie d'un homme, et d'exposer la vôtre pour satisfaire une barbare et dangereuse fantaisie qui n'a nul fondement raisonnable, et si le triste souvenir du sang versé dans une pareille occasion peut cesser de crier vengeance au fond du cœur de celui qui l'a fait couler. Le spectre de la victime du duéliste viendra empoisonner toutes ses joies, tous ses bonheurs; et s'il parvient à le chasser, il ne chassera pas du moins les remords terribles de sa conscience qui lui criera sans cesse : Tu es un homicide, un assassin!

L'homme qui consent à se battre en duel commet un double crime, en exposant sa propre vie d'abord, et ensuite en s'attaquant à la vie de son semblable. Il est coupable d'un suicide et d'un homicide, deux effroyables crimes.

Il n'y a pas d'opinion, de préjugé qui y tienne; devant la morale, devant la religion, devant la raison, devant la conscience, l'homme qui, dans un duel, a logé une balle dans la tête d'un autre homme est un ASSASSIN !

« Le duel, tel que nous le connaissons, paraît avoir été inconnu aux anciens : leurs combats singuliers, comme celui de David et de Goliath, d'Achille et d'Hector, de Turnus et d'Énée, des Horaces et des Curiaces, de Manlius et du géant gaulois, avaient pour but de décider la victoire entre deux peuples ou de soutenir l'honneur d'une nation, et non de vider une querelle entre particuliers. Les Francs et les Barbares du Nord introduisirent cet usage dans l'univers, et le destinèrent à venger l'honneur outragé et les querelles privées. La loi bourguignonne ou loi Gombette l'ordonnait comme épreuve juridique : l'accusateur et l'accusé combattaient ensemble, après avoir juré sur le crucifix que leur droit était bon; le vaincu était pendu ou décapité; la bonne cause était du côté du vainqueur. Lorsque les parties étaient des moines, des femmes, etc., ils déléguaient des *champions*. Interdits par saint Louis, qui y substitua la preuve par témoins, et anathématisés par les papes, les *duels judiciaires* ou *le jugement de Dieu* ne se maintinrent pas moins pendant longtemps en France : ils ne disparurent qu'au seizième siècle, sous Henri II. Mais le duel d'honneur s'est perpétué jusqu'à nous. Il a lieu à l'épée, au sabre, au pistolet, le plus souvent devant des témoins, et d'après des règles qui font partie du code

d'honneur. Portée au plus haut degré sous les derniers Valois, surtout à la cour, la fureur du duel fut réprimée, mais sans succès, par des édits sévères de Henri IV, de Louis XIII : sous ce dernier, un Montmorency (Boutteville) fut mis à mort pour avoir enfreint la défense du roi (1627). Louis XIV, par une ordonnance de 1679, condamna à mort tous ceux qui se seraient rendus sur le terrain, quelle que fût l'issue du duel, et institua, sous le titre de *tribunal du point d'honneur*, une cour composée des maréchaux de France, et chargée de juger les questions d'honneur. Le Code pénal ne traite pas expressément du duel; mais, dans la pensée du législateur, le chapitre des crimes et délits contre les personnes (ch. I du titre II du livre III) devait y être appliqué; d'après la jurisprudence récemment établie à la cour de cassation par M. Dupin, et conforme aux vues du législateur, l'auteur d'un homicide commis, de blessures faites ou de coups portés en *duel*, doit être poursuivi comme prévenu de crimes ou délits punis par les art. 302, 309, 310 et 311 de ce Code. Les témoins d'un duel doivent être poursuivis comme complices de l'auteur principal. Lorsqu'un meurtre a été commis en duel, la famille de celui qui succombe peut exercer une action en dommages et intérêts. La jurisprudence est moins sévère quand il s'agit de duel entre militaires. »

DUEL (grammaire) [du latin *duo*, deux]. — Ce mot, ordinairement employé comme substantif, est aussi usité comme adjectif. *Nombre duel, terminaison duelle.*

Le duel est un nombre qui ne s'emploie qu'en parlant de deux choses, surtout pour les choses naturellement doubles, comme les pieds, les mains, les oreilles, les yeux, etc. On s'en sert aussi en parlant de deux personnes; quelquefois on le trouve employé pour le pluriel, et d'autres fois le pluriel sert pour le duel. Le duel existe dans les déclinaisons et dans les conjugaisons. Peu de langues possèdent ce nombre : il existe en grec, en sanscrit, en hébreu, en lapon, en polonais, etc. Le duel est peu usité dans les langues qui le possèdent.

Beauzée blâme l'usage du duel. « Il y a, dit-il, quelques langues qui ont admis trois nombres... Il semble qu'il y ait plus de précision dans le système des autres langues. En effet, si l'on accorde à la dualité une terminaison propre, pourquoi n'en accorderait-on pas aussi de particulières à chacune des autres quotités, de trois, de quatre, etc.? Si l'on pense que ce serait accumuler, sans besoin et sans aucune compensation, les difficultés des langues, on doit appliquer au duel le même principe; et la clarté qui se trouve réellement dans les idiomes qui ne l'ont point admis prouve assez qu'il suffit de distinguer le singulier et le pluriel, parce qu'effectivement la pluralité se trouve dans deux comme dans mille. Aussi, s'il en faut croire l'auteur de la *Méthode grecque*, de Port-Royal, le duel n'est venu que tard dans la langue, et il y est fort peu usité, de sorte qu'au lieu de ce nombre, on se sert souvent du pluriel. »

Il est probable que ce qui a porté quelques peuples à admettre le duel, c'est que ce nombre étant ordinairement employé en parlant des objets doubles, la dualité de ces choses en est la pluralité naturelle.

J. B. PRUDHOMME.

DUODÉNUM (anatomie). — Portion du tube digestif faisant suite à l'estomac, et se continuant avec l'*intestin grêle proprement dit*. Le nom de duodénum lui vient de sa longueur, qui est de *douze travers de doigt* ; le duodénum forme une espèce de demi-cercle qui circonscrit le pancréas, et dont la concavité regarde à gauche ; les anatomistes lui ont distingué trois portions : une première, longue de 55 millimètres, à partir du pylore, se dirige horizontalement en arrière et à droite, jusque près du col de la vésicule du fiel ; là commence la seconde portion, qui descend verticalement jusqu'à la troisième vertèbre lombaire ; la troisième se porte transversalement à gauche au-devant de la colonne vertébrale. L'intérieur du duodénum présente une foule de replis circulaires qu'on nomme *valvules conniventes* ; ces replis sont formés par la muqueuse repliée, et ont pour destination de retarder la marche des matières alimentaires.

C'est dans le duodénum que commence la séparation des substances nutritives et excrémentielles. — Voy. *Intestins, Foie, Pancréas* et *Digestion*.

DURETÉ (physique). — Propriété qu'ont les corps de résister à l'action qui tend à les diviser, à les rayer. Cette propriété n'est que relative : pour apprécier le degré de dureté, on compare les corps entre eux, en essayant de les rayer les uns sur les autres. Ainsi, le diamant rayant tous les corps, sans pouvoir être rayé par aucun, est le plus dur de tous.

Voici l'ordre de dureté reconnue dans les métaux suivants : diamant, corindon hyalin, topaze, quartz hyalin, feldspath lamelleux, chaux phosphatée, chaux fluatée, spath d'Islande, chaux sulfatée cristallisée, talc lamelleux.

Les alliages sont plus durs que les métaux qui les composent : c'est pourquoi on allie l'or et l'argent au cuivre dans l'orfèvrerie et dans la fabrication des monnaies. On augmente encore la dureté de certains métaux par la *trempe*. La dureté d'un corps n'est pas toujours en rapport avec sa résistance à la pression. Le verre et le diamant, par exemple, sont plus durs que le bois, mais ils résistent beaucoup moins au choc du marteau.   DUPASQUIER.

DUVET (industrie). — On appelle ainsi la plume la plus douce et la plus délicate, que l'on enlève sur l'estomac, le cou et le ventre de plusieurs oiseaux domestiques, tels que le cygne, le canard, etc. Le duvet des jeunes oiseaux est préféré à celui des vieux, attendu qu'il est plus léger et aussi plus moelleux ; ce duvet est aussi plus abondant chez certaines races que chez d'autres, tel que celui des oiseaux de proie et des oiseaux aquatiques, particulièrement les vautours, les cygnes, les oies et les canards, qui en fournissent la plus grande quantité. On le leur arrache tous les ans, sans que ce dépouillement leur soit préjudiciable, et le duvet qui repousse n'en devient que plus délicat et plus abondant.

Il y a plusieurs sortes de duvets, qui sont le produit des différentes espèces d'oiseaux qui le fournissent.

L'*édredon*, provenant du canard, *eider*, est le duvet le plus délicat, le plus léger et le plus précieux que l'on connaisse. On ne le trouve que dans les contrées du Nord les plus froides, au Spitzberg et dans l'Islande, ainsi que dans la Norvége. Le canard appelé *tadorne* (*anas tadorna*) donne également un duvet aussi délicat que l'eider.

Le *duvet de cygne* est d'une blancheur éclatante. On dépouille les cygnes domestiques, ainsi que les oies, deux fois par an, et leur duvet est recherché pour faire des coussins, des couvre-pieds et même des lits de plume. Il y avait autrefois un grand nombre de cygnes sur la Seine et au-dessous de Paris, et l'île des Cygnes en a emprunté le nom.

Le *duvet d'oie* occupe le troisième rang par sa qualité moyenne : c'est un duvet blanc et léger, qu'on tire du grand nombre d'oies qu'on élève en Alsace, dans la Guienne, dans la Normandie, le Nivernais, en Allemagne, en Pologne et ailleurs. Le duvet sert surtout pour les traversins, les oreillers, les lits de plume. On en distingue de trois sortes : le duvet fin, le moyen et le commun.

Le *duvet de canard* provient de deux espèces de ce genre d'oiseaux ; la première est l'espèce sauvage, qui, voyageant dans les airs, se répand d'une partie du globe à l'autre, surtout du midi au nord. Son duvet n'est pas aussi délicat ni aussi estimé que celui de la seconde espèce, le canard domestique, dont le duvet, quoique supérieur à celui de la race sauvage, n'est pourtant que de la quatrième sorte, et aussi celle qui est la plus commune ou la plus abondante, et dont la consommation est la plus considérable.   LARIVIERRE.

DYNAMOMÈTRE (physique) [du grec *dynamis*, force, et de *métron*, mesure]. — Instrument destiné à mesurer les forces musculaires, et formé par un ressort dont la compression fait marcher une aiguille qui indique la valeur de la force produite. — Voy. *Force*.

DYNAMISME (philosophie) [du grec *dynamis*, force]. — Système qui explique tous les phénomènes de la nature par l'action de *forces* qui tantôt concourent, tantôt se combattent. Leibnitz et Kant ont professé ce système, bien que sous des noms différents.

DYSENTÉRIE (pathologie) [du grec *dus*, difficilement, et *entéron*, intestin]. — Inflammation de l'intestin, caractérisée par une diarrhée sanguinolente avec coliques vives, épreintes, douleurs à l'anus, malaise extrême. Elle est très-grave quand elle est épidémique, et surtout dans les pays chauds. Elle est *aiguë* ou *chronique* ; quand elle est aiguë, elle se termine ordinairement au bout de 15 à 25 jours *par résolution*, souvent *par la mort*, surtout lorsqu'elle se complique de gastro-entérite. Cette maladie réclame un traitement antiphlogistique très-actif : repos, diète, boissons gommeuses et mucilagineuses, cataplasmes émollients, demi-lavements albumineux, amidonnés ou opiacés, sangsues, bains tièdes prolongés. — Voy. *Diarrhée*.

E. — Cinquième lettre de notre alphabet et deuxième des voyelles. On en distingue de trois sortes : l'*e* muet, l'*é* fermé, l'*è* ouvert. Ce dernier renferme trois variétés, selon l'accent qui le surmonte ou l'absence d'accent : *père, même, ridɛlle.* — Dans les abréviations, E s'emploie pour *Excellence, Éminence.* — En musique, sur les touches d'un clavier d'orgue, elle indique les tons *E-mi-la.* — Sur la boussole et sur les cartes géographiques, elle marque l'*Est.* — Enfin, pour les calendriers ecclésiastiques, cette lettre est la cinquième des sept dominicales. — C'était, avant la révolution, la marque des monnaies fabriquées à Tours.   **D.**

EAU (chimie) [du latin *aqua*]. — Parmi les substances qui se tiennent ordinairement à l'état liquide sur la surface de la planète que nous habitons, l'eau doit occuper le premier rang, tant par son abondance que par son utilité. Sans eau, il n'y a pas d'être organisé possible ; aussi les anciens avaient-ils compté cette substance au nombre des quatre éléments. Ils lui attribuaient même la formation de tous les corps. Depuis les expériences de Cavendish, de Lavoisier, de Monge, etc., cet élément s'est trouvé un composé d'oxygène et d'hydrogène, contenant en volume une partie d'oxygène sur 2 d'hydrogène, et en poids 88 parties 90 d'oxygène sur 11 parties 10 d'hydrogène.

L'eau, considérée physiquement, est, dans l'état liquide, d'une transparence parfaite, sans couleur, sans odeur et insipide, ou d'un goût qu'on ne peut définir. Elle a de l'affinité pour un très-grand nombre de corps dont elle mouille la surface. Elle se combine en toutes proportions avec le vin, l'eau-de-vie, le lait, etc. ; les huiles, les graines, les résines ne se mêlent pas avec elle. L'eau dissout la plupart des sels et un grand nombre de cristaux provenant de matières végétales, tels que le sucre, etc. Cette substance, à l'état liquide, s'insinue avec force dans le bois, le sable, les tissus, etc. Une corde de chanvre se tend extraordinairement exposée à l'humidité ; il arrive fréquemment que les cordes d'instruments à cordes se rompent. Un coin de bois sec, enfoncé dans une tranchée pratiquée dans un bloc de pierre, fait éclater le bloc lorsqu'on humecte le coin. Les usages de cette substance sont innombrables. A l'état liquide, elle sert de véhicule aux vaisseaux qui sillonnent l'Océan ou qui voguent sur les fleuves, les lacs. Comme l'air, l'eau est indispensable à l'entretien de la vie des êtres organisés. C'est dans son sein que croissent et se multiplient ces races innombrables de poissons, d'amphibies, dont plusieurs, tels que la baleine, sont des colosses à côté des plus gros quadrupèdes. C'est dans l'eau que se forment les perles, la nacre, l'écaille, le corail et une multitude de coquillages, dont plusieurs sont d'une beauté admirable.

La viande renferme 80 pour 100 d'eau, le pain de 30 à 40, et le meilleur vin de 80 à 90 pour 100. Si on extrayait d'un corps humain pesant 70 kilogrammes toute l'eau qu'il renferme, son poids serait réduit à 14 kilogrammes ; c'est-à-dire qu'il se compose d'environ 80 pour 100 d'eau. On concevra dès lors combien sont importantes pour la santé d'une population les qualités et les propriétés de l'eau qu'elle emploie, soit comme boisson, soit dans les usages domestiques. En moyenne, pour satisfaire sans contrainte à toutes les conditions de salubrité et aux usages ordinaires de la vie, 150 litres sont nécessaires chaque jour à chaque individu. Voici les proportions que la nature, jointe à l'art des hommes, a dispensées dans les principaux centres de population : A Paris, chaque habitant peut avoir à sa disposition 67 litres d'eau par jour ; à Londres, 95 ; à Dijon, 408 ; cette abondance d'eau à Dijon est une cause de salubrité qui lui a été favorable dans les diverses épidémies qui ont frappé la France. De nos jours encore, malgré la destruction des splendides salles de bains indispensables dans tous les palais, malgré la disparition des thermes et des étangs, des cirques, que les empereurs firent construire à si grands frais, Rome peut donner à ses habitants l'énorme quantité de 944 litres d'eau par jour. Les autres villes du globe sont plus ou moins bien partagées. C'est ainsi qu'Édimbourg répand journellement par ses fontaines 50 litres d'eau par habitant ; Glascow, 100 ; Liverpool, 28 ; Toulouse, 70, etc. La glace même émet des vapeurs. Ainsi, à — 5 degrés, un mètre cube d'air peut contenir 3 gr. 375 de vapeur d'eau ; à zéro, 4 gr. 87 ; à 5 degrés, 6 gr. 8 ; à 10 degrés, 9 gr. 7 ; à 20 degrés, 17 gr. ; à 25 degrés, 22 gr. ; à 30 degrés, 30 gr. ; à 35 degrés, 39 gr. 22. Si nous concevons 100 mètres cubes d'air à 5 degrés, ils pourront contenir 3922 gr. 4 de même vapeur ; et si nous supposons que, par une cause quelconque, ces deux masses d'air se surchargent, nous aurons 200 mètres cubes d'air à 20 degrés, qui peuvent contenir 5440 gr. d'eau. Or, il y a dans les deux mélanges environ 4600 gr.

d'eau, c'est-à-dire 1200 de plus qu'il n'en faut pour satu-
rer l'air du mélange; donc il y aura production de nuage
et de pluie. Ce phénomène s'observe parfaitement sur les
montagnes, et l'on peut s'assurer alors que les nuages, au
lieu d'être en repos, sont continuellement agités par des
résolutions de la vapeur en pluie. M. Boussingault, qui,
dans ses voyages en Amérique, dans ses recherches scientifiques, a fait de nombreuses ascensions sur de hautes
montagnes, a raconté à cette occasion comment il eut
l'imprudence de vouloir passer à travers un nuage qui
venait de se former à ses pieds, et comment, après avoir
d'abord rencontré et traversé plusieurs couches de vapeurs
chargées de simples gouttelettes, il se trouva peu à peu
pris dans un véritable torrent aérien, d'où il se tira non
sans peine, et les vêtements tout imprégnés d'eau.

L'eau convertie en vapeur forme les nuages, se résout
en pluie, et devient un des principes les plus féconds de
la végétation. L'eau courante est le moteur le plus
économique dont les hommes puissent disposer; chauffée
à un certain degré, elle devient un agent de force illimitée (machine à feu) sous la main des mécaniciens de
nos jours. L'eau qui enveloppe une partie du globe, ou
qui coule dans son intérieur, ou à sa surface, en ruisseaux, fontaines, contient toujours des matières hétérogènes, dont on la débarrasse par l'évaporation ou la distillation. L'eau de mer, évaporée, abandonne une substance
connue sous le nom de sel marin.

Les eaux de puits, de rivière, tiennent en dissolution des matières pierreuses et calcaires; ce sont ces
matières qui, en se solidifiant, forment dans les cavernes les pétrifications connues sous les noms de
stalactites ou de *stalagmites*. Ces matières étrangères
rendent l'eau impropre à dissoudre le savon, cuire
les aliments, etc. Les eaux stagnantes et putréfiées
contiennent des matières animales ou végétales corrompues; pour obtenir l'eau dans son état de pureté,
il faut la distiller plusieurs fois. L'eau dégagée de
toute matière hétérogène formerait une très-mau-
vaise boisson, car elle n'est propre à cet usage que
combinée avec une certaine quantité d'air. De l'eau
qui a bouilli doit être rejetée. En été, les eaux de
rivière, celles de la Seine, par exemple, sont moins
salubres qu'en hiver, attendu que la température
élevée de l'atmosphère leur a fait perdre une partie
de l'air qu'elles contenaient, et qu'ayant diminué de
volume par suite de la sécheresse, elles contiennent
proportionnellement une plus grande quantité de
matières organiques corrompues. L'eau qui provient
de glace fondue ne contient pas assez d'air pour être
potable. Il est un moyen très-aisé pour aérer les
eaux; il suffit de les agiter dans un lieu qui ait des
communications avec l'atmosphère. L'eau peut absorber 1/23 de son volume d'air. L'air extrait de
l'eau est plus oxygéné que celui de l'atmosphère; il
contient environ 0,32 d'oxygène. On peut regarder
comme bonnes à boire les eaux vives, limpides, inodores, celles dans lesquelles les légumes cuisent bien
et qui dissolvent le savon sans produire de grumeaux,
celles qui conservent leur transparence quoiqu'on y
mêle du nitrate de baryte, d'argent, de l'oxalate
d'ammoniaque, et qui, évaporées jusqu'à siccité,
laissent peu ou point de résidu. Les eaux de pluie
et de neige sont les moins impures. Dans les pays
dépourvus de sources et de rivières, on les reçoit

dans des citernes; mais pour que ces eaux soient
bonnes à boire, il faut les filtrer et les aérer, car les
eaux de pluie contiennent peu d'air.

Depuis longtemps les physiciens ont comparé le poids
des autres corps à celui de l'eau pure, c'est-à-dire que,
représentant par 1000, par exemple, le poids d'un certain
volume d'eau, ils ont pris des volumes égaux de plomb,
d'étain, d'or, etc., et, les ayant pesés, ils ont formé une
table dans laquelle on voit d'un coup d'œil le poids spécifique de chaque substance.

L'eau, à volume égal, pèse 781 fois autant que l'air.
Dans le système métrique, l'eau a été prise pour type de
l'unité de poids, qui est le gramme, équivalant au poids
d'un centimètre cube d'eau pure. A la température de
100 degrés, et sous la pression barométrique de 0^{m}76,
l'eau entre en ébullition et passe à l'état de vapeur. Cette
vapeur est inodore, incolore et transparente; elle est plus
légère que l'air atmosphérique; sa densité est, en effet,
représentée par la fraction 0,622, celle de l'air étant prise
pour unité. L'eau, en se réduisant en vapeur, prend un
volume environ 1700 fois plus grand. L'air atmosphérique
contient toujours, comme nous l'avons vu précédemment,
une certaine quantité de vapeur d'eau, dont la condensation produit les phénomènes de la rosée, des brouillards,
de la neige, du givre, de la pluie et autres accidents mé-
téorologiques. L'eau présente, dans une partie de l'échelle
thermométrique, une exception remarquable aux lois générales de la dilatation. Si l'on prend une masse d'eau à
100°, par exemple, et qu'on la refroidisse progressivement,
on voit, conformément aux lois générales de la dilatation,
que son volume diminue de plus en plus jusqu'à la température de 4°; mais à partir de cette température, si
l'on continue à la refroidir, loin de se contracter, elle se
dilate et diminue de densité jusqu'au point de congélation,
qui a lieu à zéro. C'est cette propriété que l'on désigne
sous le nom de *maximum de densité de l'eau*. On est convenu de prendre pour unité ce maximum de densité de
l'eau et de lui rapporter la densité de tous les autres corps
solides ou liquides. Ainsi, quand nous disons que le platine a une densité égale à 22, nous voulons exprimer qu'à
volume égal le platine pèse 22 fois plus que l'eau pure à
son maximum de densité.

L'eau, considérée chimiquement, peut être prise comme
un corps neutre, en ce sens qu'elle n'exerce aucune action
sur les réactifs colorés. Cependant elle est susceptible de
se combiner en proportions définies, soit avec les acides,
soit avec les bases. Lorsqu'elle s'unit aux bases, elle
forme des composés qui ont reçu le nom d'*hydrates*. L'eau
est indécomposable par la chaleur. Parmi les métalloïdes,
les uns sont sans action sur l'eau, comme l'oxygène, l'hydrogène, l'azote; d'autres, au contraire, la décomposent,
soit en s'emparant de son oxygène, comme le *bore* et le
carbone, soit en se combinant avec l'hydrogène, comme
le *chlore*, l'*iode* et le *brome*. La plupart des métaux décomposent l'eau, les uns à froid, les autres à une température plus ou moins élevée; ils s'emparent de son oxygène et mettent l'hydrogène en liberté. Parmi les métaux
qui sont sans action sur l'eau, nous citerons l'argent, le
mercure, l'or, le platine, le palladium, le rhodium et
l'iridium.

Composition de l'eau. — L'eau, comme nous l'avons
déjà dit, est composée d'oxygène et d'hydrogène dans les
proportions suivantes :

En volume.		En poids.	
Oxygène........	1	Oxygène......	100
Hydrogène	2	Hydrogène....	12,50

ou un équivalent d'oxygène et un d'hydrogène, ce qui donne pour formule HO. — Cette composition se démontre par l'analyse et la synthèse.

Analyse de l'eau. — L'analyse de l'eau se fait, soit au moyen de la pile, soit en décomposant ce liquide au moyen du fer chauffé au rouge.

1. *Analyse de l'eau par la pile.* — L'appareil dont on se sert pour faire cette analyse se compose (fig. 2) d'un vase en verre V, dont le fond est traversé par deux tiges de platine, qui s'élèvent, dans l'intérieur du vase, à 2 ou 3 centimètres de hauteur et qui se terminent extérieurement par deux crochets destinés à recevoir les fils conducteurs de la pile. Le vase étant rempli d'eau légèrement acidulée, on pose sur les tiges de platine deux petites éprouvettes *a* et *b*, graduées et remplies du même liquide. Dès que le courant voltaïque est établi, on voit de petites boules de gaz se détacher de toute la surface des tiges de platine et s'élever dans les éprouvettes. Le gaz qui se dégage au pôle positif et qui se rend dans l'éprouvette A est de l'oxygène pur ; celui qui se produit au pôle négatif et qui se rassemble dans l'éprouvette B est de l'hydrogène également pur. Au bout de quelque temps, il est facile de constater que *le volume de l'hydrogène est double de celui de l'oxygène.*

2° *Analyse de l'eau par le fer.* — Cette expérience a été faite pour la première fois par Lavoisier. Dans un tube en porcelaine AB (fig. 3), on introduit plusieurs faisceaux de fils de fer fins, puis on dispose ce tube dans un fourneau long et à réverbère. L'un des bouts A du tube communique avec une petite cornue en verre C, remplie d'eau. L'autre bout, B, communique, au moyen d'un

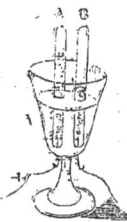

Fig. 2.

tube recourbé, avec une cloche graduée D, également remplie d'eau et reposant sur la cuve. Le tube de porcelaine étant chauffé au rouge, on porte à l'ébullition l'eau contenue dans le ballon. La vapeur passe alors sur le fer incandescent, qui lui enlève son oxygène, et l'hydrogène, mis en liberté, se rend dans la cloche. Il suffit ensuite de mesurer le volume de l'hydrogène obtenu et le poids de l'oxygène absorbé par le fer, pour déterminer la composition de l'eau. L'oxyde de fer qui se forme dans cette expérience a une composition identique à celle de l'oxyde magnétique Fe³O⁴.

Synthèse de l'eau. — La synthèse de l'eau, exécutée pour la première fois par Lavoisier, peut se faire, soit au moyen de l'*eudiomètre*, soit en réduisant un poids connu d'oxyde de cuivre par de l'oxygène pur et sec.

1° *Synthèse de l'eau par l'eudiomètre.* — Pour faire cette expérience, on introduit dans l'eudiomètre à mercure 200 volumes d'hydrogène et 200 volumes d'oxygène ; puis on fait passer dans le mélange une étincelle électrique. La combinaison se fait aussitôt. On voit les parois de l'instrument se recouvrir intérieurement d'une couche d'humidité, et il reste dans l'eudiomètre 100 volumes d'oxy-

gène pur ; ce qui prouve que les deux gaz se sont combinés, pour former de l'eau, dans le rapport de 2 volumes d'hydrogène à 1 volume d'oxygène.

2° *Synthèse de l'eau par la réduction de l'oxyde de cuivre.* — Cette méthode, imaginée par Berzélius et Dulong, est susceptible d'une plus grande précision que la précédente. Elle consiste à faire passer un courant d'hydrogène pur et sec, obtenu comme nous l'avons indiqué plus haut, sur un poids connu d'oxyde de cuivre chauffé au rouge dans un ballon de verre. L'hydrogène s'empare de l'oxygène de l'oxyde de cuivre pour former de l'eau, que l'on recueille dans un second ballon, où elle se dépose, et dans un tube rempli de fragments de pierre ponce imbibés d'acide sulfurique concentré. Il est très-facile, par ce moyen, de déterminer la composition de l'eau en poids. On pèse l'oxyde de cuivre avant l'expérience, soit P son poids ; on le pèse après l'expérience, soit P' ce second poids : P—P' représentera le poids de l'oxygène que contenait l'oxyde. En pesant exactement l'eau qui s'est formée, et en en retranchant de son poids celui de l'oxygène P—P', on aura le poids de l'hydrogène qui s'est combiné avec l'oxygène. On obtiendra donc par ce procédé les poids des deux éléments de l'eau. C'est ainsi que M. Dumas a trouvé que l'eau était composée de 100 parties d'oxygène et de 12,50 d'hydrogène.

La composition que nous venons d'indiquer est celle de l'eau pure. Mais dans la nature jamais ce liquide ne se rencontre à cet état de pureté parfaite. L'eau de pluie, l'eau

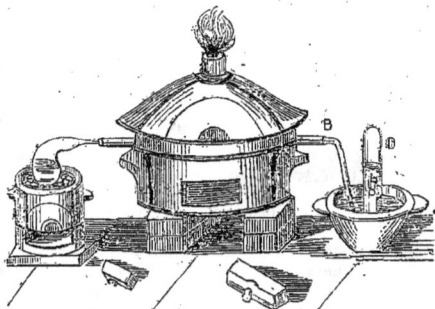

Fig. 3.

des mers, des fleuves, etc., contient toujours en dissolution de l'air et des substances salines. Examinons les moyens à l'aide desquels on constate la présence de ces corps dans l'eau. Nous disons qu'il y a de l'air dissous dans l'eau ; mais cet air n'a pas la même composition que l'air atmosphérique ordinaire ; il contient en volume 33 pour 100 d'oxygène au lieu de 21 ; il est donc beaucoup plus riche en oxygène, ce qui tient à ce que la solubilité de ce gaz dans l'eau est plus grande que celle de l'azote. Pour recueillir l'air que l'eau tient en dissolution, on remplit d'eau très-exactement un ballon de verre (fig. 3) communiquant par un tube recourbé, également rempli d'eau, avec une éprouvette pleine de mercure. On chauffe peu à peu cette eau jusqu'à l'ébullition. Lorsque la température arrive vers 45 degrés, on voit une foule de petites bulles se former sur les parois du ballon et se rendre ensuite dans l'éprouvette, où les entraîne la vapeur qui se dégage pendant l'ébullition. 100 volumes d'eau donnent environ 3,2 volumes d'air. C'est cet air en dissolution dans l'eau qui entretient la respiration des poissons, des mollusques et d'un grand nombre de zoophytes. Il sert aussi à la végétation des plantes aquatiques. Il nous reste à considérer les substances salines en dissolution dans les eaux que l'on trouve soit à la surface, soit dans l'intérieur de la terre. Ces substances sont très-nombreuses. Les principales sont : le carbonate de chaux, le sulfate de chaux et le chlorure de sodium.

Le carbonate de chaux dissous dans l'eau est un bicarbonate. On le reconnaît en ajoutant à l'eau une dissolution de chaux. Cette dissolution transforme ce bicarbonate en un carbonate neutre, lequel, en raison de son insolubilité, trouble la masse liquide.

Le sulfate de chaux se reconnaît au moyen de l'azotate de baryte et de l'oxalate d'ammoniaque. Le premier réactif, versé en petite quantité dans l'eau, y forme un précipité blanc de sulfate de baryte, et le second un précipité blanc d'oxalate de chaux.

Le chlorure de sodium se reconnaît au moyen de l'azotate d'argent. Une dissolution de ce sel versée dans une eau contenant du chlorure de sodium y forme aussitôt un précipité blanc de chlorure d'argent insoluble dans l'acide azotique et soluble dans l'ammoniaque. Ce précipité bleuit d'abord et noircit ensuite au contact de la lumière.

On donne le nom d'eaux douces aux eaux qui ne tiennent en dissolution des substances salines qu'en assez faible proportion pour ne leur communiquer aucune saveur; celles qui contiennent une forte proportion de chlorure de sodium portent le nom d'eaux salées. Telles sont les eaux des mers et de certains lacs. Il existe encore certaines eaux naturelles qui renferment des substances dont les propriétés sont utilisées en médecine; celles-ci sont appelées eaux minérales, telles que les eaux sulfureuses, alcalines, ferrugineuses, etc.

Emploi des eaux dans l'agriculture. — L'eau combinée avec la chaleur est le principe de la végétation, et l'indifférence avec laquelle on laisse se perdre ce précieux élément dans les pays chauds et sur les sols secs et sablonneux est vraiment inconcevable. Chaque goutte de pluie renferme un germe de végétation, et chaque cours d'eau offre à tous ses riverains des moyens de fertilisation. Il n'est terre si aride et si sèche que l'on ne puisse féconder si l'on a des eaux à sa disposition, soit en les faisant dériver d'un fleuve ou d'une rivière, comme on en use pour le Pô et pour la Durance; soit en les faisant descendre des lacs et des glaciers des hautes montagnes, comme on le pratique avec beaucoup d'intelligence dans les Alpes; soit en creusant des puits que l'on vide par des moyens hydrauliques; soit encore en recueillant les eaux pluviales dans des citernes ou bassins, et en les dirigeant sur des terres que l'on veut abreuver. On procède à la distribution des eaux sur les terres par la submersion, par l'infiltration ou par l'irrigation. Le premier de ces moyens convient aux terres arides et brûlantes qu'il s'agit de rendre arables. Le second est applicable aux récoltes qui demandent de la fraîcheur et non de l'humidité, et une ceinture de fossés toujours pleins d'eau remplit cet objet. Le troisième moyen, qui convient surtout aux prairies naturelles et permanentes, nécessite des frais considérables de premier établissement; une fois cette dépense faite, il ne faut plus que de l'atten-

tion et quelques frais d'entretien. La première dépense consiste en un canal de dérivation, ou un simple fossé de prise d'eau, en grandes rigoles d'introduction, en fossés de vidange pour le service de toutes ces eaux; et pour leur distribution, on doit construire des vannes, des portes, des écluses, des bondes, qui fassent monter les eaux assez haut pour abreuver les parties les plus élevées de la prairie, si elle n'est pas parfaitement nivelée. Une prairie naturelle et soumise à l'irrigation ne ressemble, pas du tout aux pâturages qui couvrent les sommets et les pentes des montagnes, et qui n'exigent aucun soin. Les prairies abreuvées en exigent de perpétuels, quoiqu'elles ne fournissent pas, à beaucoup près, un fourrage aussi appétissant que celui des montagnes, lequel enivre les bestiaux lorsqu'ils en mangent pour la première fois. C'est dans les derniers jours de l'automne qu'il faut abreuver ces prairies, car les terres à blé étant alors fumées, les eaux pluviales apportent une partie de ce fumier qui bonifie les prés. Les prairies dont on laisse trop mûrir les herbes s'épuisent promptement, et ont besoin d'être fumées; le meilleur de tous les fumiers est celui qu'apportent les eaux limoneuses, soit en novembre, soit en mars ou en avril. On reconnaît généralement que dans les prairies moyennes, soumises à l'irrigation, sur 42 espèces de plantes qui croissent naturellement, il n'y en a que 17 qui soient profitables, et que les 25 autres sont inutiles ou nuisibles. L'irrigation produit la destruction des taupes, des hannetons et principalement des bruyères, qui s'emparent des prairies sèches et montueuses. Il y a mieux encore : on détruit par l'eau courante, sagement ménagée, les inconvénients des eaux stagnantes, qui produisent des nymphéas, des roseaux, des carex, des iris, etc. Si on fait passer un cours d'eau vive, il s'insinue dans leurs tiges durant l'hiver, et la glace qui s'y forme fait éclater leur épiderme et les fait périr. Il faut se préserver des eaux tourbeuses, séléniteuses, ou chargées de parties minérales ou granitiques, ainsi que des eaux de neige ou de fontaine, qui ne sont pas suffisamment aérées. Les meilleures eaux sont celles qui, après un long cours, ont perdu leur crudité, et se sont chargées, dans leur traversée, de sédiments d'argile, d'humus et de terreau. Il y a alors un grand avantage à les faire séjourner dans les prés et dans les terres, et c'est ce qu'on appelle en Angleterre *warper*.

Eaux factices. — Nous comprenons sous ce titre un certain nombre de liquides, de compositions très-variées, préparées pour les besoins de l'économie domestique, de la médecine ou des arts. Nous nous contenterons de parler des principales, savoir:

Eau de Cologne, eau de fleur d'oranger, eau forte, eau de javelle, eau régale, eau de roses, eau seconde, eau-de-vie.

EAU DE COLOGNE. — Cette eau, appelée encore *alcoolat de citrons composé*, n'est d'usage aujourd'hui que pour la toilette; mais elle est la plus célèbre et peut-être la plus employée de toutes ces préparations de parfumerie usitées de nos jours. Il existe une foule de formules plus ou moins compliquées, les unes avec distillation, les autres par simple mélange et filtration pour préparer cette composition. Nous choisissons parmi elles la suivante, comme donnant à notre gré un produit parfaitement suave : essences de bergamote, de citron, de limette, d'orange, de petit grain ; de chaque, 2 onces ; essences de cédrat, de romarin ; de chaque, 1 once ; essences de lavande, de fleur d'oranger ; de chaque, 4 gros ; essence de canelle, 2 gros ; alcool à 32°, 12 livres. On distille au bain-marie jusqu'à siccité ; puis on ajoute au liquide obtenu, alcoolat de mélisse composé, 3 livres ; alcoolat de romarin, 8 onces ; on mêle exactement : l'eau de Cologne, ainsi préparée, est d'une odeur très-agréable ; elle peut être bonifiée par l'addition d'une livre d'eau de bouquet.

EAU DE FLEUR D'ORANGER. — Cette eau, improprement appelée dans le monde, et même par le plus grand nombre des auteurs, *eau de fleur d'orange*, est obtenue par la distillation de l'eau ordinaire sur les fleurs de l'oranger, récentes ou conservées à l'aide du sel commun. Suivant les proportions de fleurs employées, on lui donne différents noms dans le commerce ; ainsi l'on a l'eau quadruple lorsqu'on se borne à retirer livre pour livre ; l'eau triple lorsqu'on retire 3 livres de produit pour 2 livres de fleurs, etc.

Au moment de sa préparation, l'eau de fleur d'oranger est peu odorante ; mais son odeur se développe au bout d'un certain temps, et elle devient alors très-suave. Elle contient souvent de l'acide acétique libre, et quelquefois en assez grande quantité pour qu'il soit facile d'en réconnaître la présence par le goût. L'eau de fleur d'oranger, très-employée en médecine ou comme médicament, à titre de calmant et d'antispasmodique, est d'un usage non moins fréquent dans l'économie domestique. C'est, en effet, l'un des aromates auxquels on a le plus ordinairement recours dans la confection des crèmes, des pâtisseries, etc.

EAU FORTE. — On désigne généralement sous ce nom, dans les arts, l'esprit de nitre ou acide nitrique. L'eau forte, découverte en 1225, par Raimond Lulle, est retirée du salpêtre ou nitrate de potasse, soit en distillant ce sel avec l'acide sulfurique dans une cornue, soit en le mélangeant avec 2 parties d'argile ferrugineuse, et en chauffant le mélange dans des cornues (vases de terre) placées sur une galère. Dans l'un ou l'autre cas, on adapte au vase distillatoire un récipient contenant une certaine quantité d'eau. L'eau forte du commerce est mêlée ordinairement d'un peu d'acide hydrochlorique et de chlore, parce que le salpêtre employé pour l'obtenir est celui dit de la seconde cuite, qui renferme toujours des hydrochlorates de soude, de chaux et de magnésie. On l'en débarrasse au moyen de la dissolution nitrique d'argent, ou encore en la chauffant dans un matras à long col, à une chaleur de 41 degrés, jusqu'à ce qu'elle marque 41 ou 42° au pèse-acide. Ce dernier procédé la prive aussi de l'acide nitreux qu'elle peut contenir. Si elle contient de l'acide sulfurique, on en sépare ce dernier en la redistillant sur du nitre.

Cette eau forte marque 34° ; si on l'étend d'une égale quantité d'eau, elle descend à 18, et prend alors le nom d'eau seconde. Elle est d'un blanc tirant plus ou moins sur le jaune, d'une odeur désagréable, d'une saveur très-caustique.

EAU DE JAVELLE. — C'est le nom qu'on donne dans les arts au chlorure de potasse liquide. On s'en sert presque exclusivement pour le blanchiment du linge ; mais on pourrait l'employer comme désinfectant avec autant d'avantage que les chlorures de soude et de chaux.

EAU RÉGALE. — On donnait jadis et on donne encore aujourd'hui ce nom à un liquide jaune-orangé, plus ou moins foncé, résultant du mélange de l'acide nitrique et de l'acide hydrochlorique en diverses proportions. C'est l'acide nitro-muriatique ou acide chloro-nitreux des chimistes. Cette eau, appelée régale par les alchimistes parce qu'ils ne connaissaient que ce composé pour dissoudre l'or, doit être formée, pour bien opérer cette dissolution, de quatre parties d'acide hydrochlorique, sur une d'acide nitrique, tous deux dans leur plus grand état de concentration. On en fait le plus grand usage dans les arts, pour dissoudre l'or, le platine, l'étain.

EAU DE ROSES. — On l'obtient en distillant de l'eau commune sur des pétales frais de la rose des quatre saisons, et retirant en produit le double du poids des fleurs employées. Cette eau, d'une odeur très-suave, est employée pour aromatiser diverses préparations médicamenteuses. On la fait entrer dans la composition d'entremets sucrés et de liqueurs. On s'en sert enfin pour la toilette.

EAU SECONDE. — Il existe deux liquides de propriétés différentes appelés de ce nom. L'un d'eux est, comme nous l'avons dit plus haut (eau forte), l'acide nitrique du commerce étendu d'une égale quantité d'eau, et ne pesant plus que 18° à l'aréomètre. Cette eau seconde, dite des graveurs, est très-employée dans certains arts, tels que l'orfévrerie, la gravure et la dorure sur métaux, etc. L'autre est un soluté aqueux alcalin, que l'on prépare en versant six pintes d'eau de rivière sur trois livres de potasse et une livre de cendres gravelées. Cette eau seconde, dite des peintres, sert à nettoyer, à rafraîchir les peintures à l'huile et, au besoin, à les enlever en entier de sur le bois.

EAU-DE-VIE. — Par ce mot on désigne le produit de la distillation du vin marquant de 18 à 20° au pèse-liqueur ou aréomètre de Baumé. Lorsque ce liquide alcoolique a été retiré du produit fermenté de matières sucrées autres que le moût de raisin, on lui donne divers noms suivant son origine. Ainsi les eaux-de-vie de grain, de pomme de terre, de genièvre, le rack, le tafia ou rhum, etc., sont des eaux-de-vie provenant de la fermentation des céréales, des pommes de terre, des baies du genévrier, du riz, de la mélasse, etc. Les usages économiques de l'eau-de-vie sont trop connus pour qu'il soit besoin d'en parler ici. En médecine, on l'emploie à l'intérieur comme stimulante, à l'extérieur comme résolutive ; en pharmacie et dans plusieurs arts, on s'en sert journellement à titre de dissolvant d'une foule de substances. — Voy. *Alcool.*

Les appareils au moyen desquels on obtient aujourd'hui l'eau-de-vie et les esprits sont bien différents de ceux qui servaient il y a cinquante ans. A la place de l'alambic ordinaire, dit M. Girardin, de Rouen, qui ne donne que des produits très-faibles qu'il faut rectifier un grand nombre de fois, et qui ont toujours d'ailleurs un goût de feu ou d'empyreume, on opère dans un appareil à marche continue, et qui permet d'extraire, d'un seul coup, tous les degrés de spirituosité. La première idée en est due à Édouard Adam, de Rouen, mais c'est à Cellier, Blumenthal, Derosne, Laugier, qu'on en doit les perfectionnements. Voici une figure (fig. 4) qui représente l'un des alambics employés dans les distilleries du Midi; c'est un des plus simples; c'est celui de Laugier :

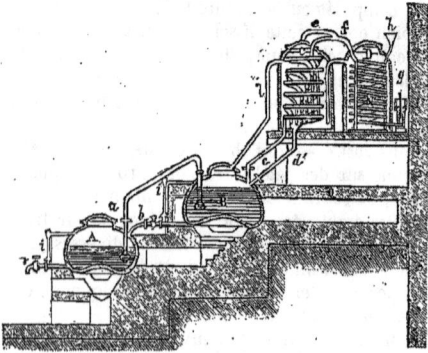

Fig. 4. — Alambic.

Il se compose de deux chaudières A, B, placées à des hauteurs différentes sur un fourneau ordinaire. Ces chaudières communiquent entre elles par un tuyau supérieur *a*, courbé, destiné à porter les vapeurs de la chaudière inférieure dans la chaudière supérieure, puis inférieurement par un autre tube *b* à robinet, destiné à laisser écouler les vinasses de la chaudière supérieure dans la chaudière inférieure. Ces chaudières sont munies d'indicateurs en verre *i i'* pour faire connaître le niveau du liquide dans ces vases. La chaudière A est la seule qui reçoive directement la chaleur du foyer; l'autre est échauffée par les vapeurs qui sortent de la première, et qui, en se condensant dans le vin de la chaudière supérieure, le portent à l'ébullition. Les vapeurs réunies des deux vases passent, au moyen du tube *c*, dans le serpentin du vase C, nommé *rectificateur.* Ce serpentin est entouré de vin, et il se compose de cercles dont la disposition permet facilement aux vapeurs aqueuses condensées de retourner dans la chaudière B par le tube *d*. Les vapeurs, non condensées dans le rectificateur, sortent par le tube courbe *e*, entrent dans le tube *f*, et passent dans le serpentin du vase D nommé *condensateur*, d'où elles coulent, sous forme d'alcool, dans l'éprouvette *g*, et de là dans un tonneau. Le vin à distiller coule d'un réservoir supérieur dans l'entonnoir *n*, remplit le condensateur D, puis le *rectificateur* C, au moyen du tube de communication *k*, et s'échappe du dernier vase par le tube trop plein *l*, qui le conduit dans la chau-

dière B. Les vinasses sortent de la première chaudière A par le robinet *r*. De cette manière, la distillation une fois commencée, et le vin dépouillé d'esprit s'échappant sans interruption de la chaudière inférieure, tandis que le vin nouveau arrive continuellement du réservoir supérieur, l'opération pourrait être continue dans toute l'acception du mot, si l'intérieur des vases ne s'encrassait pas. La chaleur destinée à produire la distillation n'étant plus appliquée directement au liquide, et l'alcool de ce liquide étant chassé par les vapeurs hydroalcooliques qui proviennent d'une petite fraction du liquide chauffé immédiatement, il en résulte qu'on obtient un alcool plus parfait, sans goût de feu, plus rectifié et plus fort, et cela avec une grande économie dans la main-d'œuvre, le combustible et le temps. De 1,000 litres de vin, on retire du premier coup en *trois-six* de 100 à 150 litres, suivant la nature des vins distillés.

L'usage trop fréquent de l'eau-de-vie est rarement utile, il devient presque toujours même une source d'irritations chroniques et de lésions organiques des plus graves. Son abus produit, de plus, un état de faiblesse musculaire, une sorte d'imbécillité dont les *ivrognes* de profession n'offrent que trop d'exemples. Il paraît que l'alcool se répand promptement dans tous les organes; et quelques médecins ont attribué à cette imprégnation générale de l'économie les *combustions spontanées* observées surtout, en effet, chez ceux qui abusent des liqueurs spiritueuses.

« Monsieur, disait au spirituel Brillat-Savarin un riche marchand d'eau-de-vie de Dantzick, on ne se doute pas en France de l'importance du commerce que nous faisons, de père en fils, depuis plus d'un siècle. J'ai observé avec attention les ouvriers qui viennent chez moi; et quand ils s'abandonnent sans réserve au penchant, trop commun chez les Allemands, pour les liqueurs fortes, ils arrivent à leur fin tous à peu près de la même manière. D'abord, ils ne prennent qu'un petit verre d'eau-de-vie le matin, et cette quantité leur suffit pendant plusieurs années; ensuite ils doublent la dose, c'est-à-dire qu'ils en prennent un petit verre le matin et autant vers midi. Ils restent à ce taux environ deux ou trois ans; puis ils en boivent régulièrement le matin, à midi et le soir. Bientôt ils en viennent prendre à toute heure, et n'en veulent plus que de celle dans laquelle on a fait infuser du girofle; aussi, lorsqu'ils en sont là, il y a certitude qu'ils ont tout au plus six mois à vivre; ils se dessèchent, la fièvre les prend, ils vont à l'hôpital, et on ne les revoit plus ! »

ALFRED SOIREN D'ARGENSON (de Toulouse).

EAU DE FLEUR D'ORANGE (grammaire). — Faut-il dire *fleur d'orange* ou *fleur d'oranger?* — Pendant bien longtemps, *fleur d'orange* a été la seule expression en usage; on s'en servait dans les livres aussi bien que dans la conversation. On en trouve de nombreux exemples dans nos plus anciens auteurs, dans les écrivains du siècle de Louis XIV et de Louis XV, et dans beaucoup de nos contemporains. Le Dictionnaire de l'Académie n'a jamais parlé autrement. D'où vient donc qu'un usage si général tend de jour en jour à tomber en désuétude? A-t-on raison de substituer *fleur d'oranger* à *fleur d'orange?*

Les deux expressions ont eu leur raison d'être : si l'on a admis pendant des siècles, sans contestation, *fleur d'orange*, c'est que, dans l'origine de notre langue, le même mot servait à désigner la plante et le fruit. Et cela avait lieu non-seulement pour l'oranger, mais encore pour tous les arbres à fruits. On pouvait donc dire alors, sans paraître ridicule, *fleur d'orange*. Mais insensiblement l'usage changea; on créa un mot différent pour l'arbre et pour le fruit, et alors la confusion disparut.

Cependant on continua encore à dire, presque jusqu'à nos jours, *le Jardin des Olives* pour *le Jardin des Oliviers*, et *fleur d'orange* pour *fleur d'oranger*, quoique les mots *olivier* et *oranger* existassent déjà depuis plusieurs siècles. Pourquoi a-t-on conservé cette ancienne forme pour ces deux seules expressions, tandis qu'on l'avait abandonnée pour toutes les autres? Nous n'en savons rien. Quoi qu'il en soit, c'est justement parce qu'elles ont seules survécu, après qu'on avait perdu complétement de vue leur origine, qu'on les trouve peu logiques aujourd'hui.

M. Francis Wey déverse à pleines mains le ridicule sur l'eau de fleur d'orange. « On ne peut, en effet, dit-il, s'en procurer que dans les pays où les oranges fleurissent. » Cette plaisanterie prouve seulement l'ignorance où l'on est aujourd'hui de l'origine de ce mot. Il n'est donc pas étonnant que l'on ait cherché à le remplacer par un autre plus conforme au génie de notre langue moderne. M. Génin prétend que c'est aux pharmaciens du dix-neuvième siècle que l'on doit l'introduction de la *fleur d'oranger*, et il déplore le mépris que l'on a pour toutes les anciennes façons de parler. Que nous importe? Ce qu'il y a d'essentiel, c'est d'examiner si l'innovation est utile. Je crois pouvoir dire que oui, parce que l'expression nouvelle ne prête pas au ridicule, qu'elle est claire et intelligible pour tout le monde, et qu'elle n'empêchera pas d'admirer les beaux passages des auteurs qui se sont servis de l'ancienne expression. Laissons donc crier les admirateurs continuels de toutes les vieilleries, qui n'ont d'autre mérite que leur ancienneté, et, puisque nous avons le choix entre deux locutions, optons pour celle qui est la plus conforme au génie de notre langue, quand nous devrions nous exposer à être traités de pédants par les archéologues enthousiastes.

J. B. PRODHOMME,
Correcteur à l'Imprimerie Impériale.

EAUX MINÉRALES. — Nom générique des eaux naturelles qui tiennent en dissolution des matières minérales, ou des substances gazeuses, en quantité suffisante pour être employées comme médicament.

Lorsque ces eaux ont une température plus élevée que celle des sources ordinaires, elles prennent le nom d'*eaux thermales*. Les substances que les eaux minérales tiennent en dissolution sont des gaz (acide carbonique, azote, acide sulfhydrique), des sels (carbonate de chaux, sulfate de chaux, sulfate de fer), et des matières organiques de nature variable. Ces substances proviennent des roches que

les eaux rencontrent dans leur trajet souterrain. — On a constaté, dans ces derniers temps, qu'un grand nombre de sources minérales renferment des quantités minimes d'arsenic, auxquelles elles doivent, en partie, leurs propriétés thérapeutiques. On classe ordinairement les eaux minérales d'après la nature des principes auxquels elles doivent leurs propriétés actives.

Classification des eaux minérales. — *Eaux alcalines.* — Les plus célèbres doivent leur alcalinité aux sels de soude; d'autres sont principalement minéralisées par des carbonates de chaux et de magnésie. Elles sont en général saturées de gaz acide carbonique.

Principales eaux alcalines. Bains (Vosges), Bussang (Vosges), Ems, Évian, Luxeuil (Haute-Saône), Plombières (Vosges), Pougues (Nièvre), Saint-Nectaire (Puy-de-Dôme), Schlangenbad, Tœplitz, Vals (Ardèche), Vichy (Allier).

Usages. Les eaux alcalines sont fondantes, employées contre les engorgements des viscères abdominaux, spécialement du foie, les gastralgies, la gravelle, certaines formes de la goutte et le diabète.

Eaux bromo-iodurées. — Généralement froides, leur saveur est amère et désagréable. — La France n'a aucune source de cette classe.

Principales eaux bromo-iodurées. Challes, Heilbrunn, Iwoniez, Creutznach, Nauheim.

Usages. Ces eaux, qui supportent parfaitement le transport, sont surtout utiles dans les affections scrofuleuses et syphilitiques.

Eaux ferrugineuses. — La plupart sont des sources froides, sans odeur appréciable, d'une saveur styptique qui rappelle celle de l'encre. Le fer s'y trouve ordinairement à l'état de carbonate, crénate ou sulfate.

Principales eaux ferrugineuses. Auteuil (Seine), Bagnères de Bigorre (Hautes-Pyrénées), Cransac (Aveyron), Eger, Forges (Seine-Inférieure), Kronthal, Passy (Seine), Pyrmont, Schwalbach, Spa, Sylvanès (Aveyron).

Usages. Ces eaux sont essentiellement fortifiantes. Utiles surtout dans l'anémie et la chlorose.

Eaux gazeuses. — Les eaux minérales gazeuses sont caractérisées par la prédominance du gaz acide carbonique. La plupart sont froides et mousseuses; leur saveur est piquante, fraîche et aigrelette.

Principales eaux gazeuses. Chateldon (Puy-de-Dôme), Fachingen, Rieumajou (Hérault), Saint-Alban (Loire), Saint-Galmier (Loire), Seltz.

Usages. Ces eaux sont toniques et digestives; mêlées au vin, elles constituent une boisson fort agréable.

Eaux salines. — Elles contiennent, comme caractère essentiel, certains sels tellement variables par leurs nombre et doses, qu'il est impossible de les rattacher à aucune des divisions précédentes.

Principales eaux salines. Baden-Baden, Balaruc (Hérault), Birmenstorf, Bourbon-Lancy (Saône-et-Loire), Bourbon-l'Archambault (Allier), Bourbonne (Haute-Marne), Carlsbad, Chaudes-Aigues (Cantal), Epsom, Hombourg, Ischia, Ischl, Kissingen, Loëche,

Marienbad, Mont-d'Or (Puy-de-Dôme), Néris (Allier), Niederbronn (Bas-Rhin), Pfeffers, Pullna, Sedlitz, Soden, Wiesbaden.

Usages. Il suffit de jeter les yeux sur la liste des eaux réunies dans cette classe pour comprendre qu'il est impossible d'indiquer leurs propriétés en termes généraux.

Eaux sulfureuses. — Elles sont surtout reconnaissables à l'odeur d'œufs couvés qui s'en dégage, et à leur saveur hépatique. Le soufre s'y trouve habituellement à l'état de sulfure et de gaz sulfhydrique; beaucoup tiennent en dissolution une matière onctueuse appelée barégine. Celles des Pyrénées sont les premières de toutes au point de vue thérapeutique.

Principales eaux sulfureuses. Aix-en-Savoie, Aix-la-Chapelle, Luchon (Haute-Garonne), Baréges (Hautes-Pyrénées, Bonnes (Basses-Pyrénées), Cauterets (Hautes-Pyrénées), Enghien (Seine-et-Oise), Gréoulx (Basses-Alpes), Saint-Gervais (Savoie), Saint-Sauveur Hautes-Pyrénées), Schinznach, Uriage (Isère), Vernet (Pyrénées-Orientales), Weilbach.

Usages. On emploie les eaux de cette classe dans les maladies de peau, les plaies, les anciennes blessures, les rhumatismes, les paralysies, les accidents syphilitiques, la cachexie mercurielle et les diverses affections des voies respiratoires.

De l'utilité des eaux minérales. — Dans un assez grand nombre de maladies chroniques, les eaux minérales sont un *moyen de traitement* souvent utile. Qu'on remarque bien que nous disons un *moyen de traitement,* et non de *guérison,* car nous avons l'expérience qu'on guérit aux eaux comme l'on guérit ailleurs, par l'effet des eaux, dans quelques cas, comme par l'effet des moyens thérapeutiques dans beaucoup d'autres, et rien de plus. Aussi ne croyons-nous guère à ces miracles tant prônés par le charlatanisme intéressé, à ces cures merveilleuses de malades *abandonnés de tous les médecins,* et *qui ont retrouvé la santé aux sources minérales.* Sans doute, l'usage de quelques eaux peut ranimer la circulation languissante, rétablir les sécrétions viciées ou supprimées, provoquer des évacuations salutaires, soit par les urines, les selles ou la transpiration; mais, de bonne foi, et au moyen des agents thérapeutiques ordinaires, le médecin ne produit-il pas tous les jours des changements profonds dans un corps dégradé par la maladie? n'imprime-t-il pas une nouvelle énergie vitale à tous les organes? ne rétablit-il pas enfin toutes les fonctions de la vie? On nous objectera qu'*il est des maladies chroniques qui sont au-dessus des ressources de l'art.* D'accord, répondrons-nous; mais nous ajouterons que si, dans des cas rebelles, le traitement bien dirigé a échoué complètement, la prétendue efficacité des eaux minérales ne pourra rétablir un seul de nos malades incurables. Cela résulte, pour nous, d'un grand nombre de faits plus que suffisants pour nous convaincre à cet égard. — Qu'on me parle des eaux minérales comme traitement auxiliaire, je l'accepte; c'est un moyen de plus que la science peut mettre à profit. Qu'on me dise que le chan-

gement d'air, d'habitudes, que la distraction, les voyages concourent à rétablir la santé de quelques hypochondriaques, de quelques femmes vaporeuses, je l'accorde encore; mais que sérieusement on me raconte les miracles opérés par les eaux, c'est ce que mon expérience personnelle ne me permet nullement d'accepter.

Toutefois, nous ferons volontiers une exception en faveur des eaux thermales, dont la haute température les fait justement recommander pour les blessures. Elles réussissent assez bien à assouplir les parties ligamenteuses et tendineuses, à rendre plus libres les mouvements des membres qui ont éprouvé des contusions, des entorses, des fractures, à déterger les ulcères anciens, les plaies fistuleuses. Enfin, elles ont été employées souvent avec succès dans les rhumatismes, et, quelquefois, dans les paralysies.

On peut faire usage en tout temps des eaux minérales naturelles transportées loin de la source; mais ce n'est que dans la belle saison que les malades peuvent les prendre sur les lieux. C'est ordinairement du mois de mai au mois d'octobre qu'on s'y rend, un peu plus tôt ou un peu plus tard, suivant la nature du climat des pays où elles sont situées.

On imite artificiellement, aujourd'hui, la plupart des eaux minérales, particulièrement les eaux acidules gazeuses. Depuis longtemps on est même arrivé, à l'aide des machines, à exercer une assez forte pression pour charger les produits d'une quantité d'acide carbonique bien supérieure à celle que renferment les eaux naturelles: telles sont l'eau de Seltz, qu'on ordonne avec avantage contre les gastrites chroniques et les vomissements nerveux; l'eau de Sedlitz, qui sert de purgatif, etc.   B. LUNEL.

Considérations générales sur les eaux minérales. — Nous reproduisons ici un des articles les plus intéressants, publiés sur ce sujet, par le docteur Beaude, ancien médecin inspecteur des eaux minérales:

Le sol de la France est riche en sources minérales; c'est principalement au pied des grandes chaînes de montagnes qui le traversent ou qui forment les frontières que se font remarquer le plus grand nombre de ces sources; ainsi les Pyrénées, les Alpes, les Vosges, les Cévennes et la chaîne du Cantal en contiennent un grand nombre; le reste du sol présente également des sources qui renferment des produits minéraux, et il n'est aucun point du territoire qui en soit absolument privé; mais les qualités particulières qui se remarquent dans les localités que nous avons d'abord signalées, donnent une importance bien grande aux sources que l'on y remarque; car toutes ces sources sont généralement thermales, c'est-à-dire qu'elles sont douées d'une chaleur plus ou moins considérable: cette chaleur, qui varie depuis quelques degrés au-dessus de la température moyenne des sources, c'est-à-dire de 12 à 15 degrés, s'élève quelquefois jusqu'à la chaleur de l'eau bouillante. Cette propriété de la thermalité des eaux est de la plus grande importance en thérapeutique; car on ne peut élever artificiellement la température d'une eau minérale froide sans amener quelques modifications dans les principes qui la constituent; c'est ce qui a lieu toutes les fois que l'on veut administrer en bain les eaux sulfureuses froides, et que l'on est obligé de les échauffer par des moyens artificiels.

Chaque variété géologique du sol donne lieu à des produits minéraux particuliers, et comme c'est dans le sol que les eaux puisent leurs principes minéralisateurs, ces principes doivent nécessairement varier avec les diverses couches que traversent les eaux. Non-seulement ces variations ont lieu par la dissolution que l'eau opère des substances qu'elle traverse, mais il se fait encore dans le sol des décompositions et des compositions nouvelles ; des substances qui sont ordinairement insolubles dans l'eau le deviennent par l'action de certains corps qui agissent comme modificateurs, et les eaux ne surgissent le plus ordinairement à la surface du sol qu'après avoir éprouvé des changements et des mutations qui en font des composés que l'art ne peut jamais imiter d'une manière tout à fait complète.

Un des phénomènes qui excite à un plus haut point la curiosité, et qui a le plus déterminé les recherches des savants, est celui de la thermalité ou de la chaleur des eaux minérales. Bien des hypothèses ont été hasardées pour expliquer ce phénomène, que l'on attribuait tantôt à la décomposition qui pouvait s'opérer dans l'intérieur des couches profondes de la surface de la terre parmi les corps qui s'y trouvaient mêlés, tantôt à l'action d'un feu souterrain produit par les volcans ; cette dernière opinion, qui fut rejetée pendant longtemps, puisque l'on trouvait des sources thermales dans des lieux où l'on croyait qu'il n'avait jamais existé de volcans, a repris faveur aujourd'hui, et c'est même la seule explication que l'on donne de la haute température de ces eaux. Les calculs du célèbre Fourier et les expériences des savants modernes, paraissent avoir démontré l'existence d'un feu central, indiqué d'une manière si brillante par le génie de Buffon, mais que le défaut de preuves avait fait rejeter par les savants de son époque. Aujourd'hui, il paraît démontré que la terre est un globe refroidi dont le centre est encore en ignition ; c'est ce que prouve l'accroissement de température qui a lieu à mesure que l'on pénètre dans ses profondeurs, et l'on détermine cet accroissement d'une manière tellement exacte, que l'expérience vient vérifier ce qui avait été indiqué par le calcul. Les montagnes, d'après les idées de nos géologues, qui ont tous adopté le système que développa, il y a peu d'années, M. Élie de Beaumont, seraient le résultat du soulèvement des couches extérieures et solides du globe par le feu central qui, lorsque les efforts se seraient trouvés trop violents, auraient produit des déchirements : de là les volcans, qui sont les bouches de cette immense fournaise ; de là encore les tremblements de terre qui sont produits par les efforts puissants des corps gazeux qui se dégagent des entrailles du globe.

Ces explications, qui paraissent avoir tout l'intérêt du roman, tant elles sont simples et parlent vivement à l'imagination, sont, nous devons le dire, acceptées aujourd'hui par les savants, et elles sont même justifiées par l'expérience et les explorations scientifiques ; ainsi on a reconnu l'existence d'anciens volcans dans la plupart de nos principales chaînes de montagnes, et l'on a vu, à la suite des tremblements de terre, des exhaussements du sol se produire, témoin cette île Julia, qui apparut sur les côtes de Sicile, en 1830, et qui fut bientôt abîmée dans les flots.

L'explication de la chaleur des eaux thermales devient facile avec ce système ; car, toutes les fois que l'eau aura pénétré à une grande profondeur, elle devra se trouver en contact avec des couches dont la température est très-élevée, et sa chaleur sera d'autant plus grande à sa sortie du sol, qu'elle aura pénétré à une plus grande profondeur,

en ayant égard aux chances de refroidissement qu'elle a pu éprouver dans son cours. Or, il se présente dans les pays de montagnes un fait qui explique facilement la thermalité des sources que l'on y observe : le sommet de ces montagnes, qui est élevé de trois à quatre mille mètres, et souvent même beaucoup plus, se trouve formé du terrain qui, à l'époque du soulèvement, était de niveau avec la vallée ; le centre doit donc se trouver formé en partie par des couches qui ont leur analogue à une grande profondeur dans le globe ; ou bien, si, comme c'est plus probable, les montagnes présentent de grandes cavités, ces cavités doivent avoir une température semblable à celle des couches qui les environnent ; on doit en conclure que la base centrale de nos montagnes se trouve à une température dont il est difficile de déterminer l'élévation.

Il est alors facile de comprendre comment l'eau de la fonte des neiges qui les couvrent et celle de la pluie peuvent, en pénétrant par les fractures du sol, entrer dans le centre de la montagne, s'approcher des couches dont la chaleur est très-grande, et acquérir une thermalité qui, auparavant, était si difficile à expliquer. Ces faits sont, aujourd'hui, en partie prouvés par l'observation ; car on ne rencontre des eaux chaudes que dans les terrains granitiques et de première formation, c'est-à-dire dans ceux qui ordinairement sont situés à une plus grande profondeur ; et lorsqu'elles viennent à sourdre dans des terrains d'une autre nature, on est toujours assuré que les couches des terrains secondaires sont peu épaisses et que la source vient primitivement du terrain granitique.

J. P. BEAUDE.

ÉBÉNIER (botanique). — Nom vulgaire d'une espèce d'arbre du genre plaqueminier susceptible de recevoir un beau poli. — Voy. *Plaqueminier.*

ÉBULLITION (physique) [de *bulle*]. — Phénomène qui se produit ordinairement dans le passage d'un corps liquide à l'état gazeux ; il est caractérisé par un bruissement plus ou moins prononcé et par des bouillons plus ou moins forts, résultant de la formation et du déplacement continuel de petites bulles gazeuses que la chaleur dilate et fait monter à la surface du liquide.

La plupart des liquides ont besoin d'être chauffés pour acquérir cet état. L'eau, l'alcool, les huiles, etc., en offrent des exemples. Mais il y en a d'autres dont *le point d'ébullition* (c'est-à-dire le degré de chaleur nécessaire pour produire des vapeurs dont la tension soit sensiblement supérieure à la pression atmosphérique) existe déjà à la température ordinaire de l'atmosphère. Tel est, par exemple, l'éther chlorhydrique, qui bout à 11° du thermomètre centigrade ; versé sur la main, il se vaporise comme l'eau sur un fer rougi au feu. Le point d'ébullition varie pour chaque corps dans des limites difficiles à circonscrire d'une manière exacte. L'ébullition se manifeste par un mouvement tumultueux qui s'opère au sein du liquide ; la vapeur, formée dans la partie inférieure du vase, soulève les couches supérieures du liquide et produit ainsi des courants ascendants au milieu du vase, et des courants descendants le long de ses parois. Tout liquide soumis à l'action du feu augmente graduellement de température jusqu'à son point d'ébullition ; arrivé à ce point, il conserve une température constante, tant qu'il reste encore une molécule de liquide à vaporiser, et la vapeur elle-même a exactement la même température que le liquide bouillant. Ainsi l'eau, qui bout à 100°, accuse toujours la température de 100°, quelque forte que soit la chaleur qu'on lui applique. (*Hoefer*.)

M. Isidore Pierre, professeur à la Faculté des sciences de Caen, a fait de curieuses recherches sur le point d'ébullition d'un assez grand nombre de liquides, dont les uns bouent au-dessous de 100°, les autres au-dessus. On peut consulter, à cet effet, les deux tableaux établis par le savant professeur et insérés, en 1852, dans les *Mémoires de l'Académie des Sciences de Caen.*

ÉCAILLE [du latin *scala*, échelle, à cause de la disposition graduée de ces plaques]. — Plaque de matière dure qui revêt la surface des corps de plusieurs espèces d'animaux (reptiles, poissons, certains mammifères, etc.). On entend particulièrement, dans le commerce et l'industrie, par *écaille*, la substance fournie par l'écaille de la tortue. Celle qui est le plus estimée provient du *caret*. — Voy. *Tortue*.

ÉCARTÉ. — Jeu de cartes qui se joue à deux avec un jeu de trente-deux cartes.

« Chaque joueur prend cinq cartes; la onzième est retournée et se nomme *atout*, ainsi que toutes les cartes de la même couleur. Si l'on se trouve avoir mauvais jeu, on *écarte* tout ou partie de ses cartes, c'est-à-dire qu'on les jette pour en reprendre d'autres sur les cartes restées *au talon* après la distribution. Celui qui tire le roi d'*atout*, ou qui l'a dans son jeu marque un point; celui qui fait le plus de levées en marque aussi un; si on les fait toutes, ce qu'on nomme *la vole*, on en marque deux. Le partenaire qui arrive le plus tôt à cinq points gagne la partie. »

ECCHYMOSE (chirurgie) [du grec *ecchuó*, verser, répandre]. — Tache livide de la peau due à l'extravasion du sang dans le tissu cellulaire, à la suite d'une contusion, d'une contraction violente d'un muscle, ou de toute autre cause pouvant amener la rupture des vaisseaux capillaires sanguins. Les ecchymoses, d'abord rouges ou noirâtres, prennent successivement une teinte violette, verdâtre, jaunâtre, et disparaissent ensuite complètement par l'absorption du liquide épanché. Les ecchymoses légères se guérissent sans traitement; quand elles sont profondes, on emploie les applications de compresses trempées dans l'eau froide simple, salée, vinaigrée, mêlée d'alun, d'extrait de saturne, etc.

ÉCHANGE [du celtique *eskem*, troc]. — Troc, permutation, opération presque permanente de la vie industrielle.

Dans l'enfance des sociétés, comme au sein de la civilisation, la plupart des transactions roulent sur les *échanges*, les uns de produits contre des produits, les autres de produits contre de l'argent. Mais, de quelque manière que les choses se passent, on arrive à cette conclusion, que chacun vit du produit de son travail, en échange duquel il veut avoir sa part du travail d'autrui. Aussi, est-ce inutilement que, dans ces derniers temps, on a voulu ramener les hommes à l'enfance du commerce; tel était le but de la *Société coopérative* de R. Owen et de la *Banque du peuple* proposée par Proudhon en 1849.

« La liberté des échanges entre les différentes nations a donné lieu, entre les économistes, aux plus vives discussions : les uns voulant une liberté absolue et proclamant cette maxime d'Ad. Smith : *Laissez faire, laissez passer* ; les autres soutenant les prohibitions, les restrictions et les droits de douane, comme indispensables pour protéger l'industrie naissante. L'Angleterre est, depuis peu d'années, entrée dans la voie du libre échange; les ministres Huskisson et R. Peel ont donné l'exemple de réformer la législation à cet égard. »

ÉCHASSIERS (zoologie). — Nom que l'on donne au cinquième ordre des oiseaux, d'après la classification de Cuvier; dans ce sens il s'emploie plus souvent au pluriel. On les appelle aussi *oiseaux de rivage*, parce que la plupart vivent au bord des fleuves et des étangs, où ils se nourrissent de poissons et de mollusques. Quelques-uns, cependant, vivent dans l'intérieur des terres.

Ces oiseaux sont remarquables par la longueur de leurs tarses, d'où ils tirent leur nom; ils ont aussi le cou et le bec très-allongés, et leurs doigts, quelquefois libres, sont quelquefois réunis par une membrane. C'est à cause de ces différents caractères qu'on les a subdivisés en plusieurs familles qui sont : Les *brévipennes*, les *pressirostres*, les *cultrirostres*, les *longirostres* et les *macrodactyles*.

Le pluvier, le héron, la bécasse, etc., appartiennent à ces diverses familles, ainsi que l'autruche et le casoar, qui sont les plus grands des oiseaux connus, et dont les ailes trop courtes les mettent dans l'impossibilité de voler.

On peut citer comme type des oiseaux de l'ordre des échassiers l'échasse (*himantropus atropterus*), que les Italiens, selon Belou, appellent *merlo quaiole grande*, les Anglais *long-legs*, et les Allemands *dunnbein, riemenbein*. Supporté par des jambes trois fois longues comme lui, son corps présente une disproportion monstrueuse, et, en considérant ces énormes défauts, il semble que lorsque la nature essayait toutes les puissances de sa première vigueur, et qu'elle ébauchait le plan de la forme des êtres, ceux en qui les proportions d'organes s'unirent avec la faculté de se reproduire ont été les seuls qui se soient maintenus; elle ne put donc adopter, à perpétuité, toutes les formes qu'elle avait tentées. Elle choisit d'abord les plus belles pour en composer le tout harmonieux des êtres qui nous environnent; mais, au milieu de ce magnifique spectacle, quelques productions négligées et quelques formes moins heureuses, jetées comme des ombres au tableau, paraissent être les restes de ces dessins mal assortis et de ces composés disparates qu'elle n'a laissés subsister que pour nous donner une idée plus étendue de ses projets. On ne peut mieux saisir une de ces disproportions qui contrastent avec l'harmonie et la grâce répandues sur toutes les œuvres que dans cet oiseau, dont les jambes excessivement longues lui permettent à peine de porter son bec à terre pour prendre sa nourriture, et de plus ses jambes disproportionnées sont semblables à des échasses faibles et fléchissantes, supportant mal le petit corps de l'oiseau, et retardant sa course au lieu de l'accélérer; enfin, trois doigts beaucoup trop courts asseyent mal ce corps chancelant, trop éloigné du point d'appui. De là les noms qu'il a reçus dans toutes les langues, qui marquent la faiblesse de ses jambes molles et ployantes, ou leur excessive longueur.

L'échassier paraît cependant se dédommager par le vol de la lenteur de sa marche pénible.

On est peu instruit des habitudes de cet oiseau, dont l'espèce est faible et en même temps très-rare. On remarque que, dans son vol, ses jambes, roidies en arrière, dépassent la queue de près de vingt-cinq centimètres.

Il est probable qu'il vit d'insectes et de vermisseaux, au bord des eaux et des marais.

Pline l'indique sous le nom d'*himantopus*, et dit « qu'il naît en Égypte, qu'il se nourrit principale- » ment de mouches, et qu'on n'a jamais pu le con- » server que quelques jours en Italie. »

Belou prétend, au contraire, que cet oiseau est naturel à cette contrée; Marsigli l'a vu sur le Danube, Sibbald en Écosse, Fernandès dans la Nouvelle-Espagne; etc., etc.

Il résulte de ces autorités, contraires en apparence, que l'espèce de l'échassier, très-peu nombreuse, se trouve répandue, ou plutôt dispersée, dans des régions fort éloignées.   A. SIRVEN (de *Toulouse*) (1).

ÉCHECS [de l'italien *scacchi*, formé du persan *schah*, qui signifie roi; *schah-mat*, roi vaincu, que nous rendons par *échec* et *mat*.]

Le jeu des *échecs* est, de tous les jeux où l'esprit a part, le plus savant et celui dans lequel l'étendue et la force de l'esprit du jeu peut se faire le plus aisément remarquer.

Chaque joueur a seize pièces partagées en six ordres, dont les noms, les marches et la valeur sont différents. On les place en deux ligues, de huit pièces chacune, sur un échiquier divisé en soixante-quatre cases ou carrés. Chaque joueur a une pièce unique qu'on nomme le *roi*; de la conservation ou de la perte de cette pièce dépend le sort de la partie. Elle ne peut être prise tant qu'il lui reste quelque moyen de parer les coups qu'on lui porte. La surprise n'a point lieu à son égard dans cette guerre; on l'avertit du danger où elle est par le terme d'*échec*, et par là on l'oblige à changer de place. S'il ne lui reste aucun moyen de l'éviter, alors elle tombe entre les mains de son ennemi, et par la prise du roi la partie est décidée, ce que l'on exprime par les mots *échec et mat* ou *le roi est vaincu*.

Plusieurs savants ont cru qu'il fallait remonter jusqu'au siége de Troie pour trouver l'origine du jeu des *échecs*, et ils en ont attribué l'invention à Palamède. D'autres se sont contentés d'assurer que ce jeu avait été connu des Romains, sous le nom de *latruncull*, *calculi* ou *scrupuli*; mais ces jeux n'ont aucune ressemblance avec celui des *échecs*, dans les choses qui en constituent l'essence et qui distinguent les *échecs* de tous les autres jeux de *dames*, de *merelles*, de *jetons*, avec lesquels ils le confondent.

La princesse Anne Comnène, dans la vie de son père Alexis Comnène, empereur de Constantinople dans le onzième siècle, nous apprend que le jeu des *échecs*, qu'elle appelle *zatrichion*, a passé des Persans aux Grecs. Ainsi ce sont les écrivains orientaux qu'il faut consulter sur l'origine de ce jeu.

Les Persans conviennent qu'ils n'en sont pas les inventeurs, et qu'ils l'ont reçu des Indiens, qui le portèrent en Perse pendant le règne de Cosroës dit le Grand, au commencement du sixième siècle.

D'un autre côté, les Chinois, à qui le jeu des *échecs* est

(1) Le mot *Eau*, par suite d'une erreur typographique, a été signé *Soiren* au lieu de *Sirvén*.

---

connu, et qui le nomment le jeu de l'*éléphant*, reconnaissent qu'ils le tiennent des Indiens, de qui ils l'ont reçu dans le sixième siècle, sous le règne de l'*Vouti*, l'an 537 avant Jésus-Christ. Ainsi on ne peut douter que ce ne soit dans les Indes que ce jeu a été inventé. On fait honneur de l'invention de ce jeu à un brame nommé Sissa, qui se servit de ce moyen pour rappeler à ses devoirs un monarque égaré par ses flatteurs, et l'exciter à l'humanité, à la bienfaisance, par un tableau allégorique des secours que, dans les circonstances fâcheuses, des sujets zélés peuvent prêter à leur roi.

Des Indes il a été porté dans la Chine, dans la Perse, en Afrique, en Espagne, et de là dans le reste de l'Europe. Les Chinois ont fait quelques changements à ce jeu; ils y ont introduit de nouvelles pièces sous le nom de canons et de mortiers. Tamerlan y fit encore de plus grands changements par les pièces nouvelles qu'il imagina et par la marche qu'il leur donna. Mais l'on a suivi en Europe l'ancienne manière de jouer; les seuls changements qu'on y ait introduits consistent dans les noms de plusieurs pièces qui n'ont plus le sens raisonnable qu'ils ont dans les langues de l'Orient. La seconde pièce des *échecs*, après le roi, est nommée *reine* ou *dame*; mais elle n'a pas toujours porté ce nom : dans des vers latins du douzième siècle elle est appelée *fescia*; l'auteur du roman de *la Rose* la nomme *fierce*, nom corrompu du latin *fescia*, qui lui-même vient du persan *firz*, qui est en Perse le nom de cette pièce, et qui signifie un ministre d'État, un vizir.

La troisième pièce des *échecs* est le fou : chez les Orientaux elle a la figure d'un éléphant, et elle en porte le nom, *fil*.

La cinquième pièce des *échecs* est appelée aujourd'hui *tour*; on la nommait autrefois *rok*, d'où le terme de *roquer* nous est demeuré. Les Orientaux la nomment *rokh*, qui signifie, chez les Persans et chez les Indiens, une espèce de chameau dont on se sert à la guerre, et que l'on place sur les ailes de l'armée, en forme de cavalerie légère. La marche rapide de cette pièce, qui saute d'un bout de l'échiquier à l'autre, convient d'autant mieux à cette idée, que dans les premiers temps elle était la seule pièce qui eût cette marche. — Voy. les traités spéciaux.

                                                          LUNIER.

ÉCHENILLAGE (Économie rurale.) — C'est l'opération par laquelle on détruit les chenilles qui mangent les produits de la terre et surtout les feuilles des arbres. La loi a pris soin d'obliger tous les cultivateurs à cette opération, afin que l'incurie de quelques-uns ne pût annuler l'effet de l'échenillage opéré par les autres. On échenille les arbres en coupant avec des cisailles les branches chargées de chenilles. Il en existe de plusieurs modèles; nous conseillons de donner la préférence à celles qui sont pourvues de longs manches, pour que l'échenilleur soit moins souvent obligé de se déplacer.   L. H.

ÉCHEVIN [du lat. barbare *scabinus*, formé de l'allemand *schaben* ou *scheben*, qui se trouve souvent dans les Capitulaires, et dans les lois des Lombards, en la signification de juge.]

Il paraît que l'usage des *échevins* nous vient des Allemands; les Francs nous l'apportèrent, lorsqu'ils firent la conquête des Gaules : c'était vers le milieu du septième siècle.

Vers la fin de la seconde race, et au commencement de la troisième, les ducs et comtes, s'étant rendus propriétaires de leur gouvernement, se déchargèrent du soin de rendre la justice sur des officiers qui furent appelés *baillis*, *prévôts*, etc.

Dans quelques endroits les *échevins* conservèrent leur fonction de juges ; dans d'autres, ils furent réduits à la simple fonction d'officiers municipaux, c'est-à-dire d'administrateurs des affaires de la ville ou de la communauté. Ces officiers étaient connus sous différents noms : ou les appelait à Toulouse *capitouls*, à Bordeaux *jurats*, dans d'autres villes *consuls*, *gouverneurs*, *pairs*, etc. Les *échevins* sont aujourd'hui remplacés dans chaque commune par un maire, un ou plusieurs adjoints et un conseil municipal, etc.

ÉCHINODERMAIRES (zoologie) ou **ÉCHINO-DERMES** [du gr. *échinos*, hérisson ; *derma*, peau].— Nom donné à une classe d'actinozoaires, comprenant ceux dont le corps est enveloppé d'une peau épaisse, molle ou solidifiée par des parties calcaires ; tels sont les oursins, les astéries, etc.

ÉCHO (physique). — On appelle écho la répétition d'un son réfléchi par un obstacle assez éloigné pour que le son réfléchi ne se confonde pas avec le son entendu directement. Le son se réfléchit d'après la loi générale qui s'applique à la chaleur, à la lumière et à tous les corps élastiques, c'est-à-dire en faisant un angle de réflexion égal à l'angle d'incidence, et situé dans le même plan perpendiculaire à la surface réfléchissante.

On nomme centre *phonique* le lieu où le son est produit, et centre *phonocamptique* le lieu où il est réfléchi. Soit *a* (*fig.* 5) la position de l'observateur, et S le point où se produit un son de courte durée. Ce son arrivera directement en *a* après un nombre de secondes $t = \dfrac{Sa}{337}$, puisque ce son parcourt 337^m par seconde, tandis que le son réfléchi contre l'obstacle R, ayant à parcourir l'espace SR+R*a*, n'arrivera qu'après un temps $T = \dfrac{SR+RA}{337}$.

Si la différence T—*t* est assez grande pour que le commencement du son réfléchi arrive après la cessation du son direct, l'observateur observera deux sons séparés, et il y aura écho. Si ces deux sons empiètent l'un sur l'autre, le son direct sera prolongé, et il y aura seulement *résonnance*. On voit que le résultat dépend de la durée du son produit et de la différence entre les distances S*a* et SR+R*a*.

Si la différence T—*t* est assez grande pour que, dans cet intervalle, on puisse prononcer plusieurs syllabes, l'écho sera polysyllabique. On peut généralement prononcer quatre syllabes par seconde, en articulant nettement. Si donc T—*t* est égal à une seconde, ce qui suppose que SR+R*a*—S*a*=337^m, on pourra prononcer quatre syllabes, qui seront aussitôt répétées par l'écho. L'écho sera monosyllabique quand on aura SR+R*a* — S*a* = $\dfrac{337^m}{4}$ = 84^m, car on aura $T — t = \dfrac{1''}{4}$. Il arrive souvent que le point S et le point *a* se confondent, c'est-à-dire que l'observateur est placé au centre phonique ; on a alors *t*=o, S*a*=o, et l'écho pourra répéter autant de syllabes qu'il y aura de fois 42^m dans la distance de l'observateur au centre phonocamptique. Lorsque l'on émet un son très-bref, au lieu d'une syllabe articulée, il suffit que l'obstacle soit à une distance de 18^m pour que le son réfléchi se distingue du son réel.

Il y a des échos multiples, c'est-à-dire qui répètent plusieurs fois le même son. Ces échos sont formés, en général,

par deux obstacles opposés, deux murs, par exemple, qui se renvoient alternativement les sons, comme le font, pour les images, deux miroirs parallèles. Les sons qui arrivent les derniers sont les plus faibles, puisqu'ils ont parcouru un plus long chemin et que l'intensité du son diminue avec la distance qu'il parcourt.

Les obstacles qui produisent ordinairement les échos sont les édifices, les rochers, les arbres, présentant une surface dirigée convenablement pour qu'un rayon sonore, faisant l'angle d'incidence égal à l'angle de réflexion, puisse passer par l'oreille de l'observateur. Si ce dernier émet lui-même le son, il faut ordinairement que l'on puisse mener une perpendiculaire de l'observateur en quelque point de la surface réfléchissante. Les angles rentrants des édifices produisent souvent des échos, par une double réflexion sur les deux faces qui se coupent. Les aéronautes entendent des échos renvoyés par le sol quand ils ne sont pas à une trop grande hauteur.

Les nuages peuvent aussi produire des échos.

Un écho peut encore se former à l'ouverture d'un tuyau plein d'air, ou d'une longue galerie ouverte ; le retour des ondes sonores s'effectue alors par suite de l'étendue indéfinie du milieu élastique, en dehors du tuyau ou de la galerie.

On remarque que les échos ont lieu surtout le soir ou pendant la nuit, et quand l'air est calme ; c'est que les sons se propagent plus loin dans ces circonstances, de

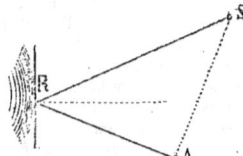

Fig. 5. — Écho.

sorte que, pendant le jour, le son réfléchi n'a pas assez d'intensité pour être perçu. On peut cependant retrouver l'écho en émettant des sons très-intenses, par exemple, en parlant à travers un porte-voix ou en tirant une arme à feu. Le bruit du canon est presque toujours accompagné d'échos qui se forment soit sur les obstacles placés à la surface de la terre, soit sur des nuages. Les échos se rencontrent fréquemment dans les vallées profondes, dont la conformation est favorable à l'intensité du son.

On observe des échos multiples sous les arches des grands ponts, surtout sous les ponts suspendus, dont les piles en maçonnerie sont très-éloignées les unes des autres. Si l'on émet un son en se plaçant près d'une des piles, on entend des échos au nombre de cinq ou six, séparés par des intervalles égaux, et produits par la réflexion alternative du son sur les deux piles opposées.

Le son, en se réfléchissant sur des surfaces courbes, forme, comme la chaleur et la lumière, des foyers où viennent se concentrer les ondes sonores ; c'est ainsi que, dans certaines salles voûtées, deux personnes éloignées, mais placées chacune à un foyer de réflexion, peuvent entretenir une conversation à voix basse. Il existe une salle de ce genre au rez-de-chaussée du Conservatoire des Arts et Métiers de Paris, et une autre au musée des Antiques, au Louvre.

Échos célèbres. — Près de Coblentz, au bord du Rhin, il existe un écho qui répète dix-sept fois le même mot. Gassendi cite un écho, situé près du tombeau de *Métella*, et qui répète huit fois un vers de *l'Énéide*. Kircher parle d'un écho qu'il a observé au château de *Sinsonetta*, en Italie, entre deux ailes de bâtiments parallèles, et qui répète quarante à cinquante fois le bruit d'un pistolet. Robert Plot fait mention d'un écho, situé à Woostock, dans la province d'Oxford, en Angleterre, qui reproduit un son dix-sept fois pendant le jour et vingt fois pendant la nuit.

A trois lieues de Verdun on trouve un écho qui répète douze fois un son. Le son est réfléchi par deux tours, entre lesquelles il faut se placer, et qui sont distantes de cinquante mètres environ.   A. SIRVEN.

ÉCLAIR (physique). — Étincelle vive et subite qui sillonne l'air pendant les temps d'orage et précède presque toujours le bruit du tonnerre. « Elle est produite, ainsi que le tonnerre, par la rupture de l'équilibre électrique des nuages et la combinaison instantanée de leurs électricités contraires. Comme la lumière se meut plus vite que le son, on aperçoit l'éclair longtemps avant d'entendre le tonnerre. Sachant que le son parcourt 340 mètres par seconde, on peut, par l'intervalle du temps qui s'écoule entre l'éclair et le roulement du tonnerre, juger à peu près de la distance où la foudre a éclaté: on n'a qu'à compter cet intervalle sur une pendule à secondes et à prendre autant de fois 340 m. qu'il y a de secondes écoulées entre le bruit et l'éclair. Les *éclairs de chaleur* que l'on voit pendant l'été sont dus à une sorte de phosphorescence produite par des nuages isolés, fortement chargés d'électricité : ils ne sont point suivis de tonnerre. »

ÉCLAMPSIE (pathologie). — Voy. *Convulsions* et *Grossesse*.

ÉCLECTISME (philosophie) [du grec *eclectismos*, d'*eclégo*, choisir]. — Choix éclairé que l'on fait dans des idées déjà connues pour en former un corps de science. On l'oppose à *syncrétisme*, mélange indigeste de matières hétérogènes.

« L'éclectisme a été, à diverses époques, employé comme méthode par des philosophes, des médecins, des théologiens, qui faisaient profession de prendre dans ceux qui les avaient devancés ce qu'il y avait de plus raisonnable, ce qui leur paraissait toucher de plus près à la vérité. Le nom d'*Éclectiques* a été plus spécialement appliqué, dans les temps anciens, aux philosophes de l'école d'Alexandrie, qui avaient pour but principal de fondre l'aristotélisme et quelques maximes orientales dans le platonisme : tels que Potamon, Ammonius Saccas, Plotin, Porphyre; et à une secte de médecins qui, repoussant les exagérations des dogmatiques et des empiriques, admettait ce qu'il y avait de mieux fondé dans les diverses opinions médicales. De nos jours, l'*éclectisme* philosophique a été remis en honneur par M. V. Cousin, qui, après avoir reconnu les erreurs des doctrines excessives, sensualisme, idéalisme, scepticisme, mysticisme, a fortement démontré que, dans les systèmes les plus erronés, il y avait toujours une part de vérité, et que la seule mission possible aujourd'hui pour la philosophie est d'extraire cette vérité, et de concilier ainsi tous les systèmes. M. Jouffroy, M. Damiron, et la plupart des philosophes contemporains l'ont suivi dans cette voie. »

ÉCLIPSE (astronomie) [du grec *ecleipsis*, défection, disparition]. — Privation momentanée de lumière d'un astre par l'effet de l'interposition d'un corps opaque entre cet astre et l'œil de l'observateur. Les éclipses sont divisées en *lunaires* et *solaires*. Il y a aussi les éclipses des *satellites* ou planètes secondaires, et celles des étoiles; ces dernières se nomment plus particulièrement *occultations*.—Voyez ce mot.

Voici la théorie des éclipses, exposée, en 1858, par M. Louis Figuier, à l'occasion de l'éclipse de soleil du 15 mars :

Tout corps opaque recevant la lumière du soleil projette nécessairement une ombre vers la partie opposée à celle qui est éclairée. Tout astre éclairé par le soleil laisse donc derrière lui une ombre de forme conique, et un astre lumineux qui, dans sa course, viendra se plonger dans cet espace obscur cessera d'être visible, parce qu'il ne recevra plus la lumière du soleil. La terre et la lune sont deux corps opaques qui circulent autour du soleil à peu près dans un même plan ; ils laissent donc derrière eux une longue traînée d'ombre, et quand la terre et la lune viennent, dans leur marche, à rencontrer cet espace obscur, elles sont invisibles pour l'observateur placé sur l'astre qui envoie son ombre.

L'éclipse de soleil arrive lorsque la lune est exactement placée entre cet astre et la terre, parce qu'alors elle nous intercepte sa lumière; l'éclipse de lune a lieu quand la terre est exactement placée entre la lune et le soleil, parce qu'alors nous empêchons la lumière solaire de lui parvenir.

Les éclipses de soleil ont lieu quand la lune est nouvelle; les éclipses de lune, au contraire, quand la lune est pleine. En effet, quand la lune est nouvelle, c'est-à-dire quand elle est située du côté du soleil et nous présente sa face obscure, il peut arriver qu'elle passe, pour nous, devant le soleil, qu'elle nous cache un instant sa lumière, ce qui produit l'éclipse solaire. Quand, au contraire, la lune est pleine, c'est-à-dire quand elle est située du côté opposé au soleil, de sorte que sa face éclairée est dirigée vers nous, il peut arriver qu'elle traverse l'ombre de la terre, qui, dans ce cas, la prive de la lumière qui la rendait visible; la lune disparaît alors à nos yeux : il y a éclipse de lune.

On pourrait croire, d'après l'explication précédente, qu'il doit se produire une éclipse de soleil toutes les fois que la lune est nouvelle; cependant, les choses ne se passent pas ainsi. Après avoir expliqué comment peuvent se produire les éclipses, nous devons donc indiquer pourquoi il ne s'en produit pas à chaque lunaison.

Le phénomène des éclipses devrait, en effet, se produire périodiquement tous les mois si la lune se trouvait toujours dans l'*écliptique*, car, à chaque pleine lune, l'astre passerait au milieu du cône d'ombre projeté par la terre. Dans des circonstances semblables, on aurait aussi, chaque mois, une *éclipse de soleil* à chaque nouvelle lune, et il y aurait successivement, de quinze jours en quinze jours, des éclipses de soleil ou de lune, selon que ce dernier astre se trouverait en *conjonction* ou en *opposition*, c'est-à-dire à toutes les nouvelles ou à toutes les pleines lunes. Mais il n'en est point ainsi. L'orbite lunaire est inclinée de plus de cinq degrés sur le plan de l'écliptique, ce qui représente onze fois l'épaisseur de la lune, tandis que, dans le même point, l'ombre de la terre n'est que deux fois le diamètre de la lune. L'orbite de la lune ne coupe l'écliptique que dans deux points appelés *nœuds*. De cette manière, la lune doit se trouver, la plupart du temps, ou trop élevée ou trop abaissée, par rapport à ce plan, pour pouvoir produire des éclipses. Il y a donc des conditions astronomiques nécessaires sans lesquelles le phénomène des éclipses ne peut avoir lieu.

Les éclipses de lune sont plus fréquemment visibles que celles du soleil, et la cause en est facile à concevoir. Quand la lune est éclipsée, elle ne réfléchit plus de lumière, et l'éclipse est vue de tout l'hémisphère tourné vers la lune. Si, au contraire, c'est le soleil qui est éclipsé, il ne perd rien de sa lumière, la lune seule nous en dérobe l'éclat. Or, la lune étant beaucoup plus petite que la terre, son ombre ne peut produire qu'une tache ne couvrant qu'une petite partie de l'hémisphère éclairé. Des éclipses de soleil existent donc fréquemment sans qu'elles soient visibles pour nous; au contraire, très-peu d'éclipses lunaires peuvent nous échapper.

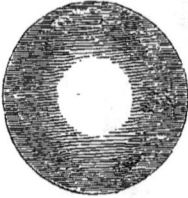

Fig. 6. — Éclipse.—Nos 1, Soleil. — 2, Lune. — 3, Terre.

On peut donner, par une comparaison simple, une idée générale des conditions relatives dans lesquelles se trouvent, pendant une éclipse, un observateur et l'astre éclipsé. Supposons qu'au milieu d'un ciel pur un nuage vienne à passer subitement devant le disque solaire, ceux qui se trouvent alors sur son passage assistent à une véritable éclipse de soleil, tandis que, à leur tour, ils sont éclipsés aux yeux des personnes qui, de loin, les voient momentanément dans l'ombre. Le nuage, en glissant dans le ciel, éclipse successivement tous les spectateurs qui se trouvent sur son passage.

Chacun sait que le diamètre *apparent* du soleil est tantôt plus grand, tantôt plus petit que celui de la lune; on concevra dès lors qu'une éclipse de soleil peut être *totale*, c'est-à-dire que la lune peut nous dérober entièrement le soleil, ou *annulaire*, ce qui a lieu quand l'astre n'est point entièrement obscurci et qu'un anneau lumineux entoure la partie cachée, ou enfin *partielle*, lorsque la lune ne nous cache qu'une portion de l'astre.

On conçoit encore que la grandeur et la forme des éclipses doivent varier suivant la position de l'observateur.

On comprend enfin qu'une éclipse ne peut être centrale qu'en un seul lieu de la terre à la fois. Dès qu'on s'éloigne du point où la ligne qui passe par les centres du soleil et de notre satellite coupe la surface terrestre, on voit nécessairement la lune dévier d'un côté ou de l'autre; conséquemment, elle ne couvre que partiellement le disque solaire, et même, à une distance suffisante du point qui jouit de l'éclipse centrale, on aperçoit le soleil entier. Toutefois, par suite du mouvement de la lune, il existe une série de points qui voient consécutivement, mais non simultanément, l'éclipse centrale. (*Louis Figuier.*)

Éclipses de soleil.—Le tableau suivant donne la liste chronologique des éclipses de soleil dans la majeure partie de la France depuis l'an 1000 jusqu'à l'an 1900. Ce catalogue peut être utile au chronologiste, à l'historien, etc.

Cette liste diffère des autres du même genre par une colonne supplémentaire qui sous l'entête (Ombre), indique, au moyen des initiales N., S., si la lune a passé au nord ou au sud du disque du soleil, pour l'observateur placé à Paris, ou, ce qui revient au même, si la route de l'ombre centrale a passé au nord ou au sud de Paris sur le globe terrestre. Lorsque le disque de la lune est au sud de l'astre qu'elle éclipse, il est visible que l'éclipse augmentera à mesure que de Paris on se transportera par la pensée vers le centre et puis vers le midi de la France; dans ce cas, l'éclipse aura été plus forte vers le sud qu'à Paris, et plus faible dans le nord de la France. L'inverse a lieu lorsque le centre de la lune a passé entre le soleil et le pôle boréal.

Éclipses de lune. — De tous les points de la France, une éclipse de lune se voit à peu près de la même manière, à part quelques degrés de plus ou de moins dans la hauteur de la lune au-dessus de l'horizon. Ainsi, on donnant ici la liste complète des éclipses de lune visibles à Paris pendant le dix-neuvième siècle, cette liste pourra servir à toute la France.

La troisième colonne donne, à un quart d'heure près, l'heure du milieu de l'éclipse; la dernière donne le nombre de doigts, c'est-à-dire de 12es du disque, qui sont éclipsés au moment où l'éclipse est la plus grande possible. Quelquefois le moment de l'éclipse totale arrive au lever ou même un peu avant le lever de la lune; d'autres fois, ce même moment arrive au coucher ou un peu après. Nous avons omis les éclipses qui ne sont que d'un doigt ou d'un demi-doigt; elles n'ont aucun intérêt pour le public.

Ce phénomène des éclipses a été pendant bien longtemps l'objet de la frayeur des hommes; on le regardait dans l'antiquité comme un signe de la colère céleste et comme une alarmante déviation des lois éternelles de la nature. Les animaux eux-mêmes paraissent en être troublés.

Les anciens n'étaient guère en état de prédire les éclipses, avant le temps d'Hipparque, 120 ans avant Jésus-Christ. Hérodote raconte, à la vérité, que Thalès avait prédit aux Ioniens une éclipse de soleil, que l'on rapporte à l'année 585 ou 603 ou 621 ans avant Jésus-Christ. Le fait est douteux; mais Ptolémée donna, en l'an 147 de Jésus-Christ, des règles pour le calcul des éclipses, et ce sont les plus anciennes dont on ait connaissance. Ces méthodes ont été perfectionnées par Kepler, et dans le siècle dernier, par divers astronomes, pour réunir l'exactitude et la facilité.

Éclipses de soleil, de l'an 1000 à l'an 1900, visibles à Paris.

DATE.	HEURE DE PARIS.	NOMBRE DES DOIGTS.	OMBRE.
(1) 1010	18 mars ... 4 30 soir...	11	S.
1013	14 janvier.. 11 » matin.	»	N.
1016	2 novembre 2 30 soir...	Faible.	N.
1017	22 octobre.. 2 » soir...	6	S.
1018	18 avril.... 6 » soir...	7	»
1020	21 août.... 3 30 soir...	»	N.
1023	24 janvier.. 11 30 matin.	9	S.
1025	29 mai.... 4 30 soir...	6	S.
1030	31 août.... 2 » soir...	5	N.
(2) 1033	29 juin.... Midi.	11	S.
1037	18 avril.... 9 » matin.	8	S.
(3) 1039	22 août.... 11 30 matin.	11,5	»
1042	20 juin.... 9 » matin.	»	»
(4) 1044	22 novembre 10 30 matin.	11	N.
1047	22 septembre 6 30 matin.	5	N.
1055	29 avril... 5 » soir..	4	N.
1060	30 juin.... 5 30 soir..	»	N.
1064	19 avril... 1 » soir...	10,5	N.
1070	5 décembre 2 30 soir...	Petite.	N.
1071	24 novembre 2 30 soir...	6	S.
1072	20 mai.... 3 30 soir...	2	S.
1074	23 septembre 4 » soir...	Petite.	N.
(5) 1077	25 février... 2 30 soir...	11,5	»
1079	1er juillet... 1 30 soir..	10,5	S.
1084	2 octobre... 1 30 soir...	10	»
1086	16 février... 2 » soir...	4	S.
1087	1er août... 7 30 matin.	4	S.
1093	23 septembre 10 x matin.	9,5	N.
1098	25 décembre 10 30 matin.	9	S.
1101	24 octobre... 8 30 matin.	Contact.	S.
1109	31 mai..... 0 30 soir...	10	N.
1114	2 août.... 2 » soir...	3	N.
1118	22 mai...., 8 30 matin.	6	N.
1119	11 mai.... 9 » matin.	8	S.
1124	11 août .. 11 30 matin.	6	N.
1125	6 janvier.. 2 30 soir...	3	N.
1125	26 décembre 3 30 soir...	8	S.
1131	30 mars.... 2 30 soir	9	N.
(6) 1133	2 août.... 11 30 matin.	11,5	N.
1137	21 mai.... 5 » soir...	7	S.
1138	4 novembre 2 30 soir...	7	S.
(7) 1140	20 mars.... 3 » soir...	11,5	N.
1147	26 octobre.. 10 » matin.	9	S.
1153	26 janvier.. 11 » matin.	7	S.
1163	3 juillet.... 7 » matin.	6	S.
1164	21 juin .... 8 30 matin.	»	N.
1178	13 septembre 11 30 matin.	9	S.
(8) 1180	28 janvier... »	»	»
1181	13 juillet... 3 30 soir...	5	N.
1182	2 juillet.. 4 » soir...	Petite.	N.
1185	1er mai.... 1 30 soir...	11	N.
1187	4 septembre 11 30 matin.	9	N.
(9) 1191	23 juin.... 11 » matin.	11	N.
(10) 1192	6 décembre 4 » soir...	9	S.
1194	22 avril.... 1 30 s ir...	6	N.
(11) 1201	27 novembre 11 30 matin.	11	S.
1207	28 février... 10 30 matin.	7	S.
1209	3 juillet... 6 30 soir...	6	S.
1213	22 avril.... 11 30 matin.	2	S.
(12) 1224	21 mars ... 6 » soir...	3	S.
1229	17 décembre 10 » matin.	»	N.
1232	15 octobre.. Midi 1/2.	6	S.
1234	1er mars... 4 30 soir...	5	N.
1235	15 août.... 10 30 matin.	4	N.
1236	3 août.... 11 » matin.	6	N.
(13) 1239	3 juin.... 11 30 matin.	9	S.
(14) 1241	6 octobre.. 11 30 matin.	11,5	S.

DATE.	HEURE DE PARIS.	NOMBRE DES DOIGTS.	OMBRE.
1245	25 juillet... 6 30 matin.	7	N.
1251	16 octobre.. 1 30 soir...	Petite.	N.
(15) 1254	14 août..... 7 » soir...	4	S.
1255	30 décembre Midi.	7	S.
1261	1er avril.... 9 « matin.	7	S.
1263	5 août.... 2 30 soir...	10	N.
1267	25 mai.... 8 30 matin.	6	S.
(16) 1270	23 mars.... 6 » matin.	10	S.
1275	13 juin.... 6 » soir...	Faible.	N.
1279	12 avril.... 6 » soir...	10	S.
1283	30 janvier.. 8 » matin.	5	S.
1284	19 janvier.. 9 30 matin.	Petite.	N.
1285	4 juin.... 5 » soir...	7	N.
1288	2 avril.... 3 » soir...	2	N.
1290	5 septembre 7 » matin.	11	N.
1293	5 juillet.... 9 30 matin.	5	S.
1295	8 novembre 2 30 soir...	10	S.
1298	12 avril.... 10 30 matin.	Petite.	N.
1300	15 août.... 10 30 matin.	7	S.
(17) 1305	17 novembre 4 » soir...	Petite.	»
1308	15 septembre 4 » soir...	5	S.
1310	31 janvier... Midi 1/2.	11	N.
1312	5 juillet... 6 30 matin.	8	N.
1317	6 septembre 11 » matin.	2	N.
1320	6 juillet... 5 30 soir...	»	N.
1321	26 juin.... 5 » matin.	9	S.
1322	9 décembre 8 » matin.	3	S.
1330	16 juillet... 3 30 soir...	11	N.
1333	14 mai.... 2 30 soir...	9	S.
1337	3 mars.... 8 30 matin.	4	S.
1338	20 février... 9 » matin.	»	N.
1339	7 juillet... 1 » soir...	Forte.	»
1345	26 septembre 11 30 matin.	Faible.	N.
1352	14 mai.... 8 30 matin.	7	N.
1354	17 septembre 9 » matin.	7	S.
1355	14 mars.... 5 30 soir...	9	S.
1361	5 mai.... 8 30 matin.	6	S.
1364	4 mars.... Midi 1/2.	7	N.
1370	25 mai.... 5 30 soir...	6	N.
1376	17 juillet... 7 30 matin.	3	S.
1379	16 mai .... 5 30 soir...	10	S.
1384	17 août.... 1 » soir...	10	S.
(18) 1386	1er janvier 9 30 matin.	11	S.
1387	16 juin.... 11 » matin.	3	S.
(19) 1391	5 avril.... 6 » matin.	4	S.
1392	24 mars.... 7 » matin.	Faible.	N.
1393	8 août.... 9 30 matin.	2	N.
1396	11 janvier.. 11 » matin.	»	»
1399	29 octobre.. Midi 1/2.	»	»
1405	1er janvier 9 » matin.	1	S.
1406	16 juin.... 9 » matin.	11	S.
1408	19 octobre.. 9 » matin.	8	S.
1409	15 avril.... 2 30 soir...	10	S.
(20) 1411	10 août.... 6 30 soir...	11	S.
1415	7 juin.... 6 30 matin.	10	S.
1418	6 avril.... 9 30 matin.	Faible.	N.
1421	28 août.... 8 » matin.	»	N.
1424	26 juin.... 3 » soir...	10	N.
1425	10 novembre 9 » matin.	»	N.
1431	12 février... 2 30 soir...	7	N.
1433	17 juin.... 9 30 matin.	10	S.
(21) 1437	5 avril.... 6 30 soir...	10	S.
1438	19 septembre 11 » matin.	6	S.
1439	8 septembre 4 30 soir...	»	N.
1440	3 février... 1 30 soir...	10	N.
1448	29 août.... 11 » matin.	8	S.
1450	12 février... 2 » soir...	»	N.

(1) Annulaire au midi de la France. — (2) Annulaire au midi Fr. — (3) Presque totale. — (4) Annulaire au nord Fr. — (5) Presque totale. — (6) Totale au nord Fr. — (7) Totale au nord Fr. — (8) Petite éclipse au coucher. — (9) Annulaire en Belgique. — (10) Au coucher. — (11) Annu'aire au centre Fr. — (12) Au coucher. — (13) Totale à Gap. — (14) Totale au centre Fr. — (15) Presque invisible en Fr. — (16) Au lever. — (17) Au coucher. — (18) Totale au midi Fr. — (19) Peu apparente. — (20) Au coucher. — (21) Au coucher.

Éclipses de soleil, de l'an 1000 à l'an 1900, visibles à Paris. (Suite.)

	DATE.	HEURE DE PARIS.	NOMBRE DES DOIGTS.	OMBRE.
		H. M.		
	1453	30 novembre	2 30 soir...	9	N.
1462	21 novembre	11 30 matin.	1	S.
1463	18 mai	9 30 matin.	1	S.
1464	6 mai	11 » matin.	1	N.
1465	20 septembre	4 30 soir...	»	»
(1) 1469	9 juillet...	4 » matin.	8	N.
1470	22 décembre	3 » soir...	4	S.
1472	5 mai	6 » matin.	»	N.
1473	27 avril	6 » matin.	6	S.
1478	29 juillet...	1 » soir ..	8	S.
1479	13 décembre	10 » matin.	»	N.
1481	28 mai	5 30 soir...	2	S.
1482	17 mai	7 » soir...	8	N.
1485	16 mars	3 30 soir...	9	S.
1487	20 juillet...	1 » soir...	5	N.
(2) 1488	9 juillet...	4 30 matin.	1	S.
1491	8 mai	2 » soir..	8	N.
1492	21 octobre.	10 30 matin.	1	S.
1493	10 octobre..	2 » soir...	»	N.
1494	7 mars....	3 » soir...	Faible.	N.
(3) 1502	1er octobre.	8 » matin,	11,5	»
1504	16 mars....	2 » soir...	»	N.
1506	20 juillet...	1 30 soir...	2	S.
1513	7 mars....	Midi 1/2.	»	S.
1516	23 décembre	3 » soir...	3	S.
1518	8 juin.....	5 30 matin.	10	S.
1519	23 octobre..	4 » soir...	Petite.	»
1532	30 août....	11 30 ma in.	»	S.
1534	14 janvier..	11 30 matin.	»	»
1536	18 juin.....	1 » soir...	9	N.
1539	18 avril.....	3 30 soir...	8	S.
1541	21 août. ...	Midi.	»	N.
1544	24 janvier ..	8 30 matin.	11	S.
1545	9 juin.....	8 30 matin.	5	N.
1546	29 mai. ...	5 » soir...	1	S.
1547	12 novembre	1 30 soir...	8	N.
1551	31 août....	Midi 1/2.	2	N.
1558	18 avril.....	1 » soir...	4	N.
1560	21 août.....	11 30 matin.	8	S.
1563	20 juin.....	4 » soir...	5	N.
1567	9 avril.....	11 » matin.	9	S.
1573	29 juin.....	6 30 matin.	»	N.
1579	22 août.....	6 » matin.	1	S.
1582	20 juin.....	5 » matin.	2	S.
1584	19 mai.....	5 » matin.	»	N.
1588	26 février...	1 » soir...	»	N.
1590	31 juillet...	7 30 matin.	8	S.
1591	20 juillet...	2 30 soir...	»	»
1593	30 mai.....	2 » soir...	2	S.
1595	3 octobre...	11 30 matin.	»	N.
1598	7 mars....	10 » matin.	8	S.
1600	10 juillet...	1 » soir...	7	S.
1601	24 décembre	1 30 soir...	10	N.
(4) 1605	12 octobre..	1 » soir...	11	S.
1607	26 février..	9 30 matin.	3	S.
1612	30 mai.....	10 30 matin.	10	N.
1614	3 octobre...	11 30 matin.	7	S.
(5) 1621	21 mai.....	8 30 matin.	»	»
1622	10 mai.....	2 30 soir...	1	S.
1630	10 juin.....	7 » soir...	10	S.
1633	8 avril.....	4 » soir...	7	S.
1639	1er juin...	4 30 soir...	5	N.
1645	21 août....	11 30 matin.	5	N.
1649	4 novembre	2 30 soir...	»	»
(6) 1652	8 avril....	10 30 matin.	11	S.
(7) 1654	12 août....	9 30 matin.	»	»
1655	6 février...	2 » soir...	1	S.

	DATE.	HEURE DE PARIS.	NOMBRE DES DOIGTS.	OMBRE.
		H. M.		
1656	26 janvier..	2 » soir...	7	N.
1659	14 novembre	3 » soir...	8	S.
1661	30 mars....	10 » matin.	6	S.
1662	12 septembre	11 30 matin.	2	S.
1666	2 juillet...	6 42 matin.	8	S.
1668	4 novembre	1 » soir...	5	S.
1672	22 août.....	6 30 soir...	8	S.
1675	23 juin.....	5 » matin.	6	N.
1676	11 juin.....	8 30 matin.	5	S.
(8) 1683	27 janvier ..	4 30 soir...	11	S.
1684	12 juillet...	3 30 soir...	8	S.
1693	11 juillet...	0 55 soir...	0,2	N.
1694	22 juin....	5 » soir...	1	S.
1699	23 septembre	9 27 matin.	9,5	N.
(9) 1703	8 décembre	4 15 soir...	1	»
(10) 1706	12 mai.....	9 33 matin.	11	S.
1708	14 septembre	7 42 matin.	5	N.
(11) 1710	28 février...	1 15 soir...	7	»
1711	15 juillet...	8 » soir...	»	»
(12) 1715	3 mai.....	9 20 matin.	11	N.
(13) 1718	2 mars.....	6 50 matin.	3	»
1722	8 décembre	2 50 soir...	6	S.
(14) 1724	22 mai.....	6 50 soir...	»	S.
1726	25 septembre	5 34 soir...	6	S.
1727	15 septembre	7 » matin.	4	S.
(15) 1730	15 juillet...	»	3	»
(16) 1733	13 mai.....	6 50 soir...	9,5	N.
1736	4 octobre..	5 30 soir...	4	»
1737	1er mars....	4 »	9	N.
1738	15 août.....	11 12 matin.	4	S.
1749	4 août.....	4 45 soir...	7,5	N.
1739	30 décembre	8 39 matin.	1	N.
1748	25 juillet...	11 » matin.	9	N.
1750	8 janvier..	9 » matin.	5,5	S.
1753	26 octobre.	9 52 matin.	8,7	S.
1760	13 juin.....	7 30 matin.	5,5	S.
1762	17 octobre.	8 » matin.	7	N.
(7) 1764	1er avril...	10 30 matin.	»	»
1765	16 août....	4 30 soir...	8	N.
(18) 1766	5 août.....	6 40 matin.	4,7	S.
1769	4 juin.....	8 » matin.	5	N.
1778	24 juin....	4 57 soir...	6,7	S.
1779	14 juin....	8 08 matin.	2,3	N.
1781	17 octobre.	7 45 matin.	4,7	S.
(19) 1782	12 avril...	6 35 soir...	»	N.
1787	19 janvier..	10 52 matin.	1,5	N.
1787	15 juin.....	5 13 soir...	5,3	N.
1788	4 juin.....	8 10 matin.	5	S.
1791	3 avril.....	2 » soir...	6,3	N.
1793	5 septembre	11 30 matin.	9	N.
1794	31 janvier..	Midi.	3	N.
1797	24 juin....	5 45 soir...	4	N.
1802	28 août.....	5 22 matin.	4,7	S.
1803	17 août....	6 45 matin.	3,7	S.
1804	11 février...	11 52 matin.	9,6	S.
1806	16 juin	5 40 soir...	3,5	N.
1807	29 novembre	11 47 matin.	3,6	S.
1813	1er février..	8 09 matin.	7,7	S.
1816	10 novembre	9 34 matin.	9,1	S.
1818	5 mai.....	6 54 matin.	4	S.
1820	7 septembre	2 11 soir...	10,1	N.
1826	29 novembre	11 15 matin.	6,2	N.
1832	27 juillet...	2 31 soir...	0,7	S.
1833	17 juillet...	5 46 matin.	8,4	N.
1836	15 mai.....	3 33 soir...	9,6	N.
1841	18 juillet...	3 14 matin.	0,5	N.

(1) Au lever. — (2) Au lever. — (3) Annulaire. — (4) Totale en France. — (5) Annulaire à Paris. — (6) Totale en Fr. — (7) Totale à Paris. — (8) Milieu après le coucher. — (9) Au coucher. — (10) Totale au midi Fr. — (11) Au coucher. — (12) Totale au nord Fr. — (13) Au lever. — (14) Totale au sud Fr., au coucher. — (15) Au lever. — (16) Au coucher. — (17) Annulaire à Paris. — (18) Le soleil se couche éclipsé. — (19) Au coucher.

Éclipses de soleil, de l'an 1000 à l'an 1900, visibles à Paris. (Suite.)

DATE.		HEURE DE PARIS.	NOMBRE DES DOIGTS.	OMBRE.	DATE.		HEURE DE PARIS.	NOMBRE DES DOIGTS.	OMBRE.
		H. M.					H. M.		
(1) 1842	8 juillet...	5 52 matin.	10,5	S.	1873	26 mai.....	8 48 matin,	3,1	N.
1845	6 mai.....	9 40 matin.	5,2	N.	1874	10 octobre..	10 29 matin.	3,5	N.
1846	25 avril....	6 30 soir...	3,7	S.	1875	29 septembre	Midi 37.	2,1	S.
(2) 1847	9 octobre..	7 42 matin.	»	»	1879	19 juillet...	8 39 matin.	4,2	N.
1851	28 juillet...	3 18 soir...	9,3	N.	1880	31 décembre	2 47 soir...	4,5	N.
1858	15 mars....	1 06 soir...	10,8	N.	1882	17 mai.....	7 » matin.	3,3	S.
1860	18 juillet...	3 05 soir...	9,6	S.	(4) 1887	19 août. ...	»	8	N.
1861	31 décembre	3 04 soir...	6,3	S.	1890	17 juin.....	9 22 matin.	5,8	S.
1863	17 mai. ...	6 45 soir...	4	N.	1891	6 juin.....	5 55 soir...	3,7	N.
(3) 1866	8 octobre..	»	»	N.	1895	26 mars....	9 55 matin.	1,2	N.
1867	6 mars....	9 08 matin.	9,5	S.	1899	8 juin.....	5 35 matin.	2,4	N.
1868	23 février...	3 54 soir...	1	S.	1900	28 mai.....	4 30 soir...	7,9	S.
1870	22 décembre.	Midi 45.	10	S.					

(1) Totale au midi Fr. — (2) Annulaire à Paris. — (3) Commence au coucher. — (4) Au lever.

Éclipses de lune du dix-neuvième siècle visibles à Paris.

DATE.		HEURE de Paris.	NOMBRE des doigts.	DATE.		HEURE de Paris.	NOMBRE des doigts.
		H. M.				H. M.	
1800	2 octobre.....	10 » soir.	3	1851	17 janvier.........	5 » soir.	5,5
1801	30 mars.........	5 30 matin.	Totale.	1852	7 janvier.........	6 30 matin.	Totale.
1802	11 septembre......	11 » soir.	9	1855	2 mai...........	2 30 matin.	Totale.
1804	26 janvier........	9 30 matin.	5	1856	13 octobre........	11 30 soir.	11,5
1805	11 juillet.........	9 » soir.	Totale.	1858	27 février........	10 » soir.	4
1806	5 janvier.........	Minuit.	9	1860	7 février.........	2 30 matin.	9
1809	30 avril.........	1 » matin.	10	(1) 1862	6 décembre.......	8 » matin.	»
1811	2 septembre......	11 » soir.	7	1863	1-2 juin.	Minuit.	Totale.
1812	27 février.........	6 » matin.	Totale.	1865	4 octobre........	11 » soir.	4
1813	12 août.........	3 » matin.	4	1866	31 mars.........	5 » matin.	Totale.
1814	26 décembre......	11 30 soir.	6	1867	14 septembre......	1 » matin.	8
1816	10 juin.........	1 30 matin.	Totale.	1869	28 janvier........	2 » matin.	5,5
1816	4 décembre.......	9 » soir.	8	1870	12 juillet.........	11 » soir.	Totale.
1818	21 avril.........	Minuit 1/2.	6	1871	6 janvier.........	9 30 soir.	9
1818	14 octobre........	6 » matin.	2	1872	22 mai...........	11 30 soir.	2
1820	29 mars.........	7 » soir.	6	(2) 1873	4 novembre.......	4 30 soir.	»
1822	6 février........	5 30 matin.	4	1876	3 septembre......	9 30 soir.	4
1822	3 août..	Minuit 1/2.	9	1877	27 février........	7 30 soir.	Totale.
1823	26 janvier........	5 30 soir.	Totale.	1877	23 août.........	11 30 soir.	Totale.
1826	14 novembre......	4 30 soir.	Totale.	1878	13 août.........	Minuit 1/2.	6,5
1827	3 novembre......	5 » soir.	10	(3) 1880	16 décembre.......	4 » soir.	»
1830	2 septembre......	11 » soir.	Totale.	1881	5 décembre.......	5 30 soir.	11,5
1833	2 juillet.........	1 » matin.	10	1884	4 octobre........	10 30 soir.	Totale.
1833	26 décembre......	10 » soir.	Totale.	1887	3 août.........	9 » soir.	5
1834	16 décembre......	11 » matin.	8	1888	28 janvier........	11 30 soir.	Totale.
1837	20 avril.........	9 » soir.	Totale.	1889	17 janvier........	5 30 matin.	8
1837	13 octobre...	11 30 soir.	Totale.	1889	12 juillet.........	9 » soir.	5,5
1838	10 avril.........	2 15 matin.	7	1891	16 novembre......	1 » matin.	Totale.
1841	6 février.........	2 30 matin.	Totale.	1892	11 mai.........	11 30 soir.	11
1842	26 janvier.........	6 » soir.	9	(4) 1892	4 novembre.	4 30 soir.	»
1843	7 décembre......	Minuit 1/2.	2	1894	15 septembre......	5 » matin.	2,5
1844	31 mai...........	11 15 soir.	Totale.	1895	11 mars.........	4 » matin.	Totale.
1844	25 novembre......	Minuit 1/4.	Totale.	1896	28 février.........	8 » soir.	10
1845	14 novembre......	1 » matin.	10	1898	3 juillet.........	9 30 soir.	11
1847	31 mars..	9 30 soir.	3	1898	27-28 décembre.....	Minuit.	Totale.
1848	19 mars.........	9 30 soir.	Totale.	1899	17 décembre.......	1 30 matin.	11,5
1849	9 mars.........	1 » matin.	8,5				

(1) Totale après le coucher de la lune. — (2) Totale un peu avant le coucher de la lune. — (3) Totale au lever de la lune. — (4) Totale au lever de la lune.

ÉCOBUAGE (agriculture). —Opération qui s'exécute au début d'un défrichement et qui consiste à écroûter la surface du sol, et à brûler sur place, après les avoir laissés sécher, les gazons et bois morts qu'on a enlevés. Un ou deux jours après, on répand les cendres et la terre brûlée sur le champ. Cette pratique agricole, aussi ancienne que recommandable, a pour but de hâter et de faciliter la végétation, soit en détruisant le racines et les mauvaises herbes, soit en fournissant au terrain un engrais qui agit comme amendement; car la potasse des cendres est un stimulant très-actif pour les végétaux.

L'écobuage convient pour les sols froids, argileux, compactes; pour les terres incultes où viennent les landes, les bruyères, le genêt, qui sont remplies de fibres végétales mortes. On brûle les glaises, les marnes, les prés humides, les mauvais pâturages dont le sol est calcaire, les vieilles luzernières, etc. Mais l'écobuage est inutile dans les terres de bonne qualité, et même il deviendrait nuisible dans les terres peu compactes ou couvertes de graviers. Tous les agriculteurs ne s'entendent pas là-dessus.

. Il convient de pratiquer l'*écobuage* depuis le milieu de mars jusqu'à trois mois au delà, pas plus tard.

On écobue de deux manières : ou à bras d'homme en se servant de la bêche et de la pelle, ou, mieux encore, avec l'instrument appelé écobue, ou bien avec une charrue à versoir. L'écobue est une sorte de houe recourbée et à large tranchant. Elle doit être dure, d'un bon fer, et le tranchant bien acéré. Dans quelques contrées, elle porte le nom de *tranche-gazon*. En Bretagne, on l'appelle *etrepe*, *strepe*. La charrue la plus répandue pour l'écobuage est la charrue ordinaire, à laquelle on adapte une lame acérée au lieu de soc.

Quant aux brûlages, il faut attendre que les gazons soient bien secs pour y mettre le feu; souvent trois semaines ne sont pas trop. Pour les empêcher de repousser et les faire sécher plus vite, il est bon de les remuer de temps en temps. On a recours aux brûlés quand on veut mettre en culture des lieux déserts, des terres vaines, des marécages, améliorer les prés vieux, les champs humides. Alors on amasse toutes sortes de broussailles, de racines, de bois morts, de mauvaises herbes ; on les fait sécher au vent ou au soleil, ensuite on les dispose en petits tas séparés, puis on les recouvre de terre enlevée du sol. Cela fait, on met le feu successivement pour que l'incendie gagne de proche en proche et que la combustion se fasse lentement. Quand les tas suffisamment brûlés, on recouvre de nouveau de terre les monceaux encore chauds. Quelque temps après, on mêle les cendres et on les répand dans le champ.

C'est en hiver que se fait cette opération. On ne saurait trop recommander de prendre des précautions contre l'incendie, surtout s'il y a dans le voisinage des arbres résineux, des fagots ou autres matières inflammables.

L. HERVÉ.

ÉCOLE [du lat. *scola*, formé du grec *scholé*, loisir, repos, relâche, parce que l'étude demande de la tranquillité].—Lieu où l'on enseigne les belles-lettres et les sciences.

Historique.—L'usage des *écoles* publiques pour l'éducation des enfants est très-ancien. Elles étaient, chez les Perses, un des principaux objets des soins du gouvernement. Il y avait des *écoles* publiques dans toute la Grèce. Athènes surtout se distingua par son goût pour les sciences et pour les arts.

Les enfants, dès l'âge le plus tendre, avaient de petites *écoles* où ils apprenaient à lire et à écrire. En sortant des petites *écoles*, les enfants allaient étudier la grammaire, la poésie et la musique sous des maîtres publics, qui leur donnaient des leçons de ces arts, et leur faisaient apprendre en même temps leur langue par principes.

Après l'étude de la grammaire et de la musique, la jeunesse fréquentait les *écoles* des rhéteurs. Socrate et Platon furent les premiers qui donnèrent les principes d'une saine rhétorique. Ils furent suivis d'Aristote et d'Isocrate. L'école de ce dernier devint la plus célèbre de toute la Grèce par le nombre et la qualité des auditeurs.

A Rome, il se passa près de trois siècles sans qu'il y eût d'*écoles* publiques pour les enfants. Quant aux *écoles* de grammaire, on n'en vit point avant l'an 550 de sa fondation, époque à laquelle les grammairiens grecs vinrent s'y établir, et ouvrirent des *écoles* publiques, où ils enseignaient à la jeunesse romaine l'art de parler et d'écrire correctement la langue grecque.

Dans la suite, les Romains ouvrirent aussi des *écoles* de grammaire latine pour les enfants, et où beaucoup de gens, comme le dit Horace, allaient chercher le frais et entendre la lecture des poëtes.

Les *écoles* publiques de rhétorique furent établies à Rome, peu après celles de grammaire, par des rhéteurs grecs, vers l'an 600 de sa fondation. Tous les exercices par lesquels on formait la jeunesse romaine se faisaient en grec, tant parce que les maîtres ne pouvaient trouver des modèles parfaits d'éloquence que dans les orateurs grecs, que parce que, n'entendant point le latin, ils auraient été hors d'état de corriger les compositions en ce genre.

Ce ne fut que vers le temps de Cicéron que les Romains, piqués d'émulation, commencèrent à avoir des rhéteurs latins qui ouvrirent des écoles publiques de rhétorique. L. Plotius Gallus fut le premier.

En France, ce fut Charlemagne qui le premier établit des *écoles* publiques. Elles se tinrent d'abord dans les églises cathédrales, d'où est venue la dignité de scolastique, dans les maisons des évêques, dans les paroisses; ensuite elles se firent dans les monastères. Celles des abbayes de Furbes et de Corbie eurent beaucoup de célébrité. On y apprenait aux enfants la grammaire, l'arithmétique et le chant de l'église.

Dans le douzième siècle, les colléges prirent la place des *écoles*. Robert, comte de Dreux, frère du roi Louis le Jeune, en fonda un à Paris, sous l'invocation de saint Thomas de Cantorbéri; et c'est ce qu'on appelle aujourd'hui Saint-Thomas-du-Louvre.

La capitale de la France devint bientôt le centre des lettres; on y accourait de toutes les parties de l'Europe, et le nombre des étudiants y égalait celui des citoyens : aussi ce corps fut-il souvent redoutable dans les discordes civiles.

Les colléges ont disparu à l'époque de la révolution, avec toutes les anciennes institutions, et ce n'est qu'après un intervalle de dix ans qu'ils ont été remplacés par un système nouveau d'instruction publique, dont les premiers degrés sont appelés *écoles primaires, écoles secondaires*, où l'on apprend à la jeunesse à lire, à écrire, la grammaire et les éléments des mathématiques.

En *philosophie, école* signifie encore une secte, la doctrine de quelques particuliers, et le lieu où on l'enseigne.

Les *écoles* de philosophie, à Athènes, furent les plus

célèbres de tout l'univers. La plus ancienne s'appelait le *Cinosarge.*

Platon, disciple de Socrate, fonda l'*école* dite *Académie*, où les maîtres et les disciples jouissaient de grands priviléges, et particulièrement de celui d'être gouvernés par des lois particulières et d'être hors de la dépendance des magistrats.

Aristote, offensé de ce que Platon ne l'avait pas choisi pour son successeur à l'*Académie*, ouvrit une nouvelle *école*, dans un lieu appelé le *Lycée*, où il enseigna une doctrine différente de celle de Platon; ce qui forma deux sectes de philosophes à Athènes.

A Aristote succéda Théophraste, qui eut une si prodigieuse réputation, qu'on lui comptait jusqu'à deux mille auditeurs.

Zénon, peu après, ouvrit une troisième *école* dans un endroit d'Athènes appelé le *Portique*, d'où ses sectateurs furent appelés *stoïciens*. Cette *école* ne fut pas moins célèbre que celles de l'*Académie* et du *Lycée*.

La philosophie fut absolument inconnue à Rome jusque vers l'an 560, où des philosophes grecs vinrent s'y établir, et y portèrent avec eux le goût des arts et des sciences. Ils commencèrent alors à donner des leçons publiques aux jeunes Romains, qui les recevaient avec une telle ardeur, qu'ils renoncèrent à tous les autres plaisirs et à toutes les autres occupations. Mais des motifs de jalousie firent renvoyer ces philosophes dans leur pays, sous le consulat de Strabon et de Messala.

Quelque temps après, Caton l'Ancien fit encore sortir de Rome quelques philosophes rhéteurs, qui y donnaient des leçons en passant; mais toutes ces contradictions ne purent empêcher que le goût pour la philosophie ne devînt la passion de toute la jeunesse romaine.

On a appelé *philosophie de l'école* cette philosophie enfantée avec effort par la subtilité et l'ignorance, et qui florissait dans le douzième siècle. Les mots y étaient substitués aux choses, et les questions frivoles ou ridicules y occupaient la place destinée aux objets intéressants de la véritable philosophie. Descartes nous a délivrés de cette barbarie.

Dans la primitive église, on nommait *école* de théologie la maison de l'évêque, qui expliquait lui-même l'Écriture sainte aux prêtres et aux élèves. Quelquefois il confiait ce soin à un ecclésiastique éclairé: de là est venue la dignité de théologal dans les églises cathédrales. Ces *écoles* subsistèrent jusqu'au douzième siècle; alors les scolastiques parurent, et formèrent peu à peu les *écoles* de théologie telles qu'elles sont aujourd'hui. Pierre de Lombard, Albert le Grand, saint Thomas, saint Bonaventure, Scot, etc., donnèrent des leçons publiques de cette science: de là les noms d'*école angélique*, pour désigner l'*école* de saint Thomas; d'*école séraphique*, que prirent les frères mineurs, institués par saint François d'Assise, etc.

Les *écoles* de théologie de la *Minerve* et de la *Suprême*, à Rome, sont très-célèbres parmi les catholiques; et celles de Sédan et de Saumur ont été les plus fameuses chez les protestants.

Il n'y avait point d'*école* de droit sous les premiers empereurs. Ceux qui se consacraient à l'étude de la jurisprudence méditaient les lois, se pénétraient des ouvrages des jurisconsultes, et puisaient dans leurs entretiens les lumières qu'ils ne trouvaient point dans leurs écrits.

La première *école* de droit fut fondée à Berythe, en Phénicie; c'est de là qu'elle est nommée *nutrix legum* dans la constitution de Justinien. On ne sait pas précisément en quel temps elle fut fondée, mais le premier qui en ait parlé est Grégoire Thaumaturge, en 222; elle était encore célèbre dans le septième siècle. Les empe-

reurs Théodose le Jeune et Valentinien III établirent, en 425, une école de droit à Constantinople, et une autre à Rome; la première subsista jusqu'en 1453, que Mahomet II s'empara de cette ville. Les incursions des Barbares, en Italie, furent cause que les livres de Justinien se perdirent presque aussitôt qu'on avait commencé à les connaître. Ces livres furent retrouvés vers l'an 1137, à Amalfi, ville de la Pouille, dans le pillage qu'en firent les troupes de Roger, roi de Sicile. Ils passèrent des mains d'un soldat dans celles d'un homme sage, qui les répandit en France. On ne tarda point à en donner des leçons à Montpellier et à Toulouse. On voulut aussi l'enseigner à Paris, mais Honorius III s'y opposa. Il défendit, par une décrétale de l'an 1255, d'enseigner le droit civil dans l'Université de Paris, et Philippe le Bel, conformément à cette décrétale, transféra l'école de droit civil à Orléans.

Haloander, jurisconsulte allemand, fut le premier qui, vers l'an 1500, mit en vogue l'étude des lois romaines dans sa patrie. L'étude du droit français fut établie dans les *écoles* de Paris par une déclaration de l'année 1680.

École de peinture. — En termes de peinture et des beaux-arts en général, signifie une classe d'artistes qui ont appris leur art d'un maître, soit en recevant ses leçons, soit en étudiant ses ouvrages, et qui, en conséquence, ont suivi plus ou moins la manière de ce maître, soit à dessein de l'imiter, soit par l'habitude qui leur a fait adopter ses principes. Ainsi, l'on dit l'*école* de Raphaël, l'*école* de Carrache, l'*école* de Vouet, etc.

Comme on emploie le mot *école* pour exprimer collectivement tous les élèves qui ont reçu les leçons d'un même maître, on se sert aussi, par extension, de ce mot pour rassembler sous une seule dénomination tous les artistes d'un même pays: ainsi, tous les peintres que l'Europe a produits depuis la renaissance des arts sont classés sous la division d'*école florentine, école romaine, école vénitienne, école lombarde, école française, école allemande, école flamande, école hollandaise*, qui, toutes, ont un caractère particulier qui les distingue.

École florentine. — Cette école, dont les instituteurs sont Michel-Ange et Léonard de Vinci, se distingue par la fierté, le mouvement, une certaine austérité sombre, une expression de force qui exclut celle de la grâce, un caractère de dessin qui est d'une grandeur en quelque sorte gigantesque. On peut lui reprocher une sorte de charge; mais on ne peut nier que cette charge n'ait une majesté idéale qui élève la nature humaine au-dessus de la nature faible et périssable de l'homme. Les artistes toscans, satisfaits d'imposer l'admiration, semblent dédaigner de chercher à plaire. Cette *école* a un titre incontestable à la vénération des amateurs des arts: c'est qu'elle est la mère de toutes les *écoles* d'Italie.

École romaine. — Cette *école*, à la tête de laquelle figure Raphaël Sanzio, brille éminemment par la science du dessin, la suprême beauté des formes, la grandeur du style, la justesse des expressions, portées seulement jusqu'au degré où elles ne détruisent pas trop la beauté, les principes de l'art de draper, et ceux de la composition.

Cette *école* s'est livrée tout entière aux principales parties de l'art, à celles qui en constituent surtout le génie et la majesté, et ne s'est occupée du coloris qu'autant qu'il le fallait pour établir une différence entre la peinture variée dans les couleurs et la peinture en clair-obscur.

École vénitienne. — Cette *école*, dont les frères Bellino (Gentil et Jean) jetèrent les fondements, est l'élève de la nature. Les peintres vénitiens n'ayant pas sous les yeux, comme ceux de Rome, des restes de l'art antique, manquèrent de leçons, pour se faire une juste idée de la beauté des formes et de celle de l'expression.

Ils copièrent, sans choix, les formes de la nature; mais ils furent surtout frappés des beautés qu'elle offrait dans le mélange et la variété de ses couleurs. N'étant point distraits de cette partie si flatteuse pour d'autres parties d'un ordre supérieur, ils y donnèrent toute leur attention, et se distinguèrent par le coloris. Ils ne se contentèrent pas de caractériser les objets par comparaison, en faisant valoir la couleur propre de l'un par la couleur propre de l'autre, mais ils cherchèrent encore, par le rapprochement, l'accord ou l'opposition des objets colorés, par le contraste de la lumière et de sa privation, à produire une vigueur piquante, à appeler et à fixer le regard.

École lombarde. — Cette *école*, dont le Corrège est le père et l'ornement, se distingue par la grâce, par un goût de dessin agréable, quoiqu'il ne soit pas d'une grande correction, par un pinceau moelleux et une belle fonte de couleur.

L'*école française* est si différente d'elle-même dans ses différents maîtres, et il y a eu, s'il est permis de parler ainsi, tant de différentes *écoles* dans cette *école*, qu'il est bien difficile de la caractériser. Entre ses artistes, les uns se sont formés sur des peintres florentins ou lombards; d'autres ont étudié à Rome la manière romaine; d'autres ont cherché celle des peintres vénitiens; quelques-uns se sont distingués par une manière qu'ils paraissent ne devoir qu'à eux-mêmes. Son caractère est de n'avoir point de caractère particulier, mais de se distinguer par son aptitude à imiter celui qu'elle veut prendre. On pourrait dire encore, en ne la considérant qu'en général, et laissant à part les exceptions, qu'elle réunit en un degré moyen les différentes parties de l'art, sans se distinguer par aucune partie spéciale, ni en porter aucune à un degré éminent.

Le Poussin jeta les fondements de l'*école française*, et Lebrun, son élève, acheva l'édifice.

École allemande. — Quelques peintres allemands se sont distingués dans le temps où l'art, sorti de la barbarie de son berceau, commençait à devenir florissant; mais, comme ils ne connaissaient ni l'antique, ni le petit nombre de chefs-d'œuvre que commençait à produire l'Italie, ils n'eurent pour maître que la nature, qu'ils copiaient avec peu de choix, et ils conservèrent quelque chose de cette roideur qui forme le style gothique. C'est ce style que l'on marque ordinairement pour caractère de l'*école allemande*.

Cela est vrai si l'on ne considère que les premiers maîtres de cette *école*, tels que Alber Durer et Jean Holbein; mais cela ne l'est plus si l'on parle des ouvrages de leurs successeurs, dont les uns ont été élèves de la Flandre, et les autres de l'Italie. Si, par exemple, on veut y comprendre Mengs et Diétrich, on ne trouve rien en eux du caractère par lequel on veut les distinguer.

École flamande. — Cette *école* mériterait la reconnaissance des arts quand on ne lui devrait que l'invention de la peinture à l'huile. Ce procédé, qui donne aux tableaux un éclat que n'avait pas la détrempe, fut trouvé par Jean Van-Eich, né à Maseyk, sur les bords de la Meuse, en 1370.

L'*école flamande*, dont Rubens est le plus grand maître, joint à l'éclat de la couleur et à la magie du clair-obscur, un dessin savant, quoiqu'il ne soit pas fondé sur le choix des plus belles formes, une composition qui a de la grandeur, une certaine noblesse dans les figures, des expressions fortes et naturelles; enfin, une sorte de beauté nationale, qui n'est ni celle de l'antique, ni celle de l'*école romaine* ou *lombarde*, mais qui est capable et même digne de plaire.

École hollandaise. — Tout ce qui n'exige qu'une imitation fidèle de la couleur et un pinceau précieux est du ressort de cette école; si elle ne choisit qu'une nature basse pour objet de son imitation, elle rend cette nature avec la plus grande vérité, et la vérité a toujours droit de plaire. Ses ouvrages sont de la plus grande propreté, du fini le plus précieux; elle réussit à produire, non les effets les plus savants et les plus difficiles du *clair-obscur*, mais ceux qui sont les plus piquants, tels que ceux d'une lumière étroite dans un espace renfermé et de peu d'étendue, d'une nuit éclairée par la lune ou par des flambeaux, de la clarté que répand le feu d'une forge. Les Hollandais entendent bien l'art de la dégradation de la couleur, celui des oppositions, et sont, par ce dernier moyen, parvenus à peindre la lumière elle-même. Ils n'ont pas de rivaux dans la peinture en paysage, considérée comme la représentation fidèle d'une campagne particulière; ils se distinguent aussi par la représentation des perspectives, des ciels, des marines, des animaux, des fruits, des fleurs, des insectes, et par des portraits en petit.

École d'Angleterre. — Cette *école* s'est formée de nos jours, en Europe; elle réside dans l'Académie de Londres, instituée en 1766. Encore voisine de son berceau, elle s'annonce par de grands succès, et mérite d'autant mieux d'être applaudie, et d'exciter même l'émulation de ses aînées, que les parties qui la distinguent sont les plus nobles parties de l'art, la sagesse de la composition, la beauté des formes, l'élévation des idées, et la vérité des expressions. Cette *école* ne nous est encore connue que par des estampes, mais les amateurs sont déjà familiarisés avec les succès de West et Kopley, Gensborough, Brown, Reynolds, etc. L'*école* anglaise a surtout d'excellents peintres de chevaux.

LUNIER.

ÉCONOMIE [du grec *oikos*, maison, et *nomos*, loi]. — Ce mot signifie proprement *ordre dans la dépense d'une maison*, *dans la conduite d'un ménage*, *dans l'administration d'un bien*. C'est le travail qui chasse la misère et non l'*économie*. — Accompagné d'un déterminatif, ce mot a une foule d'acceptions, dont voici les principales : 1° *Économie politique*; c'est la science qui, dans son acception la plus générale, comprend les principes et les moyens d'après lesquels les hommes se procurent le bien-être et la prospérité matérielle. La grande œuvre qui doit préoccuper les gouvernements et les hommes de bien, dit un auteur, c'est, sans contredit, l'élévation physique, morale et intellectuelle de la classe la plus nombreuse et la plus pauvre. Dans cette entreprise le rôle de l'économie politique est de déterminer les mesures propres à accroître rapidement la production, d'en découvrir les lois régulatrices, et de fixer scientifiquement les justes bases de la répartition des produits. 2° *Économie domestique*; c'est l'ensemble des règles générales qui régissent l'emploi de chaque chose dans un ordre qui fasse éviter les pertes; l'épargne judicieuse des divers objets de consommation; l'exacte appréciation des besoins réels, l'art d'y pourvoir avec sagesse et prévoyance. « L'économie domestique renferme les principes les plus propres à procurer un genre de vie en harmonie avec sa condition, et une somme de bonheur telle que l'homme raisonnable, qui sait se contenter de ce qu'il a, se trouve satisfait. » 3° *Économie animale;* c'est l'ensemble des lois et des phénomènes propres à l'organisme vivant, considéré dans son universalité, c'est-à-dire dans tout le règne animal. Le mot *économie,* dit M. H. Brochin, implique l'idée de lois, de fonctions et d'actes organiques envisagés en ce qu'ils ont de commun dans tous les êtres, et non point dans ce qu'ils ont de particulier à telle classe ou à tel individu. L'étude de l'économie, appliquée à l'homme comme aux animaux, n'envisage, en outre, les actes émanés de l'organisme que dans leur rapport immédiat avec l'entretien de la vie, différente en cela de la physiologie proprement dite, dont l'objet, beaucoup plus vaste, embrasse l'ensemble de tous les phénomènes par lesquels la vie se manifeste. — Voy. *Physiologie* et *Organisme.*

ÉCOSSE (géographie). — Ancien royaume de la Grande-Bretagne, placé au nord des îles Britanniques, dont il fait partie, et situé entre l'océan Atlantique, la mer du Nord et l'Angleterre, dont il est séparé par la Tweed et le canal du Nord. La longueur de l'Écosse, du nord au sud, de 284 milles; la largeur varie de 32 à 150 milles. Sa population est de 2,890,000 habitants (voy. *Îles Britanniques*). La capitale est Édimbourg. L'Écosse avait reçu des Romains le nom de *Calédonie.*

ÉCREVISSES (zoologie) [du latin *astacus.*] — Genre de crustacés qui se distinguent des *pagures* (voy. ce mot) par leur queue deux fois plus longue que leur test, et des autres crustacés à longue queue, par les pinces qui terminent leurs trois premières paires de pattes, ainsi que par la disposition de leurs antennes, qui sont placées sur une ligne droite horizontale.

Les *écrevisses* sont des crustacés qu'on trouve également dans les eaux douces et dans les mers, et toutes les espèces sont recherchées comme aliment, bien que leur chair soit un peu indigeste. Elles ont le naturel si timide que, malgré leur voracité, elles abandonnent leur proie dès que le moindre bruit vient à les effrayer; aussi les pêcheurs qui leur tendent des pièges sont-ils obligés d'observer un profond silence, s'ils veulent faire une capture abondante. On en prend une très-grande quantité en plaçant un morceau de viande corrompue au milieu d'un fagot de branches lâchement attachées. Les *écrevisses* s'empêtrent en voulant aller mordre à l'appât, de sorte que, lorsqu'on retire le fagot, il en est presque entièrement couvert.

Ce genre se divise en deux groupes, les écrevisses propres, qui ont le rostre, ou partie saillante de la carapace, armé d'une seule dent de chaque côté, comme l'*écrevisse commune,* qu'on trouve dans presque toutes les rivières ou ruisseaux; et les homards, dont le rostre est muni de trois ou quatre dents de chaque côté, et qui ne vivent que dans la mer, comme le *homard vulgaire,* dont la taille va quelquefois jusqu'à 30 centimètres et même davantage.

(*Salacroux.*)

ÉCRITURE (grammaire) [du latin *scriptura,* dont la signification est la même.] — L'écriture est un système de figures significatives tracées sur une matière quelconque, de manière à donner à l'expression de la pensée une forme permanente, soit pour en conserver plus sûrement soi-même le souvenir, soit pour la transmettre à un absent, au moyen d'un certain rapport, naturel ou conventionnel, entre le signe et la chose signifiée. Lucain en a donné une définition plus poétique, très-bien imitée par Brébeuf :

> Cet art ingénieux
> De peindre la parole et de parler aux yeux,
> Et par des traits divers de figures tracées,
> Donner de la couleur et du corps aux pensées.

Invention de l'écriture.—On est loin d'être d'accord sur la personne et le pays à qui l'on doit l'écriture. Les anciens, habitués à faire honneur aux dieux et aux héros de la plupart des arts, lui ont donné une origine divine. Ceux qui ne voulaient pas faire remonter cette invention jusqu'à la Divinité, la faisaient du moins descendre toute formée de quelqu'un des personnages les plus saillants au début de leurs annales. Les Égyptiens attribuaient l'invention de l'écriture à Thot, leur Hermès; les Scandinaves, à Odin; les Juifs, tantôt à Moïse, à Abraham ou à Énoch, tantôt à Dieu même; les Grecs, tantôt à Mercure, tantôt au Phénicien Cadmus.

Quoique nous ne sachions rien de positif sur l'invention de cet art, il paraît évident qu'il n'est arrivé au point où nous le trouvons aujourd'hui chez les peuples civilisés qu'à la suite d'essais et de modifications successives, dont le souvenir n'a pu être exactement gardé par l'histoire; car comment retrouver l'origine d'un art avant l'invention duquel il n'y a pu avoir d'historiens? La poésie précéda l'écriture, et le mètre et le rhythme purent quelque temps, à défaut de moyens graphiques, servir à conserver certaines traditions; mais les poëtes recueillirent plus de fables que de faits réels.

Si l'on ignore le génie auquel on doit l'écriture, on n'est pas beaucoup plus instruit sur le peuple chez lequel elle a pris naissance. Une opinion assez répandue l'attribue aux Phéniciens; les Égyptiens ont aussi beaucoup de savants qui se prononcent en leur faveur. Mais, depuis que les savants du dix-neuvième siècle ont fait une étude approfondie du sanscrit, on commence à croire qu'il se pourrait que les Indiens eussent imaginé l'alphabet plutôt que les Égyptiens ou les Phéniciens, dont l'alphabet est si incomplet, tandis que l'alphabet sanscrit est bien plus près de la perfection, et M. Barthélemy-Saint-Hilaire pense que cette imperfection prouve un emprunt fait à l'Inde par les Sémites, qui en ont fait une application à leurs langues avec plus ou moins d'intelligence.

Quant aux caractères idéographiques, ils ont dû être créés simultanément dans diverses contrées car c'est toujours par des peintures plus ou moins grossières que l'on a essayé de fixer la pensée.

Klaproth admettait trois souches au moins des écritures de l'ancien monde : la souche chinoise, la souche indienne et la souche sémitique. Volney, et d'autres savants, au contraire, ont cru devoir rattacher les écritures indiennes au système sémitique, et ce système lui-même n'aurait d'autre origine que les hiéroglyphes de l'Égypte. Il ne resterait donc plus que le système chinois et le système égyptien. La question est bien loin d'être résolue. Pourra-t-elle jamais l'être? On l'ignore.

Utilité de l'écriture. — Son utilité est tellement évidente, qu'il semblerait inutile de chercher à la démontrer. C'est elle, en effet, qui a établi l'immense distance qui sépare l'homme civilisé du sauvage. Sans l'aide des documents écrits, l'expérience de chaque génération eût été presque complétement perdue pour celles qui devaient venir après elle, ou, du moins, les enseignements des temps anciens eussent été singulièrement altérés en passant par la tradition orale.

On a cependant prétendu, et Platon lui-même l'admet, que la mémoire était plus développée chez les hommes avant qu'ils fissent usage de l'écriture; et cela, parce que, lorsqu'ils ont pu se reposer sur celle-ci du soin de conserver leurs souvenirs, ils ont dû moins sentir le besoin d'exercer une faculté qui se trouvait, pour ainsi dire, suppléée. « Nous reconnaissons, dit avec raison M. Vaïsse, le soulagement réel que l'écriture apporte à la mémoire; mais nous ne saurions adopter la conséquence qu'on en veut tirer. Ce soulagement même profite à la faculté, loin de lui nuire; car, en la débarrassant du soin de conserver une partie de nos acquisitions intellectuelles, elle lui permet de reporter sur d'autres objets son activité; et l'homme, au lieu de perdre la mémoire par l'usage de l'écriture, se trouve, au contraire, plus pleinement en état d'ajouter à la masse des idées dont il peut se souvenir sans les écrire, toutes celles que l'écriture lui donne le moyen de conserver sans fatiguer l'une de ses plus précieuses facultés. »

Les Romains estimaient l'écriture et se faisaient gloire de s'y appliquer. Les empereurs eux-mêmes ne se dispensaient pas toujours d'écrire leurs lettres de leur propre main; et, en général, tous les peuples policés firent cas de cet art. Quoique Quintilien semble se plaindre que de son temps on le négligeait, ce ne fut pourtant qu'après les incursions des Barbares, ou depuis le huitième siècle, qu'il tomba dans un avilissement surprenant, fondé sur ce que ces étrangers mirent tout leur mérite dans la bravoure. Dès lors, rien ne fut plus ordinaire que de voir des rois, des princes, des grands, incapables de mettre leurs noms par écrit. Chilpéric fut le premier de nos rois qui eut quelque teinture des sciences, et qui sut véritablement écrire. Cette ignorance crasse ne fit que s'accroître du dixième siècle au douzième. Des évêques, des abbés et des clercs, dont le ministère exigeait de grandes connaissances, n'étaient pas plus lettrés que ceux auxquels la science était moins nécessaire. Il paraît que cette ignorance ne déshonorait pas alors, puisque les évêques ne font pas difficulté de l'avouer. Les rois et les grands les imitèrent dans cette naïveté. On les vit souvent déclarer, dans des actes, qu'ils ne savaient pas signer, vu leur

qualité de gentilshommes. Il y avait quelques moines ignorants, mais c'était le petit nombre; les études et l'écriture avaient toujours été en honneur chez eux; aussi firent-ils souvent les fonctions de notaires publics. Ce ne fut qu'à la fin du treizième siècle que l'art d'écrire commença à reprendre faveur parmi les laïques; au quatorzième, ils l'ignoraient encore pour la plupart. Cette incapacité, presque générale, fut cause que l'on contracta souvent sans écriture; cet abus exista jusque vers le seizième siècle. Quand il y avait un contrat en forme, il paraissait indispensable de faire signer les parties contractantes; lorsqu'elles ne savaient pas écrire, ce qui arrivait souvent, on y suppléait de diverses façons. Aujourd'hui encore, les personnes qui ne savent pas écrire font une croix pour tenir lieu de signature. L'écriture et les autres connaissances sont cultivées depuis plusieurs siècles, et le nombre des gens complétement ignorants diminue de jour en jour. Cependant, on compte encore en France plusieurs millions d'hommes ne sachant ni lire ni écrire; et dans le nombre de ceux qui possèdent ces connaissances, combien s'en trouve-t-il qui les savent trop imparfaitement pour pouvoir s'en servir! La France est, sous ce rapport, au-dessous de l'Allemagne, de la Suède, du Danemark, où presque tout le monde sait lire.

L'art de tracer les caractères d'écriture avec élégance est aujourd'hui en beaucoup plus grand honneur chez les Orientaux que chez nous. Avant l'invention de l'imprimerie, la profession de copiste, et le plus ou moins grand degré de talent avec lequel on l'exerçait, avaient une importance qu'ils ont perdue depuis.

Des divers âges de l'écriture. — L'admirable invention de la parole, qui élève si fort l'homme au-dessus des autres animaux, ne lui a pas suffi pour communiquer ses idées à ses semblables. Les sons, en effet, ne s'étendent pas au delà du moment et du lieu où ils sont proférés; il a donc dû chercher un moyen de fixer des sons aussi fugitifs.

Le premier qu'il a imaginé a consisté à dessiner les images des choses; ainsi, pour expliquer l'idée d'un homme ou d'un cheval, on a représenté la forme de l'un ou de l'autre.

La lenteur de ce genre d'écriture et la grossièreté des dessins, conséquence de la vitesse avec laquelle on les faisait, les inconvénients qui résultent de l'énorme grosseur des volumes contenant de tels écrits, poussèrent à chercher des méthodes plus abréviatives.

Au lieu de peindre toute une action, on se contenta, plus tard, de représenter la principale circonstance d'un sujet. Ainsi, pour figurer deux armées en bataille, les Égyptiens peignaient deux mains dont l'une tenait un bouclier et l'autre un arc.

On substitua bientôt l'instrument idéal ou métaphorique de la chose à la chose même. Un œil et un sceptre représentaient un monarque; une épée peignait un tyran; un vaisseau avec un pilote désignait le gouvernement de l'univers.

On alla plus loin encore : pour représenter une chose, on se servait d'une autre où l'on voyait quelque ressemblance ou quelque analogie. Ainsi l'on représenta l'univers par un serpent roulé en forme de cercle, et la bigarrure de ses taches désignait les étoiles.

On n'employa, dans le commencement, que les figures dont l'analogie était le plus à portée de tout le monde, mais bientôt quelques savants, soit par singularité, soit pour cacher leurs connaissances au vulgaire, se plurent à choisir pour caractères des figures dont le rapport aux choses qu'ils voulaient exprimer n'était point connu. Pendant quelque temps ils se bornèrent aux figures dont la nature offre des modèles; mais, dans la suite, elles ne leur parurent ni suffisantes, ni assez commodes pour le grand nombre d'idées que l'imagination leur produisait. Ils formèrent donc leurs hiéroglyphes de l'assemblage mystérieux de choses différentes ou de parties de divers animaux; ce qui rendit ces figures tout à fait énigmatiques.

Enfin l'usage d'exprimer les pensées par des figures analogues, et le dessein d'en faire quelquefois un secret et un mystère, engagea à représenter les modes mêmes des substances par des images sensibles. On exprima la franchise par un lièvre, l'impureté par un bouc sauvage, l'impudence par une mouche, la science par une fourmi; en un mot, on imagina des marques symboliques pour toutes les choses qui n'ont point de forme; on se contenta, dans ces occasions, d'un rapport quelconque.

Jusque-là, l'animal, ou la chose qui servait à représenter l'idée, avait été dessiné au naturel, mais ce procédé parut bientôt trop lent et trop embarrassant; au lieu de représenter la chose même, on se contenta du seul contour de la figure, qui devint à la longue une sorte de marque.

Quelque abrégée qu'elle fût, cette écriture différait essentiellement de la nôtre, elle représentait des idées, tandis que la nôtre ne représente que des sons.

Enfin, un homme de génie ayant remarqué que le discours, quelque varié qu'il puisse être, n'est pourtant composé que d'un petit nombre de sons, imagina de leur assigner à chacun un caractère particulier. Ce fut là le dernier et le plus remarquable perfectionnement de l'écriture.

Diverses espèces d'écritures. — Il y a donc deux sortes d'écritures bien distinctes : *l'écriture idéographique,* c'est-à-dire la peinture des idées, qui se compose de figures représentant les objets mêmes, soit en reproduisant leur forme par un dessin plus ou moins fidèle, soit en indiquant leur nature par des figures ou symboles ; *l'écriture phonographique* ou *phonétique,* c'est-à-dire la peinture des sons, qui ne représente que les sons dont sont formés les mots par lesquels les idées sont déjà exprimées dans la langue parlée.

Différences des deux systèmes généraux d'écriture. — Les signes idéographiques, imaginés dans l'enfance des langues, et lorsqu'elles étaient encore pauvres, expriment les idées mêmes, abstraction faite

du nom qui a pu être imaginé pour les représenter ; ils n'ont donc aucune espèce de rapport avec la langue parlée, et pourraient conséquemment, s'ils étaient généralement adoptés, servir d'interprètes plus ou moins fidèles à toutes les nations. De ce genre sont les peintures mexicaines, les quipos des Péruviens, les tribunols chinois, les hiéroglyphes égyptiens, enfin les chiffres arabes et même les notes musicales, qui réveillent les mêmes idées chez tous les peuples où ils sont connus, quelque langue que parlent d'ailleurs ces peuples. Cet avantage est très-grand ; cependant on a été obligé de renoncer à toutes les peintures, trop lentes à exécuter et trop embarrassantes. Les hiéroglyphes égyptiens, trop souvent énigmatiques, sont depuis longtemps abandonnés. L'écriture chinoise, bien plus rapide que les hiéroglyphes, sert de moyen de correspondance avec les diverses provinces de ce vaste empire, quels que soient d'ailleurs les dialectes qui s'y parlent ; les Chinois s'entendent parfaitement par ce moyen avec les Japonais et avec les Cochinchinois, peuples dont les langues sont bien différentes de celles qui se parlent en Chine. Mais qui ne serait effrayé des milliers de caractères nécessaires pour atteindre ce résultat ! Quant aux chiffres arabes et aux notes de musique, leur emploi est borné à un usage spécial.

Les signes phonétiques représentent les sons mêmes du langage ; ils doivent donc être traduits à l'oreille avant que l'esprit en perçoive la signification, et sont, par cela même, particuliers à la langue pour laquelle ils sont créés. Malgré ce désavantage, cette écriture tend à remplacer complètement l'écriture idéographique : sa simplicité, son petit nombre de signes, la facilité de les exécuter, tout tend à lui donner cette préférence. Si le nombre des caractères était en rapport avec celui des sons, et si le même caractère n'avait jamais qu'un seul usage, ce système serait aussi parfait qu'il est possible que le soient les ouvrages sortis de la main des hommes, mais malheureusement il n'en est pas ainsi ; rien n'est si difficile que d'apprendre à écrire les sons dans une langue quelconque ; rien n'est plus contraire au bon sens et à la raison que l'orthographe, et, ce qui est plus fâcheux, on ne fait rien pour remédier à ce funeste état de choses.

Direction de l'écriture. — L'écriture par images, qu'emploient les sauvages, n'a pas de direction constante, car elle ne représente ordinairement qu'une scène, dont les différentes parties se lisent pour ainsi dire d'une manière simultanée et intuitive.

L'écriture perpendiculaire, anciennement usitée chez les peuples indiens, l'est encore aujourd'hui chez les Chinois, les Japonais et quelques autres habitants des îles de cette partie du monde. Cette écriture peut commencer de haut en bas ou de bas en haut, de gauche à droite ou de droite à gauche. L'écriture mexicaine formait des colonnes qui devaient se lire, dit-on, de bas en haut.

Les hiéroglyphes égyptiens, disposés selon la forme de l'emplacement que doivent occuper les légendes, suivent tantôt la direction verticale et tantôt la direction horizontale. Dans le premier cas, ils procèdent de haut en bas; dans le second, indifféremment de droite à gauche ou de gauche à droite; le côté vers lequel sont tournées les figures d'hommes ou d'animaux qu'on y voit indiquent assez celui où commence la ligne.

L'écriture orbiculaire, c'est-à-dire en cercle, ne fut peut-être d'un usage suivi chez aucun peuple; mais la forme des vases, des monnaies, des boucliers, y donna lieu quelquefois, sans que le gros de la nation en ait usé. On a découvert sur des roches des écritures d'anciens peuples septentrionaux; mais comme ces lettres, appelées *runes*, sont disposées de façon qu'elles suivent les replis et les spirales d'un serpent qu'on avait figuré d'abord, il est encore assez douteux que cette écriture ait été commune à tout un peuple.

L'écriture horizontale est la plus répandue, mais elle n'est pas toujours dans la même direction. L'écriture des peuples sémitiques, c'est-à-dire des Hébreux, des Arabes, etc., va de droite à gauche, tandis que celle des peuples japhétiques, c'est-à-dire de la plupart des peuples de l'Occident, va de gauche à droite.

Avant d'adopter cette dernière direction, les Grecs écrivaient alternativement de gauche à droite et de droite à gauche. La première ligne partait généralement de la droite, et finissait à gauche; mais chacune des lignes suivantes commençait du côté où avait fini la précédente. Cette écriture s'appelait *boustrophédon*, parce que ces lignes étaient comparées aux sillons que tracent les bœufs, dans les allées et retours de la charrue d'un bout du champ à l'autre. Il ne nous reste que quelques incriptions en boustrophédon.

Matières et instruments propres à l'écriture. — Les matières sur lesquelles on a tracé les pensées ont beaucoup varié. Dom Calmet prétend que l'usage des tables de pierre et de bois pour écrire est le plus ancien dont nous ayons connaissance, soit que ces tables fussent ou non enduites de cire. Cependant il est certain aussi que les rouleaux sont de la plus haute antiquité. Il faudra donc en conclure que le bois, comme matière qui n'avait pas besoin d'une grande préparation, servit le premier à l'écriture pour toutes sortes d'actes, mais que les rouleaux ou d'écorces, ou de feuilles d'arbres, comme moins volumineux, le suivirent de fort près; et que les pierres, les briques et les métaux furent bientôt mis en œuvre pour conserver des monuments à la postérité la plus reculée. Telles furent les tables de la loi chez les Juifs, les hiéroglyphes des Égyptiens sur les pyramides et les obélisques, les lois de Solon inscrites sur des tables de bois, celles des douze tables, gravées sur l'airain, etc. On dit qu'un incendie fit périr, sous Vespasien, trois mille tables de bronze conservées au Capitole, où étaient écrites leurs lois, leurs traités d'alliances; de pareilles tables d'airain ou de cuivre ont quelquefois servi de papiers terriers. Au quatrième siècle, pour la promulgation d'une loi dans les villes

de l'empire romain, on se servit de tables, ou bien de tablettes enduites de céruse, ou enfin de nappes de linge. Les arrêts des empereurs romains étaient inscrits sur des livres d'ivoire. On trouve, dans quelques archives, des actes écrits sur des bâtons et sur des manches de couteaux. On a écrit autrefois sur des feuilles de palmier et d'autres plantes. Les Syracusains, pour proscrire quelqu'un du gouvernement, écrivaient son nom sur des feuilles d'olivier. Les Athéniens écrivaient sur des coquilles le nom du citoyen qu'ils voulaient exiler. L'usage des tablettes enduites de cire a duré jusque vers le commencement du quatorzième siècle, époque où se répandit l'usage du papier de chiffons. On a écrit aussi sur des peaux d'animaux; le parchemin a été celle dont on a fait le plus usage.

Quant aux objets dont on s'est servi pour écrire, ils ont été assez nombreux. Les plus répandus sont: la plume, le pinceau, quand on se sert d'encre ou de tout autre liquide, et le crayon; mais avant leur invention, on recourait à tous les instruments au moyen desquels on pouvait graver.

Écritures idéographiques. — *Peintures mexicaines.* — Ces peintures étaient en usage quand les Espagnols parurent au Mexique. A l'aide de dessins grossiers, les ingénieux habitants de ce vaste empire exprimaient une série d'événements et en relataient l'ordre historique; par la proportion et par la disposition des figures, ils disaient tous les actes d'un chef; ils exprimaient tous les progrès de l'éducation, à partir du berceau jusqu'à l'adolescence, et représentaient les actions et les récompenses des guerriers. Plusieurs bibliothèques de l'Europe renferment des manuscrits mexicains. Par la nature des caractères dont elle se compose, et notamment par l'emploi d'une foule de figures qui paraissent n'avoir qu'une valeur conventionnelle, cette écriture s'éloigne considérablement de celles des autres peuples de l'Amérique. Une ville y est désignée par le dessin d'une maison, accompagné d'une marque particulière; l'année par un cercle, le mois par un croissant, une bataille par deux flèches, un canton par une plante ou un fruit propre au territoire; des têtes d'hommes ornées d'emblèmes signifiaient les chefs des peuples, etc. La férocité des vainqueurs empêcha les Mexicains de perfectionner leur système et d'arriver jusqu'aux hiéroglyphes. Ces peintures étaient une espèce de mosaïque faite avec une adresse infinie, en plumes de toutes couleurs. Les premiers missionnaires, pensant que des idées superstitieuses étaient cachées sous ces tableaux, y mirent malheureusement le feu et les détruisirent. Un très-petit nombre en a été conservé.

Écritures peintes ou dessinées chez quelques autres peuples. — Warburton affirme, qu'antérieurement à l'invention des lettres alphabétiques, toutes les nations firent usage de l'écriture figurative. «Non-seulement, dit-il, les Chinois à l'est, les Mexicains à l'ouest et les Égyptiens au sud, mais encore les Scythes au nord, aussi bien que les populations des contrées intermédiaires, les Indiens, les Phéniciens, les Éthiopiens et les Étrusques, employaient tous une même manière d'écrire, c'est-à-dire par images et hiéroglyphes. » Pour plusieurs de ces peuples anciens on possède plutôt des inductions que des preuves, mais pour les Chinois, les Mexicains et les Égyptiens on a des monuments irrécusables.

Les sauvages de l'Amérique ont encore conservé de nos jours cette espèce d'écriture. S'ils veulent, par exemple, annoncer leur départ pour la guerre, ils tracent grossièrement sur l'écorce des figures d'hommes armés du tomahark; quelques arbres ou un canot indiquent s'ils voyagent par terre ou par eau. Ainsi, les Scythes n'étaient pas encore parvenus à ce degré de civilisation quand leurs députés remirent à Darius ces objets significatifs : une souris, une grenouille, un oiseau, un javelot et une charrue. S'ils avaient su dessiner, au lieu des objets eux-mêmes, ils ne lui en auraient adressé que les figures tracées sur quelques matières.

A l'époque des guerres des Européens avec les indigènes de la Nouvelle-France, on trouva établi chez eux l'usage de relater les événements passés et de transmettre les nouvelles qui pouvaient les intéresser au moyen de figures dessinées.

Les missionnaires jésuites citent des inscriptions en caractères de ce genre qu'ils ont observées chez les Iroquois et chez les Hurons. On en a trouvé de semblables chez les Patagons et parmi les peuplades de l'Océanie.

Les voyageurs qui parcourent les immenses solitudes où erre ce qu'il reste encore des anciennes tribus indiennes de l'Amérique du Nord, y trouvent conservé chez toutes l'usage d'une écriture composée de figures dessinées et peintes. Ce sont des scènes d'un sens quelquefois énigmatique pour l'Européen, mais très-clair pour les aborigènes. Des inscriptions semblables sont quelquefois gravées sur des rochers ou sur des pierres plates; mais on en rencontre plus fréquemment sur le tronc des arbres, et quelquefois on voit ces documents écrits, tracés, sous une forme portative, sur des peaux de bison grossièrement tannées, ou sur des morceaux d'écorce de bouleau.

Les pieux, que plusieurs nations américaines sont dans l'usage de planter sur le lieu de la sépulture des leurs, portent certains signes indiquant non-seulement la tribu du défunt, représentée sous l'emblème sous lequel elle est connue, mais encore le nom même de l'Indien, indiqué par un moyen analogue; diverses marques indiquent le nombre d'ennemis tués par le guerrier et ses autres exploits.

L'emploi des signes écrits a même pris, chez ces mêmes tribus, assez de développement pour que leurs *médas*, qui remplissent le triple rôle de prêtres, de sorciers et de médecins, conservent, sur des tablettes de bois qu'ils portent avec eux, le secret de leurs recettes médicales ainsi que divers détails relatifs à leurs rites.

Une curieuse espèce de monuments écrits étaient les *sagkokoks* des naturels de la Virginie. Ils consistaient dans de grands dessins circulaires, partagés chacun en soixante rayons, et dans lesquels se trou-

vaient relatés d'une manière symbolique les événements survenus dans le pays pendant une période de ce nombre d'années. Le voyageur Lederer décrit un de ces tableaux historiques, où l'arrivée des blancs en Amérique était indiquée par la figure d'un cygne vomissant du feu; image par laquelle le peintre écrivain avait voulu indiquer à la fois la couleur des Européens, leur arrivée par mer et l'effet de leurs armes.

L'usage d'écrire par images et par symboles ne s'est pas conservé seulement chez les sauvages, l'auteur d'un livre sur l'histoire des Huns rappelle qu'il s'est perpétué jusqu'à ce jour en Hongrie chez les aubergistes des campagnes, qui, dans les comptes qu'ils tiennent, désignent d'une manière figurative non-seulement la nature de leurs créances, mais même la qualité de leurs débiteurs. Sur les planchettes couvertes de dessins grossièrement exécutés, qui leur tiennent lieu de livre de commerce, un sabre désigne un soldat, un marteau un forgeron, une hache un charpentier, un fouet un voiturier, etc.

Un lexicographe du siècle dernier dit avoir connu un sourd-muet illettré qui, pour écrire ses notes de blanchissage, avait inventé des figures distinctes pour chaque objet, et il ne s'y trompait jamais.

Un aveugle de notre siècle avait imaginé, pour son usage personnel, un système de notation particulier pour les airs qu'il devait jouer. C'étaient des morceaux de bois, dans le genre des tailles de boulanger, sur lesquels il figurait, au moyen de divers signes, chacune des notes de musique. Chaque morceau était noté sur un certain nombre de bûchettes attachées ensemble. Il avait plein une armoire de ces singulières partitions.

Les figures du blason, si répandues dans le moyen âge, étaient aussi une espèce d'écriture idéographique, et la seule qui pût être à la portée de tous à cette époque d'ignorance. Chaque bannière, chaque écu indiquait, au moyen d'emblèmes fort intelligibles, les titres de chaque guerrier à la considération publique. On apprenait par là qu'il avait attaqué ou défendu une tour ou le passage d'un pont, qu'il avait montré le courage du lion ou la pénétration de l'aigle, etc.

Quelques-uns de nos livres présentent encore un certain nombre de caractères figuratifs, soit naturels, comme ceux par lesquels on représente les calendriers, les almanachs, les phases de la lune et les signes du zodiaque, soit conventionnels, comme les signes usités dans les formules de médecine et de mathématiques, etc.

A l'époque où les Chinois faisaient usage de cordelettes analogues aux quipos péruviens, ils se servaient aussi de bâtons à encoches; leur emploi était autrefois général dans toute l'Asie centrale et boréale. Il a même existé aussi chez nous, où les paysans qui ne savaient pas écrire faisaient, sous les premières races de nos rois, le compte de leurs recettes et de leurs dépenses à l'aide de morceaux de bois taillés. De là vient le nom de *taille*, que reçut le plus ancien de nos impôts publics. Les boulangers, les bouchers et quelques marchands de vins s'en servent encore, même dans les villes.

Quipos ou quipus péruviens. — Cette espèce d'écriture au moyen de cordelettes chargées de nœuds, n'a été qu'un moyen fort rudimentaire de transmettre aux générations certains faits historiques ou seulement d'exécuter certains calculs fort simples. Les quipos sont plus répandus néanmoins, plus variés dans leurs formes, plus usités même qu'on ne le croit généralement. Il paraît que ce système, ou un moyen analogue, a été usité en Chine. Les Aymures, un des anciens peuples du Pérou, passent pour en avoir été les inventeurs. Les Quichuas du Pérou les employaient simultanément avec leurs peintures imparfaites. On en fait encore usage, dit-on, dans certaines provinces indiennes du Chili. On assure que les Mexicains y ont aussi recours. Enfin les *gœonné*, les *garthouas*, les *garsuenda*, tous ces colliers commémoratifs de l'Amérique du Nord, ne sont que des variétés des quipos.

Quipu signifie à la fois nouer et nœud parmi les Indiens. On donnait ce nom à des fils de laine teints de diverses couleurs; les uns étaient monochromes ou d'une seule couleur, les autres présentaient deux ou trois couleurs, et même plus. Monochromes

tion totale de chaque province. Dans cet exposé, le premier fil indiquait ce qu'il y avait de vieillards âgés de soixante ans et au-dessus; le second, ceux qui avaient atteint la cinquantaine, et ainsi de suite; on descendait, en suivant une progression de dix ans en dix ans, jusqu'aux enfants à la mamelle. Quelques-unes de ces cordelettes donnaient naissance à des fils plus menus, mais de même couleur, établissant les exceptions à ces règles générales. Ainsi, à propos des cordonnets destinés à exprimer un nombre quelconque d'individus des deux sexes appartenant à une série particulière, ils en attachaient d'autres propres à faire connaître combien il y en avait de mariés, et s'il y en avait qui fussent veufs.

Quelques écrivains reconnaissent aux quipos une valeur phonétique, et assurent que l'on pouvait produire autant de combinaisons dans les cordelettes colorées que nous en obtenons par nos alphabets; mais ce ne sont là que des hypothèses, dont rien ne prouve l'exactitude.

Les quipos pouvaient-ils transmettre toute la série des événements historiques? Pouvait-on, par leur moyen, conserver la substance des édits impériaux? Oui, disent quelques écrivains. On peut cependant en douter, quand on lit, dans d'autres auteurs, que,

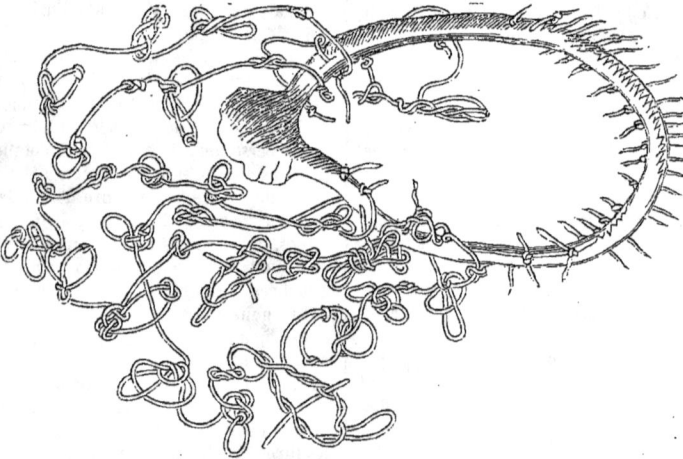

Fig. 7. — Quipos péruviens.

ou colorés de teintes diverses, ces fils avaient leur signification propre. Généralement très-tordus, ils se composaient de trois ou quatre brins à peu près gros comme un petit cordon : ces cordelettes s'entrelaçaient avec un autre fil en manière de frange, mais dans un ordre déterminé. Il y avait des quipos fort simples, et des réunions de cordelettes offrant un ordre beaucoup plus complexe. C'était la couleur qui donnait au fil une partie de sa signification. Le jaune désignait l'or; le blanc, l'argent. Les choses qui ne pouvaient être racontées par la succession des couleurs se trouvaient exprimées par les cordelettes elles-mêmes, en commençant par celles qui étaient destinées à représenter une qualité supérieure, et en finissant par celles d'un ordre différent. Lorsqu'ils avaient à parler des vassaux de l'empire, ils dénombraient les familles de chaque bourgade, puis réunissaient immédiatement en une masse la popula-

pour remédier au doute qui se faisait sentir dans l'expression de tels ou tels faits, de telles ou telles paroles, par le manque de certaines couleurs et de certains chiffres, les lettrés étaient tenus de faire des rapports dans lesquels on puisait également l'histoire, la série des événements, la substance des discours; les archivistes lecteurs des quipos les fixaient de mémoire, probablement par des combinaisons nouvelles dans la disposition des cordelettes. La meilleure preuve que ces archivistes se regardaient parfois comme incompétents dès qu'il s'agissait d'une interprétation positive, c'est qu'ils appelaient les poëtes à leur aide pour la transmission de la tradition.

Comme l'usage des quipos est abandonné, nous n'avons plus que des notions incomplètes et inexactes sur leur nature réelle; car, si les uns prétendent qu'ils pouvaient représenter les sons; qu'on pouvait, à son gré, omettre certains passages dans les quipos, comme nous feuilletons un livre, les autres nous disent : « Ces lignes et leur arrangement étaient de pure convention ; et, sans avoir actuellement aucun sens, ils pouvaient très-bien représenter ce dont on était convenu qu'ils devenaient la représentation. C'est ainsi que les cours de l'Europe ont actuellement des chiffres ou signes particuliers pour les expéditions secrètes, dont le sens n'est connu que d'elles et de leurs

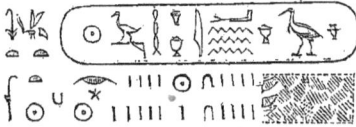

Fig. 8. — Écriture hiéroglyphique gravée sur pierre.

agents, et par lesquels on supplée à l'écriture vulgaire. Si nous apercevions des nœuds faits à quelque dessein au mouchoir de quelqu'un, ou quelque chose dans sa tabatière, et à laquelle il attache un sens, ce ne seraient pas des signes pour nous avant d'avoir été prévenus du sens qui y serait attaché ; mais ces signes ne se- raient pas moins représentatifs pour celui qui serait prévenu du sens qu'on y aurait donné. Ils seraient même une espèce d'écriture qu'on aurait pu tracer sur le papier, où elle n'aurait de sens pour aucun autre que pour ceux qui seraient convenus de sa valeur. » (Fig. 7.)

Hiéroglyphes. — On appelle *hiéroglyphes* [en grec *hieros*, sacré, *gluphô*, je grave], les caractères en usage chez les Égyptiens et chez quelques autres peuples de l'antiquité. Les Grecs leur ont donné ce nom parce que, chez les peuples qui en faisaient usage, ces ca- ractères étaient principalement en usage chez les prêtres. On

Fig. 9. — Écriture hiératique.

distingue plusieurs sortes d'hiéroglyphes : les plus simples représentent l'homme par un de ses mem- bres ; un incendie par une fumée qui s'élève ; un combat par deux mains, l'une avec un glaive, l'autre avec un bouclier. Dans une seconde espèce d'hiéroglyphes, un œil joint à un sceptre désigne un roi ; une épée avec les deux signes précédents, un tyran sanguinaire ; le soleil et la lune rappellent la suite des temps, et un œil dominant le tableau nous révèle la Divinité. Enfin, une troisième espèce d'hiéroglyphes était de nature à représenter les idées métaphysiques et les abstractions les plus profondes de la philosophie. Cette méthode de représenter les idées est très-naturelle, et les peuples, quelque lan-

Fig. 10. — Écriture démotique.

gue qu'ils parlent, parviendraient à déchiffrer de tels hiéroglyphes s'ils connaissaient les mœurs, les usa- ges du temps et les analogies qui leur ont servi de base. D'ailleurs, les prêtres égyptiens, quand l'écriture al- phabétique devint générale, ont fait des hiéroglyphes une écriture mystérieuse, prenant à tâche d'exprimer la vérité par des signes de pure convention, sans au- cun rapport avec les choses qu'ils voulaient expri- mer. On sait, du reste, que, chez plusieurs peuples de l'antiquité, les prêtres avaient des écritures se- crètes, qu'ils ne révélaient qu'aux initiés.

Plusieurs inscriptions prouvent que l'écriture hié- roglyphique était autrefois d'un usage général. Un ancien temple de Minerve, entre autres, portait celle- ci : Un enfant, un vieillard, un faucon, un oiseau, un hippopotame. L'enfant et le vieillard signifient indu- bitablement qu'on s'adresse ici aux hommes de tout âge, à toute l'espèce humaine ; le faucon et l'oiseau marquent l'antipathie et la haine ; l'hippopotame l'im- pudence : le sens littéral est donc : *Homme, déteste l'impudence* ; ou bien : *Homme, défie-toi de ta sagesse.*

La signification des hiéroglyphes égyptiens paraît s'être perdue dans le temps où les Grecs se furent rendus maîtres de l'Égypte. De nos jours, Champol- lion paraît en avoir trouvé la clef.

Après avoir été purement idéographi- ques, les hiéro- glyphes sont devenus phoné- tiques, et plu- sieurs pensent que nos alphabets ne sont que des altérations des caractères hiéroglyphiques.

Les hiéroglyphes étant trop lents à tracer et occu- pant un trop vaste espace, on ne s'en servit plus que sur les monuments, dans les descriptions, mais, pour l'écriture courante, on se contenta de quelques traits de la figure primitive, en lui conservant toutefois sa signification première.

C'est ce qui a donné lieu aux trois genres d'é- criture usités dans l'antique Égypte ; les Grecs les dési- gnaient sous les noms de *hiéroglyphique*, de *hiératique* et de *démotique*.

L'écriture hiéroglyphique était la plus parfaite ; elle servait à l'ornementation des monuments et à la ré- daction des descriptions et des ouvrages funèbres. En voici un exemple (fig. 8) :

L'écriture hiératique, ou écriture des prêtres, était une abréviation de la précédente. On la rencontre fréquemment sur le *papyrus*, ou papier d'Égypte. En voici un exemple (fig. 9) :

L'écriture démotique consistait en une déforma- tion et des abréviations extrêmes de l'écriture hié- roglyphique ; c'était l'écriture commune de l'Égypte. On en trouve sur les papyrus. (Fig. 10.)

Voici enfin une inscription hiéroglyphique avec

son interprétation. Elle signifie mot à mot: Je, dieu Chons, accorde aller sa majesté au pays de Baschtan pour délivrer la fille du chef du pays de Baschtan; c'est-à-dire : Je consens, dit le dieu Chons, à ce que sa majesté se rende dans le pays de Baschtan pour délivrer (ou pour épouser) la fille du chef du pays de Baschtan. (Fig. 11.)

Écriture chinoise. — Les Chinois ont, comme les Égyptiens, commencé à faire usage d'hiéroglyphes; mais ils ont, plus tard, rejeté les images, pour n'en conserver que des traits. Chaque idée a son caractère particulier, ce qui en a considérablement multiplié le nombre, puisqu'on l'a porté jusqu'à 80,000; cependant, quelques savants n'en comptent que 40,000. Cette différence vient sans doute de ce que les uns comptent tous les caractères qui ont pu être usités à toutes les époques, et que les autres ne s'occupent que de ceux qui sont aujourd'hui encore en usage.

Selon les traditions locales, l'usage de l'écriture, en Chine, est antérieur de plus de vingt-cinq siècles à notre ère. Les images grossièrement dessinées dont se composèrent les caractères primitifs des Chinois ont presque complétement disparu dans les traits roides des caractères postérieurs. Les premiers signes représentaient es objets isolés, soit naturels, soit façonnés. On ne tarda pas, pour exprimer certaines idées, à grouper ensemble deux ou plusieurs images. C'est ainsi que les figures réunies du soleil et de la lune indiquèrent la lumière; une flèche et un oiseau la chasse; un homme et une montagne un ermite. Les figures d'un oiseau et d'une bouche signifièrent chanter; celles d'une porte et d'une oreille entendre. L'idée de larmes fut exprimée par la réunion des caractères de l'œil et de l'eau. Quelques-unes de ces images présentaient des allusions difficiles à saisir. Ainsi, le caractère qui désigne le tonnerre se composait de quatre roues réunies par des lignes en zigzag, ce qui ne s'explique que par le fait que les Chinois représentent le génie qui préside à ce phénomène naturel, sous la forme d'un jeune homme marchant sur des roues enflammées. Pour exprimer les idées abstraites, on détourna le sens des caractères exprimant des objets matériels. L'image d'un cœur représenta le sentiment, la pensée, etc.; enfin, dans un grand nombre de groupes, l'un des deux signes n'eut plus qu'une valeur phonétique. C'est ainsi que le signe qui signifie *lieu*, et se prononce *li*, ne représente qu'un son lorsqu'il compose, avec le signe de poisson, un groupe qui signifie la

carpe, c'est-à-dire l'espèce de poisson appelée en chinois *li*.

Malgré cette grande confusion de caractères, l'écriture chinoise est comprise de plusieurs peuples voisins dont les langues sont tout à fait différentes, à peu près comme nos chiffres et nos calculs mathématiques, ainsi que nos notes de musique sont compris d'un grand nombre de peuples dont les langues sont tout à fait différentes; mais chacun les prononce à sa manière. Il s'est même trouvé des savants qui ont prétendu que le système chinois était supérieur à nos caractères alphabétiques, et qu'il ne présentait pas plus de difficultés réelles. Cette opinion a tout l'air d'un paradoxe, et peu de personnes seront disposées à l'admettre comme une vérité.

Pour se reconnaître au milieu des nombreux caractères de leur langue, les Chinois les ont classés d'après les traits élémentaires qui entrent dans leur composition. Ils en ont ainsi extrait une série de radicaux, désignés par eux sous le nom de *pou*, et que les idéologues européens ont appelés *clefs* ou *tribunals*. C'est d'après ces clefs que les mots sont rangés dans les dictionnaires chinois. Le nombre en a varié beaucoup depuis leur création; il est aujourd'hui de 214.

L'écriture chinoise a beaucoup varié. La plus ancienne était en caractères appelés *khotéou*, c'est-à-dire *têtard*,

Fig. 11. — Inscription hiéroglyphique.

parce que les traits irréguliers de chaque ligne ressemblaient généralement assez aux contours de l'animal qui porte ce nom, comme on peut en juger par le spécimen suivant (fig. 12) :

Une autre écriture chinoise, également d'une haute antiquité, représentait des figures grossières des objets, comme dans l'exemple suivant (fig. 13) :

Celle que les Chinois appellent *tchouan* ne sert plus guère aujourd'hui que pour écrire les noms propres sur les sceaux et à la fin des préfaces d'ouvrages imprimés. En voici un exemple (fig. 14) :

Les caractères carrés d'impression, tels qu'on les emploie habituellement dans les ouvrages sérieux imprimés à la Chine, sont figurés dans la gravure suivante, ainsi que les caractères de l'écriture cursive manuscrite, employée habituellement par les lettrés de la Chine. (Fig. 15.)

Diverses applications de l'écriture.—Le télégraphe aérien, employé pour transmettre de loin les signaux, soit qu'ils se lisent dans les diverses positions de quelques tringles, dans la couleur ou le nombre des pavillons ou des fanaux, sert à transmettre rapidement la pensée à des distances considérables; mais

ce moyen a été dépassé de beaucoup par le télégraphe électrique, aussi rapide que l'éclair. Les anciens ne connaissaient que les signaux de jour et de
nuit, et les hémérodromes ou coureurs.

On ne s'est pas contenté de peindre la pensée
par des procédés graphiques, on a aussi fait des
tentatives plus ou moins heureuses pour écrire les
pas de la danse, les gestes de la pantomime et les
accents de la déclamation. La *chorégraphie* donne le

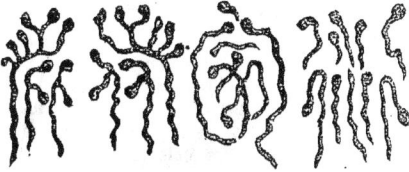

Fig. 12. — Écriture chinoise en têtard.

moyen d'écrire toutes les figures d'un ballet. La
mimographie, inventée par M. Bébian, a pour but
de reproduire graphiquement tous les gestes de la
pantomime. Cet art est encore à l'état de germe.
Enfin, ce n'est que récemment que l'on a tenté de
noter les ac-
cents de la dé-
clamation.

Écriture pho-
nétique ou al-
phabétique. —
Dans l'écriture
de la pensée,
il restait tou-
jours une diffi-

Fig. 14. — Écriture tchouan, moyenne antiquité.

culté pour rendre un grand nombre de pensées
intellectuelles et métaphysiques : c'est ce qui fit inventer l'écriture des sons. Au lieu d'une infinité de
traits et de caractères qui, étant isolés, avaient un sens
propre et fort étendu, on réduisit à deux douzaines
environ le nombre de ces signes, auxquels on donna
un son de convention, puis, par les divers assemblages et les différentes combinaisons de ces caractères sonores rapprochés, on forma primitivement
des mots univoques, expressifs pourtant, qui furent
les racines de plusieurs autres mots composés de
ces monosyllabes, qui servirent les uns et les autres
à rendre les pensées et à les différencier, selon leur
degré d'approximation et de disparité.

Comment a-t-on passé de l'écriture idéographi-
phe à l'écriture phonétique? On ne sait rien de positif à ce sujet; on a seulement là-dessus des conjectures plus ou moins probables.

Ainsi, l'on prétend que les Chinois, obligés de
rendre leurs signes plus cursifs, pour consigner plus
rapidement par écrit les nombreux objets qu'ils ne
pouvaient plus confier à leur mémoire, altérèrent
chaque jour davantage la forme des caractères, qui
représentaient, dans l'origine, plus ou moins la
forme des objets; aussi, dans l'état actuel, ne pré-

sentent-ils plus à l'œil qu'un rapport extrêmement
faible et souvent nul avec les idées qu'ils devaient
représenter.

On ne s'arrêta pas là ; on renonça à reproduire
la nature spécifique de l'objet, et l'on chercha simplement à rappeler le nom qui le désignait dans la
langue parlée. Les premiers mots écrits phonétiquement le furent, comme cela eut lieu en Chine,
sous la forme de rébus, dans lesquels certains si-

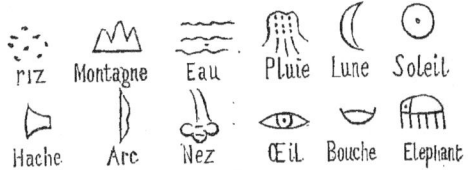

Fig. 13. — Écriture chinoise de la haute antiquité.

gnes abandonnent momentanément leur valeur
idéographique pour n'être plus que les représentants
de la parole. Ce procédé était singulièrement facilité
par le caractère monosyllabique de la langue. Cette
simplification de l'écriture ne fut pas poussée fort
loin par les
Chinois. Ils
bornèrent l'ap-
plication du
nouveau pro-
cédé à la for-
mation d'une
certaine por-
tion de la no-
menclature et
à la transcription des noms propres étrangers.
M. Stanislas Julien, professeur de chinois au Collége
de France, est parvenu à jeter les bases d'un alphabet ou plutôt d'un syllabaire chinois, composé de
plus de 500 signes.

En Égypte, la question a-fait un pas de plus
dans cette voie. Un système de signes composé de
figures d'animaux, d'hommes, de plantes, de membres du corps ou d'instruments divers, ne servit, dans
le plus grand nombre des cas, qu'à peindre, comme
par de véritables lettres, les sons de la langue. L'é-
criture de la parole s'est étendue à la transcription du
discours entier. Un quart ou un tiers des hiéroglyphes est devenu représentatif du système des
sons.

Les premiers essais d'analyse du discours firent
reconnaître les syllabes. Ce fut à ce degré de décomposition que s'arrêtèrent les Japonais, et celui par lequel passèrent sans doute les hiéroglyphes égyptiens,
et les plus anciennes écritures sémitiques.

On observa que plusieurs syllabes renfermaient
des éléments communs, et dès lors on affecta chaque
caractère d'écriture, non plus au groupe que formait
la réunion d'une consonne et d'une voyelle, mais à
l'une seulement de ces valeurs. Le nombre total de

ces signes fut considérable; il varia, suivant les langues, de 20, 30 ou 40.

Quelques langues orientales négligèrent d'écrire les voyelles; elles les convertirent en de vagues signes d'aspiration. Il fut laissé à l'intelligence du lecteur de rétablir, entre celles-ci, dans la lecture, les voyelles qui devaient s'y prononcer. Ce n'est qu'à une époque comparativement moderne que furent inventés certains signes accessoires, destinés à fixer la lecture à cet égard. Ces signes, dits *points-voyelles* dans l'hébreu, *motions* dans le syriaque et dans l'arabe, n'entrent pas dans le corps de l'écriture, mais se placent, sauf une seule exception, en dessus ou en dessous. Malgré l'utilité incontestable de tels signes, comme complément d'alphabets exclusivement composés de consonnes, l'usage en est fort restreint.

Caractères phonétiques des divers peuples de l'Asie et de l'Afrique. — Ainsi que je l'ai dit plus haut, l'écriture chinoise, quoique idéographique, a cependant un certain nombre de caractères phonétiques.

Champollion a découvert l'alphabet des hiéroglyphes. Une partie des signes hiéroglyphiques était idéographique et l'autre alphabétique.

Plusieurs peuples voisins de la Chine ont adopté les signes écrits des Chinois, mais en les lisant chacun dans leur propre langue.

Les Japonais en font aussi usage dans leurs ouvrages scientifiques, mais dans

Fig. 15. — Écriture chinoise moderne.

toutes autres circonstances, ils se servent de diverses syllabes formées de parties de caractères chinois.

Suivant Diodore de Sicile, les anciens Éthiopiens avaient deux sortes de signes écrits, dont l'un d'eux était probablement hiéroglyphique. Ces anciens caractères sont aujourd'hui perdus. Les habitants de ce pays se servent de nos jours d'un syllabaire composé de 182 signes, résultant de la combinaison de 26 consonnes et de 7 voyelles.

Avec l'addition de 7 nouvelles consonnes, cet alphabet sert à transcrire l'idiome amharique, qui a remplacé depuis longtemps l'éthiopien.

L'alphabet phénicien, un des plus anciens des peuples sémitiques, était composé de 22 lettres.

L'hébreu samaritain fut, dit-on, commun à la nation juive jusqu'à la captivité.

L'hébreu carré ou chaldéen fut, selon quelques auteurs, apporté par Esdras de Babylone.

Le caractère rabbinique a pris naissance au moyen âge. Les Juifs en font usage dans les relations ordinaires de la vie.

Le syriaque est composé de deux espèces de caractères. L'une d'elles, appelée *pechito* ou simple, a une forme plus cursive, plus inclinée et plus rarondie, d'un type antérieur, l'*estranghelo*.

Le plus ancien caractère arabe est l'himyarite, qui avait autrefois cours dans l'Yémen et l'Éthiopie,

ce qui explique le rapport frappant que ces caractères présentent dans leur physionomie générale avec ceux du syllabaire éthiopien.

Chez les Himyars ou Homérites, l'écriture était réservée aux classes élevées de la nation, et il était défendu, sous des peines sévères, d'en donner connaissance, soit aux étrangers, soit aux classes inférieures. Dans les inscriptions himyarites, les lignes y marchent alternativement, comme dans le grec boustrophédon, de droite à gauche et de gauche à droite. Cet alphabet a 28 lettres.

Le coufique, dont l'alphabet a 22 lettres, tire son nom de la ville de Koufa, sur l'Euphrate. Il ne sert plus guère que pour les inscriptions.

L'écriture arabe la plus répandue aujourd'hui est le *neskhi*. Cette écriture est employée également par les Turcs, les Persans, les Afghans, les musulmans de l'Indostan et les Malais. Mais ces peuples, en l'adoptant, y ont ajouté quelques nouveaux points diacritiques et quelques nouveaux signes pour la rendre propre à exprimer tous les sons de leurs langues respectives. Les Persans ont une manière très-élégante de le tracer, à laquelle ils donnent le nom de *talik*.

Le mandéen, écriture syrienne des sabéens, présente cela de particulier, qu'on y fait entrer les voyelles dans le corps de l'écriture, et que les lettres y sont jointes les unes aux autres par une barre qui les traverse. Cette écriture a donné naissance à celle des Turcs Ouigours, chez lesquels la portèrent, au douzième siècle, quelques prêtres nestoriens. Au siècle suivant, les Mongols en formèrent une sur le même modèle, et ils la communiquèrent aux Mandchous, qui au moyen de quelques additions, la rendirent propre à traduire leur idiome. Les deux alphabets des Mongols et des Mandchous s'écrivent en colonnes perpendiculaires qui se succèdent, pour les premiers, de gauche à droite, et pour les seconds de droite à gauche.

L'alphabet zend paraît avoir une origine sémitique, mais il en diffère en ce qu'il a des signes distincts pour les voyelles.

Le caractère pehlvi, dont l'origine est la même, n'exprime pas les voyelles.

L'alphabet arménien a 38 lettres, dont 7 voyelles.

Les Géorgiens ont deux alphabets distincts.

Des caractères tout spéciaux paraissent avoir été répandus autrefois dans l'Assyrie, la Babylonie, la Perse et jusqu'en Arménie, puisqu'on les trouve sur les ruines de Ninive, de Babylone et de Persépolis. On leur a donné le nom de *cunéiformes*, parce qu'on a trouvé de la ressemblance entre un coin triangulaire et le trait fondamental des diverses combinaisons duquel ces signes résultent. On distingue plusieurs systèmes de cunéiformes, qui, quoique devant se lire uniformément de gauche à droite, paraissent avoir servi à la transcription de langues d'origine différente. Le plus compliqué de ces systèmes est celui dont les briques et les cylindres gravés de Babylone portent l'empreinte.

Le plus ancien caractère de l'Inde est le magadha, dont l'alphabet a 36 lettres.

Les caractères en usage au Thibet présentent beaucoup de rapport avec les anciennes inscriptions bouddhiques de l'Inde; ils sont au nombre de 40.

Le sanscrit emploie l'alphabet dévanâgari, c'est-à-dire écriture des dieux. Il est un des plus parfaits que l'on connaisse. Il se compose de 51 signes, savoir : 14 voyelles et diphthongues, 2 caractères destinés à exprimer la nasalité et l'aspiration finales, et 35 consonnes.

Le caractère guzarati, en usage dans le nord de la côte de Malabar, présente beaucoup de rapports avec l'alphabet précédent.

Le tamoul, usité le long de la côte de Coromandel, s'écrit avec un caractère qui s'éloigne beaucoup du dévanâgari.

L'alphabet grantham du Malabar a beaucoup d'analogie avec le tamoul.

Le télinga se sert d'un caractère à forme carrée.

Le pali, qui servait à écrire autrefois la langue religieuse de l'Indo-Chine, est composé de 45 lettres.

L'alphabet javanais compte 27 lettres. On se sert de capitales qui se placent indifféremment au commencement, au milieu ou à la fin des noms des personnes ou des choses que l'écrivain juge dignes d'un respect particulier.

L'alphabet bougui, en usage dans l'archipel des Célèbes, se compose de 22 lettres.

Beaucoup de langues n'ont pas encore d'alphabet.

Alphabets européens. — L'alphabet étrusque, composé de 21 lettres, s'écrivait de droite à gauche.

Les Grecs, après avoir écrit de droite à gauche, puis alternativement de gauche à droite et de droite à gauche, adoptèrent définitivement la direction de gauche à droite, pratiquée aujourd'hui par presque tous les peuples de l'Europe.

Les lettres grecques furent de bonne heure transportées dans le midi de la Gaule et le nord de l'Espagne. Du temps de Strabon, il paraît que les Gaulois écrivaient en grec tous leurs actes civils.

Les Coptes, convertis au christianisme, abandonnèrent l'ancienne écriture égyptienne pour adopter celle des Grecs; ils y ajoutèrent cependant quelques nouveaux caractères.

Ulphilas, évêque des Goths de Mœsie, fut l'inventeur du caractère méso-gothique, formé du type grec antique.

L'alphabet russe a une origine évidemment grecque.

Le caractère illyrien, dit *glagolitique*, est attribué à saint Jérôme.

Les caractères runiques, dont le nom dérive d'un ancien mot germanique signifiant entaille, étaient autrefois en usage dans l'Allemagne du Nord, en Danemark, en Suède et en Norvége.

L'alphabet latin, aujourd'hui en usage dans presque toute l'Europe, a reçu quelques modifications pour la forme chez quelques peuples; d'autres ont ajouté à quelques lettres des accents, des traits pour l'adapter à leur langue.

Différents genres d'écriture dans le même alphabet. — Ces variétés s'emploient concurremment, mais pour des usages spéciaux.

Écriture posée et courante. — Plusieurs écrivains ont prétendu que les Romains n'avaient d'autre écriture que ces caractères qu'on voit sur les marbres, les médailles et les manuscrits les plus somptueux; d'autres ont soutenu, avec beaucoup plus de fondement, qu'ils avaient deux sortes d'écritures, l'une posée et noble, réservée pour les inscriptions et les ouvrages d'éclat, l'autre propre aux minutes et aux affaires qui demandaient à être expédiées promptement.

Écriture nationale. — Outre ces deux divisions, communes aux différents peuples, chaque nation ajouta à l'écriture romaine son goût propre et particulier, ce qui lui prêta un coup d'œil et un air tout différent, et qui donne naturellement la distinction des écritures nationales. De là cette différence entre le goût et l'écriture des Lombards, des Saxons, des Espagnols, des Goths, des Français; de là aussi ces différents caprices qu'on remarque dans l'écriture des anciens Francs-Gaulois ou Mérovingiens et celle de leurs successeurs ou Carlovingiens.

L'Italie conserva son écriture première jusqu'à l'incursion des Goths; elle adopta alors une écriture appelée *italo-gothique*.

Les Lombards introduisirent une écriture que l'on désigna sous le nom de *lombardique*; les papes s'en sont servis dans leurs bulles.

La décadence des lettres ayant eu lieu en Italie comme ailleurs, l'écriture y dégénéra en ce que nous appelons *gothique moderne*.

En Espagne, les Goths ou Visigoths portèrent, dans leur incursion, la corruption des belles-lettres, et donnèrent lieu à l'écriture *visigothique* ou *hispano-gothique*, puis enfin à la *tolétano-gothique* ou *mozarabique*, et enfin à la *gothique moderne*.

En France, les écritures furent plus variées. Les Gaulois, subjugués par les Romains, suivirent d'abord leur manière d'écrire, puis ils y mirent quelque chose du leur, ce qui donna naissance à l'écriture *romano-gallicane*.

Les Francs, ayant fait la conquête des Gaules, introduisirent dans l'écriture des altérations qui produisirent l'écriture *franco-gallique* ou *mérovingienne*.

Sous Charlemagne et quelques-uns de ses successeurs régna l'écriture *caroline* ou *carlovingienne*.

Enfin, vers le douzième siècle, la dépravation du goût amena l'introduction de la gothique moderne.

L'écriture saxonne a aussi ses divisions, qui sont la *britanno-saxonne*, l'*anglo-saxonne*, la *dano-saxonne*, etc.

Écriture capitale. — On en a distingué de diverses espèces : la *capitale carrée*, la *capitale ronde*, la *capitale cubitale*, la *capitale élégante*, la *capitale rustique* et la *capitale nationale*. Voici un modèle d'écriture capitale du quatrième siècle (fig. 16).

Écriture onciale. — On l'a souvent, mais à tort, confondue avec la capitale; c'est, il est vrai, une majuscule, mais elle diffère des capitales par plusieurs caractères qui sont propres à ce genre d'écriture. On distingue quatre sortes d'écriture onciale : à double trait, à simple trait, à plein trait, à traits obliques.

L'onciale a aussi varié suivant les temps et les pays; il y a eu l'*onciale romaine*, l'*onciale gallicane*, l'*onciale mérovingienne*, l'*onciale lombardique*, l'*onciale visigothique*, l'*onciale caroline*, l'*onciale anglo-saxonne*, l'*onciale allemande*, etc.

Écriture demi-onciale. — Cette dénomination ne lui convient guère; elle serait mieux nommée *écriture mixte*, parce qu'il est presque de son essence de réunir des lettres onciales ou minuscules à celles qui lui sont propres.

Écriture minuscule. — L'écriture minuscule répond au romain de nos imprimeries. On la distingue de la cursive en ce qu'elle est plus posée, disjointe et non liée. On appelle notre minuscule actuelle d'imprimerie *romain*, parce que ce fut en Italie que commença à s'établir l'usage des beaux caractères ronds ou minuscules qui servent à nos impressions. La minuscule n'est pas seulement un diminutif de la capitale pour la grandeur, c'est aussi une écriture d'une autre forme. L'écriture minuscule, dont Alde Manuce passe pour l'inventeur, est, au fond, la même que la minuscule romaine; elle ne s'en écarte qu'en ce qu'elle est plus maigre, plus pressée, plus penchée, et qu'elle tire plus sur la cursive. Comme tous les autres genres d'écriture, la minuscule a varié suivant les temps et suivant les pays. Voici un modèle de la minuscule diplomatique de 997; on l'appelle ainsi parce qu'on la trouve

Fig. 16. — Écriture capitale du quatrième siècle (Ventris meandros).

Fig. 17. — Écriture minuscule (Proinde noverit sancte Dei ecclesiæ filiorum et Francorum.)

souvent employée dans les diplômes (fig. 17). En voici un autre de 1144 (fig. 18).

Écriture cursive. — L'écriture cursive n'est autre chose que l'écriture liée, coulée, expéditive et usuelle. Elle est ainsi appelée parce qu'elle est courante et dégagée de la gêne, de la contention et des mesures qu'exigent les autres genres d'écriture. Les anciens, pour la distinguer de la minuscule, qui est détachée, l'appelaient *écriture liée*, parce qu'en effet les lettres sont souvent liées et conjointes avec la précédente,

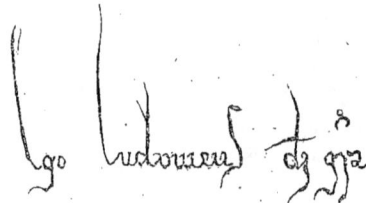

ou avec la suivante, ou avec les deux ensemble. Les mêmes variétés qui existent dans les autres genres d'écritures ont aussi existé dans la cursive. Voici un modèle d'écriture cursive de la fin du sixième siècle (fig. 19).

Écriture allongée. — L'écriture allongée est dérivée de la cursive. A n'envisager que sa grandeur et sa hauteur, on la prendrait pour une sorte d'écriture majuscule; mais elle est bien réellement cursive si on s'arrête seulement à la figure et au contour. L'écriture allongée est une écriture sans proportions, extrêmement maigre et d'une hauteur démesurée.

Écriture tremblante. — Elle s'est surtout développée dans l'écriture allongée. Toutes les lettres susceptibles de rondeur furent affectées de tremblement.

Écriture mixte et *écriture mélangée*. — L'*écriture mixte* ne montre le concours de divers genres d'écritures que dans certaines lettres des mots; l'*écriture mélangée*, au contraire, donne entrée à des mots entiers ou même à des lignes entières d'écriture d'un autre genre.

On appelle *paléographie* la science qui s'occupe des diverses espèces d'écriture, de l'époque où elles ont commencé à être en usage, et de celle où elles sont tombées en désuétude, afin de reconnaître par là le temps où ont été écrites les chartes, et de reconnaître les véritables de celles qui sont fausses. On ne se contente pas d'examiner l'écriture, on s'occupe aussi des sceaux, des empreintes, de la nature du papier et de tous les détails qui peuvent faire découvrir la vérité.

Écritures contemporaines. — Je ne les cite ici que pour mémoire; c'est, ainsi que tout le monde le sait, la *ronde*, la *coulée*, la *bâtarde*, l'*anglaise*, la *gothique anglaise*, la *gothique allemande*. Leur étude

Fig. 18. — Écriture cursive (Ego Ludovicus, Dei gratia).

forme l'objet de la *calligraphie*, mot grec qui signifie belle écriture.

Je ne parlerai pas non plus ici des caractères d'impression, dont je me suis occupé au mot *Caractère*.

Écritures abréviatives. — L'origine des ces écritures remonte plus haut qu'on ne le suppose souvent. Les Hébreux paraissent avoir fait usage d'un grand nombre d'abréviations. Les Romains sentirent aussi de quelle importance il pouvait être de rapprocher, au point de vue de la durée, l'écriture de la parole, plus qu'on ne pouvait le faire par l'emploi des caractères ordinaires. Tiron, affranchi de Cicéron, perfectionna une méthode de ce genre, composée de signes et d'assemblages de caractères représentant chacun un ou plusieurs mots, et qui prit de lui le nom de *notes tironiennes*. Cette écriture fut autrefois pratiquée en France, où son usage n'a cessé que vers le dixième siècle. Les méthodes abréviatives modernes sont connues sous les noms de *sténographie* et de *tachygraphie*. Ces méthodes sont très-abréviatives, mais elles ne sont pas toujours faciles à lire, en raison de la suppression des voyelles dans quelques systèmes; ceux qui les ont conservées sont moins rapides.

Écritures secrètes. — Voyez ce que j'en dis au mot *Cryptographie*.

Écriture universelle. — Voyez ce que j'en dis au mot *Caractère*.

Écriture employée pour connaître les hommes. — Lavater a mis au nombre des traits physiques d'après lesquels on peut juger les dispositions morales, le caractère de l'écriture. Suivant lui, les formes plus ou moins régulières, plus ou moins hardies qu'un homme jette sur le papier, peuvent bien porter un certain reflet de l'éclat de son esprit. Il est difficile d'admettre cette assertion; car, bien que chaque personne ait sa manière d'écrire, combien de fois n'arrive-

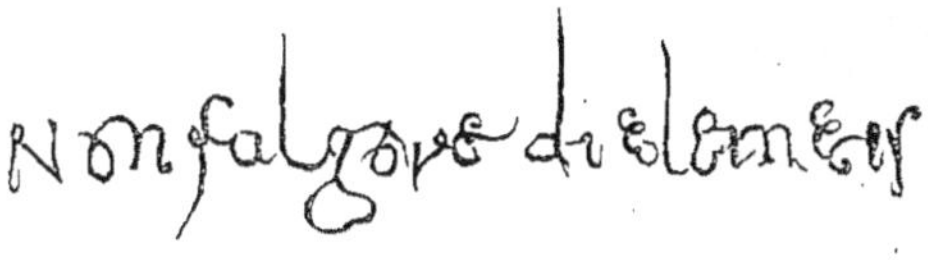

Fig. 19. — Écriture cursive de la fin du sixième siècle (Non fulgere diadematis).

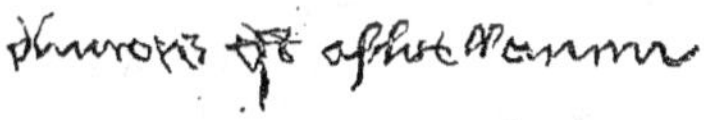

t-il pas que, suivant que l'on écrit plus ou moins rapidement, l'écriture présente une physionomie différente? une plume, bonne ou mauvaise, contribue aussi à changer l'écriture. D'un autre côté, des faussaires habiles parviennent à imiter toute espèce d'écriture. On voit que tout cela est fort conjectural.

Fig. 20. — Écriture cursive gothique.

Expertise en écriture. — Lorsqu'une pièce est arguée de faux, les tribunaux s'adressent à des experts pour qu'ils indiquent si elle est de celui à qui on l'attribue. Quoique, dans beaucoup de cas, ils parviennent à découvrir la fraude, cependant il arrive souvent que leur science est en défaut. Aussi dit-on des experts, comme des anciens augures, qu'il est difficile que deux experts en écriture puissent se regarder sans rire.

J. B. Prodhomme,
Correcteur à l'Imprimerie Impériale.

ÉCUREUIL (zoologie) [en latin *sciurus*, en italien *schirivolo*, en allemand *eychorn*, en anglais *squirrel*]. — Petit quadrupède de la famille des rongeurs. Ce joli petit animal n'est qu'à demi sauvage, et par sa gentillesse, par sa docilité, par l'innocence même de ses mœurs il mériterait d'être plus épar-

gné. Il n'est ni carnassier ni nuisible, bien qu'il saisisse quelquefois des oiseaux. Sa nourriture ordinaire consiste en fruits, amandes, noisettes, faînes, glands, etc. Il est propre, vif, alerte, très-éveillé et très-industrieux; il a les yeux pleins de feu, la physionomie fine, le corps nerveux, les membres très-dispos; il a une très-jolie figure, une queue magnifique, en forme de panache, qu'il relève jusqu'à la hauteur de sa tête, et sous laquelle il se met à l'ombre. Il se tient ordinairement assis presque debout, la queue relevée derrière lui, et se sert de ses pieds de devant comme de mains pour porter à sa bouche; il n'habite point sous terre, il est toujours en l'air; il approche des oiseaux par sa légèreté; il demeure comme eux sur la cime des arbres, parcourt les forêts en sautant de l'un à l'autre, y fait son nid, cueille les graines, boit la rosée, et ne descend à terre que lorsque les arbres sont agités par la violence des vents; il craint l'eau encore plus que la terre, et l'on assure que, lorsqu'il est forcé de la passer, il se sert d'une écorce ou d'un morceau de bois pour bateau, de sa queue touffue pour voile et pour gouvernail. Il est en tout temps éveillé, et pour peu que l'on touche à l'arbre sur lequel il repose, il saute sur un autre ou se cache à l'abri d'une branche. Il fait en automne sa provision de noisettes et de glands, qu'il cache dans les troncs d'arbres pour y avoir recours en hiver quand il ne peut plus les trouver sous la neige. Il a la voix éclatante, et fait entendre, en outre, un petit murmure, un petit grondement de mécontentement chaque fois qu'on l'irrite. Il est trop léger pour marcher, il va ordinairement par petits sauts, et quelquefois par bonds; il a les ongles si pointus, et les mouvements si prompts, qu'il grimpe en un instant sur un hêtre dont l'écorce est fort lisse.

Pendant les belles nuits d'été, ils crient en courant sur les arbres les uns après les autres. Ils semblent craindre l'ardeur du soleil, car ils demeurent tout le jour dans leurs domiciles, d'où ils sortent le soir pour jouer et manger. Ces domiciles sont propres, chauds et impénétrables à la pluie; c'est ordinairement sur les enfourchures des arbres qu'ils les établissent. Ils commencent par transporter des bûchettes qu'ils mêlent et entrelacent avec de la mousse, et ils donnent assez de capacité et de solidité à leur ouvrage pour y être à l'aise et en sûreté avec leurs petits. Ils n'y laissent qu'une ouverture qui suffit à peine pour passer et qu'ils changent de direction quand ils prévoient que le vent doit en changer aussi.

Ils produisent ordinairement trois ou quatre petits. Ils entrent en amour au printemps et mettent bas aux mois de mai et de juin. On remarque que chaque couple a toujours plusieurs nids sur différents arbres assez rapprochés; la femelle dépose ses petits dans celui qui lui paraît le plus commode; mais si elle s'aperçoit que l'on y ait touché pendant son absence, elle les transporte en un instant dans une autre demeure, en les prenant un à un derrière le cou.

Les petits écureuils sortent du nid au bout de sept ou huit jours; mais ils y rentrent chaque soir avec leur mère jusqu'à ce qu'ils soient assez forts pour se passer d'elle. Ils muent au sortir d'hiver; le poil nouveau est plus roux que celui qui tombe. Leur chair est bonne à manger, et leur graisse, émolliente, est recommandée surtout pour les maux d'oreilles. Le poil de leur queue est employé à faire des pinceaux; mais leur peau ne fait pas une bonne fourrure. Il y a beaucoup d'espèces voisines de celle de

Fig. 21. — Écureuil.

l'écureuil, et peu de variétés dans l'espèce même. On en trouve quelques-uns de cendrés, ce sont les meilleurs à apprivoiser; tous les autres sont roux.

Les écureuils sont plutôt originaires des terres du Nord que des contrées tempérées, car ils sont si abondants en Sibérie, qu'on en vend les peaux par milliers.

Les Sibériens les prennent avec des espèces de trappes qu'ils tendent sur les arbres, et dans lesquelles ils mettent pour appât du poisson fumé.

A. SIRVEN.

ECZÉMA (pathologie) [du grec *eczéô*, faire effervescence]. — Affection cutanée caractérisée « par de petites vésicules très-rapprochées les unes des autres,

dont l'éruption est annoncée par un sentiment de fourmillement et de cuisson à la peau, et qui se terminent par la résorption du fluide qu'elles contiennent, ou par des excoriations superficielles accompagnées d'une exhalaison séreuse, à laquelle succède la desquamation de l'épiderme. » L'eczéma peut être *aigu* ou *chronique*. — Voy. *Peau (maladies de la)*.

ÉDENTÉS (zoologie) [c'est-à-dire *privés de certaines dents*]. — Ordre des mammifères dont les caractères sont : absence presque constante d'incisives, dents uniradiculées, des doigts que terminent des ongles puissants et fouisseurs. Les édentés forment trois familles : les *édentés propres*, les *tardigrades* et les *monotrèmes*. Les *édentés propres* n'ont jamais de canines, mais quelquefois des incisives et des molaires; le plus souvent leur peau est recouverte d'écailles imbriquées; les *tatous*, les *fourmiliers* et les *pangolins* appartiennent à cet ordre.

ÉDUCATION (pédagogie) [du latin *educare*, élever]. — L'art de développer les facultés physiques, intellectuelles et morales d'un enfant : d'où la division en *éducation physique*, *éducation intellectuelle* ou *instruction*, et *éducation morale*. L'éducation fait l'objet d'une science à laquelle on a donné, surtout en Allemagne, le nom de *pédagogie*. — Voy. ce mot.

De l'importance de l'éducation et de l'instruction publique.

Tout homme est susceptible d'éducation; il a droit à l'éducation comme il a droit à la vie. Nul ne peut remplir d'une manière convenable ses devoirs comme individu ou comme membre du corps social sans un certain degré de développement des facultés, sans l'acquisition de diverses connaissances. Sans éducation et sans instruction, l'homme reste incapable de comprendre sa destination et les rapports qu'il doit avoir avec les autres créatures. Négliger l'éducation, rester en arrière dans cette voie, c'est nuire à l'homme en particulier et à la société en général. Au contraire, plus l'État contribue à rendre raisonnables et bons les membres de la société, plus il augmente le nombre de ses citoyens instruits et vertueux, plus il travaille au bien-être de la nation.

Là seulement où règnent des mœurs pures, où domine le sentiment religieux, où fleurissent les sciences et les arts, où le peuple est animé de l'amour de l'ordre et du travail, là seulement on trouve la prospérité et la vraie nationalité.

Tous les moyens employés pour lutter contre la misère resteront infructueux aussi longtemps que l'on n'opposera pas une bonne éducation comme une digue puissante aux sources de cette misère : l'ignorance, la paresse, l'absence enfin de toutes les vertus, ces colonnes inébranlables de la prospérité.

De longs jours d'anarchie et de malheurs nous ont appris, et bien chèrement, hélas! la vérité de ce que nous venons d'avancer. Ce n'étaient pas ici quelques hommes isolés, mais des peuples entiers; et à quelles extrémités ces peuples ne se sont-ils pas laissé entraîner par défaut de développement des facultés morales et intellectuelles!

Grâce à Dieu, parmi les crises de notre époque, comme un petit coin de ciel bleu au milieu de la tempête, l'idée de l'éducation et l'instruction est venue poindre à l'horizon. Il était réservé aux temps modernes de provoquer une sollicitude efficace sur le point le plus digne de l'humanité.

D'illustres princes, des gouvernements éclairés l'ont reconnu : il ne suffit point de créer à grands frais des établissements scientifiques, il est indispensable à la prospérité et au bien-être général du pays de se ménager les moyens de donner au peuple, aux classes inférieures, une éducation et une instruction convenables.

A ce point de vue, et attendu qu'un grand nombre de citoyens n'ont ni les connaissances, ni les moyens nécessaires pour appeler leurs enfants à jouir de ce bienfait, l'État a fondé des établissements dans lesquels il est loisible à tout père de famille de procurer à ses fils un degré suffisant d'instruction. L'État a pris les mesures propres à débarrasser de toutes entraves l'accès ouvert par lui à la formation de l'intelligence et du cœur. Il n'a pas reculé devant l'énormité des sacrifices ; il a créé des écoles primaires, des écoles d'adultes et enfin des écoles normales, spécialement destinées à former des instituteurs capables d'être placés à la tête des premières.

Les hommes de savoir et d'expérience se sont accordés de tous temps à juger de l'importance d'une fonction, à estimer la valeur d'une mission, d'après le bien qu'elle est appelée à faire à l'humanité, selon qu'elle contribue plus ou moins à rendre le genre humain heureux et meilleur. Le plus souvent, le vulgaire juge tout autrement ; pour lui, le véritable bienfaiteur du genre humain est celui qui, par sa mission, est à même de rendre des services d'un effet extérieur et immédiat. L'admiration de la foule se fixe ordinairement sur celui qui complète, qui achève un édifice ; elle se montre ingrate ou du moins oublieuse pour celui qui a préparé les fondations, jeté les bases ; comme si cette dernière opération, moins brillante peut-être, n'avait pas souvent plus de mérite et plus de droits au succès obtenu !

Afin de pouvoir apprécier l'importance d'une fonction, on devrait se demander : Dans quel état se trouverait la société si personne ne voulait se vouer à cette profession, ou si elle était exercée par des individus qui, soit par leur caractère, soit par leur incapacité ou leur ignorance, ne seraient pas aptes à la remplir? Serait-il possible, dans cette hypothèse, qu'il y eût de la prospérité dans le pays, de l'aisance dans les familles, de la bonne foi et de l'honnêteté dans les raisons sociales? — Où en seraient les biens les plus sacrés de l'homme : la vérité, la justice, les bonnes mœurs et la religion? — La réponse à ces questions indiquera la valeur de toute ou telle profession, parfois trop peu élevée dans l'estime publique ; cette réponse, relativement à la profession dont nous nous occupons ici, n'est douteuse pour personne ; c'est une bien douce récompense pour notre dévouement, et nous n'avons nullement à nous plaindre du noble mandat que la Providence nous a appelés à remplir. (*Braun.*)

Doit-on admettre des punitions dans l'éducation de la jeunesse ?

Le système des punitions dans les écoles a partagé les meilleurs esprits de toutes les nations. Il a été reconnu en France que les châtiments corporels ont rarement produit de bons résultats.

Il est un grand nombre de personnes, même versées dans la pratique de l'enseignement, qui voudraient qu'on n'employât aucune punition pour les élèves, et que ceux-ci fussent guidés seulement par le sentiment du devoir et l'amour de l'étude.

Ces idées, magnifiques en théorie, mais irréalisables dans la pratique, ne peuvent être admises par nous ; car non-seulement nous sommes certains que les enfants ne peuvent être convenablement dirigés sans discipline, mais encore l'exemple est là pour nous prouver l'abus que l'homme ferait de la liberté s'il n'était retenu par le frein salutaire de la loi.

Admettant donc l'influence de la discipline dans les écoles, nous voulons des punitions, de même que des récompenses ; mais nous voulons que les premières soient justes, modérées, en rapport avec l'âge et le caractère de l'enfant, afin qu'elles aient un but moral.

1° *Nous voulons que les punitions soient justes,* parce que l'enfance, aussi bien que l'âge mûr, est accessible au sentiment de la justice, cette vertu par excellence que doit posséder au plus haut degré l'instituteur, et qui lui assure, à son tour, l'amour et la confiance des élèves. D'ailleurs, l'iniquité chez celui qui commande ne le compromettrait pas seul ; car les élèves peuvent bien ne pas l'écouter quand il parle, mais ils l'imitent lorsqu'il agit ; et s'il est juste, les enfants en profiteront ; de même que s'il est injuste, il les entraînera dans ce funeste défaut.

2° *Nous voulons que les punitions soient modérées.* C'est ici une règle que les instituteurs ne suivent pas assez. Souvent l'importance de la punition se ressent de la disposition plus ou moins heureuse du maître. Tel jour, il laisse inaperçue une faute assez grave ; tel autre, il punit sévèrement une légère infraction à la discipline. L'homme raisonnable doit se pénétrer que, pour être instituteur, il n'en est pas moins soumis à toutes ces variations de caractère qui dépendent d'une infinité de circonstances. Il doit donc s'étudier avec soin, et commander à lui-même, et s'astreindre à cette équité qui exige la plus grande réserve, la plus grande prudence, dans l'application d'une peine.

3° *Nous voulons que les punitions soient en rapport avec l'âge et le caractère de l'enfance.* C'est une erreur de vouloir punir un jeune homme de quinze ans comme un enfant de six ans, et réciproquement. Telle faute très-répréhensible chez un grand élève peut être corrigée facilement chez un tout jeune enfant. C'est, d'ailleurs, au maître à combiner les moyens propres à arriver au résultat qu'il se propose; mais ce qu'il importe de consulter avant de sévir, c'est le caractère de l'enfant et son degré d'intelligence. Un élève studieux, doué d'une prodigieuse mémoire, compte-t-il trop sur ses heureuses facultés pour remplir un devoir? s'il n'a pas réussi, punissez-le. Au contraire, encouragez l'enfant dont la disposition d'esprit ne le rend pas apte au travail; tenez-lui compte de ses efforts, et n'allez pas, quand la nature est complice de sa paresse, employer une sévérité qui doit seule atteindre ceux doués de facultés plus actives.

4° *Nous voulons que les punitions aient un but moral.* Toute peine qui ne prévient pas le retour d'une faute, qui ne redresse pas de mauvaises natures, est illusoire. Loin donc de nous ces punitions ridicules qui attirent les moqueries des autres enfants! Arrière ces pensums de vingt mille lignes, de cinq cents verbes, etc.! Ces exagérations n'attirent que l'indifférence des enfants ou le dégoût pour l'étude!

Nous nous rappelons qu'à notre pension nous dédaignâmes et nous nous moquâmes d'un pensum de 100,000 vers, qu'un stupide professeur nous infligea pour avoir fait tomber une écritoire sur son habit. Le maître arriva quelques instants après, et nous donna gain de cause en retirant le colossal pensum. Telles sont les règles générales pour l'application des punitions.

Nous ajouterons qu'il faut hésiter avant de punir un enfant qui ne l'a pas encore été; en général, les élèves attachent un prix infini à cette idée, qu'ils n'ont pas encore été punis.

Nous devons dire aussi que dans toutes les punitions que le maître inflige à ses élèves, il doit user de fermeté pour les voir exécuter.

Toutefois, entendons-nous bien sur le sens de ce mot. Loin d'être confondue avec la sécheresse de l'âme ou la dureté des procédés, la fermeté ne doit être pour le maître éclairé que cette volonté persévérante de l'homme qui maintient la juste résolution qu'il a prise à l'égard de ceux qu'il commande; mais pour que l'instituteur ait le droit de gouverner ainsi la jeunesse, il faut que ses ordres puissent s'accomplir facilement, et que les choses qu'il exige correspondent aux moyens intellectuels des élèves.

Les parents essayeront vainement de mettre des entraves à sa fermeté en faveur de tel ou tel enfant: le maître, tout en reconnaissant le mérite de l'enfant ou la condition élevée dans laquelle le hasard l'a placé, ne le distrairait pas de l'application à ses devoirs, et, malgré les prières des parents, ne le soustraira point au joug de la discipline commune. Néanmoins, n'allez pas confondre la fermeté dont je viens de parler avec une dureté despotique à laquelle les organisations parfaites pourraient seules se conformer; non, quoique ferme, le maître sera bon, et suivant toujours des yeux ses élèves, devinant, pour ainsi dire, leur pensée, allant au-devant de l'enfant craintif, prévenant une question

que celui-ci n'oserait lui adresser, les élèves comprendront bientôt que la fermeté de leur maître découle de sa bonté, puisque sa parole est douce et persuasive, et travailleront assidûment afin de se conformer à ses légitimes exigences.

Mais, redisons-le en terminant, la justice est la pierre angulaire de tout système de punition. L'arbitraire, en détruisant dans la classe le stimulant de l'émulation, amènerait chez les élèves un découragement qui nuirait immensément à leurs progrès. Du reste, de beaux exemples ont été donnés à l'enseignement par les dépositaires du pouvoir même. Les fils de nos derniers rois n'ont pas été élevés autrement que les autres citoyens; les mêmes colléges les ont reçus, les mêmes maîtres les ont instruits, les mêmes prix ont récompensé leurs travaux, et ils ont été forcés de se soumettre à la même discipline que le plus humble de leurs condisciples.

Tel est l'empire de la justice sur la jeunesse, que, tandis que la faveur la révolte et la dispose à la haine, l'égalité dans les écoles rapproche les rangs et fait naître une douce confraternité qui devient souvent le germe d'une amitié durable et éternelle.

Nous concluons donc qu'il faut admettre des punitions dans les écoles, mais à la condition qu'elles seront *équitables, graduées, en rapport avec l'âge, le caractère et l'intelligence de l'élève*, et qu'elles auront un but éminemment moral. (*Cazeaux de Brunoy.*)

A quel âge doit commencer l'éducation?

Il est une opinion généralement répandue chez les parents, c'est que l'enfant n'est susceptible d'éducation qu'au moment où, son intelligence étant développée, il aura acquis assez de tact, assez de jugement pour discerner la valeur morale de ses actions, pour établir la balance entre les avantages et les inconvénients qui doivent en résulter pour lui et pour les autres. « Les parents, comme le dit Schwartz, qui s'arrêtent à cette idée, ne connaissent que deux moyens d'agir sur l'enfant : la punition pour la faute, la récompense pour la bonne action. Ils parlent ainsi à l'instinct, et non à l'intelligence; un bien à acquérir, un mal à éviter, voilà le résumé de leur code; leur œuvre est, au fond, purement physique, si nous pouvons nous exprimer ainsi; et le résultat, au point de vue de la morale, d'une nullité absolue. »

« La grande faute, dit Locke, où j'ai remarqué qu'on tombe dans l'éducation des enfants, c'est qu'on n'en a pas pris assez de soin dans le temps qu'il le fallait, et qu'on n'a pas accoutumé leur esprit à une bonne discipline, et à se soumettre à la raison dès le commencement qu'il était en état de recevoir sans peine toute sorte d'impressions.

» En effet, dit-il plus loin, nous sommes généralement assez avisés pour songer à discipliner les animaux dans le temps qu'ils sont fort jeunes, et à dresser de bonne heure toute autre créature de ce ordre que nous voulons employer à notre usage. Nous ne manquons en ce point qu'à l'égard des créatures que nous mettons au monde. Qui n'est pas accoutumé à soumettre sa volonté à la raison des autres pendant qu'il est jeune, aura beaucoup de peine à écouter les conseils de sa propre raison et à les suivre lorsqu'il sera en âge. »

L'opinion que nous avons exprimée comme existant chez un grand nombre de parents est combattue par tous les pédagogistes distingués. Tous admettent que l'homme, dès sa naissance, est susceptible d'obéir à l'influence qui le mettra en rapport avec sa destinée future. Cette destinée variant à l'infini, il est impossible de déterminer l'influence à exercer pour guider l'enfant dans telle ou telle direction. Il suffira d'avoir mis à sa disposition des instruments dont ils puisse par la suite faire un bon usage, et d'écarter, autant que possible, les armes qui lui seraient nuisibles. C'est donc ce qui fait l'éducation, qui, selon nous, doit agir sur l'enfant dès le commencement de sa naissance. (*Braun*.)

De l'éducation esthétique.

Le *sentiment* exerce une influence extraordinaire sur l'homme. Bien dirigé, il purifie, il ennoblit son être, il lui procure le ciel sur la terre; tandis que si son développement est abandonné au hasard, il peut devenir une source féconde de maux. Il importe, par conséquent, que l'instituteur lui accorde ses soins assidus.

L'homme a le sentiment du *vrai*, du *bien*, du *beau* et de la *religion*; mais il n'en possède que les éléments. Le sentiment se manifestant de bonne heure dans l'homme, et devenant difficile à maîtriser lorsqu'il a pris une fausse direction, l'instituteur le cultivera dès qu'il entrera en rapport avec un enfant. — Il cultivera le sentiment du *vrai* en présentant les choses sous leur véritable point de vue, en évitant les réticences, en signalant les erreurs, en fortifiant, par des exemples tirés de l'histoire des autres, l'amour de la vérité et l'horreur du mensonge. — Il cultivera le sentiment du *bien* en rendant ses élèves attentifs à la voix de la conscience et à l'obligation de l'écouter, en dépit des mauvais penchants; en leur rendant sensible, par des exemples, tirés surtout de la Bible, les avantages réels de la vertu et l'atrocité du vice; en leur faisant comprendre, par des preuves tirées de l'expérience, le néant des grandeurs humaines si elles n'ont pas pour base le fondement solide d'une vie irréprochable. — Il cultivera le sentiment du *beau* en faisant remarquer à ses élèves les beautés de la nature et celles qu'on rencontre dans les livres. Dans ce but, il ne leur fera apprendre par cœur que des morceaux choisis dont ils peuvent apprécier le mérite. Il ne leur permettra pas d'avoir, soit dans leurs livres, soit ailleurs, des images de mauvais goût, et il ne placera jamais dans la salle d'école des ornements qui blesseraient les yeux des connaisseurs. Il donnera ou fera donner aux élèves des classes supérieures des leçons de dessin, surtout

dans les écoles urbaines. Il les habituera à un chant doux et mélodieux, et choisira des textes capables de faire oublier les mauvais chants populaires. Développé de cette manière, le sentiment du *beau* fera respecter les productions de la nature et des arts; il conduira au *sublime*, qui réveille infailliblement le sentiment religieux. — Enfin, il cultivera le sentiment religieux en montrant à ses élèves les beaux effets de la nature, ses tableaux gigantesques et ses phénomènes surprenants; en faisant sentir que le cœur ne se trompe point en admettant l'existence d'une cause première des choses, d'un modérateur de l'univers, d'un législateur du genre humain; en s'attachant à faire comprendre que le sentiment religieux est l'essence de notre être, le guide de la vie, la condition nécessaire du bonheur individuel et social; qu'il domine tous les autres sentiments; qu'il ennoblit toutes les facultés de l'âme; qu'il donne du prix aux connaissances acquises par l'instruction. (*A. Mœder*.)

De l'éducation des femmes.

Dans tous les temps, et chez tous les peuples du monde, on a attaché la plus haute importance à l'éducation : c'est que les nations ne se survivent que par l'éducation, ne se continuent que parce que les habitudes, les arts, les sciences, les intérêts deviennent héréditaires d'une génération à l'autre. Brisez les anneaux de cette chaîne de transmission, et sur le même sol vous aurez d'autres peuples; sur la même terre les nations auront disparu. Voyez l'Italie : deux fois elle a donné des lois au monde. Grande sous ses césars, elle conquit les royaumes les plus lointains, et importa ses mœurs et ses sciences du fond de la Bretagne jusqu'aux contrées avoisinant la mer Caspienne; grande sous ses papes, elle fit fléchir les rois et les empereurs, et devant sa puissance vinrent s'anéantir les efforts des princes et des peuples. Mais qu'est-elle devenue aujourd'hui? Les rayons de ce soleil splendide, après s'être reposés quelques instants sur différentes parties de cet État morcelé, comme le dernier sourire d'un beau jour, se sont éclipsés! Et l'Italie, divisée, a vu sa gloire s'ensevelir dans la nuit de l'oubli.

Revenons à notre sujet.

Et d'abord, qu'est-ce que *la femme*?

C'est, selon nous, le principe de toute société, le second créateur de l'homme, et l'Être qui lui est donné pour partager ses travaux, adoucir ses peines, doubler ses jouissances et embellir sa vie. Je n'irai point, à l'exemple de ces censeurs chagrins, vous dire que tous les avantages de la vie sociale ont été refusés à la femme; que ce n'est pas pour elle, mais contre elle, que les lois furent écrites; que cette liberté, cette égalité de droits proclamés par nos chartes n'est, pour les femmes, qu'un vain mot!

Non. Je laisse à ces moralistes, souvent plus despotes dans l'intérieur de leur maison que le dernier de nos campagnards, le plaisir de nous dire ce qu'ils ne pensent point. Je veux, au contraire, qu'on élève la femme pour l'homme, et j'ose croire que lorsque j'aurai développé ma pensée, on ne me taxera pas d'égoïsme.

Je ne dis pas, à l'exemple des anciens, que la femme est trop faible de caractère et de savoir pour remplir les fonctions dont nous conservons le monopole; ce serait un reproche qui retomberait sur nous, puisqu'il dépendrait de notre volonté de cultiver des facultés dont la hauteur ne fait plus de doute; mais je crois que la femme doit être femme avant tout, et ne pas distraire, par l'emploi de certaines fonctions, un temps précieux au détriment de ses attributions propres.

Quelle est donc l'éducation qu'il convient de donner à la femme?

Quelques écrivains modernes ont pensé que l'éducation et l'instruction des femmes devaient être graduées suivant les diverses conditions sociales et leur destination probable dans le monde. Ils voudraient une éducation étendue et approfondie pour la classe riche de la société seulement; une éducation moyenne pour la classe bourgeoise; une éducation simple et réduite au nécessaire pour la classe ouvrière ou peu fortunée. Il y a, disent-ils, de graves inconvénients à ce que la fille d'un fermier reçoive la même éducation que celle d'un ministre ou d'un grand seigneur; mais ce qu'ils ne disent pas, et ce qui est vrai pour les deux sexes, c'est que, dans ce système, les inconvénients sont plus grands encore, et qu'il enlève aux femmes d'immenses avantages. En effet, si quelques femmes de la classe élevée sont tombées dans une condition obscure, combien de personnes de la classe bourgeoise, et ouvrière même, se sont élevées jusqu'au premier rang de la société? Combien plus encore y seraient parvenues si le défaut d'une bonne éducation ne les en avait empêchées?

Il ne faut pas se le dissimuler, et ceci a lieu probablement partout, c'est qu'une femme d'une condition obscure arrive souvent à une condition élevée qu'elle n'a due qu'aux talents dont l'éducation l'avait dotée.

Nous croyons fermement qu'il faut instruire les femmes par tous les moyens possibles, et autant qu'on le peut, attendu que la véritable instruction ne peut jamais nuire; c'est la mauvaise éducation qui est dangereuse. *Les Femmes Savantes* de Molière, de ce critique habile qui fait la gloire de notre patrie, ne prouvent rien de plus. La généralité des études, selon nous, ne détruit pas la nécessité de l'éducation et de l'instruction spéciales; elle ne fait que les faciliter.

Nous demandons donc une solide instruction, bien qu'élémentaire; nous voulons que la femme connaisse la *langue* de son pays, parce que la sûreté des idées s'accroît de la netteté de l'expression; qu'elle possède assez d'*arithmétique*, de *géographie* et d'*histoire* pour gouverner sa maison et pouvoir raisonner en société sur autre chose que sur des FUTILITÉS. Nous voulons qu'elle possède les premiers *éléments*

des *sciences physiques* et *naturelles*, parce qu'ils détruiront en elle et dans ses enfants ces milliers de PRÉJUGÉS qui sont encore un stigmate cloué au front de l'ignorant; nous voulons enfin qu'on écarte de son esprit la LECTURE DES ROMANS, qui ne peuvent qu'enflammer l'imagination en lui montrant les hommes et les choses autrement qu'ils n'existent en réalité.

C'est alors qu'au sortir de ces études générales, la femme devra se-livrer à celles qui conviendront le mieux à ses goûts, à ses intérêts et aux moyens de fortune de ses parents. Celle qui doit diriger une ferme étudiera plus particulièrement les détails de l'économie domestique appliquée aux intérêts et à la vie de la campagne; la femme de la classe bourgeoise s'adonnera tout entière à la surveillance de la maison paternelle et à ses mille détails qui doivent devenir un jour ceux de sa propre maison; la femme d'une condition élevée cultivera les arts qui ne sont bien agréables que lorsqu'on est heureux. Avec ce mode de large éducation, la femme ne sera déplacée dans aucune condition sociale, quel que soit le déclassement opéré par les événements.

Parlons maintenant de l'éducation morale.

Dans cette éducation les soins ne pourront être trop développés. Des *principes religieux* sans FANATISME, cet abus fatal d'une chose si nécessaire, devront être soigneusement inculqués dans son esprit; on lui fera comprendre que sans *docilité*, toute éducation devient impossible; que l'*amour du travail* fait éviter l'ennui et devient la source du bonheur; que l'*oisiveté*, jointe à l'*ignorance*, produit une curiosité dangereuse; que l'*amour de la vérité*, la *bienfaisance*, la *probité*, la *douceur*, l'*affabilité*, la *discrétion-dans les paroles*, l'*ordre*, la *bienveillance envers les serviteurs* doivent être passés en habitude chez la femme bien élevée, et que ces qualités seules lui assureront l'attachement de l'homme auquel la Providence la destine, et de tous ceux avec lesquels elle sera en rapport.

Cette éducation existe-elle de nos jours? Nous ne le pensons pas, ou, du moins, on la trouve chez bien peu de monde. D'où provient cette anomalie? Justement de ce défaut d'éducation qui se rencontre chez tant de personnes, surtout dans l'intérieur des familles.

Que voyons-nous dans la prétendue éducation d'un grand nombre de demoiselles de bonne maison? la culture presque exclusive d'un art d'agrément. La *musique*, la *peinture*, la *danse* leur paraissent ce qu'il y a de plus indispensable à connaître, sans se douter que la vanité que donnent souvent ces talents, que les écarts dans lesquels ils peuvent entraîner l'imagination, n'étant point balancés par des études sérieuses, peuvent avoir des suites bien déplorables.

La connaissance assez profonde d'un art quelconque est, sans aucun doute, une ressource précieuse dans un revirement de fortune; mais négliger la culture de l'esprit, c'est exposer la femme, sinon au mépris, du moins à l'indifférence d'un époux. Peut-on être porté à considérer comme son égal une personne dont toutes les facultés morales seraient disproportionnées? Que de bonnes mères de famille n'ont pu, par cette raison, conserver l'amour de leur mari! combien de fautes graves leur auraient-elles épargnées si elles eussent reçu les bienfaits d'une bonne éducation!

Concluons donc qu'une bonne éducation, alliée à des connaissances positives qui soient un port où l'on puisse se réfugier après l'orage, est indispensable à la femme, à cette céleste émanation de la bonté divine!

Élevées comme nous venons de le faire pressentir, les femmes verront, en quelque sorte, une nouvelle ère commencer pour elles; désormais entourées d'HOMMAGES et non d'ADULATIONS, elles acquerront ce haut degré de considération morale qu'elles devraient toutes avoir. Véritables institutrices de nos mœurs, elles nous rendront plus doux, plus polis, mieux élevés, et fonderont bientôt sur nos cœurs un empire dont l'amour, la vertu et la reconnaissance seront les bases les plus inébranlables. RENÉ DE ROSSI.

ÉGLISE [du grec *ecclésia*, assemblée.] — Société des fidèles qui, sous la conduite des pasteurs légitimes, ne font qu'un même corps, dont J. C. est le chef invisible, et le pape le chef visible. L'Église est le gardien des dogmes, de la morale et du culte de la religion chrétienne.

On appelle Église *militante* l'ensemble des fidèles qui sont sur la terre; Église *souffrante* celui des fidèles qui sont dans le purgatoire; et Église *triomphante* celui des fidèles qui jouissent déjà de la vie éternelle (saints, anges, etc.).

HISTOIRE DE L'ÉGLISE. — Après que le Seigneur eut béni ses apôtres et monté au ciel en leur présence, ceux-ci se retirèrent à Jérusalem pour se préparer à recevoir le Saint-Esprit. Alors, animés d'une nouvelle ardeur, les apôtres travaillèrent à répandre l'Évangile. Saint Pierre convertit trois mille Juifs dans une première prédication, et cinq mille dans la seconde.

Saint Étienne, premier diacre, fut choisi, avec six autres, par les disciples de Jérusalem, pour administrer les biens des fidèles, alors en commun, et pour les distribuer à chacun selon son besoin. Les Juifs l'accusèrent d'avoir blasphémé contre Moïse et contre Dieu, et d'avoir dit que Jésus changerait les traditions et les lois établies par le législateur des Juifs; il fut le premier martyr. Les Juifs le lapidèrent; et bientôt après saint Jacques le Majeur eut la tête tranchée, le jour de Pâques, par l'ordre d'Hérode Agrippa (l'an 43).

Saint Pierre n'échappa à la mort que par un miracle: un ange le fit sortir de la prison où l'avait fait jeter Agrippa.

Saint Étienne, en mourant, avait prié Dieu pour ses ennemis. Saul, ardent persécuteur des chrétiens, admirant le courage du saint martyr, devint, sous le nom de saint Paul, un des plus grands défenseurs du *catholicisme*. Il prêcha l'Évangile à Damas, à Tarse, à Antioche et dans toute l'Asie Mineure. Enveloppé dans la proscription des chrétiens par Néron, il eut la tête tranchée le 29 juin de l'an 66.

Saint Jean, saint Philippe, saint Thomas, saint Barthélemy, saint Matthieu, saint Simon, saint Jude et saint Mathias, prêchèrent partout l'Évangile et convertirent un grand nombre de Juifs, en scellant de leur sang pour la plupart la sainteté de la religion qu'ils professaient.

PERSÉCUTIONS. — On connaît sous le nom de *Persécution de l'Église* les violences exercées contre les chrétiens relativement à la religion qu'ils avaient embrassée.

On compte douze grandes persécutions, dont voici le tableau :

	SOUS	AN	PRINCIPAUX MARTYRS
1	Néron.	64	Saint Pierre, saint Paul.
2	Domitien.	93	Saint Jean l'Évangéliste.
3	Trajan.	100	Saint Ignace, évêque d'Antioche.
4	Marc-Aurèle.	161	Saint Polycarpe, saint Justin, saint Pothin.
5	Septime Sévère.	202	Saint Irénée, évêque de Lyon, sainte Perpétue, sainte Félicité.
6	Maximin.	235	Les évêques et les prêtres dont on put se saisir.
7	Décius.	250	Saint Fabien.
8	Valérien.	257	Saint Étienne, saint Xiste, saint Saturnin, saint Cyprien.
9	Aurélien.	272	Saint Savinien, évêque.
10	Dioclétien.	302	La plus violente; deux millions de martyrs.
11	Licinius (Flavius).	316	. . . .
12	Julien l'Apostat.	361	. . . .

Toutes ces persécutions, loin d'affaiblir la religion chrétienne, l'affermirent au contraire, et les peuples, touchés du courage des martyrs, se convertissaient en foule. Constantin le Grand, marchant contre le tyran Maxence, aperçoit dans les airs une croix avec cette inscription : *Tu vaincras par ce signe;* toute l'armée voit aussi cette croix divine, et l'empereur d'Orient, faisant faire un étendard sur le modèle de sa vision, défait complétement son rival. L'année suivante, il rend le fameux édit qui met un terme aux persécutions des chrétiens, et assure ainsi le triomphe de la religion que le Christ est venu établir.

PROGRÈS DE L'ÉGLISE. — HÉRÉSIES. — CONCILES. — *Premier siècle.* — L'Église eut à combattre contre les hérétiques dès le temps même des apôtres. *Simon* le Magicien fut l'un des plus célèbres. N'ayant pu obtenir des apôtres le don des langues, il enseigna des hérésies qui eurent quelque succès. Selon lui, Dieu subsistait dans une lumière inaccessible; entre Dieu et l'homme, il plaçait des êtres intermédiaires, qu'il nommait *Éons*, lui-même en était un. Il niait aussi la résurrection des corps. Ce fameux hérétique, dont la première erreur fut de croire qu'on pouvait acheter à prix d'argent la puissance du Saint-Esprit, fut confondu par saint Pierre. (1).

Les *cérinthiens,* hérétiques partisans de *Cérinthe,* disciple de Simon le Magicien, soutenaient que ce n'était pas Dieu qui avait fait le monde, mais une puissance bien inférieure à lui; qu'après la résurrection les saints jouiraient d'un royaume terrestre et charnel de mille ans avec Jésus-Christ, ce qui donna naissance à la secte des *millénaires* (2).

Les *ébionites,* disciples de l'hérésiarque *Ébion,* osèrent soutenir que Jésus-Christ n'était point Dieu. Ils furent condamnés vers 325.

(1) C'est de là qu'est venu le nom de *simoniaque,* donné à tous ceux qui veulent trafiquer des choses saintes.

(2) Chrétiens qui croyaient qu'après le jugement universel les élus resteraient mille ans sur la terre pour jouir de tous les plaisirs.

Deuxième siècle. — Les principaux hérétiques de ce siècle sont les disciples de *Saturnin* et de *Basilides*, les *gnostiques* et les *montanistes.*

Les *saturniens* soutenaient que des anges rebelles, créés par Dieu, avaient façonné un corps semblable à l'image sous laquelle Dieu s'était offert à eux. Plus tard, ce corps, animé par l'esprit de Dieu, devint l'homme. Ces hérétiques, regardant la vie comme un présent funeste, gardaient la plus sévère continence.

Les *basilides* soutinrent que Jésus-Christ n'avait eu qu'un corps fantastique, et qu'il n'avait pas été réellement crucifié. Ces hérétiques, ainsi que les saturniens, furent réfutés puissamment par saint Irénée, saint Clément et par la plupart des Pères qui vivaient alors.

Les *gnostiques* regardaient la matière comme le mauvais principe, et la formation du monde comme une chute de l'esprit divin; ils disaient aussi que Jésus-Christ n'était pas Dieu, mais seulement homme.

Enfin, les *montanistes,* qui eurent pour chef le *Phrygien Montanus,* prétendaient que *Montanus* était l'esprit saint promis aux apôtres, et que par conséquent les apôtres n'avaient pu recevoir le *Saint-Esprit.* Ils soutenaient : 1° que l'homicide, l'adultère et l'idolâtrie étaient des péchés irrémissibles; 2° qu'au lieu de baptiser au nom de la Sainte-Trinité, il ne faut baptiser qu'en mémoire de la mort de Jésus-Christ, pur homme; 3° ils méprisaient tous les anciens prophètes, qu'ils regardaient comme possédés du démon; 4° ils composaient leur hiérarchie de patriarches, de cénons et d'évêques; 5° enfin, ils piquaient un petit enfant pour en tirer le sang, qu'ils mêlaient à la farine pour en faire le pain de l'*Eucharistie.*

Troisième siècle. — Les hérésies les plus célèbres de ce siècle furent celles des *manichéens* et des *origénistes.*

Les *manichéens* admettaient deux principes : l'un bon et l'autre mauvais. Le premier était identifié avec Dieu, le second avec Satan. Ils disaient que Jésus-Christ n'avait pris qu'un corps fantastique; qu'on ne devait point honorer les images; que les âmes des bêtes et des plantes étaient coéternelles à Dieu, etc., etc.

Les *origénistes,* disciples d'*Origène,* soutenaient que l'âme de Jésus-Christ avait été unie au *Verbe* éternel avant l'*Incarnation;* que l'âme de chaque homme subsistait avant son corps, et n'avait été mise dans le corps qu'en punition de ses péchés; ils niaient l'éternité des peines, et disaient que Jésus-Christ était mort non-seulement pour les hommes, mais encore pour les démons. Ces hérétiques furent condamnés définitivement au concile général de Constantinople, en 552.

Quatrième siècle. — Dans le quatrième siècle, on remarque particulièrement les *donatistes,* les *ariens* et les *macédoniens.*

Les *donatistes,* sectateurs de *Donat,* évêque de Carthage, niaient l'effet des sacrements, ils furent condamnés en 314.

Les *ariens,* disciples d'*Arius,* prêtre d'Alexandrie, soutenaient que Jésus-Christ était moins puissant que Dieu, qui l'avait créé par sa volonté, et qu'il n'était ni supérieur ni égal à son père. Cette secte d'hérétiques fut éteinte en 660, mais reparut sous le nom de *socinienne,* en 1530.

Enfin, les *macédoniens,* disciples de *Macédonius,* évêque de Constantinople, niaient la divinité du Saint-Esprit. Ils furent condamnés dans plusieurs conciles de 381 à 1139.

Cinquième siècle. — Les principales hérésies du cinquième siècle furent celles des *pélagiens,* des *nestoriens* et des *eutychiens.*

Les *pélagiens,* partisans de l'hérésie de *Pélage,* niaient le péché originel et la grâce du baptême. Ils furent condamnés par plusieurs conciles d'Afrique.

Les *nestoriens,* disciples de *Nestorius,* patriarche de Constantinople, disaient qu'il y a deux personnes en Jésus-Christ, que le Verbe ne s'est pas fait homme en prenant la nature humaine dans le sein de la Vierge. Ces hérétiques ont souvent été réunis à l'Église romaine.

Les *eutychiens,* sectateurs d'*Eutychès,* prêtre de Constantinople, soutenaient qu'il n'y avait qu'une nature en Jésus-Christ, la nature divine. Condamnés en 451, ces hérétiques se divisèrent en plusieurs branches, dont quelques-unes subsistent en Orient.

Malgré toutes ces hérésies, la foi chrétienne a toujours fait de grands progrès, et Clovis, véritable fondateur de la monarchie française, en embrassant la religion catholique, a fait que ses successeurs sont devenus les plus fermes appuis temporels de l'Église.

CONCILES. — Pour avoir une idée générale de l'histoire de l'Église, il est nécessaire de connaître les principales assemblées où elle a réprimé l'audace des hérétiques, et mis ses dogmes dans le jour le plus lumineux. Il nous est impossible de mentionner ici ce grand nombre d'assemblées légitimes de pasteurs, qui réglèrent les mœurs et la discipline ecclésiastiques; nous dirons seulement qu'il y a trois sortes de conciles : les *généraux* ou *œcuméniques,* les *nationaux* et les *provinciaux.*

Les conciles généraux représentent le corps de l'Église universelle, et ont, par eux-mêmes, une autorité suprême. Le pape a seul le droit de les convoquer.

Les *conciles nationaux* se composent d'assemblées de prélats d'une nation auxquelles préside un *patriarche* ou un *primat.* Tels sont les conciles de Tolède, de Carthage, d'Orléans et de Paris.

Enfin, les *conciles provinciaux,* composés des évêques d'une province ecclésiastique, auxquels préside l'archevêque ou le métropolitain. — *Voy. Conciles.*

L'abbé DEMARIEL.

ÉGOPHONIE (pathologie générale). — Voy. *Auscultation.*

ÉGYTPE (géographie) [*Ægyptus*]. — Vaste et célèbre région de l'Afrique, dont elle occupe la partie N. E., ayant pour limites, au S., la Nubie; à l'O., les déserts de Barca, de Fezzan, etc.; au N., la Méditerranée; à l'E., la mer Rouge et l'isthme de Suez, qui la séparent de l'Asie. Elle a 200 lieues de long, de 80 à 120 lieues de large. C'est, à proprement parler, une vallée de chaque côté du Nil, bornée de part et d'autre par une chaîne de montagnes, exposée aux brûlants rayons du soleil, que n'obscurcit jamais aucun nuage, et dont l'ardeur n'est jamais rafraîchie par aucune pluie; elle ne doit sa fertilité qu'au fleuve, qui, en débordant régulièrement chaque année au mois de juin, dépose un limon qui engraisse son terrain sablonneux.

On divise l'Égypte en haute, moyenne et basse : la haute s'étend du Caire à la Nubie; la moyenne comprend le Caire et les provinces latérales; la basse le voisinage de la Méditerranée.

Le Caire, capitale de l'Égypte, est à une demi-lieue du Nil, et s'étend vers les montagnes à l'E., à environ 2 lieues; il a 3 à 4 lieues de circonférence et renferme une population de 450,000 habitants.

Boulac, bourg situé sur la rive orientale du Nil, touche presque au Caire et en est l'entrepôt; c'est dans son port que l'on débarque les marchandises et passagers qui y arrivent de la haute et basse Égypte.

Alexandrie peut être considérée comme la capitale de la basse Égypte.

La population de l'Égypte est évaluée à 3 millions 600,000 habitants, qui se composent de Turcs, Coptes, Arabes, et un mélange d'Européens de différentes nations; la classe des Arabes est la plus nombreuse.

Histoire de l'Égypte jusqu'à la conquête de Cambyse (2467-525 avant J. C.). — L'Égypte, depuis les temps les plus reculés jusqu'à la conquête de Cambyse, passa par plusieurs formes de gouvernement. Elle fut d'abord gouvernée par les dieux de trois ordres, c'est-à-dire par les prêtres de ces divinités: cette histoire divine ou théocratique nous est entièrement inconnue.

Après les dieux, régnèrent des hommes classés en trente dynasties, dont les premières surtout ne doivent pas être regardées comme successives, mais réparties sur plusieurs principautés simultanées, telles que celles d'Éléphantine, de Thèbes et de Thin, dans la haute Égypte ou Thébaïde; de Memphis et d'Héraclée, dans la moyenne Égypte; de Tanis et de Diospolis, dans la basse Égypte ou Delta. La civilisation, en Égypte, marcha du sud au nord: partie de Méroé, État théocratique de l'Éthiopie, elle s'implanta d'abord dans la haute Égypte, le reste du pays n'étant, à partir de lac Mœris, qu'un vaste marais couvert par les eaux du Nil mêlées à celles de la Méditerranée. Les alluvions du fleuve et les travaux de desséchement le convertirent peu à peu en terre ferme, où s'établirent différentes dynasties.

L'histoire humaine d'Égypte se partage en trois périodes, savoir: la première, des premiers rois jusqu'à Sésostris (2467-1645 avant J. C.); — la deuxième, de Sésostris à Psamméticus (1645-656); — la troisième, de Psamméticus à la conquête de Cambyse (656-525).

L'Égypte, depuis les premiers rois jusqu'à Sésostris (2467-1645). — Les principaux rois de la première période sont: Misraïm ou Ménès, Busiris, Thoutmosis, Mœris, Uchoréus, Osymandias, Ramsès et Aménophis, ou Memnon.

Misraïm ou Ménès, dit Hérodote, est le premier homme qui régna en Égypte (2467). Il commença les conquêtes des Égyptiens sur le Nil, et fonda Memphis sur un terrain de nouvelle acquisition. Longtemps après Ménès, Busiris bâtit la fameuse Thèbes aux cent portes.

Les rois pasteurs. — Vers l'an 2335, l'Égypte fut envahie, la Thébaïde exceptée, par des étrangers arabes et phéniciens qui s'y maintinrent deux cent soixante ans sous le nom d'*hycsos* ou *rois pasteurs* (2335-2075). Ce fut sous l'un des rois pasteurs, appelés, dans l'Écriture, *pharaons*, que Joseph établit les Hébreux au pays de Tanis (2076). Thoutmosis, roi de Thèbes, parvint à chasser les hycsos de l'Égypte, qui, dès lors, obéit tout entière à ses lois. Parmi ses successeurs, on distingue Mœris, qui bâtit des pyramides et fit creuser le lac qui porte son nom; Uchoréus, second fondateur de Memphis; Osymandias, célèbre par sa bibliothèque et son tombeau; Ramsès, qui commença la persécution des Israélites; enfin, Aménophis ou Memnon, sous qui Moïse passa la mer Rouge avec les Hébreux (1645). C'est le père du grand Sésostris.

L'Égypte, de Sésostris à Psamméticus (1645-656). — Les principaux rois de la deuxième période sont: Sésostris, Phéron, Protée, Chéops, Chéphrem, Mycérinus, Séssac, Bocchoris, Sabacon et Séthos.

Empire de Sésostris. — Sésostris le Grand, élevé par son père Memnon dans des idées de guerre et de conquête, ne manqua pas à son éducation: il ne pensait à rien moins qu'à soumettre le monde entier. Les préparatifs terminés, il divisa l'Égypte en trente-six nomes ou provinces, équipa le premier une flotte, subjugua d'abord les Arabes de la mer Rouge et les Éthiopiens, remonta de là vers la Libye, qu'il soumit, se dirigea ensuite vers l'Asie centrale, dont il triompha en courant, et porta ses rapides victoires jusqu'au Gange, jusqu'à l'Océan même. La Scythie, la Colchide, la Thrace, l'Asie Mineure, l'Arménie, reçurent ses lois. De retour dans ses États, il fit, par les mains et l'or des vaincus, creuser de nombreux canaux, élever des monticules pour y bâtir de nouvelles villes, fortifier l'isthme entier de Suez, et devenu, dit-on, aveugle dans sa vieillesse, il se donna la mort (1583).

Phéron, fils indigne de Sésostris, monta sur le trône après son père. A Phéron succédèrent, à différents intervalles, Protée, contemporain de la guerre de Troie (1280), prince artificieux et souple, dont les Grecs ont fait un dieu marin, habile à prendre toutes les formes, et deux frères impies, Chéops et Chéphrem, qui fermèrent les temples, accablèrent leurs peuples d'impôts, et construisirent deux des grandes pyramides. Mycérinus, fils de Chéops, bâtit la troisième et sut se faire chérir de toute l'Égypte. Séssac, l'un de ses successeurs, vainquit Roboam, roi de Juda. Bocchoris se distingua par la sagesse de ses lois: l'une d'elles portait qu'un fils ne pouvait emprunter qu'en donnant le cadavre de son père.

Les Éthiopiens. — Pendant une lacune de plusieurs générations, figurée dans les annales égyptiennes, par Anysis l'Aveugle, les Éthiopiens, à qui l'Égypte était redevable de sa première civilisation, l'assujettirent deux fois. L'un de ces rois éthiopiens est appelé Sabacon.

Les douze seigneurs. — Délivrée de ces étrangers, l'Égypte fut

régie (713) par Séthos, prêtre de Vulcain, dont la mort ouvrit la porte à l'anarchie. Le désordre ne cessa que lorsque douze principaux seigneurs se furent partagé le royaume en douze portions: ils régnèrent ensemble quinze ans (671-656) dans une parfaite union, et, pour en laisser un monument à la postérité, bâtirent à frais communs le fameux Labyrinthe. A la fin, Psamméticus, l'un d'eux, causa de l'ombrage à ses collègues, qu'il vainquit avec le secours des Grecs Cariens: victoire qui le rendit seul maître de l'Égypte (656).

L'Égypte, de Psamméticus à la conquête de Cambyse (656-525). — Les rois de la troisième période sont: Psamméticus, Néchao, Psammis, Apriès, Amasis et Psamménit.

Psamméticus et ses successeurs. — A partir de Psamméticus, l'histoire d'Égypte acquiert plus de certitude. Ce prince porta ses armes victorieuses dans l'Éthiopie et la Syrie, fit fleurir le commerce, ouvrit ses ports à tous les étrangers, et permit même aux Grecs de s'établir en Égypte. Néchao, son fils, marcha sur ses traces; il commença le canal de communication entre le Nil et la mer Rouge, fit faire, dit-on, le tour de l'Afrique à des navigateurs phéniciens, et porta la guerre jusqu'en Assyrie. A Psammis, son fils, succéda, l'an 595, Apriès, l'Ophra de l'Écriture, qui, vaincu près de Cyrène, fut détrôné par Amasis avec l'aide de Nabuchodonosor II, roi de Babylone. Cet Amasis, à qui le monarque babylonien ne laissa que le titre de vice-roi, avait été longtemps voleur ou plutôt chef de bande; cependant il surmonta, par une heureuse administration et de sages lois, le mépris qu'inspiraient sa basse naissance et son ancien métier. Il termina le différend de l'Égypte avec Cyrène, céda Naucratis aux Grecs, reçut à sa cour le philosophe grec Pythagore, et mourut en 526, laissant la couronne à Psamménit, son fils, qui ne la garda que six mois. Cambyse, roi de Perse, la lui ravit (525), et l'Égypte, toujours rebelle, mais toujours domptée, tomba avec la Perse sous la domination d'Alexandre (331).

Religion des Égyptiens. — Deux choses caractérisent la religion égyptienne: la première, c'est que les principales divinités se rapportaient les unes au soleil, les autres à la lune; la deuxième, c'est que la plupart d'entre elles étaient représentées avec une tête d'animal. Ainsi le bœuf (1) était le symbole d'Osiris ou le Soleil; la génisse, d'Isis ou la lune, etc., auxquels étaient opposés Typhon et sa sœur Nephthys, principes malfaisants, figurés par le crocodile et la louve. Outre ces animaux, on avait mis au nombre des dieux le chien, comme gardien des maisons et troupeaux; le chat, comme destructeur des rats dont le pays était infesté; l'ibis, comme adversaire des serpents ailés; l'ichneumon, comme ennemi des crocodiles, etc. Enfin, on adorait jusqu'aux plantes, jusqu'aux légumes, tels que le lotus, les poireaux, les oignons, etc. Le dieu de l'enfer était Sérapis, qui devint, surtout parmi le peuple, l'une des principales divinités du pays.

L'immortalité de l'âme était, chez les Égyptiens, un dogme fondamental; mais ils croyaient à la métempsycose (passage de l'âme d'un corps dans un autre), système que Pythagore vint puiser chez leurs prêtres, sous le règne d'Amasis.

Gouvernement. — De temps immémorial, l'Égypte obéit à des rois héréditaires. Leur fonction la plus ordinaire était de juger par eux-mêmes une partie des causes; le reste était soumis à trente juges.

La population se divisait en trois castes, savoir: les prêtres, les guerriers et le peuple. Les terres étaient partagées entre les rois et les deux premières castes; la troisième, composée des laboureurs, des pâtres et des artisans, devait subsister de son travail. Sésostris lui accorda cependant, sous redevance, quelques portions de terrain. Le reste était exempt de tout impôt. Les professions étaient héréditaires, sans qu'il fût jamais permis de changer.

Parmi les lois égyptiennes, on distingue celles qui punissaient de mort le meurtre volontaire, le parjure, le défaut d'assistance mutuelle en cas de danger. Le calomniateur était puni de la même peine qu'aurait subie l'accusé si le crime se fût trouvé véritable. Les biens, et non la personne du débiteur, répondaient de la dette: au refus de payer était attachée l'infamie, et à celle-ci la privation de sépulture.

Tout Égyptien, monarque ou particulier, subissait après sa mort un jugement solennel, et, selon la nature de ce jugement, accordait ou l'on refusait au défunt la sépulture.

Arts et monuments. — Les principaux arts cultivés par les Égyptiens étaient l'architecture, la sculpture, la peinture, la mécanique. L'écriture des Égyptiens consista d'abord en hiéroglyphes (emblèmes sacrés), c'est-à-dire en un grand nombre de figures qui représentaient les objets. Les prêtres en conservèrent l'usage, même après l'invention des caractères alphabétiques, pour dérober leur science au vulgaire.

Les Égyptiens embaumaient les corps, dont ils faisaient des momies incorruptibles. On les plaçait dans des espèces de niches, debout contre la muraille.

L'Égypte était couverte d'obélisques, espèce de pyramides pointues, taillées d'une seule pièce dans le roc. Elle ne comptait guère moins de pyramides, dont les trois plus grandes subsistent encore. On doit, en outre, citer le labyrinthe, les sphinx colossaux, le colosse ou statue de Memnon (Aménophis, père de Sésostris), qui rendait des sons harmonieux dès que les premiers rayons du soleil venaient le frapper; le lac Mœris, les temples de Memphis, les nombreux canaux du Delta, le temple de Sérapis, le temple du Soleil, etc. (*Lefranc*.)

(1) Le bœuf Apis était surtout l'objet d'honneurs particuliers; on le reconnaissait à certaines marques. Deuil universel quand il mourait; joie générale quand on avait trouvé son successeur.

Commerce, industrie, etc. — Si l'on comparait les exportations et les importations actuelles de l'Égypte avec celles d'autrefois, on trouverait que leur augmentation serait dans la proportion de 1 à 50. Ce pays exporte une moyenne annuelle de 250,000 quintaux de coton, une grande quantité de riz, de sucre, etc., et ses importations sont considérables, surtout en métaux, bois de construction, armes, draps, etc.

Arsenal. — L'arsenal du Caire comprend une fabrique d'armes blanches et d'armes à feu, des selleries et des fournitures en tous genres, des fonderies de canons, d'obusiers et de mortiers; on y confectionne les affûts et les caissons. Tout récemment on y a créé une autre fabrique considérable de fusils. Les deux manufactures produisent 50 fusils par jour; la fonderie du château, 6 à 8 pièces de canon par mois; les ouvriers sont au nombre de 2,700. La grande fonderie de Boulac coule 1,500 milliers de fer par an. On fabrique en Égypte annuellement 1,500 milliers de salpêtre, et dans l'île de Roudah, 1,100 milliers de poudre.

On doit à M. Lefebure de Cerisy, ingénieur de la marine française, qui a été longtemps au service du vice-roi, des travaux considérables qui ont été exécutés dans l'arsenal d'Alexandrie.

Culture et productions. — Toutes les terres de l'Égypte appartiennent au pacha, lequel a le monopole du commerce et des manufactures; il assigne à ses sujets la portion de terrain qu'ils doivent exploiter, et la redevance en nature qu'ils devront livrer. L'Égypte a environ 1,200,000 *feddans* ou arpens en culture, qui rapportent une valeur brute de 68 millions de piastres fortes; le revenu net du vice-roi est d'environ 20 millions de piastres. L'Égypte n'a ni bois, ni charbon, ni combustible d'aucune espèce; toute sa richesse est dans son sol, mais ce sol exige peu d'efforts pour donner les produits les plus abondants et les plus précieux, et c'est pour cela, peut-être, que les procédés de l'agriculture y sont demeurés stationnaires. Les cultivateurs n'ont d'autres fatigues à essuyer que celles de l'arrosement des terres, lorsqu'elles n'ont pas été inondées par les eaux du Nil, ou lorsqu'ils veulent leur faire produire plusieurs moissons dans le cours d'une année.

Coton. — Au rang des principales productions de l'Égypte est le coton à longue soie, qui, depuis quelque temps, a remplacé le coton herbacé, qui lui est inférieur en qualité. Le coton d'Égypte est autant estimé que celui de Géorgie et de Virginie sur les marchés de Liverpool, de Londres et de Marseille.

On cultive encore plusieurs autres produits, tels que le blé, l'orge, le maïs, les fèves, le colza, le carthame, le lin, l'indigo, le sucre et le tabac. Les blés du Delta sont les plus beaux, mais ils se conservent peu; les autres blés sont inférieurs à ceux de France. Le riz est blanc, savoureux, mais aussi malpropre; les Égyptiens ont l'habitude d'y mêler du sel pour lui donner du poids.

Lins. — Les lins de Boulac et de Rosette sont d'une qualité supérieure; la plus grande partie est employée par les tisserands du pays, qui sont très-nombreux dans les villes et villages du Fayoum et du Delta.

Carthame. — Le carthame, dont les tiges séchées servent de combustible, qui manque à l'Égypte, et dont les fleurs contiennent une très-belle matière colorante, livrée au commerce sous le nom de *safranum*, sous la forme de petits pains ronds et aplatis, est une des plantes les plus avantageuses à l'Égypte.

Le carthame le plus pur est celui de Tahata; on le falsifie quelquefois en pilant ses fleurs avec une certaine quantité de farine de lupin.

Sucre. — Le sucre se cultive surtout dans la haute Égypte; on a déjà établi des raffineries qui en augmenteront sans cesse l'exportation.

On peut compter la soie et l'indigo parmi les productions que l'Égypte pourrait cultiver avec avantage; mais, jusqu'à ce jour, leurs produits ont été trop peu considérables pour les compter parmi les articles d'exportation de quelque importance.

Industrie. — Méhémet-Ali a surtout porté sa sollicitude du côté des fabriques. Il a cherché à produire une foule d'objets qu'on avait jusque-là puisés d'Europe; il a créé des filatures de coton, des fabriques à l'instar des indiennes et des toiles peintes d'Europe; il a même tenté de faire des draps. Il y a des filatures établies à Boulac et dans la basse Égypte. Le coton est l'objet le plus considérable de fabrication; mais l'éducation des vers à soie et les fabriques de soieries sont devenues, depuis quelques années, un article important. Viennent ensuite les fabriques de salpêtre raffiné et les fabriques de poudre, dirigées par des Européens. Aujourd'hui, sans compter les indigoteries formées dans la Nubie et même jusqu'au Sennaar, l'Égypte possède une vingtaine de grandes fabriques d'indigo; le vice-roi a fait venir des Indiens pour améliorer ces produits, qui commencent à entrer en concurrence avec les plus beaux qui existent, ceux de l'Inde et de l'Amérique centrale.

Canaux. — L'Égypte, à cause de sa situation sous un climat brûlant, qui n'est presque jamais rafraîchi par des pluies, a senti la nécessité de construire des canaux d'irrigation pour profiter des eaux bienfaisantes du Nil; et ces canaux pouvaient en même temps servir de communication entre les principales villes de cette contrée.

Commerce. — L'Égypte est une des contrées les plus heureusement situées pour le commerce, entre l'Asie et l'extrémité de l'Afrique, ayant la Méditerranée au nord et la mer Rouge au midi, qui lui ouvrent des communications avec les Indes orientales d'un côté, et de l'autre avec l'Europe. Aussi, depuis l'époque de la fondation d'Alexandrie jusqu'à la découverte d'une route directe avec le cap de Bonne-Espérance, a-t-elle été en possession presque exclusive du commerce entre l'Occident et l'Orient. Elle a accru sa richesse et sa puissance au point d'éclipser, dans le moyen âge, tous les autres États musulmans.

Alexandrie était devenue le grand entrepôt de ce commerce, que son heureuse situation favorisait particulièrement; aujourd'hui elle fait non-seulement le commerce de toute l'Égypte, mais aussi de l'Arabie, de la Nubie et de tout le littoral de la mer Rouge; elle a pareillement de grandes relations avec toute l'Asie Mineure, la Turquie, l'Angleterre, la Russie, l'Italie et la France, surtout avec Livourne, Trieste, Gênes et Marseille. Toutes ces puissances entretiennent des consuls à Alexandrie.

La situation de cette ville sur une langue de terre qui, d'un côté, a pour limite la Méditerranée, et de l'autre le lac Mariout (Morotis), avait été si bien choisie par Alexandre le Grand, son fondateur, qu'elle est devenue la ville la plus commerçante de la Méditerranée. On évalue, année commune, à 40 millions de francs les importations, et à environ 45 millions les exportations du port d'Alexandrie, et nous pourrions dire de toute l'Égypte.

Il s'agit d'ouvrir une communication, dont l'urgence se fait sentir, entre les villes situées sur les bords du Nil et le golfe Arabique; les deux points de communication sont Suez et Cosseir, auxquelles correspondent, sur le Nil, le Caire et Kenné, l'ancienne Cœnopolis, ce qui donnerait une grande extension au commerce de l'Arabie et de toute la haute Égypte, qui se trouve actuellement dans une grande stagnation.

Plusieurs villes de la haute Égypte sont les entrepôts de ce commerce, ainsi que des marchandises de l'Inde et de l'Arabie, qui arrivent en Égypte par Cosseir. Les caravanes de l'Abyssinie prennent leur route d'Esneh à travers le désert, à l'est du Nil. Elles apportent de l'ivoire, et surtout des gommes et des esclaves. Elles s'arrêtent à Siout, qui en est le grand marché; mais le Caire est le terme de leur voyage, où elles débitent toutes les marchandises qui leur restent. Elles prennent en retour des verreries de Venise, des draps, des toiles de lin, des calicots et autres étoffes de coton, des châles bleus, etc. L'Égypte reçoit aussi, par Cosseir, du café de Moka, des étoffes de coton, des mousselines, des toiles de soie, des châles de Cachemire, des épices de l'Inde et de l'encens. Elle fournit en retour du blé, de la farine, des céréales, du sucre, du saflor, de l'huile, du beurre, des étoffes, des armes et de la quincaillerie d'Europe.

Les principaux articles d'exportation d'Égypte consistent en riz, blés, poissons salés, essence, de l'eau de rose de Fayacim, du saflor de Gizé, de l'opium d'Abouzig et de Siout, de la poterie qui ressemble encore à celle des anciens Égyptiens, des tapis, des étoffes de coton, de la toile, du natrom, de l'indigo, des cotons, du salpêtre, du lin, etc. (*Montbrion.*)

ÉLABORATION (physiologie) [du latin *laborare*, travailler].

— « Action vitale par laquelle les êtres organisés impriment aux substances venant du dehors, et même aux matériaux puisés dans leur intérieur, des modifications qui les rendent capables de servir aux usages que la nature leur a assignés. » Les aliments sont *élaborés* dans l'estomac avant d'être convertis en chyme ; le chyme est *élaboré* dans les intestins avant la séparation du chyle, etc. — Voy. *Digestion*.

ÉLAN (zoologie). — Genre de mammifères ruminants, voisin des cerfs. Son pelage est grossier et brumentin, sa taille arrive à celle du cheval ; son bois pèse quelquefois plus de 30 kilogrammes. Cet animal vit par troupes dans les forêts marécageuses des deux continents. Son naturel est doux et timide, malgré sa force. On le dit sujet à l'épilepsie. La chair de l'élan est agréable et nourrissante. Sa peau sert pour la buffleterie, et son bois s'emploie aux mêmes usages que celui du cerf.

ÉLASTICITÉ (physique) [du grec *élastés*, qui repousse]. —Propriété qu'ont les corps de revenir à leur volume ou à leur forme primitive lorsque la force qui altérait ce volume ou cette forme cesse d'agir. L'élasticité peut être développée dans les corps par *pression*, par *traction*, par *flexion* ou *torsion*. L'envisageant au point de vue de propriété générale, il ne sera question ici que de l'élasticité de pression, les autres ne se produisant que dans les solides.

Les corps qui manifestent le plus d'élasticité sont les fluides aériformes, tels que l'air, les vapeurs et les gaz : ils reprennent exactement le même volume aussitôt que cesse la cause qui les diminuait. Les liquides sont aussi très-élastiques, à quelque pression qu'ils aient été soumis. Les corps solides sont moins élastiques que les liquides et les gaz, surtout lorsque les pressions ont été fortes et longtemps prolongées. Cependant l'élasticité est très-apparente dans le caoutchouc, l'ivoire, le marbre, l'acier ; elle est à peine sensible, au contraire, dans les graisses, les argiles, le plomb. Elle n'a pas de limite dans les gaz et les liquides, tandis que les solides, arrivés à une certaine limite, se rompent ou ne reprennent plus exactement leur forme ou leur volume primitifs.

L'élasticité se manifeste toujours à la suite d'un dérangement de molécules : ainsi lorsque, sur un plan de marbre poli et recouvert d'une légère couche d'huile, on laisse tomber une bille d'ivoire, elle rebondit et s'élève presque à la hauteur du point de départ, en laissant sur le marbre une empreinte circulaire d'autant plus étendue, que la bille est tombée d'une plus grande hauteur. Au moment du choc, la bille a donc été aplatie sur le plan, et c'est par la réaction des molécules ainsi comprimées qu'elle se relève. DUPASQUIER.

ÉLECTRICITÉ (physique). — Fluide impondéré, universellement répandu, et qui est la cause des phénomènes d'attraction et de répulsion que présentent certaines substances, lorsque, après les avoir frottées, on les approche de corps légers.

I. *Historique*. — Il y a environ vingt-quatre siècles que Thalès et Timée de Locres, deux philosophes du pays qui rappelle les noms de Platon, Aristote, Xénophon, Thucydide, Démosthène, Homère, Sophocle, etc., de la contrée qui partagea avec l'Italie toute la gloire de l'antiquité, il y a vingt-quatre siècles, disons-nous, que ces deux philosophes remarquèrent que certains corps (résine, ambre), étant frottés pendant quelques instants avec de la laine ou de la soie, acquéraient la propriété d'attirer à eux les corps légers qu'on leur présentait. L'agent particulier qui produisait ce phénomène reçut le nom d'*électricité*, du grec *électron*, ambre jaune, parce que c'est dans cette substance qu'on découvrit d'abord la propriété électrique. Les Grecs ne poussèrent pas plus loin leurs investigations, et, chose étonnante, jusqu'au seizième siècle, on s'en tint à cette donnée, à laquelle on ne supposait aucune application. C'est seulement alors que Gilbert, physicien anglais, s'occupa de la recherche des substances qui pouvaient avoir les mêmes propriétés que l'ambre. Ces expériences furent répétées au dix-septième siècle par Otto de Guericke, bourgmestre de Magdebourg, qui fit la première machine électrique, avec un globe de soufre tournant sur un axe, et frotté avec la main. Cette invention lui permit de reconnaître les répulsions et les attractions de l'électricité, ainsi que le petillement et la lumière électrique. Robert Boyle fit ensuite quelques observations qui, avec celles des académiciens de Florence, ne portèrent que sur l'ambre. Plus tard, Hauksbée imagina de frotter un tube de verre, et découvrit un excellent agent électrique. Vers 1740, Boze, professeur de physique à Wittemberg, substitua au tube un globe de verre tournant sur son axe, y ajouta un conducteur métallique isolé, et approcha ainsi de la perfection de la machine actuelle. En 1720, Gray avait trouvé le moyen d'électriser les métaux et les liquides par la simple approche des corps électrisés ; il reconnut le premier : 1° qu'il était possible de communiquer l'électricité à des corps non électriques ; 2° que certains corps conduisaient le fluide, tandis que d'autres l'arrêtaient ; ce qui lui donna le moyen d'employer l'isoloir. Il constata la propriété qu'ont les pointes de laisser échapper le fluide, et soupçonna son mode de distribution dans tous les corps. Enfin, il eut la première idée de l'identité de la foudre avec le fluide électrique. Dufay perfectionna la découverte de Gray, sur la conductibilité et la non-conductibilité : il reconnut l'existence de deux fluides différents, qu'il nomma *vitré* et *résineux*, d'après les corps qui les produisaient (Théorie des deux fluides.) Il remarqua que les fluides de même nom se repoussent, tandis que les fluides contraires s'attirent. Il indiqua enfin les moyens de reconnaître de quelle espèce d'électricité un corps se trouve chargé.

En 1746, Muschenbroeck découvrit, par hasard, la bouteille de Leyde ; c'est du moins l'opinion la plus générale. D'autres l'attribuent à Cunéus, son contemporain : on pourrait croire, cependant, qu'un moyen analogue fut trouvé par Hauksbée, qui parle, dans ses ouvrages, de commotions électriques. Vers la même époque, l'abbé Nollet et Jalabert constatèrent l'influence de l'électricité sur l'économie animale et végétale ; et Watson chercha, mais inutilement, à déterminer la vitesse incalculable de la transmission du fluide. A peu près à la même époque, Ramsden substitua au globe et au cylindre le plateau de verre dans la machine électrique, et la porta presque au degré de perfection où nous la voyons aujourd'hui. Enfin Franklin parut, et, s'emparant de l'idée de Gray, il démontra que le fluide électrique est le même que celui du tonnerre. Il construisit, à cet effet, un cerf-volant armé d'une pointe et d'un long fil métallique, qui produisit de vives étincelles. Il imagina alors le paratonnerre, dont la première expérience fut faite en 1752, par Dalibard. Franklin est aussi l'auteur de la théorie qui ne considère qu'un fluide dans l'électricité : l'absence ou la présence de ce fluide, qu'il désigne sous les noms d'*électricité négative* et d'*électricité positive*, font la base de cette théorie, qui ne peut rendre compte d'une infinité de phénomènes, parfaitement expliqués dans la théorie des deux fluides. Romac et Richmann perfectionnèrent ensuite le paratonnerre ; ce dernier fut victime de ses expériences. Vers 1768, Wideburg reconnut, à Iéna, l'électricité des aurores boréales. Cette découverte conduisit Bertholon à la preuve que tous les météores sont produits par l'électricité ou du moins la développent (1787). Épinus est le premier qui tenta les mêmes expériences ; mais cette gloire était réservée à Coulomb, qui, à l'aide de sa balance de torsion (1812), détermina les lois des forces électriques. Ce savant physicien prouva que l'électricité ne pénètre point dans l'intérieur des corps, mais reste à leur surface, et établit les lois de son intensité suivant les dimensions de ces corps, et son mode de répartition d'après les mêmes bases. Il démontra l'identité du fluide magnétique avec l'électricité, et le soumit aux mêmes lois. Enfin l'existence du fluide galvanique, indiquée par Sulzer (1767) et par Contuguo (1768), fut confirmée par Galvani, qui crut y voir l'*électricité animale* ou fluide particulier propre aux animaux; mais Volta, célèbre professeur de Pavie, renversa la théorie de Galvani en rétablissant l'identité du galvanisme avec le fluide électrique. C'est à peu près vers la même époque que Wilkes découvrit l'électrophore; Bergmann, la nature électrique de la tourmaline; que Henley inventa l'électromètre, et que Volta construisit la pile, dont la découverte a tant contribué au progrès de la science de l'électricité. En 1819, OErstedt posa les fondements de l'*électro-magnétisme*, en démontrant que le courant qui se dégage de la pile exerce une action sur l'aiguille aimantée. Ampère reconnut que les courants électriques agissent les uns sur les autres comme des aimants, c'est-à-dire qu'ils s'attirent ou se repoussent selon qu'ils ont lieu dans le même sens ou dans le sens opposé, et Seebeck constata qu'on peut établir un courant électrique dans les métaux, par la seule action de la chaleur. — Tel est l'état actuel de la science qui fait chaque jour de si grands progrès. Disons, en effet, que, bien que l'électricité n'ait point encore reçu toutes les applications qu'on est en droit d'en attendre, on l'a utilisée depuis quelques années dans la dorure et l'argenture, la galvanoplastie, la télégraphie, l'éclairage, l'extraction des métaux de leurs minerais, etc. Les chimistes décomposent la plupart des corps au moyen de cet agent merveilleux; enfin, de nos jours, MM. Magendie, Andral, Ratier, Andrieux, La Beaume, Sarlandière, Amussat, Duchenne (de Boulogne), Becquerel, etc., l'ont appliqué à la médecine avec des succès irrécusables, à jamais acquis à la science!

II. *Généralités.* — Les corps qui, comme la gomme-laque, le verre, l'ambre, le diamant, deviennent électriques par le frottement, sont appelés *idio-électriques*; ceux dans lesquels ce frottement ne développe pas d'électricité, comme les métaux, sont dits *analectriques*; les premiers (corps *idio-électriques*) sont nommés *mauvais conducteurs*, parce qu'ils gardent l'électricité; les seconds (corps *analectriques*) *bons conducteurs* parce qu'ils transmettent instantanément l'électricité d'un corps à un autre.

Les corps bons conducteurs de l'électricité sont les métaux, l'eau, les liquides acides, les végétaux humides, le corps de l'homme et des animaux; les corps mauvais conducteurs sont les résines, la gomme-laque, le verre, la soie, l'air sec, etc. Néanmoins, ces corps peuvent devenir bons conducteurs lorsqu'ils sont humides : par exemple, l'air sec devient bon conducteur lorsqu'il est chargé de vapeurs; l'électricité développée dans les corps bons conducteurs passe dans l'air humide, dans les autres corps conducteurs avec lesquels ils sont en contact, ou enfin dans le globe terrestre, regardé comme le *réservoir commun de l'électricité*. — Mais le moyen de faire conserver aux corps l'électricité consiste à les *isoler*, c'est-à-dire à les placer sur des corps mauvais conducteurs (verre, soie, résine, etc.).

Deux sortes d'électricités. — Pour expliquer les phénomènes d'électricité, on admet l'existence de deux fluides, qui, combinés par leur attraction mutuelle, ou neutralisés l'un par l'autre, constituent l'état naturel des corps; ces deux fluides sont :

1° l'*électricité vitrée*, qu'on développe en frottant un bâton de verre; 2° l'*électricité résineuse*, qui se produit en frottant un morceau de résine. Dans l'hypothèse d'un fluide unique, on nomme l'électricité vitrée *électricité positive*, et l'électricité résineuse *électricité négative*. Lorsque les deux électricités viennent à être séparées par une cause quelconque, le corps dans lequel a lieu cette décomposition est un corps *électrisé* : il est dit *électrisé positivement* si c'est le fluide positif qui domine, et *négativement* si c'est le fluide négatif. On démontre l'existence de ces deux électricités au moyen de balles de sureau suspendues à un fil de soie. « Si l'on approche d'une balle ainsi suspendue un bâton de verre électrisé, elle en est attirée et vient s'y coller, mais bientôt elle en est repoussée; si l'on fait l'expérience avec deux balles de sureau, dont l'une est électrisée par un bâton de verre et repoussée par lui, l'autre électrisée par un bâton de résine et repoussée par cette substance, on remarque que le verre attire fortement la balle électrisée par la résine, et réciproquement que la résine attire vivement la balle électrisée par le verre. On exprime ce fait d'une manière générale en disant que *les électricités de nom contraire s'attirent*, et que *les électricités du même nom se repoussent*. » La découverte de ces fluides est due à Dufay, en 1773.

Électricité par influence. — Un corps chargé d'électricité et mis en présence d'un corps conducteur peut, bien qu'il ne soit pas en contact avec ce corps, l'électriser sans lui transmettre son fluide et sans en perdre la plus petite quantité. On dit alors que ce corps est électrisé *par influence*. Les corps électrisés par influence reviennent à leur état primitif dès que l'influence cesse; on peut en général détruire celle-ci : 1° *graduellement*, en tirant des corps électrisés de petites étincelles au moyen d'un conducteur isolé, ou en augmentant la distance du corps qui exerce l'influence; 2° *subitement*, en tirant du corps électrisé, s'il est conducteur, une étincelle qui le décharge complétement.

Électricité dissimulée. — C'est l'électricité qu'on observe dans deux disques conducteurs, séparés par une lame non conductrice de verre ou de résine. Pour l'obtenir, « on charge directement un des disques; l'autre disque se charge alors par l'influence, et, s'il communique avec le sol, il garde l'électricité contraire à celle déposée sur le premier disque; si, ensuite, on isole le système, les deux électricités s'attirent, sans pouvoir se confondre, au travers de la lame non conductrice, et en pressent les deux faces opposées par l'effort qu'elles font pour se joindre. Si l'on touche l'un ou l'autre disque séparément, il ne s'écoule rien dans le sol : c'est ce qui fait dire que l'électricité y est *dissimulée*; mais si on les touche simultanément, les deux électricités se combinent, et l'appareil se décharge en produisant une vive étincelle. »

Pouvoir des pointes. — Il est facile de constater que l'électricité se porte à la surface des corps et qu'elle s'y maintient, s'ils sont isolés, par la pression de l'air sec. Dans les corps ronds, la couche d'électricité est partout la même; mais dans un cône, au contraire, elle atteint au sommet son maximum de tension, et s'écarte facilement dans l'air : c'est ce qui a donné l'idée des paratonnerres, terminés en pointe très-aiguës, et qui, au moyen de l'électricité qu'ils reçoivent de la terre, vont neutraliser celle des nuages.

Vitesse de l'électricité. — On estime que le fluide électrique parcourt 100,000 lieues par seconde. Cette vitesse surpasserait donc celle de la lumière du soleil, qui n'est environ que de 75,000 lieues par seconde.

On a émis les opinions les plus diverses sur l'origine et la nature de l'électricité, et sur la cause de la lumière électrique. Selon l'abbé *Nollet*, le fluide électrique, plus subtil que l'air, n'est qu'une modification particulière du calorique et de la lumière. Voici les analogies sur lesquelles cet habile physicien avait fondé son opinion : le fluide électrique enflamme, comme le feu, les liqueurs spiritueuses et fond les métaux; il partage avec la lumière la propriété de se montrer sous forme d'aigrettes et d'étincelles brillantes, et de se transmettre dans le vide. Les corps deviennent électriques et chauds par des moyens identiques. Les corps qui conduisent bien la chaleur sont aussi de bons conducteurs de l'électricité; au contraire, ceux qui conduisent mal la chaleur sont également de mauvais conducteurs de l'électricité. Telles sont les analogies sur lesquelles l'abbé Nollet appuyait son opinion. « Il faut cependant avouer, dit-il, que la matière électrique n'est pas purement et simplement l'élément du feu, dépouillé de toute autre substance; l'odeur de phosphore qu'elle fait sentir, et les couleurs violettes ou purpurines qu'elle revêt, le prouvent. Il paraît donc très-probable que la matière électrique, la même au fond que celle du feu élémentaire ou de la lumière, est unie à certaines parties du corps électrisant ou du corps électrisé, ou du milieu par lequel elle a passé. » (Nollet, *Essai sur l'Électricité des corps;* Paris, 1750.) — Suivant Dufay, tout corps électrisé soit par frottement, soit par communication, est entouré d'un tourbillon qui s'étend plus ou moins loin, et au moyen duquel on peut expliquer non-seulement les attractions et répulsions, mais même tous les phénomènes électriques. (*Mémoires de l'Académie des Sciences,* année 1733.) — L'hypothèse de Jallabert a beaucoup d'analogie avec celle émise par plusieurs savants de nos jours. D'après ce physicien « l'électricité est un fluide très-délié, très-élastique, remplissant l'univers et les pores des substances même les plus denses, tendant toujours à l'équilibre ou à remplir les vides. La densité de ce fluide n'est pas la même dans tous les corps; en sorte que les interstices que laissent entre elles les particules de l'air renferment un fluide plus dense que celui qui se trouve dans les pores du bois ou du métal. » — Voici comment Franklin s'exprime sur l'électricité : « La matière commune est une espèce d'éponge pour le fluide

électrique. Une éponge ne recevrait pas l'eau si les parties de l'eau n'étaient pas plus petites que les pores de l'éponge; elle ne la recevrait que bien lentement, il n'y aurait pas une attraction mutuelle entre ses parties et les parties de l'éponge; celle-ci s'en imbiberait plus promptement si l'attraction réciproque entre les parties de l'eau n'y mettait pas d'obstacle, en ce qu'il doit y avoir quelque force employée pour les séparer; enfin l'imbibition serait très-rapide si, au lieu d'attraction, il y avait entre les parties de l'eau une répulsion mutuelle, qui concourût avec l'attraction de l'éponge. C'est précisément le cas où se trouvent la matière électrique et la matière commune. Mais, dans la matière commune, il y a autant de matière électrique qu'elle peut en contenir dans sa substance; si l'on en ajoute davantage, le surplus reste sur la surface, et forme ce que nous appelons une atmosphère électrique, et l'on dit alors que le corps est électrisé. » — Suivant une hypothèse récente, développée par Davy, OErstedt et Berzélius, « tous les atomes de la matière pondérable doivent être regardés comme les éléments entre lesquels s'accomplissent toutes les décompositions et toutes les recompositions électriques. Les atomes posséderaient primitivement l'un des fluides : les uns, appelés *électro-positifs,* posséderaient primitivement le fluide positif ou vitré; les autres, appelés *électro-négatifs,* renfermeraient primitivement le fluide négatif ou résineux : les premiers, enveloppés du fluide neutre, auraient attiré du fluide négatif, tandis que les derniers auraient attiré du fluide positif; de telle sorte qu'ils seraient l'un et l'autre à l'état naturel. »

Quoi qu'il en soit de ces diverses explications, l'électricité peut être provoquée par des moyens mécaniques (le frottement et la pression), par une action chimique, par la chaleur, et par l'influence magnétique. — Nous ne savons rien sur sa manière d'être dans les corps; nous ignorons même si c'est un agent matériel, ou seulement une propriété de la matière. On incline cependant de plus en plus vers l'opinion de l'abbé Nollet.

La chaleur produite par le fluide électrique est si intense, qu'elle fait fondre les métaux les plus réfractaires.

La lumière électrique est composée comme la lumière solaire : elle provient, selon M. Biot, de la condensation de l'air, causée par le mouvement rapide de l'électricité. Lorsque l'air est dense, cette lumière est blanche et éclatante, tandis que, dans un air raréfié, elle est diffuse et de couleur rougeâtre. Lorsqu'on fait passer l'étincelle électrique à travers le vide barométrique, on remarque qu'elle devient successivement verdâtre, bleue, pourpre, à mesure qu'on y fait arriver l'air. Lorsque le vide a été fait, non plus sur le mercure, mais sur une colonne d'alliage fusible d'étain et de bismuth, l'étincelle est jaunâtre et très-pâle. H. Davy conclut de ces expériences, que la lumière électrique dépend de quelques propriétés inhérentes à la matière pondérable à travers laquelle elle passe, et que l'espace est capable d'offrir des phénomènes lumineux, bien qu'il ne contienne pas une quantité appréciable de matière.

Électricité atmosphérique. — On rapporte qu'aux États-Unis, dans la nuit du 17 janvier 1817, plusieurs personnes virent les oreilles, la queue et la crinière des chevaux surmontées d'aigrettes lumineuses et vacillantes, semblables à celles que produirait une machine électrique dans l'obscurité : l'électricité était donc très-abondante dans l'atmosphère pendant cette nuit du 17 janvier. Nous savons, du reste, que parfois les buissons et les arbres deviennent lumineux par l'électricité répandue dans l'air.

Les principales causes de l'électricité atmosphérique sont le frottement de l'air contre la terre, sa condensation, sa dilatation, et surtout l'évaporation et la végétation.

Les nuages, dit Hoefer, doivent leur existence, peut-être même leur forme vésiculaire, à l'électricité. Lorsque l'électricité est entièrement positive ou négative, les vésicules de vapeur aqueuse constituant les nuages se repoussent les unes les autres, et préviennent ainsi leur union, ou la formation de la pluie. Le frottement des surfaces de deux couches d'air, mues dans des directions différentes, développe probablement aussi de l'électricité. Si les deux couches sont de températures différentes, une portion de la vapeur qu'elles renferment sera condensée ; l'électricité, développée par cette condensation, sera absorbée par la vapeur, qui prendra alors l'état vésiculaire d'un nuage. Une immense quantité de fluide électrique, soit positif, soit négatif, peut être ainsi accumulée. Deux nuages chargés d'électricités contraires, arrivés en présence l'un de l'autre, occasionnent une décharge si la tension électrique surpasse la pression coercitive de l'atmosphère. Cette décharge s'appelle la *foudre*. Le phénomène a souvent lieu, non plus entre deux nuages d'électricités opposées, mais entre la terre et un nuage doué d'électricité contraire. Mais la foudre est si rapide, qu'il est impossible de discerner si elle va du sol au nuage, ou si elle descend du nuage au sol.

A l'approche de la pluie, de la neige, du vent, de la grêle, etc., l'atmosphère acquiert une électricité positive très-intense. Un conducteur isolé donne, dans ces moments, une si grande quantité d'étincelles, qu'il est dangereux de s'en approcher.

Électricité terrestre. — Si l'on réfléchit que le globe terrestre, ce réservoir commun de l'électricité, est formé d'une infinité de substances hétérogènes, on comprendra sans peine que le contact de ces substances et les actions chimiques qui s'exercent entre elles, doivent donner lieu à un immense développement d'électricité. Selon Reid et Pelletier, la terre possède toujours, dans les temps sereins, un excès d'électricité négative.

Électricité végétale. — Il est prouvé aujourd'hui que l'absorption, la respiration, la nutrition et les sécrétions des végétaux donnent lieu à des actions chimiques qui produisent constamment de l'électricité.

M. Donné a vu l'aiguille aimantée se dévier de 15 à 30 degrés en implantant les deux fils d'un galvanomètre (1) vers la queue d'un fruit.

Électricité animale. — Il y a déjà longtemps qu'on avait remarqué que certains poissons (torpille, gymnote électrique) ont la faculté de produire des décharges électriques dont ils se font un moyen d'attaque ou de défense. L'espace situé entre les nageoires pectorales, la tête et les branchies de ces poissons, est rempli, de chaque côté, par un appareil singulier, formé de petits tubes membraneux serrés les uns contre les autres, subdivisés par des cloisons horizontales en petites cellules remplies de mucosités, et animés par une grande quantité de nerfs : c'est dans cet appareil que réside la puissance d'imprimer une commotion soudaine aux corps qui s'approchent d'eux, ou qui les touchent avec la main, ou même avec un bâton, et de les paralyser. Les torpilles donnent, par le même moyen, la mort aux poissons et aux animaux dont elles font leur nourriture. C'est ce que prouvent les recherches de MM. Melloni, Matteuci, Becquerel et Breschet.

Galvini, Matteuci et Aldini ont prouvé, par des expériences nombreuses, qu'il existe des courants électriques chez les animaux (grenouilles, chiens, lapins, etc.). Toutes les fonctions chez l'homme (respiration, digestion, nutrition, sécrétion, etc.) donnent également lieu à un développement de l'électricité. M. Becquerel a démontré rigoureusement qu'il existe un courant allant du foie à la vessie (2). Hébert et Dubois Reymond ont constaté qu'il se produit des courants électriques sensibles lorsqu'on contracte les nerfs de l'un à l'autre bras. L'électricité du corps humain est ordinairement positive dans l'état de santé (Pfaff, Ahrens); elle est plus souvent négative chez la femme, surtout aux époques périodiques.

Pendant la fièvre, la quantité d'électricité augmente ; elle diminue notablement pendant le jeûne et l'abstinence prolongés ; elle disparaît presque entièrement dans les cas de choléra graves. L'homme pompe dans l'atmosphère la matière électrique par tous les pores inhalants. Les poumons sont aussi des organes sécrétoires de l'électricité aérienne, qui circule ensuite avec le sang. L'expiration rejette l'excès de l'électricité du corps, qui est toujours moindre cependant que la quantité prise pendant l'inspiration. L'absorption par les poumons est plus efficace que la transmission par la peau. Enfin, les aliments en introduisent aussi une quantité assez importante. (*Bertholon.*)

---

(1) Instrument de physique, imaginé par Schweigger, servant à découvrir les moindres traces d'électricité : sa construction est fondée sur la déviation que les courants galvaniques font éprouver à l'aiguille aimantée (voy. *Galvanomètre*).

(2) M. Becquerel avait placé une lame de platine dans le foie d'un animal, et l'autre dans la vessie : en les mettant en rapport avec les fils d'un galvanomètre, il constata ce courant.

Le docteur Turley, de Worcester, d'après des observations suivies de 1845 à 1848, a constaté que l'électricité de l'air subit des variations diurnes : son maximum a lieu, en été, avant huit heures du matin, et en hiver avant dix heures. De là, sans doute, cet abattement, cette faiblesse, ce malaise que nous éprouvons à certains moments où l'électromètre est inactif. Cette explication dira peut-être aux médecins pourquoi certains jours les maladies qu'ils traitent paraissent faire des progrès fâcheux, tandis que d'autres fois, lorsque l'électromètre marque plus d'électricité, les malades marchent plus rapidement vers la santé ; et ce n'est pas trop préjuger que de dire que la vitalité des végétaux et des animaux est dans le plus ou le moins d'électricité. (*Union médicale*, 1851.)

Un assez grand nombre de physiologistes, frappés de l'analogie qui semble exister entre le fluide nerveux et le fluide électrique (1), n'ont pas hésité à les déclarer identiques. Sans trancher ici cette question, nous dirons, avec le docteur Crimotel, que le fluide électrique et le fluide nerveux ne sont pas moins indispensables au maintien de la vie. Lorsque ces principes se trouvent en quantité convenable, et que leur répartition se fait normalement dans chaque organe, ils y apportent le bien-être, le calme, la force, en un mot la santé dans toute son expression. Si, au contraire, ils prédominent dans un organe aux dépens des autres, s'ils sont en excès ou en moins, on voit bientôt apparaître les spasmes, le désordre, l'agitation, et une foule de maladies nerveuses, rhumatismales, paralytiques. Lorsqu'ils ne sont plus en quantité suffisante, comme dans le choléra et certaines affections nerveuses ou typhoïdes, la vie s'éteint.

III. *Appareils électriques.* — Il est extrêmement curieux de voir par quelles modifications successives ont passé les appareils et instruments électriques appliqués à la médecine. Ce coup d'œil rétrospectif peut être surtout d'une grande utilité pour le praticien dont les efforts tendraient à améliorer encore les moyens de développer de l'électricité.

1° *Globe électrique.* — C'est un *globe* de verre que l'on fait tourner sur son axe, et que l'on frotte en y tenant les mains appliquées. Ce *globe* ainsi frotté devient électrique, et communique sa vertu à tous les corps qu'on en approche et qui sont susceptibles de la recevoir par communication.

Pendant longtemps on n'a employé que le tube de verre pour communiquer l'électricité aux autres corps ; mais la grande fatigue qu'éprouvait celui qui frottait ce tube ne lui permettait pas de soutenir longtemps cet exercice ; on a dû chercher des moyens plus simples et plus commodes. Vers l'année 1740, Boze, professeur de physique à Wittemberg, essaya de substituer au tube des *globes* de verre, avec lesquels on opère plus facilement et qui servent à pousser les effets beaucoup au delà de ce qu'on avait pu faire avec ce tube.

(1) Tous les médecins connaissent les curieuses expériences de Philipp Wilson sur la digestion, expériences qui prouvent que cette fonction continue à se faire chez un lapin auquel on a coupé les nerfs pneumo-gastriques (nerfs qui animent l'estomac), si l'on transmet aussitôt un courant galvanique à l'extrémité de ces nerfs.

Plus tard, l'abbé Nollet introduisit en France ces globe électriques et les perfectionna. Les uns tournaient à l'aide d'une manivelle, les autres au moyen d'une corde sans fin ou d'un arc de tourneur avec sa pédale. En appliquant la main sous l'équateur d'un de ces globes, tandis qu'il tournait avec rapidité, on excitait en cette partie de la surface un développement plus grand d'électricité qu'avec le simple tube. Winker substitua à l'usage des mains des *coussinets* ou *frotteurs*, que Sigaud de Lafond perfectionna en 1754. Tel fut le premier appareil électrique un peu compliqué, et tel fut aussi celui dont on se servit pour le traitement des maladies. Au moyen de ce globe, on électrisait par souffle, par aigrettes, par étincelles et par bain. Des batteries de plusieurs globes tournant sur le même axe ou mis en communication par des conducteurs produisaient un plus grand développement d'électricité.

Fig. 22. — Bouteille de Leyde.

2° *Bouteille de Leyde.* — Elle paraît due à Muschenbroeck et Cuneus, de Leyde. Le docteur Guitard (1) rapporte ainsi les circonstances de cette découverte (1746) :

« Muschenbroeck, ayant placé un canon de fusil dans la sphère d'activité d'un globe électrique, attacha un fil de laiton à l'extrémité de ce canon la plus éloignée du globe, et le fit plonger dans l'eau d'un verre rempli à moitié qu'il tenait d'une main ; alors, de l'autre main, il tira une étincelle du canon, et, à l'instant, il eut une commotion violente dans tout le corps. Cette expérience fit grand bruit, attira l'attention des physiciens, et l'on arriva à savoir que, pour la production de ce phénomène, il faut 1° que la main soit appliquée au-dessous du niveau du liquide du vase ; 2° que ce vase doit être en verre ou en porcelaine ; 3° que la surface externe du vase, au-dessus du

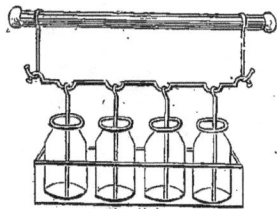

Fig. 23. — Batterie électrique.

niveau, doit être propre et sèche. On apprit aussi que le verre est meilleur que la porcelaine, que plus ce verre est mince, plus la commotion est forte ; que l'eau employée donne des commotions d'autant plus fortes que sa température est plus élevée, et qu'elle peut être remplacée très-avantageusement par le mercure. »

Voici la composition actuelle de la bouteille de Leyde : « Un flacon en verre, recouvert extérieurement d'une feuille d'étain qui monte jusqu'à quelques centimètres des bords, est rempli de feuilles de clinquant, au milieu desquelles plonge une tige métallique : celle-ci traverse le goulot du flacon, se recourbe extérieurement en crochet, et se termine par un bouton. L'espace compris entre le

(1) *Histoire de l'Électricité médicale.*

goulot et la feuille d'étain, dite *armature extérieure*, est verni à la laque, pour empêcher toute communication entre l'intérieur et l'extérieur de la bouteille. Pour charger une bouteille de Leyde, on la tient par la panse, et l'on présente le bouton à la machine électrique; le fluide vitreux s'accumule dans la bouteille, et le fluide résineux reste sur l'armature extérieure. On peut décharger la bouteille lentement ou d'une manière brusque : si on la tient d'une main par la panse, de manière à toucher l'armature extérieure, et que de l'autre main on touche le bouton, le corps sert de conducteur, la bouteille se décharge instantanément, et l'on reçoit une violente secousse; il y aurait du danger à s'y exposer dans le cas d'une forte charge. Pour décharger la bouteille lentement, on la pose avec précaution sur un isoloir, et l'on tire alternativement de la panse et du bouton une foule de petites étincelles. Les *batteries électriques* (fig. 23) sont des réunions de plusieurs bouteilles de Leyde, dont tous les intérieurs communiquent au moyen de tiges de métal et dont tous les extérieurs sont en communication par le moyen d'une feuille métallique qui garnit tout le fond de la caisse en bois où sont placées les bouteilles; une petite chaîne assure la communication des armatures extérieures avec le sol. » Les effets de ces batteries sont très-puissants : un fil de fer de quelques centimètres de longueur est fondu par la décharge d'une forte batterie; les corps mauvais conducteurs

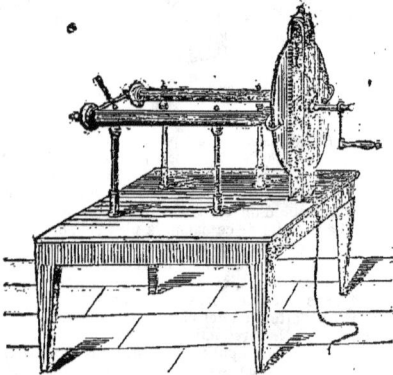

Fig. 24. — Machine électrique.

(pierres) en sont percés ou brisés; des batteries d'une moyenne force peuvent tuer des oiseaux, des lapins, et même des animaux de plus grande taille.

3° *Machine électrique.* — Cette machine, dont on se sert le plus aujourd'hui pour les expériences de physique et le moins pour les applications médicales, est constituée par un plateau de verre de dimension plus ou moins grande, pressé entre quatre coussins remplis de crin et accompagnés d'une enveloppe de papier verni. Lorsqu'on tourne le plateau au moyen de la manivelle, il se développe une grande quantité d'électricité qui va s'accumuler dans un corps conducteur, auquel on donne la dimension que l'on veut, mais dont on termine les extrémités par des boules, afin de ne pas disperser le fluide. En faisant communiquer les coussins avec le *réservoir commun*, on possède ainsi une source constante d'électricité, au moyen de laquelle on peut faire une foule d'expériences curieuses et produire des phénomènes remarquables.

Il est encore une autre machine, celle de Nairn, qui mérite d'être citée; c'est un cylindre de verre qui tourne sur un axe et qui est frotté par un coussin que l'on peut isoler à volonté, en sorte que l'on en obtient les deux électricités, suivant que l'on prend celle du coussin ou celle du verre.

Tels sont les appareils dont on fit longtemps usage pour le traitement des maladies, et qui donnèrent déjà des succès de nature à éveiller l'attention des savants et même du public. Mais Galvani, célèbre physicien bolonais, parut,

et les instruments particuliers que Volta construisit pour le combattre, et dont s'emparèrent les médecins, furent le point de départ de nouveaux appareils qui ont changé complétement les procédés opératoires de l'électrothérapie.

Du galvanisme. — C'est le nom donné à la série de phénomènes électriques qui se manifestent particulièrement dans les organes des animaux, et auxquels on donne quelquefois le nom d'*électricité animale*. Quelques-unes des propriétés du galvanisme, notamment la saveur qui se développe sur la langue au contact de métaux différents, furent reconnues, en 1767, par Sulzer, physicien prussien. En 1786, un élève de Cortugno, physicien napolitain, reçut une commotion en disséquant une louve qui l'avait mordu, au moment où son scalpel toucha le nerf diaphragmatique. Des faits analogues conduisirent Galvani, autre physicien italien, à faire de nombreuses expériences sur ce qu'il croyait une espèce particulière d'électricité, à laquelle on s'accorda généralement à donner son nom (1792). Cette découverte exerça bientôt la sagacité de tous les physiciens de l'Europe, parmi lesquels se distingua Volta, dont les expériences prouvèrent sans réplique l'identité du galvanisme avec le fluide électrique, ou, pour mieux dire, que ce dernier était produit constamment par le simple contact de deux corps, pour peu qu'ils ne fussent pas homogènes.

Des piles électriques. — La pile la plus simple se compose de disques de cuivre et de zinc superposés, et séparés par une rondelle de drap humide en *couples* ou *éléments* de deux disques chacun; on empile dans le même ordre autant de couples que l'on veut, et l'on a ainsi une *pile à colonnes*, dont les deux extrémités sont, d'un côté, un disque de zinc qu'on appelle *pôle positif*, et, de l'autre, un disque de cuivre qu'on nomme *pôle négatif*. On établit le courant en réunissant ces deux pôles par un *fil conducteur*.

Les effets physiologiques, physiques et chimiques de la pile sont étonnants. « Lorsqu'on touche avec les doigts mouillés les conducteurs qui communiquent avec les deux pôles d'une pile, on reçoit une secousse dont l'énergie dépend de la force de la pile, et qui peut être mortelle si la pile est composée d'un très-grand nombre d'éléments. Les plus puissantes machines électriques n'ont rien qui approche de la force des batteries; il suffirait d'établir un instant avec les mains la communication entre les pôles pour être tué comme par la foudre. Lorsqu'on approche l'un de l'autre les fils de métal qui vont puiser l'électricité aux deux pôles, on observe une succession d'étincelles provenant de la combinaison des deux fluides électriques; le courant qui traverse un conducteur en élève la température au point d'en déterminer souvent l'incandescence et de faire fondre les métaux les plus réfractaires. Enfin, les courants de la pile détruisent un grand nombre de combinaisons chimiques dont les composants sont alors transportés aux deux pôles de la pile; la première observation de ce genre fut faite, en 1800, par Carlisle et Nicholson, qui virent l'eau se décomposer par l'action d'un courant, l'oxygène se portant au pôle positif et l'hydrogène au pôle négatif. » On connaît aussi les curieuses expériences d'Aldini et du docteur Ure sur des animaux et des hommes qui semblaient reprendre la vie sous l'influence de l'électricité. Les mouvements musculaires les plus violents, les convulsions les plus effrayantes, les yeux ouverts et menaçants, le rire et la fureur contrastant sur la même face, la respiration même rétablie, tout présentait dans un cadavre l'exercice hideux des fonctions de la vie!

Depuis la construction de la première pile par Volta (1794), de nombreux perfectionnements ont été apportés à cet appareil.

Ainsi nous avons eu : 1° La *pile à auges* de Cruikshank (fig. 25), dont les éléments *zinc* et *cuivre* sont soudés ensemble, posés de champ et séparés les uns des autres par un intervalle en auge.

2° La *pile de Wollaston*, dont le zinc est placé entre les deux lames d'un morceau de cuivre replié sur lui-même.

3° La *pile sèche*, construite ordinairement avec des rondelles de papier sur lesquelles sont collés, avec de la gélatine, d'un côté des feuilles minces de zinc, de l'autre du péroxyde de manganèse.

4° La *pile à charbon*, ou de *Bunsen* (fig. 26), composée d'un vase en verre cylindrique et à large ouverture; d'un cylindre en charbon, cerclé en cuivre à sa partie supérieure, qui porte une oreille destinée à attacher un des fils conducteurs; d'un vase en terre poreuse et assez étroit pour entrer dans le cylindre de charbon; d'un tube en zinc façonné de manière à entrer librement dans ce dernier, et muni d'une oreille en cuivre pour le second fil conducteur. La pile à charbon, quoique récente (1844), est très-employée, en ce qu'elle permet, lorsqu'on veut, d'avoir des effets très puissants. Excepté la pile sèche, toutes ces piles ont besoin de liquides (eau acidulée, acides) pour être mises en action. — Nous ne parlons pas d'une foule de piles d'une construction particulière, dont le temps seul peut justifier la valeur.

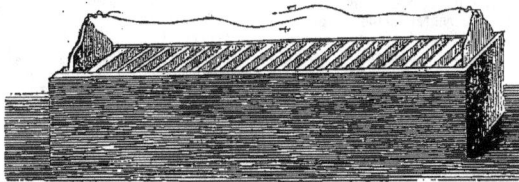

Fig. 25. — Pile à auges.

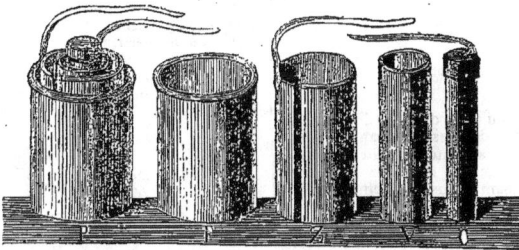

Fig. 26. — Pile de Bunsen dans ses détails.

Nous arrivons, maintenant, aux appareils basés sur les principes de Faraday.

Avant de faire connaître ces instruments, disons quelques mots des *courants électriques*.

On donne le nom de *courants électriques* aux mouvements de l'électricité produits par la recomposition des deux fluides contraires à travers les corps. On développe surtout ces courants au moyen de la *pile*; « lorsqu'à l'aide d'un fil métallique on établit la communication entre les deux pôles de la pile, le fluide positif parcourt la pile ainsi que le fil conducteur dans un sens, et le fluide négatif dans un autre. Si l'on ne fait qu'approcher l'un de l'autre les fils de métal qui vont puiser l'électricité aux deux pôles, on voit se produire une succession d'étincelles électriques; si la communication est non interrompue entre les deux pôles et si le fil conducteur est d'un diamètre un peu fort, il ne se manifeste aucun phénomène apparent : on dit alors que le *fil est traversé par un courant*. Ces courants ne produisent des phénomènes sensibles

que s'ils sont assez énergiques pour échauffer le conducteur; mais ils sont toujours décelés par l'action qu'ils exercent sur l'aiguille aimantée. — De même que les courants agissent sur la direction de l'aiguille aimantée, les aimants à leur tour peuvent influencer la direction des courants eux-mêmes. Ampère a aussi reconnu que les courants agissent les uns sur les autres, et il a constaté que deux courants parallèles s'attirent quand ils marchent dans le même sens, et qu'ils se repoussent quand ils marchent en sens contraire. »

Les courants électriques peuvent être provoqués par quatre causes différentes :

1° *Causes mécaniques* (*frottement, pression, clivage*). Lorsqu'on dispose un fil de communication entre les conducteurs ou les coussins d'une machine électrique, on remarque que ce fil est traversé par un courant, comme s'il réunissait les deux pôles d'une pile. Mais la machine la plus forte avec laquelle on développe de l'électricité par le *frottement* (*machine électrique*) ne donne qu'un courant extrêmement faible. Voici les conditions qui peuvent influer sur la production de l'électricité par le frottement : la *température différente* des deux corps soumis au frottement; le plus chaud prend toujours l'électricité résineuse;
— le *poli des surfaces;*
— deux *métaux différents;* les électricités que M. Becquerel a produites par la *pression* et par le *clivage* doivent être excessivement faibles.

2° *Causes physiques.* Ces causes sont la *capillarité* et la *chaleur* (phénomènes thermo-électriques).

3° *Causes chimiques.* Pendant la combustion ou combinaison des corps, il y a développement d'électricité. MM. Pouillet et Becquerel sont arrivés à établir ce principe général : *Toutes les fois qu'oxygène se combine avec un autre corps, il y a dégagement d'électricité: l'oxygène donne toujours l'électricité positive, et le corps combustible l'électricité négative.* Dans toute liqueur au sein de laquelle s'opère une action chimique (action des acides sur les bases, décompositions des sels, etc.), il y a production d'un courant électrique.

4° *Causes physiologiques.* Les poissons électriques (la *torpille*, la *gymnote*, etc.) sont des exemples de ce genre de causes.

Sans entrer dans le développement sur ces expériences, nous constaterons seulement ici les lois générales qui régissent les courants électriques :

1° L'intensité du courant est la même dans tous les points de circuit qu'il traverse.

2° Elle est en raison inverse de la longueur du circuit, et en raison directe de sa section.

3° Dans un circuit thermo-électrique, composé de fils métalliques de différentes sections, la force élémentaire est la même dans tous les points; et cependant, lorsqu'on prend des intervalles égaux sur ces différents fils, les courants dérivés que l'on en tire ont des intensités différentes qui sont à peu près en raison inverse des sections des fils dans l'intervalle de dérivation. (*Pouillet.*)

Courants par induction. — Un courant qui traverse un fil conducteur peut faire naître un courant dans un fil voisin; ce nouveau courant prend le nom de *courant par induction*. Il se manifeste au moment où le courant électrique commence à traverser le fil voisin et au moment où il cesse : le courant qui commence fait naître un courant par induction dans le même sens; le courant qui finit fait naître un courant par induction en sens contraire. Cette découverte, qui est due à Faraday (1831), est peut-être plus précieuse pour la physiologie et la médecine que celle de Galvani. Les courants d'induction se transmettent au moyen de fils de cuivre recouverts de soie et enroulés de manière à former une bobine, au centre de laquelle se trouve un fer doux ou bien un aimant. Ils sont dits de *premier ordre* s'ils viennent directement de ce fil; de *second ordre* s'ils naissent dans un autre fil superposé au premier, sans communiquer directement avec la source. Ces deux espèces de courants produiraient, selon quelques médecins, des effets physiologiques spéciaux, et, selon d'autres, seraient identiques. Pour notre part, nous croyons que cette division des courants de premier et de second ordre est purement théorique.

Des appareils basés sur les principes de Faraday. — Nous allons résumer ici la description de ces appareils, d'après le docteur Guitard.

L'appareil de Clarck est constitué par une masse d'acier fortement aimantée, auprès de laquelle deux bobines de fil isolé ou multiplicateurs sont mises en rotation par une roue à manivelle excentrique, et rapprochées ou éloignées de l'aimant par une vis de pression. L'axe sur lequel tournent ces bobines est le réservoir de l'électricité dont elles se chargent. Des commutateurs et des conducteurs, terminés par des excitateurs de différentes formes et grandeurs, sont disposés à droite et à gauche pour donner 'électricité.— Pour faire fonctionner cet appareil, il suffit

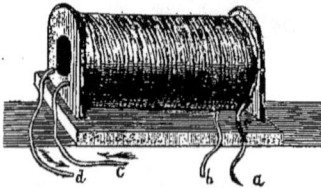

Fig. 27. — Bobine d'induction.

de faire tourner la roue; ce qui veut dire aussi que plus le mouvement imprimé sera rapide, plus le courant sera intense. Cette augmentation dans l'intensité du courant s'obtient encore facilement au moyen de la vis qui tient les bobines appliquées à l'aimant : plus les bobines seront rapprochées, plus le courant sera fort. Pour donner encore plus de vigueur au dégagement du fluide électrique, il faut enlever le morceau de fer doux appliqué à la masse aimantée.

L'appareil Masson consiste en une pile de Bunsen, mise en communication par des fils métalliques avec un multiplicateur traversé par une barre d'acier. Ce multiplicateur est placé sur une tablette qui supporte quatre pieds, deux à deux, à chaque extrémité de la bobine; les deux pieds les plus éloignés de la pile servent de point d'attache à deux réophores terminés par des cylindres métalliques ou excitateurs, tandis que les deux autres sont en communication directe avec la source de l'électricité. L'un des deux, le pôle zinc, touche à une règle de cuivre avec des rainures, les unes saillantes et les autres enfoncées. Pour faire marcher cet appareil, il faut armer la pile à charbon. On ne peut graduer d'une manière bien rigoureuse l'intensité du courant, l'augmenter ou la diminuer à volonté; mais, en revanche, au lieu d'avoir un courant continu, l'on peut avoir des intermittences en touchant la règle placée parallèlement à la bobine.

L'appareil Breton est une modification de celui de Clarck. Il est renfermé dans une boîte portative, garnie, d'un côté, d'une manivelle qu'il faut tourner; de l'autre, d'un bouton que l'on tire ou que l'on enfonce pour augmenter ou diminuer la force du courant, ce qui n'a fait appeler le graduateur; au centre, de deux boutons métalliques pour attacher les fils conducteurs; et en haut, d'une tige de fer doux mobile et qui doit être retirée avant d'avoir mis en mouvement la manivelle. L'intérieur de cette boîte est formé par une masse aimantée placée au centre, traver-

sée par un axe d'acier que fait tourner la manivelle, et recouverte sur deux branches par deux bobines ou multiplicateurs fixes. A côté de ces bobines est placée une lame conductrice qui tourne comme l'axe lui-même, et qui se charge de toute l'électricité dégagée. Il n'y a point de préparation préliminaire pour faire marcher cet appareil, sinon que de retirer la tige de fer doux dont le bouton paraît à la partie supérieure de la boîte. Il suffit de faire tourner la manivelle. Il peut augmenter ou diminuer la force du courant. Il est plus faible cependant que celui de Clarck.

Pile Volta-Faradique de M. Duchenne. Cette pile, dans sa construction, participe bien de quelques-uns des incon-

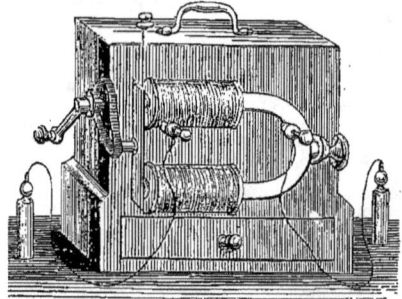

Fig. 28. — Appareil de MM. Breton frères.

vénients des précédentes, mais aussi du plus grand nombre de leurs avantages.

Cet appareil, baptisé du nom des deux physiciens dont les idées ont été mises à contribution pour sa construction, est contenu tout entier dans une petite caisse de bois rectangulaire, du poids de 5 kilogrammes. Cette caisse renferme des parties essentielles et des parties accessoires. Elle est composée de deux tiroirs superposés l'un à l'autre, et surmontée d'un grand cylindre creux de laiton. Dans le tiroir inférieur se trouve placé un baquet de zinc d'une très-grande épaisseur; à droite, la partie supérieure

Fig. 29. — Appareil Duchenne.

de sa paroi antérieure est percée d'une échancrure d'un centimètre de largeur, et à gauche s'y trouve soudée une lame de cuivre qui déborde le tiroir en dehors et à angle droit pour laisser placer dans une ouverture circulaire un clou à vis mobile d'avant en arrière et d'arrière en avant; c'est l'armature ou le pôle zinc, tandis que l'échancrure désignée sur le côté droit est destinée à laisser placer une seconde lame de cuivre pareille à la première pour la partie extérieure, mais différente par l'autre moitié, qui est soudée à une lame de platine; cette pièce, qui fait l'office du pôle cuivre, est complètement mobile, et peut être enlevée quand l'appareil ne marche pas. Dans le baquet en zinc est placée une plaque rectangulaire de charbon au milieu de laquelle on a ménagé un petit godet. Cette plaque de charbon remplit assez la boîte de zinc pour ne pas la toucher sur les côtés; elle est de la même hauteur.

La pile est donc constituée par un couple de Bunsen, modifié seulement quant à la forme.

Entre les deux tiroirs, et à l'extrémité de la boîte, à droite et à gauche, est placé un bouton de fer doux, dont la pointe donne attache dans une rainure horizontale, puis verticale, à un fil de laiton qui vient s'enrouler, pour former un multiplicateur, sur une bobine renfermée dans une des extrémités du cylindre creux qui surmonte l'appareil. Ce multiplicateur diffère cependant des multiplicateurs ordinaires en ce qu'il est composé de deux fils enroulés l'un sur l'autre; ce qui donne quatre extrémités pour les fils conducteurs qui vont correspondre deux à deux à quatre boutons de cuivre placés en dehors de la boîte, à l'extrémité opposée à celle qui renferme le multiplicateur. Ainsi les deux bouts du fil qui a été placé le premier sur la bobine, et qui a reçu le nom de fil du premier ordre, vont s'attacher aux boutons inférieurs; les deux extrémités de l'autre fil, dit du second ordre, parce qu'il a été placé sur le premier, correspondent aux deux boutons supérieurs. Au milieu de ces quatre boutons, il en est un autre qui forme l'extrémité externe d'une longue tige de cuivre graduée, terminée par un petit cylindre creux de cuivre rouge qui enveloppe, sans le toucher, le multiplicateur. Cette tige a reçu le nom de graduateur parce que c'est en la manœuvrant que l'on peut augmenter ou diminuer l'intensité du courant.

A l'autre bout de l'appareil, du côté des tiroirs, et dans le cylindre de laiton, se trouve placée une autre pièce de l'appareil, dite commutateur. C'est un aimant suspendu verticalement, tout près du multiplicateur, par sa partie supérieure, de manière à pouvoir osciller d'avant en arrière. Il peut être rapproché ou éloigné du multiplicateur par une vis de pression; il peut aussi en être complètement séparé par un crochet mobile, qui peut passer par-dessous lui.

Le tiroir supérieur contient une boussole, des fils conducteurs qui servent d'excitateurs de différentes formes, tels que des cylindres métalliques emmanchés, garnis d'une éponge, des pinceaux métalliques ou autres, et l'armature mobile de la pile.

Pour faire marcher cet appareil, il faut d'abord le placer dans une direction telle, que l'aiguille de la boussole tombe sur le zéro du cadran; cette précaution est nécessaire pour garantir l'appareil de l'influence des courants qui traversent le globe terrestre, et pour connaître aussi, par la déviation de l'aiguille, quand le courant est établi dans la pile, de combien ce courant est plus fort ou plus faible.

Il faut ensuite attacher les excitateurs aux réophores, et accrocher ceux-ci à deux boutons, les inférieurs si l'on veut agir plus spécialement sur la sensibilité; les supérieurs s'il est nécessaire d'influencer la mobilité; car M. Henry, de Philadelphie, a découvert que les deux courants qui s'établissent dans les deux fils du multiplicateur jouissent de ces propriétés physiologiques différentes. C'est alors le moment d'armer la pile, et, pour cela, il suffit de placer dans le baquet de zinc une petite quantité d'une dissolution concentrée de chlorure de sodium, et quelques gouttes d'acide nitrique dans le godet de la plaque de charbon : celle-ci est placée dans le baquet, et l'on prend la précaution de ne pas la faire toucher par les bords. On place l'armature mobile de manière qu'elle s'applique bien exactement sur le charbon. Celui-ci absorbe la dissolution saline et l'acide nitrique, une action chimique se passe, et par suite départ d'électricité. Alors on ferme le tiroir, l'on tourne les boutons à vis qui terminent les armatures jusqu'à ce qu'ils touchent les boutons de fer doux qui donnent attache aux fils du multiplicateur, et le courant est établi ; il est annoncé par un bruissement particulier, facile à reconnaître, et l'on peut s'en convaincre soit en touchant les deux excitateurs, soit en leur faisant produire une étincelle dans l'ombre.

Dès ce moment l'électricité est dégagée et le courant établi. Ce dernier paraît continu, mais il est en réalité composé d'une série de petits courants très-rapprochés

l'un de l'autre, et dont la production est due au commutateur, dont voici le mécanisme : placée près du multiplicateur, cette plaque d'aimant est influencée par le courant; elle éprouve des mouvements d'attraction et de répulsion d'autant plus rapides, que la vis de rappel la presse davantage, et ces oscillations rapides constituent des moments d'intermittence et de rétablissement dans le courant électrique : le courant d'induction ne se produit même que dans le moment de neutralisation de l'action du courant sur l'aimant.

Ainsi donc, le courant de cet appareil est en réalité intermittent ; mais comme ces intermittences sont très-rapprochées, elles sont à peine sensibles, et font que le courant paraît continu. Du reste, il est facile de le rendre manifestement intermittent, c'est-à-dire de l'arrêter brusquement pour le lâcher de suite, et de faire ces intermittences plus ou moins rapides, plus ou moins longues, selon les besoins. Il suffit pour cela de prendre l'une des vis qui terminent les armatures du couple et de la tourner dans un sens ou dans l'autre, de manière à lui faire toucher ou quitter le bouton; ce qui établira ou détruira la communication de la pile au multiplicateur aussi souvent et aussi longtemps qu'on le voudra. C'est même le procédé à suivre pour donner des secousses et des commotions, selon l'intensité du courant.

En effet, la force du courant peut être augmentée ou diminuée à volonté, avec la plus grande facilité, au moyen du graduateur qu'il suffit de tirer au dehors pour augmenter la force, et d'enfoncer, au contraire, pour l'affaiblir ; car M. Duchenne a découvert la singulière propriété que possède le cuivre rouge d'enlever une certaine quantité de l'électricité produite par induction. Si le graduateur est fermé, le cylindre qui se termine recouvre en totalité le multiplicateur et lui enlève le maximum d'électricité, et le courant est alors au minimum ; si l'on tire, de 3 centimètres, par exemple, le graduateur, l'on découvre d'autant le multiplicateur, et cette partie donne toute l'électricité qui la traverse; ce qui veut dire que le courant devient plus fort, et qu'il est au summum de son intensité, quand le graduateur, complètement tiré au dehors, ne couvre plus le multiplicateur.

Appareils Rebold. — Ces appareils, brevetés sous la dénomination de *système électro-vital* pour l'application universelle de l'électricité à la thérapeutique animale et végétale, ne diffèrent pas essentiellement, quant aux constructions et différents systèmes sur lesquels ils reposent, de ceux décrits plus haut ; ils se distinguent toutefois par une extrême régularité dans la progression ou la diminution des tensions électriques, qui se règlent d'une manière admirable.

L'appareil modèle de M. Rebold est destiné aux hospices ; il est en forme et grandeur d'un tambour ; il contient trois grandes bobines, et développe, au moyen de trois piles, de l'électricité primaire ou galvanique, de l'électricité Volta-électrique de première et de deuxième induction, et de l'électricité magnéto-électrique. Cet appareil peut électriser cinquante personnes à la fois, et chacune d'elles au degré de force qu'elle peut supporter.

Au moyen de certaines modifications dudit appareil modèle, on peut, dit l'inventeur, administrer de l'électricité à 10,000 personnes dans un jour, donnant à chacune un quart d'heure d'électrisation.

L'inventeur de ce système a construit des appareils destinés à la destruction des maladies épizootiques, dont les accessoires permettent d'électriser plus de 500 pièces de bétail dans un jour, et des appareils pour l'agriculture, qui ont « non-seulement pour but le traitement des maladies de la vigne et des pommes de terre, mais qui, en activant le développement des engrais, des semences, des germes, en fructifiant et vivifiant les terres, doivent augmenter considérablement leurs produits. »

Chaînes hydro-électriques médicales de M. Pulvermacher, de Vienne.—La chaîne hydro-électrique de Pulvermacher est renfermée dans une boîte de 10 à 60 grammes, selon le nombre des éléments et selon le nombre des chaînes elles-mêmes qu'elle contient; car il y en a deux, trois ou quatre, dont on peut se servir, soit isolément, soit ensemble en les réunissant. Chaque élément de la chaîne se compose de deux petites lames appliquées l'une sur l'autre, et taillées de manière à former deux gorges en spirale concentrique. Un fil de cuivre de 1 millimètre de diamètre, et de 26 centimètres de longueur, est couché sur l'une de ces gorges, et un fil de zinc, semblable au premier, sur l'autre gorge spiroïde. Le fil de cuivre d'un élément est soudé au fil de zinc de l'autre, et chaque élément de la chaîne est uni à celui qui le précède, et qui le suit par deux petits anneaux qui constituent une véritable articulation, et qui donnent la flexibilité à l'appareil. A chaque extrémité des grandes chaînes de 24 éléments et plus, sont adaptés une boucle et des rubans élastiques pour les fixer plus parfaitement et d'une manière plus commode.

A ces chaînes ainsi constituées sont adaptés des appareils accessoires : 1° le cylindre interrupteur, petit tube avec une armature à chaque extrémité, contenant une spirale métallique mobile. Quand il est adapté à la chaîne, le courant est alternativement interrompu et renouvelé par chaque mouvement du corps, ce qui produit de légères secousses d'un effet plus stimulant que le passage non interrompu d'un courant continu ; 2° les conducteurs pour la bouche, les oreilles, etc. ; ce sont de petits pinceaux ou des brosses métalliques, ou en cheveux, munis d'un manche isolant et d'un crochet pour y suspendre l'un des pôles de la chaîne ; 3° des conducteurs pour l'électro-puncture ; 4° un voltamètre, pour s'assurer si la chaîne est en bon état, si son action est régulière quand même on n'en sentirait pas l'influence.

Cette chaîne est construite pour être portée sur le corps, sous les habits. Avant de l'appliquer, on la fait passer d'un bout à l'autre dans du vinaigre plus ou moins affaibli, selon l'effet que l'on désire obtenir ; il faut veiller à ce que chaque chaînon soit bien imbibé, mais sans laisser la chaîne dans le liquide. Alors on la pose sur le corps, de telle sorte que la partie malade se trouve placée entre les deux pôles.

Il n'est pas toujours nécessaire d'employer le vinaigre pour exciter le courant ; de l'eau suffit, et même la simple transpiration du corps.

Ainsi, avec cet appareil, le courant peut être continu ou intermittent à volonté ; il peut être augmenté ou diminué d'intensité, selon le nombre des chaînes, des éléments de ces chaînes et la sauce employée.

Une chaîne de 150 à 200 éléments, formée par la réunion de plusieurs petites chaînes, et trempée dans le vinaigre, rougit et cautérise la peau, dégage des étincelles électriques, produit tous les phénomènes quantitatifs d'une assez forte batterie électrique, et donne, avec l'interrupteur, des contractions musculaires sans douleur à la peau, et sans crainte de porter aucune action irritante sur la rétine.

Pour donner une appréciation de cet appareil, nous présenterons les conclusions d'un rapport de l'Académie de médecine :

« Les chaînes voltaïques de M. Pulvermacher donnent un courant pareil à celui des piles ordinaires. Elles sont applicables quand il s'agit de produire des effets caloriques, depuis la simple rubéfaction jusqu'à la cautérisation de la peau. Elles sont propres encore à développer des phénomènes chimiques, tels que la coagulation du sang, ou la modification de quelque sécrétion. Leur courant excite au plus haut degré la sensibilité de la rétine.

» Ce courant est moins convenable que les courants d'induction pour produire les phénomènes de contraction des muscles et de sensibilité, à cause des effets chimiques et caloriques qui l'accompagnent.

» Cet appareil, comme tous ceux du même genre, a l'inconvénient de fournir des courants dont la force diminue avec une grande rapidité et à un moment donné. Il est impossible à l'opérateur d'en apprécier le degré d'énergie.

» La commission, faute d'expérience, s'abstient de prononcer sur les effets thérapeutiques des chaînes voltaïques qu'on laisserait séjourner sur quelque partie du corps. »

Pointes métalliques de Perkins, qui fit donner son nom à ce procédé d'électrisation. — La composition de métaux pointus et circulaires, destinés à servir de conducteurs pour le soulagement ou la guérison de quelques maladies constitutionnelles et locales, ne peut devenir utile que dans quelques cas peu graves, à cause du petit développement d'électricité, car un simple cercle galvanique ne peut avoir une très-grande vertu.

Nous en dirons autant des tracteurs métalliques de Parkinson, celui qui fixa le premier l'attention des médecins sur une névrose du mouvement qu'il appela paralysie convulsive. (*Essay on the shaking palsy*, 1817.) Ces tracteurs consistaient en deux plaques de métaux différents, appliqués sur le corps humain, et faisant merveille contre la goutte, le rhumatisme et la sciatique. Malheureusement pour eux, le docteur Hagarth les jeta dans le discrédit en opérant les mêmes cures avec des tracteurs en bois, en verre et autres substances vernissées de la couleur des appareils de Parkinson.

Armatures métalliques du docteur Burq. — En 1850, M. Burq envoya à l'Académie des sciences de Paris une communication relative à l'emploi des armatures métalliques dans le traitement des névroses ; et l'année d'après, il soutint sa thèse inaugurale sur le même sujet. Les armatures métalliques se composent tantôt d'un ou de deux anneaux, tantôt d'une ou plusieurs plaques de grandeur différente, selon que l'on doit agir sur les membres ou sur le tronc. Le métal à choisir varie selon les individus ; il faut essayer tour à tour divers métaux. Le métal convenable étant trouvé, l'on en fait un anneau de 10 à 15 centimètres de largeur, assez grand pour embrasser toute la circonférence de la partie malade, et si, au bout d'une ou deux heures, tous les phénomènes, sauf la fatigue, n'ont pas disparu, il faut construire une armature générale, composée de grands anneaux pour chaque membre, et de deux larges plaques pour le tronc. Le malade doit en faire usage le soir, en se couchant, et rester ainsi armé deux, quatre, huit et dix heures, suivant les besoins du moment et du mal.

Nous ne parlons pas d'une foule d'autres appareils, tels que la chaîne galvano-électrique et rhumatismale de Goldberger, le tissu électro-magnétique de M. Cabirol, qui agit surtout comme enduit imperméable, du cataplasme galvanique de Récamier, etc., etc.

Appareil de Morin et Legendre. — Cet appareil est renfermé dans une boîte de 12 centimètres cubes, et du poids de 1,500 grammes. Cette boîte est divisée en deux compartiments : celui de droite est occupé par des excitateurs soit cylindriques, soit à pinceaux, avec leurs fils conducteurs, et par une pile à charbon de Bunsen, modifiée seulement, comme celle des télégraphes électriques, par l'addition d'une aiguille de platine qui traverse le charbon et vient percer un couvercle de gutta-percha ; — dans le second compartiment, celui de gauche, est placé verticalement un multiplicateur terminé dans le fond de la boîte, par une lame de laiton sur laquelle repose la pile de charbon, et, supérieurement, par une plaque de cuivre jaune sur laquelle sont placés les objets suivants : 1° au centre, un bouton soudé à un cylindre creux de cuivre jaune qui traverse l'axe du multiplicateur, ou plutôt qui en est lui-même l'axe : il contient dans son intérieur, plusieurs barres de fer doux, de calibre différent et sur lesquelles il joue facilement par un mouvement d'élévation ou d'abaissement, c'est le graduateur proprement dit ; 2° aux quatre angles de cette plaque, sont plantées quatre petites bornes correspondant avec les extrémités du multiplicateur : l'une d'elles est armée d'une lame plate de cuivre jaune, tournant sur son axe, et devant servir à faire communiquer la pile avec le multiplicateur ; les autres sont percées d'un trou dans lequel on introduit les chevilles du réophore ; ces trois dernières sont marquées des signes (.) (:) (⋮). Entre la borne (.) et la (:) se trouve encore une petite tige terminée par une tête arrondie, et armée à l'intérieur de la boîte d'une petite potence qui peut être rapprochée ou éloignée, par un mouvement de rotation de la tige, d'une espèce de girouette en cuivre rouge mise en communication avec le multiplicateur ; c'est l'interrupteur.

Nous passons sur les détails de construction et d'agencement des fils qui vont se rendre à tel ou tel pôle du multiplicateur, à telle ou telle borne de la plaque extérieure de laiton ; et nous arrivons à la manœuvre de ce petit appareil, aussi simple qu'ingénieux dans sa disposition.

Pour mettre l'appareil en activité, il faut d'abord charger la pile avec de l'eau salée dans le vase de cuivre et zinc, et un acide quelconque dans le cylindre poreux blanc ; puis on la place sur la lame de laiton qui est dans le compartiment de droite, de manière que la tige de platine, qui traverse le couvercle de gutta-percha, puisse être recouverte par la lame mobile de la borne, alors le courant développé dans la pile est transmis au multiplicateur.

En plaçant les cordons aux bornes marquées (.) et (:) on aura le courant le plus faible ; aux bornes (.) et (i) un courant plus fort, et à celles marquées (:) et (i) l'intensité sera plus grande encore. S'il fallait un courant intermédiaire à ces trois, il est possible de l'obtenir au moyen du graduateur : ainsi, pour chacun de ces courants, il est facile d'avoir une gradation en augmentant ou diminuant le nombre des barres de fer doux enfermées dans le graduateur, et aussi en soulevant celui ci plus ou moins, c'est-à-dire en exposant à l'influence électrique une étendue plus ou moins grande du fer doux.

Par ces moyens, il est permis d'aller d'un courant insensible à un courant qu'il est presque impossible de supporter. C'est ainsi que le courant (.) et (i) au maximum est déjà plus fort que le courant maximum de M. Duchenne (de Boulogne), et que j'ai obtenu avec lui des contractions que ce dernier n'avait pu produire chez deux paralytiques dont le traitement n'est pas encore achevé.

Ce courant, qui est annoncé par un bourdonnement très-incommode, est nécessairement continu ; mais il peut être rendu intermittent, et ces intermittences peuvent être plus ou moins rapides ; il suffit pour cela de dévisser plus ou moins vite, d'un demi-tour environ, le bouton de l'interrupteur.

En résumé, cet appareil est très-portatif, d'une manœuvre facile, d'un entretien peu dispendieux, d'une graduation très-étendue : il peut donner à volonté le courant continu ou le courant intermittent. Quand les inventeurs auront placé une échelle de degrés quelconques sur le graduateur, quand ils auront trouvé le moyen d'empêcher ou d'atténuer le bourdonnement incommode produit par le courant, quand ils auront aplati les excitateurs cylindriques pour pouvoir placer un étui renfermant des aiguilles à acupuncture et une écritoire porte-plume, cet appareil électro-galvanique deviendra l'un des meilleurs que les médecins puissent appliquer à la thérapeutique.

De l'électricité appliquée au traitement des maladies. — Procédés opératoires. — Indications générales. — Des courants. — Nous ramènerons à huit cas les divers procédés opératoires qui ont pour but de soumettre les diverses parties du corps à l'action des courants.

1er cas. *Courants électriques devant traverser la partie antérieure de la tête.* Il faut appliquer les excitateurs humides sur les tempes et promener de temps à autre le pôle positif sur la région frontale.

2°. *Courants électriques devant traverser la tête du front à la nuque.* Appliquer le pôle positif sur le milieu du front et le pôle négatif à la nuque.

3e. *Courants électriques devant être dirigés d'une oreille à l'autre.* Appliquer les excitateurs humides au-dessus des apophyses mastoïdes.

4e. *Courants électriques devant passer par les paupières et par les yeux.* Placer le pôle négatif sur la nuque et le pôle positif sur la tempe très-près de l'œil.

5e. *Courants électriques devant porter leur action sur la colonne vertébrale.* Appliquer un pôle à la nuque, l'autre à la naissance des reins.

6e. *Courants électriques dirigés de la gorge au creux de la poitrine.* Fixer un pôle au-dessous de la saillie de la pomme d'Adam, et l'autre sur le creux de la poitrine.

7e. *Courants électriques dirigés sur les intestins.* Placer un pôle sur la hanche, l'autre un peu au-dessous de l'ombilic.

8e. *Courants électriques devant traverser la cuisse.*

Pôle négatif sur le sacrum ; pôle positif promené sur tout le trajet du nerf sciatique.

Observations. — Nous pourrions multiplier singulièrement les procédés opératoires selon les parties à galvaniser, mais les connaissances anatomiques et physiologiques que possède le médecin, dont la présence est nécessaire pour un traitement par l'électricité, doivent nous dispenser d'entrer dans de plus amples détails.

Les belles et intéressantes recherches du docteur Duchenne permettent aujourd'hui d'isoler à volonté la puissance électrique dans chaque organe en particulier, d'agir exclusivement, tantôt sur la peau, tantôt profondément, sur tel ou tel muscle, tel ou tel nerf, etc., et cela sans la moindre incision ni piqûre, sans la moindre altération de l'épiderme.

Procédés divers mis en usage : — 1° *Électrisation superficielle ou cutanée* (1). Des excitateurs métalliques sont fixés aux électrodes de l'appareil galvanique ou magnétique et placés sur la peau, tantôt desséchée avec une poudre absorbante, tantôt à l'état naturel, tantôt légèrement humectée, suivant qu'on veut agir superficiellement ou dans son épaisseur. Ces excitateurs peuvent être *pleins*, cylindriques, en fer à repasser, ou ovalaires ; ou bien encore formés de *fils métalliques* disposés en vergettes, en brosses ou en balais, qu'on promène sur la peau en la frappant légèrement, procédé auquel on a donné le nom de *fustigation électrique*. — Le *moxa électrique* consiste à les laisser quelque temps au même endroit. Pour agir utilement, le praticien doit tenir compte de l'épaisseur de la peau, suivant les individus, et de la susceptibilité de cette enveloppe, qui n'est pas la même dans toutes les régions du corps. Il doit varier les procédés, les employer tantôt seuls, tantôt associés, suivant les indications particulières.

La galvanisation superficielle excite énergiquement les fonctions de la peau ; elle la rougit, y développe une douce chaleur, favorise la circulation capillaire, la transpiration et les sécrétions. C'est le moyen le plus précieux, le plus efficace à opposer aux douleurs névralgiques, rhumatismales, aux paralysies de la sensibilité, etc., cas où le succès est presque sans exception, toujours prompt et infaillible. Elle n'agit pas moins avantageusement dans la gastralgie (douleurs d'estomac), l'entéralgie (douleurs des intestins), les coliques nerveuses, les douleurs profondes de la tête, de la poitrine, du cœur, de l'utérus et des reins ; dans l'aménorrhée, sur certaines tumeurs, etc.

2° *Électrisation profonde.* Lorsqu'on veut faire pénétrer l'électricité dans un muscle ou dans tout autre organe placé sous la peau, on doit se servir d'excitateurs garnis d'éponges ou d'amadou humide. Le malade n'accuse alors aucune sensation superficielle ; car la peau étant devenue conductrice, la recomposition des courants a lieu dans les organes profondément situés. La forme des excitateurs est variable : ils sont larges si l'on veut stimuler des

(1) Criniotel.

muscles larges; coniques si l'on veut stimuler des muscles étroits ou des nerfs; en forme de sonde et isolés jusqu'à leur extrémité s'ils doivent être portés dans la vessie, le rectum, l'oreille, etc.

La sensibilité des muscles, du tronc et des membres étant en général très-obtuse, étant même diminuée ou anéantie dans certaines paralysies, on peut électriser, dans une même séance, tous les muscles paralysés, sans amener la surexcitation nerveuse cérébrale que causait toujours la galvano-puncture, en déterminant sur la peau une chaleur et une douleur agaçante et insupportable.

Nous ne parlons pas des bains électriques, que l'homme de l'art peut seul administrer convenablement.

Terminons en disant que l'hygiène, elle-même peut, à juste titre, réclamer l'électricité comme un des moyens de conserver la santé, surtout chez les personnes faibles, sédentaires, chez les femmes mal réglées, etc. En déterminant *sans douleur et sans secousse* une série ménagée de contractions musculaires, elle remplace l'exercice si nécessaire à la santé, fait acquérir aux organes le degré de force et de souplesse qui leur convient, concourt enfin directement à l'accomplissement régulier des phénomènes importants de la digestion et de la respiration. Ajoutons toutefois qu'on ne peut obtenir ces heureux résultats qu'au moyen d'appareils convenables et sous la main d'un praticien exercé, car, comme l'a dit un de nos savants confrères, des connaissances anatomiques précises sont indispensables à celui qui veut limiter la puissance électrique dans les organes, muscles, nerfs, etc., qu'il se propose d'exciter. Il faut, de plus, qu'il connaisse parfaitement le degré d'excitabilité de chacun d'eux en particulier; car telle dose d'électricité à peine suffisante pour contracter faiblement un muscle de la colonne vertébrale ou de la cuisse déterminerait, si elle était appliquée à la face, sur les régions latérales du cou, ou autres endroits sensibles, des contractions qui pourraient amener des inconvénients plus ou moins graves; mais habilement employée, l'électricité devient un agent thérapeutique si docile, qu'on peut en calculer les effets avec une précision qu'on n'obtiendrait de nul autre curatif.   B. LUNEL.

ÉLECTRO-AIMANT, ÉLECTRO-MAGNÉTISME. — On donne le nom d'électro-aimant à un fer doux transformé en ai mant au moyen d'un courant électrique.

M. Er. Guignet vient de résumer de la manière suivante, dans le *Journal pour Tous* (1858), ce qui se rattache à cette partie de la physique :

En 1819, le physicien danois OErstedt fit une découverte à jamais mémorable, et qui a donné aux sciences physiques une telle impulsion, qu'elles ont fait plus de progrès en trente ans qu'elles n'en font d'ordinaire en trois siècles. OErstedt eut l'idée de placer au-dessus d'une aiguille aimantée, et dans la même direction, un fil métallique traversé par un courant électrique; l'aiguille se mit aussitôt en mouvement et vint se mettre en croix avec le courant. Cette simple expérience a servi de base à toute une science nouvelle, l'électro-magnétisme, dont nous devons la création aux admirables travaux d'Ampère, entrepris immédiatement après la publication de la découverte d'OErstedt.

L'électro-magnétisme n'est autre chose que l'ensemble des lois qui rattachent les propriétés des aimants, connues depuis des siècles, aux phénomènes que présentent les courants électriques, qui n'ont pris rang dans la science qu'à la fin du siècle dernier. Cette nouvelle branche de la physique a été féconde en merveilleux résultats; c'est elle qui a donné naissance à la télégraphie électrique, aux moteurs électro-magnétiques, aux machines qui produisent des courants électriques au moyen d'aimants, etc.

Une aiguille aimantée, délicatement suspendue, est un instrument d'une sensibilité exquise pour constater la présence des courants électriques même les plus faibles; on a soin de placer l'aiguille dans l'intérieur d'un cadre vertical sur lequel on enroule un très-grand nombre de fois un fil de cuivre revêtu de soie; si l'on met les deux bouts de ce fil en contact avec les deux pôles d'une pile, ou simplement avec un morceau de cuivre et un morceau de zinc placés l'un sur l'autre, le courant électrique passe aussitôt dans toutes les circonvolutions du fil; comme il se retrouve un très-grand nombre de fois en présence de l'aiguille aimantée, cette aiguille est déviée de sa position, même quand le courant serait excessivement faible. Tel est le principe de la construction du galvanomètre, instrument d'une délicatesse extrême, au moyen duquel on a pu constater la production des courants électriques dans des circonstances où il était impossible d'en prévoir l'existence. Le galvanomètre a été imaginé par Schweigger et perfectionné par Nobili.

La découverte des électro-aimants, c'est-à-dire des aimants créés sous l'influence des courants électriques, suivit de quelques années les travaux d'OErstedt; c'est une expérience d'Arago qui mit les physiciens sur la voie de cette grande découverte qui a servi de base à la télégraphie électrique, aussi bien qu'aux autres applications de l'électro-magnétisme. Plusieurs physiciens du dernier siècle avaient déjà constaté que la foudre, et par conséquent l'étincelle électrique, peut détruire l'aimantation des aiguilles de boussoles, et même les réaimanter en sens contraire; des boussoles placées à bord des navires frappés de la foudre avaient eu leurs pôles renversés, c'est-à-dire qu'elles indiquaient le nord au lieu du sud. Franklin, Beccaria et quelques autres, avaient pu aimanter de fines aiguilles d'acier au moyen d'étincelles électriques; mais ce phénomène ne se produisait pas régulièrement. En plongeant dans de la limaille de fer un fil de cuivre traversé par un courant électrique, Arago vit la limaille s'attacher au fil, absolument comme s'il eût été aimanté. Toutefois le fil ne s'aimante pas, car le cuivre n'est pas susceptible de recevoir l'aimantation; ce sont les parcelles de limaille qui s'aimantent sous l'action du courant, et tendent à se placer en croix avec lui. Si l'on substitue à la limaille de fines aiguilles à coudre, ces aiguilles s'aimantent et se placent en croix avec le courant; lorsqu'on interrompt celui-ci, les aiguilles conservent l'aimantation qu'elles ont reçue.

La belle expérience d'Arago peut être aisément répétée avec une pile de cinq ou six éléments Bunsen. Afin de la rendre plus frappante, nous avons adopté une disposition particulière, utile pour les démonstrations dans les cours : un gros fil ou un ruban de cuivre recouvert de soie est contourné comme un ressort de montre, de manière à former une spirale plate qu'on fixe sur une planchette ou un carton; si les diverses parties de la spirale ne se touchent pas, il n'est pas nécessaire que le fil de cuivre soit recouvert de soie. On met les deux bouts de ce fil en communication avec les pôles de la pile. On fait tomber, à l'aide d'un tamis, une légère couche de limaille de fer sur une feuille de papier ou de carton mince placée sur la spirale; en imprimant de légers chocs au papier, on voit les parcelles de limaille s'arranger en lignes perpendiculaires aux contours de la spirale; toutes ces lignes se réunissent au centre, en formant une houppe semblable à une tête de chardon. On peut varier beaucoup ces expériences, en donnant d'autres dispositions au fil traversé par le courant.

Pour aimanter une aiguille ou un barreau d'acier à l'aide d'un courant électrique, on fait passer ce courant dans un fil métallique qu'on a enroulé sur toute la longueur d'un tube de verre, de bois ou de carton; le barreau qu'on doit aimanter étant placé dans l'intérieur du tube, il suffit que le courant passe pendant un instant aussi court qu'on voudra le supposer pour que l'aimantation ait acquis toute son énergie; il serait inutile de prolonger l'action du courant. Si l'hélice formée par le fil est dextrorsum, c'est-à-dire si le fil s'incline de gauche à droite par-dessus le tube, le barreau aimanté prend un pôle nord ou austral à l'extrémité de l'hélice qui communique avec le pôle négatif de la pile. Pour donner une idée exacte de l'hélice dextrorsum, nous dirons que toutes les vis, les tire-bouchons, les vrilles des plantes grimpantes, sont des hélices dextrorsum. Avec une hélice inclinée à gauche ou sinistrorsum, on aurait une aimantation en sens contraire.

Si l'on substitue une barre de fer doux au barreau d'acier de l'expérience précédente, le fer s'aimante sous l'action du courant, mais il perd son aimantation aussitôt que le courant est interrompu. Telle est la propriété fondamentale des électro-aimants, qui consistent toujours en une barre de fer entourée d'un fil de cuivre revêtu de soie et traversé par un courant électrique. Cette barre est ordinairement recourbée en fer à cheval de manière à amener les deux pôles en regard. On enroule le fil dans le même sens, sur chacune des deux branches du fer à cheval; c'est ce qu'indique la figure ci-jointe :

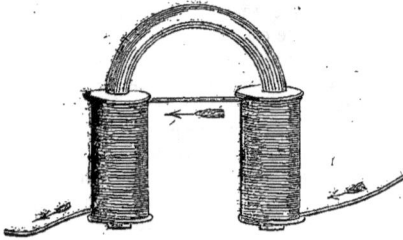

Fig. 30. — Électro-aimant.

Les électro-aimants sont doués d'une puissance bien supérieure à celle des aimants naturels; cette puissance est en quelque sorte illimitée, car elle ne dépend que de l'intensité du courant électrique, et de la masse de fer soumise à son influence. Avec des électro-aimants de grandes dimensions, on peut soulever des masses de plusieurs milliers de kilogrammes; un morceau de fer qu'on laisse tomber à côté de ces puissants appareils s'écarte aussitôt de la verticale et va s'attacher aux pôles. C'est au moyen d'électro-aimants énergiques qu'on étudie les actions attractives ou répulsives que les aimants exercent non-seulement sur le fer, mais sur tous les autres corps.

M. Silbermann, suivant les indications de M. Dumas, a proposé récemment une nouvelle et ingénieuse application des électro-aimants. Quoique l'expérience tentée n'ait pas donné de résultat, il est fort probable qu'elle réussirait dans de meilleures conditions; c'est pourquoi nous l'indiquerons ici. Il s'agissait de retirer du fond du puits artésien, creusé par M. Kind, dans la plaine de Passy, un morceau d'outil de fer acéré, du poids de 25 kilogrammes; les moyens usités en pareil cas n'ayant pas réussi, M. Silbermann fit descendre au fond du puits un électro aimant; mais on ne put parvenir à remonter l'outil brisé. M. Kind dut renoncer à l'électro-aimant; il se décida à briser l'obstacle à coups de trépan. On n'y parvint qu'après trente-trois jours d'un travail opiniâtre.

Presque tous les instruments dont la construction est fondée sur les lois de l'électro-magnétisme ont pour organe nécessaire l'électro-aimant : tels sont les télégraphes électriques, les moteurs électro-magnétiques, etc.

(Fr. Guignet.)

ÉLÉCTRO-CHIMIE. — Système de chimie dans lequel l'explication des phénomènes repose sur l'application des lois de l'électricité. «On doit surtout à MM. Faraday, Becquerel, de la Rive, etc., les connaissances qu'on possède aujourd'hui à cet égard. Berzélius a fondé sur ces phénomènes sa théorie électro-chimique ou dualistique, d'après laquelle tous les corps se composent de deux parties, d'une parti électro-positive et d'une partie électro-négative, qui se combinent entre elles en vertu de leur état électrique différent, et qui se rendent chacune à son pôle respectif lorsqu'on décompose les corps par la pile. Cette théorie, qui ne peut se vérifier expérimentalement que sur un très-petit nombre de combinaisons appartenant à la même catégorie, a été étendue par hypothèse à tous les composés de la chimie, et forme la base du système actuellement adopté par la plupart des savants. On a reconnu, toutefois, qu'elle est en contradiction avec un grand nombre de phénomènes, et qu'elle est inapplicable à la plupart des combinaisons de la chimie organique. L'industrie tire parti des phénomènes électro-chimiques pour la dorure, l'argenture, le platinage, la galvanoplastie, et en général pour recouvrir des métaux ou d'autres corps d'une couche uniforme d'un métal quelconque.»

ÉLECTROMÈTRE (physique) [du grec électron, et métron, mesure].—Instrument destiné à donner la mesure exacte de l'intensité du fluide électrique dont un corps est chargé; il fut inventé par Henley. —Voy. Électricité.

ÉLECTROPUNCTURE (thérapeutique) [du grec électron, et du latin pungere, piquer]. — Moyen thérapeutique proposé par Sarlandière, et consistant dans la combinaison de l'électricité et de l'acupuncture. «Après avoir placé le malade sur un isoloir, on fait pénétrer dans la partie souffrante une aiguille que l'on fait ensuite communiquer avec le conducteur d'une machine électrique au moyen d'un fil métallique. La secousse qui résulte de cette communication est dirigée par la pointe de l'aiguille sur toutes les radicules des nerfs, et produit des effets avantageux dans certaines affections rhumatismales et nerveuses.»

ÉLECTROPHORE (physique) [du grec électron, et phéro, porter].—Appareil imaginé par Wilkes, à l'aide duquel on développe de l'électricité. «Il se compose d'un gâteau de résine coulé dans un moule de bois, et d'un plateau de cuivre ou de bois revêtu d'étain, auquel est adapté un manche en verre. Pour l'électriser, on bat la surface de la résine avec une peau de chat; on pose sur le gâteau de résine le plateau par son manche isolant, et, avec le doigt, on en tire une étincelle, afin d'éloigner l'électricité résineuse, qui s'écroule dans le sol. Le plateau se charge ainsi fortement d'électricité vitrée.»

ÉLECTROSCOPE (physique) [du grec électron, et scopéo, observer].—Appareil à l'aide duquel on reconnaît si un corps devient électrique par le frottement. Le pendule électrique, qui se compose d'une petite balle de sureau suspendue à l'extrémité d'un fil de soie ou d'un fil de métal très-fin, est le plus simple des électroscopes. «Lorsqu'on veut éprouver un corps, on l'approche de la balle, et s'il ne peut pas l'attirer à lui d'une quantité sensible, on est assuré qu'il n'y a point d'électricité, ou plutôt qu'il n'en possède qu'une très-faible charge. L'aiguille électrique est un autre électroscope un peu plus sensible que le pendule : elle se compose d'un fil de culvre terminé par deux boules métalliques creuses ; au milieu de la longueur du fil est une chape en acier ou en agate qu'on pose sur un pivot. Une très-faible action suffit pour mettre l'aiguille en mouvement. L'*électroscope de Coulomb*, dit *balance de Coulomb*, est l'appareil le plus délicat pour mesurer l'intensité des forces électriques; on le construit avec un fil de cocon fixé à un treuil, avec une aiguille de gomme laque et un petit cercle de cliquant; une cage de verre préserve l'aiguille des agitations de l'air; elle porte une circonférence divisée et un couvercle percé d'une ouverture par où l'on fait descendre lentement les corps électrisés qui doivent attirer l'extrémité de l'aiguille pour la faire tourner.» —On a imaginé encore d'autres électroscopes fondés sur les phénomènes de l'électricité par influence.

ÉLECTROTHÉRAPIE (thérapeutique) [du grec *electron*, et de *thérapeuô*].—Nom donné au traitement de certaines maladies par l'électricité. L'idée pleine de justesse et de vérité, que *l'électricité peut être d'un grand secours dans le traitement de certaines maladies*, a été, dans bien des cas, confirmée par l'expérience. Mais le charlatanisme s'en étant emparé, on a bientôt mis en doute la valeur des guérisons attestées par des médecins consciencieux. Quelle a été la cause de ce scepticisme presque général? les promesses mensongères des *électriseurs*, qui se sont vantés de guérir l'épilepsie, la cécité, la chorée, etc.

Si l'électricité n'agit que comme stimulant, on conçoit aisément que ce fluide ne puisse rétablir dans un membre paralysé, par exemple, les mouvements qu'un caillot apoplectique retient enchaînés dans le cerveau ; il ne peut non plus suppléer à l'absence de l'organe ou à sa dégénérescence, et faire que la fonction soit rétablie. Oubliant ces considérations importantes de diagnostic, les *électriseurs* ne tentent pas moins leurs essais sur des sujets incurables, et compromettent ainsi un moyen qui a son utilité réelle dans des circonstances données.

On a avancé que *l'électricité accélère les pulsations du pouls*, mais c'est une erreur, attendu que les expériences faites avec des machines puissantes ont prouvé justement le contraire. — On a dit aussi que *l'électricité accélère la circulation du sang, en raison des efforts produits sur les vaisseaux capillaires;* la comparaison n'est pas exacte. On s'est fondé, dit Becquerel, sur l'expérience de Backler, qui avait placé sur un isoloir une personne électrisée à laquelle on avait ouvert la veine : dès que le patient touchait le sol, le jet perdait de sa force, de sa vitesse et de son amplitude. Cet effet n'eut lieu que parce qu'il y avait une ouverture; sans cela, toute l'électricité se serait portée à la surface.

Quant à l'emploi de l'électricité comme moyen thérapeutique, s'il ne répond pas toujours à l'espérance des expérimentateurs, c'est qu'ils méconnaissent dans leurs essais ce grand principe, que, lorsqu'il s'agit de calmer un nerf surexcité, il faut employer les courants continus, et que dans le cas contraire, c'est-à-dire lorsque le nerf se trouve dans un état d'atonie, il faut se servir de courants interrompus. — Voy. *Électricité.*   B. L.

ÉLÉMENT (physique et chimie) [du latin *elementum*, même signification]. —Dans l'état actuel de la science, le mot élément désigne les *corps simples*, c'est-à-dire les corps de la nature qui, soumis à toute espèce d'analyse, ne peuvent donner que des molécules semblables. — Nous en avons fait connaître le nombre au mot *chimie.*

Les anciens reconnaissaient quatre éléments : le *feu*, l'*air*, l'*eau* et la *terre*. C'est Empédocle qui, le premier, établit ce système des quatre éléments, adopté par Aristote, Hippocrate, Galien, et qui subsista jusqu'à François Bacon.

Les astronomes appellent *éléments* les principaux résultats des observations astronomiques, et généralement tous les nombres essentiels qu'ils emploient à la construction des tables du mouvement des planètes. Ainsi, les *éléments* de la théorie du soleil, ou plutôt de la terre, sont les époques de son moyen mouvement et de celui de son aphélie. Les *éléments* de la théorie de la lune sont le mouvement moyen, celui de son nœud et de son apogée, son excentricité, l'inclinaison moyenne de son orbite à l'écliptique, et la valeur de ses différentes équations.

ÉLÉGANCE [du latin *elegantia*, qui signifiait la même chose, du temps de Cicéron surtout ; *elegantia* dérive de *legere*, choisir, avec la particule augmentative grecque *eu*, qui marque excellence, convertie en latin par la lettre *e* ; d'où *eligere*, choisir avec goût, ainsi qu'on le voit dans *loquentia*, bavardage, et *eloquentia*, éloquence].

L'élégance est donc un choix de mots parfaits, recherché, excellent, dicté par le goût le plus fin.

Nous avons été porté à entrer dans ces détails parce que aucun auteur n'a donné jusqu'ici une étymologie satisfaisante de ce mot, et que celles qu'on a hasardées l'ont été accompagnées d'un certain doute.

L'élégance offre à l'idée une manière d'être distinguée chez l'homme, soit dans les formes, soit dans la diction : dans les formes par un ton exquis, plein d'aisances et de facilité; dans la diction par des expressions choisies, délicates, ornées et cependant naturelles ; la simplicité fait son charme.

Quand nous parlons de l'homme, il ne faut pas croire cependant que l'élégance ne se révèle pas, avec ses couleurs saisissantes, sur les autres objets de la création. Son empire s'étend sur toute la nature. Les animaux, et tout ce qui la pare et l'embellit, éclatent d'élégance.

L'animal le plus redoutable, le plus féroce, le plus timide, le plus humble; le plus hideux même, n'est pas absolument privé d'élégance. Chez tous, on remarque de la souplesse ou de la grâce; il est rare que la souplesse et la grâce ne soient pas accompagnées de l'élégance.

Dans tout ce qui compose la parure de la nature, soit qu'elle se couronne de fleurs, soit qu'elle se revête de sa robe printanière, partout apparaît, brille l'élégance.

Le chêne qui balance sa tête majestueuse dans la nue, la rose que berce mollement le zéphyr offrent aux yeux une parfaite élégance dans tous leurs mouvements onduleux.

Dans un autre ordre de choses, elle nous frappe également.

Dans ces masses de rochers entassés, à travers les abîmes qui s'ouvrent sous nos pas, l'œil est frappé d'étonnement et d'admiration, mais comme pour faire contraste et pour ne pas être infidèle à ses lois, la nature a placé, sur une pente charmante, une grotte mystérieuse, que tapisse le lierre rampant, que couvrent de leur ombre protectrice de magnifiques arbres, et que la fleur sauvage, arrosée par un limpide ruisseau, orne gracieusement. Cet aspect ravissant d'élégance nous offre une retraite délicieuse.

La grâce est un don de la nature.

L'élégance dans les formes emprunte ses attraits de l'art dans ses secrets les plus agréables.

Vénus, sortant du sein de l'onde, est ravissante de grâces; ornée de sa ceinture, elle est pleine d'élégance.

La bergère, dans sa simplicité, peut être gracieuse; une seule rose dans ses cheveux, coquettement placée, la rend élégante.

> Telle qu'une bergère, au plus beau jour de fête,
> De superbes rubis ne charge point sa tête,
> Et sans mêler à l'or l'éclat des diamants,
> Cueille en un champ voisin ses plus beaux ornements.
>
> BOILEAU.

Beaucoup de femmes ne peuvent se contenter d'être simples et gracieuses; elles seraient désespérées d'emprunter leurs charmes de la nature : elles s'étudient, dès leur enfance, à prendre tous les déguisements afin de se défigurer; de sorte que plus elles sont élégantes, plus elles sont difformes; rien ne ressemble moins à une femme que la femme. Les plus belles choses exagérées deviennent des défauts, des vices ou des ridicules.

L'éloquence est un don naturel.

L'élégance dans la diction est un fruit de l'éducation qui nous apprend à nous servir de mots choisis, à les coordonner avec goût pour en composer des phrases qui, par leur accord harmonieux, enchantent l'oreille, en allant vibrer agréablement jusqu'au fond du cœur. Si l'éloquence étonne, frappe, persuade, la diction élégante, accompagnée surtout d'un accent plein de douceur, ravit et enivre les sens. C'est une musique touchante, céleste, qui nous transporte et nous jette hors de nous. Rien n'est plus suave et plus séduisant qu'une bouche charmante, d'où coule avec facilité un langage plein d'élégance.

Que la femme connaît bien peu tout l'empire qu'elle pourrait exercer! Elle cherche toujours à en affaiblir le prestige en empruntant à l'homme et en s'assimilant des goûts et des habitudes qui le rendent tous les jours plus incivil et plus sauvage. C'est autant de perdu pour sa grâce et pour son élégance.

Les Anglais, que nous nous flattons d'éclipser par la politesse et par le culte de la femme, se montrent bien plus délicats que nous envers le sexe. Il est, chez eux, une coutume que la société française devrait adopter : après le repas, les femmes, au dessert, se retirent dans leur gynécée. Les Anglais, loin de leurs regards, consomment leur orgie, vident les flacons et disparaissent dans des flots de fumée. La femme, pure de cette ignominie, conserve la fraîcheur de ses lèvres; sa voix est sans âpreté, et ses ongles rosés ne sont point roussis par le papier enflammé. Ces réflexions ne sont point inspirées par les travers d'un monde réprouvé. C'est ainsi que l'élégance souffre et s'altère.

Suivant le sujet, un discours peut être sensé, sans éloquence; persuasif, sans beautés; pathétique, sans grâces; mais il ne peut se passer d'élégance. Un discours sensé, sans élégance tombe dans la trivialité; persuasif, dans la sécheresse; pathétique, dans la froideur.

L'élégance peut se mêler à tout; elle peut se produire partout; tout est susceptible d'élégance. Nous en faisons même une règle générale, sans exception.

On peut dire bonjour, on peut souhaiter la bonne année avec élégance.

Sans employer les tournures du bourgeois gentilhomme, telles que : *Je vous souhaite toute l'année votre rosier fleuri*, ou : *Que la pluie des prospérités arrose en tout temps le jardin de votre famille*, et sans recourir même au style oriental du poète Saadi, dans son *Jardin des Roses*, on peut trouver des expressions heureuses pour souhaiter le bonjour et la bonne année.

Les choses les plus vulgaires peuvent être présentées avec élégance:

Si le lapidaire monte un diamant avec élégance,
Si l'Indien fait un cachemire d'un dessin élégant,
Le cordonnier fait une paire de souliers élégants,
Le barreau ne s'est jamais piqué d'élégance en aucun

temps. A l'époque où il pouvait parler de tout, du déluge, des Hébreux, des astres qui roulent dans l'espace, de l'influence de la lune sur la saignée, à propos des dispositions d'un testament ou de la contestation d'un champ, la seule chose qu'il oubliait d'introduire dans ses plaidoyers, c'est la grâce et l'élégance.

Or, nous disons qu'en plaidant même pour un mur mitoyen, l'avocat n'est pas dispensé d'employer l'élégance; qu'il peut et qu'il doit même trouver moyen d'en mettre dans son plaidoyer.

Ce n'est point un paradoxe, une exagération. Croit-on qu'avec son énergie, Démosthène soit sans élégance, que Cicéron, avec sa véhémence, soit sans élégance ?

Dans le barreau français, on peut compter d'éminents avocats, mais point de plaidoyers qui reflètent le moindre rayon d'élégance. Il en est un cependant, remarquable pour l'époque, qui offre des étincelles d'élégance; c'est qu'il fut dicté par le cœur, c'est qu'il fut inspiré par le malheur d'un ami frappé au faîte de la plus grande prospérité. Ce plaidoyer, en forme de mémoire, qui excite notre admiration, est celui que composa Pélisson pour son ami Fouquet, qu'il osa défendre auprès de Louis XIV.

Le discours académique le plus ennuyeux, le plus insipide des sermons, qui consiste à louer un écrivain, où un duc, ou un vicomte, qui se trouve en face de l'orateur, et qui doit garder son sérieux pendant qu'on le complimente, a rarement de l'élégance. en est presque toujours dépourvu, et cependant si l'élégance venait à être bannie de la terre, c'est dans le sein de l'Académie que son culte devrait se retrouver. avec tous ses attributs gracieux. Ailleurs, nous essayerons d'en donner les causes.—Voy. *Éloge*.

Dans la chaire, il n'est point défendu de parler de Dieu avec élégance; quelques prédicateurs l'ont tenté avec bonheur.

Ce n'est pas lorsque la chaire se livrait aux bouffonneries les plus indécentes, et que le temple se convertissait en succursale du théâtre, où la majesté de la parole sainte était travestie ainsi que la majesté de Dieu outragée.

Mais c'est lorsqu'une parole plus douce, inspirée de Dieu même, descendait comme une rosée du ciel sur des âmes disposées à entendre les décrets cachés de la Providence et les mystères de la religion.

Entre autres, nous distinguerons Massillon. Que, déployant ses ailes, il s'élève vers le trône resplendissant de Dieu, et en dépeigne toute la magnificence avec les chœurs des puissances qui chantent ses louanges, et, avec les bienheureux élus qui en contemplent la face au milieu des rayons de sa gloire; que, revenant sur la terre, il fasse le tableau hideux des vices qui affligent l'humanité et lui trace le chemin, semé de fleurs, pour arriver au salut de son âme; que, pénétrant dans les abîmes, il descende jusque dans l'empire des morts; partout la flexibilité de sa parole, sa sollicitude touchante pour le pécheur, sa ferveur pour l'arracher aux peines éternelles font trouver à son cœur les accents les plus tendres, les paroles les plus pathétiques, que vient toujours couronner l'expression la plus élégante.

Dans le poëme épique, la grandeur du sujet n'exclut pas l'élégance.

Homère, le sublime Homère, en offre des exemples. Nous citerons celui-ci: L'illustre Hector a pris ses armes, il va combattre, et fait ses adieux à Andromaque. Il veut prendre son fils pour l'embrasser; à la vue de son père, couvert de ses armes d'airain, tout effrayé de le voir au haut de son casque étincelant la crinière qui frémit et tremble aux mouvements de sa tête, l'enfant pousse un cri perçant, s'incline en arrière, se précipite dans le sein de sa nourrice et se cache dans les plis de son écharpe.

La noble mère et le bien-aimé père sourient tendrement à leur enfant, et aussitôt Hector ôte son casque et le pose à terre (1).

(1) HOMÈRE, livre VI.

Comme la traduction de ce passage diffère un peu de la plupart de celles qui ont été données, nous devons la justifier. Il faudrait tout un commentaire; nous tâcherons d'être bref.

Et d'abord il n'est pas question de panache, mais de crinière. Le panache est fait de plumes, comme l'indique l'étymologie du mot. Homère dit positivement : λόφ ν ἱππιοχαίτην : crète, aigrette faite avec des crins de cheval. Les Grecs, pas plus que les Romains, ne portaient de plumes à leurs casques.

νεύοντα, *nutantem*, ne signifie point *ombrageant*, qui s'accorde

Quoi de plus charmant, quoi de plus élégant que ce tableau si gracieux !

Pour l'apprécier, il faut le lire dans l'original.

L'Énéide, écrite avec ce charme dont Virgile seul avait le secret, offre plusieurs morceaux d'une grande élégance, ainsi qu'une partie des odes et des épodes d'Horace.

D'autres poëmes en sont enrichis : la Jérusalem délivrée, Roland furieux, la Henriade et notre poëme de Télémaque, que l'on n'oppose pas assez aux poëmes étrangers, héroïque écrit en prose.

La tragédie avec Racine, la comédie avec Molière, et autres, offrent mille exemples d'élégance.

Dans une autre genre, Boileau, dans son Art poétique, dans son Lutrin, la Fontaine dans ses fables, Voltaire partout, Lafare, Chaulieu, Bernis, Delille dans ses divers poëmes, et cent autres, se distinguent par la gracieuseté des pensées et l'élégance du style. Quand on lit tant d'auteurs charmants, et quelques-uns de ceux qui écrivent de nos jours, comme Lamartine et autres que nous nous abstenons de nommer, nous ne devons point désespérer encore de notre littérature. Le culte du goût se conserve encore au fond de quelques âmes d'élite; le feu sacré s'entretient toujours comme le feu des vestales; sa lueur peut être plus ou moins brillante, mais il ne s'éteindra jamais en France, malgré les prophètes de malheur.

On peut croire qu'à faire des citations nous ne serions point embarrassé.

Il est un domaine où l'élégance doit régner en souveraine, c'est le domaine des arts de goût et d'agrément, c'est la peinture, c'est la sculpture, la gravure, la ciselure, la lithographie qui, par ses progrès, a pris rang parmi les arts, et tant d'autres.

C'est par l'élégance et le goût que l'artiste en tous genres se distingue.

Ce qui donne du relief aux œuvres de l'art, c'est l'élégance.

Ce n'est point par des conquêtes, ce n'est point par des victoires que les peuples imposent toujours leur souveraineté à d'autres peuples : les arts ont fait plus de conquêtes, ont remporté plus de victoires qu'Alexandre et César, et ont soumis plus de nations aux peuples chez lesquels les arts ont fleuri que toutes les guerres les plus heureuses. Le peuple qui cultivera les arts avec le plus de succès peut prétendre à la conquête du monde. C'est là tout le secret de la puissance que la Grèce exerça sur tous les peuples. La sympathie des peuples pour la nation française, on ne peut le nier, prend sa seule source dans cet amour des arts, qu'elle cultive avec tant d'avantage, et où elle domine par le goût et l'élégance.

Nous pourrions nous étendre sur ce sujet, qui, dans notre esprit, prend des proportions de la plus haute importance.

Les marchands ne sont pas artistes. Le sordide agio ne conservera jamais des conquêtes, et l'Inde peut échapper un jour aux Anglais. Introduisons les arts en Algérie.

Certes, voilà un thème, en deux mots, qui mérite d'être approfondi. Cette nouvelle matière est pleine de l'intérêt le plus puissant.

L'entente d'un sujet, l'union charmante des couleurs, la correction d'un dessin, l'harmonie, la grâce même, car il ne faut pas confondre la grâce avec l'élégance, ne rendront une œuvre agréable que si les parties qui doivent l'être sont traitées avec élégance.

Dans les arts tout doit respirer l'élégance.

Rivaux de Praxitèle, de Phidias, d'Apelles, de Michel-Ange, de Raphaël, de Cellini, de Palissy, que le pinceau ou le ciseau que vous tenez à la main ne forment jamais que des lignes gracieuses et élégantes.

Zeuxis, un jour, se présente chez Parrhasius; ne le trouvant pas, il prend un pinceau et trace une ligne sur une

---

toile. Parrhasius, rentrant chez lui, est saisi à l'aspect de ce simple trait; frappé de son élégance, il s'écrie : Zeuxis seul a pu entrer ici !

Faites partout pénétrer l'élégance.

Les choses qui paraissent en avoir le moins besoin sous une main habile, guidée par les grâces, peuvent en être même susceptibles.

Il n'est point de serpent ni de monstre odieux
Qui, par l'art imité, ne puisse plaire aux yeux;
D'un pinceau délicat l'artifice agréable
Du plus affreux objet fait un objet aimable.

(BOILEAU.)

Si vous avez à nous montrer Hercule avec sa massue et sa peau de lion, Vulcain dans son antre, entouré de ses cyclopes, Mars armé de sa lance, ne nous les représentez pas sans doute en Ganymède, en Narcisse, en Achille; mais cependant rappelez-vous Hercule aux pieds d'Omphale, Vulcain et Vénus, son épouse; Mars entouré des Grâces, et les colombes du char de la mère des amours se faisant un nid du casque de Mars.

La barbe de Jupiter, comme la barbe d'Alcibiade et la barbe de Polyphème; la tête de Méduse, les têtes de Cerbère et la tête de Galatée; le manteau de Pallas, le manteau d'Antinoüs et l'écharpe d'Iris, ne doivent point assurément offrir le même caractère d'élégance; mais quand les uns nous en offrent l'heureuse vue, n'en privez pas absolument les autres pour nous les rendre repoussants.

Le rébarbatif peut inspirer la terreur, mais ne pas être hideux au point de révolter.

Il est des exemples d'une scène horrible où perce l'élégance, comme au soir, dans les ombres du crépuscule, perce un rayon de lumière.

Tout dépend d'un seul trait heureux. Rejetez loin de vous tout sujet qui, rebelle aux charmes d'une imagination riche et féconde, ne peut se prêter, dans aucune de ses parties, à la finesse, à la souplesse, à la mollesse de votre instrument docile. Ces sujets sont rares.

Mais par quelle fatalité des esprits disgraciés ont-ils imaginé de dépouiller un art merveilleux de la plus précieuse de ses qualités, et, malgré les chefs-d'œuvre qui font l'admiration du monde, se sont-ils fait une gloire de retracer sur une toile, avec le pinceau de Raphaël, avec la palette de Rubens et les couleurs de l'arc-en-ciel, des scènes de la vie où l'élégance est bannie comme un vice, comme une chose inutile, impure !

Telle est la loi du réalisme !

Qu'elle tombe donc au concert strident des sifflets les plus aigus !

Dans la conversation, que l'expression soit toujours élégante. Évitez l'affectation.   RÉDAREZ SAINT-REMY.

ÉLÉPHANT (zoologie). — Genre de mammifères de l'ordre des pachydermes et de la famille des proboscidiens.

Les éléphants se distinguent extérieurement de tous les quadrupèdes vivants par la grandeur de leurs défenses, par la longueur de leur trompe, par l'épaisseur de leur peau et par la conformation de leurs jambes, qui ressemblent plutôt à des piliers qu'à des membres articulés, et dont les doigts, encroûtés dans la peau calleuse des pieds, ne se laissent apercevoir que par les sabots qui les terminent. A l'intérieur, ils présentent aussi plusieurs particularités curieuses. Quoique leur tête soit énorme, leur cerveau n'est pas plus étendu que celui des autres pachydermes; cette partie de leur corps ne doit sa grosseur qu'à certains vides des os de leur crâne, et à la grandeur des alvéoles nécessaires à leurs défenses. Leurs dents sont remarquables par leur nombre, leur structure et leur mode de développement; ils n'ont jamais d'incisives ni de canines; mais les premières sont remplacées par les défenses de la mâchoire supérieure. Leurs molaires sont formées de lames

---

sans doute avec panache, mais non avec crinière. Nutantem est l'action du balancement produit par le mouvement de tête.

Trop souvent on néglige de rendre certaines épithètes chez les auteurs anciens, dont ils sont prodigues, nous le reconnaissons, à notre point de vue; mais il en est de trop essentielles et qui font image, pour se permettre de les rejeter. En cette occasion, on a certainement tronqué, dénaturé la pensée élégante d'Homère, quand il dit : εὐζώνοιο τιθήνης, que l'on doit traduire eleganter, vinctæ nutricis : de sa nourrice ceinte d'une écharpe élégante. Dans cette touchante situation, pour toute personne de goût qui se rend compte de ce délicieux tableau, cette épithète ne saurait être considérée comme oiseuse.

V.

                                        9

verticales, couvertes d'émail et réunies par une substance intermédiaire (le cément); de sorte que la surface de leur couronne présente des lignes transversales, tantôt droites, tantôt ondulées, qui ne sont autre chose que la partie supérieure de ces lames. Ces dents ne sont primitivement qu'au nombre de quatre ; mais, comme elles se détruisent par l'usage, il s'en forme bientôt quatre autres qui, placées derrière les premières, les poussent en avant, jusqu'à ce qu'elles soient complétement usées. Ces nouvelles dents, soumises à la même usure que les premières, sont remplacées à leur tour par quatre autres, et ainsi de suite jusqu'à sept ou huit fois. Mais ces remplacements n'ont lieu que pour les molaires ; les défenses ne changent qu'une seule fois.

Les habitudes des *éléphants* sont très-intéressantes : sociables par instinct, on les trouve ordinairement réunis par troupes de trois ou quatre cents, sous la conduite des vieux mâles. Tous les membres de ces sociétés se défendent mutuellement lorsqu'ils sont attaqués; et cet attachement réciproque rend même le voisinage de ces pachydermes très-dangereux, surtout pour les cultivateurs ; car si, lorsqu'ils dévastent un champ, le propriétaire en attaque quelques-uns, tous les autres accourent à leur secours, et, s'ils peuvent atteindre leur ennemi, ils l'éventrent avec

Fig. 31. — Éléphant de cérémonie d'Akber, roi de Perse, copié fidèlement d'après un manuscrit persan.

leurs défenses, l'étouffent avec leur trompe ou l'écrasent sous leurs pieds. Heureusement on a un moyen sûr de les éloigner, quelque nombreux qu'ils soient, dans les détonations de la poudre à canon. Quelques décharges de fusil suffisent pour leur faire prendre la fuite avec précipitation.

L'habitude de vivre en troupes prédispose les *éléphants* à la domesticité, et l'homme peut, sans de grands efforts, se les attacher et en obtenir des services très-importants. C'est ce que faisaient jadis les Africains, qui employaient ces animaux aux combats; c'est ce que font encore les Indiens, qui s'en servent comme de bêtes de somme ou de trait d'autant plus précieuses, qu'ils réunissent à un degré très-éminent

l'intelligence à la force. Avec leur trompe, organe du tact le plus exquis et des mouvements les plus vigoureux et les plus variés, ces quadrupèdes peuvent transporter les plus pesants fardeaux, rouler des blocs immenses, arracher un arbre, étouffer un tigre ou un lion; et une espèce de doigt, qui termine inférieurement la trompe, transforme son extrémité en une main aussi propre à la préhension que celle du singe. Avec elle, l'animal débouche une bouteille, ramasse une petite pièce de monnaie tombée à terre, saisit une épingle, palpe, en un mot, les plus petits objets; aussi les habitants de l'Asie orientale ont-ils pour lui une espèce de vénération, et la plupart de ces peuples lui rendent même un véritable culte. Ils lui attribuent les mêmes qualités morales qu'à l'homme : de la raison, de la religion, du respect pour les morts, de la pudeur, etc.; mais ces vertus sont toutes chimériques; et la seule chose vraie qu'on puisse conclure de ces exagérations, c'est que l'*éléphant* rend de nombreux services à ces peuples superstitieux.

Quoique les *éléphants* soient peu féconds, puisque la femelle ne produit qu'un seul petit tous les deux ans, on en trouve des troupes assez nombreuses dans les déserts de l'Afrique centrale et dans les forêts de l'Asie méridionale. La durée de leur vie, qui est, dit-on, de plusieurs siècles, explique cette abondance. Néanmoins on leur fait une chasse assez active (1), à cause de leurs défenses, qui fournissent presque tout l'ivoire du commerce; leur chair est aussi bonne à manger, lorsque l'animal n'est pas trop vieux, et a de la ressemblance pour la saveur avec celle du bœuf.

(1) Pour la *chasse de l'éléphant*, on forme dans la forêt une vaste enceinte de pieux qui se ferme par une trappe. On y conduit un éléphant apprivoisé, que l'on fait crier ; quelques éléphants arrivent, pénètrent dans la palissade, et la trappe se ferme. On en prend aussi quelques-uns au moyen de grandes fosses couvertes établies sur leur passage.

On connaît deux espèces vivantes de ce genre : 1° L'*éléphant des Indes* a le front concave, les oreilles petites, les défenses courtes et quatre ongles aux pieds de derrière ; on l'élève en domesticité, mais il ne s'y propage pas. 2° L'*éléphant d'Afrique* a le front convexe, les oreilles plus grandes, les défenses plus longues, et trois ongles seulement aux pieds de derrière. On ne le dompte plus aujourd'hui ; mais les anciens en tiraient parti dans leurs guerres. On trouve sous terre beaucoup d'ossements fossiles ayant appartenu à diverses espèces d'*éléphants* ; on a même découvert, sous un énorme glaçon, le corps entier d'un de ces animaux appelé *mammouth* par les Russes, dont la taille surpassait celle des plus grands éléphants, et dont la peau était garnie de poils longs et laineux ; ce qui ferait supposer qu'il vivait dans les climats froids ou tempérés, tandis que les espèces actuellement vivantes ont le corps dénué de poils et n'habitent que les contrées peu distantes de l'équateur. (Dr *Salacroux.*)

Les rois de Siam ont, dit-on, un *éléphant blanc* (1), qu'ils logent dans un palais magnifique, gardé par cent officiers. On ne le sert qu'en vaisselle d'or, on ne le promène que sous un dais magnifiquement décoré. La raison de cet usage est la croyance où sont les Siamois que l'âme du philosophe Kekia, auquel ils attribuent la première idée de la *métempsycose*, est passée dans le corps d'un éléphant blanc.

ÉLIMINATION (algèbre). —Opération algébrique par laquelle, étant donné un nombre déterminé d'équations qui contiennent un nombre également déterminé d'inconnues, on trouve une équation qui ne contient plus qu'une seule inconnue, dont la valeur fait connaître ensuite celle de toutes les autres.

Il existe différentes méthodes d'élimination. Nous allons les examiner successivement.

1° *Méthode par substitution.* — Soient les deux équations

$$ax+by=c$$
$$a'x+b'y=c'$$

entre lesquelles on veut éliminer l'inconnu y. Tirant la valeur de l'une des équations, de la première, par exemple, comme si x était connu, nous obtiendrons

$$y=\frac{c-ax}{b}.$$

Substituant cette valeur à y dans la deuxième équation, nous aurons l'équation à une seule inconnue :

$$a'x+\frac{b'(c-ax)}{b}=c'.$$

Règle générale. — Pour éliminer une inconnue entre deux équations par la méthode de substitution, on tire de l'une des équations la valeur de l'une des inconnues, comme si l'autre était connue, et on remplace dans l'autre équation cette inconnue par cette valeur.

2° *Méthode par comparaison.* — Proposons-nous

toujours d'éliminer y entre les mêmes équations. Tirons de chacune des équations la valeur de y comme si x était connue, nous obtiendrons d'une part $y=\frac{c-ax}{b}$ et de l'autre $y=\frac{c'-a'x}{b'}$. Égalant ces deux valeurs, il vient l'équation à une seule inconnue :

$$\frac{c-ax}{b}=\frac{c'-a'x}{b'}.$$

Règle générale. — Pour éliminer une inconnue entre deux équations par la méthode de comparaison, on tire de chacune de ces deux équations la valeur de l'une de ces deux inconnues, comme si l'autre était connue, et l'on égale ces deux valeurs.

3° *Méthode par réduction.* — Soit encore à éliminer y entre les deux mêmes équations ; remarquons que si y avait le même coefficient et un signe contraire dans les deux équations, il suffirait, pour éliminer cette inconnue, d'ajouter les deux équations membre à membre. Cherchons donc à ce que y ait le même coefficient dans les deux équations. Nous arriverons à ce résultat en multipliant les deux membres de la première équation par b', coefficient de y dans la seconde, et les deux membres de la seconde équation par b, coefficient de y dans la première. Nous aurons ainsi :

$$ab'x+bb'y=cb'$$
$$ba'x+bb'y=bc'.$$

Y ayant le même signe dans les deux équations, au lieu de les ajouter membre à membre, il faut les retrancher, et nous aurons :

$$(ab'-ba')x=cb'-bc'.$$

Règle générale. — Pour éliminer une inconnue entre deux équations par la méthode de réduction, on ramène les deux équations à contenir cette inconnue avec le même coefficient ; ce qui se fait généralement en multipliant les deux membres de la première équation par le coefficient de cette inconnue dans la seconde, et les deux membres de la deuxième équation par le coefficient de la même inconnue dans la première ; puis on ajoute les deux équations membre à membre ou l'on retranche l'une d'elles de l'autre.

Si l'on a à éliminer une inconnue dans un système de m équations à m inconnues, on élimine successivement cette inconnue d'après l'une des méthodes que nous venons d'exposer, entre la première équation et chacune des m—1 autres équations.

L'élimination entre des équations d'un degré supérieur au premier est une question que nous ne pouvons traiter ici et pour laquelle nous renvoyons aux ouvrages spéciaux.

A. SIRVEN (de Toulouse).

ÉLISION (grammaire) [du latin *elisio*, fait d'*elidere*, étouffer]. — Suppression d'une voyelle finale à la rencontre d'une autre voyelle ou d'un h muet. Cette suppression est quelquefois indiquée dans l'écriture par l'apostrophe, ainsi que je l'ai dit au

(1) Voyez *Albinisme.*

mot *Apostrophe*; d'autres fois elle ne se fait sentir que dans la prononciation.

Nos anciens auteurs admettaient souvent l'élision, sans se servir de l'apostrophe; ainsi ils écrivaient *lun* pour *l'un*, *lautre* pour *l'autre*, etc.

L'élision s'opère dans la prononciation lorsqu'un mot, terminé par un *e* muet, est immédiatement suivi d'un mot commençant par une voyelle ou un *h* muet. Au lieu de *père illustre*, *table ovale*, *insecte ailé*, *douce harmonie*, *honnête homme*, on prononce comme s'il y avait : *pér'illustre*, *tabl'ovale*, *insect'ailé*, *douc'harmonie*, *honnêt'homme*.

Dans la conversation, l'usage a introduit une foule d'élisions qui donnent au langage plus de rapidité, plus de grâce, et dont l'oreille s'accommode fort bien. Affecter de ne pas s'astreindre à ces élisions reçues, c'est s'exposer au ridicule. Ainsi les syllabes muettes, dans le corps et à la fin des mots, se font à peine entendre. Notre langue est une de celles où ces élisions se font le plus souvent.

Il ne faut pas cependant pousser cet amour de l'élision jusqu'à prononcer *not'père*, *vot'mari*, comme on le fait vulgairement, surtout à la halle et dans le style poissard. On supprime même d'autres voyelles que l'*e* muet dans le langage; on dit, en effet, *m'ame*, *mam'selle*, *m'sieu*, pour *madame*, *mademoiselle*, *monsieur*.

Nos anciens poëtes supprimaient souvent une syllabe qui les gênait dans un vers, comme le font encore nos chansonniers forains.

En lisant les vers, on n'élide pas l'*e* muet qui termine une syllabe quand le mot suivant commence par une consonne ou un *h* aspiré; il est indispensable de le faire sentir, sans quoi il n'y aurait plus de vers.

> Quelle honte pour moi! quel triomphe pour lui!
> Elle perce les murs de la voûte sacrée.

Notre langue n'admet d'autre concours de voyelles que celui qui est produit par l'*e* muet final devant une autre voyelle ou un *h* muet. Tout autre est considéré comme un hiatus et interdit.

Cette règle a semblé bizarre et arbitraire à quelques grammairiens; cependant, si elle n'était pas admise, il y a une grande quantité de mots au milieu desquels il y a concours de deux voyelles et qu'il faudrait, par le même motif, proscrire de la poésie.

> J'aime à voir dans les airs une étoile qui passe,
> Emblème du bonheur, éclair *mystérieux*.
> (A. DE VIGNY.)

Ils disent encore que, puisqu'on proscrit l'hiatus, il est assez étrange qu'on l'admette devant un *h* aspiré, cas où il est le plus rude à l'oreille. On répond à cela, il est vrai, que le *h* aspiré étant une véritable consonne, il n'est pas vrai qu'il y ait hiatus en ce cas.

> . . . . A ces mots, *ce* héros expiré,
> N'a laissé dans mes bras qu'un corps défiguré.
> (RACINE.)

Il y a un hiatus, hiatus permis, j'en conviens, mais non moins réel, lorsque l'*e* muet est précédé d'une voyelle.

> L'honneur est comme une île escarpée et sans bords;
> On n'y peut plus rentrer dès qu'on en est dehors.
> (BOILEAU.)

> Mais quel heureux génie, au milieu de vos veilles,
> Vous rend encore épris des savantes merveilles?
> (LEBRUN.)

Malgré la justesse des observations précédentes, et bien que ces hiatus non avoués rendent ces vers moins harmonieux que si ces rencontres de voyelles n'y existaient pas, il serait absurde de sacrifier une belle et heureuse expression pour éviter un léger défaut, autorisé par un usage constant et séculaire.

Beauzée dit, à ce sujet, que, dans ce cas, il y intervient nécessairement et involontairement un jugement de l'âme qui en rectifie l'hiatus, dont l'oreille aurait souffert dans tout autre cas; et l'on peut dire qu'en cette occasion, comme en beaucoup d'autres semblables, en fait de langue, l'esprit fait illusion à l'oreille, qui, à son tour, et dans bien d'autres aussi, ne manquera pas de donner le change à l'esprit.

Vouloir bannir de la poésie des mots dans lesquels se trouvent des diphthongues ou d'autres assemblages de voyelles, ce serait proscrire de la langue poétique une grande quantité de mots utiles, souvent difficiles à remplacer, et augmenter outre mesure les difficultés, déjà si grandes, de la poésie française.

De fréquentes élisions produisent souvent un effet agréable dans notre langue.

> Par toi-même, bientôt, conduite à l'Opéra,
> De quel air penses-tu que ta sain*te* y verra
> Du spectacle enchanteur la pomp*e* harmonieuse?
> (BOILEAU.)

Évitons toutefois avec soin les élisions dures. En voici un exemple, relevé par la Harpe, dans ce vers de Voltaire :

> En m'arrachant mon fils m'avait punie assez.

Élision dure et sèche, qui forme une chute désagréable à la fin d'un vers.

L'élision est aussi désagréable dans le pronom *le* lorsqu'il est placé devant une voyelle.

> Forcez-*le* à vous défendre, ou fuyez avec lui.
> (CRÉBILLON.)
> Condamnez-*le* à l'amende, et s'il le casse, au fouet.
> (RACINE.)

La prononciation qui résulte de ces tournures de phrase est si désagréable à l'oreille, que les poëtes devraient se les interdire toujours.

Dans la prose française, les hiatus ne sont point défendus; mais une oreille délicate en serait choquée s'ils étaient en trop grand nombre; il serait toutefois peut-être encore plus ridicule de vouloir les éviter tout à fait. Avec un peu d'oreille de la part de l'écrivain, les hiatus ne seraient ni choquants ni fréquents dans sa prose.

« Nous ignorons, dit d'Alembert, si, dans la prose latine, l'élision des voyelles avait lieu; il y a apparence, néanmoins, qu'on prononçait la prose comme la poésie, et il est vraisemblable que les voyelles qui formaient l'élision en poésie n'étaient point prononcées ou l'étaient très-peu; autrement la mesure et l'harmonie du vers en auraient souffert sensiblement. Mais, pour décider cette question, il faudrait être au fait de la prononciation des anciens, matière totalement ignorée. »

Dans la poésie latine, non-seulement on élidait les voyelles et les diphthongues finales lorsque le mot suivant commençait par une voyelle, mais encore la syllabe où se trouvait un *m* final dans la même circonstance. Ainsi le vers suivant :

Quod nisi et assiduis terram insectabere rostris,

devait être prononcé comme s'il avait eu les apostrophes suivantes :

Quod nis'et assiduis terr'insectabere rostris.

Quelquefois l'élision se faisait de la fin d'un vers au commencement du suivant, comme dans ceux-ci :

Quem non incursavi amens hominumque deorumque,
Aut quid in eversa vidi crudelius urbe,

que l'on scande comme s'il y avait les apostrophes suivantes :

Quem non incursav'amens hominumque deorum
Qu'aut quid in eversa vidi crudelius urbe.

Les anciens poëtes latins retranchaient aussi le *s* qui précédait une consonne, comme dans ce vers d'Ennius :

Cur volito vivu per ora virum.

Vivu est pour *vivus*.

On assure que Leibnitz composa un jour une longue pièce en vers latins sans se permettre une seule élision; cette puérilité était indigne d'un si grand homme.

Outre l'élision marquée par l'apostrophe, en anglais, la conversation admet un très-grand nombre d'élisions, ce qui rend la prononciation de cette langue très-difficile pour les étrangers.

Je ne puis pas m'occuper de l'élision dans d'autres langues, cela me mènerait beaucoup trop loin.

J. B. PRODHOMME,
Correcteur à l'Imprimerie Impériale.

ÉLIXIR (pharmaceutique) [de l'arabe *aalaksir*, essence, extrait d'une substance]. — Substance extraite par l'alcool. Le véhicule commun des élixirs est donc l'alcool chargé de principes végétaux extractifs ou résineux. Voici les principaux élixirs :

ÉLIXIR DE GARUS.

Safran	32 grammes.
Cannelle	24 grammes.
Girofle	12 grammes.
Muscades	12 grammes.
Aloès	6 grammes.
Myrrhe	6 grammes.
Alcool à 32°	5 kilogrammes.

Préparation.

Faites macérer pendant quatre jours, distillez à moitié au bain-marie.

D'autre part, faites infuser 60 grammes de capillaires du Canada dans 4 kilogrammes d'eau bouillante; ajoutez à l'infusion filtrée 500 grammes d'eau distillée de fleurs d'oranger; faites dissoudre à froid, dans ce liquide, 6 kilogrammes de sucre blanc; on réunira ensuite le sirop ainsi obtenu au produit alcoolique de la distillation. On ajoute ordinairement à l'élixir une quantité suffisante de teinture de safran pour lui donner une teinte citrine agréable. Cet élixir constitue une excellente liqueur de table.

ÉLIXIR DE LONGUE VIE.

Aloès	40 grammes.
Agaric blanc	4 grammes.
Gentiane	4 grammes.
Safran	4 grammes.
Rhubarbe	4 grammes.
Cannelle	4 grammes.
Zedoaire	4 grammes.
Thériaque	4 grammes.
Quinquina	4 grammes.
Sucre	30 grammes.
Alcool à 21°	2 kilogrammes.

Préparer par macération, et ajouter à la fin l'aloès, la thériaque et le sucre. Dose : 8 à 25 grammes le matin à jeun, dans le scorbut, les fièvres intermittentes; 30 à 60 grammes comme vermifuge et purgatif.

ELLÉBORE (*helleborus*) (botanique) [du grec *helleboros*, nom de l'*helleborus orientalis*]. — Genre de la famille des renonculacées, renfermant des plantes

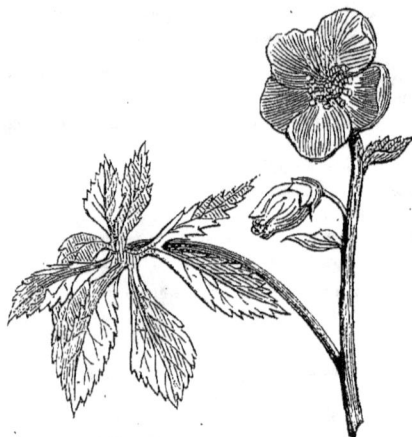

Fig. 32. — Ellébore noir (fleur et feuille).

originaires de l'ancien continent, herbacées, vivaces, à tiges rameuses, à fleurs d'un vert blanchâtre. « Ces plantes sont un violent purgatif, et peuvent devenir très-malfaisantes. Elles jouissaient, chez les anciens, d'une grande réputation pour leurs vertus héroïques, et surtout pour la guérison de la folie : cette propriété était devenue proverbiale. On distinguait deux espèces d'ellébore : 1° l'ellébore blanc, qui croissait en Étolie, dans les Gaules, et près des rivages de la mer Noire, et que l'on a cru retrouver dans le vératre ; et l'ellébore noir, qui croissait sur l'Hélicon, dans l'Eubée, la Béotie, mais surtout à Anticyre ; on croit que c'est notre ellébore oriental. Chez nous, l'espèce type du genre est l'ellébore noir (*helleborus niger*), à fleurs d'un blanc rose, et que l'on emploie en médecine, comme drastique, dans les hydropisies, les paralysies et la chorée. »

ELLIPSE (grammaire) [du grec *elleipsis*, manquement, défaut, omission]. — L'ellipse consiste à supprimer dans une phrase un ou plusieurs mots, afin d'ajouter à la précision sans rien ôter à la clarté. Quand on dit : *Dieu est bon*, L'HOMME MÉCHANT, il y a ellipse du verbe *est* : *Dieu est bon*, *l'homme* EST *méchant*.

L'ellipse doit son introduction dans les langues au désir naturel d'abréger le discours. En effet, elle la rend plus vif et plus concis, et lui donne un plus grand degré d'intérêt et de grâce.

L'ellipse se rencontre dans toutes les langues, mais beaucoup plus dans les langues qui ont des cas et où les rapports des mots entre eux sont indiqués au moyen de leurs terminaisons. Par exemple, quand un Latin demandait à un autre : *Où allez-vous?* et que celui-ci répondait : *Ad Castoris*, la terminaison de *Castoris* faisait voir que la terminaison ne pouvait être le complément de la proposition *ad*, qu'ainsi il y avait quelque chose de sous-entendu ; les circonstances faisaient connaître que ce mot était *œdem*, et que par conséquent la construction pleine était : *Eo ad œdem Castoris*, je vais au temple de Castor.

« La langue latine, dit Dumarsais, est presque toute elliptique, c'est-à-dire que les Latins faisaient un fréquent usage de l'ellipse ; car, comme on connaissait le rapport des mots par les terminaisons, la terminaison d'un mot réveillait aisément dans l'esprit le mot sous-entendu, qui était la seule cause de la terminaison du mot exprimé dans la phrase elliptique ; au contraire, notre langue ne fait pas un usage aussi fréquent de l'ellipse parce que nos mots ne changent point de terminaison ; nous ne pouvons en connaître le rapport que par leur place ou position, relativement au verbe qu'ils précèdent ou qu'ils suivent, ou par les propositions dont ils sont le complément. »

A cela Beauzée répond que, bien que les variations des cas soient très-favorables à l'ellipse, et qu'à cet égard le grec et le latin sont bien plus elliptiques que le français, l'espagnol et l'italien, ces langues modernes ne laissent pas d'être encore fort elliptiques, car l'ellipse ne tient pas seulement à l'existence des déclinaisons dans une langue.

Il n'y a peut-être pas de langue, dit un critique, qui soit, autant que la nôtre, pleine d'ellipses ; et cela doit être, puisque c'est la langue du peuple le plus vif, le plus passionné.

On pense assez généralement que les ellipses sont plus fréquentes en vers qu'en prose. On se trompe : il n'y a rien de plus commun que l'ellipse dans le langage ordinaire. « Dans la langue usuelle, dit Marmontel, le besoin que l'on a communément de dire vite plutôt que de bien dire, a introduit infiniment plus de ces abstractions que dans la langue soigneusement écrite ; et c'est pour cela que le style familier en admet dans toutes les langues beaucoup plus que le style noble. »

Les grammairiens prétendent que, pour être bonne, l'ellipse doit être autorisée par l'usage. Condillac dit, avec plus de raison : « Vous pouvez vous permettre ces sortes de tours toutes les fois que les mots sous-entendus se suppléeront facilement. Ne demandez pas si une expression est usitée, mais si l'analogie autorise à s'en servir. »

Il y a deux sortes d'ellipses : les unes, qui consistent à ne pas répéter un ou plusieurs mots déjà exprimés ; les autres, où les mots sous-entendus ne sont pas exactement les mêmes que ceux qui sont exprimés.

Les anciens grammairiens subdivisaient l'ellipse en plusieurs autres figures, qui surchargeaient inutilement la nomenclature grammaticale ; ainsi, ils admettaient le *zeugme*, qui avait lui-même plusieurs espèces, la *synthèse*, l'*anacoluthe*, l'*énallage*, l'*antiptose*. A quoi bon toutes ces divisions quand l'ellipse suffit à expliquer tout?

Après ces observations préliminaires, il n'est pas inutile de donner quelques exemples d'ellipses. Je suivrai, pour ce mot, le plan de l'article *Ellipse* du *Dictionnaire national*, auquel j'ai fourni de nombreux articles.

La préposition *de*, marquant un rapport de qualification, doit être généralement précédée d'un substantif, qui se supprime quelquefois. *Trop ami des plaisirs et trop* DES *nouveautés*. (VOLT.) Cette phrase est l'équivalent de : *trop ami des plaisirs et trop* AMI *des nouveautés*.

L'adjectif se supprime souvent devant la préposition *à*. *Les affronts* A *l'honneur ne se réparent point*. *Les affronts* FAITS *à l'honneur*.

Quand il y a dans une phrase plusieurs prépositions régies par le même verbe, ce verbe, qui est exprimé dans le premier membre, peut se sous-entendre dans tous les autres. *Les beautés de la nature nous* ATTESTENT *l'existence d'un Dieu* ; *et les misères de l'homme*, LES VÉRITÉS *de la religion*. (BERN. DE SAINT-PIERRE.)

L'ellipse du verbe est très-fréquente dans les seconds membres de phrase, dans les oppositions. *La vie nous* PARAIT *courte et* LES HEURES *longues*. (ADDISON.) Des grammairiens ont condamné l'ellipse dans ces sortes de phrases, sous prétexte que le verbe étant au singulier dans le premier membre de phrase, l'ellipse ne pouvait pas, dans le second, le supposer au pluriel. Mais l'usage l'a emporté, et avec raison. L'ellipse peut également avoir lieu quand le verbe est au pluriel dans le premier membre de phrase. *Ses chants* SONT *la nature et* SON POÈME *un monde*. (DELILLE.)

Les ellipses de phrases ou de membres de phrases

ont surtout lieu dans les réponses qui suivent immédiatement la demande. *Vous manque-t-il quelque chose?* RIEN. Cette réponse est l'équivalent de : IL NE ME MANQUE *rien*.

Elles sont aussi habituellement occasionnées par l'emploi du conditionnel et du substantif : ACCEPTERIEZ-*vous cette faveur?* On sous-entend : *si on vous l'offrait.*

L'ellipse a souvent lieu dans les inversions :

> Au doux plaisir d'aimer heureux qui s'abandonne.
> (DU TREMBLAY.)

HEUREUX *est celui qui s'abandonne.*

L'ellipse est aussi d'un très-fréquent usage dans les comparaisons : *Les chevaux turcs ne sont jamais si bien proportionnés que* LES BARBES. (BUFFON.) C'est-à-dire, *si bien proportionnés que les barbes* LE SONT.

Dans les comparaisons, bien que l'adjectif soit à un genre dans le premier membre de phrase, l'ellipse peut le sous-entendre à un autre genre dans le second membre : *Je suis plus* GRANDE *que mon frère. Je suis plus* GRAND *que ma sœur.* Il s'est cependant trouvé des grammairiens qui ont blâmé cette construction.

Il n'est pas permis de sous-entendre au passé ni au futur un verbe qui est au présent dans un autre membre. Il y a donc au moins une licence dans les vers suivants :

> J'eusse été près du Gange esclave des faux dieux,
> Chrétienne dans Paris, musulmane en ces lieux.
> (VOLTAIRE.)

Le poète veut que l'on sous-entende *je suis* devant *musulmane*, ce qui est contraire à la pensée qu'il a exprimée.

Plusieurs grammairiens veulent qu'on répète le verbe dans les phrases où un membre est affirmatif, et un autre négatif. Suivant eux, Corneille a fait une ellipse irrégulière en disant :

> L'amour *n'est* qu'un plaisir, et l'honneur un devoir.

L'Académie avait proposé de refaire ainsi le vers :

> L'amour *n'est* qu'un plaisir, l'honneur *est* un devoir.

Il existe cependant des cas où l'ellipse d'un verbe est admise, quoique l'une des propositions soit négative et l'autre affirmative; cela a lieu surtout avec la conjonction *mais. L'harmonie ne frappe pas seulement l'oreille,* MAIS *l'esprit.* (BOILEAU.)

Dans une proposition, il y a toujours un verbe; on le supprime quelquefois, lorsque le sens de la phrase conduit naturellement l'esprit au rétablissement de ce verbe : *Vous, seigneur, imposteur?* (RACINE.)

L'emploi de l'ellipse exige, dans notre langue, beaucoup de réserve et de précaution, pour que le style ne soit pas obscur.

Il y a des ellipses qui sont telles, que celui qui lit ou qui écoute entend si aisément le sens, qu'il ne s'aperçoit seulement pas qu'il y ait des mots supprimés.

Quelques grammairiens ont poussé l'analyse si

loin, qu'ils ont voulu voir des ellipses dans presque toutes les phrases; c'est un abus dont il faut se garder.

L'ellipse donne quelquefois lieu à de grandes beautés. Lorsque Corneille fait dire à Nérine, confidente de Médée : *Contre tant d'ennemis, que vous reste-t-il?* Et que Médée répond : MOI! ce *moi*, qui est pour *je me reste*, est sublime. Quand Prusias dit à Nicomède : *Et que dois-je être?* ROI, réplique Nicomède. Ce seul mot dit tout.

On admire surtout l'ellipse suivante, où Racine a choisi la hardiesse des langues à inversions :

> Je t'aimais inconstant, qu'*eussé*-je fait, fidèle?

La construction pleine serait : *Qu'eussé-je fait, si tu eusses été fidèle?*

Ainsi, Voltaire a cherché plusieurs fois à l'imiter.

Il y a, dit Marmontel, une foule de locutions elliptiques, dont la plupart ne sont susceptibles d'aucune construction analytique, mais que l'usage autorise, et qui, reçues dans le langage, ne sont plus soumises à aucun examen.   J. B. PRODHOMME.

ELLIPSE (géométrie). — On appelle ellipse une ligne courbe fermée et telle que si l'on mène deux droites d'un quelconque de ses points à deux points fixes, nommés *foyers*, la somme de ces deux lignes soit égale à la longueur d'une autre ligne droite, nommée *grand axe.*

On appelle *axes* les lignes droites qui, situées dans l'ellipse, tombent perpendiculairement sur le milieu l'une de l'autre. Le grand axe mesure la distance des deux points les plus éloignés; le petit axe mesure celle des deux points les plus rapprochés.

Il y a plusieurs manières de tracer l'ellipse (voy. *Dessin linéaire*).

On obtient la circonférence d'une ellipse en multipliant la demi-somme des axes par $\frac{22}{7}$.

On obtient la surface d'une ellipse en multipliant le produit des deux axes par $\frac{22}{7}$ et en divisant le résultat par 4.

Comme conséquence de ce principe, si l'on connaît la surface d'une ellipse et l'un de ses axes, pour trouver l'autre, on divise le quadruple de la surface par l'axe connu, multiplié par $\frac{22}{7}$.   DUPASQUIER.

ÉLOCUTION [du latin *eloqui*, parler, énoncer]. — Expression de la pensée par la parole. L'élocution est à l'éloquence ce qu'est le coloris à la peinture, elle donne à la pensée la beauté, la grâce, la vie; elle anime le discours. Tout le monde parle, mais chacun rend sa pensée d'une manière différente. Un homme, en parlant de la mort, pourrait dire : « Le riche meurt aussi bien que le pauvre, le grand aussi bien que le petit. » Mais Malherbe anime cette pensée par l'élocution :

> La mort a des rigueurs à nulle autre pareilles,
>   On a beau la prier,
> La cruelle qu'elle est se bouche les oreilles
>   Et nous laisse crier.
> Le pauvre en sa cabane où le chaume le couvre
>   Est sujet à ses lois,
> Et la garde qui veille aux barrières du Louvre
>   N'en défend pas les rois.

Cette pensée est présentée sous deux formes différentes; mais d'un côté, elle est froide, glacée, et de l'autre, c'est un tableau frappant, une peinture vivante de nos destinées communes. — Voy. *Style*.

J. RAVEAUD.

ÉLOGE [du latin *elogium*, qui vient du grec *eulogia*, formé de la particule augmentative *eu*, exprimée en latin par la lettre *e*, *bien*, *par excellence*, et de *logos*, discours; c'est-à-dire prononcer un discours en faveur de quelqu'un, louer les vertus, les qualités qui font l'ornement de sa personne, de son cœur, de son esprit].

On peut compter trois espèces d'éloges : l'éloge funèbre, l'éloge historique et l'éloge académique.

La moralité, la bienfaisance, la religion, font le sujet du premier; les belles actions, les vertus civiques, les événements qui ont rempli la vie d'un personnage quelconque, font les éléments du second, qui comporte aussi les réflexions critiques; l'appréciation des œuvres littéraires et scientifiques d'un auteur, d'un savant, sont la base du dernier. Comme il n'est guère possible de faire l'éloge d'une personne sans toucher à sa vie dans quelques-uns de ses détails, ces divers genres pourraient se résumer, à la rigueur, en une seule dénomination : le panégyrique, qui est un discours à la louange de quelqu'un.

La raison, le bon sens et le sentiment de la pudeur commanderaient de ne prononcer le panégyrique d'une personne qu'à sa mort; mais la flatterie est si douce à l'oreille, que, dût-on faire mourir celui qu'on veut louer, en l'étouffant sous des feuilles de roses, on n'attend pas la mort pour faire son éloge. On le loue bravement de son vivant, en face, dans des discours, dans des harangues, dans des épîtres, des odes, des couplets.

L'adulation a toujours le don de plaire pour si exagérée qu'elle soit; telle est notre nature. C'est un encens qui enivre; chacun croit en mériter plus encore qu'on ne lui en donne. « Je sais bien que tu me flattes, disait un grand personnage à un courtisan; mais tu ne m'en plais pas moins. »

Il y a, en outre, une certaine monnaie de l'éloge qui circule journellement; c'est l'éloge comique, qui consiste à se passer mutuellement la casse et le séné. Cet éloge est le plus commun, et fort divertissant pour le philosophe et pour l'observateur.

Il peut se résumer en ce petit dialogue, aussi vrai que spirituel :

TRISSOTIN.
Vos vers ont des beautés que n'ont point tous les autres.
VADIUS.
Les Grâces et Vénus règnent dans tous les vôtres.
TRISSOTIN.
Vous avez le tour libre et le beau choix des mots.
VADIUS.
On voit partout chez vous l'ithos et le pathos.
TRISSOTIN.
Nous avons vu de vous des églogues d'un style
Qui passe en doux attraits Théocrite et Virgile.
VADIUS.
Vos odes ont un air noble, galant et doux,
Qui laisse de bien loin votre Horace après vous.
TRISSOTIN.
Est-il rien d'amoureux comme vos chansonnettes?
VADIUS.
Peut-on rien voir d'égal aux sonnets que vous faites?
TRISSOTIN.
Rien qui soit plus charmant que vos petits rondeaux?
VADIUS.
Rien de si plein d'esprit que tous vos madrigaux?
TRISSOTIN.
Aux ballades, surtout, vous êtes admirable.
VADIUS.
Et dans les bouts-rimés je vous trouve adorable.
TRISSOTIN.
Si la France pouvait connaître votre esprit,
VADIUS.
Si le siècle rendait justice aux beaux esprits,
TRISSOTIN.
En carrosse doré vous iriez par les rues.
VADIUS.
On verrait le public vous dresser des statues.
(MOLIÈRE, *les Femmes savantes*.)

Que de Trissotins, que de Vadius dans le monde !

Certaines sociétés, certaines coteries, ne vivent entre elles que de petites flatteries, de petits compliments que leurs membres s'adressent entre eux. On serait tenté de leur passer ces petites douceurs, qui chatouillent l'amour-propre, et d'en rire simplement, si elles n'étaient pas dites souvent au mépris de la vérité ou dans l'intention de rabaisser le talent réel.

Ainsi, à l'époque où le romantisme s'était emparé de certaines imaginations, nous avons été témoins de cet abus intolérable, et qui jeta tout d'abord la consternation dans la république des lettres. Les gens de goût qui conservent précieusement le culte sacré des lettres en furent profondément émus, et il leur fallut une grande énergie pour s'opposer au torrent envahisseur et préserver le sanctuaire du temple de la présence de ces nouveaux marchands, qui voulaient s'y introduire pour étaler leurs marchandises. Que ne disaient pas les adeptes pour la faire valoir! à quelles diatribes, à quels blasphèmes n'avaient-ils pas recours pour préconiser leurs coryphées! D'autres temps, d'autres mœurs; les règnes d'Aristote, de Racine et de tous ceux de l'école ancienne étaient passés. Le temps était venu d'effacer leurs images partout où elles se trouvaient pour les remplacer par celles d'autres maîtres d'une trempe plus solide, d'une valeur bien plus réelle; la vraie éloquence était enfin trouvée; l'art d'intéresser et de plaire ne se rencontrait que dans leurs écrits; la grâce, l'élégance, avaient trouvé enfin de dignes interprètes, seuls capables d'être écoutés et compris par les gens éclairés, justes appréciateurs du mérite.

C'est ainsi que parlaient les flatteurs qui s'extasiaient et se confondaient en éloges sur le génie des nouveaux maîtres en poésie, en éloquence.

J'ai vu le *sot* adoré sur la terre;
Je n'ai fait que passer, il n'était déjà plus.

Cette lourde chute n'a pas servi de leçon. La médiocrité ne pouvant atteindre à la hauteur des maîtres qui sont en possession du sceptre dans les sciences et dans les arts, et ne se sentant pas la force de les suivre dans les différentes carrières où ils brillent avec tant d'éclat, poussée par le désir de paraître sur la scène et d'y occuper une place, s'est jetée en aveugle sur les traces des néologues et s'escrime à faire de la caricature, croyant faire de l'art. Lancée ainsi dans une fausse route, tout, à ses yeux, prend une autre forme. La beauté n'est plus ce qu'elle a été, cette partie séduisante que la nature nous présente dans ses œuvres parfaites; la grâce n'est plus cette souplesse qui enchante, ce charme qui nous entraîne. L'une n'est plus représentée par Vénus, l'autre par les trois sœurs, ces gracieuses compagnes; la Muse, qui les embellit et répand tant d'attraits sur l'une et sur l'autre, la Muse qui préside à la poésie érotique cesse d'avoir son prestige et voit son pouvoir méconnu. Les arts ont des règles sacrées, fondées sur le goût et la raison, et reconnues depuis des siècles; leur culte vénéré en a fait une sorte de religion que l'antiquité et la modernité ont suivie et à laquelle elles ont sacrifié. Avec la médiocrité, l'athéisme menace de la précipiter de son trône et de briser ses autels. Quoi qu'on dise, il y a un dieu pour l'athéisme, et ce dieu est le matérialisme, auquel il nous conduit infailliblement.

L'art, privé de la beauté, de la grâce, de la poésie, tombe nécessairement dans la barbarie. Tel est le sort que nous prépare le réalisme. Le réalisme est à l'idéal ce que le sophisme est à la philosophie.

Ces nouveaux Barbares ont trouvé des flatteurs qui, comme eux impuissants, véritables eunuques, trouvent plus facile d'adopter un genre nouveau qui n'exige aucun effort de génie, et crient et suent en se démènent pour en faire l'éloge.

C'est toujours la médiocrité rampante, désespérée et méprisée qui grossit les rangs de toute nouvelle hérésie ou école nouvelle, quelque excentrique, quelque folle qu'elle soit; les impuissants en sont toujours les prôneurs.

Il en est de même partout. Le désir de parvenir, la vanité de se croire déclassé, la jalousie contre le vrai mérite, l'appétit des honneurs, agitent continuellement l'âme inquiète et sordide de l'obscur ambitieux à qui l'oisiveté, la paresse, l'ignorance, assignent un rang subalterne dans l'échelle sociale.

L'éloge funèbre peut, à la rigueur, se comparer à l'usage

antique d'honorer les morts publiquement. Cette louange solennelle semblait prolonger la durée de l'existence au delà des bornes imposées par la nature. Cette institution, ainsi considérée, ne pouvait produire que de bons et salutaires effets.

En Égypte, chaque citoyen, qu'il appartînt à la caste militaire, sacerdotale, agricole ou industrielle, après sa mort était soumis à un jugement prononcé sur sa tombe, à la suite d'une enquête minutieuse, faite par les magistrats, sur la conduite, les qualités, les mœurs du défunt. Si sa vie avait été dissolue, contraire aux règles de l'honneur, il recevait un blâme sévère devant l'assemblée réunie pour lui rendre les derniers devoirs, et cette sévérité allait quelquefois jusqu'à la privation de la sépulture.

L'éloge funèbre, dans nos temps modernes, a été considérablement modifié. Cet honneur n'est réservé qu'à d'éminents personnages ; et les éminents personnages sont tous vertueux. C'est ce qui fait que, loin d'en voir privés de la sépulture, ils sont tous dignes de tombeaux plus ou moins magnifiques.

Le premier éloge funèbre qui ait été fait en France et dit dans une église pour les grands personnages de la nation est celui qui fut prononcé à la mémoire du grand capitaine du Guesclin, dans l'abbaye de Saint-Denis, au quatorzième siècle.

Mais peu avant il avait été fait, en son honneur, un éloge funèbre d'un autre genre.

Pendant le siége du château de Randon, le connétable du Guesclin mourut. Le gouverneur, forcé de rendre la place, ne voulut jamais donner les clefs du château à aucun des généraux de Charles V. Il vint les déposer en pompe sur le lit de mort de du Guesclin. Quel plus bel hommage rendu à la vie, à la valeur !

C'est ainsi que le général Marceau, mortellement blessé dans un combat contre les Prussiens, dans les guerres de la République, vit ses ennemis mêmes se réunir aux Français pour lui rendre les honneurs militaires. Quel plus bel éloge donné au courage, à l'humanité, au grand caractère de ce jeune héros, pleuré en même temps de ses soldats et des ennemis, qu'il avait vaincus à Fleurus, de concert avec le général Jourdan !

L'éloge héroïque n'est autre chose que la biographie d'un personnage.

La Cyropédie, de Xénophon, les *Vies des Hommes illustres*, de Plutarque, l'*Histoire des Grands capitaines*, de Cornélius Népos, ne sont autre chose que des éloges historiques.

Soit que, dans le siècle où nous vivons, on rencontre plus de scepticisme, ou que les cœurs se soient blasés sur le chapitre des éloges, et que, par conséquent, ils ne rapportent plus rien, ou pas suffisamment aux flatteurs de profession, certains écrivains se sont donné la mission d'écrire des biographies où l'éloge est assaisonné de traits piquants, de railleries et d'épigrammes. C'est l'outrer dans la vie d'un homme et faire de l'histoire scandaleuse. Il paraît que le scandale est une mine productive de nos jours.

Chacun aujourd'hui se croit en droit de juger son prochain et de ne rien cacher de sa vie. On écoute aux portes ! on enlève le toit de la maison pour pénétrer jusqu'au sanctuaire du dieu lare qui veille au seuil du gynécée. Tout est dévoilé ; il n'y a plus de mystère.

La satire s'en mêle, et l'on fait du Juvénal et du Martial. Dans un distique ou dans quelques lignes on crayonne la biographie d'un personnage plus ou moins en renom, et vous possédez un petit volume diamant tout bourré d'anecdotes piquantes.

A cet égard on peut consulter les biographies de J...

Le ridicule a eu sa parodie à son tour, et un pinceau burlesque s'est mis aussi à esquisser quelques portraits amusants faits pour piquer la curiosité des amateurs de la caricature et du scandale.

La fièvre de la biographie est devenue si contagieuse, que nous avons pu voir nos annales littéraires s'enrichir d'histoires de forçats, de Laïs, etc., et enfin une célèbre funambule a eu son Plutarque qui a fait son éloge historique.

Les anciens auteurs ont fait la biographie, l'éloge, l'histoire des héros ou grands hommes des siècles antérieurs, et qui étaient descendus dans la tombe en laissant après eux une auréole de gloire et de vertu.

Les modernes font les biographies des hommes vivants,

de leurs amis, héros de salons, grands hommes de coulisses, éminents écrivains de gazettes. Ils exaltent leurs vertus domestiques, leur gloire littéraire, leurs talents divers. Tous ces beaux panégyriques ne sont que des compliments comme pour fêter un saint dont on attend quelque grâce.

C'est ce qu'on appelle donner de l'encensoir à travers le visage. On se ménage une position, on mendie des suffrages sans paraître les désirer, on prépare de loin une candidature, et quelquefois un encens banal, souvent restitué, obtient du succès auprès d'hommes avides de louanges.

L'esprit médiocre, qui malheureusement semble dominer dans la société actuelle, incapable de créer, de produire des œuvres de quelque utilité pratique, s'est jeté, tête baissée, dans la biographie des petits personnages. C'est étrangement abuser de la biographie.

Tel est le partage de la littérature facile qui nous inonde de plus en plus tous les jours.

L'éloge funèbre a eu son temps de gloire avec les Bossuet, les Fléchier, les Massillon, les Mascaron, les Boismont. Leur langue s'est glacée et leur parole s'est éteinte. Aujourd'hui l'urne de Marathon et les boisseaux d'anneaux des chevaliers romains, morts à la bataille de Cannes, et le plus grand monarque tombé du haut de son trône dans l'abîme du néant, un Trajan, un Titus, n'inspireraient plus le génie à prononcer leur oraison funèbre ; manque-t-il de Trajans, de Turennes ? Pline, Bossuet, Massillon ont-ils emporté leur secret dans la tombe ? A quoi cela tient-il ? N'y a-t-il plus de gloire à espérer ? La mode en est-elle passée ?

L'éloge historique survit encore au sein de quelques sociétés savantes. Outre les détails de la vie de celui qui en est l'objet, la plus large part y est donnée aux travaux scientifiques qui ont honoré sa carrière.

De nos jours, il est un genre d'éloge qui semble avoir principalement absorbé l'attention publique. La réception d'un académicien met en émoi toute la république des lettres. Le jour solennel où le récipiendaire doit recevoir la palme académique est longtemps annoncé d'avance. Tout le monde est dans l'attente d'entendre les discours qui vont être prononcés par le récipiendaire et par le secrétaire perpétuel. Le premier fait l'éloge du défunt, et le second fait l'éloge du successeur.

Tout se passe à la satisfaction de l'auditoire, qui est composé des parents et d'amis des académiciens. L'enthousiasme est toujours porté au plus haut degré centigrade, et la séance se termine par le fameux : *Dignus, dignus est intrare in nostro docto corpore.*

Généralement l'attente du public est trompée. Loin d'être enthousiasmé, il reste froid devant des lieux communs, une éloquence stérile, dépourvue de grâce et d'élégance. Mais cette déception est bien plus grande lorsque l'élu n'a que de faibles titres, ou n'en a pas du tout, à l'honneur qu'on lui fait de l'admettre dans la docte compagnie.

« Il n'est pas sans exemple de voir adopter par les aca-
» démies des hommes d'un talent très-faible, soit par
» faveur, et malgré elles, soit autrement. C'est alors le
» devoir du secrétaire de se rendre, pour ainsi dire, média-
» teur entre sa compagnie et le public, en annonçant et
» excusant l'indulgence de l'une sans manquer de respect
» à l'autre et à la vérité. Pour cela il doit réunir
» avec choix et présenter sous un point de vue avantageux
» ce qu'il peut y avoir de bon et d'utile dans les ouvrages
» de celui qu'il est obligé de louer. Mais si ces ouvrages
» ne fournissent absolument rien à dire, que faire alors ?
» Se taire. Et si, par un malheur très-rare, la conduite a
» déshonoré les ouvrages, quel parti prendre ? Louer les
» ouvrages (1). »

Ces réflexions ne sont pas de nous, mais nous les reproduisons pour montrer combien il est dangereux de faire des choix qui ne répondent point à l'esprit de la compagnie aux travaux de laquelle on doit concourir. Sa considération en éprouve une atteinte grave et la confiance en ses lumières est ébranlée On se donne un associé inutile.

L'Académie française n'est pas sans avoir quelques reproches de ce genre à se faire. Il est vrai qu'en cela elle a pu imiter son fondateur, grand diplomate, grand aristocrate, et pauvre écrivain malgré ses prétentions.

(1) Voyez l'*Encyclopédie du dix-huitième siècle.*

Ce grand homme avait une pensée étendue en créant l'Académie : foyer de lumière, il voulut qu'elle représentât aussi toutes les illustrations afin qu'elle inspirât le respect. La naissance, à cette époque, se mêlait à tout, et imprimait sa considération à tout ce qu'elle touchait. C'est ainsi que tous les ordres de l'État furent appelés à en faire partie.

Une autre considération peut-être le porta à agir de la sorte. Les lettres n'étaient pas répandues comme de nos jours, et leur sphère était plus circonscrite ; elles n'étaient pas cultivées aussi généralement et les écrivains éminents étaient rares. Aussi dut-il rencontrer beaucoup de difficultés à composer l'Académie en nombre suffisant d'hommes vraiment littéraires, à en juger par les premiers élus. Le grand siècle ne commença guère que cinquante ans après la mort de Richelieu.

Mais la gloire qui environne l'Académie n'aurait pas dû lui faire oublier la noble mission à l'accomplissement de laquelle elle devait faire concourir toutes ses facultés. Distraite par des préoccupations étrangères aux lettres, elle a vu les éléments qui la composent se corrompre lorsqu'elle s'est jetée étourdiment dans une atmosphère où son esprit n'a respiré qu'un air vicié.

Ses discours se sont ressentis de cette situation anormale ; au lieu de parler littérature, on a parlé de toute autre chose, et la vie politique du défunt, et la vie politique du récipiendaire ont été le thème, la matière donnée des discours académiques depuis quelque temps.

Dans ces discours, l'orateur, malgré lui, sentant bien la fausse position qu'il a prise, éprouve une certaine contrainte, née de la situation des choses. L'esprit, préoccupé d'objets étrangers, ne se trouve pas dans son assiette ordinaire, et enfin l'illustre compagnie cesse d'être dans un milieu en harmonie avec ce qui l'environne ; elle est dépaysée depuis un demi-siècle et ne vit plus de la vie commune.

Dans l'article remarquable de notre savant et digne rédacteur en chef, au mot *Académie*, on peut voir les justes griefs qui lui sont reprochés ; elle n'a rien fait de ce qu'on était en droit d'attendre d'une réunion d'hommes dont elle a voulu faire l'élite des sommités littéraires ; elle n'a rempli que la moitié de sa tâche, encore fort imparfaitement. Elle nous a donné un Dictionnaire qui, par son insuffisance, ne peut servir à tout le monde, et n'est que d'une utilité secondaire aux étrangers ; et, il faut l'avouer à la honte de la France, nous n'avons pas de grammaire émanée de cette société savante, qui fasse loi comme son prétendu Dictionnaire, qui fourmille de fautes.

Dans le mouvement général qui s'est fait depuis plus d'un demi-siècle, quand autour de cette institution tout a changé, tout s'est métamorphosé ou s'est écroulé et est tombé en ruines, seule, elle est restée intacte et impassible !

RÉDAREZ SAINT-REMY.

ÉLOQUENCE (du latin *eloqui*, parler, s'énoncer). — Talent de bien dire, faculté d'agir par la parole sur les hommes assemblés. Il ne faut pas confondre l'*éloquence*, qui est le talent de persuader, avec la *rhétorique*, qui est un art destiné à développer ce talent, ni avec l'*élocution*, qui est simplement l'expression de la pensée par la parole. «Considérée dans ses diverses applications, l'éloquence se distingue en *éloquence judiciaire*, ou du barreau ; *éloquence politique*, ou de la tribune ; *éloquence religieuse*, ou de la chaire ; *éloquence académique*, ou des assemblées littéraires. Considérée dans son but, l'éloquence, suivant la division des anciens rhéteurs, comprend trois genres distincts : le *genre délibératif*, qui conseille ou dissuade ; le *genre judiciaire*, qui défend ou accuse ; et le *genre démonstratif*, qui loue ou blâme. » — Voy. *Orateurs* et *Rhétorique*.

ÉMAIL (technologie). — *Art de l'émailleur.* — L'émail est un corps composé de verre et d'oxyde ; il se présente sous des formes vitrifiées qui peuvent être coloriées et transparentes.

Tous les oxydes métalliques sont employés dans la préparation des émaux, et produisent les couleurs ; on y ajoute parfois le phosphate, le borate, le fluate et autres sels.

Chaque oxyde peut fournir des tons différents ; ainsi, le seul oxyde de fer peut, suivant certaines manipulations, passer du jaune d'ocre au jaune orange, au rouge de gueules, au brun marron, au noir.

L'émail s'appelle *fondant*, quand il est incolore et sans mélange.

On comprend, dès lors, qu'il y a des émaux plus ou moins translucides, suivant qu'on y incorpore une plus ou moins grande quantité de matière vitrifiable.

En général, les oxydes ne troublent pas la transparence du verre. Il y a cependant quelques oxydes qui ont la propriété de rendre opaque le verre auquel on les assimile.

L'oxyde d'étain produit l'émail blanc opaque, et entre dans la composition de ceux qui sont dans cette condition.

L'émail, ainsi que nous venons de le dire, s'applique aux métaux, et l'émail qui, sous le nom de *couverte* et de *vernis*, recouvre la porcelaine, la faïence, les briques, les grès, les schistes, la lave et les vitraux, est le même quant à son emploi ; il ne diffère que dans sa composition et le mode de cuisson.

La dilatation des matières qui doivent recevoir l'émail en fusion doit être en rapport de contraction pour la réussite complète ; c'est là l'écueil le plus sérieux qui se soit présenté dans l'art de l'émailleur ; il paraît en effet fort difficile de combiner une matière vitrifiable qui puisse recevoir ou se prêter aux modifications qu'éprouvent le métal et différentes substances en se refroidissant.

Cela explique les tâtonnements et les expédients ingénieux qu'on remarque dans la marche du perfectionnement des émaux.

Il ne suffit pas de connaître la composition de l'émail pour l'appliquer sur les métaux ; le succès est plus difficile à obtenir que sur le verre et la poterie ; la présence d'un métal oxydable est d'une influence fâcheuse, puisque nous avons pu déjà constater que les oxydes modifient la couleur de l'émail. De plus, il faut que l'émailleur soit parvenu à donner à ses émaux une fusibilité en rapport avec celle du métal qu'ils doivent recouvrir, en sorte que la fusion de l'émail n'entraîne pas celle du métal ; enfin, l'émailleur, dans son opération, doit procéder avec une extrême habileté quand il s'agit de superposer différentes couches d'émail, de peinture et de fondant, sans qu'un mélange complet de ces substances ne détruise tous ses efforts.

L'émail, quand il est préparé et broyé en pâte dans l'eau pure, est posé, au moyen d'un pinceau ou d'une spatule, sur le métal ; soumis à la haute température du four, il fond et s'étale, en comblant les interstices gravés préalablement. C'est alors que parfois de nouvelles couches d'émail peuvent être appliquées sur la première pour obtenir des effets ou épaisseurs, et cela sans que les couches antérieures entrent en fusion complète. Ce résultat est d'autant plus difficile à obtenir que l'émail, par sa nature, tend constamment à s'étendre et à remplir les creux; aussi l'artiste doit-il avoir une adresse et un soin extrêmes pour parvenir à vaincre cette tendance, surtout lorsqu'il s'agit d'une figure ou d'un ornement ronde bosse, dont le modelé est si accidenté.

En dehors de ces difficultés, l'émail offre, dans mille occasions, un vif intérêt pour l'orfévrerie et la bijouterie. Son extrême variété, ses moyens si différents exigeant des conditions si précises et parfois si capricieuses, font de l'émaillerie un art admirable et fort ingénieux.

L'émail s'applique surtout sur l'or, l'argent et le cuivre; le bronze, moins pur, offre des inconvénients. Les Chinois émaillèrent le fer. L'art moderne fit faire de nouveaux progrès dans cette voie. M. Ebelman entreprit de faire servir le fer à des émaux de dimensions colossales, inconnues des anciens émailleurs.

La batterie de cuisine en fer est aujourd'hui émaillée. Le cuivre a surtout été employé par les fabriques de Limoges.

Les orfévres de tous les pays ont employé l'or et l'argent. Ces deux métaux, par leur qualité inoxydable, en tant qu'ils ne sont point alliés avec un métal inférieur, peuvent recevoir les émaux transparents; l'émail, dans ce cas, acquiert un degré d'éclat et de pureté en raison de l'élévation du titre de ces deux métaux. L'or et l'argent purs, émaillés, donnent des couleurs d'une limpidité ravissantes.

Le titre ou la qualité des métaux ont peu d'influence pour l'émail opaque; aussi les émaux peints sont-ils sur cuivre : tels sont ceux de Limoges.

Différents procédés ont été imaginés depuis l'invention de l'émail; les pièces rares qui nous sont parvenues, et la grande variété dans l'emploi des moyens ont souvent jeté les plus habiles chercheurs dans une anarchie complète lorsqu'il s'agissait de faire l'histoire de l'émail.

M. de Laborde, auquel nous empruntons quelques renseignements, nous paraît avoir réussi dans sa notice des émaux; ce profond et judicieux observateur est parvenu, sur de rares spécimens, à classifier et tracer l'histoire de l'émaillerie; il a fait sortir de leurs tombes des chefs-d'œuvre qui, jusqu'alors, n'avaient ni époque assignée ni nom d'auteur.

Cet art, enveloppé de profondes ténèbres jusqu'alors, ressort aujourd'hui prodigieusement; ses matériaux sont rassemblés avec un tel ordre, qu'on peut suivre pas à pas la marche claire et précise des progrès de l'émail depuis les probabilités anciennes jusqu'à nos jours.

M. de Laborde a divisé les émaux en plusieurs classes d'après les différents procédés et leur application.

Il met en première ligne les émaux des orfévres, qui constituent quatre classes d'après leurs modifications depuis qu'ils sont employés :

1° Les émaux en taille d'épargne et les émaux de niellure;

2° Les émaux cloisonnés;

3° Les émaux de basse taille;

4° Les émaux mixtes, qui participent de plusieurs procédés.

Voici ce que dit ce savant :

« J'appelle émaux d'orfévres tout émail contenu dans une partie évidée et creusée dans le métal par le travail de l'outil tranchant. L'émaillerie n'existant pas comme métier, l'émail appartenait à qui voulait l'employer; mais ce travail était plus particulièrement le fait de l'orfévre, qui fut, au moyen âge, le grand ouvrier, l'artiste par excellence, et pour ainsi dire l'homme universel.

» L'art de l'émaillerie, pratiqué par les orfévres sans l'intervention des peintres, et limité dans le procédé de la taille d'épargne, donna-t-il, était-il capable de donner une œuvre d'art? A cette question la réponse ne saurait être directe.

» L'émaillerie sur or et sur argent doré, qui fut exécutée du dixième au quatorzième siècle, nous manque entièrement; il ne nous reste que la grosse émaillerie sur cuivre exécutée à Limoges. Il est à supposer qu'au point de vue de l'art, la première était de beaucoup supérieure à la seconde; mais, dans l'effet général, je pense qu'on peut apprécier l'une par l'autre. Pour le bien juger, il faudrait toutefois se retrouver dans le milieu même où elle brillait; car si l'antiquité, à bon droit, récuse notre jugement quand nous condamnons sa peinture d'après les décorations provinciales retrouvées dans les petites villes d'Herculanum et de Pompeï, le moyen âge ne reconnaît pas davantage notre opinion quand elle se forme d'après des échantillons incomplets d'un procédé qu'il sut élever à la hauteur de l'art. Au treizième siècle, car c'est toujours à cette grande renaissance française qu'il faut remonter, les orfévres, qui étaient tous sculpteurs, graveurs, et artistes éminents, comprirent comme l'antiquité la statuaire, et, comme elle, ils exécutèrent leurs ouvrages dans les métaux les plus précieux, et avec le secours de la polychromie. Cette statuaire a disparu; elle a été rejoindre dans les fourneaux du fondeur tant de chefs-d'œuvre des siècles passés; mais il reste quelques fragments, et rien n'est plus facile que de reconstituer, par le dessin ou par la pensée, ces figures nobles et vivantes par l'éclat de leurs couleurs, approchant du naturel, et par la solennité d'un style convaincu et sévère. C'était là un grand art, car l'étude de la nature et la dignité du sentiment religieux dirigeaient le génie de l'artiste, en même temps que les goûts de l'époque. »

Procédé de la taille d'épargne. — « On décalque un dessin sur la surface unie du métal, et au moyen du burin, du ciselet et des échoppes, on évide tout ce qui n'est pas le contour du dessin; de cette façon on obtient une véritable gravure en relief, dont la taille d'épargne noircie au tampon donnerait, sous le froton et sous la presse, une impression excellente. Les espaces évidés entre ces contours forment autant de petites cuves qu'on remplit de poudre ou de pâte d'émail de diverses nuances, selon que l'artiste a combiné son dessin et suivant que la chimie lui vient en aide. Ces émaux, sans liaison entre eux, se fondent à la haute température de la moufle, s'affaissent au niveau des tailles d'épargne en s'unissant à la planche de métal, de manière à ne plus offrir qu'une surface plane dans laquelle brillent les contours du dessin formés par le métal. Les perfectionnements amenés par l'adresse des orfèvres n'ont introduit dans ce procédé d'autre variété que le plus ou moins d'importance donnée au métal. Tantôt les traits du dessin seulement sont épargnés en relief, et les figures sont rendues par l'émail en se détachant sur le fond uni et doré du métal; tantôt ce sont les silhouettes entières des personnages qu'on réserve dans le métal, et elles se détachent sur le fond d'émail. On conçoit que ces modifications dépendaient du goût et des talents de l'orfèvre. Était-il à la fois dessinateur fécond et graveur habile, il donnait plus au métal, et avec ses burins il rendait les détails; se fiait-il moins à ses talents, il réservait plus de place à l'émail. »

L'auteur recherche ensuite d'où vient ce procédé; après avoir examiné les travaux analogues de différents peuples, tels que les Égyptiens, les Phéniciens, les Romains et les Grecs, il conclut que l'art d'émailler sur le métal leur était inconnu, qu'ils n'employaient l'émail que sur la poterie, ainsi que le constatent les verroteries et hiéroglyphes trouvés dans les tombeaux et les cryptes; que, d'ailleurs, tout fait présumer que ce fut dans la Gaule que cet art naquit.

Il cite à l'appui de cette opinion, le fait suivant :

« Un rhéteur, qui appliquait volontiers sa faconde à la description des productions de l'art, Philostrate, quitta Athènes après avoir professé dans cette ville, et vint, vers le commencement du troisième siècle de notre ère, chercher fortune à Rome, où la faveur de Julie, femme de Septime-Sévère, l'attira dans le palais impérial, au milieu des splendeurs de la royauté et de son luxe. C'est avec le goût des choses de l'art, avec cette expérience de la vie, avec cette connaissance de tous les raffinements du luxe grec et romain, que Philostrate écrit cette phrase : « On rapporte que les barbares voisins de l'Océan étendent ces couleurs sur de l'airain ardent; elles y adhèrent (ou elles s'y unissent), deviennent aussi dures que la pierre, et le dessin qu'elles figurent se conserve. » Cette phrase, après les considérations qui précèdent, après ce que je viens de dire de l'existence même de Philostrate, me semble sans réplique; on on aura beau la presser, la torturer, on n'en fera pas sortir autre chose que cet aveu, assez pénible pour un Grec, et même pour un Romain, que les barbares voisins de l'Océan, probablement les Gaulois, avaient le secret de l'émail, inconnu aux nations dites civilisées.

» Si l'aveu était pénible, le fait est étrange. Comment, au milieu de cette capitale du monde, au sein de la ville par excellence, où le luxe enveloppait toute la population et jusqu'aux esclaves, un procédé qui s'appliquait si bien à cette frénésie de l'or, des pierreries, de tout ce qui brillait, n'a-t-il pas été trouvé par les orfèvres, les potiers ou les verriers, et poussé jusqu'aux dernières limites de ses ressources variées? Comment? C'est un mystère, et il faut reconnaître, contre toutes les vraisemblances, que les émaux, comme l'imprimerie, restèrent inconnus à l'antiquité, bien qu'elle eût à sa disposition et à son usage quotidien, pour l'un et l'autre de ces arts, tous les éléments qui les constituent. Une main puissante, bien qu'invisible, maintint le voile sur l'impression jusqu'au quinzième siècle, et le retint sur l'émail appliqué au métal pendant toute l'ère de l'antiquité. »

Émaux de niellure. — « Lorsque des bijoux et des plaques d'or et d'argent doré, gravés en taille d'épargne ou en creux, étaient émaillés de noir, on les appelait *émaux de niellure*, et ce travail, plein d'élégance dans sa simplicité quelque peu grave, semble remonter à l'origine de l'émaillerie et n'avoir jamais été abandonné par les orfèvres. » L'anneau de l'évêque Ethelwulf, exécuté au neuvième siècle, et l'anneau de saint Louis au Musée du Louvre sont ainsi travaillés.

Émaux cloisonnés. — « Tous les émaux de ce genre que nous possédons ont le caractère oriental et le style byzantin; ils sont appliqués sur or et sur argent doré; ils sont très-rares. Aucun texte ne se rapportant à eux, il fallait inventer un nom, et celui d'émaux cloisonnés, qui est adopté, exprime bien le procédé au moyen duquel ils sont produits. Voici ce procédé : on prend une mince feuille de métal sur laquelle on trace à la pointe le dessin; on découpe des lames du même métal d'une hauteur proportionnée à la grandeur de la pièce (de 1 à 4 millimètres), et l'on fait suivre à ces lames tous les contours du dessin en les arrêtant avec de la cire; puis, quand le dessin est ainsi hérissé de ce relief en traits déliés, on soude à la plaque toutes ces lames. De ce moment la plaque est cloisonnée, c'est-à-dire qu'elle présente un réseau, et dans ce réseau autant de cloisons qu'en exigeaient le dessin et les nuances d'émaux dont on disposait. On distribue dans chacune de ces cloisons de la poudre d'émail, je veux dire le fondant et les oxydes métalliques colorants pulvérisés ensemble; on passe la plaque dans le four pour obtenir la fusion, et quand elle est refroidie, au moyen du polissage on unit le tout comme une glace-mosaïque, dans laquelle les cloisons viennent affleurer en traits efilés et brillants, de manière à tracer les limites des émaux en même temps que les contours du dessin. La dorure donne plus d'éclat à ces traits du visage, à ces plis des vêtements, à ces fines inscriptions, qui ressortent en or brillant au milieu des vives couleurs d'un émail translucide. »

M. de Laborde attribue l'invention de ce procédé aux Byzantins; les émaux qui existent d'après ce modèle ont en effet le style oriental. L'autel Sainte-Sophie, à Constantinople, était émaillé ainsi. Ce procédé passa en Italie et servit à décorer les palais et les églises. Le rétable du maître-autel de Venise, la célèbre Palla d'Oro, est émaillée dans ce genre.

Émaux de basse taille. — « Les émaux de basse taille tiennent aux émaux cloisonnés par la nature transparente de l'émail, aux nuances limpides et vives, par l'emploi des métaux précieux, par le fini et la délicatesse du travail. Les uns semblent procéder des autres, et de mains également aptes à les exécuter simultanément. Les émaux cloisonnés, sorte de monopole des Grecs, deviennent insensiblement, et comme par compromis, des émaux de basse taille ou translucides sur un fond ciselé en relief. Ce changement s'opère d'abord dans des parties de vêtement; puis, en gagnant de l'espace, en rendant toujours plus rares les cloisons, l'émail translucide finit par couvrir entièrement un fond ciselé en bas-relief.

Nous n'avons pas de preuves certaines, de documents positifs, pour établir que telle a été la marche suivie; mais tout fait croire que l'Italie tira de cette matière les émaux en basse taille des émaux cloisonnés. Elle avait intérêt à le faire. Ses orfévres étaient des hommes de talent, je dirai plus, des hommes de génie. Grands sculpteurs, peintres et architectes quand il le fallait, ils étaient dans leur atelier des ciseleurs consommés, qui rendaient le relief de leurs délicates compositions avec une énergie et une puissance que paralysait et qu'enchaînait entièrement le procédé du cloisonnage.

L'émail translucide, au contraire, harmonisait leurs travaux, et, d'une ciselure incomplète, faisait un tableau parfait.

Depuis Jean de Pise, qui décora de ciselures émaillées le maître-autel de l'église d'Arezzo, en 1286, jusqu'à Pollajuolo et Francia, tous les grands orfévres de l'Italie employèrent ce procédé. Vasari le décrit avec précision, et Benvenuto Cellini indique en grand détail les modifications qu'il lui avait fait subir pour son usage. Je renvoie à leurs ouvrages. Je ne suis d'autres indications que celles qui me sont fournies par les monuments.

Voici le procédé : la plaque d'or ou d'argent était fixée solidement pour résister à la force d'impulsion de l'outil. Sur cette plaque on traçait légèrement le calque de son dessin, et on gravait, ou plutôt on ciselait la composition en relief avec toutes les finesses du modelé. Puis l'on étendait sur cette sculpture, d'un très-faible relief, de la poudre de cristal nuancé, par grandes teintes plates, de vert et de rouge pour les vêtements, de bleu pour les ciels, de violacé pour les carnations. La chaleur du four faisait entrer tous ces émaux en fusion et leur donnait le brillant et la transparence de la glace. On conçoit (pourvu qu'on se soit rendu compte des effets de la lithophonie et, mieux encore, de ceux qu'obtient la fabrication usuelle des poteries émaillées sur bas-reliefs) comment, les saillies de la sculpture laissant à l'émail peu d'épaisseur, les fonds, au contraire, leur en donnant beaucoup, il se produit une échelle indéfinie de tons dans la même nuance d'émail. On comprend comment des orfévres, sans être

peintres, pouvaient, par l'habileté et la perfection du modelé de leurs ciselures, produire de véritables peintures, tout en n'étendant que des teintes plates sur leur travail de basse taille. »

Ce procédé, né en Italie, fut connu en France vers l'époque des croisades. Cette période accéléra le progrès en mettant en rapport les peuples et en vulgarisant les moyens artistiques et industriels que chacun possédait.

Émaux mixtes. — « Lorsque les émaux de basse taille furent dans leur plus grande vogue, on voulut en varier les effets, et des orfévres ingénieux imaginèrent d'associer ensemble plusieurs procédés pour, de leurs mérites réunis, tirer un parti avantageux. Le procédé consistait à faire ressortir les figures d'une composition par l'éclat du métal, sur l'azur brillant d'un émail translucide étendu sur un fond guilloché et ciselé. Ces figures réservées en taille d'épargne sur une plaque d'or, et plus souvent d'argent, ne présentant qu'une silhouette; mais on exprima les traits du visage et les plis des vêtements par un travail de burin dont les tailles furent remplies par un émail noir. De cette manière, on associait trois procédés : la taille d'épargne pour les figures, la niellure pour remplir les traits du burin, enfin toutes les délicatesses des émaux de basse taille pour les fonds. Ce genre d'émail fut très-généralement employé par les orfévres français, mais il s'en est conservé peu d'exemples. »

Ces émaux mixtes du treizième siècle, appartiennent en général à Limoges, mais ils ne sont pas exclusivement de sa fabrication, surtout quand ils sont exécutés sur or et sur argent.

Émaux des peintres. —Vers le milieu du quinzième siècle, la décadence de Limoges était complète. Pendant que les émaux de basse taille et leur association aux procédés de la taille d'épargne et de la niellure conservaient aux productions de l'orfévrerie une vogue qu'elle rajeunit dès lors par ses grands talents, les émaux en taille d'épargne sur cuivre, la grosse émaillerie de Limoges, tombaient chaque jour en discrédit. Le culte des reliques s'était refroidi; les églises regorgeaient de châsses, de reliquaires et d'ex-voto, dont la valeur intrinsèque ne compensait pas l'espace qu'ils occupaient sur les autels et dans les chapelles. Le commerce de ces émaux était donc devenu presque nul, et Limoges, atelier stationnaire, reproduisait de mal en pis les anciens modèles, sans songer à ranimer la vogue en en variant les productions. A la fin, de guerre lasse et la nécessité aidant, ou se réveilla, et une transformation complète ouvrit aux émaux de Limoges une nouvelle carrière de deux siècles de faveur.

« Les émaux de basse taille sur or et argent étaient des bijoux précieux; il s'exécutaient partout, à Paris comme à Montpellier. On aurait pu en faire également à Limoges ; mais ce travail délicat n'allait pas plus aux habitudes industrielles de cette ville que les objets en or ne convenaient à sa clientèle; elle s'ingénia dès lors à faire bon marché des émaux rivaux, ne dût-elle donner que l'apparence de ceux qu'elle imitait. De là une manière particulière dans ses premiers et rares essais. Sur une plaque de cuivre brillante, on dessine au pinceau, avec un émail brun, les traits du dessin et toutes les ombres, puis on étend sur cette espèce de camaïeu des émaux colorés et translucides, qu'on rehausse d'un travail d'or pour accuser les lumières, et qui joue ainsi l'émail en basse taille autant que les gravures de nos campagnes reproduisent les tableaux célèbres qu'elles copient. Les carnations opaques, dont le ton violacé ne pouvait choquer des yeux habitués aux carnations également violaçantes des émaux de basse taille, une imitation de pierrerie produite par des gouttelettes d'émail sur paillon de couleur, l'épaisseur des plaques et leur contre-émail vitreux, couleur verdâtre, à la surface grumeleuse, sont les caractères de ces premiers émaux en apprêt.

« Une fois le procédé trouvé, Limoges s'en empara, comme elle avait fait, au moyen âge, des émaux en taille d'épargne d'une main ferme et dominante; elle s'en assura le monopole par sa hardiesse à en étendre à tout les applications, à en épuiser les ressources, en même temps qu'elle ranima ses relations commerciales pour agrandir son marché et suffire à sa prodigieuse fécondité. »

Émaux italiens et émaux vénitiens. — Ces émaux, quoique intéressants sous le rapport de leur valeur, n'offrent pas assez de différence à ceux du Limousin, quant à la manière, pour que nous devions nous étendre à leur égard; cependant les seconds sont remarquables par leur ornementation dorée et parsemée dans l'émail.

Nous devons ajouter que ces procédés, que nous venons de rapporter, peuvent être observés dans les musées, et notamment dans la collection qui est au Louvre. On pourra, en les examinant, s'identifier avec la manière, en consultant; pour de plus grands développements, l'excellent ouvrage que nous avons eu l'honneur de citer.

On a pu voir, d'après ce qui précède, que le Limousin fut le berceau de la peinture sur émail, que les orfévres s'approprièrent cet art, et le modifièrent en l'appliquant sur les métaux précieux.

Ce fut au seizième siècle surtout qu'il brilla d'une manière resplendissante; les magnifiques échantillons que nous possédons au Louvre témoignent assez du fini dans le modelé, et l'extrême délicatesse que ces grands artistes apportaient dans l'exécution de ces œuvres immenses!

Cependant, comme tout ce qui arrive à son apogée doit fatalement décroître, quitte à être relevé ensuite, cet art déchut pendant une période assez longue (du dix-septième siècle jusqu'au dix-neuvième), et par des influences dont la concurrence paraît être la principale, si nous écoutons Bernard Palissy, qui, en cette matière, devait être bon appréciateur; voici ce qu'il dit :

« As-tu pas veu aussi les esmailleurs de Limoges, lesquels, par faute d'avoir tenu leur invention secrète, leur art est devenu si vil, qu'il leur est difficile de gaigner leur vie au prix qu'ils donnent leurs œuvres? Je m'asseure avoir veu donner, pour trois sols la douzaine, des figures d'enseignes que l'on portoit aux bonnets, lesquelles enseignes estoyent si bien labourées, et leurs esmaux si bien parfondus sur le cuivre qu'il n'y avoit nulle peinture si plaisante. Et n'est pas cela seulement advenu une fois, mais plus de cent mil, et non-seulement èsdites enseignes, mais aussi aux esguières, salières, et toutes autres espèces de vaisseaux et autres histoires, lesquelles ils se sont advisez de faire : chose fort à regretter. »

Les choses en étaient là lorsque Foutin, orfévre émailleur, imagina de peindre des portraits en miniature; depuis, une foule d'artistes distingués s'appliquèrent dès lors à la peinture du portrait en émail. La Suisse interpréta ce genre sur les boîtes de montres, les tabatières, les cassolettes, etc. Genève eut son émaillerie, où se formèrent d'excellents artistes. Depuis longtemps elle est restée stationnaire. La France peut citer avec orgueil Petitot, Bordier et Toutin, sous Louis XIV; Châtillon, Guernier, sous Louis XV; Weiller et Kugler, sous Louis XVI; Augustin, Connis, Constantin et Duchesne, sous l'Empire et la Restauration.

Mais bientôt quelques imaginations ardentes voulurent agrandir le champ trop étroit de la peinture sur émail, et de quatre à six pouces qu'elles étaient, on fit des plaques de deux pieds en porcelaine au lieu de cuivre, et ce furent alors de véritables tableaux.

M. Leguay et Mme Jacquotot se sont distingués d'une manière particulière dans ce nouveau procédé.

Il existe aujourd'hui beaucoup d'émailleurs, mais peu que l'on puisse comparer à ces anciens maîtres de la renaissance; un seul paraît avoir conservé la tradition et s'être élevé à leur hauteur; nous voulons parler de M. Lefournier, dont les émaux, faciles à reconnaître, ont été appréciés, depuis vingt à trente ans, à chaque exposition.

On lui doit aussi la création d'un nouveau genre d'émail sur le bijou, imitant, à s'y tromper, les incrustations du jaspe sanguin, du lapis et de la malachite; ses émaux faisant partie de différentes collections princières, seront, dans un temps donné, achetés pour des *seizième siècle.*

Nous dirons, en passant, que quelques essais ont été tentés à Sèvres, pour appliquer la peinture à l'orfévrerie; ces premiers débuts n'ont pas eu tout le succès qu'on pouvait espérer; une coupe en jaspe, exposée par M. Morel à l'exposition de 1855, a montré quelques figurines en or émaillé, ronde bosse, dont l'émail n'avait pas respecté le modèle et dont les tons étaient peu harmonieux.

La manufacture de Sèvres est assez puissante, trop élevée par ses chefs-d'œuvre de la porcelaine, pour que cette mince critique puisse l'atteindre; nous voulons constater seulement que l'émail des orfévres, ainsi que le pratiquaient nos ancêtres, est le fait d'une spécialité; qu'il est des conditions dont on ne peut s'écarter, et des connaissances intimes de l'orfévrerie et du bijou, que, pour posséder, il faut pratiquer constamment.

Si, en général, notre siècle est inférieur aux seizième et dix-septième siècles, cela tient un peu à l'exigence du public qui, en cette matière, est peu compétent. A cette époque, l'artiste, qui s'imposait, livrait sa pièce et la considérait comme terminée, quoique l'émail, dans certains cas, ne fût pas sans imperfections, telles que légers creux, bouillons, points, etc., résultant du feu ou de toute autre cause.

Aujourd'hui une pureté et un poli parfaits sont réclamés par le caprice; aussi, est-ce souvent aux dépens du dessin et des tons, et cela se comprend, quand, pour un point et un bouillon, on est obligé de reporter indéfiniment la pièce au feu, ce qui est un grave inconvénient pour la peinture. Les émailleurs anciens se gardaient bien d'agir ainsi; ils se contentaient de moins pour avoir beaucoup plus.

De même pour la qualité de l'émail. Les émaux anciens, surtout les blancs, offrent plus de résistance que ceux d'aujourd'hui (ce qui explique l'état de conservation depuis ce temps), mais ils sont plus jaunâtres; le progrès les a rendus plus blancs, mais la composition est plus molle et moins durable par conséquent. Nous pourrions résumer l'industrie de notre siècle par ces mots : plus d'éclat, mais moins de solidité.

Nous devons encore faire la différence de la peinture sur bijoux avec ou sans fondants. Les peintures sans fondants, exécutées sous Louis XIV et sous Louis XV, avaient un mérite artistique que n'ont pas celles d'aujourd'hui (nous en exceptons les portraits, dont on n'a pas changé la méthode). Ces peintures, en effet, n'ont pas la transparence que donne cette espèce de vernis, mais les teintes ne sont pas modifiées, et l'œil peut admirer dans toute sa virginité l'œuvre dépourvue de cette matière.

L'émail, vieux comme le monde si on le compare aux premières verroteries qui furent faites, plaît aux yeux, et, comme le bijou, vivra éternellement. Ses intermèdes furent des moments de transformation, pour nous apparaître sous des formes plus chatoyantes et plus variées; cet art se lie étroitement à la plupart des industries et augmente chaque jour sous des faces et des proportions nouvelles.

Paris n'avait que neuf émailleurs en 1292, il en avait quarante-six sous le roi Jean, et ce nombre est double aujourd'hui.

Dans l'art héraldique, on appelle encore émaux les couleurs, qui sont au nombre de neuf, savoir : or (jaune), argent (blanc), gueules (rouge), azur (bleu); sinople (vert), pourpre (violet), sable (noir), hermine et vair.

Les deux premières couleurs sont qualifiées de métaux, les deux dernières de fourrures, et les cinq autres portent le nom d'émaux.

E. PAUL,
Statuaire-orfèvre-bijoutier.

EMBAUMEMENTS. — Préparations que l'on fait subir aux cadavres pour les préserver de la putréfaction et des attaques des insectes.

Les anciens avaient recours aux procédés de l'embaumement pour conserver les corps des familles nombreuses; ils se plaisaient, pour ainsi dire, à vivre au milieu de leurs ancêtres, de leurs parents et des amis qu'ils avaient perdus, songeant, sans effroi, à venir à leur tour occuper une place dans le caveau sacré.

Peut-être aussi les législateurs de l'Égypte avaient-ils en vue l'hygiène publique en prescrivant l'embaumement. Les personnes qui ont cru trouver dans des émanations de cadavres putréfiés la cause de la peste n'ont pas manqué d'attribuer aux Égyptiens de l'antiquité cette intention qui, pourtant, est sans fondement.

L'art de l'embaumement a moins d'importance aujourd'hui qu'il n'en avait autrefois; cependant il est de ces êtres privilégiés, célèbres par leurs travaux, dont on voudrait léguer aux siècles futurs jusqu'à la dernière enveloppe du génie; on rencontre dans la vie privée des affections fortes qui, surmontant la délicatesse des idées modernes, font désirer ardemment de conserver le corps et les traits d'une personne aimée qui repose dans les ombres de la mort.

Les procédés d'embaumement ont varié chez les différents peuples : on croit que les Perses enveloppaient les corps dans de la cire fondue, et que les Scythes les enfermaient dans des sacs de peau; les Éthiopiens conservaient leurs cadavres dans de la gomme, substance très-commune dans leur pays; on a dit aussi qu'ils les conservaient dans du verre; mais cela n'est pas vraisemblable. On ne pourrait, sans dénaturer complétement les formes, couler du verre fondu sur une matière animale, altérable à une température moins élevée.

C'est l'Égypte qui porta le plus loin l'art de l'embaumement : une innombrable multitude de corps d'hommes et d'animaux peuplent encore un grand nombre de puits, de vastes galeries souterraines, les immenses grottes creusées dans l'intérieur des montagnes, et les caveaux nombreux de la plaine des *Momies*, tombeaux des habitants de l'antique Memphis.

Nous devons aux savants de l'Institut d'Égypte des documents précieux sur un art aussi avancé parmi les peuples de cette contrée. M. Rouyer, qui nous a laissé un mémoire sur ce sujet, fait remarquer que l'on a reconnu des momies de deux classes différentes : les unes ont une incision au côté gauche, au-dessus de l'aine, les autres n'ont aucune incision.

L'ouverture observée au côté de plusieurs momies se pratiquait sans doute dans les embaumements recherchés, pour retirer les intestins, qui ne se trouvent alors dans aucun de ces cadavres, et mieux nettoyer la cavité du bas-ventre, que l'on remplissait ensuite de substances résineuses et balsamiques, dont la nature éminemment conservatrice et l'odeur forte contribuaient puissamment à prévenir toute putréfaction et à éloigner les insectes.

Ces momies sont d'une couleur olivâtre; elles ont la peau sèche, flexible et semblable à un cuir tanné; les traits du visage semblent être les mêmes que dans l'état de vie. Elles sont légères, faciles à développer et friables ; elles conservent leurs dents, leurs cheveux et même les poils de leurs sourcils. Lorsqu'on les conserve dans un lieu sec, elles sont inaltérables ; mais si on les développe et qu'on les expose à l'air, elles attirent l'humidité et répandent bientôt une odeur désagréable.

D'autres momies sont préparées avec du bitume ; alors elles sont rougeâtres, ont la peau dure et luisante, les traits non altérés. Elles sont sèches, pesantes, inodores, difficiles à développer et à rompre ; elles n'attirent point l'humidité de l'air.

Les momies qui ont une incision sur le côté gauche, et qui ont été salées, sont également remplies, soit d'asphalte, soit de matière résineuse ; elles diffèrent peu des précédentes ; cependant la peau est dure, lisse, tendue comme du parchemin ; les traits du visage sont légèrement altérés ; il leur reste peu de cheveux, et ils tombent lorsqu'on les touche.

Toutes ces momies sont emmaillottées avec beaucoup d'art : le corps est d'abord recouvert d'une chemise lacée ou d'une large bande qui l'enveloppe entièrement ; la tête est voilée d'un morceau de toile carré d'un tissu fin, dont le milieu forme une espèce de masque sur la figure ; quatre ou cinq morceaux semblables sont quelquefois superposés, et sur le dernier est peinte la figure de la personne embaumée. Chaque partie du corps est artistement enveloppée de bandelettes imprégnées de résine : les jambes approchées, et les bras fixés sur la poitrine, sont maintenus en cet état par de longues bandes qui enveloppent le corps entier. Ces dernières sont souvent chargées de figures hiéroglyphiques, et maintenues par des bandelettes croisées symétriquement. Le nombre des bandes et la qualité de leur tissu font la seule différence que l'on aperçoive dans ces divers embaumements.

Immédiatement après les premières bandes on trouve des idoles en or, en bronze, en terre cuite, en bois peint ou doré, des rouleaux de papyrus écrit, et d'autres objets qui ne semblent avoir de rapport qu'avec les habitudes de la vie de chaque individu embaumé.

La plupart des caisses dans lesquelles étaient renfermées les momies ont été détruites par le temps ; quelques débris seulement en restent encore.

Ces caisses étaient doubles : la première était composée d'un espèce de carton et de plusieurs toiles ; la deuxième était construite en bois de sycomore ou de cèdre. Ces sortes de coffres suivaient les formes de la momie, et n'étaient composés que de deux pièces réunies par des chevilles en bois et de petites cordes en lin, recouverts d'une couche de plâtre ou de vernis, et ornés de figures hiéroglyphiques.

A différentes époques, on a, par divers procédés, obtenu des résultats analogues et même supérieurs à ceux des Égyptiens, du moins sous le rapport de la conservation des formes et des apparences de la vie. Ainsi Ruysch, au moyen d'injections dont le secret est mort avec lui, rendait aux cadavres la coloration et l'apparence vitales en même temps qu'il les conservait. On dit que Pierre le Grand, visitant

le musée de ce savant, embrassa un jeune enfant embaumé, qui semblait lui sourire.

Les îles des Canaries ont, comme l'Égypte avait, des pyramides, des catacombes, des caveaux et des momies ; on en a tiré plusieurs que l'on voit dans les musées de Paris, entre autres au Louvre.

Quelques chasseurs étant à prendre des lapins au furet, chose fort usitée dans l'île de Ténériffe, laissèrent échapper un de ces petits animaux qui avait un grelot au cou. Le chasseur à qui il appartenait s'étant mis à le chercher au milieu des rocs et des broussailles, découvrit l'entrée d'une cave des Guanches. Aussitôt qu'il y fut entré, il éprouva une frayeur étrange en apercevant un cadavre d'une grandeur extraordinaire, dont la tête reposait sur une pierre, les pieds sur une autre et le corps sur un lit de bois.

Le chasseur, devenu plus hardi en se rappelant les idées qu'il avait sur la sépulture des Guanches, coupa une grande pièce de la peau que le mort avait sur l'estomac ; cette peau était plus douce et plus souple que celle de nos meilleurs gants.

Ces cadavres sont aussi légers que la paille ; on y distingue les nerfs, les tendons, et même les veines et les artères, qui paraissent comme de petites cordes.

Il y avait parmi les anciens Guanches une tribu particulière qui avait l'art d'embaumer les corps, et qui le conservait comme un mystère sacré qui ne devait jamais être communiqué au vulgaire.

Cette même tribu composait le sacerdoce, et les prêtres ne se mêlaient point avec le peuple par des mariages ; mais, après la conquête de l'île, la plupart furent détruits par les Espagnols, et leur secret périt avec eux.

La tradition n'a conservé qu'un petit nombre d'ingrédients qui entraient dans cette opération : c'était du beurre mêlé de graisse d'ours, qu'on gardait exprès dans des peaux de chèvre. On faisait bouillir cet onguent avec certaines herbes, telles qu'une espèce de lavande qui croît en abondance entre les rocs, et une autre herbe nommée *lara*, d'une substance gommeuse et glutineuse qui se trouve sur le sommet des montagnes ; une autre plante qui était une sorte de truffe, la sauge sauvage ; enfin, plusieurs autres simples, qui faisaient de ce mélange un des meilleurs baumes du monde.

Après cette préparation, on enlevait les intestins, on purifiait le corps avec une lessive faite d'écorce de pin séchée au soleil pendant l'été ou dans une étuve pendant l'hiver.

On continuait cette opération au dedans et au dehors, jusqu'à ce que le baume eût entièrement pénétré le cadavre, et que, la chair se retirant, on vît paraître tous les muscles.

On s'apercevait qu'il ne manquait rien à l'opération lorsque le corps était devenu extrêmement léger ; alors on le cousait dans des peaux de chèvre.

Comme les anciens navigateurs connaissaient les Canaries, on peut conjecturer que cet art d'embaumer les corps a été enseigné aux Guanches par les Égyptiens.

Dans ces lieux funèbres, les Guanches avaient des vases d'une terre si dure, qu'on ne pouvait venir à bout de les casser. Les Espagnols en ont trouvé dans plusieurs caves, et les ont fait servir aux usages domestiques.

Dans ces derniers temps, on a employé, dans les embaumements, du sublimé ou de l'arsenic; mais ces substances présentaient un inconvénient grave, celui de permettre de dissimuler le crime sous l'apparence d'honneurs rendus à un cadavre, dans le cas d'empoisonnement par ces substances; c'est pour cela qu'une ordonnance du 31 octobre 1846 a interdit l'emploi de l'arsenic et de ses composés dans les embaumements.

Maintenant, on emploie généralement une solution de chlorure de zinc, parfaitement pure d'arsenic; on l'injecte par une artère poplitée, d'abord du côté de l'abdomen, puis du côté du membre inférieur; la quantité de ce liquide injecté est de quatre à cinq litres.

Les corps ainsi préparés avec le chlorure de zinc se conservent frais et avec toute la souplesse des tissus, tant qu'il ne peut y avoir évaporation du liquide injecté: comme, par exemple, dans le cas d'inhumation; ils se dessèchent, au contraire, sans putréfaction, et passent à l'état de momie lorsqu'ils sont exposés à l'air libre.

M. Léon Gouas a fait remarquer que M. Roux a de beaucoup dépassé ses prédécesseurs dans cet art; les pièces que tout le monde a pu voir à son cours atteignent en tous points le but d'une parfaite conservation.

Dans beaucoup d'endroits, on rencontre des cadavres très-bien conservés, sans aucune préparation: en Égypte, des corps enveloppés de nattes, recouverts de sable, se sont desséchés spontanément et ont été conservés jusqu'à nous.

M. de Humboldt a trouvé de véritables momies au Mexique; d'autres voyageurs ont vu des champs de bataille jonchés de cadavres d'Espagnols et de Péruviens, desséchés depuis longtemps sur un sol aride et brûlant.

Même dans les climats tempérés, il se trouve quelquefois des circonstances accidentelles propres à la conservation des cadavres. Le caveau de Toulouse en présente un exemple frappant : les nombreuses inhumations qui y ont été faites ont laissé un grand nombre de corps desséchés, que l'on a exhumés depuis et rangés le long des murs, dans un état de conservation remarquable. On attribue ce phénomène au long séjour d'une grande quantité de chaux, déposée dans ce caveau pour servir à la construction du monastère dont il dépend.   J. RAMBOSSON.

EMBRYOGÉNIE ou EMBRYOLOGIE [du grec *embryon*, embryon, et *logos*, discours, ou *généa*, génération].—Sciences qui traitent de l'embryon, de sa formation et de son développement. On appelle *embryon* le germe, le rudiment d'un corps organisé, animal ou végétal, contenu soit dans l'œuf, soit dans la graine. « Dans l'œuf, on nomme spécialement ainsi le germe depuis l'instant de sa fécondation

jusqu'à celui où, les organes devenant distincts, il passe à l'état de fœtus. Dans la graine, c'est tout ce qui est enveloppé par l'épisperme et par le périsperme, lorsqu'il existe; l'embryon se compose de quatre parties : le corps cotylédonaire, la gemmule, la radicule et la tigelle. Dans l'espèce humaine, l'embryon n'est d'abord qu'un corps arrondi et privé de membres, blanc, muqueux, semblable à un ver, long de 4 à 5 millimètres, dans lequel on ne distingue ni le cœur, ni le cerveau, ni les os, ni les muscles. Celui de 30 à 40 jours a la grosseur d'une grande fourmi, est long de 12 à 14 millimètres, et pèse 1 gramme; la tête est alors reconnaissable; on ne voit que quelques vestiges des membres. De 40 à 50 jours, l'embryon a la grosseur d'une abeille. L'embryon du 2e mois est de 3 centimètres; la tête en occupe presque la moitié; le cou ne se distingue pas, la face est à peine visible. L'embryon prend le nom de *fœtus* au 4e mois de la grossesse (voy. *Fœtus*). — Pour les poulets, on commence à voir l'embryon après la 18e heure de l'incubation; à la 30e, on voit les yeux du poulet et les formes de son corps; au 5e jour, on voit les membres exécuter des mouvements. Au 21e, le sang se met en circulation, et le poulet est presque formé entièrement. Les autres animaux présentent, dans leurs embryons, des accroissements à peu près semblables. L'embryon végétal ne se distingue, dans l'ovule fécondé, qu'au bout de 30 à 40 jours; le plus souvent, son apparence est d'abord celle d'une petite vésicule environnée d'une masse de tissu cellulaire, ou endosperme, destinée à la nourrir, et qui disparaît à l'époque de la maturité de la graine. Il forme la totalité de l'amande lorsqu'il n'y a point d'endosperme, comme on le voit dans le haricot. Quand l'endosperme est placé dans la graine, autour de l'embryon, celui-ci est alors dit *intraire* (comme dans le froment); lorsque l'endosperme est à côté de l'embryon, celui-ci se nomme *extraire* (tilleul). On distingue dans l'embryon une extrémité supérieure ou cotylédonaire, et une extrémité inférieure ou radiculaire. Quand la base de l'embryon correspond à la base de la graine marquée par le hile, on l'appelle *dressé* ou *homotrope* (légumineuse); si sa base correspond au sommet de la graine, il est renversé ou *antitrope* (éphémère); si sa base ne correspond à aucune de ces parties, il est *hétérotrope* (primulacées); si ses extrémités se rapprochent et touchent au même point de la graine, il est recourbé ou *amphitrope* (crucifères). Le corps cotylédonaire est à l'extrémité supérieure de l'embryon; quand il est simple, l'embryon est dit *monocotylédoné*; quand il est composé de deux parties, on l'appelle *dicotylédoné*. »

En 1856, M. le docteur Serres a présenté à l'Académie des sciences un mémoire d'embryogénie comparée dont voici le résumé :

1° L'œuf est le produit de la vésicule ovigène; 2° la vésicule germinative est la première partie de l'œuf qui se développe; 3° puis autour de la vésicule germinative, apparaissent, en premier lieu, le cumulus prolifère, et en second lieu, le vitellus et sa membrane propre; 4° chez les vertébrés, l'œuf se détache de la vésicule ovigène, et il se développe, ainsi que l'embryon, en dehors de l'influence de cette vésicule; 5° chez les invertébrés, au contraire, la vésicule ovigène reste inhérente à l'œuf, et elle prend part à son développement ainsi qu'à celui de l'embryon; 6° de la présence ou de l'absence de la vésicule ovigène, dans la composition de l'œuf des deux embranchements du règne animal, résultent des différences notables dans leur embryogénie comparée, différences que nous chercherons à apprécier plus tard; 7° la vésicule germinative est, chez les vertébrés, l'élément fondamental de l'œuf, et le radical de leur embryon; le cumulus prolifère et le vitellus sont les satellites de cette vésicule primordiale; 8° de l'unité ordinaire de la vésicule germinative dans la vésicule ovigène, résultent l'unité du cumulus, l'unité du jaune et l'unité de l'embryon; 9° de la pluralité des vésicules germinatives dans l'intérieur d'une même vésicule ovigène résulte à son tour la pluralité des cumulus et des vitellus; il y a toujours autant de vitellus et de cumulus que de vésicules germinatives; 10° qu'il y ait une ou plusieurs vésicules germinatives dans la même vésicule ovigène, les développements de l'œuf et de l'embryon s'opèrent toujours de la même manière et d'après les mêmes règles : seulement, dans les cas de pluralité d'ovules dans une vésicule ovigène unique, l'étroitesse du champ de développement fait que les ovules s'associent pour accomplir leurs évolutions; 11° enfin, dans ces derniers cas encore, la condition primordiale de l'association des ovules et des embryons a lieu tantôt par la réunion homœozygique des deux vitellus, tantôt par celle des deux allantoïdes, selon que la réunion s'opère par le plan supérieur au diaphragme, ou qu'elle s'effectue par le plan inférieur de cette cloison.   B. L.

ÉMERAUDE (minéralogie). — Pierre précieuse transparente, resplendissante, de couleur verte, depuis le clair jusqu'au foncé. Elle cristallise communément en canons tronqués, à côtés inégaux et à angles obtus. C'est une des moins dures entre les pierres précieuses et s'éclatant facilement. Elle est généralement composée de silice, 68, alumine, 12, et glucine, 14. Sa coloration est due à l'oxyde de chrome.

Nous n'admettons que deux espèces d'émeraude: celle dite orientale ou de vieille roche, et celle dite occidentale ou de nouvelle roche. L'émeraude orientale est un corindon hyalin d'un beau vert de prairie, avivé ou foncé, mais très-limpide et d'un velouté qui charme l'œil.

Cette variété de corindon est très-remarquable en ce qu'elle est toujours moins dure que les espèces saphir ou rubis; l'adjonction de la glucine dans ses constituants paraît seule expliquer ce fait, dont nous parlerons plus loin. Cette émeraude, malheureusement très-rare en gros cristaux et en beauté parfaite, vient de Matoûla (Ceylan), cristallisée en prismes réguliers à six faces, sur lesquels se trouvent diverses troncatures. Son clivage est droit et quadruple. Cette particularité la distingue bien aisément de l'émerande du Pérou, que l'on ne peut que scier. Sa pesanteur spécifique, bien éloignée de celle des autres corindons, arrive cependant jusqu'à 3,01 dans les espèces dures, et elle offre dans ses parties constituantes: silice, 64,5; alumine, 16; glucine, 13; oxyde de chrôme, 3,25; chaux, 1,06; eau, 2. Parfois on y signale 1 d'oxyde de fer.

Cette émeraude, que l'on ne trouve presque plus et que nous avons rencontrée, atteint le prix du diamant quand son poids dépasse deux carats et qu'elle est parfaite. Les deux que nous avons vues laissaient loin derrière elles les plus belles émeraudes du Pérou, pour la limpidité, le velouté, l'agrément de la couleur et la nettetté. Leur dureté hors ligne était facilement appréciable, et rien ne peut rendre le charme qu'elles inspiraient. Nous pouvons encore citer quelques-unes de ces rares pierres, qui nous ont été soumises il y a presque vingt ans. Elles avaient été trouvées dans des sépulcres indiens. Leur aspect particulier suffisait pour les juger. Elles étaient d'une pure et vive couleur, limpides, informe il est vrai, mais cependant taillées en ronds, en cylyndres, en cônes, et percées avec beaucoup de précision. Une entre autres était gravée en ronde bosse. Ce camée, très-rare du reste, à cause de la difficulté de graver la matière toujours cassante, représentait une tête de femme assez mal exécutée, mais cependant curieuse pour nous, car c'est le seul spécimen de cette pierre ainsi employée qu'il nous ait été donné de voir. Les intailles ou émeraudes gravées en creux se rencontrent cependant plus souvent. Boué en cite une qui existait déjà, ainsi gravée, du temps du pape Jules II, en 1503. Elle était de forme hémisphérique, d'une dimension de 35 sur 55ᵐᵐ de diamètre, d'un très-beau vert. Au milieu se lisait le nom du pape. Elle fut rendue à Pie VII par Napoléon Iᵉʳ, après trois cents ans de séjour à Paris, au musée d'histoire naturelle.

Les belles émeraudes occidentales, et ce sont les plus employées maintenant, viennent de Muzo, dans la vallée de Tunca, près Santa-Fé-de-Bogota (Pérou). Cristallisés en prismes hexaèdres tronqués des deux bouts, elles gisent dans des filons stériles qui traversent les roches composées et les schistes argileux, et tantôt dans des cavités accidentelles qui interrompent les masses du granit. Elles sont parfois groupées avec des cristaux de quartz, de mica et de feldspath; plusieurs ont leur surface parsemée de fer sulfuré. On en voit qui sont enveloppées de chaux carbonatée et de chaux sulfatée. Leur couleur est plus légère et plus délayée que celle de Ceylan, et d'un vert clair et souvent agréable, mais elles sont beaucoup moins dures et plus cassantes. Ces appréciations sont faciles à constater, aussi ne comprenons-nous pas certains faits récents; et, avec tout le respect que nous devons à la science, nous ne pouvons nous empêcher de protester contre une des dernières allégations présentées à l'Académie au sujet des émeraudes. On est venu annoncer péremptoirement que les émeraudes, au sortir de la mine, étaient d'une friabilité exceptionnelle ; qu'on avait constaté que l'émeraude n'acquérait sa dureté, hélas peu grande, qu'après son exposition à l'air, et on tirait de ce prétendu fait des considérations de nature à donner une haute idée des connaissances lithologiques du savant communicateur.

Spécial en la matière, nous devons déclarer à nos lecteurs que, sans suspecter en rien la bonne foi du minéralogiste, nous croyons qu'il a dû être induit en erreur sur la nature et la provenance des cristaux, et l'on peut à cet égard consulter les mineurs, les négociants en pierreries, les lapidaires, etc., etc., dont la plupart travaillent ou font travailler la pierre au sortir de la mine pour en examiner la netteté, et pas un ne reconnaîtra ce fait, plus qu'étrange, quand il s'agit de pierres gemmes.

Il serait bien temps, dans un siècle éclairé et positif comme le nôtre, de mettre un terme à ces licences adémiques, dont le seul profit pour le progrès est la notoriété qu'en acquièrent les auteurs, sans aucun bénéfice pour la science, et surtout pour ceux appelés à l'appliquer.

Il y aura toujours, nous le savons, de grandes différences dans les appréciations des substances naturelles et même factices, entre les théoriciens et les praticiens, mais enfin cela ne devrait pas aller aussi loin que d'annoncer des faits révocables par le plus humble ouvrier.

L'émeraude étant, ainsi que nous l'avons dit, un silicate alumineux, additionné d'une certaine portion de *glucine*, se trouve dans les mêmes conditions que les autres gemmes dans leurs mines. La nature particulièrement terreuse de la glucine, et qui se trouve exceptionnellement dans l'émeraude, doit, il est vrai, altérer sa dureté et la rendre plus cassante, à cause du peu de liaison de ses parties constituantes, mais il est certain pour nous, et *de visu*, que sa dureté à un degré quelconque est la même, soit que l'émeraude attachée à sa gangue vienne seulement d'être extraite de la mine, soit qu'après quelques années on la place sur la meule du lapidaire, à plusieurs milliers de kilomètres du lieu de l'exploitation.

Les mines du Pérou en produisent beaucoup et souvent de très-grosses. Nous en avons vu, en 1840, un morceau de 8 centimètres cubes, qui fut rapporté par le consul français de Bogota. Malheureusement, ces gros morceaux, quoique d'une belle couleur, ne sont pas d'une grande netteté ; leur intérieur est parsemé de glaces, stries, givres, chatoiements irisés qui forcent à les diviser au moyen de la scie, pour en isoler les parties les plus pures.

La pesanteur spécifique des émeraudes du Pérou est rigoureusement de 2,62. Soumises à l'action du feu, elles se fondent en un vert blanchâtre vésiculaire, tandis que celles de Ceylan résistent presque autant que les corindons rouges et bleus.

Les émeraudes, en général, se taillent à degrés et de forme carré long émoussé. Cette façon aide singulièrement à leur donner cette limpidité et ce ve-

louté qui plaît tant. Celles en cristaux un peu arrondis et allongés sont cabochonnées en brillolettes, mais sans facettes, et font souvent un effet très-agréable. Ce sont, au reste, la taille et la forme préférées en Orient.

La plus belle émeraude connue est celle que l'on voit au cabinet impérial de Saint-Pétersbourg. Elle pèse 30 carats et est d'une couleur et d'une netteté parfaites. Malheureusement, on lui a donné une forme ronde surchargée de facettes dites à dentelle, et cette aberration du lapidaire lui a fait perdre la moitié de sa valeur.

L'inventaire des pierreries de la couronne de France, en 1791, en signale d'assez belles en couleur et d'un poids assez élevé, mais ayant beaucoup de défauts. Nous pouvons citer :

1 émeraude pesant 16 11/16 carats, estimée	12,000 fr.
1	*idem.*	20 9/16	*idem.*	6,000
1	*idem.*	13 3/16	*idem.*	1,500
2	*idem.*	10	car. chaque, ens.,	6,000
1	*idem.*	9 5/16 carats, estimée	3,000
18	*idem.*	73 4/16	*id.*, ensemble	7,300
109	*idem.*	137	*id.*, *id.*	8,220

En résumé, il n'existe d'émeraudes pour nous que celles provenant des deux gisements que nous avons signalés, et possédant les qualités que nous avons décrites.

Nous récusons les cristaux verts du Brésil, les quartz hyalins verts nommés émeraudes bâtardes, les cristaux verts de Carthagène, ceux de Limoges, en France ; les cristaux vert pâle, vert bleuâtre, bleu de ciel, jaune de miel, blancs, etc., mis par quelques chimistes et minéralogistes au rang des émeraudes, rejetant toutes ces opinions hasardées sur le compte de prétendues classifications ou systèmes auxquels la nature n'a jamais songé. Les anciens mêmes, qui faisaient venir des cristaux verts de Carthage, de l'Attique, de Chypre, de l'Éthiopie, de la Thébaïde, de l'Arménie, de la Perse, etc., donnaient le nom d'émeraude à toutes ces substances vertes, confondant ensemble les fluors, les spaths, les quartz, les jaspes, les péridots, les tourmalines, les prases, etc., etc., aussi doit-on se tenir bien en garde contre leurs récits et leurs appréciations.

L'émeraude est la pierre précieuse que l'art est parvenu à imiter avec le plus de succès. Nous en avons remarqué plusieurs dans les magnifiques collections de MM. Savary et Mosback, qui pouvaient défier l'œil le plus exercé.

La composition générale des imitations d'émeraude réussit presque toujours bien en faisant fondre ensemble :

Strass,	250 gr.	
Oxyde vert de cuivre pur,	2	310
Oxyde de chrome,		110

On peut, en variant la proportion de chrome ou d'oxyde de cuivre et en y mélangeant de l'oxyde de fer, faire varier la nuance verte de l'émeraude pâle à l'émeraude foncée. Les glaces, que l'on redoute tant dans les autres strass colorés, ajoutent ici à l'illusion.   CH. BARBOT.

ÉMERI (minéralogie et technologie). — Substance minérale une des plus réfractaires connues. Bien que ce nom soit frauduleusement donné dans le commerce à diverses substances dures, telles que les grenats, le fer magnétique, l'hématite rouge et compacte, diverses sortes de grès, nous ne comprenons sous cette dénomination que le *corindon granulaire*, dont nous avons parlé à ce mot.

Rigoureusement, la place de l'émeri ne devrait pas se trouver parmi les pierres précieuses proprement dites, mais sa nature si identiques avec elles, et les services qu'il leur rend, militent en sa faveur. D'une excessive dureté, souvent opaque et d'une couleur allant du noir grisâtre au gris bleuâtre, son emploi principal est, étant réduit en poudre impalpable, la taille des pierres précieuses, et, en poudre moins ténue, le polissage des métaux et autres substances dures. C'est une aluminate d'une pesanteur spécifique de 4, et qui présente à l'analyse :

Alumine.	86	
Silice.	3	
Fer.	4	} 100
Perte.	7	

Il est peu brillant, quoique certaines de ses particules, même très-fines, scintillent avec assez de force. On le trouve parfois, quoique rarement, en masses informes en Allemagne, en Saxe, en Italie, en Espagne, à Smyrne, dans l'île de Naxos, à Jersey, à Guernesey, etc., etc. Mais l'émeri est, le plus souvent, en grains fins disséminés ou mélangés avec certains minéraux toujours moins durs que lui, car, à l'exception du diamant, du carbone et des gemmes corindons, rien n'égale la dureté de l'émeri corindon granulaire. Celui qu'on trouve en Saxe est engagé dans des couches de talc et de stéatite; son mélange avec une grande quantité de fer magnétique le rend souvent sensible à l'aiguille aimantée.

Il n'est point de métiers travaillant les métaux ou les pierres dures qui puissent se passer de ce produit naturel, du reste très-abondant dans la nature; aussi les armuriers, couteliers, polisseurs d'acier, fabricants de machines, serruriers, vitriers, lapidaires, marbriers, verriers, tailleurs de cristaux, etc., en reçoivent-ils de bons secours, soit employé en poudre de grosseurs admirablement échelonnées, soit délayé dans l'eau, l'huile, le vinaigre, etc., etc., soit étendu et faisant corps avec du papier fort et résistant, quoique toujours cassant. Indépendamment du polissage des pierres précieuses ou dures, et des métaux les plus réfractaires, l'émeri sert encore à ajuster des pièces de verre les unes sur ou dans les autres; de là vient le terme de — fiole bouchée à l'émeri — indiquant que le col de la fiole et son bouchon dépolis par son emploi font corps ensemble et adhèrent parfaitement. On peut facilement apprécier l'utilité et l'indispensabilité même de ces flacons ainsi préparés pour la conservation des acides et autres ingrédiens volatils. On s'en sert en-

core pour le polissage des glaces et des verres d'optique.

Il est impossible de juger à la première vue de la qualité de l'émeri, laquelle gît toujours dans sa dureté pour l'usage et dans son uniformité de ses grains pour le bon emploi. Aussi, lorsqu'il sert à réduire certaines agates, mais surtout le saphir et le rubis, on s'aperçoit de suite s'il est de bonne qualité.

La majeure partie employée pour les métaux n'est qu'une mine de fer compacte et un peu pierreuse, mais les graveurs sur pierres et les lapidaires ne se servent que de celui produit par la pulvérisation du corindon granulaire, surtout pour les pierres dures.

On sait que la séparation des diverses sortes de poudres en provenant s'obtient au moyen de lavages et de dépôts réitérés jusqu'à satiété.

On nomme — potée d'émeri — une espèce de boue produite par l'*entier service* de l'émeri et son mélange avec la poussière et les divers liquides que l'on emploie. Les lapidaires la recueillent sur leurs meules, roues, tourets, plates-formes, etc., etc., et s'en servent avantageusement pour obtenir des *doucis* sur certaines pierres tendres.   CH. BARBOT.

ÉMÉTIQUE (matière médicale). — Sel formé d'acide tartrique, de potasse et d'oxyde d'antimoine. On le prépare en faisant bouillir la crème de tartre avec de l'oxyde d'antimoine. L'émétique est un médicament énergique qu'on administre comme vomitif à la dose de 5 à 10 centigrammes; on le prend dissous dans un peu d'eau, et l'on seconde son action en buvant beaucoup d'eau tiède. On le donne aussi comme purgatif *en lavage*, c'est-à-dire fort étendu d'eau. A plus forte dose (1 à 2 grammes), l'émétique ne produit pas le vomissement, mais détermine des sueurs abondantes et favorise ainsi l'absorption. Appliqué sur la peau, il y excite une forte irritation en y faisant naître des pustules. Mêlé avec dix fois son poids de graisse, il forme la *pommade stibiée*, employée pour combattre certaines maladies, entre autres la phthisie pulmonaire, en détournant l'irritation phlegmasique de l'organe attaqué. Le vin émétique n'est autre chose que du vin de Malaga contenant du tartre stibié. (Voy. *Tartre stibié*.)

ÉMÉTO-CATHARTIQUE (matière médicale) [du grec *émétos*, vomissement, et *kathairein*, purger]. — Médicament qui provoque le vomissement et les selles. C'est ordinairement un mélange de 15 centigrammes d'émétique avec 15 grammes de sulfate de soude ou de magnésie, dissous dans 350 grammes d'eau, à prendre en trois fois, de 15 en 15 minutes.

ÉMIGRATION. — Action d'abandonner son pays pour aller habiter un sol étranger.

« Qui de nous, dit M. L. Jourdan, n'a été saisi d'un sentiment de sympathie et de respect en rencontrant, à travers nos rues populeuses et nos boulevards, ces laborieuses troupes d'émigrans, hommes, femmes, jeunes filles, enfants, vieillards, chargés de quelques hardes et se dirigeant vers la gare du chemin de fer qui doit les conduire au port d'embarquement où se balance le navire qui les transportera demain vers un autre monde?

» Pauvres gens! humbles familles! Le sol de la patrie leur est inhospitalier, et ils quittent la patrie; ils quittent les tombes paternelles pour aller au delà des mers et dans des régions inconnues chercher des conditions d'existence moins dures, un travail plus rémunérateur.

» Ces cohortes d'émigrants passent parmi nous silencieuses et ignorées; mais quel est le plaidoyer, quel est le réquisitoire qui, mieux que leur présence et leur départ, accuserait les imperfections des sociétés qui leur refusent les moyens de vivre en travaillant et de s'assurer, par le travail, leur retraite?

» Le flot de l'émigration, qui grossit d'année en année, et qui aujourd'hui emporte loin de l'Europe des populations entières, n'a pas été dirigé encore. Soumis à des influences intéressées, les émigrans sont allés au hasard, essuyant mille mécomptes, subissant les plus cruelles déceptions, décimés par les privations, les fatigues et la misère, avant d'avoir atteint le lieu de leur destination. C'est depuis très-peu de temps seulement que les gouvernements se sont préoccupés du sort de ces infortunés et ont pris des mesures protectrices pour les garantir au moins contre les dangers de certaines exploitations. »

L'émigration à l'étranger est, pour les États trop populeux et pour certaines contrées improductives, un moyen tout naturel de se débarrasser du surcroît de leur population; mais qu'un cultivateur français aille porter son industrie et le fruit de ses connaissances acquises au sein de sociétés étrangères, dont il ignore la langue et qui professent une religion différente de la sienne, tandis qu'il peut contribuer à enrichir nos magnifiques colonies en se créant une position honorable, voilà ce que je ne comprends pas et ce que je n'ai jamais pu comprendre.

Que l'Irlandais abandonne sa riante Érin pour les solitudes de l'ouest des États-Unis, rien de mieux. Il va chercher sur un sol lointain ce que sa patrie lui refuse: sa dignité d'homme, du pain pour ses enfants, le droit de travailler, d'acquérir, de laisser aux siens le fruit de son labeur, et, enfin, la liberté de conscience, toujours si chère aux cœurs bien nés. Méprisé comme catholique dans la Grande-Bretagne, l'Irlandais peut, en toute sûreté, adorer le Dieu de ses pères dans la vallée du Mississipi et jusqu'au pied des montagnes Rocheuses, partout où nos pieux et hardis missionnaires ont planté la croix et semé les germes de la haute civilisation. Là-bas, on ne lui fait plus un crime de sa religion, de sa nationalité, de sa pauvreté; il a, comme les autres, sa part du soleil, de l'eau et des terres qu'il peut féconder. Bien plus, la langue que parlent les populations dispersées depuis l'Atlantique jusqu'au Pacifique, depuis la baie d'Hudson jusqu'aux frontières mexicaines, est aussi sa langue. Sur tous les points de cet immense territoire il rencontre des milliers de compatriotes, des amis, des parents même, qui, comme lui, ont fui devant la misère et l'oppression;

et, s'il ne doit plus revoir la petite chapelle de son village ou l'humble chaumière témoin de ses premières douleurs, de ses premières luttes, il peut au moins se faire illusion, et croire qu'il n'a pas quitté la patrie en vivant dans des établissements fondés et encore habités par des Irlandais.

Le cultivateur et la masse des ouvriers français ne sont pas dans la même position. Il est naturel qu'ils songent à chercher ailleurs la somme de bien-être qu'ils ont rêvé et qu'ils peuvent très-bien ne pas trouver en cultivant le petit champ paternel, ou en allant de ville en ville exercer leur métier; mais n'avons-nous pas l'Algérie, à nos portes, pour ainsi dire, colonie magnifique et fertile qui ne demande que des bras pour devenir la province la plus riche du monde? N'est-ce donc rien, pour un Français, que d'être à deux pas du sol natal, de voir chaque jour le glorieux drapeau de son pays, et de penser qu'à toute heure il peut franchir, sans grands frais, ce petit lac qui le sépare des lieux qui lui sont chers? N'est-ce rien, s'il tombe malade, que d'être soigné par des compatriotes, que d'entendre parler autour de soi la langue maternelle, que de trouver à son chevet un prêtre catholique qui console et qui encourage? Hélas! j'ai vu tant d'exilés volontaires mourir abandonnés dans quelque hutte américaine, sans qu'aucune voix amie vînt adoucir l'amertume de leurs derniers moments, que je voudrais pouvoir arrêter l'émigrant français au moment où il est prêt à quitter la patrie, pour lui dire:

« — Crois-moi, frère, reste au sol natal, ou du moins va en Algérie partager le labeur et les triomphes de nos intelligents colons. Arrive de ces pays si vantés vers lesquels ton imagination t'entraîne; on t'a trompé. Là-bas, ton intelligence sera toujours méconnue, ta supériorité te fera des ennemis qui te persécuteront sans relâche, et le pain que tu mangeras loin des tiens t'aura coûté dix fois plus de travail qu'il n'en eût fallu pour te donner l'aisance, sinon sur le sol de la patrie, au moins sur une terre féconde habitée aussi par des Français. Sais-tu ce que deviennent les milliers de nos frères qui vont tenter la fortune dans la vallée du Mississipi, en Californie ou au Brésil? Quelques-uns s'enrichissent, il est vrai, mais ils sont si peu nombreux qu'on les compte en un instant; d'autres travaillent péniblement une partie de leur vie dans le seul but de réunir assez d'argent pour payer leur passage et revenir au pays; le plus grand nombre meurt de maladie ou de misère avant même d'avoir trouvé l'occasion de travailler! » (*L'abbé Mullois.*)

Dans un rapport adressé, en 1853, par M. F. Heurtier, au ministre de l'agriculture, on voit que les États-Unis, sur une population de 19,987,597 âmes, constatée par le recensement de 1850, renferment 2,210,828 étrangers. De 1847 à 1853, le nombre d'émigrants partis de l'Angleterre a dépassé 300,000 âmes. L'émigration allemande a été, de 1846 à 1852, de 725,144 individus. On possède peu de renseignements officiels sur l'émigration des autres contrées. Ce sont principalement les pays transatlantiques qui ont le don d'appeler à eux cette masse de déserteurs de la vieille Europe.

Mais, à quelles causes faut-il attribuer ce dépeuplement de l'ancien monde au profit du nouveau? Au surcroît de la population? à la facilité et à l'économie des voyages? à l'ensemble des théories sociales qui se sont fait jour depuis quelques années? au désir de posséder, de s'enrichir? Sans doute, toutes ces causes entrent pour quelque chose dans ce déplacement des populations, mais elles ne nous paraissent pas suffisantes pour expliquer l'accroissement successif de l'émigration européenne. Aussi cette grave question est-elle de nature à fixer sérieusement l'attention de l'homme d'État. Disons que la France est, de toutes les nations, celle qui fournit le moins à l'émigration, car, à part quelques esprits crédules, quelques individus à imagination facile à surprendre, que séduit toujours l'idée de l'inconnu et du merveilleux et que rien n'attache au continent, le nombre des émigrants est insignifiant.

B. LUNEL.

EMMÉNAGOGUES (matière médicale) [du grec *emmena*, menstrues, et *agein*, pousser]. — Médicaments destinés à rétablir chez les femmes le cours mensuel du sang. Les plus actifs sont : la rue, la sabine, l'armoise, le safran, etc. Le médecin seul peut juger de l'opportunité de leur usage.

ÉMOLLIENTS (matière médicale) [du latin *emollire*, amollir]. — Substances médicamenteuses qui relâchent, ramollissent les parties enflammées, telles que les boissons délayantes et mucilagineuses, l'eau de gomme, le bouillon de veau, la décoction de graine de lin, celle de guimauve, etc.; les huiles grasses fraîches, les cataplasmes de mie de pain, de riz, de feuilles de mauve, les fruits sucrés, etc.

ÉMONCTOIRE [du latin *emungere*, moucher, nettoyer]. — Organe destiné à donner une issue aux excrétions soit naturelles, soit artificielles. Par exemple, les *reins* et la *vessie* sont les émonctoires de l'urine; les *narines*, ceux des matières amassées dans les fosses nasales.

EMPEREUR (histoire) [du latin *imperare*, commander]. — Les Romains donnaient ce nom à tous les généraux d'armée, et particulièrement à celui qui avait pris une ville importante ou gagné une bataille dans laquelle les ennemis avaient perdu dix mille hommes.

Jules César s'étant fait nommer dictateur perpétuel, l'an 708 de la fondation de Rome, doit être regardé comme le premier empereur romain. Le peuple lui déféra ce titre pour marquer l'autorité dont il jouissait dans la république. Dès lors le nom d'*empereur* fut un titre de dignité; néanmoins, ses successeurs furent plusieurs fois salués *empereurs* à la suite de quelque expédition brillante; et cet hommage, qu'ils ne devaient ni à leur qualité, ni à leur rang, était le prix de l'habileté d'un grand général. Auguste fut vingt fois salué *empereur* pour vingt victoires célèbres.

La dignité d'*empereur* fut héréditaire sous les trois premiers successeurs de Jules César, Octave-Auguste,

Tibère et Caligula; mais, après la mort de ce dernier, elle devint élective. Claude fut proclamé *empereur* par les soldats de la garde prétorienne. Depuis ce temps, les armées s'arrogèrent le droit de se donner un maître, et un simple soldat fut plusieurs fois honoré de leur choix.

Empereur est maintenant un titre qu'on donne aux souverains de certains pays. *Empereur* des Français, *empereur* de la Chine, *empereur* du Japon. On donne encore ce titre au sultan des Turcs. Le czar de Moscovie est aussi appelé *empereur* de Russie.

EMPHYSÈME (médecine) [du grec *emphysao*, enfler en soufflant]. — Tuméfaction molle, sans douleur, qui est produite par l'infiltration et l'accumulation d'air dans le tissu cellulaire. L'emphysème du poumon est le plus fréquent : c'est un des accidents ordinaires des plaies pénétrantes du thorax ou des fractures des côtes; il peut aussi avoir lieu à la suite des grands efforts de la voix ou des quintes de toux. Dans tous les cas, il réclame impérieusement les soins de l'homme de l'art.

EMPLATRE (pharmaceutique). — Médicament externe, soluble et glutineux, se ramollissant par la chaleur et pouvant adhérer aux parties sur lesquelles on l'applique. Il faut avoir soin, avant de poser les emplâtres, de les ramollir en les trempant dans l'eau chaude ou en les malaxant entre les doigts.

Voici les emplâtres les plus usités :

1° L'*emplâtre simple*, qui se fait avec de la graisse de porc, de l'huile d'olive, de la litharge et une quantité d'eau suffisante : c'est un savon d'oxyde de plomb; il sert de base dans la préparation de presque tous les autres.

2° L'*emplâtre agglutinatif*, qui se fait avec de l'emplâtre simple et de la poix blanche; on l'emploie pour réunir les bords des plaies.

3° L'*emplâtre diachylon gommé*, composé d'emplâtre simple, de sucs de certaines plantes, de cire jaune, de gomme ammoniac, etc.

4° L'*emplâtre mercuriel*, dit *de Vigo*, dans lequel on fait entrer du mercure; il est appliqué comme résolutif sur les tumeurs d'origine syphilitique ou scrofuleuse, ainsi que sur les boutons de la variole, pour préserver la peau des cicatrices.

5° L'*emplâtre de poix de Bourgogne*, composé de trois parties de poix blanche et d'une de cire. Il est destiné à opérer un effet révulsif.

EMPOISONNEMENT (pathologie). — Effet produit par les *poisons* sur l'économie; et l'on a défini les poisons : *agents capables d'occasionner la mort lorsqu'ils sont introduits dans l'estomac*.

Les poisons ont été divisés en *irritants*, *narcotiques*, *narcotico-âcres* et *septiques*.

Il faut bien remarquer, du reste, que tous les poisons n'agissent pas de la même manière : « les uns font ressentir leur action presque instantanément, sans laisser aucune trace de leur passage; d'autres n'agissent qu'au bout d'un certain temps, et laissent des désordres tels que, d'après ceux-ci, on peut reconnaître la nature du poison. Il n'est pas nécessaire non plus que les poisons soient introduits dans l'estomac pour qu'ils agissent, l'empoisonnement peut avoir lieu lorsqu'ils sont administrés en lavements ou qu'ils sont appliqués sur une membrane muqueuse, sur une plaie, ou même, dans certains cas, sur la peau seulement; mais jamais l'action n'est aussi prompte que lorsqu'on les applique sur les tissus séreux ou veineux. »

Il est presque impossible de décrire d'une manière générale les caractères de l'empoisonnement, qui varient suivant l'espèce de poison. Toutefois, on devra le supposer, lorsqu'une personne éprouve tout à coup une partie des symptômes suivants : « Odeur nauséabonde et infecte, saveur acide alcaline, âcre, styptique ou amère; sécheresse dans toutes les parties de la bouche; constriction dans la gorge ; langue et gencives jaunes ou noirâtres; douleur plus ou moins aiguë dans toute l'étendue du canal digestif et augmentant par la pression; fétidité de l'haleine; rapports fréquents, nausées, vomissements douloureux, muqueux, bilieux ou sanguinolents; hoquet, constipation ou selles abondantes; difficulté de respirer; angoisses, pouls fréquent, petit, serré, irrégulier, tantôt à peine sensible, tantôt, au contraire, fort et développé ; frissons et refroidissements des membres, ou chaleur brûlante à la peau; sueurs froides et gluantes; mouvements convulsifs des muscles de la face et souvent contorsions horribles de tout le corps; tête souvent en arrière; vertiges; paralysie ou grande faiblesse des jambes; altération de la voix, etc. » Il arrive, cependant, que des personnes meurent empoisonnées sans avoir offert ces symptômes, de même que d'autres éprouvent les accidents les plus graves qui ne sont cependant pas suivis d'une mort prompte.

La première indication de traitement à remplir dans les cas d'empoisonnement, c'est l'*évacuation de la substance délétère*. On y parvient le plus souvent en administrant sur-le-champ un vomitif; on a ensuite recours aux *contre-poisons*, qui varient selon la nature du poison lui-même. Il est inutile de dire qu'aucune maladie ne réclame plus impérieusement la présence du médecin.

Voici les différentes espèces de poison, et quelques indications générales du traitement applicable à chacun d'eux.

I. *Empoisonnement par les irritants.*—Les poisons de cette classe enflamment, corrodent les parties avec lesquelles ils sont mis en contact. Y a-t-il empoisonnement :

1° Par les *acides*? Eau en abondance tenant en suspension de la magnésie calcinée ou de la craie ; ou bien, eau de savon, lait, eau de lin, huile. Ensuite antiphlogistiques.

2° Par les *alcalis*, l'*eau de Javelle*? Provoquer le vomissement; eau vinaigrée; boissons mucilagineuses et albumineuses.

3° Par les *arsenicaux*? Faire vomir à force d'eau sucrée ou d'eau de guimauve et par la titillation. Administrer l'hydrate de peroxyde de fer en poudre délayée dans de l'eau sucrée; ce n'est pas trop de 500 grammes en plusieurs fois. Faire vomir ensuite, puis diurétiques (vin blanc nitré mêlé d'eau de Seltz)

pour éliminer le poison; toniques ou antiphlogistiques, selon les cas.

4° Par les *mercuriaux*, le *sublimé*? Faire vomir (eau tiède, titillation); eau albumineuse (blancs d'œufs, 15 pour 2 kilogrammes d'eau), ou mieux, persulfure de fer hydraté; combattre les accidents inflammatoires.

5° Par le *vert-de-gris*? Vomissement d'abord (eau tiède et titillation), puis eau albumineuse comme dessus, et lait, etc.

6° Par les *antimoniaux, tartre stibié*? S'il y a vomissement, eau sucrée, opium (5 à 15 centigrammes). Si le malade ne vomit pas, titillation de la luette, eau tiède en abondance, forte décoction de noix de galle ou de quinquina chaude, ou encore poudre fine de quinquina délayée dans de l'eau, si l'on est pressé.

7° Par les *sels de plomb*? Sulfate de potasse, de soude ou de magnésie, ou les sulfures de fer hydratés.

8° Par un *sel d'étain*? Le lait; à son défaut, l'eau tiède, l'eau de lin.

9° Par le *bismuth*, l'*or*, le *zinc*? Comme pour l'arsenic.

10° Par les *sels d'argent*? Muriate de soude (sel marin).

11° Par le *sulfure de potasse*? Les acides.

12° Par le *phosphore*? Comme pour les acides.

13° Par le *verre* et l'*émail*? Gorger le malade de panade, de choux et de haricots, puis faire vomir.

14° Par les *cantharides*? Eau tiède, eau de lin en abondance. Injections mucilagineuses, huileuses dans la vessie; bains; potion et friction camphrée. Antiphlogistiques.

15° Par les *irritants végétaux*? Faire vomir (eau sucrée tiède, titillation); café fort s'il y a abattement; potion calmante et camphrée.

II. *Empoisonnement par les narcotiques.* — Les principaux symptômes sont : assoupissement , stupeur, coma, paralysie ou apoplexie. Y a-t-il empoisonnement :

1° Par les *sels de morphine*? Comme pour l'opium.

2° Par l'*opium*? Faire vomir (émétique); café noir contre le narcotisme; décoction de noix de galle ; ensuite boissons acidules.

3° Par l'*acide cyanhydrique* (*prussique*)? Vomitif; affusions d'eau froide sur le rachis, les vertèbres cervicales principalement; faire respirer la compresse chloro-vinaigrée de Mialhe, ou de l'eau ammoniacale (ammoniaque, 1 ; eau, 12). Saignée, sangsues contre la congestion.

III. *Empoisonnement par les nartico-âcres.* — Les principaux symptômes sont : convulsions des muscles de la face et des membres, délire, cris, dilatation de la pupille, etc. Y a-t-il empoisonnement :

1° Par les *champignons*? Vomitif, ensuite purgatif doux (huile de ricin et sirop de fleurs de pêcher, parties égales); si c'est insuffisant, lavement de tabac. Potion éthérée; eau vinaigrée.

2° Par la *belladone*, la *ciguë*, la *digitale*, le *stramonium*, le *tabac*. Comme pour l'opium.

3° Par la *noix vomique*, la *strychnine*, etc. Vomitif

lavement purgatif; potion éthérée avec l'essence de térébenthine (eau, 60; éther, 4; essence de térébenthine, 8). Insufflation d'air dans les poumons.

IV. *Empoisonnement par les septiques.* — Les principaux symptômes sont : faiblesse générale, dissolution des humeurs, syncopes, etc. Pour le traitement, voyez *Asphyxie*.   B. LUNEL.

EMPOISONNEMENT (médecine légale). — *Tout attentat à la vie d'une personne par l'effet de substances qui peuvent donner la mort plus ou moins promptement, de quelques manières que ces substances aient été employées ou administrées, et quelles qu'en aient été les suites.* (Art. 301 du Code pénal).

Code pénal, art. 302. « Tout coupable d'assassinat, de parricide, d'infanticide et d'empoisonnement, sera puni de mort... »

Code pénal, art. 317, § 4. « Celui qui aura occasionné à autrui une maladie ou incapacité de travail personnel en lui administrant *volontairement*, de quelque manière que ce soit, des substances qui, sans être de nature à donner la mort, sont nuisibles à la santé, sera puni d'un emprisonnement d'un mois à cinq ans, et d'une amende de seize francs à cinq cents francs; il pourra de plus être renvoyé sous la surveillance de la haute police pendant deux ans au moins, et dix ans au plus. — § 5. Si la maladie ou incapacité de travail personnel a duré plus de vingt jours, la peine sera celle de la réclusion. — § 6. Si le coupable a commis soit le délit, soit le crime spécifié aux deux paragraphes ci-dessus envers un de ses ascendants, tels qu'ils sont désignés en l'art. 312, il sera puni, au premier cas, de la réclusion, et au second cas, des travaux forcés à temps.

Il résulte de la jurisprudence adoptée par la Cour de cassation qu'il n'y a pas crime d'empoisonnement dans le cas où une substance vénéneuse ayant été administrée avec l'intention de donner la mort, elle devient inerte par son mélange avec d'autres substances; tandis qu'au contraire une substance non vénéneuse, administrée avec intention criminelle, pourra être considérée comme poison si, par son mélange avec un autre corps, elle a acquis, à l'insu du coupable, des propriétés délétères (1).

La définition de l'empoisonnement, dit Eusèbe de Salles, pèche en ce sens qu'elle rend la loi facile à éluder alors même qu'il y a eu intention criminelle et commencement d'exécution, tandis que dans l'assassinat avec d'autres instruments que le poison, le poignard, une arme à feu, par exemple, si la victime échappe le coupable n'en est pas moins puni. Voici maintenant la définition que le médecin donne de l'empoisonnement : *Ensemble de phénomènes se développant sous l'influence d'une substance capable d'altérer la santé ou de détruire la vie.* Cette substance peut être employée à l'extérieur ou à l'intérieur. Ajoutons qu'elle agit chimiquement et non mécaniquement. Cette réserve est pour exclure du catalogue des poisons le verre pilé, qu'on y a longtemps mis, et que quelques toxicologistes y mettent encore. En 1810, M. Le-

(1) Bayard, *Médecine légale*, p. 336.

sauvage soutint une thèse où il niait les propriétés toxiques du verre pilé; Franç. Chaussier en soutint une autre sur le même sujet en 1817; depuis, l'Académie a décidé officiellement que le verre pilé n'était point vénéneux. L'exemple d'accidents graves occasionnés par l'ingestion du verre pilé était rapporté par feu Portal. A la fin d'un repas, au moment ou la gaieté s'échappe un peu par la tangente de la folie, un jeune homme voulut par crânerie broyer son verre entre ses dents et avaler les fragments; il eut à peine exécuté son dessein, qu'il fut en proie à des douleurs atroces, à des vomissements. Portal, appelé, trouva par hasard dans la maison une soupe aux choux qu'il fit avaler au malade, puis il lui fit prendre un vomitif : le verre enveloppé par le pain mollet fut évacué, et le malade soulagé. Le poison est donc une substance capable d'altérer la santé ou détruire la vie quand elle est appliquée à l'extérieur ou prise à l'intérieur, sans entendre que l'effet de la substance sera chimico-dynamique et non pas mécanique.

Pour affirmer qu'il y a eu empoisonnement, dit Orfila, l'homme de l'art doit démontrer l'existence du poison à l'aide d'*expériences chimiques rigoureuses* ou de certains caractères botaniques ou zoologiques.

Mode d'action des poisons sur l'économie (1). — Chaque poison offre, dans ses effets sur l'organisme, des caractères qui indiquent la classe à laquelle on doit le rapporter, et qui le distinguent comme espèce. Il peut être employé et administré de plusieurs manières. La plus commune est son introduction dans l'estomac; mais il peut être porté dans le rectum, les muqueuses, dans le tissu cellulaire sous-cutané, dans les poumons, par la respiration (voy. *Asphyxie*), ou injecté dans les veines. Tous les poisons n'agissent pas aux mêmes doses, mais d'après leur degré d'énergie. Quelques grains de strychnine causeraient la mort, tandis qu'il faudrait une assez grande quantité de nitrate de potasse, ou d'un autre corps aussi peu actif, pour déterminer des accidents funestes. Tantôt l'action du poison est locale, et ne s'étend pas au delà du contact; tantôt elle ne se manifeste que sur des organes éloignés, tels que les systèmes vasculaire et nerveux, les poumons: phénomènes qui démontrent que l'absorption a lieu, et que les substances vénéneuses sont mêlées aux fluides circulants, opinion contraire à celle de plusieurs physiologistes, mais qui est mise hors de doute par les expériences suivantes. Fodéré ayant injecté dans l'estomac d'un chien quelques grains d'hydrocyanate ferruré de potasse, examina les urines, qu'il forçait à s'écouler continuellement par l'introduction d'une sonde dans la vessie. Dans une première expérience, la présence de ce sel dans les urines fut constatée au bout de dix minutes. Il suffisait de faire tomber une goutte d'une solution de sulfate de fer sur du papier imprégné du liquide excrété pour lui donner une couleur bleue, que l'on

(1) Sédillot, *Médecine légale.*

faisait ressortir par une autre goutte d'acide hydrochlorique. Dans une autre expérience, la présence de ce sel fut reconnue dans les mêmes circonstances, cinq minutes seulement après son injection dans l'estomac, chez ces animaux; la sérosité du sang veineux et artériel, les reins et les ganglions lymphatiques, la muqueuse bronchique, en contenaient également, comme on le démontrait par l'emploi du sulfate de fer. Tiedmann et Gmelin reconnurent également dans le sang du système veineux abdominal la présence du sulfate de potasse, de l'acétate de plomb, du cyanure de mercure, et de l'hydrochlorate de baryte.

Plusieurs autres substances, il est vrai, n'ont pu être retrouvées dans le sang ou les fluides sécrétés; mais il est probable alors que les recherches n'étaient pas faites dans un temps convenable; la morphine a été reconnue dans le sang, par M. Lassaigne, dix minutes après l'avoir injectée dans la veine jugulaire d'un cheval, et ce chimiste se convainquit par d'autres expériences que l'on n'en rencontrait plus la moindre trace lorsque l'on avait laissé écouler cinq quarts d'heure depuis l'introduction du poison.

Régles générales à suivre dans la recherche des substances toxiques (1). — Lorsqu'on trouve des parcelles encore intactes du poison, il suffit de les essayer par quelques réactifs pour se convaincre de leur nature : ainsi, on trouve quelquefois dans les replis de l'estomac de l'acide arsénieux sous forme de petits grains.

Mais le plus souvent le poison est dissous; s'il est mêlé à un liquide incolore, on peut encore facilement constater ses caractères; lorsque, au contraire, la matière vénéneuse se trouve unie à une liqueur colorée, le problème est plus difficile à résoudre; car *les matières colorantes peuvent s'unir aux réactifs et donner des résultats étrangers à la substance elle-même*. Dans ce cas, on commence par décolorer la liqueur au moyen du charbon animal ou du chlore.

Enfin, la substance toxique peut être mêlée aux matières de l'estomac ou des intestins, ou bien s'être combinée avec les tissus et avec les viscères, tels que le foie, la rate, etc. C'est ce qui arrive toutes les fois que les poisons sont absorbés.

Dans tous les cas, si on a des liqueurs à examiner, il faut les concentrer, et si on opère sur des matières solides, on les fera bouillir avec de l'eau distillée, en ayant soin de constater si le produit est acide ou alcalin. Dans le cas où on ne peut pas le reconnaître, on fait passer un courant d'acide sulfhydrique dans la moitié de la liqueur préalablement acidulée avec l'acide chlorhydrique. Au bout de vingt-quatre heures, on recherche s'il s'y est formé un précipité dont on détermine la nature.

Si le résultat est négatif, on traite l'autre moitié du liquide par l'acétate de plomb, puis par l'acide sulfhydrique, etc., dans le but de rechercher la morphine, ou tout autre alcali organique.

(1) Bayard, *Médecine légale*

Enfin, dans le cas où l'analyse n'aura pas décelé par ces opérations l'existence d'un poison, il faudrait, 1° traiter par l'alcool les matières solides épuisées, afin d'y rechercher un alcali végétal; 2° incinérer toutes ces matières dans un creuset de porcelaine, reprendre les cendres par l'eau, puis par l'eau régale, évaporer, reprendre de nouveau par l'eau, enfin filtrer, et traiter par l'acide sulfhydrique, pour y rechercher un poison métallique.

D'autres opérations sont nécessaires pour les recherches arsenicales absorbées (voyez *Arsenic*).

Toutes les fois que l'on aura à concentrer, à calciner ou à carboniser des matières volatiles, telles que l'arsenic, l'acide cyanhydrique, etc., il faudra avoir l'attention d'opérer dans des vases distillatoires.

Lorsque les premières expériences ont fourni quelques indices sur la nature des poisons, Chaussier conseille, pour rendre la démonstration plus concluante, de préparer une liqueur analogue à celle que l'on analyse et de faire simultanément les mêmes épreuves.

Ces essais comparatifs sont en outre fort utiles pour se familiariser avec les analyses chimiques.

B. LUNEL.

ÉMULSION. — Préparation pharmaceutique liquide, d'apparence laiteuse, faite avec *des amandes, ou de l'huile et une matière gommeuse*. Les amandes de presque tous les fruits peuvent servir à préparer des émulsions, mais les plus employées sont les amandes douces, les graines de pivoine, les noisettes, les noix, les pistaches, enfin toutes les semences huileuses qui ne contiennent pas un principe âcre.

ENCENS (liturgie). — Gomme résine aromatique et qui, en brûlant, exhale une vapeur parfumée. L'encens, qui nous vient d'Afrique et d'Arabie, coule d'une sorte de genévrier particulier à ces contrées. Celui qui vient de l'Inde, plus fin que le précédent, vient de l'arbre nommé boswellia; on le cueille en larmes jaunes, arrondies et plus grosses que les grains d'encens d'Afrique.

De temps immémorial l'encens a été brûlé dans les cérémonies religieuses; mais il est faux que l'Église catholique l'ait emprunté aux rites des païens, ainsi que l'ont avancé trop légèrement certains écrivains. L'encens mêlait sa fumée à celle des sacrifices dans le culte juif, qui n'a rien emprunté aux autres religions; il symbolisait, par l'ascension de sa fumée aromatique, l'élan de l'âme qui s'exhale vers Dieu par la prière, répand la bonne odeur de ses vertus. L'Église catholique, en parfumant la victime eucharistique, continuait un rite appliqué aux victimes qui la symbolisaient avant Notre-Seigneur Jésus-Christ. Il n'y a pas là l'ombre de copie ou d'imitation. L'Église, en succédant à la synagogue, rejetait ou continuait ses traditions, sans s'occuper de ce que faisaient les païens en matière de rites.

ENCENSOIR (liturgie). — Vase où l'on fait brûler l'encens dans les cérémonies de l'Église. Les Hébreux, ainsi que les premiers chrétiens, brûlaient l'encens dans des coupes fixes ou munies d'un manche. C'est dans la suite des siècles qu'on y adapta un couvercle percé de trous pour retenir le charbon, en laissant exhaler la fumée, et de longues chaînes pour lancer plus haut le nuage parfumé de l'encens. L'encens, contenu dans une navette, est bénit par le célébrant, qui le pose lui-même sur les charbons embrasés de l'encensoir, en disant en latin une prière qu'on peut traduire ainsi : « Que le Seigneur allume en nous le feu de son amour et la flamme d'une charité éternelle. » Cette prière était dite jadis par les fidèles qui se transmettaient l'encensoir, de main en main, avant l'oblation du sacrifice. Aujourd'hui le prêtre la dit pour tous, et les thuriféraires encensent le chœur et le sanctuaire, imprégnant toute l'église de la vapeur de l'encens, afin que les cœurs se confondent dans un même élan d'union et d'amour, pour offrir à Dieu le saint sacrifie.

ENCHÈRE (droit).— *Terme de pratique* qui vient d'*enchérir*, lequel vient du verbe latin *inquirere*. D'autres pensent qu'il vient des deux mots latins *in quantum ?* A *combien ?* ou, comme on disait autrefois, *inquant ?* mots dont se servaient les crieurs pour commencer les ventes. — Toute mise à prix, même celle qui est faite la première pour quelque meuble ou immeuble, ou pour un bail ou autre exploitation.

» Les enchères sont reçues dans toutes les ventes de meubles qui se font à l'*encan*, soit à l'amiable ou forcées. Dans ces sortes de ventes, c'est l'huissier qui fait la première *enchère* ou mise à prix.

A l'égard des immeubles qui se vendent par décret volontaire ou forcé, ou par licitation en justice, c'est le poursuivant qui détermine la première enchère. Ceux qui se présentent pour acquérir ont chacun la liberté de mettre leur enchère jusqu'à ce que l'adjudication soit faite.

L'enchère est un contrat que l'enchérisseur passe avec la justice, et par lequel il s'oblige de prendre la chose pour le prix par lui offert, au cas qu'il ne se trouve point d'enchère plus forte. Ce contrat oblige dès le moment même de l'enchère ; et on ne peut le rétracter, quand même l'enchérisseur prouverait une grave lésion ou un grand défaut dans l'objet mis en vente ; mais dès que l'enchère est couverte par une autre plus forte, le précédent enchérisseur est déchargé de son engagement, lequel contient toujours tacitement cette condition.

Toutes les personnes capables d'acquérir sont reçues à enchérir, à l'exception de ceux qui, par des considérations particulières, ne peuvent acquérir les biens ou droits dont on fait l'adjudication, tels que les officiers ministériels devant lesquels se fait l'adjudication : ce qui a été sagement établi pour empêcher que ces personnes n'abusent de leur ministère pour écarter les autres enchérisseurs et se rendre adjudicataires à vil prix.

Suivant l'usage et le droit commun, il n'est plus permis de recevoir de nouvelles enchères lorsque le commissaire ou l'officier public a prononcé le mot *adjugé*.

Il nous reste à expliquer les qualifications qu'on est dans l'usage d'ajouter au mot *enchère*.

Enchère couverte est celle au-dessus de laquelle un autre enchérisseur a fait sa mise.

Dernière enchère. On entend par dernière enchère celle sur laquelle l'adjudication définitive a été faite.

Folle enchère est celle qui est faite par un enchérisseur insolvable. Faute par l'adjudicataire de consigner le prix de son adjudication dans le temps prescrit, on fait ordonner qu'il sera procédé à une nouvelle adjudication à sa *folle enchère*.

Enchère au rabais est celle qui se fait dans les adjudications au rabais ; c'est-à-dire que l'un ayant offert de faire une chose pour un certain prix, un autre enchérisseur offre de la faire pour un moindre prix. »

ENCRE (technologie) [du latin *encaustum*, même signification]. —Liqueur qui sert pour écrire, pour imprimer, etc. Les anciens se servaient pour écrire d'un pinceau, et leur encre n'était autre chose que du charbon de cœur de pin pulvérisé, et détrempé dans de la gomme pour lui donner de la consistance. Les Athéniens Polignorès et Mycon passaient pour avoir inventé l'encre de marc de raisin nommé *tryginum*. Les souverains écrivaient avec une encre pourprée, tirée du coquillage qui fournissait cette précieuse couleur. L'encre dont on se servait du temps de Pline était faite avec la suie d'un bois appelé *taeda*, et celle de cheminée, mêlée avec de la gomme : on se servait aussi du sang de certains poissons. L'encre de la Chine, dont la composition paraît encore un secret pour les Européens, bien qu'on ait publié une infinité de recettes à ce sujet, fut inventée 201 ans avant Jésus-Christ ; ses qualités dessiccatives étaient nécessaires pour faire usage du papier de soie qui fut inventé à cette époque. Quant à l'encre ordinaire, composée essentiellement de tannate et de gallate de peroxyde de fer, tenus en suspension dans de l'eau mélangée avec de la gomme, elle était connue 400 ans avant l'ère chrétienne.

« L'*encre ordinaire* se prépare avec une décoction de noix de galle, à laquelle on ajoute de la gomme arabique, et qu'on abandonne ensuite à l'air, après l'avoir mélangée avec une solution de sulfate de fer ou couperose verte. On agite le mélange de temps à autre, et on le soutire quand il est assez noir. Les dépôts noirs qui s'y forment (*boues d'encre*) servent aux emballeurs à marquer et à numéroter les caisses. L'encre ordinaire se détruit aisément par les agents chimiques et notamment par le chlore : pour éviter cet inconvénient, on a composé des *encres indélébiles* : elles se préparent avec du noir de fumée ou de l'encre de Chine (voy. plus bas), qu'on délaye dans de l'eau rendue alcaline par de la soude caustique. L'*encre rouge*, qu'on emploie dans les écritures de commerce, s'obtient ordinairement en faisant infuser du bois de Brésil dans du vinaigre, et en épaississant la décoction avec de la gomme arabique, du sucre et de l'alun. L'*encre jaune* se prépare avec la graine d'Avignon ou la gomme-gutte ; l'*encre verte*, avec l'acétate de cuivre et la crème de tartre ; l'*encre bleue*, avec l'indigo ou le bleu de Prusse. L'*encre de transport*, ou *encre autographique*, qu'on emploie pour les presses à copier les lettres, se prépare en faisant dissoudre du sucre dans de l'encre ordinaire. *L'encre pour écrire sur les métaux*, avec laquelle on étiquette les objets qui restent exposés à l'humidité, est une composition de vert-de-gris, de sel ammoniac, de noir de fumée et d'eau. *L'encre à marquer le linge* est une dissolution de nitrate d'argent dans l'eau, additionnée d'un peu de gomme arabique, et colorée avec un peu d'encre de Chine. *L'encre ordinaire*, à la noix de galle, *atramentum*, était connue près de 400 ans avant l'ère chrétienne ; on en ignore l'inventeur. Les anciens employaient particulièrement l'encre faite avec du noir de fumée et de la gomme. Les empereurs et les rois écrivaient avec une encre pourprée (*sacrum encaustum*) qui était composée de coquilles pulvérisées et de sang tiré de la pourpre ; il n'était permis qu'à eux d'employer cette encre. Les anciens faisaient aussi de l'encre avec un liquide fourni par certains poissons ; on emploie encore aujourd'hui, sous le nom de *sepia*, celle que fournit le calmar. »

Encre de Chine. — « Elle se prépare en Chine, au moyen de décoctions de diverses plantes, de colle de peau d'âne et de noir de lampe. Elle est d'un beau noir luisant, et nous arrive en petits pains sous la forme de parallélipipèdes rectangles, portant des caractères chinois dont la plupart sont dorés. On prépare aujourd'hui en Europe une encre semblable à l'encre de Chine, et d'une très-bonne qualité ; elle s'emploie particulièrement pour le lavis. »

Encre d'imprimerie. — Elle se prépare avec du noir de fumée et de l'huile de lin bouillie jusqu'à une consistance très-forte, ce qui en fait une sorte de glu. Les Hollandais attribuent à Laurent Coster, de Harlem, l'invention de l'encre d'imprimerie.

Encre sympathique. — « Encre qui ne laisse aucune trace sur le papier par la dessication, et que la chaleur ou des agents chimiques font apparaître sous diverses couleurs. Tous les sucs végétaux qui renferment de la gomme, du mucilage, de l'albumine ou du sucre (le suc d'oignon, de citron, d'orange, de poire, de pomme, etc.), peuvent servir d'encres sympathiques, parce que la trace qu'elles laissent, d'abord incolore, devient apparente, en se décomposant, quand on chauffe le papier. Une solution étendue de chlorure de cobalt donne la plus belle encre sympathique, comme l'a le premier remarqué le chimiste allemand Waitz, en 1705 ; les caractères, invisibles à froid, reparaissent avec une couleur verte ou bleue dès qu'on chauffe le papier ; par le refroidissement ou par la simple insufflation de l'haleine, ils disparaissent complétement pour reparaître encore par la chaleur. »

ENCRINE (zoologie) [du grec *en*, en forme de, et *krinon*, lis]. — *Encrinus*, genre de zoophytes rayonnés, de la classe des échinodermes, dont voici les caractères principaux : corps plus ou moins bursiforme, membraneux et régulier, placé au fond d'une sorte d'entonnoir radiaire, porté sur une longue tige articulée, qui, elle-même, est composée d'un grand nombre d'articles pentagonaux, percés d'un trou

rond au centre, et ayant leur surface articulaire radiée, pourvue de rayons accessoires épars. Les encrines se trouvent dans l'Inde, l'Amérique et l'Europe septentrionale. Une seule espèce vivante est connue (voy. *fig.* 33). Les autres, qui sont fossiles, se trouvent en grand nombre dans les terrains de formation secondaire et de transition.

ENCYCLOPÉDIE (littérature) [du grec *egkyklios paideia*, c'est-à-dire éducation qui embrasse le cercle des connaissances humaines]. — Répertoire des connaissances humaines. Lorsque les progrès des sciences et des arts commencèrent à être remarquables, toutes les classes de la société furent jalouses

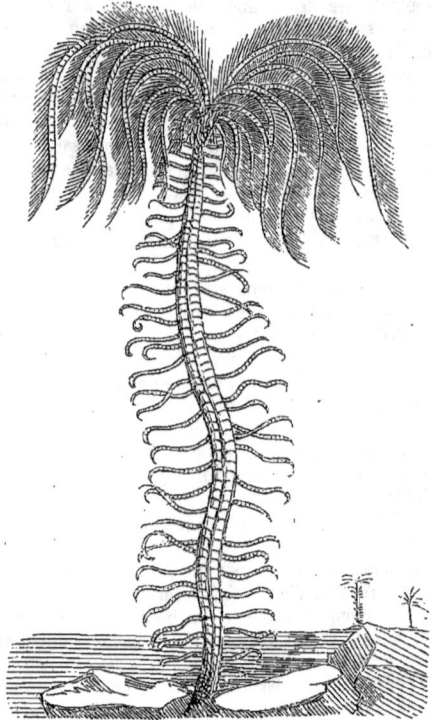

Fig. 33. — Encrine.

d'acquérir des connaissances. Pour satisfaire ce désir si naturel à l'homme, quelques savants conçurent le projet de réunir dans un seul cadre les éléments de toutes les sciences, et ce projet, qui ne tarda pas à être mis à exécution, fut l'origine des encyclopédies, dont l'indispensable utilité est reconnue par toutes les nations civilisées. Dès le seizième siècle, quelques encyclopédies furent publiées en latin. La France, qui tient aujourd'hui le sceptre de l'intelligence, manquait alors d'un ouvrage de ce genre, lorsqu'en 1750, Diderot et d'Alembert jetèrent les fondements de l'*Encyclopédie française*, l'un des plus beaux monuments qu'une nation ait élevés aux sciences, aux arts et aux lettres. Depuis Diderot et d'Alembert, la voie aux encyclopédies étant tracée, nous avons vu apparaître successivement diverses encyclopédies. Le but de tous ces grands ouvrages est de rassembler les connaissances éparses sur la surface de la terre, d'en exposer le système général pour les contemporains, et de le transmettre aux hommes qui viendront après nous, afin que les travaux des siècles passés n'aient point été inutiles pour les siècles qui se succéderont. Leur but encore est de populariser les connaissances, de les rendre accessibles à toutes les classes de la société, principalement à celles qui sont restées étrangères aux progrès de l'esprit humain, et qui, n'ayant pas le temps de devenir savantes, ont cependant un grand intérêt à connaître ce qu'il n'est plus permis aujourd'hui d'ignorer. Les encyclopédies sont donc non-seulement des ouvrages utiles, mais encore des livres de la plus grande nécessité, surtout lorsque la modicité de leur prix en permet l'acquisition à la classe moyenne de la société, celle à laquelle il importe le plus d'acquérir des idées justes sur toutes choses.

On ne peut nier les avantages immenses de ces livres *notionnaires universels*, qui permettent d'obtenir sur-le-champ la solution d'une question littéraire ou scientifique, de connaître les détails d'un procédé artistique ou industriel, d'une production de la nature ou de tout autre objet qu'amènent les lectures ou les caprices de la conversation.

Mais la facilité seule des recherches dans une encyclopédie ne remplirait qu'une partie du but si elle n'offrait au lecteur qu'un recueil de détails et de documents épars : il faut, au contraire, qu'un ouvrage de ce genre soit conçu de telle sorte, qu'au milieu de l'immense variété de matières qu'il contient, le lecteur puisse reconnaître et suivre l'ordre des idées. Voici le moyen de parvenir à ce précieux résultat.

La table générale des articles doit être rédigée tout d'abord, et quelque long, quelque pénible que soit un semblable travail, on ne doit point hésiter à l'entreprendre. On établit ensuite la *division encyclopédique*, qui permet de concilier l'ordre méthodique avec l'ordre alphabétique. C'est ainsi que, dans la rédaction des articles, on peut suivre partout une marche uniforme. Immédiatement après le nom de l'objet, on doit trouver la désignation de la science à laquelle il se rapporte ; puis son étymologie, surtout lorsqu'elle doit éclaircir le sens ou aider la mémoire. A quelque langue qu'appartienne cette étymologie, on doit la transcrire en *caractères français*, usage encore trop peu répandu dans les ouvrages qui doivent être lus par tout le monde. On présente ensuite la définition de l'objet, sa description, ses divisions et ses classifications ; enfin, une notice sur tous les objets dont l'origine et les progrès sont de nature à offrir quelque intérêt.

Comme on le pense bien, pour accomplir un semblable travail, le rédacteur en chef doit s'entourer de nombreux collaborateurs et d'artistes éminents, qui lui apportent le concours de leurs connaissances et de leur talent. Il faut de plus que l'homme choisi

pour diriger une encyclopédie possède un caractère ferme, une imagination bien réglée, un esprit subtil, des connaissances variées, un jugement solide et une érudition étendue.

Les encyclopédies peuvent être présentées sous la forme systématique ou sous la forme alphabétique.

« On peut rapporter à la première forme les ouvrage d'Aristote, qui sont comme l'encyclopédie de la science grecque ; l'*Histoire naturelle* de Pline ; le *Satyricon* de Marcien Capella, qui embrasse les sept arts libéraux ; le *Speculum* (miroir) de Vincent de Beauvais ; les *Sommes* du moyen âge ; *il Tesoro* de Brunetto Latini ; la *Realis Philosophia* de Campanella ; l'*Encyclopædia seu Orbis disciplinarum* de P. Scalich (Bâle, 1555), le premier ouvrage qui ait porté le titre d'*Encyclopédie* ; l'*Encyclopédie* d'Alstedius (Herborn, 1520) ; l'*Encyclopédie* d'Alstedius (Herborn, 1520) ; l'*Encyclopédie de l'homme de cour, d'épée et de robe*, de Chavigny (1717) ; la *Bibliothèque des artistes et des amateurs* de Petity, (1766) ; et de nos jours les collections publiées sous les titres d'*Encyclopédie portative*, par M. Bailly de Merlieux ; de *Bibliothèque populaire*, par MM. Arago, Ajasson, etc. ; l'*Encyclopédie Roret* ; les *Cent Traités*, etc.

» A la deuxième forme, qui est beaucoup plus répandue, et qu'on désigne plus spécialement aujourd'hui sous le titre d'*Encyclopédie*, appartiennent le *Dictionnaire des Arts et des Sciences*, de Th. Corneille (1708) ; le *Dictionnaire universel*, publié en Allemagne par J. Th. Jablonsky (1721), et celui de l'éditeur Zedler (1732-52) ; la *Cyclopædia* de Chambers (1728) ; l'*Encyclopédie* de Diderot et d'Alembert (1751-1780) 35 vol. in-f°), le plus vaste monument de ce genre qui eût paru jusqu'alors. Elle fut plusieurs fois réimprimée ou refondue, notamment dans l'*Encyclopédie méthodique*, publiée par Panckoucke, et donna naissance à une foule d'ouvrages analogues. Parmi ces publications, nous citerons : en France, l'*Encyclopédie* de M. Courtin (1823), récemment refondue par MM. Didot (1846-51) ; le *Dictionnaire de la Conversation* (1831 et 1852) ; l'*Encyclopédie des Gens du monde*(1832) ; l'*Encyclopédie nouvelle*, de MM. P. Leroux et Raynaud (1834) ; l'*Encyclopédie du dix-neuvième siècle*, publiée par M. de Saint-Priest (1839-52) ; l'*Encyclopédie catholique* (1840), une des plus vastes qui existent ; le *Dictionnaire universel des Connaissances humaines*, sous la direction de M. B. Lunel, etc. — En Angleterre, l'*Encyclopædia britannica* (1788) ; la *New Cyclopedia*, de Rees ; l'*Encyclopédie d'Édimbourg* ; l'*Encyclopédie de Londres*. — En Allemagne, le *Dictionnaire encyclopédique* de Binzer et de Pierer (1824-37) ; la *Grande Encyclopédie* d'Ersch et Gruber *Allgemeine Encyklopædie*), commencée en 1818 et non encore achevée ; l'*Encyclopédie viennoise* (1835) ; le *Conversation Lexikon*, publié pour la première fois en 1809, et qui a eu depuis de nombreuses éditions. »

Divers abrégés d'un usage plus facile ont été publiés depuis le commencement de ce siècle : le *Dictionnaire encyclopédique usuel* du pseudonyme Ch. Saint-Laurent ; le *Dictionary of Science, Littérature and Art*, de W. T. Brande (Londres, 1846) ; les dictionnaires de Bescherelle, de Maurice la Châtre, de Dupiney-Vorepierre ; l'*Encyclopédie nationale*, l'excellent *Dictionnaire universel des Sciences, des Lettres et des Arts* de Bouillet.   A. P. C. Le Roy.

ENDÉMIQUES (maladies) [du grec *endêmos*, indigènes]. — Maladies qui semblent propres à certains pays, et qui dépendent de causes locales, telles que les fièvres intermittentes, les goîtres, les scrofules, le scorbut, la fièvre jaune, le choléra asiatique, la plique polonaise, la pellagre, etc. La peste est endémique en Égypte, la fièvre jaune, le choléra sur les bords du Gange, le goître dans le Valais. — Les causes principales des maladies endémiques sont les variations brusques de la température, la stagnation de l'air, l'humidité du sol, la privation d'air et de lumière, la mauvaise qualité des eaux et des aliments, les émanations marécageuses, l'encombrement de la population, etc.

ENDOCARPE (botanique). — Voy. *Fruit.*

ENDOSMOSE (physiologie) [du grec *endon*, dedans, et *osmos*, courant]. — Si l'on interpose entre deux liquides, tels que l'eau et l'alcool, une membrane perméable comme un morceau de vessie ou de parchemin, on remarquera que ces deux liquides se trouvent mélangés au bout de quelque temps, mais non pas dans une égale proportion. L'eau traverse la membrane avec plus de force que l'alcool, de telle sorte que la quantité totale de liquide augmente d'un côté et diminue de l'autre. C'est ce qui constitue l'endosmose. Pour se rendre compte de l'endosmose, on est obligé de supposer l'existence d'une force dans l'épaisseur même de la membrane. On peut rendre ce phénomène très-sensible à l'aide d'une expérience fort simple. Placez l'alcool dans une vessie ou dans tout autre sac membraneux, sans la remplir complétement ; liez l'ouverture assez fortement pour qu'aucune partie liquide ne puisse s'en échapper, et jetez ce sac fermé dans un vase plein d'eau ; vous n'y remarquerez d'abord aucun changement, mais après quelques heures, le sac se sera gonflé, comme l'abdomen d'un hydropique ; et si l'action se prolonge, si les liquides employés sont convenablement choisis et dosés, elle pourra s'étendre jusqu'à la rupture de l'enveloppe elle-même, quelle que soit la résistance des parois, à moins que la dilatation de ces parois ne permette le retour du liquide du dedans au dehors, au fur et à mesure de son introduction. Ce n'est pas seulement un courant qui a été produit dans un seul sens, comme le gonflement du sac a dû le faire croire d'abord, ce sont deux courants en sens inverse ; et si le sac s'est gonflé, c'est que le courant sortant avait moins d'énergie que le courant contraire. La force d'endosmose paraît jouer un grand rôle dans les phénomènes vitaux du règne végétal, aussi bien que dans ceux du règne animal. Tout ce que l'on en sait peut se réduire aux propositions suivantes :

1° La force d'endosmose n'est pas propre aux tissus organiques ; car, en employant certains corps bruts poreux, on obtient les mêmes phénomènes qu'avec les membranes animales.

2° Elle dépend de la nature des lames dans l'épaisseur desquelles elle se produit. Ainsi, lorsque des membranes animales, des briques ou des tuiles très-minces produisent le passage d'un liquide vers un autre, des membranes végétales le produisent en sens contraire.

3° Elle dépend aussi de la nature des liquides mis en présence ; ainsi, l'eau traverse plus rapidement que l'alcool les diaphragmes employés, et l'endosmose a lieu du premier liquide au second ; c'est le contraire pour l'eau pure, placée en présence d'une eau tenant en dissolution certains acides : le courant d'eau pure est le plus faible. Mais ce n'est pas seulement en observant lequel des deux courants l'emporte sur l'autre que l'on peut estimer l'aptitude relative des liquides aux phénomènes d'endosmose ; on a été jusqu'à évaluer le rapport des effets produits par des liquides différents. Des dissolutions de gélatine, de gomme, de sucre ou d'albumine, étant placées dans l'endosmomètre, et celui-ci plongé dans l'eau, on verra toujours le liquide monter dans le tube, preuve que le courant d'eau pure l'emporte sur chacune de ces dissolutions ; et la vitesse avec laquelle le liquide montera sera à peu près double pour la gomme, et quadruple pour le sucre et l'albumine, de ce qu'elle est pour la gélatine, bien que d'ailleurs les dissolutions aient la même densité. Cette expérience a d'autant plus d'intérêt, que, sur ces quatre substances, trois (gomme, sucre, albumine) se trouvent naturellement à l'état de dissolution dans la plupart des liquides organiques des animaux ou des végétaux. Le sucre et l'albumine sont même peut-être les deux corps dont la présence développe au plus haut degré les actions d'endosmose. Placés dans l'eau aux proportions les plus faibles, ils agissent presque immédiatement d'une manière sensible ; et s'ils sont en proportion considérable, leur action prend une énergie que rien ne permettait de prévoir, et qui, à elle seule, nous fera peut-être mieux sentir que toute autre considération l'importance de cette belle découverte, dont nous sommes redevables à M. Dutrochet. (Dr *Hoefer.*)

ENFANCE, enfant. — C'est le premier âge de l'homme, celui qui va de la naissance à l'adolescence. Les premières semaines qui suivent notre naissance ne sont guère qu'une continuation de la vie toute végétative dont nous vivions dans le sein maternel ; elle se résume en deux mots : manger et dormir, ajoutons souffrir et pleurer. La bouche de l'enfant est un suçoir qui aspire tous les corps qu'on en approche. Mais vers le quarantième jour on voit tomber la membrane pupillaire qui protégeait l'organe trop tendre de la vue ; alors l'enfant voit, il entend, il sourit aux caresses de sa mère, son regard se tourne du côté où on l'attire. Le voilà qui débute dans la vie humaine. Alors commence pour la mère cette fonction mystérieuse dont son cœur seul peut sentir les charmes et les sollicitudes. Entre elle et son enfant, il s'établit un courant de tendresse et d'amour dont chaque jour, chaque heure, resserre les liens. Ce que personne ne voit, elle le voit ; ce que personne n'entend, elle l'entend; dans ce jeune cerveau où rien n'apparaît encore, elle démêle le germe des premières idées; elle couve de son regard et de toute son âme les pulsations de ce cœur où vont poindre les germes de tous les sentiments humains! On la voit parler à son enfant, rire avec lui, l'éloigner, le reprendre, l'inonder de caresses, essayer comme sur une harpe toutes les cordes des sentiments. Ce va-et-vient entre son âme et l'âme de son enfant est comme un télégraphe électrique auquel chaque jour ajoute un fil. Mystère adorable de la bonté divine! Qui sondera ce qui se passe dans l'âme d'une mère pendant les premiers jours de la vie de son enfant? Qui dira le bonheur qu'elle éprouve chaque fois qu'elle fait jaillir un nouveau mot de ses lèvres, une nouvelle ébauche des sentiments qui germent dans son âme? D'où lui vient cette intuition qui lui permet de tout lire, de tout démêler dans ce chaos d'idées informes, de sensations inachevées, où l'esprit si faible et si mobile de l'enfant se joue sans s'arrêter sur aucun? Elle seule peut suivre dans tous ses progrès cette aube de la pensée qui anime la physionomie de l'enfant, et y lire avec amour le reflet de son cœur et de sa vie.

Mais ce bonheur de la maternité se paye de bien des peines, hélas! et de bien des insomnies! A aucun âge notre vie n'a autant d'ennemis à combattre; ce sont, dans les premiers jours, les *inflammations*, surtout celles des membranes muqueuses, les *aphthes*, le *croup*; puis la *variole*, les *convulsions*, enfin les douleurs de la *dentition*. Mais n'importe, la mère a des bonheurs intimes connus d'elle seule, qui la payent de toutes ses fatigues et de ses angoisses. On remarque même que les mères affectionnent d'autant plus un enfant qu'elles ont eu plus de peine à l'élever. Un sourire, une amélioration, leur font oublier des nuits d'insomnie et des mois de fatigue. D'ailleurs, chaque jour voit fructifier ses peines; tout pousse, tout grandit à vue d'œil chez son rejeton: les os, si mous les premiers jours, s'affermissent; les muscles, si tendres, si flasques, se fortifient; les dents percent et annoncent que le temps est venu de donner une nourriture plus substantielle: à mesure que le corps grandit et se fortifie, l'intelligence donne signe de vie et bégaye ses premiers mots; tout avance de front dans ce poëme vivant du premier âge. Enfin l'enfant s'échappe des mains de sa mère. Quelle joie! il se tient debout! Un mois plus tard, autre joie! il a fait deux pas; de son père il s'est jeté dans les bras de sa mère, il y avait quatre pas! — En voilà pour un mois de joie. Voilà un de ces bonheurs dont aucun bonheur autre n'effacera le souvenir. Jusque-là le père et la mère seuls ont pu s'attacher à l'enfant, mais lorsqu'il marche et bégaye quelques mots, lorsqu'il joint ensemble deux ou trois idées, il devient l'idole de la famille. De trois à six ou sept ans, il offre un ineffable mélange de grâces et de finesses, d'ingénuité et d'espiégleries, de petites rouceries et de candeur, dont les séductions sont irrésistibles! On lui donne des jouets qui le jettent d'abord dans l'enthousiasme; mais la curio-

sité est plus forte encore, et il ne lâchera pas que le jouet ne soit brisé, pour savoir comment est fait le ressort qui le meut ou la voix qui le fait crier. Tout n'est pas perdu dans cette destruction; l'enfant réfléchit, et en satisfaisant le besoin de comprendre et d'analyser, qui est un noble attribut de sa nature, il travaille au progrès de son intelligence,

Sans doute, il est bien dur de troubler dans ses bonheurs ce cher petit être, et de faire couler des larmes sur ses joues si roses, où le rire et la joie s'épanouissent avec tant de grâce! Aussi nous comprenons que beaucoup de mères n'osent rien refuser aux enfants de cet âge. On est si heureux d'épouser leur vie, de s'associer à leurs jeux! Cette naïveté, cette insouciance, cette ignorance du mal, cette mobilité et cette vivacité d'impressions donnent au commerce des enfants un charme si irrésistible, que les hommes les plus graves, les plus accablés par le souci des affaires, ne trouvent que là l'oubli de leurs ennuis, le répit à leurs peines.

Cependant il faut surveiller, diriger et contenir ces premiers mouvements de l'enfance. C'est l'âge le plus heureux de la vie, rien n'est plus vrai; mais il peut être la source de bien des malheurs si, dès cette époque, le caractère n'a été discipliné et n'a reçu une bonne impulsion. Nos défauts et nos qualités se montrent dès le berceau et grandissent avec le corps. Dans la plus tendre enfance, c'est-à-dire jusqu'à cinq ou six ans, il est difficile d'imposer des devoirs à un être tout petit, qui n'a pas une notion des choses sérieuses; mais il faut le préparer doucement et graduellement au travail, qui est l'objet de la vie; on doit diminuer peu à peu et graduellement dans sa vie la part de l'amusement, qui est d'abord toute son existence, pour celle de l'étude et du travail. Entre la vie si libre, si douce du foyer maternel et l'existence de l'école, si sévère, si ingrate, où les caresses de la mère sont remplacées par le froid commandement du maître, il y a une différence si énorme, qu'il faut y préparer l'enfant par un régime réglé et tempéré qui ménage doucement le passage de l'un à l'autre genre de vie.

De sept à douze ans, l'enfant subit un changement complet. Alors son intelligence devine à moitié les choses; la vie se présente à lui hérissée d'énigmes redoutables; il perd sa gaieté, ses grâces ingénues, et devient taciturne, défiant. Au lieu d'interroger sa mère, il renferme en lui-même toutes ses curiosités. C'est un moment délicat et difficile pour les parents. A force de soins et de sollicitudes, il faut forcer ce cœur à s'épanouir, tirer de cette âme qui se replie sur elle-même le secret des ses inquiétudes, ouvrir une carrière à ses facultés qui cherchent un emploi. Avec la religion, l'étude, les premières connaissances humaines doivent venir se loger dans tous les coins de cette âme, à mesure que la place s'y élargit. L'enfant intelligent, à cet âge, écoute tout, commente tout ce qui se dit autour de lui; rien ne lui échappe, chaque parole, bonne ou mauvaise, est une semence d'idées et de sentiments qui porteront en son âme leur fruit bon ou mauvais, noble ou indigne. C'est dans cette période qu'il faut redoubler d'attention, et surveiller tout ce qu'entend, ce que voit l'enfant, se surveiller soi-même et les personnes qui parlent devant lui; enfin c'est alors qu'il faut garder à vue toutes les avenues de son cœur, pour n'y laisser pénétrer que la suave lumière de la vérité et du bon sens, et l'amour des grandes et saintes affections.

Pour cela, il est utile de ménager l'attention des enfants et d'entrer dans les nuances de leur individualité. En général, il ne faut pas les tenir longtemps occupés d'un même objet; la mobilité de l'esprit n'est point un défaut à cet âge : faire succéder un genre d'application à un autre, et toujours éclaircir les idées qui les préoccupent, sont les meilleurs moyens de forcer leur activité sans la fatiguer ; et surtout il importe de gagner leur confiance en leur montrant le fond de son cœur sur tout ce qui les intéresse. C'est en s'attachant à leurs maîtres qu'ils se préservent des suites redoutables du penchant à la dissimulation, qui est le péril de cet âge. Quand ils ne se confient plus à leur mère, ce sont souvent les petits vauriens de l'école qui les mènent.

Pour l'*instruction* qui convient aux enfants, elle varie suivant les conditions sociales, et nous en traitons aux mots *Éducation* et *Instruction*. Nous ferons seulement ici une observation importante: c'est qu'il ne faut pas trop s'attacher à les instruire prématurément. Il faut stimuler les enfants paresseux et rebelles à l'étude; mais il est bon également de ne pas aduler les *enfants prodiges*. Cette espèce peu intéressante est malheureusement devenue assez commune de notre temps pour qu'on voie, par ses fruits, qu'elle n'est pas bonne à cultiver. Les enfants dont on active l'instruction sans mesure et sans choix sont comme des arbres de serre chaude, dont la séve s'est épuisée dans l'enfance, et qui deviennent stériles au grand soleil de la vie. Un observateur ingénieux écrivait, il y a quelque temps, qu'aujourd'hui il n'y a plus de petits garçons et de petites filles, mais de *petits hommes* et de *petites femmes*, c'est-à-dire des êtres pour qui l'on a supprimé l'âge heureux de l'enfance, cette précieuse période de l'ignorance, candide et ingénue, et qui, en voulant être des hommes et des femmes avant le temps, seront toute la vie des sots et des êtres insupportables.

Le bon sens veut qu'on demande à chaque âge ce qu'il peut donner, rien de plus. Les enfants prodiges sont un triste présent pour les familles dans les classes aisées.

Mais dans nos classes populaires, voyez ces avortons d'hommes et de femmes qui pullulent sur le pavé de nos villes, surtout les apprentis de douze ans, qui fument la pipe, boivent le petit verre entre eux ou avec les ouvriers, au lieu de s'adonner aux jeux de leur âge ! Voyez ces filles qui lisent des romans à treize et quatorze ans. Tous ces êtres infortunés sont la pâture anticipée des passions de l'âge mûr, moins le frein que la maturité et l'expérience leur imposent, encore pas toujours. Voilà l'avenir qui s'ouvre aux enfants qu'on jette dans les ateliers où la surveillance morale est absente. C'est une terrible responsabilité pour les parents.

A la campagne la seconde enfance est à l'abri de ces dangers; mais il en est d'autres contre lesquels les familles sont trop peu en garde : c'est l'isolement, l'isolement matériel et moral. La vie de l'enfant est plus libre qu'à la ville, il a les champs et l'espace pour se mouvoir; mais il se renferme trop en lui-même ; l'esprit du père et de la mère ne va pas assez au-devant du sien pour l'ouvrir, pour étendre et éclaircir ses idées, agrandir ses bons sentiments et arracher le germe des mauvais. Aussi les enfants de la campagne (je parle de la seconde enfance) n'ont-ils guère pour instituteurs que leurs compagnons de jeux ou de travaux. C'est un grand mal, auquel, je le reconnais, le remède est difficile ; mais il suffit de le signaler aux parents zélés et intelligents pour qu'ils trouvent les moyens d'atténuer le mal, s'ils ne peuvent l'annuler entièrement.

En général, les paroles et les exemples des parents sont le principal levier de l'éducation des enfants. Quels que soient vos conseils, si vos enfants savent que vous ne les pratiquez pas vous-même, ils s'en riront, et de plus ils perdront le respect dû à votre autorité. Les traditions du foyer, le respect pour les chefs de famille, le respect pour l'enfance surtout, c'est-à-dire le respect de ses sens et de son âme, la sincérité, prouvée par votre vie même, des conseils que vous leur donnez, enfin une effusion continuelle de vos sentiments dans leur âme, de vos lumières dans leur intelligence, voilà l'éducation; c'est une seconde paternité bien plus grave, bien plus laborieuse que l'autre ; l'une donne la vie au corps, celle-ci met debout l'être moral pour le temps et pour l'éternité !   L. Hervé.

ENFANT (législation).—La civilisation chrétienne a couvert l'enfance d'une protection inconnue aux peuples que l'Évangile n'a point formés. Ainsi chez les Romains les pères avaient droit de vie et de mort sur leurs enfants; en Chine et dans la plupart des pays de l'Asie, cette barbarie monstrueuse est encore autorisée par les lois, et les victimes de l'infanticide s'y comptent par centaines de mille chaque année.

En France la loi distingue, pour la fixation de leurs droits, les enfants en quatre catégories: 1° légitimes, 2° naturels légitimés, 3° adoptifs, 4° adultérins et incestueux.

1° L'enfant *légitime* est le continuateur de ses père et mère et l'héritier de leurs biens. Il ne peut être dépouillé de plus d'un tiers de son héritage, et ses parents lui doivent la nourriture, une éducation et une profession appropriées à leur condition sociale. De son côté, l'enfant doit obéissance à ses père et mère jusqu'à sa majorité, et respect toute sa vie ; il ne peut contracter mariage avant vingt-cinq ans sans leur autorisation; s'il est dans l'aisance et que ses père et mère tombent dans le besoin, il doit pourvoir à leur subsistance suivant l'étendue de ses ressources.

2° L'enfant *naturel légitimé* est celui qui est né de parents qui le reconnaissent en se mariant. Sa position légale est la même que celle de l'enfant légitime.

3° L'enfant *adoptif* est celui qu'un étranger, autorisé par jugement, déclare adopter. L'adoption confère à celui qui la reçoit les droits d'un fils légitime et lui en impose les obligations. Ainsi elle peut être révoquée pour cause d'ingratitude notoire, mais par jugement du tribunal civil seulement.

4° L'enfant *naturel* (*bâtard*), ou né hors mariage, n'appartient point à la famille; il n'a droit qu'à des aliments, et à une légitime de la part de sa mère, et de son père si celui-ci l'a reconnu.

5° Enfin l'enfant *adultérin* est celui qui est né d'une liaison criminelle de personnes en état de mariage. Il ne peut être reconnu de ses parents ni participer à leur héritage, il n'a droit qu'à des aliments et à une profession qui lui donne les moyens de pourvoir à son existence.

L'enfant *incestueux*, ou né d'un adultère entre ses parents, est dans une position civile semblable à celle de l'enfant adultérin. Ce sont de malheureuses victimes que la loi ne pouvait relever de leur tache originelle, parce que la loi devait honorer et protéger avant tout la famille légitime. Ce principe serait forcément violé si les enfants illégitimes partageaient avec les autres l'héritage du nom et des biens des parents. Ce serait une source de scandales et de désordres sans fin.

C'est donc un sort fort à plaindre que celui des enfants naturels; ainsi un enfant naturel ne peut rechercher son père, à moins que sa naissance n'ait eu lieu par suite de *rapt*. Quant à sa mère, l'enfant peut la faire rechercher; mais il faut qu'il y ait des témoins ou un commencement de preuve écrite, qui établissent qu'il est l'enfant qu'elle a mis au jour. On ne peut donc accuser les rigueurs de la loi envers les enfants illégitimes; les désordres seuls dont ils sont le produit doivent être mis en cause. Au reste, la loi civile a vu ses rigueurs adoucies par la charité chrétienne. Nos filles de Charité recueillent dans les hôpitaux les orphelins que le vice a mis au monde, puis abandonnés. Le nom de saint Vincent de Paul est intimement lié à la fondation des hospices d'enfants trouvés. (Voy. ce mot.)

La charité devait aussi protection aux pauvres filles qui, victimes d'une séduction, expient vaillamment leur faute, et travaillent, sous les regards humiliants des hommes, à élever leur enfant. Des associations, fondées dans beaucoup de villes en faveur de ces intéressantes personnes, les aident par des secours de toute nature à accomplir leur tâche de mère, à se relever de leur chute et à suivre le sentier de l'honnêteté. Ces associations produisent d'excellents fruits.

Enfin, la légitimation des enfants naturels a reçu une impulsion inconnue en France de la fondation et des progrès de la société dite Saint-François-Régis. Cette excellente société travaille de tous ses moyens à régulariser les unions illégitimes, une des plaies honteuses de nos grandes cités; elle abrège les délais, remplace les parties intéressées dans l'accomplisse-

ment des formalités souvent coûteuses et très-difficiles pour réunir les papiers et titres nécessaires; enfin, par ses démarches auprès des autorités civile et ecclésiastique, par ses subventions considérables aux ménages trop pauvres pour faire ces dépenses, elle diminue, dans des proportions énormes, le nombre des ménages concubinaires, et on peut compter, chaque année, par des centaines de mille les enfants qu'elle dote et honore d'un nom légitime et d'un état civil régulier.

ENFANTS DE FRANCE.—On nomme ainsi en France les enfants et petits-enfants du Souverain, ainsi que ses frères et sœurs; les neveux et autres parents ne prennent que le titre de princes du sang. Ainsi, aujourd'hui, le Prince Impérial est un enfant de France, et les autres parents de l'Empereur sont *princes du sang*.   L. HERVÉ.

ENFANTS TROUVÉS (jurisprudence). — Enfants nés de père et mère inconnus, qui ont été trouvés déposés dans un lieu quelconque. Il faut distinguer les enfants *trouvés* des enfants *abandonnés*. Ces derniers, nés de père et de mère connus, et élevés par eux jusqu'à un certain âge, en sont délaissés plus tard, sans qu'on sache le nom de leurs parents et ce qu'ils sont devenus.

Toute personne qui trouve un enfant nouveau-né est tenue de le remettre à l'officier de l'état civil, ainsi que les vêtements ou autres effets trouvés avec l'enfant, et de déclarer toutes les circonstances du temps et du lieu où il a été trouvé. Il en est dressé un procès verbal détaillé, énonçant, outre l'âge apparent de l'enfant, son sexe, les noms qui lui sont donnés, l'autorité civile à laquelle il est remis. Ce procès verbal est inscrit sur les registres de l'état civil. La personne qui, ayant trouvé un enfant, ne se conformerait pas ponctuellement aux prescriptions de la loi pourrait être punie de six jours à six mois de prison, et d'une amende de 16 à 300 francs.

Les enfants trouvés ou abandonnés, placés sous la tutelle des commissions administratives des hospices, sont élevés à la charge de l'État, et demeurent à sa disposition. Les enfants trouvés sont au nombre d'environ 34,000 pour 1 million de naissances. Les 3/5es périssent dès la première année; ils sont reçus dans 144 hospices. La dépense annuelle est de 8 à 10 millions, et la moyenne, pour chaque enfant, de 80 à 82 fr.

Historique. — Ce n'est qu'à la fin du douzième siècle que s'établirent, en Italie et en France, les hospices destinés aux enfants abandonnés. Le *tour*, selon le P. Helyot, existait à Rome dès la fin du dix-septième siècle. *Au dehors de l'hôpital*, dit-il, *il y a un tour avec un petit matelas au dedans pour recevoir les enfants exposés.* Ce fait est d'autant plus curieux à connaître, qu'une commission spéciale des enfants trouvés a écrit que les tours avaient été institués, en 1811, par l'empereur Napoléon.

Longtemps avant la création d'établissements hospitaliers pour les pauvres enfants trouvés ou abandonnés, l'Église avait su exciter en leur faveur le zèle pieux des personnes charitables. Beaucoup d'entre eux étaient recueillis, soignés, nourris et élevés dans des maisons particulières. Dans le courant d'une seule année, plus de 200 enfants avaient été placés et arrachés ainsi à la mort. Des associations célèbres se formèrent bientôt, et, protégées par le clergé et par quelques rois, recueillirent, élevèrent et instruisirent les pauvres petits déshérités de l'amour de leurs parents. Une pieuse institution cependant, la confrérie du Saint-Esprit, resta toujours œuvre de création privée. Cette confrérie ne se contentait pas d'élever les enfants jusqu'à un certain âge, elle remplissait, à l'égard de ceux qui étaient nés d'un légitime mariage, tous les devoirs de la paternité, elle les suivait tout le temps de la vie, et les secourait dans la détresse.

Les enfants de naissance inconnue, au contraire, étaient protégés par l'assistance légale, et déposés, après procès-verbal dressé par les commissaires du Châtelet, dans la maison de la rue Saint-Landry, appelée *Maison de la Couche.* Malgré les revenus que possédait cette maison, et la surveillance active dont elle était l'objet de la part de l'autorité, la plus grande partie des enfants, dont le nombre, d'après Abelly, s'élevait à 300 par an environ, mouraient de langueur. « Les servantes, dit un historien, pour se délivrer de l'importunité de leurs cris, leur faisaient prendre une drogue qui les endormait et causait la mort à plusieurs. Ceux qui échappaient à ce danger étaient donnés à qui les venait demander, ou vendus à si vils prix, qu'il y en eut qui ne furent payés que 20 sols. » D'autres étaient achetés, dit Abelly, pour servir aux mauvais desseins de personnes qui supposaient des enfants de famille, pour servir à des opérations magiques et diaboliques !

Cet état de choses changea enfin, grâce à l'un des plus illustres et des plus zélés bienfaiteurs de l'humanité : saint Vincent de Paul. C'est en 1648 qu'il fixa pour toujours le sort de ces victimes de la misère. « Ce digne prêtre, dit un historien, avait déjà fait plusieurs essais, et les avait recueillis dans diverses maisons; mais faute de règlements constitutifs, l'institution menaçait ruine et les pauvres innocents allaient être abandonnés à leur premier état. Vincent de Paul, alarmé, mais ne connaissant pas d'obstacles lorsqu'il s'agissait du bien de l'humanité, convoqua une assemblée générale des dames qui concouraient à toutes ces bonnes œuvres, et, après leur avoir exposé la situation des enfants, et les raisons alléguées par ceux qui voulaient les délaisser, et par ceux qui devraient continuer à les secourir, il se livra tout à coup à la sensibilité de son âme, et leur fit un tableau douloureux et vrai du triste sort qui attendait ces enfants si on les abandonnait. L'assemblée, électrisée par les touchantes paroles de Vincent, consentit à tout ce qu'il désirait, et il fut résolu, à l'unanimité, que la bonne œuvre serait continuée; il ne fut plus question que de trouver les moyens d'exécution. Le roi consentit à donner Bicêtre; mais comme il y avait de graves inconvénients d'y laisser les enfants, on les transféra dans le faubourg Saint-Laurent, sous les auspices des filles de la Charité, et bientôt après au parvis Notre-Dame et au faubourg Saint-Antoine, où ils restèrent jusque dans ces derniers temps, qu'ils furent réinstallés rue d'Enfer. Avant 1789, les seigneurs hauts justiciers étaient obligés de nourrir les enfants déposés sur leur territoire. Une loi du 10 décembre 1790 les met à la charge de l'État; deux nouvelles lois du 27 frimaire an V et du 15 pluviose, et le décret du 19 janvier 1811, assurèrent enfin leur avenir.

Question des tours. — La question du maintien ou de la suppression des tours est de la plus haute importance. Il n'y a que deux modes d'admission pour les malheureux enfants délaissés par leurs parents : le tour, c'est-à-dire le mystère absolu, et le *bureau*, ou la publicité plus ou moins restreinte.

On prétend que le *nombre des enfants trouvés a considérablement augmenté depuis l'établissement des tours et que ceux-ci sont devenus le plus puissant promoteur des abandons.* Sans doute pour les mères dénaturées, pour les gens capables de spéculer sur tous les genres de misère, le tour est un mode d'admission fort commode; mais croira-t-on que le nombre de ces misérables soit assez grand pour stygmatiser ainsi tout un ordre social? « Les chiffres donnés » par Necker ne concordent pas avec ce que nous » savons de la moyenne actuelle des admissions dans » quelques hospices de province pendant la seconde » moitié du dix-huitième siècle. Dans la Provence, » dans le Dauphiné, dans l'Auvergne, dans la » Guyenne, on rencontre des chiffres qui, étendus » proportionnellement au reste de la France, pro- » duiraient un total bien supérieur aux 40,000 en- » fants trouvés du contrôleur général des finances de » Louis XVI. Que conclure de là? Que Necker s'est » gravement trompé dans ces témoignages. » Fleurigeon ne comptait-il pas en France, en 1790, 23,000 enfants trouvés, c'est-à-dire 17,000 de moins que Necker? En un mot, l'erreur ne disparaît qu'en 1819. Est-il possible alors que la multiplication des enfants ait acquis les proportions que lui prêtent les antagonistes des tours? Quels sont les documents authentiques sur lesquels on s'appuie? Nous avouons, pour notre part, les avoir cherchés vainement. On a beaucoup parlé de la statistique de Necker qui ne porte qu'à 40,000 pour toute la France, en 1784, le nombre des enfants trouvés, mais il ne faut pas oublier qu'à cette époque la France n'avait que 24 millions 800,000 habitants, tandis qu'elle en compte aujourd'hui 36 millions.

M. Desbois-Rochefort, qui avait profondément étudié cette question, disait en 1786, dans l'*Encyclopédie méthodique* : « Une expérience de plus de » vingt années apprend que le nombre des enfants » trouvés nés à Paris est de 4,000. Il a fallu plus » d'un siècle pour déterminer cette progression; et » il paraît que c'est à ce nombre que le concours » des causes a fixé pour longtemps les enfants du » libertinage et de la misère de cette ville im- » mense. Les résultats généraux des dénombre- » ments sont faits régulièrement et officiellement :

» le chiffre réel était alors de 99,346 enfants trouvés » de 1 jour à 14 ans. Aujourd'hui ce nombre dé- » passe 100,000. »

Les comptes de la justice criminelle, qui se publient chaque année depuis 1826, démontrent que les infanticides augmentent en rapport direct avec la suppression des tours. Ainsi, en 1833, on supprima 8 tours, et l'on compte 87 infanticides au lieu de 80. En 1834, la fermeture de 18 tours produit 100 infanticides. En 1845, on supprime encore 9 tours, et 130 infanticides sont découverts par la justice. Enfin, en 1849, il se commet 176 infanticides; en 1852, 184; et en 1853, 196 (1).

M. de Wateville dit que si la progression effrayante des infanticides n'est pas due à la suppression des trois quarts des tours, qu'on veuille bien nous en donner une autre explication; et il ajoute : « Mais » on peut certainement affirmer que l'accroissement » des infanticides provient en partie de la constata- » tion plus régulière de ce crime. Le nombre des » brigades de gendarmerie, des commissaires de » police, a été singulièrement augmenté; d'où il » est résulté une surveillance plus incessante, qui a » empêché grand nombre de ces crimes de rester » ensevelis dans l'oubli. » Telle est l'opinion d'un homme très-distingué; mais cette opinion ne nous paraît guère fondée, attendu que les crimes contre les personnes n'augmentent nullement dans la même proportion des infanticides, bien au contraire (2); et adopter l'opinion du savant que nous citons, serait faire le plus grand tort à l'habileté de messieurs les gendarmes, qui ne sembleraient avoir la main heureuse que pour les mères homicides.

Disons encore que depuis la suppression des tours, les expositions sur la voie publique ont triplé, et le crime d'avortement a décuplé! L'avortement est un crime qui semble facile à commettre et à cacher. A quelle tentation, dit M. L. Aubineau, n'est-elle pas exposée, cette malheureuse qui craint la naissance d'un fruit accusateur; que de perfides conseils engagent à se délivrer ainsi de toute charge et de tout souci? Cela ne lui convient-il pas mieux que d'aller dévoiler sa faute à un bureau de police pour obtenir quelques secours? L'infanticide est le crime de la fille des campagnes, qui ne connaît pas d'autres moyens de cacher sa honte; la fille de ville apprend les secrets d'une perversité plus profonde, et la suppression des tours lui fait une espèce de nécessité de cette horrible science.

Mortalité des enfants trouvés. — On ignore totalement ce qu'était autrefois la mortalité de malheureux enfants mal soignés, entassés dans des hospices

(1) Une des preuves, selon nous, de l'importance des tours, c'est que le département de la Vienne, dont le tour a été ouvert jusqu'en 1856, a vu apporter des enfants non-seulement des localités voisines, mais encore de Bordeaux, qui est à 60 lieues de Poitiers.

(2) Dans une période de vingt ans, de 1833 à 1853, les crimes contre les personnes n'ont pas augmenté d'un quart. En 1854 même, il y a eu plus d'infanticides (198), et les autres crimes se sont réduits de plus de 40 pour 100.

trop étroits ou placés à la campagne chez de pauvres paysans dépourvus des plus simples notions d'hygiène. A partir du dix-huitième siècle seulement nous possédons quelques chiffres officiels; ainsi, en 1704, il mourait 60 enfants trouvés sur 100 dans la première année. Ce chiffre fut loin de décroître jusqu'à la fin du dix-huitième siècle et au commencement du dix-neuvième. C'est seulement à partir de 1819 à 1820 que datent les véritables progrès dans la diminution de la mortalité. Ainsi, à Lyon, en 1820, les décès sont de 50 pour 100 pour la première année; en 1845, d'après M. de Watteville, les décès, de 1 jour à 12 ans, ne s'élevaient qu'à 63 pour 100, soit 5,25 en moyenne annuelle.   B. LUNEL.

ENFANT NOUVEAU-NÉ (médecine légale). — Que doit-on entendre par enfant nouveau-né? dit le jurisconsulte Dalloz. Est-ce celui qui est né depuis un ou plusieurs jours? Un arrêt de la Cour de cassation, du 20 juin 1822, a décidé, dans l'espèce suivante, que : l'enfant né dans un établissement public, inscrit sur les registres de l'état civil, et âgé de quatorze jours, n'est plus un enfant nouveau-né, dans le sens de l'article 300; en conséquence, sa mère, en lui donnant volontairement la mort, ne commet pas le crime d'infanticide proprement dit, mais se rend coupable d'un simple meurtre.

M. Olivier d'Angers fait remarquer que le cordon ombilical de l'enfant se détachant toujours du quatrième au huitième jour après la naissance, on ne peut appliquer cette qualité qu'à l'enfant chez lequel ce cordon est encore adhérent. Cette proposition, dit le docteur Bayard (1), nous paraît d'une application facile, et est bien préférable à celle du professeur Froriep, de Berlin, qui, en admettant que, pour le médecin, l'enfant est nouveau-né aussi longtemps que le cordon ombilical est adhérent, pense que, pour le jurisconsulte, l'enfant ne devrait être considéré comme nouveau-né que durant le temps où il n'a pas encore reçu les premiers soins de sa mère, celui où il est encore *sanguinolentus*.

ENGELURE (pathologie). — Gonflement inflammatoire de la peau et du tissu cellulaire sous-cutané, occupant surtout les doigts, les orteils, le talon, et qui est très-commun chez les enfants et chez les femmes, très-rare chez les gens robustes, les adultes et les vieillards. Le froid alternant avec la chaleur est la cause immédiate des engelures; rien ne favorise plus, d'ailleurs, leur développement que l'habitude de se réchauffer brusquement les pieds et les mains engourdis par le froid, surtout si ces parties viennent d'être mouillées. Le plus souvent les engelures ne consistent qu'en un simple engorgement superficiel, avec rougeur légère et démangeaison; quelquefois il y a engorgement profond, douleurs brûlantes, phlyctènes remplies d'une sérosité roussâtre; enfin, il se forme des ulcérations qu'on a vues pénétrer jusqu'aux tendons et même aux os. Le meilleur traitement préservatif consiste à se laver souvent les pieds et les mains avec quelques liquides

(1) *Manuel de Médecine légale*, pag. 214.

spiritueux, tels que l'esprit-de-vin, l'eau-de-vie camphrée, le vin chaud, les décoctions de quinquina, etc. On ne doit jamais recouvrir ces parties de cataplasmes émollients ni de linges humides. — Si la peau est crevassée, ulcérée, c'est aux pommades calmantes ou stimulantes qu'il faut avoir recours.

ENGRAIS (agriculture et jardinage). — Voilà, sans contredit, le point capital de toute culture grande et petite. *Cultiver sans fumer, c'est se ruiner,* disent tous les maîtres de la science. Ce n'est pas ce qu'on sème qui rapporte, dit Jacques Bujault, c'est ce qu'on fume. Tout le monde le sait; il n'en est pas moins vrai que l'ignorance et la négligence, dans notre bienheureux pays, laissent perdre les deux tiers de l'engrais qui pourrait fertiliser le sol. Nous allons le démontrer, et tâcher de secouer, s'il est possible, cette fatale indolence chez les cultivateurs qui nous lisent, afin de les engager à utiliser les engrais que la nature et le travail mettent à leur disposition. Nous les prions tous, quels qu'ils soient, depuis ceux qui tiennent de vastes métairies jusqu'au détenteur du moindre coin de jardin, de lire attentivement les lignes qui suivent. Tout l'art de cultiver s'y trouve.

Règle fondamentale. — Ne cultivez jamais que l'étendue de terre que vous pouvez richement fumer. Pour avoir du fumier, si vous en manquez, commencez par des plantes dites *améliorantes,* c'est-à-dire qui ne demandent à la terre que son humidité et tirent de l'air leur principal aliment. Avec ces plantes fourragères, vous doublerez, triplerez, s'il le faut, le nombre de vos têtes de bétail; alors vous aurez du fumier. Mais ce n'est pas tout. Il faut savoir soigner son fumier afin d'en tirer parti; entrons dans des explications catégoriques à ce sujet.

Les engrais sont de trois sortes : 1° animaux ; 2° végétaux ; 3° mixtes, ou composés de substances animales et végétales combinées.

1° Les *engrais animaux* sont les plus puissants, les plus fertilisants de tous. Rien de ce qui a appartenu au corps d'un animal ne doit être perdu pour la terre. Cuir, laine, chairs pourries, corne, os, excréments, urines, toutes ces substances sont ce qu'il y a de plus précieux pour féconder nos champs. Recueillez donc précieusement toutes ces substances, et mêlez-les à vos engrais ordinaires. Les Anglais achètent fort cher les os; au lieu de les donner aux chiens, qui s'en amusent, mais ne s'en nourrissent pas, ils les font moudre dans des moulins faits exprès et en sèment la poussière dans leurs champs. Un moyen plus économique et non moins efficace de dissoudre les os, c'est de les faire séjourner dans des excréments de cheval pendant une quinzaine de jours. Ils s'y dissolvent d'eux-mêmes. En les semant ainsi pulvérisés, vous enrichirez votre terre du phosphate et du carbonate, éléments précieux pour la nourriture de toute espèce de plantes.

2° Les *engrais végétaux* simples sont les pailles, chaumes, herbes, feuilles, etc., enfouis dans la terre, et qui, en se dissolvant, lui rendent les éléments qu'elles y avaient puisés. Ces engrais sont loin de valoir les précédents; mais ils suppléent à l'énergie par l'abondance; aussi les bons cultivateurs enterrent-ils leurs chaumes et plusieurs genres de récoltes en vert. Les tourteaux de lin et de colza, les cendres, résidus de lessive, d'amidonnerie, de brasserie, les marcs de pommes, etc., puisent une certaine énergie dans le commencement de fermentation qu'ils ont subie avant d'être répandus. Tous ces engrais méritent qu'on en ait soin et qu'on les prodigue à la terre, quoiqu'ils ne possèdent pas, à beaucoup près, l'énergie fertilisante des engrais animaux.

3° Enfin les engrais *mixtes* ou *fumiers* étant la principale ressource de l'agriculture, c'est à cette catégorie qu'il faut s'attacher principalement. Les qualités, la nature et la force de ces engrais varient à l'infini, et dépendent des animaux et des végétaux qui concourent à leur formation et de la manière dont on les traite.

On classe ainsi qu'il suit les excréments des animaux, pour la valeur des fumiers : 1° les animaux carnivores (qui se nourrissent de chair); 2° les granivores (ou mangeurs de graines); 3° herbivores (ou qui vivent de fourrages). Les deux premières espèces sont trop nombreuses dans nos exploitations pour nous arrêter longtemps; cependant, les excréments de nos animaux de basses-cours peuvent former une masse considérable; c'est un engrais énergique et qu'il faut recueillir avec un soin particulier.

Quant aux bestiaux proprement dits, bœufs, vaches, chevaux et porcs, moutons, etc., leurs fumiers ont une valeur proportionnée au régime qu'on leur fait suivre et à l'embonpoint où on les entretient. En supposant que tous soient l'objet de soins intelligents, leurs fumiers se classent ainsi, d'après leur degré d'énergie : 1° mouton; 2° cheval; 3° vache; 4° porc. Remarquez que le cheval et le mouton ont une nourriture plus sèche, plus substantielle, que les vaches et les porcs; aussi, les parties animales qu'ils y mêlent, chair, sang, chyle, etc., sont plus abondantes et plus énergiques, et fournissent plus d'azote à leurs déjections. D'autre part, l'animal gras et bien traité produit un engrais beaucoup plus animalisé que celui qui végète et languit. C'est un fait parfaitement établi. Ainsi, les cultivateurs qui soignent mal leur bétail et le laissent s'étioler, dans la saison d'hiver surtout, sous prétexte qu'il ne fait rien, se font un double tort : leurs engrais diminuent de qualité plus encore que de quantité, pendant que le bétail perd de sa valeur. Ainsi, maigres animaux, maigres fumiers, maigres récoltes. Tout cela s'enchaîne rigoureusement. Avouez que par là s'expliquent bien des misères dans nos pauvres populations rurales.

Ainsi, les fumiers d'étable sont formés : 1° des sucs que les animaux mêlent à leurs aliments dans la digestion; 2° des aliments qu'on leur donne; plus les plantes fourragères sont nourrissantes et profitent aux animaux, plus ils y mêlent de leur propre substance, et par conséquent plus l'engrais est animalisé, plus il est énergique; 3° la litière contribue aussi à la valeur des fumiers; en se dissolvant, elle rend à la terre des éléments utiles pour la formation de nouvelles plantes. Ainsi, la litière de paille de froment contribue à la fertilité d'un champ ensemencé de froment. Il en est de même des autres végétaux. Tous profitent en raison de ce que la terre leur fournit d'éléments qu'ils puissent s'assimiler. Ensuite, la litière est utile à la terre par sa forme même. Dure et pailleuse, elle convient aux terres grasses et épaisses, qu'elle rend plus légères, plus pénétrables à l'air; molle et consommée, elle donne aux terres *légères* et *mouvantes* une consistance et une humidité favorables à la végétation, et les rend plus compactes, plus tenaces.

Voilà ce que fait la nature dans la composition des engrais; voyons maintenant comment le cultivateur doit utiliser cette force précieuse, et surtout l'empêcher de se perdre.

Les fumiers, avons-nous dit, rendent à la terre ce qu'ils lui avaient pris. Mais ils le lui rendent avec usure, car ils y ajoutent des fluides puisés dans l'atmosphère, et les substances animales qu'ils contiennent apportent au sol une véritable richesse, le principal élément de toute végétation, à savoir : l'azote qu'ils contiennent à volume égal en bien plus grande quantité que les substances végétales.

L'azote étant le principal agent de toute végétation, le premier soin du cultivateur doit viser à ce que ses engrais en soient pourvus au plus haut degré possible; le second, à ce qu'ils n'en perdent rien avant de les mêler au sol. Or, cela présente bien quelques difficultés, car si l'azote est la partie la plus précieuse de nos engrais, les substances azotées sont les plus promptes à s'altérer et à se dissoudre : de sorte qu'un fumier primitivement riche d'azote, en a souvent perdu les trois quarts quand on le met en terre. Pour éviter cette perte, il est nécessaire de préserver le fumier de deux excès : excès de chaleur ou de fermentation; excès d'eau ou d'humidité, par l'effet des pluies. La fermentation et la pluie ruinent le fumier, parce qu'elles le privent des substances azotées qu'il contient. Et pourtant, un peu de fermentation est nécessaire pour la décomposition des matières destinées à fertiliser la terre.

Pour préserver les fumiers de l'excès de chaleur, il faut d'abord les tasser solidement; ensuite, on les arrose en rejetant sur le tas les eaux qui s'en échappent, et qu'on recueille avec soin dans un réservoir creusé au bas de la fosse. Ce soin est essentiel; car ces eaux, dites purin, sont un engrais de premier ordre; et rien n'est plus déplorable que l'incurie avec laquelle on les laisse perdre dans la presque totalités de nos métairies. On se demande, à cette vue, lequel est le plus aveugle du malheureux fermier qui laisse ainsi s'en aller son bien, ou du propriétaire qui voit cela de ses yeux et ne dit mot.

Ayez soin que vos litières ne soient pas plus abondantes qu'il ne faut pour absorber les excréments et l'urine de vos bestiaux. Ne mêlez de feuilles aux fumiers que lorsqu'ils sont trop pailleux; ils défendent mieux leur richesse contre les pluies, les chaleurs et autres chances d'appauvrissement auxquelles ils

sont exposés en terre, et la tiennent plus longtemps au service des plantes qu'elle a à nourrir.

Les fumiers absorbent une grande quantité d'eau tant que dure la fermentation; mais quand elle est terminée, l'eau reste à la surface ou coule tout autour. C'est le moment de répandre l'engrais dans les terres qui en ont besoin.

Tel est le moyen de conserver aux fumiers toutes leurs propriétés fertilisantes. Quant à la quantité, nous avons dit qu'on l'obtenait par une bonne nourriture du bétail, fruit de la culture intelligente des plantes fourragères. Ajoutons que le bétail doit séjourner le plus de temps possible dans les étables. La pâture est plutôt un exercice pour lui qu'une nourriture. Il suffit de le faire pâturer dehors quatre heures par jour, même en été, pour sa santé. Plus le bétail passe de temps à l'étable, plus vite il engraisse et plus il donne de fumier, et du fumier de bonne qualité. Au reste, nous reviendrons au mot *Fumier* sur cette question, que nous n'aurions pas traitée ici si nous n'étions vivement pénétré de son importance, stimulé par le besoin de remédier au plus vite aux misères qu'entraîne l'ignorance générale de nos cultivateurs sur ce point capital.

Des engrais liquides. — Les jus ou purins sont la plus précieuse portion des fumiers, avons-nous dit. Au lieu de les rejeter sur le tas, on peut les répandre avec fruit sur les prés ou sur les terres. Les plantes-racines surtout se trouvent bien de ce mode d'arrosage. Pour le pratiquer, on remplit de purin un tonneau percé en haut de petits trous, et sur lequel on place une couche de paille. Arrivé dans le champ ou pré, le tonneau est incliné de manière à laisser échapper le liquide par les trous. Le purin filtre à travers la paille et tombe en s'éparpillant sur le sol; l'on règle la marche de la charrette suivant la quantité qui s'en répand à la fois. Cette opération n'est pas répugnante quand on a traité le purin par le sulfate de fer, qui lui enlève son odeur infecte en fixant l'ammoniaque qui s'y trouve.

Engrais humain. — Les matières fécales et les urines de l'homme sont incontestablement le plus riche des engrais naturels; on peut les évaluer, par individu, à une livre et demie par jour, soit huit cents livres par an; c'est de quoi fumer richement un quart d'hectare. Ainsi, quatre personnes pourraient assurer la fécondité d'un hectare si leurs déjections étaient utilisées! Jugez par là de ce que l'agriculture perd en négligeant, comme nous le faisons, ce précieux engrais. Les Chinois savent cela de temps immémorial, et c'est à l'art d'utiliser l'engrais humain qu'ils doivent une prospérité agricole sans égale dans le monde.

— A merveille, direz-vous, vous en parlez à votre aise; mais ce précieux engrais, avouez-le, n'est pas d'un accès très-ragoûtant.

— L'objection est vraie, aussi ai-je hâte de la résoudre, d'autant plus que la difficulté est très-facile à surmonter.

L'odeur infecte des déjections humaines provient de deux gaz qui s'en exhalent : le carbonate d'ammoniaque et le gaz hydrogène sulfuré. Ces deux substances peuvent être aisément neutralisées. D'abord, le carbonate d'ammoniaque, dès que nous y mettons de la couperose ou sulfate de fer, se change en sulfate fixe, c'est-à-dire qu'il cesse de s'évaporer, et par conséquent devient sans odeur. Or, le sulfate de fer a le même effet sur l'hydrogène sulfuré, qu'il change en sulfure de fer, substance fixe et sans odeur. Ainsi, le sulfate de fer seul enlève aux excréments leur odeur infecte et concentre leur vertu fertilisante.

Voici un moyen très-aisé de mettre à profit les précieuses propriétés de cette substance : On pose un baquet de bois de chêne au fond des fosses d'aisances. Ce baquet est muni d'oreilles aux deux côtés pour être enlevé et remplacé sans peine. On le remplit au tiers d'eau, dans laquelle on fait dissoudre du sulfate de fer dans la proportion d'un kilogramme par dix litres; quand le baquet est plein, on le mêle soit au purin, soit au fumier, dont la force est considérablement augmentée par ce mélange. Traitez vos urinoirs de la même façon, vous aurez l'agrément d'une plus grande propreté dans vos habitations, et votre terre s'enrichira d'un précieux élément de fertilité. Si on pratiquait partout ces indications, la production du territoire français pourrait s'accroître de moitié.

Nous avons traité des meilleurs moyens d'obtenir un fumier d'étable abondant et de bonne qualité, nous traiterons de la manière de le bien employer au mot *fumage*, outre que nous ne traitons jamais d'un végétal quelconque sans indiquer le mode de fumage qui lui convient.

Parlons maintenant des autres engrais :

1° *Colombine, fiente d'oiseaux de basse-cour.* — Les déjections des oiseaux de basse-cour sont le plus riche des engrais mixtes; on les conserve en les desséchant à l'abri de la pluie. Le *guano* (voy. ce mot), que nous allons chercher à grands frais, à trois mille cinq cents lieues, pour en enrichir nos champs, n'est pas d'autre nature que la fiente de nos oiseaux de basse-cour; on voit par là combien il est absurde de laisser perdre cet engrais, pour aller acheter à grands frais celui qui nous vient d'au delà de l'Océan.

2° *Vases et curures.* — Les boues qu'on tire des égouts, des cours d'eau et fossés, sont toujours plus ou moins chargées de débris organiques végétaux ou animaux en décomposition. Si on les recueille et qu'on y mêle une certaine quantité de chaux (5 pour 100 en moyenne), on obtiendra un engrais d'une force très-remarquable.

3° *Coquillages, débris de poissons.* — Dans les pays maritimes, on utilise comme engrais les coquillages, débris de morues, etc., qu'on fait dissoudre dans la chaux vive. Ces mélanges produisent des engrais riches en azote et en matières calcaires.

4° *Boues des villes.* — Ces boues contiennent des éléments organiques d'une certaine valeur comme engrais; mais on ne devrait pas les laisser se consumer en tas, pendant des années entières, aux environs des villes, qu'elles infectent de miasmes méphitiques et malsains. Un procédé avantageux pour les utiliser, c'est de les mélanger de suite avec de la chaux étendue d'eau; on la réunit en petits tas qu'on arrose pendant un mois. L'eau s'évapore, et les tas forment un engrais poudreux d'une grande énergie.

5° *Suie.* — La suie, mêlée soit avec des cendres, soit avec des matières animales, telles que le sang, les chairs, etc., est très-utile pour ralentir la putréfaction, diminuer les odeurs infectes, tuer les petits animaux qui s'y produisent, et assurer l'efficacité de tous les engrais animaux.

En résumé, toutes les substances animales et végétales, sans exception, sont des engrais, et peuvent profiter à la végétation, du moment qu'on en opère la dissolution; ils rendent à la terre les éléments qui les composent, et ces éléments servent à nourrir les plantes.

La déperdition d'engrais, d'après ce qu'on vient de voir, cause un préjudice incalculable à nos campagnes, surtout quand on considère le prix qu'ont atteint les produits de l'agriculture et du jardinage. Nous prions instamment nos lecteurs agriculteurs d'entrer dans la voie que nous venons de leur indiquer : il n'y a là ni essais coûteux, ni difficultés d'exécution; tout est simple et à portée du plus pauvre et du plus ignorant de nos ménages campagnards. Qu'ils les stimulent donc de leurs exemples et de leurs conseils. Si les notions que nous venons de donner étaient appliquées dans la moitié des habitations rurales, elles suffiraient à doubler la production du sol. Nous ne saurons jamais assez méditer ce proverbe de nos ancêtres : *Tant vaut l'homme, tant vaut la terre.* Pour nourrir l'homme, la terre veut être engraissée par lui; nous venons de voir que cela est beaucoup plus aisé qu'on ne le dit.

L. Hervé.

ENGRENAGE (mécanique). — Système de roues dentelées et de pignons qui sont disposés de telle sorte que, lorsque l'on imprime à l'une des roues un mouvement de rotation, toutes les autres sont forcées de tourner avec des vitesses déterminées.

« Outre les engrenages ordinaires, qui sont *cylindriques*, il y a les *engrenages coniques*, ou *roues d'angle*, qui sont des troncs de cône armés de dents, et les *crémaillères*, ou tiges garnies de dents comme dans le cric. Les engrenages sont l'âme de la mécanique; ils font la supériorité des machines modernes. Il faut, toutefois, éviter de les multiplier, parce que chaque roue absorbe par le frottement une partie de la force motrice. Pour prévenir, autant que possible, l'usure, qui détruit rapidement les engrenages, on interpose entre les dents de l'huile, de la graisse ou de la plombagine; on fait engrener des dents en fonte avec des dents en bois. La forme des dents doit être celle d'une portion d'épicycloïde; mais, dans la pratique, on se contente de terminer leurs côtés par des arcs de cercle; leur largeur est ordinairement de quatre à cinq fois leur épaisseur. »

ENNUI (philosophie, morale). — Langueur d'esprit, dégoût accablant de la position dans laquelle on se trouve. Cet état fâcheux existe lorsque notre âme n'est intéressée par aucun sentiment qui la remplisse ; lorsque nos sens ne sont occupés de rien d'agréable, ou lorsqu'ils sont livrés à l'oisiveté ; lorsque notre esprit languit dans l'inertie, ou lorsque nous sommes contraints de vivre absents d'un objet essentiel à notre existence. L'ennui naît encore de la trop fréquente habitude d'une même chose.

Une des plus grandes sources de malheur, a dit un écrivain judicieux, pour ceux que la nature et la fortune semblent avoir voulu mettre hors des limites de la misère commune, c'est l'ennui, cette espèce d'atonie de l'âme, cette cessation de sentiment et de vie, qui naît de l'inutilité de tout besoin d'efforts, et par qui la justice divine semble avoir tellement compensé les dons de l'aveugle fortune, qu'on peut douter peut-être que l'homme le plus pauvre ne soit pas plus heureux que celui qui possède une fortune immense. La mort est la cessation des mouvements du cœur, l'ennui en est le ralentissement ; c'est la lassitude de l'âme, suite inévitable de l'excès de son activité. La Providence, qui a créé le sommeil pour reposer l'épuisement de nos forces, a créé en même temps l'ennui pour reposer l'épuisement de nos sensations ; c'est en vain : l'homme ne cède qu'à l'extrémité à cet état réparateur ; il repousse le repos comme il repousse un ennemi ; il se livre avec transport à tout ce qu'il croit pouvoir exciter son activité et lui donner du mouvement ou de nouvelles sensations. L'ennui est, dans l'univers, un ressort plus général et plus puissant qu'on ne l'imagine. De toutes les douleurs, c'est, sans contredit, la moindre ; mais enfin c'en est une. Le désir du bonheur nous fera toujours regarder l'absence du plaisir comme un mal. Nous voudrions que l'intervalle nécessaire qui sépare les plaisirs vifs, toujours attachés à la satisfaction des besoins physiques, fût rempli par quelques-unes de ces sensations qui sont toujours agréables lorsqu'elles ne sont pas douloureuses. Nous souhaiterions donc, par des impressions toujours nouvelles, être à chaque instant averti de notre existence, parce que chacun de ces avertissements est pour nous un plaisir. Voilà pourquoi le sauvage, dès qu'il a satisfait ses besoins, court au bord d'un ruisseau, où la succession rapide des flots qui se poussent l'un l'autre font à chaque instant sur lui des impressions nouvelles ; voilà pourquoi nous préférons la vue des objets en mouvement à celle des objets en repos ; voilà pourquoi l'on dit proverbialement : *le feu fait compagnie*, c'est-à-dire qu'il nous arrache à l'ennui. Pour connaître encore mieux tout ce que peut sur nous la haine de l'ennui, et quelle est quelquefois l'activité de ce principe, qu'on jette sur les hommes un œil observateur, et l'on sentira que c'est la crainte de l'ennui qui fait agir et penser la plupart d'entre eux ; que c'est pour s'arracher à l'ennui qu'on risque de recevoir des impressions trop fortes, et par conséquent désagréables ; que les hommes recherchent avec le plus grand empressement tout ce qui peut les remuer fortement ; que c'est ce désir qui fait courir le peuple aux exécutions, les gens du

monde au théâtre ; que c'est ce même motif qui, dans une dévotion triste et jusque dans les exercices austères de la pénitence, fait souvent chercher aux vieilles femmes un remède à l'ennui. Il y a deux moyens d'éviter l'ennui : sentir et penser. Mais comme il est rare et comme il est impossible de pouvoir toujours remplir l'âme par la seule méditation, et qu'il est quelquefois dangereux de se livrer aux passions qui nous affectent, cherchons contre l'ennui un remède particulier, à portée de tout le monde, et qui n'entraîne aucun inconvénient ; ce sera celui des travaux du corps, réunis à la culture de l'esprit, par l'exécution d'un plan bien concerté, que chacun peut former et remplir de bonne heure, suivant son rang, sa position, son âge, son sexe, son caractère et ses talents. Vivre avec les gens qu'on aime, s'occuper des fonctions de son état, ou, si l'on n'est pas occupé, se prescrire un travail suivi ; choisir, d'ailleurs, un genre de vie qui puisse être de quelque utilité pour autrui ou pour soi, voilà les moyens de prévenir toujours l'ennui. Savoir le prévenir, c'est éviter un des maux les plus insoutenables, et dont l'effet est le plus propre à conduire à tous les vices.

ENSEIGNE [du latin *insignium*, dont on a fait signe, insigné]. — Marque, indice servant à faire reconnaître quelque chose.

Dans la première antiquité, rien n'était plus simple que les enseignes militaires. Des branches de verdure, des oiseaux en plumes, des têtes d'animaux, etc., aidaient les nations ou partis à se reconnaître dans les combats. Mais à mesure que l'art de la guerre se perfectionna, on inventa des enseignes moins fragiles ou plus brillantes, et chaque peuple voulut que les siennes fussent distinguées par des symboles qui lui appartinssent.

Chez les Juifs, les tribus d'Israël avaient chacune une enseigne de la couleur qui lui était propre, et sur laquelle était la figure ou le symbole qui désignait chaque tribu selon la prophétie de Jacob.

Les Égyptiens choisirent pour symbole de leurs enseignes le taureau, le crocodile, etc. Les Assyriens eurent des colombes, parce que le nom de Sémiramis signifie colombe.

Dans les temps héroïques, un bouclier, un casque, une cuirasse au haut d'une lance, furent les enseignes militaires des Grecs. Au siège de Troie, Agamemnon prit un voile de pourpre pour servir de ralliement à son armée. L'usage des enseignes avec des devises ne s'introduisit que peu à peu. Celles des Athéniens étaient Minerve, un olivier et une chouette. Les Corinthiens avaient adopté un Pégase ou cheval ailé. Les Messéniens et les Lacédémoniens se contentèrent de la lettre initiale de leur nom.

Les Perses avaient pour enseigne principale un aigle d'or au bout d'une pique.

Les enseignes des anciens Gaulois représentaient des animaux, et principalement le taureau, le lion et l'ours ; celles des Ripuaires une épée qui désignait le dieu de la guerre, et celles des Sicambres une tête de bœuf.

Lorsque les enseignes grossières déplurent aux Romains, ils eurent, au lieu d'une botte de foin et de javelle, les figures du loup, du cheval, du sanglier, du Minotaure; mais Marius y substitua l'aigle.

À l'exemple des anciens, les peuples qui se sont établis en Europe, sur les débris de la grandeur romaine, se sont aussi servis d'enseignes militaires.

En France, Pharamond, Clodion, Mérovée et Childéric son fils portèrent des crapauds sur leurs enseignes; mais quand Clovis eut reçu le baptême, il voulut que ses troupes prissent la bannière de saint Martin de Tours, et cette enseigne, d'un bleu uni, devint pour les Français ce que le *labarum* avait été pour les Romains, depuis la conversion de Constantin.

Vers la fin du dixième siècle, la dévotion à saint Martin s'étant ralentie, et les successeurs de Hugues Capet ayant fixé leur séjour à Paris, la France eut pour patron celui de la capitale; et après la réunion du comté du Vexin à la couronne, dont le comte était l'avoué de l'abbaye de Saint-Denis, Louis le Gros donna à la bannière de ce saint le même rang et la même vogue dont celle de saint Martin avait joui pendant plus de six siècles, et il la nomma *oriflamme*, à cause des flammes d'or dont elle était chargée.

Il y a lieu de croire que l'oriflamme fut prise en 1415 à la sanglante bataille d'Azincourt, car, depuis cette époque, il n'en est plus fait mention dans l'histoire.

Outre l'oriflamme, il y avait encore dans les armées françaises deux enseignes principales, savoir : l'étendard de France et le pennon royal.

Sous Charles VII, les bannières et les pennons disparurent, et furent placés aux drapeaux de l'infanterie, aux étendards, aux guidons de la gendarmerie, et aux cornettes de la cavalerie.

L'usage de mettre des croix sur les enseignes avait commencé au temps des croisades, et ces croix furent rouges dans les enseignes de France jusqu'au temps de Charles VI; c'était alors la couleur de la nation. Mais les Anglais, qui avaient jusqu'alors porté la croix blanche, ayant pris la rouge, à cause des prétendus droits qu'ils croyaient avoir sur le royaume de France, Charles VII, encore dauphin, changea la croix rouge des enseignes françaises en une croix blanche, se donna à lui-même une enseigne toute blanche, qu'on nomma *cornette*, et la donna pour enseigne à la première des compagnies de gendarmerie qu'il créa.

Depuis Charles VII jusqu'à François Ier, il n'y eut en France que deux enseignes royales blanches, savoir : la cornette blanche et la cornette royale, qui était comme l'étendard du corps du prince, et qu'on portait devant lui, soit dans les batailles, soit en temps de paix, dans les grandes solennités; mais depuis les guerres du calvinisme, outre les cornettes blanches des généraux d'armée, à qui le roi accordait cette prérogative, il y eut en France, surtout sous Charles IX, autant d'enseignes blanches qu'il y avait de colonels généraux des différentes milices.

Chaque colonel mit son drapeau blanc dans sa compagnie colonelle, et par la suite, lorsque l'infanterie fut augmentée, le colonel général voulut avoir une compagnie dans chaque régiment, et que cette compagnie eût un drapeau blanc.

Enfin, le droit du drapeau blanc passa de la compagnie colonelle générale à la compagnie colonelle. La dernière ayant été supprimée, chaque mestre-de-camp ou colonel d'un corps particulier s'arrogea à cet égard les prérogatives du colonel général. (*Lunier*.)

ENSEIGNEMENT (pédagogie). — Voyez *Éducation*, *Instruction publique* et *Pédagogie*.

ENSEMENCEMENT (agriculture). — Action de mettre la semence en terre. Cette opération, bien simple en apparence, est très-rarement exécutée de manière à assurer de bonnes récoltes. En France, dans la culture ordinaire, on sème par poignées à la volée, puis on enterre avec la charrue et quelquefois avec la herse : ce système est généralement condamné dans les pays de culture avancée, comme l'Angleterre et la Belgique. Il est constant, en effet, que le semis à la volée entraîne une grande perte de semence; tous les grains qui sont trop peu enterrés par la charrue sont ou mangés par les oiseaux, ou ne lèvent pas bien, faute de terre; ceux qui sont trop enterrés sont étouffés. Pour remédier à ces défauts, en Angleterre, on sème en ligne régulière avec un instrument dit *semoir*. Les semences ainsi disposées sont plus distantes entre elles que dans le semis à la volée, mais elles sont espacées régulièrement; ensuite elles sont toujours enterrées à la profondeur voulue; en conséquence, elles tallent beaucoup davantage, donnent des tiges plus égales, résistant mieux à la verse, et couronnées d'épis plus gros et plus grenus. Le semis en ligne a un autre avantage, c'est de faciliter les binages et les sarclages, deux opérations très-utiles pour écrouter la terre quand elle est sèche, et pour débarrasser le blé des plantes parasites.

Les petits cultivateurs sont trop rarement en position de se servir du semoir, qui coûte cher et demande de l'expérience dans celui qui le manie, pour leur conseiller d'adopter ce mode; mais, au lieu de semer à la volée, ils peuvent piquer leur semence en terre tout simplement avec un piquet, à la profondeur de quatre pouces, et l'enterrer de suite avec le pied et sans charrue. Ce procédé est un peu plus long, il est vrai, mais il les dispense de l'enterrage; ensuite il leur épargne un tiers de semence, et ils peuvent être assurés d'une récolte beaucoup plus abondante. C'est une expérience qui n'a jamais failli à ceux qui l'ont faite. Qu'ils essayent, pour commencer, avec un ou deux sillons, et qu'ils comparent le rendement de ces sillons avec le reste du champ, nous sommes persuadés qu'ils ne voudront plus suivre d'autre mode d'ensemencement. Cela est positif, non-seulement pour le blé et les autres céréales, mais pour toutes les semences, sans exception. En fait de petite culture, la meilleure est celle qui se rapproche le plus du jardinage. Or, dans les jardins, la terre est toujours bien défoncée, bien fumée, bien ameublie, et les semences sont faites au piquet, puis binées et sarclées quand il le faut. Avec les mêmes procédés, vos produits agricoles tripleraient infailliblement. C'est surtout en matière d'ensemencement au piquet que le vieux dicton est parfaitement applicable.

> Qui sème dru ;
> Récolte menu;
> Qui sème menu
> Récolte dru ;

à condition, bien entendu, que la terre soit bien ameublie et bien fumée. **L. HERVÉ.**

ENTABLEMENT (architecture). — Ensemble de champs et de moulures couronnant soit une suite de pilastres ou de colonnes, soit une partie de mur plus ou moins orné. Au mot *Ordre* nous traiterons des entablements en particulier. Pour l'instant, nous nous bornerons à dire qu'un entablement se compose en général de trois parties, qui sont : *l'architrave*, la *frise* et la *corniche*. — Voyez ces mots.

L'architrave est formée par une ou plusieurs faces lisses, séparant ou supportant un petit nombre de moulures ; il est toujours placé à la partie inférieure de l'entablement.

La frise est une surface quelquefois lisse, mais plus souvent recouverte d'ornements. Elle repose sur l'architrave.

La corniche est une réunion de moulures, faisant saillie les unes au-dessus des autres. C'est la partie la plus importante, comme décoration, de tout l'entablement qu'elle est destinée à couronner.

Quelquefois la frise est supprimée, et la corniche repose directement sur l'architrave ; l'ensemble porte alors le nom de *corniche architravée*. **CH. G.**

ENTÉRITE (pathologie) [du grec *entéron*, intestin]. — Inflammation de la membrane muqueuse du canal intestinal, qui est aiguë ou chronique.

Les causes principales de *l'entérite aiguë* sont : « l'action directe de substances âcres ou vénéneuses introduites dans les voies alimentaires, l'abus des purgatifs drastiques ou des liqueurs alcooliques, l'usage d'aliments de mauvaise qualité, des eaux malsaines, des glaces ; la présence de corps étrangers, surtout de vers, dans les intestins ; une hernie étranglée, etc. Cette affection se propage souvent à l'estomac et au gros intestin, et alors elle constitue la *gastro-entérite*.» — A l'état aigu, l'entérite présente les symptômes suivants : abdomen tendu, brûlant au toucher ; douleur sourde et profonde, dans la fosse iliaque droite surtout; coliques plus ou moins fortes, avec constipation opiniâtre ; soif ardente, nausées, vomissements, borborygmes ; urines peu abondantes, rouges et sédimenteuses ; inappétence, insomnie, sécheresse de la peau ; pouls dur, langue rouge à la pointe et au pourtour, sèche et jaune au centre ; et, si le mal empire, prostration des forces, froid des extrémités. Sa durée est de cinq à vingt jours ; sa terminaison peut avoir lieu par *résolution*, par la formation d'un *abcès*, par la *gangrène* ou par le passage à l'état *chronique.* »

L'entérite chronique est le plus souvent bornée à une portion peu étendue du conduit intestinal ; ses symptômes sont la fréquence des évacuations alvines et la liquidité des matières excrétées ; le ventre est peu douloureux ; l'appétit peut persister ; cependant l'embonpoint et les forces diminuent. Sa durée est illimitée et sa terminaison incertaine.

L'entérite aiguë est combattue par la diète, les boissons mucilagineuses, gommeuses, par les cataplasmes et les lavements émollients, enfin par les saignées générales ou surtout locales. — La convalescence exige de grands soins. L'entérite chronique réclame l'usage des viandes blanches, de boissons acidules, gazeuses, aromatiques, astringentes ; les eaux minérales de Vichy, de Contrexeville, de Spa ; l'habitation à la campagne.

ENTOMOLOGIE (zoologie) [du grec *entomos*, insecte, et *logos*, discours.] — Partie de la zoologie qui traite des insectes. — Voyez ce mot.

ENTORSE (chirurgie) [du latin *interquere*, tordre], vulgairement *foulure*. — Distension violente de l'appareil fibreux et musculaire qui environne les grandes articulations, surtout celles du pied et du poignet. Un faux pas, une chute, un effort, telles sont les causes plus ordinaires de cette affection, qui est toujours accompagnée de douleur vive, d'engorgement et d'ecchymose. — Pour quelques personnes, l'entorse est un accident léger, qui ne demande qu'un peu de repos : sans doute, si les désordres se bornent à une simple distension des ligaments ; malheureusement il n'en est pas toujours ainsi, car ces ligaments peuvent être déchirés ; les capsules synoviales peuvent être ouvertes ; les cartilages articulaires contus ; les tendons, les nerfs, les muscles, tiraillés ; les vaisseaux voisins rompus ; les os fracturés ; enfin la suppuration, le ramollissement, la carie des os peuvent se manifester, et même une tumeur blanche survenir, et donner lieu à l'amputation du membre affecté.

Traitement. — Les répercussifs, tels que l'eau froide pure ou additionnée de vinaigre, d'extrait de Saturne, employés aussitôt après l'accident, s'opposent souvent au développement de l'engorgement inflammatoire ; mais cette immersion doit être continuée pendant plusieurs heures, et il faut renouveler l'eau à mesure qu'elle s'échauffe. Lorsque le membre est retiré de l'eau, on l'enveloppe de compresses imbibées d'eau blanche que l'on mouille souvent. Si, malgré ces moyens, une tuméfaction considérable se développe, on recourt au traitement antiphlogistique : sangsues, cataplasmes émollients et narcotiques ; repos absolu et *position élevée du membre*; mais dès que les symptômes inflammatoires diminuent, on revient aux répercussifs jusqu'à la disparition complète de l'ecchymose. **B. L.**

ENTOZOAIRES ou VERS INTESTINAUX (zoologie) [du grec *entos*, dedans, et *zoôn*, animal]. — Animaux parasites dont Cuvier faisait sa seconde classe de zoophytes, et que les progrès de la science ont depuis placés dans la classe des helminthes, à la suite des annélides.

Nous citerons parmi les entozoaires ceux qui sont figurés sur la planche 34 : ce sont, en partant de haut en bas, les *filiaires, ascarides, lernées, tœnias* et *ligules*. — Voy. *Annélides, Helminthes* et *Vers intestinaux.*

ENVIE (philosophie, morale). — Désir d'avoir, d'acquérir ce dont jouit une autre personne ; sentiment qui fait naître en nous le chagrin de voir posséder par un autre un bien que nous désirons.

« L'envie est une passion triste, qui devient le tourment de ceux qu'elle possède et de ceux qu'elle attaque. En général, l'envie a quelque chose de bas ; car d'ordinaire cette sombre rivale du mérite ne

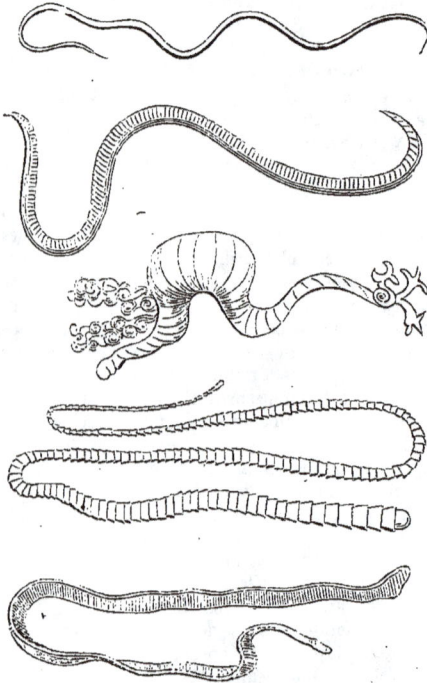

Fig. 34. — Entozoaires: Filiaire. — Ascaride. — Lernée —
Tænia. — Ligule.

cherche qu'à le rabaisser, au lieu de tâcher de s'élever jusqu'à lui : froide et sévère sur les vertus d'autrui, elle les nie, ou leur refuse les louanges qui leur sont dues. Les objets qui donnent le plus de satisfaction aux hommes bien nés causent à l'envieux les plus vifs déplaisirs ; les bonnes qualités de ceux de son espèce lui deviennent amères ; la jeunesse, la beauté, la valeur, les talents, le savoir, etc., excitent sa douleur.

Lorsque l'envie se joint à la haine, toutes deux se fortifient l'une l'autre ; ces deux passions ne sont reconnaissables entre elles qu'en ce que la dernière s'attache à la personne, et la première à l'état, à la condition, aux avantages, aux lumières et au génie.

Toutes deux multiplient les objets et les rendent plus grands qu'ils ne sont ; mais l'envie est un vice pusillanime, plus digne de mépris que de ressentiment, dont les ressources se bornent à mettre en évidence les petites taches, les légers défauts, dont ne sont pas exemptes les personnes les plus illustres.»

ENVIES (pathologie) [*nævus*]. — Nom donné à certaines taches que les enfants apportent en naissant, et que l'on attribue à tort, suivant tous les médecins, à des désirs que la mère a eus pendant sa grossesse. — Il faut dire qu'en effet, les femmes se plaisent, lorsque leurs enfants ont quelques taches en venant au monde, à remonter à des désirs dont la preuve de l'existence ne peut être donnée ni contredite. — Jacob, Hippocrate, Gallien, citent des faits pour accréditer cette idée ; Pline rapporte qu'une femme mit au monde un éléphant pour en avoir regardé un trop longtemps ; heureusement que nos dames ne commettent plus d'aussi grosses imprudences que du temps de Pline ; mais ce qu'il y a de certain, c'est qu'il naît tous les jours des enfants avec des lentilles, des fraises, des raisins, sans que les mères aient jamais eu d'envies, tandis que d'autres, qui en ont eu beaucoup qu'elles n'ont pu satisfaire, accouchent d'enfants qui ne présentent aucune espèce de taches. Le philosophe Malebranche aurait donc pu se dispenser de conseiller aux femmes qui avaient des envies impossibles à satisfaire de se gratter ailleurs qu'au visage.   B. L.

ÉPACTE (astronomie). — Nombre de jours dont l'année solaire commune surpasse l'année lunaire. Ce nombre est de près de 11 jours pour un an ; ces 11 jours sont l'épacte de la 2e année : la différence de la 3e année est de 22 jours ; celle de la 4e, de 33.

« On forme de ce nombre un mois intercalaire, en retranchant trois unités, qui sont l'épacte de la 4e année ; celle de la 5e est 14 ; de la 6e, 25. La 7e en donnant 36, on en retranche 6 pour ajouter à 11, ce qui donne 17, et ainsi de suite. Le cycle des épactes expire avec le Nombre d'or, ou le cycle lunaire de 19 ans, et il recommence dans le même temps. Les valeurs de l'épacte correspondant à chaque Nombre d'or s'expriment ainsi :

NOMBRE D'OR : I — II — III — IV — V — VI —
ÉPACTES : — 0 — 11 — 22 — 3 — 14 — 25 —
VII — VIII — IX — X — XI — XII — XIII —
6 — 17 — 28 — 9 — 20 — 1 — 12 —
XIV — XV — XVI — XVII — XVIII — XIX.
23 — 4 — 15 — 26 — 7 — 18.

Cette correspondance doit changer avec les siècles : de 1900 à 2100, il faudra ôter un à chaque épacte ; 13 répondra au nombre d'or IV, 16 à VII, etc., la période de 19 ans n'étant pas rigoureusement exacte. Il faudra aussi changer cette correspondance tous les 300 ans. Les épactes servent à indiquer, pendant toute l'année, le jour de la nouvelle lune. »

ÉPARGNE (CAISSE D').—Institution destinée à recevoir les plus petites sommes que les particuliers veulent y placer, fondée pour offrir à toutes les personnes laborieuses le moyen de se créer des économies. Voici les principales dispositions qui régissent cette institution : Il est délivré gratuitement à tout déposant un livret numéroté, portant les noms et prénoms, âge, profession et demeure du titulaire, et destiné à l'inscription de toutes les sommes qui seront successivement versées ou retirées pour son compte. Ceux qui viennent faire un premier versement doivent se présenter en personne; les versements subséquents peuvent être faits par un tiers. Aucun versement ne peut être moindre de 1 fr., ni excéder 300 fr. à la fois. Nul ne peut faire plus d'un versement par semaine. Depuis la loi du 30 juin 1851, on ne reçoit plus de versement lorsque le compte d'un individu s'élève à 1,000 fr. Toutes les sommes reçues sont immédiatement versées à la caisse des dépôts et consignations, qui, depuis la loi du 7 mai 1853, en sert l'intérêt à 4 pour 100 par an. Toute somme de 1 fr. et au-dessus produit intérêt. Les intérêts sont réglés à la fin de décembre; on les ajoute au capital pour produire de nouveaux intérêts. On peut retirer à volonté les fonds déposés à la caisse d'épargne : la demande de remboursement n'est admise que le dimanche; elle doit être faite par le titulaire en personne ou par le porteur d'un écrit signé du titulaire. Lorsque, par suite du règlement annuel des intérêts, un compte excède 1,000 fr., si le déposant, pendant un délai de trois mois, n'a pas réduit son crédit au-dessous de cette limite, l'administration achète pour son compte, et sans frais, un coupon de 10 fr. de rente de la dette inscrite. Tout déposant dont le crédit est de somme suffisante pour acheter une rente de 10 fr. au moins peut obtenir sur sa demande, par l'intermédiaire de la caisse d'épargne et sans frais, une inscription de rente sur le Grand-Livre. Tout déposant qui change de résidence peut demander le transfert de la totalité des fonds qu'il possède à la caisse de Paris dans l'une des caisses départementales, et réciproquement.

La première caisse d'épargne a été fondée à Hambourg en 1778; dès 1787, Berne suivit cet exemple; en 1800, Wilberforce s'était efforcé de doter l'Angleterre de cette utile institution; mais ce n'est que dix ans plus tard qu'elle put y être introduite. « La première caisse anglaise fut établie à Rutwell en 1810; Édimbourg eut la sienne en 1813, et Londres en 1816. C'est en 1818 seulement que la France entra dans cette voie; à cette époque, une société de vrais philanthropes, à la tête desquels étaient MM. Benjamin Delessert et Larochefoucauld-Liancourt, fonda à Paris une caisse d'épargne qui bientôt compta de nombreuses succursales dans les départements. Encouragée par le gouvernement, qui prit en sa faveur plusieurs mesures des plus favorables, la caisse d'épargne était arrivé, en 1848, au plus haut point de prospérité; mais elle eut alors fortement à souffrir de la crise publique : les déposants redemandèrent en foule les sommes versées, et le gouvernement provisoire se vit forcé d'interdire les remboursements. Plusieurs mesures prises depuis ont ramené la con-

fiance : la loi du 30 juin 1851, en abaissant à 1,000 fr. le maximum des sommes déposées, qui précédemment pouvaient s'élever à 3,000 fr., a eu pour but de prévenir le retour des embarras éprouvés en 1848, tout en consolidant l'institution. »

ÉPÉE (art militaire) [du grec *spáthê*, dont les Latins ont fait *spata*, les Italiens *spada*, les Espagnols *espada*.] — Arme offensive et défensive que l'on porte à son côté.

Il serait aussi fastidieux qu'inutile de rechercher l'origine de l'*épée*. Elle doit être aussi ancienne que l'intérêt et l'ambition des peuples qui cherchèrent à s'agrandir ou à faire des esclaves. En parlant de l'antiquité la plus reculée, les historiens s'accordent à dire que les *épées* étaient de cuivre et du poli le plus parfait.

L'*épée* des Grecs était plus courte que celle des Romains; ils la portaient sur la cuisse droite, sans doute pour laisser plus libre le mouvement du bouclier qu'ils avaient au bras gauche. Un Lacédémonien disait que ceux de son pays portaient des *épées* fort courtes pour en frapper de plus près leurs ennemis.

Les *épées*, dans les temps de la troisième race des rois de France, devaient être larges, fortes et d'une bonne trempe, pour ne point se casser sur les casques et sur les cuirasses. Il y avait des *épées* courtes, nommées *braquemars*, qui avaient de la pointe et étaient à deux tranchants. Il y en avait de larges, nommées *stocades*. Il y en avait dont on ne pouvait se servir qu'avec les deux mains et qu'on nommait *espadons*.

La mode des *épées* courtes subsistait encore en France du temps de saint Louis : elles avaient de la pointe et étaient à deux tranchants.

Les Mexicains avaient des *épées* de bois garnies de pierres, qui n'étaient pas moins dangereuses que les nôtres. En Espagne, les *épées* doivent avoir une certaine longueur.

ÉPERLAN (zoologie) [*osmerus*]. — Genre de poissons malacoptérygiens, de la famille des salmonés (saumons), différant des saumons et des truites par la position de leurs ventrales, qui sont placées au-devant de la première dorsale, par leurs rayons branchiostèges au nombre de huit, et par l'uniformité de leurs couleurs. Pour le reste, ils ressemblent aux truites : ce sont les mêmes formes extérieures et la même délicatesse de chair. On n'en connaît qu'une seule espèce, joli petit poisson d'environ 15 centimètres, que l'on pêche sur les côtes de l'Océan, à l'embouchure des grands fleuves. Il joint à une saveur des plus agréables, une parure des plus brillantes; c'est un mélange admirable de teintes argentées et d'un vert clair. Sa peau et ses écailles sont si diaphanes, qu'on peut distinguer dans la tête le cerveau, et dans le corps les vertèbres et les côtes, et c'est cette transparence, jointe à sa couleur argentée et aux reflets irisés de ses écailles, qui a fait comparer ses nuances à celles des perles, d'où lui est venu son nom.

ÉPERVIER (zoologie). — Sous-genre d'oiseaux de l'ordre des rapaces, famille des diurnes et tribu des faucons. C'est une des divisions de l'*autour* (voy. ce mot). L'épervier est beaucoup plus petit que l'autour ; il a aussi les tarses plus faibles ; sa nourriture se compose principalement de taupes, souris, grives, alouettes, etc. Il est commun dans toutes les contrées de l'Europe.

ÉPHÉLIDES (pathologie). — Vulgairement *taches de rousseur*, *son*, *panne*, *cloasma*, *lentilles*. « Taches d'un jaune plus ou moins foncé, de forme et de dimensions variables, qui se répandent sur divers points de la peau, principalement sur les parties exposées à l'air ou à l'action des rayons solaires. Elles sont plus communes chez les femmes, les enfants, les sujets blonds ou roux ; les femmes enceintes y sont particulièrement sujettes. Tantôt elles naissent

Fig. 35. — Épervier.

spontanément, tantôt elles proviennent d'une exposition trop prolongée à l'action de la chaleur (*éphélides ignéales*), ou d'une altération des voies digestives (*éphélides hépatiques*) ; souvent elles accompagnent le scorbut ou la syphilis (*éphélides scorbutiques*, *syphilitiques*). » Ces taches disparaissent quelquefois d'elles-mêmes, mais souvent elles résistent avec opiniâtreté à tout traitement.

Voici néanmoins les moyens qu'on oppose aux éphélides : on évite l'exposition au soleil, au grand air ; on fait usage de tisanes amères (bardane douce-amère), de frictions avec les pommades de borax mercurielle, de concombre, quelquefois de purgatif, salins (sulfate de soude, de magnésie, eau de Sedlitz).

ÉPHÉMÉRIDES [du grec *ephémeris*, journal, formé d'*épi*, dans, et de *hémera*, jour : livre qui

contient les événements de chaque jour.] — Éphémérides, en astronomie, signifie un livre qui contient, pour chaque jour, les lieux des planètes et les circonstances des mouvements célestes.

Les plus anciennes éphémérides dont il soit parlé dans l'histoire de l'astronomie sont celles qui furent calculées par Régiomontanus, et qui s'étendent depuis l'année 1475 jusqu'à 1531. Il y en a de plus anciennes, et notamment celles de Monterigio, qui portent la date de 1400 ; mais elles sont si informes et si peu connues, que l'on n'en a fait aucune mention.

Les plus célèbres calculateurs d'éphémérides, après Régiomontanus, sont Stoffler, Stadius, Leovitius, Origan et Argoli, dont les travaux s'étendent, à quelques lacunes près, depuis 1482 jusqu'en 1700.

Noël Duret, de Montbrison, fut le premier Français qui calcula les éphémérides, pour les années 1637-1700.

La Hire fils continua celles d'Argoli, qui finirent en 1700 ; il fut suivi par Desforges, Lieutaud, Desplaces, Bomie, l'abbé de la Caille et Lalande, jusqu'en 1792.

La connaissance des temps est un livre analogue aux éphémérides, et que l'Académie des sciences a fait calculer, depuis l'année 1679, jusqu'à sa suppression.

Cet ouvrage est maintenant continué par une commission établie par le gouvernement sous le nom de commission des longitudes.

Mais ces divers ouvrages ne peuvent être comparés, ni pour l'exactitude, ni pour l'utilité, à celui qui se publie à Londres, depuis 1767, sous le titre de *Nautical Almanac*, *Almanach nautique*, pour l'usage de la marine. Il est vrai qu'on a pris, pour rendre ce livre véritablement utile, des soins qui ne sont point au pouvoir des particuliers. C'est l'État qui entretient des calculateurs répandus dans différents endroits de l'Angleterre, et qui soumettent leurs calculs à un vérificateur à Londres. On y trouve des distances de la lune au soleil et aux étoiles, de trois en trois heures, tous les jours, soit à l'orient, soit à l'occident de la lune ; de sorte qu'avec cette immense quantité de calculs, on peut espérer d'avoir la longitude sur mer, à un demi-degré près, toutes les fois qu'on aura observé avec le quartier de réflexion la distance de la lune au soleil ou à une étoile.

Cette sorte d'éphémérides, pour l'usage de la marine, avait été projetée en France par Morin, sous le cardinal de Richelieu, et les tables lunaires qui concoururent pour le prix proposé par le roi d'Espagne à celui qui découvrirait la longitude en mer sont regardées, même par le savant astronome royal d'Angleterre, M. Maskelyne, comme le germe de tout ce qui a été fait depuis dans ce genre.

L'académie royale de marine de Brest fit d'abord réimprimer les calculs du *Nautical Almanac*. M. Delalande les inséra dans sa *Connaissance des Temps* ; M. Jeaurat a continué ; et l'on publie ces éphémérides plusieurs années d'avance pour l'utilité des navigateurs.

ÉPICENE (grammaire) [du grec *epikoinos*, au-dessus du commun]. — Ce mot signifie qui est en commun, ou qui est commun avec un autre. On appelle *noms* ou *substantifs épicènes* des noms d'espèces qui, sous un même genre, se disent du mâle et de la femelle. On dit aussi substantivement *un épicène*. C'est ainsi que nous disons *un rat, une souris, une linotte, un corbeau, une corneille*, etc., que nous parlions du mâle ou de la femelle. Cependant la Fontaine a employé *rate* pour désigner la femelle du rat :

Quelques *rates*, dit-on, en pleuraient de dépit.

Généralement nous employons une terminaison différente ou un mot particulier pour distinguer le mâle de la femelle quand la conformation extérieure des animaux nous fait aisément connaître celui qui est le mâle et celui qui est la femelle, comme *le bouc, la chèvre; le coq, la poule*, etc.

Mais, pour les animaux qui ne nous sont pas assez familiers, ou dont la conformation ne nous indique pas plus le mâle que la femelle, nous leur donnons un nom que nous faisons arbitrairement ou masculin ou féminin; et, quand ce nom a une fois l'un ou l'autre de ces deux genres, s'il est masculin, il se dit également de la femelle; et s'il est féminin, il ne se dit pas moins du mâle.

Quand on a à qualifier les épicènes, on donne à l'article ou à l'adjectif le genre que l'usage a donné à ce nom, et non celui qui se rapporte à leur sexe.

Mais si l'on veut déterminer d'une manière plus positive le sexe de l'animal, il faut se servir des mots *mâle* et *femelle*. *La souris mâle, la souris femelle, le rat mâle, le rat femelle*, ou *le mâle du rat, le mâle de la souris, la femelle du rat, la femelle de la souris.* Mais toujours, même en ce cas, l'accord se fait de la même manière.

Pour quelques-unes de nos espèces d'animaux, nous avons, au contraire, plusieurs mots différents pour désigner le mâle, la femelle et les petits. Ainsi nous disons : *le bœuf, la vache, le taureau, le veau, la génisse; le mouton, la brebis, le bélier, l'agneau*, et même quelquefois *l'agnelle; le porc, pourceau* ou *cochon, la truie; le sanglier, la laie, le marcassin; le coq, la poule, le poulet* ou *poussin; le cerf, la biche, le faon*, etc.

Il ne faut pas confondre les noms épicènes avec les *noms communs* ou du *genre commun*. On appelle ainsi les noms qui ont une même terminaison pour les deux genres, comme en français les mots *auteur, professeur, amateur*, etc.; en latin les mots *civis*, citoyen ou citoyenne; *conjux*, mari ou femme; *parens*, père ou mère; *bos*, bœuf ou vache, etc.

Le mot *auteur* n'a pas toujours servi pour désigner l'homme et la femme qui composent des ouvrages, on disait autrefois *autrice*, mot utile que l'on a eu grand tort de laisser tomber en désuétude, et que l'on a abandonné juste au moment où il aurait été le plus utile, à l'époque où le nombre des femmes auteurs s'est augmenté. Quant au mot *amateur*, si on l'emploie pour les deux genres, ce n'est pas

parce que le mot *amatrice* n'existe pas, car il a été employé par nos meilleurs écrivains et il est recommandé par nos plus célèbres grammairiens, mais il a contre lui les stupides plaisanteries des faiseurs de calembours, ce qui fait que les dames n'osent s'en servir. Le féminin de *professeur* serait très-utile, et ce mot admettrait facilement la forme féminine; en quoi *professeuse* choquerait-il ? Il n'a rien de désagréable à l'oreille, il est conforme aux lois de l'analogie; il n'a contre lui que sa nouveauté. On pourrait faire des observations analogues sur plusieurs autres mots de la même espèce.

En latin, si le mot *bos* se dit quelquefois pour le masculin et le féminin, on admet aussi les mêmes distinctions qu'en français ; on dit en effet *bos, vacca, taurus, vitulus*; de même, au lieu d'employer *conjux* pour désigner le mari et la femme, on dit souvent *vir* ou *maritus* pour désigner l'homme, et *uxor* ou *conjux* pour la femme.

En latin, quelques mots sont communs pour la signification, mais ne le sont pas pour la construction. Ainsi *homo* s'employait quelquefois pour désigner l'homme et la femme; mais on ne disait pas *mala homo* pour une méchante femme.

Non-seulement il y a des substantifs communs, mais il y a encore des adjectifs communs, tels sont, en français, les adjectifs *sage, fidèle, utile*, etc., qui s'emploient aussi bien au masculin qu'au féminin.

En latin, il y a un certain nombre d'adjectifs qui sont communs pour le masculin et le féminin, mais qui ont une terminaison différente pour le neutre; tels sont : *utilis, celebris, regalis*, etc. Ces adjectifs ont servi, dans notre ancienne langue française, à former des adjectifs communs, qui, depuis, ont pris deux terminaisons, comme la plupart des autres adjectifs. Ainsi, par exemple, si l'on disait des *lettres royaux*, des *prisons royaux*, cela venait de ce que le mot *regalis*, qui nous a fourni le mot *royal*, s'employait pour le masculin et le féminin, et que nos ancêtres se sont conformés à l'usage latin. On dirait aujourd'hui des *lettres royales*, des *prisons royales*. C'est cet ancien usage qui explique pourquoi nous disons *grand'mère, grand'messe; grand* a été formé de *grandis*, adjectif commun. L'apostrophe n'a été introduite que par ignorance de cette coutume de nos pères; ils n'avaient pas d'élision à indiquer, puisqu'ils n'employaient pas d'*e* en ce cas; rien ne peut donc justifier la présence de cette apostrophe, que l'on s'obstine cependant à conserver.

J.-B. Prodhomme,
Correcteur à l'Imprimerie Impériale.

ÉPIDÉMIE [du grec *épis*, sur, et *démos* peuple.] — On appelle *épidémies* ou *maladies épidémiques* toutes les maladies qui, dans une localité, frappent sur un grand nombre d'individus à la fois, mais dont la cause est accidentelle, fortuite, passagère, le plus souvent inconnue. La coqueluche, le croup, la scarlatine, la dyssenterie, les fièvres intermittentes, le typhus, la fièvre jaune, la peste, le choléra, la variole, la suette, les fièvres éruptives, les névroses, etc., peuvent revêtir la forme épidémique.

Les causes des épidémies sont encore aujourd'hui un objet de doute et de controverse qu'il est difficile, dans le plus grand nombre des cas, de résoudre d'une manière satisfaisante. L'influence de l'air, de l'humidité, de l'alimentation, joue certainement un grand rôle dans la production de quelques épidémies bornées à de petites localités ; mais on ne peut assigner les mêmes causes à ces grandes épidémies qui parcourent souvent plusieurs royaumes, où les conditions de climats sont souvent complétement opposées ; ainsi la grippe qui, à diverses époques, s'est propagée dans toute l'Europe, depuis la Russie jusqu'à l'Espagne et l'Italie, ne pouvait certainement pas être attribuée à une cause unique, lorsque les conditions de climat et de température se trouvaient si opposées dans les divers pays qu'elle affectait ; et cependant, la maladie conservait son même caractère sous l'influence de circonstances extérieures de natures si diverses. Il en est de même du choléra, qui depuis l'Inde s'est propagé en Europe, en Afrique, en Amérique et même en Océanie, en conservant toujours les mêmes formes que l'on avait observées dans les lieux d'où il est originaire. Cette difficulté d'assigner une cause plausible aux grandes épidémies fait que l'on a cherché à les attribuer le plus souvent à des causes occultes et surnaturelles, causes qui ont toujours été en rapport avec les croyances des temps où ces maladies se sont manifestées ; ainsi, chez les anciens c'était la colère des dieux ; dans le moyen âge, c'étaient des avertissements de Dieu qui rappelaient aux hommes leurs fautes et les engageaient à demander miséricorde. Lorsque l'astrologie fut en faveur, on attribuait les grandes maladies aux influences des astres, à des conjonctions funestes entre certaines planètes. Lorsqu'on en vint à l'étude sévère des sciences exactes, on rechercha ces causes dans l'action de l'air, des vents, du cours des fleuves, dans les grands cataclysmes de la nature, les tremblements de terre, les météores, l'apparition des comètes, etc. ; mais l'observation ayant démontré l'erreur de la plupart de ces prétendues observations, on fut obligé d'y renoncer et de chercher encore les causes rationnelles de ces grandes perturbations, qui pendant longtemps seront sans doute enveloppées d'un voile impénétrable ! Nous avons vu, à l'occasion du choléra, se renouveler une partie des prétentions dont nous venons de faire l'énumération ; toutes les explications ont été émises, on a été jusqu'à voir des insectes producteurs de cette maladie, et jusqu'à envoyer des bouteilles cachetées à l'Académie des sciences, dans lesquelles on disait avoir enfermé les miasmes qui causaient cette épidémie ! Enfin, de ce déluge d'explications, il n'en est pas une seule qui ait pu supporter un examen sévère et rationnel ! Parmi toutes les idées émises à cette époque, il en est cependant une qui paraît avoir fixé l'attention : c'est celle qui attribue les grandes épidémies, et spécialement le choléra, à un état spécial de l'électricité du globe terrestre ; cette hypothèse, qui paraît plus probable que toutes celles qui ont été avancées, est encore loin d'être dé-

montrée ; car il faudrait déterminer quelle a été cette modification, et, une fois admise, dire en quel sens elle a pu réagir sur l'espèce humaine, pour produire les désordres observés par l'action de la maladie. Peut-être est-on davantage sur la voie en suivant cette ligne ; mais rien, jusqu'à ce jour, ne fait espérer que l'on soit près d'atteindre le but. Les précautions qu'indique l'hygiène privée doivent être aussi mises en usage par les individus dans les temps d'épidémie ; ainsi, toutes les erreurs de régime, toutes les imprudences qui, dans des circonstances ordinaires, n'auraient pour résultat que de déterminer une légère indisposition, peuvent donner lieu, dans ces cas, à l'apparition de la maladie régnante ; c'est ce que nous avons observé pour le choléra : l'influence épidémique doit être considérée comme mettant tous les individus dans une prédisposition à contracter la même maladie, et la moindre cause de perturbation suffit pour la faire déclarer. Il faudra donc s'observer avec soin, redoubler de précautions, mais éviter les exagérations même dans ces soins, ne point changer subitement son régime, ainsi que l'ont fait si imprudemment une foule de personnes trompées par des conseils peu éclairés. La fuite des lieux où règne une épidémie n'est pas toujours un moyen d'éviter d'en être atteint ; ainsi, on a vu des personnes fuir à plus de quarante lieues des endroits soumis à l'empire de la maladie, et aller succomber à l'épidémie dont ils avaient emporté le germe dans des localités où elle ne régnait pas encore. L'influence de la salubrité des habitations et celle d'un bon régime, comme préservatif des épidémies, a surtout été mise hors de doute pendant la durée du choléra à Paris : ce sont les quartiers les plus malsains, les plus sales, les maisons les plus mal tenues, les populations les plus pauvres, parmi lesquels la maladie a fait les plus grands ravages ; et ces faits, qui sont aujourd'hui prouvés par des chiffres, sont des enseignements qui ne seront point perdus, et qui devront servir de guide aux administrateurs des grandes villes aussi bien qu'aux individus. L'influence morale joue aussi un assez grand rôle dans la propagation des maladies épidémiques ; ainsi, la peur, les passions tristes, le découragement, en abattant l'énergie morale, réagissent d'une manière funeste sur la constitution physique, et l'on a observé depuis longtemps que les maladies ravagent beaucoup plus les villes assiégées, les armées battues, que celles qui sont victorieuses. (Dr Beaude.)

« Les épidémies sont aujourd'hui moins fréquentes et moins meurtrières qu'autrefois, grâce aux progrès de la civilisation et des soins hygiéniques. Leur durée est fort capricieuse et incertaine ; elles ne cessent guère avant trois à quatre mois. Rarement deux maladies épidémiques graves règnent simultanément ; et, durant les épidémies, les maladies sporadiques sont sensiblement plus rares que de coutume. On a remarqué aussi qu'après les épidémies meurtrières, la mortalité et le nombre des malades étaient notablement diminués. Les maladies épidémiques sont particulières aux climats situés entre les tropiques et les pôles; dans leur marche, elles se dirigent ordinairement de l'est à l'ouest, comme on l'a remarqué pour le choléra-morbus. »

ÉPIGRAMME (belles-lettres). — Les épigrammes, dans leur origine, étaient des inscriptions que l'on gravait sur les frontispices des temples, des arcs de triomphe, sur le piédestal des statues, sur les tombeaux et autres monuments publics. Aujourd'hui on entend par épigramme « une petite pièce de vers fort courte, qui, comme le madrigal, ne renferme ordinairement qu'une seule pensée, et dont le sel et la finesse se font sentir dans les derniers vers. Son but le plus ordinaire est de censurer un abus par un bon mot, ou de fronder un ridicule à l'aide d'une pensée fine. Sa matière est d'une très-grande étendue; elle s'élève à tout ce qu'il y a de plus noble dans tous les genres, et s'abaisse à ce qu'il y a de plus petit: elle loue la vertu, censure le vice, critique un mauvais auteur, venge le public des impertinences d'un fat, d'un sot; fait justice de la mauvaise foi des ministres et des rois, etc. En un mot, il n'y a presque rien qui ne puisse devenir le sujet d'une épigramme, pourvu qu'il y ait matière à un bon mot. »

ÉPILEPSIE (médecine) [du grec *épilepsis*, saisissement], vulgairement *mal caduc*, *haut mal*, *mal sacré*, *mal lunatique*, etc. — Affection nerveuse cérébrale qui se manifeste par accès plus ou moins rapprochés, ordinairement brusques, dans lesquels il y a abolition complète des fonctions des sens et de l'entendement, et mouvements convulsifs. « L'épilepsie se déclare plus souvent avant qu'après la puberté, chez les tempéraments nerveux et irritables, chez les femmes, dans les climats froids; quelquefois elle est héréditaire et presque toujours incurable. La frayeur, la colère, les excès de toute nature, surtout les habitudes solitaires, les passions vives, les lésions sur la tête, en sont les causes ordinaires. L'accès est quelquefois précédé de malaise et de vertiges ou d'assoupissement, et souvent d'une sensation particulière (*aura epileptica*), qui, de la tête, de l'un des bras ou de quelque autre point du corps, gagne rapidement le cerveau; d'autres fois le malade tombe comme foudroyé. L'œil est fixe, le visage rouge, gonflé, livide; la bouche écumante et distordue, la respiration bruyante, stertoreuse; tout le corps devient insensible et est agité de mouvements convulsifs; après l'accès, stupeur et accablement général, pesanteur de tête, face pâle, sueur abondante; nul souvenir de tout ce qui s'est passé. Les attaques d'épilepsie, très-irrégulières dans leur marche et dans leur retour, durent ordinairement de cinq à vingt minutes; elles peuvent aussi se prolonger plusieurs heures; alors la mort peut en résulter. »

La prudence exige que pendant une attaque d'épilepsie, les malades soient couchés sur un matelas et que l'on éloigne d'eux ce qui pourrait les blesser. De plus, on devra placer dans la bouche du malade, lors de l'attaque, un tampon de linge ou un morceau d'amadou très-épais, afin d'empêcher l'é-

pileptique de se mordre la langue ou les lèvres. Si le sujet est pléthorique ou si la violence de l'attaque peut faire craindre une congestion cérébrale ou une hémorrhagie, la saignée est indiquée.

Le docteur Martinet a publié dans le *Bulletin de Thérapeutique* un article sur l'*emploi de l'ammoniaque* à l'intérieur pour prévenir les attaques d'épilepsie imminentes. Ce traitement est d'autant plus avantageux que le malade peut le mettre lui-même en usage.

Des diverses préparations ammoniacales employées contre l'épilepsie, la suivante est celle qui a paru au docteur Martinet mériter la préférence :

Eau de tilleul,	45 grammes.
Ammoniaque liquide,	10 à 12 gouttes.
Sirop de guimauve,	15 grammes.

Enfermez ce mélange dans un flacon à l'émeri à large et fort goulot, garni de liége et de peau de daim, afin de prévenir qu'il ne se brise entre les dents lors de l'attaque. Le flacon devra continuellement être porté par le malade, qui devra s'exercer préalablement à le retirer de sa poche, à le déboucher et à le mettre à sa bouche avec le plus de rapidité possible, afin de pouvoir avaler le liquide qu'il contient en une seule fois dès qu'il s'apercevra de la moindre sensation de son attaque. Enfin, dans la crainte qu'une seconde attaque ne se produise quelque temps après celle que l'on aura fait ainsi avorter, il est prudent d'avoir sur soi un second flacon rempli du même liquide. 　　　　　　　B. L.

ÉPINARD (botanique) (*spinacia oleracea*). — Plante herbacée de la famille des chenopodées, et originaire de Perse, dont les feuilles constituent un aliment sain, mais peu nourrissant. Elles sont émollientes et légèrement laxatives.

ÉPINGLE [du latin *spiculum*, petit dard, selon Roquefort, ou mieux de *spinula*, petite épine, selon Robert Estienne]. — Tout le monde connaît les épingles, dont la fabrication est des plus compliquées. Elle comprend une vingtaine d'opérations distinctes, dont voici les principales. « Le fil de laiton, qui vient de la forge tout noir et roulé en *torques* ou colliers, est d'abord *décapé*, c'est-à-dire nettoyé avec du tartre, puis tiré à la *bobille* ou filière, et *dressé* au moyen d'un instrument appelé *engin*. L'engin est un morceau de bois plat et carré fixé sur une grosse table, et garni de sept à huit clous sans tête, placés de suite, mais à deux distances, de façon à former une équerre curviligne. Le dresseur fait passer le fil à travers ces clous, devant le premier, derrière le second, et de façon qu'il prend une ligne droite dont il ne peut s'écarter, à moins que les clous ne plient de côté ou d'autre ; mais alors on les redresse avec un marteau. La botte de *dressées* faite, on la coupe en tronçons qu'un autre ouvrier *empointe* par chaque bout en les faisant passer sur la meule. Quand les deux extrémités des tronçons sont empointées et repassées sur une meule plus douce que la première, afin d'effiler les pointes qui ne sont qu'ébauchées, on coupe les tronçons en deux pour en faire deux *hanses* ou épingles sans tête. Il faut ensuite faire ou plutôt tourner les têtes ; les chaînes ou cordons de tête obtenus par le moyen d'un instrument dit *tour-à-tête*, il reste encore à les couper en plusieurs petites parties ayant chacune deux tours de fil. Le coupeur de têtes est un homme qui, pour cette besogne, est assis par terre, les jambes croisées en dessous comme un tailleur. Il prend une douzaine de cordons à tête, il a des ciseaux camards ou sans pointe, dont la branche supérieure se termine par une espèce de crochet qui porte sur la branche inférieure, afin que les doigts ne soient pas foulés, car il ne fait que saisir la branche supérieure et la presser contre l'inférieure, au moyen de quoi il coupe les têtes, observant, comme nous l'avons dit, de ne jamais couper plus ou moins de deux tours de fil ; car la tête est manquée quand elle excède ou n'atteint pas les limites. Cette opération est d'autant plus difficile qu'il n'y a que l'habitude de l'œil ou de la main qui puisse assujettir l'ouvrier à cette règle ; cependant il ne coupe pas moins de douze mille têtes par heure. Lorsque les têtes sont préparées ainsi que nous venons de dire, on les *amollit*. Il ne faut pour cela que les faire rougir sur un brasier, dans une cuiller de fer pareille à celles dont se servent les fondeurs, afin qu'elles soient plus souples au frappage et qu'elles s'accrochent mieux autour des hanses. Après quoi arrive le tour de l'*entêteur* qui accommode les têtes autour des épingles et les consolide sur l'enclume. Enfin, il reste encore à les *étamer*, à les *sécher*, à les *vanner*, *piquer les papiers* et y *bouter* les épingles. »

Les *épingles noires*, qui servent surtout pour les cheveux, acquièrent cette couleur en les faisant bouillir dans de l'huile de lin. L'Aigle, Rugles, Lyon, Orléans, Paris sont les principaux centres de la fabrication des épingles en France, dont l'usage ne remonte pas au delà de 1540.   Larivière.

ÉPITHÈTE (grammaire) [du grec *epithetos*, placé sur, ajouté]. — Ce mot était autrefois du masculin ; il est aujourd'hui féminin. Dumarsais pense que ce sont les femmes et les personnes sans études qui l'ont fait féminin, et cet usage a prévalu. « Le peuple, dit-il, à ce sujet, abuse en plusieurs mots de ce que l'*e* muet est souvent le signe du genre féminin, surtout dans les adjectifs, *saint*, *sainte*; *époux*, *épouse*; *ouvrier*, *ouvrière*, etc. » Ce changement de genre arrive très-souvent à mesure que l'on s'éloigne de l'époque où les mots ont été créés. On cite Boileau comme l'un des premiers écrivains qui adopta ce genre.

Encor si, pour rimer, dans sa verve-indiscrète,
Ma Muse au moins souffrait une froide épithète.

Ce mot est synonyme d'*adjectif* et d'*attribut*. Voici en quoi il en diffère. *Attribut* ne s'emploie qu'au point de vue de l'analyse de la phrase. Si je veux analyser cette proposition : *Dieu est juste* je dirai que *Dieu* est le sujet, *est* le verbe, et *juste*, l'attribut. L'*adjectif* désigne les qualités physiques et communes des objets, et il est indispensable pour l'expression de la pensée. L'*épithète*, au contraire, est

plutôt un ornement ; mais pour en tirer un bon parti, il faut savoir la placer à propos.

L'épithète est un terme ajouté à l'idée principale, pour restreindre cette idée en l'embellissant. Quand Haller a dit, en décrivant les amusements rustiques des habitants des Alpes : « Là vole à travers l'air *divisé*, une *lourde* pierre lancée par un bras *vigoureux*, » il aurait pu omettre ces quatre épithètes sans rien changer à l'ensemble de l'image; mais elles servent à rendre l'idée principale plus sensible.

Il y a des espèces d'épithètes que l'on pourrait nommer *grammaticales*, parce qu'elles ne sont guère que ce que l'on appelle en grammaire des adjectifs. Celles-ci n'ont point de beauté esthétique, mais elles sont nécessaires à l'intelligence du discours : *Enfant* gâté, *esprit* chagrin.

Les grammairiens reconnaissent encore une autre espèce d'épithète, qu'ils nomment *patronymique*. Les adjectifs patronymiques sont tirés du nom du père ou de quelqu'un des aïeux : *Télamonius Ajax*, Ajax, fils de Télamon. D'autres fois ils sont tirés du nom de la patrie ; c'est ainsi que Pindare est souvent appelé le *poète thébain*.

Les poëtes grecs et latins offrent souvent aussi des titres ajoutés aux noms de leurs personnages, et ces titres reviennent presque aussi souvent que leur nom ; tel est le pius *Æneas*, de Virgile, et le potnia éré, d'Homère. Ces épithètes ne sont point destinées à embellir le discours ou à lui donner plus d'énergie.

Ce but n'est atteint que par les épithètes esthétiques, qui, quand elles sont bien choisies, font la principale énergie du discours, comme dans ce passage où Horace exprime le courage de celui qui osa, le premier, confier sa vie à une frêle barque :

> Illi robur et æs triplex
> Circa pectus erat, qui fragilem truci
> Commisit pelago ratem.

On ne doit jamais ajouter au substantif une idée accessoire, déplacée, vaine, qui ne dit rien de marqué. Fénelon ne se contente pas de dire que l'*orateur, comme le poëte, doit employer des figures, des images et des traits*, il dit qu'*il doit employer des figures* ornées, *des images* vives *et des traits* hardis, *lorsque le sujet le demande*.

Les épithètes qui ne se présentent pas naturellement, ou qui sont tirées de loin, rendent le discours froid et ennuyeux.

L'emploi des épithètes demande beaucoup d'intelligence et de discernement, et il est difficile à l'orateur ou au poëte d'éviter à cet égard l'excès ou le défaut.

L'usage des épithètes doit être restreint aux seuls cas où l'idée principale ne suffit pas pour donner à la pensée une beauté sensible, une énergie réelle. Quand le poëte veut nous rendre attentifs aux exploits de son héros, qu'il évite de tourner notre attention, par une épithète déplacée, sur le bruit de son chariot ou sur le hennissement de son coursier.

Les épithètes pittoresques, prises des choses sensibles, sont indispensables lorsque l'orateur veut peindre à l'aide du discours. Elles servent ou à exprimer diverses petites circonstances qui font partie du tableau, ou à épargner des descriptions prolixes qui rendraient le discours languissant.

S'agit-il, non de peindre, mais de donner à une pensée un tour plus fort, plus nouveau, plus naïf, c'est à l'aide des épithètes qu'on y parviendra plus aisément.

Enfin, si l'on se propose de toucher, quel que soit le genre de passion, rien de plus efficace que les épithètes bien choisies pour exciter le sentiment.

Mais autant les épithètes peuvent, dans ces circonstances, donner de l'énergie au discours, autant elles sont insipides partout ailleurs. Rien n'est plus désagréable qu'un style rempli d'épithètes faibles, vagues ou oiseuses.

Les poëtes font un plus grand usage d'épithètes que les orateurs; mais ce n'est pas une raison pour les prodiguer sans nécessité. Ils ne doivent pas les employer uniquement pour remplir leurs vers, comme le font malheureusement trop de poëtes.

Il y a des hommes si illustres que leur nom seul vaut le plus grand éloge. Il y a même des idées qui, par elles-mêmes, sont si grandes, si parfaitement énergiques, que tout ce qu'on y ajouterait par forme d'épithète pour les rendre plus sensibles ne pourrait que les affaiblir. Quand César, au moment qu'on le poignarde s'écrie : *Et toi aussi, Brutus!* quelle épithète aurait pu ajouter à l'énergie de cette exclamation? Dans tous les cas de cette nature, toute épithète est déplacée.

Les poëtes grecs et latins ont fait un grand emploi des épithètes qui, dans leurs langues harmonieuses, augmentaient souvent l'harmonie des vers. Tantôt ils les formaient de la réunion de deux ou plusieurs mots; ainsi, Jupiter est appelé par Homère *assemble-mages*, et par Virgile *alti-tonans*. Parfois l'épithète exprimait une des qualités morales ou physiques d'un personnage, comme Achille *aux pieds légers*, et se joignait presque toujours à son nom. Quelquefois les épithètes dont ils se servent nous semblent oiseuses, comme *la nuit noire, la neige blanche*. En français, nous ne tolérerions pas de semblables épithètes.

Ronsard et les poëtes de son école, s'imaginant qu'en accumulant épithètes sur épithètes ils égaleraient le génie des poëtes grecs, n'ont qu'excité le mépris. Au milieu de leurs plus heureuses inspirations, une métaphore triviale où burlesque, des mots empruntés au grec ou au latin travestis en français barbare, dépouillés de l'harmonie qui les rendait agréables et sonores, viennent trop souvent exciter le dégoût et choquer les oreilles. On pourra juger de ce genre de fautes par cette *Prière à Bacchus*, où elles se trouvent accumulées comme à plaisir.

O cuisse-né, archète, hymérien,
Bossare, roi, rustique, euboléen,
Nyctérien, trigone, solitaire,
Vengeur, manic, germe des dieux et père,
Nomien, double hospitalier,

Beaucoup, forme, premier, dernier,
Leneau, porte-sceptre, grondime,
Lysien, boleur, ronime,
Nourri-vigne, aime-pampre, enfant,
Le Gange te vit triomphant !

N'est-ce pas là du grec pur avec des désinences françaises ? Comment n'a-t-il pas suffi à Ronsard de prononcer ses vers avec les vers grecs pour sentir que ces derniers avaient perdu, dans son imitation, la magie des sons, la variété, la grâce ou la majesté qu'ils ont dans la langue originale ?

Dirait-on que les vers suivants sont du même auteur :

Sire, ce n'est pas tout que d'être roi de France,
Il faut que la vertu honore votre enfance ;
Un roi, sans la vertu, porte le sceptre en vain,
Qui ne lui sert sinon d'un fardeau dans la main.

Les rimes en épithètes sont souvent des chevilles, ce qui les fait condamner par les critiques, parce qu'il est trop facile de rimer par ce moyen. Corneille est souvent tombé dans cette faute ; elle est poussée jusqu'au ridicule dans ce passage de *la Mort de Pompée* :

Antoine, avez-vous vu cette reine *adorable?*
Oui, seigneur, je l'ai vue, elle est *incomparable.*

Quelquefois cependant il en résulte une beauté, quand on sait bien choisir ses épithètes, comme dans ces vers de *la Henriade* :

Sur un autel de feu, un livre *inexplicable*,
Contient de l'avenir l'histoire *irrévocable*.

La prose ne doit pas plus que la poésie embarrasser sa marche d'épithètes inutiles ; ces superfétations seraient même plus inexcusables chez elle, qui n'est astreinte ni à la rime ni à la mesure.

L'abus des épithètes est plus sensible encore dans la conversation, à laquelle elle donne un ton de pédantisme et d'emphase. Un de nos écrivains, dit M. Ourry, écrivain qui n'est pas sans talent, est connu dans le monde littéraire pour porter au plus haut degré cette habitude vicieuse. Il ne vous abordera pas sans vous demander des nouvelles de votre *vénérable* père, de votre *respectable* tante et de votre *honorable* famille. Picard, dans un de ses romans, a dépeint assez gaiement cette *épithétomanie*. Un de nos condisciples non-seulement avait cette manie, mais encore toutes ses phrases étaient construites comme des syllogismes, de sorte que nous ne l'appelions que le *Donqueur* et l'*Épithéteur*.

J. B. PRODHOMME,
Correcteur à l'Imprimerie Impériale.

ÉPITRE (belles-lettres).—Lettres écrites par les anciens dont les langues sont mortes. Dans les langues vivantes, on appelle épîtres «les lettres en vers adressées à un être réel ou imaginaire, et les lettres en prose que l'on met à la tête des livres pour les dédier : c'est ce qu'on nomme épître dédicatoire. L'épître n'a point de style déterminé ; elle prend le ton de son sujet, et s'élève ou s'abaisse suivant le caractère des personnes. Dans l'épître philosophique, la partie dominante doit être la profondeur et la justesse. Ce qui caractérise l'épître familière, c'est l'air de négligence et de liberté ; ce qui en fait l'agrément, c'est une plaisanterie douce, une gaieté naïve, un badinage léger, dans les sujets même les plus sérieux ; une élégante simplicité, un air aisé, peu de parure, quelquefois de la finesse, plus souvent de l'ingénuité, un style coupé, des transitions naturelles, des phrases plutôt détachées que liées avec trop d'art, de la vivacité, des saillies, des traits d'esprit, mais qui semblent n'avoir rien coûté ; plus d'enjouement que de critique, de badinage que de raillerie, d'élégance que de noblesse : tel est le ton qui doit régner dans cette sorte de pièce. »

ÉPONGE (zoologie, matière médicale) [*spongia*]. — Les naturalistes ont été longtemps avant d'être fixés sur la nature de l'éponge ; les uns la considéraient comme une substance végétale ; d'autres comme appartenant au règne animal ; ces opinions eurent chacune leurs défenseurs. Aujourd'hui l'éponge est rangée parmi les substances a n i m a l e s, mais elle occupe les extrêmes limites de ce règne ; c'est un polypier formé d'un tissu composé de fils plus ou moins fins,

Fig. 36. — Éponges.

résistants et qui sont comme feutrés ; une quantité considérable de petits canaux traversent la masse de ce polypier : ils ont pour objet de donner passage à l'eau et sans doute aux polypes qui l'habitent. Ces zoophytes sont ovipares. — Il existe une très-grande quantité de genres d'éponges qui varient par leur forme, leur couleur et leur densité. L'éponge qui est employée en médecine est celle qui sert aux usages domestiques, et on lui a donné le nom d'*éponge officinale*. L'éponge est utilisée pour dilater des ouvertures naturelles ou des trajets fistuleux ; pour cet usage, on la prépare de la manière suivante : on prend une éponge fine, que l'on a soin de bien laver et de débarrasser des petites pierres et des coquilles qui y sont quelquefois mêlées ; et lorqu'elle est encore humide, on l'enveloppe en la serrant fortement avec une corde dont les tours se touchent, et on la fixe par un nœud facile à délier ; on conserve l'éponge toujours entourée de la corde, afin que l'humidité ne lui rende pas son volume primitif ; lors-

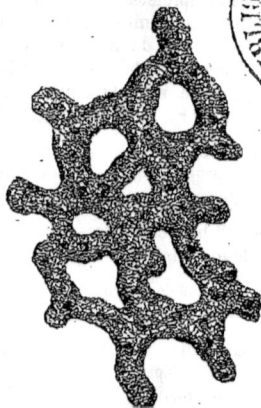

que l'on veut s'en servir, on en coupe un morceau que l'on taille du volume que l'on désire. On prépare aussi l'éponge avec de la cire ; cette préparation consiste à plonger dans de la cire jaune fondue l'éponge fine, préalablement nettoyée et séchée, et à la presser entre deux plaques d'étain chauffées au bain-marie ; on la retire lorsque le refroidissement est complet : on se sert également de cette éponge pour dilater les plaies et les autres ouvertures, seulement elle se gonfle moins que la préparation précédente.

L'éponge calcinée a été employée dans les affections scrofuleuses et le goître avec quelque avantage, et l'on a reconnu que c'est à l'iode, qui est à l'état d'hydriodate de potasse dans l'éponge, que ce médicament doit ses propriétés résolutives. M. Guibourt a recommandé de ne calciner l'éponge que jusqu'à la couleur brune, parce qu'au delà il ne reste qu'une matière inerte dont l'iode s'est dégagé. L'éponge se trouve en grande quantité sur les rochers qui sont au bord de la mer ; les côtes du Calvados en présentent un assez grand nombre de variétés ; mais c'est surtout dans la Méditerranée, dans la mer Rouge et dans la mer de l'Inde que se recueillent les plus belles éponges et que l'on en observe un plus grand nombre d'espèces. (Dr *Beaude*.)

ÉPOPÉE (belles-lettres) [du grec *épos*, récit]. — Imitation ou récit en vers d'une action héroïque, mémorable, intéressante et merveilleuse. L'épopée diffère de l'histoire, qui raconte sans imiter ; du poëme didactique, qui est un tissu de préceptes ; du poëme dramatique, qui peint en action ; des fastes en vers, de l'apologie, du poëme pastoral, en un mot de tout ce qui manque d'unité, d'intérêt ou de noblesse. « Dans l'épopée, le poëte se propose d'exciter l'émulation, la terreur, la pitié et successivement toutes les passions les plus vives et les plus fortes. Le principal but du poëte étant de plaire, on imagine aisément combien il emploie de ressources et d'adresse pour le faire dans un poëme qui, de sa nature, est fort long. De là les épisodes qui servent de repos au récit principal, et où l'on déploie tout ce qui peut attacher et émouvoir le cœur humain ; de là cet éloge pompeux de tout ce que la poésie peut avoir de plus grand, de plus noble et de plus beau; de là les invocations ; l'intervention des puissances célestes et infernales, etc. »—Voy. *Poésie*.

ÉQUATEUR (cosmographie) [du latin *æquare*, égaler]. — Grand cercle de la sphère, perpendiculaire à l'axe des pôles et au méridien, à égale distance des deux pôles. — Voy. *Sphère*.

ÉQUATION (mathématiques) [même étymologie]. — Expression de deux quantités égales. Telle est l'expression $2x + 6 = a$. L'égalité de ces quantités n'est vraie que pour certaines valeurs des inconnues qui y entrent; ainsi : $3x - 5 = 7$ est une équation; car cette égalité ne peut être vraie pour une valeur quelconque de x.

Les égalités qui ne contiennent que des nombres connus représentés par des lettres conservent le nom d'égalité : telle est l'égalité $a + b = c - d$, en supposant que a, b, c et d soient des quantités connues.

L'égalité qui est vraie, quelles que soient les valeurs des lettres connues ou inconnues qui y entrent, est une identité. Telles sont les égalités suivantes :

$$a^2 - b^2 = (a + b); \quad 3x - a^2 = 2x + x - a^2.$$

Dans toute égalité, les deux quantités séparées par le signe $=$ s'appellent *membres*; celle qui est à gauche s'appelle premier membre, et celle qui est à droite second membre.

Résoudre une équation, c'est chercher une valeur qui, mise dans cette équation à la place de l'inconnue qui y entre, rende cette équation identique.

Lorsque plusieurs équations doivent être satisfaites en même temps par les mêmes valeurs de leurs inconnues, résoudre ce *système d'équation*, c'est trouver des valeurs qui, mises à la place des inconnues, rendent toutes ces équations identiques. Ces valeurs s'appellent *solution du système des équations données*. On distingue les équations les unes des autres par leurs degrés. Celles où l'inconnue n'entre qu'à la première puissance sont dites du premier degré. Telles sont ces équations : $3x + 5 = 17 - 5x$; $ax + b = cx + d$.

L'équation $2x^2 - 3x = 5 - 2x^2$ est dite du deuxième degré.

L'équation $4x^2 - 5x^2 + x^2 = 2x^2 + 11$, est dite du troisième degré.

En général, le degré d'une équation est le plus grand des exposants dont l'inconnue est affectée dans l'équation.

Dans toute équation $1°$ le nombre des racines doit être égal au nombre des exposants; $2°$ le nombre des équations doit être égal au nombre des inconnues.

On distingue aussi les équations en équations numériques et en équations littérales. Les premières sont celles qui ne renferment que des nombres particuliers, à l'exception de l'inconnue, qui est toujours désignée par une lettre.

Ainsi, $4x - 3 = 2x + 5$, $3x^2 - x = 8$ sont des équations numériques. Elles sont la traduction algébrique de problèmes dont les données sont des nombres particuliers.

Les équations $ax + b = cx + d$, $ax^2 + bx = c$, sont des équations littérales. Les données du problème sont représentées par des lettres. Il est d'usage, pour distinguer dans une équation les quantités connues des inconnues, de désigner celles-ci par les dernières lettres de l'alphabet : x, y, z, etc.

A. SIRVEN (de Toulouse).

ÉQUINOXE (astronomie) [du latin *æquus*, égal, et *nox*, nuit]. — Temps de l'année où le soleil se trouve à la fois sur l'écliptique et sur l'équateur, et ainsi nommé parce qu'à cette époque la nuit a la même durée que le jour. Le même nom s'applique aux points où l'écliptique coupe l'équateur. « Il y a deux équinoxes : celui du printemps, vers le 21 mars, et celui de l'automne, vers le 21 septembre. Le jour est alors égal à la nuit par toute la terre. Dans les régions septentrionales, les jours sont plus grands que les nuits de l'équinoxe du printemps à celui d'automne; de l'équinoxe d'automne à celui du printemps, c'est le contraire. On a reconnu que les points équinoxiaux ne sont pas fixes, mais qu'ils ont un mouvement rétrograde, de sorte que le soleil ne passe pas deux années de suite sur les mêmes points de l'écliptique; ce mouvement s'appelle la *précession des équinoxes*.

ÉQUITATION (hygiène). — Exercice gymnastique qui apprend à monter à cheval, et surtout à s'y maintenir avec des positions qui assujettissent le corps à des mouvements fermes et gracieux. C'est un des exercices qui donne le plus de force et d'énergie au corps, qui développe le mieux la poitrine et facilite le plus les fonctions digestives.

« L'art de l'équitation remonte à la plus haute antiquité; mais ses principes ont varié suivant les temps. Chez les anciens le cavalier se tenait accroupi sur le cheval, comme encore aujourd'hui les Arabes et les Orientaux. Au moyen âge, la position du cavalier était presque perpendiculaire. La haute école devint en honneur au seizième siècle. Les Italiens d'abord, puis les Français, fournirent les écuyers les plus distingués. Aujourd'hui, les principes de la vieille école française, si brillante au dernier siècle, ont été complètement modifiés et se sont accrus de quelques procédés empruntés à la méthode anglaise. Parmi les *écuyers* distingués des temps modernes, on cite surtout le Ferrarais César Fiaschi; le Napolitain Féd. Grisone ; Pluvinel , écuyer de Louis XIII, qui fonda les manéges dits *académies*; le marquis de Newcastle, créateur de l'équitation anglaise pour les femmes; la Guérinière et d'Abzac, sous Louis XV, et, de nos jours, le comte d'Aure, Franconi et Baucher. »

Influence de l'équitation sur les appareils organiques. — Dans l'acte de l'équitation, l'homme est placé sur une base mobile : cette base se meut, elle change sans cesse de position, et chaque mouvement fait éprouver une secousse, un ébranlement à tout ce qui repose dessus. Toutes les fois que le cheval se déplace, il porte son corps en avant avec une certaine somme de mouvement que lui ont imprimé les contractions des muscles de ceux de ses membres qui ont quitté le sol. Mais à l'instant où ces derniers rencontrent la terre, à l'instant où ils reçoivent à leur tour le poids du corps, un choc a lieu ; tout le mouvement qu'avait reçu l'animal se répercute sur lui-même ; il traverse le corps du cheval et se porte sur l'homme qui est dessus : celui-ci éprouve un trémoussement très-vif, très-sensible, qui embrasse toutes les parties de son être. Ce mouvement répercuté se distribue dans l'économie entière ; il pénètre chacun des organes, secoue leur masse, agite les tissus qui le constituent, détermine dans les fibres de ces derniers un resserrement interne qui les rend plus robustes et plus forts. L'équitation, outre qu'elle détermine dans l'état actuel du système animal une série de changements organiques, a une influence remarquable sur la plupart des appareils de notre économie ; ainsi, prise avant le repas, l'équitation ouvre l'appétit, développe les forces digestives, assure une élaboration des aliments plus prompte et plus parfaite ; après le repas, le travail de la digestion s'exécute plus vite et la faim revient plus tôt. L'équitation agit aussi sur la circulation du sang ; le cœur pousse le sang avec une vigueur plus marquée, le mouvement artériel devient plus fort. L'équitation anime l'énergie des appareils exhalants, sécréteurs et absorbants ; elle exerce une grande puissance sur la nutrition des organes ; elle assure un bon emploi des principes nourriciers qui affluent dans le fluide sanguin et dans les tissus vivants. Les individus qui s'exercent à cheval sont plus colorés ; ils ont une grande force organique ; le système nerveux lui-même subit des modifications notables dans sa mobilité et dans sa sensibilité sous l'influence de l'équitation. (S. *Furnari*.)

ÉQUIVALENT (chimie) [abrégé de poids équivalent]. — On donne le nom d'équivalent au poids de chacun des corps qui peut se substituer à un autre. Si l'on compare, en effet, les quantités pondérables constantes d'oxygène, de soufre, etc., qui se combinent avec chacun des métaux, on verra que ces quantités diffèrent et que la combinaison définie exige un poids particulier à chacun des corps ; on verra de plus que, sous la condition d'employer ce poids propre, on peut remplacer un corps par un autre.

Ainsi, pour former les oxydes, les chlorures ou les sulfures de différents métaux, il faudra les quantités proportionnelles suivantes de chaque métal et d'oxygène, ou de chlore ou de soufre :

	Métal.	Oxygène ou chlore ou soufre.		
Argent....	1350	100	443,3	200
Sodium.....	287,2	100	443,2	200
Calcium	250	100	443,2	200
Cuivre........	395,6	100	443,2	200

Pour former un oxyde avec 100 (en poids) d'oxygède, il faut 1350 d'argent, ou 287,2 de sodium, ou 350 de calcium, ou 395,6 de cuivre. Chacune de ces quantités de chaque métal formerait un chlorure avec 443,2 de chlore ou un sulfure avec 200 de soufre ; on peut donc remplacer dans chaque série de ces combinaisons 1350 d'argent par 287,2 de sodium ou 250 de calcium, etc., et le poids propre à chaque

corps pour former ainsi certains composés définis est appelé le *poids équivalent* de ce corps.

Disons aussi que chacun des oxydes ainsi formés pourra s'unir avec un même poids d'un acide et former un sel.

On exprime ces rapports multiples par une notation qui consiste à placer après les signes indicatifs de chaque corps, et sous forme d'exposant, un chiffre exprimant le nombre de fois qu'il faut multiplier le poids équivalent de ces corps simples. Lorsqu'il s'agit de multiplier les proportions ou équivalents des composés, on place le chiffre avant les signes ; enfin les signes ou lettres mis entre des parenthèses peuvent comprendre plusieurs composés, qui tous sont multipliés par le chiffre placé avant la parenthèse.

Ainsi l'équivalent de soufre uni à 3 équivalents d'oxygène s'écrit SO^3 ; l'équivalent d'acide sulfurique ainsi représenté, combiné à la soude (oxyde de sodium), forme 1 équivalent de sulfate de soude, et s'écrit NaO,SO^3, etc.

Suivant leurs affinités ou les causes qui les modifient, les corps peuvent se déplacer dans certaines combinaisons ; ainsi dans un liquide où l'argent est dissous, ce métal est séparé par le cuivre qui prend sa place ; celui-ci à son tour est déplacé par le fer.

La connaissance des équivalents fixée dans la mémoire ou obtenue en consultant des tables a rendu nettes et faciles une foule de réactions chimiques naguère difficiles à opérer économiquement. Nous allons présenter ici la table des équivalents établis en prenant l'hydrogène pour unité, et mettant en regard les équivalents généralement admis et qui résultent de l'expérience, l'unité de poids étant celui de l'oxygène, représenté par le nombre 100.

MÉTALLOÏDES AU NOMBRE DE 15.

Noms	Signes	Poids équivalents, l'hydrogène étant = 1.	Poids équivalents, l'oxygène étant = 100.
Oxygène........	O........	8	100
Hydrogène.....	H........	1	12,5
Soufre.........	S........	16	200
Sélénium......	Se... ...	39,28	491
Tellure........	Te... ...	64,52	806,5
Chlore.........	Cl...	35,45	443,2
Brome.........	Br.......	78,26	978,3
Iode...........	Io.......	125,33	1578,2
Fluor.........	Fl.......	19,18	239,8
Azote.........	Az.......	14	175
Phosphore.....	Ph.......	32	400
Arsenic......	As.......	75	937,5
Carbone.......	C.......	6	75
Silicium.......	Si...	21,35	266,7
Bore.........	B.	10,88	136,2

MÉTAUX AU NOMBRE DE 46.

Noms.	Signes.	Poids équivalents, l'hydrogène étant = 1.	Poids équivalents, l'oxygène étant = 100.
Potassium....	K.	39,20	490
Sodium.......	Na.......	22,98	287,2

Noms	Signes	Poids équivalents, l'hydrogène étant = 1.	Poids équivalents, l'oxygène étant = 100.
Lithium	Li	6,43	80,4
Barium	Ba	68,67	858,4
Strontium	Sr	43,84	548
Calcium	Ca	20	250
Magnésium	Mg	12,10	151,3
Glucinium	Gl	6,97	87,1
Aluminium	Al	13,68	171
Zirconium	Zr	33,60	420
Thorium	To	59,51	743,9
Yttrium	Yt	32,20	402,3
Cérium	Ce	47,26	590,8
Lantane	La	47,04	588
Didyme	Di	49,60	620
Erbium	Er	»	»
Terbium	Tr	»	»
Manganèse	Mn	27,57	344,7
Fer	Fe	28	350
Zinc	Zn	32,53	406,0
Nickel	Ni	29,57	369,7
Cobalt	Co	29,52	369
Chrome	Cr	26,24	328
Vanadium	Vd	68,46	855,8
Cadmium	Cd	55,74	696,8
Étain	Sn	58,82	735,3
Antimoine	Sb	64,52	806,5
Uranium	U	60	750
Titane	Ti	25,17	314,7
Tungstène	W	92	1150
Molybdène	Mo	47,12	589
Niobium	Nb	»	»
Pélopium	Pp	»	»
Tantale	Ta	92	1150
Osmium	Os	99,53	1244,4
Cuivre	Cu	31,65	395,6
Plomb	Pb	103,56	1294,5
Bismuth	Bi	106,40	1330
Mercure	Hg	100	1250
Rhodium	Rd	52,17	652,1
Argent	Ag	108	1350
Or	Au	98,22	1227,8
Platine	Pt ou Pl	98,56	1232
Palladium	Pd	53,22	665,2
Iridium	Ir	98,66	1233,2
Ruthénium	Ru	51,68	646,6

A. SIRVEN (de Toulouse).

ÉQUIVOQUE (grammaire) [du grec *œquus*, égal, *vox*, voix, mot]. — Ce mot, souvent employé comme adjectif, signifie qui est susceptible de plusieurs sens, de plusieurs interprétations. *Action équivoque. Vertu équivoque. Conduite équivoque. Naissance équivoque. Geste équivoque. Mot équivoque. Expression équivoque.*

Il se dit le plus souvent des mots et des phrases, et alors il s'emploie presque toujours substantivement.

Autrefois on n'était pas d'accord sur son genre; il fut d'abord masculin, parce qu'apparemment on sous-entendait *mot*; mais on pensa depuis qu'il y avait des phrases équivoques, et alors on se partagea, les uns faisant le mot *Équivoque* masculin, et les autres féminin; c'est ce qui a fait dire à Boileau, dans sa douzième satire :

> Du langage français bizarre hermaphrodite,
> De quel genre te faire, *Équivoque* maudite,
> Ou maudit? Car sans peine aux rimeurs hasardeux
> L'usage encor, je crois, laisse le choix des deux.

Ce doute n'est plus possible aujourd'hui; depuis longtemps *Équivoque* n'est plus que féminin.

L'équivoque est une ambiguïté qui vient ou du double sens ou du double rapport d'un mot, ou de la tournure vicieuse d'une phrase.

Un mot peut être équivoque de plusieurs manières:

1º Lorsqu'il a plusieurs significations dans le sens propre, comme le mot *coin*, qui signifie un instrument servant à fendre un angle, et la matrice qui sert à marquer les monnaies et les médailles;

2º Lorsque avec le même son, quoique avec une orthographe différente, il sert à indiquer des objets différents, comme *ceint*, environné, *sain*, sans altération, *saint*, qui vit saintement, *sein*, poitrine, *seing*, signature;

3º Lorsque avec la même orthographe il a une prononciation tout à fait différente, comme dans *ils pressent*, de *presser*, et *il pressent*, de pressentir; *ils convient*, de *convier*, et *il convient*, de *convenir*, *nous affections* et *les affections*. L'orthographe dite de Voltaire a fait disparaître quelques-unes de ces équivoques. On ne peut plus confondre *je paraisse*, autrefois *je paroisse*, avec *la paroisse*; je perçais, autrefois *perçois*, avec *je perçois*, de *percevoir*, etc.;

4º Enfin, lorsqu'il désigne deux choses différentes, l'une usitée primitivement, et l'autre par extension, comme le mot *langue*, qui signifie le principal organe de la parole et du goût, et, par extension, l'idiome, le langage d'une nation.

Molière a fait quelquefois un usage agréable des équivoques de ce genre. Dans *les Femmes savantes*, Belise et Philaminte, entichées du bel esprit, ont à leur service la villageoise Martine, qui confond sans cesse le sens figuré avec le sens propre, ou un homonyme avec un autre.

BELISE.

Veux-tu toute ta vie offenser la *grammaire*?

MARTINE.

Qui parle d'offenser *grand'mère* ni grand-père ?

PHILAMINTE.

O ciel!

BELISE.

Grammaire est pris à contre-sens par toi,
Et je te l'ai déjà dit d'où *vient* ce mot.

MARTINE.

Ma foi,
Qu'il *vienne* de Chaillot, d'Auteuil ou de Pontoise,
Cela ne me fait rien.

BELISE.

Quelle âme villageoise !
La grammaire du verbe et du nominatif,
Comme de l'adjectif avec le substantif,
Nous enseigne les lois...

MARTINE.

J'ai, madame, à vous dire
Que je ne connais point ces gens-là.

PHILAMINTE.

Quel martyre !

BELISE.

Ce sont les noms des mots ; et l'on doit regarder
En quoi c'est qu'il les faut faire entre eux *s'accorder*.

MARTINE.

Qu'ils *s'accordent* entre eux, ou se gourment, qu'importe ?

Dans *le Mariage forcé*, Sganarelle, qui veut consulter Pancrace pour savoir s'il fera bien de se
marier, est d'abord trompé par une équivoque, que
le docteur explique sur-le-champ.

SGANARELLE.

Je veux vous parler de quelque chose.

PANCRACE.

Et de quelle *langue* voulez-vous vous servir avec moi ?

SGANARELLE.

De quelle *langue* ?

PANCRACE.

Oui.

SGANARELLE.

Parbleu ! de la *langue* que j'ai dans la bouche : je crois
que je n'irai pas emprunter celle de mon voisin.

PANCRACE.

Je vous dis de quel idiome, de quel langage ?

SGANARELLE.

Ah ! c'est une autre affaire.

« Dans la suite d'un raisonnement, dit Dumarsais,
on doit toujours prendre un mot dans le même sens
qu'on l'a pris d'abord, autrement on ne raisonnerait
pas juste, parce que ce ne serait dire qu'une même
chose de deux choses différentes ; car, quoique les
termes équivoques se ressemblent quant au son, ils
signifient pourtant des choses différentes ; ce qui est
vrai de l'un n'est donc pas toujours vrai de l'autre. »

Ceux qui cherchent à se distinguer par des calembours, des jeux de mots, des quolibets, des rébus,
n'y parviennent guère que par l'abus des termes
équivoques ; ils font pitié.

D'autres, encore plus blâmables, en abusent dans
l'intention de tromper en gardant les apparences de
la bonne foi ; ceux-là doivent exciter le mépris et
l'indignation. « Je ne sais quel tyran, dit Voltaire,
ayant juré à un captif de ne pas le tuer, ordonna
qu'on ne lui donnât pas à manger, disant qu'il lui
avait promis de ne pas le faire mourir, mais non de
contribuer à le faire vivre. » C'est là un véritable
abus de mots. Il en est de même du procédé de
cet évêque qui, à la bataille de Bouvines, se servait
d'une massue pour éclaircir les rangs des ennemis,
et qui pensait ne point mentir à son caractère,
« parce que, disait-il, si l'Église défend de répandre
le sang de son semblable, elle ne défend pas de
l'assommer. »

Tous les oracles de l'antiquité étaient équivoques,
et cela a beaucoup contribué à leur fortune. Quand
Aurélien consulta le dieu Palmyre, ce dieu dit que
les colombes craignent le faucon. Quelque chose qui
arrivât, le dieu se tirait d'affaire ; le faucon était le
vainqueur, les colombes étaient les vaincus. Pyrrhus
allant consulter l'oracle sur l'événement de la guerre
qu'il voulait faire aux Romains, reçut cette réponse :

Aio *te*, Æacida, Romanos vincere posse.

Cette réponse ambiguë pouvait signifier, en effet,
ou que Pyrrhus vaincrait les Romains, ou que les
Romains vaincraient Pyrrhus, car on peut à volonté
considérer *Romanos* ou *te* comme le régime de
vincere ; de cette manière l'oracle était sûr de ne pas
se tromper, puisqu'il n'y avait que ces deux résultats qui fussent possibles. Les diseurs de bonne
aventure, les devins, les interprètes des songes et
les autres gens qui vivent aux dépens de la crédulité
humaine ne procèdent pas autrement de nos jours,
car c'est le seul moyen de se tirer d'affaire sans compromettre sa réputation d'habileté. C'est ce qui a
fait dire à Boileau, en parlant des oracles :

C'est par son double sens, dans leur discours jeté,
Qu'ils surent, en mentant, dire la vérité.

Dans la même satire de *l'Équivoque*, le même
poëte énumère ainsi plusieurs des résultats qu'elle
produit :

Ainsi, loin du vrai jour par toi toujours conduit,
L'homme ne sortit plus de son épaisse nuit.
Pour mieux tromper ses yeux, ton adroit artifice
Fit à chaque vertu prendre le nom d'un vice ;
Et par toi, de splendeur faussement revêtu,
Chaque vice emprunta le nom d'une vertu.
Par toi l'*humilité* devint une *bassesse* ;
La *candeur* se nomma *grossièreté*, *rudesse*.
Au contraire, l'aveugle et folle *ambition*
S'appela *des grands cœurs la belle passion* ;
Du nom de *fierté* on orna *l'impudence*,
Et la *fourbe* passa pour *exquise prudence*.
L'audace brilla seule aux yeux de l'univers,
Et pour vraiment *héros*, chez les hommes pervers,
On ne reconnut plus qu'*usurpateurs* iniques,
Que *tyranniques rois*, censés *grands politiques*,
Qu'infâmes *scélérats* à la *gloire* aspirants,
Et *voleurs* revêtus du nom de *conquérants*.
Mais à quoi s'attacha ta savante malice ?
Ce fut surtout à faire ignorer la justice.
Dans les plus claires lois son ambiguïté,
Répandant ton adroite et fine obscurité,
Aux yeux embarrassés des juges les plus sages,
Tout sent devint douteux, tout mot eut deux visages.
Plus on crut pénétrer, moins on fut éclairci ;
Le texte fut souvent par la glose obscurci :
Et pour comble de maux, à ses raisons frivoles
L'Éloquence prêtant l'ornement des paroles,
Tous les jours, accablé sous leur commun effort,
Le *vrai* passa pour *faux*, et *bon droit* eut tort.

« Faute de définir les termes, dit Voltaire, et surtout faute de netteté dans l'esprit, presque toutes
les lois, qui devraient être claires comme l'arithmétique et la géométrie, sont obscures comme des
logogriphes. La triste preuve en est que presque tous
les procès sont fondés sur le sens des lois, entendues
presque toujours différemment par les plaideurs, les
avocats et les juges. »

Si l'équivoque ne produit que trop souvent des
résultats si funestes, il n'en est pas toujours ainsi, il

est quelquefois permis de tirer parti du double sens des termes équivoques pour donner quelque agrément à l'élocution, surtout en faisant jouer le sens propre avec le sens figuré, car, comme l'observe le P. Bouhours, « toutes les figures qui renferment un double sens ont, chacune dans leur espèce, des beautés et des grâces qui les font valoir, quoiqu'elles tiennent quelque chose de l'équivoque. » Martial dit à Domitien :

> *Vox* diversa sonat; populorum est *vox* tamen una,
> Quum verus patriæ diceris esse pater.

Les peuples de votre empire parlent divers *langages*; ils n'ont pourtant qu'un *langage* lorsqu'ils disent que vous êtes le véritable père de la patrie. Voilà deux sens, comme vous voyez, et deux sens qui forment antithèse : *parlent divers langages, n'ont qu'un langage.* Ils sont tous deux vrais selon leurs divers rapports, et l'un ne détruit point l'autre; ils s'accordent au contraire ensemble, et de l'union de ces deux sens opposés, il résulte je ne sais quoi d'ingénieux fondé sur le mot équivoque de *vox* en latin et de *langage* en français. Plusieurs pointes d'épigrammes et quantité de bons mots et réparties spirituelles ne piquent que par le sens double qui s'y rencontre, et ce sont là proprement les pensées que Macrobe et Sénèque nomment des *sophismes agréables.* »

Ces jeux de mots, en général répréhensibles et de mauvais goût, peuvent avoir lieu dans la conversation, dans les lettres familières, dans les épigrammes, dans les madrigaux, dans les impromptus, et autres petites pièces de ce genre, quand ils sont spirituels et délicats, et qu'on les donne pour un badinage qui exprime un sentiment, ou pour une idée passagère; si cette idée paraissait le fond d'une réflexion sérieuse, et si on la débitait avec un ton dogmatique, elle ne serait pas supportable.

Bien que cette espèce de jeu de mots ne soit point à dédaigner, il faut cependant en user avec modération, avec circonspection, avec intelligence.

Il est des mots équivoques que l'on doit interdire dans la bonne société; c'est ce que recommande Boileau dans les vers suivants :

> Mais pour un faux plaisant, à grossière équivoque,
> Qui, pour me divertir, n'a que la saleté,
> Qu'il s'en aille, s'il veut, sur deux tréteaux monté,
> Amusant le Pont-Neuf de ses sornettes fades,
> Aux laquais assemblés jouer ses mascarades.

L'exemple suivant montre que l'on peut quelquefois payer cher une équivoque ingénieuse. Velléius nous a conservé un mot de Cicéron qui indisposa fort Auguste contre lui, et dont la malignité est cachée sous le voile trop transparent de l'équivoque. *Cicero, insita amore pompeionarum partium, Cæsarem laudandum et* TOLLENDUM *censebat; quum aliud diceret, aliud intelligi vellet.* Cicéron, emporté par son attachement naturel au parti de Pompée, disait qu'il fallait louer César et *l'élever jusqu'au ciel*, voulant ainsi dire une chose et en faire entendre une autre.

L'équivoque porte sur *tollere* qui, en latin, signifie également *louer* ou *élever aux honneurs*, et *tuer* ou *ôter la vie.* L'abbé Prévost, dans sa traduction des *Lettres familières*, a trouvé de l'impossibilité à rendre cette équivoque, et il l'a laissée en latin dans la traduction française. « Je crois, dit Beauzée, qu'il vaut mieux tâcher d'en approcher : *élever jusqu'au ciel* signifie, dans notre langue, *combler d'éloges*, et peut indiquer aussi l'apothéose dont on honorait les empereurs romains après leur mort, ou tout au moins le passage d'Octave dans le ciel, ce qui suppose toujours la mort. »

Non-seulement les mots peuvent présenter des équivoques, mais même des phrases entières. Une phrase est équivoque par l'incertitude de la relation de quelques termes d'une signification générale, et, par là même, indéterminée; plus souvent encore par la mauvaise disposition des différents compléments d'un même mot; quelquefois par le vice du tour, où l'on paraît supposer comme réel ce qu'on a pourtant intention de nier; et quelquefois par le complément de certains mots qui semblent se perdre en un et signifier par conséquent toute autre chose.

Plusieurs causes peuvent donner naissance à une phrase équivoque de la première espèce.

Elle peut provenir ou de l'emploi des mots conjonctifs *qui, que, dont*, parce que ces mots n'ayant eux-mêmes ni genre ni nombre déterminés, la relation en devient nécessairement douteuse, pour peu qu'ils ne tiennent pas immédiatement à leurs antécédents, et qu'il se rencontre entre eux quelque autre mot auquel on puisse les rapporter.

Ce genre d'équivoque existe dans les phrases suivantes : *Il faut imiter l'obéissance du Sauveur qui a commencé sa vie et l'a terminée.* On ne sait si le mot *qui* se rapporte à *l'obéissance* ou au *Sauveur. C'est le fils de cette femme qui a fait tant de mal.* Est-ce le *fils*, est-ce la *femme* qui a fait tant de mal?

Pour faire disparaître cette équivoque, il suffit de substituer *lequel, laquelle, lesquels, lesquelles*, à *qui, que, dont.* Ainsi, l'on dira, dans le premier exemple : *Il faut imiter l'obéissance du Sauveur,* LEQUEL *a commencé sa vie et l'a terminée.* Dans le second, il faut dire, suivant le sens qu'on veut donner à la phrase, ou *c'est le fils de cette femme* LEQUEL *a fait tant de mal*, si la proposition incidente se rapporte au fils; ou *c'est le fils de cette femme*, LAQUELLE *a fait tant de mal*, si la proposition se rapporte à la femme. Mais si les deux mots auxquels se rapporte le conjonctif sont du même genre, il faut recourir à un autre moyen pour faire disparaître l'équivoque. Dans cette phrase, par exemple : *c'est le fils de cet homme* DONT *on a dit tant de mal*, il est indispensable de changer entièrement la construction pour se faire comprendre. Si *dont* se rapporte à *cet homme*, on dira : *Cet homme dont on a dit tant de mal, eh bien! celui-ci est son fils*; mais si *dont* se rapporte au *fils*, on dira : *Le fils de cet homme est celui dont on dit tant de mal*, ou bien : *Celui dont on a dit tant de mal est le fils de cet homme.*

Quelquefois ces corrections peuvent rendre la

phrase moins vive; mais il n'y a point de tour qui ne soit préférable à l'ambiguité, à l'obscurité.

La seconde source d'équivoque est dans les pronoms de la troisième personne *il, elle, lui, eux, elles, leur*, parce que tous les objets dont on parle étant de la troisième, dès qu'il y a dans le discours plusieurs noms du même genre et du même nombre, il doit y avoir incertitude sur la relation des personnes, à moins qu'on ne sache rendre cette relation sensible. Les deux phrases suivantes présentent ce défaut. *Il estimait le duc, et dit qu'il était vivement touché de ce refus.* On ne sait qui était touché. *Bien que l'homme juste ait toujours été le temple vivant de Dieu, il n'a pas laissé de vouloir demeurer, par une présence spéciale, en des lieux consacrés à sa gloire.* Il semble d'abord que cet. *il,* qui est sujet, se rapporte au sujet *l'homme juste,* qui commence la période; cependant le sens indique que *il* doit se rapporter à Dieu.

La première phrase deviendrait régulière en cas que l'on voulût faire entendre que le duc était touché. *Il estimait le duc, et dit que ce seigneur était vivement touché de ce refus;* dans le cas contraire, on peut dire : *Il estimait le duc, et dit qu'en considération de ce seigneur, il était vivement touché de ce refus.*

Le vice de la seconde phrase disparaît, si l'on dit: *Bien que Dieu ait toujours fait de l'homme juste son temple vivant, il n'a pas laissé,* etc. On peut dire aussi : *Bien que l'homme juste ait toujours été le temple vivant de la Divinité, elle n'a pas laissé de vouloir,* etc.

Les adjectifs possessifs *son, sa, ses, leur, leurs, sien, sienne, siens, siennes* peuvent donner lieu à la même équivoque. *Il a toujours aimé cette personne au milieu de son adversité. Ce son se rapporte-il à il ou à personne?* La phrase ne le fait pas connaître.

L'embarras disparaîtra si l'on dit : *Quoiqu'il fut dans l'adversité, il a toujours aimé cette personne,* si *son* doit se rapporter à *il;* ou bien : *Il a toujours aimé cette personne, quoiqu'elle fut dans l'adversité,* si *son* doit se rapporter à *personne.* On pourrait dire aussi, dans le premier cas : *Au milieu de son adversité, il a toujours aimé cette personne;* et, dans le second; *Il a toujours aimé cette personne au milieu de l'adversité où elle est tombée.*

Le, la, les, quand il est employé seul avec relation à un nom appellatif antécédent, peut aussi rendre la phrase équivoque, s'il est précédé de plusieurs noms du même genre et du même nombre, auxquels on puisse le rapporter. Quand Molière vint dire aux spectateurs qui réclamaient à grands cris la représentation du *Tartuffe: M. le président ne veut point qu'on le joue,* la malignité du parterre traduisit ce mot par une sanglante épigramme, qui ne pouvait être dans l'esprit de l'auteur, en parlant de ce magistrat, protecteur de la littérature et des gens de lettres.

Tout adjectif employé d'une manière isolée et qui peut avoir un double rapport, peut aussi rendre une phrase équivoque. *Il croyait que, pour cela, il fallait renouveler les anciens canons touchant la vie et les*

mœurs des clercs, établis *par les papes, les pères et les conciles.* Pour que la phrase ne laissât rien à désirer, il faudrait dire : *Il croyait que, pour cela, il fallait renouveler les anciens canons* établis *par les papes, les pères et les conciles, touchant la vie et les mœurs des clercs.*

Une préposition peut aussi rendre une phrase équivoque. On lit, dans *les Entretiens d'Ariste et d'Eugène,* que *les académiciens qui se nomment Accordati ont pour devise un livre de musique ouvert* avec *des instruments.* Cette construction ferait croire que ce livre est ouvert à force de marteaux et de crochets. La substitution de *et* à *avec* fait disparaître ce sens ridicule. On pourrait aussi supprimer l'adjectif *ouvert* inutile pour le sens, puisqu'on ne peut savoir qu'un livre peint est un livre de musique que lorsqu'il est ouvert.

La seconde espèce de phrases équivoques comprend celles où l'ambiguité vient surtout de la place vicieuse des compléments d'un même mot. En voici un exemple tiré de Saint-Réal. *Jésus aperçut un peu plus loin deux autres pêcheurs qui raccommodaient des filets avec leur père, qui s'appelait Zébédée,* dans sa nacelle. « Il y a dans cette façon de parler, dit Andry, une équivoque insupportable; car ne semble-t-il pas à ces mots, *qui s'appelait Zébédée, dans sa nacelle,* que cet homme ne s'appelait Zébédée que lorsqu'il était dans sa nacelle?.Il n'y avait qu'à dire: *Jésus aperçut un plus loin deux autres pêcheurs qui, avec leur père, qu'on appelait Zébédée, raccommodaient des filets* dans sa nacelle; ou bien : *Jésus aperçut un peu plus loin deux autres pêcheurs qui étaient avec leur père, nommé Zébédée, et qui raccommodaient des filets* dans sa nacelle.

La troisième espèce de phrases équivoques se compose de celles où le tour semble supposer comme réel ce qu'on a pourtant l'intention de nier. *N'attribuez point au défaut de mon souvenir le retardement de mes lettres.* Ne semble-t-il pas qu'on avoue le défaut de souvenir et qu'on veuille néanmoins assigner *au retardement des lettres* une cause différente et peut-être plus offensante? On pourrait éviter ce défaut en disant : *N'attribuez à aucun défaut de souvenir le retardement de mes lettres.*

Quelquefois, de propos délibéré, on affecte de paraître nier ce qu'au contraire on a l'intention d'affirmer. Une femme, dit-on, ayant été insultée par un homme, lui intenta un procès, et il fut condamné à lui faire réparation d'honneur en présence de témoins. « Madame, lui dit-il alors, je vous ai appelée p...., cela est vrai; je déclare aujourd'hui que vous êtes une très-honnête femme, et je reconnais mon tort. » Il est facile de voir en quoi consiste l'équivoque dans cette phrase. Beauzée fait observer avec raison qu'un aussi misérable subterfuge déshonore le cœur sans faire honneur à l'esprit.

La quatrième espèce de phrases équivoques renferme celles qui naissent du simple rapprochement de certains mots dont la réunion semble suivie d'autres mots ou dire autre chose que ce qu'on a réellement l'intention de dire.

MONSIEUR, *votre cheval vaut cent pistoles.* Ceci a l'air d'une politesse imbécile et amphigourique, comme si l'on donnait au cheval le titre de *monsieur.*

Pour éviter ce ridicule, il faut se contenter de dire: *monsieur,* LA VALEUR *de votre cheval est de cent pistoles.* toles.

Une construction, employée souvent aussi par les rieurs de la lie du peuple est celle-ci : *J'ai rencontré votre cheval,* MONSIEUR. Ils s'imaginent par là vous assimiler à un cheval. Rien n'est plus niais et plus ridicule.

L'autre variété de ce genre d'équivoque se trouve dans les exemples suivants. *Je regarde votre amitié comme le plus grand* DES AVANTAGES *que vous me puissiez accorder. C'est le plus grand* DES PLAISIRS *que vous me puissiez faire. Des avantages* et *désavantage, des plaisirs* et *déplaisir,* ont trop de ressemblance pour qu'il n'en résulte pas d'équivoque. On pourrait l'éviter, en disant *le plus grand avantage, le plus grand plaisir.* Le rapprochement affecté de mots de cette nature donne lieu à un grand nombre de calembours.

Nos anciens poëtes nommaient *rime équivoque* une espèce de poésie dans laquelle la dernière syllabe de chaque vers était reprise en une autre signification au commencement ou à la fin du vers qui suivait. En voici un exemple pris dans Marot :

> En m'ébattant, je fais rondeaux en *rime,*
> Et en *rimant* bien souvent je m'*enrime.*
> Bref, c'est pitié, entre nous *rimailleurs,*
> Car vous trouvez assez de *rime ailleurs.*
> Et quand vous plaist, mieux que moi *rimassez,*
> Des biens avez et de la *rime assez.*

Depuis longtemps la raison et le goût ont fait justice de ces puérilités, qui n'avaient souvent de mérite que la difficulté vaincue, et qui ne valaient jamais la peine qu'elles coûtaient.

> J. B. PRODHOMME,
> *Correcteur à l'Imprimerie impériale.*

ÈRE ou **ÉPOQUE** (astronomie). — Point fixe du temps d'où l'on part pour compter les années suivantes ou celles qui ont précédé. — Voy. *Chronologie.*

ÉROTIQUE [du latin *eroticus,* qui vient du grec *eróticos,* dérivé de *erós, erósos,* amour]. — Ce mot s'emploie pour exprimer les tendres sentiments que l'amour inspire. Un cœur violemment épris s'abandonne à un délire érotique. Celui qui en fait la peinture dans une pièce de vers, dans un poëme quelconque fait de la poésie érotique. C'est sa dénomination la plus commune et celle qui fera le sujet de notre article.

La poésie érotique peut être considérée comme la plus ancienne des poésies. Où l'amour ne se glisse-t-il pas?

Nous ne chercherons pas à prouver l'origine de la poésie érotique. Après la tendresse pour les auteurs de nos jours, notre cœur s'ouvre aux douces émotions de l'amour. Il s'empare de nous, nous subjugue, nous fait rêver et nous porte à confier les secrets de notre âme à celle qui a su faire naître ces agréables sensations qui enivrent. Nous les chantons, nous les redisons à l'écho, afin que cette voix mystérieuse les porte à l'oreille de l'objet aimé.

Et pour chanter l'amour, il n'a pas fallu attendre que la société fût civilisée, soit sur les bords du Gange, soit dans l'Arabie Heureuse.

Le monde est né de l'amour.

On ne se douterait jamais que c'est dans l'Ancien Testament que nous allons puiser le premier exemple de la poésie érotique. C'est Salomon qui le fournit dans le *Cantique des Cantiques.*

Le style oriental, dans ses formes métaphoriques, se prête, avec une grâce exquise, à la peinture de la passion érotique. Aussi voit-on en Orient, l'amour jouer un grand rôle dans la vie humaine. Les contes, les légendes, qui occupent le plus généralement les esprits, en sont des témoignages irrécusables. Là l'existence est toute d'amour. Mais peut-être qu'on y cherche beaucoup trop à satisfaire les sens plutôt qu'à goûter les prémices voluptueuses d'un plaisir que l'imagination se promet, plaisir qu'accroissent les difficultés, et que diminue la jouissance sans obstacle. La poésie manque quand les roses sont sans épines. Une fleur facile à cueillir perd beaucoup de ses charmes.

C'est ce que Salomon dut sentir plus d'une fois dans son harem ; mais ce qui pourtant ne l'a pas empêché d'employer les couleurs les plus vives pour peindre les sentiments de l'amour.

Quelques citations du *Cantique des Cantiques* nous en feront juger.

L'ÉPOUSE.

Soutenez-moi avec des fleurs, fortifiez-moi avec des fruits, parce que j'éprouve les langueurs de l'amour.

..... — Mon bien-aimé est à moi, et je suis à lui, et il se nourrit parmi les lis sur un lit de roses, jusqu'à ce que le jour commence à paraître, et que les ombres se dissipent peu à peu.

..... — Résonne, viens à moi, ô mon bien-aimé, et sois semblable au chevreuil ou au faon de cerf qui court sur la montagne de Betfer.

..... — Que mon bien-aimé vienne dans son jardin fleuri et qu'il mange du fruit de ses arbres et cueille la rose.

..... — Je prendrai mon bien-aimé et le conduirai dans la maison de ma mère ; c'est là qu'il m'instruira, et lui donnerai un breuvage d'un vin mêlé de parfums, et un suc nouveau de mes pommes de Grenade.

L'ÉPOUX.

..... — Vous êtes toute belle, ô mon amie, et il n'y a point de tache en vous.

..... — Vous avez blessé mon cœur par l'un de vos yeux et par un cheveu de votre cou.

..... Vos lèvres sont comme un rayon qui distille le miel ; le miel et le lait sont sous votre langue ; et l'odeur de vos vêtements est comme l'odeur de l'encens.

..... — Ma bien-aimée est un jardin fermé ; elle est un jardin fermé et une fontaine scellée.

..... — Je suis venu dans mon jardin ; j'ai recueilli ma myrrhe avec mes parfums ; j'ai mangé le rayon avec mon miel ; j'ai bu mon vin avec mon lait.

.....—Quelle est celle-ci qui s'avance comme l'aurore lorsqu'elle se lève, qui est belle comme la lune et éclatante comme le soleil, et qui est terrible comme une armée rangée en bataille?

..... — Je vous ai ressuscitée sous le pommier; c'est là que votre mère s'est perdue; c'est là que celle qui vous a donné la vie a perdu sa pureté.

..... — Mettez-moi comme un sceau sur votre cœur, comme un sceau sur votre bras, parce que l'amour est fort comme la mort et que le délire de l'amour est inflexible comme l'enfer; son flambeau comme une lampe de feu et de flammes.

—

— Il faut revenir jusqu'aux Grecs pour retrouver la trace de la poésie érotique.

On a attribué à Homère l'invention de presque tous les genres de poésie. La tragédie, la comédie, la pastorale, etc. On peut y rencontrer aussi le genre érotique, et n'en trouverait-on pas encore la trace dans l'entretien mystérieux entre Jupiter et Junon, lorsque celle-ci, cachant dans son sein la ceinture de Vénus et s'armant de toutes ses grâces, cherche à attirer son époux dans l'appartement secret, fait par Vulcain, et interdit aux autres dieux.

Jupiter, charmé de sa beauté, lui dit : Jamais ni déesse, ni femme immortelle, n'a fait naître en mon cœur de si violents désirs que ceux que vous m'inspirez aujourd'hui. Non, je n'aimai point avec tant d'ardeur la femme d'Ixion. Je ne fus point si transporté d'amour pour la belle Danaë; je n'eus point le même empressement pour la charmante fille du roi Phœnix, Europe. Jamais je ne fus si épris d'Alcmène, je ne fus jamais si enchanté des charmes de Sémélé; la blonde Cérès, en étalant tout l'or de ses cheveux, ne m'a jamais si fort enflammé; je ne fus jamais si touché de la fière Latone, et vous-même, vous ne m'avez jamais paru si belle qu'en ce moment; jamais ma flamme si vive.....

Si vous le voulez absolument et que vous soyez si amoureux, vous avez dans votre palais un appartement que votre fils Vulcain vous a fait, avec un art infini, et qui ferme si bien que les autres immortels n'y sauraient entrer sans vos ordres, je ne refuse point de vous y suivre, si vous me l'ordonnez.

— Junon, ne craignez point, vous ne serez aperçue ni des dieux ni des hommes; je vous environnerai d'un nuage d'or, que le soleil même, quelque perçants que soient ses yeux, ne pourra pénétrer.

En même temps il prend la déesse dans ses bras. A l'instant la terre fait sortir de son sein un tendre gazon; le délicat lotus, le safran parfumé, l'agréable jacinthe naissent à l'envi, sous ces divinités; un nuage d'or les couvre, et une brillante rosée, rafraîchissant les airs, distille de toutes parts. Ainsi le père des dieux et des hommes, vaincu par l'amour et le sommeil, dormait tranquillement sur le plus haut sommet du mont Ida, la tête de la déesse nonchalamment appuyée sur son sein (1).

Après Homère, il est des poëtes, parmi les grecs, qui se sont uniquement consacrés au genre érotique, Les plus célèbres sont Sapho et Anacréon.

(1) Homère, liv. XIV, vers 313 à 353.

Sur neuf livres d'odes que Sapho avait composés, il ne nous est parvenu que deux odes dont la douceur, l'harmonie, la tendresse nous fait vivement regretter la perte du reste. Tant de grâce, tant de beautés, cet art secret de pénétrer au fond du cœur, ce langage passionné et voluptueux, tant de trésors ne sont point venus jusqu'à nous.

Outre ces deux odes, les savants ont pu recueillir une certainement quantité de fragments où se reflètent les grâces et les beautés des pensées amoureuses de cette femme si célèbre (1). Anacréon, plus heureux, est venu jusqu'à nous avec un bagage poétique plus considérable, mais néanmoins peu lourd. Est-ce là tout ? Ce n'est pas à supposer, d'après l'opinion des commentateurs qui prétendent qu'Anacréon avait composé quatre ou cinq livres d'odes. Nous ne possédons qu'une soixantaine d'odes qui toutes sont des modèles de grâce; on dirait que les roses naissent sous ses doigts et qu'il était inspiré par l'Amour et Vénus. Il ne dédaignait pas de mêler Bacchus à ses chants voluptueux. — Voir le mot Chanson et la note.

Théocrite, Bion et Morchus peuvent aussi compter parmi les poëtes érotiques. Leurs idylles ont des peintures amoureuses pleines de grâce.

Parmi les poëmes du premier, on distingue l'idylle de Polyphème et Galatée; dans le second, la Mort d'Adonis; dans le troisième, l'Amour fugitif. Ces poëmes ont un charme inexprimable, et sont pleins de délicatesse, d'élégance et de douceur. Nous citerons encore Callimaque et Phirétas, quoique nous n'en possédions que des fragments; mais nous savons qu'ils servirent de modèles à Catulle, Ovide, Tibulle et Properce.

Parmi les Romains, le genre érotique compte plus d'un aimable interprète.

Horace a traité plusieurs genres; il a chanté l'amour, l'amitié, les plaisirs; il a chanté la puissance, la vertu même et la philosophie.

Mais dans certaines odes où il a chanté ses amours, il se montre d'une amabilité charmante, quand, sur sa lyre amoureuse, dans sa retraite de Sabine ou de Tibur, il fait résonner les échos du nom de Chloé, ou de Lydie.

(1) Toutes les fois que l'occasion se présentera de parler de nos collaborateurs et de faire connaître les titres qui ont porté la rédaction à faire désirer leur concours, nous nous empresserons de la saisir avec bonheur et avec une sorte d'orgueil.

A propos des fragments de Sapho, il ne nous est pas possible de passer sous silence la traduction de M. Rédarez Saint-Remy et son travail remarquable sur cette femme célèbre.

Quant à sa traduction, nous pouvons dire qu'on peut la lire après celles de ses prédécesseurs Clotilde de Surville, Poisinet de Sivry, Veissier-Descombes, Boileau et Delille, pour l'ode qu'ils ont traduite séparément; nous ajouterons que nous croyons la traduction de notre collaborateur plus exacte et plus littérale.

Quant au travail que notre collaborateur a fait sur Sapho, il suffit d'en donner une idée pour être frappé de la pensée ingénieuse qui a inspiré la préface de Sapho :

Catulle, le tendre amant de Lesbie, ne lui cède en rien et même le surpasse par les grâces naïves, les tournures pleines de nonchalance et de facilité, par l'élégance et la fermeté dont la Grèce seule avait eu jusque-là le secret. Properce, qui eut pour maîtresse la belle et brillante Cynthie, peignit ses amours, dans ses tourments comme dans ses plaisirs, avec des traits de feu.

Tibulle, l'amant si tendre de Délie, et dont Boileau a dit :

Amour dictait les vers que soupirait Tibulle,

et dont les élégies touchantes ont été appelées le livre des amants; ses poésies respirent une sensibilité profonde, une mélancolie vague et douce qui l'ont fait préférer à bien des poëtes élégiaques.

Ovide s'est essayé en plusieurs genres: Outre ses *Métamorphoses*, son plus beau titre de gloire, on lui doit, dans le genre érotique, *l'Art d'Aimer*, *le Remède d'Amour* et ses *Amours*, ouvrages écrits avec beaucoup d'élégance et d'imagination, mais où souvent il s'est permis quelques licences.

L'élégie semble être la forme affectée à la peinture des sentiments érotiques, sans cependant la voir toujours se revêtir

> De longs habits de deuil,
> Et, les cheveux épars, gémir sur un cercueil;
> Elle peint des amants la joie ou la tristesse,
> Flatte, menace, irrite, apaise une maîtresse.
> Mais pour bien exprimer ces caprices heureux,
> C'est peu d'être poëte, il faut être amoureux.

Souvent ces sentiments éclatent sous la forme svelte

« De tous les ouvrages de Sapho, dit M. Rédarez dans » sa préface, il n'est parvenu jusqu'à nous que deux odes » importantes

» Outre ces deux odes, il nous reste encore d'elle une » quantité de fragments qui ont été recueillis dans les » œuvres de plusieurs auteurs et dans l'*Anthologie*, où ils » se trouvaient épars.

» Ces fragments n'ont eu jusqu'ici qu'un seul mérite » celui de piquer la curiosité des amateurs et des admira- » teurs de Sapho.

» Depuis deux mille ans, ces fragments n'ont point au- » trement captivé l'attention des commentateurs, des » scoliastes, qui se sont occupés spécialement de recueillir » jusqu'aux plus petites phrases des grands écrivains qui » ont brillé à cette époque éloignée.

» Obscur écrivain, m'était-il réservé de découvrir ce qui » avait échappé à tant d'esprits éminents et à tant de » siècles? M'était-il réservé de révéler les trésors qui se » trouvaient ainsi enfouis, et d'extraire l'or caché dans » cette mine non exploitée? Ces perles, ces diamants » attendaient-ils la main d'un artisan inconnu qui les » enchâssât pour en faire mieux sortir l'éclat?

» C'est ainsi qu'en combinant divers fragments, je suis » parvenu à former sept odes, sans faire subir à ces » fragments la moindre modification, sans ajouter ni re- » trancher un mot; en réunissant ceux qui, par le sens » naturel, se liaient parfaitement, j'ai formé des sujets » complets, et il en est résulté des odes remarquables par » leur cohésion et leur justesse

» Sapho avait composé neuf livres d'odes, qu'elle avait » consacrés à chacune des neuf Muses.

de la chanson, avec ses proportions légères, sans autre vêtement que la ceinture des Grâces.

En France, nous naissons avec la fibre érotique. Dans ce genre, nous défions tous les peuples de la terre. Notre orgueil en est si satisfait, que nous ne sommes pas plus fiers en regardant la colonne de la place Vendôme.

Il nous est facile d'en fournir la preuve en donnant la liste de tous les poëtes qui se sont exercés dans ce genre et qui ont acquis plus ou moins de réputation. Cette liste serait un peu longue, mais nous nous arrêterons à quelques noms que nous citerons sans ordre, comme ils se présenteront à notre esprit.

Il faudrait commencer par les troubadours et les troubadouresses des douzième, treizième et quatorzième siècles, parmi lesquels on compte de hauts et puissants seigneurs, des comtes, des barons, des vidames, voire même des rois.

Apparaissent ensuite, aussi nombreux que les étoiles du firmament et que les fleurs qui naissent au printemps et parent la terre, les poëtes, les chansonniers de tout étage :

Marot (*Élégies* et *Chansons*); du Bellay-Baïf, au style barbare, ce qui n'exclut pas le sentiment; Bertin (ses *Amours*); Parny, le Tibulle français; André Chénier (ses *Élégies*); Millevoye (ses *Élégies*) (1); Aimé Martin (ses *Lettres à Sophie*); Demoustiers (ses *Lettres à Émilie*); l'abbé Bernis, que Voltaire appelait Babet la Bouquetière (*Odes anacréontiques*); Colardeau (ses *Lettres d'Abeilard et d'Héloïse*); Lafare, Chaulieu, (*Odes* et pièces diverses); Boufflers (ses *Cœurs* et pe-

» Par la reconstruction de sept odes, formées de ces » fragments, j'ai porté le nombre d'odes à neuf que j'ai, » à son exemple, placées sous l'invocation des Muses.

» C'est ainsi que je suis arrivé à ressusciter *Sapho* en partie. »

Nous ne pouvons résister au plaisir de citer un exemple:

> La lune, au milieu de la nuit,
> A cessé d'éclairer la terre;
> Et moi, quand déjà l'heure fuit,
> Je vois ma couche solitaire.

> O ma mère, dans sa douleur,
> Ayez pitié de votre fille;
> Rien ne peut distraire son cœur,
> Ni la navette ni l'aiguille.

> Et tout s'échappe de ma main!
> Dans l'amour mon âme se noie;
> J'aime ce jeune homme sans frein,
> A Vénus je suis tout en proie (2)!!

Cette ode est formée de deux fragments. Il est telle ode formée de trois, de quatre, et même de cinq fragments.
(Note du Rédacteur en Chef.)

(1) La *Sulamite* de Millevoye est tirée en partie du *Cantique des Cantiques* de Salomon, dont nous parlons dans cet article.

(2) Anacréon a emprunté cette pensée à Sapho, qui a été imitée par Horace : (*In me tota ruens Venus*), et dont s'est servi Racine dans *Phèdre* :

C'est Vénus tout entière à sa proie attachée.

tits poëmes); Malfilâtre (poëme de *Narcisse*); Bernard, surnommé le Gentil par Voltaire (son *Art d'Aimer*) (1); Lebrun; Béranger, qui laissait quelquefois reposer les lauriers pour cueillir les roses d'Anacréon, etc., etc., etc., et une foule d'autres non classés, qui se distinguent par la finesse des pensées, la délicatesse des sentiments, les images pleines de douceur et la facilité de la versification. Dans ce déluge de chansons, il en est de charmantes et qui sont de vrais petits chefs-d'œuvre d'amabilité et de grâce. — Voy. l'article *Chanson*.

Quelques poëtes, dans la peinture des plaisirs de l'amour, ont trouvé que le voile léger des Grâces était d'un tissu trop peu transparent, et les en ont entièrement dépouillées. La décence et la pudeur ont eu à en rougir. La liberté effrénée engendre la licence, et la licence dégénère en obscénité. Ce genre heureusement a tenté peu d'esprits. On distingue, parmi le petit nombre de ces imitateurs de Tibulle, Properce, Horace, avant les commentateurs, *ad usum Delphini*, et de l'Arétin, Piron et Grécourt, que l'on trouve rarement aujourd'hui dans les bibliothèques choisies comme celle d'Euclide, du *Voyage d'Anacharsis*.   RÉDAREZ SAINT-RÉMY.

ERPÉTOLOGIE [du grec *erpéton*, reptile, et *logos*, discours]. — Partie de l'histoire naturelle qui s'occupe de l'étude des reptiles. — Voy. ce mot.

ERRATA (grammaire et typographie) [emprunté au latin]. — Ce mot a donné lieu à plusieurs questions grammaticales intéressantes que je vais examiner.

On appelle *errata* une liste qu'on place au commencement ou à la fin d'un ouvrage, et qui contient les fautes échappées dans l'impression, et quelquefois dans la composition de cet ouvrage, avec l'indication de la manière dont elles doivent être corrigées à la lecture.

On donne aussi ce nom à un livre qui contient le relevé des erreurs d'un autre livre. Quelqu'un a appelé l'ouvrage du père Hardouin sur les médailles l'*errata* de tous les antiquaires; mais il est trop plein de choses singulières, hasardées, et quelquefois fausses, pour n'avoir pas besoin lui-même d'un bon *errata*. Les critiques sur l'histoire, par Perizonius, peuvent être, à plus juste titre, appelés l'*errata* des anciens historiens. Le dictionnaire de Bayle a été regardé comme l'*errata* de celui de Moréri; cependant on y a découvert bien des fautes; elles sont comme inséparables des ouvrages fort étendus.

On emploie aussi ce mot figurément pour exprimer les aveux que fait ou pourrait faire tel homme ou telle femme du monde. *Une femme galante est un recueil d'historiettes, dont l'introduction est le plus joli chapitre; mais bientôt il ne reste plus aux*

curieux que l'*ERRATA*. (Sophie ARNOULD.) L'*errata* de la vie de certaines femmes serait fort intéressant; mais cette sorte d'*errata* est rarement livré à l'impression.

On a demandé si ce mot est nécessaire. Il me semble que l'on peut sans hésiter répondre affirmativement. En effet, quand peut-on contester l'utilité d'un mot? Lorsqu'il vient d'être créé et que l'usage n'en est pas encore bien établi. *Errata* n'est pas dans ce cas, puisqu'il a plusieurs siècles d'existence.

Mais, quand il en serait autrement, on devrait se garder de le proscrire de notre langue, parce que c'est une expression dont il est impossible de se passer en imprimerie.

Il ne suffit pas d'ailleurs d'affirmer qu'il est inutile; il faut prouver qu'il y a dans la langue un mot unique, plus ancien, exprimant exactement la même idée. Or, ce mot n'existe pas.

On a prétendu que *fautes à corriger* pourrait en tenir lieu. Oui, si l'on voulait se contenter d'un équivalent tel quel; mais il faut observer qu'*errata* est un mot unique, tandis que *fautes à corriger* est une périphrase, et que, dans toutes les langues, on tient à remplacer les périphrases, à moins qu'elles ne soient employées comme ornement.

Supposons l'expression *fautes à corriger* admise, on sera embarrassé pour exprimer les idées les plus simples : L'*ERRATA* *n'est pas exact*; l'*ERRATA*, *malgré sa longueur, est incomplet*, et d'ailleurs elle n'est pas exacte.

Un des rédacteurs du *Dictionnaire du Commerce*, publié par Guillaumin, me paraît moins heureux encore lorsqu'il prétend que le mot *erreur* vaudrait tout autant que le mot *errata*, et exprimerait avec moins de prétention l'aveu d'une faute que l'on répare. Il n'a pas fait attention que le mot *erreur* ne signifie qu'une faute, tandis qu'*errata* veut dire une liste de fautes avec l'indication de la correction que l'on en doit faire. Est-ce que cette phrase : *Il y beaucoup d'*ERRATA* dans ce livre* pourrait être considérée comme l'équivalent de celle-ci : *Il y a beaucoup d'*ERREURS* dans ce livre?* Non, évidemment, l'identité de signification n'existant pas, l'une ne peut être substituée à l'autre.

Ce n'est pas l'utilité de ce mot que l'on conteste généralement, c'est plutôt sa forme singulière et plurielle.

Tout le monde convient que ce mot tire son origine du substantif latin *errata*, fautes, pluriel d'*erratum*. Autrefois, lorsque le latin était une espèce de langue universelle, on indiquait les fautes à corriger par ces deux mots latins : *errata corrigenda*, fautes à corriger.

Plus tard, quand on eut presque entièrement renoncé à écrire en latin, l'usage du mot *errata* s'est conservé; mais, avec le temps, la signification primitive s'en est altérée. Au lieu d'être, comme autrefois, l'équivalent du mot *fautes*, il n'a plus désigné qu'une liste de *fautes*, le singulier latin a donc dû être abandonné : dès qu'*errata* a cessé de signifier simplement fautes, il a fallu dire *un errata, des errata*.

---

(1) Voir le quatrain dans lequel Voltaire baptise Bernard du surnom de Gentil; c'est à l'occasion d'une invitation chez Mme du Châtelet :

> Au nom du Pinde et de Cythère,
> Gentil Bernard est averti
> Que l'Art d'aimer doit, samedi,
> Venir dîner chez l'Art de plaire.

En empruntant ce mot au latin, on a préféré la forme plurielle, parce qu'il est rare qu'un *errata* ne contienne qu'une faute, et que d'ailleurs on ne songe plus au mot *faute*, traduction française du mot *erratum*, mais à la table destinée à indiquer les fautes.

Il est vrai que lorsqu'on introduit des mots latins dans notre langue, on choisit ordinairement la forme singulière; mais il est facile de se rendre compte pourquoi on a agi autrement à l'égard d'*errata*. On dit un *pensum*, parce que le *pensum* est une tâche supplémentaire que l'on donne par punition aux écoliers paresseux ou indociles; un *factum*, parce que le *factum* est un mémoire destiné à exposer un *fait* ou une série de *faits* se rattachant à un fait principal; mais on dit et on a dû dire un *errata*, parce que l'*errata* est une liste, une table destinée à indiquer les *fautes* avec leurs corrections.

D'ailleurs, supposons, pour un moment, que le mot *errata* ait toujours conservé sa signification latine et qu'il soit encore aujourd'hui l'équivalent du mot *faute*, il n'en résulterait pas encore que l'on doive dire *erratum* pour une seule faute; car la dénomination d'une chose se tire toujours de son emploi le plus général; et, quelque correct que puisse être un ouvrage, il est bien rare, de nos jours surtout, qu'un livre ne contienne qu'une faute, et quand ce phénomène se présenterait de temps en temps, pourquoi créer un mot pour exprimer une chose si rare? N'est-il pas bien plus conforme au génie de notre langue d'employer toujours le mot *errata*, quel que soit le nombre des fautes? C'est une extension de signification admise dans toutes les langues.

En disant *erratum* quand il n'y a qu'une seule faute, et *errata* quand il y en a plusieurs, on introduirait dans la langue une étrange anomalie. *Erratum* serait un singulier que l'on emploierait pour désigner une seule faute, et *errata* un autre singulier, qui servirait également de pluriel, et dont on ferait usage pour désigner une liste de fautes. Peut-on soutenir sérieusement un tel système? Notre langue n'a-t-elle pas déjà assez de bizarreries sans en créer encore une nouvelle, contraire à toutes les règles, et qui n'a pas son analogue dans notre idiome?

Voici ce que dit à ce sujet le *Dictionnaire des difficultés de la langue française*, par Laveaux : « Jusqu'à l'apparition du Dictionnaire de l'Académie, on a appelé *errata* une liste, un tableau, un état des fautes survenues dans l'impression d'un ouvrage, soit qu'il indiquât plusieurs fautes, soit qu'il n'en indiquât qu'une, parce que la pluralité de ce mot ne peut pas tomber sur les fautes indiquées, mais sur la quantité des tableaux ou des listes qui les indiquent. Mais, en 1798, l'Académie a prétendu que, lorsqu'il ne s'agit que d'une faute à relever, on devait dire un *erratum*, et, en 1835, elle dit encore que, dans ce cas, quelques personnes se servent du mot *erratum*, de sorte que ce mot a deux singuliers : un *errata*, quand il indique plusieurs fautes, et un *erratum* quand il n'en contient qu'une. Voilà les déclinaisons latines introduites dans la langue fran-

çaise par les soins de l'Académie. D'après ce principe, je suis surpris que cette Académie n'ait pas décidé que *facta* est le pluriel de *factum*, *patres* celui de *pater*, et *vos deos* celui de *te deum*.

« Depuis qu'on enseigne peu la langue latine en France, dit un critique, qui a relevé un grand nombre de fautes du Dictionnaire de l'Académie, nous voyons souvent le mot *erratum* substitué au mot français *errata* par des gazetiers et des imprimeurs qui veulent donner une idée magnifique de leur capacité. L'Académie française aurait dû proscrire cette ridicule innovation et la condamner par un exemple. Il paraît que le critique ne parle ici que de l'Académie de 1762; car l'Académie de 1798, loin de s'élever contre cette innovation, paraît l'avoir établie. »

Si encore les défenseurs d'*erratum* pouvaient invoquer l'usage, la chose, bien que contraire au bon sens, présenterait au moins quelque apparence de raison; mais ce prétexte leur fait encore défaut.

C'est en vain que quelques personnes prétendent que l'on doit dire *consulter* LES ERRATA *d'un livre*, pour *consulter* L'ERRATA. Jamais ni un imprimeur, ni un éditeur, ni un auteur ne se sont exprimés ainsi. On a toujours dit : *consulter* L'ERRATA, *faire* UN ERRATA, quand il n'a été question que d'une seule de ces listes. Dans le monde, dans les livres, on ne s'exprime pas autrement, excepté un petit nombre de personnes qui, pour se singulariser, se plaisent à hérisser leur langage de mots étrangers.

Les grammairiens, les lexicographes sont à peu près unanimes sur ce point. Le seul grammairien de quelque valeur qui, à ma connaissance, soit d'un avis contraire, c'est Vanier. Quelle raison donne-t-il pour l'appuyer? Aucune. Il se borne à constater le fait comme si la chose était incontestée et incontestable. C'est une singulière manière d'agir de la part d'un grammairien philosophe, qui a déclaré une si rude guerre aux abus de tout genre; et quand, avec de tels antécédents, on défend une si mauvaise cause, il semblerait convenable de donner des raisons quelconques à l'appui de son opinion.

A toutes ces autorités particulières, on peut ajouter l'opinion de la Société grammaticale. Consultée sur cette question en 1846, elle décida que l'on doit dire *errata* au singulier comme au pluriel. Les membres qui prirent part à la discussion furent MM. Palla, Boissière, Lambert, Chalamet et Prodhomme. MM. Palla, Lambert et Chalamet parlèrent en faveur de *erratum*, et MM. Prodhomme et Boissière parlèrent contre. Ce fut cette dernière opinion qui prévalut.

Mais j'entends autour de moi la foule s'écrier: « Que nous importent les décisions de tel ou tel grammairien ou lexicographe plus ou moins obscur; il y a au-dessus d'eux tous l'Académie française, cour souveraine chargée de juger en dernier ressort toutes les difficultés de la langue; son dictionnaire fait loi, et nous ne voulons pas écouter d'autre autorité. »

Quoique je sois bien loin d'être un partisan de l'Académie et que je me sente assez disposé à contester son infaillibilité en cette matière, et même à nier sa compétence, j'engagerai ses enthousiastes admirateurs à se donner la peine d'ouvrir ce dictionnaire, que M. Firmin Didot, son éditeur (notez bien ceci), nous présente comme le *Code de notre langue*, comme un ouvrage indispensable à tout Français, qu'y trouveront-ils? D'abord l'absence complète du mot *erratum*. C'est déjà une assez mauvaise recommandation. Le premier mot nous faisant défaut, cherchons donc le second. Cette fois, nous sommes plus heureux; nous lisons : « *Errata*. Mot emprunté du latin, liste des fautes survenues dans l'impression d'un ouvrage: *Il a marqué ces fautes-là dans l'*ERRATA. *Il a fait un* ERRATA *fort exact. Les* ERRATA *sont nécessaires dans les livres.* » Que conclure de là? que le mot *errata* doit s'employer au singulier comme au pluriel, aussi bien pour une seule liste que pour plusieurs, et que le mot *erratum* n'est pas en usage, puisqu'il ne figure pas dans la nomenclature académique.

On me dira que ma citation n'est pas complète, et on me citera d'un air de triomphe la dernière phrase de l'article : « Lorsqu'il ne s'agit que d'une seule faute à relever, quelques-uns disent *erratum*. »

Rien n'est plus facile que de répondre à cette objection.

Un usage suivi constamment par les lexicographes, c'est de faire figurer dans les colonnes de leurs dictionnaires tous les mots en usage à l'époque où ils les publient; dès qu'un mot n'existe pas dans la nomenclature, on peut donc en conclure qu'il n'est pas ou qu'il n'est plus en usage.

Quant à l'Académie, dont le dictionnaire est bien loin d'être universel, on ne peut pas tirer cette conclusion de l'absence d'un mot, car on sait qu'elle tient à écarter de son vocabulaire tous les mots techniques, tous les termes scientifiques et une immense quantité de mots usuels, que les puristes les plus scrupuleux ne craignent pas d'employer; pour les premiers, elle ne fait d'exception qu'à l'égard d'un très-petit nombre d'entre eux, qu'elle considère, à tort ou à raison, comme d'un usage plus général.

Errata, qui date déjà de plusieurs siècles, est au nombre de ces mots privilégiés; donc *errata* paraît à la docte société un mot d'un fréquent emploi, et *erratum* étant absent doit être considéré comme un mot d'une origine suspecte, comme une de ces expressions de contrebande dont il faut éviter de se servir.

Quand un mot a plusieurs formes en usage, et que l'on est encore incertain sur celle à laquelle il faut donner la préférence; tous les dictionnaires particuliers, et même celui de l'Académie, font figurer dans leurs nomenclatures la double ou la triple forme du mot; mais ils ne manquent jamais en même temps de faire connaître leur préférence. S'agit-il d'un mot qui leur semble d'un usage contesté, ils se contentent de dire, par exemple : *Hermite*, voy. *Ermite*, et c'est à ce dernier mot qu'ils donnent toutes les explications nécessaires. Eh bien! l'Académie n'a pas même donné au mot *erratum* cette quasi-approbation.

Elle dit simplement, à la fin de son article : « Lors-

qu'il ne s'agit que d'une seule faute à relever, quelques-uns disent *erratum*. » Que devrait-on en conclure tout au plus? Que l'Académie ne prononçant pas une condamnation formelle, *erratum* n'est pas une de ces fautes grossières qui couvrent de honte celui qui les commet.

Mais a-t-on raison de s'en servir? Non, puisqu'un très-petit nombre seulement de personnes se hasardent à en faire usage. Ces mots, d'une pureté fort équivoque, sont analogues à ces fautes, ou même à ces crimes, non prévus par le Code pénal, et contre lesquels les tribunaux ne peuvent prononcer aucune peine, bien que la religion et la morale les condamnent.

D'ailleurs, que signifie le mot *quelques-uns* employé par l'Académie? Désigne-t-il une petite quantité des personnes les plus éclairées, ou une petite quantité des plus ignorantes, ou du moins d'une instruction très-contestable, des gens, en un mot, qui n'ont pas fait une étude spéciale de leur langue? L'expression académique ne pêche pas par excès de clarté. Il me semble cependant que ce serait faire injure aux hôtes du palais Mazarin, de supposer qu'ayant à chercher entre plusieurs expressions, ils aient préféré précisément celle qui est employée par les gens dont le langage est le moins pur.

Errata étant le mot nomenclaturé par le *Dictionnaire de l'Académie*, il est évident que c'est le seul dont doivent se servir les personnes qui tiennent à parler purement, et que le mot *erratum* n'est employé que par un petit nombre de personnes dont l'opinion, non motivée, ne peut faire loi.

Quel homme sensé hésiterait un instant, ayant à choisir entre deux mots, l'un appuyé sur de nombreuses et solides raisons et sur un usage à peu près général, et l'autre dont se servent quelques personnes, sans savoir pourquoi elles l'emploient? Quel est donc le motif pour lequel on agit autrement à l'égard d'*erratum*?

Les règles de l'analogie sont d'un grand usage dans les langues; voyons si on les a consultées dans ce cas. Évidemment non, car on dit toujours un *factum*, des *factums*, et on ne s'informe pas si le mot mémoire contient un seul fait ou plusieurs faits; on ne dit pas *factum* dans le premier cas, et *facta* dans le second, mais on dit toujours *factum* quand il n'est question que d'un seul de ces mémoires, et *factums* quand on parle de plusieurs. Pourquoi en serait-il autrement d'*errata*?

Est-ce parce que l'on considère *errata* comme un pluriel? — Oui, me répondront les latinistes renforcés. — Si *errata* est un pluriel, pourquoi donc, messieurs les puristes, faites-vous précéder ce pluriel d'un article singulier, car vous ne craignez de dire L'*errata*, CET *errata* est exact. Pour des gens aussi sévères, c'est là une singulière licence.

Erratum et *errata* seraient tout au plus tolérables si on donnait au mot français le sens latin, mais les significations sont changées; aucun prétexte n'existe donc pour conserver la double forme latine.

L'usage, d'ailleurs, a prononcé depuis longtemps.

Il n'y a plus à revenir là-dessus, et je suis étonné de voir des gens, toujours disposés à invoquer l'usage le plus général, ne plus vouloir qu'on le leur oppose dès qu'il contrarie leur manière de penser, et qu'il est corroboré par tant de fortes raisons.

On insiste cependant encore, et pour justifier l'emploi simultané de *erratum* et de *errata*, on invoque la règle des substantifs composés; il est vrai, dit-on, que *errata* signifie une liste de fautes, mais l'analyse peut aussi bien amener *erratum* qu'*errata*, car il est tout aussi facile de dire : Table destinée à indiquer *la faute* que *les fautes*.

D'abord, jamais application d'une règle ne fut faite plus à contre-temps, car *erratum* et *errata* ne peuvent jamais être considérés comme des substantifs composés; et quand même on pourrait admettre une opinion aussi étrange, il en résulterait toujours que la seule explication raisonnable amènerait le pluriel, car on ne fait pas une table pour un seul article; et lors même que, par un de ces tours de force si familiers aux grammairiens, on obtiendrait le singulier, le pluriel étant le cas le plus ordinaire, on devrait nécessairement le préférer à l'exception.

Battus sur tous les points, les partisans d'*erratum* se rejettent sur un cas particulier, et prétendent que tout le monde doit être alors de leur avis. Eh bien ! soit; disent-ils, quand il s'agit des ouvrages, nous avouons qu'on peut dire *errata* dans tous les cas; mais si un journaliste s'aperçoit qu'il a commis une erreur, peut-on le blâmer, s'il appelle la rectification de cette faute un *erratum*? — Oui, certainement, et j'en ai donné les motifs plus haut.

Il me semble, d'après les raisons que je viens d'exposer, que personne ne doit hésiter à rejeter à tout jamais le mot *erratum* de notre langue, et à lui substituer *errata* dans tous les cas.

Ceci admis, il restera à décider quelle doit être sa forme plurielle. L'usage général rejette le signe du pluriel dans ce mot; cet usage est-il fondé sur des raisons bien solides? J'espère prouver que non, et que mes adversaires n'ont pas une seule bonne raison en leur faveur.

Nous avons emprunté un assez grand nombre de mots au latin, et nous avons pris tantôt la forme singulière, et tantôt la forme plurielle.

La forme singulière a été préférée dans *pensum*, *factum*, etc.; j'en ai expliqué plus haut les motifs.

On a adopté au contraire la forme plurielle dans *errata*, on sait pourquoi, et dans *agenda*, parce que l'*agenda* est destiné à contenir *negotia agenda*, les choses que l'on doit faire.

Dans le premier cas, on dit toujours le *pensum*, les *pensums*, le *factum*, les *factums*. Pourquoi dirait-on l'*erratum*, les *errata*?

Dans le second cas, on dit l'*agenda*, les *agendas*. La règle est donc toujours la même.

On m'objectera sans doute l'usage de quelques savants en *us* qui, parlant au milieu du dix-neuvième siècle comme on le faisait en plein moyen âge, n'hésitent nullement à dire le *maximum*, le *minimum*; les *maxima*, les *minima*, etc.

Quand même cet usage serait généralement admis, et il ne l'est pas, cette règle ne pourrait pas s'appliquer à *errata*, l'usage contraire est trop fortement prononcé, tandis que les *maxima*, les *minima*, sont bien loin d'être solidement établis, et si l'on trouve quelquefois cette forme insolite dans quelques traités scientifiques, d'autres auteurs, dont le langage est moins gothique, n'hésitent nullement à dire les *maximums*, les *minimums*.

Ce que je viens de dire pour les mots empruntés au latin s'applique également à certains mots italiens que les musiciens surtout affectent d'employer avec leurs formes étrangères, bien que l'on ne craigne pas de dire aujourd'hui des *dilettantes*, des *quintettes*, des *lazzarones*, etc., pluriels beaucoup plus acceptables que des *dilettanti*, des *quintetti*, des *lazzaroni*, etc., tout à fait opposés au génie de notre langue.

Que les amateurs de ces formes hétéroclites réfléchissent d'ailleurs aux désastreux résultats de leurs innovations inconséquentes.

Si les mots latins et italiens doivent conserver leurs pluriels étrangers, ceux des autres langues ne tarderont pas à réclamer le même privilège, et alors on ne pourra plus parler notre langue, ni l'écrire, sans connaître toutes les langues du monde; ce sera une véritable tour de Babel.

Il ne suffira même pas de connaître la syntaxe de toutes les nations du globe; car, dès qu'on admettra l'orthographe étrangère, il faudra bien, comme conséquence logique, en admettre la prononciation; de là, à admettre des déclinaisons pour les mots empruntés aux langues à désinences casuelles, il n'y aurait qu'un pas, et il ne tarderait pas à être franchi.

Si une telle révolution s'accomplissait, il faudrait dire adieu à la belle langue de Racine, de Fénelon, de Voltaire, etc. Il ne nous resterait plus qu'un jargon informe, comparable aux langages grossiers qui se sont formés lors de l'irruption des barbares.

Dieu veuille qu'il n'en soit rien, et qu'une telle monstruosité soit étouffée dans son germe par la proscription impitoyable de toutes les formes plurielles étrangères. La pureté de notre langue est à ce prix.

On voit beaucoup de personnes qui, sans pousser la strangéomanie jusque-là, prétendent qu'il n'est pas possible de placer la marque du pluriel à la fin du mot *errata*, parce qu'il est un pluriel latin, et que le *s* ne s'employait jamais chez les Latins, pour marquer le pluriel.

Oui, ce mot est toujours pluriel, mais en latin seulement; car, en français, tout le monde le considère tantôt comme un singulier, tantôt comme un pluriel, puisque tantôt on l'emploie avec des adjectifs singuliers, tantôt avec des adjectifs pluriels. En l'introduisant dans notre langue, nous nous sommes écartés de l'usage latin, ce mot doit donc suivre toutes les règles de notre langue.

S'il est choquant d'ajouter un signe de pluralité à un mot indiquant déjà le pluriel, si l'on considère positivement cette finale *a* comme signe de pluralité, pourquoi employer ces mots avec nos articles singuliers? « Rigoureusement parlant, dit M. La'Loy, l'*agenda*, sous-entendu *negotia*, un *errata*, etc., ne sont-ils pas des barbarismes, s'il en fut jamais, et ces unions de mots ne doivent-elles pas choquer les latinistes autant que les expressions : *Une choses à faire, une erreurs.* »

Ce qui est véritablement choquant pour le génie de notre langue, c'est cette rencontre de nos articles, de nos adjectifs pluriels, avec des noms à finales singulières; ce sont réellement des contre-sens, comme le seraient *des cheval, des bœuf*, etc.

Dès qu'un mot étranger est introduit dans notre langue, il doit en subir les règles, comme un étranger naturalisé doit se soumettre aux lois de sa nouvelle patrie, et renoncer tout à fait à celles qu'il a suivies autrefois; peu importe donc l'origine. Ainsi, l'on doit dire *des accessits, des débets, des récépissés*, etc. Bien qu'en latin ces mots soient des verbes, pour nous, ils ne peuvent être que des substantifs.

MM. Bescherelle, auteur du *Dictionnaire national*, La Loy, auteur de la *Balance grammaticale*, et quelques autres grammairiens, admettent sans hésiter la marque du pluriel dans *errata*.

On dira sans doute qu'un mot étranger ne peut prendre la marque du pluriel que lorsqu'il est déjà ancien, et surtout d'un usage fréquent.

Eh bien! l'ancienneté ne peut être contestée au mot *errata*.

Quant au fréquent usage, il s'agirait de savoir ce qu'on entend par là. Excepté les mots servant à exprimer les objets les plus usuels, aucun mot n'est d'un fréquent usage. Ainsi, par exemple, les mots *oxygène, hydrogène, carbone, azote, chlore*, etc., tout à fait inconnus à la foule, sont à chaque instant dans la bouche des chimistes; le mot *errata* n'est employé que par les libraires, les imprimeurs, les auteurs, les éditeurs. Il n'est donc pas possible de déterminer rigoureusement les mots qui sont d'un fréquent usage, ou ceux qui sont peu usités.

Pour savoir si un mot doit prendre la marque du pluriel, il faudrait donc examiner si ce mot est employé comme substantif, et ne s'embarrasser ni de l'époque de son introduction, ni de la langue à laquelle a été emprunté, ni de son usage dans cette langue.

« Qu'on songe enfin, dit M. La Loy, que l'invariabilité des substantifs est une source d'obscurité incontestable; on doit donc tendre continuellement à en restreindre l'effet. Il est facile de le sentir. Qu'on suppose l'invariabilité généralement et positivement admise, puis qu'on remarque, par exemple, ces titres, ces annonces : DUO *de Pacini*, QUATUOR *de Beethoven*; *divers objets à vendre, tels que* PIANO, ALBUM, AGENDA; AVISO *que l'on charge de cette surveillance*, etc. On ne sait s'il y a plusieurs duos, plusieurs pianos, plusieurs avisos, etc. A défaut d'autres motifs, cette considération seule suffirait pour la faire repousser. »

Maintenant que nous sommes fixés sur le sens de ce mot, sur son pluriel et sur les autres questions grammaticales qu'il a soulevées, examinons quel est l'emploi de l'errata en typographie.

Place de l'errata. — L'errata se place, tantôt au commencement, tantôt à la fin du volume.

A la fin du volume, il se place ordinairement après la table.

Au commencement de l'ouvrage, la place la plus convenable paraît être immédiatement après le frontispice.

Disposition de l'errata. — L'errata se compose ordinairement en petit caractère et à quatre colonnes : les deux premières comprennent les pages et les lignes; la troisième, les locutions fautives, et la quatrième, les locutions corrigées. Ces deux dernières se tiennent le plus près possible, afin d'éviter, autant que possible, les doubles lignes.

Pag.	Lig.	Au lieu de	Lisez
4	7	il fut fidèle à sa parole;	il resta fidèle au serment.
55	25	l'apprendre;	me l'apprendre.
80	15	le savait épuisés;	les avait épuisés.
125	12	l'amitié sincère,	l'amitié sincère,

On donne encore à l'errata la disposition suivante, en répétant à chaque faute le mot *lisez* :

Page 1, ligne 12 : royale, *lisez* loyale.

— 150, — 6 : une douce affection succéda, *lisez* une amitié constante et bien vive encore succéda.

— 164, — 22 : à la porte Saint-Martin, *lisez* à la porte Saint-Denis.

Page 7, ligne 25 : Ils prièrent à Saint-Sulpice, *lisez* ils prièrent ensemble à Saint-Sulpice.

Page 125, ligne 12 : Le banc sur lequel il aimait à se reposer, *lisez* le banc sur lequel il se reposait avec bonheur.

Il faut rédiger l'errata de la manière la plus concise, en exposant, non la locution ou la phrase entière, mais seulement le mot ou la partie de la phrase qui la contient.

M. Frey demande que dans un errata, où les pages comportent un grand nombre de lignes, on fasse compter au lecteur le moins de lignes possible; c'est à quoi l'on réussit quand, sur soixante lignes, par exemple, que comportent certaines colonnes, au lieu de ligne 50, on dit, *ligne 11 en remontant*.

Quelquefois un errata ne contient pas seulement la correction des fautes, mais encore des additions. Alors on dit : Après tel mot, *ajoutez*. D'autres fois, ce sont des suppressions qui sont indiquées, on remplace, dans ce cas, le mot *ajoutez* par *retranchez*.

La ponctuation ne doit figurer à la fin de la locution fautive d'un errata que lorsqu'elle est elle-même le sujet d'une modification.

Utilité de l'errata. — On néglige aujourd'hui de placer l'errata dans un livre. Est-ce un tort? On peut en douter. Cependant, il est des auteurs ou éditeurs qui, peu disposés à encourir le reproche de légèreté à cet égard, exigent l'errata.

Un plus grand nombre d'éditeurs n'en veulent pas;

ils craignent par là de déprécier leurs ouvrages, en indiquant les fautes qu'ils renferment. En effet, si les ouvrages modernes, imprimés souvent avec la plus grande négligence et la plus grande précipitation, renfermaient un errata exact et complet, il faudrait y consacrer bien des pages.

Mais le principal motif qui rend l'errata inutile ou à peu près, c'est qu'il est bien rare que le lecteur aille le consulter. «Un errata, dit M. de Reiffenberg, est un acte de contrition qui vient toujours troptard.»— «Rien n'est plus inutile qu'un errata, disait le célèbre grammairien Lemare; car, si la faute est aperçue, il ne peut rien apprendre; dans le cas contraire, on n'est plus même tenté de le consulter. Il ne peut donc être placé à la fin d'un livre que par l'amour-propre de l'auteur qui ne veut pas qu'on lui impute les fautes qu'il n'a pas faites, et même souvent celles qu'il a faites. On ne doit relever dans un errata que ce qui peut embarrasser le lecteur.»

L'errata était réellement utile quand il se faisait à la main, à l'endroit même où existait la faute. C'est ainsi que se faisaient les corrections de fautes échappées à l'impression, avant que Henri Estienne n'eût introduit l'usage de les imprimer dans le volume.

Si l'errata est peu utile dans un livre, il l'est encore bien moins dans un journal quotitien, car souvent l'on n'a pas à sa disposition le numéro où se trouve la faute, quand la correction arrive deux ou trois jours après. Quelquefois cependant des corrections sont exigées par l'auteur ou par une personne dont il est parlé dans l'article.

Il est des circonstances où l'oubli de certaines fautes dans les journaux ne serait pas sans danger. En voici un exemple assez curieux. Dans les premiers temps du gouvernement impérial, les journaux eurent à annoncer que M. de Coulaincourt venait d'être fait duc de *Vicence*. Or, à la *Gazette de France*, on avait, par exemple, imprimé *duc de Vincennes*. Si l'on se rappelle l'opinion, alors très-répandue, qui avait attribué au duc une participation à la sanglante tragédie dont les fossés de Vincennes avaient été le théâtre, on concevra qu'une semblable faute pouvait, à cette époque, entraîner la suppression du journal. Heureusement un des rédacteurs, en jetant un coup d'œil sur des feuilles déjà tirées, s'aperçut de cette périlleuse inadvertance, et la fit réparer à temps.

L'errata n'est pas le seul moyen en usage en typographie pour corriger les erreurs; en voici encore quelques autres:

Carton. — Ce mot désigne un double feuillet, ou quatre pages, qu'on réimprime et qu'on substitue à celui dans lequel se sont glissées des fautes typographiques ou autres, que l'on ne juge pas de nature à être rectifiées dans un simple errata. L'usage des cartons était surtout très-fréquent au temps où la censure avait et exerçait la faculté de mutiler les livres. Beaucoup d'auteurs y ont aussi souvent recouru par suite de la versatilité de leur esprit ou de la vénalité de leur conscience.

Ce genre de correction, beaucoup plus coûteux

que l'errata, est infiniment préférable; car il fait disparaître la faute sans qu'il en reste de traces. Mais, pour beaucoup d'éditions modernes, un carton et même plusieurs cartons ne suffiraient pas, il faudrait une réimpression complète.

Onglet. — Bien que l'économie indique l'onglet, c'est-à-dire la réimpression de deux pages, on préfère généralement le carton, à cause de l'embarras que cause l'onglet dans la reliure et la brochure. L'utilité de l'onglet est la même que celle du carton; il n'y a de différence que le prix.

Quoique le carton et l'onglet ne laissent pas de traces des fautes corrigées, on cite un fait qui prouve que quelquefois le public auquel le livre est destiné est en garde contre l'édition tout entière et se refuse à l'acheter. Un libraire avait fait imprimer un grand nombre d'exemplaires du rituel de son diocèse. Dans l'indication des cérémonies de la messe se trouvait cette phrase : *Ici le prêtre ôte sa calotte*; et, par malheur, dans le dernier mot, un *u* perfide était venu usurper la place de l'*a* : *culotte* avait remplacé *calotte*. On juge du scandale qu'excita parmi le clergé une pareille erreur, plaisante pour les profanes, sauf pour l'infortuné libraire, dont elle causa la ruine; car il eut beau faire corriger la faute fatale par un carton, aucun prêtre ne voulut acheter cet ouvrage. Tout au plus aurait-il pu en vendre un exemplaire, sans carton, à l'un de ces bibliomanes auxquels Pons de Verdun fait dire dans une de ses épigrammes:

> C'est elle... Dieu! que je suis aise!
> Oui, c'est la bonne édition,
> Voilà bien, pages neuf et seize,
> Les deux fautes d'impression
> Qui ne sont point dans la mauvaise.

Bandes sur les affiches, placards, etc. — Souvent, quand on change le spectacle, l'époque d'une vente, etc., on l'indique en collant un morceau de papier imprimé sur l'affiche ou le placard.

Quand on veut obtenir une grande pureté dans un ouvrage classique ou scientifique, on le fait clicher, c'est-à-dire qu'après l'avoir fait composer comme à l'ordinaire, et avoir fait les corrections usitées en typographie, on obtient par divers procédés des pages d'un seul morceau, ce qui rend impossible de nouvelles fautes, et même, si quelques erreurs sont échappées, il est encore possible de les faire disparaître, mais avec un peu plus de peine que dans les éditions en caractères mobiles.

J.-B. PRODHOMME,
Correcteur à l'Imprimerie Impériale.

ÉRUDITION (belles-lettres, bibliographie. — Genre de savoir qui consiste en la connaissance des faits, et qui est le fruit d'une grande lecture. L'érudition renferme trois branches principales : la connaissance de l'histoire, celle des langues et celle des livres. La connaissance de l'histoire se subdivise en plusieurs branches : histoire ancienne et moderne; histoire sacrée, profane, ecclésiastique; histoire de notre propre pays et des pays étrangers; histoire des sciences et des arts; chronologie, géographie, antiquités, etc. La connaissance des langues renferme les langues savantes, les langues modernes, les langues orientales, mortes ou vivantes. La connaissance des livres suppose, du moins jusqu'à un certain point, celle des matières qu'ils traitent et des auteurs : mais elle consiste principalement dans la connaissance du jugement que les savants ont porté de ces ouvrages, de l'espèce d'utilité qu'on peut tirer de leur lecture, des différentes éditions, et du choix que l'on doit faire entre elles. — Voy. *Bibliographie*.

ÉRYSIPÈLE (pathologie) [du grec *éryein*, attirer, et *pélas*, proche, cette maladie s'étendant ordinairement de proche en proche]. — Inflammation superficielle de la peau, non contagieuse, avec fièvre générale, tension et tuméfaction de la partie, douleur et chaleur plus ou moins cuisante, et rougeur inégalement circonscrite, disparaissant momentanément sous la pression du doigt. La partie affectée est parsemée, au bout de quelques jours, de petites pustules ou vésicules, remplies d'une sérosité roussâtre, qui bientôt se rompent, se dessèchent et tombent sous forme d'écailles furfuracées. Le tempérament bilieux, une constitution pléthorique prédisposent à cette maladie, qui peut avoir pour causes l'impression d'un air froid et humide, l'exposition au soleil, la malpropreté, la suppression d'une hémorrhagie habituelle ou d'un exanthème, les bains trop chauds, l'usage d'aliments malsains, les boissons spiritueuses, etc. C'est surtout au printemps et en automne que s'observe cette affection, qui règne quelquefois épidémiquement.

On distingue l'*érysipèle accidentel*, qui provient de cause interne; il est *simple* quand l'inflammation est superficielle, *phlegmoneux* si elle se propage aux couches sous-jacentes. L'érysipèle affecte le plus souvent le visage et les membres; sa marche est constamment aiguë; sa durée moyenne est de dix à douze jours. Il peut être *fixe, vague, ambulant* ou *erratique, périodique* ou *habituel*. Il se termine presque toujours par *desquamation*, quelquefois par résolution, par délitescence (quelquefois avec métastase), par gangrène, par ulcération des parties. — « L'érysipèle est une maladie peu grave en elle-même, mais qui peut le devenir par les complications, ou lorsque elle-même vient compliquer des plaies ou des opérations chirurgicales. L'érysipèle de la face est dangereux chez les vieillards, surtout lorsqu'il occupe le cuir chevelu, parce qu'alors il peut communiquer l'irritation au cerveau. Quelquefois l'érysipèle survient comme un phénomène critique, et termine heureusement une autre maladie. »

Si l'érysipèle est *simple*, il n'exige que la diète, des boissons rafraîchissantes, des lotions d'eau de guimauve ou de sureau, des laxatifs; s'il est plus *intense* avec *fièvre*, il exige la saignée, les purgatifs : un vomitif est utile s'il y a embarras gastrique.

Si l'érysipèle est phlegmoneux, œdémateux, on emploie la compression, les scarifications, les incisions, les onctions mercurielles, la cautérisation (azotate d'argent), etc. Enfin, s'il est *ambulant*, il faut le fixer en appliquant un vésicatoire sur le lieu qu'il occupe, ou sur l'un de ceux qu'il a précédemment occupés.   B. L.

ESCALIER (architecture, construction). — Suite de degrés servant à faire communiquer entre eux les divers étages d'un monument. Les escaliers contribuent pour beaucoup à l'aspect et à la grandeur des dispositions intérieures des édifices; ils rompent les lignes horizontales, accusent bien les effets de la perspective, et par leurs rampes diversement étudiées, donnent du mouvement et de la variété à l'architecture, qu'ils rendent plus animée et plus pittoresque : ils constituent donc de grandes ressources pour l'architecte; aussi celui-ci doit-il mettre à profit toutes ces ressources, et les étudier avec conscience. On peut pardonner quelquefois un peu de négligence dans la décoration et la disposition de parties peu importantes ou presque toujours cachées, mais le manque de soin serait inexcusable lorsqu'il s'agit de vestibules et d'escaliers, c'est-à-dire des parties publiques du monument : le vestibule doit ouvrir largement ses portes; l'escalier doit inviter à le gravir, et, certainement, cette invitation est très-réelle et chacun a pu l'apprécier. Quel est celui qui ne se soit trouvé rebuté avant d'opérer l'ascension d'un escalier sombre, étroit, roide et humide, comme il s'en trouve encore dans les maisons du vieux Paris? Quel est celui qui, voyant un perron largement ouvert, un escalier vaste, aéré, et présentant une grande étendue de marches régulières, abondamment éclairées, n'est pas tenté de monter ces larges rampes, et de voir se développer au-dessous de lui cette suite de marches et de paliers?

D'après ce qui précède, on doit comprendre que si les étages supérieurs ont plus d'importance que le rez-de-chaussée, il faut, autant que possible, placer l'escalier au milieu du monument et en face l'entrée; cependant, dans beaucoup de cas, cette disposition ne peut être adoptée; mais alors l'escalier, bien qu'il ne s'offre pas directement à la vue, peut n'en être pas moins aussi important et aussi grandiose.

La disposition et la décoration des escaliers doivent être laissées au talent de l'architecte, et doivent être en rapport avec le caractère du monument et les besoins du service; mais on peut cependant donner quelques règles générales qui peuvent s'appliquer à tous les escaliers, quelles que soient leurs formes et leurs constructions.

Ils doivent être larges, d'une ascension facile, et être grandement éclairés; on hésite à poser le pied lorsque l'escalier est sombre; au contraire, il n'y a pas d'hésitation lorsque le jour se répand en abondance sur les marches et sur les paliers.

Quelquefois, la partie de rampe qui monte du rez-de-chaussée au premier étage peut, et même doit, dans certains cas, être plus large que les rampes supérieures, et d'une ordonnance différente; mais il faut que la disposition adoptée pour tous ces autres étages soit identiquement la même, que les marches aient partout même largeur et même hauteur, qu'elles soient bien horizontales et n'aient pas d'angles prononcés dans les parties tournantes; que les paliers soient régulièrement disposés ; en un mot, il faut que l'ascension, une fois commencée, se continue d'une manière uniforme. Si ces conditions ne sont pas toutes remplies, l'escalier devient incommode, fatigant et même dangereux, surtout à la descente.

Les architectes du temps de Louis XIV et de Louis XV ont, en général, bien compris et bien disposé les escaliers, du moins ceux d'apparat; mais, de nos jours, la mesquinerie a prévalu, l'espace a manqué, et les escaliers, au lieu d'être un moyen décoratif, ne sont plus devenus qu'un moyen de communication que l'on a restreint autant qu'il est possible; c'est ainsi qu'une spéculation mal entendue, et je dirai même coupable, afin de gagner deux ou trois mètres de terrain à chaque étage, a sacrifié la commodité des habitants et des visiteurs. Malheureusement, cet état de choses durera tant que l'ingéniosité suppléera à la grandeur, tant qu'au lieu de soumettre l'industrie à l'art, on soumettra l'art à l'industrie. Certes, je ne veux pas accuser les architectes de notre temps d'être la cause de cette décadence; mais s'ils ne sont point la cause du mal, ils devraient au moins s'y opposer de tout leur pouvoir, en démontrant à leurs clients qu'une belle disposition n'est aucunement incompatible avec l'économie, et que la petite perte de terrain qui en résulterait serait amplement compensée par l'aspect de la construction et la plus-value que cet aspect y pourrait apporter !

Tous les escaliers, sauf les perrons extérieurs, sont toujours compris entre deux ou plusieurs murs verticaux, pleins ou à jour, qui renferment un espace carré, rectangulaire, circulaire, ovale, etc., ou qui participe de plusieurs de ces formes; cet espace prend le nom de *cage*.

Les escaliers les plus simples, et qui ont dû être employés les premiers, ainsi qu'on le remarque dans quelques monuments antiques, étaient formés de rampes droites, renfermées entre deux murs parallèles qui soutenaient les deux extrémités des marches. Les édifices du moyen âge ont souvent adopté un genre d'escalier tout différent : ce sont les escaliers à *noyau*; la cage est cylindrique, et les marches s'élèvent en hélice, en se scellant d'une part dans la muraille circulaire, et de l'autre dans un noyau ou cylindre bien plus petit que celui de la cage et montant de fond au centre de celle-ci. Le plus souvent cependant les marches, assemblées d'un côté dans le mur, portaient à l'autre extrémité un tambour, qui constituait une assise du noyau, et qui se reliait aux tambours inférieurs et supérieurs par des scellements et des goujons; ces escaliers, très-utiles lorsque l'emplacement de la cage est très-restreint, comme les escaliers placés dans l'épaisseur des murs, ou qui servent à la montée des tours ou des colonnes monumentales, sont presque les seuls qu'il soit possible d'employer dans ce cas; mais ils sont toujours d'une ascension difficile et fatigante, et

sont très-roides au *collet*, c'est-à-dire à la partie qui touche au noyau.

Mais les escaliers le plus communément employés sont ceux, quelles que soient leurs formes générales, qui laissent un espace vide au milieu des montées; alors les marches, toujours scellées d'un côté dans le mur de la cage, portent de l'autre sur un mur qui suit le rampant de la volée ; ce mur est appelé mur d'*échiffre*; quelquefois ce mur est supprimé et remplacé par des poteaux ou supports placés aux angles des révolutions, et qui soutiennent une pièce en pente, servant de point d'assise aux marches, et qui s'appelle *limon*; mais le plus souvent les poteaux n'existent pas, et le limon, montant l'étage entier, est soutenu seulement aux points de départ et d'arrivée.

L'escalier peut être à limon suspendu, à noyau plein ou évidé, être construit sur poteau ou sur mur d'échiffre, sans qu'en général cela puisse influer sur la forme de la cage; ainsi, cette cage peut, ainsi que nous l'avons dit, être rectangulaire ou circulaire, mais fort souvent elle s'est élevée sur un plan mixte, composé d'un rectangle prolongé sur l'un de ses côtés par une demi-circonférence, et, dans ce cas, quelle que soit la construction de l'escalier, il y a à faire une remarque fort importante sur la disposition des marches. En effet, si elles étaient construites selon les données ordinaires, les marches de la partie rectangulaire devraient être toutes parallèles elles, et celles de la partie circulaire devraient toutes concourir au centre. Cette disposition serait vicieuse en ce que ces dernières marches, triangulaires à leur surface, seraient beaucoup trop larges près du mur de la cage, et beaucoup trop étroites au collet, ce qui, indépendamment du mauvais effet produit, serait très-incommode pour l'ascension. Afin d'obvier à cet inconvénient, on fait subir aux marches une opération appelée *balancement*. Cette opération consiste à ne pas rendre tout à fait parallèles les cinq ou six dernières marches de la partie rectangulaire, mais à les faire incliner un peu du côté du limon, de manière à ce qu'elles soient un peu plus étroites au collet; les marches de la partie circulaire ayant alors plus d'espace du côté du limon, peuvent s'étendre plus régulièrement et conserver une ligne de montée presque égale à celle de la première partie.

Pour faire cette opération, on sépare la rampe de l'escalier en deux parties dans le sens de la largeur, par une ligne appelée *ligne de foulée*; c'est sur cette ligne, que l'on suppose être la plus suivie dans les montées et les descentes, que l'on marque les divisions égales de toutes les marches; de sorte qu'en cet endroit, les hauteurs et les largeurs des marches sont les mêmes pour tout l'étage, et procurent une ascension uniforme; c'est alors de ces points de division que les marches se balancent, de manière à mettre une dégradation insensible entre les diverses largeurs au collet.

La pratique a démontré que la hauteur d'une marche ou *contre-marche* ne devait pas être moindre de

12 cent., ni plus grande que 20 cent., et que le dessus de cette marche, ou le *giron*, devait varier dans les limites de 27 à 40 cent. La proportion moyenne des marches est donc d'environ 16 sur 33 cent.; mais dans les escaliers particuliers, et qui montent un assez grand nombre d'étages, cette proportion n'est pas complétement suivie : la contremarche est un peu plus haute, le giron est un peu moins grand, et cela, non-seulement à cause de l'emplacement souvent restreint, mais encore parce qu'on a remarqué que des marches, relativement hautes, étaient moins fatigantes à gravir pendant un certain temps que des marches relativement basses. Il existe, du reste, une loi approximative qui règle en général les dimensions des marches; cette loi est qu'il faut que le double de la hauteur d'une marche, plus la largeur de son giron, égalent 66 cent. Ainsi, si l'on était forcé, pour pouvoir arriver à un étage supérieur, de donner 18 cent. à la contre-marche, il faudrait alors que le giron n'eût que 30 cent.

Avant de parler des différents matériaux employés dans la construction des escaliers, disons encore qu'il ne faut guère monter plus de 20 ou 25 marches de suite, ni moins de 8 ou 10; car si l'absence de paliers cause de la fatigue, un trop grand nombre est également nuisible, en interrompant trop souvent la montée.

Tout escalier qui n'est pas entre deux murs est toujours muni, au moins d'un côté, d'une rampe portant une main courante; comme ces rampes ne sont que des espèces de balcons en pente, nous renvoyons, pour leur ornementation, à ce que nous avons dit aux mots *balcons* et *balustres*.

Quant à la décoration générale de l'escalier et de sa cage, nous n'avons pas à en parler; elle dépend complétement du goût et du talent de l'architecte.

Voici maintenant quelques notions sur la construction des escaliers :

Les escaliers se construisent en pierre ou en marbre, en bois et en métal. Les escaliers en pierre, montant entre deux murs parallèles, sont, comme nous l'avons vu, formés par la réunion de marches encastrées à leurs extrémités dans les murs de la cage.

Ce système de construction est d'une grande solidité tant que les degrés n'ont pas une trop grande largeur, ce qui pourrait les exposer à se rompre par suite d'un choc ou d'un poids trop considérable. Dans ce dernier cas, et pour plus de sécurité, on construit au-dessous de la montée une voûte rampante qui soutient les marches dans toute leur longueur.

Les escaliers portant sur un mur d'échiffre peuvent se construire de la même manière, avec ou sans voûte sous la partie rampante; mais, en tous cas, il faut sceller soigneusement les marches au mur d'échiffre, pour empêcher leur glissement, ou bien, employer le système suivant, qui est mis le plus souvent en usage, qui permet à l'escalier de se soutenir seul, sans voûte ni mur d'échiffre, et dont on se sert exclusivement dans la construction des escaliers à noyau vide.

Ce système consiste à faire porter les degrés les uns par les autres, au moyen d'une surface de joint normale à la pente de la montée, et d'une autre surface un peu plus petite, posant horizontalement sur le giron de la marche inférieure; de cette manière, chaque marche présente un angle obtus saillant, et un angle obtus rentrant; toutes ces surfaces anguleuses s'emboîtent les unes dans les autres, et forment ainsi des espèces de claveaux à crossette qui ne permettent aucun mouvement de glissement aux marches, et tout l'ensemble étant solidement arrêté à la partie inférieure de chaque étage par la marche palière, offre une grande rigidité. Il va sans dire que le côté du degré qui touche au mur de la cage est toujours encastré dans ce mur, qui aide également à soutenir et à maintenir toute la volée. Quelquefois, pour dissimuler les marches du côté du noyau évidé, on figure un limon saillant un peu au-dessus du giron; mais ce limon, composé de petits claveaux attenant à chaque marche, est purement décoratif, et ne sert pas à la construction, si ce n'est cependant qu'il augmente un peu la surface de coupe, et par contre la résistance à la poussée.

Quant aux escaliers en limaçons à noyau plein, nous avons déjà dit que ce noyau était composé de tambours attenant à chaque marche. Quelquefois, lorsque le giron a peu de largeur, on fait deux degrés consécutifs d'un seul morceau, et le tambour du noyau compose alors les deux hauteurs de ces degrés.

Les escaliers en charpente ont deux systèmes de construction bien distincts : la construction en marches pleines et la construction avec limon.

Nous ne dirons rien des escaliers à marches pleines, leur construction étant identiquement la même que ceux en pierre; il n'y a de changé que les matériaux.

Quant à ceux à limon, bien qu'ils reposent tous deux sur le même principe, ils peuvent se diviser en escaliers à limon droit, et escaliers à limon à crémaillère.

Nous savons déjà qu'un limon est une pièce de bois suspendue aux deux extrémités de l'étage, ou soutenue, de distance en distance, par des poteaux ou des piliers. Lorsque le limon est simple, les marches sont assemblées par leurs extrémités en entailles ou rainures pratiquées sur la face intérieure du limon, et la contre-marche et le giron, formés de deux ais dont l'épaisseur varie selon la portée, sont rainés et embrévés l'un dans l'autre, et le dessous de la rampe est alors plafonné, afin de masquer le dessous des marches.

Les escaliers à limon à crémaillère, qui sont les plus usités, offrent l'apparence d'escaliers à marches pleines. Le limon, ainsi que le nom l'indique, est denté en crémaillère, et les girons des marches viennent se clouer ou se cheviller sur les dentelures horizontales, en se profilant sur la face extérieure, et les contre-marches, embrévées dans le giron, viennent affleurer la dentelure verticale; le plafond inférieur se fait de la même manière que ci-dessus, et la rampe qui, dans l'exemple précédent, venait s'appuyer sur le limon, prend dans celui-ci ses points d'appui sur des barreaux ou pilastres vissés sur le giron.

Disons encore que, pour maintenir les limons et empêcher leur écartement, on place de distance en distance de longs boulons scellés dans le mur, et serrés par des écrous sur la face extérieure de ces limons.

On construit aussi des escaliers en menuiserie; mais le système de construction est à peu près le même que pour la charpente; seulement, les bois sont moins forts et ils sont plus légers d'aspect. Les petits escaliers à vis ou en sifflet qui servent à faire communiquer les boutiques avec leur entresol, sont des escaliers en menuiserie.

Quant aux escaliers construits en métal, chaque marche, naturellement creuse, porte à sa partie antérieure et à sa partie postérieure une surface inclinée de la même façon que les joints de coupe des marches en pierre; et chacune de ces surfaces de coupe est solidement boulonnée et rivée avec la surface de coupe des marches voisines.

Les girons de ces sortes d'escaliers doivent être striés pour empêcher le pied de glisser.

Les escaliers en fer, en général peu employés, sont cependant très-utiles dans différents cas, du moins pour remplacer les escaliers en bois qui, dans les lieux publics, théâtres, concerts, etc., peuvent s'incendier, et s'opposer à la sortie de la foule; c'est surtout lorsque ces lieux de réunion n'ont qu'une issue que les escaliers en bois doivent formellement être supprimés, et remplacés par les escaliers en pierre ou en métal.　　Charles Garnier, *architecte*.

ESCLAVAGE [du latin *Slavus, Slave, Esclavon*, à cause du grand nombre d'esclaves que fournissait ce peuple, ou, selon Vossius, parce que Charlemagne réduisit les Slaves en servitude]. — Est-il vrai que certaines races soient de toute éternité prédestinées à l'esclavage, et que les conditions économiques du travail dans l'Inde, dans l'Australie, dans le vaste continent américain, seraient bouleversées si, grâce à l'initiative des nations civilisées, le fait de la liberté se substituait spontanément ou progressivement au fait de l'esclavage?

Parmi les nations et parmi les races humaines, aussi bien que parmi les individus, il y a des premiers et des derniers, il y a des forts et des faibles. Nous croyons que la race blanche a, plus que toute autre, reçu de la Providence la faculté de diriger le mouvement humain et de percevoir le but vers lequel l'humanité doit tendre incessamment. A ce titre, elle est la race par excellence, celle à qui Dieu a confié l'initiative du progrès. Elle se subdivise elle-même en peuples qui ont des aptitudes diverses; c'est d'après ces aptitudes que s'opère leur classement. Ainsi, la France ne marche à la tête des peuples européens que parce qu'elle a une valeur morale supérieure, parce qu'elle a très-nettement conscience

de l'œuvre qu'elle doit accomplir. Mais de ce que la France a une supériorité morale incontestable sur des peuples appartenant à des races inférieures, n'est-il pas évident, que cette supériorité lui impose l'obligation d'élever sans cesse et de soutenir dans les voies de la civilisation ceux qui sont plus faibles qu'elle?

Est-ce que dans une famille le grand réduit le petit en esclavage? Est-ce que le père opprime ses enfants? est-ce que l'aîné considère le cadet comme un serf?

L'humanité est aussi une famille; la race blanche est évidemment la race aînée, la plus intelligente, la plus active, la plus religieuse des races humaines. Quel est son devoir vis-à-vis des races inférieures? Son devoir est analogue à celui qui incombe dans une famille au père vis-à-vis des enfants, à l'aîné vis-à-vis des cadets, aux forts vis-à-vis des faibles. (L. Jourdan.)

Historique. — L'esclavage remonte à la plus haute antiquité : « Les patriarches de l'Ancien Testament avaient à leur suite un grand nombre d'esclaves. Moïse, en condamnant à mort ceux qui vendaient un homme dont la possession ne leur était pas légitimement acquise, consacre l'esclavage; toutefois, il limite à dix ans l'esclavage d'un Israélite; après cette époque, si l'esclave refusait le bénéfice de sa libération, on lui perçait l'oreille, et il ne pouvait redevenir libre qu'après quarante-cinq ans d'une servitude nouvelle. Les Grecs et les Romains avaient un grand nombre d'esclaves; ce nombre excédait souvent le chiffre de la population libre. Ils étaient, selon les pays, traités avec plus ou moins de douceur. Les esclaves des Lacédémoniens, connus sous le nom d'*Ilotes*, étaient traités avec une rigueur extrême : aussi se révoltèrent-ils contre leurs maîtres. — Tout au contraire, l'esclavage était fort doux à Athènes; aussi l'histoire ne mentionne-t-elle pas d'exemple de rébellion d'esclaves dans l'Attique. Lorsqu'un maître maltraitait un esclave, il était permis à ce dernier de le citer devant le magistrat, et de demander à être vendu à un autre maître. Les esclaves athéniens étaient employés à la culture des terres, aux manufactures, aux mines, aux carrières et aux travaux domestiques. Plusieurs s'adonnaient aux ouvrages d'industrie et aux arts. La loi défendait aux esclaves de laisser croître leurs cheveux, de plaider, et même de rendre témoignage. Ils ne pouvaient porter des armes. — Les Romains avaient des esclaves de trois sortes : ceux qu'on prenait à la guerre (*mancipia*), ceux qui étaient nés de parents esclaves (*vernæ*), et ceux qu'on achetait aux marchands qui en faisaient trafic. Il y eut pendant un temps une quatrième espèce d'esclaves : c'étaient ceux qui, étant libres, se vendaient volontairement ou devenaient esclaves de leurs créanciers. Il y avait à Rome un marché affecté à la vente des esclaves. Cette vente se faisait de trois manières, dites : 1° *sub hastâ* (sous la lance), parce qu'on plantait une lance dans l'endroit où se faisait cette vente : c'était celle des prisonniers de guerre; 2° *sub coronâ* (sous la couronne), parce que, dit-on, les marchands posaient une couronne de fleurs sur la tête des esclaves qu'ils voulaient vendre; 3° *sub pileo* (sous le bonnet), parce qu'on leur mettait sur la tête une espèce de bonnet ou de chapeau : par cette marque, le vendeur annonçait qu'il ne garantissait pas leur docilité. Les esclaves romains avaient le tête rasée, les oreilles percées, et portaient un costume particulier; ils ne pouvaient se marier sans la permission de leur maître, ni plaider, ni tester. Leurs mariages, dépourvus de formes légales et de cérémonies religieuses, s'appelaient *contubernium*. Les maîtres avaient droit de vie et de mort sur leurs esclaves : l'esclave était pour eux une *chose* (*res*) et non une personne (*persona*); on leur infligeait, pour les fautes les plus légères, les châtiments les plus barbares : on les fouettait de verges, on les livrait aux bêtes féroces, on les laissait mourir de faim; le châtiment le plus ordinaire était le fouet. Un sénatus-consulte rendu sous Auguste ordonnait, si un citoyen était tué dans sa maison, de soumettre à la torture tous ses esclaves, et même ses affranchis. Ces lois barbares furent en vigueur jusqu'à la fin de l'Empire. Aussi, les esclaves se révoltèrent-ils fréquemment, et les Romains eurent à soutenir contre eux de véritables guerres : il suffira de rappeler les révoltes d'Eunus en Sicile (135 avant J. C.), celle de Salvius (103), et celle de Spartacus (73).

L'esclavage s'est maintenu constamment dans toute l'Asie et en Afrique; mais en Europe, et parmi les peuples chrétiens, le christianisme le fit peu à peu disparaître. Cependant, au moyen âge, il subsistait encore sous le nom de *servage*, et après la découverte de l'Amérique, les Espagnols, et à leur exemple tous les autres peuples chrétiens, le renouvelèrent en réduisant à l'esclavage les Indiens et les noirs achetés en Afrique et transportés aux colonies. Les Anglais eurent l'honneur, au dernier siècle, de s'élever les premiers contre la traite des noirs : l'affranchissement de tous les esclaves de leurs colonies, préparé par de sages mesures, fut effectué en 1838. En 1793, la Convention proclama l'affranchissement des noirs dans les colonies françaises; mais cet affranchissement, qui n'était nullement amené, fut le signal des massacres de Saint-Domingue. Sous la restauration et pendant la monarchie de juillet, il fut pris une série de mesures pour adoucir le sort des esclaves, pour diminuer leur nombre et pour les préparer progressivement à la liberté (notamment l'ordonnance du 5 janvier 1840, les lois des 18 et 19 juillet 1845); leur affranchissement définitif fut prononcé en 1848, et une indemnité fut allouée aux colons dépossédés. » (*Bouillet, Dict. univ. des Sciences.*)

Les partisans de l'esclavage jugeront par le récit suivant des avantages attachés à cette condition de l'homme.

Un esclave échappé de la Nouvelle-Orléans a fait juridiquement à Liverpool, en 1858, le récit des souffrances qu'il a endurées pendant son esclavage. C'est un chapitre naïf, d'autant plus effrayant à lire que les faits se présentent à nu, sans aucun artifice de style ou de langage. Le voici textuellement :

« Je me nomme Tom Wilson et suis âgé de quarante-cinq ans. Je viens d'arriver à Liverpool sur le navire *Metropoly*. L'esclavage a été le partage de toute ma vie, étant né de parents esclaves qui étaient la propriété du colonel Barr, de Woodford, dans le Mississipi. Dans ce pays, je fus marié et j'eus trois enfants, devenus esclaves comme moi; mais un beau jour mon maître me fit vendre aux enchères, et un M. Fatsman, presseur de coton de New-York, m'ayant acheté au prix de deux mille cinq cents dollars, je fus violemment séparé de ma femme et de mes enfants, que je n'ai jamais revus depuis, et un caboteur me transporta enchaîné à la Nouvelle-Orléans.

» Là je fus placé sous les ordres d'un nommé Burks, contre-maître de M. Fatsman, homme aussi cruel que vigoureux, qui, le fouet en main, ne me perdait pas de vue un seul instant. Comme je n'avais jamais lié du coton, mon ouvrage ne satisfaisait pas Burks, et à la fin de la journée je recevais régulièrement une correction qui consistait à m'attacher par les quatre membres sur une balle de coton, et à me donner de deux à trois cents coups avec une lanière en cuir; je porte encore les marques de ce fouet depuis la cheville jusqu'au haut de la tête.

» Mais c'était moins par maladresse que par faiblesse du bras droit que je ne liais pas bien le coton ; car, avant d'être vendu au Mississipi, un contre-maître m'avait coupé en travers le gros muscle du bras droit en disant que ma force me rendait dangereux. Le muscle a été recousu et s'est cicatrisé, mais il m'est resté depuis lors une grande faiblesse dans ce bras.

» Dix-huit mois après mon arrivée à la Nouvelle-Orléans, je pris la fuite et me sauvai dans la forêt. Burks se mit à ma poursuite avec une meute de chiens courants dressés à la recherche des esclaves. Je m'étais blotti au milieu des hautes herbes dans les marais de Baddenrush, et jamais un homme seul ne m'y aurait découvert; mais, avec la finesse de leur flair, les chiens m'eurent bientôt trouvé, et, m'assaillant avec acharnement, me firent par tout le corps les déchirures profondes dont voici encore les traces.

» Burks accourut vers l'endroit d'où partaient les aboiements des chiens, et dès qu'il m'aperçut il me coucha en joue avec son fusil et me cribla de chevrotines, dont il me reste encore les cicatrices. Depuis ce moment je n'ai plus eu conscience de ce qui s'était passé autour de moi : je tombai sans connaissance au milieu de la meute, qui continuait à me déchirer à belles dents, et ne revins à moi que huit jours après.

» Comme ma faiblesse extrême faisait craindre à mon maître que je ne vinsse à mourir, on me ménagea beaucoup pendant six semaines; mais lorsque mes forces eurent bien repris, on vint me chercher un beau matin pour m'infliger le châtiment que méritait, disait-on, ma fuite. Pour cela, on fit chauffer une barre de fer jusqu'au rouge, puis on me l'appliqua sur le dos à plusieurs reprises, pendant que mes jambes étaient grillées avec de l'essence de térébenthine à laquelle on mettait le feu. Après cette torture, on me mit au cou un collier de fer qui correspondait, au moyen de deux chaînes, avec deux anneaux rivés aux pieds. Cette charge écrasante m'accompagna pendant huit mois.

» Cependant, je n'en fus pas plutôt débarrassé, que mes pensées se portèrent plus fort que jamais vers les moyens de me soustraire à cette vie de supplice. Le contre-maître, qui se méfiait de moi, exerçait sur tous mes mouvements une vigilance extrême; mais la nuit de Noël il avait bu plus que d'habitude; je profitai de la pesanteur de son sommeil pour prendre la fuite et aller me cacher dans la fosse d'une scierie au-dessous de Nouvelle-Orléans. A son réveil, Burks se mit à ma recherche avec sa meute; mais cette fois il ne parvint pas à me dépister. Je laissai passer la journée tout entière, puis je me réfugiai près du grand lac Salé, derrière Orléans, me tenant soigneusement caché entre les buissons et les vignes.

» Là, je courais aussi de grands dangers de la part des caïmans, qui m'ont plus d'une fois poursuivi de très-près; il me semblait néanmoins que j'étais plus en sûreté parmi ces monstres que chez les hommes, et je passai ainsi plusieurs jours pouvant à peine m'empêcher de mourir de faim.

» Cette vie n'était pas supportable; je partis un grand matin pour me rendre au mouillage des navires qui vont au loin, espérant pouvoir m'embarquer et échapper une fois pour toutes à l'esclavage des États-Unis; mais voilà qu'au moment où j'y pensais le moins, je me trouve, au détour d'un sentier, en présence d'un groupe de nos gardiens, qui, armés de fusils et accompagnés de leurs chiens courants, semblaient m'attendre au passage? Que faire? Rebrousser chemin, c'eût été dangereux; je pris le parti de tout braver, et, me mettant à siffler un air national, je passai près d'eux et de leur meute sans avoir éveillé le moindre soupçon; le jour, d'ailleurs, commençait à peine à poindre.

» Arrivé au mouillage, je m'adressai à des matelots de couleur qui travaillaient au chargement du *Métropoly*. Ces hommes bienveillants, touchés de ma position, me conduisirent secrètement à bord et me cachèrent au milieu de deux balles de coton, qu'ils recouvrirent de plusieurs autres, afin de me soustraire aux recherges de la police, que M. Fatsman avait fait mettre sur pied. On vint en effet à bord, et on scruta dans tous les coins du navire; mais on ne pouvait pas se douter que j'étais au milieu de la cargaison, et le lendemain nous faisions route pour Liverpool.

» Pendant toute la traversée, le capitaine a ignoré ma présence à bord. Les matelots, qui ont été si bons pour moi, m'apportaient tous les soirs en cachette une partie de leur propre ration, et, pendant le jour, ils ouvr'ouvraient l'écoutille pour me donner un peu d'air. Ce ne fut qu'à notre arrivée en Angleterre, et après le payement des matelots, mes protecteurs, que mon évasion fut divulguée, et que, pour la première fois de ma vie, je puis jouir de ma liberté. J'avoue

cependant que, lorsque je fus descendu à terre, tous les passants me faisaient peur, car il me semblait à chaque instant que j'allais être repris et reconduit en esclavage, ce que je redoutais cent fois plus que la mort. »

ESCOMPTE (arithmétique). — L'escompte, en général, est la remise que fait le créancier, ou la perte à laquelle il se soumet en faveur d'un payement anticipé qu'on lui fait d'une somme avant l'échéance du terme.

Il y a deux sortes d'escomptes : l'escompte en dedans et l'escompte en dehors.

L'escompte en dedans consiste à ne prendre que l'intérêt de la somme placée; l'escompte en dehors exige l'intérêt du capital et l'intérêt des intérêts. D'après cela, 100 fr. escomptés en dehors à 6 % se réduisent à 95 fr.; escompté en dedans, cette somme ne se réduit qu'à 95 fr. 23 cent. $\frac{17}{21}$.

On se sert généralement en France de l'escompte en dehors.

Exemple. — 1° Un billet de 1,200 est payable dans un an; on offre de le payer de suite sous escompte de 6 %; quel sera l'escompte ?

On cherche l'intérêt de 1,200 fr. pour un an à 6 %.

Cet intérêt $= \dfrac{6 \times 1200}{100} = 72$, et on retranche du billet cette somme de 72 fr.; de sorte qu'au lieu de payer 1,200 fr., on paye 1,200 fr. — 72, ou 1,128 fr.

2° Combien doit-on payer d'escompte, à raison de 6 %, pour toucher sur-le-champ un billet de 2,850 fr. 45 cent., payable dans trois ans, quatre mois, ou quarante mois?

Solution. — L'escompte de 100 fr. en un an étant 6 fr., l'escompte de 1 fr. en un an sera $\frac{6}{100}$ fr.; l'escompte 2,850 fr. 45 cent. en un an sera $\frac{6}{100} \times 2,850$ fr. 45 cent.; l'escompte de 2,850 fr. 45 cent, en un mois sera $\dfrac{6 \text{ fr.} \times 2,850 \text{ fr. } 45 \text{ c.}}{100 \times 12}$ ou 14 fr. 25 c., et en 40 mois, 570 fr. 09 cent. Donc, on touche en argent comptant 2,850 fr. 45 c. — 570 fr. 09 cent., ou 2,280 fr. 36 cent.

ESPADON (zoologie). — Genre de poissons de l'ordre des acanthoptérygiens, de la famille des scombéroïdes, offrant une particularité des plus remarquables: c'est un prolongement osseux, en forme d'épée, qui termine leur mâchoire supérieure, et qui leur fournit une arme d'autant plus redoutable, que tous ces animaux sont de grande taille et joignent l'agilité à la force. Les plus petites espèces n'ont pas moins de un mètre vingt-cinq à un mètre cinquante de long, et il n'est pas rare d'en voir qui atteignent jusqu'à six et même sept mètres. Aussi les anciens ne distinguaient-ils pas celle qu'ils connaissaient des véritables cétacés.

Tous les noms que ces poissons ont reçus des savants et du vulgaire rappellent l'arme terrible dont ils sont pourvus: les Grecs les nommaient *xiphias*, les Latins *gladius*, les Français les appellent *espadons*, trois mots qui ont la même signification et veulent dire *épée*. Ce caractère est en effet trop apparent pour n'avoir pas frappé les yeux des observateurs les moins attentifs. Il forme au-devant de la tête une saillie qui égale le cinquième, et quelquefois le quart de la longueur totale du corps de l'animal. Fortement unie avec le crâne et terminée par une pointe aiguë, cette espèce d'*épée* devient, pour ce poisson, une arme terrible qui le rend capable de résister à tous les habitants des mers, sans en excepter la baleine. On a dit même que, joignant l'adresse à la vigueur, il savait, quand il avait à combattre des crocodiles, se placer au-dessous d'eux pour leur percer le ventre à l'endroit où les écailles sont plus faibles et moins serrées (1). Mais malgré sa force et son agilité, l'*espadon* n'est pas un poisson dangereux, à moins qu'on le provoque. Doué d'un caractère doux et paisible, ayant le système dentaire peu développé, et ne se nourrissant que de matières végétales, il ne cherche à faire de mal à aucun habitant des mers, excepté à ceux qui l'attaquent, lui ou sa compagne; car il est à remarquer que l'*espadon*, différent en cela de la plupart des autres animaux à sang froid, va toujours par paire et ne quitte jamais sa femelle. Aussi, quoique sa chair soit excellente, surtout quand il

son nom. Ces trois espèces forment chacune le type d'un sous-genre particulier. (Dr *Salacroux*.)

ESPAGNE (géographie) [*Hispania*]. — Royaume considérable d'Europe, borné au nord par les Pyrénées et l'océan Atlantique; au sud, par le même océan et le détroit de Gibraltar; à l'est, par la Méditerranée; à l'ouest, par le Portugal et l'Océan: 240 lieues de long sur 200 de large. Ce royaume forme une presqu'île située entre le 36° et le 44° de latitude nord, et 0° 50' longitude est et 11° 36' latitude ouest.

L'Espagne est un pays montueux dont le climat est sec et chaud. Elle produit des oranges, des olives, etc., et des mérinos célèbres. La population est de 15 millions d'habitants. La religion catholique y est seule professée. Le gouvernement est une monarchie constitutionnelle.

L'Espagne se divise en quatorze parties:

1° La Galice, capitale Saint-Jacques-de-Compostelle; 2° les Asturies, capitales Oviédo et Santillane; 3° la Biscaye, capitale Pampelune; 5° l'Aragon, ca-

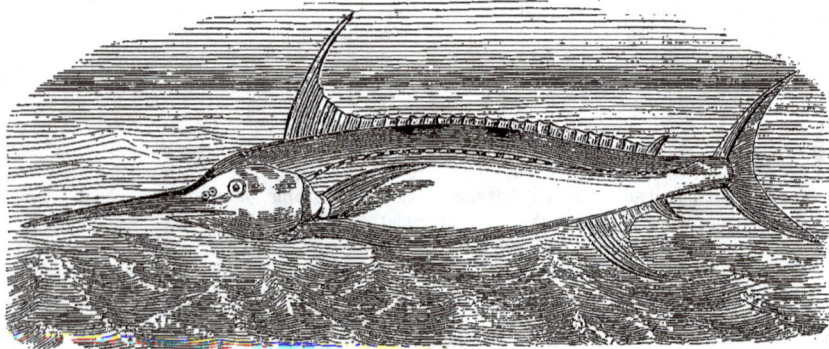

Fig. 37. — Espadon.

est jeune, les pêcheurs n'aiment pas la rencontre de ce redoutable animal, que les filets ne peuvent retenir, et dont l'arme peut faire des blessures qui sont toujours dangereuses et le plus souvent mortelles. Pour le prendre, ils sont ordinairement obligés de le harponner comme la baleine et les autres cétacés; car son épée rompt tous les filets, même ceux de cuir, et y cause tant de dégâts, que le produit de sa pêche ne les compense pas.

On connaît sept ou huit espèces de ce genre, dont la plus grande, l'*épée de mer* ou *espadon commun*, est de la Méditerranée, et pèse quelquefois plus de trois cents livres. L'*aiguille*, qui est de la même mer, est moins grande et a le museau en forme de stylet. Le *voilier*, qu'on trouve dans l'océan Indien, se fait remarquer par la grandeur énorme de sa dorsale, qui lui sert de voile quand il nage; de là

(1) Ce fait est d'autant plus hasardé que le crocodile n'habite que les eaux douces, tandis que l'espadon vit exclusivement dans la mer.

pitale Saragosse; 6° la Catalogne, capitale Barcelonne; 7° le royaume de Valence; 8° de Murcie; 9° de Grenade, avec des capitales de même nom; 10° l'Andalousie, capitale Séville; 11° L'Estramadure espagnole, capitale Badajoz; 12° le royaume de Léon, avec une capitale de même nom; 13° la Vieille Castille, capitale Burgos; 14° la Nouvelle Castille, capitale Madrid.

L'Espagne possède: 1° en Afrique, les îles Canaries; 2° en Amérique, l'île Cuba et l'île Porto-Rico; 3° en Asie, les îles Philippines et les îles Mariannes. — Voy. *Portugal*.

ESPÉRANCE (philosophie, morale). — L'espérance est un élan de notre âme vers le bonheur de l'avenir, ou encore une aspiration de tout notre être à cette perfectibilité que nous prêtons si volontiers à l'inconnu. Toutes les ambitions humaines la prennent pour inspiratrice et pour guide; toutes les adversités la regardent comme une bonne étoile qui tôt ou tard se lèvera sur elles; toutes les actions nobles, pures et généreuses la saluent comme leur reine; en un mot, toutes les puissances du cœur, de l'esprit et du corps reconnaissent son souverain empire, et s'inclinent devant ses traits célestes empruntés à je ne sais quel type sublime de merveilleux et d'idéal. On se la représente sous les symboles les plus frais, les plus délicats et les plus grandioses; on lui adresse à toute heure une invocation, afin qu'elle veuille bénir nos vœux et nos plus chers désirs; on la contemple avec recueillement ou avec ivresse, et, touchée de nos prières, elle s'avance alors en nous faisant entendre une voix si douce, des consolations si délicieuses, des conseils si affectueux pour relever notre abattement ou notre courage, que nous ne savons que rester sous le charme, en nous persuadant encore, lorsqu'elle s'envole, que ses blanches ailes nous abriteront toujours. Enfants, nous espérons tantôt un jouet, tantôt une caresse; dans notre petite tête nous méditons déjà tout un plan de jeux, d'amusements et de badinages; jeunes gens, lorsque nous avons à nous le cœur et la pensée, nous nous plaisons à faire appel à cette figure souriante que nous avons appris à nommer l'Espérance. Partout elle nous accompagne, nous inspire et nous suit; croirions-nous à quelque chose si nous n'espérions pas? Sommes-nous oubliés du bonheur et de la fortune, nous espérons par le travail arriver au bien-être; sommes-nous riches, nous espérons ne pas donner de bornes à nos désirs et faire succéder aux plaisirs de la veille les joies du lendemain; nous entre-t-il au cœur un sentiment d'amour, nous espérons qu'on le partage; d'avance nous aimons à deux, quelquefois même nous volons de conquête en conquête; c'est une série d'espérances que nous renouvelons sans cesse en les attachant comme autant de trophées au char de nos victoires! Nous avançons en âge, et, fatigués de toutes les folies de la jeunesse, nous demandons au repos ou aux délassements de l'esprit et de l'agriculture d'autres sujets d'espoir. La vie se passe ainsi à nous creuser toujours la tête et à nous agiter dans des désirs universels; puis, quand sonne le jour suprême, nous espérons encore que c'est une illusion, et cet instinct d'espoir est tellement enraciné, que nous multiplions pour ainsi dire, à ce moment, notre existence, espérant que de longtemps sans doute ce jour pour nous ne sera pas le dernier! Quelle source d'émotions délicieuses nous font éprouver nos rêves, alors que nous berçant dans un espoir chimérique, ils nous montrent à travers leurs mirages un sourire d'ange ou un éclair de bonheur!

Pour la philosophie, pour la science, quel monde que l'espoir! Quand l'homme marche de découvertes en découvertes dans le pays de l'intelligence, lorsque devant ses conceptions profondes et hardies s'ouvrent des horizons inconnus, comme il s'élance à la suite de l'espérance en s'efforçant d'aller toujours plus loin dans son œuvre et de jouir par la pensée, comme tant d'autres jouissent par les impressions des sens! Et c'est ainsi que, grâce à sa bienfaisante influence, l'espérance nous assiste aux bons et aux mauvais jours, dans nos allégresses et dans nos

peines, et qu'elle se place comme une divinité tutélaire au-devant de nos défaillances, pour nous dire que si tout ici-bas est lutte ou sacrifice, là-haut nous attend l'éternelle récompense.

Et sans vouloir considérer même l'espérance au point de vue religieux, il suffit, pour se convaincre de son omnipotence, de regarder autour de soi et de surprendre partout cette fièvre d'agitations, de renommée, de richesses et de gloire, de saisir çà et là quelques caractères épris du sentiment du beau, ou plus souvent de l'amour du luxe et de l'or, et de lire sur tous ces visages inquiets, contents, fiers ou tourmentés, cette impatiente anxiété qui guette la bonne espérance afin de la saisir au vol et d'emporter avec elle la fortune et le succès. Celui-ci espère la hausse de la bourse, celui-là la baisse des chemins de fer; l'un court pour postuler une position qu'il espère obtenir, celui-là pour solliciter une haute faveur qui est en même temps sa plus chère espérance; ici on espère devenir millionnaire, là artiste distingué, plus loin orateur remarquable, d'un côté diplomate éminent, de l'autre membre de l'Institut; si l'on est jeune fille, on espère un mari; si l'on est jeune femme, on espère être bientôt mère, si l'on est belle et riche, on espère une toilette toujours fraîche et brillante, et si l'on a moins d'argent que de grâce et de bonté, on espère un intérieur charmant. On va à la promenade, espérant faire un bout de médisance; on danse, espérant danser encore l'hiver prochain; on épuise tous les plaisirs de la capitale et de la province, espérant leur donner une seconde édition; à la saison des eaux on demande une parure, espérant bien qu'elle effacera celle de sa voisine; on va même quelquefois jusqu'à se mettre de faux cheveux, espérant qu'on les proclamera les plus abondants et les plus beaux; en un mot on coquette, on babille, on brode ou l'on s'amuse, espérant que l'heure du désœuvrement passera ainsi plus vite, et amènera sans trop d'ennui celle des fêtes, des spectacles et des plaisirs. — Nous n'oserions affirmer que l'espérance tient plus de place dans le cœur de la femme que dans celui de l'homme, mais à vrai dire, quoiqu'elle ait pour mobile des désirs bien différents et souvent très-contraires, elle règne chez tous deux en maîtresse absolue. On la distingue partout, au palais comme sous le chaume, au salon comme dans la mansarde, chez l'homme d'esprit comme chez le sot, et sans regarder si elle arrive au milieu des riches ou des pauvres, elle essuie les larmes des uns et des autres et exerce partout son inépuisable charité. Car nous comparerions volontiers l'espérance à une aumône divine que le ciel fait à chaque instant à la terre, tellement, si nous l'entreprenions, nous verrions combien est longue la liste des malheureux qu'elle soulage et auxquels elle apporte, en échange de leurs tristesses, cette sérénité d'âme qui est le plus grand de tous les bienfaits. Sourire et consoler, encourager et soutenir, faire vivre, en un mot, de cette double existence de l'âme et du corps en entretenant ce feu sacré d'émulation, d'énergie et d'activité qui fait briller dans l'homme toutes les lumières de l'univers créé, tel est le rôle de l'Espérance, devenue ainsi comme un aimant qui attire à lui les natures et les organisations humaines en leur donnant à toutes une irradiation plus ou moins complète de la céleste félicité.

On le voit donc, l'espérance survit à toutes les révolutions de l'ordre intellectuel et moral, et, sans rien emprunter aux passions de leurs excès ou de leur délire, sans être aussi ardente que l'ambition, aussi brûlante que l'amour, aussi irréfléchie que l'enthousiasme, elle plane doucement sur toutes les vanités de notre pauvre nature en s'appuyant d'un côté sur la foi et la vertu, et de l'autre sur la charité. Elle sait que sa destinée est de faire des heureux, et quelquefois pour nous punir de nos vices et de nos chutes, elle fait jouer devant nous des silhouettes de bonheur qui s'évanouissent comme une ombre aussitôt que nous voulons les saisir. Mais presque toujours, en sœur compatissante et dévouée, elle appelle sur ses frères d'ici-bas toutes les miséricordes et les bénédictions divines ; les anges lui prêtent leurs ailes, et quand elle a répandu au milieu de nous tous les trésors de sa bonté, elle s'empresse de remonter au ciel pour faire encore plus abondante sa moisson de fleurs et de couronnes, et la distribuer avec amour à notre humanité. Même quand la fortune a disparu, quand l'amour a fui, quand les plaisirs nous ont dit adieu, et que vont se lever les mauvais jours, l'espérance reste ; tout se dissipe, tout nous abandonne, nous sommes isolés peut-être et de cœur et de pensée sur les lointains rivages de l'ingratitude ou de l'oubli, mais un ange est là qui veille, qui sèche nos larmes, qui presse notre main, nous souffle quelques paroles de résignation et de courage, et nous nous sentons renaître, et nous voulons couvrir de nos caresses ce vieux compagnon qui a su si bien garder le secret de ne jamais vieillir, et ce compagnon, c'est encore et toujours l'espérance. Espérons donc, et si nous ne sommes sur la terre des passagers en route vers la cité de l'éternel bonheur, confions-nous à l'espérance, laissons-lui enfler nos voiles, prendre le gouvernail, diriger notre marche, éviter nos écueils, éclairer nos ténèbres ; abandonnons-lui en toute confiance notre barque sur la mer orageuse des vicissitudes humaines, et s'il nous est donné d'arriver calmes et contents en vue du port, saluons en elle la brillante étoile de la bienheureuse éternité !

ÉDOUARD BLANC.

ESPRIT (philosophie, morale) [du latin *spiritus*]. — Vivacité d'imagination, facilité de conception, talent de dire ce qui convient, d'accommoder la raison par la délicatesse du sentiment ou la justesse et la promptitude des pensées ; — faculté supérieure de l'âme, qui conçoit, qui compare, qui juge, qui raisonne, qui règle tout dans l'homme intellectuel et moral.

L'esprit n'est autre chose qu'une facilité de voir clairement tous les objets, soit ceux qui existent réellement, soit ceux que l'on peut imaginer, et de découvrir tout d'un coup les divers rapports et les différences qui sont entre ces objets. Selon Montesquieu, l'esprit consiste à reconnaître la ressemblance des choses diverses et la différence des choses semblables. — *Esprits*, au pluriel, c'est le nom donné à tous les êtres incorporels. Toutes les théogonies et les livres sacrés des nations traitent des esprits. De nos jours, les somnambules prétendent « que des esprits vivent au milieu de nous, que leurs légions innombrables habitent l'éther, et qu'ils peuvent être compris et vus dans le sommeil magnétique. D'après ces récits, les esprits se divisent en esprits célestes et esprits terrestres ; et les fonctions de ces derniers consisteraient à veiller aux productions de la nature, à colorier les fleurs, à dessiner les feuilles, enfin à leur donner la forme sous laquelle elles frappent nos sens. » Les philosophes cabalistes ont nommé *sylphes* les esprits de l'air, *gnomes* ceux de la terre, *ondins* ceux des eaux, et *salamandres* ceux du feu. Les *esprits familiers* ou *follets* sont ceux qui s'attachent à un homme pour lui faire du bien ou du mal.

ESPRIT (grammaire) [du latin *spiritus*, esprit, souffle]. — Ce mot n'est guère en usage que dans la grammaire grecque, où il désigne un signe destiné à marquer l'aspiration, et qui répond à notre *h*.

Les Grecs ont deux esprits, l'*esprit doux* et l'*esprit rude*.

L'esprit rude ressemble à un petit c ('), qu'on place sur la lettre, et l'esprit doux à une petite virgule ('), qu'on place également au-dessus de la lettre.

Les Grecs se servaient de leurs esprits comme nous faisons de nos *h*; ils faisaient sentir l'esprit rude comme nous le *h aspiré*, et ils ne prononçaient pas plus l'esprit doux que nous le *h muet*.

Dans l'ancienne langue grecque, l'esprit rude était marqué, non par une espèce d'accent, mais par un *éta* (H, η). Port-Royal disait que les esprits actuels ne sont que des fragments de cette lettre ; qu'en coupant l'êta par le milieu on a eu les esprits : la partie tournée de gauche à droite a formé l'esprit rude, et celle tournée de droite à gauche l'esprit doux.

Les Grecs, sous ce rapport, étaient plus raisonnables que nous, qui écrivons de la même façon le *h muet* et le *h aspiré*.

Les esprits ne se plaçaient que sur les voyelles ; le *ρ* ou *r* grec était la seule consonne qui les admettait.

L'aspiration n'était pas toujours marquée par les esprits ; ils avaient des lettres qu'ils appelaient *aspirées* : le χ était l'aspirée du κ, le θ celle du τ, et le φ, celle du π.

C'est pour singer cet usage des Grecs que nous avons eu la malheureuse pensée de hérisser notre langue de tant de *h* inutiles. Nous écrivons *philosophe*, que nous devrions orthographier *filosofe*, comme le font les Italiens, *filosofo*, etc.

J. B. PRODHOMME,
Correcteur à l'Imprimerie Impériale.

ESSENCE [du latin *essentia*, fait de *esse*, étui, ce qui fait qu'une chose est ce qu'elle est, ce qui constitue sa nature]. — Sous le nom d'*essences*, d'*huiles essentielles ou volatiles*, on désigne des substances organiques liquides et quelquefois solides , douées d'odeur, pouvant se distiller sans décomposition, non miscibles à l'eau, solubles dans l'alcool et l'éther. « Les essences n'ont pas le toucher gras et onctueux des huiles fixes ; elles ont une saveur âcre, irritante et même caustique. Elles ne donnent pas de savon comme les huiles fixes. Elles dissolvent les différents corps gras, la cire, les résines ; cette propriété les fait employer pour enlever les taches d'huile ou de graisse sur les tissus de soie ou de drap qu'on ne peut savonner. Les essences existent dans tous les organes des plantes, particulièrement dans les feuilles et les fleurs, d'où on les extrait par la distillation. Plusieurs essences se produisent par la fermentation de certaines substances organiques. »

Dans son *Dictionnaire de Chimie*, le docteur Hoefer décrit ainsi les principales essences : .

Essence d'absinthe. — Elle est verte, d'une saveur âcre et amère ; elle s'extrait de l'absinthe (*arthemisia absinthium*.) Sa densité est 0,897.

Essence d'acorus. — Retirée de l'*acorus calamus*. Elle est jaunâtre, d'une saveur aromatique. Sa densité est 0,962.

Essence d'ail. — Retirée de l'*allium sativum* ; elle rappelle l'odeur de l'ail, elle est plus pesante que l'eau. Appliquée sur la peau, elle occasionne des douleurs cuisantes.

Essence d'amandes amères (hydrure de benzoïle).— Les amandes amères, les feuilles de laurier-cerise, de *persica vulgaris*, de *prunus padus*, de *sorbus aucuparia*, enfin, beaucoup de plantes de la famille des rosacées, fournissent cette essence par leur distillation avec l'eau. L'essence d'amandes amères est un liquide incolore, d'une odeur analogue à celle de l'acide cyanhydrique, et d'une saveur brûlante ; elle bout à 180°. Sa densité est 1,043. Sa vapeur est inflammable et brûle avec une flamme blanche. L'essence d'amandes amères s'oxyde à l'air, en donnant naissance à l'acide benzoïque. Cette production est favorisée par la présence d'un alcali. Traitée par le chlore, l'iode, le brôme, elle forme des produits liquides particuliers, dans lesquels 1 équivalent d'hydrogène est remplacé par 1 éq. de chlore, d'iode, de brôme (*chlorure de benzoïle, iodure de benzoïle, bromure de benzoïle.*)

Essence d'anet. — Essence d'un jaune pâle, d'une saveur âcre et douceâtre, retirée du fruit de l'*anethum graveolens*. Sa densité est de 0,881.

Essence d'anis. — Elle se retire des fruits du *pimpinella anisum* ; elle est incolore ou légèrement jaunâtre, d'une saveur aromatique, suave et douceâtre.

Sa densité est de 0,985 ; la densité de sa vapeur a été trouvée égale à 5,68.

Essence d'armoise. — Cette essence, retirée des feuilles et des sommités de l'armoise (*artemisia vulgaris*), est d'un jaune verdâtre, et d'une saveur d'abord brûlante, puis fraîche ; elle se dissout dans l'alcool et l'éther. Les alcalis ne la dissolvent pas.

Essence d'aspic. — Extraite du *spica latifolia*, ressemblant en tout à l'essence de *lavande*.

Essence d'assa fœtida.— On l'extrait de la gomme résine du *ferula assa fœtida*. Elle est simple, plus légère que l'eau, d'une odeur repoussante, d'une saveur d'abord suave, puis âcre. Son poids spécifique est 0,942 à 15°.

Essence de badiane ou d'anis étoilé. — Elle se retire des fruits d'une magnoliacée, l'*illicium anisatum*. Elle est d'un jaune clair, et a la même saveur et la même odeur que l'essence d'anis.

Essence de basilic. — On obtient cette essence en distillant avec de l'eau les feuilles de basilic (*ocymum basilicum*). Elle dépose à la longue des cristaux prismatiques. Dumas et Péligot ont trouvé dans ces cristaux 63,8 carbone, 11,5 hydrogène et 24,7 oxygène, nombres qui correspondent à la formule $C^{20}H^{62}$ $+$ $6H^2O$, qui est la même que celle des cristaux de l'essence de térébenthine.

Essence de bergamote. — On l'obtient en soumettant à la presse le zeste des bergamotes (*citrus limetta bergamium*). Elle est d'un jaune clair, quelquefois verdâtre ou brunâtre, très-fluide, et d'une odeur fort agréable. Sa densité est 0,873 ou 0,885.

Essence de bigarade. — Elle s'extrait des fruits du *citrus bigarea*.

Essence de bois de Rhodes. — On obtient du bois de Rhodes *convolvulus* (*scoparius*) une huile essentielle avec laquelle on falsifie souvent l'essence de roses. Liquide, jaunâtre, elle rougit avec le temps ; elle possède une odeur de rose et une saveur amère et aromatique.

Essence de bouleau. — Elle se retire des feuilles et des fleurs non épanouies du bouleau (*betula alba*). Elle est incolore ou jaunâtre, très-fluide, d'une odeur balsamique qui, à l'état d'extrême division, rappelle l'odeur des roses. Sa saveur, d'abord suave, devient âcre et aromatique. Grasmann l'a proposée comme médicament.

Essence de cajeput. — Elle s'extrait du *melaleuca leucodendron* et du *melaleuca cajeputi*. Cajeput signifie, dans la langue moluque, *arbre blanc*. Cette essence est vert pâle, très-fluide, d'une odeur désagréable lorsqu'elle est respirée en masse. Sa saveur est fraîche comme celle de la menthe. Sa densité est 0,978.

Essence de camomille. — De la camomille des prés (*matricaria chamomilla*) s'extrait une essence bleu foncé, sa saveur est aromatique et amère. Sa densité est 0,924. Elle est souvent falsifiée avec de l'essence de térébenthine ; on reconnaît la fraude au moyen de l'iode, qui en s'échauffant explosionne et développe des vapeurs violettes, si l'addition de térébenthine est trop forte. L'essence de camomille romaine est extraite de l'*anthemis nobilis*. Elle ressemble en tout à la précédente.

Essence de cannelle. Celle connue sous le nom d'essence de Ceylan est retirée du *laurus cinnamomum*. Une autre, appelée *essence de Chine*, *essence de cassia*, s'extrait du *Laurus cassia*. Ces deux essences sont d'une couleur jaune clair, et ont une saveur agréable, douceâtre et fort aromatique ; elles réfractent considérablement la lumière ; leur densité est entre 1,03 et 1,09. Mulder leur assigne la formule : $C^{20} H^{44} O^2$. Exposées à l'air, elles absorbent l'oxygène et se transforment en eau et en deux résines particulières : l'une, fusible à 60° et représentée par la formule $C^{15} H^{45} O^2$, a été appelée par Mulder *résine alpha;* l'autre, fusible à 145° et représentée par $C^{12} H^{10} O$, a été appelée *résine béta.* Traitée par l'acide chlorhydrique, l'essence de cannelle produit deux matières résineuses, dont l'une est presque insoluble dans l'alcool froid, et l'autre s'y dissout facilement. L'acide sulfurique produit également deux résines avec l'essence de cannelle.

Essence de cardamome. Elle s'extrait des fruits du *cardamomum repens;* elle est incolore ou jaunâtre, d'une odeur aromatique et camphrée, et d'une saveur brûlante. Sa densité est 0,945.

Essence de carvi. La graine de carvi ou de cumin des prés (*carum carvi*) donne une huile jaunâtre, fluide, d'une saveur pénétrante et aromatique. Sa densité est 0,938. Cette essence, distillée avec de l'acide phosphorique ou avec de l'hydrate de potasse fondu, donne, d'après M. Schweizer, une huile incolore nommée *carvène.* Le carvène ne renferme point d'oxygène; sa formule est $C^5 H^8$: il fait donc partie de la série des camphènes. En préparant le carvène, on obient une essence oxygénée, désignée par M. Schweizer sous le nom de *carvacrol.*

Essence de cèdre. — Le bois de cèdre de Virginie fournit une essence solide, molle, blanche ou légèrement colorée. Elle est composée d'un mélange de deux principes, l'un solide et l'autre liquide. Le principe solide possède une odeur aromatique et une saveur peu prononcée. Sa composition est représentée par $C^{32} H^{26} O^2 = 4$ vol. de vapeur. L'essence de cèdre liquide a la même composition que le principe solide; mais son odeur est plus suave.

Essence de citron. — On obtient cette essence en soumettant à la pression l'écorce des fruits du *citrus medica.* Elle est ordinairement jaunâtre, très-fluide, d'une forte odeur de citron, et d'une saveur épicée. La première portion de l'essence distille à 165°, et possède une densité de 0,48. L'essence du citron fait explosion avec l'iode aussi rapidement que l'essence de térébenthine.

L'essence de *cédrat* ne se distingue de l'essence de citron que par son odeur, qui est plus agréable. L'essence de *Portugal* ou *d'écorce d'orange* (*citrus aurantium*) n'en diffère également que par l'odeur; sa densité est 0,835.

Essence de copahu. Cette essence est extraite du baume de copahu distillé avec de l'eau. Elle est limpide et possède l'odeur du baume, récemment distillée; elle a une densité de 0,91, qui s'élève, au contact de l'air, à 0,96. Elle fait explosion avec l'acide nitrique fumant, en produisant un corps cristallin, qui passe du jaune au bleu et au vert; avec l'acide chlorhydrique elle donne un camphre dont la composition $C^{10} H^3$, H Cl, est analogue à celle du chlorhydrate d'essence de citron.

Essence de coriandre. — Cette essence, incolore, fluide, d'une odeur et d'une saveur aromatiques, est extraite du coriandre (*coriandrium sativum*). Elle

fait explosion avec l'iode. Sa densité est 0,759.

Essence de cubèbes. — Les cubèbes (*piper cubeba*) donnent une huile essentielle, incolore, d'une saveur camphrée, sans amertume, et d'une odeur aromatique. Elle est visqueuse, et d'une densité de 0,929. L'essence de cubèbes produit, avec le gaz chlorhydrique, du camphre cristallisé, inodore, insipide, soluble dans l'eau froide, et fondant à 131°

Essence de cyprès. — Elle est tirée du *cypressus sempervirens.* Elle est employée comme anthelmintique, et préserve les fourrures des mites.

Essence de l'écorce de winther. L'écorce de *wintera aromatica* contient environ 1/3 p. 100 d'huile essentielle jaune, d'une odeur pénétrante et d'une saveur amère. L'essence de l'écorce de *canella alba* est épaisse, d'un jaune foncé, et plus pesante que l'eau.

Essence d'estragon. — Elle s'extrait de l'estragon (*arthemisia dracunculus*). Sa densité est 0,945. Suivant M. Laurent, sa formule est $C^{32} H^{20} O^3 = 4$ vol. de vapeur. Avec l'acide sulfurique, cette essence donne l'*acide sulfodraconique*, dont le sel de baryte est soluble. Ce même chimiste a obtenu, avec cette essence et l'acide nitrique, l'acide *draconique* (voyez DRACONIQUE, Acide); l'acide *nitro-dracônasique* $C^{32}H^{12}$ N $O^{14} + 2$ HO, et l'acide *nitro-draconésique* $C^{32} H^{11}$ N^2 $O^{18} + 2$ HO. Ces acides azotés donnent, avec le chlore et le brôme, l'acide *nitro-chloro-draconésique* C^{32} H^{11} Cl N $O^{14} + 2$ HO; l'acide *nitro-bromo-draconésique* C^{32} H^{11} Br NO$^{14} + 2$ HO. L'essence d'estragon donne, sous l'influence du chlore, le *chlorure draconylique* C^{32} H^{13} O^3 Cl^7, que la potasse change en chlorure de potassium et en *chlorodraconyle* C^{32} H^{11} Cl^{13} O^3.

Essence de fenouil.—On l'extrait de la graine d'*anethum fœniculum.* Elle est incolore ou jaunâtre, et d'une saveur agréable. Sa densité est 0,997.

Essence de fernambouc. M. Cherreuil a extrait cette essence du fernambouc (*cœsalpina crista.*) Elle a l'odeur et la saveur du poivre, et réduit promptement le perchlorure d'or.

Essence de genièvre. — Elle s'obtient par la distillation de l'eau avec les baies du genévrier (*juniperus communis*); l'huile que l'on retire des baies vertes bout à 155°; une autre, moins volatile, bout à 205°; cette dernière huile constitue l'essence des baies mûres. L'huile plus volatile est incolore, et d'une odeur qui tient à la fois du genièvre et du bois de pin. Sa densité est 0,839. La densité de l'huile moins volatile est 0,878. Cette essence donne avec le gaz chlorhydrique une combinaison liquide (*hydrochlorate de junipériléne* de MM. Soubeiran et Capitaine). On fabrique en Angleterre une eau-de-vie de genièvre (*gin*) qui renferme un peu de cette essence, qui est employée en médecine comme diurétique, et donne à l'urine une odeur de violettes.

Essence de girofle (acide eugénique). — La distillation des clous de girofle avec l'eau donne une huile essentielle composée d'un mélange d'acide eugénique et d'un hydrure de carbone $C^{10} H^{16}$. — (Voy. *Eugénique* (acide.)

Essence de houblon.—Par la distillation avec l'eau, les fleurs femelles du houblon (*humulus lupulus*) produisent une huile essentielle particulière. Elle est fluide, peu colorée, d'une odeur de houblon très-prononcée, et d'une saveur âcre. Cette huile essentielle est particulièrement fournie par les petites glandes jaunâtres dont les fleurs sont couvertes à la base des bractées du houblon. Sa densité est 0,910. Cette essence noircit l'argent métallique.

Essence de laurier. — Soumises à la distillation avec l'eau, les feuilles et les fruits du laurier (*laurus nobilis*) donnent une huile essentielle visqueuse, d'un blanc sale, d'une odeur forte et d'une saveur amère. Sa densité est 0,914. Par la rectification elle donne une huile très-volatile d'une densité de 0,857, et une autre d'une densité de 0,885. En épuisant les baies du laurier avec de l'alcool bouillant, on obtient par le refroidissement la *laurine*, cristallisée en octaèdres à base rhombe. Ce principe a l'odeur de l'essence et une saveur âcre et amère.

Essence de lavande. — On extrait de la lavande (*lavandula spica*) une essence jaunâtre, très-fluide, d'une odeur forte et d'une saveur âcre, aromatique et amère. Cette essence rougit le tournesol; suivant M. Dumas, sa composition est la même que celle du camphre des laurinées. Sa densité est de 0,872 à 0,877. Elle explosionne légèrement avec l'iode, en produisant des vapeurs jaunes.

Essence de marjolaine. — La marjolaine (*origanum mojorana*) donne une essence jaune clair, souvent brunâtre ou verdâtre, d'une odeur et d'une saveur fortes. Elle fait explosion avec l'iode.

Essence de mélisse. — Elle est tirée du *melissa officinalis*. Elle est d'un jaune pâle et d'une odeur citronnée. Sa densité est 6,975.

Essence de menthe crépue.— Cette essence, extraite du *mentha crispa*, est presque incolore, très-fluide, d'une odeur moins agréable que celle de la menthe poivrée; sa saveur est amère et moins fraîche que cette dernière. Sa densité est 0,969. L'*essence de menthe poivrée*, également connue sous le nom d'*essence de menthe d'Amérique*, est extraite des sommités fleuries du *mentha piperita*. Elle est presque incolore, quelquefois jaunâtre ou verdâtre. Elle possède une odeur pénétrante, une saveur d'abord brûlante et aromatique, puis fraîche et agréable. Sa densité est entre 0,982 et 1,90. Le stéaroptène, qu'elle dépose, fond à 27° et bout à 208° : il a pour formule : $C^{10} H^{16} O$. En traitant l'essence poivrée concrète par l'acide phosphorique anhydre, M. Walter a obtenu un liquide incolore très-mobile, d'une odeur agréable, auquel il a donné le nom de *menthène*. Ce chimiste considère l'essence de menthe comme un hydrate de menthène, exprimé prr la formule : $C^{10} H^{16} + 2HO$.

Essence de pouillot. — Elle se retire du *mentha pulegium*. Elle bout entre 182 et 178°. Sa densité est 0,927, et sa composition : $C^{10} H^8 O$.

Essence de millefeuilles. — On l'extrait des feuilles de l'*achillea millefolium*. Sa densité est 0,92. Suivant M. Bley, l'essence de la racine est incolore, celle

des feuilles et des fleurs est d'un bleu foncé, et celle des graines d'un vert sale.

Essence de moutarde noire. — Cette essence n'est pas contenue toute formée dans les graines : elle se forme sous l'influence de l'eau, comme l'essence d'amandes amères. Donc, pour la préparer, on met les graines pilées pendant quelques heures en contact avec l'eau. Par la distillation, on obtient un produit jaunâtre, bouillant à 143°, et ayant pour densité 1,015. L'ammoniaque se combine directement avec l'essence de moutarde pour former un corps blanc, cristallin, représenté par la formule : $C^8 H^5 NS_2 + NH^3$. Traitée par l'acide nitrique, l'essence de moutarde devient d'abord verte, puis jaune-rougeâtre, et se convertit finalement en une matière résinoïde jaune, à laquelle M. Lœwig a donné le nom de *résine nitrosinapique.* — M. Will vient de découvrir plusieurs composés nouveaux par la réaction de la potasse et de l'oxyde plombique sur l'essence de moutarde. L'un de ces composés, représenté par la formule : $C^8 H^6 N^2$, a reçu le nom de *sinammine*; l'autre, exprimé par $C^{14} H^{12} N^2 O^2$, s'appelle *sinapoline*. Ces deux corps se combinent avec les perchlorures de mercure et de platine, et se comportent comme des bases organiques. L'oxyde plombique, chauffé avec l'essence de moutarde, se combine avec un acide particulier que M. Will a représenté par la formule : $C^8 H^6 NS^4$. (Voy. *Annalen der Chemie*, octobre 1844.)

Essence de muscade. — Elle se prépare en distillant des noix de muscade avec de l'eau. Elle est jaune, aromatique, et d'une densité de 0,92. Elle se compose d'une huile légère et d'un principe cristallin (*myristicine* de John), plus pesant que l'eau, et fusible vers 90°. Mulder assigne à ce stéaroplène la formule : $C^{16} H^{16} O^5$.

Essence de myrrhe. — Huile incolore, très-fluide, balsamique, qui s'obtient par la distillation de la résine du *balsamodendron myrrha*. Elle jaunit et s'épaissit à l'air. Composition inconnue.

Essence de néroli ou de *fleur d'oranger.*— On l'obtient en distillant les fleurs d'oranger avec de l'eau. D'après Doebereiner, cette essence forme un acide particulier, lorsqu'on la met en contact avec le noir de platine. Elle paraît se composer de deux huiles : l'une, d'une odeur agréable, existe abondamment dans l'eau distillée de néroli; l'autre, presque insoluble dans l'eau, ne se rencontre que dans l'essence.

Essence de persil. — Elle s'extrait de l'*apium petroselinum*. Elle est jaune et exhale une forte odeur de persil. Agité avec l'eau, elle se décompose en deux huiles : l'une surnage le liquide, l'autre, plus pesante, se dépose. Cette dernière se solidifie, et forme une espèce de stéaroptène.

Essence de poivre. — On l'obtient en distillant le poivre (*piper nigrum*) avec de l'eau. Elle est incolore, très-mobile, bouillant à 167°,5, et d'une densité de 0,864. Elle a la même composition que l'essence de térébenthine.

Essence de raifort. — Elle se retire du *cochlearia armoracea.* Elle est d'un jaune pâle, plus pesante que l'eau. A la longue, elle se transforme en aiguilles, douées d'un éclat argenté ayant la même odeur et la même saveur que l'essence liquide.

Essence de reine des prés. — Cette essence a été retirée par M. Pagenstecher des fleurs de la reine des prés (*spiræa ulmaria*), et décrite par M. Lœwig sous le non d'acide spiroïlhydrique. Elle possède au plus haut degré l'odeur des fleurs de cette plante. Traitée par un mélange d'acide sulfurique et de bichromate de potasse, elle donne naissance à un acide oléagineux qui a exactement la même composition que l'acide benzoïque cristallisé. (Voy. *Salicine.*)

Essence de romarin. — On l'extrait du *rosmarinus officinalis*. Elle est incolore, très-fluide, et d'une saveur camphrée. Sa densité est 0,911. Elle bout vers 166°. Les proportions de stéaroptène qu'elle renferme varient suivant les époques de la végétation. Par l'évaporation spontanée, elle donne du *camphre de romarin*. Formule de l'essence : $9C^5 H^4 + 2HO$.

Essence de roses. — Elle est jaune, semi-liquide, et se solidifie par le froid en une masse butyreuse. Elle se compose d'une huile liquide et de stéarop-

du camphre ordinaire; sa composition est : $C^{20} H^{16}$ H Cl. Par l'action du chlore sur l'essence de térébenthine, M. Deville a obtenu un corps particulier, qu'il a désigné sous le nom de *camphène*. Formule de l'essence de térébenthine : $C^{20} H^{16} = 4$ volumes de vapeur.

Les feuilles des *labiées* fournissent un grand nombre d'essences parmi lesquelles je me contenterai de nommer l'essence de sauge, l'essence de serpolet, l'essence de thym, l'essence d'hysope, l'essence d'origan. (D^r *Hœfer.*)

ESTOMAC (anatomie). — Voy. *Anatomie* et *Digestion.*

ESTURGEON (zoologie). — Genre de poissons chondroptérygiens à branchies libres, faciles à caractériser par leur bouche petite, dépourvue de dents, et située au-dessous du museau, par leurs mâchoires munies de barbillons, et par leur corps allongé et garni supérieurement de plaques dures, implantées dans la peau et disposées par rangées longitudinales. On leur trouve derrière chaque tempe un trou qu'on pourrait prendre, en n'y faisant point attention, pour

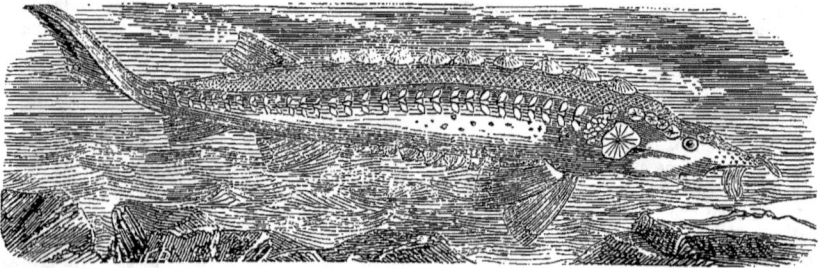

Fig. 38. — Esturgeon.

tène. Ce stéaroptène forme des feuillets cristallins qui fondent à 35°, et ont leur point d'ébullition entre 280 et 300°. L'essence de roses est souvent sophistiquée avec de l'huile grasse.

Essence de rue. — On l'extrait du *ruta graveolens*. Elle est d'un vert pâle, d'une odeur désagréable, et d'une saveur âcre et amère. Elle bout vers 245°, et peut être distillée sans altération. Sa densité est 0,837. Formule : $C^{28} H^{28} O^3$.

Essence de térébenthine. — Différentes espèces de conifères (*pinus sylvestris*, *pinus abies*, etc.) exsudent une résine jaunâtre, qui durcit à l'air. Cette résine reçoit divers noms, suivant son état de pureté. Soumise à la distillation, elle fournit l'essence de térébenthine et la colophane en résidu. L'essence de térébenthine est incolore, d'une odeur balsamique pénétrante, et d'une saveur âcre et brûlante. Elle bout à 156°. Sa densité est 0,86. Soumise à l'action d'un grand froid, elle laisse déposer un hydrate cristallin contenant 6 éq. d'eau; en faisant réagir l'acide chlorhydrique sur l'essence de térébenthine, on obtient un produit cristallin, connu sous le nom de *camphre artificiel*. Ce produit a l'odeur et la saveur

une espèce de conduit auditif externe; mais ce n'est que l'orifice d'un évent qui conduit aux branchies. Ces poissons n'ont pas plus d'oreilles apparentes que les autres; on leur trouve seulement, dans l'épaisseur des os du crâne, un labyrinthe conformé comme celui des autres animaux de leur classe.

On peut mettre ces poissons parmi les plus grands que l'on connaisse; une espèce de ce genre parvient jusqu'à 7 mètres de long, et pèse quelquefois plus de 1,500 kilogr., dimension que les cétacés et quelques squales peuvent seuls surpasser. Mais cette taille énorme, et la puissance musculaire qui en est le résultat, ne sont pas pour eux, comme pour ces derniers, des moyens de se rendre redoutables aux autres habitants des eaux; privés des dents meurtrières qui rendent les requins et les cachalots si féroces, les *esturgeons* ont des appétits modérés et des inclinations douces; ils n'attaquent que des poissons petits ou mal armés : le plus souvent même ils se contentent, pour leur nourriture, des vers qu'ils cherchent dans la vase, au moyen de leur museau mobile et extensible. Sous le rapport des habitudes, ils se rapprochent des saumons; voyageurs par caractère, ils passent la mauvaise saison dans la profondeur des eaux salées, pour se rapprocher des rivages au retour du beau temps et s'engager dans les fleuves qui ont leur embouchure dans les mers qu'ils habitent. A cette époque, on en trouve dans presque toutes les grandes rivières de l'Europe et de l'Amérique, mais surtout dans celles du nord; le Volga, le Don, le Danube, le Rhin, la Garonne, la Loire, le Pô, etc., en nourrissent plusieurs espèces. Partout ces poissons sont recherchés des pêcheurs; toutes les parties en sont utiles : leur chair, qui a la saveur et la fermeté du veau, est un mets très-estimé; leur foie fournit une huile très-abondante; leurs œufs marinées forment un assaisonnement appelé *caviar*, qui figure sur la table des rois; leur peau, desséchée, remplace les vitres dans plusieurs contrées du Nord; leur vessie natatoire sert à préparer la meilleure *ichthyocolle* du commerce. — Voy. ce mot.

Parmi les espèces du genre *esturgeon*, nous citerons les trois suivantes : l'*esturgeon commun*, dont la longueur moyenne est de 2 mètres, se reconnaît en ce qu'il a le museau pointu, et cinq rangées d'écussons forts et épineux sur le dos. Il n'habite que la mer Noire ou la mer Caspienne, et ne se trouve par conséquent que dans les fleuves qui s'y jettent. Sa chair, qu'on peut manger rôtie comme la viande de boucherie, est une des principales ressources des Cosaques du Don. Le *sterlet* ou *petit esturgeon* est beaucoup plus petit (60 centimètres environ), et se distingue d'ailleurs en ce qu'il a les écussons plus nombreux et simplement carénés. Il est beaucoup plus estimé que le précédent; il passe pour délicieux, et son caviar est réservé pour la cour. Le *hausen* ou ou *grand esturgeon* est deux fois grand comme l'esturgeon commun; en outre, son museau et ses barbillons sont plus courts, ses écussons plus émoussés et sa peau plus lisse. Sa chair est aussi moins bonne et quelquefois malsaine. On le pêche principalement pour l'huile et pour l'ichthyocolle qu'il fournit; on le trouve dans les grands fleuves du Nord et dans le Pô. (Dr *Salacroux*.)

ÉTABLE (agriculture). — On nomme ainsi le logement des bestiaux, et spécialement des bœufs et des vaches. Une étable bien disposée pour la santé des animaux est un phénomène rare en France, dans nos pays de petite culture surtout; nous sommes encore en pleine barbarie sous ce rapport. La plupart de nos étables sont de véritables cloaques infects, malsains, bas de plancher et sans fenêtre, où l'air ne circule pas, et où la fermentation des urines remplit l'atmosphère de miasmes putrides funestes à la santé des bestiaux. Il n'est pas douteux que la péripneumonie, qui a fait périr le dixième du bétail en France depuis quelques années, ne soit due à ce mauvais état des étables.

Tâchons d'indiquer ici les conditions essentielles d'une étable pour que les animaux s'y conservent en bon état de santé.

Il faut que les murs aient 3 m. 30 c. à 4 m. de haut, que chaque vache ait un espace de 1 m. 60 c. de large, pour se mouvoir et se coucher sans gêner

ses voisines; que les fenêtres soient garnies de châssis en toile en été, pour empêcher les mouches de s'abattre sur les bêtes; que le sol de l'étable soit bien sec et en pente, de manière que les urines s'écoulent dans une rigole où elles soient recueillies pour être mêlées au fumier. Il faut que la mangeoire et le râtelier ne soient pas trop élevés et que la vache atteigne son fourrage sans être obligée à des mouvements de tête forcés.

Si l'on n'a pas de pavé ou de terre imperméable pour le sol de l'étable, on y place une forte couche de terre grasse, qu'on enlèvera tous les trois mois avec le fumier, et on la remplacera par de nouvelle terre bien pilée, qu'on couvrira d'une épaisse litière. Cette terre, imprégnée des urines, donne un excellent fumier.

Il faut s'abstenir de loger des boucs dans les étables des vaches.

Si la péripneumonie a fait des ravages dans une étable mal tenue et mal aérée, il ne faut pas hésiter à en changer les dispositions dans le sens que nous venons d'indiquer; de plus, il faut recrépir les murs avec du mortier et de la chaux, et désinfecter l'air en y brûlant des chlorures, avant d'y réinstaller le bétail.

Les préjugés et les fausses économies dans la construction et la disposition des étables à bœufs sont un des plus grands obstacles à la prospérité de nos cultivateurs. On dirait, à voir leurs bestiaux, qu'ils n'ont pas besoin d'air pour vivre; qu'ils peuvent vivre et se bien porter dans la pourriture, en respirant un air suffocant et imprégné de miasmes infects. C'est absurde, mais cela est ainsi. Les propriétaires, il faut l'avouer, sont souvent les premiers auteurs de ce déplorable état de choses. En livrant à un fermier des étables basses, étroites et infectes, ils le condamnent à n'avoir qu'un bétail souffreteux, maladif, des vaches donnant peu de lait et peu de viande, enfin ils l'obligent à se ruiner en frais continuels de maladie. Un de mes amis avait vu périr, dans un an, quinze vaches dans une seule ferme dont l'étable était tenue de cette façon. Le fermier disait qu'on avait jeté un sort sur son bétail. Le propriétaire souriait tristement, mais il n'admettait pas que l'étable fût cause du mal. Enfin, à force d'instances, mon ami le décida à faire jeter l'étable par terre et à la remplacer par une nouvelle, construite dans les conditions indiquées plus haut.— Le sort fut levé, les bêtes de notre fermier se portent à merveille, et lui donnent en quantité du fumier, du lait et de la viande. Il gagne sa vie en payant son fermage. Lequel des deux était le plus à blâmer ou à plaindre?

Je livre ce fait entre mille, sinon à la sagesse, à l'humanité, au moins à l'intérêt bien entendu des propriétaires et des cultivateurs. Puissent-ils en faire leur profit. La fortune publique gagnerait beaucoup en France, le jour où cent mille étables suivraient la même réforme. **L. Hervé.**

ÉTAIN (minéralogie) [en latin *Stannum*, en grec *Cassitéron*, le *Jupiter* des alchimistes]. — Corps simple, métallique, d'un blanc grisâtre, mou et très-malléable. « Il communique aux doigts une odeur particulière. Quand il est en baguettes, on le ploie aisément ; il fait alors entendre un craquement particulier, appelé le *cri de l'étain*, qui est dû au brisement des cristaux rudimentaires renfermés dans la masse métallique. La densité de l'étain est de 7,29. Il commence à fondre à 228°. Entretenu en fusion au contact de l'air, il se recouvre d'une pellicule grisâtre, appelée la *crasse*, et finit par se convertir entièrement en un oxyde pulvérulent, appelé communément *potée d'étain*. L'étain se rencontre dans la nature sous la forme d'oxyde, et plus rarement sous celle de sulfure. On extrait l'étain de l'oxyde en le calcinant avec du charbon dans des fours à réverbère. Les mines d'étain du comté de Cornouailles, en Angleterre, sont les plus considérables de l'Europe ; le Mexique, l'île de Banca et la presqu'île de Malacca, dans la mer des Indes, fournissent également beaucoup d'étain ; on en trouve aussi, mais en moindre quantité, en Allemagne et même en France. L'étain des Indes est le plus pur, surtout celui de Malacca ; on l'appelle *étain en chapeau*, parce qu'il est en pyramides quadrangulaires à sommet tronqué, et dont la base est entourée d'un rebord saillant horizontal. L'étain d'Angleterre est en saumons ou en lingots ; il renferme du cuivre et un peu d'arsenic. »

Composés oxygénés. Il existe trois oxydes d'étain, dans lesquels les proportions de l'oxygène sont entre elles comme les nombres 1, 1 1/2, 2.

1° *Protoxyde*. Il est d'un gris-noir, très-avide d'oxygène, et se suroxyde facilement. Chauffé à l'air, il brûle comme de l'amadou et se change en peroxyde. A l'état hydraté il est blanc, soluble dans les acides, dans les alcalis fixes, et insoluble dans l'ammoniaque. Formule : Sn O.

En traitant le protochlorure d'étain par l'ammoniaque, on obtient un précipité blanc ; on l'évapore, pour chasser l'eau et l'ammoniaque. Le résidu pulvérulent est d'un gris noir ; c'est le protoxyde d'étain.

2° *Sesquioxyde*. A l'état d'hydrate, il se présente sous la forme d'une masse blanche, gélatineuse et difficile à laver. Calciné à l'abri du contact de l'air, il est noir. Formule : Sn² O³.

On obtient en faisant digérer dans du protochlorure d'étain du sesquioxyde de fer hydraté.

3° *Peroxyde* (*acide stannique*). Préparé par l'action de l'acide azotique sur l'étain, le peroxyde d'étain se présente sous la forme d'une poudre blanche, contenant de l'eau qui s'en va vers 100°. Il est complétement insoluble dans l'acide azotique. Préparé en précipitant le bichlorure (chloride) d'étain par l'ammoniaque, ce même peroxyde est d'un jaune pâle, gélatineux ; desséché à l'air, il devient d'un blanc lustré comme de la soie, et il est un peu soluble dans l'acide azotique. Ainsi, le peroxyde d'étain, préparé de deux manières différentes, possède aussi quelques propriétés différentes, bien que dans l'un et dans l'autre cas sa composition soit la même. Le peroxyde d'étain étant insoluble dans l'acide nitrique,

comme, du reste, dans presque tous les acides, il est facile de séparer l'étain des autres métaux qui, comme le plomb, le fer, le cuivre, sont tous très-solubles dans l'acide azotique. Il convient d'appeler le peroxyde d'étain *acide stannique* ; car il n'a pas la moindre affinité pour les acides, tandis qu'il rougit le tournesol et se combine avec les bases. Fondu avec le borax ou avec le phosphate de soude, il donne un émail blanc, employé dans la fabrication des cadrans de montres, etc. Formule : Sn O².

Composés sulfurés. Les degrés de sulfuration suivent la même progression que les degrés d'oxydation : 1, 1 1/2, 2.

1° *Protosulfure*. Il est d'un gris de plomb, mou, et à cassure lamelleuse. Il est un peu moins fusible que l'étain. Par le grillage, il se transforme en peroxyde d'étain. Il se mélange en toutes proportions avec l'étain métallique. C'est le plus stable des sulfures d'étain. Formule Sn S.

On l'obtient par la voie humide, en précipitant le protochlorure par l'hydrogène sulfuré, ou, par la voie sèche, en chauffant directement le soufre avec l'étain en proportions convenables.

2° *Sesquisulfure*. Il est jaune grisâtre, d'un éclat métallique. A la température blanche il se convertit en protosulfure, avec dégagement de soufre. Formule : Sn² S³.

On l'obtient en chauffant le protosulfure avec du soufre, jusqu'à ce qu'il ne dégage plus de soufre.

3° *Persulfure* (*or mussif*, *or de Judée*, *or mosaïque*.) Il existe sous forme de lames ou d'écailles micacées d'un jaune d'or, douces au toucher. A la chaleur rouge, il dégage la moitié de son soufre. Formule : Sn S², analogue à celle du peroxyde.

On l'obtient à l'état de poussière jaunâtre, en précipitant le protochlorure d'étain par l'hydrogène sulfuré. Le potassium donne, avec ce même réactif, un précipité brun marron. Dans les arts, on le prépare par la voie sèche en chauffant dans un matras un amalgame d'étain, composé de 12 p. d'étain et de 3 p. de mercure (le mercure sert à la division de l'étain), avec 7 p. de soufre et 3 de sel ammoniac. Le sulfure ainsi obtenu est agrégé sous forme de pain, ayant une coloration un peu différente de celle que présente l'or mussif obtenu par la voie humide. L'or mussif est employé pour frotter les coussins des machines électriques. Le persulfure d'étain est un acide analogue au peroxyde. On pourrait l'appeler acide *sulfo-stannique* : il se combine avec les sulfures alcalins (sulfo-bases), pour former des *sulfo-sels* (sulfures doubles). Le phosphore et l'arsenic, en se combinant avec l'étain, donnent naissance à des composés fusibles et résistent à une forte température sans se décomposer. Le carbone ne paraît pas se combiner avec l'étain.

Composés chlorés. Les composés de chlore correspondant aux composés d'oxygène sont : 1° *Le protochlorure d'étain*. Il est d'un blanc grisâtre, à cassure résineuse. Il est fusible et volatil. Comme il a une grande tendance à se changer en chloride (perchlorure), il enlève le chlore aux chlorures de fer, de cuivre, de mercure, etc. Il se dissout dans une petite quantité d'eau. Si l'eau est en trop grande quantité, il se produit un précipité blanc d'*oxychlorure*, formé de 1 équiv. de protoxyde d'étain, de 1 équiv. de chlorure et de 2 équiv. d'eau. L'eau qui surnage est acide : elle contient de l'acide chlorhydrique libre. Aussi, avant de dissoudre le protochlorure, faut-il préalablement aiguiser l'eau avec un peu d'acide chlorhydrique qui s'oppose à la décomposition de l'eau, et conséquemment à la formation d'un oxychlorure insoluble. La dissolution du protochlorure d'étain est aussi avide d'oxygène qu'elle est avide de chlore. C'est ce qui fait que l'on s'en sert comme d'un moyen désoxygénant : dans cette action désoxygénante, le protochlorure d'étain se transforme en perchlorure très-soluble et en peroxyde peu soluble, à moins que la liqueur ne soit très-acide. Le protochlorure d'étain ramène au *minimum* les sels de fer et de manganèse au *maximum*; il réduit les oxydes d'antimoine, les acides arsénieux, arsénique, etc. Il absorbe le chlore gazeux avec production de chaleur et de lumière. Il précipite l'or de ses dissolutions ; le précipité est marron ou vert ; il est d'une belle couleur pourpre (*pourpre de Cassius*), si le protochlorure contient un peu de perchlorure. Il ramène le perchlorure de mercure (sublimé corrosif) à l'état de protochlorure (calomélas) et même à l'état de mercure métallique, si le protochlorure d'étain se trouve en excès dans la liqueur. Il réduit le perchlorure de cuivre à l'état de protochlorure, etc. Le protochlorure d'étain se combine avec les chloro-bases (chlorures alcalins), pour former des chloro-sels dans lesquels il joue le rôle d'acide. Formule : Sn Cl ou Sn Cl².

On obtient le protochlorure d'étain sous la forme d'une matière vitreuse en chauffant le protochlorure de mercure avec de l'étain. En traitant à une douce chaleur l'étain par l'acide chlorhydrique, on obtient le protochlorure d'étain cristalisé en petites aiguilles prismatiques blanchâtres, contenant un certain nombre d'équivalents d'eau que l'on n'a pas encore évalués. Dans cet état, il est connu dans le commerce sous le nom de *sel d'étain*. On l'emploie comme mordant dans la teinture.

2° Le *perchlorure* (*deutochlorure, bichlorure, chloride, liqueur fumante de Libavius*) est liquide, incolore, plus pesant que l'eau, d'une odeur suffocante, très-volatil et fumant à l'air. Il bout à 120°. Ses vapeurs sont très-lourdes ; leur densité est 9,2. Le perchlorure d'étain a une grande affinité pour l'eau ; lorsqu'on le met en contact avec une petite quantité d'eau, il se prend en une masse blanche présentant une cristallisation confuse. Il dissout l'étain métallique en le transformant en protochlorure. Il n'a ni la propriété désoxygénante ni la propriété *déchlorurante* du protochlorure. Il ne précipite point la dissolution d'or. Il est employé comme mordant dans la teinture en écarlate. Formule : Sn Cl² ou Sn Cl⁴.

On l'obtient anhydrique par la distillation, en chauffant ensemble 4 parties de sublimé corrosif avec 1 partie de grenaille d'étain. On le prépare di-

rectement en brûlant l'étain dans du chlore gazeux. Le perchlorure d'étain est un acide comme le peroxyde. Il convient de lui donner le nom d'acide *chloro-stannique*. Il se combine avec les chlorures alcalins pour former des chloro-sels cristallisables.

Le *brôme* et *l'iode* forment des composés analogues à ceux que produit le chlore avec l'étain.

Sels d'étain. On distingue deux espèces de sels d'étain : 1° les sels au *minimum*, 2° les sels au *maximum*.

Ils ont une réaction acide. Le zinc, le fer, le calcium, précipitent l'étain de ses dissolutions sous forme de poudre grise, qu'on peut aplatir sous le marteau et réunir en un petit culot d'étain métallique. Fondus avec du borax, les sels d'étain donnent des émaux opaques, qu'on applique sur la faïence ou sur la poterie. Comme la faïence et la couche d'émail qui la recouvre sont inégalement dilatables, il arrive que la surface se fendille sous l'influence de la chaleur. Caractères des sels au *minimum* :

1° La potasse et la soude les précipitent en blanc ; le précipité est soluble dans un excès de précipitant.

2° L'ammoniaque les précipite de même ; mais un excès ne redissout pas le précipité.

3° L'acide sulfhydrique y produit un précipité brun chocolat.

4° Le cyanoferrure de potassium les précipite en blanc gélatineux.

5° Les iodures alcalins y forment un précipité qui passe promptement au rouge, et qui se dissout dans un excès de précipitant.

Caractères des sels au *maximum* :

1° La potasse et la soude les précipitent en blanc ; le précipité est insoluble dans un excès de précipitant.

2° L'ammoniaque les précipite de même ; mais le précipité est soluble dans un excès d'ammoniaque.

Ce précipité devient gris par la calcination, tandis que le précipité de protoxyde reste blanc à toutes les températures.

3° L'hydrogène sulfuré y donne un précipité jaune (*or mussif*).

4° Les iodures alcalins ne les troublent pas.

5° Le cyanoferrure de potassium y produit un précipité gélatineux jaunâtre.

6° Le zinc y forme un précipité blanc de protoxyde d'étain, avec dégagement d'hydrogène.

Sulfate de protoxyde. Il est soluble dans l'eau et cristallise en prismes très-minces. On l'obtient en versant de l'acide sulfurique dans une dissolution de protochlorure d'étain.

Azotate de protoxyde. Il est très-acide et incristallisable. Il lui manque les vrais caractères d'un sel.

Les prétendus *deutosulfate* et *deutoazotate* d'étain ne sont point de véritables composés salins. Ils sont liquides, incristallisables, et l'eau en précipite du peroxyde d'étain. — La division des sels d'étain en *protosels* et en *persels* (sels au *maximum* et sels au *minimum*), ne comprend, pour ainsi dire, que le *protochlorure* et le *perchlorure*. (Hoefer.)

Les usages de ce métal sont très-importants ; il sert

à fabriquer beaucoup d'ustensiles de ménage, étamer les vases de cuivre, qui sans cela se chargeraient de *vert-de-gris*, et causeraient de funestes accidents; on en recouvre également des lames de fer, pour faire le *fer-blanc*. Il entre dans une multitude de composés, tels que le bronze, l'airain, la soudure des ferblantiers, plusieurs émaux, etc. Tant d'usages, dit Salacroux, rendraient l'*étain* inappréciable, s'il avait un peu plus de consistance, et s'il conservait plus longtemps son éclat; mais malheureusement les vases, les couverts, etc., qu'on en fabrique sont très-sujets à se déformer, et surtout à perdre leur brillant naturel.

Quoique ce métal soit assez abondant, on n'en trouve pour ainsi dire, qu'une seule combinaison dans la nature; c'est l'*oxyde d'étain*; celle qu'il forme avec le soufre est extrêmement rare. Les mines d'*étain* les plus fécondes et les plus célèbres sont celles de Malaca, dans l'Inde, et celles de Conwailles en Angleterre. La France n'en possède pas qui vaillent la peine d'être exploitées.

ÉTAMINES. — Voy. *Botanique*.

ÉTANG (agriculture).—Amas d'eau stagnante naturel ou artificiel, d'une certaine étendue. On donne le nom de *flaque* ou de *mare* à un amas d'eau de petite dimension. Les étangs formés par la main de l'homme ont pour but principal la culture du poisson, et servent aussi à l'irrigation des prairies. Ces deux modes d'exploitation peuvent en faire une propriété d'un grand rapport, surtout depuis l'invention de la *pisciculture*. (Voy. ce mot.) Mais ces étangs ont un inconvénient très-grave lorsqu'ils sont multipliés dans une contrée. La Bresse et la Sologne leur doivent très-probablement un climat insalubre, et il est probable que, grâce à une loi récente qui en facilite l'expropriation, la plupart des étangs qui couvrent ces deux contrées seront convertis, d'ici à dix années, en terre arables.

Les causes de l'insalubrité des étangs sont l'immobilité de leurs eaux et les vases que forment au fond les détritus et les excréments de poissons, mêlés aux plantes aquatiques en décomposition. Les miasmes qui se forment dans ces vases envahissent la masse des eaux stagnantes et la rendent tellement insalubre, qu'elle empeste l'air de la vallée environnante, et que les poissons eux-mêmes périssent en masse. On obvie à ces inconvénients en renouvelant l'eau de l'étang et en en nettoyant le fond. Mais ces deux opérations elles-mêmes sont très-insalubres, et les exhalaisons qui se dégagent des eaux mises en mouvement et de la vase remuée, puis mise en tas, sont aussi malsaines que nauséabondes; on atténue ces inconvénients en choisissant un temps sec et venteux pour nettoyer l'étang, au printemps ou en automne. On enlève la vase pour la faire sécher, puis on la brûle avec des roseaux et des broussailles, et les cendres qui proviennent de cette combustion sont semées dans les prairies, où elles donnent un bon stimulant. Quant à l'eau qui se répand dans les propriétés inférieures, elle les arrose et les engraisse par les matières végétales

et animales qu'elle contient à l'état de dissolution.

Dans les pays couverts d'étangs, la propriété de ces amas d'eau est souvent divisée en deux : autre est le propriétaire de l'*assec* ou fond qui porte les eaux, autre le propriétaire de l'*évolage*, ou masse d'eau qui doit, dans un temps donné, irriguer les prairies inférieures. Ce partage rendait impossible la conversion des étangs en terres arables : c'est cet obstacle que vient de lever une loi récente, qui règle en outre les formalités grâce auxquelles la Bresse est destinée à changer d'aspect et de climat dans quelques années.

L. HERVÉ.

ÉTATS GÉNÉRAUX (histoire).—Assemblées formées, dans l'ancienne monarchie française, par la réunion des députés de la noblesse, du clergé et de la bourgeoisie, convoqués par les rois pour délibérer sur des objets d'intérêt public. Les états généraux, dit M. Thibaudeau, ont eu une influence immense sur les destinées de la nation française. Dépositaires de ses pouvoirs, ils l'ont éclairée sur ses intérêts et sur ses besoins; ils lui ont révélé et enseigné ses droits, ils ont mis à découvert les plaies profondes de la société; ce sont eux qui en ont indiqué et réclamé les réformes et les remèdes. Ils ont contribué à former l'opinion, à créer un esprit public. De temps en temps ils ont secoué et réveillé la royauté par l'expression du vœu national. Ils l'ont, par l'empire du droit et de la raison, forcée à sortir de son ornière et à marcher avec le siècle. Les célèbres ordonnances qui formaient notre droit public, dont nos pères se glorifiaient et que l'Europe admirait, ce sont les états généraux qui en ont fourni la matière; elles ont été calquées sur leurs cahiers.

Les états généraux ne datent que de 1302. Cependant ils n'ont pas été improvisés. D'autres institutions analogues les ont amenés et leur ont servi de base. Les états généraux, naissant sous Philippe le Bel (1302), se développent sous les successeurs, empiètent peu à peu sur l'autorité royale, essayent d'établir un gouvernement représentatif, gouvernent un instant, pendant la captivité du roi Jean, puis, mal compris et mal secondés par le peuple, laissent échapper une partie du pouvoir dont ils s'étaient emparés, ne cessant pas cependant, malgré l'inutilité de leurs réclamations, d'adresser à la couronne des remontrances qui ne seraient pas tolérées dans les gouvernements constitutionnels, préparant autant qu'il était en eux la grande régénération du royaume, remplacés pendant une période de près de deux siècles, de 1614 jusqu'en 1789, par des assemblées de notables, rappelés enfin en 1789, et disparaissant pour toujours dans cette tempête qui engloutit clergé, noblesse, tiers état, distinction d'ordres, et créa la nation française!

ÉTATS-UNIS (géographie). — Vaste république de l'Amérique du Nord, dont la superficie est considérable. On compte, du N. au Sud, 2,735 kilomètres, et 4,827 de l'E. à l'O.; pour l'ensemble, 5,229,250 kilomètres carrés, c'est-à-dire une étendue qui dépasse la moitié de celle de l'Europe. Les États-Unis forment une république fédérative divisée en trente-trois États et en six territoires. Chaque État a sa constitution particulière. Le gouvernement fédéral réside à Washington, sur le Potomac. Il est composé du pouvoir exécutif, du pouvoir législatif et du pouvoir judiciaire. Le pouvoir exécutif est confié à un président élu à deux degrés et pour quatre années. Le pouvoir législatif s'appelle le congrès; il est divisé en deux chambres. Celle des représentants est nommée pour deux ans par le suffrage universel et direct; chaque État a le droit d'y envoyer autant de députés que sa population contient de fois 30,000 hommes. Cette chambre a l'initiative des lois relatives à la levée des impôts. Celle des sénateurs compte 66 membres, qui sont élus pour six ans et au nombre de deux par la chambre législative de chaque État. La population des États-Unis s'élevait, lors du recensement de 1850, à 23,191,876 habitants, sur lesquels on comptait environ 18,000,000 de personnes nées dans l'Union. Elle n'était, en 1790, que de 3,929,827 âmes. Telle est la rapidité de sa croissance, que des statisticiens affirment qu'elle double tous les vingt-cinq ans. Washington, capitale fédérale, New-York, Boston, Philadelphie, la Nouvelle-Orléans, etc., sont les villes les plus remarquables. — Voy. *Amérique*.

ÉTÉ (astronomie). — Celle des quatre saisons de l'année comprise entre le solstice de juin et l'équinoxe de septembre. Elle commence lorsque le soleil, s'approchant de plus en plus du zénith, a atteint la plus grande hauteur méridienne, et elle finit lorsque cet astre, s'éloignant de plus en plus du zénith, est arrivé au point de l'écliptique qui coupe l'équateur. « Ainsi, pour ceux qui habitent l'hémisphère septentrional, au moins pour les habitants de la zone tempérée et de la zone glaciale septentrionale, l'été commence lorsque le soleil arrive au premier point du signe du Cancer (21 ou 22 juin), et il finit lorsque le soleil arrive au premier point du signe de la Balance (22 ou 23 septembre). Mais pour les habitants de la zone tempérée et de la zone glaciale méridionale, l'été commence lorsque le soleil arrive au premier point du signe du Capricorne (21 ou 22 décembre), et il finit lorsque le soleil arrive au premier point du signe du Bélier (20 ou 21 mars). À l'égard de ceux qui habitent sous la zone torride, leur été commence lorsque le soleil est à midi à leur zénith. Le jour où l'été commence est celui le plus long de l'année, et la nuit la plus courte, c'est-à-dire que le soleil demeure au-dessus de l'horizon le plus longtemps, et au-dessous le moins de temps qu'il est possible pour chaque lieu; et la différence de la longueur du jour à celle de la nuit est d'autant plus grande, que le lieu dont il s'agit a une plus grande latitude. L'été est la seconde saison de l'année, celle où la chaleur fait éclore une multitude d'êtres nouveaux qui animent les éléments, et où elle se fait le plus vivement sentir, quoique pendant sa durée le soleil diminue chaque jour de sa force. Dans le milieu du jour, tout est calme et silencieux dans les campagnes, tout cède au besoin du repos et du sommeil. Les pluies rafraîchis-

sent l'atmosphère et diminuent la température souvent de plusieurs degrés en un jour; les vents amènent les orages, la foudre et les pluies abondantes; souvent des masses noires obscurcissent la lumière du jour, et dans leur marche lente, majestueuse, et quelquefois contraire aux vents, s'élèvent avec force et remplissent l'air de tourbillons de poussière. L'été est la saison des maladies contagieuses, des épidémies, des miasmes pestilentiels, etc.; c'est celle de la récolte des foins, des blés et autres céréales, de tous les fruits estivals; celle enfin où les travaux de la campagne sont le plus pénibles pour les cultivateurs. »

ÉTENDUE (physique). — Propriété qu'ont les corps d'occuper une place dans l'espace; les géomètres expriment par ce mot les trois dimensions d'un corps, prises ensemble ou séparément. On peut donc distinguer trois sortes d'étendues : 1° l'étendue en longueur, abstraction faite de la largeur et de la hauteur ou profondeur, ce qui donne la ligne; 2° l'étendue en longueur et largeur seulement, ce qui forme la surface ou superficie; 3° enfin l'étendue en longueur, largeur et profondeur, qu'on appelle indifféremment corps, volume ou solide. On considère encore d'une manière absolue l'étendue ou l'espace comme indéfini, lorsqu'on l'envisage comme le lieu où les corps peuvent exister, et lorsqu'on regarde l'étendue comme indépendante de la matière qui peut l'occuper. Les unités dont on se sert pour mesurer l'étendue sont de trois espèces : les unes sont destinées à mesurer les longueurs; les autres, les surfaces; et les dernières, l'étendue : mais toutes dépendent de l'unité linéaire. — Voy. *Métrique (système)*.

ÉTERNUMENT (physiologie). — Mouvement subit et convulsif des muscles expirateurs, par lequel l'air, chassé avec rapidité, va heurter les parois des fosses nasales, et y occasionner un bruit bien connu. Lorsque l'éternument est trop répété, qu'il devient alors une incommodité, on le suspend en empêchant l'air de pénétrer dans les narines, soit par la compression des parois du nez, soit en plaçant dessous un mouchoir, qui intercepte l'air. — L'éternument est considéré comme un signe favorable quand il survient au déclin des maladies aiguës. Chez les anciens, c'était un mauvais présage et quelquefois un oracle de mort. Lorsqu'on éternuait, on adressait une prière aux dieux. C'est de là qu'est venue la coutume de saluer ceux qui éternuent et de leur faire quelque souhait.

ÉTHER, ÉTHÉRISATION (physique et chimie) [du latin *œther*, ou du grec *aither*, dérivé de *aithô*, brûler]. — En physique on désigne sous le nom d'*éther* une matière très-subtile, impondérable, répandue universellement, qu'on suppose être la cause de la lumière, de la chaleur, de l'électricité, etc.

En chimie, on appelle *éther* tout composé produit par la combinaison d'un acide et d'un alcool, composé qui est ordinairement liquide, volatil, inflammable et odorant. Les éthers des chimistes se divisent en genres, suivant l'alcool d'où ils dérivent, et en espèces, suivant l'acide dont ils renferment les éléments.

On distingue quatre genres d'éthers : les *éthers méthyliques*, ou éthers dérivés de l'esprit de bois ou alcool méthylique ; les *éthers éthyliques* ou *viniques*, éthers ordinaires, formés par l'esprit-de-vin ; les *éthers amyliques*, éthers formés par l'huile de pomme de terre ou alcool amylique ; les *éthers céthyliques*, formés par l'éthal ou alcool céthylique. Chacun de ces genres produit une infinité d'espèces : il y a, par exemple, pour chaque genre un *éther chlorhydrique*, un *éther acétique*, un *éther nitrique*, etc., c'est-à-dire un éther produit par un alcool et l'acide chlorhydrique, acétique, nitrique, etc. Tous les éthers renferment les éléments de l'alcool, plus ceux de l'acide, moins ceux de l'eau, ce qui les fait considérer par quelques chimistes comme des *sels*, dans lesquels un acide anhydre serait combiné avec une espèce d'oxyde organique à radical composé (*éthyle*, *méthyle*, etc.); mais ce rapprochement n'est pas justifié par l'analogie des propriétés.

Les éthers les plus connus et les plus employés sont : l'éther sulfurique, l'éther nitrique et l'éther acétique. — Voici, d'après M. Vée, les procédés au moyen desquels on les obtient.

Éther sulfurique. — On verse dans une terrine de grès 70 parties d'alcool ; on y ajoute peu à peu et avec précaution, à cause de la chaleur qui se développe, 100 parties d'acide sulfurique à 66°. Lorsque le mélange est à demi refroidi, on l'introduit dans une cornue en verre tubulée que l'on place sur un bain de sable ; à la cornue doivent être ajoutés une allonge et un ballon qui sont mis en communication avec le serpentin d'un alambic, qui doit être rafraîchi soigneusement pendant tout le temps que dure l'opération. Toutes les jointures de l'appareil étant exactement fermées, on commence à chauffer la cornue ; un peu d'alcool passe d'abord, mais aussitôt que le mélange entre en ébullition, l'éther se forme et distille sans interruption. L'acide sulfurique, qui est infiniment moins volatil et qui est à peine altéré par le contact de l'alcool sur lequel il agit, finit par prédominer beaucoup dans le mélange ; il charbonne alors l'alcool restant et forme avec l'éther une combinaison connue des anciens chimistes sous le nom d'*huile douce de vin*. Pour obvier à cet inconvénient, il faut se ménager le moyen de remplacer graduellement l'alcool transformé en éther ; à cet effet, MM. Coullay et Soubeyran ont proposé différents appareils qui consistent toujours en un réservoir supérieur qui contient l'alcool, et est mis en communication avec la tubulure de la cornue au moyen d'un tube qui va prolonger jusqu'au fond du mélange. Au réservoir est aussi adapté un robinet qui permet de laisser couler graduellement l'alcool, au fur et à mesure que celui que contient le mélange est détruit ; en agissant ainsi, la quantité d'acide sulfurique placée dans la cornue peut transformer en éther quatre ou cinq fois son poids d'alcool ; l'opération peut aussi marcher plus longtemps et donner économiquement de meilleurs produits. Au reste, elle demande à être conduite avec la plus grande prudence à cause des dangers d'incendie qu'entraîne

l'extrême inflammabilité de l'éther, et le récipient qui le reçoit doit, dans tous les cas, être séparé par une cloison du fourneau placé sous la cornue.

L'éther ainsi obtenu est pur ; il contient de l'alcool, de l'acide sulfureux, de l'huile douce de vin ; pour le purifier on l'agite dans un vase fermé avec une solution concentrée de potasse caustique ou de la chaux vive en poudre, et on le redistille ensuite après quelques jours de contact.

L'éther sulfurique le plus pur marque 63° de l'aréomètre de Baumé ; il est doué au plus haut degré des propriétés caractéristiques que nous avons indiquées plus haut : son odeur est suave, sa volatilité est si grande, que, répandu sur la peau, il s'évapore à l'instant en produisant une sensation de froid très-marquée, aussi doit-il être conservé dans un lieu frais et dans des flacons exactement bouchés avec des obturateurs en cristal. C'est un puissant excitant et un antispasmodique fréquemment usité à la dose de quelques gouttes sur le sucre, ou mieux encore dans une potion appropriée : pris à haute dose, il pourrait occasionner des accidents graves.

L'éther sulfurique forme la base de plusieurs préparations pharmaceutiques. Agité avec du sirop de sucre, ce dernier en dissout une grande proportion et le retient si fortement qu'il en conserve l'odeur, même après avoir été porté à l'ébullition. Ce mélange constitue le *sirop d'éther*. La liqueur d'Hoffmann s'obtient en mêlant l'éther sulfurique avec un poids égal au sien d'alcool ; ses propriétés, à plus haute dose, sont les mêmes que celles de l'éther ; elle est, d'ailleurs, d'une conservation plus facile.

En faisant agir l'éther sulfurique sur différentes substances réduites en poudre, on obtient les *teintures éthérées* ; les plus usitées d'entre elles sont les teintures éthérées de *digitale pourprée*, de *valériane*, de *castoréum*, etc. Quelques praticiens ont mis en doute leurs propriétés spéciales ; il est certain que, si on excepte les résines et la chlorophylle, substance inerte mais qui colore certaines teintures éthérées d'une magnifique couleur verte, l'éther ne se charge en général que d'une petite proportion des principes solubles des végétaux.

Après l'éther sulfurique, les plus usités sont les éthers *nitrique* et *acétique*. Le premier s'obtient en faisant réagir dans une cornue un mélange à partie égale d'acide azotique et d'alcool ; on chauffe légèrement, et aussitôt que la réaction se manifeste, on retire le feu et on entoure la cornue d'eau froide : sans cette précaution l'action deviendrait si vive que l'appareil pourrait en être brisé : on adapte préalablement à la cornue un ballon et des flacons de Woulf pour recevoir le produit ; ils doivent être entourés d'un mélange réfrigérant formé de glace pilée et de sel marin : le produit obtenu est ensuite rectifié sur un lait de chaux.

L'éther nitrique est très-volatil et d'une conservation difficile ; au lieu de le conserver pur, il est plus commode, pour l'usage médical, de le couper avec un volume d'alcool égal au sien : on obtient ainsi la *liqueur anodine nitreuse*.

Pour préparer l'éther acétique, on fait réagir dans une cornue munie d'un récipient convenable un mélange d'alcool, d'acide azotique et d'acide sulfurique, ou mieux encore d'alcool, d'acétate de cuivre ou de soude et d'acide sulfurique. L'acide sulfurique décompose l'acétate en s'emparant de sa base, et l'acide acétique éliminé se trouve à l'état naissant, en présence de l'alcool, dans des conditions convenables pour réagir sur lui. L'éther acétique est un peu moins volatil que les précédents : il bout à 74°. Il est presque toujours employé à l'extérieur comme excitant, soit seul, soit uni à d'autres médicaments, pour fournir des liniments composés.

On a donné le nom d'*éthérisation* à l'action que la *vapeur d'éther*, introduite dans les poumons par inhalation, exerce sur le système nerveux. Cette action remarquable consiste dans une suspension plus ou moins absolue de la sensibilité au moyen de laquelle on peut subir sans douleur les opérations chirurgicales (voy. *Anesthésie*). On fait respirer l'éther convenablement préparé au moyen d'un flacon ou simplement sur un mouchoir. — L'*éthérisation* proprement dite a presque disparu depuis la découverte du *chloroforme*, dont l'inhalation produit un effet beaucoup plus rapide et plus sûr. — Voy. *Chloroforme*.

ETHNOGRAPHIE [du grec *ethnos*, peuple, et *graphô*, décrire]. — Science qui a pour objet la description, la division et la filiation des peuples. Elle tient de la géographie statistique et de l'histoire. « Sous le rapport géographique, l'ethnographie étudie la distribution des peuples sur le globe, la nature des habitants d'un pays, leur conformation physique, leurs mœurs et leurs usages, leur langue et leur religion. Sous le rapport historique, elle distingue les races et les familles des peuples, leurs rapports et leurs filiations; elle les suit dans leurs migrations les plus lointaines et dans tous leurs mélanges. »

ÉTHYLE (chimie) [d'*éther* et du grec *hylé*, matière, parce qu'on le considère comme la base des éthers]. — Gaz composé de carbone et d'hydrogène, dans les rapports de C^4H^5, incolore, d'une odeur éthérée faible, inflammable, et d'une densité de 2,0. Une pression de 2 1/4 atmosphères à plus de 3° le convertit en un liquide incolore très-mobile. En décomposant l'éther iodhydrique par du zinc à 150°, dans un tube scellé à la lampe, on obtient ce gaz. En 1849, M. Frankland a isolé l'éthyle. Plusieurs chimistes envisagent l'éthyle comme un radical ou comme une espèce de métal composé, susceptible, en s'unissant au soufre, au chlore, à l'oxygène, de former des composés semblables aux oxydes et aux sels de la chimie minérale; d'après la *Théorie de l'Éthyle*, par M. Liebig, l'éther ordinaire serait un oxyde d'éthyle (C^4H^5,O); l'alcool un hydrate d'oxyde d'éthyle ($C^4H^5,O+HO$); l'éther chlorhydrique, un chlorure d'éthyle (C^4H^5,Cl); l'éther nitrique, un nitrate d'oxyde d'éthyle ($C^4H^5,O+NO^5$), etc.

ÉTOILE. — Voy. *Constellation*.

ÉTRENNES. — Présents que l'on fait le premier jour de l'année.

C'est un bien ancien usage que celui de faire des

présens le 1er de janvier. Tatius l'institua, parce que ce fut un 1er de janvier qu'il reçut, comme un bon augure, des branches coupées dans un bois consacré à la déesse *Strenua*. Ce nom est l'étymologie du nom d'étrennes (*strenæ*), qu'on donne aux présents obligés de ce jour. La mode, en ce temps-là, n'avait point à se préoccuper de cet usage; il s'agissait tout simplement d'aller couper quelques rameaux dans le sacré bocage; mais plus tard, ce simple présent se compliqua d'autres présents d'une valeur plus réelle. On fit monter tout exprès des pierres précieuses : l'émeraude, le saphir et l'opale s'offrirent en forme de bracelets, de colliers et de pendants d'oreilles; et aujourd'hui, que n'imagine-t-on pas pour sceller les liens d'amitié qui se forment en ce jour, et les pardons qu'il commande! C'est toute une rénovation de la vie et des affections.

Les Grecs empruntèrent aux Romains l'usage des étrennes, qui passa aux chrétiens, malgré l'opposition des conciles et des pères de l'Église, qui le décrièrent comme un abus. En Angleterre, les étrennes se donnent le jour de Noël.

ÉTYMOLOGIE (grammaire) [du grec *étumos*, véritable, *logos*, discours]. — L'étymologie est la véritable origine d'un mot, l'explication de son véritable sens.

Le mot dont dérive un autre mot s'appelle *primitif*, et celui qui vient du primitif prend le nom de *dérivé*. On donne quelquefois au primitif même le nom d'*étymologie* : on dit, en ce sens, que *pater* est l'étymologie de *père*.

« Le résultat de la science étymologique, dit Diderot, est une partie essentielle de l'analyse d'une langue, c'est-à-dire la connaissance complète du système de cette langue, de ses éléments radicaux, de la combinaison dont ils sont susceptibles. Le fruit de cette analyse est la facilité de comparer les langues entre elles, sous toutes sortes de rapports, grammatical, philosophique, historique, etc. »

La science étymologique prête plus que toute autre à l'hypothèse et au paradoxe, quand on substitue l'imagination à l'observation des faits, ce qui a donné lieu à l'épigramme suivante :

Alfana vient d'*equus* sans doute;
Mais il faut avouer aussi
Qu'en venant de là jusqu'ici,
Il a bien changé sur la route.

Pour éviter les rêveries des anciens étymologistes, il faut s'appuyer principalement sur l'étude des langues mères, sur l'histoire des langues et sur l'observation des transformations successives qu'ont subies les mots.

Les recherches étymologiques sont très-anciennes; on en trouve des traces dans la Genèse. Platon, Chrysippe, Aristote, chez les Grecs; Varron, César, Cicéron, et après eux Sextus, Verrius Flaccus, etc., chez les Romains, s'en sont occupés; mais tous étaient très-peu sévères dans leurs explications. Jean de Garlande, au onzième siècle; Favorinus, Perotti, Valla, à la renaissance des lettres, continuèrent leurs recherches et souvent leurs erreurs, ainsi que les Silburg, les Vossius, les Estienne, les Pasquier, les Ménage, etc. Au dix-huitième siècle, de Brosses, Court de Gibelin et Larcher ramenèrent les études étymologiques dans une meilleure voie; mais ce sont seulement les travaux récents de Beppo, du Danois Rask, des Français Raynouard, Roquefort, Nodier, etc., qui ont fait faire à cette science de véritables progrès. C'est aux savants qui, comme les Humboldt, les Schlegel, les Grimm, les Bopp, les Eug. Burnouf, se sont livrés avec un si éclatant succès, dans notre siècle, à l'étude comparative des langues, que le monde savant est redevable de la découverte des lois de l'étymologie, découverte qui a donné aux résultats de cette science une certitude qu'ils n'avaient pas auparavant.

Pour arriver à des résultats satisfaisants en cette matière, voici la marche qu'il y a à suivre.

Avant de recourir aux langues étrangères, il faut chercher si les règles de la langue, ses analogies, ne peuvent pas expliquer la formation du mot, lorsqu'il est muni de ses terminaisons et de toutes ses inflexions grammaticales. Si c'est un composé, on le partage en ses différentes parties.

On est souvent amené par là à reconnaître l'existence de mots hors d'usage ou même inconnus, dont les chartes révèlent quelquefois l'existence, et qui n'ont laissé de traces que par les dérivés auxquels ils ont donné naissance.

Quelquefois les changements arrivés dans la prononciation ont effacé dans le dérivé presque tous les vestiges de sa racine. L'étude de l'ancienne langue sert à expliquer ces différences. L'orthographe, qui ne varie pas autant que la prononciation, peut être consultée avec succès en cette circonstance.

Mais la difficulté devient plus grande si les variétés dans le sens concordent avec les changements de la prononciation.

Il n'y a aucune des langues actuelles qui ne se soit formée du mélange ou de l'altération de langues plus anciennes, dans lesquelles on doit retrouver une grande partie des langues nouvelles.

Lorsqu'on veut tirer les mots d'une langue moderne d'une ancienne, les mots français, par exemple, du latin, il est bon d'étudier cette langue non-seulement dans sa pureté et dans les exemples et dans les ouvrages des bons auteurs, mais encore dans les tours les plus corrompus, dans le langage du plus bas peuple et des provinces.

Lorsque plusieurs langues différentes se sont formées d'une langue commune, l'étude de ces différentes langues, de leurs dialectes, des variations qu'elles ont éprouvées servira à donner des vues pour l'origine de chacune d'entre elles.

Quand plusieurs langues ont été parlées dans le même pays et dans le même temps, les traductions réciproques de l'une à l'autre fournissent aux étymologistes une foule de conjectures précieuses.

Indépendamment de ce que chaque langue tient de celles qui ont concouru à sa première formation, il n'en est aucune qui n'acquière journellement des mots nouveaux, qu'elle emprunte de ses voisins et de tous les peuples avec lesquels elle a quelque commerce.

Tous les peuples se sont mêlés en tant de manières différentes, et le mélange des langues est une suite si nécessaire du mélange des peuples, qu'il est impossible de limiter le champ ouvert aux conjectures des étymologistes.

Mais ce champ est souvent beaucoup trop vaste, et il n'est pas nécessaire, la plupart du temps, de le parcourir tout entier; il suffit quelquefois aux étymologistes de tirer de l'examen du mot même dont ils cherchent l'origine des circonstances ou des analogies sur lesquelles ils puissent s'appuyer.

Non-seulement la ressemblance des sons, mais encore des rapports plus ou moins éloignés, peuvent servir à guider les étymologistes du dérivé à son primitif.

La facilité qu'ont les lettres à se transformer les unes dans les autres donne aux étymologistes une liberté illimitée pour faire des conjectures, mais il est à craindre qu'ils n'en abusent, et ils ne l'ont fait que trop souvent.

Les inductions tirées de la quantité des syllabes, de l'identité des voyelles, de l'analogie des consonnes, ne peuvent guère être d'usage que lorsqu'il s'agit d'une dérivation immédiate.

Après avoir indiqué les moyens généraux que l'on peut employer pour arriver à trouver les étymologies, il ne sera peut-être pas mal de faire connaître quelques-uns des écueils à éviter.

Il faut rejeter toute étymologie qu'on ne rend vraisemblable qu'à force de suppositions multipliées.

Il y a des suppositions qu'il faut rejeter parce qu'elles n'expliquent rien; il y en a d'autres qu'on doit rejeter parce qu'elles expliquent trop.

Il faut se défier beaucoup des étymologies fondées sur des anecdotes; il est rare qu'elles ne soient pas controuvées. Telle est celle du mot *falbala*. On prétend que M. de Langlée, maréchal de camp sous Louis XV, s'étant rencontré un jour dans une maison avec une couturière qui déployait une jupe garnie de certaines bandes plissées, lui dit en plaisantant : « Parbleu, madame, votre falbala est admirable. — Comment! le falbala! — Eh! oui, c'est ainsi qu'à la cour les grandes dames appellent ces sortes de bandes. » La couturière s'empressa de remercier M. de Langlée et d'aller apprendre ce mot à ses compagnes. Et ce fut ainsi, dit-on, que le mot *falbala* fut introduit dans notre langue. D'autres racontent autrement cette anecdote. Ils prétendent qu'un Parisien, servant de cicérone à un ambassadeur étranger, le conduisit un jour dans les galeries du palais de Justice, et lui dit que Paris était une ville singulière; que l'on pouvait y demander aux marchands tout ce qu'on voulait, et qu'on était sûr de le trouver chez eux, même quand cela n'existerait pas. L'étranger, voulant s'en assurer, demanda des falbalas à une marchande, qui, entendant parler de cet objet pour la première fois, lui présenta, sans se troubler, les garnitures plissées auxquelles on donne ce nom

De telles étymologies ne sont pas sérieuses, et cependant on les trouve quelquefois dans des auteurs qui ont des prétentions à la science.

Une étymologie probable exclut celles qui ne sont que possibles.

Un mot est rarement composé de deux langues différentes; cependant un certain nombre de mots, surtout de ceux usités dans les sciences et dans les arts, ont ce défaut.

On ne doit s'arrêter qu'à des suppositions appuyées sur un certain nombre d'inductions, qui leur donnent déjà un commencement de probabilité.

On puisera dans la connaissance détaillée des migrations des peuples d'excellentes règles de critique pour juger des étymologies tirées de leurs langues, et apprécier leur vraisemblance.

La date du mélange des deux peuples et du temps où les langues anciennes ont été remplacées par de nouvelles ne sera pas moins utile.

On pourra encore comparer cette date à la quantité d'altérations que le primitif aura dû souffrir pour produire le dérivé.

La nature de la migration, la forme, la proportion et la durée du mélange qui en a résulté, peuvent aussi rendre probables ou improbables plusieurs conjectures.

Lorsqu'il n'y a entre deux peuples qu'une simple liaison sans qu'ils se soient mélangés, les mots qui passent dans l'autre sont le plus souvent relatifs à l'objet de cette liaison. C'est qui a lieu pour les mots relatifs à la politique, à la religion, aux sciences, aux arts.

Les recherches sur les mélanges des nations et leur langage peuvent fournir aussi le moyen d'examiner quelle était, au temps du mélange, la proportion des idées des deux peuples, les objets qui leur étaient familiers, leur manière de vivre, leurs arts, et le degré de connaissance auquel ils étaient parvenus.

On veut quelquefois donner à un mot d'une langue moderne une origine tirée du latin, qui, pendant que la langue nouvelle se formait, était parlé et écrit dans le même pays en qualité de langue savante. Or il faut bien prendre garde de prendre pour des mots latins les mots nouveaux auxquels on ajoutait des terminaisons de cette langue, comme l'a fait trop souvent Ménage.

L'examen attentif de la chose dont on veut expliquer le nom, de ses qualités, soit absolues, soit relatives, est une des plus riches sources de l'invention, qu'il ne faut pas négliger dans les recherches étymologiques.

C'est cet examen attentif de la chose qui peut seul éclairer sur les rapports et les analogies que les hommes ont dû faire entre les différentes idées, sur la justesse des métaphores et des tropes par lesquels on a fait servir les noms anciens à désigner des objets nouveaux. C'est là un des points sur lesquels l'art étymologique offre le plus d'incertitude.

L'altération supposée dans les sons forme seule une grande partie de l'art étymologique, et, entre plusieurs mots de même origine, le mot le plus ancien et le plus usuel est le plus altéré.

C'est par le même principe que le temps et la fréquence d'un mot se compensent mutuellement pour l'altérer dans le même degré.

Chaque langue, et dans chaque langue chaque dialecte, chaque peuple, chaque siècle, changent constamment certaines lettres en d'autres lettres, et se refusent constamment à d'autres changements aussi usités chez leurs voisins.

Un mot entendu est souvent mal répété; cela donne lieu à de nombreuses altérations dans les mots que nous empruntons aux étrangers.

Une étymologie ne reçoit un caractère de vérité et de certitude que de sa comparaison avec les faits connus, du nombre de circonstances de ces faits qu'elle explique, des probabilités qui en naissent, et que la critique applaudit.

Enfin, en matière étymologique, il faut douter beaucoup si l'on veut réussir.

Étudiée ainsi, l'étymologie n'est pas aussi arbitraire qu'on le suppose généralement.

L'application la plus médiate de l'étymologie est la recherche des origines d'une langue particulière, analyse qui fournit ensuite le moyen de comparer les langues entre elles; cette science a été poussée très-loin de nos jours.

L'étymologie est aussi d'un grand secours pour fixer les acceptions des mots et leurs vraies définitions.

Elle peut aussi fournir de grandes lumières pour l'éclaircissement de certains faits de l'histoire ancienne.

Enfin, l'étymologie explique souvent l'orthographe, c'est-à-dire la manière d'écrire les mots, et si l'étymologie est fausse, souvent l'orthographe qui en résulte est vicieuse, comme cela a eu lieu pour *faubourg*, pour *sçavoir*.

Ce simple énoncé, que j'ai emprunté, en l'abrégeant beaucoup, à l'*Encyclopédie méthodique*, suffit pour faire entrevoir les innombrables difficultés et les vastes connaissances nécessaires pour réussir en cette matière. Il ne faut donc pas s'étonner si les anciens, qui s'étaient peu livrés à l'étude comparée des langues, ont souvent donné des étymologies si hasardées, qui étaient plutôt le fruit de leur imagination que de recherches profondes. Chacun d'eux tirait tous les mots de la langue qu'il connaissait le mieux, de l'hébreu, du latin, de l'arabe, du grec, du bas breton, etc. Aujourd'hui, il n'en est plus ainsi.

Il suffisait aux anciens étymologistes de trouver le plus léger rapport de sons ou de signification pour tirer de là l'origine. C'est ainsi que Ménage a tiré *chez* de *apud*, *laquais* de *verna*, etc.

Le même Ménage tire *larigot* de *fistula*, et voici la généalogie qu'il en donne: *fistula*, *fistularis*, *fistularius*, *fistularicus*, *laricus*, *laricotus*, *larigot*. Ce farceur qui, sur les tréteaux, faisait dériver *Paris* de *Pékin*, en changeant *pe* en *pa* et *kin* en *ris* n'était pas plus ridicule.

Cependant, la dissemblance de deux mots ne doit pas toujours suffire pour faire rejeter leur filiation. Le mot français *jour* ne présente pas, au premierabord, beaucoup de rapport avec le mot latin *dies*, et, cependant, il lui a donné naissance, mais pas d'une manière directe. Du substantif *dies*, les Latins ont fait l'adjectif *diurnus*, d'où se sont formés l'italien *giorno* et l'ancien français *jor*, dont nous avons fait *jour*.

Quelque long que soit un mot, il est toujours possible de le ramener à un monosyllabe de deux ou trois lettres; telle était, en effet, la nature des mots racines, des mots primitifs; la langue chinoise est une langue composée uniquement de monosyllabes. Je donnerai pour exemples la décomposition des deux mots *désagréablement* et *individuellement*.

DÉSAGRÉABLEMENT. *Ment*, désinence adverbiale; *able*, désinence d'un adjectif; *dé*, augment initial, emportant l'idée contraire à l'action du mot devant lequel il est placé; *à*, mot qui a en composition le sens d'*avec*; le *s* qui est entre *dé* et *à* n'est qu'une lettre euphonique; *gré*, racine du mot. Ainsi le mot *désagréablement*, de six syllabes et de quinze lettres, est ramené à un mot radical monosyllabique, et de trois lettres seulement, *gré*, analogue à *grat*, racine du latin *gratius*, qui a le même sens.

INDIVIDUELLEMENT. *Ment*, désinence adverbiale; *el*, *elle*, désinence adjective; *in*, préposition négative; *di*, signe de l'idée de séparer; *idu* ou *vidu*, soit du latin *videre*, *videri*, *dividere*, parce que ce qui est séparé est vu deux ou plusieurs fois, ou bien du mot étrusque et latin *iduo*, je sépare, je divise: un individu est donc un être qui n'est pas, ou qui ne peut pas être divisé; *individuellement* a le même sens adverbialement. La racine est le mot ilaliote *id*, donnant l'idée de division.

Quand les étymologies sont ainsi cherchées, elles sont plus sérieuses et plus utiles qu'elles ne l'étaient autrefois; et on ne peut plus dire, comme un bel esprit du siècle dernier, qu'*en matière d'étymologie les mots sont comme les cloches, auxquelles on fait dire ce que l'on veut*.

J. B. PRODHOMME,
Correcteur à l'Imprimerie Impériale.

EUDIOMÈTRE (physique).—Instrument propre à mesurer la pureté de l'air, ou du moins à déterminer les quantités d'oxygène qu'il contient, et, en général, à faire l'analyse des gaz.

On connaît un grand nombre d'eudiomètres différents. Tous ont cela de commun qu'ils représentent une capacité mesurée et graduée de manière à reconnaître exactement le volume de gaz qu'ils contiennent. L'un des plus simples et des plus exacts est celui inventé par M. Gay-Lussac.

EUPHÉMISME (grammaire) [du grec *eu*, bien, heureusement; *phémi*, je dis]. — L'euphémisme est une figure par laquelle on déguise à l'imagination des idées qui sont ou peu honnêtes, ou désagréables, ou tristes, ou dures; et pour cela on ne se sert point des expressions propres qui exciteraient directement ces idées; on substitue d'autres termes qui éveillent directement des idées plus honnêtes ou moins dures; on voile ainsi les premières à l'imagination, on l'en distrait, on l'en écarte, mais par les circonstances du discours, l'esprit entend bien ce qu'on a dessein de lui faire entendre.

Il y a deux sortes d'idées qui donnent lieu de recourir à l'euphémisme : 1° les idées déshonnêtes; 2° les idées désagréables, dures ou tristes.

C'est une pratique établie chez toutes les nations policées, où l'on connaît la décence et les égards, de s'abstenir de certains mots qui rappellent à l'esprit quelque chose de repoussant, de désagréable, ou, du moins, qui est regardé comme tel dans le pays; car, sur ce point, comme sur beaucoup d'autres, il y a une grande variété d'usages de peuple à peuple, et, dans un même pays, d'un siècle à l'autre. Ainsi, les Anglais sont choqués quand ils entendent certains mots de leur langue qui n'offenseraient nullement un Français, et nous autres Français, nous ne souffririons pas qu'on employât au théâtre certains mots souvent répétés par Molière, qui avait cependant contribué puissamment à rendre le langage de la scène plus décent.

Les médecins n'hésitent nullement à nommer certains organes, certaines fonctions naturelles parce que la connaissance de l'homme et de son organisme fait partie de leurs études; aussi personne n'en est-il révolté. Mais si le sujet de la conversation oblige les gens du monde à s'occuper de ces matières, pourquoi les lois d'une décence, souvent exagérée jusqu'au ridicule, les obligent-elles à recourir ou à de longues et ennuyeuses périphrases ou à des expressions détournées, souvent fort peu claires ou fort peu exactes? On ne parle que pour être compris : si les auditeurs devinent quel objet on veut désigner, qu'a-t-on gagné par l'emploi d'une expression détournée, puisqu'elle rappelle à l'esprit l'idée désagréable que l'on veut éviter? si, au contraire, l'expression était assez voilée pour n'être pas comprise, à quoi bon recourir à l'euphémisme?

Je conçois que l'on évite, autant que possible, de parler de choses de nature à exciter le dégoût, de rappeler des idées obscènes; mais, si l'on est forcé de le faire, à quoi bon tous ces voiles qui ne cachent rien, puisque tout le monde peut les soulever sans difficulté? On peut dire à ce sujet, avec Voltaire, que lorsque l'euphémisme sert à gazer des obscénités, cet adoucissement est bien cynique, et, par conséquent, indigne d'un honnête homme.

Mais c'est un rigorisme outré de ne pas permettre de nommer un *lavement*, et d'obliger à dire *remède*, expression tout à fait impropre, puisqu'elle désigne tout ce qui peut servir à guérir, tandis que l'on ne veut parler que d'un remède spécial.

Je ferai le même reproche au mot *impasse*, que Voltaire a proposé de substituer à *cul-de-sac*; bien préférable à cause de son énergie.

Il est cependant certains mots qui passent pour présenter beaucoup d'énergie, et qui m'en semblent tout à fait dépourvus, parce qu'on a en toute circonstance, sans que rien puisse en justifier l'usage. Tel est ce mot que l'on n'écrit jamais qu'avec son initiale, la sixième lettre de l'alphabet. Ces mots devraient être proscrits de la conversation de toute personne bien élevée, non comme obscènes, mais comme impropres et dénués de toute espèce de valeur.

Dumarsais dit à tort, ce me semble, que les personnes peu instruites croient que les Latins n'avaient pas cette délicatesse, car Boileau lui-même dit, dans son *Art poétique* :

Le latin, dans les mots, brave l'honnêteté,
Mais le lecteur français veut être respecté.

Le même grammairien ajoute avec plus de raison : « Il est vrai qu'aujourd'hui nous avons quelquefois recours au latin pour exprimer des idées dont nous n'osons pas dire le nom propre en français ; mais c'est que, comme nous n'avons appris les mots latins que dans les livres, ils se présentent à nous avec une idée accessoire d'érudition et de lecture qui s'empare d'abord de l'imagination ; elle la partage, elle l'enveloppe, elle écarte l'image déshonnête et ne la fait voir que comme sous un voile. Ce sont deux objets que l'on présente alors à l'imagination, dont le premier est le mot latin qui couvre l'idée obscène qui le suit ; au lieu que, comme nous sommes accoutumés aux mots de notre langue, l'esprit n'est pas partagé : quand on se sert des termes propres, il s'occupe directement des objets que ces termes signifient. Il en était de même chez les Grecs et les Romains : les honnêtes gens ménageaient les termes, comme nous les ménageons en français ; et leur scrupule allait même quelquefois si loin, que Cicéron nous apprend qu'ils évitaient la rencontre des syllabes qui, jointes ensemble, auraient pu réveiller des idées déshonnêtes.

» Quintilien est encore bien plus rigide sur les mots obscènes, et ne permet pas même l'euphémisme, parce que, malgré le voile dont l'euphémisme couvre l'idée obscène, il n'empêche pas de l'apercevoir. Or, il ne faut pas, dit Quintilien, que, par quelque chemin que ce puisse être, l'idée obscène parvienne à l'entendement. Pour moi, poursuit-il, content de la pudeur romaine, je la mets en sûreté par le silence, car il ne faut pas seulement s'abstenir des paroles obscènes, mais encore de la pensée de ce que ces mots signifient.

» Tous les anciens n'étaient pas d'une morale aussi sévère que Quintilien ; ils se permettaient au moins l'euphémisme, et d'exciter modérément dans l'esprit l'idée obscène.

« Ne devrais-tu pas mourir de honte, dit Chrémès » à son fils, d'avoir eu l'insolence d'amener à mes » yeux, dans ma propre maison, une.... Je n'ose » prononcer un *mot déshonnête* en présence de ta » mère, et tu as bien osé commettre une action in- » fâme dans ma propre maison. »

Chez nous, dans les occasions où l'on est contraint de se servir de ces expressions, soit de vive voix, soit par écrit, on ne le fait qu'au moyen d'initiales.

Certains mots, certaines expressions, étaient considérés comme de mauvais augure par les anciens ; aussi évitaient-ils avec soin de s'en servir. Ainsi, les Latins disaient *vitâ functus*, s'étant acquitté, étant dé-

livré de la vie, pour étant mort ; *fuit*, il a été, pour il est mort. Le verbe *mourir* leur paraissait, en certains cas, un mot funeste.

Les anciens poussaient la superstition jusqu'à croire qu'il y avait des mots dont la seule prononciation pouvait attirer quelque malheur.

Cette superstition paraissait encore plus dans les cérémonies de la religion ; on craignait de donner aux dieux quelque nom qui leur fût désagréable.

Il y avait des mots consacrés par les sacrifices, dont le sens propre et littéral était bien différent de ce qu'ils signifiaient dans les cérémonies ; par exemple, *mactare*, augmenter davantage, se disait des victimes qu'on sacrifiait. On n'avait garde de se servir alors d'un mot qui pût exciter dans l'esprit l'idée funeste de la mort.

Dans la Bible, le mot *bénir* est quelquefois employé pour maudire ; mais les circonstances dans lesquelles on en fait usage font donner à ce mot le sens contraire. Naboth fut accusé d'avoir *béni* Dieu et le roi.

C'est ainsi que, dans ces mots de Virgile : *Auri sacra fames*, *auri* se prend, par euphémisme, pour exécrable. Tout homme condamné au supplice pour ses mauvaises actions, était appelé *sacer*, sacré.

Cicéron n'a garde de dire au sénat que les domestiques de Milon tuèrent Clodius. « Ils firent, dit-il, ce que tout maître eût voulu que ses esclaves fissent en pareille circonstance. »

Malgré les mauvaises qualités des objets, les anciens leur donnaient quelquefois des noms flatteurs, comme pour se les rendre favorables. Ils appelaient la mer Noire, célèbre par ses naufrages et habitée de peuples féroces, *Pont-Euxin*, c'est-à-dire mer hospitalière, voulant faire entendre par là qu'elle ne leur serait point funeste.

Les Furies, chargées de tourmenter les criminels, étaient appelées *Euménides*, c'est-à-dire bienveillantes.

Les modernes, en ce cas, ont souvent aussi recours à l'euphémisme. Ils appellent le bourreau, l'exécuteur, le *maître des hautes-œuvres*. Nous donnons le nom de *velours de Maurienne* à une sorte de gros drap qu'on fabrique en Maurienne, contrée de la Savoie, et dont les pauvres Savoyards sont habillés. Nous appelons *damas de Caux* une grosse étoffe de fil.

C'est par euphémisme que nous disons : *Dieu vous assiste, Dieu vous bénisse*, plutôt que : *Je n'ai rien à vous donner*.

Souvent, pour congédier quelqu'un, on dit : *Voilà qui est bien, je vous remercie*, au lieu de : *Allez-vous-en*.

Nous disons tous les jours : *N'être plus jeune* pour *être vieux*.

C'est un bel exemple d'euphémisme que ce vers sublime de la tragédie des *Templiers* :

Mais il n'était plus temps... les chants avaient cessé.

Le poëte ne pouvait annoncer d'une manière plus heureuse la mort de ses héros

L'empereur Julien, près d'expirer, distribuant ses biens entre ses amis, s'étonnait de l'absence de l'un d'eux nommé Anatole, dont il ignorait la mort; Sallurce lui répondit : *Anatole est déjà heureux.*

On pourrait encore citer, comme un bel exemple d'euphémisme, les paroles que l'on suppose avoir été prononcées par le prêtre accompagnant Louis XVI, qui marchait à l'échafaud : *Fils de saint Louis, montez au ciel.*

« On doit aussi, dit M. Champagnac, placer dans le domaine de l'euphémisme toutes ces formules de regret qu'emploie la rhétorique administrative quand il s'agit de refuser des emplois ou des faveurs. »

On peut placer sur la même ligne toutes ces fausses protestations de service, toutes ces vaines assurances d'amitié, connues sous le nom *d'eau bénite de cour.*

L'euphémisme est en usage dans tous les styles; on y recourt aussi bien dans la conversation et dans le langage le plus simple que dans la haute éloquence et la poésie la plus élevée.

L'euphémisme est souvent désigné, dans les traités de rhétorique ou d'éloquence, sous le nom de *précautions oratoires* ou de *bienséance oratoire.*

L'euphémisme n'est point une figure particulière, puisque celui qui y a recours peut employer plusieurs figures différentes pour atteindre le but qu'il se propose.

Thémistocle, voulant persuader aux Athéniens d'abandonner la ville d'Athènes, leur dit de *la déposer entre les mains des dieux,* parce que le terme d'abandonner lui semblait trop cru. Il recourait à une métalepse, en faisant entendre qu'il ne fallait point compter sur un secours naturel, mais, ce qui en est une conséquence, sur le secours du ciel.

La manière dont s'y prit Nathan pour reprocher à David son double crime contre Urie, était un euphémisme par allégorie.

Quelquefois l'euphémisme se sert de l'allusion pour indiquer délicatement ce qu'il ne veut pas exprimer trop crument. C'est ainsi que Cicéron disait de Clodius : « Comme il avait connaissance particulière de tous nos sacrifices, il ne doutait pas qu'il pût aisément apaiser les dieux. » C'était un reproche indirect, par allusion à l'audace qu'avait eue Clodius de s'introduire dans un lieu secret, où les dames romaines célébraient les mystères de la bonne déesse, et dont l'entrée était interdite aux hommes.

D'autres fois, c'est par l'équivoque que l'euphémisme déguise ce qu'il ne veut pas dire plus clairement. C'est ainsi que Cicéron a dit de Clodia, sous prétexte de la disculper, qu'elle était plutôt *l'amie de tous les hommes que l'ennemie d'un seul;* équivoque maligne qui stigmatise les mœurs de Clodia.

La périphrase prête souvent son secours à l'euphémisme, tantôt pour voiler une idée déshonnête, tantôt pour en adoucir une autre qui serait trop dure.

Souvent l'antiphrase ou la contre-vérité donne à l'euphémisme le moyen de dévoiler ce qu'il craint d'exposer d'une manière trop nue.

Dans d'autres occasions, l'euphémisme a recours à une digression; mais l'idée étrangère qu'il produit alors tient si fort à celle qu'il craint d'avouer, qu'il ne sauve que l'impudence d'un aveu trop formel. C'est ainsi que, dans Racine, Phèdre laisse percer sa passion pour Hippolyte :

Dieux ! que ne suis-je assise à l'ombre des forêts !
Quand pourrai-je, au travers d'une noble poussière,
Suivre de l'œil un char fuyant dans la carrière ?

L'astéisme, c'est-à-dire cette ironie délicate et ingénieuse par laquelle on déguise la louange ou la flatterie sous l'apparence du blâme et du reproche, est aussi un des moyens auxquels a recours l'euphémisme.

« La grande ressource de l'euphémisme, dit Beauzée, est de recourir à des adoucissements développés, à des compensations ingénieuses, où le bien fait passer ce qu'on a dit de mal; à des réticences préparées qui laissent entendre, ou du moins entrevoir, ce qu'il serait dangereux ou malséant de dire d'une manière plus expresse. »

J. B. Prudhomme,
Correcteur à l'Imprimerie impériale.

EUPHONIE (grammaire) [du grec *eu,* bien, *phôné,* voix.] — L'euphonie est l'heureux choix des sons, l'harmonieuse succession des voyelles et des consonnes.

On distingue deux sortes d'euphonies, l'*euphonie grammaticale* et l'*euphonie poétique.*

L'euphonie grammaticale consiste en l'intercalation, dans certains mots, de quelques lettres qui ont pour but d'adoucir certains mots. C'est ainsi que les Grecs ont formé le mot *anarchie* des deux mots *a* et *arkhé;* comme *a-arkhé* aurait produit un hiatus, ils ont intercalé un *n,* d'où est résulté *anarkhé,* dont nous avons fait *anarchie.*

De l'adjectif *tener,* nous avons fait *tendre;* nous y avons intercalé un *d,* parce que l'oreille n'aurait pas été satisfaite de *tenre.*

Les Latins en faisaient usage dans la conjugaison de certains verbes. Ainsi, ils disaient : *prodes, proderam, prodero,* pour *proes, proeram, proero.*

L'euphonie n'a pas seulement lieu dans le courant des mots, elle se fait aussi à la fin. Ainsi, en français, on dit : *Aime-t-il, dira-t-on,* pour *aime-il, dira-on;* le *t,* intercalé dans ce cas, ne sert qu'à adoucir la prononciation. Nos ancêtres n'en faisaient pas usage.

Il ne faut pas croire cependant que l'emploi de ces lettres soit arbitraire; l'usage détermine rigoureusement les cas où il est permis d'y recourir; et quand on le viole, il en résulte des cuirs ou des velours qui excitent l'hilarité des auditeurs.

Nous plaçons nos lettres euphoniques finales entre deux traits d'union; les Grecs les ajoutaient à la fin du premier mot; ainsi, ils disaient : *eikosin andres,* vingt hommes, pour *eikosi andres.*

Le mot *on* admet avant lui quelquefois un *l'* euphonique; on dit : *Si l'on veut* pour *si on veut.*

Si le principe de l'euphonie est adopté partout,

l'application s'en fait comme celle de tous les autres principes, selon le goût particulier de chaque nation, et conformément aux décisions accidentelles des différents usages.

Dans le courant des mots, l'emploi des lettres euphoniques est déterminé par les lois de l'étymologie et de l'analogie; je n'en dirai rien; je ne m'occuperai que de nos lettres euphoniques finales.

Nous en avons trois qui nous servent à cet usage : le *n*, le *t* et le *s*.

Le *n* n'est euphonique que dans la prononciation; aussi, n'est-il jamais séparé du mot auquel il appartient. Il joue le rôle d'euphonique lorsqu'un mot, terminé par une nasale, est joint essentiellement et d'une manière inévitable avec le mot suivant.

Si *on* est placé avant le verbe dont il est le sujet, ou avant le verbe dont il est le complément, on fait d'abord entendre la nasale, puis la nasale supplémentaire : *On apprend en étudiant; en Italie, on en avait parlé.* Ces mots se prononcent comme s'ils étaient écrits : *On-n-apprend en-nétudiant; en-n-Italie, on-n-en-n-avait parlé.*

Après tout autre mot de terminaison nasale, qui doit se lier immédiatement au mot suivant, la nasale perd sa nasalité, et elle est comme suppléée par l'articulation nasale euphonique : *Bien écrit, rien autre chose, bon ami, ancien historien, un homme*; ces mots se prononcent comme s'ils étaient écrits : *bié-n-écrit, rié-n-autre chose,* etc.

Le *t* étant généralement destiné à marquer la troisième personne, on a été naturellement porté à choisir cette lettre pour éviter l'hiatus qui aurait lieu quand le sujet est exprimé par un pronom ou par le mot *on* placé après le verbe par inversion.

Enfin, le *s*, signe de la deuxième personne des verbes, sert de lettre euphonique à l'impératif des verbes de la première conjugaison, et de ceux en *ir*, dont le présent de l'indicatif est en *e*, quand ces temps sont suivis d'un des adverbes *en* ou *y*; mais le *s* tient au mot, et ne s'en détache pas comme le *t* : *Vas-y, donnes-y tes soins, acceptes-en l'hommage,* etc.

Mais on n'emploie pas la lettre euphonique si *en* est préposition : *Va en Italie, accepte en échange ce bijou.*

Mais il n'est jamais permis de dire, sous prétexte d'euphonie, entre *quatre-s-yeux*, comme le prétendent Beauzée et le dictionnaire de l'Académie, car *quatre*, quoique pluriel, ne prend jamais la marque du pluriel, et l'usage général de toutes les personnes qui parlent correctement est opposé à cette prononciation.

Il en est tout autrement pour les expressions *mon amitié, mon âme,* etc., que l'on emploie au lieu de *ma amitié, ma âme,* etc.; un usage constant et unanime a consacré cette infraction à la règle.

«S'il y a des occasions, dit Dumarsais, où il semble que l'euphonie fasse violer l'analogie, on doit se souvenir de cette réflexion de Cicéron, que l'usage nous autorise à préférer l'euphonie à l'exactitude rigoureuse des règles. «Lavéaux n'admet cette opinion qu'avec restriction. » Nous convenons, dit-il de la justesse de la réflexion pour les cas où il ne s'agit que de quelque accident grammatical; mais nous n'en convenons pas, si l'on veut en inférer que l'euphonie peut autoriser à changer la nature des mots, et à employer, par exemple, au lieu d'une préposition, une préposition qui a un rapport tout différent, comme *à* pour *de*, ou *de* pour *à*.

Dans la poésie et dans l'éloquence, l'euphonie, qui consiste dans le choix d'expressions douces, coulantes, agréables à l'oreille, donne lieu à de grandes beautés, trop dédaignées par les romantiques.

Voici quelques exemples de cette euphonie :

Omnia sub magna labentia flumina terra.
(VIRGILE.)

Le ciel n'est pas plus pur que le fond de mon cœur.
(RACINE.)

D'une Héloïse en pleurs entendre gémir l'ombre.

Hélas! qu'aux cœurs heureux les vertus sont faciles!

Le vice opposé à l'euphonie est la cacophonie, dont j'ai parlé à ce mot.

J. B. PRODHOMME,
Correcteur à l'Imprimerie impériale.

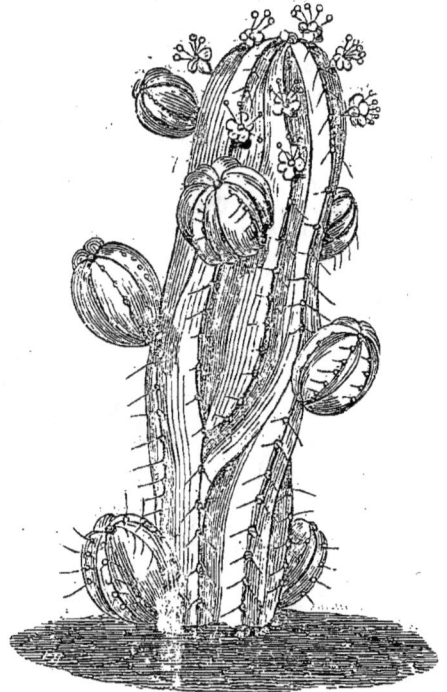

Fig. 39. — Euphorbe.

EUPHORBE (botanique). — Genre de plantes de la famille des euphorbes, renfermant plus de quarante espèces, qui toutes sont dangereuses en raison du suc laiteux qu'elles contiennent. « Ce sont des plantes herbacées, à fleurs disposées en panicules ou en ombelles, groupées en 12 ou 15 fleurs mâles, avec une seule fleur femelle, dans un involucre commun, régulier et campanulé. Chaque fleur mâle renferme une seule étamine; la fleur femelle est un peu élevée au-dessus des fleurs mâles. La plupart des espèces sont des herbes très-feuillées; mais celles qui sont particulières à l'Afrique et à l'Arabie ont le port des cactiers. Quelques-unes sont cultivées parmi les plantes grasses à cause de leurs formes bizarres; telles sont : l'*E. tête de Méduse*, l'*E. melon*, et l'*E. des Canaries*. Toutes les euphorbes contiennent un suc laiteux, âcre, caustique, corrosif, qui se condense en petits morceaux friables, d'un jaune pâle, demi-transparents; c'est la *gomme-résine d'euphorbe*, employée en médecine, et usitée surtout dans l'art vétérinaire, à cause de son énergie. Quelques graines excitent le vomissement et une irritation très-forte des membranes muqueuses. Le suc des euphorbes équatoriales est le plus souvent vénéneux; celui des euphorbes d'Europe est moins énergique, et s'emploie comme émétique et purgatif. »

EUROPE (géographie). — Partie du monde qui occupe le nord-ouest de l'ancien continent.

Quoique l'Europe soit la plus petite des cinq parties du globe, elle en est la principale en tout ce qui concerne l'homme social; elle possède dans son sein tout ce qui est nécessaire aux besoins, au luxe et à la plupart des commodités de la vie. Elle a une supériorité marquée dans la beauté, la force, le courage et la sagesse de ses habitants, ainsi que dans le nombre de leurs arts, l'étendue de leur commerce et l'excellence de leurs gouvernements, de leurs lois et de leur religion.

La surface de l'Europe est singulièrement variée par des îles, des montagnes, des vallées et des plaines, qui servent de limites naturelles aux différentes contrées qui la divisent, et par des rivières, des lacs et des mers, qui facilitent et entretiennent sa communication et son commerce avec le reste du monde.

La population de l'Europe est de 264 millions d'habitants.

Tous les peuples de l'Europe, à l'exception des Turcs et des Juifs, professent la religion chrétienne.

L'Europe se divise en 16 contrées ainsi réparties :

4 AU NORD :

Les Iles Britanniques, capitale Londres;
Le Danemark, capitale Copenhague;
La Suède, capitale Stockholm;
La Russie, capitale Saint-Pétersbourg.

7 AU MILIEU :

La France, capitale Paris;
La Hollande, capitale La Haye;
La Belgique, capitale Bruxelles;
La Suisse, villes principales Bâle, Berne, Genève;
L'Autriche, capitale Vienne;
La Prusse, capitale Berlin.
Les États secondaires de l'Allemagne (Hanovre, Dresde, Munich, etc.).

5 AU SUD :

Le Portugal, capitale Lisbonne;
L'Espagne, capitale Madrid;
L'Italie, villes principales Turin, Milan, Rome, etc.;
La Turquie, capitale Constantinople;
La Grèce, capitale Athènes.

L'Europe est baignée par quinze mers, dont trois grandes et douze petites. Les trois grandes sont : l'océan Glacial Arctique ou Boréal au nord; l'océan Atlantique à l'ouest, et la Méditerranée au sud. Les douze petites sont : la mer Blanche, formée par l'océan Glacial Arctique; la mer Baltique, la mer du Nord, la mer de la Manche et la mer d'Irlande, formées par l'océan Atlantique; la mer Adriatique, la mer Ionienne, l'Archipel, la mer de Marmara, la mer Noire, la mer d'Azof, formées par la Méditerranée, et la mer Caspienne qui ne paraît communiquer avec aucune autre mer.

Il y a en Europe quatorze golfes principaux : les golfes de Bothnie et de Finlande sont formés par la mer Baltique. Le golfe de Gascogne est formé par l'océan Atlantique.

Les golfes de Valence, de Lion, de Gênes et de Tarente sont formés par la Méditerranée. Les golfes de Livonie ou de Riga sont formés par la mer Baltique. Le Zuyderzée est formé par la mer du Nord. Le golfe de Venise est formé par la mer Adriatique. Le golfe d'Arta et le golfe de Lépante sont formés par la mer Ionienne. Les golfes de Valo et de Thessalonique sont formés par l'Archipel.

Il y a en Europe seize détroits principaux, dont huit au nord et huit au sud.

Les huit au nord sont : Le détroit de Waigatz, le Skager-Rack, le Cattegat, le Sund, le grand Belt, le petit Belt, le Pas-de-Calais, le canal de Saint-Georges et le canal du Nord.

Les huit au sud sont : le détroit de Gibraltar, le détroit de Bonifacio, le détroit de Messine, le canal d'Otrante, le canal de Négrepont, le détroit de Gallipoli ou des Dardanelles, le détroit de Constantinople, et le détroit de Iénikale ou de Caffa.

On peut compter environ soixante îles ou groupes d'îles principaux en Europe, savoir :

Quatre dans la mer Glaciale : le Spitzberg, la Nouvelle-Zemble, l'île de Waigatz et les îles Loffoden.

Douze dans l'océan Atlantique, dont trois grandes : l'Islande, l'Irlande, la Grande-Bretagne; neuf petites : les îles Feroë, les Shetland, les Orcades, les Hébrides, l'île d'Ouessant, l'île de Noirmoutiers, l'île-Dieu, l'île de Ré et l'île d'Oléron.

Douze dans la Méditerranée, dont quatre grandes : la Corse, la Sardaigne, la Sicile et l'île de Candie; huit petites : l'île de Formentera, l'île d'Iviça, l'île Majorque, l'île Minorque, les îles d'Hyères, l'île d'Elbe, les îles de Lipari et l'île de Malte.

Onze dans la mer Baltique : les îles d'Aland, de Dago, d'OEsel, de Gothland, d'Oland, de Rugen, de Bornholm, de Laland, de Falster, de Séeland et de Fionie.

Trois dans la mer du Nord : les îles d'Helgoland, de Texel et les îles de la Zélande.

Deux dans la mer d'Irlande : l'île de Man et l'île d'Anglesea.

Quatre dans la Manche : les îles de Wight, d'Aurigny, de Guernesey et de Jersey.

Dans la mer Adriatique, les îles Illyriennes.

Sept dans la mer Ionienne : les îles de Corfou, de Paxo, de Sainte-Maure, de Théaki, de Céphalonie, de Zante et de Cérigo.

Quatre dans l'Archipel : l'île de Négrepont, l'île de Lemnos, les Cyclades et les Sporades occidentales.

Les presqu'îles principales de l'Europe sont : la Suède avec la Norvége, l'Espagne avec le Portugal, l'Italie, le Sutland, la Morée et la Crimée.

Les principaux isthmes de l'Europe sont : l'isthme de Corinthe, qui joint la Morée à la Livadie, en Grèce, et l'isthme de Pérékop, qui joint la Crimée à la Russie.

Les principaux caps de l'Europe sont le cap Nord, à l'extrémité nord de la Suède; le cap Nase, au sud de la Norvége; le cap Cléar, au sud-ouest de l'Irlande; le cap de la Hogue, au nord-ouest de la France; le cap Finistère, au nord-ouest de l'Espagne; le cap Saint-Vincent, au sud-ouest du Portugal; le cap Trafalgar, au sud-ouest de l'Espagne; le cap Corse, au nord de la Corse; le cap Passaro, au sud de la Sicile, et le cap Matapan, au sud du Péloponèse.

On peut compter en Europe vingt chaînes de montagnes, dont neuf grandes et onze petites.

Les neuf grandes sont : les monts Ourals, entre l'Europe et l'Asie; les Alpes Scandinaves, entre la Norvége et la Suède; les Pyrénées, entre la France et l'Espagne; les monts Ibériens, en Espagne; les Alpes, entre la France et l'Italie; les Apennins, qui parcourent toute la longueur de l'Italie; les monts Krapacks, dans l'empire d'Autriche; les monts Balkan, en Turquie; et le mont Caucase, qui s'étend de la mer Noire à la mer Caspienne.

Les onze petites sont : les monts Cheviots, entre l'Angleterre et l'Écosse; les Grampians, en Écosse; les montagnes du pays de Galles, à l'ouest de l'Angleterre; les Vosges, à l'orient de la France; le Jura, entre la France et la Suisse; les Cévennes, au midi de la France; les montagnes de la Corse; les Asturies, la Sierra d'Estrella, la Sierra Morena, la Sierra Nevada, en Espagne.

Les principaux volcans sont: 1° l'Etna, en Sicile. C'est un cône de 8,237 mètres de hauteur, dont la base, presque circulaire, a environ 16 myriamètres (36 lieues); 2° le Stromboli, dans les îles Lipari. Ce volcan, connu 290 ans avant notre ère, ne dégage que des vapeurs, des gaz et des scories; il est continuellement en éruption; 3° le Vésuve, en Italie, dont les plus terribles éruptions sont celles de l'an 79 de J. C., qui engloutit les villes de Pompéi et d'Herculanum; celles de 1631, 1766, 1777, 1794, 1819, 1822, 1833 et 1834 ; 4° le mont Hécla, en Islande, aujourd'hui éteint, mais qui eut dix éruptions.

On peut compter quinze lacs principaux en Europe, savoir: trois en Russie, le Saïma, l'Onéga et le Ladoga; trois en Suède, le Wéner, le Wetter et le Méler ; le lac de Neufchâtel, en Suisse; le lac de Ge-

nève, entre la France et la Savoie; le lac de Constance, entre la Suisse et l'Allemagne; les lacs Majeur, de Lugano, de Côme, de Garde, de Bolséna et de Célano, en Italie.

On peut compter trente-huit fleuves principaux en Europe, savoir :

Un qui se jette dans l'Océan glacial arctique, c'est le Petchora.

Un qui se jette dans la mer Blanche, c'est la Dwina.

Six qui se jettent dans la mer Baltique, ce sont : la Tornéa, la Newa, la Dwina du Sud, le Niémen, la Vistule et l'Oder.

Sept qui se jettent dans la mer du Nord, ce sont: le Glommen, au nord du Cattégat, l'Elbe, le Wéser, le Rhin, la Meuse, l'Escaut et la Tamise.

Deux qui se jettent dans la Manche: ce sont la Seine et la Somme.

Neuf qui se jettent dans l'Océan Atlantique, ce sont : la Loire, la Charente, la Garonne, l'Adour, le Minho, le Duero, le Tage, la Guadiana et le Guadalquivir.

Quatre qui se jettent dans la Méditerranée, ce sont: l'Èbre, le Rhône, l'Arno et le Tibre.

Deux qui se jettent dans la mer Adriatique, ce sont: le Pô et l'Adige.

Trois qui se jettent dans la mer Noire, ce sont: le Danube, le Dniester et le Dniéper.

Un qui se jette dans la mer d'Azof: c'est le Don.

Enfin deux qui se jettent dans la mer Caspienne, ce sont: le Volga et l'Oural.

Les principales rivières de l'Europe sont: le Bug, qui se jette dans la Vistule; l'Aar, le Necker, le Mein et la Moselle, qui se jettent dans le Rhin; la Sambre, qui se jette dans la Meuse; la Scarpe et la Lys, qui se jettent dans l'Escaut; l'Aube, l'Yonne, la Marne, l'Oise et l'Eure, qui se jettent dans la Seine; l'Allier, le Cher, l'Indre, la Vienne et la Mayenne, qui se jettent dans la Loire; le Tarn, le Lot et la Dordogne, qui se jettent dans la Garonne; la Saône, l'Isère et la Durance, qui se jettent dans le Rhône; le Tessin et l'Adda, qui se jettent dans le Pô; le Lech, l'Isar, la Drave, la Save, la Theiss et le Pruth, qui se jettent dans le Danube; et la Kama, qui se jette dans le Volga. LA RIVIÈRE.

ÉVAPORATION (physique). — Propriété qu'ont les liquides de former des vapeurs au-dessous de leur point d'ébullition. C'est ce qui distingue l'*évaporation* de la *vaporisation*, c'est-à-dire de la formation des vapeurs par l'ébullition. La diminution de volume est une conséquence nécessaire de l'évaporation. « Tous les liquides s'évaporent même aux températures inférieures à leur point de congélation. L'eau à 0° et le mercure à 30° donnent des vapeurs, mais d'une tension sans doute très-faible. L'évaporation des eaux est favorisée par un air sec et agité par le vent. C'est une des principales sources de l'électricité atmosphérique. »

M. Gay-Lussac a déterminé le refroidissement dû à l'évaporation de l'air sec à différentes températures par le procédé suivant : l'air était chassé par un gazomètre à pression constante, et se desséchait en passant dans un tube renfermant du chlorure de calcium; de là il passait dans un autre tube où se trouvait un thermomètre qui en donnait la température, puis il était lancé sur la boule d'un thermomètre, recouverte d'une batiste légère et humide. Voici les résultats obtenus par ce savant :

TEMPÉRATURE de l'air sous la pression de 0,76.	ABAISSEMENT au-dessous de la température ordinaire.	TEMPÉRATURE de l'air sous la pression de 0,76.	ABAISSEMENT au-dessous de la température ordinaire.
0	5,82	13	10,07
1	6,09	14	10,44
2	6,37	15	10,82
3	6,66	16	11.20
4	6,96	17	11,58
5	7,27	18	11,96
6	7,59	19	12,34
7	7,92	20	12,73
8	8,26	21	13,12
9	8,61	22	13.51
10	8,97	23	13,90
11	9,37	24	14,30
12	9,70	25	14,70

L'évaporation est accompagnée d'un froid d'autant plus vif qu'elle est plus rapide. Leslie, célèbre physicien, est parvenu à congeler de l'eau placée sous le récipient d'une machine pneumatique en absorbant la vapeur du liquide à mesure qu'elle se formait au moyen de l'acide sulfurique concentré; et M. Gay-Lussac est parvenu, par le même moyen, à congeler le mercure.   B. LUNEL.

EXCITANTS (matière médicale). — Substances propres à stimuler les tissus organiques, et à les rendre plus prompts dans l'exercice de leurs fonctions. Les excitants forment une grande classe qui comprend la plupart des médicaments : ainsi, les *toniques*, les *stimulants*, les *emménagogues*, etc., ne sont, à proprement parler, que des excitants; il en est de même des médicaments qui ont une action spéciale, tels que les *diurétiques*. — Voy. *Stimulants*.

Quelques-uns (*excitants généraux*) stimulent tout l'organisme; d'autres (*excitants spéciaux*) s'adressent plus particulièrement à tel organe, ou plutôt à tel appareil d'organes.   B. L.

EXCOMMUNICATION [en latin *excommunicatio*, d'*excommunicare*, empêcher de communiquer]. — Censure ecclésiastique qui retranche les hérétiques de la communion des fidèles, ou les pécheurs obstinés de la participation aux biens que l'Église peut seule donner. « L'excommunication ne peut être prononcée que par le pape ou les évêques. On la distingue en *majeure*, qui prive l'excommunié de la participation aux prières publiques que l'Église fait pour les fidèles, du droit de recevoir et d'administrer les sacrements, ainsi que d'assister aux offices divins; de la sépulture ecclésiastique; qui lui ôte le pouvoir d'élire ou d'être élu aux dignités ecclésiastiques; enfin, de communiquer avec les fidèles, soit *in divinis*, soit *in humanis*; et en *mineure*, qui exclut seulement de la réception des sacrements et de l'élection aux bénéfices ecclésiastiques. L'excommunication ne peut être levée que par l'absolution donnée par l'évêque: dans certains cas elle ne peut être levée que par le pape. Dans l'origine, la formule de l'excommunication était fort simple : *Nous excommunions*, etc. Dans la suite, l'excommunication fut lancée avec un grand appareil : les évêques ou le pape, revêtus de leurs habits pontificaux, renversaient les cierges de l'autel et les livres sacrés en les foulant aux pieds et en les chargeant d'anathèmes. L'arme de l'excommunication, d'abord purement spirituelle, devint, au moyen âge, une arme politique : elle fut toute-puissante entre les mains des Grégoire VII et des Innocent III ; son pouvoir politique s'évanouit avec le pouvoir temporel de la papauté. »

EXEMPTION MILITAIRE (administration, médecine légale). — Dispense du service militaire par droits acquis, ou, le plus souvent, par causes de maladies incurables.

La durée du *service militaire* a subi de nombreuses modifications : fixée à 5 ans par la loi du 19 fructidor an VI, à 6 ans par celle du 18 février 1808, à 6 ans pour l'infanterie et à 8 ans pour la cavalerie et les armes spéciales par la loi du 10 mars 1818, portée à 8 ans pour toutes les armes par la loi du 9 juin 1824, elle a été réduite à 7 ans par la loi du 21 mars 1832, qui est encore en vigueur. (Voy. *Armée*.)

Néanmoins, depuis 1857, un tiers des soldats ne doit passer que 2 ans sous les drapeaux; un autre tiers que 4 ans ; enfin, le dernier tiers 6 ans.

Voici un tableau synoptique des cas de réforme du service militaire. C'est la première fois qu'un travail de ce genre est présenté dans une encyclopédie.

TABLEAU DES CAS DE RÉFORME DU SERVICE MILITAIRE.

ORGANES DE RELATION.

ORGANES DE LA LOCOMOTION.

I

Maladies des os.

Difformité capable de gêner les mouvements des membres, du tronc, etc.

Carie (1).	Ostéo-malacie (4).
Nécrose (2).	Gibbosité (5).
Spina-ventosa (3).	

II

Maladies des articulations.

Rhumatisme articulaire chronique, avec déformation des mains ou des pieds.

Goutte.	Pied-bot (7).
Ankylose (6).	Claudication prononcée (8).

(1) C'est-à-dire l'ulcération et la suppuration des os.
(2) État d'un os ou d'une portion d'os privé de vie.
(3) Amincissement progressif et perforation du canal médullaire.
(4) Ramollissement des os chez l'adulte.
(5) Le mot gibbosité indique ici toute saillie osseuse anormale d'une partie du tronc, soit par suite de carie d'une vertèbre, soit par une simple déformation des os, des côtes ou du sternum.
(6) État d'une articulation naturellement mobile, qui a perdu la faculté de se mouvoir.
(7) Déformation du pied qui peut être contourné en dehors (*varus*) ou renversé en dedans (*valgus*) ou contourné sur lui-même (*pied équin*).
(8) Action de boiter.

III
Maladies des muscles.

Rhumatismes musculaires chroniques, rétraction permanente des muscles extenseurs et fléchisseurs d'un membre.

Torticolis chronique (9).

IV
Maladies du tissu cellulaire.

Obésité extrême (10). | Loupes volumineuses.

ORGANES DE LA PHONATION.
Maladies du larynx.

Aphonie complète (11). | Phthisie laryngée (13).
Mutité (12). | Goitre volumineux.

ORGANES DES SENSATIONS ET DE L'INTELLIGENCE.

I
Maladies du cerveau.

Épilepsie. | Tremblement (15).
Hystérie (14). | Catalepsie.
Aliénation (16). { Manie, monomanie. Démence, idiotie. Imbécillité.

II
Maladie de la moelle épinière.

Myélite (paraplégie) (17). | Spina-bifida (18).

ORGANES DES SENS.

I
Maladies du nez et des fosses nasales.

Difformité du nez. | Ozène (19).
Perte du nez. | Polypes.

II
Maladie des paupières.

Fluxion habituelle des paupières. | Extropion (20).

III
Maladies des yeux.

Cécité. | Staphylome (23).
Amaurose (21). | Myopie ou vue courte.
Perte d'un œil. | Amblyopie ou diminution de
Cataracte. | la vue.
Glaucome (22). | Nyctalopie ou vue de nuit.

(9) Le torticolis ancien peut altérer la conformation des os du cou.
(10) Il est certain qu'on ne pourrait astreindre au service militaire un sujet par trop obèse, puisque les mouvements de ces individus sont pénibles et occasionnent de l'essoufflement, des palpitations, des sueurs copieuses, etc.
(11) Perte de la voix.
(12) Lorsque l'individu est muet de naissance, il est également sourd.
(13) Inflammation chronique du larynx compliquée d'ulcération.
(14) Nous avons été témoin de plusieurs cas d'hystérie chez l'homme, dont un fut un motif d'exemption du service militaire. (Voir l'Abeille médicale, année 1836.)
(15) Tremblement incurable d'un membre ou de tout le corps
(16) Les chirurgiens apportent les soins les plus minutieux pour distinguer les diverses formes de folie qu'on voudrait simuler.
(17) Inflammation chronique de la substance propre à la moelle épinière.
(18) Tumeur formée par une collection de sérosité renfermée dans la membrane séreuse de la moelle épinière.
(19) Nommé vulgairement pus-nuts.
(20) Renversement de la paupière en dehors.
(21) Diminution de la faculté visuelle
(22) Opacité du cristallin ou de la cornée.
(23) Dans cette affection la vision est troublée, confuse ou multiple.

IV
Maladies de l'oreille:

Lésions de l'oreille qui empêchent d'entendre à la distance nécessaire pour le service.

Otite (24). | Surdi-mutité.
Surdité. |

V
Maladies de la peau.

Dartre incurable. | Plaies (26).
Teigne. | Ulcères (27).
Lèpre. | Brûlures suivies de cicatrices (28).
Éléphantiasis (25). |

VI
Maladies des tissus pileux et corné.

Alopécie (29). | Ongle rentré dans les chairs (31).
Calvitie (30). |

ORGANES DE NUTRITION.

ORGANES DE LA DIGESTION.

I
Maladies des lèvres.

Bec de lièvre (32). | Cancer des lèvres.

II
Maladies des mâchoires.

Difformité incurable de l'une des mâchoires. | canines de la mâchoire inférieure ou supérieure (33).
Perte d'une mâchoire. | Fistule des sinus maxillaires.
Pertes des dents incisives et |

III
Maladies de l'œsophage.

Cancer de l'œsophage.

IV
Maladies de l'estomac.

Gastrite chronique. | Cancer de l'estomac.

V
Maladies du canal intestinal.

Hernies irréductibles (34).

IV
Maladies du rectum.

Hémorrhoïdes. | Chute du rectum.
Flux habituel. | Fistule à l'anus.

(24) Catarrhe de l'oreille.
(25) Espèce de lèpre.
(26) Plaies incurables.
(27) Ulcères incurables.
(28) C'est-à-dire brûlures constituant une difformité.
(29) Chute des cheveux due à une maladie.
(30) Chute des cheveux par l'âge.
(31) Quand la maladie est jugée incurable.
(32) Difformité résultant de la division de l'une des lèvres, presque toujours de la supérieure, ce qui rappelle la conformation de la lèvre du lièvre. C'est surtout lorsqu'il y a aussi disjonction des os de la voûte du palais que le chirurgien peut déclarer le cas d'exemption.
(33) Il n'y a pas de cas de réforme lorsqu'un individu s'est fait enlever des dents pour se soustraire au service militaire. Ce délit est même puni sévèrement par les lois.
(34) L'individu atteint de hernie irréductible est tout à fait incapable d'être militaire : il y aurait presque inhumanité, dit le docteur Vaidy, à ne point dispenser du service tout homme porteur d'une hernie inguinale.

ORGANES DE L'ABSORPTION.

Maladies des ganglions lymphatiques.

Scofules. | Diathèse scrofuleuse.

ORGANES DE LA RESPIRATION.

I

Maladies de la cage thoracique.

Plaies de poitrine. | Hernie des poumons.

II

Maladies des poumons.

Crachement de sang habi- | Phthisie pulmonaire.
tuel. | Asthme.

ORGANES DE LA CIRCULATION.

I

Maladies du cœur.

Hypertrophie (anévrisme). | Atrophie (35).

II

Maladie de l'aorte.

Anévrisme d'un gros tronc.

III

Maladie des veines.

Varices.

IV

Maladies du sang.

Scorbut. | Diathèse scorbutique (36).

ORGANES DE SÉCRÉTIONS.

I

Maladies de la glande lacrymale et du canal nasal.

Tumeur et fistule lacrymale.

II

Maladies des glandes salivaires.

Fistule salivaire. | Écoulement involontaire de
| la salive.

III

Maladie des voies biliaires.

Calculs biliaires.

IV

Maladies des reins.

Diabète. | Calculs rénaux (gravelle).

V

Maladies de la vessie.

Cystite chronique (catarrhe | Calculs (pierre).
chronique de la vessie). | Lésions organiques (hyper-
Paralysie de la vessie. | trophie, polypes, etc.).

VI

Maladies du canal de l'urètre.

Fistules urinaires. | Rétention ou incontinence
| d'urine.

ORGANES DE LA GÉNÉRATION.

Perte des testicules. | Varicocèle.
Sarcocèle. | Cachexie syphilitique.

(35) Diminution du volume du cœur.
(36) La diathèse est une disposition générale de l'économie en
vertu de laquelle plusieurs affections locales de même nature se
manifestent, non par suite d'un accident, mais par un développement spontané et par l'effet d'une prédisposition interne, acquise ou héréditaire. Il y a des diathèses scrofuleuses, cancéreuses,
syphilitiques, etc., qui peuvent être considérées comme des cas
d'exemption ou de reforme du service militaire.

*Affections ou infirmités qui constituent des cas d'exemption
pour le service militaire.*

Atrophie d'un membre. | orteils du même pied.
Perte d'un membre, d'un | Transpiration fétide des
pouce, d'un gros orteil, | pieds ou du corps.
de l'index de la main | Incontinence des matières
droite, de deux doigts de | fécales.
la même main, de deux |

Il est inutile de dire 1° que toute affection dont
on peut obtenir la guérison ne peut constituer un cas
de réforme; 2° que les affections simulées échappent
rarement à la sagacité du médecin; 3° que toute maladie rebelle ne peut devenir un motif d'exemption
qu'après qu'un chirurgien, commis pour la révision,
s'est assuré que des traitements méthodiques, administrés d'après l'ordonnance d'un médecin, ont été infructueux, ou lorsque la constitution du malade ne
laisse point de doute sur l'incurabilité de l'affection.

B. LUNEL.

EXHUMATION (médecine légale).—Bien que quelques auteurs, entre autres *Ramazzini* (1), contestent les
dangers qui peuvent résulter des exhalaisons qui émanent des cadavres exhumés, nous croyons que l'homme
de l'art doit prendre les précautions nécessaires
pour garantir de ces exhalaisons non-seulement sa
santé, mais encore celle des personnes qui lui prêtent assistance lors d'une exhumation judiciaire.
Aussi Orfila recommandait-il d'avoir un nombre
d'hommes suffisant pour que l'exhumation fût faite
promptement ; d'arroser plusieurs fois la terre avec
une solution de chlorure de chaux, dans la proportion
de 30 grammes sur 500 d'eau : les ouvriers doivent se
servir de bêches, qui permettent d'avoir la tête plus
éloignée du sol, et l'on peut encore leur conseiller de
se boucher la bouche et le nez d'un mouchoir mouillé
avec du vinaigre. Dans le cas où le corps serait
renfermé dans une cave sépulcrale, on commence
par percer une ouverture à l'une des extrémités de
la cave, et l'on renouvelle l'air, soit en allumant du
feu dans un fourneau dont la grille est placée au-
dessus de cette ouverture, soit au moyen de la
manche à air, qui est préférable. Si le cercueil est
intact, on l'enlève entier, autrement l'on verse par
les fentes une assez grande quantité de la liqueur
pour que le cadavre en soit humecté. On détruit ainsi
toute odeur, et il suffit d'exposer le corps à un léger
courant d'air, et de renouveler souvent les asper-
sions d'eau chlorurée pendant l'examen cadavérique,
pour être à l'abri de tout danger.

Les exhumations ne peuvent être faites qu'en
vertu d'une ordonnance du procureur impérial ou
d'un juge d'instruction, et en présence de l'un de
ces magistrats ou de leur délégué. On vérifie avec
la plus scrupuleuse attention le lieu de la sépulture
ainsi que tous les indices susceptibles d'établir rigoureusement l'identité. Des difficultés très-grandes
existent à cet égard à Paris et dans les villes importantes : M. H. Bayard (2) a proposé, en 1836, l'emploi d'une estampille de plomb clouée au cercueil,
portant un numéro d'ordre correspondant à celui

(1) *Maladies des Artisans.*
(2) *Mémoire sur la Police des Cimetières.*

des registres, et un chiffre de série. L'utilité de ce signe d'identité, surtout dans les exhumations judiciaires, a été bien comprise, et il a été adopté par l'autorité pour les cimetières de la ville de Paris.

Les exhumations permettent de reconnaître, même après plusieurs années, le sexe, l'âge, la taille d'un individu dont on ne retrouve que le squelette. Des débris de vêtements, de chevelure, etc., servent aussi à confirmer l'identité.

Le médecin reconnaîtra facilement le squelette qui a appartenu à une femme ou à un homme, et déterminera approximativement l'âge de l'individu auquel le squelette a appartenu, par l'examen de l'ossification. Quant à la taille, en connaissant la proportion naturelle existant entre la longueur totale d'un squelette et celle de ses diverses parties, on la déterminera, lors même qu'on ne posséderait qu'un fémur ou un humérus.

Voici deux tableaux que le professeur Orfila a composés sur 51 cadavres et 20 squelettes, dans le but d'arriver assez exactement à déterminer la taille d'un individu exhumé (1).

SEXE.	AGE.	TAILLE. Du vertex à la plante des pieds.	LONGUEUR DU TRONC. Du vertex à la symphyse pubienne.	LONGUEUR des membres supérieurs depuis l'acromion.	LONGUEUR des membres inférieurs, depuis la symphyse pubienne.	FÉMUR.	TIBIA.	PÉRONÉ.	HUMÉRUS.	CUBITUS.	RADIUS.
	ans.	m. c.	c.	c.	c.	c.	c.	c.	c.	c.	c.
Homme	18	1.43	71	65	72	38	31	30	27	22	19
Femme	40	1.50	78	65	72	42	33	32	29	25	21
Homme	40	1.53	77	70	76	42	34	33	30	24	22
Femme	60	1.53	78	69	75	43	35	34	29	24	21
Homme	35	1.54	78	64	76	38	33	32	26	23	21
id	18	1.54	74	70	80	43	34	33	30	25	23
Femme	50	1.54	78	66	76	43	36	35	30	25	23
id	18	1.54	79	69	75	42	35	34	30	24	21
id	30	1.54	80	64	74	38	33	32	27	24	21
Homme	60	1.58	78	72	80	41	35	34	30	25	23
Femme	20	1.58	82	68	76	44	36	35	30	26	24
id	35	1.60	79	74	81	40	35	34	31	25	23
Homme	35	1.63	82	71	81	43	35	34	31	25	22
id	70	1.63	84	73	79	44	36	35	30	26	23
id	50	1.64	80	76	84	45	37	36	32	26	24
id	60	1.64	84	75	80	42	35	34	30	26	23
id	18	1.65	82	75	83	43	36	35	30	26	23
id	55	1.66	86	73	80	42	35	34	31	26	24
id	65	1.66	83	72	83	43	35	33	31	24	21
id	45	1.66	83	77	83	46	38	37	32	27	25
id	60	1.66	85	75	81	45	37	36	31	27	24
id	60	1.67	85	75	82	42	35	34	30	26	23
id	55	1.67	85	71	82	45	38	37	32	26	24
id	55	1.68	85	73	83	44	36	35	32	26	23
id	25	1.68	84	74	84	45	36	35	32	26	24
id	40	1.68	82	77	86	46	38	37	32	27	25
id	40	1.68	84	74	84	45	36	35	32	26	24
id	60	1.69	83	72	86	44	36	35	31	26	24
id	60	1.69	85	72	84	45	38	37	32	26	23
id	25	1.69	84	72	85	46	37	36	32	27	25
id	30	1.69	86	75	83	45	37	35	32	27	25
id	30	1.70	85	75	88	44	37	36	31	27	24
id	35	1.70	84	78	86	44	38	37	32	28	25
id	35	1.70	86	72	84	45	38	37	32	26	24
id	20	1.70	86	77	84	45	37	36	32	27	24
id	35	1.70	85	75	85	44	37	36	31	27	25
id	45	1.70	86	76	84	45	36	35	33	26	24
id	35	1.73	86	78	87	46	37	36	32	26	23
id	35	1.73	86	78	87	46	37	36	32	26	24
id	50	1.73	85	79	88	47	38	37	33	27	24
id	30	1.74	84	81	90	48	39	38	34	29	26
id	60	1.75	89	76	85	45	37	36	32	26	23
id	30	1.77	90	81	87	49	39	38	33	27	25
id	40	1.77	89	78	88	45	37	36	32	27	24
id	25	1.78	91	77	87	48	40	39	33	27	25
id	35	1.78	92	77	86	46	38	37	33	27	25
id	35	1.79	90	78	89	47	39	38	32	28	26
id	30	1.80	91	75	89	49	39	38	32	28	26
id	65	1.83	90	84	93	49	40	39	32	27	25
id	40	1.86	90	82	90	49	40	39	34	29	27
id	35	1.86	93	82	93	46	39	38	34	28	26

Le mètre équivaut à 36 pouces 11 lignes.
1 centimètre = 4 lignes 43/100.

3 centimètres = 1 pouce 1 ligne.

(1) On doit ajouter 4 à 5 centimètres à la longueur totale pour l'épaisseur des parties molles.

TAILLE Du vertex à la plante des pieds.	TRONC. — Du vertex à la symphyse pubienne.	LONGUEUR des extrémités supérieures, depuis l'acromion.	LONGUEUR des extrémités inférieures, depuis la symphyse pubienne.	FÉMUR.	TIBIA.	PÉRONÉ.	HUMÉRUS.	CUBITUS.	RADIUS.
m.c.	c.	c.	c.	c.	c.	c.	c.	c.	c.
1.38	70	55	68	32	27	26	24	19	17
1.43	71	65	72	38	31	30	27	22	19
1.45	70	67	75	40	32	31	29	22	20
1.47	74	60	73	38	32	31	26	21	19
1.49	74	65	75	38	32	31	29	22	20
1.54	75	69	79	40	33	32	29	24	21
1.60	80	75	80	45	38	37	32	26	24
1 64	81	71	84	44	36	35	30	26	24
1.65	75	72	90	45	38	37	32	27	25
1.67	80	76	87	45	58	37	31	27	24
1.69	85	72	84	44	36	35	31	25	22
1.70	82	75	88	46	38	37	32	27	25
1.75	86	76	89	46	39	38	32	26	22
1.77	89	78	88	46	38	37	33	28	25
1.78	90	75	88	46	37	36	33	26	24
1.79	91	77	88	46	38	37	33	27	24
1.80	92	77	88	46	40	39	33	27	25
1.83	95	78	88	46	39	38	34	28	25
1.83	90	78	93	47	43	42	33	27	25
1.85	95	78	81	47	39	38	33	27	25

Supposons qu'on ne trouve que quelques os d'un cadavre, par exemple un fémur de 0m,46 de longueur et un tibia de 0m,38 : nous voyons, par le tableau ci-dessus, qu'un fémur de 0m,46 suppose que la longueur totale du squelette est de 1m,70 à 1m,83, ce qui donne la moyenne de 1m,77. Nous voyons également qu'un tibia de 0m,38 suppose la longueur totale de 1m,75 à 1m,83, dont la moyenne serait 1,79. La longueur du squelette serait donc de 1m,77 à 1m,79, c'est-à-dire de 5 pieds 5 à 6 pouces; et en ajoutant 1 pouce 1/2 pour l'épaisseur des parties molles, on trouverait que la taille de l'individu devait être d'environ 5 pieds 7 pouces.

Supposons qu'on n'ait trouvé que les os d'un membre supérieur, ou seulement un humérus de 0,33 et un cubitus de 0m,28. Nous voyons, par le tableau, qu'un humérus de 0m,33 suppose que la longueur totale du squelette est de 1m,77 à 1m,86, dont la moyenne est de 1m,81. Un cubitus de 0m,28 suppose, pour longueur totale, 1m,77 à 1m,83 dont la moyenne est 1m,80. Le squelette doit donc avoir 1m,80 à 1m,81; et, en ajoutant l'épaisseur des parties molles, la taille pouvait être de 5 pieds 7 pouces et demi.   B. LUNEL.

EXOSTOSE [du grec *ex*, dehors, et *ostéon*, os].— Tumeur de nature osseuse qui se forme à la surface des os ou dans leurs cavités.

Quelques auteurs donnent aussi le nom d'exostose au gonflement général d'un ou de plusieurs os; mais cet état, que l'on désigne sous le nom d'hyperostose, doit être différencié de l'exostose, qui n'est qu'une altération locale, une modification morbide d'une partie d'un os. Un autre état des os qui se rapproche plus de l'exostose, c'est celui qui consiste dans la formation des nodosités osseuses à propos de la plus légère irritation du tissu osseux, ou dans l'ossification des parties molles; tel était le cas bien connu, rapporté par Abernethy, d'un jeune garçon chez lequel la moindre pression déterminait une tumeur osseuse. Il y avait sur ce sujet une telle tendance à l'ossification, que les muscles de la partie postérieure du cou et les bords des aisselles présentaient la consistance osseuse. Mais les cas de ce genre sont des exceptions, et il y a loin de là aux exostoses que l'on observe ordinairement. Celles-ci se présentent à deux états différents; tantôt la tumeur fait corps dès son début avec l'os et paraît être le gonflement excentrique de ses fibres, c'est l'exostose parenchymateuse; tantôt la tumeur osseuse est accolée à l'os et lui adhère au moyen d'une substance cartilagineuse, laquelle, à mesure que la maladie fait des progrès, disparaît et s'ossifie, de sorte que ce n'est plus que par la disposition différente des fibres osseuses que l'on reconnaît qu'il y a eu une intersection entre elles; cette dernière est l'exostose épiphysaire.

Plusieurs causes déterminent les exostoses; elles peuvent être le résultat d'une simple irritation, comme on le voit après un coup reçu sur un os; elles peuvent dépendre d'une maladie générale de l'économie, telle que les scrofules, la syphilis, et, au dire de quelques auteurs, le scorbut. On a dit, et beaucoup trop répété, que le mercure peut produire des exostoses; mais parce qu'on voit ces affections chez les gens qui ont fait usage de mercure à haute dose, faut-il donc lui attribuer ce qui n'est que le résultat de la maladie qu'il n'a pas eu la puissance de détruire? Il existe certainement des maladies mercurielles, telles que le tremblement, la salivation, etc.; celles-là, on les observe aussi bien après l'usage du mercure que lorsqu'il a été introduit dans l'économie par l'absorption cutanée ou pulmonaire; et pourtant, dans ce dernier cas, chez les ouvriers qui manient ce métal ou qui sont plongés dans une atmosphère chargée de ses vapeurs, quoique souvent ils en soient, pour ainsi dire, saturés, jamais, s'ils n'ont eu de maladies syphilitiques, ils ne présentent d'exostoses.

Les symptômes, la marche et la terminaison des exostoses sont loin d'être constamment les mêmes; tel individu portera sans aucune douleur et sans aucune gêne une exostose énorme, tandis qu'une très-petite sera très-douloureuse et pourra mettre obstacle à quelque fonction importante; cela dépend beaucoup de leur nature; les exostoses syphilitiques sont accompagnées et surtout précédées de vives douleurs; les exostoses scrofuleuses ou celles qui sont le résultat d'une simple irritation locale, sont souvent indolentes, au moins lorsqu'elles ont déjà quelque temps de durée.

L'exostose se traduit sous la forme d'une tumeur dure, non rénitente, sans changement de couleur à la peau, située sur le trajet d'un os, faisant corps avec lui, tout à fait immobile, si ce n'est dans l'exostose épiphysaire, où la substance cartilagineuse intermédiaire peut prêter à un déplacement très-borné et souvent à peine appréciable.

Le pronostic est extrêmement variable; mais, de quelque nature que soit l'exostose, il est des soins locaux qui ne doivent jamais être négligés : le repos du membre affecté, les émollients et les narcotiques en application directe, les cataplasmes de farine de lin arrosés de laudanum, les cataplasmes de morelle et de jusquiame, les bains locaux et généraux, les applications des sangsues à la base de la tumeur. Ces moyens ne guérissent pas, mais ils diminuent ou même font cesser la douleur, et permettent ensuite l'usage des topiques résolutifs, tels que les emplâtres de savon, de ciguë de vigo, les frictions avec les pommades fondantes, les bains alcalins ou sulfureux.

Reste enfin le traitement de la cause constitutionnelle, et enfin la destruction de la tumeur par les moyens chirurgicaux.	CULLERIER.

EXPLÉTIF (grammaire) [du latin *explere*, remplir]. —Cet adjectif accompagne plusieurs termes de grammaire : *mot explétif, particule explétive, conjonction explétive, syllabe explétive.* Quelques grammairiens remplacent ce mot par *superflu, oisif, surabondant;* mais explétif est beaucoup plus usité.

Les mots explétifs sont ainsi appelés parce qu'ils ne servent qu'à remplir le discours, et qu'ils n'entrent pour rien dans la construction de la phrase; ils pourraient donc facilement être supprimés sans que la phrase cessât, pour cela, d'être claire et correcte, mais ils lui donnent quelquefois plus de force et d'énergie.

Ces expressions sont fréquentes dans le style familier.

Vous est explétif dans ce vers de la Fontaine :

On *vous* le prend, on *vous* l'assomme.

Et *moi,* dans ce vers de Molière :

Avant que de parler, prenez-*moi* ce mouchoir.

Notre mot *même* est souvent explétif : *J'irai moi-MÊME.*

Les phrases suivantes renferment également des explétifs : *S'il ne veut pas le dire, je vous le dirai,* MOI. *Il ne m'appartient pas,* à MOI, *de me mêler de vos affaires. C'est une affaire où il* Y *va du salut de l'État. J'empêcherai bien que vous* NE *soyez du nombre.*

Dumarsais dit à ce sujet : « Les langues se sont formées par usage, et comme par une espèce d'instinct, et non après une délibération raisonnée de tout un peuple; ainsi, quand certaines façons de parler ont été autorisées par une longue pratique, et qu'elles sont reçues parmi les honnêtes gens de la nation, nous devons les admettre, quoiqu'elles nous paraissent composées de mots redondants, et combinés d'une manière qui ne nous paraît pas régulière. »

Les Latins faisaient usage, comme nous, de mots explétifs.

Tel est le mot *me,* dans ce vers de Virgile :

Me, *me,* adsum qui fecit; in me convertite ferrum

Ils avaient, en outre, certaines syllabes explétives, comme *met, er, ego-*MET, *narrabo.*

Dulce caput, magicas invitam *accing*IER artes.
VIRGILE.

Les Grecs employaient souvent aussi les particules explétives; les mots *men* et *de* se présentent à chaque instant dans leurs phrases.

Il n'y a peut-être pas une seule langue qui n'y ait plus ou moins recours.

Non-seulement il y a des mots, mais quelquefois même des phrases explétives, ou du moins des membres de phrases :

C'est à vous à sortir, *vous qui parlez.*
MOLIÈRE.

Je l'ai vu, dis-je, *vu de mes propres yeux vu,*
Ce qu'on appelle vu.
MOLIÈRE.

Il est évident que ces mots explétifs donnent beaucoup plus de force et d'énergie à la pensée.

J. B. PRODHOMME,
Correcteur à l'Imprimerie impériale.

EXPOSITION (industrie, beaux-arts, etc). — Ensemble des produits des arts ou de l'industrie, offert aux regards du public.

Ce fut en l'an VI (1798) que le gouvernement républicain appela tous les artisans français à un concours public, et cette exposition des produits de l'industrie fut le premier pas tenté dans cette voie, qui devait arriver à des résultats si étonnants, si prodigieux, qu'ils dépassèrent en peu de temps toutes les espérances que l'on avait osé concevoir.

Aujourd'hui, l'univers entier concentre dans un seul monument les produits de l'esprit humain; en présentant ainsi au jugement de tous cet immense assemblage d'objets si divers, d'inventions et de perfectionnements, les arts industriels ont plus créé en quelques années que pendant une longue période de siècles.

Si nous remontons aux premiers temps de notre ère, alors que l'industrie tend à s'organiser et se former en corporations, nous apercevons déjà les corps de métiers se réunissant dans un lieu commun, mais particulier à chaque industrie, se concerter, établir des statuts et règlements, et s'entendre sur les moyens à prendre pour faire progresser leurs professions.

Il semble alors que des tentatives furent faites à l'occasion des fêtes royales et religieuses, pour déployer, sous forme d'apparat, ce que l'art et l'industrie avaient enfanté de plus sublime. Au moyen âge, c'étaient les foires qui alimentaient et entretenaient le commerce; c'était là que marchands et artisans venaient étudier les produits et découvertes qui se faisaient loin d'eux.

La foire du Lendit, surtout, qui se tenait dans la plaine Saint-Denis, y attirait une grande multitude, et pouvait tenir lieu d'exposition. Les denrées et marchandises de toutes sortes et apportées de tous les coins du royaume suffisaient alors (si on y ajoute la rivalité qui existait entre les habitants des terres royales et ceux des terres seigneuriales) pour entretenir l'émulation nécessaire aux progrès de chaque industrie.

Cette époque fut pendant longtemps la fête de l'industrie et du commerce; mais ce contact des marchands étrangers avec les artisans n'était pas assez long pour qu'ils se communiquassent leurs plans, leurs innovations; d'autre part, ils ne se livraient point facilement leurs secrets ou moyens; l'ouvrier, rentré chez lui, était donc obligé, s'il voulait s'éloigner de la routine, de créer à son tour le mécanisme qui avait pu produire ce qu'il avait vu. Il s'ensuivait qu'au lieu de profiter des erreurs et d'améliorer les découvertes de leurs devanciers, ils tournaient dans le même cercle et n'en sortaient qu'avec peine ou par hasard. Semblables à ces insectes qui se bâtissent isolément des demeures au bord des eaux et ne savent point pressentir leur perte par les inondations de chaque année, ils étaient entraînés et détruits avec leurs inventions, sans avoir pu se les communiquer, et faire jouir ainsi ceux qui venaient des leçons que la nature nous donne.

L'état du travail se maintint ainsi sans faire de progrès apparent jusqu'au dix-septième siècle, règne de Louis XIV; Colbert donna une nouvelle vie aux sciences, aux arts, à l'industrie, au commerce; il établit un grand nombre de manufactures en France; on lui reproche cependant d'avoir, pour favoriser l'exécution de ses plans et pour caresser les goûts fastueux de son maître, entièrement négligé l'agriculture, source des matières premières, et accordé toute faveur à l'industrie, qui les met en œuvre. Néanmoins, on lui est redevable d'avoir posé les jalons de cette grande lutte d'émulation, qui renaquit avec plus de vigueur un siècle après.

Le commerce et l'industrie, si florissants sous le règne de ce ministre, perdirent tout à coup de leur activité après sa mort, et par suite de la révocation de l'édit de Nantes, qui jeta la consternation dans le pays et exila un grand nombre de sujets.

Les puissances voisines en profitèrent.

Cependant cette semence ne perdit point ses fruits; on songea à récompenser le mérite, et cette idée fit surgir les expositions : ce furent les beaux-arts qui, les premiers, s'assirent dans l'arène.

Deux expositions furent faites sous Louis XIV, à des époques très-éloignées, l'une en 1673, dans une des cours du Palais-Royal, l'autre en 1704, dans la grande galerie du Louvre; enfin, une nouvelle exposition eut lieu sous Louis XV, dans le salon du Louvre; elle commença le 18 août 1737, et finit le 1er septembre suivant. On voit dans le livret qui parut en cette année, sous le titre d'*Explication des peintures et sculptures*, que les ouvrages furent peu nombreux; on n'y compte que deux cent vingt articles. Les seuls membres de l'Académie avaient le droit d'y exposer.

D'abord l'exposition fut annuelle; mais, étant peu considérable, on arrêta, en 1745, qu'elle n'aurait lieu que tous les deux ans. Cet ordre de choses s'est maintenu jusqu'au temps de la révolution.

Les premières expositions furent pauvres de talents sous le règne de Louis XV; ce n'était point au mérite, mais à l'intrigue qu'on accordait les récompenses. La corruption des mœurs amena celle du goût. L'art s'en ressentit, et l'on ne vit bientôt plus que des œuvres bizarres, maniérées, et la mode asservit le pinceau du peintre comme le ciseau du statuaire.

Les héros de la fable ou de l'histoire étaient représentés, non comme ils devaient l'être, d'après leur caractère, mais comme les auteurs les représentaient sur le théâtre.

Une pièce de vers satiriques, ou caricature sur le salon de 1777, si l'on en excepte les exagérations poétiques, donne une idée assez juste des défauts de la plupart des expositions de ce temps-là :

Il est au Louvre un galetas
Où, dans un calme solitaire,
Les chauves-souris et les rats
Viennent tenir leur cour plénière.
C'est là qu'Apollon sur leurs pas,
Des beaux-arts ouvrant la barrière,
Tous les deux ans tient ses États,
Et vient placer son sanctuaire;
C'est là, par un luxe nouveau,
Que l'art travestit la nature;
Le ridicule est peint en beau,
Les bonnes mœurs sont en peinture,
Et les bourgeois en grand tableau
Près d'Henri quatre en miniature.
Chaque figure à contre-sens
Montre une autre âme que la sienne;
Saint Jérôme y ressemble au Temps,
Et Jupiter au vieux Silène.
Ici la fille des Césars,
Dans nos cœurs trouvant son empire,
Semble refuser aux beaux-arts
Le plaisir de la reproduire;
Tandis qu'un commis ignoré,
Narcisse amoureux de lui-même,
Vient dans un beau cadre doré
Nous montrer son visage blême.
Ici l'on voit des ex-voto,
Des amours qui font des grimaces,
Des caillettes incognito,
Des laideurs qu'on appelle grâces,
Des perruques par numéro,
Des polissons sous des cuirasses,
Des inutiles de haut rang,
Des imposteurs de bas mérite,
Plus d'un Midas en marbre blanc,
Plus d'un grand homme en terre cuite,
Jeunes morveux bien vernissés,
Vieux barbons à mine enfumée :
Voilà les tableaux entassés
Sous l'hangar de la Renommée;
Et, selon l'ordre et le bon sens,
Tout s'y trouve placé de sorte
Qu'on voit l'abbé Terrai dedans
Et que Sully reste à la porte.

L'architecture se ressentit beaucoup de cette dégradation générale; elle perdit ses formes nobles et simples pour se charger d'ornements sans motifs, qu'on nommait alors rocailles.

Il fallut attendre que des artistes, favorisés par la nature, inspirés par les chefs-d'œuvre d'Italie, vinssent produire dans les arts une révolution nécessaire. Vien et son élève David contribuèrent puissamment à régénérer la peinture, Julien l'art du statuaire, et Soufflot l'architecture.

En 1796, l'abondance des objets exposés obligea le gouvernement à rétablir l'exposition annuelle. Cette exposition, dans les premières années de son établissement, ne durait que douze jours; sa durée fut portée à quinze jours, puis à un mois. En 1763, l'exposition dura cinq semaines; sa durée s'est, depuis, prolongée jusqu'à deux mois.

L'académie de Saint-Luc imita cet exemple utile : elle eut ses expositions, en 1762, à l'hôtel d'Aligre; et le 23 août 1774, à l'hôtel Jabach, rue Neuve-Saint-Merri, elle fit, sous les auspices de M. de Paulmy, son protecteur, l'exposition des productions de ses membres, amateurs, officiers et agréés.

L'industrie, à laquelle on aurait dû penser d'abord, eut enfin son tour.

Ce fut sous le Directoire qu'on vit la première exposition publique des produits des manufactures et de l'industrie française. Elle eut lieu au Champ de Mars, à la fête de la fondation de la République, le 1er vendémiaire an VI (22 septembre 1798).

Il appartenait à cette grande époque de rénovation d'ouvrir une ère nouvelle au génie humain sous toutes ses formes. François de Neufchâteau, alors ministre, homme d'un esprit élevé, et auquel on doit en partie cette idée, se demanda si une fête nationale, élevée au génie et aux produits du travail, ne serait pas une chose à la fois utile, patriotique, infiniment opportune. Le Champ de Mars, déjà célèbre par d'autres grands événements, fut choisi pour le rendez-vous de la fête; elle se montra ce qu'elle pouvait être. Elle fut une espèce de trêve, une espérance pour tous. Chacun comprenait qu'il n'y devait pas rencontrer ce qui n'existait point encore; mais le germe de l'importance qu'il fallait désormais accorder au travail y prit fortement racine; et c'était la seule chose que, dans un moment aussi difficile, on pouvait raisonnablement demander.

Cent dix industriels répondirent à l'appel qui leur était fait; vingt-cinq furent désignés par le jury comme dignes de récompenses.

Cette première solennité ne dura que trois jours.

Les gouvernements qui sont venus ensuite ont adopté cette institution. Nous allons donner par ordre celles qui se sont reproduites jusque aujourd'hui.

Deuxième exposition. — La deuxième exposition eut lieu en l'an IX (1801), sous le ministère de Chaptal, homme parfaitement digne de comprendre et de féconder l'idée de François de Neufchâteau.

La cour du Louvre fut choisie pour local. C'était là en effet un point plus central et répondant mieux aussi à une idée de paix et de travail. Le nombre des exposants fut doublé. On distribua aux plus méritants douze médailles d'or, vingt médailles d'argent, trente médailles de bronze. Le progrès dans les produits exposés était notable, sept médailles d'or et huit médailles d'argent furent également réparties entre les exposants de la première solennité qui s'étaient présentés de nouveau.

L'exposition fut de six jours.

Dans cette seconde exposition paraissent et brillent déjà les noms les plus honorables pour notre industrie nationale.

Nous aimons à citer ceux de Conté, de Didot, Désarnod, Herhan, Bawens, Montgolfier, Fauler, Jacob, Ternaux frères, Payen, Richard-Lenoir, Utzschneider, Calla, Carcel, Grandin, l'établissement du Creuzot, l'immortel Jacquart.

Tous ces hommes, qui nous ont légué un si noble héritage, ne sont plus sans doute aujourd'hui parmi nous; mais nous ne leur devons pas moins de la reconnaissance, et c'est nous honorer nous-mêmes que de rappeler leurs services, et de nous montrer désireux et dignes de marcher sur leurs traces.

Troisième exposition. — L'année suivante vit se renouveler une autre exposition qui se tint également dans la cour du Louvre. Le nombre des exposants fut de cinq cent quarante, auxquels il fut distribué dix-neuf médailles d'or, quarante-six médailles d'argent, cinquante-quatre médailles de bronze et quatre-vingt-dix-sept mentions honorables.

Elle dura sept jours.

Aux noms déjà connus, et qui se retrouvent en partie dans ce nouveau tournoi, nous aimons à en ajouter quelques-uns, comme ceux d'Arcet, d'Odiot, Berthoud, Bréguet, Johannot, Baligot, Guibal, Rogier, Sallandrouze, Flavigny, Jappy, Saulnier, Delessert, Diétrich, Gomfreville, Lerebours.

Quatrième exposition. — Après avoir si souvent et si brillamment rallié et poussé en avant les soldats de la victoire, Napoléon fut aussi à honneur de passer en revue la milice du travail.

A sa voix alors si puissante — 1806 — quatorze cent soixante-deux exposants se réunirent avec empressement sur l'esplanade des Invalides.

Les récompenses furent de cinq ordres :

Médailles d'or, médailles d'argent de première classe, médailles d'argent de deuxième classe, mentions honorables, citations favorables.

La durée de l'exposition fut de vingt-quatre jours.

Le spectacle offert par cette solennité, non moins remarquable par le nombre que par la perfection des produits, fut des plus animés.

Cinquième exposition. — Ce ne fut qu'en 1819 que le gouvernement de la Restauration, malgré le juste espoir de popularité qu'il attachait à une pareille solennité, osa présenter au pays une nouvelle exposition. C'était la première qui se rouvrait depuis celle de 1806.

Elle eut lieu partie dans la cour, partie dans le palais du Louvre. Le nombre des exposants fut de seize cent soixante-deux; celui des récompenses de huit cent soixante-neuf. Sa durée, trente-cinq jours.

Malgré les plus louables efforts de l'administration comme des industriels, cette exposition dut se ressentir des longues souffrances de la France.

Sixième exposition. — L'exposition de 1823, qui se tint dans le Louvre, présente cette singularité qui ne s'était pas offerte jusque-là, et qui ne se représente plus dans la série historique des expositions:

c'est que le nombre des exposants est plus faible qu'à l'exposition précédente. Rien cependant d'anormal, soit dans les régions élevées de la politique, soit dans les conditions atmosphériques, qui ne sont jamais sans influence sur la richesse des États, ne peut être rappelé comme cause de ce ralentissement de zèle industriel.

On ne put réunir que seize cent quarante-deux exposants, qui reçurent mille quatre-vingt-onze récompenses.

Septième exposition. — L'exposition de 1827 eut un succès plus marqué que la précédente. Les étrangers, qui commençaient à comprendre la portée que pouvait avoir sur la prospérité publique ce genre de solennité, visitèrent avec empressement les produits exposés.

C'est la première et la seule qui appartienne au règne de Charles X. Elle eut lieu dans le palais du Louvre et compta seize cent quatre-vingt-quinze exposants. Le nombre des récompenses fut de douze cent cinquante-quatre. Elle se continua pendant soixante-deux jours sans lasser un moment l'attention publique.

C'est dès cette époque que l'art de la métallurgie et la fabrication des machines commencent à prendre un notable développement, dont le progrès heureusement ne s'arrête plus depuis.

Huitième exposition. — Si l'on eût suivi l'ordre établi par l'usage dans les précédentes expositions, la huitième solennité industrielle eût appartenu à l'année 1831. Mais le gouvernement de Juillet dut prendre en considération l'interruption des affaires, qui eut lieu à la suite des grands événements de 1830, et l'on voulut laisser au temps le soin de redonner la vie et l'activité au mouvement industriel et commercial de la France.

Ce ne fut dès lors qu'en 1834 que fut ouverte la première exposition du règne de Louis-Philippe.

Préparée de longue main, cette exposition eut un grand éclat. Elle put réunir 2,447 exposants, qui reçurent 1,785 récompenses. Son emplacement eut lieu sur la place de la Concorde, le Louvre étant reconnu insuffisant pour renfermer la vaste richesse industrielle du pays. Soixante jours lui furent accordés.

La fabrication des draps, celle des soieries, non moins belle, non moins nationale, la création de nouveaux établissements métallurgiques, le développement de ceux qui s'étaient déjà montrés en 1827, les articles de Paris, tout parut avec distinction, comme pour proclamer l'ère nouvelle dans laquelle la France industrielle annonçait de tous côtés vouloir entrer.

C'est pour payer et encourager encore plus brillamment d'aussi heureuses dispositions qu'une nouvelle récompense entra dans la liste déjà connue, la CROIX D'HONNEUR.

Neuvième exposition. — Ici, il faut encore agrandir le théâtre du concours. On se fût trouvé trop à l'étroit même sur la place de la Concorde; le carré Marigny, au centre des Champs-Élysées, fut le lieu

qui parut le seul propre à fournir tout l'espace désirable. Et, en effet, 3,281 exposants répondent à l'appel du gouvernement et du pays. 2,305 récompenses viennent reconnaître leur patriotique empressement. On sent d'autant mieux la portée et la gloire de l'institution, que les étrangers à l'envi nous l'empruntent et la copient.

Comme la précédente, l'exposition de 1839 dura soixante jours.

Cette fois, on vit surgir quelques fameux artistes, qui rénovèrent l'orfévrerie d'art. Les frères Marrel, notamment, formèrent à leur école une pléiade d'artistes, qui, coopérant ensuite à créer de grandes réputations artistiques et industrielles, maintinrent par là, désormais, cette industrie au premier rang.

Puis, venaient ensuite Wagner et Mention.

Dixième exposition. — A partir de 1834, les expositions industrielles étaient devenues une fête quinquennale. C'est donc en 1844 que se tint la dixième, qui ne vint certes pas démentir l'honneur acquis à ses précédentes et glorieuses sœurs. Bien au contraire, un nouvel éclat s'ajoute aux titres si bien acquis par les industriels français : 3,960 exposants se partagent 3,253 récompenses. C'est toujours dans le grand carré Marigny que s'élève le palais industriel, qui demeure ouvert au public pendant deux mois.

Onzième exposition. — Ce fut un trait d'une extrême hardiesse, mais aussi d'une parfaite habileté, que celui du gouvernement provisoire, né voulant rien changer à la marche ordinaire des expositions industrielles nationales. La périodicité indiquait la plus prochaine pour le courant de 1849; et rien ne fut changé à l'échéance, malgré la perturbation causée par la surprise des événements politiques.

Nos industriels, comme d'habitude un peu trop timorés, crièrent bien vite à la témérité! à l'impossible! on les laissa dire, ne voulant pas croire à leur prétendue impuissance, et l'on sait par bonheur aujourd'hui à qui le temps, à qui les faits sont venus donner raison.

C'est même ici le moment de dire qu'il entrait dans la pensée du ministre qui fit signer le décret de la nouvelle exposition, l'honorable M. Tourret, le projet hardi d'y admettre les produits étrangers. Son successeur, M. Buffet, le voulait aussi; mais cette détermination, aujourd'hui reconnue si facile à mettre en pratique, ne fut pas goûtée alors, et l'on dut s'arrêter devant les réclamations très-vives, à peu près générales, des chambres consultatives du commerce et des manufactures.

Ce moment d'émotion passé, la confiance, il faut le dire, ne manqua plus, et de tous côtés on se prépara à répondre à l'appel du gouvernement.

La durée de l'exposition de 1849 fut la plus longue connue : elle a été de deux mois et demi, et s'est tenue, comme les deux précédentes, au grand carré Marigny.

Quatre-vingt-deux départements, une colonie, chacune des provinces de l'Afrique française, ensemble 4,532 exposants ont à l'envi concouru à la solennité nouvelle; et si chacun de ces nobles ouvriers n'emporta pas comme il l'espérait sa récompense, il mérite tout au moins une marque de reconnaissance publique; car tous étaient venus témoigner par leur empressement que la France savait en toute occasion et à propos soutenir l'honneur de sa brillante nationalité; 3,738 récompenses ont été la juste et libérale part des vainqueurs.

Ici s'arrête la nomenclature des expositions de l'industrie affectées seulement à notre nation; comme toute chose qui n'est point à son apogée, l'imagination grandit sans cesse tout ce qu'elle peut en-

564 mètres (1851 pieds), et sa largeur maximun de 139 mètres (456 pieds anglais).

La capitale de l'Angleterre, si riche en squares et en parcs, avait consacré l'une de ses promenades les plus fréquentées à cette grande entreprise, dans le plus admirable site, auprès de la rivière de la Serpentine, dont les eaux arrosent la partie ouest de la ville. A proximité des quartiers les plus riches, entre la ville et la campagne, cette situation ressemblait assez à celle qui est occupée par notre palais de l'Industrie; seulement les pâturages de Hyde-Parck sont

TABLEAU DES ESPACES OCCUPÉS PAR LES DIFFÉRENTS PAYS A L'EXPOSITION UNIVERSELLE DE 1855.

	ANNEXE. Section des PRODUITS.	ANNEXE. Section des MACHINES.	PANORAMA et JARDIN.	PALAIS principal. REZ-DE-CHAUSSÉE.	PALAIS principal. GALERIES.	TOTAUX par pays.
Empire Français............................	10,294	8,316	14,839	14,237	6,437	54.143
Royaume-Uni de la Grande-Bretagne et de l'Irlande.	4,236	3,456	355	5,867	3,897	17,811
Royaume de Prusse, et divers États allemands....	2,160	1,008	4	2,194	1,741	7,107
Empire d'Autriche.........................	2,132	972	»	1,731	1,074	5,909
Royaume de Belgique.......................	984	972	225	2,479	1,164	4,824
Royaume d'Espagne........................	412	108	»	»	320	840
Royaume de Portugal......................	108	»	»	»	360	468
Royaume de Suède...	108	108	»	»	201	417
Royaume des Pays-Bas.....................	561	108	»	»	301	970
Confédération Suisse......................	378	»	150	»	1,100	1,628
Royaume de Wurtemberg....................	164	162	150	424	130	1,030
Etats Sardes..............................	369	»	»	»	370	739
Grand-duché de Toscane...................	270	»	»	»	295	565
Royaume de Bavière........................	108	80	»	364	145	697
Royaume de Grèce.........................	54	»	»	»	128	182
Etats-Unis d'Amérique.....................	224	324	32	786	»	1,250
Royaume de Norwége.......................	40	108	»	»	100	432
République Mexicaine......................	108	»	»	40	80	160
Royaume de Saxe	108	72	»	228	»	408
Monarchie Danoise.........................	108	»	»	»	296	404
Villes hanséatiques........................	154	»	»	»	186	99
Grand-Duché de Bade......................	108	»	»	112	29	205
Etats Pontificaux..........................	»	»	»	»	320	428
République de la Nouvelle-Grenade...........	»	»	»	»	16	16
Confédération Argentine....................	12	»	»	»	8	8
Empire du Brésil..........................	60	»	»	»	24	36
République de Costa-Rica...................	»	»	»	»	»	60
République Dominicaine....................	54	»	»	»	2	2
Egypte...................................	»	»	»	»	406	460
République de Guatemala...................	54	»	»	»	20	20
Royaume Hawaïen	»	»	»	»	»	»
Empire Ottoman..........................	54	»	»	»	315	369
Régence de Tunis.........................	80	»	»	»	152	232
	23,556	15,794	15,775	27,462	19,617	102,204

fanter. Le projet d'une exposition universelle déjà émis par un ministre de la révolution de 1848, ainsi que nous l'avons énoncé plus haut, eut quelque retentissement, et nos voisins d'outre-Manche le mirent à profit.

La première exposition des produits de toutes les nations s'ouvrit à Londres en 1851, le 1er mai, dans le bâtiment justement appelé le Palais de Cristal, à cause de sa construction en verre, et ressemblant assez à nos serres du Jardin des Plantes, sauf les dimensions, qui dépassaient toutes celles des expositions antérieures : la longueur du palais était de

remplacés par la magnifique promenade des Champs-Elisées, la Serpentine par la Seine, les brouillards de la Tamise par le soleil de la France.

Néanmoins, cette grande fête industrielle, ce rendez-vous de tous les nations rassembla pour la première fois, de tous les coins du globe, ce que l'espèce humaine peut mettre en œuvre; cet immense bazar, pittoresque dans son ensemble, un peu heurté dans ses dispositions, put faire pressentir alors ce qu'une seconde épreuve, organisée et bien entendue, pourrait donner de satisfaisant.

Ce fut quatre ans après, en 1855, que la France

à son tour, vint donner une force nouvelle et imposante à ce qui avait germé dans son sein, et qu'elle n'avait pas voulu compromettre alors.

Elle fit un appel à tous les pays, non-seulement pour représenter les résultats de l'industrie, mais encore des arts et de quelques productions de notre globe.

On vit pendant cette année s'ouvrir différentes expositions : celles de l'industrie, des beaux-arts, de l'horticulture, et celle des animaux reproducteurs. Ce concours, incomparable jusqu'à présent, fut grandiose; il révéla au monde entier, et à chaque nation en particulier, sa puissance, ses progrès par la comparaison.

L'exposition universelle à Paris fut immense de toute façon.

Le palais principal, établi presque au centre des Champs-Elysées, est moins grand que celui de Hyde-Parck; mais l'ensemble des trois monuments, qui se reliaient entre eux, offrait une surface qui dépassa de plus d'un quart celle du monument anglais.

A Londres, elle s'élevait à 95,000 mètres, en y comprenant les passages et les cours intérieures, l'administration et les buffets ; à Paris, elle doit être estimée, si l'on y comprend le jardin, comme il suit :

Palais de l'Industrie,	50,737 mèt.
Galerie du quai de Billy,	41,540
Panorama et pourtour,	9,026
Terrains enclos de barrières,	22,087
Total,	123,390 mèt.

La grandeur du bâtiment de Hyde-Parck avait une certaine monotonie que le nôtre ne comportait pas; la rotonde du Panorama, la galerie circulaire qui l'entourait, le jardin, avec ses instruments agricoles et la carrosserie, ne ressemblent en rien au palais principal. Ce n'est pas tout : une galerie conduisant du Panorama au quai, jetait le spectateur dans une immensité sans fin; une galerie de 1,200 mètres de long sur 27 de large, contenant tous les produits bruts, et les machines s'offrait à ses yeux comme une forêt inextricable d'engins, de mécaniques et de fers tordus et, contournés sous toutes les formes.

Le grand concours de 1851 avait donné le premier exemple du fonctionnement public des machines; mais combien cette grande galerie de l'Annexe avait plus de vie et de variété sous ce rapport ! Tandis que l'Angleterre presque seule avait donné le mouvement à ses machines à Londres, ici c'était la France, la Belgique, la Prusse, l'Autriche, la Grande-Bretagne et les États-Unis, qui ont voulu profiter des dispositions prises, pour prendre leur part de la vie commune.

Un arbre longitudinal était disposé sur des supports en fonte, éloignés les uns des autres de 8 mètres et dans une longueur de 480 mètres. Huit chaudières, de la force de 350 chevaux, faisaient circuler la vapeur dans ce vaste atelier. Les machines à vapeur des exposants, distribuées dans toute la longueur de l'édifice, utilisaient cette vapeur en transmettant à l'arbre général la puissance qu'elles recevaient, et celui-ci, à son tour, au moyen d'une nombreuse succession de poulies, mettait en mouvement les différentes machines opératoires.

Nous croyons qu'il ne sera pas inutile d'indiquer ici l'étendue des surfaces dont chaque pays disposait dans chacun des bâtiments affectés à l'exposition universelle. (Voir page 230.)

Différents États secondaires de l'Allemagne, représentés pour la plupart par M. le commissaire de la Prusse, ont été compris dans le tableau qui précède, avec la monarchie prussienne; en voici la liste complète avec l'indication du nombre de leurs exposants :

Duché d'Anhalt-Dessau et Cœthen.........	15
Duché de Brunswick..	15
Ville libre de Francfort-sur-le-Mein.......	25
Royaume de Hanovre.................	19
Grand-duché de Hesse.................	79
Électorat de Hesse.................	14
Principauté de Lippe-Detmold............	2
Grand-duché du Luxembourg............	23
Duché de Nassau..................	59
Grand-duché d'Oldenbourg	14
Principauté de Reuss, branche aînée.....	1
Principauté de Reuss, branche cadette.....	1
Duché de Saxe-Altembourg............	22
Duché de Saxe-Cobourg..............	16
Duché de Saxe-Cobourg-Gotha..........	3
Duché de Saxe-Meinengen.....	1
Duché de Saxe-Weimar........	1
Principauté de Schaumberg-Lippe.........	3
Principauté de Schwartzbourg-Rudolstadt...	1

Il ne sera pas inutile d'indiquer, à côté de l'espace occupé par chaque nation, le nombre des exposants et l'espace moyen alloué à chacun d'eux.

La différence entre la superficie totale indiquée par ce tableau et celle qui figure au tableau précédent, provient des espaces inoccupés dans le jardin, qui n'ont pu être comptés dans la distribution par pays, et qui figurent cependant dans le chiffre total ; les escaliers du bâtiment principal donnent une différence en sens contraire. La moyenne générale, par exposant, est de 4 mètres 916 millimètres; tandis qu'à Londres, en comptant 13,837 exposants et 93,263 mètres carrés, le chiffre correspondant est de 6 mètres 783 millimètres.

Voici le système de classification employé pour les produits.

Premier groupe. — Industries ayant pour objet principal l'extraction ou la production des matières brutes. — 1re classe : Arts des mines et métallurgies — 2e classe : Art forestier, chasse, pêche et récolte des produits obtenus sans culture. — 3e classe : Agriculture, y compris toutes les cultures de végétaux et d'animaux.

Deuxième groupe. — Industries ayant spécialement pour objet l'emploi des forces mécaniques. — 4e classe : Mécanique générale appliquée à l'industrie. — 5e classe : Mécanique spéciale et matériel des chemins de fer et des autres modes de transport. —

6e classe : Mécanique spéciale et matériel des ateliers industriels. — 7e classe: Mécanique spéciale et matériel des manufactures de tissus.

Troisième groupe. — Industries spécialement fondées sur l'emploi des agents physiques et chimiques, ou se rattachant aux sicences et à l'enseignement.— 8e classe : Arts de précision, industries se rattachant aux sciences et à l'enseignement. — 9e classe : Industries concernant l'emploi économique de la chaleur, de la lumière et de l'électricité. — 10e classe: Arts chimiques, teintures et impressions, industries

Tableau du nombre des Exposants et de l'espace moyen pour chaque nation.

	NOMBRE d'exposants.	SURFACE moyenne.
		m. c.
Empire Français.	10,691	5,064
Royaume-Uni de la Grande-Bretagne et de l'Irlande	2,445	7,284
Royaume de Prusse et divers Etats allemands.	1,632	4,354
Empire d'Autriche..............	1,296	4,559
Royaume de Belgique...........	686	7,032
Royaume d'Espagne............	568	1,478
Royaume de Portugal..	443	1,656
Royaume de Suède.	417	1,000
Royaume des Pays-Bas.	436	2,224
Confédération Suisse.	408	3,990
Royaume de Wurtemberg.	207	4,975
Etats Sardes.	198	3,732
Grand-Duché de Toscane.	197	2,868
Royaume de Bavière.	172	4,052
Royaume de Grèce.	131	1,389
Etats-Unis d'Amérique.	130	9,615
Royaume de Norvége.	121	3,570
République du Mexique.	107	1,496
Royaume de Saxe.	96	4,250
Monarchie Danoise.	90	4,477
Villes Hanséatiques.	89	3,379
Grand-Duché de Bade.	88	3,352
Etats Pontificaux.	71	6,028
République de la Nouvelle-Grenade.	13	2,769
Confédération Argentine.	6	2,666
Empire du Brésil.	4	2,000
République de Costa-Ricca. . . .	4	1,500
République Dominicaine.	1	2,300
Egypte.	6	7,666
République de Guatemala.	7	2,857
Royaume Hawaïen.	5	»
Empire Ottoman.	2	1,843
Régence de Tunis.	21	1,104
NOMBRE TOTAL des Exposants.	20,788	

des papiers, des peaux, du caoutchouc, etc. — 11e classe: Préparation et conservation des substances alimentaires.

Quatrième groupe. — Industries se rattachant spécialement aux professions savantes. — 12e classe : Hygiène, pharmacie, médecine et chirurgie. — 13e classe: Marine et art militaire. — 14e classe : Constructions civiles.

Cinquième groupe. — Manufactures de produits minéraux. — 15e classe: Industries des aciers bruts et ouvrés. — 16e classe: Fabrication des ouvrages

en métaux, d'un travail ordinaire. — 17e classe: Orfévrerie, bijouterie, industrie des bronzes d'art. — 18e classe: Industrie de la verrerie et de la céramique.

Sixième groupe. — Manufacture de tissus. — 19e classe: Industrie des cotons. — 20e classe: Industrie des laines. — 21e classe: Industrie des soies, — 22e classe: Industrie des lins et des chanvres. — 23e classe : Industrie de la bonneterie, des tapis, de la passementerie, de la broderie et des dentelles.

Septième groupe. — Ameublement et décoration, modes, dessin industriel, imprimerie, musique. — 24e classe : Industries concernant l'ameublement et la décoration. — 25e classe : Confection des articles de vêtement, fabrication des objets de mode et de fantaisie. — 26e classe : Dessin et plastique appliqués à l'industrie, imprimerie en caractères et en taille douce, photographie, etc. — 27e classe : Fabrication des instruments de musique.

Ainsi organisée, cette classification rendit de grands services dans l'administration jusqu'à la fin de l'exposition ; partant d'un principe convenablement établi, elle simplifia les travaux des commissions.

Cette grande époque sera marquée dans les fastes de l'industrie. A Londres comme à Paris, le succès fut de notre côté. Voici ce que dit M. A. Blanqui, à propos de la première (*Presse* du 15 mai 1851) : « Notre supériorité commence dès qu'il s'agit de goût et d'objets d'art, et cette supériorité toute française brille non-seulement dans notre lutte avec les Anglais, mais avec les autres nations. La forme, l'élégance, la grâce, ce je ne sais quoi, ce qui donne vie et âme à la matière, parfum aux fleurs, couleurs aux objets, voilà l'apanage incontesté du génie français. Sous ce rapport, j'ose le dire sans préoccupation patriotique, notre exposition est écrasante, quoique incomplète. La question de prix, la question de travail, d'économie politique viendra plus tard, et nous la discuterons envers et contre tous; mais la question d'art et de goût, ce grand procès, qu'on pouvait perdre, est gagné sans appel, de l'aveu de tous nos rivaux. »

Cependant, à côté de ces succès toujours croissants, nos industriels avaient à regretter un danger qui, hâtons-nous de le dire, fut prévenu dans la suite. Il arriva qu'après tant d'efforts et de sacrifices faits pour exposer une œuvre, une invention quelconque, fruits de toute une existence, l'auteur se voyait soustraire sa pensée d'une manière impitoyable; des écumeurs d'idées et de moyens (et ils sont nombreux par ce temps de concurrence) s'en allaient maraudant çà et là ce qui pouvait leur être profitable, et se paraient des plumes du paon. Un tel état de choses ne pouvait durer; une perturbation devenait imminente. L'exposition était désormais fatale et dangereuse ; le travailleur se fût passé volontiers d'une récompense, quelque haute qu'elle fût, plutôt que de risquer son industrie à jamais! Cette grave question fut comprise. Un décret de Sa Majesté l'Empereur Napoléon III accorda à tous les inventeurs, exposants français et étrangers, le droit d'obtenir un brevet prôvisoire pendant un an, sans frais, afin de leur réserver leur propriété industrielle. Ce décret fut mis en vigueur à dater du jour de l'ouverture de l'exposition de 1855. Il rendit de grands services aux inventeurs, en ce qu'ils purent faire apprécier leurs œuvres par le public et au pays en mettant au jour des inventions qui eussent vieilli dans l'atelier faute de la somme nécessaire aux frais du brevet.

L'exposition universelle des produits, en 1855, s'ouvrit le 1er mai, et continua jusqu'au 1er décembre de la même année.

EXPOSITION UNIVERSELLE DES BEAUX-ARTS.

De son côté, cette exposition présentait un spectacle non moins sérieux qu'imposant. Cette lutte du talent et du génie ainsi posée, obligea nos artistes à y répondre dignement, car il s'agissait de notre gloire et de notre prépondérance ; on fit tous ses efforts pour rassembler toutes les œuvres de chaque auteur, dispersées çà et là ; on y parvint presque complètement. On put alors, chose inouïe et sans précédents, préciser le genre de chaque artiste, former chaque école, consacrer ou modifier l'opinion émise précédemment sur des œuvres détachées de nos grandes célébrités artistiques.

Statuaires, peintres, graveurs, dessinateurs, lithographes, architectes apportèrent le plus et le mieux qu'ils purent, comprenant bien qu'il s'agissait de prononcer définitivement sur la valeur de leurs œuvres et l'importance du combat où les premières nations vinrent prendre part. Quelques réputations particulières, acquises de longue date, y perdirent, d'autres y gagnèrent ; mais ce qui fut sans contestation, c'est notre supériorité en masse sur les concurrents.

On remarqua cependant quelques artistes d'élite dans chaque pays.

Enfin, cette exposition édifia bien des consciences sur le mérite de chacun, et apprit à l'humanité que l'art pouvait changer de caractère ou de formes, mais que le sentiment et le génie étaient immortels. Elle dura, ainsi que l'exposition de l'industrie, du 1er mai au 1er décembre.

EXPOSITION AGRICOLE DES ANIMAUX REPRODUCTEURS.

Cette exposition, dans son genre d'une importance considérable, ne le céda en rien aux autres sous tous les rapports ; même administration sage et éclairée, même entente, et surtout merveilleusement secondée. Les organisateurs transformèrent le palais de l'Industrie en une étable princière et rappelant assez ce qu'on raconte des écuries et fermes du sultan Aroun-al-Raschid des *Mille et une Nuits* ; l'espèce bovine l'avait en toute propriété ; les espèces ovines et porcines habitaient sous des hangars à compartiments en dehors et autour du monument ; il en était de même des gallinacées, des palmipèdes, de toute l'ornithologie enfin.

Différents pays concoururent en y envoyant des animaux de choix ; on put se faire une idée, d'après ces échantillons, de l'importance qui s'attache à l'amélioration du bétail, et en voyant les produits et les instruments agricoles, de celle attachée aux procédés d'exploitation du sol et au perfectionnement des machines qu'emploie l'agriculture.

Ce concours mit en relief les qualités de chaque race d'animaux, leur conformation et l'avantage qu'on pouvait en tirer.

Depuis cette exposition, un grand nombre de comices agricoles et sociétés d'agriculture décernent chaque année une grande médaille, ou une récompense exceptionnelle, au cultivateur dont l'exploitation réunit au plus haut degré toutes les conditions d'une bonne culture et d'un bon élevage.

Enfin, Son Excellence M. Rouher, ministre de l'agriculture et du commerce, a proposé des concours régionaux pour 1860, dont le programme a été arrêté et soumis à tous les comices et préfets : une prime d'honneur de 5,000 fr., consistant en une coupe d'argent, sera décernée à celui dont l'exploitation sera la mieux dirigée et qui aura réalisé les améliorations les plus utiles.

Comme on le voit, cette émulation s'empare de tous les esprits, et nul doute que nous et nos fils surtout ne jouissions, dans un temps très-rapproché, des bienfaits que la civilisation apporte dans une industrie si palpitante d'intérêt, puisqu'elle touche à la vie et à l'hygiène publique.

Par suite des conditions spéciales qu'elle entraîna, cette exposition ne put avoir lieu que peu de temps. Elle dura environ un mois.

EXPOSITION D'HORTICULTURE.

Cette exposition, moins sérieuse que les autres, n'en a cependant pas moins d'intérêt au point de vue comemrcial.

Ses produits ont toujours été et seront toujours recherchés ; ils plaisent à notre imagination et nous délassent ; aussi venait-on visiter de préférence l'exposition des fleurs en dernier lieu quand le grand voyage dans le palais de l'Industrie était à peine ébauché! Quand, à travers toutes ces somptuosités, on s'était efforcé d'apprécier telle finesse de ciselure au repoussé d'un vase d'orfévrerie, telle mécanique recevant la matière première et arrivant graduellement, par des filières différentes, à offrir l'objet prêt à être confectionné, et tant d'autres choses merveilleuses où l'esprit intelligent et enthousiaste veut tout toucher, tout approfondir ; comment, après être sorti de cette incomparable ruche, pouvait-on mieux se reposer et rafraîchir l'âme qu'en s'asseyant près d'une allée ou d'un parterre couverts à profusion de magnifiques fleurs odoriférantes, parfumant l'atmosphère de façon à enivrer les hôtes qui les visitaient comme pour leur faire oublier ce qu'ils avaient vu et se faire admirer seules ?

Tous les êtres qui voient ne peuvent se passer de ce précieux aliment ; le toit de chaume ou le palais élève ses fleurs, la fleur des champs suffit souvent à l'imagination du paysan et de l'artiste, la fleur des jardins est nécessaire aux femmes charmantes et délicates, l'innombrable variété de plantes que le jardinier parvient à produire suffit tout au plus à satisfaire les sentiments capricieux et nuancés du beau sexe.

Dans cette industrie que la nature produit, l'homme trouve encore le secret de la faire progresser et de la plier à toutes ses exigences. Il semble que ceux qui se donnent cette mission peuvent avoir des rapports mystérieux avec ces frêles et gracieuses choses, et qu'ils doivent surprendre ainsi leur nature et leur langage, car elles leur obéissent.

Ces observateurs profonds forment donc encore ici un corps important, dont les produits représentent une industrie colossale et digne d'influer sérieusement dans la balance commerciale.

Cette exposition, la plus complète de cette nature, dura le même temps que l'exposition universelle des produits de l'industrie.

Les expositions apportent d'incalculables bienfaits, comme civilisation, bien-être et jouissance de toutes sortes; mais aussi elles imposent aux grandes cités un travail incessant de réformes et d'innovations; comme le phare éclaire et guide les voyageurs de ses rayons perçants, une première nation doit répandre profusément la lumière où doivent venir constamment s'éclairer tous les peuples !

E. PAUL,
Statuaire-orfévre.

EXPOSITION DE PART (médecine légale). — Ceux qui auront exposé et délaissé en un lieu solitaire un enfant au-dessous de l'âge de sept ans accomplis, ceux qui auront donné l'ordre de l'exposer ainsi, si cet ordre a été exécuté, seront, pour le seul fait, condamnés à un emprisonnement de six mois à deux ans, et à une amende de 16 fr. à 200 fr. (Code pénal, art. 349.) Si, par suite de l'exposition, l'enfant est demeuré mutilé ou estropié, l'action sera considérée comme blessures volontaires à lui faites par la personne qui l'a exposé ou délaissé. Si la mort s'en est suivie, l'action sera considérée comme meurtre. Au premier cas, les coupables subiront la peine applicable aux blessures volontaires, et au second cas, celle de meurtre. (Code pénal, art. 351.)

Dans les cas prévus par ces articles, le médecin légiste pourra être chargé de constater si l'enfant était *mort-né* ou viable; si les conditions auxquelles il a été soumis ont pu amener la mort; enfin, s'il appartient à la femme qu'on soupçonne d'être la mère. — Voy. *Viabilité, Infanticide, Accouchement.*

EXPROPRIATION (droit).—Enlèvement par voie légale d'une propriété à celui qui la possède.

« L'*expropriation forcée* a lieu quand il s'agit de parvenir à la vente de la propriété d'un débiteur qui n'a point rempli ses engagements : le Code civil (liv. III, tit. 19, art. 2204-2218) énumère les circonstances dans lesquelles cette expropriation peut avoir lieu; quant aux formes, le *commandement* de payer et la *saisie* en sont les préliminaires obligés; elles se compliquent, en outre, quand il s'agit d'un bien foncier, de formalités longues et coûteuses. (Code de procédure, art. 673-748.) — L'*expropriation pour*

cause d'utilité publique est le droit accordé à l'État d'opérer la dépossession d'un propriétaire, moyennant une juste et préalable indemnité; elle s'opère par autorité de justice, sur un décret qui autorise l'exécution des travaux; elle exige, en outre, un acte du préfet qui désigne les localités sur lesquelles les travaux doivent avoir lieu, un arrêté ultérieur par lequel le préfet détermine les propriétés particulières auxquelles l'expropriation est applicable. Une enquête est ouverte, puis une commission présidée par le sous-préfet de l'arrondissement, composée de quatre membres du conseil de département ou d'arrondissement, du maire de la commune et d'un ingénieur, juge les observations des propriétaires, et donne son avis. Un jury spécial de propriétaires, composé de seize membres tirés au sort, sur une liste dressée par le conseil général, fixe les indemnités. Les règles de cette expropriation ressortent des lois du 7 juillet 1833 et du 3 mai 1841, et du décret du 26 mars 1852. »

EXTRAITS (pharmaceutique).—Produits obtenus par l'évaporation de sucs animaux ou végétaux, et le plus souvent de liquides aqueux, alcooliques ou éthérés, qui ont été chargés par la décoction, l'infusion ou la macération, de principes solubles des substances organiques que l'on a soumises à ces opérations.

L'administration des médicaments sous forme d'extraits a lieu dans le but d'offrir aux malades les parties actives des substances dont les extraits ont été obtenus; en général, on les considère comme représentant exactement leurs propriétés médicamenteuses, et cela est ordinairement vrai, quoique souvent aussi les différentes opérations que nécessite la préparation des extraits aient pu altérer leurs propriétés primitives.

On comprend qu'il doit y avoir un très-grand nombre d'espèces d'extraits; il n'est pas, en effet, de substance végétale ou animale qui ne soit susceptible d'en fournir.

Un habile pharmacien de Caen, M. Berjot jeune, est parvenu à obtenir des extraits secs préparés dans le vide. Ces extraits, dont nous avons admiré à l'exposition universelle de 1855) la beauté et les belles couleurs, ne laissent rien à désirer.

EXUTOIRES (thérapeutique) [du latin *exuere,* dépouiller].—Émonctoires établis par l'art, soit superficiellement (vésicatoires, emplâtres stibiés), soit profondément, tels que les cautères, les moxas, le séton.

Les exutoires, dit le Dr Beaude, sont employés par les médecins dans une foule de circonstances; c'est un des moyens les plus puissants dont l'art puisse disposer, soit pour combattre une affection chronique locale, soit comme moyen de prévenir des maladies dont la prédisposition est menaçante. On les emploie aussi pour combattre des engorgements qui cèdent avec peine, pour enrayer la marche d'une maladie organique commençante, pour remplacer la suppression d'un émonctoire naturel; ils sont toujours indiqués à la suite de la guérison d'une plaie, d'un ulcère ou d'un trajet fistuleux qui ont été, pendant longtemps, le siége d'une suppuration habituelle. Ils agissent, dans tous les cas, en entretenant une irritation modérée dans une partie où elle ne peut avoir de suites fâcheuses, et en empêchant ainsi qu'une irritation plus grave ne se fixe ou ne s'accroisse dans des organes beaucoup plus importants, et n'occasionne ainsi des désordres dont les suites pourraient devenir funestes. On conçoit, par ce que nous venons de dire, que l'on ne doit pas supprimer les exécutoires d'une manière légère; généralement, il est convenable d'en continuer l'emploi quelque temps après la guérison de l'affection pour laquelle ils ont été appliqués, et c'est surtout lorsqu'ils ont été employés comme révulsifs que l'on doit prendre cette précaution. Lorsqu'ils ont été mis en usage dans le but de ralentir et de conjurer la marche d'une affection chronique, on ne doit en cesser l'usage que lorsque l'exutoire lui-même paraît avoir perdu son activité, lorsque la suppuration est rare et la plaie rétrécie; dans ce cas, il est convenable ou de renouveler l'exutoire, si la maladie existe encore, ou de le supprimer avec précaution, si elle est guérie ou voisine de la guérison; mais il appartient au médecin seul de prononcer dans ces cas sur cette suppression. L'état du malade, son âge, son tempérament, sont des considérations trop importantes, qui, toutes, doivent être pesées, et que le médecin seul peut bien apprécier. Cette suppression ne doit pas avoir lieu sans quelques précautions : il est convenable de diminuer progressivement l'étendue et la suppuration de l'exutoire; dans certains cas, on remplace un exutoire profond par un autre moins actif : ainsi, avant de supprimer un séton qui a existé quelque temps, on convertit souvent les deux plaies extérieures, ou l'une des deux en cautère, que l'on conserve quelques semaines. Il est convenable, lorsque l'exutoire est fermé, de faire usage, pendant quelque temps, de laxatifs légers qui entretiennent la liberté du ventre, et qui suppléent ainsi à l'écoulement habituel qui avait lieu par la petite plaie; les bains et l'exercice modéré deviennent aussi fort utiles dans ces cas, en produisant une dérivation générale.

FIN DE LA LETTRE **E**.

F. — Quatrième lettre des consonnes et la sixième de notre alpbabet. Elle équivaut à la consonne *ph*, empruntée du *phi* des Grecs. Dans beaucoup de langues, *f* et *v* se confondent et se substituent quelquefois par euphonie. — Comme abréviation latine, F sur un monument, peut signifier *Filius* (fils), *Frater* (frère), *Familia* (famille), ou *Fecit* (a fait). — A Rome, on marquait au front d'un F les esclaves échappés (*fugitivi*).

Chez les modernes, F ou *f* sert dans le commerce à désigner les *francs*, les *florins*; F° ou f° le folio des registres. — En musique, F signifie *forte*; F P, *forte-piano*; FF, *fortissimo*. — Autrefois, on marquait des lettres T F (*travaux forcés*) l'épaule des criminels condamnés aux galères. — Dans le calendrier ecclésiastique, F est la sixième lettre dominicale. — En numismatique, F est la marque de l'hôtel des monnaies d'Angers. — En chimie, F est l'abréviation du mot *fer*. DUPASQUIER.

FABLE [du latin *fabula*]. — Nous avons à considérer la fable sous plusieurs points de vue : sa forme, son but, son utilité, son origine, et quels sont les auteurs qui ont écrit en ce genre.

La fable est un petit poëme, aussi instructif qu'amusant, qui, sous le voile de l'allégorie, présente en action une pensée morale.

Telle est son instruction.

L'action est confiée à des animaux qui font le rôle de personnages, et qui expriment dans le langage qu'on leur prête les passions, les sentiments qui animent l'homme dans les différentes situations de la vie.

Telle est la part de l'allégorie.

On l'a étendue en faisant intervenir sur la scène les arbres, les arbustes, les plantes. On ne s'est pas contenté de prendre des acteurs dans le règne animal, on est allé en chercher dans le règne végétal. Nous croyons qu'on pouvait s'en passer; la vérité, la morale n'y auraient rien perdu.

Nous aurions été privés de quelques belles fables, mais la pensée n'aurait certes rien perdu de sa force et de sa beauté sous l'autre forme.

Soit instinct secret de la nature, soit dispositions mystérieuses pour le merveilleux, soit à cause des contes dont on nous a bercés dans notre enfance, et qui revivent longtemps encore dans notre imagination, sous mille formes diverses, d'âme, de corps, d'esprits, de génies, de métempsycose, les animaux, sans cependant nous y assimiler, nous inspirent un certain intérêt, à tel point que nous ne sommes pas éloignés de leur concéder une âme et de penser qu'ils ont nos passions et qu'ils possèdent, à un certain degré, beaucoup de nos sensations. En faut-il davantage pour nous y intéresser plutôt qu'aux plantes?

Malgré le système ingénieux de Linnée, emprunté à Théophrase, qui fait de la plante un être sensitif et la pare de tous les caractères que la nature donne aux sexes pour la reproduction, il paraîtra toujours absurde de lui supposer des besoins, des passions, des désirs, seul partage de la race humaine.

Nous avons indiqué le côté instructif et amusant : avec ces conditions réunies, telle est la forme que la fable doit avoir.

Quoique vraie dans le fond, la fable se présente néanmoins le visage couvert de fard.

La vérité est une; la fable s'enveloppe d'un vêtement; mais ce vêtement doit être léger, d'un tissu délicat, fin et transparent, qui la rapproche de la vérité et qui de loin la fasse prendre pour elle. Ce rapprochement facilite leur alliance, et c'est ainsi que, marchant ensemble, elles sont bien reçues partout, comme le dit la Fable à la Vérité, dans Florian :

> Chez le sage, à cause de vous,
> Je ne serai point rebutée;
> A cause de moi chez les fous
> Vous ne serez point maltraitée.
> Servant, par ce moyen, chacun selon son goût,
> Grâce à votre raison et grâce à ma folie,
> Vous verrez, ma sœur, que partout
> Nous passerons de compagnie.

La fable est sœur de la vérité.

Le langage de la fable, comme celui de la vérité, doit être simple; son expression toujours naturelle.

Chez elle, la finesse du style consiste à se laisser deviner, et la naïveté à dire ce qu'on pense.

On n'écrit que pour être compris; c'est la première condition que tout écrivain doit remplir. La fable doit être claire; et si le voile quelquefois s'épaissit pour ménager la crudité de la pensée, la morale, qui est le but qu'on s'est proposé, doit venir en aide pour dissiper tous les nuages.

Avec ces règles, nous ne sommes pas de l'avis de ceux qui ont pensé que la fable avait été inventée chez les nations esclaves pour déguiser la vérité aux yeux des tyrans : c'est une boutade, sans fondement, à l'adresse des tyrans. C'est une erreur.

Déguiser la vérité, c'est la rendre inintelligible. Si vous voulez instruire, avertir, admonester, que votre pensée, au contraire, rayonne de clarté, ou bien parlez en rébus comme le *Journal pour Rire*, ou en énigmes comme le Sphinx en proposait à Œdipe, ou comme en propose quelquefois le *Tintamarre*.

Dans ce cas, le tyran ne comprend pas, et la leçon est perdue.

L'esclave attend longtemps son affranchissement, et espère inutilement l'adoucissement qu'il réclame.

Si vous voulez vous faire comprendre d'un tyran, à quoi bon la fable? Faites des remontrances, ou forcez-le à aller ailleurs cultiver des laitues. Cela s'est vu plus d'une fois.

On a fait des fables comme on a fait des idylles, comme on a fait des églogues, des chansons, des contes, etc.

Les unes furent inspirées par les tendres sentiments de la passion, les autres par l'amour de la nature, les fables par le désir d'être utile aux hommes, en leur donnant des leçons de morale et de philosophie, tout en les amusant.

Dans la société où l'on vit avec politesse et bienséance, les ridicules, les vices ne peuvent être dévoilés brutalement. Il n'est pas permis d'arracher leurs masques aux personnes. Tout le monde n'a pas le cynisme d'Aristophane, ou l'audace de dire comme Boileau :

> J'appelle un chat un chat et Rollet un fripon.

Il fallut prendre un biais, chercher à envelopper sa pensée, la cacher, la voiler; de cette nécessité naquit l'allégorie; la société subit une transformation et fut peuplée d'animaux de toute espèce. De ce monde nouveau sortit la fable.

Le premier qui fit des idylles fut un ami des champs et des amours champêtres;

Le premier qui fit des chansons s'inspira des yeux de la beauté et chanta l'amour ;

Le premier qui fit des fables était un moraliste, un philosophe.

Le premier vécut dans le siècle d'or;.

Le second dans le siècle d'argent;

Le troisième dans le siècle de fer.

La fable est fort ancienne, sans doute, mais son essence fait supposer que son existence ne date que de longtemps après la formation des sociétés, lorsque la race des hommes s'étant pervertie, elle se livra aux passions funestes et se dégrada par toutes sortes de vices.

On s'est souvent demandé quel était l'inventeur de la fable. Question oiseuse. Il en est ainsi de toutes les inventions. Les inventeurs sont presque tous inconnus, et les inventions toutes sujettes à contestation. Dans les conquêtes nouvelles, dans la science et dans les arts, la plupart des inventeurs sont inconnus, ou bien il s'en rencontre toujours plusieurs qui réclament la priorité. On a vu plus d'une fois des peuples jaloux et rivaux se disputer l'idée d'une invention récente et en réclamer l'honneur pour un citoyen de leur nation. Si de nos jours le doute règne, comment la lumière peut-elle se faire quand on remonte au chaos ou tout au moins au déluge?

On a fait beaucoup de recherches, on a beaucoup fouillé dans l'antiquité; tout n'a servi qu'à embrouiller la question.

La Grèce s'en attribue l'invention et se glorifie d'Ésope; mais l'Asie revendique ce droit, et se glorifie de Bidpai : Ésope, a-t-on dit, est un être imaginaire; il pourrait bien en être autant de Bidpai. Ne nous arrêtons pas aux noms, mais à la chose. En Grèce, beaucoup d'auteurs ne nous sont connus que par des pseudonymes. La plupart changeaient leur nom patronymique pour en prendre un autre en rapport avec leur nature, leur goût, leur esprit. On peut en citer une infinité d'exemples : D'abord, Homère, qui veut dire privé de la vue ou fleuri comme le printemps (1); Aristote (le premier parmi les meilleurs; Aristophane (qui brille par excellence); Démosthène (la force, l'égide du peuple). Cet usage se conserva toujours chez les Grecs. Saint Jean-Chrysostome (la bouche d'or) : cette coutume passa chez les Latins. En France, les pseudonymes sans attribut ne sont pas rares. Il y en a surtout, au seizième siècle, qui se sont cachés sous des noms latinisés; d'autres qui ont changé leur nom. Voltaire s'appelait Arouet, Molière s'appelait Poquelin et tant d'autres.

Ainsi Ésope veut dire visage caché; Bidpai, philosophe qui instruit.

Quoi qu'il en soit, Ésope vivait au sixième siècle avant l'ère vulgaire. L'existence de Bidpai n'a point d'époque certaine.

Ceux qui prétendent que Bidpai a précédé Ésope se fondent sur ce que l'Asie est le berceau de toutes les sciences, et que la fable y a pris naissance, parce qu'elle paraît avoir sa source dans la métempsycose; cette opinion est trop vague et bien hasardée pour être admise.

L'apologue a une date d'antiquité certaine, puisque nous en trouvons la trace dans l'histoire sainte. Ceci mérite d'être rapporté.

Au Livre des Juges, chap. IX, il est dit :

« 5. Et (Abimélech) étant venu en la maison de son père Ephra, il tua sur une même pierre les soixante-dix fils de Jérobaal, ses frères; et de tous les enfants de Jérobaal, il ne resta que Joathan, le plus jeune de tous, que l'on cacha.

---

(1) μὴ ὁρᾶν, ne pas voir, aveugle; ou ὁμοῖος ἤρος, semblable au printemps.

» 6. Alors, tous les habitants de Sichem s'étant assemblés avec toutes les familles de la ville de Mello, allèrent établir roi Abimélech, près du chêne qui est à Sichem.

» 7. Joathan, en ayant reçu la nouvelle, s'en alla au haut de la montagne de Garizem, où, se tenant debout, il cria à haute voix, et parla de cette sorte : Écoutez-moi, habitants de Sichem, comme vous voulez que Dieu vous écoute!

» 8. Les arbres s'assemblèrent un jour pour élire un roi, et ils dirent à l'olivier : Soyez notre roi.

» 9. L'olivier leur répondit : Puis-je abandonner mon suc et mon huile, dont les dieux et les hommes se servent, pour venir m'établir au-dessus des arbres?

» 10. Les arbres dirent ensuite au figuier : Venez régner sur nous.

» 11. Le figuier leur répondit : Puis-je abandonner la douceur de mon suc et l'excellence de mon fruit pour me venir établir au-dessus des arbres?

» 12. Les arbres s'adressèrent à la vigne, et lui dirent : Venez prendre le commandement sur nous.

» 13. La vigne leur répondit : Puis-je abandonner mon vin, qui est la joie de Dieu et des hommes, pour venir m'établir au-dessus des arbres?

» 14. Enfin tous les arbres dirent au buisson : Venez, vous serez notre roi.

» 15. Le buisson leur répondit : Si vous m'établissez véritablement votre roi, venez vous reposer sous mon ombre; que si vous ne le voulez pas, que le feu sorte du buisson et qu'il dévore les cèdres du Liban, etc. »

(Pouvant servir de moralité.)

« 20. Mais si vous avez agi contre toute justice, que le feu sorte d'Abimélech; qu'il consume les habitants de Sichem et de la ville de Mello, et que le feu sorte des habitants de Sichem et de la ville de Mello, et qu'il dévore Abimélech. »

Ceci se passait au seizième siècle avant l'ère vulgaire.

Au dixième siècle avant l'ère vulgaire, Homère semble avoir employé l'apologue dans le *Combat des Rats et des Grenouilles*, ou la *Batrachomyomachie*, dans le but de conseiller aux habitants de l'île de Chio, chez lesquels il s'était réfugié, d'éteindre les dissensions qui régnaient parmi eux.

A cette même époque, Hésiode, dans son poëme des *Travaux et des Jours*, nous offre un exemple moins connu, que nous allons rapporter.

« J'adresse, dit Hésiode, une parabole aux rois qui croient être sages.

» Voici le discours que tint l'épervier à un rossignol qu'il avait enlevé dans les airs, qu'il tenait dans ses serres et à qui la douleur arrachait des cris lamentables : Malheureux oiseau, à quoi servent tes plaintes? Tu es au pouvoir d'un plus fort que toi; malgré l'harmonie de tes chants, il faut que tu me suives; il dépend de moi de te dévorer ou de te mettre en liberté.

» C'est une imprudence de résister à celui qui est plus puissant que nous. Loin d'y trouver aucun

avantage, on n'en est que plus maltraité. Ainsi raisonnait l'épervier, sûr de la force de ses ailes. »

Ce langage, assurément, est loin de déguiser la vérité aux tyrans.

Quoi qu'il en soit maintenant de l'ancienneté de Bidpai, il est nécessaire de le considérer tel qu'il est. Bidpai ne peut pas être regardé comme fabuliste, auteur d'apologues, ayant le caractère et la forme que nous admettons. L'œuvre de Bidpai est une espèce de roman philosophique et moral, dont les principaux personnages sont deux chacals. Le chacal, chez les Indiens, est l'emblème de la finesse, de la ruse, comme le renard chez nous.

Si nous avions à apprécier l'œuvre de Bidpai dans sa forme, nous la comparerions au poëme héroï-comique des animaux parlant du poëte Casti, ou aux études des mœurs contemporaines, sous le titre de *Scènes de la vie privée et publique des animaux*, illustrées par le pinceau spirituel de Grandville; ouvrage piquant, auquel, pour les illustrations, rien dans l'antiquité ne peut être comparé.

Bidpai a eu le pressentiment de l'apologue, mais le perfectionnement, dans toutes les parties qui le constituent, est dû sans contredit à Ésope, et il doit en être regardé comme l'inventeur. Il s'en est merveilleusement acquitté.

Ésope est assurément un pseudonyme; tout ce qu'on a débité sur son compte est un tissu de fables auxquelles il manque et l'esprit et la moralité. Planude, à qui on attribue ces mensonges, n'a pas été heureux dans le choix des faits et gestes du philosophe. Au lieu d'en faire un portrait noble et digne, de lui donner une face humaine, des traits où se peint l'esprit, des yeux profonds, une bouche souriant malicieusement, un corps droit, enveloppé dans un ample manteau, comme les sept sages avec lesquels il vivait, les Thalès, les Pittacus, les Anacharsis et Solon, tel enfin que nous plaisons à nous le représenter, son malencontreux historien en a fait une caricature dans le but d'amuser les enfants. Il en a fait un être impossible, hors de la nature; il a servi à quelque chose, il a servi de type à Polichinelle.

Il est fâcheux que la Fontaine, dans son âme candide, soit tombé dans le piége en ajoutant foi à tous ces contes absurdes.

Après Ésope, nous placerons Lokman, dont l'existence est encore un problème. On le fait remonter jusqu'aux temps les plus reculés; mais, comme rien ne justifie une pareille opinion, nous nous rangerons de l'avis de Sacy, qui pensait qu'il n'était que le copiste d'Ésope.

A côté d'Ésope nous pouvons placer Babrius, qui est venu quatre siècles après. Ce Babrius n'était connu jusqu'ici que par quelques fragments de peu d'importance, qui faisaient vivement regretter la perte de ses œuvres. Un manuscrit complet de ses fables a été trouvé, en 1843, dans un couvent du mont Athos, par les soins de M. Minas, chargé d'une mission scientifique par le gouvernement français. Ces fables sont la plupart celles d'Ésope mises en vers. Son style est remarquable par sa pureté et sa richesse; Ésope ne pouvait avoir un meilleur interprète de sa pensée; de la manière qu'il la revêt il la fait la sienne propre. Babrius est non-seulement un imitateur, mais aussi il est créateur, car dans son recueil, qui se compose de quatre-vingt-dix fables, un grand nombre lui appartiennent en propre sans conteste.

En quittant la Grèce, nous arrivons au siècle d'Auguste.

Rome compte des hommes distingués dans les lettres. Elle a eu de grands orateurs, de grands poëtes, mais elle n'a eu qu'un fabuliste, Phèdre. Comme il le dit lui-même modestement, il est l'imitateur d'Ésope. Voici le commencement du prologue du livre I :

> Œsopus auctor quam materiam reperit,
> Hanc ego polivi :

« Ésope a inventé la fable, et moi je lui ai donné le poli. » Puis il ajoute : « Ce petit livre a un double mérite : il provoque le rire, et, par des conseils, il avertit l'homme de se conduire prudemment. »

Il ne prétend pas donner des leçons aux tyrans.

Il y a d'autres recueils de fables en latin, mais Rome est loin de les revendiquer; ce sont tous des auteurs du moyen âge, à l'époque où aucune langue nationale n'était encore bien fixée.

La muse d'Ésope se tait pendant bien des siècles, et les animaux restent muets.

La Fontaine les fait revivre et leur donne la parole. Faire l'éloge de la Fontaine, ce serait perdre son temps; la Fontaine a éclipsé tous ses prédécesseurs, mais ne les a pas fait oublier. Jusqu'à l'âge de douze ans on nous berce de fables; à peine l'enfance commence-t-elle à balbutier, qu'on lui apprend à réciter les fables de la Fontaine, qui sont le plus à sa portée. A dix ans, on l'initie au latin avec les fables de Phèdre; plus tard, au grec avec les fables d'Ésope et de Babrius.

La Fontaine, avec l'auréole de gloire qui l'environne, n'a point effrayé certains esprits, qui n'ont pas craint de se lancer dans la carrière qu'il a si triomphalement parcourue. Quelques-uns sont arrivés à prendre place, non à côté de lui, mais sur les marches du trône qu'il occupe, place encore fort honorable. C'est la Mothe, l'abbé Aubert, Florian, le duc de Nivernais, Arnault, Neufchâteau, Ginguené, le Bailly, Gosse pour ses fables politiques, et, de nos jours, Viennet, et Lachambaudie pour ses fables humanitaires, que la postérité classera, s'il doit aller à la postérité.

Nous avons cité les fabulistes de l'Inde, de l'Arabie, de la Grèce, de Rome, de la France, qui a fourni le plus imposant contingent, nous pouvons citer les fabulistes des autres nations. Le nombre en est restreint : en Allemagne, c'est Schlegel, Lessing; en Italie, Rossi, Roberti; en Espagne, Iriarte; en Angleterre, Gay, Moore, etc.

Certains écrivains ont traité de fables les différents points de doctrine qui font la base du système religieux des anciens. Si c'est à cause qu'ils étaient païens à nos yeux, il n'y a pas de raison pour ne pas traiter de fables les dogmes qui servent de règles aux différentes religions étrangères à celle que nous professons. Des réflexions sur ce sujet deviendraient fort délicates et nous mèneraient un peu trop loin. Nous nous contenterons de dire qu'une telle opinion n'est point d'un philosophe, et que celui qui la professe sérieusement est blâmable. Que de choses dans toutes les religions on pourrait traiter de fables, quand on ne doit y voir que des allégories plus ou moins ingénieuses! C'est ce que l'on voit souvent chez les anciens.

La fable est une allégorie; mais l'allégorie peut ne pas être une fable. Nos livres saints sont pleins de paraboles, d'allégories.

Le mot mythologie, que nous employons en parlant de la religion des anciens, est un mot nouveau. Les Grecs et les Romains avaient leur théogonie.

Nous n'avons point encore vu qu'on se soit imaginé de mettre au rang des fabulistes Homère, Hésiode pour sa *Théogonie*, Ovide pour ses *Métamorphoses*.

Hercule, par exemple, qui nous fait sourire par ses douze travaux, est l'allégorie la plus magnifique de l'antiquité, la parabole la plus digne d'être méditée.

N'en citons que deux exemples :

Premier des travaux d'Hercule.

Victoire d'Hercule remportée sur le lion de Némée.

Premier mois du calendrier du temps.

Passage du soleil sous le lion céleste, appelé lion de Némée, fixé par le coucher du matin de la constellation de l'Hercule céleste.

Deuxième des travaux d'Hercule.

Hercule défait l'hydre de Lerne, dont les têtes renaissent, tandis qu'une écrevisse ou cancer le gêne dans son travail.

Deuxième mois du calendrier.

Passage du soleil au signe de la vierge, marqué par le coucher total de l'hydre céleste, appelée l'hydre de Lerne, et dont la tête renaît le matin avec le cancer.

Ainsi des autres signes du zodiaque, comme le rapporte Diodore de Sicile.

Et ce culte a été consacré par tous les peuples de la terre sous des noms différents, et il existe encore chez quelques peuples.

Le temps, représenté sous la figure d'un vieillard, portant des ailes pour indiquer la rapidité de sa course, armé d'une faux comme le moissonneur qui abat les épis du champ, tenant un horloge à la main, où coule incessamment le sable, pour avertir que l'heure fuit, le pied appuyé sur un serpent qui se mord la queue, pour montrer le cercle perpétuel dans lequel il tourne et sa révolution infinie; tous ces symboles, tous ces emblèmes, qui parlent à nos yeux aussi bien qu'à nos sens comme la plus sublime parabole, est-ce une fable? Quelle nation, la plus profondément religieuse, se ferait un scrupule d'admettre une telle allégorie, l'interprète fût-il Hésiode, fût-il Bossuet?

Psyché, ou l'âme, ou Dieu, ou tout ce qui vivifie, embellit la terre, le ciel, l'univers, des plus vives couleurs; son hymen, symbole d'incarnation avec l'humanité par l'amour, est une allégorie des plus admirables. Le complément du mythe de Psyché est de la plus profonde métaphysique.

Les mystères d'Éleusis, et tous autres mystères chez les différents peuples, ne furent institués qu'en vue de l'amélioration de l'homme, du perfectionnement de ses mœurs et de son instruction religieuse et civile, afin d'en faire un bon citoyen. On eut recours au merveilleux pour frapper son imagination par le moyen de l'allégorie ; tout cela est loin de la fable et ne peut y être assimilé.

C'est cependant un de ces peuples qui inscrivit en lettres d'or, sur le fronton du temple d'Isis, à Saïs, ces mots sacramentels :

JE SUIS CE QUI A ÉTÉ, CE QUI EST, CE QUI SERA, ET NUL N'A ENCORE SOULEVÉ LE VOILE QUI ME COUVRE.

Inscription qui est restée la même, et restera toujours.

Le Cantique des cantiques de Salomon est une parabole, selon les Pères de l'Église, une allégorie qui, sous le nom d'époux et d'épouse, nous montre dans cet emblème l'union de Jésus-Christ et de l'Église.

L'ensemble des moyens qu'on emploie dans le sujet d'une œuvre dramatique s'appelle fable. Nous croyons ce mot mal appliqué. Les discours que nous tiennent des personnages pour notre amusement, notre instruction, souvent comme leçons de morale ou de philosophie, ne doivent pas être considérés comme des fables; c'est pousser trop loin l'extension des mots. Passe quand il est question de merveilleux, de fantastique, de féerique, ou quand la scène est occupée par des animaux. Il faut dire intrigue, vulgairement parlant, et action en langage soutenu et en style noble.

On dit d'un homme qui, par sa conduite, s'est mis dans le cas de se faire moquer de lui : C'est la fable du quartier, c'est la fable de la ville. Nous pensons que ce mot est fort mal appliqué, dans ce sens que rien ne le motive, soit par analogie, soit par étymologie. Il est plus logique de dire : Il est l'amusement, la risée du monde.

RÉDAREZ-SAINT-REMY.

FACULTÉ (philosophie). — Voy. *Psychologie.*

FAIM (physiologie). — Sensation qui sollicite, qui presse de prendre des aliments, et qui cesse lorsqu'on a satisfait au besoin qui l'excite. « La faim se manifeste ordinairement par une sorte de titillation et de resserrement dans la région épigastrique ; d'autres fois par une chaleur accompagnée de bâillements et de borborygmes. La fatigue, la douleur et la faiblesse augmentent avec la durée de la faim et avec son intensité. Tous les organes sont moins actifs, la chaleur du corps plus faible; les fonctions et les sécrétions se ralentissent et sont moins abon-

dantes. On n'a pu expliquer encore le mécanisme physiologique de la faim : quelques auteurs l'ont attribuée au froncement de l'estomac pendant sa vacuité ; d'autres au frottement de ses rides et de ses houppes nerveuses les unes contre les autres; d'autres à la lassitude des fibres de sa tunique musculaire trop longtemps contractées; d'autres, enfin, à la compression des nerfs quand l'organe est resserré sur lui-même, ou bien au tiraillement du diaphragme par le foie et la rate, dont l'estomac et les intestins ne soutiennent plus le poids. Quelques-uns ont cherché dans l'accumulation de la salive et des fluides gastriques, d'autres dans l'alcalescence de ces sucs, la cause de ce phénomène, qui paraît tenir plutôt au mode de vitalité propre de l'organe digestif. »

La faim diffère suivant l'âge, la force des individus et la constitution. Chez les jeunes gens, la croissance et les pertes qu'occasionne leur constante activité, enfin l'énergie de leur estomac, rendent la faim bien plus impérieuse et exigent beaucoup d'aliments. Les raisons opposées ôtent à peu près l'appétit aux vieillards. Le besoin d'aliment étant un des plus forts instincts par lequel l'homme puisse être maîtrisé, on a observé que lorsqu'il est dans l'impossibilité de le satisfaire, au bout de quelques jours l'hémorrhagie du nez survient, la dissolution et la putréfaction des liquides se manifestent; la fureur, la férocité, et enfin la mort, terminent les souffrances les plus atroces, vers le septième ou huitième jour. — Voy. *Abstinence.*   B. L

FAISAN (zoologie) [de *phasianos*, nom grec du faisan, qu'on dérive lui-même du nom du *Phase*, fleuve de Colchide]. — Genre d'oiseaux de l'ordre des gallinacés, famille des gallinacés proprement dits, dont voici les principaux caractères : volume du coq ordinaire, port noble, tête petite, oblongue, langue épaisse et charnue, ailes courtes, jambes emplumées, tarses nus, plumage lustré et offrant les couleurs les plus brillantes, surtout chez le mâle. La taille des faisans varie de 7 à 12 décimètres de longueur. Leur vol est pesant et lourd. Ils sont timides et sauvages et vivent en troupes nombreuses; ils aiment les lieux tranquilles, retirés, marécageux et les bois de plaine. Ils vivent de sept à huit ans. Les faisans sont polygames; la femelle se nomme poule *faisane* ou *faisande.* Originaires de l'Asie, ces oiseaux se multiplient, s'acclimatent et vivent en domesticité dans tous les pays du monde. Le *faisan commun*, appelé aussi *faisan du Phase*, nous a été apporté, dit-on, des bords du Phase, fleuve de l'Asie Mineure, par les Argonautes; c'est celui que l'on conserve particulièrement dans les faisanderies. Les autres espèces sont : le *faisan à collier*, le *faisan doré*, le *faisan argenté*, tous trois originaires de la Chine, et huit ou dix autres espèces plus ou moins connues. Leur chair est légère, nourrissante et délicate ; on la sert sur les meilleures tables.

FAMILLE [du latin *familia*, même sens; fait du même radical que *fœmina*, femme]. — La plus élémentaire et la plus naturelle des sociétés humaines. En général, dit un auteur, on peut considérer la famille en elle-même et dans ses rapports avec la société nationale. En elle-même, la *famille* se compose, originairement, du père, de la mère et des enfants. L'union de la femme et de l'homme la commence, la naissance des enfants la complète. Dans cette société, qui a l'amour pour principe et la propagation ou la continuation de la vie pour but, la femme est l'être principal, parce qu'elle est la tige essentielle de la race, la dépositaire sacrée des germes d'où doivent éclore des générations sans fin. Elle est, de droit naturel, de droit antérieur à toute convention, le centre autour duquel pivotent tous les ressorts de la constitution familiale. Elle est le sanctuaire où convergent et d'où émanent toutes les pensées, tous les sentiments de la famille : c'est pour elle que l'homme, l'époux, travaille, lutte et combat ; c'est elle que les enfants aiment le plus tendrement. Donc, en droit, la femme est la souveraine dans la famille, comme elle l'est de fait ; et, comme conséquence de sa souveraineté, elle devrait imposer son nom comme ses sentiments, sinon ses volontés, au petit système social qui pivote autour d'elle.

FANATISME (philosophie, morale).—Zèle aveugle et passionné, qui fait commettre des actions injustes et cruelles, non-seulement sans honte et sans remords, mais encore avec une sorte de joie et de consolation. La vérité, la religion, l'amitié, l'amour de la patrie ont leurs fanatiques. Le fanatisme religieux est un délire qui naît de la superstition ; le fanatisme politique naît de la persécution ou du désir exagéré de faire triompher son parti ou son opinion.

FANTASMAGORIE (physique) [du grec *phantasma*, fantôme, et d'*agora*, assemblée]. — La fantasmagorie est l'art de faire apparaître des spectres, des fantômes, etc., à l'aide d'illusion d'optique. Les effets de cet art paraissent avoir été connus des anciens, surtout des devins, des sibylles et des prêtres du paganisme, qui s'en réservaient le secret et en tiraient parti pour tromper le peuple.

On place au milieu d'une salle parfaitement obscure, une toile qui sépare les spectateurs de l'opérateur ; celui-ci tient à la main une lanterne magi-

que, dont les verres représentent un spectre menaçant, un fantôme. En mettant l'appareil tout près de la toile, le spectre ne semble qu'un point ; en l'éloignant progressivement, le spectre grandit, semble s'approcher peu à peu et se précipite vers les spectateurs. On fait quelquefois apparaître ces fantômes comme animés et pleins de vie, disparaissant, s'agitant en tous sens.

Robertson ouvrit à Paris, à la fin du siècle dernier, le premier théâtre de *fantasmagorie*, spectacle aussi frappant par sa singularité que surprenant dans ses effets. « Vous entrez, dit un auteur du temps, dans une salle tendue de noir, où règne la plus grande obscurité ; en attendant que le spectacle commence, une lampe sépulcrale jette une faible lumière. Cette lumière s'éteint ; le spectacle s'annonce par le bruit d'une pluie mêlée de grêle. On aperçoit successivement, dans le fond du théâtre, des parties lumineuses qui vous offrent l'image de personnages connus, tels que Rousseau, Voltaire, Mi-

Fig. 40. — Faisan doré.

rabeau, etc. Il s'y passe aussi des scènes lugubres, telles que celle d'un squelette couché qui se dresse sur ses pieds et se promène sur le théâtre ; celle d'un tombeau qui s'ouvre et est foudroyé par le feu du ciel ; celle de la nonne sanglante qui, la lanterne à la main, arrive du bout d'une longue galerie jusque sur le bord du théâtre, etc. »

Ce spectacle, effrayant pour certaines personnes, est assez curieux aux yeux de l'homme instruit qui, dans ce tableau magique, reconnaît les lois de la catoptrique.   J. RAMBOSSON.

FARINE. — Nom donné à diverses substances réduites, par des moyens mécaniques, en poussières très-fines. On appelle *folle farine* la poussière de ces substances, dont la ténuité est telle qu'elles sont emportées dans l'air, suivent les divers mouvements de ce fluide élastique, et vont se déposer jusque dans les parties les plus élevées des bâtiments où s'opèrent les broyages à sec.

Les matières que l'on a le plus généralement et le plus anciennement soumises au procédé de mouture sont les graines de céréales, le *froment*, l'orge, l'a-

voine, etc. Aussi le mot farine s'applique-t-il ordinairement à ces graines et à quelques autres semences moulues et connues sous cette forme.

Les emplois les plus nombreux sont réservés au froment. On désigne même par le mot de farine, employé seul, la farine de froment. (J. *Rambosson.*)

FATALISME (philosophie) [de *fatum,* destin]. — Opinion qui consiste à nier la liberté, à supposer que les faits de l'ordre moral sont, comme ceux de l'ordre physique, le résultat de la nécessité ou du destin.

« Le fatalisme peut naître soit de l'idée fausse que nous nous faisons de la nature des êtres, soit de l'idée exagérée que nous concevons des forces du monde physique et de la dépendance où nous sommes de ce monde; soit de l'esprit de système qui nous fait sacrifier la notion de la liberté à certaines théories fausses de métaphysique, de psychologie, de théodicée, ou de physiologie. Ainsi, qu'un philosophe n'admette d'autre existence que celle de la matière, comme le faisaient Leucippe, Démocrite, Épicure, et les matérialistes modernes, Lamettrie, d'Holbach, Diderot; qu'un métaphysicien, comme Leibnitz, explique les rapports de l'âme et du corps par une harmonie préétablie entre la série des actes de l'âme et la série des phénomènes du corps; qu'un psychologue confonde, comme Condillac, la volonté ou la liberté avec le désir, et le désir avec la sensation; ou qu'à l'exemple des platoniciens et des cartésiens, il fasse dépendre trop étroitement les déterminations de la volonté, qui est libre, des conseils de l'intelligence, qui ne l'est pas; qu'un théologien outre l'idée de l'omniprésence de Dieu, ce qui conduit au panthéisme, ou l'idée de sa toute-puissance et de sa prescience infinie, ce qui peut aboutir à subordonner tous les actes de l'homme à cette prédestination inflexible, imaginée par le mahométisme et par plusieurs sectes chrétiennes; qu'un physiologiste, comme Cabanis, réduise l'âme à n'être qu'une partie ou une fonction du cerveau; ou bien, qu'en se préoccupant, avec Gall et l'école phrénologique, de l'influence de certaines protubérances du cerveau, il en tire l'explication de nos qualités, de nos penchants et de nos vices; au fond de toutes ces hypothèses, il y a implicitement ou explicitement la négation de la liberté, c'est-à-dire le fatalisme. »

FAUCON (zoologie). — Genre d'oiseaux de l'ordre des rapaces, de la tribu des diurnes, composé d'espèces très-nombreuses d'oiseaux de proie, qu'on emploie presque toutes pour la chasse au vol. Les *faucons* volent haut et avec rapidité; ils s'approchent rarement de la terre, excepté pour chasser. On dit que leur vie dépasse cent années.

FAUVETTE (zoologie) [*sylvia*]. — Genre de l'ordre des passereaux dentirostres, renfermant de petits oiseaux à plumage assez varié, mais ordinairement brun ou *fauve,* et dont le chant est assez agréable. Les caractères principaux sont: bec effilé, droit, pointu; queue arrondie ou carrée. On trouve les fauvettes partout, mais surtout en Europe. Elles nous quittent à l'entrée de l'hiver pour revenir au beau temps. Elles pondent quatre à cinq œufs; elles

se nourrissent d'insectes et de fruits mous. On distingue: la *fauvette à tête noire* et la *fauvette des jardins,* communes dans toute la France; la *fauvette*

Fig. 41. — Fauvette.

babillarde, la *grisette,* etc. G. Cuvier comprenait parmi les fauvettes la *rousserolle* et le *rossignol.*

FÉBRIFUGE (matière médicale) [du latin *febris,* fièvre, et *fugare,* chasser]. — Médicaments qui empêchent le retour des accès de fièvres intermittentes, tels que le *quinquina,* les écorces d'angusture, de marronnier d'Inde, d'aune, de saule; l'alkékenge, la racine de benoîte, les feuilles de houx, la serpentaire de Virginie; l'arséniate de potasse, celui de soude, etc. Mais de toutes ces substances médicamenteuses, le *quinquina* est le fébrifuge par excellence, et presque le seul employé par les médecins.

FÉCULE (chimie). — La fécule ou amidon $C^2 H^9 O^9 HO$ est un corps très-répandu dans l'organisation végétale. On le trouve dans les cellules d'un grand nombre de plantes, sous la forme de petits granules ovoïdes, composés de couches concentriques, et présentant, en un point de leur surface, un petit pertuis nommé *hile.* La dimension de ces granules varie suivant la nature de la plante qui les a produits. Elle est généralement comprise entre 2 millimètres 2 dixièmes de millimètre. Le tubercule qui produit le plus de fécule est la pomme de terre; c'est aussi celui qui produit le plus de substances nutritives. Ainsi, un hectare de terrain de bonne qualité produit de 21,000 à 28,000 kilogrammes de pommes de terre, dont 5,250 à 6,562 kilogrammes de matières sèches, tandis que les topinambourgs ne donnent que 19,000 à 23,700 kilogrammes, dont, de 3,840 à 4,789 de matières sèches, et que sur 30,000 ou 40,000 kilogrammes de betteraves que la même surface peut produire, on ne compte que de 4,500 à 6,000 kilogrammes de matières sèches. Le meilleur parti que l'on puisse tirer des pommes de terre malades est de les livrer aux féculeries, qui en extraient tous les produits encore sains. Nous allons développer ici les procédés employés pour l'extraction de la fécule. Les tubercules sont d'abord soumis à un lavage dans un cylindre composé de tringles de fer ou de bois distantes de 15 millimètres, et tournant autour d'un axe horizontal. Ils se débarrassent ainsi, par un frottement que produit la rotation et le passage de la partie inférieure du cylindre dans une masse d'eau, des matières terreuses ou calcaires qui les enveloppent ; puis ils arrivent par un grillage incliné sur la râpe. Cette partie de l'appareil consiste en un cylindre armé dans le sens de son axe de lames de scies écartées de 2 centimètres environ, et dépassant d'autant la surface extérieure du cylindre. La râpe fonctionne avec une rapidité de 800 tours à la minute ; une plus grande vitesse altère trop rapidement l'appareil, une plus petite ne permet pas de déchirer assez de cellules. Pendant la durée de cette opération, un filet d'eau vient constamment se joindre à la force centrifuge pour détacher de la râpe la pulpe produite, et aider en même temps à la séparation de la fécule. Le tamisage, qui vient ensuite, est l'opération la plus importante et qui a été l'objet de nombreux essais. Il s'exécutait d'abord à la main d'une façon longue et dispendieuse. Le tamis de M. Saint-Étienne, qui présente sur cet ancien procédé de grands avantages, et qui lutte avec succès contre les nouveaux, consiste en toiles métalliques étendues sur des châssis superposés. La pulpe arrive sur le tamis inférieur, et une double chaîne sans fin, munie de traverses, l'entraîne sur les toiles supérieures dont les mailles sont de plus en plus serrées. La fécule est séparée de la pulpe par un filet d'eau qui coule continuellement sur le châssis supérieur, et retombe sur les tamis inférieurs, en passant à travers les tamis intermédiaires avec la fécule que cette eau entraîne dans un caniveau placé au-dessous. Cette eau, chargée de fécule, est encore tamisée dans un cylindre de toile métallique très-serrée qui retient les débris faits de pulpe.

Le tamis de M. Huck est formé de trois cylindres de diamètres différents sur un même axe recevant à l'intérieur une pluie fine et continuelle, qui fait également sortir la fécule des cellules ouvertes, et l'entraîne à travers les toiles métalliques du premier et du troisième cylindre. Le cylindre intermédiaire, qui a le plus grand diamètre, est seul imperméable, et sert à la fois à briser le noyau de pulpe qui tend à se former dans le premier cylindre, et à contenir de l'eau pour désagglomérer les amas qui peuvent se former. Pour éviter l'engorgement des mailles

par la fécule, on fait arriver de l'extérieur sur le haut des cylindres, de vifs filets d'eau qui repoussent la fécule vers l'intérieur, et aident à son écoulement. Pour empêcher que la force centrifuge développée dans le mouvement de rotation de ce tamis ne porte toute la pulpe contre les parois, et n'empêche l'écoulement de la fécule, on fait tourner en sens inverse, dans l'intérieur, un cylindre plein : en sorte que si celui-ci exécute un mouvement de 35 tours à la minute et le tamis extérieur de 20, comme cela arrive ordinairement, la fécule sera soumise au même frottement que si le tamis extérieur seul faisait 55 tours à la minute. L'eau, chargée de fécule, que l'on recueille par ces divers procédés, est amenée dans des cuves où on opère le dessablage ; c'est-à-dire que, après avoir agité le liquide, on laisse reposer au fond les matières terreuses plus lourdes que la fécule, et pendant que celle-ci est encore en suspension, on décante dans de nouvelles cuves. Cette fois, on laisse reposer plusieurs heures la fécule, puis on vide les cuves. Ces dépôts de fécule blanche que l'on obtient ainsi sont recouverts d'une substance verte, riche en fécule, mais contenant aussi des substances étrangères ; on enlève ce *gras de fécule* par un simple grattage, puis un lavage sur un plan incliné emporte les matières étrangères qui abandonnent le produit principal. Les pains de fécule obtenus sont ensuite épurés par un délayage dans de l'eau acidulée dans les proportions suivantes : 100 grammes d'acide sulfurique mêlés à 10 litres d'eau, suffisent pour 40 kilogrammes de fécule, puis on laisse égoutter. Les pains ainsi obtenus sont brisés, puis exposés trois ou quatre jours à l'air libre. Souvent on les a précédemment posés sur une aire en plâtre qui absorbe rapidement une partie de l'eau interposée. Après cette première dessiccation, on expose la fécule sur des toiles sans fin, maintenues horizontales par des rouleaux qui la font passer successivement, et sans variation brusque, de 40° à 100° et plus. Quelquefois, par une disposition particulière, on la fait successivement passer sur des planchers inclinés superposés, dont les températures vont en augmentant. Après cette opération, la fécule est écrasée par un rouleau de fonte, puis elle est livrée au commerce sous le nom de *fécule sèche*, bien qu'elle contienne encore quatre équivalents d'eau, environ 18 pour 100 de son poids.

Parmi les diverses variétés de pommes de terre, c'est celle qui est connue sous le nom de *patraque jaune* qui rend le plus de fécule ; viennent ensuite la patate rouge ou igname, et le cerfeuil bulbeux, ou igname de Chine ; cette dernière plante n'est pas encore très-répandue en Europe, où son goût sucré la fait trouver fade et peu agréable. On en consomme une grande quantité, au contraire, dans les régions tropicales, où elle vient à peu près sans culture, et sert presque exclusivement de nourriture aux habitants. Quoique contenant beaucoup de substance nutritive, elle n'entretient pas la vigueur du corps, et les Européens qui se nourrissent de matières sucrées, grasses ou azotées, supportent beaucoup mieux la fatigue sous l'équateur que les peuplades habituées à ce climat; d'ailleurs, la vie, au Pérou, par exemple, est tellement à bon marché, que la valeur de 3 centimes de patates, ce qui en représente à peu près 3 kilos, et de 2 centimes de viande desséchée, ce qui en donne 50 grammes, suffit à la subsistance d'un homme pendant une journée. L'igname de Chine, introduite en France par le consul, M. de Montigny, présente, avec de grands avantages de rapport, un inconvénient pour la culture. Le tubercule n'a pas la forme ronde de la pomme de terre, mais il s'enfonce, au contraire, profondément dans le sol à 05 cent. ou même 1 mètre, et présente, par conséquent, de grandes difficultés à l'arrachage. La disposition de la fécule est remarquable dans les tiges de l'igname; elle forme autour des faisceaux vasculaires ou des canaux de la plante un cylindre qui croît avec la plante. On remarque cette construction en mouillant, avec une dissolution d'iode, la section d'une tige; l'iode, comme nous le savons, colorant en violet la fécule, forme autour des points de section des vaisseaux, de petites taches circulaires. On peut donc apprécier ici, à la simple vue, les qualités alimentaires de la plante. Un autre avantage que présente l'igname est son indifférence à la gelée; si, en effet, la partie externe de la plante est atteinte par le froid et meurt, immédiatement d'autres bourgeons poussent de la tige souterraine pour remplacer les organes détruits. La disposition de la fécule dans la pomme de terre ordinaire est différente. Ici, la partie la plus rapprochée de la surface en contient beaucoup plus que la partie corticale, qui en renferme très-peu; il est donc important, lorsque l'on enlève l'épiderme des pommes de terre, de retrancher le moins possible de la substance même du tubercule, car la partie la plus riche en fécule est immédiatement recouverte par cette enveloppe terreuse et colorée. Sous l'influence de la chaleur, les pommes de terre de bonne qualité prennent une apparence farineuse qui indique, en effet, qu'elles renferment beaucoup de fécule. Ce sont ces grains de fécule qui, sous l'influence de la chaleur, se dilatent et forcent les cellules qui les renferment, à prendre leur forme sphérique, quelquefois même à se déchirer. La gelée produit le même phénomène par la dilatation subite des matières liquides qui se congèlent dans ces mêmes cellules. Si on cherche à extraire la fécule d'une pomme de terre qui a été gelée, on n'obtient que la moitié de ce qu'elle donnerait à l'état ordinaire; cela tient à ce que les cellules, devenues molles, ne se brisent plus sous la râpe, et ne laissent pas, par conséquent, échapper les grains de fécule. Si, au contraire, on fait l'opération lorsque les liquides gelés conservent encore aux cellules leur résistance et leur cohésion, les procédés d'extraction de la fécule donnent davantage, car plus de cellules sont déchirées. Les marrons d'Inde n'avaient encore servi à aucun usage; tout au plus les employait-on après dessiccation comme combustible. M. Cabas, se fondant sur leur faible prix de revient, puisqu'il con-

siste seulement dans le remassage, s'est proposé, avec succès, d'en extraire la fécule. La seule différence, d'ailleurs, que présente le procédé d'extraction consiste dans la nécessité où l'on se trouve d'éplucher le marron, ce qui se fait avec la râpe de M. Huck.

La fécule provenant des pommes de terre, des patates, des marrons d'Inde, du manioc, ne diffère que par l'agrégation des molécules, de l'amidon provenant du blé, du riz, de l'orge, du maïs, etc... La fécule amilacée provenant des marrons d'Inde forme un empoi et se gonfle en augmentant de 100 fois son volume sous l'action d'une solution alcaline très-faible, qui forme, au contraire, un précipité avec l'amidon du blé.

La formation de l'amidon commence par un granule sphéroïdal, dont l'accroissement s'exécute par un orifice en forme d'entonnoir. On peut observer au microscope ce trou conique par lequel s'introduisent les substances constituantes du grain, en sorte que la partie extérieure est la plus ancienne et la plus résistante. Les fécules amilacées sont donc formées de couches concentriques solidifiés, représentant, en quelque sorte, des sacs emboîtés les uns dans les autres, visibles dans certaines espèces, invisibles dans d'autres. La forme globuleuse qu'affectent les grains de fécule provenant des pommes de terre n'est pas générale pour tous les grains de fécule amilacée; ainsi les grains d'amidon provenant du blé sont aplatis comme des lentilles; ce qui explique, dans la dessiccation de la fécule, leur arrangement en longues aiguilles, disposition qui n'est pas observée dans la fécule de pommes de terre ou de marrons.

L'amidon est employée dans beaucoup de cas: pour le blanchiment, l'essai des sels ammoniacaux et des vinaigres, le collage des papiers fins, la préparation des sirops, la pâtisserie fine, les potages, le pain; pour ces derniers produits il était important d'enlever à la fécule l'odeur particulière que lui communique une huile essentielle. M. Martin y est parvenu en la lavant avec un centième de son poids de carbonate de soude dissous dans cinquante parties d'eau, puis avec un excès d'eau pure. La fécule remplace aussi le poussier de charbon de bois dans le moulage du bronze ou de la fonte par son introduction dans les moules. La salubrité et la propreté sont les principaux avantages que l'on retire de son emploi.

Lorsque la fécule a été obtenue desséchée sur l'aire en plâtre, elle prend le nom de *fécule verte*, et contient encore 45 pour 100 d'eau; si, en cet état, on la projette sur des plaques chauffées à 150°, ses granules se gonflent brusquement et se soudent entre eux. On met à profit cette propriété de la fécule des pommes de terre pour imiter certaines formes des fécules exotiques, connues sous le nom de *sagou*, *tapioca*, etc.

La fécule sert aussi à reconnaître la présence de l'iode dans l'eau. Cette opération est importante, car dans les pays où les habitants sont sujets au *goître*, on a reconnu que l'eau des sources et des rivières ne contenait aucune trace d'iode. Cette eau devrait donc être rejetée comme boisson.   ALFRED SIRVEN.

FELDSPATH (minéralogie). — Le feldspath, si commun sur la surface du globe, nous présente cette singularité, qu'il est, dans ses variétés cristallines, la base de plusieurs pierres précieuses connues aussi bien que des plus communes.

Ainsi, forcé en chaux, ils constitue l'*indianite*; forcé en soude, on le nomme *albite*; d'un aspect opalin, c'est le *labrador*; en cristallisation pyramidale, il produit l'*élaolithe* et la *méïotte*; rhomboïdale, la *néphéline*, la *chiastolithe* et la *soda-lithe*; enfin, à l'état transparent et additionné de potasse, il nous fournit l'*adulaire*.

Silicate alumineux dans tous les cas, il est tour à tour globulaire, argiliforme, lamellaire, laminaire, palmé, nacré, chatoyant, irisé, vitreux, lithoïde, décomposé, terreux, etc., etc.; dans ce dernier cas et argileux, il constitue le *kaolin*; tout à fait commun et laminaire, il est le *pétunzé*, lequel, associé au kaolin, forme la porcelaine.

Il est, avec toutes les nuances intermédiaires, blanc, rouge, gris, bleu, vert, opalin, etc.; tacheté de petits points blancs, il imite l'*aventurine*, quoique très-imparfaitement; seulement vert et originaire de l'Amérique, il est *pierre des amazones*.

Sa forme à l'état cristallin est, le plus souvent, le prisme hexaèdre ou décaèdre, terminé par des sommets irréguliers. Son clivage est triple, son éclat plus généralement nacré que vitreux; beaucoup moins dur que le quartz, le feldspath est aisément frangible, devient translucide sur les bords et est d'une pesanteur spécifique de 2,57 en moyenne. Soumis au chalumeau, il fond très-aisément et sans addition en un verre gris translucide.

Sa composition varie suivant ses lieux de gisements et ses qualités physiques.

Nous donnons le tableau des principales variétés:

homme: elle a les mêmes organes, les mêmes besoins, les mêmes facultés; la machine est construite de la même manière, les pièces en sont les mêmes, le jeu de l'une est celui de l'autre, la figure est semblable; et, sous quelque rapport qu'on les considère, ils ne diffèrent entre eux que du plus au moins. En tout ce qui tient au sexe, la femme et l'homme ont partout des rapports, et partout des différences : la difficulté de les comparer vient de celle de déterminer, dans la constitution de l'une et de l'autre, ce qui est du sexe et ce qui n'en est pas. Ces rapports et ces différences doivent influer et influent nécessairement sur le moral, et montrent la vanité des disputes sur la préférence et l'inégalité des sexes.

L'instinct de la femme est chaste et pur; elle n'a qu'à descendre au fond de son cœur pour y trouver ce trésor de candeur et de modestie, cette exquise délicatesse, cette craintive pudeur qui est l'apanage de son sexe, et comme le sceau divin dont Dieu l'a marquée au jour de la création.

Si la femme succombe quelquefois, ce n'est pas volonté, c'est faiblesse. Or, à mes yeux, aux yeux de tout homme qui pense et juge, la différence est immense : la faiblesse est excusable, le vice ne l'est jamais. Les égarements de la passion peuvent troubler la vie, mais sans la souiller, si le cœur en gémit, s'il a conservé sa sensibilité native et ses élans vers la vertu. Et souvent même, lorsqu'une femme se perd, il faut moins la blâmer que la plaindre; car la faute, si elle existe, ne vient pas d'elle; la faute vient d'ailleurs; elle est au dehors et dans des circonstances ignorées, dans ces mille détails qui composent la trame de la vie, que nous ignorons peut-être, mais qui l'absoudraient sans doute devant un juge non prévenu. Ainsi, sachons-le bien, il y a d'autant plus de mérite dans la vertu d'une femme que cette vertu a pour inséparable compagne une irrémédiable faiblesse; qu'elle n'a pour se défendre contre des attaques sans cesse redoublées que le

SUBSTANCES.	FELDSPATH vert de Sibérie.	FELDSPATH rouge de chair.	FELDSPATH de Passau.	INDIANITE.	FELDSPATH compacte.	FELDSPATH vitreux.	ALBITE.
Silice.	62 83	66 75	60 25	70 50	51 30	68 »	70 »
Alumine.	17 02	17 50	22 »	19 »	30 05	15 »	19 »
Chaux.	3 »	1 25	» 75	10 50	11 25	» »	» »
Potasse.	13 »	12 »	14 »	» »	» »	15 05	» »
Oxyde de fer. . . .	1 »	» 75	1 »	» »	1 75	» 05	» »
Soude.	» »	» »	» »	» »	4 »	» »	» »
Eau.	» »	» »	» »	» »	1 26	» »	11 »

Les plus beaux cristaux de feldspath se trouvent en France, en Suisse, en Sibérie, en Saxe, en Écosse, etc., sous toutes les couleurs possibles et dans les conditions de cristallisation que nous avons indiquées plus ou moins modifiées.   CH. BARBOT.

FEMME (philosophie, morale). — Être donné à l'homme pour partager ses travaux, adoucir sa douleur, doubler ses jouissances et embellir sa vie.

En tout ce qui ne tient pas au sexe, la femme est

sentiment de sa dignité même et les avertissements secrets de sa pudeur; qu'elle n'a d'appui nulle part, et ne trouve, parmi les hommes qui l'entourent, qu'un âpre égoïsme, partout et toujours rusé, ardent, habile pour l'attaquer, inintelligent ou insouciant pour la protéger ou la défendre.

Déplorable contradiction! les hommes couronnent la pudeur de la femme; ils regardent ce qu'ils appellent sa vertu comme le premier des biens qu'elle doit garder; ils lui en font une loi, et leur premier désir, leur unique pensée, leur seule occupation est de lui ravir ce qu'ils lui ordonnent en même temps de conserver.

L'âme de la femme est formée de dévouement, de confiance, d'amour, de candeur, toute pétrie d'admirables instincts, de sensibilités exquises et d'adorables faiblesses. Nous devons la prendre telle que la prévoyante nature l'a formée, et, si nous la voyons s'égarer quelquefois, répéter ces divines paroles adressées à la Madeleine repentante : « Il lui sera beaucoup pardonné. »

Un amour vif et sincère est une garantie pour le cœur qui a pu l'éprouver, un gage de salut pour l'avenir, un sceau de rédemption dans les égarements de la vie. Tant que cet amour vit et subsiste, le cœur n'est pas flétri, l'âme n'est pas corrompue. C'est un souffle sacré qui l'anime encore, et ce feu divin, s'il est entretenu, s'il est réveillé; s'il est dirigé vers le bien, pourra donner comme une nouvelle existence, et ramener au bonheur; à la vertu, au sentiment de sa dignité passée, ce pauvre ange déchu, que ses erreurs avaient privé de ses ailes, mais que la flamme d'un amour pur peut encore élever jusqu'au ciel. — Voy. *Homme* et *Éducation*.

D' FABRE D'OLIVET.

FENOUIL (botanique) [du latin *feniculum*, même signification; fait de *fenum*, foin]. — Espèce d'aneth, de la famille des ombellifères dont on cultive deux variétés : 1° Le fenouil commun, qui croît sans culture dans les pays chauds, parmi les cailloux. On se sert, dans les cuisines et en médecine, de ses graines, de ses feuilles et de ses racines; 2° le fenouil doux, qui ne diffère du précédent que par sa tige, qui est moins haute, plus grêle, et par ses feuilles, qui sont plus petites; ses graines sont, au contraire, beaucoup plus grandes, plus douces, plus agréables au goût et à l'odorat. C'est une des quatre grandes semences chaudes. Elle facilite la digestion, répand une bonne odeur dans la bouche, et est un spécifique dans les fièvres putrides accompagnées de malignité.

FÉODALITÉ (histoire). — Gouvernement despotique et arbitraire des grands, des seigneurs et des nobles, qui dut son origine au droit du plus fort.

La faiblesse des rois, dit un auteur, et surtout la profonde ignorance dans laquelle étaient plongés les peuples, ont donné naissance au gouvernement féodal sous les premiers successeurs de Charlemagne. Semblable à tous les gouvernements oppressifs qui intervertissent l'ordre naturel, et dont on serait porté à croire que les peuples ne tolèrent l'établissement que pour confondre l'orgueil de l'homme, la féodalité ne se forma que par degrés, en s'appropriant lentement aux localités, aux habitudes populaires, aux croyances religieuses. Elle partagea la société en deux classes : celle des oppresseurs et celle des opprimés, dégrada ces derniers de la dignité d'hommes en les assimilant à de vils troupeaux, dont un maître pouvait disposer suivant son caprice ou sa volonté, et n'offrit, sous ce rapport comme sous beaucoup

d'autres, aucune analogie avec les institutions des peuples anciens.

Voici en quoi consistaient les droits féodaux les plus généralement en usage, au moment où ils furent abolis par l'Assemblée nationale :

1° Le *droit d'aubaine*, en vertu duquel le roi et quelques seigneurs particuliers héritaient des biens, tant mobiliers qu'immobiliers, laissés en France par des étrangers.

2° La *taille*, imposition arbitraire, à laquelle n'étaient soumis ni les nobles, ni les ecclésiastiques, qui n'étaient point des gens taillables.

3° Les *corvées*, redevances féodales, qui variaient à l'infini, suivant les lieux et les temps.

4° Le droit de *hauban*, que payaient les bourgeois pour être dispensés des corvées ou de la contribution aux ouvrages publics.

5° Les droits de *foires et marchés*, prélevés par les seigneurs sur toutes les marchandises apportées aux marchés ou aux foires qui se tenaient sur leurs terres.

6° Le droit de *banvin*, qui consistait à empêcher les particuliers de vendre leur vin jusqu'à ce que le seigneur se fût défait du sien.

7° Le droit de *tonlieu*, qui se percevait à la barrière des villes au profit des seigneurs.

8° Le droit de *jurée*, redevance annuelle que tout bourgeois devait au roi ou au seigneur de qui venait l'affranchissement.

9° Les *aides*, surcroît d'impôt que le seigneur prélevait dans son fief selon quatre cas principaux : 1° pour payer les frais de sa première campagne; 2° pour sa rançon, s'il était fait prisonnier de guerre; 3° pour le mariage de sa fille aînée; 4° pour les dépenses qu'occasionnait sa réception de chevalier, ou celle de son fils.

Les rois s'emparèrent dans la suite de ce droit, qui s'élevait ordinairement au double des redevances ordinaires.

10° Les *banalités*. Les seigneurs avaient des fours auxquels tous les vassaux étaient obligés de faire cuire leur pain; leurs pressoirs, leurs moulins étaient aussi des banalités. Les droits de *garenne* et de *colombier*, droits très-onéreux pour les habitants des campagnes, qui devaient supporter les dévastations causées dans les champs par les pigeons et le gibier du seigneur.

11° Le droit de *guet* et de *garde*, qui consistait à garder le château du seigneur en certaines occasions et pendant un certain temps.

12° Le droit de *fouage* et *monnéage*, qui se prélevait par feu ou ménage, sur tous les non-nobles d'une commune.

13° Les droits de *péage*, *travers*, *vinage*, qui se percevaient au passage des ponts, au passage d'un lieu dans un autre, et en entrant dans le chemin qui traversait la propriété du seigneur.

14° Le droit de *gîte*, en vertu duquel les vassaux étaient tenus d'héberger le seigneur et sa suite quand il traversait les communes. Ce droit fut, comme une foule d'autres droits plus honteux, soumis à la condition du rachat, et converti en argent.

Enfin, il existait une foule d'autres droits et de charges, provenant de concessions particulières, ou imposées arbitrairement par les seigneurs. Tels étaient le droit de *cuissage*, *prémices* ou *défiorent*, privilége indécent, que les seigneurs, les évêques et les moines exercèrent longtemps sur les nouvelles mariées de leurs fiefs; les droits de *champart*, de *chefs de rente*, de *fiscalités*, de *haute* et *basse justice*, de *mainmorte*, d'*épaves*, de *chasse*, d'*abeillage*, et plusieurs autres droits onéreux ou humiliants pour ceux qui les acquittaient.

Tous ces droits honteux, humiliants, inhumains, furent abolis à jamais dans la mémorable séance de nuit du 4 au 5 août 1789. Le vicomte de Noailles fut celui qui donna le premier le signal.

FER (minéralogie) [du latin *ferrum*]. — Corps simple métallique, solide, d'un gris bleuâtre, très-ductile et malléable, pesant spécifiquement 7,788. C'est le métal le plus tenace : un fil de 2 millimètres de diamètre peut supporter, sans se rompre, un poids de 250 kilogr. Il n'entre en fusion qu'à 175° du pyromètre de Wedgwood; cependant, il se ramollit à une forte chaleur rouge, et se laisse alors souder à lui-même. Il jouit, à un haut degré, de la propriété d'être attiré par l'aimant, et peut lui-même être rendu magnétique. On le rencontre, dans le commerce, à l'état de *fonte*, d'*acier*, et de *fer doux*.

Le fer, si précieux pour l'homme, est de tous les métaux le plus universellement répandu dans la nature; il forme un grand nombre d'espèces minérales, telles que : le *fer oligiste* ou *fer spéculaire*, le *fer limoneux* ou *fer oolithique*, le *fer oxydulé* ou *aimant naturel*, qui renferment du fer combiné avec de l'oxygène; le *fer spathique* ou *fer carbonaté*, composé d'acide carbonique et d'oxyde de fer; la *pyrite*, combinaison de fer et de soufre, etc. Il est très-répandu dans la nature, et sert, à proprement parler, de principe colorant au règne minéral; le sang, et presque tous les organes des animaux, en contiennent, et il n'est pas de plante dont les cendres n'en renferment des proportions sensibles.

L'extraction du fer est une des opérations les plus compliquées de la métallurgie : pour l'obtenir, « on mêle le minerai, pulvérisé grossièrement, avec des proportions convenables de charbon et de fondant (c'est-à-dire d'argile, si le minerai est trop calcaire, ou de craie s'il renferme trop d'argile), et l'on fait réagir ce mélange dans un *haut fourneau*, porté à une température très-élevée; le minerai se désoxyde alors aux dépens du charbon; les matières terreuses qui l'accompagnent se vitrifient au moyen du fondant, et le métal, très-chargé de charbon, coule, en raison de sa densité, dans la partie inférieure du fourneau, appelée *creuset*, qu'on débouche quand elle est pleine, pour faire couler au dehors la *fonte* dans des sillons creusés dans le sable ou dans des moules destinés à la fabrication de petites pièces, telles que marmites, boulets, biscaïens, etc.; le fer ainsi coulé prend le nom de *fer en gueuse*. On soumet ensuite la fonte à l'*affinage* (voy. ce mot) pour la transformer en fer ductile et malléable. Le fer

qui renferme du soufre, de l'arsenic ou du cuivre, a le défaut d'être cassant quand on le forge à la chaleur rouge; s'il contient du phosphore, il se brise quand on veut le ployer après le refroidissement; aussi n'extrait-on le fer que des oxydes et du carbonate de fer. » Les premiers sont principalement exploités en France; les carbonates, en Angleterre.

Voici les principales combinaisons chimiques du fer qui ont de l'importance dans les arts. Il donne avec l'oxygène trois composés : le *protoxyde*, ou *oxyde ferreux* (FeO), dont le sulfate est employé en teinture sous le nom de *vitriol vert* ou *couperose verte*; le *sesquioxyde*, ou *oxyde ferrique* (Fe^2O^3), qui forme la rouille et de nombreux minerais de fer; l'*oxyde ferroso-ferrique* ($FeO+Fe^2O^3$), ou *pierre d'aimant*. Ces sels à base de fer correspondent toujours au protoxyde ou au sesquioxyde; les premiers sont distingués sous le nom de *sels ferreux*, et les seconds sous celui de *sels ferriques*. Les sels ferreux sont généralement cristallisés à l'état cristallisé; ils ont une saveur d'encre, et s'altèrent peu à peu au contact de l'air, dont ils attirent l'oxygène. Les sels ferriques sont jaunes ou rouges; ils ont une saveur styptique et une réaction acide.

Outre les nombreuses applications du fer dans les arts, ce métal s'emploie en médecine comme tonique et pour revivifier le sang qui a été privé d'une partie de ses globules (voy. *Sang*) : pour obtenir ces effets, on l'emploie en limaille, réduit par l'hydrogène en poudre impalpable, en pilules, en pastilles, mêlé au chocolat, à l'eau, etc.

Ce métal si utile a longtemps été inconnu aux anciens peuples. La Bible, toutefois, attribue à Tubalcaïn l'art de le travailler. Une tradition grecque rapporte que le feu ayant pris aux forêts du mont Ida, fit fondre le minerai que l'on vit couler et se répandre à la surface de la terre. On attribue à un pareil événement la découverte des mines d'argent que renferment les Pyrénées. Quoi qu'il en soit, il paraît certain que le fer aura été, de tous les métaux anciennement connus, le dernier à découvrir, et surtout à mettre en œuvre, à cause des difficultés que présentaient sa recherche et sa manipulation. Les Égyptiens attribuent à Vulcain l'art de le forger; les Grecs, aux Dactyles (1950 ans avant Jésus-Christ), à Prométhée, aux Cyclopes, aux Chalybes et aux Noropes. Quelques auteurs en placent la découverte sous le règne de Minos, premier roi de Crète (1431 ans avant Jésus-Christ). Les Chinois l'attribuent à leur premier roi Fou-Hi, qui trouva ce métal en faisant brûler des ronces, dont la terre était couverte (2953 ans avant Jésus-Christ).

Aujourd'hui (1858), on compte en France 177 mines de fer exploitées, 1,850 minières et près d'un millier de fonderies et forges. La production, tant en fer malléable qu'en fonte brute, dépasse une valeur de 150 millions de francs.   Larivière.

FERMAGE, FERME (agriculture). — On sait qu'on nomme *ferme* une exploitation agricole d'une certaine étendue, comprenant terres labourables, prairies, jardins, bâtiments d'exploitation et habitation du fermier. Une exploitation qui contient moins de quinze hectares n'est plus une ferme, c'est une *borderie* ou un *bordage*.

Le cultivateur qui prend une ferme doit se rendre un compte exact des ressources du sol et des moyens de le soumettre à un bon *assolement* (voyez ce mot). Les bâtiments doivent être suffisants pour contenir le nombre de têtes de bétail nécessaire à la prospérité de la ferme. Ils doivent être assez spacieux et aérés pour que la santé des bêtes y soit florissante. Le propriétaire qui lésine sur ces conditions est indigne d'avoir un bon fermier. De son côté, le propriétaire doit exiger du fermier qu'il ait un matériel complet et en bon état, et des têtes de bétail en assez grand nombre pour que les terres soient bien fumées. Il faut au moins trois têtes de bétail par quatre hectares, autrement la terre ne sera pas assez fumée. Tous deux ont un égal intérêt à ce que la ferme prospère; ils doivent donc s'entendre pour ne laisser improductive aucune des ressources du sol.

Le fermage à *moitié*, dit *métayage*, est celui qui concilie le mieux et même qui identifie l'intérêt du maître et du fermier. Il force le propriétaire à s'occuper des travaux qu'on fait à sa terre; il s'instruit lui-même pour aider son fermier à l'améliorer; enfin il est plus disposé à faire des sacrifices dans cette vue qu'un propriétaire qui ne tire qu'un revenu fixe de sa ferme.

La multiplication du bétail par l'extension des cultures fourragères et des plantes racines, l'abondance des engrais et leur augmentation de puissance par les soins intelligents, tels sont les points principaux qui doivent préoccuper le propriétaire dans le contrôle qu'il exerce sur les travaux de son fermier. Ils doivent se considérer comme deux associés n'ayant qu'un même intérêt et qu'un but, l'augmentation de produit de la ferme; c'est pourquoi ils doivent y travailler de tous leurs efforts communs, l'un de ses capitaux et de ses études, l'autre par ses travaux et ses soins assidus. Il faut en finir avec ce préjugé absurde que la culture est la fonction exclusive du paysan. C'est le métier de tout le monde, parce que c'est la vie de tout le monde. Les *fermes écoles* ou *fermes modèles* sont des établissements fondés sous le patronage des autorités départementales pour donner une bonne éducation agricole aux jeunes gens du pays. Il y en a environ cinquante aujourd'hui en France. Il serait à désirer qu'il y en eût cinq cents, et que tous les fils de nos fermiers fussent tenus d'y passer trois ou quatre ans, c'est-à-dire d'y assister à une rotation complète d'assolement. Ce sont là les vrais séminaires de notre agriculture à venir. Dans vingt ans, on ne voudra plus pour fermiers que les hommes qui auront passé par le noviciat de nos bonnes fermes écoles. On ne saurait trop engager les fermiers à faire instruire dans ces établissements leurs fils qu'ils destinent à leur succéder. Quant aux propriétaires qui les fondent, ils sont dignes à jamais de la reconnaissance publique. C'est une des œuvres les plus fécondes et les plus urgentes que

peut inspirer l'amour du pays et de l'humanité.

L. HERVÉ.

FERMENTATION. — Décomposition qui s'effectue dans un grand nombre de substances organiques lorsqu'elles sont exposées à l'action de l'eau, de l'air et d'une chaleur tempérée. Une substance organique qui fermente fournit une série non interrompue de nouveaux produits moins complexes et plus stables.

On admet plusieurs espèces de fermentations : 1° la *fermentation alcoolique*; 2° la *fermentation acide*; 3° la *fermentation visqueuse*; 4° la *fermentation putride*.

Un mélange de 20 parties d'eau, de 15 parties de sucre et 1 partie de ferment, produit, sous l'influence d'une température de 10° à 35° et au contact de l'air, un dégagement d'acide carbonique : la température du mélange s'élève sensiblement, le sucre disparaît, et on trouve, à sa place, de l'alcool, qui s'obtient par la distillation. C'est là ce qui s'appelle la fermentation alcoolique. 90 parties de sucre pur donnent ainsi 42 parties d'acide carbonique et 44 parties d'alcool. Il y a donc environ 4 pour 100 de perte. Dans l'exemple cité, le ferment disparaît. On trouve bien au fond du liquide un débris insoluble, mais ce n'est plus du ferment. Presque tout l'azote du ferment s'est fixé dans le lactate d'ammoniaque qui a pris naissance par suite de la fermentation. L'acide lactique (isomère avec le sucre de raisin) a été formé aux dépens du sucre, et l'ammoniaque aux dépens du ferment; c'est ce qui explique la perte de 4 pour 100 dont nous venons de parler. Le sucre de canne, en fixant de l'eau, se transforme, à l'aide de la fermentation, en sucre de raisin; et c'est ce dernier qui se décompose en acide carbonique et en alcool. En effet, le sucre de raisin, séché à 100°, contient les éléments de 4 équivalents d'acide carbonique et de 2 équivalents d'alcool.

$$C^4 \quad O^8 = 4 \text{ éq. d'acide carbonique.}$$
$$C^8 H^{12} O^4 = 2 \text{ éq. d'alcool.}$$
$$\overline{C^{12} H^{12} O^{12} = 1 \text{ éq. de sucre de raisin.}}$$

La conversion du sucre de lait en alcool et en acide carbonique est très-lente. La fermentation ne s'établit qu'au bout de plusieurs jours. — Le moût de bière, le moût de vin, en général tous les sucs contenant du sucre et une matière azotée, donnent naissance à de l'alcool et à un dépôt de ferment. La levure de bière, qui se dépose dans le moût de bière fermenté, représente, examiné au microscope, un assemblage de corpuscules ovoïdes, marqués d'un ou de plusieurs points au milieu. Placés au sein d'une liqueur fermentescible, ces corpuscules s'allongent, s'étranglent en un ou plusieurs points, de manière à former un chapelet, susceptible de produire autant de corpuscules nouveaux qu'il y a d'étranglements. — La mannite se distingue du sucre en ce qu'elle ne donne pas naissance à la fermentation alcoolique.

La *fermentation acide* consiste dans la transformation de l'alcool en acide acétique par la fixation de l'oxygène (de l'air), d'une température convenable, et d'une matière azotée jouant le rôle de ferment. Avant de devenir acide acétique, l'alcool paraît passer par l'état intermédiaire de l'aldéhyde, moins oxygéné que l'acide acétique (voyez *Aldéhyde*). L'esprit de bois, espèce particulière d'alcool, devient acide formique, sous l'influence de la fermentation acide.

La *fermentation visqueuse* s'établit aux dépens du sucre, qui se change, sous l'influence d'un ferment particulier et d'une température de 30° à 40°, en mannite, en acide lactique, et en une matière mucilagineuse ayant la composition de la gomme arabique. Le jus des betteraves, des carottes, des oignons, offre cette espèce de fermentation. Il est à remarquer que la matière gommeuse est isomérique avec le sucre, et que les éléments réunis de la mannite et de l'acide lactique représentent la composition du sucre de raisin desséché, moins 1 équivalent d'oxygène.

Les acides, les huiles essentielles, la créosote, etc., arrêtent la fermentation.

Quant à la *fermentation putride*, voyez *Putréfaction*. (D^r Hœfer.)

FERRUGINEUX (matière médicale). — Nom donné aux corps qui contiennent du fer à l'état métallique ou à l'état d'oxyde, etc. Les préparations ferrugineuses sont astringentes, et surtout toniques ; elles modifient d'une manière remarquable la composition du sang, dont elles augmentent la matière colorante (*hématosine*) ; elles le rendent plus plastique, plus excitant, développent la fréquence du pouls et accroissent l'énergie de toutes les fonctions; aussi deviennent-elles précieuses. Dans la chlorose, l'anémie, les hydropisies passives, les scrofules, le scorbut, etc., etc., l'action du fer est toujours lente à se développer, et exige quelque temps avant de se manifester. Le fer et ses préparations doivent être sévèrement contre-indiqués lorsque les diverses affections que nous avons énumérées coexistent avec un état pléthorique ou un élément inflammatoire.

FÊTE (liturgie) [du latin *festum*, que quelques-uns font dériver de *feriari*, fêter, chômer]. — Jour consacré à des actions de religion. Les principales fêtes instituées par l'Église sont : 1° Noël, en mémoire de la naissance de Jésus-Christ; 2° la Circoncision, en mémoire de la circoncision de Jésus-Christ; 3° les Rois, en mémoire de l'adoration des Mages; 4° le Carême, en commémoration du jeûne de Jésus-Christ dans le désert; 5° le Jeudi saint, pour rappeler le jour que Jésus-Christ fit la cène avec ses disciples; 6° le Vendredi, jour de sa mort; 7° le Samedi, jour où il resta dans le sépulcre; 8° Pâques, en mémoire de sa résurrection; 9° la Pentecôte, cinquante jour après Pâques, en mémoire de la descente du Saint-Esprit sur les apôtres; 10° l'Ascension, en commémoration de l'élévation miraculeuse de Jésus-Christ quand il monta au ciel en présence de ses apôtres et de ses disciples; 11° la Fête du Saint-Sacrement, instituée depuis cinq siècles, avec sa procession solennelle, pour réparer les injures faites par

les hérétiques à cet auguste sacrement ; 12° la Toussaint, destinée à honorer tous les saints, surtout ceux dont on ne fait pas de fête particulière ; 13° l'Assomption, en commémoration de la mort, de la résurrection et de l'élévation au ciel de la vierge Marie ; 14° l'Annonciation, en mémoire du message de l'ange Gabriel à la Vierge, pour lui annoncer le mystère de l'Incarnation; 15° la Purification pour honorer le jour où Jésus-Christ fut présenté au Temple par sa sainte Mère, et reconnu pour le Messie par le vieillard Siméon ; 16° la Nativité de la sainte Vierge; 17° sa Conception, en mémoire du premier moment où elle a commencé d'être.

Enfin, on célèbre une fête pour saint Michel et tous les anges; on honore la mémoire des apôtres, de quelques martyrs, de plusieurs confesseurs (1), comme saint Laurent, saint Martin, etc., et outre ces fêtes connues de tout le monde, l'Église en a tant d'autres, qu'il y a peu de jours de l'année où elle n'honore, par son office, quelqu'un de ses saints.

FEU [du latin *focus*, foyer]. — Développement simultané de chaleur et de lumière produit par la combustion des corps dits *combustibles*, tels que le bois, le charbon, etc. — Les anciens le regardaient comme un des quatre éléments. Plusieurs peuples l'adoraient même comme une divinité. — Voy. *Calorique* et *Combustion*.

Les feux d'artifice. — Les effets si variés que l'on admire dans les feux d'artifice sont obtenus par des moyens généralement très-simples, que nous indiquerons sommairement en écartant, autant que possible, les termes techniques employés par les artificiers : « Les mélanges qui servent à la confection des artifices ont pour base nécessaire les trois éléments de la poudre à tirer, savoir : le nitre ou salpêtre, le soufre et le charbon. Le plus souvent, on fait usage de poudre toute préparée, qu'on écrase à moitié ou qu'on réduit en une poudre fine nommée *pulvérin*, dont la combustion est plus lente que celle de la poudre ordinaire. On mêle ensuite à la poudre du nitre, du soufre, du charbon, des résines, du camphre, du lycopode ou des limailles de fer, de zinc, de cuivre. C'est la limaille de fer qui produit, en brûlant, ces innombrables étincelles jaunes, rouges ou blanches qu'on prodigue dans les feux d'artifice ; plus la limaille est fine et longue, plus les étincelles sont belles ; les limailles ou tournures d'acier et de fonte donnent un feu plus brillant que la limaille de fer. La limaille de zinc brûle avec de belles étincelles bleues-verdâtres; le sulfure d'antimoine en poudre produit le même effet, mais il donne beaucoup de fumée. Le cuivre et la plupart de ses composés produisent des feux verts. Le noir de fumée, mêlé avec la poudre, est employé pour les pluies d'or, colorées en rouge foncé ou clair, suivant la proportion de nitre que contient la poudre. Le

---

(1) Les confesseurs doivent être distingués des martyrs. Le martyr verse son sang pour le triomphe de la religion chrétienne ; le confesseur souffre pour la foi, mais survit à ses souffrances.

camphre donne une flamme très-blanche et odorante qu'on emploie, comme celle du benjoin, pour dissimuler la mauvaise odeur des autres matières. Le lycopode brûle avec une belle flamme rose; c'est une poussière fine qui s'enflamme aisément à distance quand elle est en suspension dans l'air; aussi l'employait-on autrefois dans les opéras mythologiques pour alimenter les flambeaux des furies. Les mélanges combustibles, convenablement préparés, sont introduits dans des enveloppes ou cartouches de papier fort ou de carton. Quelquefois on se contente de tasser fortement les mélanges dans des écuelles de terre, où on les enflamme à l'aide d'une mèche; c'est ainsi qu'on opère pour les *feux de Bengale*, préparés avec sept parties de nitre, deux de soufre et deux d'antimoine pulvérisé. »

FÈVE (botanique) [du latin *faba*, même sens; le *b* s'est changé en *v*].— Plante annuelle de la famille des papillonnacées, qu'on cultive en grand dans les jardins et dans les champs pour sa graine, qui sert de nourriture aux hommes et aux animaux. « Ses tiges, qui s'élèvent à un mètre environ, sont quadrangulaires et garnies de feuilles ailées; ses fleurs, en grappes axillaires, se transforment en une gousse coriace, longue, renflée, contenant quatre ou six semences plates. Il y a plusieurs variétés de fèves, dont la plus vulgaire est la fève de marais. Toutes demandent, en général, une terre substantielle, amendée et bien divisée. On les sème en automne ou en hiver, et on les dispose en bordure, en plates-bandes, en plein carré ou en planches. Elles craignent la gelée. En coupant les tiges à ras du sol, après la récolte, on obtient souvent des rejetons qui donnent encore des fleurs et des fèves à l'arrière-saison. »

FIACRE. — Voitures publiques créées par un nommé Sauvage, dans le dix-septième siècle. — Voy. *Carrosse*.

FIBRE (anatomie) [du latin *fibra*, même sens].— Filaments longs, grêles et organiques, plus ou moins solides, de nature diverse, et qui entrent dans la composition des tissus animaux et végétaux. On distinguait autrefois les fibres simples, formées de particules terreuses unies par un suc visqueux; les fibres composées, formées de la réunion des premières; les fibres membraneuses, nerveuses, aponévrotiques, etc. On distingue aujourd'hui : 1º la fibre aminaire ou cellulaire, large, plane, molle, formant le tissu cellulaire; 2º la fibre albuginée, dure, blanche, luisante, formant les membranes albuginées, fibreuses, les tendons, etc.; 3º la fibre nerveuse, ou nervale, linéaire, cylindrique, molle, formant les nerfs; 4º la fibre musculaire ou motrice, linéaire, aplatie, molle, élastique, blanche ou rouge, et formant le tissu des muscles.

FIBRINE (chimie). — Partie essentielle du sang et des muscles. Le sang retiré de la veine et abandonné à lui-même se coagule; le caillot qui se orme est un réseau de fibrine emprisonnant une multitude de globules colorés; par le lavage, ces derniers sont séparés de la fibrine, qui reste sur le filtre. Le procédé le plus ordinaire d'extraire la fi-

brine consiste à battre le sang frais avec des branches d'osier : la fibrine s'enroule autour de ces branches, et peut être dépouillée de toute matière colorante par le lavage. La fibrine ainsi obtenue est blanche, filamenteuse, molle, et insoluble à la température ordinaire. Dans l'eau bouillante, elle éprouve une altération profonde, et présente alors la même différence qu'entre la chair cuite et la chair crue; elle se contracte, perd sa ténacité, en même temps qu'une très-petite quantité de matière. L'alcool lui enlève un peu de matière grasse. Dès que la fibrine a été soumise à l'action des réactifs énergiques, on n'est plus en état de se prononcer sur sa nature ni sur le rôle qu'elle joue dans l'économie animale. Traitée par l'acide acétique concentré, elle se gonfle considérablement, se convertit en un matière gélatineuse, et change entièrement de nature. Dans ce cas, la fibrine, se combinant avec l'acide acétique, se comporte comme une base. La fibrine provenant du sang de veau est plus soluble dans l'acide acétique que celle qui provient du sang de bœuf. Comme l'albumine, la fibrine joue le rôle d'un acide avec les bases faibles, et le rôle de base avec les acides forts. La solution d'acétate de fibrine est précipitée par la noix de galle et par le prussiate de potasse. Traitée par l'acide chlorhydrique, la fibrine développe une matière colorante bleue. L'acide nitrique mis en contact avec la fibrine réagit vivement par une partie de son oxygène : il se produit une matière jaune qui se fonce davantage par l'action d'un alkali. Traitée par une solution de potasse un peu étendue, la fibrine se dissout; en saturant la potasse par un acide, on régénère la fibrine sous forme de précipité blanc. Si l'action a lieu à chaud et avec une solution de potasse concentrée, la fibrine s'altère, tout en se dissolvant : il y a formation d'ammoniaque. La fibrine se dissout également dans une solution de nitrate de potasse : elle est précipitée de cette solution par l'acide tannique. Cette réaction et quelques autres avaient fait penser à M. Denis que la fibrine et l'albumine sont identiques. Cependant, la fibrine se comporte tout autrement que l'albumine au contact de l'eau oxygénée : la première seule jouit de la propriété de décomposer, par le simple contact, l'eau oxygénée en eau et en oxygène. L'analyse présente aussi quelques différences à cet égard.

	Fibrine. (Analyse de Mulder)		*Albumine.* (Analyse de Mulder)
Carbone	54,36	Carbone	54,84
Hydrogène	6,90	Hydrogène	7,00
Azote	15,72	Azote	15,83
Oxygène	22,13	Oxygène	21,23
Soufre	0,35	Soufre	0,68
Phosphore	0,36	Phosphore	0,33

On a donné le nom de *fibrine végétale* au principe essentiel de *gluten*. —*Voyez* ce mot. (D' *Hoefer*.)

FIÈVRE (médecine) [de *fervere*, brûler].—Terme générique servant à exprimer *certains troubles aigus de la circulation et de la respiration, dans lesquels* *il y a tantôt une augmentation de chaleur avec accélération du pouls, tantôt des alternatives soit dans la température réelle, soit dans la chaleur et le froid ressentis par le malade.* On comprendra la difficulté, l'impossibilité même de donner de la fièvre une définition exacte lorsqu'on saura que *l'accélération du pouls* et *l'augmentation de la chaleur* n'existent pas toujours dans les fièvres. Ainsi, par exemple, la *fièvre typhoïde* présente souvent un pouls assez lent, et les fièvres dites *algides* sont caractérisées par un froid glacial.

« Considérée pendant longtemps comme une affection *essentielle*, comme constituant elle-même une maladie susceptible de se compliquer avec toutes les autres, la fièvre n'est plus, pour la plupart des médecins modernes, qu'un *symptôme*, qui, dans une foule de maladies, indique qu'un organe important souffre ou est irrité. Broussais a posé en principe que la fièvre n'est, en réalité, qu'un phénomène sympathique, ou le résultat d'une douleur transmise au cœur et aux capillaires sanguins par les ramifications nerveuses faisant partie d'un organe souffrant : localisant ainsi la fièvre, il en place le siége sur la surface muqueuse des voies digestives, et ne la considère plus que comme une modification de la gastrite ou de la gastro-entérite. Néanmoins, plusieurs partisans de cette doctrine admettent que l'irritation inflammatoire, qui est la cause des fièvres, peut résider primitivement dans d'autres appareils que celui de la digestion. Selon Georget et Dugès, la fièvre est une excitation cérébrale ou nerveuse. »

On s'accorde généralement aujourd'hui à reconnaître trois espèces de fièvres :

1° La *fièvre simple*, qui accompagne une maladie bien caractérisée, comme la pleurésie, l'inflammation du bas-ventre, de la vessie, des reins, etc.;

2° Les *fièvres continues*, qui, bien que recevant leur nom de la partie malade, en deviennent cependant le caractère dominant, comme la fièvre *inflammatoire, bilieuse, cérébrale, typhoïde,* etc.

3° Enfin les *fièvres intermittentes*, qui présentent des accès composés de *frisson*, de *chaleur* et de *sueurs*, avec des intervalles sans fièvre.

I. Fièvre simple. — Elle ne peut avoir de description particulière, puisqu'elle cesse avec la maladie dont elle n'est que le symptôme.

II. Fièvres continues. — 1° La *fièvre inflammatoire*, regardée comme le résultat de l'irritation de la membrane interne des vaisseaux sanguins, attaque ordinairement les sujets sanguins, sains et robustes. Voici les principaux caractères de cette fièvre. Son invasion est subite, accompagnée d'un frisson variable en intensité, suivi lui-même d'une vive chaleur à la peau. Le pouls est fréquent, plein, dur ; les artères du cou et des tempes battent avec force, les veines sont distendues, tout le corps semble acquérir une sorte de gonflement, et sa surface est rouge, particulièrement à la figure : il y a mal de tête; abattement des forces, somnolence, et même quelquefois un peu de délire; les yeux sont rouges, injectés et brillants, le goût et l'odorat émoussés, souvent la langue est

rouge et blanchâtre, mais ordinairement humide ; il y a soif, dégoût pour les aliments ; urine rouge et peu abondante, constipation.

Les indications de traitement consistent à combattre la surexcitation générale du système sanguin (saignées, diètes, boissons rafraîchissantes), et à faciliter la transpiration (tisanes sudorifiques), qui paraît être le mode par lequel se termine la maladie.

2° La *fièvre bilieuse*, qui présente les symptômes suivants :

« Les malades éprouvent d'abord un dégoût marqué pour les aliments, leur bouche est amère, quelques renvois se déclarent bientôt, de simples ils deviennent nauséabonds, puis véritablement bilieux ; à cela se joint une constipation opiniâtre ou une diarrhée de matières verdâtres qu'on désigne sous le nom de débordement de bile. Il y a abattement des forces, douleur au creux de l'estomac, le pouls est généralement fréquent, mais infiniment moins plein et moins dur que dans la fièvre inflammatoire. » Le repos, la diète, les boissons délayantes suffisent dans bien des cas pour rétablir l'état normal.

3° La *fièvre cérébrale*, ou *méningite*, des médecins modernes. — Voyez ce mot.

4° Les *fièvres éruptives*. — Voyez Rougeole, Scarlatine et Variole.

5° La *fièvre de lait*, qui résulte des efforts que fait la nature vers les mamelles, après l'accouchement, pour y établir la sécrétion du lait. Elle se manifeste trois ou quatre jours après l'accouchement par l'augmentation de la chaleur animale, la fréquence et le développement du pouls, la rougeur du visage, le gonflement des seins et la suppression des lochies. Sa terminaison a lieu, après vingt-quatre à quarante-huit heures, par des sueurs abondantes, par l'écoulement du sang. Le traitement consiste à entretenir une douce chaleur et à favoriser la transpiration par des boissons chaudes.

6° La *fièvre muqueuse* ou *pituiteuse* des anciens, qui n'est qu'une complication de la fièvre avec une inflammation particulière de la muqueuse intestinale, jointe à un état de langueur et d'abattement; elle n'est regardée aujourd'hui que comme un symptôme de l'inflammation de la membrane intestinale.

7° La *fièvre nerveuse*, qui est caractérisée par un trouble général des fonctions, surtout celles qui sont sous l'influence des nerfs.

8° Fièvre typhoïde. — Voy. *Typhoïde.*

III. Fièvre jaune. — Voy. *Typhus.*

IV. Fièvres intermittentes, dites aussi fièvres *d'accès, paludéennes* ou *paludéiques*. — « Dans l'immense majorité des cas, dit le docteur Beaugrand, les fièvres intermittentes ne se montrent que dans les localités où existent des marais d'eau douce ou salée, ou de grandes masses d'eau, comme aux embouchures des grands fleuves, là où il y a des débordements fréquents; aussi est-on généralement d'accord pour leur reconnaître la cause commune que nous signalons ici. Cependant on assure les avoir rencontrées dans des localités saines en apparence ! Mais que de causes d'infection souvent méconnues !...

Car il faut bien savoir que, depuis la simple mare d'eau croupissante jusqu'aux vastes inondations des plaines d'Asie ou d'Amérique, toutes les eaux stagnantes peuvent donner naissance à des miasmes; que le sol d'anciens lacs, d'étangs desséchés, ou un sol formé de terres apportées par les eaux (alluvions), que les terres ouvertes pour la première fois dans les défrichements, dans le creusement des canaux, des fortifications, etc., exhalent des vapeurs funestes à la santé. Enfin, les fièvres intermittentes peuvent se développer *accidentellement*, soit sans cause appréciable, soit par suite de causes particulières : certaines opérations chirurgicales, des émotions vives, un refroidissement subit, surtout par une pluie froide, le corps étant en sueur, etc. »

Nous avons vu que les fièvres intermittentes présentent des *accès* ou *stades* composés de frisson (stade de froid), de chaleur et de sueur. Le *stade de froid* débute par des lassitudes dans les membres, de la céphalalgie, des bâillements; le froid commence dans le dos et s'étend à tout le corps, s'accompagnant de frissons, de claquement de dents, de sécheresse à la peau, avec soif et accélération du pouls. Peu à peu le froid se dissipe et le *stade de chaud* commence; la peau rougit, se tuméfie même, et la tête devient douloureuse jusqu'à ce que se déclare la *sueur*, et que tous les symptômes se dissipent peu à peu pour ne laisser aucune trace jusqu'à l'apparition d'un nouvel accès. L'intervalle qui les sépare se nomme *intermittence*. Ces accès reviennent ou tous les vingt-quatre heures (fièvre *quotidienne*), ou de deux jours l'un (fièvre *tierce*), ou seulement au bout de trois jours révolus (fièvre *quarte*), etc.; quand la fièvre est continue, son exaspération prend le nom de *paroxysme*.

Les fièvres intermittentes sont : *simples*, *pernicieuses* ou *rémittentes*. La fièvre *intermittente simple* est celle que nous venons de décrire ; la fièvre *intermittente pernicieuse* s'accompagne d'accidents très-graves : froid glacial, sueurs qui épuisent le malade, ou bien somnolence ou délire; syncopes, convulsions, douleurs atroces au creux de l'estomac. Si la maladie est méconnue au début, elle peut amener la mort au troisième, au deuxième et même au premier accès.

La fièvre intermittente pernicieuse ne s'observe guère que dans les contrées marécageuses du Midi, ou à la suite d'un été très-chaud. Elle débute ordinairement brusquement, mais elle peut aussi se déclarer après quelques accès de fièvre intermittente simple.

Fièvre rémittente. Dans cette forme de fièvre intermittente, au lieu de laisser un intervalle pendant lequel la santé se rétablit momentanément, la fièvre persiste, quoiqu'à un moindre degré, entre les accès, que le type en soit quotidien, tierce ou quarte. Cette espèce de fièvre peut aussi présenter des accidents pernicieux.

Traitement des fièvres intermittentes.—A. Pendant l'accès : 1o stade de froid (concentration). Lit chaud, couvertures chaudes, infusions chaudes de tilleul, de thé, de bourrache, de sureau, de sauge, de ca-

momille ; ligature circulaire des membres ; ammoniaque à l'intérieur jusqu'à la réaction.

2o *Stade de chaleur* (réaction). Diminuer les couvertures; boissons fraîches, acidules : sinapismes, quelquefois saignées ou sangsues à l'anus.

3o *Stade de sueur* (détente). Revenir aux boissons chaudes ; changer de linge, éviter le refroidissement.

B. Après l'accès : prévenir le retour de l'accès ; à cet effet, donner, le plus loin possible de l'accès à venir, le quinquina et ses préparations sous toutes les formes, par la bouche, en lavements (femmes et enfants), ou par la méthode endermique (enfants).

Lorsque la fièvre est coupée, il faut continuer encore quelques jours l'usage du quinquina, si l'on ne veut pas voir récidiver les accès.   B. LUNEL.

FIFRE (musique). — Petit instrument de musique à vent dont le son est très-aigu. Ce fut un régiment de Suisses qui, le premier, commença à s'en servir à la bataille de Marignan. Comme le colonel de ce régiment se nommait *Fifre*, ses soldats le firent parrain du nouvel instrument, auquel ils donnèrent son nom. Le nom allemand *pfféi* a d'ailleurs la même signification que *fifre* en français.

FIGUIER (botanique) [du latin *ficus*, même sens]. — Genre de plantes de la famille des urticées, comprenant plus de cent arbres ou arbrisseaux lactescents, tous exotiques. Ce genre, a dit un botaniste, un des plus intéressants que l'on connaisse, présente des caractères très-singuliers, qui montrent combien la nature est ingénieuse dans les moyens qu'elle emploie pour la reproduction des espèces. On a ignoré longtemps le mystère de la fécondation du figuier. Dans les autres plantes, c'est la fleur qui comprend la fécondation du fruit; dans celle-ci, au contraire, c'est le fruit qui renferme et qui cache même les fleurs. Les botanistes comptent plus de vingt espèces de figuiers. L'espèce commune, cultivée en Europe, vaut seule toutes les autres par l'abondance et la bonté de ses fruits.

FISTULE (chirurgie) [du latin *fistula*, tuyau]. — Plaie étroite, à trajet plus ou moins long, profond, sinueux, disposé en forme de canal, entretenue par une cause locale, et donnant issue à du pus ou à des liquides naturels, tels que la salive, les larmes, l'urine, etc.; d'où dérivent les noms de fistules salivaires, lacrymales, urinaires, etc.

FLATUOSITÉS. — Gaz développés dans l'intérieur du corps, particulièrement dans les intestins, et qui cèdent assez souvent aux infusions chaudes de tilleul, de mélisse, de menthe, d'anis, de camomille, aux pilules de charbon. Les personnes sujettes aux flatuosités doivent s'abstenir des aliments où dominent les fécules et la gélatine, et se nourrir de viandes faites (bœuf, mouton, rôtis ou gibier).

FLEUR (botanique) [du latin *flos*, même sens]. — Ensemble des organes qui concourent à la fécondation et de ceux qui les entourent. — Voy. *Botanique.*

FLEURS BLANCHES, FLEURS BLANCHES, OU LEUCORRHÉE. — Écoulement ou pertes en blanc auxquels sont fréquemment sujettes les femmes, particulièrement dans la période de la vie qui sépare l'enfance de la jeunesse. « Ces écoulements, très variables sous le rapport de la couleur, de la densité et de la quantité du fluide fourni, surviennent au milieu de circonstances aussi nombreuses que différentes les unes des autres. Tantôt, en effet, elles dépendent d'une stimulation directe, comme de la présence d'un corps étranger, d'un pessaire, par exemple, d'injections irritantes, de l'abus des plaisirs, de la grossesse, ou d'un accouchement laborieux, de l'usage des chaufferettes; tandis que, d'autres fois, elles sont le résultat sympathique d'une maladie de l'estomac ou des intestins, de la dentition chez les petites filles, ou d'affections morales chez les adultes; ou bien encore elles dépendent d'une suppression de règles, d'un lait trop brusquement arrêté, d'un ulcère, d'un vésicatoire ou d'un cautère inconsidérément supprimé; mais, le plus ordinairement, elles tiennent à une faiblesse ou à une détérioration générale de l'économie, et se développent sous l'influence d'un défaut d'exercice, de l'habitation de lieux bas, humides et mal éclairés, d'une nourriture trop peu substantielle. »

Il importe donc de distinguer ces différentes causes, que le médecin seul est apte à bien apprécier. Dans tous les cas, les fleurs blanches constituent toujours une maladie longue, incommode, généralement d'autant plus grave qu'elle est plus ancienne, qu'elle tient à des habitudes difficiles à déraciner, que la personne est d'un tempérament plus lymphatique et plus avancée en âge. Quelquefois, néanmoins, les fleurs blanches disparaissent d'elles-mêmes, comme on le remarque chez quelques jeunes filles à l'époque où elles se forment; chez d'autres, à l'époque du mariage ou à la première grossesse.

FLUIDE (physique) [du latin *fluidus*, même sens; de *fluere*, couler]. — Corps dont les molécules sont assez indépendantes pour glisser les unes sur les autres, sans autre résistance que celle de leur propre poids, de telle sorte qu'elles s'épanchent quand elles ne sont pas maintenues par les parois d'un vase ou de toute autre manière. « On distingue quatre sortes de fluides bien distincts. Le premier état comprend les corps réduits à n'être plus qu'une poussière impalpable, dont les parcelles font prendre à la masse la forme des vases qui les renferment, et se nivellent d'une manière approximative; le second état comprend les liquides, qui conservent, toutefois, une très-grande affinité entre leurs molécules et pour un très-grand nombre de corps; le troisième état comprend les gaz permanents nommés *vapeurs*, dont les molécules jouissent d'une plus grande indépendance que celle des liquides, mais qui ne présentent pas une surface nivelée; le quatrième état comprend des substances hypothétiques créées par les physiciens pour se rendre compte des phénomènes naturels qu'ils ne peuvent rattacher aux autres substances connues : il renferme la lumière, le calorique, les deux fluides électriques, les deux fluides magnétiques, le fluide nerveux et le fluide universel qui remplit l'univers. »

FLUORINE (chimie). — Fluorure de calcium,

dite aussi *fluorite*, *chaux fluatée*, *spath fluor*, *spath fusible*. Substance à cassure vitreuse, d'une dureté médiocre et intermédiaire entre celle du calcaire et du quartz, remarquable par la diversité et la vivacité des teintes vertes, jaunes, bleues et violettes dont ses cristaux sont ornés. On la rencontre dans les minerais de plomb et d'étain, dans les terrains granitiques, soit en petits cubes, soit en masses lamellaires, concrétionnées, compactes ou terreuses, dont certaines variétés sont employées pour faire des plaques, des vases, des coupes d'un bel effet et d'un prix très-élevé.

FLUORURE (chimie). — Genre de combinaisons chimiques comprenant toute espèce minérale formée par la combinaison du fluor avec d'autres éléments faisant fonction de base, le fluor étant électro-négatif. « Les *fluorures* ont pour caractère de dégager un gaz incolore qui a la propriété d'attaquer le verre, lorsqu'ils sont chauffés dans le tube fermé, avec de l'acide sulfurique. On les distingue en *fluorures cubiques*, qui comprennent la fluorine et l'yttrocérite, et en *fluorures rhombiques*, comprenant la fluocérine et la cryolithe. »

FLUXION (médecine). — Engorgement phlegmoneux du tissu cellulaire des joues et des gencives, causé par l'impression d'un air froid, par un coup, par une maladie des dents ou par la pose d'une dent artificielle à pivot. Dans les deux premiers cas, les bains de pieds, les purgatifs, quelquefois des cataplasmes de farine de riz suffisent pour abréger la durée du mal. Dans les deux autres, l'extraction ou le plombage de la dent malade, l'enlèvement de la pièce artificielle, sont les indications rationnelles du traitement. Dans tous les cas, si l'on n'a pu prévenir la formation d'un abcès, l'ouverture de celui-ci doit être faite le plus tôt possible.

FOETUS (anatomie et physiologie). — Mot latin passé en français, qui désigne l'enfant depuis la conception jusqu'au quatrième mois environ. — Voy. *Age* et *Circulation*.

FOI [du latin *fides*, même sens]. — Ce mot a deux significations bien distinctes : 1° en théologie, c'est la croyance que les faits et les préceptes présentés par les religions sont vrais et viennent de Dieu; 2° en philosophie, le mot foi désigne la croyance, l'assentiment que nous donnons à l'existence des faits, à la vérité des doctrines, d'après le témoignage de l'expérience et de la raison. Ainsi, les théories scientifiques fondées logiquement sur l'expérience sont *dignes de foi*; par conséquent, on peut *ajouter foi* aux assertions d'Arago, parce que ce savant s'appuyait toujours sur les faits, dont il tirait des conséquences logiques.

FOIE (anatomie) [du latin *focus*, foyer]. — La plus volumineuse des glandes qui occupe l'hypocondre droit et une partie de l'épigastre, et qui est située sous le diaphragme, au-dessus de l'estomac, de l'arc du colon et du rein droit. Le foie est l'organe sécréteur de la bile. Il est retenu dans sa position par divers replis du péritoine auxquels on a donné le nom de *ligaments*. Il est traversé par l'artère hépatique, par le·

divisions de la veine porte, par les veines sur-hépatiques, et contient un grand nombre de vaisseaux lymphatiques et un canal excréteur. Debout ou assis, le foie descend; il remonte lorsqu'on est couché à la renverse; couché sur le côté droit, il appuie sur les côtes, ne gêne aucun viscère, et le sommeil est alors calme et paisible; si on se place sur le côté gauche, il appuie sur l'estomac, le comprime, rend la digestion pénible, surtout lorsque les repas sont copieux, et trouble le sommeil.

FOLIE. — Voy. *Aliénation mentale.*

FONCTIONS (physiologie). — Actes qui résultent de l'activité des organes chez les êtres animés (animaux ou végétaux); telles sont la *digestion*, la *circulation*, la *respiration*, etc.

L'homme individuel se conserve, établit des rapports convenables avec les êtres qui l'environnent, enfin perpétue son espèce; de là trois grandes classes de fonctions : fonctions de *nutrition*, de *relation* et de *reproduction*.

I. A la classe des fonctions de *nutrition* se rapportent :

1° La *digestion*, qui fait subir aux aliments une élaboration essentielle ;

2° L'absorption, qui fabrique le chyle avec les aliments ainsi élaborés, et les transporte dans le torrent de la circulation ;

3° La *respiration*, qui accomplit la fabrication du sang en combinant le chyle et les autres humeurs avec un élément constituant de l'air atmosphérique ;

4° La *circulation*, qui conduit le sang dans la profondeur de toutes les parties;

5° La *nutrition*, qui incorpore ce fluide aux organes, dont il doit opérer l'accroissement ou réparer les pertes ;

6° Enfin, les *sécrétions*, qui, en même temps qu'elles fabriquent avec le sang des humeurs nouvelles servant à divers usages de l'économie, rejettent au dehors, par différentes voies, les débris de la nutrition.

II. Les fonctions qui établissent les rapports de l'individu avec les êtres environnants sont au nombre de trois :

1° Les *sensations*, qui l'avertissent de leur présence;

2° Les *mouvements*, qui l'en approchent ou l'en éloignent;

3° La *voix* ou la *parole*, qui fait communiquer l'homme avec ses semblables, sans qu'il ait besoin de se déplacer.

Tel est l'ensemble des opérations de l'économie par lesquelles la vie s'entretient chez l'individu.

III. L'homme se reproduit :

1° Par la *génération*, qui exige le concours des deux sexes;

2° Par la *gestation*, l'accouchement et la *lactation*, trois fonctions exclusivement dévolues à la femme.

FONDANTS (matière médicale). — Médicaments stimulants, qui ont la propriété de résoudre les engorgements, en ranimant l'énergie vitale dans la partie malade ou en y changeant le mode de vitalité. — Voy. *Médicaments.*

FONTAINES (physique, géologie). — Appareils fort curieux, d'où l'on fait jaillir un liquide par la pression et la force élastique de l'air, ou la pesanteur de l'eau. Les principaux sont : 1° La *fontaine de Héron*, inventée par Héron d'Alexandrie (120 ans avant Jésus-Christ), et dans laquelle l'eau jaillit au-dessus de son niveau au moyen de l'élasticité de l'air, comprimé par une colonne d'eau;

Fig. 42. — Fontaine intermittente. — A. Réservoir. — BB. Siphon.

2° La *fontaine de compression*, vase en fonte au haut duquel est un tuyau portant robinet et sur lequel on visse un ajutage. Un autre tuyau descend depuis ce robinet jusqu'au fond intérieur du vase, où il est ouvert. On remplit d'eau en partie la capacité du vase, puis on y fait entrer de l'air avec une pompe foulante. On ferme le robinet, on ôte la pompe, et on y visse un ajutage. Dès qu'on tourne le robinet, l'air comprimé chasse l'eau avec force. On se sert de cet appareil pour fabriquer les eaux gazeuses artificielles.

On appelle *fontaines intermittentes* ou *périodiques* des sources dont le jet varie d'une manière périodique, c'est-à-dire qui, après avoir coulé pendant un certain temps, s'arrêtent entièrement, puis recommencent à couler, s'arrêtent de nouveau, etc. On les nomme *intercalaires* lorsque, au lieu de tarir entière-

ment, elles donnent par moments de l'eau en plus petite quantité pour en donner ensuite avec plus d'abondance. Pour expliquer ce phénomène, « on suppose
dans les entrailles de la terre la présence d'un siphon naturel servant de canal d'écoulement (fig. 42):
on conçoit que si ce canal entraîne plus d'eau que
les canaux d'entretien n'en fournissent au réservoir
de la source, l'écoulement devra s'arrêter périodiquement jusqu'à ce que le niveau de l'eau s'élève
assez pour produire un nouvel écoulement. On rencontre ces fontaines particulièrement dans les sols
calcaires. Le *Frais Puits*, près de Vesoul (Haute-
Saône), la *Fontaine ronde*, près de Pontarlier (Doubs),
le *Puits de Brême*, près de Dormans (Marne), la *Fontaine du pont de l'Oléron*, celle de *Genet*, aux environs de Beaune (Côte-d'Or), sont des fontaines intermittentes. Pline a décrit la fontaine intermittente
qui se trouve près de Côme (Milanais), et Gassendi,
celle qui existe aux environs de Colmars (Basses-
Alpes). »

Enfin, on nomme *fontaines jaillissantes* les jets
d'eau naturels qui s'échappent du sein de la terre :
tels sont la fontaine de Vaucluse en France, et les
Geysers en Islande. — Les *puits artésiens* sont des
fontaines jaillissantes artificielles. — Voy. *Puits*.

FONTE (minéralurgie). — Produit brut de la fusion du minerai avant qu'il soit soumis à l'affinage.
Ce mot se dit plus ordinairement de la fonte de fer,
qui est une combinaison du fer avec diverses proportions de carbone. « On coule cette fonte en
gueuses, que l'on épure et que l'on convertit en fer
malléable au moyen de la forge. La fonte épurée et
refondue une seconde fois dans les fours à réverbère prend le nom de *fonte de seconde fusion* ; elle
est plus fine que la première, se moule plus parfaitement et plus exactement. Plus la fonte est grise,
plus elle est douce et facile à travailler au burin et à
la lime ; plus elle est blanche, plus elle est cassante,
dure et difficile à retoucher. La fonte truitée présente une foule de taches grises sur un fond blanc. »

FORCE (physique) [du latin barbare *forcia*, force;
fait de *fortis*, fort]. — Toute cause d'un effet quelconque mesurable ou non d'après l'effet produit. On
ne connaît point les forces en elles-mêmes, mais
dans leurs effets ou phénomènes produits. On donne
le nom de *forces physiques* aux forces dont est douée
la matière en général, celles des végétaux et celles
des animaux. « La matière jouit d'autant de forces
diverses qu'elle a de propriétés, cependant on n'appelle proprement force que la propriété de produire
le mouvement ou celle d'y résister. Ainsi l'on dit :
la *force d'attraction* est la cause qui produit l'attraction ; la *force d'inertie* est la propriété en vertu de
laquelle la matière persévère dans son état de repos
ou de mouvement ; la *force de projection* est la cause
qui produit le mouvement de la matière en ligne
droite ; la *force centripète* est celle qui sollicite les
corps vers le centre de rotation ; la *force centrifuge*,
celle qui les sollicite à s'en éloigner. — Dans les végétaux comme dans les animaux, outre les forces
qu'on reconnaît à la matière inorganique, on dis-

tingue aussi des *forces vitales* qui leur sont propres,
c'est-à-dire des causes qui produisent les phénomènes
organiques (voy. *Vital (principe)*. Ainsi l'on appelle
forces de la végétation l'énergie avec laquelle les
plantes croissent et se développent ; *force des tissus,
des fibres*, l'énergie avec laquelle ces organes résistent à tout effort qui tend à les rompre, à les déchirer, etc. »

FORCEPS (chirurgie) [du lat. *forcipes*, pincettes,
tenailles]. — Instrument de chirurgie en forme de
pince, destiné à embrasser la tête ou quelque autre
partie du fœtus et à l'extraire de la matrice, lorsque
l'accouchement ne peut se terminer naturellement,
ni par les mains introduites dans les parties génita-
les, et qu'une prompte délivrance est jugée nécessaire.

FOSSILE (paléontologie) [du lat. *fodere*, fouil-
ler]. — Tout corps pétrifié, tout débris, tout vestige,
toute indication de corps organisés qui se rencontre
dans les dépôts de matières minérales dont le sol est
constitué, et dans une position telle que l'on peut
reconnaître que ces corps ont préexisté à la formation des parties du sol dans lesquelles ils se trouvent
enveloppés. « Les *fossiles* ne sont très-fréquemment
que des représentations de corps organisés, plutôt que
des corps organisés mêmes. On distingue trois sortes
de *fossiles* : 1° ceux qui sont des parties d'animaux
ou de végétaux conservés en nature ou peu altérés,
et qui présentent des parties dures, des os, des dents,
des coquilles, des polypiers, des bois; 2° ceux qui
proviennent de parties organisées dont les molécules
détruites ont été remplacées par des molécules minérales, de manière que les tissus, les détails d'organisation intérieure semblent conservés : ce sont les
pétrifications; 3° enfin, ceux qui ne sont que les
moules plus ou moins grossiers de corps organisés,
les dessins en creux ou en relief d'animaux mous
et surtout de feuilles, tels que les empreintes de fougères et d'épines qu'on rencontre dans les schistes
houillers. »

FOUDRE [du lat. *fulgur*]. — Matière électrique
et enflammée qui, dans les temps d'orage, s'élance
du sein des nuages avec une explosion plus ou moins
forte.

« Il résulte des expériences très-nombreuses, faites
sur l'électricité atmosphérique, que les nuages sont
ordinairement chargés d'électricité positive, c'est-à-
dire de la même électricité qui se développe sur le
verre frotté avec de la laine. Dans les orages, il peut
arriver aussi que certains nuages soient électrisés négativement, et comme les électricités contraires s'attirent, on observe que les nuages orageux sont animés de mouvements rapides, et souvent de direction
contraire à celle du vent, qui les précipitent les uns
contre les autres. Une étincelle électrique ou un
éclair se produit alors entre deux nuages ; le bruit
qui accompagne cette étincelle se répète un grand
nombre de fois sur les nuages et les objets placés à
la surface du sol qui forment *écho*. C'est ainsi que
s'explique le *roulement* du tonnerre, que l'on n'entend jamais qu'un certain temps après qu'on a vu

l'éclair; ce qui tient à ce que la lumière se propage beaucoup plus vite que le son. La lumière parcourt, en effet, 75,000 lieues par seconde, et le son 340 mètres seulement. On peut, d'ailleurs, constater la différence de vitesse de la lumière et du son en observant que l'on aperçoit la lumière d'un coup de fusil un instant avant d'entendre le bruit. Il est inutile d'ajouter, d'après ce qui précède, que l'on n'a rien à craindre du bruit du tonnerre quand on a vu l'éclair qui l'a produit. La foudre peut éclater non-seulement entre deux nuages, mais encore entre un nuage chargé d'électricité et les objets placés à la surface du sol. Ces objets sont d'autant plus facilement foudroyés qu'ils sont plus élevés, c'est-à-dire plus voisins du nuage orageux. Elle se présente ordinairement sous la forme d'une lame de feu contournée en zigzag, quelquefois aussi sous la forme d'une *boule de feu*. Ce dernier phénomène, observé plusieurs fois par des témoins dignes de foi, est resté sans explication. On le désigne sous le nom de *foudre globulaire*. »

La foudre, en tombant, produit souvent de terribles effets. Quand elle tombe dans un appartement, il arrive presque toujours que des meubles ou des ustensiles sont déplacés ou renversés; on a vu souvent des pièces de métal arrachées de leurs scellements et transportées au loin; les arbres sont quelquefois fendus et brisés, mais ordinairement ils sont marqués, de la cime au pied, par un sillon de plusieurs centimètres de largeur et de profondeur; alors l'écorce et les fibres, arrachées, sont lancées à une grande distance; au pied de l'arbre, on voit souvent un trou par lequel les fluides électriques se sont répandus dans le sol.

La foudre carbonise les parties qu'elle frappe, y met souvent le feu, et produit des incendies. Les coups redoublés de la foudre sur les sommets des montagnes y laissent des traces de fusion très-sensibles. Elle frappe de préférence des objets élevés, comme des arbres ou des édifices : on doit donc, pendant les orages, redouter l'approche d'un arbre et même d'un buisson, surtout au milieu des plaines. Il faut aussi se tenir éloigné des endroits garnis de substances métalliques, tels que cheminées, grillages, portes, croisées. On garantit les édifices des atteintes de la foudre au moyen de *paratonnerres*. — *Voy.* ce mot.

Les anciens ignoraient la cause de la foudre, et, par conséquent, elle était pour eux un objet d'effroi et de superstition.

Les philosophes anciens en donnèrent toutefois des explications fondées sur cet antagonisme imaginaire du froid et du chaud, du sec et de l'humide, et sur ces exhalaisons combustibles et sulfureuses auxquelles ils avaient si souvent recours dans les cas difficiles. Dans les écoles du moyen âge, on se préoccupait beaucoup de savoir si la foudre descendait du ciel ou si elle s'élevait de terre; on croyait ne pas pouvoir sortir de cette alternative, et cependant aucune de ces deux opinions n'était exacte.

Vers le milieu du dix-septième siècle, les premiers

physiciens qui aperçurent l'étincelle électrique eurent l'idée de la comparer à la foudre; mais ce ne fut qu'en 1752 que Franklin réussit à enlever aux nuages orageux la matière même de la foudre, et à constater son identité parfaite avec l'électricité.

FOUGÈRE (botanique) [du lat. *filicaria*, fait de *filix*, et signifiant l'un et l'autre *fougère*]. — Genre ou famille de plantes monocotylédonées cryptogames, croissant spontanément dans les bois et les lieux incultes. Leur mode de fécondation était jadis inconnu. On sait aujourd'hui que les fleurs naissent sous les feuilles. « Toutes les fougères qui croissent en Europe sont de la première division. Leurs feuilles naissent immédiatement de la racine et sont roulées, dans leur première jeunesse, du sommet à la base en forme de crosse. Elles sont souvent écailleuses dans leur partie inférieure. Celles qui croissent entre les tropiques, par leur port et leur organisation, ressemblent à des palmiers; car leur racine, en s'élevant hors de terre, forme insensiblement une espèce de tige droite, sans branches et garnie de plusieurs feuilles à son sommet. Cette partie, coupée transversalement, présente une substance blanche, ferme et entourée d'un aubier dur et presque toujours noir comme l'ébène. Les feuilles, en naissant, ressemblent à la volute d'un chapiteau ionique. Elles sont hérissées d'écailles membraneuses roussâtres, et elles prennent, en se développant, une direction droite. Diverses espèces de fougères sont très-utiles à l'agriculture ou à la médecine. Cueillies un peu après leur complet développement, toutes ces espèces, principalement la *ptéride aquiline*, celle qui porte plus particulièrement le nom de *fougère* en France, donnent une grande quantité de potasse ou alcali fixe. Les feuilles peuvent servir à la nourriture des bœufs et des chevaux, et leurs racines peuvent être données, avec avantage, aux cochons. Toutes fournissent une excellente litière. Il est peu de plantes qui, au dire des anciens, aient plus de vertus que les *fougères*. Les modernes ont réduit de beaucoup leurs propriétés. » La fougère mâle est très-efficace dans les souffrances produites par le *ténia* ou ver solitaire, ainsi que contre quelques espèces d'affections vermineuses.

FOUINE [du latin *mustela fœnaria*, fait de *fœnum*, foin, parce que cet animal aime à se cacher dans le foin]. — Mammifère carnassier du genre des martres, qui ne diffère que très-peu de la martre ordinaire et de la martre des Hurons, avec laquelle il semble devoir se confondre comme ne formant qu'une seule espèce. « La fouine est à peu près de la taille d'un jeune chat. Elle est propre aux régions occidentales de l'Asie et de l'Europe, et paraît s'avancer davantage vers le sud. Elle recherche la demeure de l'homme, s'y établit souvent, y fait ses petits et y trouve sa nourriture. Elle se retire aussi dans les forêts, vit solitaire, et passe toute la journée dans sa retraite, dont elle ne sort que la nuit pour subvenir à ses besoins. Elle cherche alors à s'introduire dans les basses-cours ou dans les colombiers, et si elle y parvient, elle occasionne des dégâts considérables parmi les œufs et la volaille.

FOURMI (zoologie). — *Formica*, genre d'insectes hyménoptères de la famille des hétérogynes ou formicaires, caractérisé par une tête triangulaire, une lèvre supérieure large, des mandibules robustes, des antennes coudées après le premier article, un abdomen ovalaire tenant au thorax par un pédicule fort court. Elles exhalent une odeur particulière qui provient de l'acide formique qu'elles contiennent.

On a beaucoup parlé de la prévoyance et de l'activité de la fourmi; mais c'est à tort, dit Salacroux, qu'on a loué la sagesse de cet animal lorsqu'on a prétendu qu'il entassait pendant les beaux jours pour jouir durant l'hiver. La fourmi s'engourdit pendant toute la mauvaise saison, et n'a par conséquent pas besoin de provisions. Tout ce qu'on la voit porter dans son habitation est destiné à la nourriture des larves ou à la construction de ses appartements. On a donc exagéré les qualités de ces insectes, et avec d'autant moins de raison que, bien loin de nous être utiles, ils causent de très-grands dégâts dans nos jardins et dans nos maisons, surtout à nos provisions de bouche. Vivant en sociétés nombreuses

la sagacité avec laquelle ils choisissent, pour placer leur domicile, la base d'un tronc d'arbre ou un terrain élevé, afin d'y être à l'abri des inondations; c'est l'art avec lequel ils composent, avec de si petites parcelles de bois, de chaume, de feuilles, etc., un édifice solide, où nous ne voyons que confusion, mais dont l'ensemble est l'image d'une ville avec ses rues, ses ruelles, ses maisons, etc.; de manière que les ouvrières les parcourent continuellement sans s'embarrasser le moins du monde, malgré l'activité dont ils ont besoin, surtout lorsqu'ils ont des larves à nourrir. C'est alors qu'on les voit courir de tous côtés avec empressement, les unes chargées de provisions qu'elles leur apportent, les autres allant à la recherche des grains, des fruits, des miettes, etc. Ce temps de fatigue dure, pour les fourmis, tout l'été, car il y a toujours des larves dans leur nid. Pour s'en convaincre, il suffit d'ouvrir une fourmilière durant cette saison: on y voit pêle-mêle des fourmis, des débris de végétaux, des écorces, des espèces de vers blancs, qu'on appelle vulgairement œufs de fourmis, et qui ne sont autre chose que les larves.

Voici les principales espèces de ce genre:

Fig. 43. — Grand fourmilier.

composées de trois sortes d'individus, il leur faut, pour se construire leur demeure, des matériaux très-considérables qu'ils tirent de tout ce qui se trouve à leur portée, et, pour pourvoir à leur subsistance, une grande quantité de substances végétales ou animales qu'ils prennent dans nos greniers, dans nos champs et dans nos jardins. Si donc il y a quelque chose à louer dans l'histoire des fourmis, ce n'est ni leur prévoyance ni leur sobriété; mais ce qu'il y a d'admirable dans ces petits animaux, ce sont l'ordre parfait et la discipline exacte qui règnent dans leur société; c'est l'instinct qui porte les ouvrières à nourrir les mâles, les femelles, les larves, et à se priver quelquefois de leur nourriture pour leur en fournir; c'est le courage avec lequel ils défendent, en cas de danger, les nourrissons confiés à leur soin, quelquefois même aux dépens de leur vie. Ce que nous admirerions encore en eux, si nous n'étions habitués à le voir dans une multitude d'autres animaux, c'est

parmi celles qui habitent les troncs des vieux arbres, la fourmi hercule, longue de 10 à 15 millimètres, et la fourmi fuligineuse, d'un quart plus petite et dont les cellules sont partagées par des cloisons aussi minces qu'une feuille de papier; parmi celles qui élèvent des monticules, la fourmi fauve; enfin, parmi les fourmis dites maçonnes, la fourmi brune, qui se construit des habitations à plusieurs étages.

FOURMILIER (zoologie). — Genre de mammifères de l'ordre des édentés, renfermant des animaux de l'Amérique méridionale. Les espèces sont au nombre de trois ou quatre; l'une d'elles, la plus grande, n'a pas moins de un mètre et demi de longueur, sans compter la queue; la plus petite a trois décimètres à peine. « Le tamanoir ou grand fourmilier, dont la queue n'est pas prenante, se tient à terre, où il attaque les habitations des termès et des fourmis; les autres, qui ont la faculté de s'accrocher avec leur queue, montent sur les arbres, où ils recherchent également les mêmes insectes. Le tamanoir est remarquable par la conformation de la bouche. Cette bouche n'est, en effet, qu'une petite fente horizontale, sans dents et presque sans jeu dans les mâchoires. Mais il n'a besoin ni d'une plus grande ouverture, ni de beaucoup de mobilité de la bouche, pour recevoir et mâcher la nourriture que la nature lui a destinée : il ne se nourrit que de fourmis et de termes. Il traîne sur les immenses fourmilières répandues sur le sol de l'Amérique sa langue charnue, presque cylindrique, très-flexible, longue de près d'un mètre, se repliant dans la bouche lorsqu'elle y rentre tout entière ; enfin, enduite d'une humeur visqueuse et gluante, il la retire avec les fourmis qui y sont prises et qu'il avale. »

Le nom de fourmiliers a encore été donné à un genre d'oiseaux sylvains, de la famille des chanteurs.

FOURMILION (zoologie). — Genre d'insectes névroptères d'assez grande taille, ayant un corps grêlé et très-long, qu'on trouve dans toutes les régions chaudes du globe. Le fourmilion se construit une espèce d'entonnoir dans la terre, en creusant avec ses pattes ; lorsqu'un insecte vient à marcher le long des parois de l'entonnoir, celui-ci s'éboule ; le fourmilion, qui est au fond, saisit l'insecte et le dévore.

FOURRAGES (agriculture). — Voilà le point de départ de toute bonne culture. Nous manquons de blé parce que nous manquons d'engrais ; d'engrais, parce que nous manquons de bétail ; de bétail, parce que nous manquons de fourrage. Donc, comme dit Jacques Bujault à son voisin : « Fais des prés, sème moins et fume mieux. De temps à. autre, mets là terre en pré ; l'an d'après, tu es sûr d'avoir du blé. » Alterner, c'est mettre la terre de labour en prairie, puis la prairie en labour, toute la culture est là ; la terre, mise en pré, se repose du blé, et rend ensuite le triple. C'est ainsi qu'un cultivateur s'enrichit : 1º des prés et du bétail ; 2º du fumier ; 3º du grain. Partout où vient le blé, on peut faire un pré d'une espèce ou d'une autre. Commençons donc par là ; qui fait des prés s'enrichit, qui n'en fait pas s'appauvrit. Remarquez-le bien, avec le tiers de vos terres labourables en prairies, vous auriez le double de têtes de bétail, le double d'engrais, et vos récoltes de blé tripleraient. Voilà comment doublerait votre revenu.

Tant qu'un cultivateur n'est pas en mesure de nourrir une tête de bétail par hectare, il ne peut se flatter d'être en bonne voie de prospérité ; car sa terre manquera de fumier et laitage, bétail, grain, fumier, tout lui manquera.

Une pratique très-vicieuse chez les cultivateurs, c'est de semer l'orge, l'avoine ou des blés de mars après le froment. On ne saurait mieux s'y prendre pour appauvrir et exténuer sa terre.

Jamais un bon cultivateur ne sèmera deux céréales de suite. Il les séparera toujours par une culture intermédiaire en fourrages artificiels ou en plantes racinées ; car ces cultures reposent sa terre, la préparent pour une nouvelle récolte de blé, et, pendant

ce temps, donnent une abondante nourriture à son bétail et une riche provision d'engrais. C'est à ce procédé que la Belgique et l'Angleterre doivent leur haute prospérité agricole, ainsi que nos riches départements du Nord.

Il n'est terre si pauvre qu'on ne puisse rendre passable par la culture des plantes fourragères. Il y en a pour toutes les natures de sol, même les plus ingrats, les plus rebelles à toute culture. Si les entreprises de défrichement avortent si souvent, la cause en est dans la prétention d'en faire immédiatement des terres à blé.

Il y a des gens qui croiront que je me moque d'eux si je leur dis que les plus habiles cultivateurs enterrent leurs récoltes de fourrages en vert pour en engraisser leurs terres. Eh bien ! cette tentative réussit toujours, et donne d'excellents résultats.

Quand une terre est maigre, et qu'on ne peut la fumer suffisamment, le meilleur parti à prendre est d'y ensemencer de la lupuline, de la spergule ou une plante fourragère du même genre. Au bout de trois mois, quand vos plants ont un demi-mètre de haut, vous les enterrez par un nouveau défoncement ; ils donnent à la terre tout l'azote qu'ils ont absorbé par leurs tiges et leurs feuilles. Semez du blé l'automne suivant, et vous verrez que votre temps et votre argent seront bien employés.

Ainsi, soit pour améliorer directement la terre, soit pour nourrir le bétail et avoir de la viande et de l'engrais, la culture des plantes fourragères est le premier soin de tout cultivateur sachant son métier.

Indiquons ici la méthode des Anglais, nos maîtres en culture aussi bien qu'en élevage.

La terre bien défoncée et bien ameublie, on y sème cinq kilos de ray-grass, un et demi de luzerne, un de trèfle ordinaire et de trèfle blanc ; quelques jours après, on sème quatre ou cinq sacs de graine de foin ramassée avec sa balle au pied du fenil ou de la meule. Partout, en Angleterre, on ramasse cette graine pour la semer. En France, on la laisse perdre, comme tant d'autres choses utiles, hélas ! Et puis, nous nous plaignons de manquer de blé et de viande ! Cette prairie dure de huit à dix ans, on fauche la première herbe, et on fait pâturer les regains.

Ce procédé, bien qu'excellent, est trop hardi pour bien des gens. Contentons-nous de commencer par quelques modifications successives dans l'assolement, et d'amener, peu à peu, la substitution des fourrages et des plantes racines aux céréales mal fumées. Le reste viendra de soi ; car si les cultivateurs sont rebelles aux nouveautés qui promettent, ils sont d'avance conquis à celles dont les profits sont tout venus. Eh bien ! qu'ils nous disent si la culture du blé mal fumé leur a jamais réussi ! et s'ils ne sont pas certains d'avance qu'en le fumant deux fois plus, ils auraient double récolte ! Alors, braves gens, qu'attendez-vous pour doubler les pensionnaires de votre étable, en doublant vos fourrages ?

Il faut avoir deux choses en vue dans le choix des fourrages à ensemencer : 1º la nature des terres disponibles; 2° la succession nécessaire pour nourrir son bétail de fourrages frais en toute saison. Ainsi, pour le printemps, on aura le colza, la navette, la chicorée sauvage, le seigle vert; en été, la pimprenelle, la luzerne, le trèfle; puis les pois, vesces et fèves; en automne, le sarrasin, le maïs, le millet; enfin, en hiver, le choux et les racines mêlés aux fourrages secs.

C'est surtout au printemps que les récoltes vertes sont une précieuse ressource. Alors les granges sont vides, les pâturages manquent, le bétail souffre, et l'on est obligé de le vendre dans de mauvaises conditions.

Le cultivateur prévoyant ne s'expose point à cet embarras. Il y a pourvu en semant en automne du seigle ou des vesces; il s'est assuré une provision de trèfle incarnat ou de lupuline, enfin de l'avoine et de l'orge d'hiver. Les choux et le colza, semés à cet effet, sont bons à être pâturés dès le mois de février. D'autres sèment du maïs immédiatement après la récolte, et le font manger au bout de deux mois, dès avant les semailles. Toutes ces récoltes sont excellentes pour donner aux bestiaux la vigueur et l'embonpoint, et augmenter le lait des vaches; enfin, elles rendent un fumier abondant et de bonne qualité. C'est en automne qu'il faut aviser aux moyens d'assurer à son bétail une bonne provision printanière. Le travail et la prévoyance font toujours prospérer l'habile laboureur.

Un point essentiel dans la nourriture des bestiaux, bien qu'encore inconnu des neuf dixièmes de nos cultivateurs, c'est que, à quantité égale, les fourrages hachés, les racines coupées, les graines moulues, profitent une fois plus au bétail, soit pour l'élevage, soit pour l'engraissement, que les mêmes substances données en entier. Ainsi, le hache-paille, le coupe-racine et le moulin à concasser, vous permettent de nourrir deux fois autant d'élèves avec la même quantité d'aliments.

Sully disait que le pâturage était la mamelle de l'État : il faut changer le mot et dire que les plantes fourragères et les plantes racines sont le pivot de toute culture grande ou petite. Au prix où est la terre aujourd'hui, c'est la seule qui puisse enrichir et même faire vivre le laboureur.

Terminons par une évaluation comparative de la valeur nutritive des fourrages. Nous prenons, comme point de comparaison, le foin de qualité ordinaire, et nous disons : 100 livres de foin représentent 27 livres de froment; 35 de seigle, 47 d'orge, 53 de maïs, 60 d'avoine; 85 de sainfoin sec, 90 de trèfle et luzerne secs; 95 de rays-grass d'Écosse sec, 88 de pommes de terre cuites au four. En fait de nourriture moins substantielle que le foin, le trèfle incarnat demande 165 pour 100 de foin; le topinambour 150, les pommes de terre crues 200, les carottes 300, la betterave 380, les navets 600, les choux verts 700; la paille de froment, orge, avoine, etc., nourrit quatre fois moins que le foin; mais, à cause du grain qui y reste, on peut évaluer à 30 pour 100 les propriétés alimentaires.

Propriétaires ou laboureurs, ne perdons jamais de vue que l'agriculture se résume en trois mots : 1° prés; 2° bétail; 3° fumier.   L. HERVÉ.

FOURRURE [radical *fourrer*]. — Peaux de certains animaux servant à doubler, à garnir ou à orner les robes, les habits. « Pendant le moyen âge, les pelleteries étaient d'un grand usage; on y mettait souvent une recherche et un luxe excessifs. Les pelleteries les plus communes étaient les peaux d'agneau, de chat, de renard et de lièvre. Au second rang étaient les peaux de lapin, d'écureuil commun, de chat sauvage, de loutre et de martre. Les fourrures les plus élégantes étaient la peau de souris du *font*, ou hermine, la martre-zibeline, le *vair* ou *petit-gris*, le *sofle*, ou pointe de queue de zibeline, et les peaux de *lérot* (espèce de loir). Les femmes, de même que les hommes, tenaient à honneur de porter de riches fourrures à leurs robes. On regarda longtemps comme une mortification très-austère l'abstinence de fourrures; les princes se l'imposaient quelquefois par des engagements solennels et des vœux. C'est au quatorzième et au quinzième siècle que la fureur des pelleteries a été portée à son comble. »

Nos belles frileuses parisiennes, qui cherchent avec tant d'empressement et de passion ces riches et moelleuses fourrures de martre et de zibeline que nos fourreurs exhibent à leurs regards et à leur curiosité sous la forme de manchons, de palatines, de talmas, etc., etc., ne s'imaginent pas à combien de périls s'exposent ceux qui chassent ces petits animaux. Et à coup sûr, si elles savaient ce que les pauvres trappeurs affrontent de dangers, surmontent de difficultés inouïes, endurent de privations de toute nature : la faim, la soif, la fatigue, l'incertitude, etc., etc., elles se récrieraient moins lorsqu'un marchand leur vend 600 ou 800 fr., et même 1,000 et 1,200, un manchon composé uniquement de six peaux de ces petites bêtes, soit de 100 à 200 fr. la peau, c'est-à-dire sept ou huit fois plus cher qu'ils ne les ont achetées.   LARIVIÈRE.

FRACTION (arithm.) [du lat. *fractio*, parcelle, dérivée de *frangere*, rompre]. — Une ou plusieurs parties égales de l'unité. Ainsi, qu'on divise l'unité en 5 parties, par exemple, et qu'on prenne 3 de ces parties, on obtiendra la fraction *trois-cinquièmes*.

Les fractions s'écrivent au moyen de deux nombres placés l'un au-dessous de l'autre et séparés par un trait horizontal, qui signifie *divisé par*: le nombre inférieur, nommé *dénominateur*, indique en combien de parties l'unité est divisée; le nombre supérieur, nommé *numérateur*, indique combien on prend de ces parties.

Le numérateur et le dénominateur se nomment aussi les *deux termes* de la fraction.

Pour lire une fraction, on énonce d'abord le numérateur, puis le dénominateur, auquel on ajoute la terminaison *ième*, à l'exception des fractions dont les dénominateurs sont 2, 3 et 4, qu'on énonce *demi*, *tiers* et *quart*.

Une fraction est égale à l'unité, plus grande ou plus petite que l'unité, selon que le numérateur est égal au dénominateur plus grand ou plus petit.

Une fraction peut être considérée comme le quotient d'une division dont le numérateur serait le dividende et le dénominateur le diviseur, et réciproquement.

Pour convertir sous la forme d'une fraction un nombre entier joint à une fraction, on multiplie le dénominateur par le nombre entier; au produit on ajoute le numérateur et on donne au tout le dénominateur de la fraction. Ainsi 3 unités $\frac{4}{9} = \frac{3 \times 9 + 4}{9} = \frac{31}{9}$.

Il suit de là que, pour extraire d'un fraction plus grande que l'unité (nombre fractionnaire) les unités qui y sont contenues, on divise le numérateur par le dénominateur : le quotient exprime les unités entières, et le reste, quand il y en a un, est le numérateur d'une fraction ayant le dénominateur primitif. Ainsi $\frac{23}{5} = 4$ unités $\frac{3}{5}$.

Il y a deux manières de rendre une fraction un certain nombre de fois plus grande de deux manières, soit en multipliant le numérateur seulement, soit en divisant le dénominateur seulement. En effet, 1° si l'on multiplie le nominateur, par exemple, par 5, il devient 5 fois plus grand; il indique alors que la fraction contient 5 fois plus de parties qu'auparavant; d'ailleurs, ces parties sont de même grandeur puisque l'on n'a pas changé le dénominateur: donc la fraction est devenue 5 fois plus grande; 2° si l'on divise le dénominateur par 5, il devient 5 fois plus petit; il indique alors que l'unité est divisée en 5 fois moins de parties, qui sont par conséquent 5 fois plus grandes; d'ailleurs, on en prend toujours le même nombre puisque l'on n'a pas changé le numérateur; donc la fraction est devenue 5 fois plus grande. On prouverait de la même manière que pour rendre une fraction un certain nombre de fois plus petite, il suffit de diviser le numérateur ou multiplier le dénominateur par ce nombre sans changer l'autre terme.

Il résulte de ces principes qu'en multipliant ou en divisant par un même nombre les deux termes d'une fraction, cette fraction ne change pas de valeur.

Sur ces principes repose la simplification des fractions.

Simplifier une fraction, c'est l'exprimer par des termes plus petits sans en changer la valeur; pour cela il suffit, comme nous venons de le voir, de diviser par un même nombre les deux termes de la fraction.

Pour réduire une fraction à sa plus *simple expression*, on divise les deux termes successivement et autant de fois que possible par chacun des nombres premiers 2, 3, 5, 7, etc. On peut encore diviser les deux termes de la fraction par leur plus grand commun diviseur.

Ramener les fractions au même dénominateur, c'est les changer en d'autres fractions équivalentes, ayant toutes le même dénominateur. 1° Lorsqu'on a deux fractions seulement au même dénominateur, on multiplie les deux termes de chacune d'elles par le dénominateur de l'autre.

2° Lorsqu'on en a plus de deux, on multiplie les deux termes de chacune par le produit des dénominateurs de toutes les autres.

Les fractions ne changent pas de valeur, puisqu'on multiplie les deux termes de chacune d'elles par un même nombre, et elles ont un même dénominateur, puisqu'il n'est que le produit des mêmes facteurs intervertis.

Addition des fractions. — Pour additionner des fractions, il faut d'abord les ramener au même dénominateur, puis additionner les numérateurs et donner à la somme le dénominateur commun.

Ainsi : $\frac{1}{4} + \frac{1}{8} + \frac{3}{8} = \frac{152}{160}$ ou $\frac{23}{40}$

Quand il y a des entiers joints aux fractions, on fait d'abord la somme des fractions, puis on en extrait les unités entières que l'on joint à la somme des entiers. On peut encore réduire chaque nombre entier et la fraction qui l'accompagne en une seule fraction et additionner les numérateurs.

Soustraction des fractions. — Si les fractions données n'ont pas le même dénominateur, on les y ramène; on prend alors la différence des numérateurs à laquelle on donne le dénominateur commun.

Ainsi : $\frac{5}{6} - \frac{3}{4} = \frac{2}{24}$ ou $\frac{1}{12}$

Quand il y a des entiers joints aux fractions, on fait d'abord la soustraction des fractions, puis celle des entiers, et on réunit les deux restes. Si la fraction inférieure est plus grande que la fraction supérieure, on augmente cette dernière d'une unité, c'est-à-dire de son dénominateur, et pour ne pas changer la différence, on ajoute une unité au nombre entier inférieur. — On peut encore réduire chaque nombre fractionnaire sous la forme d'une fraction, et opérer suivant la règle générale.

Multiplication des fractions. — La multiplication des fractions présente trois cas; on peut avoir :

1° Une fraction à multiplier par un nombre entier;

2° Un nombre entier à multiplier par une fraction;

3° Deux fractions à multiplier entre elles.

Pour le premier cas, nous avons déjà vu qu'il suffit de multiplier le numérateur par le nombre entier sans toucher au dénominateur. Dans le deuxième cas, on multiplie le numérateur de la fraction par le nombre entier, et on donne au produit le dénominateur. On conçoit, du reste, que le premier et le deuxième cas doivent donner le même résultat, puisque le produit des deux facteurs intervertis reste le même. Par conséquent $\frac{2}{6} \times 3$, ou $3 \times \frac{2}{6}$ donne $\frac{6 \times 3}{6}$.

Pour multiplier deux fractions l'une par l'autre, on multiplie les numérateurs entre eux et les dénominateurs entre eux. Soit proposé de multiplier $\frac{2}{5}$ par $\frac{3}{4}$. S'il s'agissait seulement de multiplier $\frac{2}{5}$ par 3 *unités*, on aurait $\frac{2 \times 3}{5}$; mais le multiplicateur n'exprime pas des unités, il exprime des *quarts*; j'ai donc multiplié $\frac{2}{5}$ par un nombre 4 fois trop grand, et le produit est 4 fois trop grand; pour le rendre 4 fois plus petit, on multiplie son dénominateur par 4, et il vient $\frac{3\times3}{8\times4}$.

S'il y avait des entiers joints aux fractions, on réduirait chaque nombre entier, et la fraction qui l'accompagne en une seule fraction.

Remarque.—Multiplier un nombre par une fraction, c'est prendre de ce nombre une partie indiquée par la fraction. Ainsi, multiplier un nombre par $\frac{5}{7}$, c'est en prendre les $\frac{5}{7}$.

Division des fractions. — La division des fractions présente trois cas; on peut avoir :

1º Une fraction à diviser par un nombre entier;

2º Un nombre entier à diviser par une fraction ;

3º Une fraction à diviser par une fraction.

Nous avons déjà vu le premier cas, quand nous avons dit que pour rendre une fraction un certain nombre de fois plus petite, il suffisait de diviser son numérateur ou multiplier son dénominateur par ce nombre.

Les deux derniers cas se résument ainsi : Chaque fois que le diviseur est une fraction, on le renverse et on emploie les signes ×. Soit, par exemple, $\frac{3}{5}$ à diviser par $\frac{4}{9}$. S'il s'agissait seulement de diviser $\frac{3}{5}$ par 4 *unités*, on aurait $\frac{3}{5\times4}$; mais le diviseur n'exprime pas des unités, il exprime des *neuvièmes*; on a donc divisé $\frac{3}{5}$ par un nombre 9 fois trop grand, et le quotient est 9 fois trop petit; pour le rendre 9 fois plus grand, on multiplie le numérateur par 9, et il vient $\frac{3\times9}{5\times4}$.

S'il y avait des entiers joints aux fractions, on réduirait chaque nombre fractionnaire en une seule fraction.

Remarque. — Lorsqu'on divise un nombre par une fraction, le quotient est inversement à l'égard de ce nombre ce que la fraction est à l'égard de l'unité. Si donc la fraction diviseur est $\frac{1}{2}$ $\frac{1}{3}$ $\frac{1}{4}$, etc., le quotient sera le double, le triple, le quadruple, etc., du dividende. Si le diviseur est $\frac{3}{5}$, le quotient sera les $\frac{5}{3}$ du dividende.

Des fractions de fractions. — On appelle ainsi l'expression d'une ou plusieurs parties égales d'une autre fraction. — Pour trouver en fraction ordinaire la valeur d'une fraction de fraction, on multiplie les numérateurs entre eux et les dénominateurs entre eux.

Conversion des fractions ordinaires en fractions décimales et réciproquement. — Toute fraction ordinaire, n'étant que le quotient d'une division dont le numérateur est le dividende et le dénominateur le diviseur, peut être convertie en fraction décimale. Pour cela, on ajoute sur la droite du numérateur autant de zéros qu'on veut avoir de décimales; on divise le numérateur par le dénominateur, et, sur la droite du quotient, on sépare autant de décimales qu'on avait ajouté de zéros au numérateur.

Réciproquement, pour convertir une fraction décimale en fraction ordinaire, on supprime la virgule, et on donne pour dénominateur à la fraction décimale l'unité suivie d'autant de zéros qu'il y a de décimales.

Des fractions périodiques. — Lorsqu'une fraction ordinaire n'est pas exactement réductible en décimales et que l'on continue la division, le quotient est *périodique*, c'est-à-dire que certains chiffres du quotient se reproduisent périodiquement et dans le même ordre. Lorsque la période se montre immédiatement après la virgule, la fraction est dite *périodique*; si, au contraire, certains chiffres ne reparaissent pas, elle est dite *périodique mixte*.

DUPASQUIER.

FRACTIONS DÉCIMALES (arithmétique).—On appelle *fractions décimales*, ou simplement *décimales*, des quantités qui sont de dix en dix fois plus petites que l'unité. On entend par *nombre décimal* un nombre entier joint à une fraction décimale.

Pour former les décimales, on conçoit l'unité divisée en dix parties égales : chaque partie étant dix fois plus petite que l'unité est appelée *dixième*. On conçoit de même le dixième partagé en dix parties égales; chaque nouvelle partie étant dix fois plus petite que le dixième, et cent fois plus petite que l'unité, est appelée *centième*. On conçoit pareillement le centième divisé en dix parties égales; chacune de ces parties, étant dix fois plus petite que le centième, cent fois plus petite que le dixième et mille fois plus petite que l'unité, est appelée *millième*. On a de même formé les *dix-millièmes*, les *cent-millièmes*, etc.

Les décimales s'écrivent à la droite des nombres entiers dont on les sépare par une virgule, en sorte que deux chiffres placés à égale distance de l'unité, l'un à droite et l'autre à gauche, portent des noms qui ne diffèrent que par la terminaison *ième*. Ils suivent aussi ce même principe qui régit les nombres entiers : qu'un chiffre placé à la droite d'un autre exprime des quantités dix fois plus petites que cet autre.

Pour *lire* un nombre décimal, on énonce d'abord la partie entière, puis la partie décimale comme si elle exprimait des entiers, en ajoutant le nom de la dernière décimale. Exemple : soit à lire 34,0025; on énonce trente-quatre *unités*, vingt-cinq *dix-millièmes*.

Pour représenter en chiffres une fraction décimale, après avoir écrit les entiers suivis d'une virgule, on considère : 1º quelle place occupe la dernière décimale; 2º combien il faut de chiffres pour écrire le nombre des parties exprimées dans l'énoncé; 3º combien il faut ajouter de zéros sur la gauche pour tenir les ordres de décimales manquant. Exemple : soit proposé d'écrire *trois cent vingt-cinq* millionièmes. — On sait que les millionièmes occupent la *septième* place, que pour écrire *trois cent vingt-cinq*, il faut trois chiffres qui tiennent trois places; d'ailleurs, l'unité en tient une; il en reste donc encore trois que l'on fait tenir par autant de zéros. Le nombre donné est donc représenté par 0,000325.

Une fraction décimale est dite *périodique* lorsque les groupes de chiffres qui la composent se reproduisent continuellement dans le même ordre. Elle est *périodique simple* lorsque la période commence immédiatement après la virgule, comme 0,343434...

et *période mixte* lorsque la période ne commence qu'après un certain nombre de chiffres décimaux, comme 0,12343434.

Dans une division, on peut prévoir à l'avance si le quotient sera périodique simple ou périodique mixte. Dans le premier cas, le dividende ne contient que des facteurs autres que 2 et 5 qui ne se trouvent pas en même temps au diviseur, tandis que dans le second cas, il se trouve au dividende et au diviseur des facteurs 2 et 5 joints à d'autres facteurs.

Toute fraction *ordinaire*, n'étant que le quotient d'une division. dont le numérateur est le dividende, et le dénominateur le diviseur, on peut la convertir en fraction *décimale*, en divisant le numérateur par le dénominateur, et en séparant au quotient, par une virgule, autant de chiffres décimaux qu'on ajoute de zéros pour effectuer la division. Réciproquement, on peut changer une fraction *décimale* en fraction ordinaire. Pour cela, on supprime la virgule, et on donne pour dénominateur l'unité suivie d'autant de zéros qu'il y a de chiffres décimaux dans la fraction. Ainsi 0,750 égale $\frac{750}{1000}$.

Principes relatifs aux fractions décimales.—1° En ajoutant ou en supprimant des zéros sur la *droite* d'une fraction décimale, elle ne change pas de valeur. Cela est évident, puisque les chiffres ne changent pas de place à l'égard de l'unité.

2° En ajoutant ou en supprimant des zéros sur la *gauche* d'une fraction décimale, elle devient 10, 100, 1000..... fois plus petite ou plus grande, attendu que les chiffres décimaux s'éloignent ou se rapprochent de l'unité.

3° En transportant la virgule de 1, deux, trois... rangs vers la droite ou vers la gauche, la fraction devient 10, 100, 1000... fois plus grande ou plus petite, selon le cas, attendu que les chiffres vont vers la droite ou vers la gauche, et qu'ils expriment conséquemment des parties 10, 100, 1000... fois grandes ou plus petites. — Voy. *Addition, Soustraction, Multiplication* et *Division*. DUPASQUIER.

FRACTURE (chirurgie). — Solution de continuité d'un ou de plusieurs os, produite par une cause externe (chute, coup, etc.), ou, quelquefois, par une contraction forte et subite des muscles (en jetant une pierre, par exemple). — Les fractures se reconnaissent à la nature de la cause à laquelle on peut les rapporter; au changement de forme du membre; à l'impossibilité, même à la simple difficulté dans laquelle il est d'exécuter ses mouvements ordinaires; à la crépitation, ou bruit qu'on obtient en frottant, l'un contre l'autre, les deux bouts de l'os fracturé. Leur traitement se résume, pour les cas ordinaires, dans les indications suivantes : *réduire* les *fragments,* les *maintenir réduits, prévenir* ou *combattre les accidents qui peuvent se déclarer.*

Le traitement appartient, du reste, exclusivement au médecin ou au chirurgien. Nous ajouterons seulement que « le temps pendant lequel un membre fracturé doit rester dans l'appareil varie suivant la grosseur du membre, l'âge et la constitution du sujet, l'état simple ou compliqué de la fracture.

Dans les cas ordinaires, trente à trente-cinq jours suffisent pour le bras et l'avant-bras, mais quarante, quarante-cinq et même cinquante sont nécessaires pour la jambe et surtout pour la cuisse. Dans cet intervalle, on lève, tous les six ou huit jours, l'appareil, en laissant néanmoins tout en place pour ne communiquer aucun changement de rapport entre les parties, et seulement pour resserrer les liens qui se relâchent à mesure que le gonflement disparaît, et pour arroser le tout de liqueurs résolutives. On prévient les accidents par le repos du corps et de l'esprit, par une nourriture modérée, et même la diète les premiers jours. S'il survient des accidents inflammatoires, le médecin les combat par des saignées, des sangsues, des irrigations d'eau froide sur le membre. Si ces accidents sont nerveux, on s'assure s'ils ne seraient pas occasionnés par une trop forte constriction, et l'on frictionne les parties voisines du mal avec une pommade narcotique. »

FRAI (zoologie). — Nom donné aux œufs des poissons et des batraciens, que revêt un fluide albumineux et sur lesquels les mâles répandent leur laite fécondante. Ce mot se dit aussi des petits poissons que l'on met dans les étangs pour les peupler.

FRAISIER (botanique) [du latin *fragaria*, même sens]. — Genre de plantes de la famille des rosacées, généralement cultivées à cause de l'excellence de leur fruit. « Ce genre comprend des herbes vivaces et peu élevées, dont les feuilles sont presque toujours radicales, et composées ordinairement de trois folioles ovales et dentées en scie. Ses fleurs viennent en bouquets à l'extrémité des tiges; elles sont hermaphrodites dans la plupart des fraisiers, et dioïques dans quelques-uns. La racine de ces plantes pousse communément des rejets ou courants qui rampent sur la terre, s'y enracinent et donnent naissance à de nouveaux individus. Ils se multiplient par les jeunes pieds qui viennent des filets, ou par les œilletons, et beaucoup mieux par les semences qu'on doit retirer des fraises extrêmement mûres. Il est à propos de mettre les semis à l'abri du soleil. Pour cet effet, on les couvre de mousse et l'on arrose par-dessus. Les fraisiers aiment, en général, une bonne terre légère, meuble et fraîche; ils demandent à être renouvelés tous les trois ou quatre ans. Les arrosements fréquents leur sont nécessaires, surtout dans le midi de la France; trop de fumier altère le parfum du fruit. »

Le fruit du fraisier est une pulpe charnue, rougeâtre et d'un goût très-agréable, qu'on emploie dans les desserts, et dont on tire parti du suc pour composer des boissons agréables. Dans quelques pays, on en fait des conserves délicieuses, en broyant leur pulpe avec de l'eau de rose et du jus de citron. Les fraises se mangent communément avec du sucre, arrosées d'eau; mêlées avec du vin, du lait ou de la crème, elles sont plus difficiles à digérer. Ce fruit tempère la chaleur de l'estomac. »

FRAMBOISIER (botanique) [*rubus idæus*]. — Espèce cultivée du genre ronce. — Voyez ce mot.

FRANCE (géographie) [radical *Franck*, nom d'un

peuple qui imposa sa domination à la Gaule].—Une des sept contrées du milieu de l'Europe, formée de l'ancienne Gaule.

La France continentale s'étend de 42° 20' à 51° 5' de latitude, et de 7° 9' de longitude ouest à 5° 56' de longitude est. Elle est bornée au nord par la mer du Nord, le Pas-de-Calais et la Manche; à l'ouest par l'océan Atlantique et le golfe de Gascogne; au sud par les Pyrénées et la Méditerranée; à l'est par le Piémont, la Savoie, la Suisse, le grand-duché de Bade, la Bavière rhénane, la Prusse rhénane, le grand-duché de Luxembourg et la Belgique. Sous le méridien de Paris, la France mesure 980 kilomètres, et au-dessus du quarante-huitième parallèle, 940. L'étendue des côtes est de 2,692 kilomètres, dont 2,075 sur l'Océan et 617 sur la Méditerranée. L'étendue de la frontière de terre est de 1,521 kilomètres. La superficie est de 52,768,600 hectares, les îles comprises, ou de 527,686 kilomètres carrés.

Productions de la France. — Le sol de la France, en général fertile et bien cultivé, fournit en abondance du blé et autres céréales, des plantes à fourrages, d'excellents légumes, du lin, du tabac; des vins qui forment une des principales richesses du pays; de beaux bois pour le chauffage, la charpente, la construction des vaisseaux, et une grande variété d'arbres fruitiers.

Les races d'animaux domestiques tendent tous les jours à s'améliorer. On évalue à plus de 50,000,000 le nombre de bêtes à laine existant en France, parmi lesquelles 800,000 mérinos; les bêtes à cornes sont évaluées à 8,000,000; les races chevalines (chevaux, mulets) sont estimées, particulièrement les races normandes, limousines, bretonnes, etc.

La France est riche en mines métalliques: mines de houille, de fer, de cuivre, de plomb, d'argent, etc.; carrières d'excellentes pierres de taille, de marbre, de granit et d'ardoise.

L'industrie manufacturière prend chaque année un nouvel accroissement. On compte en France environ 40,000 fabriques, manufactures ou usines, et près de 5,000 forges et fourneaux.

Mouvement de la population depuis le dernier siècle:

1784	24,800,000	habitants.
1787	26,363,000	—
1791	26,048,254	—
1815	29,226,000	—
1821	30,467,000	—
1831	32,569,223	—
1836	33,540,910	—
1841	34,230,172	—
1846	35,400,486	—
1851	35,783,470	—
1854 (environ)	38,000,000	—

Une statistique officielle partage ainsi la surface du sol français:

Pays de montagnes	4,278,750 hect.
— de bruyères	5,676,688
Sol de riche terreau	7,276,368
Sol de craie ou de calcaire	9,788,797
— de gravier	3,417,893
— pierreux	6,612,348
— sablonneux	5,921,377
— argileux	2,232,885
— limoneux ou marécageux	284,454
— de différentes sortes	7,290,237

On divisait la population, quant aux professions, de la manière suivante, en 1851:

Agriculteurs	20,354,628
Manufacturiers	2,694,371
Artisans	7,810,144
Professions libérales	3,991,026
Domestiques	753,505
Armée, douaniers divers	780,496
	35,784,170

Chaînes de montagnes. — Au midi, la France est séparée de l'Espagne par les Pyrénées, dont les sommets les plus élevés sont: le mont Maudit et le mont Perdu. A l'est, elle est séparée de l'Italie par les Alpes, dont les sommets les plus élevés sont: le mont Viso et le mont Ventoux, en France. Le mont Blanc est en Savoie.

On pourrait regarder comme ramification des Alpes le Jura, où l'on distingue la Dole, les Vosges, les monts des Ardennes.

Les montagnes de Normandie et de Bretagne seraient des rameaux isolés.

Les principaux fleuves de la France sont: le Rhin, le Rhône, la Garonne, la Loire et la Seine.

Le Rhin prend sa source au mont Saint-Gothard, en Suisse, traverse le lac de Constance, et, près de Schaffhouse, tombe de 20 mètres de hauteur sur une largeur de 95 mètres. Il sépare la France de l'Allemagne, traverse le duché du Bas-Rhin, la Bavière rhénane, se divise en quatre branches, dont l'une conserve le nom de Rhin, et va se jeter dans la mer du Nord. Il reçoit l'Ill à Strasbourg; la Moselle, grossie de la Meurthe, à Coblentz, et la Meuse qui se jette dans le Vahal, l'une des branches du Rhin.

Le Rhône prend sa source au mont de la Fourche, près du Saint-Gothard, en Suisse, traverse le lac de Genève, passe sous terre l'espace de 60 pas, arrose plusieurs départements dont il favorise le commerce, et va se jeter dans la Méditerranée. Il reçoit l'Ain, la Saône grossie du Doubs, l'Isère, la Drôme, l'Ardèche, le Gard.

La Garonne prend sa source au val d'Aran, dans les Pyrénées espagnoles. Elle reçoit l'Ariége, le Tarn grossi de l'Aveyron, le Gers, le Lot, la Dordogne grossie de la Corrèze: c'est alors qu'elle commence à prendre le nom de Gironde, qu'elle conserve jusqu'à son embouchure dans l'océan Atlantique.

La Loire prend sa source dans le département de l'Ardèche, devient navigable à Nevers, et va se jeter, à travers les fertiles contrées qu'elle arrose, dans l'océan Atlantique. Des bancs de sable rendent difficile la navigation de la Loire, comme celle de la Seine. La Loire reçoit la Nièvre, l'Allier, le Loiret, le Cher, l'Indre, la Vienne grossie de la Creuse, la Sèvre nantaise, enfin le Maine, formé par la Mayenne, la Sarthe et le Loir.

La Seine prend sa source dans le département de la Côte-d'Or, près de Saint-Seine; elle arrose Châtillon, Bar-sur-Seine, Troyes, Méry, où elle devient navigable, Nogent-sur-Seine, Melun, Corbeil, Paris, Mantes, Elbeuf, Rouen, et se jette dans la Manche entre le Havre-de-Grâce et Honfleur.

Les principaux canaux de la France sont : le canal de Picardie ou de Crozat, qui joint la Somme à l'Oise; le canal de Saint-Quentin, qui joint la Somme à l'Escaut; le canal de l'Ourcq, qui amène à Paris l'eau de la petite rivière de ce nom; le canal de Saint-Denis, qui joint le canal de l'Ourcq à la Seine ; le canal des Ardennes, qui joint la Meuse à l'Aisne; le canal du Rhône au Rhin, qui fait communiquer ces deux fleuves, en joignant le Rhin au Doubs; les canaux de Briare, d'Orléans et du Loing, qui joignent la Seine à la Loire ; le canal de Bourgogne, qui joint l'Yonne et la Saône; le canal du Centre, qui joint la Saône à la Loire; le canal du Languedoc, qui joint la Garonne à la Méditerranée, et fait ainsi communiquer cette mer avec l'Océan.

Ancienne division de la France. — Avant 1789, la France était divisée en 33 gouvernements ou provinces, savoir : 6 au nord, 6 à l'est, 7 au sud, 6 à l'ouest et 8 au centre.

Les 6 provinces au nord étaient : la Normandie, capitale Rouen; la Picardie, capitale Amiens; l'Artois, capitale Arras; la Flandre française, capitale Lille; l'Ile-de-France, capitale Paris, et la Champagne, Troyes.

Les 6 à l'est étaient : la Lorraine, capitale Nancy; l'Alsace, capitale Strasbourg; la Franche-Comté, capitale Besançon; la Bourgogne, capitale Dijon; le Lyonnais, capitale Lyon, et le Dauphiné, capitale Grenoble.

Les 7 au sud étaient : la Provence, capitale Aix; le Languedoc, capitale Toulouse; le Roussillon, capitale Perpignan; le comté de Foix, capitale Foix; le Béarn, capitale Pau, et la Guyenne avec la Gascogne, capitale Bordeaux.

Les 6 à l'ouest étaient : la Saintonge avec l'Angoumois, capitales Saintes et Angoulême ; le Poitou, capitale Poitiers; l'Aunis, capitale la Rochelle; la Bretagne, capitale Rennes; l'Anjou, capitale Angers, et le Maine avec le Perche, capitale le Mans.

Les 8 au centre étaient : l'Orléanais, capitale Orléans; le Nivernais, capitale Nevers; le Bourbonnais, capitale Moulins; l'Auvergne, capitale Clermont; le Limousin, capitale Limoges; la Marche, capitale Guéret; le Berry, capitale Bourges; la Touraine, capitale Tours.

Nouvelle division de la France. — La France se divise actuellement en 86 départements, dont 84 ont leurs chefs-lieux dans les anciennes provinces; un est formé de l'île de Corse, l'autre du comtat d'Avignon, réuni à la France en 1791.

Le nom de ces départements est tiré de leurs cours d'eau ou de leurs montagnes, ou enfin de leur position géographique.

Chaque département, administré par un préfet, est subdivisé en sous-préfectures ou arrondissements; chaque arrondissement, en cantons administrés par un juge de paix; chaque canton en communes, administrées par un maire, aidé de son conseil municipal.

Sous le rapport administratif de la justice, la France est divisée en 27 cours impériales, siégeant à Rouen, Caen, Amiens, Douai, Paris, Nancy, Metz, Colmar, Besançon, Dijon, Lyon, Grenoble, Aix, Toulouse, Montpellier, Nîmes, Pau, Agen, Bordeaux, Poitiers, Rennes, Orléans, Angers, Limoges, Riom, Bourges et Bastia.

Sous le rapport de l'instruction publique, l'Université de France est partagée en 27 académies, qui ont le même ressort et presque toutes les mêmes chefs-lieux que les cours impériales.

Sous le rapport militaire, la France est partagée en 21 divisions, qui se composent d'autant de subdivisions qu'elles renferment de départements.

Sous le rapport maritime, la France est divisée en 5 arrondissements, ou préfectures maritimes, dont les chefs-lieux sont : Brest, Cherbourg, Lorient, Rochefort et Toulon.

Sous le rapport ecclésiastique, la France est divisée en 15 archevêchés, qui ont pour suffragants 66 évêchés; en tout 80 diocèses pour l'église catholique.

Ces 80 diocèses renferment plus de 3,300 cures, près de 27,000 succursales, et 6,135 vicariats.

Les protestants se divisent en luthériens (de la confession d'Augsbourg), et en calvinistes ou réformés.

Les églises luthériennes sont administrées par le consistoire de Strasbourg, et les églises calvinistes par des synodes (assemblées des ministres réformés).

L'organisation légale du culte israélite, en France, résulte d'un règlement fait dans une assemblée d'israélites, réunis à Paris, le 10 décembre 1806, et approuvé par un décret du 17 mars 1808. Les israélites ont un consistoire central à Paris, une synagogue consistoriale à Paris, 6 synagogues consistoriales dans quelques grandes villes (Strasbourg, Colmar, Metz, Nancy, Bordeaux, Marseille, et 60 synagogues particulières ressortissant aux consistoires.

TABLEAU SYNOPTIQUE des anciennes Provinces et des Départements qui en sont formés.

Provinces.	Départements.	Chefs-lieux.
Normandie....5.	Seine-Inférieure	Rouen.
	Calvados	Caen.
	Manche	Saint-Lô.
	Orne...........	Alençon.
	Eure...........	Évreux.
Picardie......1.	Somme.........	Amiens.
Artois et Boulonnais ..1.	Pas-de-Calais...	Arras.
Flandre.......1.	Nord..........	Lille.
Lorraine .....4.	Meurthe........	Nancy.
	Vosges	Épinal.
	Meuse..........	Bar-le-Duc.
	Moselle........	Metz.
Alsace ,.......2.	Bas-Rhin......	Strasbourg.
	Haut-Rhin.....	Colmar.

Franche-Comté. 3.	Doubs.........	Besançon.
	Haute-Saône...	Vesoul.
	Jura..........	Lons-le-Saulnier.
Bourgogne.....4.	Côte-d'Or.....	Dijon.
	Yonne........	Auxerre.
	Saône-et-Loire.	Mâcon.
	Ain	Bourg.
Lyonnais......2.	Rhône........	Lyon.
	Loire	Saint-Étienne.
Dauphiné......3.	Isère.........	Grenoble.
	Drôme.......	Valence.
	Hautes-Alpes...	Gap.
Provence .....3.	Basses-Alpes ...	Digne.
	Var..........	Draguignan.
	B.-du-Rhône ..	Marseille.
Languedoc....8.	Haute-Garonne.	Toulouse.
	Tarn.........	Alby.
	Aude.........	Carcassonne.
	Hérault.......	Montpellier.
	Gard	Nîmes.
	Lozère	Mende.
	Haute-Loire....	Le Puy.
	Ardèche.......	Privas.
Roussillon....1.	Pyrén.-Oriental.	Perpignan.
Comté de Foix..1.	Ariége........	Foix.
Béarn ....1.	Basses-Pyrénées.	Pau.
Comtat d'Avignon...1.	Vaucluse	Avignon.
Ile de Corse...1.	Corse.........	Ajaccio.
Guienne....:..6.	Gironde	Bordeaux.
	Dordogne	Périgueux.
	Lot-et-Garonne.	Agen.
	Lot	Cahors.
	Aveyron	Rodez.
	Tarn-et-Garonn.	Montauban.
Gascogne.....3.	Landes........	Mont-de-Marsan.
	Gers	Auch.
	Hautes-Pyrén. .	Tarbes.
Aunis et Saintonge...1.	Charente-Infér..	La Rochelle.
Angoumois ....1.	Charente......	Angoulème.
Poitou.......3.	Vienne	Poitiers.
	Deux-Sèvres...	Niort.
	Vendée.......	Napoléon-Vendée.
Bretagne.....5.	Ille-et-Vilaine..	Rennes.
	Loire-Inférieure.	Nantes.
	Morbihan	Vannes.
	Finistère	Quimper.
	Côtes-du-Nord..	Saint-Brieuc.
Anjou........1.	Maine-et-Loire..	Angers.
Maine........2.	Sarthe	Le Mans.
	Mayenne	Laval.
Orléanais .....3.	Loiret	Orléans.
	Loir-et-Cher ..	Blois.
	Eure-et-Loir ...	Chartres.
Ile-de-France ..5.	Seine.........	Paris.
	Seine-et-Oise..	Versailles.
	Seine-et-Marne.	Melun.
	Aisne.........	Laon.
	Oise	Beauvais.
Champagne....4.	Aube.........	Troyes.
	Haute-Marne...	Chaumont.
	Marne........	Châlons-sur-Marne.
	Ardennes......	Mézières.
Nivernais......1.	Nièvre	Nevers.
Bourbonnais...1.	Allier	Moulins.
Auvergne.....2.	Puy-de-Dôme..	Clermont-Ferrand.
	Cantal	Aurillac.
Limousin.....2.	Haute-Vienne ,.	Limoges.
	Corrèze.......	Tulle.
Marche.......1.	Creuse.......	Guéret.
Berry........2.	Cher	Bourges.
	Indre	Châteauroux.
Touraine.....1.	Indre-et-Loire..	Tours.

Les principaux ports militaires de la France sont : Cherbourg, Brest, Lorient, Rochefort et Toulon.

Les principaux ports marchands sont : Dunkerque, Calais, Boulogne, Dieppe, le Havre, Rouen, Honfleur, Saint-Malo, Morlaix, Vannes, Nantes, les Sables-d'Olonne, la Rochelle, Bordeaux, Bayonne, Cette, Marseille, Antibes, Ajaccio et Bastia.

Possessions de la France hors de l'Europe. — La France possède en Asie : dans l'Hindoustan, Chandernagor, Mahé, Karikal, Pondichéry.

En Afrique : la province d'Alger, Oran, Bone, Constantine, etc.; Portendik, à l'embouchure du Sénégal; Saint-Louis, Gorée et l'île Bourbon.

En Amérique : la Guadeloupe, la Martinique, Marie-Galande, etc., dans les petites Antilles, et une petite partie de la Guyanne, dont la capitale est Cayenne.

En Océanie : les îles Marquises.

Les premiers habitants de la France, connus avec certitude, sont les Galls ou Gaulois, qui lui donnèrent le nom de Gaule. Conquise par Jules César, 46 ans avant J. C., la France resta soumise aux Romains pendant cinq siècles.

Les Francs, sortis de la Germanie (Allemagne), subjuguèrent les Gaulois vers le commencement du cinquième siècle, chassèrent les Romains, et donnèrent leur nom à ce beau pays. — On fait remonter à l'an 418 l'origine de la monarchie française; mais Clovis, qui monta sur le trône en 481, en est réellement le fondateur. Ses descendants régnèrent jusqu'en 751, époque où les maires du palais devinrent tout-puissants : ils renversèrent la monarchie. Charlemagne est le héros de la deuxième race, dite des Carlovingiens; elle cessa de régner en 987. Hugues Capet est le chef de la troisième race, et la souche des rois qui se sont succédé depuis cette époque jusqu'à nos jours; la branche des Bourbons occupa le trône depuis Henri IV jusqu'à Louis-Philippe. La révolution de 1789 substitua au régime monarchique une république qui dura treize années. L'empire de Napoléon Ier, temps de gloire et de conquêtes, remplit encore dix années de l'histoire de France. En 1815, la dynastie des Bourbons remonta sur le trône dans la personne de Louis XVIII, puis de Charles X. Ce roi ayant été déclaré déchu du trône, en 1830, par la nation et ses représentants, Louis-Philippe, descendant du duc d'Orléans, frère de Louis XIV, reçut le titre de roi des Français.

Une révolution survint en 1848; Louis-Philippe perdit le trône : une nouvelle république fut proclamée; enfin, en 1852, Napoléon III (Charles-Louis), né en 1808, du mariage de Louis Napoléon, roi de Hollande, et de Hortense-Eugénie, reine de Hollande, fut élu empereur des Français.

Voici la liste chronologique des rois de France, depuis le commencement de la monarchie.

On divise les rois de France en trois familles ou races : les Mérovingiens, les Carlovingiens et les Capétiens.

Les Mérovingiens tirent leur nom de Mérovée, troisième chef des Francs; les Carlovingiens, de Charlemagne, fils de Pépin le Bref, premier roi de la seconde race, et les Capétiens, de Hugues-Capet, premier roi de la troisième race.

Les Mérovingiens ont régné 335 ans, et donné 22 rois, savoir :

	Avénement.		Avénement.
Ve SIÈCLE.		**VIIe SIÈCLE.**	
		Dagobert Ier.........	628
Pharamond..........	418	Clovis II.......,.....	638
Clodion..........	427	Clotaire III......,...	656
Mérovée ,..........	448	Childéric II	670
Childéric Ier........	458	Thierry Ier..........	673
Clovis Ier...........	481	Clovis III...........	691
		Childebert III	695
VIe SIÈCLE.		**VIIIe SIÈCLE.**	
Childebert Ier,......	511	Dagobert III.........	711
Clotaire Ier.........	558	Clotaire IV..........	715
Caribert	561	Chilpéric II	717
Chilpéric Ier........	567	Thierry II...........	720
Clotaire II	584	Childéric III........	742

Les Carlovingiens ont régné 235 ans, et donné 13 rois, dont 2 ne sont pas de cette race, savoir :

	Avénement.		Avénement.
Pépin le Bref........	752	Eudes.............	888
Charlemagne,........	768	Charles III, le Simple.	898
IXe SIÈCLE.			
Louis Ier	814	**Xe SIÈCLE.**	
Charles II............,	840	Raoul...............	923
Louis II....,.......	877	Louis IV............,..	936
Louis et Carloman ...	879	Lothaire........,...	954
Charles le Gros......	884	Louis V.............	986

Les Capétiens existent depuis Hugues Capet (987). Cette race a donné 36 rois, subdivisés en plusieurs branches, savoir :

	Avénement.		Avénement.
CAPÉTIENS PROPREMENT DITS.		1re branche d'Orléans.	
(14 rois).		(1 seul roi).	
Hugues Capet	987	Louis XII ....:......	1498
Robert le Pieux,.....	996	**XVIe SIÈCLE.**	
XIe SIÈCLE.		2e branche des Valois.	
Henri Ier............	1031	(5 rois).	
Philippe Ier........,..	1060	François Ier........	1515
XIIe SIÈCLE.		Henri II...,......	1547
Louis VI, le Gros.....	1108	François II...,.......	1559
Louis VII, le Jeune ..	1137	Charles IX..	1565
Philippe II	1180	Henri III...........	1574
XIIIe SIÈCLE.		Branche des Bourbons.	
Louis VIII..........	1223	(8 rois).	
Louis IX (saint Louis).	1226	Henri IV............	1589
Philippe III	1270	**XVIIe SIÈCLE.**	
Philippe IV.........	1285	Louis XIII..........	1610
XIVe SIÈCLE.		Louis XIV...........	1643
Louis X, le Hutin....	1314	**XVIIIe SIÈCLE.**	
Philippe V, le Long ..	1316	Louis XV	1715
Charles IV, le Bel....	1322	Louis XVI....,.....	1774
1re branche des Valois.		Révolution (1789).	
(7 rois).		**XIXe SIÈCLE.**	
Philippe VI, de Valois.	1328	Napoléon, empereur..	1804
Jean II, le Bon......	1350	Louis XVIII........,.	1814
Charles V, le Sage ...	1364	Charles X...........	1824
Charles VI	1380	2e branche d'Orléans.	
XVe SIÈCLE.		Louis-Philippe Ier....	1830
Charles VII..........	1421	République..........	1848
Louis XI............	1461	Empire.,...........	1852
Charles VIII,........	1483		

KRAMER.

FRÉGATE (marine) [de l'italien *fregata*, même sens].—Navire de guerre inférieur aux vaisseaux de ligne, n'ayant qu'une seule batterie couverte, et ne portant pas moins de 60 canons. Il y a aujourd'hui trois rangs de frégates. « Dans celles du troisième, on comprend des bâtiments de 50 bouches à feu, et d'autres de 48 et 46. Le gréement de la frégate est à peu près en tout le même que celui du vaisseau de ligne. Le mot *frégate* est depuis longtemps connu dans la Méditerranée. Au seizième siècle, il désignait de longs bâtiments à voiles et à rames, dont le bord était plus haut que celui des galères. Ce nom fut donné ensuite aux vaisseaux légers, gouvernant, manœuvrant et virant bien de bord. Sous Louis XIV, on appelait frégate légère la frégate à un pont portant de 16 à 25 pièces de canon.

FRÊNE [du latin *fraxinus*, même signification]. — Genre de plantes de la famille des jasminées, comprenant vingt-cinq espèces d'arbres indigènes et exotiques, à fleurs souvent incomplètes, à feuilles opposées, communément ailées avec impaire. L'espèce la plus intéressante de ce genre est le frêne commun ou grand frêne. « C'est un arbre de haute futaie, qui croît naturellement dans les climats tempérés de l'Europe. Il s'élève à une grande hauteur sur une tige droite et bien proportionnée ; sa tête est médiocre et composée de rameaux en général peu étendus. Les petits rameaux sont revêtus d'une écorce lisse et verdâtre ; celle du tronc est cendrée et assez unie. Le bois du frêne sert à beaucoup d'usages. Quoique blanc, il est assez dur, fort uni, très-liant tant qu'il conserve un peu de sève ; aussi est-il employé par préférence pour les pièces de charronnage qui doivent avoir du ressort et de la courbure ; on en fait aussi d'excellents cercles pour les cuves, les tonneaux et autres vaisseaux de cette espèce. Les propriétés médicales du frêne ont toujours été beaucoup vantées, mais à tort ; cependant l'écorce et le bois sont légèrement apéritifs et diaphorétiques. Une autre espèce de frêne, le frêne de Calabre, fournit la substance médicale connue sous le nom de manne. »

FRÈRES (Institut des). — Congrégation enseignante fondée par le vénérable J. B. Lasalle, qui compte aujourd'hui : 1° vingt provinces, dont dix pour la France, l'Algérie et les colonies françaises, et les dix autres pour la Belgique, la Prusse, la Savoie, le Piémont, les États pontificaux, le Levant, le Canada, les États-Unis, la Malaisie ; 2° sept cent cinquante établissements ; 3° six mille frères ; 4° mille trois cent cinquante-trois écoles chrétiennes, comprenant 4,426 classes et 275,000 élèves.

FRESQUE (peinture) [de l'italien *fresco*, frais].— Peinture faite avec des couleurs terreuses détrempées dans de l'eau de chaux, sur une muraille, une voûte fraîchement enduites.

FRICTION [du latin *fricare*, frotter]. — Action de frotter la peau avec ou sans addition de préparations médicamenteuses ; à l'aide d'une brosse ou de la main, soit nue, soit recouverte d'étoffe de chanvre ou de laine, etc. C'est un puissant moyen d'exciter les fonctions de la peau, de lui donner plus de force, de souplesse, en un mot, d'obtenir sa vitalité. Au moyen d'un conducteur adapté à une brosse métallique, on fait des frictions électriques, qui donnent de précieux résultats dans des cas de rhumatismes, de névralgies et de paralysies.

FRINGILLE (zoologie). — Genre d'oiseaux sylvains, de la famille des granivores, comprenant des espèces très-connues, telles que les chardonnerets, les serins, les linottes, les pinsons, les moineaux, etc, — Voy. ces mots.

FRISSON [mot grec qui signifie *frémissement*].— Tremblement involontaire, subit, inégal, irrégulier et passager, qui consiste dans un frémissement convulsif de la peau, suivi d'une sensation de froid; il est causé ordinairement par le froid qui précède la fièvre, par l'impression immédiate du froid extérieur, par un sentiment de frayeur, d'horreur, etc.

FROID. — Sensation produite par la soustraction du calorique du corps. « Le froid naturel n'est pas causé, comme l'ont prétendu quelques physiciens, par un fluide nommé frigorique, qui possédait, d'après eux, des propriétés contraires à celles du calorique; mais le froid n'est, en réalité, que l'absence du calorique ou de la chaleur. Le froid, considéré par rapport aux êtres sensibles, n'est qu'une sensation relative qui s'excite en eux lorsque le principe calorifique agit sur leurs organes avec moins d'intensité

Fig. 44. — Fringille.

que dans d'autres circonstances antérieures ou avec une intensité plus faible qu'il ne conviendrait à leur constitution. Appliqué aux corps sensibles, le mot froid ne désigne qu'une diminution opérée dans les effets extérieurs et sensibles du calorique qui agit sur eux. Un corps se refroidit en cédant son calorique à d'autres corps environnants, mais ce refroidissement n'est jamais absolu. En hiver, notre corps ne reçoit que peu de chaleur; il en émet toujours la même quantité. La proportion n'y existe plus entre le froid et le chaud, et le premier se fait sentir avec plus de force. Le froid est très-prononcé vers les pôles, et est plus rigoureux sur les lieux élevés. Il augmente de 1 degré par 180 mètres d'élévation perpendiculaire. Les corps qui garantissent le mieux du froid sont la laine, les poils d'animaux, la soie, qui, étant mauvais conducteurs du calorique, retiennent la chaleur qui se dégage du corps. Les tissus faits

avec du coton, du lin, etc., etc., et autres substances végétales, jouissent des propriétés contraires; aussi s'en sert-on en été. Le froid rend la chair des animaux grasse, mais peu savoureuse et peu substantielle. La peau devient pâle, le système nerveux moins sensible, l'appétit plus grand; les digestions sont plus faciles. Le froid artificiel peut être produit : 1° par le contact, en entourant un corps quelconque de substances plus froides qui lui enlèvent son calorique; 2° en faisant passer un corps solide à l'état liquide ou gazeux : ainsi on gèle de l'eau dans une fiole en humectant cette fiole d'éther; 3° par des moyens chimiques. Un des plus grands froids obtenus par ce procédé est produit par un mélange de 9 parties de phosphate de soude et de 4 parties d'acide nitrique étendu d'eau; le froid est de 39 degrés centigrades. Une partie d'eau et une partie de nitrate d'ammoniaque mélangées ensemble donnent un froid de 26 degrés. »

FROMENT (botanique). — Genre de plantes de la famille des graminées, renfermant une douzaine d'espèces très-intéressantes et plus de 360 variétés. La graine de froment fait la principale nourriture d'une grande partie des hommes; aussi est-il cultivé en tous lieux. C'est le blé le plus pesant de tous, celui qui donne le plus de farine. Le froid ou le chaud rigoureux ne lui font pas perdre sa faculté germinative. On ne doit pas semer du froment sur la même terre pendant plusieurs années de suite; il faut varier les cultures pour ne pas fatiguer le sol. Les labours et les engrais à donner au sol pour y semer le froment diffèrent selon le terrain, les lieux et une foule d'autres circonstances. En général, on fait tremper les grains dans de l'eau mélangée de chaux ou de vitriol pour les préserver des atteintes de la carie. L'époque où il faut semer varie selon les lieux; la quantité de semence varie avec la qualité des terres et la saison. Chaque grain rapporte trois ou quatre tiges (120 ou 130 grains). On coupe, en général, le froment avant son entière maturité; on le fait sécher, on le lie en gerbes et on le bat pour séparer le grain de la tige. L'hectolitre de froment pèse de 68 à 82 kilogrammes. Un hectare cultivé en froment rapporte, en général, 20 ou 30 hectolitres. Une mesure de froment en rend 10 ou 15 et même

25 dans les bonnes terres. Le froment est la céréale dont le grain, réduit en farine, fournit le meilleur pain et l'emporte sur tous les autres, à égalité de volume, par son poids ; à égalité de poids, par la quantité autant que par la qualité de ses parties alimentaires, comme le montrent les analyses de Vauquelin, qui y a trouvé, sur 100 parties à l'état de farine, 8 à 12 d'eau, 7 1/3 à 14 1/2 de gluten mêlé d'albumine végétale, 56 à 74 d'amidon, 4 1/5 à 8 1/2 de sucre, 2 4/5 à 5 4/5 de gomme. (*Lagrue.*)

FRONDE (histoire). — Arme de jet, consistant en un morceau de cuir suspendu par deux cordes. On place un objet quelconque sur le cuir, et on le plie en tenant les deux cordes, puis on fait tourner la *fronde* en lui imprimant peu à peu une vitesse de rotation. Lorsque cette vitesse est la plus grande possible, on lâche une corde, en retenant l'autre ; la fronde s'ouvre alors et laisse partir le corps qu'elle renferme et qui devient capable de frapper avec force les obstacles. La fronde fut l'arme ordinaire des soldats à pied dans l'antiquité et pendant le moyen âge. Les habitants des îles Baléares étaient réputés pour être les plus habiles frondeurs. Dans leur enfance, pour les rendre très-forts dans cet exercice, on leur donnait pour but un morceau de pain, qu'ils ne mangeaient que quand ils l'avaient abattu : les Grecs et les Romains eurent des frondeurs, ainsi que les Francs et les autres peuples du moyen âge. L'invention des armes à feu a fait abandonner cette arme.

La Fronde.—Période embrassant environ dix années (1643 à 1653). Lorsque le cardinal Mazarin parvint au ministère en captant la confiance d'Anne d'Autriche, régente et mère du jeune roi Louis XIV, les esprits étaient très-irrités. De nouveaux impôts, nécessités par de nombreuses guerres, excitèrent un mécontentement général contre la cour, mais surtout contre le cardinal, amant de la reine. Mazarin vit s'élever contre lui le peuple, les parlements et la noblesse ; et cette émeute fut appelée la *Fronde* (1648). Les mécontents avaient à leur tête Conti, Beaufort, ancien amant d'Anne d'Autriche, Retz, Turenne et Bouillon, son frère. Condé, qui avait pris d'abord sa défense, s'unit à la Fronde et à l'Espagne. On fit, au sujet de ces troubles, le quatrain suivant :

> Un vent de *Fronde*
> S'est levé ce matin ;
> Je crois qu'il gronde
> Contre le Mazarin.

Louis XIV, devenu majeur, sacrifia le ministre à la haine générale, et la tête de celui-ci fut mise à prix. Mais il méprisa cet arrêt et vint de nouveau retrouver la cour. Turenne, alors gagné au parti du roi, mit en déroute l'armée de Condé. Celui-ci chercha en vain à ranimer la Fronde, et le roi rentra dans Paris (1652). (*M. Lachâtre.*)

FROTTEMENT (mécanique). — Résistance qu'un corps éprouve en glissant sur un autre. « Tous les corps, même les plus polis, sont couverts d'éminences et de cavités, de manière que lorsqu'on applique deux corps l'un contre l'autre, les éminences de l'un entrent dans les cavités de l'autre, et, pour pouvoir les faire glisser l'un sur l'autre, il faut en arracher les parties engagées, en soulevant le corps pour les dégager, et, par conséquent, vaincre le poids de ce corps. Cet obstacle qu'il faut vaincre, c'est le *frottement.* On en distingue deux espèces, celui qui résulte d'une surface glissant sur une autre, et celui qui résulte d'un corps roulant sur une surface ; la résistance occasionnée par le premier est toujours plus grande que celle qui est produite par le second. En effet, dans ce dernier, le mouvement de rotation tend par lui-même à dégager les éminences des cavités et fait glisser le corps comme un plan incliné ; aussi, dans les descentes un peu fortes, on empêche les roues de tourner pour augmenter le frottement. Quelquefois les deux frottements se combinent ensemble. La meilleure manière de diminuer le frottement est de polir les surfaces autant que possible, ou de les enduire d'une matière qui en comble les cavités. Les frottements des surfaces semblables sont proportionnels aux pressions. Le frottement est moins considérable quand on met en contact des surfaces hétérogènes. »

FRUCTIFICATION (physiologie végétale).—Formation des fruits dans la fleur même. Ce mot désigne scientifiquement : 1° la fonction par laquelle une plante produit des fruits ; 2° l'ensemble des parties de la fleur qui concourent à la formation du fruit, c'est-à-dire les *étamines*, ou organes mâles ; les *pistils*, ou organes femelles, et le *réceptacle*, ou cette partie de la plante qui soutient les corolles ; 3° le temps compris depuis la première époque de formation du fruit, depuis sa première apparition jusqu'à son entière maturité.

FRUIT [du lat. *fructus*]. — Production des végétaux qui succède à la fleur et qui sert à leur propagation : c'est l'ovaire fécondé et parvenu à son développement. — Voy. *Botanique.*

FUCUS (botanique) [du lat. *fucus*, même signification]. — Genre de plantes cryptogames qui croissent sur les bords de la mer, et qui portent sur leurs feuilles des vésicules qu'on a regardées comme les fleurs de la plante. Les *fucus* sont très-communs sur nos côtes, où ils forment, sur les pierres et les rochers, des gazons jaunâtres qui servent à fumer les terres et constituent, pour l'agriculture du littoral, une source précieuse d'engrais fécondants. On les emploie aussi à la confection de la soude, comme avec les autres varecs.

FUGUE. — Morceau de musique, ou passage d'une partition dans lequel différentes parties se suivent, se succèdent, en répétant le même motif ou le même thème avec des variations adaptées à la nature de chaque instrument. La fugue est une pièce de musique, établie sur une phrase donnée, sur une idée principale qui se reproduit constamment, et qui passe alternativement dans toutes les parties par une imitation périodique. On la nomme ainsi parce que les parties semblent se fuir dans les reprises de l'idée principale. Cette idée principale se nomme le *sujet.*

« On remarque encore dans la fugue les *contre-sujets*, qui accompagnent le sujet; la *réponse* ou *reprise* du sujet par la partie suivante: le plus souvent elle ramène au ton; l'*exposition*, composée d'un certain nombre de reprises du sujet et de la réponse; les *épisodes*, qui se composent d'imitations formées de fragments du sujet et du contre-sujet, et jettent de la variété dans la fugue, tout en servant à moduler. Lorsque le compositeur veut rentrer dans le ton primitif, il fait la *stretta* ou les *strette*, imitations plus vives du sujet et de la réponse. On nomme *fugue du ton*, ou *tonale*, celle dans laquelle le sujet et la réponse sont contenus dans les limites du ton et de l'octave; *fugue réelle*, celle dans laquelle la réponse se fait à la quinte supérieure. La *fugue régulière modulée* va d'un ton à un autre; la *fugue d'imitation*, dans laquelle la réponse imite le sujet à un intervalle quelconque; la *fugue obligée* ou *régulière*, quand on ne traite que le sujet pendant toute la fugue; la *fugue irrégulière* ou *libre*, quand on traite plusieurs sujets. La forme des *fugues* varie beaucoup. »

Haydn et Beethoven excellaient dans ce genre de musique. On a dit des fugues de ce dernier qu'elles débordaient d'inspiration et ressemblaient à des torrents déchaînés à travers l'espace.

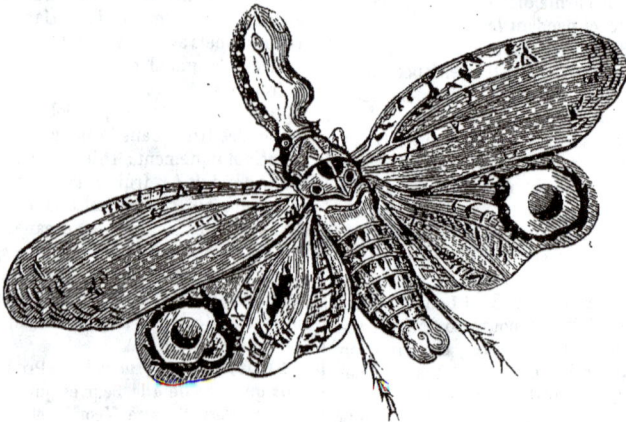

Fig. 45. — Fulgore porte-lanterne.

FULGORE (zoologie) [de *fulgur*, éclair, à cause de leurs brillantes couleurs]. — Genge d'insectes hémiptères, dont les principaux caractères sont: deux yeux lisses, tête aussi longue que le corps, et quelquefois plus grosse, de forme très-variable. Ces insectes, propres à l'Amérique méridionale, sont ornés de couleurs brillantes. Le *fulgore porte-lanterne*, type du genre, porte sur le devant de la tête un renflement vésiculeux plus long que la moitié du corps, et qui, brille avec éclat dans l'obscurité. Le *folgore porte-chandelle*, qu'on trouve ainsi que le précédent à Cayenne, paraît briller aussi dans l'obscurité.

FUMIER (agriculture). — Nous avons adopté pour principe fondamental que l'art de cultiver se résumait en trois mots: *prés, bétail, fumier*.

Au mot *Engrais*, nous avons indiqué les moyens de fabriquer les fumiers, de les augmenter et de conserver intacts ceux que la nature nous donne. Nous supposons que le cultivateur a bien pris note de tout cela, et que le fumier d'étable, purins, composts, excréments humains, est utilisé et destiné à engraisser les terres. Si malgré tous ces efforts ses terres sont pauvres, et qu'il se trouve à court de fumier, alors nous lui dirons: Voici un engrais qui économisera tous les autres et qu'on peut se procurer sur toutes les terres. Il n'en est pas de plus efficace, cela est parfaitement établi et proclamé par tous ceux qui y ont recours. Et pourtant, je suis convaincu que la routine m'arrêtera court en me disant son éternel NON! et que, sur cent cultivateurs, il y en aura deux peut-être tout au plus qui voudront en essayer. Tant pis pour les autres. Au moins les deux qui le feront ne m'adresseront pas de reproches.

Ce moyen consiste à semer certaines plantes, puis à les enterrer toutes vertes quand elles tallent et ont acquis leur hauteur. On enfouit ainsi le colza, le seigle, les vesces, la lupuline, le sarrasin, etc.; dans quelques contrées on enfouit même la troisième coupe du trèfle. Le lupin blanc surtout réussit ainsi, semé dans toutes les terres; grâce à sa racine pivotante qui va chercher sa nourriture dans le sous-sol, cette plante ne prend rien à la couche arable et lui rend tous les fluides qu'elle a puisés dans l'air. Semez le lupin au mois de juin, et enterrez-le au mois d'octobre pour vos semailles de blé.

Aux premières chaleurs du printemps, votre lupin se dissout et se transforme en terreau, et votre blé repousse des talles magnifiques. La vesce ainsi employée est encore un puissant engrais; on l'enfouit en mai; le sarrasin semé à la fin d'août, mêlé ou non au colza et aux choux, puis enfoui aux semailles d'octobre, donne aussi d'excellents résultats.

L'illustre Jacques Bujault estime que ces engrais équivalent à près de 40,000 kilog. de fumier par hectare dans les terres fortes et humides; à 25,000 dans les terres calcaires; de même du sarrasin dans les terres maigres, sablonneuses ou schisteuses. C'est plus d'engrais que n'en emploient les deux tiers de nos cultivateurs. En hiver, les blés bien ou mal fumés ont la même apparence; mais c'est au printemps, alors que tallent les céréales, que les récoltes enfouies produisent leurs bons effets.

Certes, avec de tels moyens il n'y a pas d'excuse pour le cultivateur qui dit : *Ma terre ne vaut rien ; je manque d'engrais.* — La terre ne manque point à l'homme, c'est l'homme qui manque à la terre.

Pour fumer passablement, il faut au moins 40,000 kilogr. de fumier par hectare, soit 400 par are, ou 4 kilogr. par mètre carré. Encore faut-il que le fumier soit bien conservé, dans toute sa force, et non épuisé par la fermentation ou lavé par les eaux de pluie : voilà trois cents ans qu'on fume ainsi en Flandre et en Artois, et la terre y donne en moyenne 25 pour 1. Dans ces contrées on emploie une méthode ingénieuse pour empêcher la fermentation du fumier avant de le répandre. On le transporte de suite dans les champs auxquels il est destiné, là on en forme des tas que l'on mélange de terre, de gazon et de bruyères, jusqu'au moment de l'étendre.

Les fumiers mélangés avec de la marne conservent plus longtemps leurs forces que répandus isolément. On ne peut trop recommander de les mélanger avec toutes les substances d'amendement, telles que chaux, marne, plâtre, argile, cendre, etc. Les deux engrais mêlés ont une action plus énergique que répandus isolément.

Les excréments d'animaux, ou fumier sans mélange sont plus avantageux répandus sur les plantes qu'enterrés. La raison en est simple : les racines profitent des moindres parcelles dissoutes par les pluies. Si on les enterre, au contraire, une grande partie échappe aux racines et est entraînée dans le sol. On répand les excréments en poudre ou délayés dans l'eau de pluie. Cette méthode est surtout avantageuse dans les prairies naturelles ou artificielles.

Un moyen très-économique de fumer les champs où pâturent les bestiaux, c'est de les y *parquer*, c'est-à-dire de les grouper pendant la nuit dans une enceinte close de barrières mobiles. Les moutons sont les animaux qu'on assujettit le plus souvent à ce régime. En Angleterre, on parque aussi les porcs. Outre que le parcage engraisse beaucoup ces animaux, le terrain qui reçoit leurs déjections est en état de recevoir et de faire prospérer les céréales ; ce fumier, en effet, communique à la terre toutes ses propriétés fertilisantes. Il ne s'agit que de l'étendre uniformément à la surface à mesure que les bestiaux changent de carré, et on les laisse le même espace de temps dans les diverses parties du champ : les déjections se décomposent facilement à la surface du sol et y pénètrent par l'action des pluies et des rosées.

Un mouton qui broute 4 kilogr. d'herbe en dix heures en donne deux d'engrais liquide et solide, ce qui suffit à fumer trois mètres carrés. C'est de quoi assurer une récolte de blé. L'époque la plus propice aux parcages est l'automne. Une nuit de septembre ou octobre en vaut deux du mois de mai. Les moutons ainsi parqués se maintiennent en bonne santé et donnent de la laine plus longue et plus fine.

Plus un fumier est chargé de parties animales, moins il faut l'enterrer. Ainsi le fumier de mouton qui ne contient point de litière vaut mieux et agit plus promptement semé qu'enterré. Le fumier d'écurie à moitié consommé a une action plus lente ; la décomposition de ses parties végétales, surtout de la paille de litière, ne s'opère généralement qu'en deux années. Ce fumier convient aux terres non ensemencées. Après l'ensemencement on ne doit plus y répandre que du fumier court et consommé. — Ce fumier répandu à la surface convient mieux aux terres humides, qui le décomposent aisément ; dans une terre sèche, au contraire, il se durcit et s'évapore. Il faut attendre que la pluie ait détrempé ce genre de sol, et y enterrer le fumier.

On répand les composts sans les enterrer, après les semailles, quelquefois même au printemps, sur les blés semés en automne. Le compost ainsi répandu a d'excellents résultats pour les blés qui ont souffert des rigueurs de l'hiver.

La quantité de fumier que réclament les récoltes dépend de la nature et de la quantité de matières nutritives du terrain. Un sol argileux réclame plus de fumier qu'un sol sablonneux, mais le premier se fume pour deux ans, et le second pour un an seulement, parce que les engrais s'y dissolvent beaucoup plus vite.

Par la même raison, plus un climat est chaud, moins il demande d'engrais à la fois, mais il faut le renouveler plus souvent.

Les plantes qui croissent rapidement, comme le maïs, le chanvre, le millet, la betterave, etc., ont besoin de beaucoup d'engrais et d'engrais très-solubles ; celles qui croissent lentement, comme les vesces, le sarrasin, le lupin, en exigent fort peu.

L'engrais humain, étant le plus énergique de tous, est précieux pour toutes les plantations possibles, dans les champs comme dans les jardins. Cette fumure équivaut à plus de son double volume de fumier d'étable.

On estime en général qu'une voiture contenant dix quintaux de fumier, il en faut quarante pour fumer convenablement un hectare. Nous supposons le fumier en bon état, et pourvu de ses qualités fertilisantes, grâce aux soins que nous avons prescrits au mot *Engrais*.

La terre pourrie est encore un engrais fort utile à répandre sur les semis ; elle opère surtout comme amendement dans les terres argileuses.

Les cendres de tourbe sont un bon engrais pour les trèfles ; on les répand au mois de mars : 20 hectolitres suffisent pour un hectare.

On le voit, tout le succès en agriculture dépend de l'art de traiter les engrais. — N'épargnez point vos peines pour en faire, jamais on n'en a assez. Quant aux meilleurs modes de fumure, nous avons cherché à faire comprendre qu'ils doivent varier suivant la nature du sol où on opère, suivant l'assolement, et enfin suivant les plantes qu'on se propose de cultiver. Ces données suffisent pour guider le cultivateur de bon sens ; nous comptons sur son intelligence et son observation pour faire le reste. D'ailleurs, en traitant de chacune des plantes que l'agriculture demande à son travail et à la terre, nous avons toujours le soin d'indiquer la raison et les modes de fumure qu'elle réclame. Nous en resterons donc là sur ce sujet capital, en le recommandant aux cultivateurs comme le point capital de leur profession, comme la source de toutes leurs richesses. Ils se doivent à eux-mêmes de ne laisser perdre aucune parcelle des substances animales et végétales propres à leur fournir de l'engrais; car la terre ne leur rend qu'en proportion de ce qu'on lui donne. Tout est matière à engrais dans la nature, dans les trois règnes animal, végétal et minéral. Il n'est pas de substance en décomposition qui n'aide à la fécondité de la terre : ne lui refusons donc rien, elle nous rendra tout avec usure : *Tant vaut l'homme, tant vaut la terre.*   L. HERVÉ.

FUMETERRE (matière médicale). — Genre de plantes de la famille des fumariacées, dont toutes les parties contiennent un suc amer regardé comme fébrifuge, diurétique et apéritif. On l'emploie dans les affections de la peau (scorbut, scrofules, dartres); dans la jaunisse, les engorgements des viscères abdominaux, etc. La dose, en décoction ou infusion, est de 30 grammes par litre d'eau.

FUMIGATION. — Application à la surface du corps des vapeurs actives, pénétrantes et odorantes. Les fumigations sont *sèches* ou *humides*. Les premières emploient le sucre, le benjoin, le storax, le genièvre ou des pastilles préparées pour donner à l'atmosphère une odeur agréable et en chasser une qui ne l'est pas. Les fumigations humides sont le vinaigre qu'on fait bouillir sur le feu, ainsi que des essences et des teintures aromatiques, qu'on emploie dans les mêmes circonstances que les premières. Disons que ces moyens masquent la mauvaise odeur et ne la corrigent pas. Le chlore remplace avec avantage toutes ces fumigations. Il est bon d'observer que lorsqu'on surcharge l'atmosphère de substances désinfectantes, le remède devient pire que le mal, et que beaucoup de personnes ont été asphyxiées en voulant détruire des principes d'asphyxie.

FURET (zoologie) [*putorius puro*]. — Mammifère du genre putois, qui se reconnaît à son pelage jaunâtre et à ses yeux roses. Il a le corps plus allongé et plus mince que le putois; sa tête est aussi plus étroite et son museau plus pointu. On ne le trouve à l'état sauvage qu'en Espagne ou en Afrique : en France et dans les pays plus septentrionaux, il ne vit qu'en domesticité. On l'élève pour faire la chasse aux lapins, dont il est le fléau. Fluet comme il est, il s'introduit dans leur terrier, et va les forcer à en sortir pour se jeter dans le sac qu'on a tendu à l'entrée; mais il faut avoir soin de museler le furet : sans cette précaution, celui-ci travaille pour son compte, et, non content de manger sa proie, il s'endort dans le terrier, et n'en revient plus si par hasard il trouve une autre issue pour s'échapper. Un fait qui prouve bien que ces animaux ne peuvent vivre dans nos pays, c'est que, malgré le nombre de ceux qu'on a ainsi perdus, on n'en trouve pas à l'état sauvage; il est évident qu'il faut qu'ils périssent ou de disette, ce qui est peu probable, ou par l'intempérie du climat. (Dr Salacroux.)

Fig. 46. — Furet.

FURONCLE ou **CLOU** (chirurgie). — Petite tumeur dure, circonscrite, très-rouge, due à l'inflammation, compliquée d'étranglement d'un ou de plusieurs flocons du tissu cellulaire remplissant les aréoles fibreuses de la peau. Le centre de la tumeur se trouve frappé de gangrène, dès le commencement de la maladie, et l'inflammation paraît avoir pour but l'expulsion de la partie gangrénée ou *bourbillon*.

Les causes du furoncle sont rarement locales; il paraît tenir à une mauvaise disposition de l'estomac, à des saburres amassées dans les premières voies. Souvent multiple, il se développe successivement ou à la fois, sur diverses parties du tronc et des membres, offrant une tumeur chaude, douloureuse, pulsative, s'accompagnant quelquefois de fièvre. Il se termine presque nécessairement par une suppuration qui entraîne bourbillon, dégorge la tumeur et facilite la cicatrisation du petit ulcère.

Pour le traitement, on peut diviser le furoncle en *idiopathique*, s'il tient à une cause locale, et en *sympathique*, s'il tient à un état général de l'économie.

Le traitement du *furoncle local* présente deux indications : 1° calmer les douleurs qui résultent quelquefois de la compression des filets nerveux voisins (cataplasmes émollients, narcotiques); 2° provoquer la suppuration, favoriser la sortie du bourbillon (onguent de la mère, de styrax, etc.).

Le *furoncle général* doit être combattu par les évacuants, seuls capables de faire disparaître la cause dont il dépend. Après avoir administré un vomitif, il faut détruire l'irritation des premières voies par de doux laxatifs : 30 grammes de crème de tartre soluble, dissous dans un litre d'eau, pris chaque our, suffisent pour remplir cette indication. B. L.

FUSIBILITÉ (physique). — Propriété qu'ont les corps de passer à l'état liquide sous l'influence de la chaleur. Le point de fusion, comme le point d'ébullition, varie pour chaque corps. On nomme *fusibles* les corps qui entrent en fusion au feu ordinaire, comme le suif, le plomb, le soufre, etc., et *infusibles* ou *réfractaires* ceux qui ne peuvent être fondus qu'à l'aide du chalumeau, tels sont le palladium, l'iridium, l'osmium, la strontiane, la baryte, l'alumine, le rubis, etc. Plusieurs substances qui avaient longtemps été regardées comme infusibles sont maintenant fondues à la température élevée que produit la combustion du mélange gazeux de deux parties d'hydrogène et d'une partie d'oxygène. Le carbone même, si longtemps regardé comme infusible, a été dernièrement, sinon réduit en fusion, du moins fort ramolli par M. Despretz, au moyen d'un courant électrique très-puissant. Toutefois un grand nombre de substances comme le papier, la laine, le bois et certains sels, ne fondent pas sous l'action d'une température élevée, mais ils sont décomposés.

Le tableau suivant donne la température de fusion des substances les plus usuelles :

Mercure	—40°	Alliage d'Arcet	94°
Glace	0	Soufre	108
Suif	33	Étain	210
Phosphore	44	Bismuth	256
Potassium	55	Plomb	260
Acide margarique	57	Zinc	370
Stéarine	60	Antimoine	450
Cire blanche	63	Argent	1000
Sodium	90		

L'expérience a récemment constaté que la température de fusion s'élève d'une manière sensible à mesure que la pression augmente. DUPASQUIER.

FUSIL. — Arme à feu, de guerre ou de chasse, composée d'un canon en fer et d'une monture en bois. Cette arme, dit un auteur, a été employée pour la première fois, en 1444, par les Bourguignons, qui défendaient la ville d'Arras contre le roi Charles VI. On donnait alors à ces armes le nom de *canons à main*. Plus tard, en 1600, vint le *mousquet à porte-mèche*, et, en 1630, le *fusil* proprement dit, c'est-à-dire l'arme munie d'un mécanisme à l'aide duquel le feu se communiquait à la poudre par le frottement d'un silex contre du métal. Cette invention est toute française. Lorsque, en 1788, la poudre fulmi-

nante fut inventée par Berthollet, de grands perfectionnements furent introduits dans la confection de ces armes, et, par la suite, les fusils à piston furent appelés à remplacer les fusils à silex. Aujourd'hui, le dernier perfectionnement apporté au mode d'inflammation consiste à percuter la capsule dans l'intérieur du canon, au milieu de la cartouche, et à charger par la culasse. « Les fusils se chargeant par la culasse ont déjà reçu de nombreuses modifications ; la disposition de leurs portées varie continuellement ; une foule d'inventions, ingénieuses par leur mécanisme de fermeture, surgissent chaque jour. Ces armes sont désignées par le nom de leurs inventeurs : tels sont les fusils Pauly, perfectionnés par Lefaucheux ; les fusils Pottet, les fusils Robert. » On appelle *fusil à vent* une espèce de fusil au moyen duquel on peut lancer des balles en employant le ressort de l'air fortement comprimé.

FUSION (physique). — Liquéfaction des corps solides par la chaleur. Il y a différents moyens de pratiquer cette opération selon la température de fusion des corps qu'il s'agit de liquéfier. Les corps fusibles au-dessous de 100° peuvent être fondus au bain-marie. Si les corps ne sont fusibles qu'à une température inférieure à 300°, on peut employer un bain d'huile. On fond dans des creusets les corps qui exigent une température plus élevée. Pendant toute la durée de la fusion et tant qu'il reste encore une parcelle de matière à liquéfier, la température du liquide reste constante, quelque violente que soit la chaleur employée. Une grande partie du calorique disparaît dans cette action et devient latente. La fusion n'est qu'une dilatation poussée outre mesure : en effet, en même temps qu'un corps absorbe une plus grande quantité de calorique, la force répulsive que celui-ci exerce entre les molécules augmente, et il arrive un moment où l'attraction moléculaire est insuffisante pour maintenir le corps à l'état solide. Un nouveau phénomène se produit alors, c'est la *fusion*.

L'expérience montre que la fusion des corps est constamment soumise aux deux lois suivantes :

1° Tout corps entre en fusion à une température déterminée, invariable pour chaque substance, si la pression est constante.

2° Quelle que soit l'intensité d'une source de chaleur, du moment où la fusion commence, la température cesse de s'élever et reste la même jusqu'à ce que la fusion soit complète. DUPASQUIER.

FUSTIGATION [du latin *fustigatio*, même sens]. — Action de battre avec le fouet ou les verges. La fustigation était en grand usage dans l'armée romaine, mais il ne faut pas toujours la confondre avec la bastonnade, car elle changeait de nom, gagnait ou perdait de sa gravité suivant la nature du délit, la forme de l'instrument et la qualité de celui qui l'administrait. La fustigation la moins grave, nommée *châtiment*, était infligée par le centurion, qui tenait toujours à la main, comme marque de son grade et de son autorité, un cep de vigne. Le soldat qui s'opposait au châtiment du centurion ou qui retenait le coup qu'il devait recevoir était cassé et mis dans une troupe inférieure; s'il brisait sa vigne ou s'il portait la main sur lui, il était puni de mort. Voilà par quelle discipline atroce les Romains essayaient de retenir les soldats dans leurs armées. Chez les modernes, la fustigation n'a pu se maintenir; elle emportait une idée de déshonneur et d'infamie qui l'a fait abandonner partout, excepté dans quelques pays du Nord et chez quelques nations, comme l'Autriche, la Russie et même l'Angleterre. (*Lachâtre.*)

FUSTOK (botanique). — Bois propre à la teinture, et dont les teinturiers du petit teint font usage pour teindre en feuille morte et en couleur de café. Le bois de cet arbrisseau est d'un beau jaune veiné; il fournit aussi une belle couleur orangée, mais qui, n'étant pas solide, a besoin d'être mélangée avec quelque autre substance colorante. Si on le mêle avec du bleu de Prusse, il produit une couleur verte; mêlé avec de la cochenille, on obtient une couleur jonquille ou celle du chamois. Les feuilles et les branches du fustok, contenant du tannin, s'emploient aussi par les corroyeurs pour la préparation des cuirs. Les luthiers, tourneurs et ébénistes se servent de son bois, surtout quand il est bien jaune et agréablement veiné. Cet arbrisseau croît dans l'Italie, au pied des Apennins, dans la Carniole et dans la Provence; il croît dans toutes les îles Antilles, et particulièrement dans l'île de Tabago, où il s'élève très-haut. C'est le tronc et les racines émondés de leurs écorces que les marchands épiciers et droguistes vendent pour bois de fustet.

FUT, Futaille, Fut de Bordeaux. — Ce terme désigne une mesure appelée aussi tonneau ou barrique, dont la contenance varie salon les localités.

FUTAIE (terme forestier). — Ce mot désigne un grand bois ou de grands arbres qu'on a laissés croître au delà de quarante ans, et qui n'ont point été coupés en vente ordinaire, comme les taillis. Lorsque ce bois a l'âge de quarante ans accomplis, on l'appelle *futaie sur taillis*; depuis quarante ans jusqu'à soixante, demi-futaie, bois de haute venue; depuis soixante jusqu'à cent soixante-dix, jeune haute futaie; depuis cent soixante-dix jusqu'à deux cents, vieille haute futaie, et passé deux cents vieille haute futaie sur le retour.

FUTAINE (technologie). — Étoffe dont la trame est de coton et la chaîne de laine ou de fil, de chanvre et de lin; elle imite le basin, mais n'est pas aussi fine. Il y en a à poil et à grains d'orge; il y en a aussi à deux envers qu'on appelle *bon basin*, qui est doublement croisé. Ces tissus n'ont ordinairement que soixante centimètres de large et en pièces de vingt-quatre à trente mètres.

La fabrication des futaines est d'une haute importance depuis qu'il s'en fait un si grand usage en doublure d'effets d'habillement. C'est une industrie qui a pris un grand développement dans la ville de Nantes.

Les autres villes de France où l'on fabrique des futaines sont : Caen, Castres, Troyes, etc. Le commerce des futaines est très-considérable, on en fait une grande consommation pour toutes sortes d'articles de vêtements.

FIN DE LA LETTRE **F.**

G (alphabet). — Septième lettre de l'alphabet et la cinquième des consonnes. *G* est dur devant les voyelles *a, o, u* : *Gabare, gosier, gutturul.* Il a la valeur du *j* devant *e, é, è, i. Gîte, gageure. G* final a le plus souvent le son dur quand il est suivi d'un mot qui commence par une voyelle. *Un long hiver.* Chez les Romains, la lettre G se prenait numériquement pour 400, et, avec un trait dessus, elle valait 400,000. Chez les Grecs, *g* valait 3, avec un trait dessous, 3,000. En musique, *g* est le signe par lequel on désigne la note *sol* dans la solmisation allemande et anglaise.

GAIAC (botanique). — Arbre de l'Amérique méridionale, appartenant à la famille des rutacées, et haut d'environ douze à treize mètres. On en connaît deux espèces : le *gaiac à feuilles de lentisque* et le *gaiac officinal.* Ce dernier, qui croît surtout à Saint-Domingue et à la Jamaïque, fournit à la médecine son bois, son écorce, une résine particulière (*gaiacine*), regardée comme stimulant, diaphorétique, et employée contre la goutte, le rhumatisme chronique, les maladies de la peau, les syphilis rebelles. C'est en 1508 que les Espagnols apportèrent le gaiac d'Amérique, pour la première fois, dans leur patrie.

GALBANUM (pron. *galbanome*). — Substance gommo-résineuse, grasse, d'une consistance molle, de couleur blanchâtre, jaune, rousse ou gris de fer, d'une saveur amère et légèrement âcre, d'une odeur forte et aromatique. On la retire, dans le Levant, de la racine du *bubon galbanum*, ombellifère originaire du cap de Bonne-Espérance. C'est un stimulant, antispasmodique, de l'ordre de l'assa-fœtida.

GALE (pathologie). — Affection vésiculeuse de la peau caractérisée par de petites vésicules transparentes et très-prurigineuses qui se développent sur une partie plus ou moins étendue des téguments par suite de la présence d'un insecte, l'*acarus.* Cette maladie, étant de cause essentiellement externe, n'est ni une dartre ni une fièvre éruptive.

L'acarus est donc la cause de la gale. Ce n'est pas dans la vésicule qu'il faut chercher cet insecte, qui n'est, d'ailleurs, visible qu'à la loupe, mais bien dans le fond d'un sillon blanchâtre qui en part, et que le petit animal trace sous l'épiderme. Cette particularité, qu'on avait oubliée, explique pourquoi tant de tentatives pour trouver l'*acurus scabiei* étaient demeurées infructueuses, et pourquoi, il n'y a pas longtemps encore, son existence était généralement niée.

La gale est essentiellement contagieuse ; l'*acarus* est l'agent de cette contagion, qui a lieu par contact et que favorise l'état de moiteur de la peau. Elle peut se développer spontanément sous l'influence de la misère et de la malpropreté.

Cinq ou six jours après le contact contagieux chez les enfants, quinze ou vingt chez les adultes, la maladie se déclare sur le point contagionné, qui est le plus souvent la main. Les malades ressentent une démangeaison incommode, exacerbante, et bientôt apparaissent de petites saillies pointues, rouges chez les sujets sanguins, et de la couleur de la peau chez les débiles, qui présentent presque aussitôt le caractère vésiculeux. L'éruption se remarque principalement dans l'intervalle des doigts, au pli du coude, à l'aisselle et sur le ventre. Les vésicules sont tantôt très-petites (*gale miliaire* ou *gratelle*), tantôt plus volumineuses (*grosse gale*); mais, dans tous les cas, le prurit étant intense, l'action des ongles les altère et détruit leurs caractères primitifs. En effet, lorsqu'on est consulté, on trouve ordinairement de petites croûtes ou des points rouges de sang coagulé ; dans les cas anciens, ce sont des boutons, des pustules qui constituent, non pas la gale, mais une complication : toutefois, des vésicules récentes et intactes se montrent habituellement aux environs. Cela n'empêche pas que le diagnostic ne soit quelquefois difficile, car, d'une part, la recherche du ciron est longue et incertaine, et, d'autre part, l'éruption modifiée par les ongles peut être confondue avec l'eczéma, le prurigo, le lichen. — Le vulgaire s'imagine que le médecin qui, à la première inspection, ne se prononce pas sur la nature de la maladie, n'est pas suffisamment *savant.* Il se trompe : celui qui hésite est le plus instruit, car il réfléchit à ce qu'il fait, regardant comme indigne de lui cette manière de faire des charlatans, qui consiste à trancher les difficultés à tort et à travers, vis-à-vis du monde, pour avoir l'air *subtil*.

Il n'y a qu'une seule espèce de gale, et elle guérit facilement, sans laisser de suite fâcheuses. Les *gales rentrées n'existent pas* : si des accidents se sont montrés dans ces maladies, ils étaient dus aux complications, aux maladies intercurrentes ou aux traitements incendiaires mis en usage pour les guérir.

Traitement. — Il ne se compose que de topiques, c'est-à-dire de pommades, lotions ou fumigations, dites antipsoriques. Le soufre fait ordinairement la base de ces préparations, quoique beaucoup d'autres substances détruisent aussi l'acarus. Les topiques les plus employés sont : la pommade soufrée simple (axonge 30, fleur de soufre 10 à 15); la pommade sulfuro-alcaline (axonge 30, soufre 8, carbonate de potasse ou de soude 4); la pommade d'helmérich (même formule que la précédente); la poudre de Pyhorel (sulfure de chaux, 2 grammes mêlés à de l'huile d'olive pour une friction, et deux frictions pareilles chaque jour). Parmi les lotions, celle de Dupuytren (sulfure de potasse 90, eau 500, acide sulfurique 4) est la plus employée. — La pommade citrine, très-usitée dans les campagnes, est dangereuse à cause du mercure qu'elle contient. Les solutions narcotico-âcres et caustiques sont moins efficaces et ont des inconvénients. Il est une foule d'autres remèdes que nous pourrions citer, mais ils ne valent pas les formules simples et peu coûteuses que nous venons d'indiquer. — Les bains simples, savonneux ou sulfureux, les soins de propreté surtout, ne doivent pas être négligés pendant le traitement, dont la durée moyenne est de douze jours environ.

Dʳ Bôᴇꜱu.

GALANTERIE. — C'est au moyen âge, c'est à la chevalerie qu'il faut attribuer l'origine de la galanterie, dont les mœurs françaises ont si heureusement subi l'effet. « La galanterie, dit Montesquieu, dans son *Esprit des Lois*, n'est point l'amour, mais elle est le délicat, le léger, le perpétuel mensonge de l'amour... Elle naquit lorsqu'on imagina des hommes extraordinaires qui, voyant la vertu jointe à la beauté et à la faiblesse, furent portés à s'exposer pour elle dans les dangers, et à lui plaire dans les actions ordinaires de la vie. Nos romans de chevalerie flattèrent ce désir de plaire, et donnèrent à une partie de l'Europe cet esprit de galanterie. Il se perpétua par l'usage des tournois, qui, unissant ensemble les droits de la valeur et de l'amour, donnèrent encore à la galanterie une grande importance. »

GALÉOPITHÈQUE (zoologie) [du grec *galé*, chat, et *pithékos*, singe (*Galeopithecus*)]. — Genre de mammifères de l'ordre des cheiroptères, pourvus à chaque pied de cinq doigts armés d'ongles très-forts, et réunis par une membrane qui s'étend également entre leurs membres, et qui forme une sorte de parachute. Les galéopithèques ont deux paires de mamelles placées sur la poitrine, et ressemblent assez, pour le corps, à un chat ou plutôt à un maki. On les a appelés aussi *chats volants, chiens volants*. Ces animaux vivent dans les bois, où leur parachute leur permet de s'élancer d'arbre en arbre à de grandes distances. Ils vivent d'insectes et de fruits. L'espèce la plus commune est le galéopithèque roux, qu'on trouve aux îles Carolines. Il grimpe comme les chats et répand une odeur analogue à celle du renard. Il est long de trente centimètres ; sa couleur est rouge vif en dessus et plus clair en dessous.

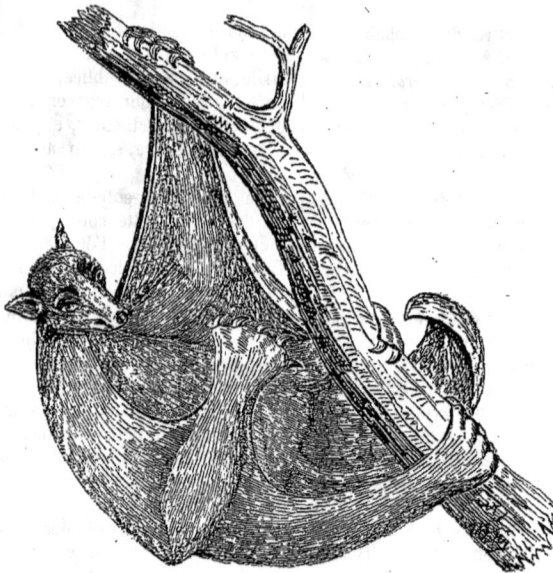

Fig. 47. — Galéopithèque volant.

GALIMATIAS. — Selon le savant évêque d'Avranches, M. Huet, le mot galimatias vient de l'usage des plaidoyers qui, autrefois, se faisaient en latin. Un jour, il s'agissait d'un coq (gallus) appartenant à une des parties nommée Mathias; or, à force de répéter les noms *gallus* et de *Mathias*, l'avocat finit par s'embrouiller, et, au lieu de dire *gallus Mathiæ*, il dit *galli-mathias*. Les gens de la basoche ramassèrent en riant ce *lapsus linguæ*, et le mot galimatias servit à désigner tous les discours incohérents et inintelligibles. Voltaire l'appelait l'*Ode sur le temps*, de l'académicien Thomas, du *galithomas*, car, suivant Boursault,

« Souvent, quoiqu'on s'y trompe,
» Le galimatias est voisin de la pompe. »

Boileau a distingué deux sortes de galimatias : le

galimatias simple, que l'auteur comprend et que le public ne comprend pas ; le *galimatias double*, que ne comprend le public ni l'auteur.

On peut citer comme échantillon du galimatias simple cette requête d'un jeune bachelier, voyageant à cheval, en compagnie de quelques camarades, et qui, pour faire raccourcir un de ses étriers et rallonger l'autre, dit à un paysan : « Rustique, fais un » mouvement d'approximation vers l'hypostase de » mon individu pour égaliser mes supports, dont l'un » est succinct et l'autre prolixe. » Le paysan, qui n'entendait pas un mot de ce baragouin, tourna le dos, en demandant aux camarades « si ce monsieur parlait chinois ou peau-rouge. »   SIMONET.

GALLE (histoire naturelle). — Excroissances de formes très-variées, qui paraissent sur les feuilles, les pétioles, les fleurs, les bourgeons, les branches, les tiges et même les racines des plantes, et qui sont dues à la piqûre des insectes, dont plusieurs choisissent, pour le berceau de leur progéniture, la substance même des divers organes des végétaux. Après les avoir piqués, ils y déposent leurs œufs, qui y éclosent et donnent naissance à des larves plus ou moins fatales à l'organe au sein duquel elles se développent.

On divise les galles en galles vraies et galles fausses. Les premières sont celles qui forment une excroissance exactement fermée de toutes parts, et dans laquelle vit une ou plusieurs larves d'insectes, qui en sortent avant ou après leur métamorphose ; les secondes sont celles qui sont formées pour l'augmentation contre nature d'une partie de la plante, produite par la piqûre d'un insecte, mais dans laquelle la cavité est souvent ouverte, ou même n'est qu'incomplète.

GALLINACÉS (zoologie). — Ordre d'oiseaux, qui a pour type le coq domestique. Les paons, les faisans, les dindons, les outardes, etc., appartiennent à cet ordre.

GALVANISME (physique) [de *Galvani*]. — Nom donné à l'électricité qui se développe par la seule superposition de certains corps. Galvani, physicien de Bologne, remarqua le premier que la cuisse d'une grenouille écorchée récemment éprouvait de fortes convulsions lorsqu'on établissait entre les muscles et les nerfs lombaires une communication par un arc métallique. Il observa de plus que ces convulsions étaient faibles lorsque l'arc était d'un seul métal, mais qu'elles étaient fortes et durables quand on employait le contact de deux métaux différents. Galvani attribua ces phénomènes à une *électricité animale*; mais Volta (1) reconnut bientôt que la véritable cause des phénomènes galvaniques réside uniquement dans le contact des métaux différents. Les applications de la découverte du galvanisme sont innombrables aujourd'hui. — Voy. *Galvanoplastie.* — Les travaux de Nicholson, Carlisle, Ritter, Hallé, Fourcroy, Vauquelin, Monge, Biot, Rousseau, en ont fait une science nouvelle. — Voy. *Electricité.*
         LARIVIÈRE.

(1) Physicien de Côme, en Italie.

GALVANOMÈTRE (physique) [du nom de *Galvani* et du grec *métron*, mesure]. — Instrument destiné à déterminer la force du galvanisme. Le galvanomètre ou multiplicateur se compose d'un fil de cuivre de quarante ou quarante-cinq mètres de longueur, recouvert de soie et enroulé autour d'un cadre de bois de forme carrée. Quatre aiguilles (quelquefois deux) aimantées, soutenues par un fil, peuvent se manœuvrer parallèlement en tous sens, selon celui qui leur imprime le courant galvanique. L'aiguille supérieure est la plus longue et se meut sur un cadran divisé : tout l'appareil est recouvert d'une cloche, dont le but est de le garantir des courants d'air.

GALVANOPLASTIE (technologie). — Art de reproduire des reliefs et des creux en métal par l'action d'un courant galvanique.

L'appareil que l'on emploie pour déposer le métal est une pile voltaïque dont le pôle négatif est en communication avec les objets soumis à l'opération, et le pôle positif avec la solution du métal. Lorsque les objets sont mauvais conducteurs, comme le plâtre, la terre, la cire, la stéarine, on y applique d'abord à la brosse de la mine de plomb, ou certaines poudres métalliques qui les rendent conducteurs.

On est parvenu aujourd'hui à donner une très-grande dureté en même temps que plus d'homogénéité au métal déposé, et à le rendre plus résistant à l'action des agents atmosphériques ; les moules ont été perfectionnés en prenant pour matière plastique la gutta-percha ; enfin les artistes ont pu reproduire des bronzes d'art et des objets d'orfévrerie en ronde bosse soutenant la comparaison avec les mêmes sujets obtenus par la fonte et la ciselure.

La découverte de la galvanoplastie ne remonte qu'à l'année 1838 et appartient à l'Anglais Spencer et au Russe Jacobi. Depuis cette époque, les appareils ont été considérablement perfectionnés et les essais poussés très-loin par les nombreux chimistes qui ont suivi Spencer et Jacobi dans la voie où ils étaient entrés. On doit surtout citer les noms de Becquerel, Boquillon, Elsner, Grove, Elkington, Solly, Sorel, Chevalier, Lenoir, etc., qui ont, par des perfectionnements successifs, contribué à faire de la galvanoplastie un art dont les applications sont réellement utiles et importantes. Les plus précieuses sont évidemment celles qui ont pour objet la dorure, l'argenture, etc.   LARIVIÈRE.

GAMME (musique) [du grec *gamma*, mot que Guy l'Aretin ou d'Arezzo, en Toscane, choisit, en 1026, pour désigner la corde qu'il ajouta au grave du diagramme des Grecs, et dont il fit la base de son système musical]. — Série des sons de la musique européenne, disposée de telle sorte qu'il y a un ton entre la première et la seconde note, un ton entre la seconde et la troisième, un demi-ton entre la troisième et la quatrième, un ton entre la quatrième et la cinquième, un ton entre celle-ci et la sixième, un ton entre la sixième et la septième, et un demi-ton entre la septième et la huitième. Ces notes sont : *ut*, *ré*, *mi*, *fa*, *sol*, *la*, *si*, *ut*. La série de ces huit tons et demi-tons forme la *gamme*. On distingue trois sortes de gammes : la *gamme diatonique*, qui procède par tons et par demi-tons ; la *gamme chromatique*, par demi-tons ; et la *gamme enharmonique*, par quart de ton.

GANGLIONS (anatomie) [du grec *ganglion*, même signification]. — Petits nœuds ou tubercules de forme, de volume, de texture et de consistance variables, qui se trouvent sur le trajet des nerfs ou des vaisseaux lymphatiques, et qui sont renfermés dans une membrane qui leur sert d'enveloppe. Les ganglions résultent d'un entrelacement des filets nerveux et de vaisseaux unis entre eux par du tissu cellulaire. Ils ont été longtemps, mais à tort, rangés parmi les glandes, sous le nom de *glandes conglobées*. On distingue les *ganglions nerveux*, composés de corpuscules et de fibres nerveuses, et les *ganglions lymphatiques*, qui paraissent avoir la même composition que les glandes.

« Les opinions sont fort partagées sur les usages des ganglions : Lancisi, qui avait cru y trouver des fibres musculaires, imagina qu'ils servaient à accélérer le cours du fluide nerveux ; d'autres les crurent destinés à la fois à favoriser la division de certains nerfs et à réunir plusieurs petits filets en une grosse branche ; le plus grand nombre pense qu'ils servent à croiser et à mêler des nerfs provenant de différents troncs nerveux, afin d'assurer certaines communications sympathiques. »—Voy. *Sympathique (grand)*.

GANGLION (pathologie). — Petites tumeurs globuleuses, dures, indolentes, développées sur le trajet des tendons, sans changement de couleur à la peau et formées par un fluide visqueux, albumineux, renfermé dans un kyste plus ou moins épais. Ces tumeurs, qui grossissent par degré, atteignent la grosseur d'une aveline, d'une noix, d'un œuf, se développent souvent sans causes connues, et presque toujours au poignet, sur le trajet des muscles extenseurs de la main et des doigts, rarement aux pieds.

La *compression*, qui détermine la rupture du kyste, est le plus sûr moyen de guérison. Meekren conseille de placer la main du malade sur une table, et de frapper ensuite fortement sur la tumeur avec le poing ; Muys se servait d'un maillet. On réussit ordinairement à dissiper les tumeurs en pressant avec force sur elles, soit avec les pouces des deux mains, soit au moyen d'un large cachet garni de linge. Quand l'écrasement a lieu, le kyste se rompt, l'humeur se répand le long de la gaîne du tendon et la tumeur disparaît. Les frictions résolutives disséminent au loin le fluide épanché, et l'absorption complète la guérison. Si l'écrasement est impossible, il faudrait ouvrir la tumeur avec le bistouri, introduire de la charpie dans le kyste et procurer la guérison par la mutuelle adhérence de ses parois. B. L.

GANGRÈNE (chirurgie) [du grec *grainô*, consumer]. — Altération d'une partie plus ou moins considérable du corps, qui perd la sensibilité et le mouvement : c'est une mort locale. La gangrène reconnaît pour cause une violente inflammation, une contusion, les brûlures, la congélation, la ligature d'un gros tronc artériel, un bandage trop serré, l'action chimique d'un caustique, etc. — Si la partie gangrenée est engorgée de liquides, la gangrène s'appelle *humide*. Dans le cas contraire, elle est dite *sèche* ; telle est ordinairement la gangrène *sénile* ; on l'appelle *sphacèle* quand elle attaque toute l'épaisseur d'un membre ou d'un organe composé de plusieurs tissus. La gangrène des os se nomme *nécrose*. Les caractères auxquels se reconnaît la gangrène *extérieure* sont : « la décoloration, l'insensibilité, et une odeur particulière de la partie affectée ; les phénomènes qui la précèdent et l'annoncent sont : diminution de la chaleur, développement de phlyctènes remplies de sérosité sanguinolente, calme trompeur, prostration des forces, froid général ; la partie malade, brunâtre et violacée, se décompose et se convertit en une escarre fétide, qui se détache plus ou moins promptement et laisse à découvert une plaie simple ; mais si cette séparation entre les parties mortifiées et les parties saines n'a pas lieu, la gangrène s'étend toujours et le malade meurt. La gangrène *intérieure*, survenant ordinairement à la suite de l'inflammation d'un viscère, est indiquée par une rémission subite et intempestive des symptômes inflammatoires, cessation brusque de la douleur, etc. ; mais ce calme est illusoire, et l'aspect cadavéreux de la face, le froid des extrémités, la petitesse du pouls, etc., annoncent une mort inévitable. » — On combat la gangrène par l'emploi des toniques et des antiseptiques, tant à l'intérieur qu'à l'extérieur.

GARANCE (botanique) [de *varantia*, nom qu'on donnait au moyen âge à cette substance]. — Plante vivace, herbacée, de la famille des rubiacées, à tiges rameuses et chargées d'aspérités, et dont la racine sert en teinture. Cette racine est composée de trois parties distinctes : 1° D'un cœur ligneux jaune, qui la parcourt dans toute sa longueur ; 2° d'une partie corticale rouge, où réside surtout le principe colorant ; 3° d'une pellicule légère et rougeâtre nommée *épiderme*. « On la sèche à l'air sur des filets ou dans des fours ; on la bat pour en séparer l'épiderme, la terre et les autres matières étrangères ; puis on la broie sous des meules ; un blutage en sépare ce qui reste de terre et d'épiderme. La racine, entière, est connue dans le commerce sous le nom d'alizari (*rubia tinctorum*) ; moulue, elle reçoit particulièrement le nom de *garance*. La garance est dite *robée* lorsqu'elle a été dégagée de son épiderme, ce qui donne plus d'éclat à la poudre, et *non robée*, si elle a été triturée sans cette précaution. On appelle garances *mulles* les qualités inférieures, composées en grande partie de débris provenant du blutage. On estime surtout la garance du Levant ; on distingue dans le commerce la garance d'Avignon, celle d'Alsace et celle de Hollande. La racine de la garance contient une substance particulière appelée *alizarine*, à laquelle elle doit ses propriétés tinctoriales.—Voyez ce mot.

La garance est originaire d'Orient ; elle était connue des Grecs et des Romains, qui l'employaient non-seulement en teinture, mais encore en médecine, comme diurétique. Elle était cultivée dans la Carie, en Galilée, et à Ravenne en Italie. Depuis une soixantaine d'années, elle a été cultivée en France avec le plus grand succès; depuis peu on a réussi à la cultiver en Algérie. »

GARDON (zoologie). — Espèce de poisson de rivière, du genre cyprin. Il ressemble au meunier par la forme des écailles, par le nombre et par la position des nageoires, mais il a la tête plus petite et le corps plus large. Le dos est bleu, la tête verdâtre et le ventre blanc.

Son nom lui vient, dit-on, de *garder*, parce qu'il se garde plus longtemps vivant que beaucoup d'autres poissons, dans un vase rempli d'eau.

GARGARISME (matière médicale). — Médicaments destinés à baigner les parois de la bouche et surtout du gosier. On doit les conserver dans la bouche le plus longtemps possible, les agiter en tous sens *sans les avaler*.

GAROU (matière médicale). — Écorce d'une espèce de *daphné*, avec laquelle on prépare une pommade destinée au pansement des vésicatoires. Son énergie est telle, qu'elle peut suppléer à l'action des cantharides.

GASTÉROPODES (zoologie) [du grec *gaster*, ventre, et *pous*, *podos*, pied]. — 3ᵉ classe des mollusques, comprenant ceux qui se meuvent en rampant sur un prolongement de leur disque ventral, appelé leur *pied*.

Elle comprend tous les mollusques univalves. — Voyez *Mollusques*.

GASTRALGIE (médecine). — Affection essentiellement nerveuse, rarement accompagnée de fièvre ou d'inflammation, ordinairement caractérisée par des *besoins* qui simulent le sentiment de la faim, par des tiraillements et une sorte de défaillance; souvent les maladies digèrent alors avec la plus grande facilité les aliments qui sembleraient les moins convenables. Bornée à l'estomac, on l'appelle *gastralgie*; aux intestins, *entéralgie*; occupant les intestins et l'estomac, elle se nomme *gastro-entéralgie*.

GASTRITE (médecine) [du grec *gaster*, estomac]. — Inflammation de la membrane muqueuse de l'estomac, reconnaissant pour causes ordinaires les écarts du régime, l'usage d'aliments altérés ou irritants, les excès de boissons spiritueuses ou glacées, les indigestions répétées, l'introduction dans l'estomac de poisons âcres ou corrosifs, les pressions habituelles sur cet organe, notamment *celles exercées par les corsets trop serrés*, les violences externes (coups, chutes sur cette région), l'impression du froid, etc. — La gastrite est *aiguë* ou *chronique*. La *gastrite aiguë* s'annonce ordinairement par « de la chaleur, de la soif, de l'inappétence, de la fièvre, de l'insomnie; bientôt, douleur vive à l'épigastre, augmentant par la pression; bouche brûlante, langue rouge, jaunâtre et sèche; désir continuel de boissons froides et acides; puis, le plus souvent, vomissements, hoquets, éructations, et troubles divers de la respiration, de la circulation et de l'innervation, etc.

La *gastrite chronique* succède le plus communément à la précédente. Ses symptômes sont : lenteur et difficulté dans les digestions, sentiment d'un poids incommode ou d'une douleur obscure à l'épigastre après les repas; malaise général, flatuosités acides, langue blanchâtre, rouge à la pointe; quelquefois des nausées, plus rarement des vomissements; puis irritabilité dans le caractère, nuits agitées, constipation; le malade maigrit insensiblement, et succombe à une fièvre lente si l'on ne parvient à remédier au mal. La gastrite aiguë se termine soit par *résolution*, soit par *ulcération*, par la *gangrène*, ou par la *perforation* des membranes de l'estomac, enfin par la mort. La gastrite chronique se termine souvent par le *squirre*. »

GASTRO-ENTÉRITE (pathologie) [de *gaster*, estomac, et *entéron*, intestin]. — Inflammation simultanée de la membrane muqueuse de l'estomac et de celle des intestins. C'est dans les divers degrés de ces deux phlegmasies réunies que consistent, suivant Broussais, les affections appelées précédemment *fièvres essentielles*.

GAZ (physique) [dérivé, par corruption, du vieux allemand *gahst*, aujourd'hui *geist*, esprit]. — Nom commun à tous les fluides aériformes, c'est-à-dire aux corps qui sont analogues à l'air par leur transparence, leur compressibilité, et, en général par l'ensemble de leurs propriétés physiques. La plupart des gaz se liquéfient, se solidifient même sous la double influence d'une haute pression et d'une basse température. Quelques-uns, néanmoins, sont restés rebelles à toute tentative pour les faire changer d'état. On leur donne le nom particulier de *gaz permanents*. La propriété physique qui distingue surtout les gaz des liquides est la parfaite élasticité des premiers. La loi de Mariotte sert de base à cette doctrine, que l'on exprime ainsi : *les volumes des gaz varient en raison inverse des pressions auxquelles on les soumet; leur force d'élasticité croît dans le même rapport, si la température reste constante.* Quant aux effets de la température, on sait, d'après la loi de Gay-Lussac, *que tous les gaz se dilatent des* 3/800 (ou 0,003,75) *du volume occupé à zéro, pour chaque degré du thermomètre centésimal.* Il sera donc facile de calculer le volume d'un gaz et sa force expansive en ayant égard à cette considération. Tous les gaz, comme l'air, sont pesants et leur poids varie avec la température ou la pression; on se sert du poids de l'air pour terme de comparaison. La table suivante indique le poids d'un litre de gaz sec, sous la pression de 76 centimètres de mercure à la température de la glace fondante, ou 0° :

Air atmosphérique	1,0000
Oxygène	1,4337
Azote	1,0590
Hydrogène	0,0931
Acide carbonique	1,9741
Ammoniaque	0,7752
Chlore	3,2088
Vapeur d'eau	0,8400

Vapeur d'alcool............ 2,0958
— d'éther sulfureux..... 3,3595
Cyanogène................ 2,3467
Carbure de soufre........ ... 3,4357

Une propriété très-remarquable dans les *gaz*, c'est que leurs pressions s'ajoutent, c'est-à-dire que dans un espace vide ou plein d'un gaz quelconque il y entre la même quantité d'un autre gaz. Les gaz se répandent et se mêlent dans l'atmosphère et, suivant leurs propriétés spécifiques, peuvent être favorables ou nuisibles aux hommes, aux animaux et aux plantes. Mais, en général, la nature a tellement coordonné les choses que les gaz favorables aux plantes, comme l'acide carbonique, sont plus pesants, couvrent la surface du sol, y entretiennent la végétation, entrent dans la constitution des plantes et débarrassent ainsi l'air de leur présence, afin que ce fluide soit plus propre à la respiration des animaux. Lorsque les plantes élaborent un fluide composé, elles s'emparent du gaz qui leur est favorable et rejettent à l'état de pureté le gaz propre aux animaux.

Le *gaz hydrogène carboné*, qui sert à l'éclairage, donne une flamme d'autant plus blanche et plus éclairante qu'il renferme une plus grande quantité de carbone. On sait que presque toutes les grandes villes de l'Europe sont aujourd'hui éclairées au gaz hydrogène carboné. Dans tous les centres populeux, il y a des établissements où on le produit en grande quantité et d'où il est réparti dans les différents quartiers à l'aide de tuyaux conducteurs. Quelquefois aussi on le transporte comprimé dans des vases immenses sous forme de voitures, et on le vend aux établissements trop éloignés du lieu de la fabrication, qui le reçoivent dans des récipients appropriés à cet usage. On peut extraire de l'*hydrogène carboné* d'un grand nombre de substances organiques, comme le bois, les huiles, les résines, les houilles, les lignites, les tourbes. Mais le gaz le plus propre à l'éclairage, c'est-à-dire le plus carboné, est celui que donne la houille. C'est donc la houille qui produit cette grande quantité de gaz qui éclaire Paris, Londres, Manchester, etc. La combustibilité des gaz provenant du bois et de la houille est connue depuis 1667, par quelques expériences de Boyle et autres physiciens chimistes; mais James Lawter est le premier qui ait bien décrit les phénomènes que présente la flamme de celui de la houille provenant des mines, dans les *Transactions philosophiques* de 1733; et vers la fin du dix-huitième siècle quelques grands manufacturiers anglais éclairaient leurs établissements au gaz hydrogène carboné. Bientôt l'usage s'en généralisa en Angleterre, et il y était très-répandu lorsqu'il passa en France. Là ce système d'éclairage rencontra les obstacles habituels que toute amélioration n'y rencontre que trop souvent, et qui se résument en un seul vice, la *routine*. Mais la vérité a triomphé, et lorsque cette vérité deviendra une erreur en présence d'une nouvelle invention, elle luttera à son tour pour se conserver, mais elle sera vaincue

aussi. Déjà même la lumière du gaz lutte contre la lumière électrique. L'issue du combat n'est pas douteuse, l'électricité remplacera le gaz : les recherches de l'homme ne s'arrêteront, en fait d'éclairage, que lorsqu'il aura trouvé à la nuit un autre soleil. (*B. Barbé.*)

GAZELLE (zoologie)[de l'arabe *gazal*].—Espèce de mammifères du genre antilope, remarquable par ses formes élégantes, sa taille délicate, ses membres d'une grande finesse, sa légèreté à la course, ses yeux noirs, vifs, perçants et d'une grande douceur. « Ses cornes, disposées en lyre, sont annelées, sans arêtes; elles existent dans les deux sexes. Son pelage est fauve sur le dos, blanc sous le ventre avec une bande brun foncé qui lui parcourt les flancs. Une partie de la joue est blanchâtre. Ses oreilles sont grandes, sa queue courte, terminée par une touffe noire. Des poches placées près des aines sécrètent une liqueur fétide. Les gazelles habitent l'Asie et l'Afrique, et vont par troupes. Leur chair est recherchée. »

GAZOMÈTRE [radical *gaz*]. — Appareil destiné à faire écouler un gaz avec une vitesse constante. « Les *gazomètres* destinés à lancer le gaz de l'éclairage consistent en un cylindre de tôle ouvert à sa partie inférieure, plongé dans un bassin plein d'eau, et soutenu par une chaîne qui glisse sur une poulie. Au moyen de deux tubes qui se rendent sous le cylindre au-dessus du niveau de l'eau, dont l'un communique avec le réservoir où se forme le gaz, et dont l'autre est destiné à le faire écouler, on parvient, en faisant rendre le gaz sous la cloche, et en ouvrant l'autre tube, à produire un écoulement constant. »

GECKO (zoologie). — Genre de reptiles de la famille des lézards, dont on connaît une quinzaine d'espèces. On trouve ces reptiles dans les parties méridionales de l'Europe, en Afrique et en Asie. Leur corps est en général aplati, couvert de petits tubercules, et dans quelques endroits d'écailles également petites. La tête est grande et triangulaire, la queue courte et de grandeur moyenne. Ils sont insectivores. (Voyez fig. 48.)

GÉLATINE (de *gelée*). — Substance organique azotée qui a la propriété de former une gelée avec l'eau, et qui se produit par l'action de l'eau bouillante sur le tissu cellulaire des animaux, particulièrement sur les os, les ligaments, les tendons, les membranes, les cartilages, etc. A l'état de pureté, elle est solide, cassante, incolore, sans odeur ni saveur; insoluble dans l'eau froide, elle acquiert une grande solubilité dans ce liquide par l'addition d'un acide on d'un alcali. L'acide sulfurique concentré la convertit en une substance cristallisée.

La gélatine est composée de : carbone, 47,889; oxygène, 27,207; hydrogène, 7,914; azote, 16,998. La *gélatine*, qui sert à un grand nombre d'usages, s'emploie notamment pour la composition des tablettes de bouillon, pour la clarification de certains liquides et pour la préparation des gelées alimentaires.

L'Académie des sciences ayant nommé une commission pour examiner la gélatine alimentaire, Magendie, rapporteur de cette commission, a émis les conclusions suivantes:

1° On ne peut, par aucun procédé connu, extraire des os un aliment qui, seul, mêlé à d'autres substances, puisse tenir lieu de la viande elle-même.

2° La *gélatine*, l'*albumine*, la *fibrine* prises isolément, n'alimentent les animaux que pour un temps très-court et d'une manière incomplète. En général, ces substances pures excitent bientôt un dégoût insurmontable, au point que les animaux préfèrent se laisser mourir que d'y toucher.

3° Les mêmes principes immédiats, artificiellement

Fig. 48. — Gecko ou Jecko.

réunis, sont acceptés avec plus de résignation que s'ils étaient isolés; mais, en définitive, ils n'ont pas une meilleure influence sur la nutrition; car les animaux qui en mangent, même à des doses considérables, finissent par mourir avec tous les signes d'une inanition complète.

4° La chair musculaire dans laquelle la *gélatine*, l'*albumine*, la *fibrine*, réunies organiquement, sont associées à d'autres matières, suffit, même en très-petite quantité, à une nutrition complète et prolongée.

5° Les os crus ont le même avantage; mais la dose consommée en vingt-quatre heures doit être beaucoup plus forte que celle de la viande.

6° Toute espèce de préparation, surtout la transformation en gélatine, diminue et souvent détruit les qualités nutritives des os.

7° Le gluten satisfait à lui seul à une nutrition complète et prolongée.

8° Les corps gras, pris pour unique aliment, soutiennent la vie pendant quelque temps, mais ils donnent lieu à une nutrition imparfaite et désordonnée.

Ces conclusions sont venues détruire l'idée que la gélatine était une substance essentiellement nutritive.

GENCIVE (anatomie) [du latin *gingiva*, même sens]. — Partie de la membrane muqueuse de la bouche qui recouvre les arcades dentaires, se prolonge entre les dents et adhère fortement au pourtour de leur collet. La fonction des gencives est d'affermir les dents, qui ne tardent pas à s'ébranler du moment où, par une cause quelconque, elles viennent à se relâcher ou à abandonner le collet des dents.

GENDARMERIE, GENDARMES. — Corps d'élite institué, surtout, pour veiller à la sûreté publique et assurer le maintien de l'ordre et des lois. Il est divisé en légions, lieutenances et brigades. Il se recrute parmi les militaires en activité ou libérés, qui sont nommés *gendarmes* par le ministre de la guerre, sur la désignation des inspecteurs généraux ou des chefs de légion.

La gendarmerie dépend du ministère de la guerre pour le personnel, la discipline et le matériel; du ministère de l'intérieur et du préfet de police pour le maintien de l'ordre public; du ministère de la marine pour le service des ports et arsenaux; du ministère de la justice pour la police judiciaire et l'exécution des arrêts rendus par les tribunaux. Elle se compose de: 1 régiment d'infanterie de la garde impériale, à 2 bataillons, en résidence à Paris; 1 escadron de gendarmerie à cheval; 25 légions pour le service des départements, légions formées de compagnies (une par département) fractionnées elles-mêmes en brigades de 5 et 6 hommes, les unes à cheval, les autres à pied; 4 compagnies de gendarmerie coloniale; 3 détachements stationnés à Taïti, Noukaïva, Saint-Pierre et Miquelon; 1 légion pour le service de l'Algérie; la garde de Paris, formée de 2 bataillons à 8 compagnies et 4 escadrons; 1 compagnie de gendarmes vétérans en résidence à Riom; et enfin le corps de sapeurs-pompiers de la ville de Paris (1 bataillon de 7 compagnies).

La gendarmerie donne un effectif de 820 officiers, et environ 25,000 hommes de troupe.

GÉNÉRATION (physiologie). — Fonction par laquelle tout être qui a vie donne naissance à un être nouveau semblable à lui.

Nous avons vu aux mots *Aliments*, *Animal*, etc., comment les corps organisés, tout en réparant par la nutrition les pertes qu'ils éprouvent par suite de leur activité, finissent par ne plus remplir leurs fonctions, et périssent après une durée variable, mais limitée pour chacun d'eux. Cette condition de mortalité, inhérente à la nature de l'organisation, a nécessité une seconde fonction qui pût contrebalancer l'effet de cette loi par rapport à l'espèce. Cette fonction, qu'on a nommée *génération*, n'est ni moins générale ni moins importante que la fonction de nutrition; car, si celle-ci conserve l'existence de l'individu, celle-là assure la conservation de sa race; de sorte qu'on pourrait nommer la génération la *nutrition de l'espèce*.

Les philosophes et les naturalistes se sont beaucoup occupés de la *génération*. Non contents de connaître le but de cette fonction et la manière dont elle s'opère, ils ont cherché à pénétrer dans son essence; et, après avoir bien discuté sur la matière, ils ont fini par dire que c'est un *mystère* impénétrable. Sans doute la *génération* est un mystère, si l'on veut dire par là que nous ne comprenons pas comment il se fait qu'un *œuf* passe de l'état de sommeil à l'état d'éveil, et de l'état de mort à l'état de vie, par l'action du fluide fécondant. Mais la nutrition ne nous offre-t-elle pas un mystère semblable? Concevons-nous mieux comment s'opère l'assimilation dans le tissu intime des organes? Comment un être organisé transforme en sa substance les matériaux hétérogènes qu'il introduit dans son corps? Il est évident que l'essence des deux fonctions, également inaccessible à notre intelligence, est le secret de Dieu; et cette impossibilité où nous sommes de comprendre les deux phénomènes qui constituent la vie, devient pour le physiologiste une des principales preuves de l'existence d'une cause première et d'une intelligence supérieure à la nôtre, qui, seule, a pu produire un effet aussi admirable et aussi inexplicable pour nous.

Mais si, sans remonter aux causes premières de la génération, nous nous contentons d'observer les faits, nous pourrons comprendre cette fonction, aussi bien que nous comprenons la circulation, la digestion, etc., etc.; car nous trouverons pour elle des organes et des appareils, dont la fonction est tout aussi bien déterminée que celle des organes des autres fonctions vitales. Cependant il est, dans la génération, une question de fait qui ne paraît pas entièrement décidée, c'est celle de l'*hétérogénie* ou des *générations spontanées*. Existe-t-il des générations de cette nature? et peut-il se former des êtres organisés sans le concours d'autres êtres semblables, et par la simple action des lois de la physique et de la chimie? Ou bien l'existence de tout organisme suppose-t-elle celle d'un organisme semblable?

Les anciens admettaient presque généralement les *générations spontanées*, parce qu'ils voyaient apparaître, sans pouvoir s'en expliquer l'origine, des poissons dans un étang où l'on n'en avait point trouvé auparavant, et se développer tout à coup, sur les cadavres des animaux en décomposition, une multitude innombrable d'insectes, dont l'apparition leur paraissait inexplicable. Peu de savants s'élevaient alors contre cette croyance; mais, depuis que l'étude de l'histoire naturelle s'est répandue et a fait des progrès, le nombre des *générations spontanées*

s'est de plus en plus restreint. Il n'y a plus qu'une petite quantité d'êtres organisés inférieurs, sur lesquels il reste du doute pour les physiologistes. Certains d'entre eux croient avoir créé de ces êtres de toutes pièces; d'autres, voyant dans cette croyance une atteinte portée à la religion et à la morale, s'élèvent avec force contre leurs expériences, en nient l'exactitude, cherchent à en démontrer l'insuffisance. Pour nous, nous ne pensons pas que la religion ait à intervenir dans cette discussion; nous ne croyons pas que l'existence de Dieu soit attaquée parce qu'il se formerait, dans une infusion, une monade ou un conferve; dans le corps d'un animal, un ténia ou une hydatide. Car, quand même on accorderait cette supposition, il resterait à savoir quel est l'auteur des matériaux qui entrent dans leur composition, et l'on serait forcé de remonter à une cause première, c'est-à-dire à Dieu, qui les formerait d'après l'hypothèse des *hétérogénistes*, tout aussi bien que pour la substance organisée ou le germe qui leur aurait donné naissance, d'après l'opinion des adversaires de l'*hétérogénie*.

Nous allons par conséquent exposer avec impartialité les faits sur lesquels sont basées ces deux opinions opposées. Ces faits sont de deux sortes : les uns se tirent de l'apparition d'animalcules microscopiques dans l'eau, où l'on laisse séjourner certaines matières, et les autres du développement des *entozoaires* ou *vers intestinaux* dans le corps de certains animaux, dans l'intérieur desquels il est impossible d'admettre qu'ils se sont introduits du dehors.

1° Toutes les fois que l'on fait infuser dans l'eau une certaine quantité de matières organiques, soit animales, soit végétales, on voit apparaître dans le liquide une multitude innombrable de corps microscopiques, dont la vie ne peut être révoquée en doute; et l'on a remarqué que cette apparition est d'autant plus rapide que la substance infusée est plus facile à décomposer. Ainsi les *infusoires* (c'est ainsi qu'on nomme ces êtres microscopiques) se montrent plus vite quand celle-ci est animale que lorsqu'elle est végétale; et, si la matière est végétale, lorsqu'elle est déjà en putréfaction que lorsqu'elle est encore saine. Le même phénomène se produit lorsque, au lieu d'une matière organisée, on emploie une substance qui en contient des débris.

Mais ces faits ne paraissent pas concluants aux adversaires de l'hétérogénie : ils prétendent que les substances employées dans l'expérience contiennent les germes des petits êtres trouvés dans le liquide; et en cela nous croyons qu'ils ont parfaitement raison. Pour que le fait fût décisif, il faudrait qu'il fût impossible que les matières nécessaires au développement des animalcules, c'est-à-dire l'eau, l'air et le corps solide, continssent des germes : condition qui, du reste, ne nous semble pas difficile à remplir, moyennant certaines précautions.

2° Les entozoaires, plus connus sous le nom vulgaire, mais moins convenable, de *vers intestinaux*, se développent chez des animaux dont les parents n'en ont jamais eu, et qui, par conséquent, ne pouvaient leur en avoir transmis; et comme, d'ailleurs, les germes ne pouvaient pas leur être venus du dehors, puisque les entozoaires n'ont été rencontrés que dans le corps des animaux, il semble impossible d'expliquer leur présence chez les individus où on les trouve, autrement que par une génération spontanée.

Les adversaires de l'*hétérogénie* répondent à cela : 1° qu'il n'est pas possible d'affirmer qu'un animal ne contient pas de vers intestinaux; 2° et quand cela serait, il ne s'ensuivrait pas qu'il n'en contînt pas des germes, lesquels peuvent se transmettre, et se développer dans les petits quand ils ne seraient pas développés dans leurs parents; car, de même qu'une épidémie n'attaque que les espèces prédisposées à la contracter, de même les germes transmis des parents à leurs petits ne peuvent se développer qu'autant qu'ils trouvent des conditions favorables à leur développement. Ainsi, disent-ils, de ce qu'un père n'a pas de vers, il ne s'ensuit nullement qu'il ne puisse pas en communiquer les germes à ses enfants. Car, si ces derniers ont un tempérament convenable, il est très-possible qu'ils aient des eutozoaires, bien que leur père n'en ait pas eu.

Les partisans de l'*hétérogénie* insistent. Si vous supposez, disent-ils à leurs antagonistes, que les germes sont transmis de père en fils, il faut que vous admettiez que le premier homme et le premier animal de chaque espèce soient sortis des mains de Dieu avec ces germes. Or, comme les vers constituent une véritable maladie pour les êtres qui en sont affectés, vous devez convenir que ces créatures sont nées avec une infirmité et une imperfection : ce qui est un outrage fait au Créateur et un blasphème contre sa bonté. Cet argument ne nous paraît pas sans réplique par rapport à l'homme : on peut regarder les maladies vermineuses, auxquelles il est sujet, comme une punition de son péché originel. Mais pour les animaux, nous ne pouvons pas admettre cette explication, ni avouer, avec les adversaires des *générations spontanées*, que les germes des vers qu'ils contiennent aient pu s'introduire du dehors dans leur organisme, puisque jusqu'ici on n'a pas rencontré hors d'eux les animaux dont il est question.

Il est un troisième ordre de faits dont se prévalent quelques hétérogénistes pour étayer leur opinion ; ce sont ces quantités innombrables de végétaux, d'insectes et de poissons, que l'on voit apparaître tout à coup, en certaines circonstances, sans qu'on puisse savoir d'où peuvent provenir les germes qui leur ont donné naissance. Mais ces faits s'appliquent à des êtres trop élevés dans la série organique pour qu'il soit possible de les regarder comme le résultat de l'*hétérogénie*; d'ailleurs, on s'explique très-bien ces apparitions extraordinaires par la prodigieuse quantité de germes que produisent les êtres dont il est question, par la facilité avec laquelle ces germes peuvent être transportés d'un lieu dans un autre, et par la faculté qu'ils ont de se conserver intacts pendant un temps considérable. Aussi, maintenant, ne trouve-t-on plus de savants hétérogénistes qui étayent leur opinion sur des faits de cette nature.

On voit, d'après ce qui précède, que la dispute sur l'hétérogénie n'est pas encore terminée; mais, nous le répétons, la religion ni la morale ne sont aucunement intéressées dans la solution négative ou affirmative de la question dont il s'agit. Nous devons aussi ajouter que cette question, toute curieuse qu'elle est, n'a pas cependant une grande portée; les partisans les plus chauds des générations spontanées ne donnent une pareille origine qu'à un petit nombre d'organismes, la plupart microscopiques, et à peu près inconnus de l'immense majorité des lecteurs : le mode de reproduction le plus ordinaire, même pour eux, est la *génération ovipare*, dont nous allons parler.

Les physiologistes et les philosophes anciens n'étaient nullement d'accord sur l'origine des œufs ou des germes dans l'intérieur du corps organisé. Les uns admettaient ce qu'ils appelaient la *préexistence des germes*; ils supposaient que chaque corps organisé, en venant au monde, apportait en lui les germes de toute sa postérité : d'après ce système, le premier organisme, en sortant des mains du Créateur, contenait en lui les germes de tous les organismes de son espèce qui se sont développés et qui se développeront d'ici à la fin du monde. Mais, outre qu'il est difficile de concevoir comment ce premier être aurait contenu tant de germes, les faits journaliers nous prouvent que cette supposition est non-seulement gratuite, mais encore tout à fait fausse. Nous savons, en effet, que tous les germes d'un individu sont renfermés dans son ovaire, et en sont un produit (1); car on n'a jamais trouvé de germes ailleurs. Or, il est une époque de la vie où l'ovaire et par conséquent les œufs n'existent pas encore : il est donc de toute impossibilité que les germes préexistent dans l'organisme : il faut donc en attribuer l'origine à une véritable sécrétion qui s'opère dans l'ovaire.

Ainsi formé, l'*œuf* se présente à nos yeux (armés du microscope) comme une simple vésicule remplie d'une liqueur; de plus, il arrive assez ordinairement que cette vésicule, qui constitue essentiellement l'*œuf*, est enveloppée d'une seconde membrane contenant une substance nutritive appelée *vitellus* ou *périsperme*, destinée à fournir la première nourriture à l'*embryon*, c'est-à-dire au germe fécondé. En effet, tant que la fécondation ne s'est pas opérée, tant qu'un fluide vivifiant n'a pas agi sur la vésicule, cette dernière demeure comme endormie et ne donne aucun signe de vie. Mais dès que la fécondation est effectuée, l'œuf se réveille, grossit rapidement, soit immédiatement aux dépens de l'individu qui l'a formé, soit au moyen de la provision qu'il trouve dans la membrane qui l'enveloppe de toutes parts. Ainsi donc, comme l'avait observé Aristote, l'être organisé

---

(1) Nous faisons ici abstraction de la génération *gemmipare* et *scissipare* dont, au reste, les partisans de la préexistence des germes ne s'occupent pas dans leur système.

est virtuellement contenu dans l'œuf: mais il faut, pour y développer la vie, l'action de la liqueur fécondante, produite par un organe différent de l'ovaire.

On voit d'après cela que la génération exige le concours de deux organes, l'un qui produit l'*œuf*, l'autre qui le féconde au moyen d'un fluide qu'il sécrète : ce sont ces organes qui constituent les *sexes* dans les animaux et dans les végétaux. Lorsque les deux organes sont renfermés dans le même individu, comme cela s'observe dans la plupart des plantes et dans beaucoup d'animaux qui n'ont pas le pouvoir de se déplacer, cet individu est dit *hermaphrodite* : il peut presque toujours se féconder lui-même. Mais certains corps vivants n'offrent qu'un des deux organes nécessaires à la génération; tels sont certains végétaux et la plupart des animaux: ces êtres sont dits *unisexués*; l'individu qui produit l'œuf est la *femelle*, et celui qui fournit le liquide fécondant est le *mâle*. Dans ce cas il est évident que la fécondation ne peut s'opérer que par le concours de deux individus. Du reste, il est impossible de décider lequel des deux joue le rôle le plus important dans cet acte mystérieux; l'action de l'un et de l'autre étant également indispensable, la décision serait purement arbitraire et ne s'appuierait sur aucune bonne raison.

C'est ici le lieu de dire quelque chose sur les *monstres* qui se font remarquer par un plus grand nombre de parties que n'en ont normalement les individus de leur espèce; tels sont les enfants à deux têtes ou à quatre pieds, les quadrupèdes à six ou huit pattes, etc. Ces monstruosités par excès s'expliquent par ce qui se passe au sein de l'ovaire, où plusieurs germes se trouvent accumulés. Si deux ou même un plus grand nombre d'entre eux viennent, par une cause quelconque, à se souder ensemble, sans cesser pour cela de vivre, et que dans chacun d'eux un certain nombre de parties se développent avec régularité, tandis que les autres s'atrophient, il en résulte un *monstre*, d'autant plus différent du type de l'espèce que le nombre des parties atrophiées sera plus considérable. On conçoit, dès lors, combien ces *monstres* doivent varier, d'abord à cause des degrés d'atrophie que peuvent offrir les parties, ensuite à cause du nombre de ces parties atrophiées, et en troisième lieu à cause de la partie par laquelle les germes se trouvent attachés ensemble. Aussi le nombre des *monstres* est-il très-considérable; et M. I. Geoffroy-Hilaire a fait sur ce sujet un excellent traité dans lequel il les divise en classes, en ordres, etc., comme les naturalistes distribuent les corps terrestres régulièrement organisés.

Quoique l'*oviparité* soit le mode le plus général dont la nature se sert pour propager les êtres, il est deux autres modes de reproduction, qui, pour être moins fréquents, ne doivent cependant pas être passés sous silence : ce sont la *génération scissipare* et la *génération gemmipare*. Ces deux modes sont assez communs dans les végétaux, mais très-rares dans les animaux. Dans le premier, il suffit de couper une partie de l'organisme, et de la placer dans des circonstances favorables à son développement, pour obtenir un individu tout à fait semblable au tout dont on l'a séparée: dans le second, il s'élève à la surface du corps organisé de petits corps nommés *gemmes* ou *bourgeons*, qui grossissant peu à peu, finissent par tomber et par mener une vie indépendante; c'est ce qu'on observe chez beaucoup de zoophytes parmi les animaux.

Nous terminerons cet exposé sur la fonction de génération par quelques considérations sur la fécondité des corps organiques. En général, le nombre des rejetons que produit un organisme est proportionné à l'importance du rôle qu'il joue dans l'économie de l'univers, et cette importance est rarement en rapport avec la taille de l'être. Les plantes et les animaux les plus humbles et les plus petits sont presque toujours ceux dont l'influence est la plus marquée sur le globe terrestre : c'est ainsi que les graminées, les insectes, les mollusques et les petits poissons, en dévorant les cadavres ou en se nourrissant des matières organiques qui finiraient par infecter l'eau et l'air, se rendent plus utiles, en n'ayant égard qu'aux vues de la nature, que les colosses de la création organisée, tels que les baobabs et les baleines, qui semblent n'avoir été mis sur la terre que pour nous faire admirer la toute-puissance de Dieu. Aussi tous ces corps imposants par leur masse sont beaucoup moins multipliés que les petites espèces dont nous avons d'abord parlé. Tandis que celles-ci enfantent des germes par milliers (l'abeille produit jusqu'à quatre-vingt mille œufs et la morue près de neuf millions), la baleine n'engendre qu'un seul petit, et le requin n'en produit que deux ou trois : économie admirable de la Providence, sans laquelle les espèces organisées, se détruisant les unes les autres, auraient depuis longtemps anéanti sur la terre jusqu'aux traces des œuvres de la toute-puissance divine ! (Dr *Salacroux*.)

GÉNÉRALISATION (philosophie). — La faculté de généralisation est un des plus nobles attributs de l'esprit humain; on peut même dire que c'est cette faculté qui constitue la raison. Cette faculté consiste à remonter d'un fait à sa loi ou sa cause et à déduire de cette loi tous les faits du même ordre. Toutes les sciences humaines sont le produit de la généralisation, car toutes sont arrivées à formuler les lois des phénomènes d'après l'examen de ces phénomènes même. Ainsi, Newton, en voyant tomber une pomme, se demande en vertu de quelle loi elle tombe et découvre la loi de l'attraction universelle; Cuvier trouve un os ou une dent d'un animal inconnu à notre monde actuel : de cette dent il induit tel mode de nourriture; du mode de nourriture il induit tel milieu d'habitation ; du milieu d'habitation, la forme des organes du mouvement, etc., et reconstruit de toutes pièces l'animal supposé. Quelque temps après, on trouve dans les entrailles de la terre un squelette semblable à celui qu'il avait supposé en partant d'une dent ou d'un os. Voilà ce que fait la généralisation dans les sciences physiques.

Dans les sciences morales, la généralisation conduit à formuler les lois qui régissent l'humanité, dans sa vie supérieure, et de l'examen des faits elle tire la notion complète de nos rapports avec Dieu et avec le monde. Mais si la généralisation est un attribut sublime pour l'esprit humain, elle est aussi une source d'erreurs et d'illusions dangereuses; car toutes les hérésies, toutes les utopies philosophiques, sociales et politiques, ont leur principe dans des idées généralisées à faux. L'erreur totale n'existant pas, toute doctrine fausse s'appuie sur une vérité dont on a abusé en la généralisant. La saine raison doit donc cultiver avec soin cette noble faculté de généraliser; mais elle doit y apporter une sage défiance de ses propres conceptions, surtout en matière religieuse. Les grandes vérités de cet ordre divin ne nous apparaissent, comme dit saint Paul, que comme une *énigme dans un miroir*. La généralisation n'est donc un guide infaillible dans l'étude de ces vérités que lorsqu'elle suit le flambeau allumé dans le monde par le Verbe de Dieu fait homme, et quiconque se croit dispensé d'y recourir est certain de marcher dans les ténèbres et de s'évanouir dans ses pensées, comme dit saint Paul.

La généralisation indépendante, au contraire, produit autant de systèmes que d'esprits : l'idée du jour y détruit l'idée de la veille ; autant de maîtres que de penseurs ; tous y enseignent, personne ne veut être disciple, c'est la cité de l'orgueil, c'est Babel, et la division des idées dissout jusqu'à la langue dont les mots finissent par avoir des sens différents pour tous.   L. Hervé.

GENÈSE [du grec *génèsis*, naissance]. — Mot qui désigne spécialement le 1ᵉʳ livre de l'Ecriture sainte, et qui a été étendu à tout système cosmogonique. — Voyez *Bible* et *Création*.

GENÊT (botanique). — Genre de plantes légumineuses de la tribu des papilionacées, qui renferme des arbrisseaux, tantôt inermes, tantôt épineux, à feuilles ordinairement simples, à fleurs jaunes, terminales et le plus souvent en grappes. Parmi les espèces on distingue : le genêt d'Espagne cultivé dans les Cévennes, pour en retirer une filasse dont on fait des toiles; le genêt des teinturiers, dont la fleur jaune fournit une couleur très-solide; le genêt commun ou à balais, qui se trouve dans le midi de la France : on s'en sert pour faire des balais, couvrir les cabanes ou chauffer les fours; les bestiaux en aiment les tiges et les feuilles. Toutes les parties de la plante servent, comme celles de l'espèce précédente, à teindre en jaune.

GENÉVRIER (botanique). — Arbrisseau de la famille des conifères, dont on connaît un grand nombre de variétés. *Le genévrier commun* a le tronc rougeâtre, écailleux; il est vert, fleurit en mai, et s'élève quelquefois de quatre à cinq mètres. Il croît surtout en buisson et dans les lieux arides. Toutes les parties du genièvre exhalent un parfum résineux, aromatique. Les baies ont une saveur âcre et un peu amère.

Le genévrier aime l'ombre ; il lui faut une terre légère et sèche. Quand on veut le faire monter en arbre, il importe de couper lentement et successivement les branches inférieures, mais à 3 centimètres du tronc, pour empêcher une trop grande perte de résine. On le multiplie de semences plutôt que de boutures et de marcottes. Aussitôt récoltées, il faut semer les graines dans un terrain bien labouré, à l'exposition du levant. Le plus souvent elles ne lèvent que la seconde ou la troisième année. Au printemps, quand la séve commence à s'émouvoir, on lève les plantes avec la motte, si on peut. On doit les mettre dans une autre place, et on les laisse deux ans encore. C'est alors qu'il convient de les planter à demeure. Les pieds arrachés dans les bois réussissent rarement.

On accorde au genévrier les mêmes propriétés thérapeutiques que celle du *gaiac*. — Voyez ce mot.

De plus, les sommités et les feuilles sont réputées purgatives et leurs cendres hydragogues.   L. H.

GÉNIE (littérature) [que l'on fait venir du latin *ingenium*, qui dérive du verbe *ingigno*, qui veut dire : j'engendre, je produis]. — Cicéron emploie *ingenium summum*, pour dire un grand génie; Sénèque pour signifier un écrivain de talent. Génie peut aussi venir du grec *gennaô*, qui a la même signification que *ingigno*.

Les Grecs n'avaient pas de mot propre pour exprimer le génie en ce sens (1). Ils se servaient du mot *phusis*, qui veut dire nature, et avaient recours à une périphrase pour exprimer un beau, un grand génie : *E phuséos eumoéia*, c'est-à-dire heureusement doué de la nature.

On pourrait admettre une troisième étymologie et faire venir génie de *genius*, regardé, par les anciens, comme le dieu de la nature ayant la vertu de produire toute chose. Cette divinité, en outre, était autrement considérée que les autres divinités dont le culte était universel. Le génie était particulier à l'homme et s'attachait à son sort, présidait à sa naissance, l'accompagnait dans le cours de sa vie, veillait sur lui, et était commis à sa garde jusqu'à sa mort, comme il y avait des nymphes qui étaient attachées aux arbres, qui vivaient et mouraient avec eux. A l'époque où la langue sortait de ses langes, dans sa formation primitive, on ne se piquait pas trop d'orthodoxie. La pensée d'attribuer les qualités qui font le génie à une divinité qui l'inspire peut très-bien être venue de l'esprit des lexicographes. Les Grecs et les Romains n'exerçaient plus leur domination sur les peuples, mais ils avaient encore beaucoup d'empire sur les esprits. Cette étymologie, d'ailleurs, est toute poétique; le merveilleux agit toujours sur les imaginations, et il ne manque pas de probabilité que ce ne soit la vraie étymologie. Nous ne serions pas éloigné de nous ranger à cette opinion. Quoi de plus naturel, en effet, que d'attribuer à une

(1) Dans le sens de génie, comme divinité, les Grecs disaient *daimôn*, que nous avons traduit par démon (génie ou démon de Socrate).

divinité le plus beau don que le ciel puisse faire à l'homme!

Il résulte des explications ci-dessus que le mot *génie*, dans son acception absolue, veut dire qui engendre, qui produit.

Mais nous nous garderons bien de nous arrêter à cette définition, qui nous paraît incomplète et trop simple, et qui ne nous donne pas une idée suffisante de la grandeur du mot. A cette condition on aurait assurément du génie a bon marché. On serait sans beaucoup d'efforts un homme de génie.

Qui n'a pas la prétention de produire, depuis le collégien qui fait un bouquet à Chloris, jusqu'à l'académicien qui fait une tragédie ou une comédie; depuis celui qui brode une narration romanesque avec toutes ses surprises, ses péripéties fantastiques, jusqu'à celui qui s'annonce à ses contemporains comme inventeur de spécifiques pour guérir tous les maux de l'humanité, et de systèmes pour assurer le salut de la société?

Nous exigeons d'autres qualités pour être réputé homme de génie.

Nous voulons, ainsi que Dieu, qu'il soit créateur, et créateur de choses grandes, sublimes, qui nous frappent d'étonnement, excitent notre admiration.

De nos jours on a beaucoup trop prodigué le mot de *génie*. On l'a donné à des gens de toute capacité pour des productions médiocres, et qui n'ont même pas le mérite de l'originalité. La flatterie est toujours disposée à donner à l'esprit le nom de génie. Ils sont loin pourtant de se ressembler. L'esprit court les rues; le génie plane dans les cieux.

Génie est l'expression la plus haute, la plus étendue de l'intelligence, de l'entendement humain, dans ses efforts d'esprit, d'imagination. Tout en lui porte l'empreinte de la grandeur; nous ne l'admettons pas autrement. Il doit être secondé, dans tout ce qu'il conçoit, par une flamme divine qu'il puise dans une âme impressionnable, facile à s'émouvoir aux tableaux magnifiques que la nature offre à ses regards et qui l'excitent, le transportent jusqu'à l'enthousiasme, jusqu'au délire.

> Sois sensible, sans l'âme il n'est point de génie.

Arrivé à cet état de paroxysme, il est seul capable de créer et d'étonner. Mais il ne suffit pas d'étonner par des éclairs, il ne serait alors que sublime par intervalles. Nous voulons que partout le style soit soutenu, nous voulons que l'expression soit élégante et jaillisse, avec ses ornements, comme Minerve sortit toute armée du cerveau de Jupiter, nous voulons que les règles du bon sens soient observées, nous voulons que toutes les parties du discours se lient, se coordonnent avec un art merveilleux; point d'écarts, point de négligences, point d'alliances téméraires, extravagantes, sauvages, qui jurent de se trouver côte à côte; partout le goût le plus exquis, partout de l'harmonie, enfin la perfection.

Tel doit être l'homme de génie, l'homme de tous les temps, l'homme de tous les siècles, l'homme de toutes les nations, et non l'homme uniquement de son temps, l'homme de son siècle, l'homme de son pays.

Le génie doit briller comme le soleil.

Il est de ces productions sublimes que tous les peuples connaissent et qu'on ne se lasse point d'admirer.

L'homme qui manque essentiellement de goût ne peut pas être un homme de génie; l'homme qui se laisse emporter par une imagination ardente et tombe dans l'absurde, quelle que soit la sublimité des pensées, ne peut pas être un homme de génie; l'homme qui, sortant des sentiers de la raison, court à bride abattue, à travers champs, comme un énergumène, quel que soit l'éclat des gerbes étincelantes qu'il jette dans sa course inégale, comme le plus brillant météore des cieux, ne peut pas être un homme de génie. Il sera grand, magnifique, si vous voulez, mais il n'aura que des éclairs de génie.

Faut-il maintenant faire l'application de ce principe? Nous ne nous en défendons pas, nous sentons faiblir notre courage. Nous allons heurter bien des opinions reçues, admises comme règles, et, qui plus est, nous allons certainement blesser des amours-propres de nation; mais telle est la mission de l'homme indépendant, qui ne doit fléchir devant aucune considération lorsqu'il parle au nom de la vérité. Nous ne voulons pas faire la critique des jugements qui ont été portés par des savants, objets de notre vénération, qui ont pu se laisser quelquefois séduire par un faisceau de lumières dont ils se sont trouvés éblouis. Il sont assurément excusables par le sentiment du sublime qui les a entraînés, et qui leur a fait fermer les yeux sur les imperfections. C'est ainsi que la beauté échappe à la critique de certains défauts de la nature par une qualité qui absorbe toute notre attention.

L'œuvre la plus propre à donner une idée du génie de l'homme, en littérature, c'est le poëme épique, c'est la tragédie, c'est la haute comédie, c'est l'hymne ou cantate dans lesquels on célèbre les louanges de Dieu.

Nous ne prétendons pas faire une étude analytique de ces genres, cette étude serait trop longue. Nous nous contenterons de l'indiquer à grands traits. Nous ne voulons ni décerner des brevets ni tresser des couronnes. Nous ne voulons ni diminuer le mérite des élus, ni leur disputer des titres noblement acquis, mais nous devons leur mesurer la part de l'encens qui leur est dû, sans en être prodigue comme on l'a fait, emporté par trop d'enthousiasme.

Dans les temps les plus reculés de l'antiquité, qu'on appelle fabuleux ou mythologiques, apparaissent des hommes éminents, et qu'on peut ranger parmi les hommes de génie sur parole, parce que nous ne possédons rien, ou fort peu de chose, sur quoi nous puissions appuyer notre jugement. C'est Amphion, c'est Linus, c'est Orphée, c'est Olen, etc.

Dans les temps sacrés, un peu avant Homère, c'est David, c'est Salomon; mais nous nous abstiendrons non-seulement de juger, mais de parler de la plupart de ces hommes, avant et après eux, auxquels aucune qualification de notre langue vulgaire ne peut convenir pour les apprécier dignement. Nous nous inclinons.

A partir de la période des temps héroïques, la lumière se fait et les hommes apparaissent avec leurs titres à notre admiration.

C'est Homère, l'homme de tous les siècles, l'homme de tous les pays. Mieux connu aujourd'hui que du temps de madame Dacier, qui a eu le talent de l'estropier, ainsi qu'elle a fait de Sapho et d'Anacréon, et du temps de Perrault et la Mothe, qui ont cru le traduire, et n'ont véritablement traduit qu'un roman de Lycophron, qu'ils n'entendaient pas plus qu'il ne s'entendait lui-même, Homère est l'homme de génie par excellence. Nous nous taisons sur les qualités d'Homère, tout a été dit; nous nous contenterons de dire avec le poëte :

Trois mille ans ont passé sur la cendre d'Homère,
Et depuis trois mille ans, Homère, respecté,
Est jeune encor de gloire et d'immortalité.

Après Homère nous citerons Ésope, l'inventeur de de l'apologue, que nous pourrions placer au-dessus de tous les hommes de génie. Ésope qui, dans ses petits écrits, a fait preuve du plus grand génie; Ésope qui, dans ses petits écrits, nous a donné le poëme le plus complet, le plus varié, le plus magnifique, le plus sublime de tous les poëmes, en peignant avec naïveté, avec toute la simplicité de la nature, l'homme dans tous ses rapports avec ses semblables. Est-il un sujet plus grand, plus étendu ? Ce poëme est composé de soixante chants; car, chaque fable est un chant plus rempli de philosophie, de morale et d'intérêt que les plus beaux chants d'Homère, de Virgile et autres.

En donnant la palme du génie à Ésope, nous osons le proclamer le premier des sages de la Grèce, quoiqu'il ne soit point compris parmi les sept sages par excellence, et c'est certainement à lui qu'était dû le trépied d'or d'Apollon.

Dans leur admiration pour Ésope, d'autres sont allés plus loin que nous, et la Fontaine a dit :

L'apologue est un don qui vient des immortels;
Ou si c'est un présent des hommes,
Quiconque nous l'a fait mérite des autels;
Nous devons tous, tant que nous sommes,
Ériger en divinité
Le sage par qui fut ce bel art inventé.

Nous comptons parmi les hommes de génie Eschyle, Sophocle, Euripide, Aristophane ; Hésiode a très-bien parlé de l'agriculture, mais il n'a pas inventé la charrue.

Rome a peu d'hommes de génie; le seul qui ait pu mériter véritablement ce titre, parce qu'il n'a rien emprunté aux anciens en traitant un des plus beaux sujets offerts par l'histoire romaine, Lucain, a prouvé, par l'imperfection de son plan et par son style, que, s'il eut des éclairs de génie, il en a manqué totalement en ne menant pas à bonne fin sa sublime *Pharsale.*

Virgile l'emporte sur lui, et même sur Homère, par l'élégance; mais à part trois magnifiques chants, les deuxième, troisième et sixième, le reste est imité en grande partie de différents auteurs, ses prédécesseurs. Il n'est plus créateur.

Rome a eu peu de savants et de philosophes, mais elle s'honore d'avoir eu de grands orateurs, des poëtes du premier ordre, aussi bien qu'Athènes.

En France, nous avons d'heureux imitateurs, des hommes du plus grand mérite comme littérateurs et poëtes, mais nous ne comptons guère d'hommes de génie, dans l'acception rigoureuse du mot. Nous en avons beaucoup qui possèdent la monnaie du génie, le talent et l'esprit; le talent et l'esprit les plus éminents.

Cependant, en France, s'il est un homme qui mérite d'être appelé homme de génie, c'est assurément l'auteur de *Télémaque,* Fénelon; par l'intérêt qu'offre cette œuvre immortelle, par la sagesse avec laquelle l'action est conduite, tout en fait un chef-d'œuvre, une œuvre de génie, et, cependant, elle manque d'élévation. Si l'auteur d'*Athalie* avait eu plus de confiance en lui-même, et qu'il eût créé tous ses chefs-d'œuvre aussi admirablement, il eût exclusivement mérité d'être l'homme de génie en France, et nous écririons volontiers, comme Voltaire, au bas de chaque page de cet immortel auteur : beau, admirable, sublime!

Cependant, de tous les poëmes épiques modernes, nous préférerions avoir fait *la Henriade.* Tout y est grand, sage, noble, bien ordonné, d'une poésie riche et abondante, magnifique, mais l'auteur de *Mérope,* de *Mahomet,* de *Zaïre* a fléchi, et la conception manque de proportion, et les personnages en scène sont loin d'être des héros de dix coudées.

On a dit de Voltaire que c'était un génie universel. C'est une erreur, une petite satisfaction d'amour-propre national. Voltaire avait beaucoup de talents, et surtout de l'esprit. Il ne suffit pas de toucher à tout, il faut exceller en tout. Dans les genres qu'il a traités, il a trouvé souvent de dignes rivaux, et quelquefois des maîtres. Quant aux sciences, il n'y était rien moins que profond, mais il en savait assez pour en raisonner avec madame du Châtelet.

Voltaire est un des grands hommes dont la France s'honore le plus, et avec juste raison, malgré ses détracteurs, qui sont venus tous se brûler aux rayons de sa gloire.

L'orgueil national devrait nous rendre moins sévère, mais, avant tout, nous devons respecter la vérité.

Pour nous consoler, nous pouvons proclamer une pléiade innombrable de littérateurs et de poëtes les plus distingués, dignes de notre admiration et de celle des autres nations.

Mais est-ce tout pour la France? Et Corneille? Qu'on lise tout ce qui a été dit sur ce grand homme, nous ne lui contestons pas ce titre.

C'est toujours Corneille qui sert d'exemple dans les citations des professeurs, au sujet des mouvements de l'âme qui produisent des traits de génie.

C'est le *Qu'il mourut!* du vieil Horace, c'est le *Moi!* de Médée. Ces deux citations, et deux ou trois autres, prises dans un ordre inférieur, sont une preuve suffisante de la disette des hommes de génie. Mais il est vrai de dire que nous comptons beaucoup de morceaux sublimes dans divers auteurs, et comme le sublime n'est pas commun, ce sont, alors relativement, des hommes de génie.

Corneille a beaucoup puisé dans le théâtre espagnol.

Au sujet de Corneille, nous oserons dire que notre opinion est diamétralement opposé à celle de Fontenelle sur l'homme de génie. Il dit : Chaque siècle a un certain degré de lumière qui lui est propre ; les esprits médiocres demeurent au-dessous de ce degré, les bons y atteignent, les excellents le passent... Pour juger du mérite, il faut le comparer à son siècle. Nous ajouterons que le premier de son siècle peut être grand, mais peut ne pas être un homme de génie.

Et Villon, quoique Boileau ait dit qu'il sut, le premier,

Dans ces siècles grossiers,
Débrouiller l'art confus de nos vieux romanciers,

Villon ne sera jamais regardé comme un homme de génie.

Si la Grèce eut un Aristophane, la France a un Molière ! Tout le monde sait ce que ce nom veut dire. Un beau génie ! le génie de tous les siècles, de tous les pays !

Et notre époque ? Hugo manque trop souvent de goût, Lamartine a un goût exquis ; mais où s'arrêtent *Jocelyn* et *la Mort de Socrate*, les bornes peuvent être reculées.

L'orgueil national, chez d'autres peuples, a été poussé jusqu'à l'idolâtrie. Faut-il leur dessiller les yeux ? faut-il affaiblir leur culte pour leurs fétiches ?

L'Angleterre s'honore de Shakespeare et de Milton : l'un est célèbre par ses drames, l'autre par un poëme épique.

Quand Shakespeare s'élève jusqu'aux nues et tombe du haut des cieux sur la terre, comme Vulcain, et s'estropie dans sa chute sans s'en apercevoir, c'est grossièrement manquer de goût. Quels que soient les priviléges du génie de s'affranchir de toute entrave, nous dirons que la première condition du génie c'est le goût, et que le dédaigner, c'est se priver de la plus belle parure qui puisse l'orner et le faire admirer. On dit que Shakespeare voulait plaire à la populace, mauvaise excuse. Le génie impose ses lois, il n'en reçoit pas ; en recevoir c'est s'avilir. C'est la basse littérature qui dit ce blasphème pour s'excuser de ses platitudes, ne pouvant aller plus haut. Vous injuriez le peuple ou vous prostituez votre talent. Aux représentations gratuites la populace écoute avec un recueillement religieux *Tartuffe*, le *Misanthrope*, *Cinna*, *Athalie*, etc.

Shakespeare fut, il est vrai, au-dessus de son siècle ; mais depuis que, dans le grand siècle et même après, la tragédie a été portée sans contredit à la

perfection, il faut être véritablement possédé de l'engouement national et atteint d'anglomanie au degré d'aveuglement pour avoir le courage d'établir une comparaison entre des écrivains pleins de goût et un écrivain qui en manque généralement. C'est vouloir mettre la barbarie au niveau de la civilisation.

Milton extravague quand il introduit de l'artillerie dans le ciel et qu'il fait d'un ange un soldat presbytérien. Satan tombe sous la mitraille, et le paradis sent la poudre. Est-ce d'un génie ? Tout serait donc bon pour le génie ? Ce qui ne serait pas supportable, dans un poëme burlesque, le génie devrait s'en accommoder ?

Ainsi du Camoëns qui mêle les dieux de la fable avec les saints du paradis, et confond l'olympe avec le ciel.

Le Dante, dans sa *Divine Comédie*, qu'on pourrait plutôt appeler l'humaine tragédie, est rempli d'extravagances et de monstruosités.

Il en est de même des poëmes de Berni, l'*Orlando inamosato*, de Boiardo, *Roland amoureux*, de Pulci, le *Morgante*, l'*Italie délivrée des Goths*, du Trissin, il n'est pas plus sage ; il s'est créé un olympe à sa manière, et, pour ne pas paraître imitateur, il a été créateur des plus bizarres divinités.

L'*Araucana*, de l'Espagnol Ercilla, a tout les défauts de la littérature primitive de cette nation : l'enflure. Ce poëme, dit Voltaire, est plus sauvage que les nations qui en font le sujet.

Qu'on ne se méprenne pas sur nos intentions. Nous ne prononçons pas l'anathème ni la proscription sur ces œuvres. Nous sommes loin de les mettre à l'index. Nous les recommandons pour les grandes beautés qu'elles renferment.

Malgré ce qu'en dit Voltaire, Boileau a parfaitement jugé le Tasse. Voltaire ne justifie pas le génie, il justifie l'esprit du Tasse ; personne ne le lui conteste, pas même Boileau. Nous reconnaissons les beautés de la *Jérusalem délivrée*.

L'Arioste a fait des romans en stances régulières plus admirables, sans contredit, que ceux en vers du vicomte d'Arlincourt.

S'il fallait mettre au rang d'épopée le *Roland furieux*, il nous faudrait aussi admettre *Don Quichotte*, et, insensiblement, la plupart des romans dont nous sommes tous les jours inondés, et nous arriverions jusqu'à Paul de Kock, car l'imagination brille dans la plupart : tableaux, récits, événements, surprises, descriptions, variations, tout y abonde sous les formes les plus merveilleuses et les plus ingénieuses.

Le dernier poëme épique paru est *la Messiade*, dû à Klopstock, poëte allemand. Il étincelle de beautés de premier ordre. Il est en vingt chants ; on peut dire qu'il y en a dix de trop. C'est une revanche à prendre ; c'est une épopée à refaire. L'Allemagne, dans son histoire, a l'étoffe de dix épopées.

Cependant, par une convention tacite, on appelle homme de génie celui qui se montre supérieur dans une des parties de la littérature qui demande de l'élévation dans les idées, une conception large dans l'exécution d'une œuvre considérable, une constante harmonie dans l'heureuse disposition des mots, qui a du goût, de l'âme dans une mesure plus grande parmi ceux qui parcourent la même carrière, *primus inter pares.*

On a même étendu ce privilége à des genres moins graves, moins importants, et la chanson a eu ses hommes de génie. Béranger nous en offre un exemple éclatant.

On peut dire de tel auteur qu'il a son génie à lui, particulier, sans que, pour cela, il *mérite d'être* compté parmi les hommes de génie; génie est pris alors pour le style, pour le talent, pour la couleur qui font connaître cet auteur, dont la nature s'est révélée dans le genre qu'il a adopté.

Un littérateur même médiocre a le génie de son genre.

Cette façon de parler était familière aux anciens, et chacun avait son génie, en poésie comme en philosophie. Que de nuances de genre, depuis le bon jusqu'au mauvais, depuis le grand jusqu'au petit !

Cette différence est sensible au point de vue des comparaisons : elle a besoin d'être observée dans les jugements des hommes pour ne pas tomber dans la confusion. Et, cependant, c'est ce qui est arrivé plus d'une fois. Combien l'erreur, la flatterie, la cama-raderie ont fait des hommes de génie ! Il n'est pas besoin de lois pour leur faire restituer leurs titres usurpés; l'opinion sait les mettre à leur place, en leur assignant le rang qu'ils doivent occuper.

Ainsi, sans faire amende honorable de notre opi-nion, qui paraîtra peut-être sacrilége à certains yeux, nous rétablissons volontiers les dieux dont nous avons ébranlé le culte; nous reconnaissons des êtres suprêmes, nous ne voulons pas qu'on nous accuse d'être welche; nous savons apprécier le vrai mérite; le beau, le sublime nous touche, et nous avons de l'admiration pour nos grands hommes : poëtes, littérateurs, orateurs! Oui, relativement nous comptons des hommes de génie.

On a voulu imposer des règles au génie, lui dicter la marche qu'il doit suivre, surtout dans l'épopée; on lui a tracé le plan, prescrit tout ce qui peut en constituer la nature, le choix du sujet, sa composi-tion, l'action, les personnages, leur caractère, la du-rée, le style, etc. Malheureusement ces règles sont venues trop longtemps après, et n'ont été faites que sur les imperfections que les œuvres ont offertes à l'œil du critique.

C'est ainsi que l'art n'a point reçu les préceptes, les règles sont venues après l'art. Aristote composa sa poétique d'après les trois tragiques grecs, surtout d'après Sophocle. Boileau a fait son art poétique après que la poésie en France eut fourni une glo-rieuse carrière. Qui jamais a suivi dans l'épopée et dans les drames, avec scrupule, les règles données pour l'un et l'autre? Est-ce que l'on dicte des règles au génie? Est-ce que le génie ne s'affranchit pas de toute règle ? Le génie a des ailes. Tracez donc dans les airs une route à l'aigle.

Dans cette galerie bien des noms célèbres, chez tous les peuples, n'apparaissent pas; ils n'en sont pas moins dignes de gloire. C'est au lecteur à leur assigner une place. Nous allons lui en faciliter les moyens.

Rome était préparée plus qu'on ne pense à rece-voir les bienfaits du christianisme. Déjà le scepti-cisme avait affaibli sa croyance religieuse, et l'on divisait les dieux qui régnaient au ciel et sur la terre en grands dieux, demi-dieux et dieux subalternes, qu'on appelait la canaille céleste; plus respectueux, nous ferons notre division. Nous compterons de grands génies, des génies et des génies inférieurs.

Si nous nous sommes trompé c'est de bonne foi. Nous n'avons point été mû par aucun sentiment d'orgueil et d'envie. Notre audace ne prend sa source dans aucun des vices de Zoïle. Qu'on ne soit donc pas tenté de dire de nous:

Le plus obscur mortel prétend juger les dieux!

— RÉDAREZ SAINT-REMY.

GÉNIE (art militaire).—L'arme du génie est com-posée : 1° d'un état-major particulier dans lequel sont compris les officiers et les employés militaires spéciaux qui ne font pas partie des troupes; ils sont chargés de la construction, de la réparation et de l'entretien des fortifications et des bâtiments des-tinés à recevoir le personnel ou le matériel de l'ar-mée; 2° des troupes formant 3 régiments à 2 batail-lons de 8 compagnies, dont 1 de mineurs et 7 de sapeurs, et de 2 compagnies d'ouvriers. Chaque ré-giment a, en outre, 1 compagnie de sapeurs conduc-teurs pour la conduite des voitures qui servent à transporter les outils et le matériel.

Les cadres de cette arme comprennent 670 offi-ciers et 572 gardes du génie.

GENRE (grammaire) [du latin *genus*, naissance, origine] — On appelle *genre* le sexe attribué aux mots d'une langue, et la forme particulière que re-çoivent les mots pour indiquer le sexe.

Si une méthode philosophique avait guidé, dans la classification des genres, le *masculin* aurait désigné les êtres mâles, le *féminin* les êtres femelles, et le *neutre* les objets qui ne sont d'aucun sexe. Mais il s'en faut de beaucoup que l'on ait suivi une marche aussi naturelle et aussi régulière.

Beaucoup de causes y ont contribué.

D'abord, le français et les autres langues néo-latines n'ont que deux genres, le masculin et le féminin.

L'anglais n'a aucun genre, ou du moins rien dans la forme des mots n'indique le sexe. Les pro-noms personnels seuls ont des formes particulières pour les trois genres.

Les langues mêmes qui, comme le sanscrit, le grec, le latin, l'allemand, admettent trois genres, classent les mots tout aussi arbitrairement que ceux qui en ont un moindre nombre. Aussi, tous les grammairiens déplorent-ils l'anarchie qui règne dans cette partie de la grammaire. « L'institution ou la distinction des genres, dit Duclos, est une chose pu-rement arbitraire. »

« Ce serait, dit l'*Encyclopédie*, une peine inutile dans quelque langue que ce fût, de chercher à établir des règles propres à faire connaître le genre des noms. » Cependant beaucoup de grammairiens ont essayé de le faire, mais les règles qu'ils ont établies sont si nombreuses et si compliquées, qu'elles sont peu utiles. Il n'y a d'autre moyen de connaître le genre des noms que l'usage et le dictionnaire.

Les traités élémentaires, sous prétexte de faciliter la connaissance de la grammaire, ont donné divers moyens mécaniques beaucoup plus nuisibles qu'utiles. Voici celui qu'ils ont inventé pour connaître le genre d'un substantif. On connaît qu'un substantif est masculin quand on peut placer devant lui le mot *le* ou *un*, et qu'il est féminin quand on peut placer devant lui *la* ou *une*. L'anecdote suivante montre la futilité de cette règle. Un inspecteur de l'enseignement primaire étant allé visiter une école d'Alsace, demanda à l'un des élèves comment on connaît qu'un substantif est masculin ou féminin. L'enfant lui cite fort bien la règle de sa grammaire. Mais l'inspecteur ayant demandé des exemples à l'appui, le jeune Alsacien, plus fort sur la langue allemande que sur la langue française, répondit que le mot *lune* était masculin, parce qu'on dit *le lune*, et que le mot *soleil* était féminin, parce qu'on dit *la soleil*.

Quelquefois le genre des substantifs est indiqué par la terminaison, mais souvent aussi les mots masculins et les mots féminins ont la même terminaison, ou les noms masculins ont une terminaison féminine, et les noms féminins une terminaison masculine.

Pour désigner les animaux dont le sexe est visible, ou qui vivent près de nous, nous leur avons donné une terminaison différente, afin de distinguer le mâle de la femelle. C'est ainsi que nous disons : *le chien, la chienne; le chat, la chatte.*

Mais pour les autres animaux, on a souvent oublié cette distinction, et on a employé le même mot pour désigner les deux genres; ainsi, *perdrix, lièvre, carpe, brochet* désignent en même temps le mâle et la femelle.

Le genre des substantifs a quelquefois varié; ainsi, les mots *légume, navire, dialecte,* ont été autrefois féminins; ils sont depuis longtemps masculins.

Le genre de quelques autres était incertain : on les employait indifféremment au masculin ou au féminin ; tel était le mot *équivoque*.

Quelques substantifs sont d'un genre au singulier, et d'un autre au pluriel, tel est, en français, le mot *orgue*.

Enfin, il est encore aujourd'hui quelques mots qui sont masculins dans une acception et féminins dans une autre. Quelques grammairiens ont vu en cela une source innombrable de beautés, auxquelles nos ancêtres n'ont probablement jamais songé. *Si non é vero, è bene trovato.* Le plus enthousiaste admirateur de ce genre de beautés, est M. Braconnier qui a écrit sur ce sujet un volume entier, qui est très-intéressant, mais où l'imagination joue un trop grand rôle.

Voici quelques passages que je lui emprunte « L'homme, comme on le sait, s'assimile tout ce qui est fort ; il se l'approprie, il en fait son domaine. Mais ce n'est point assez pour le Français de s'emparer de la force partout où elle se décèle ; par un travail bizarre, mais réel de son imagination, il veut que tout être fort lui ressemble et soit masculin comme lui. En voici un exemple tout à fait remarquable dans *la Henriade*; Voltaire fait dire à son héros, à la vue de l'Angleterre, où régnait la célèbre Élisabeth.

> Sur ce sanglant théâtre où cent héros périrent,
> Sur ce trône glissant d'où cent rois descendirent,
> Une femme, à ses pieds enchaînant les destins,
> De l'éclat de son règne étonnait les humains :
> C'était Élisabeth.

Rien n'est féminin dans le tableau de cette femme-roi : *théâtre, héros, trône, rois, pieds, destins, éclat, règne, humains*. Le masculin domine partout ; mais Henri IV n'a pas encore tout dit : dans les mœurs françaises, Élisabeth est trop grande pour être femme. Le héros dit à cette reine :

> Dans ce sexe, après tout, vous n'êtes point comprise ;
> L'auguste Élisabeth n'en a que les appas ;
> Le ciel, qui vous forma pour régir les États,
> Vous fait servir d'exemple à tous tant que nous sommes.

Jusqu'ici le masculin domine encore. Enfin le héros n'ajoute plus qu'un trait à ce mâle tableau ; ce dernier trait exprime toute sa pensée.

> Et l'Europe vous compte au rang des plus grands hommes.

Ce dernier trait nous peint mieux que tout raisonnement que la masculinité accompagne le penchant de l'homme à s'approprier tout ce qui annonce de la grandeur, de la force, de la supériorité. L'exemple suivant nous prouvera que la féminité exprime à son tour cette douceur, cette grâce, cette bonté, cette touchante faiblesse, qui rendent la femme si intéressante. Chateaubriand, dans *le Génie du Christianisme*, a dit : « *Il n'appartenait qu'à la religion d'avoir fait deux* SŒURS *de* L'INNOCENCE *et du* REPENTIR. »…. Ce n'est ni dans une analyse froide ni dans un raisonnement glacé que l'on trouve la solution de semblables difficultés. Le cœur de l'homme en est l'unique source. C'est à cette harmonie qu'il faut rapporter le double genre des noms *aigle, amour, automne, couple, orgue,* etc.

Après avoir donné des genres aux substantifs, on a cru devoir en donner aussi aux adjectifs; mais chacun d'eux a eu en même temps les deux genres, pour pouvoir se mettre en rapport avec le genre du substantif.

Ainsi, parce que le mot *homme* est du masculin, on a dit *un bel homme*, et l'on a dit *une belle femme*, parce que *femme* est du féminin. La même chose a lieu au pluriel, *de beaux hommes, de belles femmes*.

Le féminin des adjectifs se forme généralement en français par l'addition d'un *e* muet, à moins que l'adjectif ne soit lui-même terminé par cette lettre. Mais quelques adjectifs doublent leur consonne finale au féminin, contrairement à toutes les règles d'étymologie et de prononciation. Ainsi *bon, éternel* ont pour féminin *bonne, éternelle*. Je ne m'occupe pas ici des nombreuses exceptions relatives à la formation du féminin.

Autrefois, quelques adjectifs français avaient la même terminaison pour les deux genres, parce qu'ils dérivent d'adjectifs latins dont la terminaison est semblable pour le maculin et le féminin. Voilà pourquoi, même quand on eut renoncé à cet usage, il nous en resta quelques traces dans certaines locutions. On a dit longtemps des *lettres royaux*, des *prisons royaux*. On dit encore aujourd'hui des *fonts baptismaux*. Il en est même résulté une singulière bévue : ce mot, évidemment féminin, est considéré comme masculin.

Les langues qui admettent les trois genres ont généralement trois terminaisons pour leurs adjectifs ; cependant, quelquefois le masculin et le féminin ont une terminaison commune ; on trouve même quelques-uns d'entre eux qui n'ont qu'une seule terminaison pour les trois genres.

Les participes sont soumis, en grec et en latin, aux mêmes variations que les adjectifs.

En français, les participes passés ne varient que dans certains cas, et les participes présents sont toujours invariables, mais ils variaient autrefois.

Les pronoms sont susceptibles de genres comme les adjectifs.

Dans les verbes, il n'y a généralement que les participes qui varient ; cependant il y a des langues qui admettent les genres dans divers temps de leurs verbes.

Les adjectifs et les participes anglais sont toujours invariables ; il n'y a en anglais que les pronoms qui admettent les trois genres.

J. B. PRODHOMME,
Correcteur à l'Imprimerie impériale.

GENTIANE (botanique). — Plante de la famille des gentianées, dont on compte un grand nombre de variétés. Elle est commune dans les champs, où elle étale ses larges feuilles et ses fleurs jaunes, en forme de grappes allongées. Mais leurs émanations sont si désagréables aux bestiaux, qu'ils n'y touchent jamais.

La gentiane jaune ou grande gentiane, qui s'élève à un mètre de haut à peu près, croît dans les terrains calcaires et sur les lieux élevés, tels que sur les montagnes d'Auvergne, dans les Vosges, etc., et fleurit en été.

Cette variété, qui a un principe amer très-prononcé, est principalement celle dont la médecine fait usage. Sa racine, qui est grosse et d'un jaune foncé, est considérée comme un tonique énergique, et peut être mise au premier rang parmi les médicaments qui servent à remettre les organes affaiblis. Elle est excellente pour ranimer les forces, sans produire une trop grande excitation.   L. H.

GÉODÉSIE [du grec *gé*, terre, et *daio*, diviser]. — Branche de la géométrie pratique qui a pour objet la mesure des terres ou des surfaces. Ce même mot a aussi une acception plus générale, et comprend toutes les opérations trigonométriques et astronomiques nécessaires pour lever une carte, mesurer la longueur d'un degré terrestre, déterminer la forme de la terre, etc.

GÉOGNOSIE [du grec *gé*, terre, et de *gnôsis*, connaissance]. — Science qui étudie la structure, la situation respective et la nature des matériaux qui composent le globe terrestre. La géognosie est une partie de la géologie ; elle en diffère en ce qu'elle se contente de décrire l'état actuel du globe. Le minéralogiste Werner est le premier qui a employé ce

Fig. 49. — Gentiane.

mot, sans s'occuper des théories émises sur l'origine et la formation de ses parties.

GÉOGRAPHIE [du grec *gé*, terre, et *grapho*, décrire]. — Description de la terre. On considère la géographie sous quatre points de vue principaux, qui sont : la géographie astronomique, la géographie physique ou naturelle, et la géographie politique, et la géographie historique.

La géographie astronomique est la description de la terre considérée elle-même ou par rapport à sa nature ; la géographie politique et historique est la description de la terre, considérée par rapport à ses habitants.

La géographie ne comprend donc pas seulement la connaissance de la figure de la terre, c'est une science dont l'étude embrasse l'histoire du globe entier, qui se rattache aux méditations de l'astronomie, qui nous fait connaître les imprescriptibles lois auxquelles obéit la multitude de globes disséminés dans l'espace. Sous le point de vue politique, elle appartient à l'histoire, et, fixant les limites de ces dominations fondées selon l'audace ou la pusillanimité des hommes, elle marque encore les bornes où nos usurpations, sur le reste de la nature, doivent s'arrêter.

La géographie physique ou naturelle embrasse la constitution des continents et des îles, la circonscription des mers, les bassins, les vallons, les fleuves, les rivières et les torrents qui fertilisent ou dépouillent le sol; les montagnes, les rochers et les volcans, qui sont comme la charpente de la terre, ou qui en déchirent le sein; la distribution des plantes que nourrissent les divers terrains et les eaux à des profondeurs ou à des hauteurs diverses, et selon des lois si variées; celle des animaux qui, vivant de plantes ou d'autres animaux, ne peuvent avoir de patrie que la partie même de ce qu'ils dévorent; en un mot, l'histoire entière des corps, soit bruts, soit organisés, dont se compose la planète que nous habitons.

La géographie politique fait connaître les divisions établies par les conventions humaines, et toutes les créations de l'homme, institutions, religions, langues, etc.; enfin la géographie historique ou comparée suit chaque localité dans toutes ses phases, faisant connaître les divers noms qu'elle a reçus ainsi que les événements dont elle a été le théâtre.

Les Égyptiens attribuent l'invention de la géographie à Hermès (dix-neuvième siècle avant J. C.); les Grecs à Atlas, qu'ils représentent ensuite comme portant le monde sur les épaules (dix-huitième siècle avant J. C.). Mais les Chinois lui donnent une origine beaucoup plus ancienne; ils montrent encore neuf urnes fabriquées par ordre d'Yu, fondateur de la première race impériale, et sur lesquelles il fit graver la carte de chaque province de son empire (2200 ans avant J. C.). Le plus ancien monument connu de la géographie, chez les autres peuples, est la carte que fit Sésostris, roi d'Égypte, pour faire connaître à son peuple les nations qu'il avait soumises, et l'étendue de son empire (dix-septième siècle avant J. C.).

On voit, dans l'Écriture, que la géographie était cultivée du temps de Moïse. Mais cette science ne fut longtemps que la description particulière de quelques contrées. Quant à la géographie générale, dans ses rapports astronomiques, elle ne fut, jusqu'à Thalès, qu'un tissu d'erreurs absurdes et grossières. Les uns croyaient que la terre nageait dans la mer, comme une balle sur un bassin d'eau; d'autres lui donnaient la figure d'une surface plate entrecoupée par la mer. Thalès est le premier qui considéra la terre comme sphérique. Cependant on croit généralement qu'Anaximandre, son disciple, est le premier qui fit usage de la sphère (septième siècle avant J. C.). Dès lors la géographie fit de grands progrès dans la Grèce, où les Ptolémées lui donnèrent un éclat semblable à celui qu'ils procuraient à l'astronomie. Elle ne passa que beaucoup plus tard à Rome, où Scipion-Émilien fit reconnaître, par Polybe, les côtes d'Afrique, d'Espagne et des Gaules (deuxième siècle avant J. C.). Mais déjà les Gaules, ou du moins Marseille, avaient devancé les Romains sous ce rapport. Dans le quatrième siècle avant J. C., les Marseillais avaient fait faire à Pithéas un grand voyage de découvertes. Il avait reconnu l'Europe depuis les Colonnes d'Hercule jusqu'à l'embouchure du Tanaïs; il s'était avancé dans l'Océan occidental, jusque sous le cercle polaire arctique, et ayant remarqué que plus il s'approchait du nord, plus les jours devenaient grands, il fut le premier à distinguer les climats. Sous le règne d'Auguste, on publia la description du monde connu, à laquelle les Romains travaillaient depuis deux cents ans. Les siècles de barbarie qui suivirent la décadence des Romains arrêtèrent les progrès de la géographie. On voit cependant, en 535, l'Égyptien Cosme publier une cosmographie chrétienne; et Hiéroclès, encore à la même époque, sa description de l'empire d'Orient. Les Arabes, chez qui se réfugièrent presque toutes les sciences, cultivèrent alors la géographie avec succès. En 814, Almamoun, calife de Bagdad, fit traduire l'Almageste de Ptolémée, et mesurer, dans les plaines de Sennaar, sur le méridien de Bagdad, un degré de la terre, pour déterminer les dimensions du globe. Ce ne fut guère qu'au seizième siècle, après la découverte de l'Amérique, que la géographie commença à faire, en Europe, les progrès rapides qui l'ont amenée au plus haut degré de perfection.

Les hommes auxquels la géographie, comme science, doit le plus dans les temps modernes, sont Varenius, qui la constitua sur un pied nouveau, d'Anville, Malte-Brun, Balbi, Pinkerton, et en Allemagne, Busching, Mannert, Ritter, etc.

Bosquillon.

GÉOLOGIE (histoire naturelle) [du grec *gê* terre, et *logos* discours]. — Partie de l'histoire naturelle qui a pour objet la connaissance du globe terrestre et des différentes matières dont il est composé.

La géologie est divisée naturellement en deux parties : la première est la *géologie positive*, ou la géognosie, dont le but est la connaissance exacte de cette mince écorce de terre qui seule est accessible à nos recherches; la seconde est la *géologie conjecturale*, qui comprend toutes les conséquences plus ou moins probables que l'on a déduites des faits observés relativement à la formation de l'enveloppe extérieure du globe, et aux différentes causes qui l'ont successivement modifiée.

La géologie traite de la configuration externe de la terre, suit les sinuosités et les découpures de ses rivages, décrit les inclinaisons du sol, trace la direction des montagnes, les anfractuosités et le cours des rivières; quelquefois elle fouille dans le sein de la terre', détermine la position respectives des couches minérales les unes à l'égard des autres et leur ancienneté, et cherche à fixer, par des conjectures probables, quelles modifications a éprouvées et éprouve encore actuellement le globe terrestre par l'action des eaux, des volcans, etc.

La géologie est une science toute moderne : « les anciens, entre autres Thalès, attribuaient à l'eau la formation du monde; mais ils n'avaient à cet égard que des notions fort obscures. On peut considérer comme le vrai créateur de la géologie Bernard Palissy, plus connu par ses poteries : dans un cours de minéralogie qu'il fit à Paris, en 1575, il combattit l'idée que les fossiles fussent de simples jeux de la nature; il soutint, le premier, que les coquilles qui se trouvent au sommet des montagnes sont des restes d'animaux, et que les mers ont jadis couvert les continents. Au dix-septième siècle, Thomas Burnet, Jean Ray et Leibnitz émirent plusieurs hypothèses sur l'origine de la terre. Guettard dressa le premier, en 1746, des cartes géologiques destinées à représenter la nature des terrains. La *Théorie de la terre*, publiée par Hutton, en 1785, eut

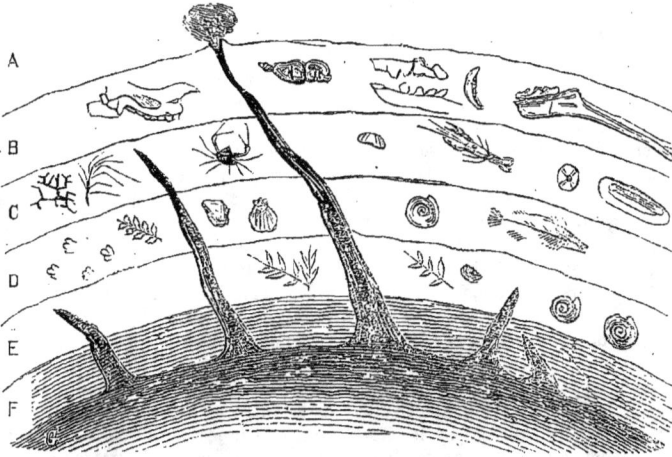

Fig. 50. — GÉOLOGIE.

A. Atmosphère. — B. Terrain diluvien : Mastodonte, ours, hyène, rhinocéros. — C. Terrain tertiaire : Vins, huîtres, oursins, c ustacés, polypiers. — D. Terrain secondaire : Ammonite. poissons, plantes, empreintes de pattes d'oiseaux. — E. Terrain de transition : Ammonites, plantes. — F. Terrain granitique coupé par des crevasses de matières incandescentes. — G. Masse incandescente.

une grande influence sur la géologie; ce savant repoussa une partie des hypothèses qui attribuaient à l'eau l'origine de certaines roches, et expliqua par l'action d'un feu central la formation d'une foule de roches et de minéraux, ainsi que celle de nos continents; il fut le chef de l'école des *Vulcanistes*. Werner publia en 1787 une autre théorie qui fit aussi révolution dans la science : il distingua les terrains en plusieurs époques : il appela *primitifs*, ou à filons, les terrains granitiques; *secondaires*, ou à couches, les terrains stratifiés d'origine plus récente et présentant des restes organiques; et *intermédiaires*, ou de transition, des dépôts particuliers intercalés dans les terrains précédents; mais il tomba dans l'exagération opposée à celle de Hutton en attribuant une origine aqueuse à tous les terrains : de là le nom de *Neptunistes* donné à ses disciples. De Saussure et Pallas contribuèrent aux progrès de la géologie par leurs

nombreuses observations. A la fin du dix-huitième siècle, la formation véritable de chaque espèce de terrains commença à être connue. Scipion de Breislak publia en 1811, sous le titre d'*Introduction à la Géologie*, le premier traité régulier qui ait paru sur cette science : il ne s'y prononce pas exclusivement pour la formation par le feu ou par l'eau, mais il admet d'abord la fluidité ignée primitive du globe comme cause de sa forme sphéroïdale, puis le concours des eaux dans les phénomènes dont sa surface a été le théâtre. Ce système a été confirmé par les recherches plus récentes des géologues. La science moderne doit d'importants travaux à MM. de Buch et Élie de Beaumont sur les soulèvements; à M. Cordier, sur la chaleur centrale et sur les amas volcaniques; à MM. de Buch, Lyell, Élie de Beaumont, Dufrénoy, etc., sur le *métamorphisme*, ou transformation des roches stratifiées d'origine neptunienne en roches cristallines d'apparence plutonienne; à MM. d'Omalius d'Halloy, Conybeare, Lyell et Murchison, sur l'origine des vallées ; à MM. Agassiz et Rendu, sur les glaciers; à MM. Buckland, Brochant, de la Bèche, de Léonhard, Alexandre Brongniard, sur la classification des roches, les blocs erratiques, les cavernes à ossements, etc. Les découvertes de Cuvier sur la paléontologie ont aussi beaucoup contribué aux progrès de la géologie. »

GÉOMÉTRIE (mathématiques) [du grec *gé*. terre, et *metron*, mesure]. — Partie des mathématiques qui traite de l'étendue et de ses différents rapports. Le véritable objet de cette science est donc l'étendue considérée sous le rapport de ses trois dimensions, longueur, largeur et profondeur. On distingue la *géométrie élémentaire*, qui étudie les propriétés des lignes droites, des lignes courbes, des surfaces et des solides les plus simples; et la *géométrie analytique*, qui résout, au moyen de l'algèbre et du calcul différentiel, les questions générales relatives à toutes les espèces d'étendue. La géométrie analytique se subdivise en *trigonométrie*, qui donne les méthodes pour mesurer les triangles et pour les calculer à l'aide de leurs différentes parties, et en *géométrie analytique proprement dite*, qui enseigne comment s'engendrent les lignes et les surfaces quelconques.

On a lieu de croire que la géométrie doit son origine à la division et à la démarcation des propriétés. L'Écriture en attribue l'invention à Énoch ou Édris : 3400 ans av. J. C. L'antiquité en faisait honneur aux Égyptiens (voyez *Arpentage*). De l'Égypte, la géométrie fut introduite en Grèce, par Thalès, qui enrichit cette science de plusieurs propositions (septième siècle avant J. C.). Après lui vint Pythagore, qui découvrit la fameuse proposition du *carré de l'hypothénuse* (sixième siècle avant J. C.). Anaxagore de Clazomènes paraît être le premier qui se soit occupé de la *quadrature du cercle* (cinquième siècle avant J. C.). Hippocrate de Chio découvrit ensuite la *quadrature des lunules* (*idem*). Platon, qui le suivit, trouva une solution très-simple de la *duplication du cube* (quatrième siècle avant J. C.). Dinostrate découvrit la *quadratrice* (360 avant J. C.), et Dioclès fit connaître la *cycloïde* soixante ans plus tard. Enfin Euclide parut et recueillit les découvertes de ses prédécesseurs, auxquelles il en ajouta un grand nombre, dont il composa un excellent traité de Géométrie, dans lequel il ne considère toutefois que les propriétés de la ligne et du cercle, bien qu'avant lui on se fût déjà occupé des *sections coniques*. Les propriétés de ces courbes furent recueillies, environ 250 ans av. J. C., par Apollonius de Perge, qui leur donna le nom de *parabole, d'ellipse* et *d'hyperbole*. Archimède, son contemporain, fit faire de grands progrès à la géométrie par ses travaux sur la *sphère*, le *cylindre*, les *conoïdes*, les *sphéroïdes* et la *quadrature du cercle*, dont il approcha beaucoup plus qu'aucun de ses devanciers. Après la conquête de la Grèce par les Romains, ceux-ci, qui méprisaient les sciences, laissèrent toutefois aux vaincus la faculté de les cultiver. Ptolémée, Pappus, Proclus cultivèrent la géographie avec succès, mais elle fut bientôt, comme les autres connaissances, perdue pour l'Europe, à laquelle les Maures la rendirent vers le quatorzième siècle. On se borna alors à étudier les écrits des anciens, jusqu'au moment où parut Descartes, qui donna un nouvel essor aux mathématiques en appliquant *l'algèbre à la géométrie* (dix-septième siècle). Vers la même époque, Cavalieri publiait sa *Géométrie des Indivisibles*, à laquelle Pascal donna toute la perfection que le génie imprime à ses créations, par la *Géométrie de l'Infini*; Fermat imaginait la *méthode des tangentes par les différences*, améliorée depuis par Barrow; Leibnitz y appliquait le *calcul différentiel*; Galilée en faisait d'heureuses applications à la physique, ainsi que Borelli aux corps organisés. Newton approfondissait la quadrature des courbes, recherchait les lignes du troisième ordre, et publiait son immortel ouvrage intitulé : *Philosophiæ naturalis Principia mathematica*, qu'on peut regarder comme l'application la plus admirable qu'on puisse faire de la géométrie à la physique. Plus tard, les Bernouilli,

Cotte, Mac Laurin continuèrent les théories si heureusement créées par Newton. La fin du dernier siècle vit s'élever les d'Alembert, les Maupertuis, etc., qui agrandirent considérablement le domaine de la géométrie. Ils furent suivis par Carnot, dont le nom se rattache à tant de gloire et de patriotisme, et surtout par l'illustre Monge, le fondateur de l'École Polytechnique et le créateur de la géométrie descriptive, jusqu'alors pratiquée plutôt par instinct que par méthode (1795); on lui doit en outre la première application de l'analyse à la géométrie. Parmi nos contemporains qui ont fait faire de nouveaux progrès à la science, nous citerons MM. Poinsot, Brianchon, Poncelet de Metz, et une foule de savants de premier ordre.   BOSQUILLON.

GÉRANIUM (botanique) [du grec *géranos*, grue, à cause de la pointe du fruit de ces plantes, qui ressemble au bec d'une grue.] — Genre de plantes, type de la famille des géranoïdes, comprenant plus de trois cents espèces, presque toutes intéressantes par la beauté de leurs fleurs. « On trouve les *géraniums* dans toutes les parties du monde; mais c'est au cap de Bonne-Espérance qu'on rencontre le plus grand nombre des espèces et aussi les plus jolies; presque toutes celles qui sont frutescentes et à corolle irrégulière, surtout, en sont originaires. Après l'Afrique, c'est l'Europe qui en possède le plus. Celles d'Europe ont en général la corolle régulière. Les géraniums sont ordinairement des plantes à feuilles alternes, stipulées, à fleurs pédonculées, d'un aspect agréable. Aussi en cultive-t-on quelques-unes pour l'ornement des jardins. Celle que l'on y rencontre le plus souvent est le géranium des jardins, que le vulgaire connaît seul. Il vient du cap de Bonne-Espérance. La grande quantité de fleurs dont il se charge, et qui se succèdent pendant cinq à six mois de l'année, ainsi que la couleur rouge et éclatante de ces mêmes fleurs, le rendent plus propre qu'aucun autre à l'ornement des parterres. Rien n'est plus agréable qu'un massif de ces fleurs au milieu des gazons qui entourent les habitations bien tenues. Il couronne aussi, d'une manière charmante, les terrasses et les perrons des maisons de la ville. »

GERBOISE (zoologie). — Genre de mammifères de l'ordre des rongeurs claviculés, qui ont à peu près le même système dentaire que les rats, excepté qu'ils ont assez souvent une très-petite molaire de plus à la mâchoire supérieure; mais ils se distinguent facilement de tous les animaux de ce genre et de tous les autres de leur ordre par la longueur excessive des membres postérieurs, comparée à la brièveté de ceux de devant. Cette disproportion est tellement marquée dans certaines espèces, que les anciens leur avaient donné le nom de *dipodes*, ou de *rats à deux pieds*, parce qu'en effet ils ne se servent en marchant que de leurs pattes de derrière et un peu de leur forte queue pour s'élancer en avant. Outre leur longueur démesurée, ces pattes présentent deux autres particularités remarquables : première-ment, elles n'ont que trois doigts bien développés; le pouce et le petit restent rudimentaires et sont un peu plus reculés que les autres; en second lieu, les os du coude-pied sont ordinairement réunis en un seul, comme chez les oiseaux.

On trouve ces petits rongeurs dans les contrées méridionales de l'ancien continent, à l'exception de deux ou trois espèces qui sont propres à l'Amérique du Nord. La plupart vivent dans des terriers et tombent en léthargie pendant l'hiver. On les divise en trois petits sous-genres : les *gerbilles*, les *mériones* et les *gerboises propres*.

Les gerbilles (*gerbillus*) n'ont que trois molaires en haut comme en bas, et habitent les contrées sablonneuses du midi de l'ancien continent. Elles sont toutes de petite taille. Telle est l'*hérine* ou *gerbille des Indes*;

2º Les mériones (*mériones*) sont de l'Amérique septentrionale, ont une petite molaire de plus à la mâchoire d'en haut, et les os du métatarse en même nombre que les autres animaux. Telle est la *merione du Canada*, qui n'est pas plus grande qu'une souris;

3º Les gerboises ont, comme les mériones, une molaire de plus à la mâchoire supérieure; mais elles s'en distinguent par l'os unique de leur métatarse. Elles sont originaires de l'Afrique ou des Indes. Le *gerboa* et l'*alactaga* sont les deux principales espèces de ce sousgenre. (Dr *Salacroux*.)

GERÇURES ou CREVASSES. — Petites fentes peu profondes, qui surviennent dans l'épaisseur de la peau et à l'origine des membranes muqueuses, surtout aux lèvres, aux narines, aux pieds, aux mains et aux mamelons. Ces dernières déterminent chez les nourrices des douleurs intolérables, etc. Les autres sont en général de très-légères affections. Les causes des gerçures sont : le froid, les chocs, etc. Le repos et les pommades adoucissantes, celles aux fleurs de zinc, au précipité blanc, le cérat saturné suffisent pour ce traitement.

Pour les gerçures des petits enfants, on emploie la poudre de lycopode ou d'amidon; on cautérise les gerçures du mamelon avec le nitrate d'argent.

GERMANDRÉE (botanique). — Genre de plantes de la famille des labiées, comprenant des herbes, des arbustes et même des arbrisseaux à feuilles axillaires ou terminales, dont la plupart appartiennent à l'Europe, surtout à l'Europe australe. Parmi les espèces les plus saillantes et communes, on remarque les *germandrées d'Espagne, maritime, sauvage, aquatique, officinale*, etc. Les sommités fleuries de l'espèce officinale sont employées comme excitant amer et tonique.

GERMINATION (botanique). — Premier développement des parties contenues dans la graine confiée à la terre. « L'eau, la chaleur et l'air sont indispensables à l'accomplissement de ce phénomène. L'eau ramollit l'enveloppe de la graine; elle pénètre l'amande et la gonfle; elle dissout les premiers aliments du germe, contenus soit dans le périsperme (*monocotylédonées*), soit dans les cotylédons (*dycotylédonées*). La température la plus convenable est de 15º à 30º. La lumière et surtout l'électricité activent la germination en favorisant l'action chimique. Par la germination, les cotylédons s'amincissent, se colorent en vert et sortent de terre, sous le nom de *feuilles séminales*. Certaines graines conservent la faculté de germer pendant plusieurs années: des grains de blé retirés de ruines anciennes avaient même conservé cette faculté après plusieurs siècles. Quant à la durée de la germination pour une graine placée en terre, elle est très-variable. Le froment, le millet et le seigle sortent de terre au bout d'un jour; le haricot, la rave, la moutarde, l'épinard, le troisième jour; la laitue, le quatrième; la citrouille, le cinquième; la betterave, le raifort, le sixième; l'orge, le septième; le chou, le dixième; la fève, du quinzième au vingtième; l'oignon, le vingtième. Il faut une année pour le pêcher, l'amandier, le noyer, le châtaignier; deux, pour le noisetier, etc. »

GINGEMBRE (botanique). — Genre de plante de la famille des amomées, originaire des Indes occidentales, regardé comme excitant, stomachique et carminatif. M. Béral a nommé *pipéroïde de gingembre* un extrait obtenu en traitant la poudre du

Fig. 51. — Gerboise.

gingembre par l'éther, et faisant évaporer au bain-marie. Une partie de pipéroïde correspond à 16 de gingembre.

GIRAFE (zoologie) [*camelopardalis*]. — Genre de l'ordre des ruminants, voisin des antilopes et des cerfs, dont les caractères principaux sont : « tronc mince, tête petite, supportée par un très-long cou et ornée de deux petites cornes, formées par des épiphyses osseuses du frontal et recouvertes par une peau velue; sur le milieu du front, on remarque une saillie osseuse, plus développée dans les mâles que chez les femelles; membres postérieurs beaucoup moins élevés que les membres antérieurs; pelage, ras et blanchâtre, parsemé de larges taches, fauves chez les femelles et les jeunes individus, noires chez les vieux et les mâles ; queue terminée par une touffe épaisse de crins durs. Cet animal habite les déserts de l'Afrique, où il vit en troupes, et se nourrit de bourgeons et de feuilles d'arbres. Sa taille dépasse 7 mètres. On ignore la manière dont il se reproduit, le temps de sa gestation, la durée de sa vie. On sait seulement qu'il habite le midi de l'Afrique, où il se tient en petites troupes de cinq ou six individus, vivant de feuilles et de jeunes pousses d'une espèce d'acacia. Privé de toute espèce d'arme défensive, il ne peut, malgré sa grande taille et les vigoureuses ruades qu'il lance à ses ennemis, résister aux attaques continuelles des lions et des panthères, qui partagent avec lui ces régions brûlantes. Le seul moyen qu'il ait à leur opposer, c'est la fuite. Malgré la disproportion de ses deux trains et son allure extraordinaire, il a tant d'agilité qu'il échappe aisément à tous ses ennemis, pour peu qu'il ait d'avance sur eux : on assure qu'il peut faire 16 kilom. en une heure et plus de 240 dans une journée. Quant à son caractère, il est si paisible et si doux qu'un enfant avec une corde peut en faire tout ce qu'il veut.

GIROFLÉE (botanique). — Genre de plantes de la famille des crucifères, assez semblable aux juliennes, avec lesquelles les jardiniers et quelques naturalistes les confondent. On connaît plus de trente espèces de *giroflées*; les principales espèces sont :

1° La *giroflée simple*, plante vivace indigène à l'Europe, et qui, quoique très-commune, est cultivée dans les jardins pour la beauté et la bonne odeur de ses fleurs.

2° La *giroflée des jardins*, une des plus belles, est une plante connue de tout le monde pour la beauté et l'odeur de ses fleurs, qui paraissent en mai et se renouvellent jusqu'à la fin de l'été. Ces fleurs sont simples ou doubles, blanches, rouges, violettes ou panachées, et naissent par petits bouquets au sommet des rameaux nombreux, qui, par leur disposition, représentent assez bien la forme d'un lustre.

GIROFLIER ou GÉROFLIER (botanique) [*caryophyllus*].—Genre de plantes de la famille des myrtacées, établi pour un arbre des Moluques, à tronc pyramidal, à feuilles opposées, luisantes, toujours vertes; à fleurs roses et odorantes, en panicules. Le giroflier, haut de cinq à dix mètres, a été transplanté aux îles Mau-

rice et Bourbon, à la Guyane, aux Antilles, etc. Ses fleurs non encore épanouies sont ce qu'on appelle *clous de girofle*. Elles renferment une huile aromatique essentielle, épaisse, brune, très-pesante, d'odeur d'œillet, à laquelle elles doivent leur propriété aromatique et leur saveur âcre et brûlante.

Les clous de girofle s'emploient comme assaisonnement et comme médicament, à cause de leurs propriétés stimulantes. Ils entrent dans la composition de l'élixir de Garus, du baume de Fioraventi, du vinaigre des Quatre-Voleurs, etc. Le fruit du giroflier a une forme ovoïde, une odeur faible et une saveur moins prononcée que celle des clous de girofle. On en tire une huile volatile qui possède les mêmes propriétés. Dans quelques pays ces fruits se mangent confits comme excitants des fonctions digestives.

GLACE (physique). — Eau à l'état solide. L'eau, exposée à une température un peu au-dessous de zéro du thermomètre centigrade, passe à l'état de glace, en présentant des cristallisations formées par des aiguilles qui s'insèrent sous des angles de soixante à cent-vingt degrés, imitant ainsi des feuilles de fougères. On observe très-bien ces cristallisations foliacées ou ramifiées sur les vitres de nos appartements. La glace n'est donc autre chose qu'un liquide que le froid fait passer à l'état concret. On nomme *congélation* le passage de la fluidité à la solidité. L'eau, dans l'état de glace, a le caractère des solides; on l'entame avec des instruments tranchants ou contondants. Elle se brise, et même se réduit en poussière. L'eau réduite à l'état de glace perd de son poids, et ne le reprend pas en revenant à la fluidité; mais elle reprend sa transparence qu'elle avait perdue. La force expansive de la glace est prodigieuse; une certaine quantité d'eau ayant été renfermée dans un tube de fer épais d'un doigt, le fit crever en se congelant. Elle fit également éclater une sphère de cuivre très-épaisse, et développa dans cette circonstance, d'après le calcul du physicien Muschembroeck, une force capable de soulever un poids de 14,000 kilogrammes. C'est une force expansive qui, pendant les hivers de nos climats, brise la tige et les fibres des plantes, et fait quelquefois éclater le tronc des plus gros arbres avec une détonation effrayante; c'est elle encore qui exfolie les pierres, le marbre, les rochers, dont la glace remplit les gerçures, et qui est une des principales causes du dépérissement des montagnes. La glace ayant quatre centimètres d'épaisseur porte un homme; la glace de huit centimètres, un cavalier armé; celle de trente centimètres porte des gros chariots chargés, et peut livrer passage à un corps d'armée. En France, la gelée pénètre dans la terre à soixante centimètres; en Russie, elle pénètre jusqu'à plus de trois mètres.

La glace est spécifiquement plus légère que l'eau. D'après les expériences de Thompson, sa densité est de 0,92; l'eau, à la température de 15° 55 cent. étant prises pour unité. Cette légèreté spécifique est un fait remarquable par sa singularité, mais surtout important par ses conséquences; en effet, si l'eau, en se solidifiant, diminuait de volume, les glaçons qui se forment à la surface de ce liquide, devenus plus pesants que lui, tomberaient au fond et s'y accumuleraient, en sorte qu'à la suite d'un froid intense et prolongé, il n'y aurait pas d'étang ou de rivière qui ne fussent complétement gelés. Cet inconvénient, dont il serait facile de prévoir les funestes résultats, est fort heureusement impossible, parce que la couche glacée qui recouvre l'eau restée liquide, la garantit du froid de l'atmosphère et prévient sa congélation. »

On appelle *glaciers* un amas de montagnes très-élevées qui se trouvent dans plusieurs endroits des Alpes, des Cordilières, etc., sur lesquelles règne un froid si considérable que leur cime est perpétuellement couverte de neige et de glaces, et que des lacs, ou réservoirs immenses d'eaux, qui se trouvent près de leurs sommets, sont gelés jusqu'à une très-grande profondeur. « Les glaciers qui couronnent les cimes des plus hautes montagnes ont avec les sources une liaison intime et une origine commune. Les neiges, accumulées pendant des siècles, s'affaissent, se compriment et se consolident , tant par l'évaporation que par l'alternative des fontes et des dégels : elles semblent, en quelques endroits, s'accroître pendant une longue suite d'années ; mais les diminutions compensent pour l'ordinaire l'accroissement ; quelques années chaudes suffisent pour rétablir l'équilibre. La fonte de ces glaciers continue à alimenter les sources dans une progression lente et à peu près régulière. » — Pour. les autres acceptions du mot *Glace*, voyez *Verre* et *Limonade glacées.*

GLANDE (anatomie) [du latin *glans*, gland, fruit du chêne]. — Nom donné autrefois à un grand nombre d'organes d'un tissu en général mou, comme fongueux, et d'une forme plus au moins globuleuse ou olivaire, mais très-différents dans leur nature et dans leurs fonctions.

Les anatomistes modernes réservent le nom de *glandes* aux organes sécréteurs, tels que la *glande lacrymale*, les *glandes salivaires*, le *foie*, le *pancréas*, les *reins*, les *mamelles*, les *testicules*. Ces organes ont un ou plusieurs canaux excréteurs. Les *glandes* qui

entrent dans la composition des membranes muqueuses et sont aussi des organes sécréteurs ont reçu depuis longtemps le nom de *cryptes*, qui leur a été conservé. Ce sont les seules des véritables glandes qui soient dépourvues de canaux excréteurs. Les glandes lymphatiques ont été appelées *ganglions lymphatiques.* Quant aux autres corps que l'on a appelés aussi improprement glandes, il serait à désirer que les anatomistes adoptassent, pour les désigner, des dénominations plus convenables. En chirurgie, on donne le nom de *glandes* à des tumeurs glandiformes, qui sont souvent formées par l'engorgement des ganglions lymphatiques, comme dans les scrofules. Les botanistes ont aussi appelé *glandes* de petits corps à peine sensibles, que l'on remarque sur les feuilles et sur les jeunes pousses de certaines plantes, et dont l'usage paraît être de sécréter des fluides particuliers. — Voyez *botanique.*

GLOTTE (anatomie). — Petite ouverture qui est placée dans la partie supérieure du larynx et qui sert à former la voix. C'est par cette fente que l'air descend et remonte lorsque nous respirons, parlons ou chantons. Elle est garnie de muscles, plus connus sous le nom de lèvres du larynx, au moyen desquels nous pouvons la rétrécir ou l'élargir à volonté ; de sorte qu'avec les différentes dimensions de la *glotte* nous pouvons former toutes les variétés des tons de la voix humaine. La *glotte* est couverte par un cartilage doux et mince que l'on nomme *épiglotte.*

Fig. 52. — Glouton.

GLOUTON (zoologie) [*gulo*]. — Genre de carnassiers, tribu des carnivores, famille des plantigrades, ayant pour caractères : corps assez bas sur jambes, quelquefois très-long ; taille médiocre ; tête forte, médiocrement allongée ; oreilles arrondies, très-courtes ; pieds à cinq doigts bien séparés, armés d'ongles crochus non rétractiles ; queue velue, assez courte ; pelage long, abondant, d'un brun noirâtre.

Les gloutons ont les plus grands rapports avec les blaireaux par leur marche lourde et l'odeur fétide qu'ils répandent ; ils s'en distinguent par leur queue plus longue, leur corps un peu plus élevé, leurs ongles plus aigus. On peut aussi les considérer comme se rapprochant des hyènes et des chats à certains égards; leur taille se rapproche de l'ocelot ou du chien de berger; leur système dentaire est presque analogue à celui des martres; leur pelage est marron foncé, avec le dos noir.

Ces animaux se trouvent dans le nord de l'Europe et de l'Asie, ainsi que dans les régions froides de l'Amérique septentrionale. Ils grimpent aux arbres et s'y tiennent blottis, en attendant le moment où ils pourront attaquer au passage les rennes ou les élans. Les gloutons sont en effet très-carnassiers, très-féroces et non moins audacieux. Ils attaquent leur proie par le cou, lui saisissent la gorge et lui ouvrent les gros vaisseaux. « Le pauvre animal précipite en vain sa course ; en vain il se frotte contre les arbres et fait les plus grands efforts pour se délivrer; l'ennemi, assis sur son cou ou sa croupe, continue à sucer son sang, à creuser sa plaie et à le dévorer en détail. » La peau des gloutons donne une fourrure assez chaude et d'un beau lustre : aussi, pour l'obtenir, fait-on une chasse active à ces carnivores.

Tout cela s'applique spécialement au *glouton du Nord* (G. *articus*), qui est de la taille du blaireau, et présente avec lui plusieurs points de ressemblance. Sa longueur totale, depuis le bout du museau jusqu'à l'origine de la queue, est de soixante-cinq centimètres. Sa hardiesse et sa voracité sont extrêmes. En captivité, cependant, s'il est abondamment pourvu de nourriture, il montre un naturel assez doux.

Le *glouton valverenne* (G. *luscus*) est l'espèce propre au nouveau monde; corps trapu; pelage d'un marron assez clair, avec un disque noirâtre sur les parties supérieures du corps. — Il est bien connu au Canada, à cause de ses déprédations, car il montre une grande adresse pour découvrir les amas de provisions formés par les Indiens, et il mange ou détruit toutes les matières animalisées qu'il peut ainsi découvrir. (Dr *Bossu*.)

GLU [du latin *gluten*, même sens]. — Substance visqueuse et tenace que l'on tire du houx en grande partie, et de quelques autres végétaux. Pour obtenir la glu, dit Favret, on récolte le houx vers les mois de juin ou de juillet; on le fait bouillir dans l'eau, pour pouvoir le décortiquer plus facilement, après avoir enlevé l'épiderme, on prend ce que l'on nomme la seconde écorce, que l'on fait bouillir de nouveau pour la ramollir. On doit ensuite faire fermenter cette masse dans un pot, en ayant bien soin de le placer dans un lieu dont la température soit moyenne. La glu sert à faire prendre les oiseaux dans la chasse dite à la pipée. On l'a employée à l'extérieur comme résolutive dans le traitement de la goutte.

GLU MARINE. — Substance inventée tout récemment par M. Jeffery, et destinée spécialement à faire joindre, adhérer les bois de construction maritime. Voici la composition de cette glu : Naphte brut ou huile essentielle de goudron (34 parties), gomme-laque (62 parties), et caoutchouc (2 à 4 parties). Des expériences ont constaté que les objets soudés avec cette matière se brisent toujours ailleurs qu'à l'endroit de la soudure.   LARIVIÈRE.

GLUCOSE (chimie). — La glucose est aussi ap-

pelée *sucre de fécule,* et a été primitivement extraite, pendant le blocus continental, du raisin (*gluké*). Quoique ses propriétés soient trois fois moins sensibles que celles du sucre de canne, elle l'a remplacé à cette époque de disette des denrées coloniales. Elle est aussi plus soluble dans l'alcool que le sucre de canne; ainsi, l'alcool à 83° en dissout 18 pour 100 de son poids, tandis que le sucre de canne est insoluble. En revanche, la glucose est une fois et demie moins soluble dans l'eau pure. Comme elle se combine dans l'eau avec les bases alcalines ou la chaux hydratée, puis se colore en brun si la température du composé est élevée à 70° ou 80°, on emploie cette action pour reconnaître les falsifications du sucre de canne par la glucose. D'ailleurs, les usages de cette substance, dans la confiserie ou la préparation des sirops, de la bière et de l'alcool, sont très-nombreux. Lorsque l'on doit la mélanger aux sirops de canne à sucre, ce qui diminue de beaucoup le prix de ces produits, il faut employer de préférence celle qui a été préparée par la diastase, et non par l'acide sulfurique; la préparation par ce dernier mode, en effet, occasionne toujours la présence du sulfate de chaux, qui altère la limpidité du produit, ou communique à celui-ci une saveur désagréable et des propriétés insalubres.

Il est surprenant, d'ailleurs, que la préparation par la diastase ne soit pas plus généralement employée, car elle est plus simple, et donne de meilleurs résultats; la seule raison que l'on puisse faire valoir en faveur de l'autre procédé est la difficulté que l'on éprouve à régler la marche de la préparation par la diastase. Pendant un certain temps, on se servit du glucose, dans les hôpitaux, pour remplacer les sirops; ou du moins on mélangea, dans un but d'économie, de la glucose aux sirops employés, et le manque de précaution, relativement à l'emploi de glucose préparée à l'acide sulfurique, fit que le produit fut rejeté tout entier comme malfaisant, ou tout au moins désagréable au goût. On reviendra de cette erreur. L'action si remarquable de la diastase, principe qui se retrouve dans toutes les plantes amylacées au moment de la germination, est employée ici utilement. Il existe dans le blé, sous le périsperme du grain, et dans l'avoine, le maïs, le riz... etc., un principe analogue, nommé *céréaline*, dont l'effet est nuisible dans la préparation de quelques substances alimentaires, notamment dans la fabrication du pain.

La préparation que nous avons donnée de la dextrine (voy. ce mot) est la même pour la glucose; seulement, pour obtenir ce dernier produit, on laisse continuer l'action de la vapeur sur le mélange d'eau et d'orge germé ou de diastase, jusqu'à ce que le liquide dans lequel on a lentement versé la fécule ne donne plus aucune réaction au contact de la solution d'iode : le plus souvent, surtout lorsqu'on opère en grand, on emploie, au lieu de diastase, l'acide sulfurique dans la proportion de 42 kil. pour 6,000 kil. d'eau. Pour se débarrasser ensuite de cet acide, on verse de la craie dans la liqueur. Cette opération réclame beaucoup de précautions, car l'effervescence que produit chaque fois le dégagement d'acide carbonique pourrait lancer le liquide au dehors. Il n'y a plus d'acide libre mélangé à la glucose lorsque, à son contact, le papier bleui par la teinture de tournesol ne prend plus aucune nuance rouge. Le sulfate de chaux se dépose ensuite; on soutire la liqueur en la filtrant après l'avoir laissée reposer pendant 12 heures; et enfin, l'on fait évaporer plus ou moins, suivant l'usage auquel on destine la glucose obtenue. Cette transformation de la fécule ou de l'amidon en glucose peut être considérée comme une simple combinaison de cette substance avec l'eau; en effet, la formule de la fécule est $C^{12}H^{10}O^{10}$, et celle de la glucose sèche $C^{12}H^{12}O^{12}$. De plus, la formule du sucre de canne étant $C^{12}H^{11}O^{11}$, on voit que ce dernier composé est intermédiaire entre la fécule et la glucose; c'est-à-dire que si on parvenait à arrêter dans ses progrès la réaction qui donne la glucose, on pourrait peut être obtenir du sucre de canne.   A. SIRVEN.

GLUTEN (mot latin qui signifie *colle*). — Matière particulière, découverte par le chimiste italien Beccaria dans les graines de céréales, et surtout dans le blé, où elle forme comme un réseau dont les mailles emprisonnent les globules d'amidon. Cette substance organique azotée, qui est la partie essentiellement nutritive des farines, s'obtient sous la forme d'une masse grisâtre, molle, très-élastique, insoluble dans l'eau, en malaxant de la pâte de farine, pendant qu'on y dirige un filet d'eau, jusqu'à ce que le liquide ait entraîné tout l'amidon et les parties solubles de la farine.

Le gluten communique à la pâte la propriété de lever. Son emploi, dans la fabrication des vermicelles, macaronis, pâtes d'Italie, contribue beaucoup à améliorer ces substances alimentaires.

Taddei a nommé *gliadine* la partie soluble du gluten, et *zimôme* la partie insoluble. Cette substance se comporte comme l'albumine avec les sels de mercure (voy. *Albumine*); aussi Taddei a-t-il fait connaître un composé *glutino-mercuriel*, très-employé par les médecins italiens.

Dans ces derniers temps, il s'est fondé une fabrique pour la préparation du *gluten granulé*, destinée à remplacer le pain et les pâtes d'Italie dans les potages.

M. Bouchardat a proposé l'emploi du pain de gluten dans le *diabète*. M. Bonvoisin, boulanger de Paris, est l'inventeur d'un pain de gluten qui paraît remplir toutes les conditions désirables de succès dans le traitement du *diabète*. — Voy. ce mot.

GLYPTIQUE [du grec *glyptein*, creuser, graver]. — Art de la gravure. Ce mot s'applique plus particulièrement à la gravure sur pierre. La glyptique, dit un auteur, a dû son origine aux inscriptions tracées sur les pierres tendres. On a cherché à rendre ces inscriptions durables en les gravant sur des pierres plus dures, et les caractères gravés sur des cachets ont donné l'idée d'y représenter des gravures.   LARIVIÈRE.

GNEISS (minéralogie) (prononcez *ghnéss*). — Roche hétérogène, cristalline, essentiellement composée de feldspath lamellaire ou grenu, et de mica en paillettes distinctes plus ou moins abondantes; structure feuilletée, glanduleuse, stratiforme : « Le gneiss présente les variétés suivantes : le *gneiss commun*, qui ne contient que peu ou point de quartz; le *gneiss quartzeux*, dans lequel le quartz est très-abondant; le *gneiss talqueux*, dont le mica est luisant et le feldspath grenu; enfin, le *gneiss porphyroïde*, chez lequel le feldspath se trouve en cristaux volumineux. Toutes les roches plutoniques pénètrent dans le gneiss; on y connaît des masses transversales de leptinite, granit, syénite, protogine, eurite, porphyre, diorite, trapp, ophiolithe, pegmatite, basalte, trachyte, wacke, etc. Le gneiss se trouve en France, dans les Alpes, dans la Norvége, dans la Saxe; et, hors d'Europe, en Sibérie, dans l'Inde et les monts Himalaya, au Brésil, au Groenland, etc. Le gneiss, qui, ne pouvant être taillé, n'est pas employé dans les arts, fournit d'assez bons moellons. Les calcaires sont exploités comme marbre et comme pierre à chaux grasse; l'exploitation des minerais métalliques donne souvent de grandes richesses. Dans les hautes montagnes, la surface du sol gneissique est ordinairement sèche et aride; mais dans les collines et les montagnes dont l'altitude ne dépasse pas 1,000 mètres, elle est humide et assez fertile. »

GOBE-MOUCHES (zoologie). — Genre de passereaux dentirostres, de la famille des muscicapidés, ayant pour caractères un bec moins long que la tête, courbé à sa pointe, des yeux grands, des ailes allongées, une queue échancrée, des tarses grêles, etc.

La nourriture des petites espèces se compose d'insectes à peau tendre et surtout de mouches, ainsi que l'indique leur nom, et celle des grandes de petits oiseaux ou d'insectes coléoptères, comme les hannetons. Répandus dans tous les pays où la chaleur du climat leur procure une nourriture facile et abondante, les gobe-mouches sont sédentaires ou voyageurs, selon qu'ils vivent dans les contrées méridionales ou tempérées. Mais tous sont tristes et solitaires : ils se tiennent perchés sur les plus hautes branches, et ne font entendre leur voix qu'à des intervalles éloignés. Ils passent le reste du temps à chasser les insectes au vol : car ils ne les prennent jamais à terre ni même sur les feuilles.

Ces oiseaux font leur nid avec négligence, et le placent dans des troncs d'arbres ou dans des trous de murailles. Quelques racines mal arrangées et tapissées de laine et de duvet sont les seuls préparatifs qu'ils fassent pour recevoir leurs œufs. Malgré cela, ils montrent pour leurs petits la même tendresse que les pies-grièches; et lorsqu'il s'agit de les défendre, ils ne craignent aucun ennemi, pas même les oiseaux de proie.

Nous avons en France le *gobe-mouche gris*, le *gobe-mouche à collier*, le *gobe-mouche rougeâtre*, le *bec-figue*, etc.

GOITRE (médecine). — Tumeur produite par

l'engorgement thyroïde (1) de la glande. Le goître forme à la partie antérieure du cou une tumeur irrégulière et bosselée, souvent double, susceptible d'acquérir un volume considérable, et qui peut alors entraver plus ou moins gravement la fonction de la respiration et de la déglutition. Les femmes y sont plus sujettes que les hommes. Cette affection est endémique et héréditaire dans certaines contrées froides et humides, surtout dans les Alpes, le bas Valais, la Savoie, etc.; on l'attribue aux aliments indigestes, à l'usage des eaux sélénitenses, calcaires, magnésiennes, ou provenant de la fonte des neiges, et, en général, au défaut de matières iodées. Elle atteint ordinairement les individus lymphatiques ou

Fig. 53. — Gobe-mouche.

scrofuleux. Toutes les professions qui nécessitent des efforts susceptibles de porter le sang à la tête peuvent développer le goître, ainsi que les cris, l'habitude de porter des fardeaux sur la tête, un accouchement laborieux, etc. Cette tumeur ne s'accompagne, du reste, ni d'inflammation, ni de changement de couleur à la peau; mais elle peut, après avoir persisté pendant plusieurs années à

(1) La glande ou corps thyroïde est un organe situé sur a partie antérieure et inférieure du larynx, et sur les premiers anneaux de la trachée-artère. Elle semble souvent composée de deux lobes ovoïdes, tenant l'un à l'autre par une sorte de tubercule transversal qu'on appelle isthme. Les usages de la glande thyroïde sont encore inconnus.

l'état de simple hypertrophie, se transformer en une autre maladie, telle que des kystes, des dégénérations squirreuses, etc.

Les goîtres récents guérissent rarement, les anciens jamais, à moins qu'ils ne s'enflamment et suppurent. S'il est dû à l'influence des localités, la première indication est de changer de lieu : c'est par ce moyen que le docteur Fodéré s'est guéri d'un goître qu'il portait depuis quinze ans. L'iode à l'intérieur et à l'extérieur, l'éponge calcinée, l'huile de foie de morue, l'électricité, etc., ont amené quelquefois d'heureux résultats.   B. L.

GOMME (botanique) [du latin *gummi*, fait du grec *kommi*, même sens]. — Substance visqueuse, qui découle de certains arbres, naturellement ou par incision, qui s'épaissit à l'air et qui se dissout dans l'eau froide ou chaude, qu'elle transforme en une sorte de gelée. La gomme est solide, incristallisable, très-fade et inodore. Elle entre en combinaison avec les alcalis, et produit avec l'acide sulfurique concentré une matière sucrée sans fermentation. Cette substance si utile est un des principes immédiats des plantes herbacées, des fruits, des fécules et d'un grand nombre de tiges ligneuses de tous les pays; elle est principalement employée dans les arts et la médecine. La *gomme arabique* est tirée de plusieurs espèces de mimeuses des bords du Nil et d'Arabie. Elle sert généralement à fabriquer les articles de confiserie et à donner du lustre aux étoffes. La *gomme adragante*, la plus mucilagineuse de toutes, sert, ainsi que les gommes de racines et de graines, à faire des préparations médicinales. — Voyez *Adragant*.

GONIOMÈTRE (physique) [du grec *gônia*, angle; *métron*, mesure]. — Instrument qui sert à prendre la mesure des angles formés par les corps cristallisés.

GOUACHE. — Espèce de peinture en détrempe, dans laquelle on broie et on délaye les couleurs avec de l'eau mêlée de gomme. Les peintures à la gouache sont fraîches, éclatantes et veloutées.

GOURME (médecine) (appelée aussi *croûtes de lait*). — Affection qui consiste en une *éruption de pustules superficielles d'un blanc jaunâtre, réunies, auxquelles succèdent des croûtes jaunes verdâtres, tantôt lamelleuses et minces, tantôt épaisses et rugueuses.*

Cette maladie, très-commune chez les jeunes enfants, peut se développer sur toutes les parties du corps, mais le cuir chevelu et le derrière des oreilles en sont principalement le siège; on la voit aussi survenir au front, aux tempes, et même envahir toute la figure. Dans ce dernier cas « elle débute ordinairement sur le front et les joues par de petites pustules groupées sur une surface enflammée; de vives démangeaisons accompagnent leur apparition; elles s'ouvrent bientôt d'elles-mêmes ou par l'action des ongles, et il s'en écoule un fluide visqueux, jaunâtre, qui en se desséchant forme les croûtes. Quand celles-ci se détachent, elles laissent une surface rouge très-enflammée, sur laquelle il s'en forme de nouvelles. »

Les causes de cette affection sont assez difficiles à apprécier, car si on la voit apparaître chez des sujets lymphatiques, mal nourris et mal tenus, on la trouve aussi chez des enfants d'une belle constitution et placés dans des conditions hygiéniques excellentes. La gourme est le plus souvent un émonctoire naturel qu'il *faut savoir respecter*. Néanmoins, elle exige des soins hygiéniques et de propreté : brossage et lavage à l'eau tiède, à l'eau de savon, l'eau de son ; des bains répétés, des vêtements de laine, l'exercice, la promenade, etc. Si l'enfant est lymphatique, on tonifie la constitution par les amers (infusion de chicorée, de douce-amère, de quinquina, etc.), en même temps qu'on entretient la sécrétion derrière les oreilles par la pommade au garou. Si la sécrétion est trop abondante, on la modère par une alimentation rafraîchissante ; on coupe les cheveux ras, enfin on applique un vésicatoire au bras, et l'on donne de doux laxatifs (manne, sirop de rhubarbe, de chicorée). Si la sécrétion se supprimait, il importerait souvent de la rappeler par des topiques gras, irritants, par des frictions avec la pommade au garou, et même par un vésicatoire à la nuque.   B. L.

GOUT (littérature). — Le goût est le plus beau don que la nature ait fait à l'homme. Le mortel qui en est doué possède seul la clef des jouissances que le ciel ait pu donner à l'âme d'éprouver à l'aspect de tout ce qui l'environne, qu'elle contemple les œuvres sorties de la main de Dieu ou celles sorties des mains et du cerveau de l'homme, dans lesquelles éclatent à la fois l'élégance et l'harmonie.

Le goût est une émanation divine ; il tient de tout ce qu'il y a de plus exquis et de plus délicat dans les différentes parties qui constituent l'homme intellectuel, et qui le font reconnaître comme l'image de Dieu.

Le goût est formé de cet ensemble merveilleux qui comprend le discernement, la pénétration, la grâce, la finesse, l'esprit, le sentiment et le génie même : s'il manque d'une de ces qualités, il n'est point parfait.

Et quand on dit qu'il ne faut pas disputer des goûts, c'est qu'il est sous-entendu que les individus n'ont reçu en partage qu'une partie de ces qualités, ou ne possèdent qu'imparfaitement l'une et l'autre.

C'est ce qui arrive lorsqu'il y a dissentiment dans l'appréciation d'un objet.

Lorsqu'il y a accord, c'est que les qualités qui forment le goût ne sont pas troublées dans leur harmonie.

On peut posséder ces heureuses qualités sans être un philosophe. On peut être homme de goût sans avoir le talent de l'analyse ou de la synthèse. Nous croyons même que soumettre le goût à l'une ou à l'autre, c'est lui ôter sa fleur, c'est-à-dire cette impression subite qui séduit, enchante, provoque au premier abord la surprise, l'exclamation ; ce cri involontaire qui s'échappe, malgré soi, du fond de l'âme.

La philosophie, qui porte en tout son esprit synthétique, a cherché en vain à nous initier par ses raisonnements au secret de l'opération qui se fait en nous, et qui produit les sensations que nous éprouvons quand nous nous trouvons appelés à exercer notre goût sur un objet quelconque.

Il en a été du goût comme de l'origine des idées.

Platon, Aristote, Épicure, Zénon, Descartes, Leibnitz, Locke, sur cette grande question, ont eu des sentiments divers ; et de nos jours elle n'est guère plus avancée.

Un tableau s'offre à ma vue : j'en suis frappé ; il me fait plaisir, je le contemple dans mon ravissement : je ne me trompe point, c'est un chef-d'œuvre, il étincelle de beautés.

Un homme s'approche, et dit froidement : Ce cothurne n'est point exécuté selon les règles de l'art. Cet homme est un cordonnier.

J'assiste à la représentation d'un drame plein d'intérêt ; mon âme se sent transportée à l'éclat d'une poésie, riche de pensées et d'images ! Je suis touché par des situations les plus pathétiques ; je verse des larmes et j'éprouve du plaisir à en voir couler sur les visages qui m'entourent.

Un voisin m'avertit, avec le calme d'un stoïcien, que les règles d'Aristote n'y sont pas scrupuleusement suivies. C'est un critique.

Mes oreilles sont frappées d'une mélodie délicieuse ; elle pénètre dans tous mes sens, j'éprouve un frémissement qui circule dans mes veines, je suis sous le charme d'une harmonie des plus suaves ;

Un dilettante me fait observer que la musique que je viens d'entendre n'est point française, qu'elle est italienne : eh ! quand elle serait allemande !

Ainsi, pour que le plaisir que j'éprouve soit vrai, il ne suffit pas de le sentir, il faut le raisonner. C'est ce que voudrait la philosophie. C'est de la discussion que devraient naître les émotions que produit le goût sur nous, c'est-à-dire le plaisir, la jouissance, le bonheur du moment.

Nous n'attendrons pas les conclusions qui peuvent surgir d'un conflit d'opinions pleines de sagesse et d'observations ingénieuses, pour nous livrer au plaisir qui nous est promis ; mais nous nous abandonnerons spontanément à notre enthousiasme, sans réflexion.

Le goût exerce son jugement sur tout ce qui tient aux impressions de l'âme, agrément, attraits, beauté, bienséance, délicatesse au physique comme au moral, en littérature et dans les arts. Le beau, en toutes choses, est son domaine.

Ainsi le goût se plaît à considérer les choses dans ce qu'il y a de plus délicat, de plus fin, de plus subtil, de sorte qu'il échappe à toutes les règles.

L'impression qu'il reçoit de l'objet est si prompte, que comparer, apprécier, juger, sont l'affaire d'un moment ; et ces trois opérations se font simultanément. Elles sont donc plutôt l'effet d'un sentiment qui est en nous que de la discussion.

Et ce sentiment ne s'acquiert pas ; il est une inspiration, il est inné comme celui de la poésie, de la peinture, de la musique, ou tout autre qui détermine une vocation pour un art quelconque. C'est une secrète voix qui nous pousse, à laquelle nous ne pouvons résister et à laquelle, en nous et malgré nous, toutes nos facultés obéissent.

Le goût a existé avant les arts. Dieu, en formant l'homme, ne pouvait pas le priver de ce sentiment, qui l'eût fait rester froid devant les merveilles de la création. Et comment eût-il pu être saisi d'admiration à l'aspect des œuvres de Dieu? Comment eût-il éprouvé ces agréables sensations devant les tableaux ravissants qui s'offraient à ses yeux à tout instant, à chaque pas? Frappé de tout ce qui l'entourait et qui partout lui souriait, la voûte éclatante des cieux, le pouvoir bienfaisant de l'astre rayonnant du jour, faisant éclore les fleurs, mûrissant les fruits et les moissons, donnant à la terre sa parure éclatante de toutes les couleurs, comment eût-il pu adorer la main qui lui prodiguait toutes ces richesses?

Voilà ce que la philosophie n'a point défini et a oublié de nous dire. De-là, la source de tant d'erreurs dans lesquelles les philosophes sont tombés lorsqu'ils ont parlé du goût.

Une femme célèbre l'a pressenti. Elle avait dans son âme cette flamme divine qui lui faisait goûter avec délice tout ce qui était bon et beau; et elle disait, dans son extase, que le goût est une union du sentiment et de l'intelligence, une harmonie, un accord de l'esprit et de la raison.

Cette définition ingénieuse ne pouvait sortir que du cœur d'une femme.

Les arts ne sont la plupart qu'une imitation de la nature, et la nature peut être plus ou moins bien reproduite. Le goût s'exercera toujours par cet instinct, par ce sentiment qu'il puise dans les secrets de son origine mystérieuse.

Et s'il fallait ne juger d'un objet d'art ou d'une œuvre d'esprit qu'après avoir formé le discernement, dont le germe est en nous (1), par de profondes études, et par les connaissances variées des règles qu'on exige dans un juge, à qui donc s'adresserait l'homme de génie pour apprécier son œuvre, soit à une exposition, soit à une représentation, ou en un concours dans lequel le peuple tout entier est appelé à se prononcer?

Combien trouvera-t-on d'hommes capables de juger d'après ces principes?

Et, cependant, comme dit Cicéron, un bon orateur est toujours applaudi du peuple, sans aucune différence de sentiment et de goût entre les ignorants et les savants (2).

Il en est de même d'un bon poëte, d'un bon artiste.

C'est pourquoi Quintilien a dit, en parlant de ce sentiment, que cette qualité ne peut non plus s'acquérir par l'art que le goût et l'odorat (3).

(1) Numquam de bono oratore, aut non bono, doctis hominibus cum populo dissensio fuit. Cic. De Or.
(2) Insita sunt nobis omnium artium semina, a dit Sénèque, De Bene, l. IV, c. VI.
(3) Non magis arte traditur quam gustus aut odor. Quint. De Or.

Le goût qui, par ses attributs, devrait avoir une origine céleste, nous vient, il faut bien l'avouer, de l'un de nos cinq sens, le plus grossier que nous ayons, celui qui nous rapproche le plus des animaux. Les philosophes modernes n'ont pas hésité à faire venir le goût, dans les arts, de goût, saveur des aliments.

Le sens, disent-ils, ce don de discerner nos aliments a produit dans les langues, la métaphore, qui exprime par le mot goût le sentiment des beautés et des défauts dans les arts. C'est un discernement prompt comme celui de la langue et du palais.... Si le gourmet sent et reconnaît promptement le mélange de deux liqueurs, l'homme de goût, le connaisseur verra d'un coup d'œil prompt le mélange de deux styles.... (1).

Il est donc bien constaté que le plus ou moins de sensation qu'on éprouve en savourant une tranche de bœuf, en dégustant un vin de Suresne ou d'Argenteuil, a donné naissance, par assimilation, au mouvement inexprimable qui s'empare de l'âme, la transporte, l'enchante, l'inonde de toutes les béatitudes, à l'aspect d'un objet plein de charmes, et lui fait goûter des plaisirs seuls réservés aux élus de Dieu.

Eh bien! il est à déplorer que notre langue, si belle, si positive surtout, ne possède pas une expression plus noble, une expression plus appropriée à l'excellence de ce sentiment.

Les Grecs, si délicats, ne sont pas tombés dans cette erreur grossière; ils auraient eu trop peur d'être comparés à des barbares; aussi ont-ils trouvé un mot, dans leur langue si riche, qui comprend tout ce que le goût représente dans les arts.

Ce mot est φιλοκαλία (philocalia), combinaison harmonieuse de deux mots qui veulent dire: Amour du beau! Ils ont abandonné aux gourmets le mot γεῦσις (gueusis), goût, au propre.

Les Latins, dont la langue est moins riche, ont eu recours à une périphrase, et les grands écrivains Cicéron, Horace, Quintilien n'ont pas employé le mot gustus pour signifier le goût dans les arts.

Et quel empêchement y aurait-il que nous employassions — amour du beau, — pour remplacer ce mot si vulgaire, si écourté, si peu harmonieux de goût dans les arts, dans la poésie, en philosophie?

Nous n'avons jusqu'ici considéré le goût que sous le rapport métaphysique. Il est une autre sorte de goût qui peut se perfectionner par l'art, par l'étude, par l'expérience.

Cette distinction a échappé à tous les auteurs qui se sont occupés de la matière.

Nous aurions donc le goût externe et le goût interne; celui-ci donné par la nature, celui-là acquis par l'art.

Ce goût, pour l'écrivain, n'est autre chose que le choix des expressions les plus convenables, l'emploi

(1) C'est l'homme qui a fait preuve de plus de goût dans le dix-huitième siècle qui a dit cela. Nous n'osons le nommer.

des mots les plus bienséants et les plus harmonieux, les tours les plus délicats, rejetant tout ce qui est impropre, trivial et bas, n'employant du langage que ce qui est délicat est gracieux.

Il est le guide de l'imagination qu'elle éclaire, lui trace la route qu'elle doit suivre, l'arrête dans ses écarts, lui montre les défauts qu'il convient d'éviter.

L'absence de ce guide a fourvoyé beaucoup d'auteurs, souvent dignes d'admiration, et les a entraînés dans des extravagances qu'on a peine à croire lorsqu'on les rencontre au milieu des plus grandes beautés.

L'homme qui a du goût le montre sur sa personne, sans affectation. Sa tenue est décente, son maintien est aisé et ne manque pas de noblesse ; il est poli, convenable, plein d'affabilité : c'est le type du caractère français, du Français bien né, au physique.

Le goût a aussi une grande influence sur les qualités morales, qu'il embellit.

Le nombre de ceux qui se distinguent par le goût, par l'amour du beau, en France, est fort restreint, et encore tend-il tous les jours à diminuer.

Certaines habitudes semblent nous porter, par une pente fatale, plutôt aux vices qu'aux vertus, plutôt à abaisser qu'à relever notre nature.

C'est ainsi que le goût peut s'altérer, se dépraver, se corrompre ; et quoiqu'il y ait toujours en nous ce feu sacré, il peut néanmoins se ralentir, ne plus jeter la même lumière, et, sans s'éteindre, se refroidir dans son cratère.

Que de dispositions vicieuses qui émoussent les sens, et, en le dégradant insensiblement, rendent l'homme à demi sauvage, en attendant qu'il le devienne tout à fait! Que de causes de décadence de l'amour du beau ! L'action d'un gouvernement sage pourrait en arrêter les funestes effets, et l'humanité l'y convie. Cette tâche ne laisserait pas que d'être glorieuse. Là aussi, pour l'avenir d'une société, est un grand sujet de méditation pour la philosophie.

RÉDAREZ SAINT-REMY.

Gour (physiologie). — Sens qui perçoit et discerne les *saveurs*. L'organe principal du goût est *la langue*, surtout sa partie antérieure et ses bords, qui sont recouverts de papilles nerveuses très-sensibles. Quant à l'impression produite par les corps sapides, elle est d'autant plus forte qu'ils sont plus solubles et mieux divisés. Le corps sapide mis en contact avec la membrane qui tapisse l'entrée de la cavité alimentaire y détermine une impression agréable ou désagréable que les nerfs du goût transmettent au cerveau. — Le goût s'émousse par des impressions trop violentes et trop multipliées, de même qu'il se perfectionne par l'exercice. Il est plus actif quand la faim se manifeste ; lorsque celle-ci est calmée les saveurs sont moins bien perçues et deviennent même désagréables. Ainsi, par l'effet de l'âge ou des maladies, le goût se pervertit, et fournit de précieuses indications au médecin.

GOUTTE (pathologie) [ainsi nommée au treizième siècle parce qu'on la regardait comme produite par le dépôt d'une *goutte* de quelque humeur âcre sur les surfaces articulaires]. — Inflammation spécifique des parties fibreuses et ligamenteuses des petites articulations des pieds et des mains. On l'appelle *podagre, chiragre, gonagre, omagre, ischius*, suivant qu'elle affecte le pied, la main, le genou, l'épaule, la hanche. Cette maladie est souvent héréditaire : alors elle peut se montrer dans la jeunesse ; mais acquise, on l'observe rarement avant trente-cinq ans. Elle attaque tous les tempéraments, toutes les constitutions, et plus ordinairement les hommes que les femmes. Elle reconnaît le plus souvent pour cause les excès de table, le défaut d'exercice, une vie molle et sédentaire, ce qui l'a fait surnommer la *maladie des maîtres* (*morbus dominorum*). Elle peut aussi être produite par la suppression de la transpiration ou d'un exutoire, les variations atmosphériques, l'impression du froid humide, etc.

L'invasion de la goutte s'annonce souvent par des signes précurseurs : troubles de la digestion, vomissements, selles bilieuses, engourdissements partiels, crampes dans la partie menacée ; quelquefois, cependant, elle débute d'une manière brusque. « Dans tous les cas, c'est ordinairement au milieu de la nuit, souvent même après quelques heures d'un sommeil sans trouble, qu'une douleur se fait sentir le plus souvent à l'articulation du gros orteil. Cette douleur est suivie de tremblements, de frissons, d'une impossibilité absolue de mouvoir et de rien supporter qui la touche. Cet état ne dure que six, huit, dix, douze ou vingt-quatre heures, et se termine par une sueur, surtout vers la partie affectée ; mais il revient ou le même jour ou le lendemain, pour durer quatre ou cinq jours : c'est ce qui constitue un accès. A ce premier accès en succède un second, même un troisième à peu près semblable, et cette succession de deux, trois, quatre accès forme une attaque. Dans la plupart des cas, ces attaques ne se renouvellent qu'après un laps de plusieurs mois, d'un an même et plus. Mais une fois qu'elles se sont renouvelées, elles se succèdent alors de plus près, en perdant un peu de leur violence ; aussi, en revanche, le gonflement des parties qui accompagne les douleurs présente un volume toujours croissant à mesure que les attaques se renouvellent sur un point déterminé ; puis on y remarque des noyaux ou concrétions pierreuses et une rougeur tirant sur le violet La répétition continue des attaques, quelquefois aussi une sorte de travail organique sans douleur, conduisent d'autres malades à un état de détérioration que signalent la décoloration de la peau, la langueur générale de la constitution et les déformations les plus extraordinaires des parties tendineuses, articulaires et osseuses. »

La goutte ne se borne pas toujours aux articulations, on dit qu'elle est *remontée* ou *rentrée* lorsqu'elle abandonne brusquement les articulations pour s'emparer de l'estomac, de la poitrine, du cerveau. Chacune de ces métastases est caractérisée par des symptômes particuliers ; celle de l'estomac est annoncée par des anxiétés, des vomissements, une douleur violente (cardialgie) ; celle de la poitrine par une grande difficulté de respirer, des palpitations, des syncopes; celle du cerveau, par des vertiges, un mal de tête violent, un état comateux, l'apoplexie, la paralysie, etc. Les malades atteints de cette terrible affection rendent souvent, surtout à la fin des accès, une urine rouge qui dépose beaucoup d'acide urique ou de graviers d'urate d'ammoniaque : preuve de l'affinité de la goutte avec les affections calculeuses des voies urinaires.

Traitement. — Ce n'est guère dans les médicaments qu'il faut chercher les moyens de guérir la goutte; l'expérience a prouvé, au contraire, que ceux qui en font le plus d'usage sont précisément ceux qui en souffrent le plus ou qui s'exposent à des accidents plus graves. La véritable thérapeutique de la goutte se trouve dans le régime : l'*exercice*, la *diète végétale* et l'*eau*. Ces moyens doivent être continués pendant toute la vie. Plusieurs personnes qui s'étaient ainsi délivrées de cette redoutable affection en ont été atteintes avec autant de violence et d'une manière plus régulière et plus dangereuse lorsqu'elles ont voulu reprendre leur ancienne manière de vivre.

Traitement général dans l'état aigu. — Il faut combattre les causes, et faire ensuite une médecine expectante : on ordonne la diète, le repos, une température douce et des boissons adoucissantes et rafraîchissantes, comme la bourrache ou le chiendent, l'eau de veau ou de poulet émulsionnées, nitrées, etc. On diminue les douleurs excessives au moyen des liniments camphrés, éthérés, opiacés, etc.; s'il y a pléthore, on pratique quelquefois la saignée générale ou locale ; quand la maladie se déplace, on essaye de la rappeler à son siége primitif par des vésicatoires, des sinapismes, etc. Dans l'état chronique, on doit faire usage des toniques et des excitants.

Traitement des accès au commencement de l'attaque. — On évite d'exposer le corps le froid et à l'humidité, et l'on en défend spécialement la partie où la goutte s'est fixée, en appliquant de la flanelle, des peaux de lapin ou de cygne. — *Dans l'état au plus haut degré de l'attaque*, pour fixer la goutte dans la partie affectée, il est utile de l'envelopper d'un taffetas gommé, de diminuer les douleurs lorsqu'elles sont excessives; on se sert alors d'un liniment camphré ou opiacé : il faut éviter avec soin tout ce qui peut supprimer la maladie, et, par conséquent, toute espèce de topiques autres que ceux dont nous venons de parler; on surveille la marche de la goutte, et si elle paraît incertaine, si elle menace les organes essentiels à la vie, on a recours aux révulsifs convenables. — *Au déclin de l'attaque*, il ne faut point négliger un doux exercice des parties qui ont été affectées; on doit avoir soin de les recouvrir de bas et de gants de laine; s'il reste de la rougeur et du gonflement après le paroxysme, l'usage assidu des brosses pour la peau dissipe ces symptômes. — *Lorsque la goutte déplacée spontanément ou par quelque application imprudente se porte sur les viscères*, on se sert le plus souvent, pour la rappeler à son siége primitif, des pédiluves

sinapisés et des sinapismes, du cataplasme de Pradier; on emploie en même temps avec succès l'éther sulfurique donné à la dose de deux à quatre grammes dans une infusion aromatique édulcorée avec un sirop; cette potion, prise à temps, suffit souvent pour empêcher le développement intérieur de l'affection arthritique; elle est utile surtout dans les gastrites goutteuses.   B. LUNEL.

GRACE (théologie). — Don que les hommes tiennent sans l'avoir mérité de la pure libéralité de Dieu. La *grâce*, disent les théologiens, est, dans l'ordre du salut, tout secours ou moyen qui peut nous conduire à la vie éternelle. C'est-à-dire que l'homme ne se perfectionne, ne se civilise, ne s'humanise que par le secours incessant de l'expérience, par l'industrie la science et l'art, par le plaisir et la peine, en définitive par tous les exercices du corps et de l'esprit. Il y a une *grâce habituelle*, nommée aussi *justifiante* et *sanctifiante*, laquelle se conçoit comme une qualité qui réside dans l'âme, qui renferme les vertus infuses et les dons du Saint-Esprit, et qui est inséparable de la charité. En autres termes, la grâce habituelle est le symbole des attractions en prédominance de bien, qui portent l'homme à l'ordre et à l'amour, et au moyen desquelles il parvient à dompter ses tendances mauvaises, et à rester maître dans son domaine. Quant à la *grâce actuelle*, elle indique les moyens extérieurs qui favorisent l'essor des passions d'ordre, et servent à combattre les passions subversives.

GRAINE (botanique). — La graine est formée par l'ovule, qui, après la fécondation, contient un embryon, c'est-à-dire un corps organisé de manière à reproduire un nouvel individu. Elle est, par conséquent, l'analogue de l'œuf des animaux. Elle se compose de l'épisperme et de l'amande. — L'*épisperme*, ou tégument propre de la graine, est la pellicule qui recouvre celle-ci extérieurement, pellicule formée de deux membranes très-minces, tantôt adhérentes, tantôt distinctes comme dans le ricin, et dont l'extérieur se nomme *testa* et l'intérieur *tegmen*. Cet épisperme offre en un point de sa surface une sorte de cicatrice ponctiforme ou allongée, nommée *hile*, par laquelle la graine était attachée au *trophosperme* et recevait ses vaisseaux nourriciers. Il peut offrir des côtes, des arêtes, des plis, quelquefois des appendices en forme d'ailes membraneuses, comme dans les bignoniacées, ou des houppes de poils blancs ou soyeux, comme dans les asclépiadacées; il peut être glabre ou couvert de poils de nature très-diverse.

L'*amande* est toute la partie d'une graine mûre enveloppée par l'épisperme. L'amande, dans une graine fécondée, contient toujours un embryon; celui-ci constitue quelquefois l'amande à lui seul, comme dans le haricot, la courge; d'autres fois on trouve avec l'embryon, pour constituer l'amande, un corps distinct, qu'on appelle *endosperme*, comme dans le ricin, le blé, etc. On distinguera de suite l'*embryon*, en ce que c'est un corps composé qui, par la germination, se développe en un nouvel individu, tandis que l'*endosperme* est une masse de tissu utriculaire qui se détruit et se résorbe lors du développement de l'embryon.

L'embryon peut être considéré comme un végétal à sa première période de développement; il offre un axe et des organes latéraux : l'axe présente la *radicule* et la *tigelle*; les organes latéraux ou appendiculaires sont les *cotylédons*; un petit bourgeon, terminant la tigelle, se nomme *gemmule*. — L'embryon est dit *épispermique*, lorsque l'épisperme le recouvre immédiatement; *endospermique*, lorsqu'il est accompagné d'un endosperme : dans ce dernier cas, cet embryon peut offrir trois positions principales relativement à l'endosperme, suivant qu'il est *intraire* (ricin), *extraire* (maïs) ou *périphérique* (belle-de-nuit). L'embryon peut être droit, courbé, roulé en spirale, etc.

L'ensemble des cotylédons forme le *corps cotylédonaire*, qui est simple ou double. Si on examine l'embryon du blé, du maïs, celui d'un iris ou d'un palmier, on voit que le corps cotylédonaire est simple, formé par un seul cotylédon ou par une feuille primordiale, placée latéralement : l'embryon dans ce cas est appelé *monocotylédoné*; si on prend un embryon de haricot, de pois, de chêne, etc., on voit le corps cotylédonaire formé de deux cotylédons opposés, et l'embryon qui présente une semblable conformation est *dicotylédoné*. Ce caractère, tiré du nombre des cotylédons, partage tous les végétaux pourvus de fleurs proprement dites en deux grands embranchements : 1° les MONOCOTYLÉDONÉS; 2° les DYCOTYLÉDONÉS.

Dans les monocotylédones, la gemmule est renfermée dans une petite cavité vaginale de la base du cotylédon, ouverte par une petite fente longitudinale; dans les dicotylédones, cette gemmule est recouverte par les deux cotylédons appliqués l'un contre l'autre par leur face interne; rarement les deux cotylédons se soudent ensemble pour former un corps unique, comme dans le marronnier.

Les graines peuvent offrir toutes les formes imaginables; ces formes, et surtout leur position, relativement à l'axe du péricarpe, sont utiles à considérer, parce qu'elles fournissent d'excellents caractères dans la coordination des plantes. Mais cette étude ne peut être poussée aussi loin dans un ouvrage du genre de celui-ci; elle serait, d'ailleurs, fort peu utile à notre but. (Dr *Bossu*.)

GRAMMAIRE [du grec *gramma*, lettre]. — La grammaire est l'étude des moyens que Dieu a donnés à l'homme de communiquer ses pensées. Pour faciliter l'intelligence des mots employés, soit dans la parole, soit dans l'écriture, et pour que ces mots fussent une représentation fidèle des sens et des idées, il fallut nécessairement poser des principes invariables communs à toutes les langues. Chacune d'elles en a fait ensuite une application conforme au génie du peuple qui la parle, et dépendante d'une foule de circonstances, telles que la diversité des climats, la constitution politique des États, les révolutions qui changent la face des empires, les relations des peuples, les variations capricieuses de la mode.

C'est pourquoi on distingue deux sortes de grammaires : la *grammaire générale* et la *grammaire particulière*.

La *grammaire générale*, faisant abstraction de tout ce qui est particulier aux langues, enseigne les moyens dont tous les peuples se sont servis pour exprimer la pensée par la parole, et pour la peindre par l'écriture.

La *grammaire particulière* s'occupe des règles, des usages propres à une langue; elle traite de l'alphabet, des lettres, des syllabes, des accents et autres signes; elle enseigne les diverses modifications que l'on a fait prendre aux mots pour qu'ils soient propres à exprimer toutes les idées; elle parle des déclinaisons, des conjugaisons, de la syntaxe, de la construction, de l'orthographe, de la prononciation, etc.; elle apprend aussi à connaître la valeur naturelle et la propriété des mots, la raison de leur terminaison et de leur arrangement dans le discours.

On appelle *grammaire comparée* celle qui met en regard les analogies et les différences de deux langues ou d'un plus grand nombre.

Des savants ont entrepris de faire des *grammaires universelles*; mais une tentative aussi hardie ne pouvait réussir que très-imparfaitement, eu égard au grand nombre de langues qu'il faudrait posséder pour remplir une tâche aussi difficile.

« Une bonne grammaire universelle, dit M. Champagnac, serait celle qui dirait exactement tout ce qui est commun à toutes les langues, et qui, en outre, ne dirait que cela, ou bien qui expliquerait tous les principaux procédés grammaticaux de toutes les langues de l'univers sans exception. Malgré les étonnants progrès que fait de jour en jour la linguistique, il nous semble permis de regarder la composition d'un tel ouvrage comme aussi chimérique que le beau projet de la langue universelle. »

La grammaire est-elle un art ou une science? Elle est à la fois une science et un art; une science, car elle fait connaître les éléments constitutifs et les principes généraux du langage; un art, car elle en expose les procédés et les règles.

La grammaire est née longtemps après la poésie et l'éloquence. Les premières traces qu'on en trouve en Occident sont éparses dans Platon et dans Aristote; elle ne commença à former une science à part qu'à l'époque de l'école d'Alexandrie. La grammaire comprenait alors l'explication des poëtes, l'interprétation du sens des mots et les règles de la prononciation. Il en fut de même à Rome et dans la plus grande partie du moyen âge. Peu à peu cependant la grammaire se sépara de la philologie et de la critique, et devint ce que nous la voyons aujourd'hui.

On appelle communément *grammaire* un recueil systématique d'observations sur une langue contenant toutes les règles qu'il faut suivre pour la parler et l'écrire correctement, et les exceptions qui s'écartent de ces règles. Le nombre de ces ouvrages s'est multiplié d'une manière étonnante, mais les bonnes grammaires sont très-rares, car beaucoup de ces ouvrages ne sont que des compilations faites sans soin et sans intelligence. J'aurais désiré examiner les meilleures grammaires élémentaires et les principales grammaires générales, mais cette étude m'aurait mené trop loin.

L'enseignement de la grammaire laissait autrefois beaucoup à désirer; on se bornait à faire apprendre aux élèves une grammaire quelconque, sans explication, sans exercices; rien n'était donc plus rébutant que cette étude. De nos jours cet enseignement s'est un peu perfectionné par un mélange judicieux de la théorie et de la pratique ; aussi la connaissance des règles du langage est-elle beaucoup plus répandue qu'autrefois. J. B. PRODHOMME.

Correcteur à l'Imprimerie Impériale.

GRANIT ou GRANITE. — Ce mot vient de grain, à cause de la texture grenue de la substance qu'il exprime. — Le granit est une roche massive et cristalline composée de feldspath, de mica et de quartz réunis en masses granuleuses plus ou moins agrégées.

Cette substance forme d'excellentes pierres de construction, presque inaltérables. La plus énorme masse de granit qui ait été travaillée par la main des hommes est la fameuse colonne de Pompée, que l'on voit encore aujourd'hui debout près d'Alexandrie. Le fût de cette colonne a trente-trois mètres d'élévation sur dix mètres de circonférence.

GRANULATION (chimie). — Opération par laquelle on réduit les métaux en grains. Pour parvenir à ce but, on fond le métal, on le coule dans un mortier, puis on le broie. Quelquefois on le coule à travers un tamis métallique, et on le laisse tomber dans de l'eau très-froide.

En médecine, on appelle *granulation* toute lésion organique qui consiste dans la formation de petites tumeurs arrondies, fermes, luisantes, demi-transparentes, de la forme et du volume d'un grain de millet ou d'un pois. On les rencontre dans plusieurs organes, dans le poumon et dans le cerveau (granulations cérébrales).

GRAVELLE (pathologie). — Maladie produite par de petites concrétions semblables à de petits graviers, qui se forment dans les reins, se disséminent dans les voies urinaires, et sont expulsées avec les urines. Ces gravelles se composent ordinairement d'acide urique et d'une matière animale, et quelquefois d'oxalate de chaux. Les causes de cette affection sont l'hérédité, l'embonpoint, l'habitation des pays humides et marécageux; elle atteint tous les âges, mais plus fréquemment l'enfance et la vieillesse; la métastase de la goutte sur les reins la produit quelquefois.

La gravelle peut exister longtemps sans donner lieu à aucun accident; on voit beaucoup de personnes rendre fréquemment des calculs, et même en garder dans les reins de très-volumineux, sans en être sensiblement incommodées : ces calculs se forment quelquefois dans la propre substance du rein, le plus souvent dans son bassinet, et offrent des variétés relatives à leur volume; les uns sont petits et ressemblent au sable le plus fin, d'autres

ont la grosseur de petits pois, etc. Mais il arrive souvent qu'ils sont évacués avec difficulté, ou que leur présence détermine une irritation dans les reins, ordinairement appelée *accès* ou *colique néphrétique* : alors le malade éprouve une agitation extrême, quelquefois des nausées, des vomissements, une douleur très-aiguë dans la région lombaire, il y a rétraction du testicule, l'urine est supprimée ou rendue en petite quantité, le ventre peu tendu, et l'on s'aperçoit facilement que la vessie contient peu d'urine; le pouls est fréquent, serré, inégal, parfois imperceptible. Cet état peut cesser et reparaître plusieurs fois en vingt-quatre heures, ou se prolonger pendant plusieurs jours avec des intermittences de courte durée et finir par la mort : dès que l'accès a cessé, l'urine est limpide, aqueuse, parfois trouble, sanguinolente; elle coule avec abondance, et charrie une plus ou moins grande quantité de calculs rénaux.

Le traitement consiste dans l'usage des tisanes délayantes (chiendent, queues de cerise, pariétaire, graine de lin); des eaux minérales acidules gazeuses ou alcalines (Seltz, Vichy, Contrexeville), des bains alcalins. Les sangsues, les narcotiques, les bains, etc., sont indiqués dans la colique néphrétique; si les graviers sont formés d'oxalate de chaux, le malade s'abstiendra d'oseille dans son alimentation. En général, le régime végétal est indispensable. B. LUNEL.

GRAVITATION (physique). — Effet de l'action universelle que les corps exercent les uns sur les autres, et par laquelle ils s'attirent et tendent sans cesse à se rapprocher. « Par la *gravitation*, les planètes, ainsi que leurs satellites, tendent toutes vers le soleil, et les uns vers les autres; le soleil également tend vers tous ces corps. Il en est de même des autres corps célestes. C'est la *gravitation* qui, en s'unissant au mouvement de projection dans l'espace naturel aux planètes, produit leur cours autour du soleil. Newton, qui établit ce système, prouva avec raison que toutes les parties de la matière gravitent les unes vers les autres. C'est là son système de *gravitation universelle.* »

GRAVURE (technologie). — C'est le nom d'un des arts du dessin dont les produits sont le plus répandus. La gravure consiste principalement à tracer des figures ou dessins dans une surface plane de cuivre, d'acier, de verre ou même de pierre fine, pour les reproduire en aussi grand nombre qu'on le veut par l'impression. Ces reproductions se nomment *estampes*. On grave de même les planches destinées à la musique, aux cartes géographiques, et enfin aux modèles d'écriture.

Il y a cinq procédés pour graver :

1° *Gravure au burin,* ou *en taille-douce.* Elle s'exécute en incisant la planche avec une pointe sèche ou un burin, l'un et l'autre très-bien trempés et finement aiguisés. On les manie avec la main comme une plume, et la seule pression du poignet et des doigts suffit à leur faire tracer les entailles voulues. On opère directement sur une planche de métal poli, cuivre ou acier.

Quelques artistes remarquables en ce genre,

méritent d'être cités, ce sont : Henriquel Dupont, Forster, Calamatta, Dien, Martinet, François Blanchard, etc. Ceux-ci, et une foule d'autres, reproduisent par ce moyen tous les chefs-d'œuvre de peinture des plus grands maîtres. Par ce moyen encore, on grave toute l'orfévrerie, la bijouterie, l'horlogerie, la montre, l'arquebuserie, la damasquinerie, l'incrustation, etc.

2° *Gravure à l'eau forte.* On commence par enduire la surface à graver d'une couche très-mince de vernis noirci à l'huile; on trace dans ce vernis le dessin qu'il s'agit d'obtenir avec une pointe d'acier très-fine; on verse sur ce dessin de l'eau forte, qui creuse le métal partout où le vernis a été enlevé et met en saillie tout ce que le vernis protége. La gravure sur verre s'exécute de même, sauf qu'on y verse de l'acide fluorique au lieu d'eau forte.

Cette gravure est un des moyens les plus prompts et des plus énergiques pour la reproduction soit de tableaux ou des paysages.

La vivacité d'exécution permet à l'artiste de suivre son exécution et sa fougue. Celles d'Albert Durer, Rembrandt, d'Ostade, de Marc Antoine, de Claude sont aujourd'hui tellement recherchées et si rares, que le charlatanisme est allé jusqu'à les copier pour tromper le commerce et le public.

La gravure à l'eau forte et celle au burin prirent naissance dans l'atelier de l'orfévre.

Ce fut l'opération du niellage sur l'orfévrerie qui préluda à la découverte de la gravure ainsi que de l'imprimerie.

Presque tous les orfévres anciens pratiquèrent la gravure sous toutes ses formes; il faudrait un volume pour inscrire tous les noms de ces fameux artistes, dont la plupart furent sculpteurs, peintres et architectes. Alexis Loire, orfévre, fut un des derniers qui, sous le règne de Louis XIV, grava à l'eau forte des sujets de candélabres d'un grand style, et donna carrière à son burin dans l'exécution de grandes planches d'après Rubens et Mignard. Les plus fameux graveurs à l'eau forte modernes sont, d'abord, Charles Jacque, appelé à juste titre le Rembrandt de notre temps, estimé pour la touche et la couleur de ses vues pittoresques (paysages et intérieurs de fermes), puis Harvy, et une foule d'autres d'un certain mérite.

3° *Gravure à la manière noire.* L'effet de ce procédé est l'inverse des précédents; c'est-à-dire que le travail produit des blancs ou clairs au lieu de produire des ombres. La planche, ordinairement en cuivre, est préparée de manière à présenter un fond noir, couvert d'un grain fin, velouté et égal. Ce fond trace au crayon le dessin à reproduire; puis on enlève le grain partout où l'on veut obtenir des clairs, en nuançant les teintes par un grattage plus ou moins complet.

4° *Gravure au pointillé.* Elle consiste à couvrir la planche de points dont les grosseurs diverses déterminent les nuances et les formes du dessin. Le burin et la roulette complètent ce genre de gravure; le premier pour arrêter les contours, la seconde pour

fondre les nuances et donner de la vigueur aux tons.

5° *Gravure au lavis,* ou *aqua tinta.* Ce procédé consiste à laver sa planche au pinceau avec de l'eau forte; on en proportionne la quantité aux degrés de noir qu'on veut obtenir. Cette gravure, moins solide que les autres, a besoin du burin pour arrêter ses contours, et pour donner de la vigueur à ses noirs, par des hachures ou raies qui se croisent.

Jazet et quelques autres, dont nous regrettons de ne pouvoir donner les noms, tiennent le sceptre de ce genre.

6° *Gravure sur bois.* Cette gravure, qui a pris une extension prodigieuse depuis vingt-cinq ans, a fait des progrès étonnants depuis quelques années. Pour en juger, il ne faut que comparer le *Magasin pittoresque* de 1833 avec le même *Magasin* tel qu'il se fait aujourd'hui. Elle est arrivée à rivaliser de finesse et de précision avec la gravure en taille-douce. Son principal avantage est de s'exécuter en relief, et de s'imprimer avec les textes aux presses typographiques. Elle s'exécute sur des plaques de buis très-poli, ayant reçu à la surface un dessin fait au crayon noir sur un enduit blanchâtre; le graveur enlève avec le burin tous les blancs de ce dessin; les noirs qui restent forment relief et s'impriment comme les caractères typographiques, qu'accompagnent presque toujours les bois gravés.

Raffet et Lavieille se distinguent dans cette sorte de gravure. Beaucoup d'autres cultivent cet art, mais peu y réussissent, faute de talent en dessin. La plupart dénaturent les dessins qui leur sont confiés.

On grave aussi en relief les surfaces cylindriques en métal ou en bois qui servent à l'impression des étoffes et des papiers peints.

Enfin, la gravure sur pierres fines et celle sur métaux, pour se reproduire en estampages, sont encore d'autres variétés d'un genre de travail peu pratiqué ailleurs qu'à Paris, parce qu'il n'y a guère que les industries parisiennes qui lui offrent des débouchés suffisants. Une autre raison plus forte peut-être, c'est que les dessins à graver demandent chez l'artiste une grande sûreté de main, jointe à beaucoup de goût et à un vif sentiment de l'élégance et de la beauté dans les formes. Paris seul offre à la grande famille des artistes industriels des ressources pour se développer et se perfectionner, et une rémunération encourageante pour leurs efforts.

Les graveurs sur pierres fines les plus renommés sont : Simon, Hewitt, Salmson.

Clément Biragues, originaire de Milan, passe pour le premier qui ait trouvé le moyen de graver sur le diamant.

La gravure en creux et en relief, soit pour l'estampage ou tout autre service, comprend : le timbre sec, la médaille, le cachet, le bouton de livrée, plaques pour équipement militaire, panonceaux de notaires, avoués, huissiers, etc.; le timbre humide, le poinçon pour fleuristes, bijoutiers, le fer à dorer pour relieurs, rouleaux pour gaufrage, etc., etc.

La gravure était connue des peuples anciens dans une certaine mesure, car le *Voyage à la Terre sainte*, imprimé en 1488, est le premier livre français où se trouvent des gravures sur cuivre.

La plupart des célèbres peintres d'Italie furent aussi graveurs. Mais la branche la plus importante, celle qui occupe constamment plusieurs milliers d'artistes et ouvriers, est celle de l'orfévrerie, de la bijouterie et des meubles incrustés. Quelques hommes de goût en ce genre, Demengeot, Metzmacher, Legrand, Blondel, Daniel pour l'art héraldique, Husson, Bourdereau, Bouret, Delongueil, Lambert, Leteurtre, Audouard pour la gravure décorative, élèvent cet art à la hauteur du dix-neuvième siècle, si fécond en progrès.

E. PAUL,
Statuaire-Orfévre.

GRÈCE (géographie) [du latin *Græcia* ; fait du grec *Graikos*, Grec]. — Une des trois péninsules qui terminent l'Europe au sud. Si l'on ne connaissait l'étendue de cette contrée, dit un auteur, au bruit qu'elle a fait dans le monde, on s'imaginerait que c'est une vaste région ; en réalité elle est le plus petit pays de l'Europe : sa surface, les îles comprises, est bien loin d'égaler le Portugal ; mais ses rivages sont si bien découpés que leur étendue surpasse celle des côtes de toute la péninsule espagnole. Au nord, elle tient au massif des Alpes orientales, qui la séparent de la vallée du Danube. Au sud, elle plonge par trois pointes dans la Méditerranée. Séparée, par la mer de l'Italie, de l'Afrique et de l'Asie, elle s'en rapproche par ses îles. Les Cyclades, qui commencent près du cap Sunium, vont se mêler aux Sporades, qui touchent à l'Asie. De Corcyre on voit l'Italie, du cap Malée les cimes neigeuses de la Crete, et de cette île les montagnes de Rhodes et de la côte d'Asie. Le nom de Grèce, *Græcia*, était inconnu à la Grèce ancienne. Elle s'appelait elle-même *Hellas*, le pays des Hellènes. Après avoir appartenu originairement à un petit canton de l'Épire ou de la Phthiotide, ce nom gagna de proche en proche, et s'étendit peu à peu sur la Thessalie, les pays au sud des Thermopyles et le Péloponèse. Plus tard, il comprit aussi l'Épire, l'Illyrie jusqu'à Épidamne, enfin la Macédoine. Par la disposition de ses montagnes, dit, V. Duruy, la Grèce est un piège à trois fonds ; ses monts Cambusiens et l'Olympe s'élèvent au nord comme une première barrière. Si ce difficile obstacle est franchi ou tourné, l'assaillant sera arrêté aux Thermopyles et enfermé dans la Thessalie. Ce passage encore forcé, la Grèce centrale n'est plus défendue, mais la résistance peut reculer jusqu'à l'isthme de Corinthe, où elle trouve de nouveau une formidable position, des montagnes inaccessibles ne laissant entre leurs flancs abruptes et la mer que deux routes dangereuses suspendues au-dessus des flots. La mer se trouvant partout à une faible distance des montagnes, la Grèce n'a que des cours d'eau peu étendus. Les plus considérables sont le Pénée et l'Achéloüs (130 et 175 kilomètres de longueur). Plusieurs de ces fleuves, l'Eurotas, l'Alphée, le Styx et le Stymphale, ont sous terre une partie de leur cours ; presque tous ont le caractère capricieux des torrents. Les pluies d'automne et d'hiver, tombant sur des montagnes décharnées, descendent rapidement vers les vallées qu'elles inondent. Avec l'été arrive la sécheresse, car le calcaire compacte des montagnes, ayant peu absorbé, ne rend rien ; les sources s'épuisent, et le torrent, naguère furieux, est à sec. Prise dans son ensemble, la Grèce n'était pas assez fertile pour nourrir ses habitants dans l'oisiveté et la mollesse ; elle n'était pas assez pauvre non plus pour les contraindre à dépenser toute leur activité dans la recherche des moyens de subsistance. La diversité de son sol leur imposait cette diversité de travaux qui multiplie les aptitudes et excite le génie des peuples. Pour les temps compris entre les guerres médiques et Alexandre, on a évalué la population de la Grèce à 3,500,000 habitants. A partir des frontières de la Macédoine, la Grèce a du nord au sud, entre 40° et 36° 5′ de latitude nord, 410 kilomètres. Sa plus grande largeur, de l'ouest à l'est, est de 210 kilomètres. Le golfe de Corinthe et le golfe Saronique la coupent en deux parties ; la chaîne de l'Œta forme une troisième division. De là trois régions : le Péloponèse ou la presqu'île, la Grèce centrale ou Hellade, la Grèce septentrionale ou Thessalie et l'Épire. A cette région Strabon joint la Macédoine : les îles forment une quatrième section.

GREFFE (jardinage). — C'est une opération par laquelle on insère un rameau muni d'yeux, ou une plaque d'écorce portant le germe d'un bouton, sur une branche ou sur la tige d'un autre arbre, pour l'améliorer ou changer la nature de ses produits. Pour réussir, il faut qu'il y ait parenté entre le sujet et la greffe, c'est-à-dire que tous deux aient de l'analogie entre eux. Par exemple, les arbres dont les semences sont enfermées dans une drupe, comme la poire ou la pomme, peuvent se greffer les uns sur les autres, de même que ceux qui donnent des fruits à noyaux, ou bien ceux dont les fruits sont des noix, des châtaignes, etc.

Il y a bien des sortes de greffes, mais nous ne citerons que les deux le plus en usage : la première consiste à introduire dans une plante un rameau garni de plusieurs boutons ; la seconde à appliquer sur la plante un morceau d'écorce muni d'un bouton. La première est celle dite greffe en fente ou en couronne, en ce qu'on la fait de deux manières, et l'autre greffe en flûte ou œil simple, poussant ou dormant.

Pour la greffe en couronne, on coupe transversalement la branche qu'on veut greffer. On écarte avec précaution l'écorce du bois, et on glisse les greffes entaillées en les enfonçant de manière à les faire appliquer sur la branche. Puis on lie le tout ; et la fente doit être couverte de glaise ou de cire à greffer, afin de la préserver du contact de l'air.

La greffe en fente se fait en incisant la branche en longueur, pour introduire dans cette fente la greffe taillée en coin par le bas. Il est nécessaire que les deux écorces correspondent exactement ; car c'est par elles que les deux sèves seront en contact. On lie fortement le tout, et on garnit la coupe et la fente avec de la cire à greffer.

Pour la greffe en flûte, on enlève un bon œil d'une branche riche en séve, tenant à un morceau d'écorce qu'on dépouille de ses aspérités. On fend en quatre l'écorce d'un sauvageon, et l'on y introduit le morceau d'écorce, couvrant encore le tout d'un mélange de cire et de térébenthine.

La greffe à œil simple, ou en écusson, consiste d'abord à faire une incision en forme de croix sur un sauvageon, en n'entamant que l'écorce. On a tout près un bon œil domestique tenant à un morceau d'écorce qu'on a taillé en triangle allongé, pour l'insérer dans cette incision. On lie ensuite la plaie et on la recouvre de cire. Mais on commence, avant tout, par s'assurer si le sujet est en séve, en appuyant le tranchant du greffoir sur l'écorce. Si l'on entend un léger craquement et que la séve suinte, c'est signe qu'on peut greffer; sinon, il faut encore attendre. La greffe que nous venons de décrire se nomme *à œil poussant* quand elle a lieu au printemps, et *à œil dormant* si c'est en automne. Cette dernière saison est la meilleure, parce que l'œil a plus de temps pour s'unir au sujet avant de boutonner. Il est bon de détruire tous les bourgeons qui naîtraient sur le corps de la tige; ils disputent la séve à la greffe. Cette sorte de greffe s'applique aux rosiers, aux jasmins, aux lilas, etc.

Pour qu'une greffe réussisse, il faut d'abord choisir un arbre vigoureux, sans cicatrice, qu'il ne soit ni trop jeune ni trop vieux, et d'une espèce franche. La greffe se place dans un endroit uni et sans nœud. Les rameaux, pour la greffe en fente et en couronne, doivent être droits, d'une belle écorce garnie de beaux yeux, âgés à peu près d'un an. Pour les arbres fruitiers, il ne faut pas choisir les branches gourmandes; on enterre à l'aide et par le gros bout celles qu'on a choisies. Quant aux écussons, on les prend sur des bourgeons de la dernière séve, les plus forts vers le milieu du bourgeon. Avant de couper ces derniers, on en enlève l'extrémité ainsi que toutes les feuilles, afin de conserver la séve; puis on les entoure de mousse et d'herbe fraîche. Après quoi on opère avec beaucoup de soin; le succès dépend de la promptitude et de la dextérité du travail, ainsi que des précautions ci-dessus indiquées, surtout de celle qui a pour but de préserver la greffe de l'air extérieur. **L. Hervé.**

GRÊLE (météorologie). — On appelle ainsi ces glaçons plus ou moins gros qui tombent de l'atmosphère, et qui ne paraissent être autre chose que de la pluie congelée.

Les plus gros grêlons ne dépassent pas ordinairement la grosseur d'une noisette; on en a cependant vu quelquefois qui pesaient 200 à 250 grammes.

La grêle précède ordinairement les pluies d'orage; les nuages qui la portent répandent en général une grande obscurité et ont une couleur grise ou roussâtre. Sa chute est quelquefois précédée d'un bruissement particulier que l'on compare au bruit que feraient des sacs de noix entre-choqués.

Les physiciens ne sont pas d'accord sur sa formation; mais ce qu'il y a de certain, c'est que les phénomènes de l'électricité y jouent un grand rôle.

GRENADIER (botanique). — Genre de la famille des myrtacées. Arbrisseau à rameaux épineux, à fleurs inodores, d'un rouge vif, enfermées dans un calice coriace et coloré. Son fruit est une baie un peu charnue. On en compte deux espèces. La plus connue est le grenadier commun, qui s'élève de dix à douze pieds. C'est celui qui donne la grenade qu'on mange. Il y a aussi quelques variétés à fleurs doubles; il y en a de blanches, de jaunes, de panachées.

Peu d'arbres offrent un aspect plus beau quand il est en fleurs. Il vient dans tous les terrains, pourvu qu'ils ne soient pas humides. Il est sensible au froid, et si on veut l'élever en pleine terre, dans le nord de la France, il faut le mettre au pied d'un mur, exposé au midi, et le couvrir de paillassons l'hiver.

La grenade est aqueuse, saine et agréable. On la mange crue, et on en fait de bon sirop et une liqueur fermentée qu'on boit avec plaisir. Ce fruit se gâte en peu de temps; mais on peut le conserver pendant quelques mois en le faisant sécher au four et le mettant dans un lieu sec. La médecine fait usage des fleurs sèches du grenadier, qui ont des qualités astringentes. Son écorce est fortement purgative. On s'en sert contre le ver solitaire (1). On l'emploie aussi pour le tannage des cuirs. La fleur peut servir à faire de belle encre rouge. On la fait macérer dans de l'eau, en y ajoutant un peu d'alun.

Le grenadier en caisse demande plus de soin et plus de culture que celui qui est en plein air ou disposé en espalier. Dans ce dernier cas, on le plante à trois ou quatre mètres de distance, selon la hauteur du mur. La tige une fois rendue à environ deux mètres de haut, on conduit les branches comme celles

---

(1) On voit les auteurs des traités de thérapeutique insister beaucoup sur la nécessité de faire choix de la racine de grenadier fraîche comme moyen de débarrasser plus sûrement les malades du ténia. Il y a cependant des avantages économiques et thérapeutiques à choisir la racine sèche. Économiques, car la racine sèche peut être tirée en abondance de l'Espagne, du Portugal, de la Provence, et livrée à bon marché; thérapeutiques, car cette racine fraîche, recueillie souvent sur de maigres arbustes élevés dans des caisses, est habituellement moins riche en principes actifs. Il ne paraît pas qu'il y ait de différence notable relativement à la propriété vermifuge entre deux racines de même provenance, l'une fraîche et l'autre sèche, si l'on a eu le soin de faire macérer celle-ci vingt-quatre heures dans l'eau dans laquelle on doit ensuite la faire bouillir. Deux faits, publiés par MM. Giscaro et Dechambre, viennent à l'appui de cette pratique : 64 grammes de cette racine sèche, qu'on avait fait macérer pendant vingt-quatre heures dans 750 grammes d'eau, et réduire ensuite à 500, ont fait rendre au malade de M. Giscaro, une demi-heure après la troisième verrée, le ténia solium qui causait tous les accidents; et 15 grammes de cette racine ont suffi chez le jeune enfant dont parle M. Dechambre. Dans les deux cas, l'administration de la décoction de racine de grenadier avait été précédée, vingt-quatre heures auparavant, d'une purgation avec l'huile de ricin. (*Note de la Rédaction.*)

du pêcher, en les raccourcissant pour les faire garnir l'epalier. Le grenadier se multiplie de graines et de marcottes.

L. Hervé.

GRENAT (minéralogie). — Minéral remarquable par sa dureté qui est supérieure à celle du quartz, et par sa couleur plus ou moins rouge. Quoiqu'il n'ait jamais la transparence du verre, il conserve cependant toujours un peu de l'éclat de ce dernier. « Lorsque cette pierre est d'une belle eau, et présente de vives couleurs, elle est assez estimée dans le commerce de la bijouterie; elle sert à faire des colliers. Mais ce qui lui donne le plus de valeur, c'est qu'elle unit à ces deux qualités un volume considérable; elle sert alors à fabriquer des vases qui sont hors de prix. Les anciens surtout recherchaient beaucoup le grenat pour cet usage, ainsi que pour la gravure. Ils l'appelaient *escarboucle* ou *pyrope*. Mais autant de belles espèces ont de prix, autant celles qui sont opaques et ternes sont dédaignées. En Allemagne, par exemple, on les jette dans les fourneaux pour faciliter la fusion du minerai du fer, ou on les broie en poudre fine pour polir les métaux. »

GRENOUILLE (zoologie). — Genre de reptile de l'ordre des batraciens anoures, dont les caractères principaux sont : peau lisse et nue, tête aplatie, bouche grande, yeux saillants, dos vert et marqué de trois lignes brunâtres, abdomen jaune et parsemé de taches noirâtres.

Dans le temps de l'accouplement, la grenouille mâle monte sur la femelle, et féconde, en les arrosant à mesure avec sa semence, les œufs que la femelle rejette par l'anus; ces œufs tombent d'abord au fond de l'eau, et remontent à sa surface au bout de quelques jours. On les recueillait autrefois pour les employer comme rafraîchissants, sous le nom de *frai* ou de *sperniole*. La chair des grenouilles est un aliment sain et agréable. On en prépare des bouillons adoucissants analogues à ceux de veau ou de poulet.

GRENOUILLETTE (chirurgie). — L'obstruction du conduit de la glande sous-maxillaire par des concrétions ou toute autre cause donne naissance à une tumeur non inflammatoire, plus ou moins volumineuse, dont le siége est sur les côtés du frein de la langue; cette tumeur a été appelée *grenouillette*. — On la guérit par l'excision d'une portion du kyste, qui établit une ouverture par laquelle la salive s'écoulera dans la suite : pour faire cette opération, il faut saisir la tumeur avec une double érigne, puis en enlever une portion avec de bons ciseaux; la salive et les matières amassées s'écoulent, et quelques gargarismes suffisent pour achever la guérison.

GRIPPE (médecine). — Nom vulgaire d'une affection épidémique qui se présente sous la forme d'un catarrhe aigu ou d'une inflammation des membranes muqueuses, accompagnée de fièvre ou de malaise. On la nomme aussi *follette*, *coquette*, *influenza*, etc. « La grippe apparaît à des époques variables, mais surtout lorsque l'atmosphère offre de brusques alternatives de froid et de chaleur. Quelques médecins

l'expliquent aussi par la présence accidentelle d'un miasme analogue à celui de la rougeole; le plus souvent, c'est une affection légère dont la terminaison est toujours favorable, et qui cède ordinairement à des soins hygiéniques. Néanmoins, chez les personnes affectées de maladies chroniques, elle prend quelquefois de la gravité et peut devenir mortelle. » Les antiphlogistiques, les calmants sudorifiques, triomphent ordinairement de cette affection.

GRIVE (zoologie). — Section du genre merle, renfermant les espèces qui se distinguent par leur plumage *grivelé*. — Voy. *Merle*.

GROSEILLIER (botanique). — Genre d'arbrisseaux de la famille des ribésiées, dont les caractères principaux sont : feuilles éparses, incisées, souvent digitées, lobées; fleurs verdâtres, jaunâtres ou rouges; à calice campanulé, offrant 4 ou 6 divisions; à corolle de 4 ou 5 pétales, renfermant un même nombre d'étamines, et à ovaire infère; fruits en grappes, dont chacun est une baie uniloculaire et polysperme.

Les principales espèces sont : 1° le *groseillier commun* à fruits rouges ou blancs : très-rafraîchissant; il renferme une espèce de gélatine et un suc mucoso-sucré nourrissant; on prépare avec ce suc une gelée très-fine, un excellent sirop, etc.;

2° Le *groseillier à maquereaux*, à fruits très-gros et excellents; encore vert, il s'emploie, comme le verjus, pour assaisonner de son jus certains poissons;

3° Le *groseillier noir*, plus communément appelé *cassis*, dont les fruits, noirs et aromatiques, servent à faire une liqueur tonique et excitante.

GROSSESSE (hygiène). — On donne le nom de *grossesse* à l'état de la femme qui a conçu. La menstruation cesse alors le plus ordinairement; la femme remarque quelque chose d'insolite dans ses traits, une espèce de décomposition dans l'ensemble de sa figure (masque de la grossesse); elle éprouve quelquefois une salivation plus ou moins abondante, presque toujours des nausées, des répugnances pour les aliments succulents, un désir prononcé pour les mets acides et quelquefois pour les choses les plus extraordinaires. D'autres ont des palpitations, des syncopes, de la gêne dans la respiration, de fréquents bâillements, un changement notable dans le timbre de la voix, etc. Ces phénomènes persistent quelquefois pendant tout le cours de la grossesse; d'autres fois ils se calment et cessent vers le quatrième mois.

« Les femmes enceintes, quand elles le peuvent, doivent habiter un lieu sec et élevé, se livrer chaque jour à un exercice modéré, se nourrir d'aliments sains, résister autant que possible aux écarts de leur désir, s'habiller de telle sorte que les mouvements soient libres et toutes les parties du corps à l'aise, éviter le frais, l'humidité et les variations brusques de l'atmosphère. Les bains ne sont bien indiqués qu'au milieu et sur la fin de la grossesse; plus tôt, ils peuvent déterminer l'avortement, surtout chez les femmes qui sont sujettes aux pertes et qui ont déjà eu de fausses couches. Les lavements sont toujours utiles. On doit éloigner d'une femme enceinte toutes les émotions vives et pénibles, satisfaire autant que possible à ses caprices, mais ne pas lui laisser faire, sous prétexte d'*envies*, des actes répréhensibles. Quant aux dégoûts, aux nausées, aux vomissements qui surviennent ordinairement pendant les premiers mois de la grossesse, ils dépendent presque toujours de l'influence sympathique que la matrice exerce sur l'estomac, et cèdent assez souvent à l'usage de l'eau de Seltz, aux légères infusions d'oranger ou de tilleul, de mélisse, de camomille, de racine de colombo, ou à quelques cuillerées de vin d'Espagne. On a également proposé contre le vomissement un mélange par parties égales de kirsch et de sirop de sucre dont on prendrait une ou deux cuillerées après chaque repas. On arrête aussi facilement, avec quelques pastilles dans lesquelles entrent le cachou ou le borax, le crachement qui se montre assez souvent avec le vomissement. »

La saignée est-elle nécessaire pendant la grossesse, comme le croient beaucoup de femmes et même quelques médecins? Nous sommes persuadé qu'elle est inutile, et même qu'elle peut être nuisible, hors le cas de pléthore de la femme enceinte. Dans tous les cas, on ne doit jamais perdre de vue le sage précepte sur lequel les accoucheurs prudents insistent beaucoup, « de ne tirer qu'une petite quantité de sang à la fois, et de n'ouvrir qu'étroitement la veine, dans la crainte qu'en en retirant trop ou trop vite, la femme ne tombe dans une syncope qui pourrait faire mourir l'enfant et occasionner l'avortement. » L'époque à laquelle cette saignée peut se faire sans qu'on ait à redouter d'accidents (fausse couche, avortement) est du quatrième au septième mois. — *Voyez Avortement.*   B. L.

GROSSESSE (médecine légale). — Nous avons vu que la grossesse est l'état de la femme qui a conçu, depuis le moment de la fécondation jusqu'à l'accouchement. Examinons cet état au point de vue de la médecine légale.

Législation. — Code pénal, art. 27. — Si une femme condamnée à mort se déclare et s'il est vérifié qu'elle est enceinte, elle ne subira la peine qu'après la délivrance.

Dans certains cas, les femmes peuvent avoir intérêt à simuler la grossesse.

Code civil, art. 144. — L'homme avant dix-huit ans révolus, la femme avant quinze ans révolus ne peuvent contracter mariage.

Art. 145. — Néanmoins, il est loisible à l'Empereur d'accorder des dispenses d'âge pour des motifs graves.

Art. 185. — Le mariage contracté par des époux qui n'avaient point encore l'âge requis, ou dont l'un des deux n'avait pas atteint cet âge, ne peut plus être attaqué 1° lorsqu'il s'est écoulé six mois depuis que cet époux ou les époux ont atteint l'âge compétent; 2° lorsque la femme, qui n'avait point cet âge, a conçu avant l'échéance de six mois.

Art. 725. — Pour succéder, il faut nécessairement exister à l'instant de l'ouverture de la succession. Ainsi, sont incapables de succéder : 1° celui qui n'est pas encore conçu; 2° l'enfant qui n'est pas né viable; 3° celui qui est mort civilement.

Art. 906. — Pour être capables de recevoir entre vifs, il suffit d'être conçu au moment de la donation. Pour être capable de recevoir par testament, il suffit d'être conçu à l'époque du décès du testateur. Néanmoins, la donation ou le testament n'auront leur effet qu'autant que l'enfant sera né viable.

La loi n'accorde que des aliments aux enfants adultérins et incestueux. — C'est ce qui résulte de l'art. 762 du Code civil.

Code pénal, art. 357. — Dans le cas où le ravisseur aurait épousé la fille qu'il a enlevée, il ne pourra être poursuivi que sur la plainte des personnes qui, d'après le Code civil, ont le droit de demander la nullité du mariage, ni condamné qu'après que la nullité du mariage aura été prononcée.

Code civil, art. 340. — La recherche de la paternité est interdite. Dans le cas d'enlèvement, lorsque l'époque de cet enlèvement se rapportera à celle de la conception, le ravisseur pourra être, sur la demande des parties intéressées, déclaré père de l'enfant.

Code civil, art. 272. — L'action en divorce sera éteinte par la réconciliation des époux, survenue soit depuis les faits qui auraient pu autoriser cette action, soit depuis la demande en divorce. (La loi du 8 mai 1816 a aboli le divorce; mais aux termes de l'art. 306 du Code civil, les causes qui peuvent motiver une demande en divorce sont de nature à fonder une demande en séparation de corps.)

Code civil, art 274. — Si le demandeur en divorce nie qu'il y ait eu réconciliation, le demandeur en fera preuve soit par écrit, soit par témoins, dans la forme prescrite.

La femme aurait intérêt, au contraire, à dissimuler sa grossesse pour se soustraire aux conséquences prévues par l'article suivant :

Code civil, art. 229. — Le mari pourra demander la séparation de corps pour cause d'adultère de sa femme.

En raison des cas de simulation et de dissimulation de grossesse, le médecin légiste peut avoir à résoudre les questions suivantes :

1° Une femme est-elle enceinte?

Il n'y a que trois signes certains de grossesse : *Les mouvements actifs du fœtus;* — *les mouvements passifs* (ballottement); — *les battements du cœur du fœtus,* perçus par l'auscultation médiate ou immédiate.

M. Kergaradec a signalé aussi le *bruit de souffle placentaire,* attribué au passage du sang de la mère dans le placenta, mais ce phénomène n'est pas constant et d'ailleurs très-variable ; quant à l'époque de sa perception, les signes rationnels de la grossesse sont la *suppression des règles,* la *coloration brune du mamelon,* le *gonflement des seins et leur volume,* les *changements que l'utérus présente de mois en mois,* etc., tous signes enfin qui, lorsqu'ils existent simultanément, rendent la grossesse plus vraisemblable. Il faut tenir compte en outre des grossesses *extra-utérine,* des grossesses simple, composée et compliquée; des fausses grossesses, enfin des maladies qui pourraient simuler la grossesse (polypes, hydropisie, engorgement squirrheux).

2° Une femme non réglée peut-elle concevoir?

Il est acquis à la science que des jeunes filles sont devenues enceintes avant l'apparition de leurs règles, et que des femmes chez lesquelles la menstruation avait disparu naturellement ont encore pu concevoir.

3° La grossesse peut-elle exister à l'insu de la femme?

Il est rare que la grossesse parvienne à son terme sans que la femme soit éclairée sur son véritable état. Cependant des femmes accusées d'infanticide ont prétendu qu'elles ne savaient pas être enceintes, et cette déclaration a été constatée par des faits. Toutefois, dit Orfila, si l'on ne peut conclure que la personne dont il s'agit doive ignorer *nécessairement* sa grossesse, il faut admettre la *possibilité du fait*, puisqu'on l'a observé même chez des femmes mariées, qui n'avaient aucun intérêt à tromper les médecins.

4° L'état de grossesse peut-il entraîner à sa suite des penchants anormaux et irrésistibles?

Nul doute que la grossesse exerce une influence très-grande sur le système nerveux et sur le moral de la femme : en effet, les facultés affectives sont affaiblies; son irritabilité est très-excitée; mais de là au vol et au crime, il doit y avoir une certaine distance, que l'éducation et les habitudes sociales de la femme ne doivent pas lui permettre de franchir. Le médecin consulté en pareil cas ne peut donc que reconnaître l'influence du physique sur le moral, et laisser aux magistrats le soin d'apprécier le délit. Voici quelques faits rapportés par Eusèbe de Salles. En 1818, la cour d'assises de la Seine a acquitté une femme qui confessait un vol, mais en affirmant qu'elle avait succombé à une envie de femme grosse. Les journaux dirent que la cour avait admis cette excuse, ce qui était la vérité; mais, pour ne pas encourager par l'impunité la récidive de pareilles fautes, ces mêmes journaux eurent l'ordre de publier que c'était à son repentir et à sa jeunesse que la femme avait dû l'indulgence de la cour et du jury. Le principe a donc été reconnu : les circonstances accessoires éclaireront suffisamment les jurés pour n'en pas faire l'application là où la morale a été blessée avec une liberté évidente. Le médecin consulté ne peut donner qu'un avis général : répondre *abstractivé* et non pas *applicativé*, selon le langage des professeurs de la faculté de Halle. Comme cette célèbre corporation, il devra résoudre affirmativement la question posée par la justice, parce que le raisonnement et l'expérience établissent que la grossesse est susceptible de déranger l'imagination des femmes, de dépraver leur volonté; que cet effet doit avoir lieu de préférence chez les personnes d'un tempérament très irritable, mélancolique (Alberti, *Syst. Jurispr.*, t. VI, p. 756). Avec ces restrictions, le tribunal n'aura pas besoin des réticences de la cour d'assises de la Seine. Mais, en méconnaissant l'influence profonde de la grossesse sur l'imagination, on exposerait bien des innocents au supplice et à l'infamie. Ce n'est pas seulement à des larcins comme ceux des femmes citées par M. Marc, par Baudelocque, par M. Capuron, que la grossesse peut pousser : des faits authentiques prouvent que des actions plus odieuses, plus criminelles, ont été inspirées par cet état et accomplies avec un irrésistible penchant. Roderic à Castro parle d'une femme enceinte, qui voulait absolument manger l'épaule d'un boulanger qu'elle avait vue nue. Langius cite une femme des environs de Cologne qui, désirant manger la chair de son mari, l'assassina pour satisfaire son féroce appétit et en sala une grande partie pour prolonger son plaisir. Vivès, dans son commentaire sur *la Cité de Dieu* de saint Augustin, parle d'une femme qui mordit au cou un jeune homme qui eut la complaisance de s'y prêter, mais s'en repentit beaucoup. Dans tous ces cas, si l'instruction judiciaire prouve clairement qu'aucun motif de vengeance ou d'intérêt ne se cachait sous le prétexte des envies, on ne peut se refuser de reconnaître que la volonté est dépravée, la raison aliénée sur une certaine série d'idées, précisément comme dans les monomanies. **B. LUNEL.**

GRUAU. [du latin barbare *grutellum*, diminutif de *grutum*, même signification]. — Partie du blé de froment qui enveloppe le germe du grain; c'est la plus abondante en gluten et par conséquent la plus nourrissante; elle est aussi la plus dure du grain, et ne se broie d'abord qu'imparfaitement sous les meules, à moins de tenir celles-ci très-rapprochées. Il se vend dans le commerce, sous le nom de *semoule*, pour le service de la table. Soumis de nouveau à la mouture par l'action de meules plus rapprochées, les gruaux donnent des produits farineux d'une qualité supérieure, dits *farine de gruau*, avec laquelle on fait les *pains de gruau*, très-recherchés par les estomacs délicats.

On appelle aussi *gruau*: 1° l'avoine extraite de son enveloppe extérieure par une espèce de mouture : sa décoction, dite *eau de gruau*, est regardée comme délayante et adoucissante; 2° l'orge dépouillée de son enveloppe et arrondie de manière à former l'*orge perlé*; 3° une pâte de pomme de terre réduite en petits grains qui lui donnent l'aspect du sagou.

GRUE (zoologie). — Genre d'oiseaux de l'ordre des échassiers cultrirostres, ayant pour caractères : bec long, droit, pointu, comprimé latéralement; narines situées dans un sillon, et couvertes en arrière par une membrane; tarses nus, très-longs; doigts externes unis à leur base par une membrane. Les grues vivent de poissons, de reptiles, de graines et de plantes aquatiques; voyagent en volant sur deux files en forme de V, ayant un chef à leur tête; ont des sentinelles lorsqu'elles stationnent pour dormir, et font leur nid sur une petite élévation. L'espèce la plus connue est la *grue cendrée*, qui a le sommet de la tête rouge, la gorge et l'occiput noirâtres, et le reste du corps d'un gris cendré. Elle arrive, en automne, du nord de l'Europe, pour se rendre en Afrique et dans l'Asie méridionale.

GUANO (agriculture). — Il existe sur les côtes du Pérou, du Chili et de la Colombie, et aussi sur la côte d'Afrique, de petites îles où viennent se poser, dormir et souvent mourir des myriades d'oiseaux de mer, qui semblent appartenir à la race des pingouins. Leurs excréments, et peut-être aussi leurs corps décomposés et accumulés sur ces îlots depuis un temps immémorial, se sont élevés peu à peu et forment aujourd'hui de véritables collines d'apparence sablonneuse, jaunâtre, que l'on serait tenté de prendre, au premier abord, pour du sable très-fin, s'il ne

Fig. 54. — Grue.

s'exhalait de ces monticules une forte odeur d'ammoniaque, qui révèle aux plus ignorants l'existence d'une matière animale. C'est à cette substance que les Péruviens ont donné le nom de *guano* ou *huano*, ce qui, du reste, revient au même par suite de l'aspiration du *g* dans la langue espagnole.

Or, ce guano est, ainsi que nous le verrons tout à l'heure, le plus riche et le plus actif des engrais. Longtemps négligé par les conquérants, qui aimaient mieux enfouir des trésors immenses et anéantir des races entières à la poursuite des mines d'or de l'Amérique, il est aujourd'hui recherché avec empres-

sement dans les ports d'Europe, parce qu'il n'a pas tardé à être reconnu comme un des éléments les plus actifs de la fécondité du sol. Aussi les Anglais, qui, avec leur admirable instinct commercial, n'avaient pas tardé à deviner tout le parti que la spéculation pourrait tirer de ce nouveau produit, essayèrent-ils, mais en vain, d'obtenir du gouvernement péruvien le monopole des îles de guano. Le Pérou le fait transporter et vendre en Europe pour son compte par une compagnie privilégiée en vertu d'un acte législatif, qui se compose d'une maison anglaise et de deux maisons françaises.

« Dès 1841, MM. Chevreul et Payen, qui avaient soumis cet engrais pulvérulent à l'analyse chimique, avaient annoncé qu'il devait avoir une grande puissance. Bientôt les résultats de la pratique et des expériences faites par ordre du ministre de l'agriculture et du commerce sur plusieurs points de la France vinrent justifier les prévisions de la théorie. Ainsi, dans la Corrèze, M. Leclerc-Thouin a constaté que 10 hectolitres (1 mètre cube de guano) par hectare avaient produit sur des céréales plus d'effet que 500 hectolitres (50 mètres cubes) de fumier mélangé d'étable et d'écurie, et que le rendement avait été surtout considérable en paille. Le guano possède, en outre, des propriétés très-hygrométriques, c'est-à-dire qu'il attire fortement l'humidité de l'air, et qu'aucun autre engrais ne le remplace dans les terres sablonneuses et dans les années sèches; il est extrêmement favorable à la végétation du trèfle blanc; les prairies aigres, notamment, en retirent d'immenses avantages, car, plus que toute autre matière, il détruit l'une des plus mauvaises herbes des pâturages, connue sous le nom de *queue de cheval*. Aux bergeries de Rambouillet, leur habile directeur, M. Bourgeois, a comparé les effets du guano avec ceux produits par la colombine, la poulnée, la poudrette de Montfaucon et le fumier sur des blés, des pois d'hivea, des prés d'hiver et des prairies artificielles à l'automne, et au printemps sur de l'avoine. La proportion employée était de 25 hectolitres à l'hectare pour les engrais pulvérulents. La végétation pour les parties fumés avec le guano fut tellement active que, quoique mangés plusieurs fois, les blés et les fourrages repoussèrent avec une nouvelle vigueur, et qu'au moment de la maturité ils versèrent et on les trouva pourris au pied. D'autres expériences, recueillies par M. le comte Conrad de Gourcy, constatèrent encore la supériorité du guano sur le salpêtre, le nitrate de soude, le tourteau de colza et l'eau ammoniacale venant d'un gazomètre. M. Dudgeon, habile agronome écossais, eut avec cet engrais d'admirables récoltes de racines; enfin, près de Bayonne, on a mis 1,600 kilogrammes de guano à l'hectare sur un pré non irrigable, qui a produit trois coupes magnifiques; dans les mêmes circonstances, 3,200 kilogrammes de fiente de volaille n'ont produit que deux coupes, et chacune d'elles ne valait guère mieux que moitié des précédentes. »

Il existe encore du guano sur la côte d'Afrique, à l'île d'Itchaboë, à 26° 13′ 34″ de latitude méridionale. C'est un îlot ou plutôt un rocher stérile à peine grand comme la Cité de Paris, où les atterrissages sont difficiles à cause des courants qui l'entourent. Le banc de.guano auquel cette île doit sa récente célébrité peut avoir environ de 11 à 12 mètres de profondeur sur 400 de long et 200 de large : il représente ainsi au moins 1 million de mètres cubes. Le banc, au dire de quelques navigateurs, serait formé non-seulement des excréments et des corps des pingoins et autres animaux de mer, mais aussi de la décomposition d'une innombrable quantité de phoques. Comme le guano du Pérou est beaucoup

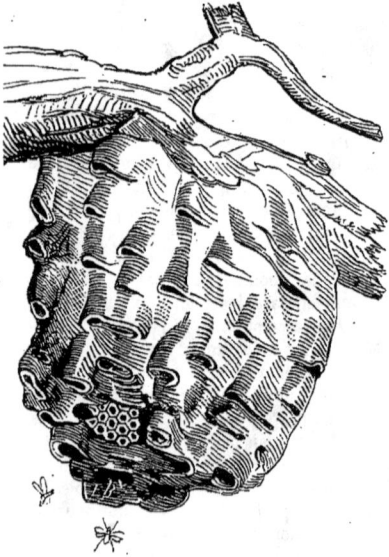

Fig. 55. — Guêpe et son nid.

plus cher à cause de la longueur du trajet et du prix des transports, les navires européens exploitent de préférence l'île d'Itchaboë. (*Molinos*.)

GUENON. — Voyez *Singe*.

GUÊPE (zoologie). — Genre d'insectes hyménoptères, de la famille des diploptères. Les guêpes sont des insectes très-connus et assez semblables aux abeilles, dont on les distingue cependant par leur corps moins velu, par leurs antennes en massue, et par leurs ailes supérieures plissées longitudinalement; ce qui a fait donner à la famille le nom de *diploptères* (ailes doublées).

Les *guêpes* vivent pour la plupart en sociétés composées de mâles, de femelles et d'ouvrières, et se construisent une demeure bien plus artistement faite que celle des fourmis, et qui rivalise avec celle des abeilles. C'est une réunion de tuyaux qu'elles collent les uns contre les autres de diverses manières, mais qu'elles disposent toujours de façon à pouvoir en augmenter le nombre à leur gré. C'est à l'ensemble de ces tuyaux, qu'elles suspendent à une branche d'arbre ou qu'elles placent dans la terre, qu'on donne le nom de *guêpier*. Il est construit avec de petits morceaux de bois ou d'écorce mâchés et réduits en forme de pâte, de la nature du papier ou du carton, et qui, en se desséchant, prend une consistance assez ferme pour résister aux intempéries de l'air. C'est dans l'intérieur de cet édifice que les œufs sont placés chacun dans une loge séparée, avec la quantité de nourriture ou de *pâtée* nécessaire à son développement.

Mais il faut observer, à l'égard de ces sociétés qu'elles ne commencent pas comme celles des fourmis; une femelle en jette toujours seule les premiers fondements en se construisant un ou deux tuyaux dans lesquels elle fait sa ponte. Les larves qui en proviennent ne tardent pas à devenir des ouvrières qui se mettent à travailler avec elle et à faire de nouveaux rayons, destinés à recevoir de nouveaux œufs. La colonie serait bientôt nombreuse, si les froids de l'hiver ne venaient en faire périr la plupart des habitants; il ne se sauve qu'un petit nombre de mâles et de femelles; et ce sont eux qui, au printemps suivant, deviennent les fondateurs d'une nouvelle société.

Parmi les espèces de ce genre, nous trouvons en France la *guêpe commune*, la *guêpe frelon*, etc., qui vivent sous la terre. La *guêpe cartonnière*, au contraire, attache son nid à une branche d'arbre et le construit avec un art admirable. (Dr *Salacroux*.)

GUERRE.—*Si vis pacem, para bellum* (*si vous voulez la paix, soyez prêt à faire la guerre*). Cette maxime, dont personne ne conteste la vérité, porte avec elle la définition de la guerre : la guerre est donc un conflit sanglant entre peuples devenus ennemis, conflit dont le but est la paix.

La guerre cherche, pour ainsi dire, le bien dans le mal, et fait, en quelque sorte, *de l'ordre avec du désordre*, suivant une pittoresque expression empruntée à la tribune républicaine de 1848.

Quand la plume du négociateur n'a pu vider les différends, c'est au fer du soldat à les trancher. A la faconde du diplomate vaincu succède la terrible voix du canon, *l'ultima ratio regum*, le *dernier argument des souverains*. L'appel au jugement de la force est une dure nécessité, dont on n'a pas encore pu s'affranchir. Cela viendra, il faut l'espérer, grâce aux magnanimes efforts du congrès de la paix, mais pas très-vite, mais seulement dans quelques milliers d'années, et si Dieu prête vie jusque-là aux bénins apôtres de ce docte et vénérable aréopage.

En attendant que, revêtus de la blanche étole de Minerve, un rameau d'olivier à la main en guise de houlette ou de goupillon, ces grands prêtres de la concorde universelle, aient transformé la race bipède en candides agneaux, le genre humain, né batailleur, fera ce qu'il a fait depuis son origine : il se querellera, il se battra (1).

« Il est triste d'imaginer que le premier art qu'aient inventé les hommes ait été celui de se nuire, et que, depuis le commencement des siècles, on ait combiné plus de moyens pour détruire l'humanité que pour la rendre heureuse. C'est cependant une vérité bien prouvée par l'histoire. Les passions naquirent avec le monde; elles enfantèrent la guerre. Celle-ci produisit le désir de vaincre et de se nuire avec plus de succès, l'art militaire enfin. D'abord faible à sa naissance, il ne fut, d'homme à homme, que le talent de tirer parti de son adresse et de sa force. Il se borna, dans les premières familles, à la lutte, au pugilat ou à l'escrime de quelques armes grossières. Bientôt il s'étendit avec les sociétés, il combina plus de moyens et de forces, il rassembla une plus grande quantité d'hommes. Il fut alors à peu près ce qu'il est aujourd'hui chez les peuples asiatiques, un amas de connaissances si informes qu'on ne peut guère l'honorer du nom de science. Il s'éleva sur la terre des ambitieux, et cet art, perfectionné par eux, devint l'instrument de leur gloire. Il fit dans leurs mains le destin des nations; il détruisit ou conserva les empires; il précéda enfin, chez tous les peuples, les arts et les sciences et y périt à mesure que celles-ci s'étendirent. »

Extrait de l'*Essai général de Tactique*, par Guibert.

(1) Inclinons-nous, toutefois, devant la sainte philanthropie des patriarches de l'austère congrès. Comme leurs vénérés frères du grand œuvre, ils poursuivent avec ardeur la recherche d'une pierre philosophale à leur usage. Comme eux, ils ont droit à toutes nos sympathies, à tous nos respects. Quel dévouement, quelle abnégation ne leur faut-il pas pour tonner contre la plus ancienne, contre la plus irrésistible des passions; pour catéchiser ces myriades d'ingrats qui leur rient impudemment au nez! Si, du moins, pour prix de leurs tribulations d'ici-bas, ils pouvaient espérer d'atteindre, là-haut, au suprême bonheur, dont l'idéal est pour eux une perpétuelle quiétude! Mais où leur trouver cet heureux Éden? Serait-ce au paradis des chrétiens? Mais là trône le Dieu des armées, et ce Dieu n'est pas le leur, et saint Pierre, coutumier du fait, leur couperait au moins une oreille, — Serait-ce au paradis des Scandinaves? mais là gît uniquement l'ineffable félicité d'une guerre sans fin; ce serait pour eux le plus épouvantable des enfers. Voudraient-ils frapper à la porte du paradis de Mahomet? hé quoi! voyez-vous ces gaillards relever la tête, se trémousser d'aise à la seule idée, à la seule pensée des innombrables houris de ce lieu de délices? Mais patience! Du calme, citoyens! Songez-y! à côté de ses trésors se trouvent des Turcs beaux, forts, vaillants, et partant chéris. Les jolies femmes aiment les combats et méprisent les ennemis de l'épée. Les ci-devant vierges du Koran, toujours ravissantes de grâce, d'amour et de beauté, mais aussi toujours vives, toujours enjouées, toujours provocantes, ne sauraient s'accommoder de votre piteuse mine, de votre impassible ingénuité. Honnis, chassés par elles, vous seriez, à coup sûr, empalés par leurs adorateurs. Que faire de vous, révérends pères de la paix? Je n'en sais, ma foi, rien.

le paragraphe qui précède donne une juste idée de la guerre. Gardons-nous seulement d'admettre, avec l'auteur, que, funeste à l'art militaire, le progrès des sciences l'a fait périr. C'est là une singulière idée, qui trouve un éclatant démenti dans le livre même où elle est émise, ce livre où sont presque littéralement proposés nos manœuvres et nos règlements actuels; ce livre, dont Frédéric II recommandait l'étude, et qu'affectionnait Napoléon Ier. Loin de tuer le noble métier des armes, la science lui fournit ses meilleurs, ses plus solides aliments. Assise, aujourd'hui même, dans tout son éclat, dans sa plus sublime expression, sur le premier trône du monde, la science ne porte-t-elle pas l'empreinte de son ineffaçable cachet sur les nombreuses, sur les grandioses, sur les patriotiques créations de l'Empire? L'armée ne s'enorgueillit-elle pas d'avoir à sa tête un illustre maréchal, qui siége à l'Institut? l'Institut, auquel s'honorait d'appartenir le jeune général en chef de l'armée d'Italie, dont le génie, fécondé par la science, devait s'élever si vite au-dessus de tous les conquérants, de tous les potentats, de tous les grands hommes anciens et modernes!

Et quand, sur l'ordre de notre Empereur, de leur chef suprême, nos soldats ont couru sur les rives du Bosphore, n'est-ce pas la science de leurs généraux qui a conduit leur bouillante ardeur à la victoire? Et le moyen de vaincre, ces généraux ne l'ont-ils pas trouvé dans les éléments de succès si habilement préparés par un savant ministre, aidé, dans sa difficile tâche, par de hautes inspirations? Qui n'a lu, comme nous, avec une indéfinissable émotion, dans les colonnes officielles du *Moniteur universel* du 23 octobre 1856, et cette lettre, témoignage immortel d'une auguste satisfaction, ce rapport, impérissable monument du pouvoir organisateur de la science, pour lancer 200,000 guerriers à l'ennemi, *sur une terre sans ressources à huit cents lieues de la France* (1)?

La guerre doit à la fois ses succès à la force morale et à la force physique. Chacune de ces deux forces a son rôle à remplir; mais l'une ne saurait se passer de l'autre. Elles se doivent un concours soutenu, un mutuel appui. Dans l'examen comparatif de leurs qualités respectives, l'histoire a, depuis des siècles, assigné le premier rang à la force morale. N'est-ce pas, en effet, au travail intellectuel, au calcul, en un mot, à la science à tout prévoir, à régler l'emploi des forces physiques, à les distribuer d'après des plans profondément mûris? Quand il ne s'agit plus que de mettre ces forces en action, le but est

(1) D'accord avec les écrivains d'épée, les économistes proclament la nécessité du savoir dans l'armée. Dans le chapitre Ier du livre V de son traité *Sur la Richesse des nations*, Adam Smith formule ainsi son opinion à cet égard : « La guerre est un travail comme un autre, et ce travail, pour être accompli avec le plus d'efficacité et d'économie possibles, exige des *aptitudes spéciales* et une *application constante*, comme tous les autres travaux.

« Pour être un bon soldat, il ne faut être que soldat. »

sûrement atteint. La France n'a-t-elle pas, avec de solides officiers pour les mener à la victoire, de valeureux soldats dont on n'a qu'à diriger l'impétueux élan? Le mépris du danger, le courage, l'intrépidité ne sont-ils pas un produit de notre généreux sol?

Les lois de la guerre ont beaucoup varié suivant les temps et les lieux. Ce fut d'abord une lutte acharnée, implacable, où, dans les deux camps opposés, on se proposait la ruine et l'extermination de son ennemi. On ne saurait se faire une idée de la cruauté des guerres des cinquième et sixième siècles. La chevalerie et le clergé parvinrent plus tard, à l'aide de leur prestige, à rendre les collisions moins atroces. Toutefois, les quatorzième et quinzième siècles offrent encore une foule de traits d'une abominable sauvagerie. Enfin, aux seizième et dix-septième siècles, l'usage d'entretenir des ambassadeurs chez les peuples voisins, les relations commerciales et les intérêts qui liaient ainsi les nations entre elles, firent pénétrer, avec la civilisation, l'humanité dans les mœurs (1).

Par son traité *De Jure belli et pacis*, reflet saisissant des guerres qui agitaient son époque, Grotius posa le premier, en 1625, les vrais principes du droit des gens. Ses théories sont remarquables par leur esprit de mansuétude et d'humanité.

Le droit des gens est fondé, comme l'observe Montesquieu, sur ce principe «que les diverses nations doivent se faire, dans la paix, le plus de bien, et, dans la guerre, le moins de mal qu'il leur est possible, sans nuire à leurs véritables intérêts.»—«Toutes les nations, ajoute, plus loin, l'auteur de *l'Esprit des Lois*, ont

(1) Suivant les usages des milices grecques, et de la part des Romains, une déclaration de guerre était, dit Bardin, une publication prononcée à haute voix. Dans la milice romaine, les déclarations de guerre étaient du ressort des *hérauts* ou *féciaux* : ces personnages sacerdotaux jetaient la *javeline* sur le territoire du peuple déclaré ennemi. Au moyen âge, malgré la férocité des mœurs, ces formalités s'étaient maintenues. Si l'on ne donnait pas toujours aux déclarations de guerre l'authenticité habituelle, on cherchait du moins à sauver les apparences. Ainsi, pendant toute la durée de la féodalité, un *roi d'armes* ou un *héraut*, dont le *bâton* rappelait le *caducée* ou le *skytale* des Grecs, était dépêché vers le prince ou le général ennemi; admis près de sa personne, il lui faisait un exposé succinct des griefs articulés par celui qui dénonçait le *combat* ou la *guerre*; il jetait à terre un *gantelet d'armes* taché de sang; le chef à qui cette proclamation s'adressait faisait relever le *gant*, donnait ordre qu'en sa présence une bourse ou une robe fût offerte en don au *héraut*; quelquefois même il se dépouillait de sa propre robe pour l'en revêtir; il témoignait par là, avant de congédier l'envoyé, qu'il acceptait le *défi*.. On voit encore dans les guerres de Louis XIV un trompette, porteur de défi, venir sonner la guerre près des poteaux limitrophes de la Hollande. Il nous est resté des usages anciens la méthode moins brutale des déclarations écrites et publiques que les gouvernements se transmettent; elles consistent en un manifeste qui précède ou est censé précéder les *actes d'hostilité*; mais il y a cette différence que la déclaration ne s'adressait qu'à l'ennemi, tandis que le *manifeste* est un exposé, une pièce du procès soumis au jugement de tous. »

un droit des gens : les Iroquois mêmes, qui mangent leurs prisonniers, en ont un. Ils envoient et reçoivent des ambassades; ils connaissent des droits de la guerre et de la paix; le mal est que ce droit des gens n'est pas fondé sur les véritables principes. »

Chez les peuples civilisés, le vaincu n'a à redouter ni la mort ni l'esclavage. Le combat seul permet la destruction. On respecte la vie des prisonniers comme celle des non-combattants, et, de plus, on pourvoit aux besoins du captif.

Le *principe général* de la guerre peut se résumer, d'après Jomini, en quatre points, savoir ;

1° Porter, par des combinaisons stratégiques, le gros des forces d'une armée successivement sur les points décisifs d'un théâtre de guerre et, autant que possible, sur les communications de l'ennemi, sans compromettre les siennes ;

2° Manœuvrer de manière à engager le gros des forces contre des fractions seulement de l'armée ennemie ;

3° Au jour de bataille, diriger également, par des manœuvres tactiques, le gros de ses forces sur le point décisif du champ de bataille ou la partie de la ligne ennemie qu'il importerait d'accabler ;

4° Faire en sorte que ces masses ne soient pas seulement présentes sur le point décisif, mais qu'elles y soient mises en action avec énergie et ensemble, de manière à produire un effet simultané.

Tout l'art consiste donc à appliquer ce *principe* aux circonstances particulières qui dépendent de la nature du théâtre des opérations et des mouvements de l'ennemi.

Avant de clore notre article, disons ce que doit être en tout et partout l'homme de guerre. Pour cela, citons les paroles si belles, si vraies, d'un excellent écrivain de nos jours, M. N. Rapetti :

« Ceux à qui est remis le droit surhumain de donner la mort sont tenus, sous peine d'être les derniers des hommes, au lieu d'en être les *premiers*, de vivre dans le culte de ce qu'on a si bien nommé la religion du devoir... Le devoir, ce n'est pas assez ; il faut encore quelque chose de délicat et de fier, cette distinction hautaine, ce luxe de bien qu'on appelle l'honneur... »

Honneur et devoir !... Mots sacrés! de quelles magiques vibrations ne remuez-vous pas la fibre de nos soldats ! Oui, la double religion de l'honneur et du devoir a le plus saint des autels dans le cœur de nos guerriers ; ces braves sont donc les *premiers* des hommes, comme l'a dit l'empereur Napoléon III (*Moniteur Universel du 21 mars 1855*), L'ARMÉE EST LA VÉRITABLE NOBLESSE DE NOTRE PAYS!

Le major PAUL ROQUES.

GUERRE (MINISTÈRE DE LA). — Qu'est-ce que l'armée? — L'élite physique et morale de la nation; son bouclier, son inexpugnable rempart au delà comme en deçà de nos frontières.

Le trône, majestueuse personnification de la patrie, peut toujours la montrer avec orgueil *à ses amis comme à ses ennemis*.

Que faut-il à l'armée pour manifester sa puissance, pour être sans cesse à la hauteur de sa glorieuse, de sa providentielle mission? — Un vigoureux moteur.

Ce moteur, c'est le *ministère de la guerre*, vaste foyer de lumières, où, sous l'impulsion d'un ministre unique, fonctionnent, avec une admirable précision, avec une merveilleuse rapidité, les nombreux rouages du *commandement* et de son indispensable alliée, *l'administration*.

Partout présente, partout respectée, partout obéie avec une respectueuse ponctualité, la volonté du ministre, fidèle expression de celle du chef de l'État, rayonne sur toute l'armée et en embrasse tous les intérêts, qu'elle pénètre, qu'elle anime du souffle de sa féconde initiative. Cette unité de pensée et d'action produit une incessante harmonie et une remarquable perfection de détails dans toutes les branches du service. Aussi, quelle continuité dans les idées! quelle efficacité de résultats!

Avant le règlement du 15 septembre 1588, il n'y avait pas de ministère officiel de la guerre. La création de ce ministère appartient à Henri III.

La limite assignée à un simple article de dictionnaire applicable à l'universalité des connaissances humaines ne nous permet pas de mettre sous les yeux de nos lecteurs, comme nous le désirerions, une notice chronologique, historique et biographique des ministres qui ont successivement présidé jusqu'ici aux destinées de l'armée. On pourra consulter avec intérêt celle qui précède *l'Annuaire militaire*, où sont aussi détaillées les attributions de chacun des bureaux de *l'administration centrale de la guerre*.

Au ministère de la guerre ressortissent : le personnel et le matériel de l'armée; son recrutement, sa discipline, sa solde, ses vivres, son logement, son couchage; la remonte et les fourrages de sa cavalerie; la nomination aux différents grades; les mouvements de troupes; les convois et transports; les conseils de guerre, les prisons militaires, les grâces et commutations de peines; les prisonniers de guerre; l'intendance militaire; l'école impériale Polytechnique, l'école spéciale militaire de Saint-Cyr, les écoles d'application, le prytanée impérial militaire, l'école de cavalerie de Saumur, l'école normale de gymnastique, l'école normale de tir; les divers établissements de l'artillerie et du génie; les poudres et salpêtres; les fortifications, les places de guerre; l'hôtel impérial des Invalides; la gendarmerie, la garde de Paris, les sapeurs-pompiers de cette ville; les hôpitaux militaires; l'habillement le campement et l'armement des troupes; le servic de santé et les vétérans de l'armée; les services administratifs; les retraites, pensions et secours; les récompenses et les punitions militaires.

L'éminence du rôle attribué au ministère de la guerre est évidente pour tout le monde.

On ne nous saura pas mauvais gré de reproduire ici un passage de l'ouvrage du général Foy sur les guerres de la Péninsule (vol. Ier, p. 143), où l'illustre général parle ainsi des membres du commissariat des guerres, qui, pour les matières étrangères au

commandement proprement dit; étaient alors, comme le sont aujourd'hui les fonctionnaires de l'intendance militaire, *les délégués directs du ministère de la guerre* :

« .... Les commissaires des guerres se sont » prêtés à tout : contention d'esprit, fatigues corpo-» relles, sacrifices d'amour-propre, rien n'a coûté » à leur désir d'être utiles. Rarement aidés, et » quelquefois contrariés par l'autorité, leurs efforts » ont été particulièrement méritoires dans les guerres » d'armée à peuple, où tous les éléments générateurs » de l'ordre devaient naître du sein même de la » confusion. On verra, dans le cours de l'ouvrage » que nous écrivons, tel ordonnateur des guerres dé-» penser, pour faire un magasin, pour organiser un » convoi, pour approvisionner une place, plus de ta-» lent administratif et de force de tête qu'il n'en » eût fallu, en temps régulier, pour régir un État.»

Le major PAUL ROQUES.

GUILLOTINE. — Cet instrument de supplice n'est point, comme on le croit communément, de l'invention du docteur Guillotin. Ce médecin proposa seulement (en 1789) l'emploi d'une machine, connue de temps immémorial, et qui devait épargner aux patients de longues souffrances. Guillotin eut à gémir de voir son nom attaché à un instrument de mort, dont les partis firent alors un si sanglant usage, et qu'il n'avait proposé que dans un but d'humanité.

GUIMAUVE (botanique) [*althæa*]. — Genre de plantes de la famille des malvacées, très-usitées en médecine comme émollientes. La guimauve ordinaire, *althæa officinalis*, a une racine longue, cylindrique, branchue, grosse comme le pouce, mucilagineuse, blanche en dedans, recouverte d'un épiderme jaunâtre. Ses feuilles sont simples et cotonneuses; ses fleurs ont un calice cotonneux à neuf divisions extérieures, une corolle à cinq pétales d'un blanc rosé. On emploie plus particulièrement la racine de guimauve en décoction, et le plus ordinairement comme médicament externe, pour combattre les inflammations. On fait des tablettes de guimauve avec de la racine de guimauve, réduite en poudre très-fine, et du sucre très-blanc que l'on aromatise avec quelques fleurs d'oranger, et dont on forme, à l'aide du mucilage de gomme adragant, une masse avec laquelle on fait ensuite des tablettes selon les règles de l'art. Les feuilles et les fleurs de la guimauve jouissent des mêmes propriétés que la racine. Plisson a reconnu que la matière cristalline trouvée dans la racine de guimauve, et qu'on avait appelée *althéine*, n'est que de l'asparagine. —Voy. ce mot.

GUITARE (musique). —Instrument à six cordes, accordé ainsi, en partant de la basse : *mi, la, ré, sol, si, mi*. Nous tenons cet instrument des Espagnols, qui, probablement, l'avaient reçu des Maures; mais on n'en connaît pas l'inventeur. Quoique ayant reçu d'importantes modifications de nos jours, cet instrument tend à disparaître chaque jour en France : il n'en est point cependant de plus agréable et de plus harmonieux pour accompagner la voix.

GUTTA-PERCHA.—Substance gommo-résineuse

fournie par l'*isonandra percha*, grand arbre de la famille des sapotacées, qui croît dans la presqu'île de Malacca et dans les îles de l'Asie, surtout à Sumatra. Cette substance se présente sous la forme de masses plus ou moins épaisses, rousses ou grisâtres; on l'épure par plusieurs lavages; elle devient alors molle, adhésive, et on peut la réduire en lames, la mouler, etc. Refroidie, elle offre une solidité et une ténacité très-grandes. En mêlant une partie de gutta-percha et deux de caoutchouc, on obtient une matière très-résistante qui convient pour les objets qui exigent plus de rigidité que le caoutchouc. L'eau froide, les alcalis et les acides n'attaquent nullement la gutta-percha.

On n'a guère commencé à l'exporter en Europe qu'en 1844. Singapore et Pinang sont les principaux entrepôts de cette précieuse marchandise, dont les applications sont si nombreuses aujourd'hui.

GYMNASTIQUE (hygiène). — Art d'exercer le corps pour le fortifier. L'éducation ne consiste pas blême, aux membres frêles et délicats, des êtres contrefaits, rachitiques ou maladifs, si communs de nos jours. C'étaient généralement des hommes grands, robustes, infatigables, et non moins remarquables par les belles proportions de leurs corps pleins de grâce et de souplesse. Ils ont perdu insensiblement ces brillants avantages à mesure qu'ils ont abandonné ces exercices corporels. Sans aller chercher des preuves si loin, examinons les enfants des villes et ceux des campagnes. La différence entre eux pour la force du corps n'est-elle pas sensible? D'où vient-elle? Évidemment de la même cause.

Les avantages physiques ne sont pas les seuls que procure la gymnastique, elle agit aussi sur le moral, car personne ne peut contester l'influence du corps sur l'esprit. Ces deux parties sont tellement unies que tout leur est, pour ainsi dire, commun : l'âme, enfermée dans un corps mou et souffreteux peut-elle conserver toute sa vigueur? Ainsi la nécessité de la gymnastique, si longtemps négligée, se fait sentir

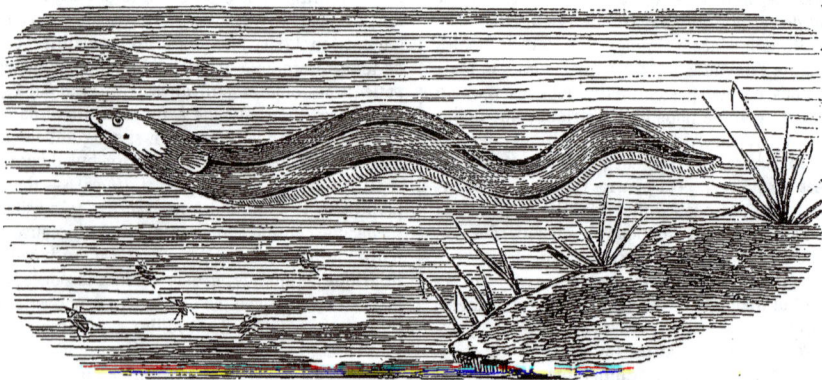

Fig. 56. — Gymnote électrique.

seulement dans l'application des principes établis pour former le cœur et l'esprit, elle embrasse encore tout ce qui est propre à développer les forces physiques en donnant au corps de la grâce et de la souplesse dans les mouvements. Or, pour atteindre ce but, rien n'est plus utile que les exercices gymnastiques. Les anciens étaient si persuadés de leur nécessité qu'ils les regardaient comme la partie la plus essentielle de l'éducation. Dans les républiques les plus florissantes on avait institué des jeux publics : la course, le ceste et le pugilat, où le corps, en se développant, s'habituait aux privations et aux plus rudes fatigues. Ce fut par ces exercices variés que les Lacédémoniens acquièrent cette vigueur et cette agilité qui les rendaient la terreur de leurs voisins ; ce fut à ces exercices qu'ils durent tant de fois la victoire. Chez les Grecs, chez les Romains et chez les Gaulois, les enfants, dans les écoles publiques, étaient forcés de consacrer plusieurs heures à des exercices violents et souvent périlleux. Aussi voyait-on rarement parmi eux des enfants au teint pâle et

de plus en plus. L'Académie des sciences en a si bien compris l'utilité, qu'elle a accordé une récompense de 3,000 fr. au colonel Amoros, fondateur du Gymnase national. Bientôt chaque caserne a voulu avoir le sien. Cet exemple a été suivi par un grand nombre d'établissements consacrés à l'éducation de la jeunesse. C'est à cet âge surtout que les exercices gymnastiques sont utiles, nous dirons même indispensables, pourvu qu'ils soient proportionnés à l'âge et aux forces respectives des enfants, et présidés par un maître prudent et possédant les connaissances nécessaires (1).   B. L.

GYMNOTE (zoologie) [du grec *gymnos*, nu, et

(1) Un habile ingénieur gymnasiarque, M. Pichery, a inventé un charmant appareil, auquel il a donné le nom de *gymnase de chambre*. Tout le monde peut, désormais, faire de la gymnastique chez soi, dans sa chambre, dans son salon; car, pour donner à cet instrument le développement qu'il comporte et en obtenir tous les effets désirables, un espace fort restreint lui suffit. Nous avons voulu, dit l'auteur, mettre au jour un système de gym-

nôtos, dos]. — Genre de poissons malacoptérygiens, de la famille des anguilliformes, caractérisés par l'absence totale de la nageoire dorsale et par une mâchoire anale qui règne sous la plus grande partie du corps. « Le corps et la queue des gymnotes sont très-allongés, cylindriques, en forme de corps de serpent, sans écailles sensibles, de couleur noirâtre. Le gymnote électrique, très-commun en Amérique, atteint près de deux mètres de longueur. Sa tête est percée de petits trous très-sensibles, par lesquels se répand sur la surface du corps une liqueur visqueuse. De semblables ouvertures sont disposées sur tout le reste du corps. Le gymnote possède, comme la torpille, la propriété d'engourdir, même à distance, les autres animaux. Lorsqu'on le touche à deux mains, la commotion est très-forte ; elle peut aller, dit-on jusqu'à renverser un homme. L'organe dans lequel réside cette vertu est situé le long du dessous de la queue, et est formée de quatr faisceaux composés d'un grand nombre de lames membraneuses, unies fortement entre elles et remplies d'une matière gélatineuse. On attribue à l'électricité les effets produits par le gymnote ; les lames membraneuses de sa queue sont considérées par les naturalistes comme formant une pile électrique. »

GYPAÈTE (zoologie) [du grec *gyps*, vautour, et *aétos*, aigle]. — *Gypaetus*, genre d'oiseaux de l'ordre des rapaces, famille des diurnes, dont la seule espèce, le *gypaète barbu*, appelé aussi *griffon* et *vautour des agneaux*, est intermédiaire aux vautours et aux faucons. Le gypaète a la tête et le cou jaunes, le corps noir en dessus, fauve en dessous et une raie noire qui s'étend de la base du bec au-dessus des yeux. Taille de 1 m. à 1 m. 20 c. Cet animal se repaît indifféremment de charogne et de proie vivante ; il attaque les agneaux, les chamois, les bouquetins, et se jette même sur les enfants. C'est sur les rochers

nastique rationnel, fondé sur la physiologie humaine, peu coûteux, exempt de dangers, accessible à tous les âges et à toutes les constitutions, susceptible d'être rigoureusement raisonné et gradué dans ses effets, dosé, pour ainsi dire, se pliant en un mot à toutes les exigences de l'hygiène ou de la thérapeutique, comme tous les autres agents de la matière médicale. Nous avons voulu surtout qu'il fût commode et portatif, qu'il pût accompagner l'élève à la campagne ou en voyage, qu'il pût immédiatement et aisément fonctionner dans l'étroite enceinte d'un salon, d'une chambre ou d'un cabinet de travail ; qu'il pût, en un mot, devenir un meuble de famille et l'agent précieux et indispensable de l'éducation du corps. »

les plus élevés que les gypaètes établissent leur nid, où la femelle pond ordinairement deux œufs à surface rude, blancs et marqués de taches brunes.

GYPSE (minéralogie). — Pierre à plâtre. C'est un composé de chaux et d'acide sulfurique (*sulfate de chaux*) ; il n'est pas attaquable par l'acide sulfurique, et la calcination ne produit sur lui d'autre effet que celui de lui faire perdre l'eau qu'il contient naturellement et de le transformer en plâtre propre à la bâtisse et à la moulure. Ainsi desséché et mêlé avec un dixième environ de calcaire, il constitue une poudre qui, en se combinant avec de l'eau, forme un mortier d'un emploi facile et qui acquiert par le séchage une dureté très-considérable.

Outre l'usage qu'on fait du *plâtre* dans le bâtiment et dans la fabrication des moules et des figures, on l'emploie encore pour engraisser et amender les terres et pour former le *stuc* ; ce dernier n'est autre chose qu'un mélange de cette substance avec une dissolution de colle forte. Quand ce mélange est bien sec, il est aussi dur que le marbre et susceptible d'être poli comme lui.

On compte plusieurs variétés de gypse. Le *gypse spéculaire*, qui est transparent et qu'on nomme ordinairement *miroir d'âne*, servait de vitres aux anciens, qui ne connaissaient pas celles de verre. Ils l'appelaient *phengite*, et Pline rapporte que les Romains avaient bâti avec cette pierre un temple à la Fortune, qui ne recevait le jour par aucune ouverture ; la transparence du *gypse* était suffisante pour laisser pénétrer la lumière, qui, au rapport du naturaliste latin, paraissait plutôt naître de l'intérieur de l'édifice que venir du dehors. La seconde variété de gypse est le *gypse compacte* ou *albâtre*, qui forme de si belles stalactites dans certaines cavernes. C'est une substance légèrement transparente et d'une blancheur qui est passée en proverbe. On s'en sert pour faire beaucoup de vases qui sont d'une rare beauté, mais qui, malheureusement, n'ont pas assez de solidité pour résister à l'action de l'air. La troisième variété est le *gypse commun* ou *pierre à plâtre*, dont on se sert pour la fabrication de ce dernier.

Quoique le *gypse* soit moins abondant que le calcaire, il ne laisse pas d'être répandu dans la nature ; il forme des masses énormes dans l'intérieur de la terre, et l'on remarque que les eaux qui passent à travers ces masses s'en chargent plus ou moins, et deviennent crues et de difficile digestion ; c'est pour cela que les eaux des puits de Paris ne peuvent être prises en boisson. (*Salacroux*.)

FIN DE LA LETTRE **G.**

H. — Huitième lettre de notre alphabet, qui, dans l'hébreu, est remplacée par le *hé*, aspiration douce, et par le *cheiht*, aspiration très-forte; le grec usuel n'avait point non plus de lettres particulières pour l'exprimer, mais on y suppléait par deux aspirations dites *esprits*, l'un doux ('), l'autre rude ('). — Comme abréviation, HS (pour LLS, *libra libra semis*) signifiait *sestertius*. De nos jours, S. H. se lit *Sa Hautesse*. — Prise comme signe numérique, H, à Rome, valait 200 et H̄ 200,000. — Sur les monnaies, H était la marque de la Rochelle. — En Chimie, H = *Hydrogène*; Hg, *Mercure*.

HABITATION (hygiène). — Il importe beaucoup à la santé d'établir le lieu qui doit nous mettre à l'abri des influences atmosphériques loin des eaux croupissantes, des marécages, des égouts, des voiries, etc. Le séjour de la campagne est bien préférable à celui des villes : l'air y est plus pur et plus salubre, et, malgré les quelques causes d'insalubrité qui pourraient y exister, l'immense couche d'air qui s'y renouvelle sans cesse en triomphe généralement.

Le séjour dans les contrées méridionales est favorable aux personnes scrofuleuses, phthisiques, mais ne convient pas aux tempéraments bilieux et nerveux; les individus sanguins, prédisposés aux irritations de poitrine, aux inflammations, aux hémorrhagies, ne doivent pas choisir les lieux élevés; le voisinage d'une forêt peut être favorable par le dégagement de l'oxygène, et par l'espèce de barrière qu'elle élève contre les vents.

HABITUDE (hygiène). — De l'action de répéter souvent les mêmes choses naît l'habitude, dont le joug pèse immensément sur l'humanité. Comme si ce n'était pas assez pour l'homme d'être esclave de ses besoins naturels, il a trouvé le moyen de s'en créer ou d'en subir de factices, en cherchant ou éprouvant malgré lui les mêmes influences prolongées. Toutefois, n'ayons pas l'apparence d'attaquer sans discernement l'habitude, car, si elle est une source de désordres, d'esclavage et de tyrannie, on lui doit aussi le plus haut degré de perfection des facultés physiques et morales. Pour bien faire en quoi que ce soit, il ne suffit pas d'apporter la

bonne volonté, le penchant et l'aptitude, il faut encore y être habitué.

Nous signalerons l'influence de l'habitude sur les fonctions physiques ou la santé. Qui dit habitude dit presque esclavage : vaudrait-il donc mieux ne pas en avoir ? Oh! non, certes, car, quand elles sont bonnes, en compensation de quelques possibilités fâcheuses, elles nous apportent mille biens. D'ailleurs, nous n'avons pas toujours à délibérer sur le choix de nos habitudes; il en est qu'il faut nécessairement accepter, tel est le climat, par exemple. Nous ne nous arrêterons pas à celles qui sont ainsi obligées, puisqu'il faut les subir bonnes ou mauvaises. Voyons plutôt celles sur lesquelles s'exerce notre libre arbitre, c'est-à-dire les usages qui dépendent entièrement de nous. L'amour du plaisir et la haine de la douleur sont les deux mobiles puissants des êtres sensibles, a dit un célèbre métaphysicien; conséquemment, nous sommes aussi portés à rechercher les impressions agréables qu'à éviter celles qui sont pénibles. Mais les lois connues de l'habitude vous avertissent de ne pas vous arrêter au présent et de prévoir l'avenir : nous serions trop heureux si les satisfactions de l'un étaient sans préjudice pour l'autre. Cela n'est pas : toute habitude agréable, sujette à être discontinuée, nous prépare des peines pour le moment de sa cessation. Prenons un exemple trivial de cette remarque; assurément on trouve du plaisir en hiver à recueillir en abondance le rayonnement d'un bon feu; mais qu'arrive-t-il quand on use ainsi habituellement de la chaleur sans prévision et avec intempérance? c'est que l'impression de l'air extérieur devient pénible et dangereuse; ou il faut continuer à vivre dans le climat chaud qu'on s'est créé, ou l'on ressent plus cruellement l'action du froid que l'indigent habitué à le braver dans une mansarde. Nous ne voulons certes pas affaiblir les sympathies pour la classe malheureuse, mais nous ne pouvons nous empêcher de faire la remarque que l'habitude diminue considérablement, chez elle, les souffrances qui nous semblent attachées à des privations. Qu'on se figure bien que la petite-maîtresse, habituée aux mollesses et à toutes les douceurs de la vie, frissonne en songeant qu'il y a des personnes assez à plaindre pour se coucher, quand il gèle, dans un lit qui ne vient pas d'être bassiné; et qu'elle serait capable d'éprouver des convulsions ou un accès de fièvre de cette impression passagère de froid, si impunément familière à presque tout le monde. Eh bien! il en est de même d'une foule d'autres usages que l'habitude a rendus nos despotes, et dont on se passe à merveille quand ou n'y est pas accoutumé. Lors donc qu'on se crée une coutume, il faut bien réfléchir aux suites qu'elle peut avoir, et ne pas hésiter à la repousser si elle nous promet moins de satisfaction que de déplaisir. Nous pensons, d'ailleurs, contrairement à quelques auteurs dont l'autorité est très-respectable en hygiène, que la sagesse et la santé, qui s'y lie intimement, ne répugnent point à la régularité, par conséquent aux habitudes; l'important est de n'en contracter que de bonnes et d'être en situation de les continuer. A cette condition rien ne nous semble plus hygiénique que la distribution régulière de ses usages et de son temps. Ah! sans doute, il faut plaindre celui qui s'est rendu esclave de superfluités comme le tabac, le café, les liqueurs, etc.; nous dirons de ces sortes d'idoles sensuelles ce qu'on a dit spirituellement de l'argent, que ce sont d'aimables serviteurs et de très-mauvais maîtres.

On sent bien que nous ne détaillerons pas ici les habitudes que chacun subit contre son gré ou se donne volontairement; car il faudrait relater et les influences physiques qui nous entourent, et les choses que nous appliquons sur le corps et celles que nous ingérons, avec l'état des excrétions qui doit leur correspondre, et nos actions ou mouvements, et le sommeil et les veilles, et nos sensations et l'emploi de nos facultés. Nous répéterons seulement, contre l'opinion d'hygiénistes recommandables, qu'on gagne beaucoup plus à régulariser avec prévoyance et discernement l'usage de toutes ces choses qu'à en user sans règle, sans méthode, et toujours comme par hasard, afin d'en conserver une parfaite indépendance. Mais, dira-t-on, vos habitudes deviendront bientôt vos maîtres, et vous serez tôt ou tard puni de cette régularité que vous recommandez tant. Nous ne faisons cette concession que pour celles qui sont mauvaises, nous dirons des autres qu'il vaut encore mieux obéir à de bons maîtres que de se mal gouverner seul. Et puis, d'ailleurs, est-ce que le bien et le mal sont absolus en hygiène? n'y a-t-il pas un calcul de probabilités à faire sur la somme de faveurs ou de maléfices que chaque usage peut nous rapporter? Pourquoi ne dirait-on pas, suivant le même principe d'indépendance, qu'il ne faut point s'attacher, parce qu'en perdant les objets chéris on éprouve trop de souffrance? Eh bien, ce n'est que le même paradoxe qu'on oppose à toutes les louables habitudes; c'est-à-dire que, ne tenant compte que de la peine qu'elles peuvent nous causer, on perd de vue les nombreux avantages qu'elles nous procurent.

Toute habitude invétérée, et dont on veut se dé-

partir parce qu'on l'a reconnue mauvaise, exige des ménagements. Non moins que l'esprit et le cœur, le corps a les siennes, et il souffrirait de leur brusque interruption : c'en est au point qu'il est des maladies, des évacuations, des éruptions habituelles qu'il est dangereux de guérir. Il faut donc procéder avec beaucoup de soins et de circonspection pour amener graduellement l'extinction d'une vieille habitude. On pourrait citer, comme modèle en ce genre, l'ingénieux procédé d'un chef de l'Église qui, résolu à ne plus prendre de café, imagina de verser chaque jour une goutte de cire dans sa large coupe. Le fond s'exhaussa lentement, comme on pense, mais enfin, quand la tasse fut comblée, le souverain pontife se trouva déshabitué d'une manière insensible. La ténacité des habitudes est en raison de leur durée. Les personnes qui en contractent facilement les perdent de même et sans inconvénient. Toutes les fois que la santé s'altère d'une manière lente et notable, il convient de rechercher attentivement si ce trouble tient à la soustraction ou à l'addition de quelque influence habituelle.

On sait qu'émousser le sentiment ou la sensibilité est l'une des lois les mieux constatées de l'habitude; en d'autres termes, que les mêmes impressions perdent de leur intensité, de leur charme ou de leur tourment à mesure qu'elles sont reproduites. De là la malheureuse inconstance des mêmes plaisirs et le salutaire oubli de ses peines. Mais un phénomène plus remarquable, qui a trait à la sensibilité physique, c'est la faculté qu'a l'homme, par le seul bénéfice de l'habitude, de pouvoir supporter, au bout d'un certain temps, des influences graduellement augmentées, qui l'eussent fait périr soudainement avant qu'il y fût habitué. L'histoire raconte que le roi Mithridate, s'étant accoutumé au poison par la crainte même d'être empoisonné, ne put parvenir à se détruire par ce moyen quand il le tenta dans des circonstances adverses. Il est des hommes, et notamment parmi les Turcs, qui, après en être venus à ce point par gradation, avalent, pour se délecter, une dose d'opium qui, dès le principe, les eût empoisonnés vingt fois, et suffirait pour donner la mort à tout autant de personnes. Les observations de cette espèce, dont on pourrait multiplier les citations à l'infini, nous expliquent pourquoi des substances hygiéniques ou médicamenteuses qui nous parurent fort actives au début de leur emploi, semblent ou sont par le fait devenues inertes après que nous y avons été accoutumés. L'habitude est donc une force négative et positive bien puissante, et ce n'est pas à tort qu'on a dit d'elle qu'elle était une seconde nature dont on ne bravait pas impunément les lois. (Dr Bell.)

HALLUCINATION [du latin *hallucinare*, se tromper]. — Erreurs des sens dans lesquelles un individu croit voir, entendre, toucher des objets qui n'existent point. « C'est un symptôme très-fréquent, un des éléments du délire, qu'on retrouve le plus souvent dans la manie, la mélancolie, la monomanie, l'extase, l'hystérie, le délire fébrile; sur cent aliénés, 80 au moins ont des hallucinations. Si le plus souvent les hallucinations sont le partage des esprits faibles, les hommes les plus remarquables par la capacité de leur intelligence, par la profondeur de leur raison et la force de leur esprit ne sont pas toujours à l'abri de ce genre d'illusion; quelques physiologistes ont attribué à des hallucinations les prétendues inspirations du génie de Socrate. »

Les hallucinations n'étant plus qu'un symptôme du délire, et pouvant se manifester dans plusieurs affections aiguës ou chroniques, exigent le traitement de la maladie qui les produit.

HANNETON (zoologie) [*melolontha*].—Genre d'insecte coléoptère, de la famille des lamellicormes, connus de tout le monde, même des enfants. Il nous suffira donc de dire que le caractère distinctif de ces coléoptères consiste dans la forme de leur chaperon, qui est large et bordé dans son pourtour, dans ses antennes, de dix articles, dont quatre au moins, et le plus souvent davantage, servent à former la massue.

C'est au commencement de l'été que ces insectes font leur ponte. La femelle dépose ses œufs au sein de la terre, dans des trous qui ont de six à sept pouces de profondeur. De chacun de ces œufs, il sort, dans le courant de la belle saison, une larve très-vorace et redoutée des jardiniers, qui l'appellent *ver blanc*. Tant que le temps reste doux, elle vit près de la surface de la terre, où elle trouve une nourriture plus abondante dans les racines des végétaux; mais, dès que le froid commence à se faire sentir, elle s'enfonce d'autant plus profondément que la température est plus basse, et finit par tomber dans l'engourdissement. Au retour du beau temps, elle reprend son activité, se rapproche de la surface du sol et se met à ronger les jeunes racines. Elle vit ainsi pendant trois ans, demeurant engourdie pendant l'hiver et dévorant tout pendant la belle saison. Vers la fin de la troisième année, elle se change en chrysalide, pour prendre des ailes vers le mois de juin; l'animal n'a plus alors que quelques jours à vivre. Il passe tout ce temps à ronger les feuilles des bois et à préparer un nid à sa postérité : dès qu'il y a pourvu convenablement, il tombe épuisé et meurt.

Les principales espèces de ce genre sont le *hanneton vulgaire*, le *hanneton du marronnier d'Inde*, le *hanneton foulon*, le *hanneton cotonneux*, etc.

Le premier a environ 27 millim. de long, et les élytres d'un bai rougeâtre uniforme. Le second, qui lui ressemble beaucoup, est cependant un peu plus petit et a les élytres bordées de noir. Ces deux espèces sont communes aux environs de Paris. Le hanneton foulon est plus grand (de 3 à 4 centimètres), est brun, marqué de taches et d'ondes blanchâtres, et vit dans les dunes sur les côtes de la mer. Le hanneton cotonneux se distingue des précédents en ce qu'il a moins d'articles à la masse des antennes; ce nombre est de quatre pour les femelles et de cinq pour les mâles. (Dr *Salacroux*.)

HARENG (zoologie).—Petit poisson de mer de la taille du gardon ou du dard, qui a le dos bleuâtre, le ventre d'un blanc argenté, et qui a la figure d'une petite alose; on le pêche dans le printemps, en automne et en temps de brouillards. Il n'y a point de poisson en France plus commun que le hareng; il se rencontre en quantité dans la mer, vers l'Écosse, l'Irlande, la Bretagne, la Norvége et le Danemark. Il multiplie beaucoup, ne vit que peu de temps hors de l'eau et fuit la nuit. La pêche en est plus abondante la nuit que le jour : ils vont en troupe et suivent les feux; quand ils passent, on croit voir un éclair, aussi les mariniers appellent-ils leur passage l'*éclair des harengs*. La pêche et la préparation qui s'en fait se nomment *droguerie*. Il y a une espèce de hareng marqué, à chaque côté du corps, d'une tache ronde, noirâtre aux uns et jaune aux autres. Il ne passe guère la longueur du doigt. Il ne diffère de l'autre qu'en ce que le premier se nourrit d'eau, au lieu que celui-ci se nourrit d'algue et d'herbe marine. Ils sont l'un et l'autre également bons à manger.

Les Hollandais ont été les premiers qui ont fait la pêche du hareng et qui ont marqué les diverses saisons de leur passage. On met leur première pêche réglée vers 1163; mais la manière de le saler et de l'encaquer n'a été trouvée qu'en 1416. On se sert pour la pêche des harengs de petits bâtiments appelés *barques* ou *bateaux* en France, et *bûches* et *flibots* en Hollande.

Les harengs salés, tant blancs que saurs, sont un des principaux objets du commerce de la saline. Le meilleur et le plus estimé des *harengs blancs salés* est celui qu'on appelle *hareng de marque* de Hollande, qui est de la pêche d'une nuit, salé de bon sel, gras, charnu, ferme, blanc, égal en grosseur, bien parqué et arrangé dans les barils.

Après le hareng de marque est celui qu'on nomme *marque moyenne*, ou moyen hareng, qui n'est pas si gros que le premier, mais beaucoup au-dessus de celui qu'on appelle *petite marque*, ou petit hareng.

Rotterdam, Amsterdam, Enkuisen sont les endroits de Hollande d'où l'on tire les meilleurs harengs; ceux de la dernière pêche, qui se fait en automne, sont les plus estimés, parce qu'ils sont moins sujets à se corrompre que ceux que l'on pêche en été. Le hareng d'Irlande est le meilleur après celui de Hollande, principalement celui qui s'apprête à Dublin. Les Écossais s'attachent aussi à la pêche et au négoce du hareng, mais il n'est ni bien caqué, ni bien arrangé dans ses barils, il est de plus inégal, salé de mauvais sel, mal égorgé, mal vidé de ses breuilles ou entrailles.

Pour le hareng qui se pêche en France, il a différents degrés de bonté, suivant les différentes côtes du royaume où il se pêche; Dieppe, le Havre, Honfleur et quelques petits ports de Normandie fournissent de très-bons harengs, celui de Dieppe est le meilleur, et approche assez du hareng de marque de Hollande, quoiqu'un peu plus sec. On en pêche encore à Boulogne, en Picardie, mais il est de beaucoup inférieur à celui de Normandie. La pêche de ce poisson ne se fait, sur les côtes de Normandie et de Picardie, que dans la saison d'automne. Il ne s'y en fait point en août, comme dans les autres endroits.

Voici la manière d'apprêter et de saler les harengs.

Quand ils sont hors de la mer, le caqueur, matelot destiné à cet ouvrage, leur coupe la gorge et en tire les breuilles, à la réserve de la laite et des œufs, qui doivent toujours rester dans le corps du poisson, les lave en eau douce, les laisse environ douze heures dans une espèce de saumure faite d'eau douce et de sel marin; les varaude, c'est-à-dire les égoutte, les caque, c'est-à-dire les met dans des barils, les lite, c'est-à-dire les arrange par lits dans les caques, les paque, c'est-à-dire les presse fortement l'un sur l'autre, à mesure qu'on fait de nouvelles couches. Quand les barils sont suffisamment remplis de sel et de harengs, on les ferme bien, afin que le poisson conserve sa saumure et ne prenne point l'évent. Les harengs blancs salés, pour la commodité du négoce, se mettent aussi dans des demi-barils, quarts de barils et demi-quarts.

Partout où l'on pêche du hareng, on en fait sécher ou saurer à la fumée. On le nomme saur, sacu, soret, et sauret. Il s'apprête beaucoup de hareng saur en Hollande, en Angleterre, en Irlande, en Écosse, considérablement à Boulogne, à Dieppe, au Havre, à Honfleur; celui de Germuth, en Irlande, l'emporte sur tous les autres.

On apprête les harengs saurés comme les harengs blancs, à l'exception qu'ils restent le double dans la sausse, c'est-à-dire vingt-quatre heures, pour qu'ils prennent tout le sel. En les retirant de la sausse, on les enfile par la tête dans de menues brochettes de bois; on les pend ensuite dans des espèces de cheminées faites exprès, appelées roussables. Lorsqu'on y a arrangé autant de brochettes de harengs que chaque roussable peut en contenir, on fait dessous un petit feu de menu bois ou copeaux que l'on ménage de manière qu'il ne fait que beaucoup de fumée et point du tout de flamme : on laisse ces harengs dans le roussable jusqu'à ce qu'ils soient entièrement fumés et saurés, ce qui se fait ordinairement en vingt-quatre heures de temps.

Pour que les harengs saurs soient de bonne garde, il faut qu'ils aient été salés à propos avec de bon sel, qu'ils soient gros, fermes, secs, que la superficie en soit bien dorée, ce qui fera connaître qu'ils ont été saurés avec soin.

Le hareng pec est un hareng blanc nouvellement salé que l'on mange tout cru en salade; on le fait ordinairement dessaler et égoutter avant que de le manger; c'est un grand mets pour les Hollandais.

Le hareng frais est celui que l'on mange au sortir de la mer, soit grillé, soit frit, soit à la matelotte. On fait dessaler les harengs blancs salés, et on les mange aussi rôtis sur le gril, secs, ou à l'huile et au vinaigre, ou avec de la moutarde. On mange les harengs saurés grillés et à l'huile.

Le hareng frais convient en temps de froid à toute sorte d'âge et de tempérament; il est agréable au goût et produit aussi plusieurs bons effets. La chair en est tendre, peu resserrée en ses parties, peu

visqueuse et suffisamment chargée de principes huileux et balsamiques et de sels volatils.

Pour le hareng salé, il ne peut convenir qu'à des estomacs forts et robustes, et aux tempéraments chauds et bilieux; les jeunes gens n'en doivent user qu'avec la dernière modération. Cependant il est moins malsain quand on l'a fait dessaler, et moins pernicieux que le hareng sauré ou fumé, parce que ce dernier est encore plus sec, plus âcre et moins chargé d'humidité que l'autre. C'est un aliment qui échauffe beaucoup, donne des rapports désagréables, excite la soif et des humeurs âcres et picotantes.

On nomme harengaison le temps où l'on pêche le hareng, celui de leur passage, ou, comme on dit, leur éclair, et la pêche qu'on en fait.

Les femmes qui font le commerce de la morue, saumons, maquereaux, harengs et tous poissons qui souffrent la salaison, sont nommées harengères.

L. Hervé.

HARICOT (botanique) [*phaseotus*]. — Genre de plantes de la famille des légumineuses, section des papilionacés, type de la tribu des phaséolés, se composant de plantes ligneuses ou herbacées, le plus souvent volubiles, à feuilles pinnées, trifoliolées, à fleurs blanches, jaunes ou rouges, à étendard orbiculaire ou réfléchi, et à carène contournée en spirale. « Parmi les espèces, les unes sont cultivées comme plantes alimentaires, les autres comme plantes d'agrément. Au nombre des premières se trouve le haricot commun, plante herbacée, annuelle, volubile, grimpante, dépourvue de vrilles, à feuilles alternes, ternées, et à fleurs disposées en grappe. Le fruit est une gousse oblongue, bivalve, renfermant un grand nombre de graines réniformes et farineuses, qui offrent un mets simple, agréable et nourrissant. Cette espèce est originaire des Indes orientales. Elle a fourni un grand nombre de variétés. Le haricot comprimé, dit aussi haricot de Soissons ou de Hollande, n'est pas ou presque pas volubile: il est tendre et farineux; les jardiniers en distinguent une variété naine. Le haricot renflé, à fleurs blanches, fournit les variétés dites princesse, nain flageolet et nain d'Amérique. Le haricot à bouquets ou multiflore, appelé aussi haricot d'Espagne, est originaire d'Amérique, et ne se cultive guère que comme plante d'ornement. Il en est de même du haricot caracole, belle espèce des Indes orientales, à tige volubile comme la précédente, à grandes fleurs odorantes, teintées de rose ou de lilas sur un fond blanc. On appelle haricots verts les gousses du haricot commun, assez tendres pour être mangées vertes avant le développement de la graine. Les haricots verts sont un aliment très-sain, mais peu nourrissant. »

HARMONIE. — Voy. *Musique*.

HARPE (musique). — La harpe est un instrument de musique qui a plusieurs cordes de longueurs inégales, et qu'on touche des deux côtés, avec les deux mains en même temps. La harpe des anciens, dont l'origine se perd dans la nuit des temps, était beaucoup plus petite que la nôtre; car David n'aurait pu danser devant l'arche avec une harpe qui aurait eu les dimensions de la harpe moderne, dont on ne connaît pas mieux l'inventeur. On en doit une nouvelle espèce aux frères Érard, de Paris (1796), modifiée depuis par plusieurs artistes d'élite. — On a donné le nom de *harpe* à un genre de mollusques gastéropodes de la famille des buccinoïdes, qui se compose d'espèces remarquables par la richesse de leurs couleurs et l'élégance de leurs formes. La coquille est univalve, ovale ou bombée, munie de côtes longitudinales, parallèles, avec une ouverture échancrée inférieurement. Les harpes proviennent des mers de l'Inde et du Grand Océan.

HAUTBOIS (musique). — Instrument à vent et à anche, long de 60 centim. environ, construit en buis, en ébène, etc. « Le hautbois est formé de trois pièces dites corps, qui s'ajustent bout à bout, formant un tube graduellement évasé que termine une espèce d'entonnoir dit pavillon ; l'anche est formée de deux lamelles de roseau. Sur la longeur du tube sont des trous qui donnent l'échelle diatonique. Pour les notes avec dièses et bémols, elles s'obtiennent au moyen de clefs qui, aujourd'hui, sont au nombre de douze. Parfois on adapte au corps supérieur ce qu'on nomme la pompe : ce sont deux tubes de cuivre roulant l'un sur l'autre et augmentant de 2 centim. la longueur du canal. Le hautbois a deux octaves et cinq demi-tons, qui, pour le hautbois ordinaire, vont du premier *ut* du violon au *fa* suraigu, mais qui, pour l'espèce de hautbois dite cor anglais, sonnent une quinte plus bas (depuis le *fa*, un ton sous le *sol* initial du violon, jusqu'au premier *si* bémol de la chanterelle), et qui, dans le hautbois baryton de Brod, partent du *la* intermédiaire, à ces 2 points de départ.

HECTIQUE (fièvre) (dite aussi *fièvre lente*). — Fièvre le plus ordinairement symptomatique, et reconnaissant pour cause la *suppuration lente et profondé d'un organe interne*. Cette fièvre se déclare dans la dernière période des maladies organiques, et a pour principaux caractères l'amaigrissement progressif, la flaccidité générale, la fréquence du pouls, la chaleur à la peau, surtout aux mains et aux pieds, et, vers la fin, les sueurs et la diarrhée colliquative. Le traitement à y opposer n'est donc autre que celui de l'organe malade. Aussitôt l'irritation détruite, il faut, par une alimentation substantielle et bien graduée, s'opposer aux progrès du dépérissement.

HÉLICE (mécanique). — Voy. *Navigation, Bateau à vapeur.*

HÉLICE (zoologie). — Voy. *Limaçon.*

HÉLIOTROPE (botanique) [du grec *hélios*, soleil, et de *trépô*, tourner]. — Genre de plantes. la famille des borraginées, renfermant des herbes et des arbrisseaux à feuilles alternes ; à fleurs ordinairement en épis unilatéraux, roulés en crosse à leur sommet ; le calice et la corolle sont à 5 divisions, les étamines au nombre de 5 ; le fruit est un tétrakène. Parmi les espèces, généralement intertropicales, on remarque : 1o l'*héliotrope du Pérou*, arbuste à rameaux poilus, à feuilles ovales, à fleurs blanches un peu violacées,

exhalant une agréable odeur de vanille ; 2o l'*héliotrope d'Europe*, vulgairement *herbe aux verrues*, à fleurs blanches, en épis géminés, très-commun dans tous les lieux sablonneux.

HÉMATOSE (physiologie) [du grec *haima*, sang]. — Fonction par laquelle le sang veineux acquiert dans les poumons les qualités du sang artériel, qualités qu'il doit à l'absorption de l'oxygène atmosphérique dans l'acte de la respiration et qui le rendent propre à la nutrition. — Voy. *Circulation* et *Respiration.*

HÉMIPTÈRES (zoologie) [du grec *hémi*, demi, et *ptéron*, aile]. — Ordre de la classe des insectes, dont les caractères principaux sont : « Quatre ailes, les supérieures coriaces dans leur première moitié et membraneuses dans leur partie terminale ; tête petite, triangulaire, verticale ; bouche garnie de trois soies aiguës, constituant un véritable suçoir. » Tous ces insectes subissent des métamorphoses comme les autres ordres ; mais ces métamorphoses peuvent n'être considérées que comme de simples changements de peau, puisqu'elles n'altèrent pas leurs formes, et qu'ils ont, en sortant de l'œuf, celles qu'ils conserveront toujours. Les *pucerons*, les *cochenilles*, les *punaises*, les *cigales*, appartiennent à cet ordre.

HÉMOPTYSIE (pathologie) (*crachement de sang, pneumorrhagie*) [du grec *haima*, sang, et *ptyô*, cracher]. — Hémorrhagie de la membrane muqueuse pulmonaire, caractérisée par l'expectoration d'une quantité plus ou moins grande d'un sang vermeil et écumeux.

Les causes de cette affection sont les compressions habituelles de la poitrine ou du ventre (corsets chez les femmes), les coups sur la poitrine, les plaies pénétrantes, la lecture à haute voix et la déclamation, le chant, les cris et la toux violente, le jeu des instruments à vent, les maladies chroniques des poumons ou du cœur. — Pour le traitement, voy. *Hémorrhagie.*

HÉMORRHAGIE (pathologie) [du grec *haima*, sang, et *rhagenai*, rompre]. — Écoulement d'une quantité notable de sang, soit par la rupture de quelques vaisseaux, soit par voie d'exhalation. Les hémorrhagies sont *actives* si elles dépendent d'une exaltation de l'action organique, ou *passives* si elles tiennent à une débilité générale.

HÉMORRHAGIE ACTIVE. — Les *causes* sont : le tempérament sanguin, la jeunesse, la pléthore, une constitution irritable, le défaut d'exercice, les excès dans les travaux de cabinet, une disposition héréditaire ; le printemps, l'automne, un temps sec et froid, un air chaud, une nourriture succulente ; l'usage des excitants, des substances alcooliques ; la suppression des menstrues, des hémorrhoïdes, d'une autre hémorrhagie ou d'une saignée habituelles ; des passions violentes.

Les symptômes des hémorrhagies sont un sentiment de pesanteur et de tension, de rougeur, de chaleur ou de prurit dans la partie qui doit laisser couler le sang ; le pouls est vif, plein et quelquefois dur, avec un sentiment de froid vers les extrémités des membres : il s'établit ensuite un ordre particulier et un certain enchaînement de symptômes, suivant que l'hémorrhagie doit avoir lieu par le nez, les poumons, l'estomac, etc. : lorsque le sang coule, le malade éprouve un bien-être général ; le sentiment de chaleur disparaît, la chaleur animale se répartit d'une manière uniforme, et la congestion locale cesse. L'effusion du sang est généralement salutaire, et s'arrête ordinairement d'elle-même ; si elle est modérée, on la voit presque toujours utile : il ne se présente que deux circonstances où elle peut devenir funeste : lorsqu'elle est excessive, ou que, fixée dans un organe essentiel à la vie, elle y porte une irritation toujours dangereuse. On doit ajouter que si cette effusion était mal à propos arrêtée dans son cours, surtout lorsqu'elle est critique, elle serait suivie de congestions, de douleurs, d'inflammations, de spasmes divers, quelquefois même d'un état fébrile dangereux et rebelle, ou d'affections chroniques diverses qui résistent toujours aux remèdes. — Ces hémorrhagies ont une tendance à devenir périodiques.

Hémorrhagie passive. — Elle se montre chez les sujets d'une constitution faible ou affaiblie par de longues maladies, par un régime débilitant, par des veilles prolongées, des évacuations excessives, par tout ce qui peut jeter les vaisseaux exhalants dans un état d'atonie. Ces hémorrhagies ne sont précédées d'aucun signe de congestion locale, et sont accompagnées de pâleur de la face, de faiblesse du pouls et quelquefois de syncopes.

Traitement.—Les *hémorrhagies actives* sont souvent une voie de déplétion générale ouverte par la nature, et qui prévient de plus graves accidents. Cependant, si elles sont abondantes et de longue durée, la saignée est indiquée ; on mettra ensuite le malade à l'usage des boissons froides acidulées ; on irritera, par des bains de pieds sinapisés, des cataplasmes de farine de moutarde, une partie éloignée ; enfin l'on appliquera sur le lieu même de l'hémorrhagie des compresses trempées dans l'eau glacée ou dans quelques hémostatiques ; on emploiera la compression, le tamponnement. Quant aux *hémorrhagies passives*, il faut surtout songer à combattre, par une nourriture fortifiante et des soins hygiéniques bien entendus, l'état général de détérioration de l'économie.

La position à faire prendre au malade pendant l'hémorrhagie est très-importante : elle doit être telle, que la circulation soit rendue aussi facile que possible, que la partie qui fournit le sang soit plus élevée que le cœur, etc.　　　　B. L.

HÉMORRHOÏDES (pathologie). — Tumeurs situées au pourtour de l'anus, provenant de la dilatation variqueuse des veines du rectum, de productions érectiles ou de kystes sanguins dans le tissu cellulaire sous-muqueux. Les hémorrhoïdes sont *externes* ou *internes*. Les premières occupent la marge de l'anus et se réunissent quelquefois en une sorte de bourrelet. Les hémorrhoïdes internes ne consistent

souvent qu'en un boursouflement de la membrane muqueuse de l'extrémité inférieure du rectum.

Les hémorrhoïdes n'apparaissent ordinairement que dans l'âge adulte ; elles sont souvent héréditaires. Une constitution sanguine et bilieuse, une vie oisive ou sédentaire, une nourriture trop succulente, y prédisposent ; la constipation, la grossesse, les vêtements trop serrés à la taille, l'abus des purgatifs, en un mot, toutes les circonstances qui favorisent la stagnation du sang dans les vaisseaux du rectum en sont les principales causes déterminantes.

Symptômes.—Ceux qui précèdent ou accompagnent cette affection sont : des douleurs gravatives et un sentiment de pression dans le dos et les lombes ; quelquefois un engourdissement des cuisses et des jambes ; un pouls dur et serré avec sécheresse de la bouche ; la diminution de l'urine ; des flatuosités, et, dans certains cas, des déjections alvines muqueuses blanches. Le flux hémorrhoïdal revient le plus souvent d'une manière périodique (tous les mois) ; il est alors, quand il a duré un certain temps, nécessaire à la santé ; il s'arrête spontanément ; et, si on le supprime, il peut occasionner des affections nerveuses variées, des resserrements spasmodiques de la poitrine, des coliques violentes, des vertiges : lorsqu'il est excessif et souvent répété, il en résulte un dépérissement lent ; la face prend une couleur plombée, et la consomption survient avec plus ou moins de promptitude.

Traitement. — Il ne doit être le plus souvent que palliatif. « Il faut suivre un régime doux, s'abstenir d'aliments copieux, de boissons excitantes ; prendre fréquemment des bains tièdes ou frais, selon la saison ; faire, matin et soir, des lotions froides sur la région anale ; éviter soigneusement la constipation, au moyen de lavements émollients et de purgatifs doux ; se servir de siéges élastiques, au lieu de ces coussins mous et percés dont l'usage ne fait que favoriser le développement du mal. — Si les tumeurs hémorrhoïdales sont engorgées et très-douloureuses, les bains, les cataplasmes, les pommades, les lotions narcotiques, la belladone, etc., sont indiqués, et, quelquefois aussi les sangsues à la marge de l'anus. Lorsqu'il y a un flux hémorrhoïdal abondant, on parvient à le modérer par le repos absolu, la diète, la position horizontale, des boissons froides et acidulées, des bains de siége froids, des injections froides, acidulées ou astringentes ; et, dans les cas extrêmes, par le tamponnement du rectum. — Quelquefois des tumeurs hémorrhoïdales peuvent être poussées au dehors et étranglées : il est important d'en faire la réduction sur-le-champ, en exerçant une compression douce sur les tumeurs, préalablement enduites de cérat ou d'huile. — L'excision et la ligature des bourrelets hémorrhoïdaux sont les seuls moyens de guérir radicalement les hémorrhoïdes ; mais on y a rarement recours, de crainte d'accidents graves, surtout d'hémorrhagies. »

　　　　　　　　　　　　　　B. L.

HÉMOSTATIQUES (matière médicale) [du grec *haima*, sang, et *stao*, s'arrêter]. — Moyens que l'on met en usage pour arrêter les hémorrhagies. Tantôt ce sont les *topiques froids*, les *absorbants* (charpie, amadou ou agaric), que l'on recouvre de différentes poudres, comme la colophane, la gomme, les *styptiques* et *astringents*, alun, dissolution de noix de galle, de ratanhia, de sels ferrugineux et d'acides minéraux, les eaux hémostatiques de Léchelle, de Biochéri, etc. Tantôt ce sont les *caustiques* (azotate d'argent fondu, différends acides minéraux concentrés, la potasse, le chlorure d'antimoine ou de zinc, etc.), ou bien le cautère actuel ou fer rouge ; enfin, la *compression*, la *ligature*, la *torsion* et le *tamponnement*, tous moyens que le médecin seul peut diriger convenablement.

HÉPATITE (pathologie). — Inflammation du foie. Elle se distingue en aiguë et en chronique. L'hépatite chronique fera le sujet d'un article spécial à la suite de l'épatite aiguë, à laquelle se rapporte ce que nous allons dire dans celui-ci.

L'inflammation aiguë du foie est très-rare dans notre climat, mais, au contraire, fréquente dans les pays intertropicaux. Elle atteint plus souvent les hommes que les femmes. L'âge mûr, le tempérament bilieux, l'usage des aliments excitants, y prédisposent. Les violences extérieures, les plaies sont ses causes déterminantes ordinaires dans nos contrées tempérées.

A. Les symptômes de l'hépatite aiguë se distinguent en locaux et en généraux. Les premiers consistent dans une douleur vive ou obtuse, occupant l'hypochondre droit, où elle est plus ou moins étendue ou circonscrite, douleur qui s'irradie et retentit parfois jusqu'à l'épaule droite par l'intermédiaire du nerf diaphragmatique ; la respiration, la toux, les mouvements du tronc l'exaspèrent. La région de l'hypochondre est quelquefois un peu bombée ; mais ce qui est plus commun, et plus appréciable même à la palpation et à la percussion, c'est que le foie fasse saillie au-dessous du rebord des fausses côtes. Il y a souvent des vomissements bilieux et une teinte ictérique de la peau par l'effet de l'augmentation ou du trouble de la sécrétion biliaire. Quant aux phénomènes généraux, ils consistent dans un mouvement fébrile plus ou moins intense, qui se montre quelquefois sous forme intermittente ou rémittente. La bouche est amère, la langue sale ; il y a des nausées, des vomissements, de la constipation ou de la diarrhée. Le refoulement du diaphragme par le foie tuméfié produit de la dyspnée, de l'oppression. Dans les cas suraigus, il y a des troubles cérébraux, du délire. Les urines sont rares, foncées en couleur.

B. Aucun de ces symptômes n'est constant, ils existent en plus ou moins grand nombre, mais rarement ils sont simultanés. Leur physionomie varie suivant que la phlegmasie occupe la face convexe, la face concave ou l'intérieur du foie : dans le premier cas, c'est, en effet, la douleur qui prédomine ; dans le second, c'est le vomissement et l'ictère ; dans le troisième, au contraire, la maladie est presque latente.

C. L'hépatite se termine par résolution, suppuration, gangrène ou l'état chronique. — *a.* La résolution est l'issue la plus favorable et la plus fréquente quand la maladie est bien traitée. — *b.* Les *abcès aigus idiopathiques du foie* sont très-graves ; ils s'ouvrent, suivant leur siége, soit dans le péritoine, ce qui cause la mort en peu d'heures ; soit dans l'estomac, le duodénum ou le colon, cas moins graves, parce que la nature établit des adhérences pour empêcher l'épanchement du pus dans la cavité péritonéale ; soit dans la veine porte, d'où infection purulente mortelle ; soit dans le péricarde, les plèvres, les bronches, après l'ulcération des tissus interposés ; soit enfin directement au dehors par les parois abdominales, cas le plus favorable. — *c.* La gangrène est très-rare, mais promptement mortelle. — *d.* Quant à l'état chronique, il fait le sujet du titre suivant.

Traitement. — On oppose à l'hépatite aiguë les saignées générales et locales, les cataplasmes, les frictions mercurielles, quelques laxatifs (huile de ricin, calomel), les lavements, les bains, la diète et les boissons délayantes. On combine ces différents moyens et on les dose suivant les diverses conditions dans lesquelles se présentent et la maladie et le malade. — Si l'abcès tend à se faire jour du côté de la peau, on l'ouvre à l'aide du caustique de Vienne plutôt qu'avec le bistouri, afin de provoquer la formation d'adhérences qui empêchent l'épanchement du pus dans le péritoine. — En voilà assez sur l'hépatite aiguë idiopathique, qu'on n'a occasion de voir que très-rarement. Arrivons à la forme chronique, qui est très-fréquente, au contraire.

HÉPATITE CHRONIQUE. — Le foie peut devenir le siége d'une foule de lésions à marche chronique, qui ont été rattachées à l'inflammation, mais dont plusieurs cependant se manifestent sans phlegmasie antécédente. Ces lésions sont l'injection, le ramollissement, l'induration, l'hypertrophie, l'atrophie, la cirrhose, l'état graisseux, le cancer, les kystes séreux, les acéphalocystes. Bien qu'elles soient très-différentes les unes des autres, nous les englobons sous la dénomination d'*hépatite chronique*, parce que les symptômes auxquels elles donnent lieu sont à peu près les mêmes pour toutes et que leur diagnostic différentiel est difficile, et le plus souvent inutile, au point de vue de la thérapeutique, qui est en général peu efficace.

A. Quels sont d'abord les caractères anatomiques de ces altérations ? — *a. Injection.* Il est difficile de dire si l'injection sanguine du foie est de nature inflammatoire ou simplement hémorrhagique ; mais dans le premier cas, pendant la vie, on constate des signes d'irritation gastro-hépatique ; dans le second cas, c'est une gêne de la circulation au cœur. — *b. Ramollissement.* Le foie est un des organes dont le tissu, enflammé, subit le plus fréquemment cette espèce d'altération, avec laquelle coexiste une modification de coloration. — *c. Induration.* Le parenchyme hépatique passe souvent aussi à l'état d'induration, devenant alors dense et criant sous le scalpel. — *d. Hypertrophie.* Cette lésion de nutrition est fréquente ; le foie, augmenté de volume, refoule le diaphragme, gêne les fonctions pulmonaires, et dépasse en bas le rebord des fausses côtes. — *e. Atrophie.* Cette grosse glande peut diminuer considérablement de volume : on l'a vue réduite à la grosseur du poing, sa forme étant restée la même ou s'étant altérée. — *f. Cirrhose.* De toutes les altérations hépatiques, la plus singulière est la cirrhose. Elle consiste dans l'hypertrophie de la substance jaune du foie, en même temps que la rouge s'atrophie ; car nous devons dire que généralement on admet dans cet organe ces deux sortes de substances, la première constituant l'élément sécréteur de la bile, la seconde formant en quelque sorte le lacis vasculaire. — *g. Dégénérescence graisseuse.* Le foie se convertit quelquefois en une masse homogène d'un rouge jaunâtre ou d'un blanc fauve, graissant le scalpel et le papier à la manière de l'huile. Le *foie gras,* du reste, ne se montre guère que chez les phthisiques et ne paraît pas se rattacher à l'inflammation. — *h. Cancer.* Il affecte la forme squirrheuse ou la forme encéphaloïde, se montrant par masses agglomérées ou disséminées d'un volume extrêmement variable ; souvent il existe en même temps un cancer de l'estomac, qui a été le point de départ de celui du foie.

B. Les diverses altérations organiques du foie que nous venons d'indiquer constituaient autrefois ce que l'on appelait *obstructions,* mot collectif sans signification précise, qui désignait, avant les progrès de l'anatomie pathologique, de prétendus engorgements des voies biliaires, pour la guérison desquels on avait créé une classe de médicaments, appelés *désobstruants.*.

C. L'inflammation chronique du foie, source des lésions ci-dessus, succède à l'aiguë, ou plus souvent débute sous cette forme. Dans ce dernier cas, surtout lorsqu'il s'agit des soi-disant obstructions, les causes sont peu connues ; elles sont plutôt internes qu'externes, prédisposantes que déterminantes, pouvant se résumer, en quelque sorte, dans ce mot qui cache notre ignorance : *prédisposition.* Les violences extérieures, les calculs biliaires, les irritations gastrites et les congestions du foie, qui sont les unes actives, les autres passives et dues aux maladies du cœur, peuvent être accusés de produire ces maladies.

D. « Les individus porteurs d'une des lésions qu'on attribue généralement à l'hépatite chronique éprouvent, pour la plupart, une douleur obtuse, gravative ; la percussion et la palpation font presque toujours constater une augmentation plus ou moins considérable dans le volume du foie : celui-ci refoulant alors le poumon, on s'explique la dyspnée, dont beaucoup de ces malades se plaignent. Les digestions sont presque toujours troublées ; elles se font péniblement, s'accompagnent de douleurs et d'éructations ; il y a tantôt constipation, tantôt diarrhée ; les matières fécales ont, en général, leur couleur ; quelquefois elles sont grisâtres, et peuvent

de temps en temps contenir du sang. La peau est blanche, grisâtre ou d'un jaune ictérique (voy. *Ictère*), et cette dernière coloration est sujette à de grandes variations ; elle manque plus souvent dans l'hépatite chronique que dans l'hépatite aiguë. On a dit aussi que dans l'hépatite chronique la peau était le siége d'un prurit incommode. Les malades sont languissants ; leur nutrition se fait mal ; ils maigrissent ; puis leur ventre se développe par suite d'un épanchement séreux qui se forme dans le péritoine (voy. *Ascite*). Lorsque la maladie est parvenue à ce degré, la plupart des individus succombent sans arriver néanmoins au degré de marasme qu'on rencontre dans beaucoup d'affections chroniques, notamment dans la phthisie. Quelques-uns pourtant se rétablissent lentement, mais beaucoup restent sujets à de fréquents dérangements d'estomac ; d'autres ont de temps en temps des flux sanguins par l'anus, et éprouvent quelquefois des récidives de leur mal, qui finit par les emporter. (*Grisoll.*) •

E. Tels sont les troubles physiologiques que produisent les maladies chroniques du foie, considérées d'une manière générale. Mais le médecin peut-il parvenir à déterminer, pendant la vie, l'espèce de lésion existante, la nature de la production morbide ? Cela est fort difficile, car la plupart du temps on confond l'hypertrophie simple avec la cirrhose, l'induration avec le cancer, le ramollissement avec l'atrophie. Au point de vue thérapeutique, le diagnostic différentiel est sans importance, pour ainsi dire, attendu que, dans un cas comme dans l'autre, le traitement est à peu près identique. Cependant, voici quelques symptômes spéciaux à chaque affection : — L'*injection inflammatoire* est caractérisée particulièrement par de la douleur, de l'embarras de l'hypochondre, une petite fièvre, de l'amaigrissement, etc. — L'*engorgement sanguin simple* ne produit que de l'embarras, sans fièvre et sans dépérissement. — Le *ramollissement* ne se révèle par aucun signe particulier.—Il en est de même de l'*induration.* — Dans l'*hypertrophie,* on constate par la palpation l'existence d'un foie volumineux à surface égale, lisse, et, par la percussion, la matité du son aux régions occupées par l'organe : ajoutez à cela des digestions pénibles, de la diarrhée de temps en temps, de l'amaigrissement, peu ou point de douleur, ni ictère, ni ascite. — L'*atrophie* est accompagnée, au contraire, d'une sonorité élevée dans l'hypochondre droit, avec résultats négatifs de la palpation, et surtout hydropisie du bas-ventre. —La *cirrhose* a pour effet constant aussi l'épanchement séreux dans le péritoine (*ascite*). Comme l'atrophie simple, la cirrhose n'est pas douloureuse, ne produit qu'exceptionnellement l'ictère ; aucun signe ne distingue ces deux états pathologiques l'un de l'autre, mais comme la cirrhose est plus fréquente que l'atrophie, l'on devra croire à son existence lorsqu'on rencontrera un malade affecté d'ascite sans signes évidents d'hépatite. — Le *cancer* du foie se reconnaît aux bosselures de la surface de l'organe, au dépérissement rapide des malades, aux vomissements, aux douleurs lancinantes avec ou sans ictère et ascite.

F. Le pronostic de l'hépatite chronique est très-grave : la maladie est incurable dans les cas de cirrhose, d'induration, d'atrophie, de cancer, où il y a généralement complication d'ascite. L'hypertrophie est moins redoutable, quoique à peu près incurable. L'inflammation ou l'état d'injection est la seule forme susceptible de guérison complète. Cependant, lors même qu'elle ne se résout pas, l'hépatite chronique peut permettre encore une longue, mais chétive existence.

Traitement. — « Si le sujet est fort, s'il existe des douleurs vives et des signes de congestion, il sera utile de recourir de temps en temps à quelque émission sanguine locale, qu'on fera sur l'hypochondre ou à l'anus. On entretiendra la liberté du ventre avec des purgatifs salins. Si le foie est volumineux, on tâchera de résoudre l'engorgement par l'emploi de pommades et topiques fondants et résolutifs, tels que les emplâtres de savon, de Vigo, les pommades mercurielles et iodées. C'est dans le même but qu'on administre à l'intérieur le calomel à doses fractionnées, ne s'arrêtant que quand il excite de la salivation. Les alcalins ont été généralement préconisés, tels sont le savon médicinal à l'intérieur, le bicarbonate de soude donné en boisson, en bains, en douches sur l'hypochondre. On soumettra aussi le malade à l'usage de quelques eaux minérales, telles que celles de Vichy, de Carlsbad, de Néris, de Pougues, de Bourbon - l'Archambault, etc. Dans les cas les plus rebelles, on appliquera sous le rebord costal un, deux ou trois cautères ou moxas. Enfin, si l'individu habite un climat chaud, il faut conseiller l'émigration ; c'est ainsi que beaucoup de créoles de nos Antilles, atteints d'hépatite chronique rebelle, et avec ascite, se rétablissent en venant en Europe ou en allant habiter sur le continent américain des pays moins chauds que ceux qu'ils quittent. » (Grisolle, *Traité de pathologie interne.*)

Autrefois on préconisait les fondants, ou mieux es désobstruants, dans les maladies chroniques du foie. Les principaux, mentionnés dans le traitement ci-dessus, sont les alcalins, le savon médicinal, le calomel ; mais il faut ajouter à leur nombre l'extrait de pissenlit, celui de chélidoine, les sucs frais de ces plantes, la ciguë, la rhubarbe, etc. Les pilules indiquées au traitement de la jaunisse peuvent trouver ici leur emploi, pourvu qu'on prenne garde d'irriter les voies gastro-hépatiques.

Le traitement de l'hépatite chronique indiqué plus haut est celui qu'on trouve exposé dans un des ouvrages classiques les plus récents et estimés. Nous sommes bien aise de l'avoir reproduit textuellement, afin de convaincre les gens du monde de la justesse, de la vérité de nos observations, savoir : que l'important en médecine est de distinguer les cas ; qu'ensuite la thérapeutique est singulièrement simplifiée par la classification des médicaments ; que les auteurs attachent si peu d'importance au

choix de tel ou tel agent appartenant à une même classe, du moins en général, qu'ils ne formulent jamais un traitement *précis*, qu'ils n'indiquent point *spéculement* tel médicament plutôt que tel autre. Cela est surtout évident dans le passage emprunté au livre de M. Grisolle. Les gens méticuleux, qui veulent qu'on leur dise s'ils doivent prendre la tisane de chiendent plutôt que d'orge, s'ils doivent aller à Vichy plutôt qu'à Bourbon-l'Archambault, s'ils doivent se purger avec le sel de Glauber ou le sel de Duobus, si l'emplâtre de Vigo sera plus efficace que les frictions iodées ; si, descendant encore dans de plus petits détails, ils doivent prendre deux, quatre ou six verres d'eau minérale, et à quelles heures, s'ils doivent faire des frictions le matin plutôt que le soir ; s'ils doivent sortir ou rester dans la chambre, ces personnes-là, disons-nous, trouveront ce passage vague, incomplet, et certains ouvrages, bien entendu, cent fois plus vagues et incomplets. Mais qu'y faire ? Les détails, les minuties de la pratique sont impossibles à rendre dans les livres ; et, il y a mieux, c'est que les médecins qui instruisent les autres par leurs écrits, qui font des praticiens à leurs cliniques, sont souvent ceux qui, dans l'exercice civil de leur art, réussissent le moins à inspirer la confiance, parce que, dédaignant les distinctions insignifiantes, les petites précautions oratoires de charlatan, ils négligent ces mille riens qui frappent l'esprit des malades, et qui, il faut bien le dire aussi, sont fort utiles pour soutenir le courage de ceux qui souffrent.   Dr Bossu.

HERBIER (botanique). — Collection de plantes sèches conservées, rangées de manière à pouvoir facilement être consultées au besoin. « Pour composer l'herbier, on développe une à une les plantes fraîches sur des feuilles de papier peu collé ; on les superpose en les séparant par des lits de trois ou quatre feuilles de papier bien sec et par des planchettes, et on les soumet à une pression modérée. Deux ou trois jours après, on renouvelle le papier de celles qui sont humides, et on place celles qui sont sèches entre des feuilles de papier très-fort, en les accompagnant chacune d'une étiquette qui en donne le nom générique, le lieu natal et la famille. »

HÉRÉDITÉ (pathologie générale). — Il ne faut pas se figurer, comme on l'enseignait autrefois, que les parents transmettent aux enfants le germe de leurs maladies ; les enfants héritent tout simplement d'une organisation souvent identique à celle de leurs père et mère, et voilà tout. Ils sont aptes à contracter les mêmes maladies que leurs parents, mais là se borne l'hérédité. Ajoutons que l'éducation, le genre de vie, le séjour dans un climat autre que le leur, modifient l'organisation des enfants, qui, alors, ne contractent nullement les maladies auxquelles ils étaient prédisposés par l'hérédité. De là s'explique ce fait étonnant, que l'hérédité respecte souvent le descendant direct. — Nous placerons ici deux remarques importantes que nous devons à MM. Roche et Sanson. La première, c'est que l'aptitude ou la prédisposition héréditaire à contracter telle ou telle maladie s'accroît de génération en génération, et que c'est ainsi que les races s'éteignent. — La seconde, c'est que la prédisposition héréditaire se transmet en général du père aux filles et de la mère aux garçons. Depuis que notre attention a été dirigée sur ces faits, disent MM. Roche et Sanson, nous n'avons rencontré que de rares exceptions.   B. L.

HÉRISSONS (zoologie) [du latin *erinaceus*]. — Genre de mammifères carnassiers insectivores, qui se reconnaissent à leurs formes ramassées, à leurs yeux petits, à la brièveté de leur queue et surtout aux piquants dont leur peau est hérissée. Ces organes, qui ne diffèrent des poils des autres mammifères que par un peu plus de roideur, forment, pour ces faibles animaux, un moyen de défense qui les met à l'abri des attaques des carnassiers les plus féroces. L'espèce la plus remarquable de ce genre est le hérisson d'Europe.

La physionomie de cet animal annonce une intelligence très-bornée et voisine de la stupidité; mais ses habitudes sont loin de s'accorder avec cette apparence trompeuse, et prouvent, au contraire, une prudence peu commune. La construction de son terrier est surtout admirable. Il en choisit toujours l'emplacement avec une rare sagacité; c'est un endroit sec, élevé, et faisant face aux quatre points cardinaux. Sa demeure, composée de plusieurs chambres différemment exposées, est assez spacieuse pour lui et pour sa famille; et, comme l'indolence fait le fond de son caractère, il y passe la plus grande partie du jour à dormir. Ce n'est que vers le soir qu'il se met en campagne pour faire sa provision de vers, d'insectes et d'escargots. Mais il ne se nourrit pas seulement de matières animales; la longueur de son canal digestif, qui est sept à huit fois celle de son corps, tandis que dans les autres insectivores il n'a guère que la moitié de cette étendue, lui permet de joindre à ce genre d'aliments l'usage des racines tendres et des fruits sucrés. Lorsque le besoin l'enhardit, il peut aussi se jeter sur de petits quadrupèdes et même sur les cadavres.

Toutefois, il est rare qu'il s'attaque ainsi à des mammifères vivants; sa timidité s'y oppose, et il ne faut rien moins que l'aiguillon pressant de la faim pour l'y déterminer. Cette timidité est telle ordinairement, que, dans ses excursions nocturnes, il a toujours soin de ne pas s'éloigner de son terrier, et de se tenir dans les terrains montueux, dont les inégalités servent à le cacher à la vue de ses ennemis. Si, malgré ses précautions, il se voit attaqué, il se roule subitement en boule, en contractant les muscles dont sa peau est garnie. Dans cette attitude, ses piquants qui, dans l'état naturel sont couchés en arrière, se redressent et s'entrecroisent en tout sens, de manière à le rendre inattaquable. Le renard seul a assez d'adresse pour le forcer à se déployer, non cependant sans se mettre la gueule en sang.

Le hérisson passe environ trois mois de l'année dans l'engourdissement, et c'est en sortant de cette léthargie, c'est-à-dire au commencement du printemps, qu'il s'occupe de sa reproduction. Les femelles

mettent bas, vers le mois de juin, trois ou quatre petits qui naissent tout blancs et sans épines. Ce n'est qu'à l'âge d'un mois ou de six semaines que les piquants acquièrent de la roideur, et ils n'ont toute leur force qu'à la fin de l'été.

Le hérisson à grandes oreilles, autre espèce de ce genre, est plus rare: il se trouve à l'est de l'Europe, depuis la mer Caspienne jusqu'en Turquie et même en Égypte. (Dr *Salacroux*.)

HERMAPHRODITES ou **ANDROGYNES** (individus à deux sexes). — Les hermaphrodites complets, c'est-à-dire les individus capables de perpétuer leur espèce sans accouplement, ne s'observent que dans les végétaux et dans quelques familles d'animaux, telles que les mollusques, les zoophytes, etc., bien que souvent la plupart de ces êtres mâles et femelles aient besoin pour se reproduire du concours d'un autre individu. — Dans les classes supérieures d'animaux (oiseaux, mammifères), l'hermaphrodisme véritable n'est pas possible, la coexistence des ovaires et des testicules impliquant contradiction. On rapporte, à la vérité, dit M. J. Virey, beaucoup d'exemples de femelles ayant les attributs mâles, ou des mâles imparfaits conservant encore plusieurs caractères extérieurs des femelles; mais les femmes hommasses (*viragynes*) peuvent présenter un développement extraordinaire de certaines parties, qui leur donnent des habitudes viriles, une voix rauque, une sorte de barbe et des traits masculins, de même que certains garçons de nature débile, n'ayant point de scrotum ni les testicules descendus hors de l'anneau inguinal, simulent, par leurs traits efféminés, par leurs mœurs timides, les caractères des filles: ils n'ont pas de barbe, et leur gorge devient potelée; enfin, ils manquent de désirs qui prouvent qu'ils ne sont point hermaphrodites réels.

HERNIE (chirurgie). — Lorsqu'un ou plusieurs des viscères abdominaux sortent de leur cavité, sans que la peau soit entamée, il y a *hernie*. — Il n'est aucun point dans toute l'étendue des parois de l'abdomen qui ne puisse devenir le siége de cette maladie, attendu qu'il n'en est aucun dont une plaie ne puisse diminuer la résistance; mais c'est surtout par les ouvertures naturelles qui donnent passage aux vaisseaux et aux nerfs, qui de l'intérieur se portent à l'extérieur de la cavité, que se font la plupart des hernies: ces ouvertures sont l'anneau inguinal, l'arcade crurale, l'anneau ombilical, le trou obturateur, l'échancrure ischiatique, etc. Les hernies inguinales sont les plus fréquentes; puis viennent les crurales, les ombilicales, etc. Tous les viscères du bas-ventre ne sont point susceptibles de former hernie: ils le sont d'autant plus souvent, qu'ils sont moins bien assujettis; c'est ainsi que l'épiploon et les intestins flottants dans la cavité abdominale se trouvent dans presque toutes les tumeurs herniaires, tandis qu'on n'y rencontre guère l'estomac, presque jamais la rate ou le foie, et jamais, dans aucun cas, les reins et le pancréas, qui sont trop bien fixés dans le lieu qu'ils occupent pour se porter en dehors. Quelle que soit la grosseur d'une hernie, d'autant plus volumineuse, d'ailleurs, qu'elle est plus ancienne, les parties qui s'y trouvent sont contenues dans un sac plus ou moins épais formé par le péritoine, qu'elles ont poussé devant elles en s'échappant; il faut en excepter les hernies de la vessie et quelques autres. — Les hernies ont reçu différents noms, suivant l'organe déplacé et l'ouverture par laquelle cet organe s'est échappé : on appelle *gastrocèle* la hernie de l'estomac; *épiplocèle*, celle de l'épiploon; *entérocèle*, la hernie intestinale; *omphalocèle*, ou *exomphale*, la hernie ombilicale; *bubonocèle*, ou *hernie inguinale*, celle qui se fait par l'anneau inguinal; *oschéocèle*, ou *hernie scrotale*, celle qui descend jusque dans le scrotum; *mérocèle*, ou *hernie crurale*, celle qui a lieu par l'arcade crurale, etc.

Symptômes. — On aperçoit à l'ombilic, à l'aine, etc., une grosseur plus ou moins volumineuse, molle, circonscrite, sans changement de couleur à la peau, insensible, augmentant par la toux, la position verticale et la marche. La hernie intestinale se reconnaît particulièrement à son élasticité, au *gargouillement* qu'elle fait entendre lorsqu'on veut la faire rentrer, gargouillement causé par le déplacement des gaz et des matières contenues dans l'intestin. « Une hernie abandonnée à elle-même expose à des conséquences fâcheuses : outre qu'elle augmente toujours avec le temps et gêne en marchant, elle occasionne fréquemment des nausées, des vomissements, des indigestions, des coliques, des constipations opiniâtres, etc. Quand les hernies peuvent être repoussées dans leur cavité naturelle à l'aide d'une pression méthodique appelée *taxis*, on dit qu'elles sont *réductibles*; elles sont dites, au contraire, *irréductibles* quand des adhérences ou le volume de la tumeur s'opposent à leur rentrée. Lorsque l'ouverture qui a livré passage à la partie herniée vient à se resserrer de manière à y produire une constriction plus ou moins forte, il y a *étranglement de la hernie*; et, si l'on ne se hâte de *débrider* la tumeur, il survient une constipation complète, des hoquets, des vomissements stercoraux, et tous les signes d'une inflammation violente, promptement suivie d'une gangrène mortelle. Après la réduction des hernies qui sont susceptibles d'être réduites, on doit empêcher, au moyen d'un bandage herniaire à pelote convexe, qu'elles ne sortent de nouveau. Les hernies irréductibles doivent être seulement soutenues par un bandage à pelote concave, qui n'exerce qu'une pression douce et constante, et qui s'oppose à leur accroissement. »

Nouveau traitement curatif du professeur Piorry. — En s'appuyant sur l'observation de certains cas dans lesquels des sujets ayant primitivement la peau mince furent guéris de hernies en portant un bandage, et surtout en prenant de l'embonpoint, M. Piorry a pensé qu'il né serait pas impossible d'obtenir la guérison radicale des hernies en enlevant une portion de peau aux dépens des téguments abdominaux. De cette manière, on déterminerait une réunion très-prononcée de cette membrane au niveau de la hernie. Avant de songer à proposer

cette opération, M. Piorry s'est assuré de l'efficacité de ce moyen par une manœuvre qui conduit au même résultat. Il a fortement saisi les téguments de l'abdomen à quelques centimètres en dedans de l'anneau inguinal qui donnait passage à la hernie; il a ensuite tiraillé la peau en dedans, de façon à établir au-devant de l'anneau une tension assez forte. Or, dans ces cas, et au moment où l'on venait de pratiquer cette manœuvre, il est constamment arrivé que la hernie sortait avec moins de facilité, et quand celle-ci était peu considérable, le malade pouvait tousser ou se moucher impunément sans déterminer de nouveau la sortie des anses intestinales.

Un fait de ce genre s'est présenté à la Charité, en 1857. Il s'agissait d'une hernie assez volumineuse, renfermant évidemment des anses d'intestin; les téguments étaient amincis, ridés, flasques et sans aucune espèce de résistance. Le moindre effort de la respiration expulsait de l'abdomen une tumeur plus grosse qu'un œuf. La peau ayant été saisie comme il a été dit plus haut, M. Piorry la porta vers la ligne blanche en la tiraillant, et obtint ainsi une certaine tension au niveau de l'anneau. On fit tousser et respirer le malade; la hernie sortit à peine, et quand la tension de la peau fut portée à son plus haut point, il n'y eut plus d'apparence extérieure de hernie. L'anneau inguinal dilaté permettait pourtant l'introduction de trois doigts.

M. Piorry pense que ce fait pourrait conduire à des applications d'une certaine importance. Il en a conçu, en particulier, l'idée que nous venons d'énoncer, de recourir à des moyens de ce genre pour maintenir les hernies, ou du moins pour favoriser l'action des moyens contentifs. Dans une opération de hernie étranglée, on ferait la section de la peau en dehors de la hernie, de façon à tendre le tégument en y rapportant le lambeau de peau, et de même on enlèverait une portion de peau lorsqu'on ne cherchera qu'à en augmenter la tension.

Ce n'est pas, du reste, le seul cas pour lequel M. Piorry considère l'excision d'une portion du tégument comme pouvant être d'une grande utilité pour remédier à certaines affections des parties sous-jacentes : dans les varices, par exemple, où la peau est flasque, il suffirait aussi, suivant ce professeur, de faire un pli à la peau pour que la tension de celle-ci vienne s'opposer à la distension des vaisseaux.   B. L.

HÉRON (zoologie) [*ardea*]. — Genre d'oiseaux de l'ordre des échassiers, famille des cultrirostres, qui ont le bec allongé, conique et robuste; les jambes longues et dégarnies de plumes; les pieds longs, grêles, armés d'ongles aigus. « Ces échassiers, presque tous remarquables par la longueur de leurs pattes et de leur cou, et par leurs plumes à barbes désunies, sont des oiseaux tristes et solitaires, qui ne quittent jamais les bords des lacs et des rivières, ou les marais et les prairies inondées, où ils se nourrissent de poissons, de grenouilles, de mollusques et de petits quadrupèdes aquatiques, tels que les rats d'eau, les musaraignes, etc. Soutenus sur leurs longs pieds comme sur des échasses, on les voit, seuls au milieu des lieux couverts d'eau, passer des heures entières dans une immobilité complète, à moins que l'approche de quelque poisson ou de quelque reptile ne vienne les en retirer. Dans ce cas, ils allongent rapidement leur long cou et leur bec pour saisir leur proie; mais, dès qu'ils s'en sont emparés, ils rentrent dans leur état d'apathie ordinaire. Quelquefois cependant, fatigués d'attendre vainement, ils se promènent à pas comptés et en piétinant dans la vase, pour en faire sortir les animaux qui s'y cachent. Lorsqu'ils sont repus, ils vont se percher sur quelque arbre voisin, où ils restent jusqu'à ce que la faim les oblige à recommencer leur pêche. Ces oiseaux nichent en grandes troupes, dans le même lieu, quoique dans un nid séparé; ils placent ce dernier tantôt sur des arbres très-élevés, tantôt sur des buissons ou parmi des roseaux, et y déposent de trois à six œufs, dont la grosseur est proportionnée à la taille de l'espèce. » Ce genre est très-nombreux en espèces européennes.

HINDOUSTAN (géographie).—Presqu'île occidentale de l'Inde, vulgairement Inde en deçà du Gange; pays de l'Asie méridionale, entre l'océan Indien, Kaboulistan, Boukharie, Thibet, Boutan, Assam et baie de Bengale, situé entre 65° et 90° longitude et 8° et 35° latitude. Borné au nord-est par les monts Garrow, au nord par Himalaya, au nord-ouest par Hindoukosch, et à l'ouest par la chaîne des Ghats, projetant tous des promontoires bien avant dans les terres. Arrosé par le Gange, le Brahmapoutre, l'Indus, la Djoumna, la Nerboudda, le Tapty, la Godavery, la Krishna et dix mille autres rivières. Divisé en Hindoustan propre ou septentrional, renfermant le Bengale, Bahar, Adjémir, Agra, Allahabad, Delhi, Goudjerate, Lahore, Malva, Moultan, Aoude, Sindy, Cachemire, Neipal, Koutche; en Dekhan, ou pays du Sud: 18 provinces situées entre l'Hindoustan propre et la rivière Kistna ou Krishna, savoir: Candeish, Dowlatabad, Berar, Orixa, les Circars, la plus grande portion de Golconde, Visapour et Concan; enfin, en Péninsule, au sud de la rivière Krishna, où se trouvent une partie de Golconde, Mysore, Carnatie, Tanjore, Madura, Tinevelly, Travancore, Cochin, etc.; la côte ouest s'appelle spécialement Malabar, et celle d'est Coromandel; 160,000 lieues carrées; 134,000,000 d'habitants, dont 120,000,000 aux Anglais ou sous leur dépendance. Les Hindous, à teint foncé, chevelure longue, taille svelte, élancée, air de figure ouvert, agréable, sont divisés en quatre castes ou tribus: bramins ou prêtres et lettrés, militaires ou radjepoutes, cultivateurs et industriels, avec une multitude de subdivisions maintenues scrupuleusement, sous peine d'être rejetés parmi les hallachores, rebut de la nation. Les castes ne s'allient point et ont droit de vie et de mort sur leurs membres; ils punissent de mort le meurtre d'une vache; une de leurs coutumes porte les femmes à se brûler à la mort de leurs maris; mais elle commence à se perdre par l'opposition constante des Anglais. Ils sont sobres, s'abstiennent de liqueurs

enivrantes et de nourriture animale; les habitations et les vêtements sont simples; il y a beaucoup de pagodes et des harems remarquables. Les mahométans, qui forment à peu près un huitième de la population, parlent arabe; le persan est en usage dans les hautes classes; le sanscrit est la langue sacrée et celle des savants. Leur religion est un tissu de superstitions des plus compliquées, dont la transmigration des âmes forme la base. L'Hindoustan, vers le nord, jouit d'un climat assez tempéré, mais les chaleurs sont fortes dans le sud. Il est riche en diamants et autres pierres précieuses, en or, argent, étain, cuivre, salpêtre, soie, coton, épices, aromates, drogues, opium, bétel, indigo, maïs, riz, sucre, bois de construction et de teinture. Les possessions particulières de la compagnie anglaise forment les présidences de Madras, Bombay et Bengale ou Calcutta, comprenant à peu près la moitié du pays; le reste ne jouit que d'une indépendance faible et précaire. Les lettres, pour les possessions anglaises, doivent être affranchies en Angleterre; celles pour les colonies françaises doivent l'être jusqu'au port français d'embarquement. (Lallemant.)

HIPPOCAMPE (zoologie) [du grec *hippos*, cheval, et *kamptô*, courber; qui a l'encolure du cheval].— Nom donné par les anciens à des chevaux marins fabuleux, consacrés à Neptune, qui n'avaient que les deux pieds de devant, et dont l'arrière se terminait en queue de poisson. Les naturalistes l'ont appliqué à un poisson, vulgairement appelé *cheval marin*, qui est remarquable par son tronc comprimé, notablement plus élevé que la queue; il atteint 33 centimètres de longueur; il se trouve dans les mers.

HIPPOPOTAME (zoologie) ou cheval de rivière.— Mot qui ne convient nullement à un *pachyderme* qui n'a de commun avec ce quadrupède qu'une ressemblance grossière dans le son de la voix; encore celle-ci tient-elle autant du mugissement du buffle que du hennissement du cheval. Sous le rapport des formes, c'est un animal tout à fait opposé. L'*hippopotame* est un mammifère monstrueux, qui atteint jusqu'à douze et quinze pieds de long, et dont la grosseur est peu inférieure à celle de l'éléphant; mais sa hauteur, qui n'est d'ordinairement que de 2 m. 60 c. à 3 m., n'est pas proportionnée à la masse de son corps. Toutes ses parties sont remarquables par leur volume énorme; ses pattes, encore plus massives que celles de l'éléphant, n'ont quelquefois que 32 cent. de haut sur 1 m. 32 c. de circonférence, et se terminent par quatre doigts presque égaux, garnis de petits sabots; sa tête est très-grosse et ressemble par la forme du muffle à celle du taureau. De sa gueule largement fendue s'échappent quatre canines longues, dont les inférieures, courbées, convergent vers les supérieures, de manière que leurs extrémités se touchent et s'usent l'une contre l'autre. Ces dents sont d'une dureté telle, qu'elles font feu par le choc du briquet, ce qui a donné probablement lieu à la croyance des anciens, qui disaient que l'*hippopotame* vomissait des flammes.

On sent qu'un quadrupède ainsi constitué doit être d'une force prodigieuse; effectivement, il peut d'un coup de dent percer une barque et la faire submerger. On prétend même qu'il supporte une petite chaloupe chargée, et qu'il peut même la faire chavirer avec son équipage.

Cependant, malgré sa puissance, l'*hippopotame* est peu redoutable. Il est naturellement doux et paisible, et ne cherche jamais à attaquer ni même à se défendre autrement que par la fuite : il souffre assez longtemps les provocations sans s'en inquiéter; mais, lorsqu'il se voit blessé grièvement, il devient furieux, s'élance sur son ennemi, en écrasant tout ce qui se trouve sur son passage. Dans ce cas même, il est moins dangereux que l'éléphant et le rhinocéros ; car, comme il est lent à la course, il est facile d'éviter ses atteintes en fuyant; mais, si par malheur son ennemi se trouve sur l'eau, la fuite lui est bien difficile. L'*hippopotame* nage avec tant d'agilité, qu'il atteint bientôt les barques les plus légères, qu'il submerge avec une effrayante facilité. C'est à cause de cette difficulté à marcher et de son habileté à la nage que ce pachyderme ne s'écarte jamais du bord des fleuves et des rivières, afin de pouvoir s'y jeter au moindre danger qui le menace. Il passe même la plus grande partie de la journée dans les eaux, dont il ne sort guère que pour aller chercher sa nourriture; les chasseurs profitent de ce moment pour s'en rendre maîtres. Mais comme la balle s'aplatit sur sa peau, et ne sert qu'à le rendre furieux sans le blesser dangereusement, c'est principalement par des piéges qu'on cherche à s'en emparer. Ce sont des fosses larges et profondes qu'on creuse sur son chemin, et qu'on masque avec des branches, des feuilles et de la terre. Une fois que l'animal y est tombé, il n'en peut plus sortir, et l'on peu facilement le tuer sans s'exposer au moindre danger. Sa chair est assez bonne au goût ; sa peau est très-solide et s'emploie à différents usages; enfin, ses dents servent à faire de très-bonnes dents artificielles.

Les *hippopotames* habitent par troupes les grands fleuves de l'Afrique centrale et surtout le Sénégal. On n'en connaît qu'une espèce vivante bien authentique; mais les terrains meubles de l'Europe renferment les débris *fossiles* de trois ou quatre espèces, dont une n'était pas plus grande qu'un sanglier.

Un hippopotame est né, en 1858 à Paris, à la ménagerie du Muséum d'histoire naturelle, mais sa marâtre refusa de l'allaiter; il ne put supporter l'allaitement artificiel, et il mourut. (Dr *Salacroux*.)

HIRONDELLE (zoologie) [*hirundo*]. — Genre de passereaux, de la famille des fissirostres, renfermant des oiseaux caractérisés par un « bec court, large à la base, étroit et pointu à l'extrémité, un corps ovale, des ailes allongées, une queue le plus souvent fourchue, composée de douze pennes, des tarses grêles et le doigt externe ne dépassant pas la dernière phalange du médian. » Ces oiseaux voyageurs arrivent dans nos contrées avec les premières chaleurs et disparaissent aux approches de l'hiver.

Ils se nourrissent d'insectes, qu'ils poursuivent jusque dans les airs, et dont ils détruisent chaque année une quantité innombrable.

Il n'y a pas d'oiseau plus intéressant que l'hirondelle, soit qu'on le considère dans ses mœurs, dans son instinct, dans son utilité; il offre à l'observateur des œuvres de Dieu des merveilles surprenantes. Il est le poétique symbole ou plutôt la plus gracieuse miniature de la famille humaine. Ici l'union est indissoluble entre les époux et la fidélité inaltérable et réciproque. Le mâle ne fait point le sultan, comme cela se voit chez beaucoup de bêtes et chez beaucoup d'hommes, et il ne rejette point sur sa compagne asservie le fardeau si lourd de nourrir et d'élever sa jeune famille.

Le vol, dit Buffon, est l'état naturel de l'hirondelle, je dirais presque son état nécessaire : elle mange en volant, elle boit en volant, et quelquefois donne à manger à ses petits en volant. Sa marche est peut-être moins rapide que celle du faucon, mais elle est plus facile et plus libre; l'un se précipite avec effort, l'autre coule dans l'air avec aisance; elle sent que l'air est son domaine, elle en parcourt toutes les dimensions et dans tous les sens, comme pour en jouir dans tous ses détails, et le plaisir de cette jouissance se marque par de petits cris de gaieté; tantôt elle donne la chasse aux insectes voltigeants, et suit avec une agilité souple leurs traces obliques et tortueuses, ou bien quitte l'un pour aller à l'autre, et happe en passant un troisième; tantôt elle rase légèrement la surface de la terre et des eaux pour saisir ceux que la pluie ou la fraîcheur y rassemble; tantôt elle échappe elle-même à l'impétuosité de l'oiseau de proie par la flexibilité preste de ses mouvements. Toujours maîtresse de son vol dans sa plus grande vitesse, elle en change à tout instant la direction; elle semble décrire au milieu des airs un dédale mobile et fugitif dont les routes se croisent, s'entrelacent, se fuient, se rapprochent, se heurtent, se roulent, montent, descendent, se perdent et reparaissent pour se croiser, se rebrouiller encore en mille manières, et dont le plan, trop compliqué pour être représenté aux yeux par l'art du dessin, peut à peine être indiqué à l'imagination par le pinceau et la parole.

Les mœurs de l'hirondelle, dit M. Guérin, ne la recommandent pas moins que la gracieuseté de ses mouvements; véritable amie de l'homme, elle semble ne se plaire que dans les lieux dont il fait sa demeure; de son logis elle fait le sien, place dans l'angle de sa fenêtre, au milieu des villes, le nid où elle déposera sa progéniture, ou bien cherche un refuge sous le toit paisible de la chaumière; les unes semblent préférer le tumulte des villes, les autres les plaisirs plus tranquilles des champs; et chaque année, campagnardes et bourgeoises, franchissant des distances immenses, elles reviennent revoir les lieux que l'intempérie des saisons les força de quitter; elles reprennent le nid qu'elles construisirent sur le bord d'un fleuve, dans l'angle d'une fenêtre, dans la crevasse d'un mur ou sous le toit de chaume.

HISTOIRE. — L'histoire est le récit de tous les faits dignes de mémoire, de quelque nature qu'ils soient. «C'est, dit Cicéron, le témoin des temps, la lumière de la vérité, la vie de la mémoire, l'école de la vie, la messagère de l'antiquité. » Cette définition en montre toute l'importance, soit pour agrandir le talent, soit pour donner aux lettres de la variété, soit pour fortifier les leçons de la morale. C'est en effet dans l'histoire que sont marqués les rapports si variés des sociétés policées ; là sont présentées, avec leur activité toujours excitée, les vanités et les ambitions, les rivalités et les vengeances; et l'observateur apprend, par la comparaison de tous les temps, à faire, dans l'examen des variations qu'éprouvent les mœurs publiques, la part des faiblesses de chaque homme et de l'entraînement universel des opinions.

L'objet immédiat de la poésie est de séduire ; celui de l'éloquence est de persuader; celui de la philosophie est de chercher la vérité dans la nature et l'essence des choses; celui de l'histoire est d'écrire des faits vrais pour instruire les hommes. De là résulte que la véracité doit être la qualité fondamentale de l'histoire.

Pour arriver à la vérité dans l'histoire, il faut que l'écrivain ne craigne point de faire les recherches les plus minutieuses ; feuilleter les auteurs où se trouvent racontés les mêmes. événements, remonter aux sources originales, compulser les bibliothèques et même les archives, soit publiques, soit particulières : telle doit être sa première occupation. Ce travail est ingrat, mais il est indispensable.

Les matériaux une fois réunis, il faut en apprécier le mérite. Il y en a qui sont plus ou moins dignes de foi ; quelques-uns ont été dictés par la passion, d'autres sont inexacts, écrits par des gens mal informés, etc. L'historien a donc besoin d'un jugement sain et d'une raison profonde pour discerner la vérité et la séparer de l'erreur, à laquelle elle est si souvent mêlée.

Non-seulement l'historien ne doit dire que la vérité, mais il doit la dire tout entière. L'impartialité, telle est donc la seconde qualité de l'historien. Il ne doit ni dénaturer les faits pour les plier à un système, ni refuser à chacun la part d'éloge ou de blâme ; mais, comme nous l'avons dit, l'impartialité ne doit pas être une froide indifférence; l'historien apathique est non-seulement dénaturé, mais injuste.

Dans la conduite et l'arrangement de son sujet, le premier soin de l'historien doit être de lui donner le plus d'unité possible, c'est-à-dire que son histoire ne doit pas se composer de parties décousues et sans rapport entre elles, mais liées par quelque principe commun qui présente l'idée d'une chose une, entière et complète.

Pour que l'histoire soit véritablement instructive, deux choses lui sont particulièrement nécessaires : la première, c'est une profonde connaissance de la nature, pour expliquer la conduite des individus et donner une idée juste de leur caractère ; la seconde,

ce sont de grandes lumières sur les sociétés humaines, sur la nature des gouvernements, pour expliquer les révolutions qu'éprouvent les États et l'influence des causes politiques sur les affaires.

L'histoire, par cela même qu'elle est destinée à l'instruction des hommes, doit offrir constamment les principes d'une saine morale; soit en peignant les caractères, soit en racontant les faits, l'auteur doit prendre la défense de la vertu. Son office n'est pas de faire des leçons en forme ; mais, en sa qualité d'homme de bien comme en celle d'écrivain estimable, il doit laisser percer ses sentiments opposés d'amour pour la vertu et de haine pour le vice. Se montrer neutre et indifférent entre les bons et les méchants, affecter de préférer la ruse et la politique à une morale franche et pure, c'est, entre autres mauvais effets, faire perdre à l'histoire son poids, sa dignité, son intérêt même. Nous prenons toujours plus de part aux événements lorsque le récit excite chez nous un sentiment de sympathie ; mais l'historien ne produira jamais cet effet s'il manque de sensibilité et n'éprouve point un mouvement vertueux que tous les hommes sont disposés à partager.

Le style historique doit être grave, mais rapide. Il faut qu'il s'élève ou s'abaisse suivant l'importance des objets, mais qu'il rejette tous les ornements éclatants.

L'éloquence peut se trouver dans les discours que les historiens mêlent aux récits, et dont l'étude rentre tout à fait dans l'éloquence parlée. On la trouve aussi dans la simple narration des événements et dans la manière d'en présenter le tableau.

Pour que le langage historique devienne imposant, il faut qu'une pensée de morale se mêle partout aux récits; l'histoire alors prend un caractère de grandeur qui rend ses leçons solennelles et ses souvenirs toujours vivants.

L'histoire se divise d'abord en histoire sacrée et en histoire profane: l'une considère les hommes dans leurs rapports avec la Divinité, et l'autre dans leurs rapports avec leurs semblables.

L'histoire sacrée renferme tous les faits relatifs à la religion, depuis l'origine du monde jusqu'à nos jours. Nous y voyons, dans une suite d'événements miraculeux, l'œuvre constante de la Divinité.

L'histoire sacrée se divise en deux parties: l'une qui précède la venue du Messie, c'est l'histoire sainte; l'autre, qui suit la naissance de Jésus-Christ et s'étend jusqu'à nos jours, c'est l'histoire ecclésiastique.

L'histoire sainte a été écrite par des hommes inspirés de Dieu. Les livres où sont consignés les événements antérieurs à la publication de l'Évantile sont appelés l'Ancien Testament. La narration des quatre évangélistes et les Actes des Apôtres, qui contiennent la vie de Jésus-Christ et les faits immédiatement postérieurs à sa mort, se nomment Nouveau Testament. L'ensemble de ces écrits s'appelle Bible, c'est-à-dire le livre par excellence.

A ne considérer l'Ancien et le Nouveau Testament que comme des ouvrages purement historiques, on peut assurer qu'il n'en est point en ce genre d'aussi beaux, d'aussi parfaits.

L'histoire ecclésiastique a été écrite par des hommes aidés de leur seul génie. Elle comprend l'établissement du christianisme, les persécutions qu'il a souffertes, ses luttes contre les hérétiques et les incrédules, l'exposition de sa doctrine et de sa discipline.

L'histoire profane se divise en histoire civile, en histoire littéraire et en histoire naturelle.

L'histoire civile comprend tous les événements qui se sont passés dans les empires et les divers États de la terre. Elle se divise en histoire universelle, en histoire générale et en histoire particulière.

L'histoire civile est universelle quand elle embrasse les annales de tous les peuples, depuis la fondation des premières monarchies, ou du moins des nations de l'Europe et de l'Asie occidentale, Égyptiens, Assyriens, Perses, Grecs, Romains, etc., jusqu'à nos jours.

Cette histoire est ancienne, intermédiaire, moderne ou contemporaine. L'histoire ancienne fait connaître les peuples anciens jusqu'à la destruction de l'empire romain d'Occident par les Barbares (476 de J. C.). L'histoire intermédiaire ou du moyen âge s'occupe de ces peuples jusqu'à la destruction de l'empire romain d'Orient par les Turcs (1453 de J. C.). L'histoire moderne s'étend depuis la prise de Constantinople jusqu'à la révolution française de 1789, et l'histoire contemporaine depuis 1789 jusqu'à nos jours. J. RAMBOSSON.

HOCHET (physiologie).—Petit instrument qu'on met entre les mains des enfants au maillot, afin qu'ils s'en frottent les gencives.—Le phénomène de la dentition s'opère quelquefois chez les enfants d'une manière insensible, mais le plus souvent il donne lieu à divers accidents plus ou moins graves. Les parents croient ordinairement que quand l'éruption des dents est précoce, l'enfant doit souffrir d'avantage; c'est précisément le contraire qui a lieu, par la raison que l'orifice alvéolaire est moins rétréci et présente moins de résistance dans la plupart des cas. Relativement au hochet, ce n'est point en buis, en ivoire, en argent qu'il doit être pour apaiser un peu les douleurs des gencives, mais simplement en racine de guimauve. Il y a bien longtemps que ce conseil est donné, et, cependant, que de personnes ne veulent pas le suivre! B. L.

HOLLANDE (géographie). — Contrée d'Europe entre la Baltique, l'Allemagne et la mer du Nord; république, ensuite royaume. La république était composée de sept provinces dites Unies : la Hollande, le Zélande, Utrecht, Gueldre, Over-Yssel, Groningue, la Frise, outre le Brabant. Le gouvernement était représentatif; le stathouder était chargé du pouvoir exécutif. Chaque province avait des états particuliers et des états généraux exerçant le pouvoir législatif. En 1795, la Hollande fut conquise par les Français, et le stathoudérat fut aboli. La république batave établie, suivit toutes les formes de gouvernement adoptées par la France, et fut, en

1807, constituée en royaume. Le siége du gouvernement fut fixé à Amsterdam. En juillet 1810, elle fut réunie à la France, dont, en 1814, elle fut séparée pour entrer dans la composition du nouveau royaume des Pays-Bas. Elle forme maintenant un royaume séparé. La Hollande est principalement arrosée par le Rhin, la Meuse et leurs différents bras. Une multitude de canaux, coupant le pays dans tous les sens, servent à dessécher les prairies et à transporter les denrées. Sol en quelques endroits plus bas que la mer, garanti par de fortes digues : produit peu de blé, point de vin, mais beaucoup d'excellents légumes et de gras pâturages, qui nourrissent une grande quantité de bêtes à cornes, chevaux, etc.; gibier abondant. Les Hollandais sont industrieux, économes , avares, d'une propreté minutieuse, avides d'argent. La Hollande faisait le commerce avec toutes les parties du monde; elle avait des possessions dans l'Inde, aux Antilles et en Afrique, qui ont été prises pour la plupart par les Anglais; 2,500,000 habitants. Ce pays a produit une infinité de grands hommes dans les sciences, les arts, dans les armées et dans la politique.

HOMARD (zoologie) [*homarus*]. — Genre de crustacés décapodes de la famille des macroures, formé des espèces du genre écrevisse, qui ne se trouvent que dans la mer. « Le homard se distingue par une carapace unie, par un rostre grêle, armé, à chaque côté, de trois ou quatre épines; par ses branchies, qui ressemblent à des bras, au nombre de plus de vingt de chaque côté; par des pattes extrêmement grosses, comprimées, ovalaires et inégales, que terminent des pinces d'une grande force. Il est brun-verdâtre, avec les filets des antennes rougeâtres. Cuit, il devient d'un rouge vif. On en trouve des espèces dans la Méditerranée et l'Océan. Le homard commun atteint 50 centimètres de longueur, et se tient près des côtes, dans les lieux remplis de rochers, à une profondeur peu considérable. Sa chair est fort estimée, surtout dans le temps du frai, mais elle est de difficile digestion. »

HOMICIDE [de *homo*, homme, et *cædere*, tuer]. — Ce mot, par conséquent, désigne le meurtre et le meurtrier. Caractérisant à la fois l'action et l'auteur de l'action, il est pris substantivement et adjectivement. L'*homicide* volontaire prend le nom de *meurtre*. L'*homicide* commis volontairement et avec préméditation s'appelle *assassinat*. Le meurtre des père et mère est un *parricide*. Celui d'un nouveau-né par ses parents est un *infanticide*. Lorsque l'homme tourne contre lui-même l'action malfaisante, il commet le *suicide*. Le meurtre le plus sévèrement puni est celui de lèse-majesté ou le *régicide*.

I. Dieu a mis dans la nature humaine deux instincts irrésistibles : l'un de *destruction*, et l'autre de *conservation*. En vertu du premier instinct, les hommes se tuent, se massacrent entre eux depuis le commencement du monde. Le grand Cuvier, portant sur l'ensemble du règne animal une vue profonde qui lui est propre, dit : « Les espèces animales sont mutuellement nécessaires, les unes comme proie, les autres comme destructeur et modérateur de propagation. On ne peut pas se représenter raisonnablement un état de choses où il y aurait des mouches sans hirondelles, et réciproquement (1). » La justesse de cette réflexion s'étend au genre humain lui-même, où l'on pourrait parvenir, selon J. de Maistre, à l'établissement de *lois fixes* de la fureur homicide.

Heureusement, l'instinct de *conservation* se réveille toujours à temps pour réparer les désastreux effets de son congénère. C'est même en vertu de cet instinct conservateur que l'homicide a été, de tout temps, en horreur à l'univers presque entier. Les peuplades sauvages ou cannibales, les nations abruties par le paganisme, peuvent se montrer sans respect pour la vie des hommes. Permis à des Zélandais de tuer et de manger les étrangers! permis à d'autres peuples de mettre à mort et de dévorer leurs vieux parents! permis aux Chinois de détruire en masse leurs enfants, pour prévenir un excès de population! permis encore à Rome païenne de faire égorger ses esclaves et ses sujets, pour les amusements du cirque, ou pour célébrer les fêtes de ses empereurs! mais, à part ces exemples exceptionnels dans l'histoire générale, la réprobation est inviolablement attachée à *l'homicide.*

Depuis l'origine du monde, les lois divines et humaines s'accordent à considérer l'homicide volontaire et de sang-froid comme un crime digne de mort. La peine capitale, il est vrai, a varié de forme selon les mœurs, les climats et l'état de civilisation. Les législateurs, pourtant, sont presque unanimes à l'inscrire dans les codes.

Tu ne tueras point, a dit Jéhovah au peuple d'Israël. Et à l'égard de celui qui transgresse ce commandement, la loi de Moïse autorise tout parent de celui qui a été tué à tuer l'homicide dès qu'il l'aura en son pouvoir.

Ne trempe pas tes mains dans le sang. Cette sentence de Phocylide honore l'antiquité. A Athènes, le meurtre involontaire était puni d'exil, et le meurtre de guet-apens du dernier supplice. On jugeait dans l'*Aréopage* les assassinats; le *Palladium* était affecté aux homicides casuels, et le *Delphinium* aux homicides volontaires et réputés légitimes. La législation française a retenu la plupart de ces dispositions.

Platon, au livre IX *des Lois*, essaye de porter des lois sur toutes les espèces de meurtres. Il reconnaît la difficulté de décider si les meurtres produits par la colère sont tous *volontaires*, ou si le législateur doit en ranger quelques-uns parmi les *involontaires.* Les homicides commis avec violence, mais sans *préméditation*, et dans la colère, ne doivent entraîner que l'exil, à moins qu'il ne s'agisse d'un parricide ou d'une personne libre tuée par un esclave, auxquels cas la mort doit s'ensuivre, si l'homicidé ne pardonne pas au criminel.

Quant aux meurtres commis de propos délibéré avec une méchanceté pleine et entière, de guet-apens,

et auxquels on s'est porté en se laissant dominer par le *plaisir*, l'*envie*, et les autres *passions*, Platon se borne à interdire les coupables, à les exclure de la société civile, des temples, du marché, de toute assemblée publique, et à exiger caution de la part de l'accusé, lorsque l'accusateur, parent du défunt, le traduit devant les juges. La peine capitale n'est encore réservée ici que pour les parricides, et pour les esclaves qui tuent un homme libre; si ce dernier survit à ses coups, l'esclave est battu de verges, au gré de l'accusateur, et puis mis à mort.

Celui qui est porté à l'homicide de soi-même, par faiblesse, par lâcheté extrême, sera, dit encore Platon, enterré seul, dans un lieu à part, inculte et ignoré, où il sera déposé sans honneurs.

N'est-il pas fâcheux que des notions fausses sur la nature humaine, et consacrant l'esclavage, aient ainsi fourvoyé la législation du paganisme, même dans la bouche du plus moral de ses philosophes? Passons à Rome.

II. Numa Pompilius, chez les Romains, fit insérer dans le Code papyrien que quiconque aurait tué de guet-apens serait puni de mort comme *homicide.* On transporta cette loi dans les Douze Tables.

Sous Tullus Hostilius, les cas d'homicide étaient jugés par les décemvirs. Les condamnés avaient le droit de faire appel de leur sentence au tribunal du peuple; mais, si la condamnation était confirmée, on les pendait à un arbre après fustigation, ou dans la ville ou hors des murs.

La loi *Sempronia : De Homicidiis*, ne change rien aux dispositions précédentes.

Le dictateur *Lucius Cornelius Sylla* fit rendre la loi *Cornelia de Sicariis*, par laquelle le meurtrier était seulement *exilé* s'il était élevé en dignité; condamné à *perdre la tête* s'il était de moyenne condition, et à être *crucifié* s'il était esclave. Plus tard, cette loi fut modifiée, parce qu'il parut injuste que le commun du peuple fût traité autrement que les personnes élevées en dignité. Les rigueurs de cette loi furent étendues non-seulement à ceux qui avaient effectivement tué, mais encore à ceux qui en avaient seulement le dessein, qui s'étaient armés avec un dard, qui avaient porté faux témoignage, ou qui avaient préparé, recélé ou vendu du poison.

Aux termes des *sénatus-consultes*, on considérait comme meurtriers ceux qui, par esprit de débauche ou par trafic, étaient portés à châtrer, à faire des sacrifices inhumains, à circoncire. Cette dernière mutilation était tolérée chez les Juifs.

Il ne fallait rien moins que les sévérités de cette législation pour faire compensation aux désastreux effets de la loi de Romulus sur l'infanticide, loi confirmée par celle des Douze Tables. En général, les Romains ont eu de la férocité dans les mœurs et dans leur législation : la loi *Porcia* n'était favorable qu'au citoyen romain, qui ne pouvait être mis à mort. Les esclaves ne connaissaient point cette modération.

Du reste, ce n'est pas à Rome seulement que l'en-

---

(1) *Anatomie comparée*, t. I, pag. 102, 2ᵉ édition.

(1) *La Politique*, livre VIII.

fance a eu à souffrir des dispositions cruelles de la loi ; afin d'éviter tout excès de population, l'antiquité la plus reculée sanctionne l'atroce coutume d'exposer les enfants. Minos, en Crète, fait une loi, propose le divorce, et encourage l'amour masculin que les Thébains tiennent en grand honneur, quoique repoussant l'exposition des enfants comme barbare.

Platon prescrit dans sa *République*, comme une mesure sage, que les enfants des hommes pervers, ceux qui naîtront difformes, les fruits illégitimes, les enfants des père et mère trop jeunes ou trop âgés, soient exposés.

Aristote va encore plus loin. « C'est à la loi, dit-il, à déterminer quels sont les nouveau-nés qui doivent être exposés ou nourris. On ne doit point élever les enfants difformes. S'il est nécessaire d'arrêter l'excès de la population, et que les institutions et les mœurs s'opposent à l'exposition des nouveaunés, le magistrat fixera aux époux le nombre de leurs enfants. Si la mère vient à concevoir au delà du nombre prescrit, elle sera tenue de se faire *avorter* avant que l'embryon soit formé. La criminalité ou la non-criminalité de ce fait dépend de la condition de vitalité de l'embryon.

III. Le christianisme, en s'établissant parmi les hommes, les éclaire sur leur véritable nature et élève leur dignité. Le cours des passions est transformé, et, comme conséquence nécessaire, la morale et la législation changent de base. Les peines du talion sont abandonnées. Le divin Précepteur, dans son discours de la montagne, recommande à ses disciples d'aimer leurs ennemis, de bénir ceux qui les maudissent, de faire du bien à ceux qui les haïssent, et de prier pour ceux qui les outragent et qui les persécutent. « Vous avez entendu qu'il vous a été dit : œil pour œil, et dent pour dent ; mais moi je vous dis de ne pas résister à celui qui vous fait du mal... »

Un pareil langage était ignoré de toute l'antiquité ; il annonçait une régénération complète de l'espèce humaine. Toutefois, la loi judaïque sur l'homicide n'est point abrogée par l'Évangile. L'exercice semble même en être rendu plus inévitable par l'appel du châtiment sur des fautes plus légères, telles que : outrage, colère, médisance. « Vous avez entendu qu'il a été dit aux anciens : Tu ne tueras point, et celui qui tuera sera punissable par les juges ; mais moi je vous dis que quiconque se met en colère contre son frère, sans cause, sera puni par le jugement ; et celui qui dira à son frère : Raca, sera puni par le conseil ; et celui qui lui dira : Fou, sera puni par la géhenne du feu. Tous ceux qui prendront l'épée périront par l'épée. »

On le voit, le divin Législateur, désespérant sans doute de détruire la méchanceté de l'homme par la puissance, par la mansuétude de sa morale, n'a pas voulu désarmer la société de la peine capitale. Aussi, malgré l'exemple des Francs et des Germains, suivi dans quelques localités, et qui consistait à n'infliger à l'homicide que des peines pécuniaires, il est d'usage,

en Europe, que tout homme qui en tue un autre, de propos délibéré, mérite la mort. Le genre de supplice varie avec les lieux et les époques ; mais la mort s'ensuit toujours.

D'après les Établissements de saint Louis, certaines circonstances de duel entraînent la pendaison de celui qui s'était rendu homicide.

Suivant les anciennes lois françaises, le noble, dans les crimes, perdait l'honneur et réponse en cour, pendant que le vilain, qui n'a point d'honneur, est puni en son corps (1).

Nous ne parlerons pas des auto-da-fé, de l'empalement, de la précipitation, de l'égorgement, du supplice de la roue, ni des divers modes de la torture ou question contre les criminels. Il est des choses qu'il faut tenir voilées, pour l'honneur de notre espèce. Les moyens imaginés par la justice humaine pour réprimer le crime indiquent assez ce qu'il a fallu de cruauté dans les mœurs, ou de tyrannie dans les pouvoirs, pour l'établissement d'une législation aussi féroce. Les criminels et les magistrats de ces époques barbares semblent se concerter pour outrager la nature. Montaigne réclame la modération dans les supplices. Ce premier cri en faveur de l'humanité était bien de saison, car jamais époque ne fut plus ensanglantée que celle où vivait ce philosophe.

Autres aménités relatives à la peine capitale : « Cette peine était prodiguée dans l'ancienne législation, et souvent accompagnée de tortures atroces. On réservait pour les nobles qui n'avaient pas commis de dérogeance la décapitation, qui consistait à trancher la tête d'un coup d'épée ou d'un coup de hache. Les vilains étaient pendus. L'usage d'enterrer *vivant* fut emprunté aux Romains, qui faisaient périr ainsi les vestales coupables d'adultère. »

« Sauval cite plusieurs exemples de ce *supplice* dans ses *Antiquités de Paris*. Le supplice des *oubliettes* était du même genre. Borel, dans son Dictionnaire, et les Chroniqueurs de Saint-Denis en citent un grand nombre d'exemples. Le *tenaillement* consistait à tirer et déchirer la peau du patient avec des tenailles rougies au feu. On en trouve un exemple dans le récit qu'a tracé Brantôme du supplice de Balthazar Gérard, meurtrier de Guillaume d'Orange (1584). L'*écartèlement*, ordinairement réservé aux coupables du crime de lèse-majesté, était un des plus affreux supplices. (L'idée mère de l'écartèlement remonte peut-être à Tullus Hostilius, qui condamna Metius Suffetius, dictateur d'Albe, a être tiré par deux chariots. Montecuculli, Damiens et Jacques Clément ont été tous trois écartelés, le premier comme assassin du dauphin François, fils de François Ier ; le second comme assassin de Louis XV, et le troisième, de Henri III. Jacques Clément fut écartelé après sa mort et puis brûlé. Les deux autres furent écartelés de leur vivant.) Le supplice de la *roue*, devenu habituel au seizième siècle, fut introduit en France à l'époque de François Ier. La *lapi-*

(1) Montesquieu, *Esprit des Lois*.

dation a été usitée dans les premiers temps de l'histoire de France. L'*estrapade*, qui consistait à hisser le condamné les mains liées au haut d'une longue pièce de bois, et à le laisser retomber de manière que le poids du corps disloquât ses membres, a donné son nom à une place de Paris, théâtre ordinaire de ce supplice. La place de l'Estrapade existe encore aujourd'hui. La *guillotine* n'a été adoptée en France qu'en 1789, et a tiré son nom du docteur Guillotin, qui la proposa à l'Assemblée nationale. Mais il y avait longtemps qu'on la connaissait en Italie sous le nom de *nannaia*. Aujourd'hui, en France, tous les condamnés à mort subissent le supplice de la guillotine, à l'exception des militaires, qui sont fusillés. »

Par ce que les hommes sont méchants, dit Montesquieu, la loi est obligée de les supposer meilleurs qu'ils ne sont. Pourquoi cette maxime n'a-t-elle pas été la règle constante des législateurs? Ce qu'il y a de pire et de plus révoltant, c'est de voir la proportion inégale des peines avec le crime. A Rome, sous les décemvirs, on punissait de la peine capitale les auteurs de libelles et les poëtes. En Angleterre, on clouait au pilori pour libelles contre les ministres, et les libelles contre le roi restaient impunis. En Chine, les voleurs cruels sont coupés en morceaux. En Moscovie, la peine des voleurs et celle des assassins sont les mêmes. Simon Morin fut brûlé pour avoir eu des conversations avec le Saint-Esprit. On coupa la main et la langue au chevalier de la Barre, on l'appliqua à la torture ordinaire et extraordinaire, et on le brûla tout vif pour certaines irrévérences!

Parmi nous, n'est-ce pas un grand tort que la même peine soit affectée aux voleurs de grand chemin et à ceux qui volent et assassinent? Le supplice de la roue pour les vols de grand chemin n'a intimidé les voleurs que temporairement. La peine de mort établie contre les déserteurs n'a point guéri du mal de désertion. Les lois draconiennes n'avaient peut-être pas plus de dureté que ces lois modernes, et il faut descendre jusqu'aux décrétales funèbres de Robespierre pour trouver quelque chose de plus sombre.

A l'égard des *infanticides*, la religion chrétienne, étant plus pure que celle des Juifs et des Romains, a aussi été plus sévère. Toute femme qui détruit son fruit avant ou après la naissance est considérée, parmi nous, comme homicide. La loi de Moïse distinguait : il n'y avait peine de mort que lorsque l'enfant était formé ou vivant. Nous connaissons l'opinion d'Aristote sur ce point. Les Romains ne condamnaient à mort, sous Cicéron, que les femmes qui se défaisaient de leurs enfants après avoir été corrompues par de l'argent. D'après un arrêt de 1480, une femme qui avait suffoqué son enfant fut condamnée à être brûlée vive. Un édit de Henri II, de 1556, déclare homicide, punissable de mort et du dernier supplice toute fille et femme qui cèlent leur grossesse et leur enfantement.

La religion des païens s'accorde avec celle des chrétiens et des mahométans pour défendre l'*homicide de soi-même*. Virgile inflige des peines dans l'autre monde à ceux qui sont sortis volontairement de celui-ci. Les Romains punissaient seulement leurs cadavres, et ne confisquaient les biens que de ceux qui se suicidaient pour éviter les honteuses conséquences du crime.

La jurisprudence canonique refusa la sépulture à tout *homicide de soi-même* par quelque cause que ce soit. Les Capitulaires de Charlemagne confirment ces dispositions. Les Établissements de saint Louis y ajoutent la confiscation des meubles du défunt et de sa veuve en faveur du baron. L'ancienne coutume de Bretagne était, à l'égard du suicidé, d'être pendu et traîné comme meurtrier. Plus tard, chez nous, on condamne les cadavres à être traînés la face contre terre, à être pendus par les pieds, et à être privés de sépulture. La confiscation se fait au profit du roi ou dès seigneurs. Mais on ne traite de la sorte que les suicidés de sang-froid, avec un usage entier de la raison ou par la crainte du supplice. On exempte de toute peine les *suicidés* qui sont dans la démence ou dans le chagrin, et dans le doute l'on suppose l'un ou l'autre de ces états.

IV. La législation sur l'homicide dont les principaux traits viennent d'être retracés est antérieure à nos révolutions politiques. Depuis lors l'amélioration des mœurs, les progrès accomplis dans la raison publique, à travers les efforts combinés de la religion et de la philosophie, permettent à la société de punir les tentatives homicides dirigées contre ses membres, sans être tenue de torturer, de pendre, de rouer, de brûler les criminels. Le *Code Napoléonien* n'a rien gardé de ces barbares supplices : Digeste du génie grec, du génie romain, du génie chrétien, et du génie franco-gaulois, ce grand monument se présente à l'acceptation de l'Europe civilisée. Voici les dispositions qu'il renferme relativement aux crimes et délits contre les personnes.

Dans tous les cas de meurtre avec preuve ou soupçon d'un crime, la grande vue du législateur français est de déterminer si la volonté de l'*homicide* a été libre, ou bien si elle est *dominée*, *entraînée* par quelque circonstance *étrangère* à la volonté. De là deux sections tout à fait distinctes.

Dans la PREMIÈRE SECTION doivent être renfermés tous les homicides à forme *volontaire*. Or, ici, il est essentiel de distinguer l'homicide avec *préméditation*, avec *guet-apens* ; l'homicide spontané ou réfléchi, mais *sans motif ordinaire* ; l'homicide par *maladresse*, *imprudence*, *inattention*, *négligence*, ou *inobservation* des règlements; et enfin l'homicide qui est l'effet d'une *provocation*, d'un attentat à la *pudeur*, d'une *légitime défense*, d'une *surprise en flagrant délit d'adultère*, etc. La pénalité doit nécessairement varier selon les cas compris dans ces *quatre catégories*.

Dans la première viennent se placer les *assassinats* de tout genre, auxquels doit être réservé le *maximum* de la peine lorsque l'âge du coupable est au-dessus de seize ans. Au-dessous de seize ans, il y a à déterminer si l'individu a agi sans *discernement* ou avec *discernement*. Dans le premier cas il est acquitté et, dans le second, il encourt des peines non capitales, mais proportionnelles à la gravité du délit.

A la seconde correspondent ces criminels qui ne sont poussés vers l'homicide qu'en vertu de leur *méchanceté naturelle*, ou d'un *désir instinctif* de répandre le sang. Ces hommes-là encourent la pénalité, mais avec circonstances plus ou moins atténuables.

Dans la troisième on doit comprendre tous les homicides *casuels*, auxquels répond une pénalité variable selon les circonstances.

Enfin, l'homicide de la quatrième catégorie, justifié par les circonstances déjà mentionnées, et ne pouvant être qualifié crime ou délit, devient excusable.

La DEUXIÈME SECTION embrasse tous les cas d'homicide réputées *involontaires*, ou dont l'horreur est atténuée par les circonstance qui ont agi sur la volonté. Avant d'énumérer ces dernières, rappelons une disposition essentielle de la *loi*.

Au livre XI, art. 64 du Code pénal, on lit : « Il n'y a ni crime ni délit lorsque le prévenu était en état de *démence* au temps de l'action, ou lorsqu'il a été contraint *par une force à laquelle il n'a pu résister*.

Évidemment, il serait dérisoire et inhumain de rendre les fous criminels responsables, mais bien des fois ce motif est invoqué en faveur d'hommes devenus homicides *sans perdre la raison*, *et dans l'intérêt seul d'un penchant sanguinaire*. La raison est si peu troublée chez ces individus, qu'elle leur conseille de résister à leur cruel penchant.

Or, pourquoi succomber dans cette lutte, pourquoi céder à la suggestion de l'appétit bestial? Le législateur n'aura-t-il pas une catégorie pour les faits de ce genre, qui, sous les nom de *morosité*, de *morosophie*, de *cacothymie*, exprime une malfaisance instinctive, mise hors de doute par les maîtres de la science (1). La loi nous laissera-t-elle désarmés en présence de ces hommes, d'autant plus dangereux, que l'on n'a aucun motif de soupçonner leur perversité ?

N'avons-nous pas à craindre, semblablement, que criminels et défenseurs n'abusent, trop souvent, des interprétations que l'on peut donner à la prétendue *force irrésistible*, admise par le Code lui-même? Dans le système cranioscopique de Gall, on parle des bosses du vol, des bosses du meurtre, de la combativité; et les individus qui en sont porteurs ou non porteurs, quand ils commettent le crime, passent pour avoir obéi à leur organisation, pour avoir cédé à une impulsion fatale. Ils éludent par là toute responsabilité. Une législation qu'on déduirait d'une théorie aussi hypothétique et aussi mensongère serait la plus pitoyable de toutes. Aussi faut-il craindre sans cesse quand on entend arguer de l'*autocratie* des penchants, de l'*irrésistibilité* des appétits. C'est là le refuge obligé de tous les avocats plaidant des causes désespérées. En présence d'un jury ignorant ou façonné, ces considérations peuvent avoir gain de

cause et entraîner les plus déplorables effets : le scélérat, rendu à la liberté, reprend, sans sourciller, sa place dans le monde à côté de l'honnête homme.

Il est donc de la plus haute importance de connaître et de peser toutes les circonstances qui peuvent enchaîner la volonté et la conduire à l'homicide. La pathologie et la médecine légale s'accordent à signaler les suivantes: l'*aliénation mentale*, qu'elle qu'en soit la forme, le *délire*, l'*épilepsie*, l'*hystérie*, le *somnambulisme naturel* et *magnétique*, le passage du *sommeil* à la *veille*, les *songes*, la *surdi-mutité*, l'*ivresse*, la *grossesse*, les *passions*. Ces états sont considérés, au moment de leur manifestation, comme pouvant entraîner la perte de la *liberté morale*, et, partant, la *non-culpabilité* des individus. Mais à l'égard des trois derniers, et surtout des passions, quoi qu'en disent quelques médecins légistes, il serait peut-être aussi inexact que contraire à la morale de ne voir en eux que des folies temporaires.

Notre opinion sur ce dernier point est conforme à celle de Metzger, qui, à propos de la *colère* et de l'*ivresse*, ne pense nullement que l'on puisse faire valoir les excès d'un vice, et d'un vice très-grossier, pour excuser un crime. Cet auteur, qui a été le médecin de Frédéric le Grand, s'autorisant de Serpillon et de Verhnex, ajoute : « Les crimes commis dans la débauche, c'est-à-dire dans la chaleur du vin, ne sont pas excusés; au contraire, les ivrognes, comme il a été observé, sont punis plus sévèrement, suivant l'ordonnance d'août 1556 (1). Les excentricités qui surviennent pendant la grossesse ou peu de temps après, telles que désir de voler, de mordre, de tuer, nous paraissent passibles des mêmes applications. Les sourds-muets nous paraissent également responsables lorsqu'ils savent *discerner*, et lorsqu'ils ont passé plusieurs mois dans des maisons d'éducation affectées à leur infirmité. La science n'indique ici que ce que la morale prescrit rigoureusement : « Ce qui dépend de nous, dit Épictète, ce sont nos » opinions, nos penchants, nos désirs, nos répu» gnances, en un mot, toutes nos actions. » Puisque ces choses-là dépendent de nous, nous sommes donc maîtres de les éviter.

V. La médecine va encore plus loin dans ses inquisitions sur l'homicide. Un cadavre étant donné, ce n'est pas une petite difficulté de distinguer si la mort a été *naturelle*, *accidentelle*, ou si elle est l'effet d'un *homicide* ou d'un *suicide*. Chacune de ces questions comporte un examen des plus minutieux et suppose des connaissances exactes sur l'issue ordinaire des maladies, sur les occasions capables d'amener la mort, sur le degré d'influence des causes occasionnelles, déterminantes et prédisposantes, sur les moyens habituels de provoquer l'homicide, savoir : coups, blessures, empoisonnement, suffocation, combustion provoquée ou *spontanée*. Des plaisants ont eu l'air de nier, en la ridiculisant, cette dernière espèce de combustion, en disant que le principe vital avait voulu brûler sa maison avant de

___

(1) L'auteur fait ici allusion aux travaux de Félix Platter de Sauvages, de Metzger, et surtout du professeur Lordat.

(1) *Principes de Médecine légale*, p. 237, 476.

la quitter. Mais, pour rendre la plaisanterie plus intéressante, il faudrait qu'il fût possible de rejeter les nombreux faits acquis à la science sur ce point. Si ces faits sont méconnus, c'est de leur ignorance qu'il faut rire!

Quand l'examen porte sur le cadavre d'un nouveau-né, il y a aussi à décider s'il s'agit d'un *avortement* ou d'un *infanticide*, d'un avortement *naturel* ou *provoqué*, d'un infanticide *involontaire* ou *volontaire*, ce dernier pouvant être par *omission* ou par *commission*.

Le *suicide* peut donner le change pour l'*homicide*, parce que les moyens d'effectuer l'un et l'autre sont à peu près les mêmes. C'est au médecin légiste à peser toutes les circonstances. Il se souviendra que le *suicide* s'accomplit dans la folie, avec la plénitude de la raison, sous l'influence d'une cause morale, d'un accident, à l'occasion des incommodités d'un état pathologique, ou bien sous l'impulsion d'une cause purement vitale ou instinctive. La législation civile, s'autorisant de Beccaria, peut ne point incriminer le suicide; mais, aux yeux de la religion, de la morale et de la philosophie, l'homicide de soi-même sera toujours répréhensible : l'homme n'est pas maître d'abandonner le poste que Dieu lui a assigné ici-bas.

Une occasion beaucoup trop fréquente d'homicide, c'est le *duel*. La fureur en devient souvent épidémique. On a vu singulièrement varier la législation relative à ce moyen de venger l'offense et l'honneur outragé. Sous Richelieu, elle était atroce. Le conseil de guerre de Lyon (affaire du lieutenant de Mercy, 1858) vient de nous fournir un exemple de la gravité des peines que l'on encourt lorsque le duel n'est qu'un moyen de faciliter le cours d'une méchanceté naturelle.

La guerre, toujours allumée sur quelque point du globe depuis l'origine des sociétés, n'a-t-elle pas été inventée pour fournir un aliment incessant à la fureur homicide? Le physiologiste ne voit dans ce fait universel que l'homologue de ceux qui précèdent, et sait lui reconnaître un côté *mental* et un côté *instinctif*.

L'homicide par la hideuse forme de l'anthropophagie est semblablement susceptible de l'interprétation scientifique; nous avons essayé, le premier, de le prouver dans un traité spécial (1). C'est à un in-

(1) *De l'Homicide et de l'Anthropophagie.* Le dogme du *Vitalisme* et celui de la *Dualité* du *Dynamisme humain*, qui en est la conséquence rigoureuse, forment les premières assises sur lesquelles M. le docteur Barbaste a, d'une main habile, élevé un monument solide à la science, à la religion, à la morale, à la philosophie.

La double question soulevée par le titre du livre a été savamment traitée. A l'étude de l'Homicide et de l'Anthropophagie a été associée, comme corollaire naturel, celle des mauvais penchants de l'homme.

Remarquable par la profondeur de la pensée, la pureté et l'élégance de la forme, le nombre et la variété des faits, toujours puisés à des sources authentiques, l'ouvrage du docteur Barbaste porte le cachet d'une vaste érudition : un succès durable lui est assuré.   B. LUNEL.

stinct dépravé, à la folie, à la passion délirante, à la superstition, au fanatisme, à la vengeance, à la sensualité, au goût, et même à la raison, qu'ont été rapportées toutes ces horreurs de l'espèce humaine. De là s'en est suivie leur classification métrique. En l'absence de la législation criminelle, c'est à la civilisation à réprimer ces outrages adressés à la nature!

VI. La pénalité relative à l'homicide et à ses innombrables formes doit varier selon la nature des crimes et délits, et être proportionnelle à la gravité de ces derniers. Tous les cas d'homicide qui ne sont pas accessibles à la législation civile ou criminelle restent à la charge de la religion, de la philosophie, de la société elle-même ou des gouvernements. Mais, pour agir fructueusement, dans tous les cas possibles, il est essentiel de savoir diriger son esprit dans les questions suivantes :

1° Le mobile de l'action homicide a-t-il été de l'ordre *mental* ou de l'ordre *instinctif*?

2° Jusqu'où s'étend l'influence de l'un de ces mobiles sur l'autre?

3° La lutte peut-elle s'engager entre le mobile *rationnel* et le mobile *vital*?

4° Comment s'opère la victoire ou la défaite de l'un et de l'autre mobile de la nature humaine?

5° Le combat entre les deux puissances a-t-il été long ou court?

6° Le mobile *mental* ayant eu la haute main dans l'accomplissement de l'action, son intervention a-t-elle été *spontanée* ou *réfléchie*?

7° Les actions, les suggestions *instinctives* sont-elles *spontanées* ou le fruit d'une longue *préparation*?

8° L'un des mobiles peut-il parvenir à ses fins sans la participation, plus ou moins explicite, de son collaborateur habituel?

9° L'un des mobiles agissant seul, doit-il en résulter nécessairement un trouble quelconque dans la sphère d'action de son congénère?

10° Lorsque le trouble survient dans l'un des mobiles, à l'occasion des provocations répétées du collaborateur, l'entraînement du premier est-il toujours inévitablement *irrésistible*?

11° Jusqu'à quel degré les actions de l'un et de l'autre mobile entraînent-elles la *responsabilité* ou l'*irresponsabilité*?

12° Enfin, les deux principaux moteurs de la vie humaine peuvent-ils entrer pour une égale part dans l'accomplissement de l'homicide, ou avec de si faibles prédominances de l'un ou de l'autre, que l'acte qui en résulte ne présente que des teintes légères, que des nuances insaisissables de l'ordre dynamique auquel il se rapporte plus particulièrement?

Telles sont les questions préliminaires dont la solution doit inspirer tout homme à qui incombe le devoir de se prononcer sur la culpabilité, sur la pénalité de l'homicide. En règle générale, tant que la raison ne s'obscurcit pas au milieu de l'orage, tant que la conscience reste juge souveraine de ses actes, tant qu'elle n'égare pas la volonté, l'individu reste responsable. Il doit, par conséquent, subir, non-seulement la peine pour le crime qu'il a commis, mais encore il doit à la société l'exemple du repentir ou du châtiment.   Dr BARBASTE.

HOMME (histoire naturelle, anthropologie.—Être doué de raison; animal raisonnable. Sous cette dénomination on comprend les deux sexes, c'est-à-dire toute l'espèce humaine.

Nous diviserons cet article en cinq parties :

1° Empire de l'homme sur la création; 2° caractères physiques propres à l'humanité; 3° de l'homme physique et moral; 4° histoire de la vie humaine; 5° des races humaines.

I. *Empire de l'homme sur la création.* — Considéré sous le rapport de la place qu'il occupe parmi l'universalité des êtres créés, l'homme appartient à la classe des mammifères (1) et à l'ordre des bipèdes (2).

Seul entre tous les animaux, il jouit de la faculté de se tenir verticalement sur ses deux pieds; seul, il transmet ses idées par des signes et des sons articulés; seul, il peut habiter tous les climats; en un mot, c'est le dominateur de la nature; chacun des êtres le fuit ou lui obéit, et lui paye un tribut, sous peine de vivre loin du pays qu'il habite. Ce qui prouve encore que l'homme est une émanation de la Divinité, c'est que, seul parmi tous les êtres créés, il s'élève jusqu'à la connaissance de son Auteur, dont il cherche à se rapprocher des infinies perfections.

L'empire que l'homme exerce sur les animaux est donc un empire légitime, qu'aucune révolution ne peut détruire : c'est l'empire de l'esprit sur la matière, a dit un grand naturaliste. C'est non-seulement un droit de nature, un pouvoir fondé sur des lois inaltérables, mais c'est encore un don de Dieu, par lequel l'homme peut, à tout instant, reconnaître l'excellence de son être; car ce n'est pas parce qu'il est le plus parfait, le plus adroit des animaux qu'il leur commande; s'il n'était que le premier du même ordre, les seconds se réuniraient pour lui disputer l'empire; mais c'est par supériorité de nature qu'il règne et commande : il pense, et, dès lors, il est le maître des êtres qui ne pensent point. La majesté de son corps répond à la noblesse de son caractère, et tout en lui démontre le chef-d'œuvre de la création. Réduit à une taille pygmée, il ne pourrait consommer les productions de la terre, ni même les exploiter; doué d'une corpulence gigantesque, la terre ne fournirait plus à ses besoins.

On a dit cependant : l'homme est plus mal partagé que les animaux sous le rapport de la force et de l'agilité. Qu'a-t-il besoin d'être plus léger que les animaux? Il les fait courir pour lui, et l'eau et les vents lui prêtent des ailes qui le transportent dans tout l'univers. Quant à la force physique, il laisse l'honneur de porter de lourds fardeaux au cheval, au bœuf, au chameau, à l'éléphant même; il ne se plaint pas d'être né sans armes naturelles; il ne convenait point au roi de la nature d'être armé. D'ail-

(1) Animaux pourvus de mamelles.
(2) Deux pieds.

leurs, s'il a besoin de se défendre, les animaux viennent à son aide : le bois et la pierre opposent des remparts à ses ennemis; le fer, le feu et toute la nature conspirent pour le mettre hors d'insulte!

Nous tenions à réfuter une opinion qui, bien que d'un léger poids pour les hommes qui raisonnent, se trouve consignée dans une foule de livres prétendus scientifiques.

Nous allons prouver maintenant que l'empire de l'homme sur les êtres vivants s'étend au delà de la soumission et de l'obéissance;

En effet, par la domestication, par l'alimentation et par le croisement des races, l'homme a modifié dans leur nature les êtres qui l'entourent; au moyen de la culture, de la greffe, des fécondations artificielles, il a modifié les végétaux, créé en quelque sorte des espèces nouvelles appropriées à ses goûts, à ses besoins, et cela, en se servant des forces de la nature, assujettie à ses combinaisons.

Et cependant, avec tant de titres à l'étonnement et à l'admiration, que d'esprits, qui se disent philosophes, veulent toujours que l'homme soit déchu, et que ses principales facultés, la raison, la volonté, le jugement, etc., existent dans un degré moins parfait que du temps de son innocence!

Nous savons que nous abordons ici une question brûlante; mais, de bonne foi, n'est-on pas frappé de la puissance du génie de l'homme lorsqu'on examine le détail des arts, le progrès des sciences, et lorsqu'on le voit traverser les mers, franchir les distances avec la rapidité de l'éclair, mesurer les cieux et disputer au tonnerre son bruit et ses effets?

Disons avec Bossuet que si « l'homme est tombé en ruine par sa volonté dépravée, qu'on remue ces ruines, on trouvera dans les restes de ce bâtiment renversé et les traces des fondations, et l'idée du premier dessin, et la marque de l'Architecte. »

Allons plus loin, disons que si Bossuet revenait aujourd'hui parmi nous, peut-être modifierait-il encore ce passage, l'un des plus philosophiques de tout ce qu'il a écrit.

II. *Caractères physiques propres à l'humanité.* — S'il est une partie du corps humain qui offre des traits différentiels caractéristiques, c'est bien la tête, qui renferme le cerveau, organe de la pensée, et les principaux sens, c'est-à-dire la vue, l'ouïe, l'odorat et le goût. C'est en effet par le rapport du volume du crâne au volume de la face que l'homme se sépare de tous les animaux. Ce rapport peut être approximativement évalué par l'*angle facial* de Camper, c'est-à-dire de l'angle compris entre un plan antérieur passant par le bord des incisives supérieures et par le point plus saillant du front, et un plan inférieur passant par la base du crâne au niveau des trous auditifs externes et du bord inférieur de l'ouverture antérieure des narines. Cet angle se rapproche d'autant plus de l'angle droit que le volume du crâne l'emporte davantage sur le volume de la face. Ainsi, dans les têtes européennes il est de 80 à 85 degrés, chez les Mongols de 75, et de 70 à 72 seulement chez les nègres.

D'après le degré d'ouverture de cet angle, on est parvenu à apprécier les proportions du crâne et de la face, et jusqu'à un certain point le degré d'intelligence des individus. Chez les animaux, cet angle est plus aigu que chez l'homme. Ceux qui ont le museau le plus allongé sont, pour tout le monde, le type de la bêtise, comme les bécasses, les grues, ou celui de la férocité, comme le loup, la hyène, tandis qu'on attribue beaucoup d'intelligence à ceux qui ont un front très-prononcé, comme l'éléphant, la chouette, que les Grecs avaient donnée pour compagne à la déesse de la Sagesse.

Cependant, en raisonnant anatomiquement, on comprend que l'angle facial soit un moyen d'appréciation parfois peu fidèle, attendu que souvent, en raison de leur grand développement, les sinus frontaux gonflent tellement le crâne, qu'on ne peut juger à l'extérieur, surtout d'une manière sûre, de la capacité de cette boîte osseuse. Aussi, pour obvier à cet inconvénient, le célèbre Cuvier conseille-t-il de considérer le crâne et la face dans une coupe verticale et longitudinale de la tête, et de comparer les aires que ces deux parties peuvent offrir; or, dans l'Européen l'aire du crâne est à peu près quadruple de celle de la face, tandis que dans le nègre celle-ci augmente d'un cinquième.

Il résulte néanmoins de l'observation de faits établis sur une large échelle, qu'il existe un rapport direct et constant entre le développement des facultés intellectuelles et celui du cerveau. M. Max. Parchappe, médecin en chef de l'Asile des Aliénés de la Seine-Inférieure, dans un mémoire intitulé : *Recherches sur l'Encéphale*, nous apprend que le poids moyen de l'encéphale humain peut être évalué à 1 kilog. 350. Le poids de l'encéphale d'un orang adulte, dont la taille était de 1 mètre, ne s'élevait qu'à 306 grammes. Cette différence de volume se manifeste, d'ailleurs, avec non moins d'évidence par la comparaison des dimensions de l'encéphale dans l'homme et dans l'orang. Le tableau suivant le prouve :

	chez l'homme.	chez l'orang.
Longueur. . . .	0m162	0m095
Largeur.	0m135	0m090
Hauteur.	0m108	0m067

Disons aussi que les organes des sens, à l'exception de l'odorat, ont chez l'homme un haut degré de perfection : que par la longueur, la mobilité et l'indépendance des doigts, l'homme réunit toutes les conditions du toucher par excellence (1).

III. *De l'homme physique et moral.* —La nature a donné à la race humaine (2), de plus qu'aux animaux, une faculté spirituelle, qui nous donne la con-

(1) Ce fait est des plus importants. Dans la main des singes, qui se rapprochent le plus de l'homme, le pouce est plus court; l'extenseur propre du petit doigt, de l'index, le court extenseur propre et le fléchisseur propre du pouce manquent. Cet organe du singe est plutôt destiné à saisir qu'à toucher.

(2) Virey, *Hist. nat. du Genre humain.*

naissance de la science du bien et du mal; elle nous a rendus capables d'impressions plus profondes et plus pénétrantes; par cette voie, elle a versé sur nous, sans mesure, la coupe des plaisirs et des peines. Aucune créature ne naît plus faible que nous, et aucune ne devient plus puissante. Quel animal, à sa naissance, n'a pas plus d'instinct et de facultés que l'enfant, mais lequel peut acquérir, comme l'homme, ce brillant degré d'intelligence et d'habileté qui sait asservir l'univers? La brute, en entrant au monde, est presque aussi instruite, par l'instinct, que ses parents; l'homme, au contraire, est, à son origine, dépourvu de toute connaissance, et plongé dans une stupide imbécillité : mais l'instinct de la première est stationnaire; la science du second s'accroît sans cesse et s'élève aux plus sublimes vérités. Le cercle moral de l'animal est resserré dans d'étroites limites ; l'homme peut s'élancer aux plus éclatantes vertus, ou se précipiter dans l'abîme des plus horribles scélératesses; il parcourt tous les extrêmes. Rien n'est en même temps plus majestueux et si abject que l'homme en général; et par ses excès de bien et de mal, c'est une des merveilles les plus incompréhensibles que la nature ait jamais formées.

Ce qui distingue éminemment l'homme de tous les autres êtres, ce sont donc ces qualités exorbitantes de domination et de servitude, de bonheur suprême et de misère insupportable, de science et d'ignorance, enfin de vertus et de vices, par lesquelles il est à la fois la gloire et l'opprobre de la terre. La nature lui a tout ôté pour lui tout accorder; elle l'a fait naître impuissant, esclave de tout, pour le combler de force et de souveraineté; elle l'a créé stupide, pour l'exciter à la plus sublime raison; elle lui a donné une sensibilité profonde comme un instrument tout-puissant de perte ou de salut, et lui a également ouvert les portes du crime et de la vertu. Quel animal a jamais possédé ces prérogatives ? La nature a écarté toute barrière de l'âme humaine, parce qu'elle nous a éclairés du flambeau du génie ; elle les a multipliées, renforcées autour de l'animal, parce qu'il est aveugle dans la science du bien et du mal.

L'homme est donc un être excessif en toutes choses; il l'est par son rang suprême dans l'ordre des corps animés; il l'est par ses facultés corporelles, qui surpassent, en général, celles des animaux et des plantes; il l'est surtout par ses forces morales et intellectuelles, qui lui ont conquis le sceptre de la terre. L'homme réunit toutes les qualités extrêmes des règnes organisés; on peut dire qu'il est, en quelque sorte leur cerveau, leur partie pensante et sensible par excellence, tandis que les autres espèces en composent le corps et la masse brute. De même que le cerveau est formé pour diriger l'économie vivante de chaque individu, le cerveau des corps organisés, qui est la race humaine, est établi par la nature comme un suprême modérateur, pour faire régner entre eux une sorte d'équilibre et de subordination. C'est un grand balancier destiné à peser tour à tour sur tout ce qui s'élève au delà des limites naturelles, et à faire remonter au niveau tout ce qui s'abaisse trop au-dessous.

Voyez ces contrées couvertes de plantes et d'animaux de toute espèce qui les surchargent; l'homme, attiré par l'abondance de leurs productions, y fixe sa demeure, subjugue et détruit les animaux, réduit en servitude les plus doux, frappe de terreur ou de mort les plus indomptables, renverse les forêts, retranche cette exubérance de vie végétale par le feu, la cognée et la faux, purifie les airs, dessèche les marais, donne un libre cours aux eaux stagnantes, anime la nature morte, et y fait régner une perpétuelle harmonie. Mais bientôt l'espèce humaine prenant un accroissement prodigieux par l'établissement des sociétés, des empires, des lois civiles et religieuses, par la perfection de la civilisation, la nature est de nouveau encombrée. Jadis elle était étouffée, envahie par une surabondance de végétaux et d'animaux de toute espèce; maintenant elle est accablée, dévorée par des hôtes puissants qui épuisent la terre de ses plantes et détruisent ses animaux. Alors elle cherche à se débarrasser de cette multitude fatigante qui l'oppresse; elle renverse la puissance de l'homme, change ses cités en déserts par la famine et les pestes, détruit les empires, met, ainsi, l'épée dans la main des conquérants, fait déborder des régions du Nord des hordes dévastatrices, renouvelle par des révolutions politiques la masse des générations humaines, envoie des maladies qui attaquent la reproduction de l'espèce, et rétablit, par ces formidables secousses, l'équilibre entre les êtres organisés. Il est réservé, sans doute, dans les destinées de la nature, des époques redoutables de ravages et de destruction au genre humain, et les temps sont marqués par la divine Providence pour la ruine des empires et les renouvellements de la face du monde. Voyez s'élever successivement les royaumes des Mèdes, des Assyriens, des Scythes, des Perses; écrasés par les conquérants macédoniens, ils sont tombés à leur tour devant les Romains. La puissance colossale de ces derniers s'écroula ensuite sous les coups des vaillants enfants du Nord, qui accourent comme des loups dévorants à la chute de ce grand cadavre. Les Cimbres, les Huns, les Goths, les Vandales, les Alains, les Visigoths, et toutes ces races belliqueuses qui débordèrent par torrents, morcelèrent, envahirent les vastes provinces de l'empire romain, et, conduits par les Alaric, les Attila, les Genséric et les autres fléaux de l'espèce humaine, se déchirèrent entre eux, en s'arrachant de sanglants débris. En Asie, je vois s'élever l'empire des Sarrasins, à la voix de Mahomet. En Europe, Charlemagne fonde une nouvelle puissance; les Tartares, sous les Tamerlan et les Genghis-Khan, inondent l'Asie; les Turcs anéantissent l'empire d'Orient; les Espagnols envahissent le nouveau monde; la destruction succède sans cesse à la destruction; et, au milieu de ce fracas éternel des empires qui s'élèvent, qui s'écroulent les uns sur les autres, la nature immuable tient la balance, et préside, toujours impassible, à ces bouleversements!

Ces marées ou reflux de l'espèce humaine, ces dévastations, ces colonies, ces irruptions, enfin ces conquêtes et toutes ces révolutions opérées dans le long cours des siècles, ne sont que des établissements successifs d'équilibre dans le système des corps organisés; car on observe que ce sont presque toujours les nations pauvres, ou, qui revient au même, trop nombreuses eu égard au peu de produit de leur territoire, qui exécutent ces grands bouleversements. Il est donc un rapport nécessaire entre le nombre des hommes et la quantité des substances organisées, qui fournissent à leur nourriture et à leurs nécessités; rapport qui, venant à se déranger, entraîne à sa suite des famines, des ruines de pays, des soulèvements, des convulsions politiques, des guerres, des maladies pestilentielles et tous les ravages qui en sont la suite. Ainsi les habitants des régions stériles du Nord refluent toujours, les armes à la main, dans les plaines fertiles de l'Asie, de sorte que l'équilibre ne s'établit pas seulement de peuple à peuple, mais il se coordonne encore avec l'ensemble des corps organisés qui servent à leurs besoins. Les pays froids et peu productifs sont, par cette raison, les moins peuplés; les époques de disette diminuent sensiblement le nombre des naissances humaines; les mouvements politiques, les révolutions s'exécutent toujours par les classes indigentes de la société contre les riches et les heureux. La politique elle-même n'est souvent qu'un instrument de la nature, sans que nous nous en doutions; les vicissitudes des nations ne dépendent pas uniquement des hommes; il est une plus haute nécessité des choses, un concours fatal de circonstances qui les déterminent. Les rois eux-mêmes ne sont-ils pas dominés par cette puissance supérieure de la nature, qui impose le joug de ses lois à ceux qui en donnent aux autres hommes? Rien n'est durable dans le monde; les empires ont leurs âges comme les individus, et ils n'existent que par rapport aux corps organisés, qui servent à la sustentation et aux besoins des membres de la société. L'impulsion primitive émane donc de la propriété de l'homme sur les substances naturelles, et les agitations secrètes qui donnent le branle aux États remontent à quelque source semblable, de manière que la Providence de la nature, qui veille sur tous les êtres, en tient toujours le gouvernail.

Cet équilibre général que l'espèce humaine est chargée de maintenir dans les règnes organisés, chaque classe d'animaux l'établit dans les diverses provinces de la nature, comme les oiseaux, par leurs émigrations perpétuelles du midi au nord, et du nord au midi; les poissons, par leurs voyages annuels au sein des mers. On aperçoit même de semblables débordements parmi les mammifères; et il se trouve sans doute de pareilles migrations dans la classe des insectes. Où l'aliment abonde, là se porte le consommateur; de sorte que la matière organisée ne demeure jamais dans l'inaction.

Ainsi, l'espèce humaine n'existe pas uniquement pour elle-même, mais elle est constituée relativement à l'ensemble des êtres animés; elle n'est donc point l'objet et le but de tout ce qui est créé, mais plutôt son contre-poids et sa force modératrice. Nous sommes placés au faîte des corps organisés pour y établir, par notre masse, une sorte de pondération et de nivellement par la destruction que nous y exerçons. De même que le règne animal est institué pour réprimer l'excessive abondance du règne végétal par les déprédations qu'il y exerce, les espèces carnivores ont été créées aussi pour retrancher l'excès des espèces qui vivent de végétaux, de peur qu'elles ne parvinssent à affamer la terre : la race humaine est de même formée pour faire régner l'harmonie entre ces différents êtres, en châtiant également les uns et les autres, et en les maintenant dans leurs bornes respectives. Cette fonction est prouvée par la faculté accordée à l'homme de pouvoir régner dans tous les climats, et de se nourrir également de végétaux et d'animaux. Comme le nombre des espèces herbivores, dans les pays méridionaux, ne suffit pas pour retrancher l'abondance des végétaux, la nature a rendu frugivore l'homme de ces contrées. Au contraire, elle l'a fait principalement carnivore dans les zones froides, parce que la proportion des animaux y est trop considérable relativement aux plantes, dont le froid empêche la multiplication et la croissance. Le frugivore n'eût pas pu trouver à se nourrir au nord, et le carnivore au midi eût laissé encombrer la terre de substances végétales, en y détruisant les animaux herbivores pour son propre aliment. Enfin, lorsque la puissance despotique de l'homme devient trop onéreuse aux corps organisés, la nature engendre des maladies épidémiques, qui ne sont jamais plus contagieuses et plus funestes que dans les grandes sociétés humaines; elle fait naître de soudaines catastrophes politiques, dont la commotion est d'autant plus violente, que la population est plus rapprochée et plus nombreuse : elle suscite des discordes; elle établit des guerres qui sont des sortes de cautères ou des saignées, qui diminuent la pléthore, pour parler ainsi, de l'espèce humaine; et, enfin, elle maintient toujours, par quelque moyen, une sorte d'égalité entre les forces vitales de la matière organisée.

Il suit de là que la nature ne considère jamais les individus; qu'elle maintient la perpétuité des espèces par de vigoureux retranchements dans les races qui empiètent sur les autres, et que, loin d'avoir tout ordonné pour le bonheur de l'homme physique, elle le fait servir, même à ses dépens, dans l'équilibre du système des corps organisés, et l'immole et le brise comme un faible roseau lorsqu'elle n'en a plus besoin. Elle a peu favorisé l'homme individuellement, mais elle a tout fait pour l'homme intellectuel et social. Les temps de malheurs pour le genre humain sont des époques d'accroissement et de développement pour les règnes de la nature; notre multiplication et notre prospérité sont une période de dégradation, de ruine ou de dépérissement pour eux; car nous ne nous enrichissons que de déprédations sur la nature, nous n'engendrons qu'aux dépens des êtres vivants que nous détruisons; de sorte qu'il s'établit un balancement perpétuel, une oscillation plus ou moins voisine de l'équilibre, entre nous et les règnes organisés.

Si l'homme n'est qu'un instrument nécessaire dans le système de vie, tout ce qui existe n'est donc pas formé pour son bonheur; et s'il est le plus puissant, le plus parfait de tous les animaux, c'est afin d'être le centre d'action, le mobile commun auquel viennent aboutir toutes les forces particulières. De même que les souverains sont institués pour faire le bonheur des peuples, l'homme a été établi le chef de tous les êtres pour faire leur bien général; et il serait également faux de prétendre que les sujets fussent formés exprès pour le souverain, et que toute la nature ait été créée exclusivement pour l'homme. La mouche qui l'insulte, le ver qui dévore ses entrailles, le vil ciron dont il est la proie, sont-ils nés pour le servir? Les astres, les saisons, les vents obéissent-ils aux volontés de ce roi de la terre, aliment d'un frêle vermisseau? Quelle démence de croire que tout est destiné à notre félicité, que c'est l'unique pensée de la nature! Les pestes, les famines, les maladies, les guerres, les passions des hommes, leurs infortunes et leurs douleurs prouvent que nous ne sommes pas plus favorisés au physique que les autres êtres, que la nature s'est montrée équitable envers tous, et que, pour être élevés au premier rang, nous ne sommes pas à l'abri de ses lois; elle n'a fait aucune exception; elle n'a mis aucune distinction entre tous les individus; et les rois, les bergers naissent et meurent comme les fleurs et les animaux. L'homme physique n'est donc pour elle qu'un peu de matière organisée qu'elle change, transforme à son gré; qu'elle fait croître, engendrer, périr tour à tour. Ce n'est pas l'homme qui règne sur la terre, ce sont les lois de la nature, dont il n'est que l'interprète et le dépositaire; il tient d'elle seule l'empire de vie et de mort sur l'animal et la plante; mais il est soumis lui-même à ces lois terribles, irrévocables; il en est le premier esclave; et toute la puissance de la terre, toute la force du genre humain se tait en la présence du Maître éternel des mondes.

Dans son *Histoire des Animaux sans vertèbres*, Lamarck a démontré que l'*homme* tient de la nature des penchants qui se développent plus ou moins chez lui, selon que les circonstances y sont plus ou moins favorables, et que sa raison ou le degré de rectitude de son jugement ne se trouve point capable de les maîtriser, les modifier ou diriger. Ces penchants, qui sont dans son essence, prennent tous leur source dans celui de la *conservation de son être*, et produisent en lui les quatre suivants :

1° Une tendance constante vers le *bien-être* qui, d'une part, le porte à satisfaire à tous les genres de besoins physiques et moraux, à multiplier ces besoins et les désirs eux-mêmes, et, de l'autre part, l'excite à fuir la souffrance et toutes les sortes d'incommodités, etc.;

2° L'*amour de soi-même* ou l'intérêt personnel, dont l'excès constitue l'égoïsme, et d'où naissent la cupidité, l'avarice, l'envie, l'amour-propre, etc.;

3° Un penchant à *dominer*; penchant qui peut acquérir une énergie extrême, fait saisir tous les moyens, employer toutes les formes; qui s'exerce par le pouvoir, par les richesses, les dignités, les distinctions de tout genre, et qui donne lieu à toutes les ambitions, toutes les tyrannies, l'intolérance, etc.;

4° Une *répugnance pour sa destruction*; répugnance qui la porte à se soustraire, dans sa pensée, aux voies immutables de la nature.

Ces penchants, qui en amènent une multitude d'autres subordonnés, se sont toujours montrés les mêmes, et se trouveront toujours tels dans l'*homme* de tous les pays et de tous les temps, parce qu'ils lui sont donnés par la nature. Mais, en même temps, elle l'a rendu susceptible d'acquérir, dans un degré quelconque, ce qu'il nomme la *raison*, qui n'est elle-même que le plus haut degré de rectitude de son *jugement*; or, celui-ci peut lui donner des moyens pour arrêter le développement de ceux de ses penchants qui lui seraient nuisibles. Cependant, comme tout est mesuré par les lois de la nature, l'homme ne peut employer le degré de raison qu'il possède que lorsqu'il est supérieur à celui du penchant qu'il lui importe de retenir : ce fait est constant.

IV. *Histoire de la vie humaine.*—La vie de l'homme n'est qu'une chaîne de maux qui se succèdent rapidement et sans interruption. Tout dans l'univers conspire contre sa frêle existence : tantôt c'est l'air dont il a à redouter la funeste influence, tantôt c'est la terre dont il a à craindre les exhalaisons nuisibles; tantôt ce sont les passions qui l'agitent, le dominent, usent les rouages de sa vie, et ne l'abandonnent souvent qu'au terme fatal que lui a assigné la nature !

Sous le rapport physiologique, l'homme offre toutes les phases de développement qu'on rencontre chez les animaux des classes supérieures. La gestation maternelle est de neuf mois, et le produit de la conception ordinairement unique; cependant il n'est pas extrêmement rare de voir le contraire arriver. Ainsi, une parturition double a lieu sur 70 grossesses; une triple sur 7,000; un quadruple sur 50,000; une quintuple sur plusieurs millions.

Disons que la fécondité chez la femme dure vingt-cinq ans en général, savoir : de quinze à vingt ans à quarante ou quarante-cinq, et que l'on compte, terme moyen, trois ou quatre enfants par mariage, et un mariage stérile sur cinquante unions seulement.

Nous ne pouvons néanmoins nous empêcher de citer un exemple extraordinaire de fécondité dans l'espèce humaine, c'est celui de ce Moscovite qui eut d'une première femme soixante-neuf enfants en vingt-sept accouchements, d'une seconde femme dix-huit enfant en dix-huit accouchements; en tout quatre-vingt-sept enfants, dont quatre-vingt-trois existaient quand leur père avait soixante-quinze ans.

Examinons maintenant les statistiques de la durée de la vie humaine.

Il est aujourd'hui constaté que chez tous les peuples et dans tous les temps, la durée de la vie humaine a été de soixante-dix à quatre-vingts ans. Nous voulons bien accorder que, jusqu'au déluge, la durée de la vie a pu être augmentée de *quelques années*, car il est certain qu'avant cette époque, la nature étant plus forte et plus vigoureuse, les herbes et les fruits suffirent peut-être à la nourriture de l'homme; mais lui accorder près de mille ans d'existence, c'est ce que les physiologistes de notre époque ne veulent point accepter.

La durée de la vie est plus longue chez les femmes que chez les hommes. D'après les observations faites en divers pays, on a trouvé cent soixante-dix-huit femmes pour cent hommes parmi les nonagénaires; cent cinquante-cinq femmes pour cent hommes parmi les centenaires. Chose remarquable, néanmoins, les cas exceptionnels de longévité ne se rencontrent que dans le sexe masculin.

On cite un Écossais, un Hongrois et un mulâtre de l'Amérique du Nord, qui atteignirent l'âge de cent quatre-vingts ans; un Norvégien, un nègre de la Jamaïque, celui de cent soixante; enfin, un Dánois et quelques autres parvinrent jusqu'à cent quarante-six ans.

La mortalité dans notre espèce est ainsi établie par des calculs d'une exactitude rigoureuse :

La proportion des enfants mort-nés est de 1 sur 22 naissances.

Sur 1,000 morts, 221 appartiennent à la 1re année.
                    77   —   —   2e année.
                    39   —   —   3e année.

Total...... 337 décès.

C'est-à-dire plus du tiers de la mortalité pendant les trois premières années de la vie.

L'examen de la mortalité, relativement aux âges, montre que certaines époques de la vie exposent plus ou moins à la mort accidentelle.

Ainsi, de	1 à 2 ans,	il meurt	1 enfant sur	10
—	7 à 8	—	1 —	68
—	13 à 14	—	1 —	147
—	19 à 20	—	1 individu sur	100
—	20 à 50	—	1 —	40
—	50 à 74	—	1 —	10

Enfin la mortalité est, à quatre-vingt-dix ans, égale à la mortalité de la première année.

Voyons maintenant les tables de mortalité relativement aux populations des villes.

Il meurt dans les départements riches de la France	1 individu sur	46
— pauvres	1 —	33
Dans les villages....................	1 —	40
— petites villes....................	1 —	32
— grandes villes....................	1 —	28
— très-grandes villes....................	1 —	24
En 1780, en France....................	1 —	29
1802 —	1 —	30
1820 —	1 —	39
1840 —	1 —	48
1850 —	1 —	50
1856 —	1 —	51

Heureusement que l'observation a prouvé que le nombre des naissances est un peu plus élevé que celui des décès, d'où il résulte que l'accroissement de populations tend constamment à s'augmenter.

La moyenne des naissances étant de 1 sur 30, et la moyenne des décès de 1 sur 25, la population humaine double en cinquante ans environ.

Du reste, nous ne trouvons pas dans ces chiffres l'image complète et fidèle du développement de la vie humaine.

Dans la direction morale qui représente la véritable tendance de cette vie, dit M. Parchappe, il n'y a pas pour l'homme cette alternative nécessaire d'accroissement et de déclin. A cet égard, et par rapport à son but essentiel, la vie humaine est un développement ascendant continu, à propos duquel la mort est moins le terme d'une carrière parcourue qu'un point de départ pour une nouvelle et plus noble carrière. N'est-ce pas de l'âge adulte à la vieillesse que l'homme, s'éclairant de jour en jour sur le grand problème de la vie humaine, arrive par lui-même à une conviction réfléchie sur sa véritable destination? et n'est-ce pas du jour où l'homme a définitivement compris, à l'aide de ses propres lumières, la nécessité de subordonner, en fait comme en principe, la vie terrestre à la vie future, qu'il prend possession de l'existence dans toute sa réalité? Certes, lorsque l'homme, pendant le temps qui lui a été donné pour développer et perfectionner sa nature morale, méconnaissant sa véritable destination, a fait de la satisfaction de ses besoins inférieurs la pensée unique ou dominante de sa vie, il est bien rare qu'il livre à la vieillesse autre chose qu'une intelligence affaiblie dans un corps dégradé. Mais aussi, quand, fidèle à sa vraie vocation, il a écouté cette voix intérieure qui, dès les premières lueurs de la raison, l'appelle incessamment au perfectionnement moral comme à sa destinée suprême, pour lui la vieillesse, l'âge du silence des passions, de la sûreté du jugement, de l'expérience et de la sagesse, est le dernier progrès, c'est-à-dire le couronnement de la vie!

V. *Des races humaines.* — Quoique l'espèce humaine soit unique, il existe cependant assez de différences dans les divers habitants de la terre pour que l'on ait pu distinguer trois races ou variétés bien caractérisées, savoir:

La race blanche ou caucasique.

La race jaune ou mongolique.

La race nègre ou éthiopique.

Race caucasique. — C'est celle qui a porté au plus haut degré les arts et les sciences, et à laquelle appartient toute l'Europe, moins la Laponie, la Finlande, une portion de la Russie, etc. On suppose qu'elle a pour souche commune un ensemble de tribus qui auraient primitivement habité la chaîne du Caucase.

Race mongolique. — C'est celle dont la civilisation est restée depuis longtemps stationnaire, et qui habite l'Asie septentrionale et orientale, le nord de l'Europe et le nord de l'Amérique. On admet qu'elle dérive de tribus nomades qui, du plateau central de l'Asie, se seraient répandues au Nord, à l'Occident et à l'Orient.

Race éthiopique. — C'est celle qui s'est toujours laissé dominer par les deux autres races; et le type existe, dans toute sa pureté, chez les nègres de la Sénégambie, de la Guinée, du Soudan et du Congo.

Il est inutile d'ajouter que des savants ont subdivisé ces trois races humaines en une foule de familles. — Voy. *Races humaines.*

B. LUNEL.

HOMOEOPATHIE. A ce mot nous croyons devoir prévenir que cet article de circonstance ne répondra pas un jour au cachet d'utilité journalière et pratique par lequel nous nous efforçons d'imprimer à ce dictionnaire un caractère de durée. D'ailleurs, l'homœopathie est un système de médecine, et ce n'est point de pures théories ou de philosophie médicale que nous avons à nous occuper, et, en outre, c'est le plus insensé comme le plus inoffensif des systèmes.

Après cet avertissement, pour acquit de conscience, jetons un coup d'œil rapide sur la doctrine médicale dont le docteur Hahnemann est le fondateur. En lui donnant le nom d'homœopathie, qui signifie *maladie ou souffrance de même espèce,* il a mis tout d'abord son idée dominante en relief. En effet, selon notre célèbre Allemand, les remèdes les plus propres à guérir une maladie sont ceux-là mêmes qui déterminent chez l'homme en santé des phénomènes morbides semblables ou analogues. Conséquemment si ce principe le plus culminant de la doctrine homœopathique, c'est avec des excitants qu'il faut combattre l'excitation, traiter la diarrhée par les purgatifs qui la donnent, et, par extension, sans doute, la brûlure par le feu, etc. C'est, comme on voit, tout l'opposé de l'antique précepte d'employer les moyens contraires. De là la maxime homœopathique *similia similibus curantur,* par opposition au *contraria contrariis curantur* des anciens. L'action des médicaments est, comme on voit, envisagée d'un autre point de vue qui crée pour la médecine une ère nouvelle, en construisant sur des bases à peu près neuves tout l'édifice médical. Les remèdes ne guérissent qu'en produisant d'abord une maladie identique à celle dont on veut se débarrasser. Mais, dira-t-on, deux actions semblables, au lieu de s'exclure, ne peuvent-elles pas s'ajouter et augmenter le mal, bien loin de le détruire? De par l'homœopathie, cela ne peut pas être, deux maladies de même nature ne coexistent pas dans le même individu ou le même organe, et l'artificielle ou médicamenteuse, qui est d'une moindre durée, chasse l'autre préexistante. Sans doute, il en est ainsi quelquefois, et nous n'expliquons pas autrement la guérison des maladies chroniques, que des médications énergiques rappellent à l'état aigu, dans l'espoir que cette perturbation artificielle déracinera le trouble morbide ancien. Mais nous verrons plus tard que la doctrine homœopathique est toute dans les théories et nullement dans l'action, ce qui la rend le plus innocent des systèmes, et qu'au lieu de provoquer les prétendues maladies artificielles qui deviennent curatives des autres, elle se borne à la complète expectation, en ayant l'air d'agir.

Il y aura bientôt soixante ans que le docteur Hahnemann, qui ne manquait certes ni de talent ni de présomption, fut mis, dit-il, sur la voie de sa doctrine par des effets qu'il ressentit du quinquina qu'il s'était administré. Cet essai du quinquina fut sa bonne fortune du génie, comme la chute de la poire qui donna l'initiative au grand Newton de son système du monde. Notre docteur avait éprouvé quelques phénomènes analogues à un accès de fièvre après avoir ingéré la précieuse écorce qui les arrête si merveilleusement : il lui apparaît, comme un trait de lumière qui allait révolutionner la médecine, que le remède le plus sûr pour guérir une maladie, c'était justement celui qui était capable de la donner. A partir de cette époque, il s'est livré à des recherches infatigables des symptômes que produisent les divers médicaments sur l'homme malade ou bien portant, pour en inférer les propriétés curatives : aussi le diagnostic, le siége, la marche des affections l'occupent fort peu ; l'objet important est de bien retenir les symptômes les plus saillants et de trouver à chacun son spécifique, en prenant pour guide les phénomènes analogues que développent les substances médicamenteuses expérimentées sur l'homme sain. Cet aperçu de l'homœopathie pouvait être rationnellement poursuivi, comme tant d'autres en médecine, et, par exemple, il est évident que les pustules de la vaccine qui préservent de la variole ressemblent parfaitement à celles de cette maladie. Où donc est la déraison de la méthode homœopathique, pour ne pas dire ses illusions ou sa mauvaise foi? Eh bien! la voici, et cette remarque condamne sans appel la doctrine. Vous prétendez que vous déterminez artificiellement une maladie analogue à celle qui existait naturellement, et que vous la substituez à la première, certain que vous êtes qu'elle durera moins longtemps. A cela nous vous répondons : Les médicaments que vous choisissez, la dose infinitésimale à laquelle vous recommandez de les employer, ne peuvent absolument rien produire. Nous défions de faire naître un accès de fièvre avec un globule de quinquina, un chancre avec un atome de mercure, etc., tout aussi bien que de les guérir par les mêmes moyens. Si l'emploi de ces imperceptibles fractions a causé quelquefois des ravages immédiats et sensibles, c'est qu'on était parvenu à mettre l'imagination du malade de son côté ; et qui ignore sa puissance?

L'homœopathie, qui ne s'attache pas à décrire soigneusement les maladies, encore moins à rattacher les symptômes aux lésions d'organes, admet pourtant, comme essentielle, l'antique division en aiguës et chroniques. Les affections aiguës, produites par des causes récentes et passagères, étaient trop rapides pour fournir un champ assez vaste à l'homœopathie, c'est pour les maladies chroniques qu'elle a réservé ses élucubration, ses expérimentations infinies et ses merveilleuses découvertes. Or, il faut bien savoir, et c'est presque une révélation, que c'est le miasme ou virus de la gale, transmis et modifié de génération en génération, qui cause presque toutes les souffrances chroniques de l'humanité; la part qu'y prend le principe syphilitique est beaucoup moindre.

Arrivons enfin au traitement homœopathique, qui, exposé même par son inventeur, est, sans contredit, la réfutation la plus complète, et, en même temps, l'antidote par excellence de sa doctrine. En effet, en annonçant que, pour guérir une maladie, il fallait l'accroître d'abord par une action médicamenteuse analogue, il était permis de concevoir des inquiétudes sur le sort des malades que les homœopathes traiteraient. Hâtons-nous donc de rassurer le lecteur, en lui faisant dire, par la bouche du chef de l'école, que les médicaments agissent d'autant mieux qu'ils sont administrés à plus petites doses. Et savez-vous qu'après les triturations et dilutions, dans lesquelles il faut compter les mouvements du pilon et les agitations de la fiole, la substance même la plus inerte agit étonnamment à la dose infinitésimale d'un millionième, d'un décilionième de grain? voilà certainement qui tient du prodige, mais c'est un symbole, croyez et n'approfondissez pas. Nous n'avons pas l'intention de poursuivre la critique d'un système dont le ridicule a fait justice, et qui, s'il a fait aussi des trompeurs et des dupes, peut du moins revendiquer à sa louange de n'avoir pas été meurtrier ; car, avec ses fractions médicamenteuses infinitésimales, l'homœopathie peut laisser mourir, mais ne tue pas. Nous nous sentons pressé d'aller plus loin pour la justification de ce système, et, nous rappelant que, dans les sociétés primitives, des hommes supérieurs ne craignirent pas de recourir à l'imposture pour imposer des croyances ou des pratiques qu'ils jugeaient salutaires ; nous nous demanderons si, sous des formes captieuses et tant soit peu fantastiques, le docteur Hahnemann n'aurait pas eu l'ambition secrète de restaurer la médecine expectante; si, désespérant de faire adopter, sans prestige, une thérapeutique circonspecte et timide à l'excès, il n'aurait pas conçu le projet d'y amener les médecins du siècle en les séduisant par la hardiesse de nouvelles théories, qui conduisent après tout à ne rien prescrire aux malades, se bornant à agir sur le moral et à régler les conditions hygiéniques?

(Lagasquie.)

HOMONYME (grammaire) [du grec *homos*, semblable, *onuma*, nom]. — Ce mot s'emploie comme substantif et comme adjectif : *mot homonyme, rime homonyme, un homonyme.*

On appelle homonyme un mot qui sert à nommer plusieurs choses différentes, comme *coin*, qui signifie un instrument à fendre du bois, un angle, la matrice ou l'instrument avec quoi l'on marque la monnaie ou les médailles.

On en distingue de plusieurs espèces.

L'*homonyme univoque* est un mot qui, sans aucun changement dans le matériel, est destiné par l'usage à diverses significations propres, et dont, par conséquent, le sens actuel dépend toujours des circonstances où il est employé; tel est le mot *coin* cité plus haut. Ces homonymes sont aussi appelés *homonymes aurioculaires*, c'est-à-dire homonymes pour l'œil comme pour l'oreille, et *homographes*.

Pour qu'un mot soit considéré comme appartenant aux homonymes de cette espèce, il faut qu'il ait diverses significations bien distinctes. En effet, on ne doit pas regarder un mot comme homonyme quoiqu'il signifie une chose dans le sens propre et une autre dans le sens figuré. Ainsi, le mot *voix* n'est pas homonyme à ce point de vue; dans le sens propre, il signifie le son qui sort de la bouche; dans le sens figuré, il signifie quelquefois un sentiment intérieur, une sorte d'inspiration, comme quand on dit la *voix de la conscience*, et d'autres fois un suffrage, un avis, comme quand on dit qu'*il vaut mieux peser les voix que de les compter*. Il est aisé de voir que tous ces sens figurés se rattachent au sens propre de voix.

On appelle *homonymes équivoques* des mots qui n'ont entre eux que des différences très-légères, ou dans la prononciation ou dans l'orthographe, ou même dans l'une et dans l'autre, quoiqu'ils aient des significations totalement différentes. Par exemple, les mots *ceint*, *sain*, *sein*, *saint* et *seing*, ne diffèrent entre eux que par l'orthographe; les mots *tâche* et *tache* diffèrent par l'orthographe et par la prononciation; enfin, les mots *nous portions* et les *portions* ne diffèrent que par la prononciation.

La différence assez sensible qui existe entre les homonymes équivoques les a fait subdiviser en *homonymes auriculaires* et en *homonymes oculaires*.

Les *homonymes auriculaires*, ou homonymes pour l'oreille, sont ceux dont la prononciation est semblable, mais dont l'orthographe diffère, comme dans *chène* et *chaine*.

Les *homonymes oculaires*, ou homonymes pour l'œil, sont ceux dont l'orthographe est entièrement semblable, mais dont la prononciation est différente, comme dans cette phrase: *Les poules* COUVENT *dans le* COUVENT.

Le français est une des langues qui renferment le plus d'homonymes, aussi prête-t-il singulièrement aux calembours, aux jeux de mots, aux rébus. Cependant, il n'est peut-être pas de langage qui n'en renferme un plus ou moins grand nombre. Par exemple, en latin, le mot *populus* signifiait en même temps peuple et peuplier; le mot *anus* avait la même signification que chez nous, il signifiait en outre vieille femme. En anglais, les mots *vrite*, *rite*, *right* et *wright* sont homonymes.

Beauzée fait les observations suivantes sur l'emploi des homonymes:

« L'usage des homonymes de la première espèce (les homonymes univoques) exige que, dans la suite d'un raisonnement, on attache constamment au même mot le même sens qu'on lui a d'abord supposé, parce qu'à coup sûr ce qui convient à l'un ne convient pas à l'autre, par la raison même de leur différence, et que, dans l'une des deux acceptions, on avancerait une proposition fausse, qui deviendrait peut-être la source d'une infinité d'erreurs.

» L'usage des homonymes de la seconde espèce (les homonymes équivoques) exige de l'exactitude dans la prononciation et dans l'orthographe, afin qu'on ne présente pas, par maladresse, un sens louche ou même ridicule en faisant entendre ou voir un mot pour un autre qui en approche. »

C'est surtout dans cette distinction délicate de sens approchés que consiste la grande difficulté de la prononciation de la langue chinoise pour les étrangers. Tous les mots chinois, qui ne sont que des monosyllabes, se prononcent sur cinq tons différents, et, suivant le ton, ils ont une signification différente.

On trouve quelquefois de la grâce à rapprocher des homonymes équivoques, dont le choc occasionne un jeu de mots que les rhéteurs ont mis au rang des figures sous le nom de *paronomase*. Les Latins en faisaient un grand usage. En voici un exemple: *Amantes sunt amentes*. « On doit, dit Dumarsais, éviter les jeux de mots qui sont vides de sens; mais, quand le sens existe indépendamment du jeu de mots, ils ne perdent rien de leur mérite. »

On appelle *rime homonyme* la rime des homonymes entre eux; elle est admise, pourvu que ces mots aient une signification et une origine différentes, comme dans les exemples suivants:

Prends-moi le bon parti, laisse là tous tes *livres;*
Cent francs, au denier cinq, combien font-ils ? vingt *livres.*

(BOILEAU.)

Il parle comme un livre et raisonne si *bien,*
Que j'ai honte d'avoir amassé tant de *bien.*

(DESTOUCHES.)

Et du riche Yemen les errantes *tribus,*
A ses pieds, tous les ans, déposent leurs *tributs.*

(BAOUR-LORMIAN.)

Ainsi *livre* (monnaie) et *livre* (volume), la *joue* et il *joue* riment fort bien; mais le *combat* ne pourrait pas rimer à il *combat*, ni *clos* (clôture) avec je *clos*, parce que la racine et la signification de ces mots et de ces verbes sont essentiellement les mêmes.

La sévérité de notre poésie rejette de la rime les mêmes expressions quand elles ne diffèrent de signification que par une nuance. Ainsi l'*amour du prochain* ne rimera pas avec *prochain* employé dans le sens de voisinage.

Homonyme se dit souvent de personnes qui portent le même nom sans être parentes. *Il ne faut pas confondre cet auteur avec son* HOMONYME.

Les homonymes étant la source des plus grandes difficultés de l'orthographe des langues, et surtout de la langue française, on a composé des dictionnaires dans lesquels on a rassemblé les mots de cette espèce. Quelques-uns sont accompagnés d'exercices propres à donner aux élèves l'intelligence et l'orthographe de ces mots.

La difficulté que l'on éprouve pour apprendre leur orthographe est d'autant plus grande que cette orthographe ne peut pas être déterminée par des règles, ou ces règles seraient tellement nombreuses qu'elles seraient plutôt un embarras qu'un secours.

L'orthographe de principes, quelque arbitraire, quelque ridicule qu'elle soit, a au moins des bases, mais l'orthographe d'usage, à laquelle appartiennent les homonymes, n'en a pas. Tantôt on consulte l'étymologie, la prononciation, tantôt on n'y a pas égard; c'est l'usage seul qui décide. Il serait donc à désirer qu'il n'y eût qu'une classe d'homonymes, les homographes, ce que l'on obtiendrait en bannissant toutes les bizarreries orthographiques des homonymes auriculaires et oculaires. Il en résulterait, dit-on, de la confusion. Non, il n'y en aurait pas plus qu'aujourd'hui. Si *sain*, *saint*, *ceint*, *sein*, *seing* n'avaient qu'une seule et même orthographe, le sens serait tout aussi facile à comprendre que pour *louer*, donner ou recevoir des éloges, et *louer* donner ou prendre en location. Dans la conversation on ne s'inquiète pas de quelle matière le mot s'écrit, le sens de la phrase est parfaitement clair par la suite du discours. La même chose a lieu, dans l'écriture, pour les homographes. Pourquoi la difficulté serait-elle plus grande si le nombre de mots de cette classe était augmenté? Évidemment ce serait un grand bien, car par là presque toutes les difficultés orthographiques seraient anéanties, et le temps qu'on perd à s'occuper de ces niaiseries pourrait être consacré à des études plus sérieuses. Quel progrès à une époque où le temps est si précieux !

On ne se contente pas des difficultés qui existent déjà, on est toujours disposé à en créer de nouvelles. Ainsi il s'est trouvé des auteurs qui ont proposé de différencier, par l'écriture, les mots *bière*, cercueil, et *bière*, boisson, sous prétexte qu'on pourrait les confondre. On ne peut cependant invoquer, en cette circonstance, ni l'étymologie, ni la prononciation, ni l'usage. Ce n'est que parce que l'on se défie de l'intelligence des Français que l'on voudrait établir cette innovation. Il faudrait, en effet, que cette intelligence fût bien bornée pour confondre un *cercueil* avec une *boisson*. Mais si le peuple est si peu intelligent, comment voulez-vous, messieurs les orthographistes, qu'il apprenne toutes les langues du monde pour savoir comment s'écrivent les mots de la sienne? Et encore ne serait-ce pas suffisant, il lui faudrait apprendre de plus que, dans les trois quarts des mots, on a renoncé arbitrairement à l'étymologie. Abandonnons donc toutes les stupidités orthographiques, et notre langue écrite ne sera plus que l'écho de notre langue parlée. Elle ne sera pas plus barbare que celles des Espagnols et des Italiens, qui ont le bon esprit de s'affranchir de ce joug.

J. B. PRODHOMME,
Correcteur à l'Imprimerie impériale.

HOQUET (physiologie, médecine). — Contraction spasmodique et subite du diaphragme, qui détermine une secousse brusque des cavités de la poitrine et du bas-ventre, accompagnée d'un bruit rauque tout particulier et d'un resserrement subit du larynx. « Dans l'état de santé, le hoquet peut être occasionné par l'ingestion brusque d'aliments pesants et compactes, par celle de liquides spiritueux pris avec excès, ou par le brusque passage d'un lieu chaud à un lieu froid. Il se produit encore dans certaines maladies nerveuses ou abdominales, et, dans ce cas, c'est un signe funeste. Enfin, on l'observe aussi fort souvent chez les agonisants : c'est ce qu'on nomme le *hoquet de la mort*. Le plus ordinairement, le hoquet est une indisposition insignifiante, qu'on dissipe par quelques gorgées d'eau froide, par une surprise, ou en retenant sa respiration; on en a vu cependant persister pendant plusieurs jours et devenir une véritable maladie : on le combat alors à l'aide de boissons glacées et par l'application d'irritants très-actifs sur le creux de l'estomac. »

HORTENSIA (botanique.) [de *Hortense*, épouse de l'horloger Lepaute, à laquelle Commerson la dédia], vulgairement *rose du Japon*. — Plante de la famille des saxifragées, qui constitue un bel arbrisseau de près d'un mètre de hauteur, glabre dans toutes ses parties, à feuilles ovales, aiguës et dentées, à fleurs en corymbes ou en boule, d'une beauté remarquable. « Cet arbrisseau croît en Chine et au Japon; il est souvent représenté sur les vases et les porcelaines qui nous viennent de ces contrées. On le cultive en Europe depuis 1792. On le multiplie de boutures avec facilité, sur couches ou sous cloche; mais la terre de bruyère lui est absolument nécessaire : dans toute autre terre, il languit et meurt. On recommande de changer cette plante de terre tous les ans, et de lui donner de fréquents arrosages en été; elle doit être rentrée en hiver. Ses fleurs présentent parfois le curieux phénomène de se colorer en bleu, sans que l'on ait pu jusqu'ici en reconnaître la cause. On obtient artificiellement cette couleur en entourant le pied de la plante d'ardoise pilée, de limaille de fer ou d'ocre jaune. »

HORTICULTURE. — Partie de l'agriculture qui a pour objet une culture plus productive des plantes destinées à nos besoins ou à notre agrément; cette partie comprend : 1° le *jardinage*, ou connaissance des terrains, des engrais, des instruments propres à la petite culture; 2° les procédés de *culture forcée*, tels que couches, serres, etc.; 3° la culture simple ou forcée des végétaux comestibles ou d'ornement; 4° enfin, l'établissement d'un jardin potager, d'un jardin fruitier, d'un parterre, etc. — Voy. *Agriculture.*

HOUBLON (botanique). — Plante de la famille des urticées, sarmenteuse et grimpante, à racines vivaces et traçantes, et dont les tiges, hérissées d'une sorte d'écailles, portent à leur base de petits grains poudreux, collants, aromatiques, et meurent chaque année. La consommation du houblon par les brasseries en fait un produit agricole des plus importants en Belgique, en Angleterre et dans le nord de la

France. La médecine l'emploie comme dépuratif et stomachique ; sa croissance est rapide et ne demande pas une culture laborieuse.

On connaît un certain nombre d'espèces de houblon, deux seulement sont cultivées en grand : le houblon blanc à tiges courtes et le blanc à longues tiges.

Cette plante, d'une culture si lucrative, peut prospérer dans presque tous les départements du nord et du centre de la France. Elle demande une terre légère, humide, mais non marécageuse, substantielle et bien pourvue d'engrais.

En Belgique, on lui consacre tout spécialement les terres jaunes, douces, mêlées d'argile. On bêche d'abord le plus profondément possible, puis on laisse la terre s'imprégner d'air; ensuite on la divise avec la herse, la charrue ou la houe à cheval, ou même avec la houe à main, dans les petites exploitations. Quoique le sol doive être humide, il faut éviter les bas-fonds ou marécages, les fruits y noircissent et les plantes y viennent mal.

Après qu'on a bien défoncé et ameubli le terrain pendant l'été, on dispose, à cinq pieds de distance les uns des autres, les trous qui doivent recevoir le plant. On les garnit de fumier de vache mêlé à de la terre finement divisée. Enfin, au mois de mars, on extrait des jeunes plants des souches les plus vigoureuses d'une houblonnière; on les choisit de la grosseur du doigt, ayant vingt centimètres de long, et pourvus de quatre yeux bien en séve. On en place quatre dans chaque trou, à 30 centimètres de profondeur et à 25 centimètres de distance l'un de l'autre; puis on les recouvre, à 10 centimètres seulement, avec cette terre fumée et divisée dont nous avons parlé plus haut.

On fait cette plantation au printemps dans les terrains frais et légers; on la fait en automne dans les sols moins fertiles. Les pieds plantés en cette saison donnent une bonne récolte l'année suivante.

A la fin d'avril, quand les jeunes plantes commencent à s'élever, on les soutient avec des échalas. Un seul sert d'appui aux quatre plants groupés dans chaque trou; on les y attache par leur extrémité supérieure, quand ils s'élèvent à plus d'un mètre de haut, en ayant soin de les exposer tous aux rayons du soleil.

Lorsque les tiges atteignent trois ou quatre mètres, on les effeuille à moitié de leur hauteur, afin de faire affluer en haut la séve et activer en bas l'influence de la lumière et de la chaleur.

Le houblon fleurit vers la fin de juillet; le fruit se forme quinze jours après et mûrit en trois semaines; c'est donc en septembre qu'on le cueille. Le moment de la maturité s'annonce par le changement de couleur des tiges et par l'odeur douce et agréable qu'elles répandent. Peu de jours après, le fruit brunit et indique ainsi sa complète maturité. Quelques jours de plus, il serait trop tard; il se flétrirait et serait perdu.

On opère la cueillette en tranchant avec une longue serpe les sommets des tiges de manière à ne point secouer le fruit; ensuite on coupe les tiges elles-mêmes à la hauteur d'un mètre, pour éviter une dépense inutile de la séve, qui monte encore jusqu'à la fin de l'automne. On emporte les branches coupées avec les échalas, on les effeuille et on en sépare les fleurs, qu'on fait sécher sur un fourneau construit exprès. La dessiccation doit être très-égale et laisser intactes la couleur et l'odeur du fruit, et on conserve le houblon dans une pièce sèche et bien aérée. Si on ne le livre au commerce, l'humidité en détériorerait la qualité.

Les tiges de houblon servent à faire des cordages et même du fil à toile dans les contrées du Nord. Enfin, les jeunes pousses se mangent assaisonnées comme les asperges.   L. HERVÉ.

HOUILLE (*charbon de terre*). — Matière organique (végétale) qui s'est carbonisée au sein de la terre par suite d'une décomposition lente. On remarque souvent dans la houille, dont le gisement appartient aux terrains secondaires, des empreintes de végétaux antédiluviens. Soumise à la distillation sèche, la houille donne des mélanges gazeux, dont la nature et la proportion varient suivant la température qui a été employée. A une température moyenne, le mélange gazeux qu'on obtient ainsi se compose d'hydrogène bicarboné, d'hydrogène sulfuré, d'hydrogène et d'hydrogène protocarboné. Tous ces gaz, sauf le dernier, sont très-inflammables. C'est ce qui a fait employer la houille dans la fabrication du gaz d'éclairage. En opérant à une température trop élevée, on obtient un mélange gazeux très-peu propre à l'éclairage. Le même inconvénient se présente en opérant à une température trop basse. Les houilles employées pour la fabrication du gaz d'éclairage sont de qualités fort différentes. Richardson et Thomson (*Philosophical magazine*, année 1844) ont fait récemment l'analyse de plusieurs variétés de houille d'Angleterre; indépendamment des cendres, ils leur ont trouvé des proportions différentes de carbone, d'hydrogène, d'azote et d'oxygène.

Résultats analytiques de différentes espèces de houilles :

Caking	C^{127}	H^{53}	NO^4
Cherry	C^{124}	H^{46}	NO^9
Splint	C^{120}	H^{45}	NO^{10}
Skaterigg	C^{102}	H^{45}	NO^{12}
Lesmahagow	C^{140}	H^{59}	NO^{14}
Monkland	C^{141}	H^{53}	NO^{16}

On voit, d'après ce tableau, que la proportion d'oxygène augmente en raison inverse de la proportion de carbone. Le charbon de Newcastle (Caking, Cherry), qui renferme plus de carbone et moins d'oxygène que le charbon de Monkland, fournit aussi un gaz beaucoup moins éclairant que le dernier. Les gaz d'éclairage sont classés suivant leur qualité: le gaz est d'autant meilleur, que la proportion d'hydrogène protocarboné qui s'y trouve est plus faible, et que celle de l'hydrogène bicarboné est plus forte. — Voy. *Charbon*. (Dr *Hoefer*.)

HOUX (botanique).— Arbrisseau toujours vert, famille des ilicinées, haut de 7 à 10 mèt., qui contient plusieurs espèces. La plus répandue en France est le houx commun, arbrisseau à tige droite et noueuse, à feuilles robustes, luisantes, armées à chaque lobe d'une épine très-dure. Ses fleurs blanches au printemps et ses belles baies rouges en automne contrastent agréablement avec son feuillage d'un vert éclatant.

On trouve cette variété de houx dans les bois et les haies vives, presque partout en France. Le bois de la tige, dur et poli, est assez recherché pour les ouvrages de tour et de marqueterie. Sa couleur naturelle est blanche; mais il se teint aisément en noir, en jaune et en rouge. Les jeunes rameaux d'un bois blanc, poli et souple, forment des manches d'outils et des articles de vannerie fine. La glu se tire de l'écorce du houx. En Corse, dans quelques pays du Midi, on fait griller ses semences pour les prendre en guise de café. Enfin la séve du houx est employée en médecine contre les fièvres et remplace la quinine.   H.

HUILE.—Liqueur grasse, onctueuse, inflammable, qui se tire d'un grand nombre de substances végétales, animales et minérales. Distinguons d'abord les huiles en huiles fixes et en huiles volatiles ou essences.

Les huiles fixes sont à peu près semblables à des graisses liquéfiées; elles s'enflamment au contact du feu, ne se mêlent pas à l'eau, l'alcool et l'éther, et se transforment en savon par l'action des alcalis. La plupart des huiles végétales se tirent des graines ou des noyaux des fruits, sauf l'huile d'olive néanmoins, qui provient de la chair même de ce fruit; les unes sont extraites pour la consommation de bouche, comme les huiles de noix, de faîne, d'olive, d'amandes, etc.; les autres pour l'éclairage, telles que l'huile de colza, d'œillette; d'autres pour la fabrication des savons, ou la peinture, les vernis et autres emplois industriels; enfin d'autres pour la médecine, telles que l'huile de ricin.

Les huiles animales sont celles de poisson, de pied de bœuf, de baleine, etc.; elles servent exclusivement à des usages industriels, sauf l'huile de foie de morue, qui est le remède en vogue contre les affections de poitrine.

Les huiles minérales ne sont, à proprement parler, que des bitumes; on les extrait du naphte, du pétrole, de l'asphalte et de diverses houilles grasses; on les obtient par voie de distillation.

Les huiles végétales se préparent généralement par pression ou par distillation. On fait macérer d'abord à feu nu ou à la vapeur la pulpe des fruits ou des noyaux, puis on les soumet au pressoir à vis. Mais les huiles préparées à froid sont toujours d'une qualité supérieure.

On distingue encore les huiles fixes en huiles grasses et en huiles siccatives. Les premières ne sèchent pas, mais s'engraissent au contact de l'air; elles contractent une odeur rance et désagréable. Les huiles siccatives, au contraire, s'épaississent immédiatement au contact de l'air, elles se transforment en une petite pellicule solide, luisante, formant une sorte de vernis. Telles sont les huiles de lin, de noix, de pavot, de chènevis, etc. Les huiles siccatives seules entrent dans la préparation des couleurs destinées à la peinture.

La culture des plantes oléagineuses (qui donnent de l'huile) est aujourd'hui une des plus lucratives de l'agriculture, dans les terres qui conviennent à ces végétaux. Le renchérissement continuel des huiles, ainsi que des grains et fruits qui les produisent, devrait porter les cultivateurs bien partagés sous ce rapport à annexer un pressoir à huile à leur exploitation. Outre le bénéfice de l'huile, ils trouveraient dans leurs tourteaux une substance excellente pour nourrir les bestiaux et les volailles. C'est en partie par ce genre d'industrie que les départements du Nord ont réussi à tripler la richesse de leur sol depuis trente ans. Quant à nos provinces du Midi, on sait que l'huile d'olive est leur principal revenu.   L. Hervé.

HUITRE (zoologie) (*ostrea, ostrea edulis*). — Genre de mollusque de la classe des acéphales et de l'ordre des lamellibranches, renfermant des animaux répandus dans toutes les mers et recherchés partout pour la nourriture de l'homme. Nous devons à l'obligeance de M. Lamiral, gérant de la navigation sous-marine, qui a étudié ce genre de mollusque d'une manière toute spéciale, les données suivantes.

La coquille de l'huître est irrégulière, adhérente, à valves inégales et à charnières sans dents. Dans toutes les espèces d'huîtres, la valve supérieure est plus large et plus plate que la valve inférieure. Il y a au sommet de chaque valve une cavité sillonnée en travers de laquelle se loge le ligament qu'on nomme talon.

Les divers genres d'huîtres, ayant leurs variétés d'espèces, peuvent s'indiquer comme suit :

Huître commune (*ostrea edulis*), se pêche sur les côtes de l'Europe et du nord de l'Afrique. Sa grandeur est de sept à dix centimètres.

Huître des arbres (*gascar ostrea parasitica*), se trouve au Sénégal, en Afrique et dans les Indes. Sa longueur varie de dix à quinze centimètres.

Huître feuille (*ostrea folium*), abonde dans les mers des Indes orientales. Sa coquille est ovale, oblongue, de huit à dix centimètres.

Huître de Virginie (*ostrea virginica*), existe en abondance sur les côtes de l'Amérique du Nord. Sa coquille est étroite, creuse et longue de douze à quinze centimètres.

Huître tuberculée (*ostrea tuberculosa*), se trouve sur les côtes de l'île de Timor. Sa coquille est ovale, cunéiforme et longue de dix à douze centimètres; fournit la perle.

Il ne sera question ici que des huîtres d'Europe; elles sont divisées en plusieurs espèces, parmi lesquelles on distingue deux formes principales :

1° Les unes sont droites ou à peu près, à bords simples et unis.

2° Les autres sont plus ou moins arquées et ont leurs bords plissés ou crêtés.

L'huître est hermaphrodite et jette son frai en juillet et août. Ce frai, qui s'attache à tous les corps environnants, est une agglomération de petites huîtres écloses de l'œuf, et présente l'apparence d'une matière gélatineuse et blanche, dans laquelle on aperçoit, au moyen du microscope, une multitude de petites huîtres déjà toutes formées et munies de leurs valves. Il paraît que, l'année après leur naissance, les huîtres ont déjà la faculté de se reproduire, et elles ont acquis une largeur de trois centimètres à peu près. Dès leur naissante formation, ces coquillages se soudent sur les divers corps sur lesquels ils sont déposés, et le point d'attache est en général près du sommet de la valve inférieure, sous le talon.

La pluspart des espèces se fixent sur les rochers et dans les fonds pierreux. On en voit qui sont attachées aux racines et aux branches des arbres que la marée peut atteindre. Lorsque le frai gélatineux est porté par des courants sous-marins sur des fonds manquant de base solide, les huîtres s'attachent les unes sur les autres et forment ainsi des bancs d'une longueur et d'une épaisseur considérables. On ne connaît pas encore exactement les profondeurs jusqu'où l'huître croît et se multiplie.

L'âge de l'huître se reconnaît à la coquille concave; la circonférence des bords de l'écaille s'agrandit tous les ans et dépasse l'ancienne circonférence, laissant ainsi sur la surface extérieure une marque assez distincte pour compter par ces lignes les années des huîtres. On peut conclure, par l'inspection de la coquille, que l'huître parvient à une grosseur convenable pour être mangée au naturel, lorsqu'elle a de quatre à sept ans. Plus âgée, la chair est moins délicate. L'huître, fixée par la base de sa valve inférieure, passe toute sa vie sans se déplacer et n'exécute d'autre mouvement que celui d'ouvrir et de fermer sa coquille supérieure; l'eau, chargée de molécules nutritives animales ou végétales, s'introduit jusqu'à sa bouche en lui apportant les aliments qu'elle ne saurait atteindre autrement que par le mouvement de cette valvule qui fait l'office de langue ou de lèvres.

L'huître a un grand nombre d'ennemis, car, indépendamment de l'homme et de beaucoup de quadrupèdes et d'oiseaux qui la recherchent pour en faire une nourriture quotidienne, il y a dans la mer une multitude de crabes qui en font leur proie, d'insectes marins qui se laissent enfermer dans les valves pour mieux la dévorer; enfin, des vers marins qui percent lentement les coquilles et finissent toujours par la tuer.

Pêche et commerce des huîtres en France.—Quinze départements de la France, baignés par la mer, se partagent la pêche et le commerce des huîtres, qui sont classées sous les noms suivants:

1° Huîtres grandes, vertes et petites;

2° Huîtres blanches, communes et fines;

3° Huîtres hippopes, ou pieds de cheval.

Les premières se pêchent dans les parages maritimes des départements des Landes, de la Gironde, de la Vendée, de la Loire-inférieure, du Morbihan, du Finistère, des Côtes-du-Nord, d'Ille-et-Vilaine, de la Manche, du Calvados, de la Seine-Inférieure, de la Somme, du Pas-de-Calais.

Les secondes, qui deviennent vertes accidentellement par les soins qu'on en prend dans certains parcs où on les engraisse, sont pêchées dans les départements de la Charente-Inférieure et du Nord.

Les troisièmes proviennent de quelques bancs dans la Manche et aussi dans la Méditerranée. Elles ne sont pas recherchées pour être mangées en coquilles, mais elles deviennent d'une grande vente après avoir été marinées et préparées pour provisions de mer; cuites et accommodées de diverses manières, elles sont un excellent manger.

Les bancs connus d'huîtres se pêchent par une profondeur qui varie jusqu'à 20 brasses (100 pieds anciens). Le brassiage des bancs au centre de la baie de Cancale est de 8 à 9 brasses de basse mer et de 17 à 18 brasses en grande marée de pleine mer. Sur le banc de la Raie, il est de 18 brasses à basse mer et de 22 à 23 brasses à mer haute; sur Beauvais-ô-le-Mont, de 12 brasses à basse mer et de 20 à 21 brasses à haute mer.

Dans les marées de morte eau ces fonds sont moindres d'un quart de la pleine mer. Les bancs qui sont hors de la baie de Cancale sont profonds jusqu'à 30 brasses dans la marée de pleine mer.

L'instrument qu'on emploie pour la pêche des huîtres est la drague ou châssis en fer, ayant une lame qui fait la base cintrée d'une poche ou filet en lanière de cuir.

Cet instrument est varié de formes suivant les localités, mais son action reste la même.

La drague, rendue pesante suivant la profondeur à laquelle elle doit fonctionner, est solidement attachée par des chaînes ou des câbles à l'arrière de la barque qui fait voile, elle traîne sur le banc d'huîtres, arrache et brise trop souvent les coquilles qui sont à la superficie, et qui entrent dans la poche ou filet de la drague, où elles sont recueillies souvent jusqu'au nombre de deux à trois cents à la fois.

Le draguage est fait par des patrons de barque pour leur compte ou pour le compte des marchands en gros qui ont armé des barques.

On peut évaluer comme suit la moyenne de pêche pendant les dix dernières années:

Sous Dieppe et quelques parties de la côte jusqu'à Granville...................	2 millions
Baies de Cancale et de Granville...	60 —
Saint-Brieuc, Paimpol, le Tréguier..	6 —
Rade de Brest...........	2 —
Baies de Quiberon, Bourgneuf, d'Arcachon.............	30 —
Total......	100 millions

La pêche va toujours en croissant chaque année; en 1841 elle était de 60 millions, en 1850 de 150 millions.

Le produit du draguage arrive entre les marins des marchands en gros. Ces spéculateurs ont construit des bassins communiquant avec la mer, dans le but d'y parquer les huîtres pour les approvisionnements réguliers des divers marchés où on les expédie.

On ne parle point ici du parcage des huîtres dans les bassins, sous le rapport des soins dont elles sont l'objet, mais ces huîtres, souvent remuées dans ces réservoirs, ne se livrent pas au frai ; contrairement à l'opinion générale, elles pourraient fournir à la population un aliment agréable pendant les mois d'été, si l'on réglait les apports au marché suivant la rapidité des transports.

Évaluant en termes généraux la répartition de la pêche de 1850, on peut dire :

Paris seul a consommé...	66 millions d'huîtres.
Le centre de la France peut avoir reçu...........	20 —
Le Midi	·8 —
L'Est.....	8 —
L'étranger (et ce qui reste dans les parcs)...........	48 —
Total.......	150 millions d'huîtres.

Cette consommation de cent cinquante millions d'huîtres représente la totalité de la pêche de 1850.

Il est difficile de faire le dénombrement des barques employées au draguage et au transport des huîtres, car les pêcheurs d'huîtres augmentent ou diminuent en nombre suivant les circonstances qui peuvent favoriser ce genre de pêche ou qui peuvent les en détourner. Ainsi, la découverte de nouveaux bancs et la facilité de les draguer feront arriver en masse les barques des localités littorales et même des côtes éloignées, tandis que l'abandon d'un banc ou des restrictions ordonnées, ou des passages de poissons venus en abondance sur d'autres côtes, détournent les marins pêcheurs du draguage.

La population du littoral maritime trouve dans la pêche et le commerce des huîtres de nombreuses occupations, et si l'on calcule le grand nombre de pêcheurs, caboteurs, amarailleurs, rouliers, colporteurs, ainsi que celui des femmes et enfants qu'on emploie pour le triage et le parcage des huîtres, on concevra de quelle importance sont pour le pays l'accroissement et l'amélioration de cette branche de revenu national !

Le transport des huîtres provenant des parcs jusqu'aux lieux de consommation est fait encore, en grande partie, par des voitures à formes particulières et ayant des relais sur les routes.

Les chemins de fer ne rayonnent pas encore jusqu'aux côtes où sont creusés les parcs d'approvisionnement.   **J. Rambosson.**

HYDRAULIQUE [du grec *udôr*, eau, et de *aulos*, tuyau]. — Science qui a pour objet le mouvement des liquides. Elle étudie : « 1° L'écoulement des eaux par des conduits, des orifices et des ajutages de différentes formes ; 2° les moyens employés pour distribuer, diriger ou retenir les eaux ; 3° leur appli-

cation comme moteurs dans nos usines ; 4° enfin leur élévation, à l'aide de machines, pour les besoins des arts, de l'agriculture ou de l'économie domestique. »

HYDROCÈLE (chirurgie) [du grec *udôr*, eau, et *kélé*, tumeur]. — Tumeur formée dans le scrotum par un amas de sérosité. L'équitation, les coups, les chutes sur les bourses, prédisposent à cette maladie ou la déterminent. La marche de l'hydrocèle est généralement assez lente. Lorsqu'elle est arrivée à un certain développement, elle peut rester stationnaire pendant plusieurs années, et ne constituer qu'une simple infirmité ; mais quand le volume de la tumeur augmente, il est nécessaire de la vider de temps en temps, au moyen de la ponction.

HYDROGÈNE [du grec *udôr*, eau, et *gignomi*, je deviens]. — L'hydrogène est un gaz incolore, insipide et inodore. Une pression de 100 atmosphères et un abaissement de température de 100° ne le font pas changer d'état. L'hydrogène est le plus léger de tous les gaz connus. Sa densité est 0,0688 ; il pèse environ 14,535 moins que l'air. Son pouvoir réfringent est 0,470, celui de l'air étant 1. L'hydrogène est, de tous les corps simples non métalliques, le plus électro-positif. Il est très-peu soluble dans l'eau ; 100 litres d'eau ne dissolvent que 1 litre 1/2 d'hydrogène ; ou (en poids) 1 kilogramme d'eau dissout 0 kilog. 000001 d'hydrogène.

L'hydrogène se combine directement avec le chlore, le brome, l'iode et le fluor. Il en résulte des acides de composition analogue. Un mélange de gaz chlore et d'hydrogène, à volumes égaux (dans un ballon de verre), peut être conservé indéfiniment dans l'obscurité, sans que ces deux gaz, qui pourtant ont une grande affinité l'un pour l'autre, se combinent entre eux. Mais, dès qu'on y fait arriver un rayon de soleil, la combinaison s'opère brusquement, avec explosion, sans que le volume du mélange soit changé. A la lumière diffuse du soleil, la combinaison s'effectue également, mais lentement et sans explosion. L'hydrogène se combine avec l'oxygène, à l'aide de l'électricité ; il y a détonation et formation d'eau. Pour que la combinaison des deux gaz qui forment le mélange soit complète, il ne faut pas dépasser certaines proportions (Gay-Lussac et Humboldt). Quand on dépasse la proportion de 1 : 9, l'étincelle électrique n'a plus d'action sur le mélange explosif. Les boules de platine de M. Doebereiner (faites avec une partie de noir de platine et quatre parties d'argile), portées à l'extrémité d'un fil de platine ou de fer, dans un mélange explosif, produisent une combinaison complète, quelles que soient les proportions des deux gaz. Cette combinaison s'opère graduellement et sans explosion. Les boules de platine pourront remplacer avec avantage l'emploi de l'électrophore et de l'étincelle électrique. Le platine en éponge, sur lequel on fait arriver un courant d'hydrogène, devient incandescent au bout de quelques instants. Il y a formation d'eau aux dépens de l'oxygène de l'air. C'est de ce fait que M. Doebereiner a déduit l'heureux emploi des boules de platine dont nous venons de parler. Le rhodium, l'iridium, le palladium, et probablement d'autres métaux encore, ont, à cet égard, la même propriété que le platine. Quand on fait passer un mélange explosif (1 vol. d'oxygène, 2 vol. d'hydrogène) par un tube étroit, et qu'on l'allume, la température de la flamme qui se produit est si élevée, qu'elle fait fondre en quelques instants les substances les plus réfractaires, et qu'on avait jusqu'ici regardées comme infusibles ou apyres, comme la pierre à fusil (silice) et le platine. De là la découverte et l'emploi du chalumeau. Pour prévenir les dangers d'une explosion qui pourrait être causée par la rétrocession de la flamme, on a disposé, dans l'intérieur du tube que traverse le mélange gazeux, une grande quantité (100 à 150) de toiles métalliques très-fines, qui s'opposent à la pénétration de la flamme dans l'intérieur du réservoir. La grande légèreté, le mélange explosif que l'hydrogène produit avec l'oxygène et avec le chlore, et la propriété qu'il a de brûler à l'air avec une flamme très-pâle en donnant naissance à de l'eau, tous ces caractères suffisent pour distinguer l'hydrogène des autres corps. Quand on enveloppe la flamme pâle de l'hydrogène, produite à l'extrémité d'un tube effilé (*lampe des philosophes*), avec un large tuyau de verre, on entend une série de sons ayant beaucoup d'analogie avec les sons d'un orgue (*harmonica chimique*). Il est facile de produire successivement l'octave, la tierce majeure et la quinte, enfin les sons de l'accord parfait, en élevant ou en abaissant lentement le tuyau.

L'hydrogène ne se trouve pas dans la nature à l'état de liberté. Les anciens chimistes croyaient que ce gaz existait dans les hautes régions de l'atmosphère, et que sa combinaison avec l'oxygène de l'air produisait les phénomènes de l'orage. M. Gay-Lussac, dans son voyage aérostatique, dans lequel il s'est élevé à 6,000 mètres au-dessus de la surface de la terre, n'a pas trouvé de trace de ce gaz dans les hautes régions de l'atmosphère. L'hydrogène est très-répandu à l'état de combinaison. Il existe ainsi dans l'eau, dans l'ammoniaque, dans les hydracides (acide chlorhydrique, acide bromhydrique, acide iodhydrique, etc.), et dans presque toutes les substances animales et végétales.

On prépare l'hydrogène par voie humide, en faisant agir un acide fort sur un mélange de métal et d'eau. Le fer ou le zinc, une partie d'acide sulfurique concentré, auquel on ajoute 4 à 5 fois son volume d'eau, remplissent ce but. A peine ces trois substances sont-elles en contact l'une avec l'autre, que la température s'élève, et que l'hydrogène se dégage avec effervescence. Dans cette action, l'eau (HO) est décomposée. L'oxygène de celle-ci se porte sur le zinc (Zn) pour former de l'oxyde de zinc (ZnO), et celui-ci se combine avec l'acide sulfurique (SO³) pour former du sulfate de zinc (vitriol blanc), qui reste dissous dans une partie d'eau non décomposée, où il cristallise par refroidissement. L'hydrogène de l'eau ainsi décomposée, ne rencontrant aucun corps

avec lequel il puisse se combiner, s'échappe par un tube recourbé adapté à un flacon, pour se rendre dans une éprouvette remplie d'eau.

Voici cette réaction exprimée en formules :

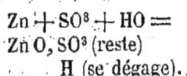

$$Zn + SO^3 + HO =$$
$$Zn O, SO^3 \text{ (reste)}$$
$$H \text{ (se dégage).}$$

Si à la place de l'acide sulfurique on se sert d'un hydracide, tel que l'acide chlorhydrique, on obtient également un dégagement d'hydrogène. Mais celui-ci provient alors non de l'eau, mais de l'acide décomposé :

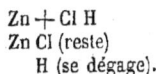

$$Zn + Cl H$$
$$Zn Cl \text{ (reste)}$$
$$H \text{ (se dégage).}$$

On prépare l'hydrogène par voie sèche, en faisant passer des vapeurs d'eau à travers un tube de porcelaine contenant des fils de fer chauffés au rouge. L'eau en vapeur se décompose à mesure qu'elle arrive sur le fer incandescent. L'oxygène de l'eau se porte sur le fer pour l'oxyder, et l'hydrogène se dégage. On constate, dans cette expérience, que le volume d'hydrogène qui se dégage est égal au volume de la vapeur d'eau décomposée. L'eau décomposée au moyen de la pile donne de l'hydrogène au pôle négatif.

Formule de l'hydrogène : H ou H² (atomes)=12,48. On emploie l'hydrogène dans l'analyse de l'air. Mêlé avec l'oxygène, il sert à produire, par sa combustion, la température la plus élevée que l'on connaisse. On se sert de l'hydrogène, à cause de sa légèreté, pour gonfler les ballons aérostatiques. (Dr *Hoefer*.)

HYDROGRAPHIE [du grec *udôr*, eau, et *graphô*, décrire]. — Description des eaux ; partie de la géographie qui considère la mer, autant qu'elle est navigable. L'hydrographie enseigne à construire des cartes marines, et à connaître les différentes parties de la mer. Quelques auteurs emploient ce mot dans un sens plus étendu, pour désigner l'art de naviguer.

Dans ce sens, l'hydrographie comprend l'étude des cartes marines, et toutes les connaissances mathématiques nécessaires pour voyager sur mer. Ainsi comprise, l'hydrographie a pour objet de « lever le plan des côtes et des îles, de reconnaître la place et l'étendue des bas-fonds, écueils, récifs et bancs de sable, des courants et des gouffres ; de constater, par des sondes, la profondeur des mers. Elle coordonne ensuite les résultats de ces opérations et les rend sensibles, tant en les réunissant en corps de science, qu'en dressant des cartes où sont portées toutes les particularités constatées. »

HYDROPHOBIE. — Voy. *Rage*.

HYDROPISIE (médecine) [du grec *udôr*, eau, et *opsis*, aspect, apparence].—Épanchement de sérosité dans une cavité quelconque du corps ou dans le tissu cellulaire. On lui donne différents noms, selon le siège de la collection séreuse : on appelle *hydrothorax*, l'hydropisie de la poitrine ; *hydropéricarde*, celle du péricarde; *hydrocéphale*, celle du cerveau; *ascite*, celle du ventre; *œdème* ou *anasarque*, l'infiltration, partielle ou complète, du tissu cellulaire.

Les hydropisies sont actives ou passives. Les hydropisies passives sont les plus ordinaires; dues à l'influence de causes débilitantes, elles sont caractérisées par une tuméfaction de la peau d'un blanc de lait, souvent plus froide que dans l'état naturel, non douloureuse au toucher, et conservant assez longtemps l'impression du doigt : le pouls est petit, mou, lent; la soif rarement augmentée, et l'urine en général peu colorée. — Les hydropisies actives sont celles qui ne peuvent être attribuées à l'influence des maladies chroniques au dernier degré, ni à celle de causes débilitantes; elles sont de deux sortes : la première, qui est symptomatique, dépend de la lésion de quelque viscère abdominal, et, souvent, est l'effet d'un obstacle qu'éprouve la circulation par un vice organique du cœur; la face est alors très-colorée, ou comme injectée, le pouls fort et développé, la chaleur du corps plutôt augmentée que diminuée : les progrès du mal sont moins rapides que dans les hydropisies passives, l'infiltration plus ferme; la peau n'est point pâle, quelquefois même elle est rouge ou enflammée; l'impression des doigts forme des cavités bien moins profondes et qui s'effacent bien plus vite; la soif est ordinairement plus considérable; l'urine est aussi plus rare et plus foncée en couleur. — La seconde espèce, appelée *pléthorique*, est accompagnée de tous les signes qui caractérisent la vigueur des solides et la plénitude des vaisseaux; la peau paraît plus ou moins colorée; la résistance du tissu cellulaire empêche l'impression des doigts d'y subsister longtemps; la soif est vive, l'urine rare, le pouls plein, fort et dur; l'absence des phénomènes propres aux diverses maladies organiques empêche de confondre avec les hydropisies qui appartiennent à ces affections : cette hydropisie consiste, le plus souvent, dans une infiltration générale du tissu cellulaire; quelquefois on l'a vue bornée aux extrémités inférieures, d'autres fois on a observé en même temps un épanchement dans les cavités thoraciques.

Le pronostic des hydropisies est toujours grave; néanmoins, le danger est relatif à la cause de la maladie : ainsi, une hydropisie due à un état passager de pléthore ou d'anémie est moins dangereuse que celle produite par une maladie d'un organe important à la vie, tel que le cœur, le foie, etc.

Traitement : « Il consiste, pour les hydropisies actives, dans l'emploi de la médication débilitante et antiphlogistique; les saignées générales ou locales, les boissons émollientes et la diète en forment la base, mais employées avec prudence. Les hydropisies passives, au contraire, accompagnées le plus souvent d'un état de débilité et de prostration, doivent être combattues par l'action des toniques et des stimulants (principalement la scille, la digitale pourprée, le fer, le quinquina, la gentiane), et par une alimentation reconfortante. Dans les unes et dans les autres, on s'efforce de procurer l'évacuation de la sérosité, soit en facilitant la résorption du liquide épanché, soit en lui pratiquant une issue au dehors. Pour cela, on a recours d'abord aux hydragogues ou agents propres à déterminer des sécrétions dérivatives, tels que les purgatifs, les diurétiques et les sudorifiques; on a employé aussi de simples exutoires sur la peau, les frictions aromatiques, alcooliques et mercurielles, ainsi que la compression méthodique et modérée de la partie malade. Quand tous ces moyens sont impuissants, il faut ouvrir une issue à la sérosité; pour cela, on a recours à diverses opérations chirurgicales, qui varient selon le siége de l'épanchement : pour l'anasarque, ce sont de simples mouchetures; on emploie la ponction pour l'ascite, pour l'hydrocèle, l'hydrothorax et quelquefois l'hydrocéphale. Ce soulagement n'est le plus souvent que momentané; ordinairement les eaux se reproduisent avec rapidité, et il faut recommencer l'opération. »

B. L.

HYDROSTATIQUE. — Partie de la physique ayant pour objet de déterminer les conditions d'équilibre des liquides et les pressions qu'ils exercent sur les parois des vases qui les renferment. Les liquides, comme tous les corps matériels, sont soumis aux lois de la pesanteur; mais l'absence de cohésion place les molécules des liquides dans des conditions spéciales, d'où découlent plusieurs principes féconds en résultats.

Les liquides transmettent également et dans tous les sens la pression qu'on exerce à leur surface. C'est un axiome qui n'a pas besoin d'être démontré. La pression se transmet de haut en bas sur les surfaces horizontales, sans rien perdre de sa force; elle est égale en chaque point; elle est proportionnelle à l'étendue de la surface. Aux pressions qu'on exerce sur un liquide il faut ajouter celles que la pesanteur exerce sur chaque molécule.

Pour qu'un liquide soit en équilibre, il faut 1o que la couche supérieure forme une surface perpendiculaire à la force qui sollicite les molécules du liquide, et que 2o chaque molécule éprouve dans tous les sens des pressions égales et contraires. La force centrifuge qui résulte du mouvement de rotation de la terre, ainsi que les montagnes, dont la masse est capable de dévier le fil de plomb, peuvent aussi dévier la surface des eaux de sa forme régulière. Il en est de même de la force capillaire.

La pression de haut en bas qu'un liquide exerce sur le fond du vase qui le contient est tout à fait indépendante de la forme du vase; elle est toujours égale au poids d'une colonne de même liquide, ayant pour base le fond du vase et pour hauteur la hauteur du niveau. Mais ce n'est pas seulement sur le fond des vases que s'exercent les pressions verticales des liquides; en vertu du principe d'égalité de pression, elles s'exercent encore sur tous les points de l'intérieur de la masse, et se communiquent de toutes parts. C'est pourquoi les vaisseaux ayant un grand tirant d'eau doivent avoir une quille très-solide, pour résister aux pressions de bas en haut qui s'exercent sur le fond du navire. Les animaux qui peuplent les profondeurs des mers doivent ainsi supporter des pressions énormes.

La pression que supporte une paroi latérale est égale au poids d'une colonne liquide qui aurait pour hauteur verticale la profondeur du centre de gravité de la paroi au-dessus du niveau, et pour base horizontale une surface égale à la paroi elle-même. Les pressions latérales se déduisent du principe d'égalité de pression. (Dr *Hoefer*.)

HYDROTHÉRAPIE [du grec *udór*, eau et *thérapéia*, guérison]. — Méthode du traitement qui consiste à traiter les maladies par l'usage de l'eau. « Cette méthode, dont l'idée mère se retrouve à toutes les époques de l'histoire de la médecine, a été, depuis 1828, mise en vogue par un paysan de la Silésie, nommé Priesnitz (mort en 1851), et suivie plus de trente ans dans un établissement fondé par lui à Græfenberg. On y emploie l'eau froide sous toutes les formes : à l'intérieur, en boisson (de 12 à 15 verres par jour), lavements et injections ; à l'extérieur, en bains (bains entiers, demi-bains, bains de siége, de pieds), affusions, douches, application de ceintures humides, de draps mouillés dans lesquels on s'emmaillotte, frictions avec des linges humides, etc. Ces moyens ont pour effet de faire passer alternativement du froid au chaud et du chaud au froid, de faire transpirer fortement le malade, puis de le saisir. » — Tout empirique qu'est la méthode de Priesnitz, elle a laissé dans la science quelques faits dont on pourra profiter. Elle a surtout réussi dans quelques cas de rhumatismes chroniques, de névralgie et de paralysie.

HYÉROGLYPHES ou **HIÉROGLYPHES**. — Ce mot est un de ceux dont les progrès récents de la critique archéologique ont changé entièrement l'acception générale. — On nommait *hiéroglyphes* les signes écrits employés dans un sens mystérieux ou inconnu, les caractères d'écriture n'ayant qu'une valeur de pure convention ; enfin, et plus spécialement, les caractères des écritures égyptienne, chinoise, mexicaine, etc. — Il est aujourd'hui reconnu qu'il n'y eut d'*écriture hiéroglyphique* proprement dite que chez les anciens Égyptiens. Le mot *hiéroglyphe* est fait de *iéros*, sacré, et *gluphéin*, sculpter, graver ; *grammata iérogluphika*, les caractères sacrés sculptés ; et l'écriture des Égyptiens couvrait en effet les murailles des temples des dieux et des palais des rois ; elle y était profondément sculptée par les soins des prêtres, dont une classe, les hiérogrammates, était chargée de toute la partie graphique des actes de l'administration publique. Ainsi, dans la généralité du sujet, les hiéroglyphes sont des signes d'une écriture qui, par sa constitution même, était éminemment propre à être sculptée sur les monuments publics, parce que ses signes, n'étant qu'une imitation d'objets du monde matériel, produisaient à la fois des tableaux animés et des scènes variées, sans cesser d'être représentatifs de la pensée. Considérés spécialement, les hiéroglyphes sont les signes particuliers du système graphique, ou écriture des anciens Égyptiens.

Ce système est si éloigné des habitudes et des procédés modernes, qu'il pourrait paraître plus extraordinaire à mesure qu'on l'examinerait de plus près ; mais il ne faut pas juger des autres d'après nous-mêmes : nous sommes le produit de toutes les expériences antérieures, et la justice veut que nous profitions de nos avantages sans manquer aux égards que méritent ceux qui nous les ont assurés par leurs propres tâtonnements. Un alphabet est la chose du monde la plus simple ; pense-t-on à ce qu'il en a coûté de temps pour arriver à cette sublime invention ? Les monuments des nations anciennes des deux mondes nous montrent quelques traces des pas que fit le génie de l'homme dans la recherche de l'art de manifester la pensée par des signes physiques, de fixer par des procédés graphiques les souvenirs et les idées, de les transmettre intelligiblement à tous. Ici, comme dans les landes et les déserts, on doit apprécier les distances par la durée du temps, et si nous ne nous trompons point, voici un aperçu du long itinéraire de l'esprit humain pour parvenir à cet art merveilleux, qui est le véritable instituteur du monde et le courtier universel de l'intelligence.

1° Les objets matériels frappèrent les premiers les regards de l'homme ; il reconnut leurs formes, il voulut les conserver ou en transmettre le souvenir : il traça la figure même de ces objets ; ce tracé fut un caractère d'écriture, caractère purement *figuratif* peignant *l'objet* directement, et non pas *l'idée* indirecte de cet objet ; ne pouvant peindre toutefois que son portrait, sans l'addition d'aucune idée de temps ou de lieu. Voilà où sont parvenus, en fait d'écriture, les peuplades de l'Océanie : c'est le premier pas dans le système graphique, insuffisant, sans doute, mais c'est toujours une écriture, et l'on ne peut donner aucun autre nom à ce procédé primordial.

2° L'insuffisance de ce premier moyen dut être bientôt reconnue : en peignant un homme, on n'indiquait aucun individu en particulier ; il en était de même des noms de lieux, et le besoin des distinctions individuelles créa l'usage d'une autre sorte de signes, dont chacun devint particulier à un homme ou à un lieu, et ces signes distinctifs furent pris, ou des qualités naturelles de l'individu, de la couleur du visage, par exemple, ou de la position physique du lieu, ou enfin de la qualité même par laquelle on le distinguait des objets semblables. Pour toutes les villes le signe caractéristique était, si l'on veut, une figure quadrangulaire ; mais comme chaque ville était, comme cela se voit, ou la ville du lion, ou la ville du serpent, etc., un lion ou un serpent fut ajouté au carré, et chacune de ces villes fut ainsi distincte des autres. Il y eut donc un signe nouveau qui fut à la fois *figuratif* et *symbolique* ajouté au signe proprement figuratif, et ce fut là le second pas vers le perfectionnement du système graphique ; c'est ce qu'ont fait les Mexicains, et ils ne sont pas allés plus loin.

3° De la représentation des objets physiques à l'expression des objets métaphysiques, le pas à faire était immense ; les peuples de l'ancien continent le franchirent, ils tracèrent par des signes les idées, *Dieu*, *âme*, etc., et celles des passions de l'homme ; mais ces signes furent *arbitraires*, *conventionnels*, tirés *d'analogies* plus ou moins vraies entre le monde physique et le monde moral (le lion exprimant l'idée de la force, etc.). Enfin, ces signes furent spéciaux à chaque peuple qui arriva isolément à ce procédé, et voilà les signes *énigmatiques* ou *conventionnels* ajoutés aux deux premières sortes, les figuratifs et les symboliques ; les Égyptiens et les Chinois les inventèrent pour eux, les employèrent à leur usage et les combinèrent, selon des règles qu'ils avaient faites, avec les deux autres sortes de signes déjà connus. Jusque-là ce genre d'écritures, malgré ses trois sortes de signes, est purement *idéographique*, c'est-à-dire qu'il exprime immédiatement les idées par des images-portraits, ou des images-symboles ; cette écriture n'a aucun rapport avec la langue *parlée*, parce qu'elle n'a pas pour objet les *sons* de cette langue.

4° Ces signes durent suffire aux peuples qui s'en servaient, tant qu'ils n'eurent pas besoin de se faire comprendre par des peuples ou des individus étrangers à leur pays.

Mais une fois ces relations établies et dès que le besoin d'exprimer le *nom* d'un individu se fut fait sentir, une nouvelle nécessité sociale se déclara et elle était impérieuse ; elle n'avait pas été sentie jusque-là, car les noms des *choses* étaient tirés de la langue même du pays ; les noms des *individus* de même, et comme ces noms étaient significatifs par leur nature, ils pouvaient être exprimés avec les caractères en usage, parce que ces noms n'étaient que des mots ou des composés de mots déjà exprimés ailleurs par l'écriture usitée. Mais cette écriture devenait insuffisante, et comme un nom étranger à l'Égypte, par exemple, n'avait aucun sens, par ses syllabes, dans la langue égyptienne, on remarqua cette absence de sens dans ces noms, on s'arrêta aux sons qui les formaient, et l'on comprit dès lors toute l'utilité qui résulterait d'un ordre de signes affectés à figurer et à exprimer ces mêmes sons ; nouveau progrès et d'un effet incalculable sur le perfectionnement du système graphique en général.

Une circonstance particulière concourut à l'assurer : ce fut la nature en général monosyllabique, des langues des sociétés primitives ; dès que le disque du soleil, figuré par un cercle, répondait dans l'écriture au mot de la langue parlée, qui était le nom du soleil, c'est-à-dire à la syllabe RE, on fut conduit naturellement à représenter aussi ce son RE par le disque du soleil. Ce premier pas ouvrit une nouvelle voie ; on l'appliqua aux noms propres étrangers seulement, et c'est ainsi que firent et que font encore les Chinois, qui, pour un nom de cette sorte, écrivent les caractères plus ou moins composés, dont la *prononciation* approche le plus des *syllabes* qui forment le nom à écrire, et comme ces caractères ont, d'ailleurs, et dans le système d'écritures chinoises, leur valeur propre et purement *idéographique*, c'est-à-

dire figurative ou symbolique, les Chinois affectent les caractères de ce nom propre d'une ligne perpendiculaire tracée à leur côté, afin d'avertir le lecteur de leur valeur de circonstance, qui est *phonétique* ou représentant les sons. La nature de leur écriture a exigé aussi l'emploi fréquent de *signes de sons*, qui rattachent aussi cette écriture à la langue parlée ; mais ces derniers ne composent pas proprement un alphabet, puisqu'ils sont moitié *figuratifs* et moitié syllabiques. Voilà le point où s'arrêta très-anciennement le système d'écriture des Chinois. Ils ne l'ont point dépassé depuis. (Voyez la *Grammaire chinoise* de M. Abel Rémusat.)

L'Égypte arriva très-anciennement aussi au complément réel de son système graphique, à l'alphabet. Les causes et l'époque de ce perfectionnement mémorable nous sont absolument inconnues : est-il le résultat des efforts de la philosophie égyptienne ? N'est-ce qu'une transmission faite à l'Égypte par un peuple qui l'aurait précédée dans les voies de la civilisation ? L'esprit se confond dans l'examen des deux questions, où se manifestent une antiquité incontestablement supérieure à tous les temps historiques de l'Occident et au perfectionnement de système graphique pour l'écriture, de système grammatical pour la langue, que les principes de l'idéologie moderne n'ont ni dépassé ni prévu aux plus anciens temps des annales de l'Égypte, fondées sur l'autorité des monuments existants. Au vingt-troisième siècle avant l'ère chrétienne, le système graphique est le même que pour le siècle d'Auguste, et le système grammatical du langage a les mêmes principes généraux qu'au temps des ermites chrétiens de la Thébaïde. On sait tout sur la civilisation égyptienne, à l'exception de son origine et de ses commencements. La France n'a retrouvé dans les sables du désert que les magnificences des Pharaons ; le temps lui a ravi leur berceau.

L'antiquité grecque et latine, Platon, Tacite, Pline, Plutarque, Diodore de Sicile et Varron font honneur à l'Égypte de l'invention de l'écriture *phonétique* ou représentative, par ses signes, de chacun des éléments constitutifs des sons du langage ; en un mot, *l'alphabet*. La critique moderne a reconnu, par l'étude des monuments, qu'aucun peuple de l'ancien monde ne pouvait, à cet égard, infirmer ce jugement consacré par l'autorité des siècles. Ceci prouverait donc, au besoin, l'antériorité des pratiques sociales dans la vallée du Nil, relativement à d'autres contrées de l'Orient ; l'examen attentif des plus anciens alphabets connus prouverait peut-être aussi, quant à leur constitution, l'imitation d'un type primitif, qu'on n'a retrouvé que dans l'antique Égypte. Il y a ici quelques données importantes pour les premiers temps de l'histoire des peuples morts ou vivants ; mais elle ne rentre pas dans notre sujet, et nous ne devons pas dépasser ses limites, qui ne renferment que la théorie de l'écriture hiéroglyphique des anciens Égyptiens.

Ce système singulier a été, depuis la renaissance des lettres en Occident, l'objet de recherches nombreuses, assidues et approfondies; toute la science des modernes a été employée à le retrouver; peu de savants célèbres dans l'érudition classique se sont dispensés d'en parler dans leurs ouvrages, avec plus ou moins de confiance dans leurs aperçus; et quoique le Père Kircher n'eût pas hésité à déclarer, dès l'année 1652, qu'il avait enfin trouvé le mot de toutes ces énigmes, et qu'il était le seul et véritable *Œdipus œgyptiacus*, bien des savants après lui ont cru pouvoir tenter encore de les *deviner* autrement et plus sûrement que lui. George Zoéga, l'un des hommes du dernier siècle les plus versés dans l'archéologie égyptienne, avait en quelque sorte réuni tous les essais antérieurs, toutes les discussions connues, dans son grand ouvrage intitulé: *De Origine et Usu Obeliscarum*, ouvrage très-remarquable, et qui tenait lieu de tous ceux qui l'avaient précédé, quand le sujet vint à s'agrandir tout à coup par la mémorable expédition française en Égypte. Dès lors des documents nouveaux et nombreux excitèrent l'attention des savants et ranimèrent les espérances que quelques opinions, hâtivement répandues sur l'antiquité extraordinaire de certains monuments, rendirent en quelque sorte plus exigeantes.

Bientôt après, le grand ouvrage publié aux frais du gouvernement français propagea universellement les moyens d'étudier, d'après des documents plus fidèles, tous les éléments et tous les souvenirs de la civilisation égyptienne. On s'attacha surtout à son système d'écriture; son intelligence devait révéler tant de mystères! Les savants de la commission d'Égypte n'abordèrent pas directement ce sujet; ils en laissaient parfois entrevoir l'intention dans des mémoires sur d'autres matières et quelques mots sur celle-là, dispersés dans leurs écrits, n'annonçaient aucune idée arrêtée, aucun principe reconnu, aucun résultat positif procédant d'une connaissance intime de la valeur des signes, ou de toute autre considération que de leur forme extérieure et matérielle. Le mystère même du système graphique des Égyptiens n'en était pas moins entier: sa partie corporelle était mieux connue; mais sa constitution logique et la valeur ou *idéographique* ou *phonétique* de ses signes nombreux, n'en était pas moins ignorée, malgré tant de zèle, d'efforts et de lumière dirigés de tous les points de l'Europe vers un sujet dont personne ne contestait l'importance historique.

Ce fut dans cet état de choses que M. Champollion le jeune communiqua à l'Institut royal de France, le 22 septembre 1822, quelques résultats de quinze années d'études non interrompues sur les monuments écrits de l'antique Égypte, études pour lesquelles il s'était créé, dès le principe, un secours qui avait manqué à tant d'autres avant lui, nous voulons dire la connaissance approfondie de la langue copte. Cet idiome, en effet, n'étant que l'ancienne langue égyptienne écrite avec les caractères de l'alphabet grec depuis que l'Égypte se fut faite chrétienne, et la raison disant que la connaissance réelle du système graphique des Égyptiens ne conduirait à rien si l'on ignorait la langue dont les signes de ce

système représentaient les mots et les phrases, c'est donc l'étude de cette même langue qui devait être la seule et véritable clef du système hiéroglyphique égyptien, et le plus sûr moyen d'épreuve de toutes les interprétations dont il deviendrait l'objet. Ce secours fut des plus propices pour M. Champollion le jeune, et l'Institut reconnut et proclama que l'*alphabet des hiéroglyphes égyptiens* était découvert. Le monde savant reçut cette découverte avec d'unanimes applaudissements; ils éveillèrent quelques prétentions étrangères que l'équité publique ne reconnut pas pour légitimes, et le savant français trouva dans les plus flatteurs encouragements la force et l'obligation de parcourir tout entière la carrière nouvelle que sa persévérance venait d'ouvrir aux sciences historiques, car le premier pas dans la voie de l'interprétation des hiéroglyphes, quoique immense, ne mesurait qu'une partie du terrain. Son étendue ne l'effraya pas; et, réalisant bientôt toutes les espérances, il publia, en 1822, sa *Lettre à M. Dacier*, dans laquelle il démontre: 1° Que, du temps de la domination des Grecs et de celle des Romains en Égypte, le système graphique comprenait un certain nombre de figures purement et absolument *phonétiques*, ou représentant non pas des *idées*, mais des *sons*; 2° qu'au moyen de ces signes de sons, les *noms* des souverains grecs et romains sont gravés en hiéroglyphes sur certains monuments de l'Égypte et de style égyptien; et 3° que cet *alphabet* véritable des hiéroglyphes doit remonter aux anciennes époques de l'histoire d'Égypte. Il restait encore à déterminer quelle était la nature des signes hiéroglyphiques qui n'appartenaient pas à l'alphabet phonétique, c'est-à-dire à exposer le système graphique égyptien tout entier; c'est ce que fit le savant français dans son *Précis du Système hiéroglyphique*, publié en 1824, et réimprimé en 1828; Paris, Imprimerie Royale, 2 vol. gr. in-8°, dont un de planches (chez Treuttel et Würtz.

Nous pouvons donc, d'après ces données, présenter, débarassé de toute démonstration, le tableau élémentaire du système graphique égyptien; invention singulière, qui renferme en elle-même les premiers et les derniers résultats obtenus par l'esprit humain dans la recherche de l'art de peindre, de fixer et de transmettre la pensée par les signes, témoignage irrécusable des plus nobles efforts et des plus nobles succès de l'intelligence.

Afin de prévenir toute confusion, les divisions naturelles de notre sujet seront marquées par des chiffres; notre devoir est d'être clair et précis à la fois; les lumières du lecteur suppléeront, dans tous les cas, à notre insuffisance; nous nous abstiendrons même de le prémunir contre les équivoques trop ordinaires et contre la confusion des mots d'une expression si différente, tels que LANGUE, ÉCRITURE. Dans la langue, le *mot parlé* était le signe *oral et direct de l'idée*; et dans l'écriture, le *mot écrit* n'était que le signe *graphique et direct du mot parlé*, mais signe *indirect* de l'idée. Dans le système hiéroglyphique égyptien on doit, en premier lieu, considérer deux choses.

A. La forme matérielle des signes, laquelle constitue trois sortes d'écritures : *Hiéroglyphique, hiératique, démotique.*

B. La valeur particulière de chaque signe, laquelle constitue trois sortes de signes: *Figuratif, symbolique, phonétique.*

A. 1. L'écriture *hiéroglyphique*, proprement dite, est celle qui se compose de signes représentant les objets du monde physique : animaux, plantes, arbres, figures de géométrie, etc., dont le tracé est ou simplement linéaire, ou bien entièrement terminé et même colorié, selon l'importance du monument qui porte l'inscription ou selon l'habileté du sculpteur. Le nombre de ces signes différents est d'environ huit cents.

A. 2. L'écriture *hiératique* est une véritable *tachygraphie* de la précédente. Les signes de l'écriture hiéroglyphique ne peuvent être convenablement tracés qu'avec la connaissance du dessin; et cette connaissance ne pouvant être universelle, on créa, en faveur de ceux qui ne l'avaient point, un système d'écriture abrégée, dont les signes pouvaient être facilement exécutés; mais ce système ne fut point arbitraire. Chaque signe *hiératique* ne fut qu'un abrégé d'un signe *hiéroglyphique* : au lieu de la figure entière du lion couché, par exemple, on traça la silhouette de sa partie postérieure; et cet abrégé du lion conserva dans l'écriture la même valeur que sa figure entière. Ainsi, l'écriture *hiératique* était composé du *même nombre* de signes que l'écriture *hiéroglyphique*, dont elle était une abréviation à l'égard de la forme des signes seulement, et cet abrégé des signes avait la même valeur que les signes entiers.

A. 3. L'écriture *démotique* (ou populaire ou épistolographique, ce qui est tout un) se composait des mêmes signes que l'écriture *hiératique* c'était donc aussi une abréviation des signes *hiéroglyphiques*, et conservant encore la même valeur; seulement le *nombre* des caractères de l'écriture *démotique*, employé pour les usages ordinaires de la vie, était *moindre* que ceux de l'hiératique.

On voit donc que les trois sortes d'écriture usitées simultanément en Égypte n'en formaient réellement qu'*une seule* en théorie, et que, pour la pratique seulement, on avait adopté une tachygraphie des signes primitifs, imitation fidèle des objets naturels reproduits par le dessin ou par la peinture. Ces trois sortes d'écritures étaient d'un usage général; toutefois, la première, l'écriture hiéroglyphique, était seule employée pour les monuments publics; mais les plus humbles ouvriers s'en servaient pour les plus communs usages, comme on le voit par les ustensiles et les instruments des plus vulgaires professions, ce qui, soit dit en passant, contredit tant d'opinions hasardées sur les mystères de cette écriture dont les prêtres égyptiens auraient fait un moyen d'ignorance et d'oppression pour la population égyptienne. La deuxième espèce, l'écriture hiératique ou sacerdotale, était plus particulièrement à l'usage des prêtres, qui l'employaient dans tout ce qui dépendait de leurs attributions religieuses. La troisième espèce enfin, l'écriture populaire, et la plus facile, la plus simple de toutes, servait à tous les usages que son nom même indique suffisamment. Clément d'Alexandrie dit que, parmi les Égyptiens, ceux qui reçoivent de l'instruction, apprennent d'abord l'écriture *démotique*, ensuite l'écriture *hiératique*, et enfin l'écriture *hiéroglyphique*; c'est l'ordre inverse de leur invention, mais l'ordre direct, quant à la facilité de leur étude; on trouve souvent les trois écritures employées à la fois dans le même manuscrit.

Quant à l'*expression* ou valeur graphique des signes, la théorie n'en est pas moins certaine que leur classification matérielle.

B. 1. Les signes *figuratifs* expriment tout simplement l'idée de l'objet dont ils reproduisent les formes : l'idée d'un cheval, d'un lion, d'un obélisque, d'une stèle, d'une couronne, d'une chapelle, etc., est exprimée graphiquement par la figure même de ces objets. Le sens de ces caractères ne peut présenter aucune incertitude.

B. 2. Les signes *symboliques* ou tropiques, ou énigmatiques, exprimaient une *idée métaphysique* par l'image d'un objet *physique*, dont les qualités avaient une analogie vraie, selon les Égyptiens, directe ou indirecte, prochaine ou éloignée, selon eux encore, avec l'idée à exprimer. Cette sorte de caractères paraît avoir été particulièrement inventée et réservée pour les idées abstraites qui étaient du domaine de la religion, ou de la puissance royale, si intimement liée avec le système religieux. L'*abeille* était le signe symbolique de l'idée *roi*; *deux bras élevés*, de l'idée offrir et offrande; *un vase d'où l'eau s'épand* signifie libation, etc., etc.

B. 3. Les signes *phonétiques* exprimaient les sons de la langue parlée, et avaient dans l'écriture égyptienne les mêmes fonctions que les lettres de l'alphabet dans la nôtre.

L'écriture hiéroglyphique diffère donc essentiellement de l'écriture généralement usitée de notre temps, en ce point capital qu'elle employait à la fois, dans le même texte, dans la même phrase, et quelquefois dans le même mot, les trois sortes de caractères *figuratifs, symboliques* et *phonétiques*, tandis que nos écritures modernes, semblables en cela aux écritures des peuples de l'antiquité classique, n'emploient que les caractères *phonétiques*, c'est-à-dire alphabétiques, à l'exclusion de tous les autres.

Il n'en résultait, néanmoins, aucune confusion, la science de cette écriture étant générale dans le pays, et en supposant cette phrase : *Dieu a créé l'univers*, l'écriture hiéroglyphiques l'exprimait très-clairement : 1° Le mot *Dieu*, par le caractère *symbolique* de l'idée de Dieu; 2° a *créé*, par les signes *phonétiques*, représentatifs des lettres qui formaient le mot égyptien *créer*, précédés ou suivis des signes phonétiques *grammaticaux*, qui marquaient que le mot radical *créer*, était à la troisième personne masculine du prétérit indicatif de ce verbe; 3° les hommes, soit en écrivant phonétiquement ces deux mots selon les règles de la grammaire, soit en traçant le signe figuratif *homme*, suivi de trois points, signe grammatical du pluriel. Il n'y avait point d'équivoque dans l'expression de ces signes : 1° parce que le premier, qui était *symbolique*, n'avait aucune valeur, ni comme signe figuratif, ni comme signe phonétique ; 2° parce que le signe figuratif *homme*, qui termine la phrase, n'avait que ce même sens figuratif ; 3° par ce que les signes phonétiques intermédiaires exprimaient des sons qui formaient un mot indispensable à la clarté de la proposition ; et, malgré cette différence de signes, l'Égyptien qui lisait cette phrase écrite la prononçait comme si elle avait été entièrement écrite en signes alphabétiques.

La théorie de l'enseignement du système graphique égyptien n'offrait pas plus de difficultés ; l'élève, averti de la nature des signes *figuratifs*, n'avait aucun effort d'intelligence à faire pour les retenir. La science des signes *symboliques* était une affaire de nomenclature ; il devait la mettre dans sa mémoire, et apprendre successivement la raison de ces assimilations de certains signes à certaines idées, la connaissance de la nomenclature suffisait même au plus grand nombre.

Quant aux signes *phonétiques* ou alphabétiques, voici comment procéda l'Égypte pour les déterminer : habituée à une écriture idéographique, peignant les sons de la langue, elle ne pouvait s'élever du premier bond à la simplicité tout arbitraire de nos alphabets ; obligée ainsi de combiner la forme des nouveaux signes avec ceux dont elle avait déjà consacré l'usage par une longue pratique, elle ne renonça pas à la forme des figures naturelles, elle en continua l'emploi et décida seulement (après avoir analysé les syllabes de son langage et en avoir décomposé les sons jusqu'aux plus simples éléments, qui sont les lettres) que la *figure* d'un objet dont le nom dans la langue parlée commencerait par la voix *a*, serait dans l'écriture le caractère A ; que la *figure* d'un objet dont le *nom* dans la langue parlée commencerait par l'articulation *b*, serait dans l'écriture le caractère B, et ainsi de suite. Dans l'écriture *phonétique*, l'aigle, qui se nommait *Ahôm* en égyptien, devint donc la lettre A ; une cassolette, *Berbe*, la lettre B ; une main, *Tot*, le T et le D ; une hache, *Kelebin*, le K et le C dur ; un lion couché, *Gabo*, le G ; une chouette, *Moulady*, l'M ; une bouche, *Ró*, le R, etc. Il résulta ainsi de ce premier principe, non pas que *tous* les objets dont le nom commençait par R devinrent le signe graphique de cette lettre (il en serait né trop de confusion), mais que *quelques-uns* de ces objets seulement, les plus connus, les plus ordinaires, ceux dont la forme était la plus sûrement déterminée et pouvait être le plus facilement transcrite, furent affectés d'autorité à représenter le son R, et ainsi des autres ; il y eut donc un certain nombre de signes *homophones*, ou exprimant le même sens dans l'alphabet écrit des Égyptiens ; et cela était nécessaire dans une sorte d'écriture où la combinaison et l'arrangement matériel des signes étaient soumis à des règles dictées par la convenance de la décoration des monuments, pour un pays, surtout, où les murs de tous les édifices publics étaient couverts d'inscriptions servant d'explications aux tableaux sculptés qui rappelaient les grandes actions des rois ou les bienfaits des dieux du pays. Du reste, le nombre des hiéroglyphes phonétiques ne s'élevait guère au delà de cent.

Toutefois, c'est cette espèce de caractère qui domine dans tous les textes hiéroglyphiques ; ils s'y trouvent dans la proportion des deux tiers, le surplus appartenant par portion, à peu près égale, aux caractères figuratifs et aux caractères symboliques.

On comprend par là toute l'importance, pour les sciences historiques, de la découverte de l'alphabet des hiéroglyphes égyptiens. En disant comment on a réussi à le faire, on dira aussi toute sa certitude.

On ne peut parvenir à connaître une langue qu'on ignore qu'avec le secours d'un interprète ; c'est un homme ou un livre ou un écrit quelconque. Cet interprète de l'ancienne Égypte fut trouvé en Égypte même par la France ; c'est la célèbre inscription de Rosette, pierre de quelques pieds de hauteur, et sur laquelle sont gravées trois inscriptions à la suite l'une de l'autre : la première, tronquée par le haut, en caractères *hiéroglyphiques* ; la deuxième en caractères *démotiques*, et la troisième en grec ; on voit par cette dernière quelle est la *traduction* de ce qui précède : voilà donc l'interprète des hiéroglyphes égyptiens, qui manquait à l'érudition moderne. Cette traduction *grecque* d'un texte *égyptien* devait ouvrir une voie nouvelle ; l'inscription de Rosette fut publiée et reçue avec empressement ; mais ce ne fut qu'après vingt ans et vingt essais sans résultats que la lumière jaillit enfin de ce monument, et, pour l'en tirer, il fallut s'arrêter aux données suivantes, après avoir épuisé toutes les autres : 1° Le texte grec prouve que l'inscription est un décret des prêtres de l'Égypte en l'honneur de Ptolémée Épiphane. 2° Ce décret contient plusieurs fois le nom de ce roi et plusieurs autres noms propres. 3° On a pu traduire et écrire en égyptien toutes les idées exprimées dans le texte grec, mais les noms propres grecs, n'exprimant aucune idée en égyptien, n'ont pu être traduits : il a donc fallu écrire en caractères égyptiens les sons qui forment ces noms propres dans le grec. 4° Il doit donc y avoir dans l'inscription égyptienne de Rosette des signes hiéroglyphiques exprimant ces sons ; il peut donc aussi y avoir dans l'écriture hiéroglyphique des *signes phonétiques* ou exprimant les sons et non pas des idées. 5° Le texte égyptien présente un groupe des signes hiéroglyphiques, distingué par un encadrement elliptique qui l'entoure ; ce groupe est répété plusieurs fois dans ce texte égyptien ; le nom propre Ptolémée est répété aussi plusieurs fois dans le texte grec ; le groupe d'hiéroglyphes encadré peut donc être le nom de Ptolémée, et, dans cette supposition, les signes ainsi groupés écrivent ce nom en hiéroglyphes : ces signes sont donc *alphabétiques* ; le premier est donc un P et le second un T, etc. Voilà déjà plusieurs des hiéroglyphes alphabétiques retrouvés, et il ne reste qu'à compléter cet alphabet si désiré. 6° Bien des obstacles s'y opposent encore; le groupe encadré dans une ellipse ou *cartouche* est le nom de Ptolémée, ou bien il ne l'est pas : dans le premier cas, il est nécessaire d'éprouver la vérité du premier résultat alphabétique sur d'autres noms propres écrits à la fois en hiéroglyphes et en grec, et dans lesquels se retrouvent toutes les lettres déjà reconnues ou supposées l'être. Avec le nom de Ptolémée, l'inscription grecque de Rosette contient plusieurs autres noms propres vers son commencement; mais le texte hiéroglyphique, tronqué vers ce point, nous prive de ce moyen de comparaison; il n'y avait donc rien de rigoureusement certain jusque-là dans le résultat de tant de recherches, et le temps seul pouvait mettre fin à tant d'incertitudes : il ne refusa pas ce grand bienfait aux lettres et à l'histoire. 7° L'infortuné Belzoni découvrit à Philœ un cippe portant une inscription grecque, et un petit obélisque portant aussi une inscription hiéroglyphique : on reconnut que le cippe et l'obélisque formaient un seul et même monument; ce point capital fut publiquement constaté. L'inscription grecque nommait aussi un roi Ptolémée, une reine Cléopâtre, et l'on remarquait dans l'inscription hiéroglyphique, au lieu même où devait se trouver le nom du roi Ptolémée, le même groupe encadré que dans l'inscription de Rosette, qu'on avait supposé être le mot Ptolémée; ce premier résultat tiré de l'inscription de Rosette était donc pleinement confirmé, et l'on avait avec certitude le nom du roi grec Ptolémée écrit en hiéroglyphes. Le groupe d'hiéroglyphes encadré qui sur l'obélisque suivait le nom de ce roi ne pouvait être dès lors que le nom de la reine Cléopâtre : le premier signe du mot Ptolémée, le P, se trouve être en effet le cinquième de Cléopâtre; le deuxième de l'un, le T, le septième de l'autre; le quatrième du premier, le L, était bien le deuxième du second; le nombre des signes reconnus s'accroît donc de tous ceux qui composaient le nom de Cléopâtre; on eut la moitié de l'alphabet, et une fois les groupes d'hiéroglyphes encadrés, ou cartouches, reconnus pour des noms de rois et de reines ainsi distingués par étiquette, et ces cartouches étant nombreux sur les monuments, l'alphabet fut sans peine complété, et la découverte la plus désirée, la plus inespérée depuis la renaissance des lettres, était enfin accomplie. La suite des recherches analytiques et la persévérance qui les a caractérisées ont fait le reste; les mystères de l'ancienne Égypte ont été ainsi dévoilés, et les applaudissements du monde savant ont été la récompense d'un dévouement qui ne s'est pas démenti un seul instant depuis vingt années. Il resterait à parler de *la grammaire* de cette *écriture*; ces détails seraient fort longs; nous dirons seulement que l'écriture hiéroglyphique exprime complétement, et d'après des règles certaines, tous les éléments de la *grammaire*, de la *langue* parlée; il devait en être ainsi de l'écriture d'un peuple à qui toutes les pratiques de la civilisation étaient familières.

Quant aux résultats, pour l'histoire, de la découverte de la théorie de l'écriture égyptienne, ils ont répondu à ce que le monde savant pouvait en attendre. Le sol de l'ancienne Égypte est couvert de monuments encore debout; ses monuments sont ornés de tableaux sculptés et peints, et d'inscriptions hiéroglyphiques; la Grèce et Rome, qui ne recherchèrent pas ses ouvrages avec le même soin qu'elles mirent à recueillir ses opinions, ont laissé ses dépouilles presque entières aux modernes; chacun de ses débris est chargé d'inscriptions, de telle sorte qu'une brique, une bretelle, le vase le plus commun en est rarement dénué.

La connaissance de l'écriture égyptienne trouve donc d'innombrables applications, et de chacune d'elles on tire une donnée utile à la restitution de l'encyclopédie égyptienne. On a donc pénétré plus avant qu'on n'avait pu le faire avec le seul secours des écrivains classiques dans le système religieux, les principes civils, les usages domestiques et la théorie des arts techniques de l'ancienne Égypte; on a retrouvé ses meubles et ses habillements, ses temples et ses palais, ses jeux gymniques et ses habitations, son culte et ses amusements, ses caricatures politiques ou religieuses, ses rois, ses prêtres et ses guerriers; la culture des champs et l'aménagement des troupeaux; enfin une suite de générations de sa population tout entière gisant dans le silence des tombeaux ignorés ou respectés depuis deux ou trois milliers d'années. La série de ses rois est fondée sur la série de ses monuments. Les certitudes pour les annales égyptiennes se multiplient chaque jour, et leur série non interrompue nous ramène jusqu'au vingt-troisième siècle antérieur à l'ère chrétienne.

La chronologie égyptienne peut donc servir d'échelle des temps à l'histoire de tous les autres peuples connus; elle était dans toutes ses prospérités, avec sa religion, son gouvernement, sa langue, son écriture et ses arts, douze siècles avant la guerre de Troie. Les prêtres égyptiens disaient à Solon que ses Grecs n'étaient que des enfants.

CHAMPOLLION-FIGEAC.

HYGIÈNE [du grec *hygiéia*, santé]. — Partie de la médecine qui a pour objet de conserver la santé et de prévenir les maladies.

L'homme, dit le docteur Deslandes, est entouré d'une foule de choses, soumis à une multitude d'influences plus ou moins favorables ou nuisibles à sa santé, plus ou moins essentielles à son existence, ou menaçantes pour elle. Parmi ces influences, il en est dont il ne saurait se passer, auxquelles il ne pourrait se soustraire sans perdre la vie; tels sont l'air, les aliments, etc., etc. Il en est d'autres qui, sans être aussi indispensables, sont cependant de la plus grande utilité; la vie pourrait, à la rigueur, exister sans elles; mais par leur influence elle est à la fois plus assurée et plus agréable. Dans cette classe, nous trouvons les bains, le vêtement, les soins de propreté, les travaux de l'esprit, les exercices du corps, etc., etc. Certes, il serait possible, à

la rigueur, qu'on continuât à vivre, même en bonne
santé, malgré la privation plus ou moins complète
d'une de ces choses ; mais le plus souvent cette privation exposerait à une foule d'inconvénients et
même à des dangers. Enfin, il est des influences qui
sont essentiellement nuisibles ou délétères, par les
sensations douloureuses qu'elles causent, le désordre
qu'elles apportent dans nos fonctions et les altérations qu'elles font subir à nos organes : tels sont les
miasmes, les poisons, les venins, les virus contagieux, etc., etc.; tels sont encore les abus que nous
pouvons faire de nos facultés et des choses dont l'u-
sage bien réglé n'a pas d'inconvénient, ou même a
des avantages plus ou moins notables pour la santé.
Toutes ces influences sont du domaine de l'hygiène.
Par cette science, on apprend à connaître celles qu'il
faut fuir, celles qu'il faut rechercher, comment on
détruit les unes, comment on se rend plus favorables
les autres, comment on peut se soustraire à l'action
de celles-ci, comment on peut profiter des effets
avantageux de celles-là. L'hygiène est donc une
science toute pratique, une science que tous les
hommes ont besoin de connaître, puisqu'ils sont appelés à en faire l'application dans un intérêt qui est
le premier de tous, celui de la conservation de la
santé et de la vie.

L'hygiène se divise en hygiène privée et en hygiène publique.

L'hygiène privée détermine dans quelle mesure
l'homme qui veut conserver sa santé doit, selon son
âge, sa constitution et les circonstances dans lesquelles il se trouve, user des choses qui l'environnent et de ses propres facultés, soit pour ses besoins,
soit pour ses plaisirs.

L'hygiène publique s'occupe de tout ce qui concerne la salubrité publique (abreuvoir, abattoirs,
prisons, ateliers et manufactures, etc., etc.).

HYGROMÈTRE (de *ugron*, humide, et *métron* mesure). — Instrument destiné à marquer les degrés
d'humidité de l'air. Tous les corps qui, en absorbant
l'humidité de l'air, changent de forme, de poids ou
de volume, peuvent servir à la construction d'un
hygromètre. Aussi ces corps, tels que les cordes ten-
dues, les cheveux, le chlorure de calcium, la potasse, etc., sont-ils appelés *hygrométriques* ou *hygro-
scopiques*. On a imaginé plusieurs espèces d'hygromètres : les uns agissent par condensation, les autres
par absorption, d'autres enfin par simple évaporation. Un des plus anciens hygromètres se voyait, il y
a environ cinquante ans, sous une des portes du
vieux Louvre : il consistait en une corde de trois à
quatre mètres de longueur, faiblement tendue dans
une position horizontale ; au milieu de cette corde
était fixé un fil de laiton auquel était suspendu un
petit poids, servant d'index sur une échelle divisée
en pouces et en lignes. Une corde à boyau, fixée d'un
côté à un point d'appui solide, et attachée par l'autre
bout à une petite traverse qui se tourne à mesure
que la corde se tord ou se détord, a été souvent employée comme hygromètre. Pour enjoliver ce petit
appareil, on place aux extrémités de cette traverse

deux petites figures : lorsque l'humidité fait tourner
la corde, l'une de ces figures rentre dans une petite
maisonnette, tandis que l'autre en sort, portant un
petit parapluie.

Les *hygromètres à condensation* sont destinés à mesurer la tension ou la force élastique de la vapeur
d'eau contenue dans l'air. Un vase contenant un li-

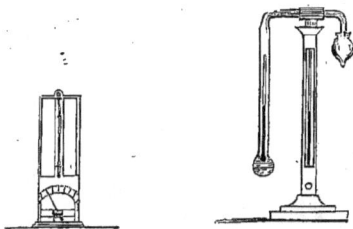

Fig. 57. — Hygromètre de   Fig. 58. — Hygromètre à
Saussure.   condensation.

quide qui, par son évaporation, produit un refroidissement suffisant pour faire déposer, sur une lame
de verre ou de métal, la vapeur d'eau sous forme de
rosée, telle est la charpente d'un hygromètre à condensation (*hydromètre de Daniel*, *hydromètre à virole
d'or*, *hydromètre à capsule*). Ce dernier se compose

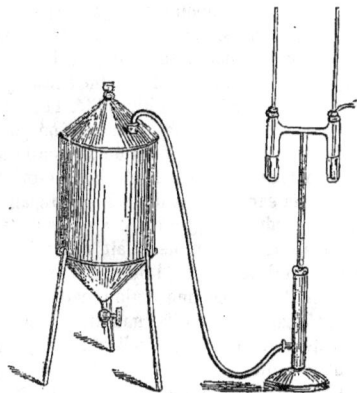

Fig. 59. — Hygromètre de Daniel.

d'un thermomètre et d'une petite capsule de plaqué
d'or très-mince. L'éther sulfurique versé dans la
capsule refroidit, par son évaporation, tout à la fois
l'éther, la capsule et le thermomètre. On observe
exactement la température à l'instant où l'or se
ternit (point de rosée), et on cherche dans la table la
force élastique correspondante.

Table hygrométrique de la vapeur qui est contenue dans un mètre cube d'air.

TEMPÉRATURE du point de rosée.	FORCE ÉLASTIQUE correspondance.	POIDS de la vapeur.
0	5,0	5,4
1	5,4	5,7
2	5,7	6,1
3	6,1	6,5
4	6,5	6,9
5	6,9	7,3
6	7,4	7,7
7	7,9	8,2
8	8,4	8,7
9	8,9	9,2
10	9,5	9,7
11	10,1	10,3
12	10,7	10,9
13	11,4	11,6
14	12,1	12,2
15	12,8	13,0

L'*hygromètre de Saussure* est un hygromètre d'absorption. Il se compose d'un cheveu fixé par son extrémité supérieure à une pièce qui peut éprouver de légers déplacements au moyen d'une vis et d'un ressort; ce cheveu, qui doit d'abord avoir été soumis à une lessive alcaline étendue (pour enlever la matière grasse), s'enroule par son extrémité inférieure sur une poulie à deux gorges, dont l'axe porte une aiguille destinée à parcourir un cadran. Dans la seconde gorge de la poulie est enroulé un fil de soie portant un petit contre-poids, destiné à donner au cheveu une tension continuelle et toujours égale. Le 0° de l'échelle (*sécheresse extrême*) a été déterminé en plaçant ce petit appareil sous une cloche posée sur du chlorure de calcium ou de l'acide sulfurique concentré, qui absorbent toute l'humidité. Pour déterminer le degré 100° (*humidité extrême*), on porte l'hygromètre sous une cloche dont on a mouillé les parois avec de l'eau distillée; la cloche elle-même repose sur un plateau au fond duquel on a répandu de l'eau. Ainsi gradué, l'hygromètre à cheveu n'est propre qu'à marquer de combien l'air approche de la sécheresse extrême ou de l'humidité extrême. Comme l'humidité exerce une action certaine sur tous les corps organiques ou inorganiques, il serait important de tenir compte des indications hygrométriques dans toutes les observations physiques, chimiques, physiologiques et médicales. (D^r *Hœfer.*)

HYMÉNOPTÈRES (zoologie) [du grec *hymen*, membrane, et *pétron*, aile]. — Troisième ordre de la classe des insectes, dont les caractères sont: « quatre ailes membraneuses, à nervures longitudinales; des mandibules, des mâchoires, et l'abdomen armé, chez les femelles, de tarière ou d'aiguillon. » Les hyménoptères subissent une métamorphose complète. On les divise en deux sections: les térébrants et les porte-aiguillons; les fourmis et les abeilles appartiennent à ces derniers.

HYPERTROPHIE (pathologie) [du grec *hyper*, à l'excès, et de *trophé*, nutrition]. — Accroissement excessif d'un organe, caractérisé par une augmentation de son poids et de son volume, sans altération réelle de sa texture. Elle est le résultat d'une nutrition anormale et trop active.

HYPOCONDRIE (pathologie). — Dire ce que c'est que l'hypocondrie n'est peut-être pas chose aussi facile que bien des personnes le pensent; et, quand on considère la divergence des opinions qui ont été émises à ce sujet, on éprouve le besoin d'entrer dans un examen critique qui serait ici déplacé. Résumant donc l'observation du plus grand nombre des médecins qui ont écrit sur l'hypocondrie, nous disons qu'elle est essentiellement caractérisée par une préoccupation constante, inquiète, non motivée ou exagérée, parfois délirante, sur sa propre santé. Qu'est-ce donc alors que l'hypocondrie? Est-ce à son premier début une maladie physique, ou un faux jugement auxquels viennent s'associer des écarts d'imagination? A notre avis, c'est tantôt l'un et tantôt l'autre, et nous l'expliquerons ailleurs. Bornons-nous momentanément à prendre acte de ce fait, que l'hypocondrie porte son cachet essentiel dans une déviation des facultés mentales; de là le nom de *maladies imaginaires* qu'on a donné pendant longtemps aux individus qui en étaient affectés.

Quoi de plus naturel que de s'occuper de la santé dont la conservation ou le rétablissement importent tant à notre bien-être? C'est un soin cependant auquel il faut bien prendre garde; exagéré, il conduit directement à l'hypocondrie. La nature nous a donné des instincts qui nous font sentir nos besoins sans que la réflexion s'en mêle. L'observation d'où naît l'expérience nous fait connaître ce qui nous favorise ou nous nuit; c'en est assez pour donner des règles de conduite relativement à notre conservation; laissons ensuite à l'âme de plus dignes et de moins égoïstes fonctions que celles de s'occuper sans cesse des exigences et des dangers de l'organisation. Il est prouvé, d'ailleurs, que l'attention concentrée sur les fonctions physiques ne tarde pas à les troubler, et cette malheureuse direction de l'esprit devient à la fois la source et le sceau spécial de l'hypocondrie. Mais, objectera-t-on, cette distraction, cette négligence des phénomènes corporels dont vous faites un précepte d'hygiène, peuvent avoir pour résultat de nous laisser dans l'ignorance et l'inertie de quelques maladies graves que l'observation introspective de nous-même ou de nos organes nous aurait fait découvrir de bonne heure et permis de traiter plus efficacement. Cela peut sans doute arriver: seulement, c'est extrêmement rare. La providence intérieure qui régit notre économie, en d'autres termes la nature, la vie végétative, manque rarement de nous avertir, quand elle a besoin de secours, que la santé est compromise ou que la vie est en danger, et il est beaucoup plus prudent d'attendre ses avertissements que de s'exposer à la troubler par une application mal entendue des forces de l'intelligence au secret de la matière vivante.

Dans la foule des médecins qui ont publié des traités spéciaux ou des articles sur l'hypocondrie, nous n'en connaissons pas qui se soient montrés critiques plus judicieux, qui en aient analysé les symptômes et les causes avec autant de rigueur et de succès que MM. Falret et Dubois d'Amiens. D'accord tous les deux sur le caractère essentiel de la maladie, qui consiste dans une inquiétude déraisonnable et constante sur sa santé, le premier en fait une affection cérébrale, le second un travers d'esprit, une monomanie spéciale. Il est évident que, si ces médecins distingués ne s'accordent pas complétement, au moins sont-ils bien près de s'entendre ; car c'est toujours dans le cerveau, instrument de l'âme, que se passe la lésion matérielle ou la simple erreur de jugement. Cette opinion sur la localisation de l'hypocondrie avait déjà été énoncée, mais elle n'a été développée et accréditée que depuis quelques années seulement. Quoique la plupart des auteurs eussent signalé avec soin le caractère moral qui distingue les hypocondriaques plus que tous les autres symptômes réunis, ils n'en persistent pas moins, sur l'autorité de Dioclès et de Galien, à fixer le siége de la maladie dans les hypocondres, l'estomac, le foie, la rate, les nerfs de cette région, et puis les humeurs noires, les vapeurs fuligineuses, etc., reconnaissant toutefois que, ultérieurement, le cerveau était sympathiquement affecté par ces altérations organiques ou humorales.

Nous assignons à l'hypocondrie deux ordres bien distinct de causes : les unes sont simplement prédisposantes, pour la plupart physiques, toujours indirectes ; les autres sont occasionnelles, morales, directes. Nous plaçons dans la première catégorie le tempérament nerveux, un caractère sensible, impressionnable, triste, pusillanime ; les professions qui nécessitent de fortes occupations intellectuelles, et plutôt celles qui exaltent le sentiment et l'imagination. Aussi Aristote avait-il déjà fait la remarque que la plupart des hommes de talent ou de génie étaient plus ou moins mélancoliques ou hypocondriaques, observation que l'expérience de tous les temps a confirmée. Il faut encore compter au nombre des causes prédisposantes l'âge viril, la vie solitaire et sédentaire, l'onanisme et tous les abus vénériens, toutes les circonstances qui troublent la santé, comme la suppression de quelque évacuation, excrétion ou éruption habituelle, les maladies de tout genre. Les femmes sont moins sujettes à l'hypocondrie que les hommes ; et il faut le dire à leur louange, c'est que, plus dominées par les qualités affectives, elles vivent davantage hors d'elles-mêmes, ou dans les objets extérieurs de leurs affections. D'ailleurs, l'hystérie, à laquelle elles sont exposées, fait plus que compenser cette immunité dans le partage, inégal en leur défaveur, des souffrances humaines.

Les causes occasionnelles ou directes sont morales ; nous n'en admettons même qu'une qui détermine l'hypocondrie et qui l'accompagne invariablement dans son cours ; c'est la crainte de devenir ou

d'être malade et en danger de mort : appréhension accidentellement provoquée chez les sujets prédisposés par l'observation personnelle, la lecture, le récit de maladies ou de mort ; par quelque indisposition ou affection chronique qui parvient à captiver craintivement et exclusivement l'attention ; par une sollicitude trop empressée et intempestive de la part des personnes qui nous entourent et se préoccupent trop de notre santé, et par toutes les influences de même espèce. Que de fois des professeurs de pathologie éloquents ou vénérés ont jeté des germes vivaces d'hypocondrie sur une partie des élèves qui composaient leur auditoire ! Que de fois la lecture des ouvrages de médecine a produit le même résultat ! L'alarme que répandent les épidémies est une influence plus frappante encore. En 1832, la population de Paris fut plongée en masse dans un état d'hypocondrie aiguë, par les ravages du choléra.

L'hypocondrie n'a donc qu'un point de départ et qu'un symptôme spécifique, la domination trop exclusive, la déraison ou le délire de l'instinct de la conservation. C'est une monomanie qu'on peut diviser en plusieurs genres et espèces suivant que le sujet se croit affecté de telle ou telle autre maladie. Cependant, hâtons-nous de le reconnaître, l'hypocondrie ne débute pas toujours par une simple erreur sur l'état de sa santé : il n'est pas rare qu'une indisposition ou maladie très-réelle de quelque organe, soit le cerveau, l'estomac, le foie, le cœur, etc., appelle primitivement les forces de l'intelligence vers l'observation attentive du jeu des fonctions, et devienne cause occasionnelle, immédiate et concomitante de l'hypocondrie. Alors le désordre physique précède l'aberration du moral, et le développement progressif de la maladie que nous étudions varie très-sensiblement dans ses apparences. Ne pouvant donner à ce chapitre autant d'espace que le comporteraient l'étendue et l'importance du sujet, nous nous bornerons à décrire succinctement la marche de l'hypocondrie par cause morale, qui est la plus commune.

Sous quelqu'une des influences précitées, un homme bien portant, ou même, si l'on veut, paisiblement valétudinaire ou malade, conçoit graduellement ou tout à coup des inquiétudes sur sa santé : il devient préoccupé des dangers que court son existence, cette idée le poursuit, l'obsède ; il devient triste, rêveur, distrait, son sommeil en est troublé, agité ; s'il parle, c'est pour manifester ses craintes continuelles, etc. Il est évident que son esprit et son cerveau sont dans un état de tourment. Mais cette appréhension, qui a toute la violence et la ténacité d'une passion, d'une contention mentale forcée, ne tarde pas à désordonner l'influence nerveuse générale, et toutes les fonctions en sont dérangées. L'appétit diminue et se perd, l'estomac et les intestins sont agités de spasmes et murmurent ; il y a presque toujours constipation ou diarrhée. Il survient des palpitations de cœur, des étouffements, des tressaillements dans les muscles et une foule de sensations insolites que l'hypocondriaque recueille avec un soin minutieux. La seule manière dont il exprime ses souffrances suffit souvent au médecin exercé pour reconaître l'hypocondrie; non-seulement ces malades sont infatigables à exposer les phénomènes maladifs qu'ils éprouvent, mais ils les peignent avec une abondance, une vivacité ou une exagération qui leur sont propres. Il en est qui sont irrités des apparences de santé qu'ils conservent et qui leur aliènent la sympathie qu'ils voudraient attirer sur leurs maux. La sinistre préoccupation d'être atteint d'une maladie formidable et d'avoir ses jours en péril conduit les hypocondriaques de faute en faute. Explorant une à une toutes les fonctions, la digestion, les excrétions, la circulation, la respiration, etc., ils parviennent à les troubler toutes, ce qui augmente leurs alarmes : ils sont irrésistiblement entraînés à s'éclairer sur leur état, de là leur prédilection pour les ouvrages de médecine et pour la société des médecins. « N'est-ce pas, disions-nous un jour à un de ces malades qui avait à peine commencé le long récit de ses misères, n'est-ce pas que les médecins sont des hommes fort utiles ? — Ah! monsieur, répondit-il, si j'étais roi, je ne souffrirais pas qu'aucune profession marchât à l'égal de la médecine. » Et l'on sait que le sanguinaire et hypocondriaque Charles IX cachait dans sa chambre le protestant Ambroise Paré, son chirurgien, pendant qu'il ordonnait le massacre de ses coreligionnaires dans les horribles scènes de la Saint-Barthélemy. Reprenons : la lecture des ouvrages de médecine est extrêmement nuisible aux personnes affectées d'hypocondrie. Si elles n'étaient pas encore fixées sur l'espèce de maladie qui compromet leur existence, elles font bientôt un choix parmi les plus cruelles et les plus incurables. C'est quelque cancer, un anévrisme du cœur, une phthisie pulmonaire, etc. Leur imagination est terriblement ingénieuse à leur persuader qu'elles ont bien certainement la maladie fatale dont ils viennent de lire la description. De cette triste conviction au désir de se traiter, la pente est rapide et l'entraînement presque inévitablement plus grave et souvent désastreux. A force de se médicamenter, en bouleversant aussi sans raison leurs habitudes, leur régime, elles finissent par déterminer des lésions graves dans les organes, et c'est alors que, comme on l'a dit, à la peur du mal succède le mal de la peur. Cette fureur de se droguer est si générale, si impérieuse, qu'il est rare que les hypocondriaques, ceux-là même qui sont éclairés, n'abandonnent pas les médecins prudents et sages pour achever leur ruine dans la libéralité pharmaceutique des marchands de drogues et des charlatans. Et voilà comment une simple appréhension, qui, par son importune continuité, représentait une variété des maladies mentales, dégénère en altérations organiques plus ou moins profondes, qui causent réellement une mort prématurée!

Le pronostic de l'hypocondrie varie selon plusieurs circonstances. A la première période, quand il n'y a encore qu'une légère modification cérébrale ou une fausse préoccupation d'esprit, la guérison est facile et souvent prompte; mais qu'on se garde bien d'en négliger le traitement hygiénique et moral. A la deuxième période, lorsque tout le système nerveux est troublé, la cure est moins aisée, cependant les chances sont encore assez rassurantes. Au troisième degré, quand il est survenu des inflammations, des désorganisations viscérales, l'espoir est considérablement diminué. La marche de l'hypocondrie est lente, chronique, continue ou rémittente, intermittente parfois. On peut vivre longtemps avec cette maladie. Les lésions organiques pernicieuses et l'aliénation mentale sont ses plus fâcheuses terminaisons. Du reste, ce sont les complications accidentelles, variables, étrangères à l'essence de l'hypocondrie qui doivent en aggraver le pronostic. Tout le temps qu'elle n'est qu'à l'état mental ou nerveux, imaginaire, comme on dit à tort dans le monde, il est permis d'espérer beaucoup ; seulement il ne faut rien négliger pour obtenir la guérison, sous peine de voir se déployer successivement un tableau morbide dont nous avons indiqué les traits principaux.

Il serait à désirer que les hypocondriaques et les personnes qui les entourent eussent connaissance et le souvenir très-présent de ces paroles de l'illustre et judicieux Baglivi : « Quoique, au premier aspect, dit-il, l'hypocondrie paraisse pernicieuse et incurable, les malades de cette espèce guérissent d'ordinaire assez facilement, non point par des médicaments en abondance, mais par d'agréables entretiens avec des amis, les innocents plaisirs champêtres, l'exercice fréquent du cheval, et un genre de vie tracé par un médecin sage. »

C'est pour l'hypocondrie surtout qu'il faut reconnaître que l'analyse philosophique des causes qui la déterminent, des phénomènes qui succèdent à leur action et la constituent simple ou compliquée, a heureusement influé sur le traitement. Ces causes prédisposantes et occasionnelles, nous les avons signalées; on recherchera donc quelles sont celles qui ont agi, et on les éloignera s'il est possible : car c'est souvent la même influence qui a produit la maladie qui l'entretient par sa persévérance. Si le corps était réellement malade avant que l'hypocondrie ou la crainte tyrannique d'avoir une santé mauvaise et la vie en danger s'empare de l'individu, il est évident qu'on devra donner les premiers soins aux altérations organiques préexistantes. S'il existait quelque affection viscérale chronique, quelque suppression ou répercussion humorale, etc., on les traitera d'abord. Mais laissons ces complications antécédentes ou consécutives, qui regardent exclusivement le médecin, pour ne nous occuper que de l'hypocondrie, maladie nerveuse et morale.

Au premier degré, c'est une passion triste, la peur de mourir qui fait tout le mal. Conséquemment, tout ce qui peut distraire de cette sombre préoccupation doit être mis en usage; et qu'on ne se figure pas qu'on ne rencontrera qu'une faible résistance pour changer cette direction de l'esprit : une fois enracinée, c'est une espèce d'aliénation mentale. On n'ignore point qu'il ne suffit pas de rai-

sonner avec un monomane pour rectifier son jugement, sa déraison et son délire, de même on ne
convaincra pas aisément un hypocondriaque que la
maladie dangereuse dont il se croit menacé ou
atteint n'existe que dans son cerveau ou son imagination malade. Il faut beaucoup de tact et de
discernement pour raisonner utilement avec eux;
on les irrite en ayant l'air de ne pas croire à leurs
souffrances; en montrant trop de persuasion, au
contraire, on les fortifie malheureusement dans
leur erreur. Comment faire alors? C'est que la
même conduite ne convient ni à l'égard de tous
ni dans les situations diverses de chacun; rien ne
peut suppléer ici à la pénétration, à la rectitude du
sens; or, pour nous servir d'une locution de La-
bruyère, après les diamants et les perles, rien n'est
plus rare que le discernement. En général, il faut
d'abord s'attirer la confiance d'un hypocondriaque,
on n'obtient rien de lui sans cela. Pour se donner
ce point d'appui, il est nécessaire d'être patient, de
les écouter avec complaisance, et de paraître ajouter
foi à leurs discours, sauf à combattre bientôt, non
pas l'existence de la maladie imaginaire, mais le
pronostic qui alarme tant le malade. Presque toujours il faut faire la concession de la réalité de l'affection, seulement on doit soutenir avec adresse
qu'au degré qu'elle a atteint elle guérit le plus souvent; ensuite il est indispensable de bien saisir la
disposition d'esprit oscillante des hypocondriaques;
il est des instants où ils cherchent à se persuader
que leur santé s'améliore, qu'ils parviendront à la
guérison, et c'est une tendance qu'il faut favoriser
en entrant dans leurs vues, en les félicitant sur le
retour de leur fraîcheur, de leurs forces, etc. Ainsi,
nous adoptons pleinement ce principe, judicieu-
sement recommandé par M. Falret, qu'il est souvent
fort à propos d'exercer l'esprit des hypocondriaques
dans le sens même de leur délire, afin de s'insinuer
dans leur confiance, et pouvoir combattre avec plus
d'autorité les inquiétudes que leur inspire la maladie supposée. D'autres fois, cependant, c'est par
le ridicule, ou par une logique serrée, pressante,
énergique, avec l'accent d'une profonde conviction,
qu'on impressionne ces malades, et qu'on les dés-
abuse de leur erreur. Du reste, quelque puissants
que soient les discours intelligents pour guérir les
préoccupations des hypocondriaques, il convient
encore de leur préférer les autres distractions, les
promenades, les voyages, les jeux, les spectacles, les
bals, les concerts, les lectures agréables, etc. Plus
on appelle leur attention hors d'eux-mêmes, plus on
affaiblit l'idée qui fait leur tourment : c'est pourquoi
la solitude leur est si nuisible. Qu'on les détourne
surtout de lire des ouvrages de médecine, qui sont
infiniment de leur goût. Il est nécessaire d'apporter
beaucoup de soin dans le choix du médecin, car,
malheureusement, les professions les plus probes
et les plus éclairées comptent des hommes indé-
licats et incapables, et les hypocondriaques sont de
cette classe de malades dont la cupidité et le charlatanisme exploitent les craintes et ruinent la santé.

Cet écueil est d'autant plus à craindre, que les hypocondriaques sont inconstants pour les médecins, et
d'une crédulité puérile pour les recettes qu'on leur
vante. Malheur à eux cependant s'ils se plongent
dans la pharmacie!

Parvenue au second degré, l'hypocondrie réclame
encore d'autres soins. Jusque-là nous n'avions à
traiter que l'esprit ou la modification cérébrale qui
l'égarait, maintenant nous avons à combattre une
foule d'accidents nerveux qui éclatent dans toutes
les parties de l'organisme. L'intelligence a voulu
empiéter sur le domaine de la vie végétale, elle a
voulu se mêler du gouvernement intérieur du corps,
et elle a apporté le désordre partout. L'estomac ne
veut pas qu'on l'écoute digérer, le cœur palpiter, les
poumons respirer, etc.; tout cela s'exécute mieux
dans la distraction de l'âme intelligente. Le trouble
de toutes les fonctions, occasionné par une inégale
répartition de l'influence nerveuse, peut encore
céder cependant aux seules ressources de l'hygiène,
aux divers genres de distractions et d'exercices physiques, à un régime sain, léger, doux, non épicé,
proportionné aux forces; aux lavements d'eau tiède
ou fraîche pour dompter la constipation; à quelques
bains de tout le corps ou des pieds; à la régularité
des heures du coucher et du lever; à quelques précautions relatives aux transitions et aux excès des
températures. Quelquefois, cependant, d'autres
moyens curatifs sont utiles, mais on ne doit jamais
se les prescrire soi-même, et il faut bien connaître
les lumières et la prudence de celui de qui on les
reçoit, car la pharmacie est le fléau des hypocondriaques. Ce sont plutôt encore les médicaments
que les caprices de régime qui conduisent l'hypocondrie au troisième degré, caractérisé par des inflammations, des désorganisations viscérales, l'altération générale des solides et des humeurs, la
consomption, le marasme; tout autant d'états qui
appellent impérieusement l'assistance d'un médecin,
et dont le traitement serait déplacé dans ce chapitre.

L'étendue, déjà considérable, de cet article nous
obligeant à abréger beaucoup les règles relatives au
traitement, comme nous l'avons déjà fait pour l'examen des causes, la description des symptômes et
l'exposé du pronostic, nous terminerons par une remarque. On a pu s'apercevoir que nous nous adressons plutôt aux personnes qui les entourent qu'aux
hypocondriaques eux-mêmes. C'est qu'en effet elles
ont sur eux la plus salutaire ou la plus nuisible
influence, et qu'ils sont, en outre, partiellement
privés de leur raison. Il faut une haute dose de
circonspection, de discernement et de bienveillance
pour concourir à leur guérison, en redressant leurs
cruelles erreurs, en leur préparant des distractions,
en éloignant tout ce qui pourrait leur nuire.

(Dr *Layasquie*.)

HYPOGASTRE (anatomie). — Voy. *Abdomen*.

HYPOSULFATES (chimie). — Sels composés
d'acide hyposulfurique et d'une base.

HYPOSULFITES (chimie). — Sels composés d'acide hyposulfureux et d'une base. L'*hyposulfite de soude*, sel incolore, très-soluble dans l'eau et cristallisé, qu'on obtient en faisant chauffer du soufre avec du sulfate de soude, a la propriété de dissoudre le chlorure et le bromure d'argent, et est aussi très-employé en photographie.

HYSTÉRIE (médecine), dite aussi *vapeurs, maux de nerfs, attaques de nerfs, hystéricie, spasmes de l'utérus, passion hystérique.* — Névrose du système nerveux général, paraissant avoir son point de départ dans la matrice. C'est donc une maladie propre à la femme, quoiqu'on en ait vu quelques exemples chez l'homme (1).

Causes. — L'hystérie se manifeste spécialement de 15 à 30 ans, chez les femmes douées d'un tempérament nerveux, exalté par un amour contrarié, par la jalousie, ou par l'influence de lectures ou de conversations licencieuses. Les affections vives et fréquentes, une vie oisive et triste, l'irrégularité dans le cours de la menstruation, l'abus des plaisirs vénériens ou solitaires, en sont encore les causes fréquentes.

Symptômes. — Troubles nerveux extrêmement variés : la tristesse sans motif, l'agacement, l'irritabilité, les vertiges, la pesanteur de tête, les palpitations, les *vapeurs* et *maux de nerfs*, comme les appellent les femmes, jusqu'aux attaques avec cris, mouvements convulsifs, perte de connaissance et du sentiment, voilà les effets de cette affection protéiforme. « L'attaque est tantôt subite, tantôt précédée des phénomènes que nous venons d'indiquer. Elle est souvent caractérisée par la sensation d'un corps rond, d'une boule qui, partant de l'hypogastre, remonte à l'estomac, où elle produit de la suffocation, puis au cou, où elle provoque un sentiment de constriction très-pénible. La respiration est haute, rapide ; il y a des palpitations, des vertiges, du météorisme, et

(1) Nous avons cité un cas d'hystérie chez l'homme dans *l'Abeille Médicale*, tome 12, année 1855.

dégagement de gaz inodores par la bouche ; la sensibilité est plus ou moins altérée, ainsi que la connaissance. Dans les fortes attaques, les mouvements sont désordonnés ; les malades, privés de connaissance, poussent des cris, quelquefois se frappent ; les organes génitaux, dit-on, sont dans un état d'éréthisme, le clitoris serait développé, et la vulve s'humecterait d'un mucus exhalé dans le vagin (hys'érie libidineuse). Quelle que soit sa forme, l'accès se calme peu à peu. Alors il y a quelquefois explosion de pleurs. Dans d'autres cas, ce n'est qu'une rémission suivie de nouveaux accidents. Quelques femmes se plaignent d'une douleur vive, circonscrite dans un point du corps : c'est ce qu'on appelle *clou hystérique* ; d'autres perdent, pendant l'attaque, l'usage d'un ou de plusieurs sens ; elles sont momentanément aveugles, sourdes ou sans voix. Les hystériques, d'ailleurs, sont habituellement mélancoliques, ou bien elles se livrent à une gaieté folle et passent rapidement de la joie à la tristesse ; elles sont sujettes à la migraine, aux palpitations, aux irrésolutions, à une espèce d'agacement nerveux et à l'impatience ; elles souffrent souvent de douleurs gastralgiques et autres névralgies. Leurs menstrues sont généralement difficiles et irrégulières, etc. »

Traitement. — Pendant l'accès, placer la malade sur un lit, la tête élevée ; la desserrer ou enlever les liens qui gêneraient la circulation et la respiration ; donner un libre accès à l'air, et faire respirer ensuite l'éther, ou en donner quelques gouttes dans de l'eau de fleurs d'oranger ; s'il y a *congestion cérébrale*, saignée ; s'il y a *suppression des menstrues*, saignée, sangsues à l'anus ; s'il y a *syncope, mort apparente*, il faut recourir aux excitants (ammoniaque, éther acétique, électricité, etc.).

Après l'accès, il faut s'opposer à son retour : régime doux, diète lactée, abstinence de stimulants ; exercices musculaires, bains de mer, équitation, etc. — Comme moyens pharmaceutiques : assa-fœtida, valériane surtout, fer s'il y a chlorose.   B. LUNEL.

FIN DE LA LETTRE H.

I. — La troisième voyelle de notre alphabet, et la neuvième lettre des alphabets grec, latin, français, anglais, russe. Employé comme signe abréviatif, I, dans le latin, se prend quelquefois pour *imperator*; V. I., pour *vir illustris*; I. N., pour *inferis diis*; I. Q., pour *jure Quiritium*; ICTUS, pour *jure consultus*; I. O. M., pour *Jovi optimo maximo*; INRI, pour *Jésus Nazarenus, rex Judæorum*. Chez les modernes, S. M. I. se lit *Sa Majesté impériale*; S. I., *Societatis Jesu*; — I, *i* ou *j*, comme chiffre, vaut 1 chez les Romains; placé après une lettre numérale, il s'y additionne (VI =6); placé devant, il s'en retranche (IV = 4). Chez les Grecs, *ı'* vaut 10; *ı* dix mille. — Sur les monnaies, I indiquait la fabrique de Limoges. En chimie, I est la formule de l'*iode*.

IATRALEPTIE ou **IATRALEPTIQUE** [*iatros*, médecin; de *aleiphein*, frotter]. — Méthode thérapeutique qui consiste à traiter les maladies par les frictions, les fomentations, les liniments, enfin par tout moyen propre à déterminer l'introduction des médicaments par la peau. On a donné le nom d'iatraleptes aux médecins qui suivent cette méthode. L'iatraleptique est l'anatripsologie de Brera, la médecine eispnoïque (médecine par inhalation ou par absoption) de Cruikshank et Duval. La méthode iatraleptique diffère de la méthode endermique en ce que dans celle-ci la substance médicamenteuse est mise en contact avec le derme dénudé, c'est-à-dire dépouillé de son épiderme; par exemple, sur une plaie de vésicatoire ce qui rend son emploi beaucoup plus limité, et souvent impossible. M. Chrestien avait d'abord employé le mot *iatraliptique*, puis *iatraleptice*; enfin le mot *iatraleptique* a paru avec raison plus conforme au génie de notre langue.

(*Nysten.*)

Fig. 60. — Ibis.

IBIS (zoologie). — Genre d'oiseaux de l'ordre des échassiers longirostres, faciles à reconnaître à leur tête dénuée de plumes, à leur bec arqué et presque aussi long que leur cou, à leurs narines qui, percées à la base de cet organe, se prolongent par un sillon profond jusqu'à l'extrémité de la mandibule supérieure.

Ce sont des oiseaux assez grands de taille et très-élevés sur les jambes, qui fréquentent le bord des fleuves et des lacs, se nourrissant d'insectes, de vers et de mollusques; mais ils ne touchent jamais aux reptiles venimeux, quoiqu'on leur en ait attribué l'habitude; leur bec est trop long et trop faible pour déchirer des animaux de cette taille.

Une des plus célèbres espèces est l'*ibis sacré*, commune en Égypte, qui se nourrit de lézards, de serpents, de grenouilles et autres petits animaux. «Les Égyptiens honoraient cet oiseau d'un culte particulier, soit à cause de la guerre continuelle qu'il fait, dit-on, aux reptiles qui infestent les bords du Nil, soit plutôt parce que son retour annonçait le débordement de ce fleuve. Il était consacré à Isis. On conservait des ibis dans des volières pour les cérémonies du culte de cette déesse, et on les embaumait après leur mort. On a retrouvé dans les catacombes de Memphis et de Thèbes un grand nombre de momies d'ibis. »

ICHTHYOCOLLE [de *ikhthys*, poisson, et *colla*, colle]. — Colle de poisson : substance gélatineuse préparée particulièrement en Russie avec la membrane interne de la vessie natatoire du grand esturgeon (*acipenser huso*), qu'on roule sur elle-même après l'avoir bien nettoyée, et que l'on fait sécher.

On trouve dans le commerce trois espèces d'ichthyocolle, qui ne diffèrent que par le mode de préparation : « 1º l'ichthyocolle en lyre ; 2º l'ichthyocolle en cœur, ainsi appelée, parce qu'on lui donne, pendant la dessiccation, la forme d'une lyre ou celle d'un cœur; 3º l'ichthyocolle en livre, pliée à la manière des feuillets d'un livre, et traversée d'un bâton qui maintient ces feuillets rapprochés. Ces trois espèces sont naturellement colorées; mais on les blanchit en les exposant à la vapeur du soufre. La première, connue dans le commerce sous le nom de petit cordon, est la plus estimée; la seconde est appelée communément gros cordon ; la troisième , la colle de poisson en livre , est la moins chère : toutes trois, cependant, paraissent également bonnes.» On se sert de l'ichthyocolle pour préparer les gelées et clarifier les liqueurs. Dissoute dans de l'eau sucrée, et rapprochée jusqu'à consistance de pâte, elle constitue la colle à bouche.

ICHTHYOLOGIE [de *ikhthys*, poisson, et *logos*, discours]. — Partie de la zoologie qui traite des poissons. — Voyez *Poissons*.

ICHTHYOSAURE (paléontologie)[du grec *ikhthys*, poisson, et *sauros*, lézard]. — Genre de reptiles fossiles, intermédiaires aux cétacés et aux poissons; « il présente un museau de dauphin, un crâne et un sternum de lézard, des pattes de cétacés, mais au nombre de quatre, et des vertèbres de poisson. Les espèces se retrouvent principalement en Angleterre et en Allemagne, dans les terrains jurassiques. »

ICTERE ou **JAUNISSE** (pathologie). — Affection caractérisée par une coloration jaune de la peau (*jaunisse*), produite par la présence du principe colorant de la bile dans le sang. Trois théories ont été proposées pour expliquer la formation de l'ictère. Les uns pensent que le foie, altéré dans sa structure et ses fonctions, cesse de séparer du sang les matériaux de la bile qu'on suppose y être tout formés; d'autres veulent que la bile, sécrétée et versée en plus grande quantité dans le duodénum, soit résorbée par les vaisseaux lymphatiques des intestins. Une troisième opinion consiste à dire que la bile est résorbée par les lymphatiques du foie : c'est la plus probable.

Si maintenant nous examinons les conditions dans lesquelles apparaît l'ictère, nous voyons qu'il existe toujours soit un surcroît d'action, soit, au contraire, une suspension de la sécrétion biliaire, soit enfin un obstacle au cours de la bile : de là nécessairement introduction de ce liquide tout formé, ou plutôt de ses éléments (car les chimistes ne sont pas encore d'accord sur la question de savoir si le fiel peut circuler en nature dans les vaisseaux sanguins), dans le sang et les humeurs. — En effet : *a*. La bile est sécrétée en plus grande quantité que d'habitude dans certaines émotions vives, dans certains troubles de l'économie, sans autre altération organique qu'un spasme des conduits hépatiques ; et alors, comme la sécrétion l'emporte sur l'excrétion, on comprend la formation de l'ictère par la résorption du produit sécrété en excès : l'ictère qui survient à l'occasion d'un accès de colère, ou d'une frayeur, est dans ce cas (ictère *essentiel*). — *b*. C'est encore à une hypersécrétion biliaire qu'il faut attribuer l'ictère dans l'hépatite aiguë, dans l'inflammation des organes qui avoisinent le foie, comme dans la pneumonie, la pleurésie, la péritonite, et dans certains empoisonnements miasmatiques, tel que la fièvre jaune. — *c*. L'ictère qui accompagne les maladies organiques du foie (ictère *symptomatique*) résulte, soit de la suspension de la sécrétion biliaire, soit de la compression des canaux excréteurs de la bile par le tissu ou les tumeurs du foie malade.

L'ictère survient lentement en général. Cependant il se manifeste tout à coup dans quelques circonstances, comme lorsqu'il est causé par une émotion morale vive, une douleur violente. La couleur ictérique commence par la figure, tout d'abord par la conjonctive oculaire, d'où elle s'étend aux ailes du nez, au front; puis elle apparaît aux pieds, aux mains, à la poitrine, etc. Elle se montre tantôt générale, tantôt partielle. Elle se présente avec une foule de nuances qui varient depuis le jaune clair jusqu'au vert, et même au brun foncé. La peau est le siège d'un prurit incommode, dû à la présence des matériaux de la bile dans ses vaisseaux capillaires. La bouche est ordinairement amère, la langue limoneuse; il y a de la soif, de l'inappétence, de la constipation. Les urines sont moins abondantes, épaisses, jaunes ou rougeâtres. Les matières stercorales présentent leur couleur naturelle, ou bien elles sont décolorées, blanchâtres. Cette décoloration indique que la bile, cause de leur couleur plus ou moins foncée, ne passe plus dans le duodénum, et elle doit faire craindre un ictère symptomatique plutôt qu'essentiel.

L'ictère n'est pas accompagné de fièvre : quand celle-ci se manifeste, c'est qu'il existe quelque lésion de l'appareil biliaire, probablement une hépatite, des obstructions. L'ictère essentiel ne dure pas longtemps et n'empêche pas les malades de vaquer à leurs occupations ordinaires; cependant la peau ne reprend sa teinte normale qu'au bout de quatre ou cinq semaines. Lorsqu'il est symptomatique, il est subordonné à l'affection dont il dépend et se prolonge des mois, des années, autant que dure cette affection elle-même. Dès que la coloration ictérique persiste au delà de six semaines, on doit craindre une maladie organique du foie, alors même que les autres symptômes manqueraient. Le pronostic est donc soumis à l'état de l'appareil sécréteur de la bile.

Traitement. — On doit s'appliquer d'abord à découvrir la cause de l'ictère. Si la jaunisse est idiopathique, essentielle, c'est-à-dire due à un trouble nerveux général ou local, ou à une simple irritation du foie et des canaux biliaires, ce qui est probable lorsqu'elle survient chez les jeunes gens, qu'elle frappe au milieu d'une bonne santé, à l'occasion d'une secousse physique ou morale, il faut employer les bains, des boissons délayantes ou acidulées, des sangsues à l'anus, la saignée dans le cas de pléthore, un laxatif dans le cas de constipation. La décoction de carotte ne doit la faveur dont elle jouit parmi le peuple qu'à l'analogie de couleur entre le mal et le remède.

Lorsque l'ictère se prolonge, on conseille l'usage des alcalines en boisson et en bains, des eaux ferrugineuses, des désobstruants. Parmi ceux-ci, la rhubarbe et l'extrait de pissenlit sont vantés. Hufeland préconise la formule suivante : poudre de rhubarbe, extrait de pissenlit, idem de chélidoine, savon médicinal, gomme ammoniaque, de chaque 4 grammes; aloès, 15 décigrammes, pour des pilules de 1 décigramme, dont 12 le matin, autant à midi et le soir. Il est un ictère spasmodique qui cède à l'opium mieux qu'à tout autre agent.

Dans l'ictère symptomatique, il faut employer le traitement qui convient à la lésion du foie et que nous avons fait connaître ailleurs.

Icterè des nouveau-nés (médecine). — Espèce de jaunisse qui se manifeste presque immédiatement après la naissance. On supposait qu'elle était due à la rétention du méconium et à l'impression toute nouvelle de l'air; mais on l'attribue actuellement à une *ecchymose générale dans l'épaisseur de la peau*, par suite de la compression que l'enfant a éprouvée pendant l'accouchement.

Dans cette affection, il faut tout attendre de la nature, mais la seconder par quelques laxatifs, tels que le sirop de chicorée, la manne, etc. : quelquefois il est nécessaire de changer la nourrice; d'autres fois, la constipation, le vomissement, les cris aigus, la sécheresse de la peau peuvent réclamer des secours plus actifs, comme les frictions, les fomentations sur le ventre, les antispasmodiques, etc.   Dʳ Bossu.

IDÉALISME (philosophie). — Nom donné à deux doctrines philosophiques fort différentes : « 1° celle qui attache une importance exclusive aux notions et aux vérités nécessaires, universelles, absolues, conçues par la raison, leur appliquant spécialement le nom d'*idées*; elle a pour chef Platon, et est représentée dans les temps modernes par Malebranche, Kant, Schelling, Hégel, et par des philosophes éminents de l'époque contemporaine; 2° celle qui nie la réalité du monde extérieur, n'accordant d'existence réelle qu'à nos *idées*, c'est-à-dire à nos pensées, les seules choses dont nous ayons conscience; elle a été professée, sous différentes formes, par Berkeley, Hume, Fichte. »

IDÉE [du grec *idéa*, qui a le même sens]. — Dans son acception la plus ordinaire, l'*idée* est la représentation d'une chose dans l'esprit, la notion que l'esprit se forme d'une chose. Les scolastiques la définissaient *mera mentis aperceptio*, la pure aperception de l'esprit, l'opposant au jugement, qui joint à l'idée une affirmation ou une négation. L'idée reçoit les noms d'*image* quand elle retrace un objet visible, de *conception* quand elle représente un objet purement intellectuel, de *souvenir* quand elle représente un objet en le faisant reconnaître.

On distribue les idées en plusieurs classes, d'après les divers points de vue sous lesquels on les considère : selon la nature et la diversité de leurs objets, elles sont *sensibles*, *intellectuelles* ou *morales*; selon les caractères essentiels de ces objets, elles sont *nécessaires* et *absolues*, ou *contingentes* et *relatives*; selon la face sous laquelle elles présentent les choses, elles sont *simples* ou *composées*, *abstraites* ou *concrètes*, *individuelles* ou *générales*, *partitives* ou *collectives*; selon leur origine ou leur formation, elles sont *adventices*, *factices* ou *innées*; selon leur qualité ou leur fidélité, elles sont *vraies* ou *fausses*, *réelles* ou *imaginaires*, *claires* ou *obscures*, *distinctes* ou *confuses*, *complètes* ou *incomplètes*.

Dans un sens propre à l'école de Platon, les *idées* sont les types primitifs ou *archétypes*, d'après lesquels tous les êtres auraient été créés; les *idées* ainsi comprises ont concouru, avec Dieu et la matière, à la formation de toutes choses : la matière éternelle fournit, pour ainsi dire, l'étoffe universelle; les *idées* furent le modèle de chaque genre, de chaque espèce, modèle préexistant à tout individu; et Dieu, le *Démiurge*, façonna les êtres en ayant les yeux fixés sur les *idées*.

Les opinions les plus diverses ont été professées sur l'origine et la formation des idées, les uns les faisant venir toutes de l'expérience, les autres attribuant à la raison les plus importantes de nos connaissances, auxquelles ils réservent spécialement le nom d'*idées* (les idées nécessaires de *temps*, d'*espace*, de *substance*, de *cause*, d'*unité*, les vérités absolues, etc.); quelques-uns, enfin, regardant ces idées comme *innées*. Toutefois, cette dernière doctrine paraît généralement abandonnée, ou du moins elle s'est fondue dans la seconde des deux précédentes. (*Bouillet.*)

IDENTITÉ (médecine légale) [du latin *idem*, même]. — Que la société frappe ou récompense un de ses membres, il est essentiel que celui qui subit la peine ou profite de la récompense soit bien réellement l'individu que la société a en vue dans cette circonstance. Les questions d'identité ont donc pour but de déterminer si un individu est celui qu'il a prétendu être, ou s'il est celui que la justice présume reconnaître. C'est d'après l'examen de l'âge, du sexe, de la couleur des cheveux, de quelques signes particuliers et extérieurs, toutes choses qui exigent des connaissances spéciales de la part du médecin, que celui-ci est quelquefois appelé à constater l'identité d'une personne. Les questions d'identité ont donc pour

Le Code civil établit la filiation des enfants légitimes : 1° par les actes de naissance inscrits sur les registres de l'état civil ; 2° à défaut de ce titre, par la possession constante de l'état d'enfant légitime. Cette possession s'établit sur une réunion suffisante de faits, dont les principaux sont que l'individu a toujours eu le nom du père auquel il prétend appartenir, que le père l'a traité comme son enfant, et a pourvu en cette qualité à son éducation, à son entretien, à son établissement; qu'il a été constamment reconnu pour tel dans la société et dans la famille ; 3° à défaut de titre et de possession constante, ou si l'enfant a été inscrit sous de faux noms, ou comme né de père et mère inconnus, la filiation peut se prouver par témoins. Mais la loi fait une réserve : cette preuve ne peut être admise que lorsqu'il y a commencement de preuve par écrit, ou lorsque des présomptions ou indices, résultant de faits dès lors constants, sont assez graves pour déterminer l'admission (Code civil, articles 319, 320, 321, 323). L'article 324 explique ce qu'on doit entendre par commencement de preuve par écrit. Il est aisé de concevoir qu'en fait d'actes de décès, on procédera comme pour les actes de naissance, si c'est la vie que l'on conteste à un individu au lieu d'un nom.

L'ancienne législation, dit Eusèbe de Salles, suivait à peu près les mêmes procédés; seulement elle expliquait davantage ce qui est maintenant laissé à la discrétion du magistrat, et compris sous la dénomination générale de *preuves par témoins* ou de *présomptions* ou *accidents graves*. Elle demandait, outre la preuve tirée des registres et la possession du nom, les présomptions tirées du témoignage unanime d'un grand nombre de personnes, du souvenir de plusieurs faits appartenant uniquement à l'individu, de certains signes attachés à la personne, tels que des taches, des excroissances, des mutilations, des cicatrices, des ressemblances de famille. Elle faisait entrer en ligne de compte un signe qui n'a jamais eu de valeur réelle qu'en poésie ou dans les romans, la voix du sang. Enfin, et ceci était avec raison classé comme objet de première valeur par le chancelier d'Aguesseau, la principale preuve résultait de l'interrogatoire de l'individu. Chacun sait sur les premières années de sa vie ou sur sa jeunesse, une foule de particularités qui sont également connues des personnes près desquelles la jeunesse s'est passée;

chacun connaît, touchant les lieux qu'il a longtemps habités, des détails minutieux et intimes. En quelques minutes de conversation, un magistrat intelligent, qui dirige l'interrogatoire en présence des témoins invoqués par la partie, peut avoir acquis la certitude de sa sincérité ou de sa fraude. Aujourd'hui comme autrefois, les magistrats gardiens de la loi ont dû avoir égard principalement aux pièces officielles écrites, qui sont les formes conservatrices, de cette loi. Et dans le cas de dissidence de deux pièces, la plus authentique des deux a dû l'emporter, alors même qu'un démenti criant lui était donné, comme dans le cas de *François Mique*, déclaré valablement mort et enterré par le parlement de Nancy, parce que les registres le déclaraient tel. A défaut de pièces écrites, l'enquête et l'interrogatoire sont mis en œuvre, et si les moyens ne rencontrent qu'avec peine un trop long espace de temps écoulé, alors l'examen matériel se présente comme ressource après l'examen moral. L'examen du corps devrait à bon droit précéder l'autre, car, ainsi que Fodéré le remarque, il est plus en notre pouvoir de nous procurer de fausses pièces écrites que d'altérer la forme de nos traits et de nos membres.

Si les médecins légistes ont rarement l'occasion de résoudre des questions d'identité, il faut dire qu'en général ces questions sont soulevées à l'occasion d'affaires d'une haute importance; aussi ce sujet doit-il être étudié avec soin et subdivisé en plusieurs articles pour lesquels nous renvoyons aux mots *Age, Cicatrices*, etc.

IDIOSYNCRASIE [du grec *idios*, propre, et *synkrasis*, tempérament]. — Disposition particulière à un individu et qui fait qu'une seule et même cause produit sur lui un effet différent de celui qu'elle fait naître sur un autre. La défaillance à la vue de certains animaux, la répugnance à la vue de tels ou tels aliments, appartiennent à l'idiosyncrasie.

IDIOTIE (médecine légale). — Absence congéniale de l'intelligence, qui coïncide presque toujours avec un défaut de développement du cerveau.

Lorsque l'idiotie est accidentelle, elle provient soit d'une affection cérébrale, soit d'une lésion organique du cerveau ; enfin elle succède aussi à la *mélancolie* et à la *manie*.

Sous une forme humaine dit le Dr Calmeil, les idiots le cèdent, par la nullité de l'intelligence, des passions affectives, des mouvements instinctifs, aux animaux les plus stupides et les plus bornés. Beaucoup d'idiots succombent dans un âge tendre; malgré les soins les plus assidus et les plus dévoués, plusieurs n'apprennent jamais à téter, et vivent du lait que l'on dépose bien avant dans la bouche; plusieurs ne peuvent jamais manger seuls et meurent de faim au milieu de l'abondance, sans songer à faire usage des aliments qu'ils ont sous la main. La malpropreté la plus repoussante entoure constamment ces malheureux, qui demeurent étrangers au langage des autres hommes, et qui parviennent rarement à exprimer, par un signe convenu, les besoins les plus simples.

Plusieurs idiots sont privés de la vue, de l'ouïe; la plupart sont dépourvus de l'odorat, du goût.

La physionomie stupide des idiots, leur extérieur sale et repoussant, expriment le dernier degré de la dégradation humaine. Les idiots ont la face plate, large, la bouche grande, le teint hâlé, les lèvres épaisses, pendantes, les dents noires, cariées, les yeux louches, les regards hébétés. La tête, penchée, se balance à droite ou à gauche sur un cou court, volumineux, quelquefois d'une longueur démesurée; la taille est ramassée, souvent difforme, la colonne vertébrale se trouvant déviée en avant, en arrière ou sur les côtés. Le ventre est lâche, la main lourde et pendante sur les hanches. Les jambes sont gauches, les articulations énormes et comme engorgées. La conformation des os est vicieuse, la peau brune, terreuse, safranée, cuivreuse. L'urine, les matières fécales, la salive et les mucosités qui coulent des commissures de la bouche, répandent une odeur de souris, une puanteur qu'il est impossible de détruire complétement.

Les *imbéciles* ne sont que des demi-idiots; ils jouissent ordinairement de tous leurs sens; ils apprennent à parler, quelquefois à connaître des lettres, des chiffres, rarement à articuler des sons d'une manière nette et régulière. Les imbéciles sont obstinés, violents, jaloux de posséder les objets qui tentent leur curiosité ou leurs désirs. Ces êtres faibles se laissent imposer par le premier venu, et deviennent, par conviction ou par crainte, comme des instruments dont il n'est que trop facile d'abuser.

Les personnes qui sont chargées de la surveillance des idiots sont seules responsables des actes que ces derniers commettent.

Quant à l'*imbécillité*, son appréciation médico-légale est plus délicate, car elle présente des nuances si diverses, que les auteurs en ont pu former plusieurs catégories; Hoffmann en a formé les cinq suivantes, caractérisées ainsi chez les imbéciles :

1° Impuissance de juger des objets nouveaux; possibilité de juger ceux avec lesquels ils sont en contact journalier; mémoire bornée;

2° Confusion du présent avec le passé; prenant un étranger pour une personne qu'ils connaissent; oubli des temps, des lieux et des circonstances;

3° Impropres aux actions qui exigent plus qu'une attention machinale; penchant à la dévotion; pas de mémoire;

4° Obtusion complète de l'entendement; insensibilité profonde;

5° Intelligence nulle, facultés de l'âme éteintes; aucune passion, aucun devoir; mangeant comme la brute.

Le médecin légiste aura donc, appelé dans le cas d'imbécillité chez un individu inculpé, à rechercher si les opérations de son intelligence ont été assez complètes pour être responsable devant la loi des faits qui lui sont imputés. **B. L.**

IDIOTISME (grammaire) [du grec *idios*, propre, particulier]. — Usage d'un mot ou d'une association de mots, spécial à telle ou telle langue, et qui dévie des principes de la grammaire générale. Dans ces expressions : *La ville* DE *Rome, un saint homme* DE *chat,* l'emploi de la préposition *de* est un idiotisme particulier à la langue française.

Chez les Grecs, ce mot désignait des expressions familières, des locutions triviales, en usage surtout dans les classes inférieures du peuple. Tel est le sens que Sénèque donne au mot *idiotisme.* Longin écrit un chapitre sur les idiotismes, dans lequel il nous montre comment les termes les plus simples, les plus bas, sont parfois ceux qui donnent le plus de force et d'élévation au discours.

Idiotisme se dit quelquefois, par extension, d'une façon de parler, d'un tour, d'une expression particulière aux provinces d'une même nation. *Idiotisme picard, idiotisme normand, idiotisme gascon.*

Quelques grammairiens considèrent les idiotismes comme des bizarreries de langage qui résistent à l'analyse philosophique, comme des singularités exceptionnelles et accidentelles, dont il faut désespérer de rendre compte, et qu'il faut se borner à constater. M. Bescherelle n'est pas de cet avis : « L'esprit d'une nation, dit-il, se traduit en tout dans son langage, c'est dans son esprit qu'il faut conséquemment chercher les raisons de son langage. En effet, ces formes particulières procèdent du caractère individuel de telle race, de telle nation, de telle tribu, comme les formes générales de l'humanité; ceci explique pourquoi les idiotismes se rencontrent de préférence dans le langage du peuple. Ils répandent dans le discours je ne sais quoi de naïf et d'original, dont Pascal, Molière, Mme de Sévigné, Voltaire, la Fontaine, ont tiré tant d'avantages pour la langue française. Mais voilà pourquoi aussi ils offrent aux étrangers des difficultés pecsque insurmontables. »

Chaque langue a des idiotismes; on les désigne ordinairement par une périphrase : *Idiotisme français, idiotisme latin, idiotisme grec,* etc.; cependant, pour quelques langues, il y a des expressions tirées du nom de la langue dans laquelle l'idiotisme est en usage; ainsi l'on dit : *gallicisme, latinisme, hébraïsme, germanisme, anglicisme, arabisme, celticisme, indianisme,* etc., pour désigner des idiotismes *français, latins, hébreux, allemands, anglais, arabes, celtiques, indiens,* etc. Comme on le voit, certains de ces mots sont formés du nom moderne de la langue ou du peuple, tels sont *latinisme, anglicisme, arabisme,* etc.; d'autres, du nom ancien, tels sont : *gallicisme, hellénisme, germanisme,* etc. Enfin, dans la plupart des cas, on est obligé de recourir à la périphrase; ainsi on ne peut dire *idiotisme turc, idiotisme russe, idiotisme portugais,* etc.

En outre, on distingue dans la même langue plusieurs espèces d'idiotismes, les *idiotismes de mots,* les *idiotismes d'alliances de mots* et les *idiotismes de construction.*

Beauzée admet, en outre, des *idiotismes réguliers* et des *idiotismes irréguliers.* Il appelle *idiotismes réguliers* ceux dans lesquels on suit les règles im-

muables de la parole, et où l'on ne viole que les institutions arbitraires et accilentelles. Il donne le nom
d'*idiotismes irréguliers* à ceux qui sont contraires
aux lois de la grammaire générale.

Les idiotismes réguliers n'ont besoin d'aucune
autre attention que d'être expliqués littéralement pour
être ramenés ensuite au tout de la langue usuelle
que l'on parle.

Pour ce qui regarde les idiotismes irréguliers, il
faut, pour en pénétrer le sens, discerner avec
soin l'espèce d'écart qui les détermine, et remonter,
s'il est possible, jusqu'à la cause qui a occasioné
ou pu occasionner cet écart ; c'est même le seul
moyen qu'il y ait de reconnaître les caractères précis
du génie propre d'une langue, puisque ce génie ne
consiste que dans la réunion des vues qu'il s'est proposées et des moyens qu'il a autorisés.

Bien qu'un idiotisme soit une façon de parler
adaptée au génie propre d'une langue particulière,
il n'en faut pas conclure, comme le font quelques
grammairiens, que c'est une locution incommuni-
cable à tout autre idiome. Les richesses d'une langue peuvent passer aisément dans une autre qui a
avec elle quelque affinité ; et toutes les langues en
ont plus ou moins, selon les différents degrés de
liaison qu'il y a ou qu'il y a eu entre les peuples qui
les parlent ou qui les ont parlées. Par exemple, l'i-
talien, l'espagnol et le français, qui sont nés également du latin, auront chacun leurs idiotismes particuliers, parce que ce sont des langues différentes,
mais elles ont toutes trois admis quelques idiotismes
de la langue qui a été leur source commune, et il
ne serait pas étonnant de trouver dans toutes trois
des celticismes.

La communauté d'origine de plusieurs langues
n'est pas la seule cause de l'introduction dans une
langue d'idiotismes d'une autre langue ; les liaisons
de voisinage, d'intérêts politiques, de commerce et
de religion, y ont aussi contribué. Ainsi, il doit se
trouver des arabismes dans l'espagnol, à cause de
la longue domination des Arabes en Espagne. Les
auteurs de la latinité sont pleins d'hellénismes, et
l'on a dit que notre langue était presque un hellénisme continuel.

La communication d'idiotismes peut quelquefois
se faire entre des langues qui paraissent avoir le
moins d'affinité, comme l'hébreu et le français ;
mais la longue étude que nos prêtres sont obligés de
faire des livres sacrés des Juifs, a puissamment
contribué à l'introduction d'un certain nombre d'hé-
braïsmes chez nous. Quelques-uns même ont pénétré dans le langage populaire, tels sont les suivants :
*Un homme de Dieu, un vin de Dieu, une moisson de
Dieu,* pour un très-honnête homme, de très-bon vin,
une moisson très-abondante.

Les traducteurs qui ne comprennent pas bien le
génie de la langue qu'ils traduisent, introduisent
souvent dans une langue des idiotismes incompatibles avec son génie, et qui sont quelquefois inintelligibles dans cette langue. C'est là ce qui fait dire
que certains ouvrages sont remplis de gallicismes,

d'anglicismes, etc.; de là des gens ont pensé qu'on
ne désigne, par le nom général d'idiotisme, ou par
quelqu'un des noms spécifiques qui sont analogues,
que des locutions vicieuses, imitées maladroitement
de quelque autre langue. C'est une erreur. Si l'on
critique un ouvrage français parce qu'il est rempli
d'anglicismes, ce n'est pas que l'anglicisme soit en
lui-même une chose vicieuse, c'est que l'auteur,
connaissant peu le génie de sa langue, a cherché à
y introduire des idiotismes anglais incompatibles
avec le français.

Le terme grammatical d'*idiotisme* étant identique
avec *idiotisme*, nom d'une maladie dans laquelle les
facultés de l'esprit ne se sont jamais manifestées,
ou n'ont pu se développer que d'une manière très-
imparfaite, quelques grammairiens ont proposé de
substituer au mot *idiotisme* l'expression nouvelle
idiomisme, plus en rapport, en effet, avec le mot
idiome ; leur avis a été, jusqu'ici, peu suivi.

D'un autre côté, des médecins ont, pour le même
motif, proposé d'employer, en médecine, le mot
idiotie, et de laisser le mot *idiotisme* aux grammairiens ; je ne sais s'ils ont été plus heureux, sous ce
rapport, que les grammairiens.

J. B. Prodhomme,
Correcteur à l'Imprimerie impériale.

ILLUSION (pathologie).—Effet d'une action matérielle sur la sensibilité externe, mais perçue faussement. Les illusions peuvent se montrer dans l'état
de santé, mais la raison les dissipe promptement.
Celles des sens (goût, odorat) sont fréquentes chez
les monomaniaques. Une lypémaniaque de la Salpê-
trière, affectée d'un cancer de l'estomac, crut pendant plusieurs années qu'elle avait un animal dans
cet organe.   B. L.

IMAGINATION (philosophie).—L'âme spirituelle
a le pouvoir de se représenter sous des images corporelles les objets absents comme s'ils étaient réellement présents ; c'est là ce qu'on appelle imagination.

Faisons observer que l'âme aperçoit les choses de
trois manières : par l'entendement pur, par le sens,
par l'imagination. Par l'entendement pur, elle aperçoit les choses spirituelles et universelles. Par le
sens, on aperçoit les objets sensibles, qui, étant présents, font impression sur les organes extérieurs de
notre corps, comme quand on voit des plaines, des
arbres. Par l'imagination, on aperçoit les êtres matériels, lorsque, étant dans l'âme, on les rend présents en s'en formant une espèce d'image dans le
cerveau, comme quand on imagine des figures, des
villes, des campagnes, qui ont fait auparavant impression sur les sens.

Cette faculté dépend donc de la mémoire et n'a
pour objet que les choses sensibles et matérielles.
Ainsi, on peut la définir : une manière de concevoir
par les images tracées dans le cerveau.

Non-seulement l'âme imagine, c'est-à-dire se trace
des images des choses sensibles, ou, si l'on veut, retient et se rappelle les idées qui lui sont venues par
les sens, mais encore elle les arrange, elle les compare, elle les compose et décompose ; elle les com-

bine en mille manières différentes, pour en connaître les différents rapports. C'est ainsi qu'elle invente et paraît créer. C'est proprement cette combinaison infinie des différentes idées qui fait et caractérise les grands poëtes, les grands orateurs, les grands peintres, en un mot, les hommes de génie. C'est plus un don de la nature qu'un ouvrage de l'éducation. Mais quand on a soin de le cultiver, on est toujours récompensé par le succès.

Ce qu'on appelle imagination dans le monde n'est proprement qu'une imagination de détail, cet heureux talent de saisir les objets les plus frappants et les plus agréables, d'en présenter toujours de nouveaux ou d'une façon toujours nouvelle, de peindre vivement, mais en se renfermant dans de justes bornes, et de mettre du caractère et du goût dans tout.

C'est elle qui fait le charme de la conversation, car elle présente sans cesse à l'esprit ce que les hommes aiment le mieux, des objets nouveaux. Elle peint vivement ce que les esprits froids dessinent à peine. Elle emploie les circonstances les plus frappantes; elle allègue des exemples : et quand ce talent se montre avec la sobriété qui convient à tous les talents, il se concilie l'empire de la société.

C'est surtout dans la poésie que cette imagination de détail et d'expression doit régner. Elle est ailleurs agréable, mais là elle est nécessaire. Presque tout est image dans Homère, dans Virgile, dans Horace, sans même qu'on s'en aperçoive.

L'imagination active qui fait les poëtes leur donne l'enthousiasme, c'est-à-dire, selon le mot grec, cette émotion interne qui agite en effet l'esprit, et qui transforme l'auteur dans le personnage qu'il fait parler; car c'est là l'enthousiasme : il consiste dans l'émotion et dans les images.

On permet moins l'imagination dans l'éloquence que dans la poésie. La raison en est sensible. Le discours doit moins s'écarter des idées communes. L'orateur parle la langue de tout le monde; le poëte a pour base de son ouvrage la fiction : aussi l'imagination est l'essence de son art; elle n'est que l'accessoire dans l'orateur.

L'imagination forte approfondit les objets; la faible les effleure, la douce se repose dans les peintures agréables; l'ardente entasse images sur images; la sage est celle qui emploie avec choix tous les différents caractères, mais qui admet très-rarement le bizarre, et rejette toujours le faux.

Si la mémoire nourrie et exercée est la source de toute imagination, cette mémoire surchargée a fait périr. Ainsi, celui qui s'est rempli la tête de noms et de da es n'a p s le magasin qu'il faut pour composer des images. Les hommes occupés de calculs ou d'affaires épineuses ont d'ordinaire l'imagination stérile.

Quand elle est trop ardente, trop tumultueuse, elle peut dégénérer en dém nce. (*L abbé Mullois*.)

IMMEUBLES (droit). — Biens fixes qui ont une assiette certaine et qui ne peuvent être transportés d'un lieu à un autre, comme sont les terres, prés, bois, vignes, et les maisons.

On distingue les *immeubles par nature*, ce son ceux que nous venons de nommer ;

Les *immeubles par fiction*, qui sont certains biens, comme des droits réels : par exemple, des rentes foncières ou autres, des offices.

Les *immeubles par destination*. Ces derniers sont des choses qui, bien que mobilières par leur nature, sont incorporées dans un immeuble pour en faire partie intégrante, ou sont affectées au service de l'immeuble par le propriétaire. Les outils aratoires, les animaux propres à l'exploitation des fonds, les pigeons, les ruches, les objets scellés dans le mur, les glaces, les statues sont des immeubles par destination.

Quand un propriétaire d'immeubles veut emprunter une certaine somme, il offre comme garantie, au prêteur chez lequel il s'adresse, de prendre une *hypothèque* sur ses immeubles. Les immeubles chargés d'une hypothèque restent en la possession du débiteur; mais s'il ne paye pas au terme voulu et consenti par lui, le créancier le poursuit et peut le forcer à vendre. (H.)

IMBÉCILLITÉ (médecine légale).—C'est le premier degré de l'idiotie. Ici les facultés intellectuelles et affectives se sont développées jusqu'à un certain point, et les individus qui en sont atteints ne sont pas dépourvus de toute intelligence. C'est pourquoi, dans les cas d'imbécillité pure et simple, le droit de poursuivre l'interdiction est-il exclusivement réservé à la famille; ce n'est qu'à son défaut que l'autorité peut agir. Pour motiver cette action, il faut un état habituel d'imbécillité; il faut de plus que l'imbécillité soit relative aux affaires ordinaires de la vie civile, au gouvernement et au bien de l'individu. Le visionnaire qui s'égare dans des idées d'une fausseté palpable, mais qui, du reste, régit bien ses affaires, n'est pas dans le cas légal d'interdiction. Toutefois, en rejetant la demande en interdiction, le tribunal peut, aux termes de l'article 499, ordonner, si les circonstances lui semblent l'exiger, que l'individu ne pourra désormais plaider. transiger, emprunter, recevoir un capital mobilier, ni en donner décharge, aliéner ni grever ses biens d'hypothèques, sans l'assistance d'un conseil qui lui sera nommé par le même jugement. — Voyez *Idiotie*.   B. L.

IMPÉNÉTRABILITÉ (physique.) — Propriété qu'ont tous les corps de la nature de ne point *se laisser pénétrer* par d'autres corps dans le lieu qu'ils occupent eux-mêmes. Dans toutes les circonstances, en effet, où il semble y avoir pénétration d'un corps par un autre corps, cette pénétration, dit un auteur, n'est qu'apparente, et provient de ce que les molécules du premier corps n'étaient pas appliquées immédiatement les unes contre les autres, qu'elles ont pu se rapprocher, se resserrer, et recevoir l'autre corps dans les *pores* ou interstices qui les séparaient : aussi cette condensation des molécules est-elle toujours plus ou moins limitée. Les corps gazeux sont impénétrables comme les solides, et l'on en a la preuve dans la résistance que l'on éprouve lorsqu'on plonge perpendiculairement dans l'eau un vase renversé : le liquide s'élève à une certaine hauteur dans le vase, jusqu'à ce que l'air que ce vase contient soit suffisamment comprimé ; puis, si l'on continue d'enfoncer le vase, la colonne d'air refoule le liquide sans que celui-ci puisse jamais le déplacer.

IMPRIMERIE. — Voyez *Typographie*.

IMPRIMEUR. — On appelle ainsi les ouvriers qui impriment le papier. Ils sont ordinairement deux à la même presse, et se partagent le tirage ainsi que certains travaux préparatoires. Ce n'est pas qu'il soit indispensable que le travail soit fait par deux ouvriers, mais il va plus vite dans ce cas. Les deux compagnons alternent presque toujours ; mais il arrive quelquefois que, dans les ouvrages soignés, on trouve que le travail est mieux exécuté quand ce partage de fonctions n'a pas lieu. Comme dans les provinces le personnel est trop restreint, on a essayé d'introduire des presses pouvant être servies par un seul imprimeur, et au moyen desquelles on fait un peu plus d'ouvrage qu'un seul imprimeur et moins que deux ; elles sont peu répandues.

Ce sont les imprimeurs qui font les épreuves, à moins que l'imprimerie ne soit assez considérable pour occuper un ou plusieurs imprimeurs à ce seul travail.

Pendant que l'on corrige les épreuves, les imprimeurs ont divers travaux préparatoires à exécuter. Les imprimeurs se procurent d'abord le papier qui doit servir à l'impression ; ils comptent le nombre de feuilles que chaque rame contient, puis, après l'avoir ouverte, ils l'imprègnent plus ou moins d'eau, suivant son degré de collage. L'expérience seule peut indiquer au trempeur la quantité de feuilles qu'il faut alternativement mouiller ou ne pas mouiller. On trempe le papier de plusieurs manières, ou *à la main* ou *au balai*. Quand le papier est trempé par l'un ou l'autre de ces procédés, on le recouvre d'un *ais* surmonté d'une pierre, puis, au bout de quelques heures, on le met en presse ou on le charge fortement après l'avoir remanié.

Avant de mettre le papier trempé en presse, on le retourne à plusieurs reprises. Pendant cette opération, on efface soigneusement les plis qu'on découvre. Si l'on s'apercevait que le papier était trop peu trempé, on l'aspergerait de nouveau ; dans le cas contraire, on intercalerait des feuilles de papier sec entre celles qui sont mouillées.

Pendant que le papier s'humecte également, il faut s'occuper de la mise en train. On appelle ainsi l'accomplissement d'une infinité de petits détails nécessaires pour mettre une forme en état d'être imprimée. L'imprimeur doit arrêter la forme, garnir le tympan, partie mobile de la presse que l'on abat sur la forme, des étoffes en rapport avec la forme, et faire la marge, c'est-à-dire adapter au tympan, dégarni de sa frisquette, une feuille de papier préalablement appliquée sur la forme. Cette opération a pour but de reconnaître la place des pointures, instrument qui, par les piqûres qu'il fait dans le papier, facilite le registre, c'est-à-dire le rapport exact

entre les lignes du recto et du verso. Il pose ensuite les supports dans les endroits où ils sont nécessaires. Il place la frisquette si elle est préparée, ou il la découpe si elle ne l'est pas. La *frisquette* est un cadre rectangulaire en fer, sur lequel on colle une feuille de papier que l'on découpe dans toutes les parties correspondantes à celles de la forme qui doivent être imprimées. Elle a pour but d'empêcher que les parties de la feuille qui doivent rester blanches soient tachées. Quand on fait le registre, on prépare la tierce, on règle le coup, et, la tierce corrigée, on donne un coup de brosse à la forme, si c'est nécessaire.

Après tous ces préliminaires, on procède au tirage.

L'imprimeur qui est chargé d'encrer, distribue l'encre également sur la table, car les rouleaux ont complétement, et avec avantage, remplacé les balles ou tampons que l'on avait à monter et à démonter chaque jour. Quand l'encre est bien également distribuée, l'imprimeur promène son rouleau sur la forme, pendant que son compagnon place la feuille à imprimer sur la marge, abat la frisquette, le tympan, fait rouler le train sous la platine, puis, au moyen du barreau, tire un coup ou deux, suivant la nature de la presse, puis refait les mêmes mouvements en sens inverse, jusqu'à la fin du travail. Quand le nombre d'exemplaires à fournir est considérable, presque toujours la même feuille est prise par deux presses différentes.

Le tirage terminé, la forme doit être lavée entièrement pour être débarrassée de l'encre dont elle est recouverte, puis on remet la forme au metteur en pages. Ensuite on étend le papier pour le faire sécher, on le satine pour enlever le relief des caractères, on le remet ensuite entre les mains du plieur, de l'assembleur, du brocheur ou du relieur.

Pour l'impression à la mécanique, les opérations ne sont pas tout à fait les mêmes. On appelle *conducteur* l'ouvrier qui est préposé à la direction d'une ou même de deux presses mécaniques. La surveillance du trempage du papier, le bon choix et le placement des rouleaux, l'entretien et l'égale tension des cordons, sont les plus simples de ses fonctions ; car, en plus de la mise en train, du registre, de l'uniformité du foulage et de la couleur, il faut au conducteur quelques connaissances en mécanique, afin de remédier instantanément aux petits dérangements, aux défectuosités inhérentes au système même le plus parfait. Lorsqu'il s'agit du tirage de gravures sur bois ou de polytypages, quelques notions de dessin sont nécessaires au conducteur.

                     J.-B. PRODHOMME.

IMPUISSANCE (pathologie).—Impossibilité d'opérer la copulation. Elle diffère de la stérilité, qui résulte de l'état des parties rendant nulle la copulation, bien qu'elle puisse s'effectuer. L'impuissance affecte plus souvent l'homme, tandis que la stérilité est plus ordinairement le fait de la femme.

Nous allons traiter successivement de l'impuissance et de la stérilité chez l'homme et chez la femme, en empruntant ce qui suit à l'excellente *An-*

thropologie de notre savant confrère, le docteur Bossu.

Impuissance et stérilité chez l'homme. — L'impuissance dépend d'un grand nombre de causes qu'on peut distinguer en physiques, physiologiques et morales :

a. Les causes physiques d'impuissance sont le défaut, l'imperfection et les difformités des organes de la génération; toutes les maladies congéniales ou acquises qui mettent obstacle au coït, soit par absence de verge, soit par impossibilité d'entrer en érection. On regarde aussi comme impuissants, bien qu'ils soient aptes à exercer la copulation, les sujets affectés d'hypospadias ou d'épispadias (1), par la raison qu'ils ne peuvent exécuter une copulation fécondante, la liqueur séminale n'étant pas dirigée sur le col de la matrice.

b. Les causes physiologiques d'impuissance résident dans les progrès de l'âge, la froideur et la faiblesse du tempérament, les excès dans les plaisirs de l'amour et l'onanisme, les travaux intellectuels trop prolongés, l'ivresse, etc. Ces causes sont d'autant moins appréciables que les organes de la génération sont bien conformés. Elles sont, pour la plupart, passagères; mais il faut excepter l'absence radicale du tempérament génital, qui, cependant, n'exclut pas toujours le désir, car on voit des individus désirer ardemment un hymen et redouter le jour du bonheur, convaincus d'apporter dans le lit nuptial la passion et l'impuissance.

c. Au nombre des causes morales, nous plaçons l'indifférence et le dégoût pour la femme; dans d'autres cas, au contraire, un amour trop ardent, la joie de posséder une femme qu'on a longtemps convoitée, l'amour respectueux et timide, les préoccupations d'un nouveau marié qui craint de ne pouvoir accomplir l'acte conjugal. « Catulle soupire pour Lesbie; au souvenir de sa maîtresse, son esprit, échauffé par mille images voluptueuses ne connaît plus de félicité que dans la possession de tant de charmes : Catulle plaît, Lesbie cède; mais le moment de la victoire est celui de la faiblesse et de l'humiliation. Rendu avant de combattre, Catulle se cherche et ne se trouve plus; il s'étonne de s'échapper à lui-même : affligé d'avoir tant promis, confus de tenir si peu, et de n'accorder à l'amour que le prix de la haine, il gémit d'un triomphe qui le couvre de honte; et, consumé désormais de l'ardeur et des vains efforts de sa flamme, adorateur sans culte et sans offrande, il s'éloigne de la beauté que ses serments et sa froideur ont doublement outragée. » Autrefois, on attribuait de pareils cas d'impuissance à un prétendu maléfice propre à empêcher la consommation du mariage : mais ils sont « une suite des lois générales de notre économie. Rien de plus capricieux que nos organes. Jamais l'homme n'est

moins maître de soi que lorsqu'il veut trop l'être. La volonté, cet empire intérieur que la nature lui a donné sur lui-même pour mieux assurer son empire au dehors, cette volonté dont il est si fier, n'est souvent, comme sa raison, qu'une reine sans sujets, une autorité sans pouvoir qui parle et n'est point obéie. » (*Pariset.*)

La *stérilité* est rare chez l'homme, tandis que l'impuissance est fréquente : c'est précisément le contraire chez la femme, ainsi que nous le verrons plus loin. L'homme n'est stérile que parce que son sperme est mal élaboré par des testicules malades; parce que ce liquide, *pauvre*, trop fluide, ne contient pas suffisamment d'animalcules, ce qui peut dépendre d'une disposition native, de la débauche, des pertes séminales ou des maladies vénériennes. Le castrat est radicalement frappé de stérilité, puisqu'il ne possède plus les organes qui sécrètent la liqueur prolifique : on dit qu'il n'est pas toujours impuissant. L'absence d'un testicule ne rend pas stérile; souvent au contraire, la faculté procréatrice reste la même, pourvu que la glande conservée soit saine, car elle redouble d'énergie. Au reste, une foule de questions sont insolubles parmi celles auxquelles donnent lieu l'impuissance et la stérilité. Par exemple, on voit souvent un homme et une femme n'avoir pas d'enfants ensemble, et leur prétendue stérilité cesser complétement s'ils se quittent et entretiennent d'autres relations.

Traitement. — L'impuissance peut cesser après certaines opérations qui font disparaître les difformités des parties sexuelles, après la guérison des maladies qui la causaient. Lorsqu'elle dépend de l'absence totale du tempérament génital, ou de la vieillesse, il n'y a rien à faire; mais si elle s'est manifestée à la suite d'excès d'onanisme ou de coït, le repos des organes ou la continence, un régime fortifiant, réparateur, légèrement épicé ou arrosé d'un vin généreux, des lotions et bains froids, etc., ranimeront les facultés viriles éteintes. Quant à l'amant trop exalté, trahi par ses forces, nous l'engageons à temporiser, à composer avec l'indocile liberté d'un organe dont la volonté se plaît à contester la nôtre, qui se révolte contre la violence et résiste même à la flatterie et aux caresses. Comme nous l'avons dit ailleurs déjà, confiance, confidence même, calme des sentiments, voilà ce qui réussira alors. Nous ne parlons pas des pratiques libidineuses propres à ranimer l'appareil génital, telles que le massage, la flagellation, l'urtication, encore moins des aphrodisiaques, tels que les cantharides, le phosphore, le musc, car ces moyens, outre qu'ils sont désavoués par la morale, sont pour la plupart dangereux. D'ailleurs, les jouissances qu'ils procurent sont elles-même pernicieuses à la santé, par cela seul qu'elles sont provoquées contre le gré de la nature.

Impuissance et stérilité chez la femme. — Selon nous, la femme est *impuissante* lorsqu'elle ne peut consommer l'acte de la copulation, ou qu'elle ne permet qu'un coït incomplet, le membre viril ne pouvant porter le liquide fécondant jusqu'à l'orifice

---

(1) L'*épispadias* est un vice de conformation caractérisé par la situation anormale du canal de l'urètre ; l'*hypospadias*, au contraire, est l'ouverture du méat urinaire sous le gland.

de la matrice. Cela ne veut pas dire qu'elle soit radicalement stérile, car si, au moyen d'une opération, on lui rend la faculté de recevoir l'homme complétement, elle pourra concevoir. Elle est donc impuissante par l'effet d'une conformation vicieuse, d'un vagin oblitéré ou ouvert dans la vessie ou le rectum, encore qu'elle puisse devenir enceinte lorsque le canal s'abouche dans cette dernière cavité. Elle est *stérile* lorsqu'une maladie de matrice, des trompes ou des ovaires s'oppose à la fécondation.

La *stérilité* dépend d'une foule de causes pathologiques et vitales; ce sont, pour les premières : 1° l'imperforation du col de la matrice ou son obstruction par le mucus épais et gluant de la métrite, ce qui empêche que le sperme transmette son influence vivifiante aux ovaires; 2° la mauvaise direction du col de la matrice, d'où résulte que le liquide séminal est lancé inutilement contre sa face postérieure dans le cas de rétroversion; 3° l'obstruction des trompes de Fallope; 4° l'inflammation, les kystes, les désorganisations des ovaires, etc.

Quant aux causes vitales de la stérilité, elles sont peu connues : c'est pour cette raison que celle-ci a fait le sujet de romans assez curieux peut-être, mais qui ne contiennent aucune assertion portant le cachet de la science. Toute modification vitale anormale de la matrice et des ovaires peut annihiler l'influence spermatique, outre que celle-ci est souvent paralysée par les conditions physiologiques que nous avons signalées chez l'homme stérile. Tantôt la femme manque d'ardeur, quoique cette cause soit rarement suffisante; tantôt, au contraire, elle se laisse aller à un transport trop vif pendant l'acte copulateur; d'autres fois il n'y a pas assez d'affinité, de sympathie entre elle et l'homme, et l'on peut dire alors qu'elle est comme une terre impropre à la fécondation d'une semence qui pourrait porter de beaux fruits étant jetée dans une autre.

Dr BOSSU.

INCONTINENCE D'URINE (médecine).— *Énurésie.* Écoulement involontaire et ordinairement non douloureux de l'urine par les voies naturelles. Chez l'adulte et surtout chez les vieillards, cette infirmité n'est qu'un symptôme d'autres maladies (affection de la vessie, du canal de l'urètre, du cerveau, etc.) Chez les enfants, il est quelquefois difficile de découvrir l'origine de l'incontinence d'urine; elle dépend le plus souvent d'une atonie du col de la vessie. Plus commune chez les garçons que chez les filles, elle s'observe particulièrement chez les enfants faibles et mal constitués. On doit la combattre par une nourriture substantielle et stimulante, par les bains froids, la gymnastique, un lit un peu ferme, des frictions toniques avec le vin aromatique ou avec l'eau-de-vie. La guérison survient presque toujours à l'époque de la puberté.

INDES (géographie.)—Vaste région d'Asie, composée de deux grandes presqu'îles séparées par le golfe du Bengale et le Gange. Aussi les nomme-t-on presqu'îles au delà et en deçà du Gange. La première est nommée Hindoustan; la seconde comprend l'empire des Birmans, le Tunquin, Laos, Cochinchine, Ghiampa, Cambaye, Siam, Malaca et les îles de la mer des Indes, dont les principales sont celles de Ceylan, les Maldives, Sumatra, Java, Bornéo, Célèbes, les Moluques, les Philippines, les Mariannes. La presqu'île en deçà du Gange s'appelle occidentale ou Deckan; celle au delà du Gange, orientale ou de Malaca. — Voyez *Hindoustan.*

INDIGESTION (pathologie). — Trouble passager des fonctions digestives survenant après l'ingestion d'aliments trop copieux ou de mauvaise qualité, ou sous l'influence d'une cause étrangère (action du froid, action morale). Le traitement est fort simple. « S'il y a seulement gêne et pesanteur de l'estomac, avec rapports, ballonnement du ventre, on rétablit la régularité de la digestion soit en prenant une faible quantité de liqueur spiritueuse, eau-de-vie, rhum, etc., soit au moyen d'une légère infusion de thé, de camomille, de tilleul, etc., sucrée et aromatisée avec quelques gouttes d'eau de fleurs d'oranger. Si les vomissements surviennent, il faut les aider en avalant de l'eau tiède; les infusions sont également bonnes après, pour remettre l'estomac de la secousse qu'il vient d'éprouver. Enfin, s'ils se font trop attendre, que le malade reste longtemps avec du malaise, de la pesanteur de tête et des envies de vomir, il faut provoquer le vomissement en tintillant la luette avec une barbe de plume ou quelque autre moyen analogue, ou bien, prendre 5 ou 10 centigrammes d'émétique. »

INDIGO [*pigmentum indicum*]. — Matière colorante que l'on retire des feuilles d'un certain nombre de plantes appartenant presque toutes à un même genre, et particulièrement de l'indigotier sauvage, *indigofera argentea*, de l'indigotier de Guatimala, *indigofera disperma*, de l'anil, *indigofera anil*, et de l'indigotier français, *indigofera tinctoria*. L'indigo, que l'on extrait des feuilles de ces plantes par leur fermentation dans l'eau, par la précipitation de la matière colorante au moyen de l'eau de chaux, la décantation, le lavage et la dessiccation, est une substance sèche, bleue foncée, qui prend un éclat cuivré quand on la frotte avec l'ongle. L'*indigo flore* ou de *Guatimala* est le plus léger de tous et le plus estimé; il a une belle couleur bleue violette. L'*indigo de l'Inde* ou du *Bengale* est celui qui s'en rapproche le plus. Celui *de la Louisiane* est plus compacte, plus foncé, et doit fournir beaucoup à la teinture. Celui de l'indigotier français est le moins beau, mais le plus abondant. Le *pastel*, *isatis tinctoria*, L., plante crucifère indigène, fournit une matière colorante tout à fait identique aux indigos exotiques. — Outre une résine rouge soluble dans l'alcool, une autre matière rouge verdâtre soluble dans l'eau, du carbonate de chaux, de l'alumine, de la silice, et de l'oxyde de fer en assez grande quantité, l'indigo contient un principe immédiat, découvert par M. Chevreul, et appelé *indigotine* : il est solide, volatil, d'un bleu cuivré, inodore, insipide, cristallisable en aiguilles, insoluble dans l'eau et dans l'éther à froid. L'indigotine ne forme au plus que la moitié des indigos du commerce. Sa composition élémentaire est de : carbone 73,00; hydrogène 4,0; azote 10,8; oxygène 12,2. Les substances avides d'oxygène la transforment en une matière jaune qui est de l'*indigotine* moins oxygénée : elle repasse à l'état d'indigotine bleue en absorbant l'oxygène de l'air. L'acide sulfurique la dissout et forme une liqueur bleue dans laquelle M. Chevreul a admis l'existence de trois composés inusités : l'acide sulfo-indigotique (sulfate d'indigotine), l'acide hypo-sulfo-indigotique, et l'acide sulfo-phénicique.

M. Dumas a désigné sous le nom d'*acide anilique* le produit appelé acide *indigotique* et provenant de la réaction de l'acide nitrique sur l'indigo. Il nomme *acide picrique* le dernier produit de cette réaction, produit connu sous la dénomination d'*amer de Wetter*.

L'indigo pulvérisé, dissous dans l'acide sulfurique à l'aide d'une douce chaleur, et étendu d'eau de manière à représenter la millième partie du liquide, forme la *liqueur d'épreuve de Descroiziles*, avec laquelle on mesure la force du chlore dissous dans l'eau ou combiné aux alcalis. Le nombre de volumes de liqueur d'épreuve qui sont décolorés par un volume de chlore ou de chlorure en constitue le degré. — Voyez *Chlorométrie*. (*Nysten*.)

INDUCTION [du latin *inducere*, conduire dans, introduire]. — Manière de raisonner qui consiste à inférer un fait d'un autre, par exemple : « Un fait s'étant produit dans certaines circonstances, nous sommes naturellement portés, à la vue de circonstances semblables, à attendre le retour du même fait. Cette croyance, qui n'a rien de rigoureux, admet une foule de degrés, distingués par les noms de *conjecture*, *présomption*, *foi*, etc.; elle est d'autant plus forte que les ressemblances sont plus frappantes et le nombre des cas observés plus nombreux. Elle repose sur une confiance instinctive dans la stabilité des lois de la nature. On oppose l'*induction* à la simple *observation*, qui ne fait que recueillir les faits existants, et à la *déduction*, qui ne fait que tirer des vérités déjà connues des faits qui y étaient implicitement contenus, tandis que l'induction anticipe sur les événements. L'induction va tantôt d'un fait particulier à un autre fait particulier, et alors elle prend le nom de *raisonnement par analogie*; tantôt des faits particuliers aux lois générales de la nature : c'est alors l'*induction proprement dite*. »

La *Méthode d'induction* a été mise surtout en honneur par Bacon, qui en a tracé les règles dans le *Novum Organum*.

INDURATION (pathologie générale) [de *durus*, dur]. — Endurcissement du tissu des organes. L'induration est souvent un des modes de terminaison de l'inflammation, et surtout de l'inflammation chronique. Le sang cesse peu à peu d'aborder dans le tissu enflammé; la chaleur y devient moins vive; l'irritabilité s'y émousse, les fluides blancs s'y accumulent et y stagnent en plus ou moins grande quantité ; c'est ce qu'on nomme l'*induration blanche* ou *grise*. Si la tuméfaction reste rouge, comme cela ar-

rive dans les tissus où abondent les capillaires sanguins, c'est l'*induration rouge*, appelée aussi *hépatisation*.

INDUSTRIE. — L'industrie, dans le sens qu'on attache aujourd'hui à ce mot, ne date que de deux siècles environ, et n'a réellement existé que depuis qu'on a élevé des fabriques, des manufactures et des usines. Et cependant, que de bien n'a-t-elle pas opéré! que d'obstacles n'a-t-elle pas vaincus, animée par ce feu sacré de l'émulation ! Qu'étaient nos habitations, il y a peu de siècles encore? Généralement de pauvres cabanes couvertes de chaume, mal chauffées, mal éclairées, et souvent nuisibles pour la santé. L'industrie paraît et modifie tout : l'ardoise et la tuile remplacent les toits de paille que le feu atteignait si souvent; les petits vitraux bordés de plomb, font place à de larges croisées; les cheminées sont rétrécies et ornées de marbre du meilleur goût; le paratonnerre dérobe même la foudre au ciel; enfin, des parquets solides et élégants à la vue, remplacent ces hexagones froids et usés; et des bouches de chaleur, aussi ingénieusement imaginées que dérobées à l'œil, maintiennent une température douce et uniforme, jusque dans nos salons, nos monuments publics, nos églises même.

Et les mêmes avantages à l'extérieur ne sont-ils pas dus à l'industrie? Que sont devenus la plupart de ces marais dont les miasmes délétères sont la source de tant de fièvres; ces canaux fangeux, ces citernes infectes? Une grande partie des marais ont été desséchés; des eaux pures et limpides remplacent les canaux fangeux; des fontaines sans nombre et des puits artésiens ont banni à jamais les affreuses citernes.

Maintenant, si nous voulions énumérer les bienfaits de l'industrie pour les personnes, il nous faudrait un volume, pour parler des établissements sanitaires, de la vaccine, des pompes à incendie, des moyens de désinfecter l'air, de secourir les asphyxiés; des voies de transport ou de communication : voitures, routes, canaux, chemins de fer, machines à vapeur, imprimerie, télégraphes.

L'industrie est donc la reine du monde, la source intarissable de la prospérité publique.

I. *Quels sont donc les moyens de progrès nécessaires à l'industrie? Les voici tels que nous les comprenons* : 1° L'esprit d'observation des hommes pratiques;

2° Les cours publics, qui développent la théorie des diverses industries;

3° Les bibliothèques publiques;

4° Les écoles centrales de Paris, d'arts et métiers de Châlons, d'Angers, etc.;

5° Les instituts agricoles et les fermes-écoles, les comices agricoles;

6° Les communications rendues faciles;

7° La plus grande liberté possible.

Développons chacun de ces moyens :

1. *L'esprit d'observation des hommes pratiques.* — Il ne faut pas se le dissimuler, l'esprit d'observation enfante le génie, et le génie donne naissance aux

idées profondes, aux aperçus nouveaux et lumineux. Oui, le génie crée, dirige et organise; c'est une inspiration qui se développe par un instinct spécial, par une grâce d'en haut, ou par une meilleure conformation des organes. Il n'est point, quoi qu'on dise, une faveur spéciale de la nature : il tient au perfectionnement volontaire et successif de notre organisation; il est, par conséquent, le résultat du travail, de la méditation et d'une volonté ferme d'arriver au but qu'on se propose d'atteindre. « Si j'ai réussi à faire quelques découvertes, disait Newton, c'est en pensant sans cesse au sujet qui m'occupait, en l'envisageant sous toutes ses faces; la recherche d'une vérité cachée m'en a souvent découvert d'autres auxquelles je n'eusse jamais songé. Une découverte en amène une autre, et l'on est étonné soi-même des aperçus qui naissent d'un examen sérieux et continuel. »

Le génie de l'invention peut se manifester subitement et souvent même, à l'occasion des choses qui paraissent les plus indifférentes. En voici quelques exemples : Le berger Magnès, faisant paître son troupeau sur le mont Ida, enfonce dans la terre son bâton garni d'une pointe de fer; il a quelque peine à l'en retirer; il veut en connaître la cause, creuse autour du bâton, et découvre la pierre d'aimant.

Metzu, fils de Jacob Metzu, ouvrier à Alcmaer, tenait d'une main un verre convexe, et de l'autre un verre concave; ayant mis par hasard le verre concave près de son œil, et ayant un peu éloigné celui qu'il tenait de l'autre main, il vit le coq de son clocher beaucoup plus gros et beaucoup plus près de lui, mais dans une situation renversée. Il appelle son père, qui, frappé de cette singularité, lie les verres entre eux par des tubes emboîtés, et voilà les lunettes d'approche inventées.

Christophe Colomb, à la seule inspection d'une carte, ou par un raisonnement tiré de la disposition du monde, juge qu'il doit y en avoir un autre. Il fait plus : il veut aller le découvrir lui-même. Vainement on le traite de visionnaire, de fou; il parvient à obtenir trois petits vaisseaux d'Isabelle, et, trente-trois jours après, il dote l'Espagne de la conquête d'un autre hémisphère!

Montgolfier, papetier à Annonay, ayant remarqué qu'en enflammant quelques allumettes dessoufrées sous un globe de papier ou de soie, ce globe s'élevait à l'instant au plafond de son appartement, il en conclut qu'on pourrait s'élever dans les airs avec un appareil de ce genre, mais de grande dimension; il fit, en 1783, une expérience à Annonay, et voilà l'origine des aérostats.

Enfin, Franklin, l'un des bienfaiteurs et des premiers magistrats de l'Amérique, sa patrie, est l'inventeur des paratonnerres, dont l'utilité et la sûreté sont tellement constatées depuis longtemps, qu'on ne craint point de n armer les magasins de poudre.

II. *Les cours publics, qui développent la théorie des diverses industries.*—C'est là seulement qu'on peut étudier le mécanisme des machines ou agents de l'industrie. On sait qu'on nomme *machines* ces diver-

ses combinaisons mécaniques qui servent à transmettre l'action d'une puissance sur une résistance, et à régler les forces mouvantes dont l'industrie fait un fréquent usage. Il est vraiment à déplorer que tant de personnes croient encore que les machines soient inutiles et même nuisibles. Sans doute, ces personnes n'entendent qu'attaquer ces machines qui jettent subitement hors des ateliers une quantité notable d'ouvriers, en s'emparant brusquement de la main-d'œuvre; mais que ces ouvriers calculent à quel prix ils auront les produits de ces machines, et, malgré leur grève de quelques jours de quelques mois même, ils béniront bientôt leurs inventeurs.

Et si l'on réfléchissait un peu aux avantages des machines, irait-on, violant les droits des propriétaires, jusqu'à briser ces créations du génie de l'homme? Chaque citoyen est heureux d'avoir aujourd'hui un journal presque pour le prix du papier; croit-on par hasard que l'imprimerie, même à son début, n'a pas ruiné des milliers de copistes? La charrue même n'a-t-elle pas ôté le travail aux ouvriers qui bêchaient la terre? Ne nions donc pas que les machines aient une action puissante sur l'abondance et le bon marché des produits; et si l'on admet les bienfaits du bas prix et de l'abondance des objets de consommation, il faut bien admettre en même temps que tout ce qui peut y concourir directement ou indirectement est avantageux pour la société.

Nous concluons de ce qui précède que les cours d'industrie rendent un double service, puisque, en initiant les ouvriers à la connaissance des machines et des agents de l'industrie, les sages professeurs les leur font aimer et apprécier.

III. *Bibliothèques.* — Il serait superflu de démontrer l'utilité des bibliothèques. Nul de nous n'ignore le secours qu'il en retire chaque jour, et quelle part immense elles ont à revendiquer dans tous nos succès littéraires. Mais ce dont nous voudrions voir les hommes bien convaincus, c'est que les progrès des sciences, des lettres, des arts, sont subordonnés en grande partie aux bons produits de l'imprimerie, et l'on sait, sous ce rapport, combien les bibliothèques des départements laissent à désirer. — Nous voudrions surtout voir des bibliothèques spéciales sur l'industrie, où chacun de nos ouvriers habiles irait puiser les lumières de la théorie, dont le défaut leur cause souvent tant de déceptions.

IV. *Les Écoles d'arts et manufactures.* — L'École centrale des arts et manufactures de Paris a pour objet de former des directeurs d'usines, des chefs de manufactures, des ingénieurs civils pour l'enseignement des sciences industrielles; les écoles de Châlons et d'Angers s'appliquent plus particulièrement aux arts et métiers de charrons, charpentiers et menuisiers, monteurs de machines, mouleurs, fondeurs de fer au creuset à la Wilkinson, etc. Ces écoles concourent puissamment à former des élèves capables et intelligents, et nous savons, par la liste des récompenses qui se décernent dans nos expositions nationales, qu'elles ont une large part dans le progrès relatif à l'industrie en particulier et aux arts en général.

V. *Les instituts agricoles, les comices, les fermes-écoles.* — Ces établissements ont déjà prouvé, par les services qu'ils ont rendus, tout ce qu'on est en droit d'attendre d'eux, et combien ils peuvent concourir au progrès de l'industrie. Il y a longtemps qu'on l'a dit, l'agriculture est le premier des arts. D'où vient donc alors que cet art, qui donne à l'homme le moyen de se nourrir, de se vêtir, de se loger, d'alimenter son industrie, soit si négligé, relativement à ce qu'il pourrait être? Sans aucun doute, du manque d'encouragement accordé au cultivateur et du peu de considération qui semble s'attacher à cette profession. — Ajoutons encore le défaut d'instruction du cultivateur. — Que reste-t-il donc à faire pour changer un tel état de choses? M. B. Lunel l'a dit dès 1846 (1): « *une éducation agricole qui commence presque avec la vie.* C'est en effet l'instituteur qui doit, avec l'aide des premiers agriculteurs du pays, prendre soin désormais de cette éducation. *La connaissance des faits agricoles, les principaux phénomènes physiques, les effets de la pesanteur, de la lumière; la végétation, la transformation des substances, cause de tant d'accidents,* voilà ce qui devrait être expliqué clairement. Nous savons bien l'espèce d'épouvante qui s'attache aux grands mots de *chimie,* de *physique,* de *physiologie végétale;* mais on peut enseigner tout cela, et beaucoup plus, sans employer tous les termes dont les savants ont hérissé toutes les parties de la science. — D'ailleurs, si nous imitions l'exemple de la Suisse, qui a su créer des écoles d'agriculture, entretenues facilement par le travail de chaque enfant, nous ne verrions plus les jeunes gens de famille, rougissant à la seule idée de tenir les manchons de la charrue, abandonner leurs campagnes pour venir encombrer les villes, où ils veulent, à tout prix, se créer une occupation qui les relève aux yeux de leurs parents; ils retourneraient avec plaisir aux travaux des champs, parce qu'ils y trouveraient des camarades instruits, capables de les comprendre, et qui n'auraient pas cette maxime terrible pour l'agriculture : « Nous faisons comme faisaient nos pères. » Ils chercheraient, au contraire, à imiter l'exemple des grands capitalistes, et, persuadés de l'utilité des fermes expérimentales, des comices agricoles, ils accepteraient avec empressement toutes les heureuses innovations confirmées par l'expérience.

» Ne serait-il pas possible, d'ailleurs, de faire coordonner l'instruction du cultivateur avec l'instruction de l'enfant des villes? L'agriculteur ne voit-il pas, ne sent-il pas comme les autres hommes? Pourquoi lui refuser alors ces éléments d'instruction complète, qui lui permettraient, en rentrant chez lui, ou de se livrer à la recherche de quelques vérités, ou même à l'exercice d'un art, du chant, par exemple, qui a tant d'influence chez l'homme doué d'une âme ou qui sent vivement? Par ce moyen, la maison rus-

tique serait le palais de l'agriculteur, tant il aimerait à y rentrer, soit pour s'y délasser de ses fatigues, soit pour y recevoir les caresses de sa famille. »

VI. *Communications rendues faciles.* — Il fut un temps, qui est encore bien près de nous, où, tandis que le pauvre piéton était réduit à parcourir de longues distances, perdant un temps précieux, s'exténuant de fatigue et dépensant peut-être plus qu'avec tout autre système de locomotion, un pays voisin faisait monter en voiture les chevaux, les bœufs, les moutons, les porcs même, afin de parcourir économiquement 50 à 60 kilomètres en une heure environ. C'est que nos voisins d'outre-mer avaient compris avant nous que toute dépense qui atteint le but cherché produisait une économie de temps, qui est le premier capital. Aussi le chemin de Manchester à Liverpool produisit-il des résultats tellement appréciables, que, bientôt, une partie de l'Angleterre fut sillonnée par des rails-wails.

De toutes les questions d'intérêt matériel, il n'en est pas de plus importante pour le commerce, l'industrie, et pour toutes les affaires en général, que celle des *voies de communication.* Tout ce temps consacré au transport des denrées, des machines, toutes ces forces consommées s'estiment, s'évaluent, et forment une dépense qui, ajoutée au prix de la production, la rend beaucoup plus chère. Il n'y a pas de bien longues années que l'on mettait plusieurs jours pour faire un voyage, qui s'opère aujourd'hui en quelques heures. Il en coûtait des centaines de francs pour voyager une semaine ou deux; aujourd'hui, l'on fait le même trajet en cinquante ou soixante heures, et l'on dépense le quart des frais qu'on avait à supporter. Ajoutons que le travail s'exécute plus promptement dès qu'on peut avoir en quelques heures ce qui employait plusieurs jours à parvenir, et que, pour les denrées, elles ont l'avantage d'arriver dans un grand état de fraîcheur, ce qui est à prendre beaucoup en considération.

C'est donc une grave erreur de calculer, lorsqu'on entreprend une nouvelle voie de communication, si elle rapportera plus ou moins à celui qui en fera les frais. Il faut examiner le résultat de cette nouvelle voie de communication; il faut envisager l'importance de la diminution des frais de transport et celle de la durée des transports; il faut tenir compte aussi de ces rapides et faciles rapports entre les citoyens; la création de nouvelles industries; l'accroissement du travail; le prompt écoulement des produits qui n'avaient pas de débouchés; enfin l'activité immense et l'essor prodigieux donnés à l'industrie. Voilà ce à quoi il faut songer lorsqu'on veut que les communications de citoyens à citoyens, que le commerce, les arts et l'industrie fassent l'honneur d'une nation.

VII. *La plus grande liberté possible.* — L'industrie d'une nation doit être considérée comme un arbre séculaire, dont les vigoureuses branches sont la culture des terres, le travail des mains, la direction des manufactures, et le commerce qui les fait prospérer en les portant d'un bout du globe à l'autre. Ce ne fut, du reste, que lorsque l'homme fut civilisé qu'il fit marcher l'industrie rapidement vers la perfection. La liberté d'industrie et de commerce est une des vérités que la science économique a démontrées avec le plus de succès; car cette liberté découle de toutes les autres; ou plutôt, comme l'a dit élégamment un auteur, *elle n'est qu'une des faces de ce tout harmonieux vers lequel tend l'humanité depuis des siècles.* L'homme, pour qui ce grand principe est incontestable, est heureux de voir qu'il est souvent encouragé par les gouvernements; mais le cas contraire, il oublie que des difficultés immenses paralysent les efforts de ceux qui voudraient souvent devancer ses désirs. Ajoutons qu'il est un fait consolant pour nous, c'est que la discussion des questions d'intérêts positifs, relativement au commerce et à l'industrie, s'étend de jour en jour.

II. *De l'importance des produits du commerce et de l'industrie.* — C'est la statistique qu'il nous faut ici invoquer pour le chiffre de l'exportation et de l'importation du commerce français, relatif à l'industrie seulement. Les évaluations que nous allons présenter sont les valeurs officielles, c'est-à-dire celles qui ont été établies pour chaque marchandise, à l'effet de rédiger les *états de commerce* exigés depuis l'ordonnance du 28 mai 1836. C'est en période décennale que le résultat des principaux articles compris sous la dénomination de matières nécessaires à l'industrie est ici présenté.

Importations. — Soie, 73 millions; cotons, 71 m.; huile d'olive, 32 m.; bois communs, 26 m.; bois de teinture, d'ébénisterie, 5 m.; indigo, 25 m.; laine en masse, 20 m.; peaux brutes, 16 m.; cuivre, 12 m.; tabacs en feuilles, 10 m.; houilles, 10 m.; poils pour filature, chapellerie, 9 m.; plomb, 8 m.; fil de lin, 8 m.; fer et fonte, 7 m.; étain brut, 3 m.; articles divers, 67 m. — Total, 402 millions.

Exportations. — Vins, 47 millions; eaux de vie, 20 m.; soies, 38 m.; céréales, 11 m.; cotons, 10 m.; garance, 9 m.; chevaux, bestiaux, etc., 8 m.; sucre brut et terré, 8 m.; café, 9 m.; cacao, 2 m.; bois communs, 6 m.; huiles volatiles, 5 m.; huile d'olive, 5 m.; peaux brutes et pelleteries, 3 m.; peaux corroyées, 6 m.; poils, 2 m.; articles divers, 65 m. — Total, 254 millions.

Comme on peut le voir, le commerce et l'industrie doivent marcher de pair, comme deux sœurs parfaitement unies. En effet, c'est par l'industrie que se produisent les objets nécessaires à la consommation; c'est par le commerce que nous pouvons nous les procurer à volonté; sans le commerce, les productions de l'industrie agricole et manufacturière seraient forcées d'être limitées aux besoins de la consommation locale et actuelle; c'est lui qui, par l'exploitation, ouvre les débouchés et donne une valeur à tous les produits superflus, et, par les marchandises qu'il importe, crée des besoins nouveaux et force tous les consommateurs au travail et à l'économie pour les acquérir.

III. *Influence de l'industrie sur la civilisation.* — L'industrie, de nos jours, tire beaucoup moins sa force des hommes isolés que des hommes réunis et des machines.

Laissant de côté la question des machines dont nous avons parlé, nous allons dire un mot de l'association industrielle, qui, bien comprise et sagement combinée, a produit d'excellents résultats.

A quoi est due la création de cet établissement national, la Banque, qui facilite la négociation des effets de commerce et permet d'opérer tant d'affaires en tous genres? Comment se seraient formées ces fabriques, ces manufactures, qui enrichissent la France de leurs produits, sans l'*association*? Et ces voies rapides, transportant cent mille voyageurs par jour, et faisant de capitales situées à quarante ou cinquante lieues de Paris des faubourgs de l'une des premières cités commerçantes et industrielles du monde, auraient-elles jamais existé sans ces compagnies qui se sont organisées pour en permettre l'exécution? Disons-le, on peut tout faire avec l'esprit d'association, et ce merveilleux instrument de la civilisation s'est produit de lui-même partout où la liberté lui a fait place, et, avec lui, les intelligences se sont rapprochées, assimilées, serrées étroitement. Qui ignore que dans l'ordre moral, comme dans l'ordre matériel, rien de grand ne s'est fait chez aucun peuple que par le développement spontané de l'association? Bien avant que l'Angleterre et les États-Unis eussent couvert leurs pays de canaux, de routes et de manufactures, une confraternité instinctive, une foi ardente avait groupé les cités, les provinces, les nations, et semé dans l'Europe, au moyen âge, ces milliers d'édifices consacrés aux nécessités les plus nobles, aux convictions les plus respectables des natures cultivées, comme à leurs besoins les plus pressants et les plus populaires. Bien aveugles auraient été ceux qui ont proclamé la liberté d'un peuple s'ils lui avaient refusé par leurs lois le droit de s'associer pour des entreprises louables et utiles.

L'esprit d'association a donc pour cause la *liberté*, et pour objet le *bien public* : il ne peut être vivifié que par une haute moralité. Si l'intérêt personnel est son guide, il dégénère en esprit de spéculation, propre tout au plus à fonder des fortunes privées; mais si, trompant la confiance publique et les espérances des sociétaires, il exploite une pensée en apparence utile, et la flétrit par de fausses déclarations, par des tentatives illusoires, alors cet esprit détestable n'est plus que l'esprit d'agiotage, véritable fléau contre lequel on ne saurait trop armer le glaive de la loi.

Les deux nations qui ont cultivé avec succès le vaste champ de l'industrie, et qui, par cela même, sont devenues puissantes, respectées, sont la France et l'Angleterre. L'une s'est élevée par les arts à une apogée de prospérité et d'illustration que les efforts ennemis n'ont pu compromettre; l'autre a couvert les mers de ses vaisseaux et a rendu la plus grande partie du globe tributaire de ses manufactures. C'est principalement dans les arts et dans les sciences que la France trouve ses plus beaux titres de gloire;

mais si son commerce n'est pas le premier du monde, au moins y tient-il un rang honorable parmi les nations, et son industrie n'aura bientôt plus de rivale dans l'univers.

C'est cette industrie qui a fait comprendre aux peuples léurs véritables intérêts; et ce n'est plus la force des armes qui régit aujourd'hui les destinées des empires. La prospérité fondée sur le travail et les richesses industrielles est indestructible, et deviendra la source du plus grand bien-être auquel l'homme puisse aspirer ici-bas. Sous l'influence des découvertes dans les sciences, les arts et l'industrie, la civilisation a marché, et il ne reste plus, pour lui donner ce sublime de l'idéal, qu'à déraciner les restes de l'ignorance et des préjugés.

Si l'on doutait qu'il fût possible que l'industrie eût été la source de tous les avantages que nous signalons, il nous suffirait de jeter un regard sur les peuples qui sont encore ce qu'étaient nos pères il y a quelques siècles. Voyez ces lazzaroni demi-nus : ils consentent à vivre d'un peu d'eau et de farine, pourvu qu'ils ne travaillent pas. Considérez ces prolétaires espagnols : leur fierté fainéante perce à travers des vêtements qui ne peuvent cacher leur affreuse misère. Songez enfin à ces Irlandais, que l'Angleterre, dit le baron Dupin, habille avec les haillons de Londres envoyés à pleins navires, et que portent, tout déchirés, des êtres qui s'abandonnent à l'apathie de la dégradation. Voilà des exemples qui peuvent nous rendre croyable un état social qui, pour nous, heureusement, n'appartient plus à notre âge, et s'éloigne avec rapidité dans le passé de l'histoire.

Si l'industrie a porté ses fruits, les hommes de cœur et d'intelligence savent que l'ouvrier en a été un des plus puissants moteurs. Si l'on en voulait une preuve, il me suffirait de rappeler quelques noms, qui seront à jamais révérés par tous ceux qui comprennent la reconnaissance. Nommer le sage et vertueux *Monthyon*, n'est-ce pas personnifier la bienfaisance? Que d'ouvriers, sortant des hôpitaux journellement, lui doivent les secours qui les aident à supporter leur convalescence! Dire qu'avec un seul legs du digne Monthyon, 1,200 ouvriers reçoivent des secours, et 2.000 personnes sont immédiatement secourues par un bureau spécial, lors de leur sortie de l'hôpital! Citerai-je le marquis d'Aligre, qui a doté l'hôpital de Chartres de la somme d'un million de francs?

Et ce citoyen sans aïeux, le *Petit Manteau-Bleu*, qui s'est fait de la première noblesse par ses bienfaits, et qui, semblable à la Providence, apparaissait au milieu des malheureux dans les temps de disette, de misère ou d'épidémie, et sur la poitrine duquel une majesté royale déposa l'étoile de l'honneur?

Le gouvernement, de son côté, donne des preuves de la plus grande sollicitude pour les classes laborieuses. Combien d'établissements pour les malades, les sourds-muets, les aveugles, les vieillards, les aliénés, n'ont pas été créés depuis 50 ans? que de bureaux de charité n'ont pas été organisés? et l'in-

struction primaire, professionnelle, largement distribuée ; et tous ces cours gratuits, où des professeurs rivalisent de dévouement, de science et de talent? Et les créations d'ouvroirs, de salles d'asile, de crèches, d'invalides des ouvriers, d'orphelinats, etc.? Et l'établissement qu'a présidé avec orgueil le duc de Larochefoucault-Liancourt, la Caisse d'épargne? La classe ouvrière paraissait pourtant peu disposée à profiter d'un bienfait qui avait pour but de lui assurer une certaine aisance dans la vieillesse. En 1826, c'est-à-dire huit ans après la fondation de la Caisse d'épargne, elle ne comptait, sur 100 déposants, que 16 ouvriers ; en 1830, elle en comptait 40 sur 100 ; 52 en 1838 ; 60 en 1840, et ce chiffre est aujourd'hui de beaucoup augmenté.

Félicitons-nous de ce progrès, auquel les efforts, les conseils et les leçons d'un des hommes les plus éminents, le baron Charles Dupin, ont concouru puissamment, et ne disons plus que les gouvernements modernes ne font rien pour le peuple.

LARIVIÈRE,
Juge au Conseil des Prud'hommes.

INERTIE (du lat. *inertia*, fait de *iners*, fainéant, oisifs). — Propriété que possèdent tous les corps de persister dans leur état de repos ou de mouvement, tant qu'une cause étrangère ne les en fait pas sortir. Une pierre, un végétal, garderaient toujours le même état si des forces particulières n'y provoquaient des changements incessants. Une boule, lancée dans l'espace, conserverait indéfiniment le mouvement qui lui est communiqué si la pesanteur et la résistance de l'air ne tendaient sans cesse à l'arrêter.

INFANTERIE (art militaire).—Les Romains employaient, dans le sens d'infanterie, les mots *pedites*, *pedestres copiæ*; les Grecs disaient, dans le même sens, *pezikistratia*, *pezos*. Sous Philippe-Auguste, c'étaient *les milices des communes*, *les satellites*, *les clients*, *les ribauds*.

D'où vient l'étymologie du mot actuel? Elle est, selon nous, enveloppée d'une profonde obscurité. S'il faut en croire le dictionnaire, si riche d'érudition, de savantes recherches, des célèbres professeurs de l'ancien collège de Trévoux, s'appuyant sur divers auteurs, ce mot doit son origine à une infante d'Espagne qui, à la tête de gens à pied rassemblés à la hâte, et, jusqu'alors, frappés d'un injuste dédain, vole au secours d'un roi, d'un père chéri, vaincu par les Maures, attaque de front ces redoutables ennemis, fond sur eux avec la rapidité de l'éclair, les culbute et triomphe.

Il est, sans nul doute, flatteur pour l'infanterie, de devoir son nom à une héroïque beauté, à une jolie marraine, mais pourrait-on déterrer ce glorieux acte de baptême dans la poudre des archives des chevaleresques Castillans? Nous en doutons très-fort. Qu'importe, d'ailleurs, l'étymologie du nom? Les parchemins de l'arme de l'infanterie sont antérieurs à toutes les infantes des Espagnes, même à l'âge d'Homère, de son immortelle *Iliade*; ils sont aussi vieux que les monuments de l'antiquité la plus reculée. La preuve en est dans les gravures de Champollion et de Wilkenson, d'après lesquelles, bien avant le siége de Troie, des fantassins marchent au pas cadencé, combattent en masse, et déploient leurs colonnes au son du clairon, du tambour.

550 ans avant Jésus-Christ, Cyrus avait une nombreuse infanterie, dont la plus faible agrégation était la compagnie de cent hommes. C'est la division décimale qu'il lui appliqua.

Le mot infanterie implique l'idée de l'ensemble des troupes à pied d'un État; il y a toutefois des exceptions, comme on le verra plus loin.

Le mot étant défini, passons à la chose. Quel rôle jouait l'infanterie de l'antiquité chez les peuples au cœur vigoureusement trempé? Ou plutôt qu'était-elle? Tacite répond : *La force même, toute la force* (*omne robur in pedite*).

Qu'est-elle dans les deux derniers siècles? Un des plus profonds écrivains modernes, en matière de politique et de guerre, Machiavel répond : *C'est le nerf des armées;* l'universel esprit de Voltaire s'écrie : L'infanterie, *c'est l'âme des armées.*

Et, dans notre dix-neuvième siècle, comment l'a-t-on traitée? D'après Napoléon Ier, *l'infanterie est la véritable arme des batailles;* l'illustre général Foy nous dit : L'infanterie, *c'est la nation des camps.*

Au moyen âge, l'infanterie n'est rien. Pourquoi ? Parce que les peuples ne sont rien eux-mêmes; parce que les ténèbres de l'ignorance étendent partout leurs voiles épais, partout, excepté dans les cloîtres, où, traquée de toutes parts, la lumière reçoit de la vertu le plus fraternel accueil.

L'infanterie a la palme de l'honneur en Grèce, quand la Grèce est riche de patriotisme et de savoir; à Rome, quand la philosophie, les lettres et les arts ont porté Rome au faîte de la grandeur; en Europe, quand Charles-Quint commande à la fière Ibérie; puis, quand le grand roi occupe le grand trône de France; enfin et surtout, quand, sur ce grand trône, Dieu, le peuple et la gloire font asseoir un empereur trois fois grand. C'est alors qu'on voit le diadème de l'infanterie briller à Austerlitz, à Iéna, à Wagram, à la Moskowa, comme depuis, sous l'immortel héritier du moderne Charlemagne, ce diadème nous a ébloui de son éclat à l'Alma, à Inkermann, à la Tchernaia, à Sébastopol.

L'histoire de l'infanterie est, pour ainsi dire, celle de la civilisation. Quand l'infanterie tient le premier rang dans une armée, c'est que la nation est forte, énergique, éclairée : que les lumières, la dignité, la puissance se retirent d'une nation, l'infanterie disparaît avec elles.

Un État descendu aux dernières limites de la décadence est une proie facile offerte au premier conquérant venu. Qui lui résisterait? Serait-ce le gros de l'armée, c'est-à-dire l'infanterie? Mais, pour tenir tête à un fantassin digne de ce nom, pour attendre de pied ferme, recevoir et repousser le choc du cavalier arrivant à bride abattue, à fond de train, le sabre ou la lance au poing, il faut un homme au moral solide. Et chez un peuple avili, dégénéré, il n'y a plus de vrais citoyens, partant plus d'hommes

de cœur, plus de vigoureux soldats. Ainsi s'explique la disparition de l'infanterie. Quand les grands empires d'Asie et d'Orient ne sont plus que leur ombre, l'infanterie cesse d'être estimée chez eux. Les Perses et les Tartares la méprisent, parce que, suivant Volney, « l'art de la guerre n'y étant que l'art de fuir ou de poursuivre, l'homme de cheval, qui remplit le mieux ce double but, est réputé, comme chez les Barbares, le seul homme distingué. »

« Le service de l'infanterie, dit Bardin, est devenu la partie fondamentale de l'art de la guerre, parce que les corps à pied sont solides par essence; bien conduits, ils ne se dissipent pas après une affaire malheureuse. La cavalerie, au contraire, peut, à l'aide de sa vélocité, fuir à vau-de-route. L'artillerie peut se voir réduite à l'inaction par la rencontre d'un bourbier, par la rupture d'une roue, par la chute d'un obus, par la perte ou l'explosion d'un caisson. — Tout est auxiliaire à l'infanterie; elle n'est, au contraire, l'accessoire d'aucune autre arme. — Élément principal, haute catégorie des milices bien organisées, l'infanterie est la base en temps de paix; elle est le levier du pouvoir en temps de guerre. Elle peut agir seule; ce qui l'entoure, ne se meut que pour la seconder. Ainsi, elle est la vraie force des empires. Tout ce qui est militaire se ressent de son importance; ses postes gardent l'armée; son service est de tous le plus usuel, le plus simple, le plus facilement réglé et assuré. En tout temps, les services de l'ingénieur et de l'artilleur sont plus savants; en temps de guerre, celui de la cavalerie est plus brillant, quelquefois plus décisif; mais celui de l'infanterie est universel : elle est la planète dont tous les corps environnants sont les satellites. Des attaques ou des résistances de tout genre, la descente du fossé ou la défense de la brèche, la tranchée ou le rempart, l'insulte de la palissade ou le feu du parapet, l'embuscade ou le champ de bataille occupent l'infanterie, exercent sa valeur, attestent son importance. Les vallons, les gués, les défilés, l'obligent à peine à quelques haltes. Les cours d'eau, les ravins, les abatis, les forêts, la ralentissent peu. Les hauteurs ou la plaine, la parallèle ou le camp de réserve, les dehors ou le chemin couvert, l'avant-garde ou l'arrière-garde sont tour à tour ses théâtres. Voilà pourquoi son service est le premier; voilà pourquoi le dénombrement des armées se fait par bataillons. Toutes les espèces de troupes se prêtent sans doute un appui et un secours mutuels, et c'est l'emploi habile de leurs moyens, de leurs efforts, de leurs colonnes combinées, qui constitue la science du général ou l'aréotectonique. Mais l'infanterie est le genre de troupe dont les autres ne peuvent se passer. Elle n'a besoin, pour se façonner, que de résider quelques mois dans un camp d'instruction. Une fois en campagne sous de bons chefs, sous des primipiles éprouvés, elle offre à ceux qui y servent des occasions plus fréquentes de se distinguer, des débouchés plus nombreux, des chances d'avancement plus favorables. »

La prééminence qui lui est accordée, l'infanterie

la tient, non d'une supériorité intellectuelle à laquelle elle n'a pas le sot orgueil de prétendre, mais bien de la nature de ses nobles et périlleux services. N'est-ce pas dans la compacité de ses rangs que l'ennemi s'attache principalement à faire des vides, à lancer ses foudres les plus serrés, les plus meurtriers, certain que, ce mur une fois abattu, il aura beau jeu du reste de l'édifice? N'est-ce pas l'infanterie qui, dans les camps, supporte le plus de fatigues? qui, dans les combats, porte, au prix de son sang, le plus de coups à l'ennemi? qui, sur les champs de bataille, laisse le plus de morts et de blessés? Forte et ferme, elle décide la victoire; faible et indécise, elle la perdrait.

Quelle force morale, quelle froide intrépidité ne lui faut-il pas quand, sur un ordre du général en chef, elle doit, pour assurer l'effet d'une vaste conception de tactique, rester, au fort du danger, l'arme au bras; essuyer une grêle de projectiles, sans presser la détente de son mousquet; recevoir la mort sans la donner! Mais aussi, quel enthousiasme quand, l'interdit levé, l'immobilité cesse, les colonnes s'ébranlent, s'élancent à l'ennemi, soit pour le poursuivre la baïonnette dans les reins, soit pour emporter une ville d'assaut par des brèches vaillamment défendues! Si le péril est grand, la gloire l'est aussi!

L'artillerie et la cavalerie ne sauraient opérer seules. S'agit-il de franchir un défilé à travers les montagnes ou les bois? ces deux armes y trouveraient leurs Thermopyles sans le concours de l'infanterie qui les précède, les suit, les flanque à droite et à gauche, se réserve tous les dangers, ne leur en laisse aucun. Seule, elle peut rigoureusement, sans le secours d'aucune de ses sœurs, attaquer, se défendre, combattre et vaincre en tous lieux, sous toutes les latitudes, dans toutes les saisons. Sur son dos et sans perdre la faculté de manier son arme avec une redoutable dextérité, le fantassin porte ses munitions, ses vivres, sa tente de couchage, sa marmite, sa gamelle, son bidon, quelquefois un outil (une pelle ou une pioche), son habillement de rechange, son linge, avec les instruments et les matières pour les réparer, les entretenir, pour assurer les soins de sa propreté, de sa toilette. Une aussi lourde charge lui laissera-t-elle assez de force musculaire pour se mouvoir avec toute la célérité désirable? L'affirmative a cent fois été prouvée en Crimée, en Afrique. Nos fantassins — et cela pourra sembler extraordinaire aux lecteurs étrangers à l'armée — supportent mieux les fatigues de la guerre que les robustes chevaux des cavaliers. C'est ainsi qu'en Algérie, à la fin d'une longue et laborieuse expédition, on voyait le fantassin rentrer à sa caserne ou à sa baraque gai, dispos, plein de vigueur et de santé. Le cheval, au contraire, regagnait son écurie le corps amaigri, l'oreille un peu basse, le désir du repos dans le cœur. Et cependant il n'avait pas eu de plus longues distances à parcourir que le fantassin; il n'avait pas eu à essayer ses efforts pour pénétrer dans des lieux inaccessibles aux quadrupèdes de son espèce, pour gravir ces côtes rapides, élevées, ces rochers abruptes, où les daims auraient

peur, où le fantassin arrive avec l'agilité du chevreuil pour courir sus à l'ennemi.

Mais de ce que l'infanterie peut, n'importe où, se suffire, s'ensuit-il que les autres armes soient pour elle un luxe inutile? Oui, comme le serait au borgne un second œil, au manchot un second bras! Et pour ne citer qu'un exemple : en 1813, à Lutzen, à Bautzen, à Dresde, notre infanterie n'a guère plus que des conscrits. Dieu! quels conscrits! « L'honneur et le courage leur sortaient par tous les pores! » Ces jeunes soldats, électrisés par la présence de leur Empereur, vivante image de la patrie, s'avancent avec l'aplomb de vieilles troupes, se jettent avec fureur sur l'ennemi, l'étonnent, l'épouvantent. Rien ne résiste, tout plie, tout fuit. La France et l'armée vont-elles recueillir tout le fruit de ces trois mémorables victoires? Hélas! non. Et la cause? Nos malheureux chevaux gisaient avec leurs intrépides maîtres sur les steppes glacés de la Russie! Plus, ou presque plus de cavalerie! Comment poursuivre les myriades de fuyards, les arrêter, les forcer à déposer les armes? Qu'arriva-t-il? Des nuées de fuyards à pied et à cheval vinrent un jour s'abattre sur nos frontières, et nous... malheur! arrêtons!.. Si notre invincible cavalerie, secouant son suaire de neige, avait pu accourir des régions des frimas, et tout à coup apparaître dans les plaines de Lutzen, Bautzen et Dresde, vous n'eussiez jamais foulé notre sol, implacables ennemis de la France!

Et de nos jours, à l'Alma, l'insuffisance de la cavalerie n'empêcha-t-elle pas de poursuivre un éclatant succès qui, poussé jusqu'au bout, eût peut-être terminé la guerre dès son début (1)?

Dès son début! c'eût été beau, glorieux! Saint-Arnaud, dont la mort excita d'unanimes regrets, eût pu dire comme César : *Veni, vidi, vici (Je suis venu, j'ai vu, j'ai vaincu)*. Que de sang épargné! Que de larmes taries dans leur source! Que d'angoisses de moins dans tant de cœurs de mères et d'épouses! Oh! oui, ce magnifique résultat eût comblé tous les vœux! La France eût entonné, dans toute la splendeur de sa joie, le magnifique *Te Deum* d'une paix imposée par un triomphe!

Mais le ciel en a autrement ordonné. Dieu veut ajouter à la gloire, au prestige de la France! à sa gloire, en laissant à nos drapeaux le temps de l'en accabler; à son prestige, en montrant encore à l'Europe, l'éternelle puissance de la grande nation, toujours forte pour attaquer comme pour se défendre.

En se prolongeant, la merveilleuse épopée de la guerre achève de mettre en relief des héroïsmes où le pays saurait trouver des chefs pour guider nos phalanges, si jamais il avait encore à tirer l'épée du fourreau.

A l'héroïque Saint-Arnaud, « au maréchal qui a

(1) « Si j'avais eu de la cavalerie, le prince Menschikoff » n'aurait plus d'armée; mais.... » (*Observation écrite dans son journal par le maréchal de Saint-Arnaud, le 20 septembre 1854, immédiatement après la victoire de l'Alma.*)

semblé forcer la mort à attendre qu'il eût vaincu, » succède, dans le commandement de l'armée, l'intrépide Canrobert.

Le siége de Sébastopol commence. Il faut s'emparer d'une immense cité réputée jusqu'alors imprenable, et défendue, avec toute l'énergie du double fanatisme de la religion et de la patrie, par une artillerie formidable, par de nombreux bataillons. Un hiver glacial, un hiver de Russie, s'abat sur les bivouacs de la Crimée. Les difficultés grandissent, s'amoncèlent. Le général en chef grandit avec elles, se multiplie comme elles. L'Empereur, la France, l'armée, l'Europe, ont l'œil sur lui, comptent sur lui : il répond dignement à l'attente de l'Empereur, de la France, de l'armée, de l'Europe. Rien n'échappe à sa dévorante activité, stimulée par l'amour de la patrie et de son auguste élu; — à sa profonde intelligence de la guerre, servie par une vaste érudition. L'officier et le soldat souffrent, mais avec courage, mais avec résignation. Leur général en chef ne leur donne-t-il pas l'exemple d'une ferme constance, d'une mâle abnégation? N'est-il pas toujours au premier rang dans les combats? Souvent avec eux dans la tranchée? Ne prend-il pas, chaque jour, sa part des dangers? Sa sollicitude n'embrasse-t-elle pas tous les intérêts? Nouveau Turenne, il a su conquérir l'affection de tous. Chez le général Canrobert, le cœur échauffe au plus haut degré le génie, et le soldat, dont il est le père, lui rend amour pour amour.

Et cet amour suit le général Canrobert, quand, avec son commandement, il remet à un successeur, à un ami, au brave général Pélissier, une armée solide, intacte, aguerrie contre les dangers, les fatigues et les éléments; une armée pleine d'enthousiasme, d'élan; une armée prête à couronner l'œuvre, avancée, de la prise de Sébastopol (1).

Et, plus tard, cet inaltérable amour sourit de bonheur au bâton de maréchal de France, qui vint récompenser les hauts faits du général Canrobert, en même temps que ceux du général Bosquet. Déjà, sur les murs de Sébastopol, emporté d'assaut le 8 septembre 1855, le général Pélissier avait conquis son bâton de maréchal avec le glorieux titre de duc de Malakoff.

Cette gigantesque guerre de Crimée déploya toutes les magnificences du patriotisme de la France, et de son dévouement à Napoléon III, à sa dynastie adorée. L'Empereur demande-t-il des soldats? les soldats accourent par milliers aux cris mille fois répétés de : vive l'Empereur! Faut-il des fonds extraordinaires pour subvenir largement aux frais de la guerre? on n'a pas besoin de s'incliner devant

l'orgueilleux coffre-fort de l'aristocratie des écus : les épargnes du peuple s'avancent d'un pas rapide, spontané, vers les caisses publiques, s'y pressent, les encombrent; pas de place pour accueillir tous les trésors déposés ; le ministre des finances de l'Empereur est forcé de rendre des centaines de millions !

Ainsi donc la France est heureuse et fière de livrer à son Empereur son cœur, son sang et son or.

Nous l'avons vu de près, alors, le dévouement de notre vaillante jeunesse des camps. En 1854 et 1855, nous avions l'honneur de commander un bataillon et un dépôt où furent instruits, par nos soins, grand nombre de jeunes soldats. Nous nous rappelons avec bonheur et leur excellent esprit, et leur amour de la discipline, et leur désir d'être appelés à signaler leur courage.

Au départ de chaque détachement pour le théâtre de la guerre, qu'ils étaient beaux à voir ces soldats, à l'air assuré, signe de la confiance, de la fermeté ! A nos sympathiques adieux, ils répondaient, comme un seul homme, par le cri de : vive l'Empereur !

Qu'il nous soit permis de reproduire ici nos quelques paroles adressées, le 22 juillet 1855, à l'un de nos derniers détachements, composé de trois cents jeunes braves, dirigés, ce jour-là, sur les champs de de la Tauride ; nous les extrayons du numéro du 26 juillet 1855 du *Pays, journal de l'Empire* :

« Camarades, vous voilà prêts à marcher à l'ennemi ! Il vous a suffi de deux mois d'énergiques » efforts pour apprendre à manœuvrer comme de » vieux soldats. C'est que le simple récit des exploits » de nos frères d'armes éveillait dans vos cœurs les » plus sonores vibrations; c'est que vous brûliez de voler, vous aussi, au champ d'honneur. Eh bien ! vos » vœux sont remplis; l'élan de vos belliqueuses aspirations peut désormais prendre son essor : vous » allez, sur le sol de la Russie, combattre, à côté de » vos aînés, à l'ombre du drapeau du 26ᵉ !

» *Tout soldat français a ses lettres de noblesse* » *écrites sur sa cartouche* (1). Vous ne l'oublierez » jamais, camarades, dans ces contrées illustrées » déjà par les hauts faits de nos guerriers d'Orient; » dans ces contrées où les défenseurs de la patrie, » associés, par le plus chaleureux dévouement, à la » pensée élevée de notre Empereur, poursuivent » avec héroïsme leur grandiose mission; dans ces » contrées, enfin, où, sous les ailes déployées de nos » aigles victorieuses, le génie civilisateur de la France, » terrible aux oppresseurs de l'humanité, agite d'une » main puissante, non le fer qui enchaîne, mais le » fer qui délivre les peuples ! »

Ces paroles, dites avec le feu d'une profonde conviction, ajoute le correspondant du journal le *Pays*, *ont fait sortir de toutes les poitrines le cri si français de* : vive l'Empereur !

Nous ajouterons, nous, qu'après ces paroles suivies du départ immédiat du détachement, nous fûmes entouré des jeunes soldats incorporés l'avant-veille, nous exprimant, dans un langage *tout français*, leur

---

(1) On sait les honorables motifs qui déterminèrent le général en chef Canrobert à supplier l'Empereur de le remplacer dans le commandement qu'il avait exercé avec tant d'éclat. On sait aussi les éminents services que cet illustre guerrier rendit, en 1855, comme ambassadeur extraordinaire, dans plusieurs cours du Nord, après avoir consacré, à son retour en France, aux soins d'une santé altérée par des blessures récentes, et par les fatigues de la guerre, le temps strictement nécessaire pour le rétablir.

(1) Chateaubriand, *Mélanges historiques.*

désir de suivre au plus tôt *leurs anciens de deux mois.*

Oui, de l'épée de la France, se dégage au loin le droit comme un fluide subtil qui pénètre tout; oui, par cette noble épée, la civilisation moderne est poussée dans les voies de la justice, de l'humanité. Comme nous le prévoyions, il y a trois ans (nous écrivons ceci le 22 juillet 1858), n'a-t-elle pas amené l'émancipation de millions de serfs, à des conditions équitables, honorables pour l'émancipateur et l'émancipé? n'a-t-elle pas ainsi produit un providentiel effet, cette majestueuse guerre d'Orient, où Français et Russes, deux grands peuples faits pour s'aimer, en étaient venus aux mains, sans haine, sans cesser de s'estimer, avec le désir, avec l'espoir de se donner cordialement la main après la lutte? semblables à deux anciens amis qu'une regrettable querelle a conduits dans un champ clos, et dont la colère disparaît dès que le pistolet rentre dans sa boîte ou l'épée dans son fourreau.

Si, en 1793, le savant Carnot s'illustra à jamais pour avoir créé et réuni dans l'intérieur de la France de puissants moyens de combattre des hordes ennemies, que ne doit-on pas à un autre savant, à un membre de l'Institut, à un grand ministre, en un mot, au maréchal Vaillant, qui, pour avoir su, avec une précision presque mathématique, organiser la victoire dans la Baltique, en Crimée, a pu vaincre des obstacles surhumains? Remercions l'Empereur d'avoir ordonné la publicité d'un rapport où sont clairement exposés les moyens employés pour assurer le triomphe de nos soldats, rapport précédé de cette lettre de Napoléon III, éclatant témoignage de la satisfaction de Sa Majesté:

« Compiègne, le 22 octobre 1856.

« A *Son Excellence le Maréchal* Vaillant, *Ministre de la guerre.*

» Mon cher maréchal,

» Les services les plus utiles ne sont pas toujours
» les plus éclatants. Le ministre, habile et infatigable,
» qui, jour et nuit, s'occupe dans son cabinet d'or-
» ganiser 600,000 hommes, et d'assurer à une armée
» de 200,000 tout ce qui lui donnera le moyen de
» vivre, de combattre, de vaincre sur une terre sans
» ressource, à huit cents lieues de la France; ce mi-
» nistre, dis-je, a un mérite au moins égal à celui
» du général qui triomphe sur le champ de bataille.
» Aussi la patrie doit-elle confondre dans sa recon-
» naissance celui qui prépare la victoire par les élé-
» ments réunis à temps, et celui qui la remporte par
» des mesures bien prises sur les lieux mêmes.

» C'est pourquoi, mon cher maréchal, en ordon-
» nant l'insertion au *Moniteur* (1) du rapport remar-

(1) *Moniteur universel* du 23 octobre 1856, où se trouve inséré, à la suite de cette lettre, le rapport auquel elle s'applique.

Le maréchal Vaillant est ministre de la guerre depuis le 11 mars 1854.

Né à Dijon, le 6 décembre 1790, Jean-Baptiste-Philibert Vaillant fut admis, après avoir fait d'excellentes études, à l'école impériale Polytechnique, où se révélèrent ces

» quable que vous m'avez adressé, j'ai voulu rendre
» le public juge de services dont moi seul jusqu'ici
» je connaissais toute l'importance.

» Recevez, mon cher maréchal, l'assurance de ma
» sincère amitié,

NAPOLÉON. »

Comme il est aisé de s'en convaincre, si la prolongation de la guerre d'Orient a exigé de la France de grands sacrifices, elle a aussi révélé au plus haut point sa grandeur, augmenté sa considération, étendu son influence civilisatrice.

COMPOSITION ACTUELLE DE NOTRE INFANTERIE.

Infanterie de la garde impériale.

Trois régiments de grenadiers, quatre de voltigeurs, un de zouaves, un bataillon de chasseurs à pied. Les régiments de grenadiers et de voltigeurs sont à quatre bataillons, celui des zouaves à deux bataillons; ensemble trente-un bataillons.

Infanterie de la ligne.

Cent régiments à trois bataillons, vingt bataillons de chasseurs à pied; ensemble trois cent vingt bataillons, plus deux compagnies de sous-officiers vétérans et trois de fusiliers vétérans.

Trois régiments de zouaves à trois bataillons; deux régiments étrangers, dont le premier a deux batail-

rares aptitudes, qui, développées par l'étude, devaient l'élever aux plus hautes dignités, et le mettre ainsi en mesure de rendre les plus grands services à son pays.

Sorti de l'école le 1er octobre 1809, avant l'âge de dix-neuf ans, il paraît bientôt, comme lieutenant en premier du génie, sur les champs de bataille, où, presque à son début dans la carrière, il gagne l'étoile des braves.

Aide de camp du général Haxo, dont il devient en même temps le plus intime ami, il fait avec ce général célèbre l'expédition de Russie.

Tombé au pouvoir de l'ennemi le 30 août 1813, il rentre en France l'année suivante, à la paix.

Pendant les Cent-Jours, il combat à Gilly, à Ligny, à Waterloo.

En 1830, il fait partie de l'expédition d'Alger comme chef de bataillon du génie. Au siége du fort l'Empereur, où un biscaïen lui casse la jambe, il conquiert le grade de lieutenant-colonel.

En 1831, au siége d'Anvers, où il est appelé après la guérison de sa grave blessure de 1830, le grade de colonel chef d'état-major du génie vient récompenser sa glorieuse part de travaux et de périls. Passé, de peu de temps après, au commandement du deuxième régiment du génie, il est envoyé, en 1837, en Afrique, comme directeur des fortifications à Alger.

Nommé général de brigade, bientôt rappelé en France, et placé le 21 octobre 1838 à la tête de l'École Polytechnique, il ne quitte ce haut commandement que pour prendre la haute direction des fortifications de Paris. Grand officier de la Légion d'honneur en avril 1844, il est élevé au grade de général de division le 20 octobre 1845.

En mai 1849, un décret du chef de l'État le nomme au commandement de l'arme du génie, dans le corps expéditionnaire de la Méditerranée. Rome est assiégée par nos troupes, et emportée d'assaut. Cette victoire vaut au vainqueur, au général Vaillant, la dignité de maréchal de France et celle de grand-croix de la Légion d'honneur.

lons, le deuxième trois bataillons trois régiments de tirailleurs algériens à trois bataillons, trois bataillons d'infanterie légère d'Afrique, plus connus sous le nom populaire de zéphyrs, ensemble vingt-six bataillons, six compagnies de fusiliers de discipline et deux de pionniers. Ces vingt-six bataillons appartiennent spécialement, avec les huit compagnies de discipline, à l'armée d'Afrique.

Les cadres de l'infanterie française sont donc de trois cent soixante-dix-sept bataillons et treize compagnies. L'effectif de leurs officiers est de 11,800 à 12,000. On ne saurait désigner, même d'une manière approximative, l'effectif des hommes de troupe, dont le complet de guerre ou de paix varie en raison des nécessités du service et des circonstances.

L'infanterie de la garde impériale forme deux divisions, composées chacune de deux brigades. Elle tient garnison à Paris ou dans ses environs. Les régiments se relèvent successivement à époques fixes pour faire le service auprès de l'Empereur. Chaque régiment est donc, à tour de rôle, dans la capitale.

L'infanterie de la ligne tient garnison à Paris et dans les départements. Elle opère ses mouvements en vertu des ordres de l'autorité compétente, vers le printemps et l'automne.

Infanterie de la marine.

Trois régiments chacun à trois bataillons, armés et équipés comme l'infanterie de ligne de l'armée de terre, à peu de différence près, — ensemble neuf bataillons, dont l'effectif est ordinairement d'environ 16,000 hommes.

Nous n'avons pas à nous occuper, dans cet article, d'autres corps qui manœuvrent à pied à peu près comme l'infanterie, mais qui n'appartiennent pas à cette arme, savoir : les deux bataillons des gendarmes à pied de la garde impériale; la garde de Paris; le bataillon de sapeurs-pompiers de cette ville ; les trois régiments du génie.

A très-peu d'exception près, tous les sous-officiers et soldats sont armés du fusil avec sa baïonnette; les sous-officiers, caporaux et tambours de tous les corps, ainsi que les soldats de la garde impériale, ont, en outre, le sabre.

Destiné à être inséré dans un ouvrage encyclopédique, où tout doit être traité brièvement, notre article a peut-être déjà trop d'étendue. Hâtons-nous donc de le terminer par un rapide coup d'œil jeté d'abord sur l'infanterie des anciens, ensuite sur la nôtre.

Vieille en Grèce comme la Grèce elle-même, l'infanterie avait, sans compter les archers et les frondeurs combattant en tirailleurs, trois ordres de soldats : les *hoplites*, pesamment armés; les *psilites*, fantassins légers; les *peltastes*, dont l'armement et le service participaient des deux premiers ordres.

L'hoplite était armé du casque, de la cuirasse, du bouclier ovale, de bottines garnies de fer, de la pique et de l'épée.

Le psilite n'avait que le javelot, l'arc et la fronde.

Le peltaste avait, à la cuirasse près, les mêmes armes que l'hoplite ; seulement sa pique était moins longue et son bouclier plus petit.

La fameuse phalange était un corps d'infanterie à l'ordre profond.

A la phalange, à l'ordre profond des Grecs, les Romains substituèrent la légion et l'ordre mince. L'infanterie romaine comptait quatre sortes de soldats; les *vélites*, les *hastaires*, les *princes*, les *triaires*. Quand il fallait créer une légion, les vélites étaient pris parmi les citoyens les plus jeunes et les moins riches; ceux qui les suivaient en âge, constituaient les hastaires; les plus forts et les plus vigoureux composaient les princes; ceux que recommandaient d'anciens services ou d'honorables blessures formaient les triaires.

Chaque légion avait, d'après Polybe, 600 triaires, nombre qui ne variait jamais; 1,200 princes, autant de hastaires. Le reste formait les vélites, qui, armés de l'épée, du javelot et du bouclier, se déployaient en tirailleurs et engageaient le combat. Ils ne pouvaient aspirer à l'honneur de devenir soldats de rang qu'après avoir fait plusieurs campagnes ou une action d'éclat.

Les princes (*principes*) formaient le premier rang, les hastaires (*hastati*), le second, et les triaires (*triarii*) le troisième.

Les triaires se recrutaient parmi les princes et les hastaires les plus anciens et les plus expérimentés. Tous portaient à peu près les mêmes armes: le casque, la cuirasse, le bouclier, la bottine à la jambe droite, le pilum, l'épée courte.

A Bouvines, en 1214, les milices bourgeoises, combattant contre l'empereur d'Allemagne, Otton IV, couvrirent de leur corps Philippe-Auguste, leur roi; mais l'infanterie française ne date réellement, comme corps permanent, que de 1445, année où Charles VII organisa les *francs-archers*. « Ils tiraient leur nom de l'exemption d'impôt accordée aux paysans choisis pour faire partie de ce corps. Toutes les villes et campagnes devaient fournir, par cinquante feux ou maisons, un archer remarquable par sa taille et sa vigueur. Il était armé et équipé aux frais des habitants des cinquante maisons. On lui fournissait un arc et des flèches, et on les renouvelait aussi souvent qu'il était nécessaire. Les francs-archers ne recevaient pas de solde, si ce n'est lorsqu'ils entraient en campagne sur l'ordre du roi; mais ils devaient toujours tenir leurs armes en bon état, tout en se livrant à l'agriculture ou à tout autre métier.

Louis XI supprima les francs-archers en 1480, et les remplaça par une infanterie étrangère, par des Suisses. Louis XII abandonné par les Suisses, en 1509, voulut organiser une infanterie nationale, dont il confia le commandement à Bayard et à Vandenesse ; il n'y parvint pas. Le plus puissant effort fut tenté par François Ier, qui institua, en 1532, les *légions provinciales*. Elles se composaient de sept corps de six mille hommes chacun, et étaient fournies par les provinces suivantes : 1° Bretagne; 2° Normandie; 3° Picardie ; 4° Bourgogne, Champagne et Nivernais; 5° Dauphiné, Provence, Lyonnais, Auvergne; 6° Languedoc; 7° Guyenne. Chaque légion était sous les ordres d'un colonel et de six capitaines qui commandaient chacun mille hommes. François Ier créa, en 1554, un colonel général de l'infanterie française auquel il soumit ce corps de quarante-deux mille hommes, et les vieilles bandes qu'on désignait sous le nom général d'*aventuriers*. Tous ces essais d'infanterie nationale ne réussirent pas.

Henri II, après la défaite de Saint-Quentin, s'efforça de réorganiser les légions provinciales. Cette infanterie fut divisée en régiments; on suppose que ce fut vers 1563. Dans l'origine, les régiments étaient partagés en compagnies, dont une prenait le nom de *colonelle*, parce qu'elle était commandée par le colonel. Les quatre plus anciens régiments furent les régiments de Picardie, de Champagne, de Navarre et de Piémont, qui occupaient toujours le premier rang dans l'infanterie française. Sous Louis XIII, les régiments furent subdivisés en bataillons. Ils portaient les piques et plus tard le mousquet. En 1671, on arma les fusils de baïonnettes. L'uniforme fut imposé à tous les corps. En 1672, on créa les compagnies d'élite. C'est surtout du règne de Louis XIV et de l'administration de Louvois que datent les grandes améliorations dans l'organisation de l'armée.

La charge de colonel général de l'infanterie française fut supprimée. Aucune autorité ne s'interposa entre les troupes et le roi ou son ministre. Des inspecteurs spéciaux portèrent la pensée centrale dans tous les détails de l'administration militaire, surveillèrent la conduite des chefs et la tenue des troupes. Ils étaient perpétuellement changés, « de peur, dit Saint-Simon, qu'ils ne prissent trop d'autorité. » Maréchaux, généraux, colonels, tout releva de la puissance centrale. La disposition des garnisons fut enlevée aux gouverneurs des provinces. « Je renouvelai peu à peu toutes les garnisons, dit Louis XIV dans ses Mémoires, ne souffrant plus qu'elles fussent composées, comme auparavant, de troupes qui étaient dans la dépendance des gouverneurs. » — En même temps, une discipline sévère remplaçait l'ancienne licence de la soldatesque.

Cette infanterie nationale n'avait pas de recrutement assuré; on avait recours, pour alimenter les régiments, à des enrôlements volontaires. » Les levées en masse de la république vinrent changer cet état de choses.

Le recrutement régulier de l'armée date de 1798. Il a contribué beaucoup à améliorer la composition de cette noble infanterie française, qu'un écrivain a justement appelée la *reine des batailles*.

Nous avions à donner une idée nette, rapide, exacte, concise de l'infanterie. Y sommes-nous parvenu? Nous n'hésitons pas à le croire. Notre tâche n'était pas, en effet, difficile à remplir. Ne nous adressons-nous pas à des convictions toutes faites? Qui doute, qui a jamais douté, dans un pays civilisé, de la haute suprématie de la *nation des camps*?

S'il nous était permis de jeter un coup d'œil autour de nous, que n'aurions-nous pas à dire aussi des brillants *satellites* de notre *planète*. — de l'artillerie,

dont la science préside à nos manufactures d'armes, à nos fonderies de canons, à nos poudreries, à nos écoles de tir, à d'autres établissements d'une importance majeure? — de cette artillerie, sans rivale en Europe, dont les foudres déciment l'ennemi, l'ébranlent, donnent alors à l'infanterie le signal d'une énergique, d'une suprême lutte qui enlève la victoire? — de la cavalerie, dont l'irrésistible élan fait tourbillonner la terreur, achève la défaite, complète la victoire? — du génie, qui construit nos casernes, nos hôpitaux militaires, élève et entretient nos fortifications; qui, dans les sièges, dans les travaux d'attaque ou de défense des places fortes, prodigue son courage et son sang? — de la gendarmerie impériale, sorte de magistrature armée, dont nos champs de bataille ont toujours admiré la valeur, mais qui, surtout, sait enlever l'affectueuse reconnaissance du pays par son dévouement absolu au devoir, par l'immensité de ses nobles services dans nos cités, nos villages, nos hameaux, nos fermes, où, sans cesse, elle rencontre les sympathies de l'honnête homme avec les haines du coquin? — du corps impérial d'état-major, composé d'officiers nourris de fortes études, rompus avec les difficultés, corps d'élite si jamais il en fut, qui ne constitue pas une arme, mais qui, de fait, appartient à toutes les armes? Toujours importantes en temps de paix dans l'état-major général de chacune des divisions de l'intérieur, ses belles attributions, la guerre les étend, les grandit. Aux termes de l'art. 10 de l'ordonnance du 3 mai 1832, sur le service des armées en campagne, les officiers d'état-major peuvent être employés dans les postes et les détachements qu'ils commandent de droit, à égalité de grade, sans égard à l'ancienneté. Quand ils sont, chargés de diriger une expédition ou une reconnaissance sans en avoir le commandement, le chef de la troupe est tenu de déférer à leurs avis et de prendre toutes les dispositions convenables pour les seconder, pour les protéger dans leurs opérations. Les officiers supérieurs de ce corps savant peuvent même être appelés par le général en chef à remplir, *par interim*, dans les régiments, les fonctions de leur grade.

Mais, — et nous le regrettons, — la spécialité de notre article nous défend toute excursion dans les champs de l'artillerie, de la cavalerie, du génie, de la gendarmerie, de l'état-major. Nous devons donc nous garder de mettre les pieds dans leurs riches domaines, comme dans ceux, non moins vastes, non moins fertiles, de l'intendance militaire, corps d'administrateurs instruits, dévoués, zélés, dont les éminents services ont surtout pour objet de pourvoir, dans toutes les positions, à l'entretien, aux besoins de l'armée. Le major Paul Roques.

INFANTICIDE (médecine légale). — Meurtre d'un enfant nouveau-né.

Tout coupable d'infanticide sera puni de mort. (Code pénal, article 302.) Les poursuites exercées à l'occasion du crime d'infanticide ne peuvent avoir lieu sans qu'il y ait un *corps de délit* (l'enfant) sur lequel peuvent se faire les recherches de l'expert.

Voici les questions relatives à l'infanticide :

1° *L'enfant était-il à terme ou viable ?* — Voyez *Age* et *Viabilité.*

2° *L'enfant a-t-il vécu ?* — Voyez *Docimasie pulmonaire.*

3° *Combien de temps l'enfant a-t-il vécu, et depuis combien de temps est-il mort ?* — Voyez *Docimasie* et *Putréfaction.*

4° *La mort a-t-elle été accidentelle ou volontaire ?*

Le médecin légiste examinera avec soin les causes qui auraient pu amener la mort accidentelle (vices de conformation, faiblesse de constitution, maladies du fœtus, traces de sévices), et ne conclura qu'avec la plus grande circonspection. — Voyez *Asphyxie, Blessures.*

INFECTION [de *inficere,* gâter].—Action exercée sur l'économie par des miasmes morbifiques. « L'infection diffère de la contagion en ce que celle-ci, une fois produite, n'a plus besoin, pour se propager, de l'intervention des causes qui lui ont donné naissance ; qu'elle se reproduit en quelque sorte par elle-même, par contact, et indépendamment (jusqu'à un certain point) des conditions atmosphériques ; tandis que l'infection, due à l'action que des substances animales et végétales en putréfaction exercent sur l'air ambiant, n'agit que dans la sphère du foyer d'où émanent les miasmes morbifiques. L'infection se propage bien d'un individu malade à un individu sain, comme la contagion, mais ce n'est pas par contact, c'est en altérant l'air ambiant que le premier agit sur le second, à l'égard duquel il joue en quelque sorte le rôle d'un foyer d'infection. » — Voyez *Contagion.*

INFINI.—La grandeur de notre esprit est réelle, dit Fénelon, il rassemble sans confusion le passé et le présent, et il perce, par le raisonnement, jusque dans l'avenir ; il a l'idée des corps et celle des esprits, il a l'idée de l'infini même, car il en affirme tout ce qui lui convient, et il en nie tout ce qui ne lui convient pas ; dites-lui que l'infini est triangulaire, il vous répondra sans réfléchir que ce qui n'a aucune borne ne peut avoir aucune figure. Demandez-lui qu'il vous assigne la première des unités qui composent un nombre infini, il vous répondra d'abord qu'il ne peut y avoir ni premier ni dernier, ni commencement ni fin, ni nombre dans l'infini ; parce que si on pouvait y marquer une première ou une dernière unité, on pourrait placer quelque autre unité auprès de celle-là et par conséquent augmenter le nombre. Or, un nombre ne peut être infini lorsqu'il peut recevoir quelque addition et qu'on peut lui assigner une borne du côté où il peut recevoir un accroissement.

C'est dans l'infini que mon esprit connaît le fini. Qui dit un homme malade dit un homme qui n'a pas la santé ; qui dit un homme faible dit un homme qui manque de force. On ne conçoit la maladie, qui n'est qu'une privation de la santé, qu'en se représentant la santé même comme un bien réel dont cet homme est privé ; on conçoit la faiblesse qu'en se représentant la force comme un avantage réel

que cet homme n'a pas ; on ne conçoit les ténèbres, qui ne sont rien de positif, qu'en niant, et, par conséquent, en couvrant la lumière du jour qui est très-réelle et très-positive. Tout de même on ne conçoit le fini qu'en lui attribuant une borne qui n'est qu'une pure négation d'une plus grande étendue. Ce n'est donc que la privation de l'infini, et on ne pourrait jamais représenter la privation si on ne concevait l'infini même, comme on ne pourrait concevoir la maladie si on ne concevait la santé dont elle n'est que la privation. D'où vient cette idée de l'infini en nous ?

Qu'est-ce qui a mis l'idée de l'infini en nous ? L'homme se l'est-il donnée à lui-même, cette idée si haute et si pure, cette idée qui est elle-même une espèce d'infini en représentation ? Quel être fini distingué de lui a pu lui donner ce qui est si disproportionné avec tout ce qui est renfermé dans quelques bornes ? Supposons que l'esprit de l'homme est comme un miroir où les images de tous les corps voisins viennent s'imprimer ; quel être a pu mettre en nous l'image de l'infini si l'infini ne fut jamais ? Qui peut mettre dans un miroir l'image d'un objet chimérique, qui n'est ni n'a jamais été vis-à-vis de la glace de ce miroir ? Cette image de l'infini n'est point un amas confus d'objets finis que l'esprit prenne mal à propos pour un infini véritable, c'est le vrai infini dont nous avons la pensée. Nous le connaissons si bien que nous le distinguons précisément de tout ce qu'il n'est pas, et que nulle subtilité ne peut nous mettre aucun autre objet à la place. Nous le connaissons si bien que nous rejetons de lui toute propriété qui marque la moindre borne.

Encore une fois, d'où vient une image si grande ? la prend-on dans le néant ? L'être borné peut-il imaginer et inventer l'infini si l'infini n'est point ? Notre esprit si faible et si court ne peut se former par lui-même cette image qui n'aurait aucun patron. Aucun des objets extérieurs qui nous environnent ne peut nous donner cette image, car ils ne peuvent nous donner l'image que de ce qu'ils sont, et ils ne sont rien que de borné et d'imparfait. Où est cet infini, que nous ne pouvons comprendre parce qu'il est réellement infini, et que nous ne pouvons néanmoins méconnaître parce que nous le distinguons de tout ce qui lui est inférieur ? Où est-il ? S'il n'était pas, pourrait-il se graver au fond de notre esprit ? (*L'abbé Mullois.*)

INFLAMMATION (médecine) [du latin *inflammare*]. — Dite aussi *phlegmasie, phlogose,* irritation d'un organe ou d'un tissu quelconque caractérisée par la *douleur,* la *rougeur,* la *chaleur* et la *tuméfaction* de la partie envahie. Ces quatre phénomènes réunis permettent de reconnaître l'inflammation, mais isolés ils n'ont plus la même valeur.

Les causes de l'inflammation sont : les violences extérieures, la compression, la contusion, la présence de corps étrangers, l'action du calorique, des acides et alcalis concentrés, des oxydes et sels métalliques, des rubéfiants, la prédisposition de l'individu (tempérament sanguin, usage habituel ou excessif d'aliments trop nourrissants et de boissons alcooliques). Toutes les inflammations présentent deux périodes distinctes : celle d'*irritation* et celle de *déclin*; elles peuvent se terminer par *résolution*, par *délitescence*, par *métastase*, par *suppuration*, par *ulcération*, par *gangrène*, par *induration*, enfin par *état chronique*.

La *résolution* est la disparition graduelle et insensible de la phlegmasie.

La *délitescence* est la disparition de l'inflammation sans accidents.

La *métastase* est le transport de l'inflammation sur un autre organe; c'est quelquefois une terminaison fâcheuse de cette affection.

La *suppuration* est la terminaison de la phlegmasie par une sécrétion de pus. — Voyez *Abcès*.

L'*ulcération* est le travail morbide de la partie phlogosée qui produit l'*ulcère*.

La *gangrène* est la mortification des tissus.—Voyez *Gangrène*.

L'*état chronique* est l'état de l'inflammation qui, au lieu de disparaître complétement, continue d'exister à un faible degré. La douleur, la chaleur disparaissent, mais la rougeur et la tuméfaction existent encore souvent.

L'inflammation reçoit un nom différent dans chaque organe, nom formé le plus souvent de l'étymologie grecque de cet organe, et de la désinence *ite* ou *ie*, qui signifie inflammation. Ainsi, on appelle *gastrite* l'inflammation de l'estomac, *métrite* celle de la matrice, *pneumonie* celle du poumon, etc., etc. Le traitement des inflammations est *antiphlogistique*, c'est-à-dire qu'il consiste dans les saignées locales ou générales, la diète et le régime débilitant, les boissons douces et mucilagineuses, ou bien acidules, les topiques, les bains émollients, etc. — Voyez chaque inflammation en particulier.

INFUSION (pharmaceutique) [du latin *infundere*, verser dans, sur]. — Opération qui consiste à verser un liquide bouillant sur une substance dont on veut extraire les principes médicamenteux, et à l'y laisser refroidir pour en séparer ensuite le produit par décantation ou filtration.

INHUMATION [du latin *in*, dans, et *humus*, terre]. — On appelle ainsi l'action de déposer les cadavres dans la terre. C'est aujourd'hui la manière la plus usitée de rendre les derniers devoirs, dans les pays chrétiens surtout.

Les inhumations précipitées ont souvent donné lieu à d'effrayantes méprises; aussi ne peut-on lire sans frémir l'ouvrage de Bruhier, écrit en 1740, sur l'incertitude des signes de la mort. Il rapporte avec détails 181 faits, parmi lesquels il cite 52 personnes enterrées vivantes, 53 revenues à la vie après avoir été enfermées dans le cercueil, 72 réputées mortes sans l'être, et qui sont sorties de leur sommeil léthargique avant qu'on les ensevelît, 4, enfin, ouvertes par le chirurgien avant leur mort; et combien de faits semblables ne pourrait-on pas y ajouter!

Valère Maxime et Pline le Naturaliste rapportent que le consul Aviola recouvra l'usage de ses sens lorsqu'il était sur le bûcher qui devait le consumer, mais qu'il ne put être retiré assez tôt, et qu'il périt dans les flammes.

Vésale, médecin de Charles-Quint, eut deux fois le malheur, en faisant des autopsies, de reconnaître que le cœur palpitait encore. Une femme tombée en syncope se mit à crier au premier coup de scalpel, et il fut obligé, pour expier cette faute involontaire, de faire un voyage en terre sainte, en 1564.

A Cologne, le docteur Jean Scott, le subtil scolastique, se rongea les mains et se brisa le crâne dans son tombeau.

Le cercueil de Zénon l'Isaurien, empereur d'Orient, ayant été ouvert après sa mort, on découvrit qu'il s'était mangé les bras.

Le cardinal Spinosa, ministre de Philippe II, roi d'Espagne, étant tombé en syncope, porta la main au rasoir du chirurgien qui l'ouvrait pour l'embaumer.

Terelli parle d'une noble dame espagnole morte à la suite de convulsions, et qui, au deuxième coup de scalpel, poussa un cri terrible et expira.

Ambroise Paré cite un fait semblable. Culien parle d'une autre qui resta six jours dans un état de mort apparente. Licétus parle aussi d'une dame qu'on croyait morte, et qui ne revint à elle qu'au bout de dix jours.

Tous les auteurs ont cité François Civille, gentilhomme du temps de Charles IX, qui se qualifiait dans ses actes de trois fois mort, trois fois enterré et trois fois ressuscité par la grâce de Dieu.

Le célèbre anatomiste Winslow, professeur à Paris, avait lui-même été deux fois enseveli, et c'est sans doute ce qui lui inspira la thèse remarquable qu'il a publiée à ce sujet. Il parle dans cette thèse d'une dame d'Orléans, enterrée avec une bague au doigt, et qui fut reveillée au moment où un domestique, qui venait pour ravir cette bague, lui coupa le doigt, ne pouvant la faire couler. Elle vivait encore six ans après cet événement.

Philippe Peu, accoucheur à Paris, faisant l'opération césarienne chez une femme qu'on croyait morte, la vit revenir à elle sous les coups de son bistouri.

Rigaudeaux, accoucheur à Douai, parle d'une dame qui mourut dans les efforts d'un enfantement laborieux. Il l'accouche d'un enfant mort, qu'avec des soins il ramène à la vie. Il quitte la maison, et, le lendemain matin, il apprend avec étonnement que la mère, elle aussi, était sortie de sa léthargie.

On lit dans Bruhier que des femmes étant mortes sur le point d'accoucher, et ayant plus tard été exhumées, furent retrouvées ayant dans les bras un enfant qui avait vécu.

Lancisi, premier médecin du pape Clément XI, parle d'une dame de distinction qui recouvra le sentiment et le mouvement dans l'église pendant qu'on y célébrait son service. Saint Augustin et saint Cyrille citent deux faits semblables arrivés de leur temps.

Pecklin rapporte l'histoire d'un jardinier qui resta

dans l'eau, sous la glace, pendant seize heures, et qu'on parvint à ramener à la vie.

Amatus Lusinatus dit qu'une dame de Ferrare, qui aimait tendrement sa fille, ne voulut pas qu'on l'enterrât, parce qu'elle avait entendu dire que des personnes mortes d'une attaque d'apoplexie étaient revenues à la vie. Au bout de trois jours elle eut le bonheur de lui voir faire quelques mouvements, et bientôt elle eut recouvré la santé.

L'abbé Prévost, auteur de *Manon Lescaut*, fut frappé d'apoplexie en traversant la forêt de Chantilly. La justice ordonna qu'il fût ouvert, afin de constater positivement le genre de mort auquel il avait succombé. Une incision elliptique faite sur la poitrine et le ventre fit jaillir un flot de sang, et le malheureux, poussant un cri déchirant, expira sous les yeux du médecin épouvanté.

A la fin d'octobre 1807, le sieur Deschamps de la Guillotière, près Lyon, mourut, et ses funérailles, n'ayant pu avoir lieu au bout de vingt-quatre heures, furent remises au surlendemain. Ce jour-là, les assistants, frappés d'effroi, virent le corps se dresser dans son suaire et demander à manger.

Deux faits de ce genre sont consignés dans *le Siècle* du 25 décembre 1842 et dans *la Presse* de 1er janvier 1843.

Mlle Scolastique Bosk, de Quimperlé, fille d'un médecin, fut enterrée au bout de vingt-quatre heures, selon l'usage. Le lendemain, le fossoyeur, creusant une nouvelle fosse à côté, entendait, à chaque coup qu'il donnait, un suffoquement douloureux. Le père, appelé, rendit à la vie sa fille, qui depuis fut mariée.

Perrégaud, mendiant de profession, fut trouvé mort ivre en novembre 1843, sur la route de Nantes à Vannes, près Sautron. Le lendemain, au moment où on allait l'ensevelir, il s'agite, questionne ceux qui l'entourent, se lève et s'enfuit à toutes jambes. (*Gazette des Tribunaux* du 15 novembre 1843.)

En décembre 1842, un habitant de la commune d'Eymet (Dordogne), ayant pris par ignorance une trop grande quantité d'opium, fut empoisonné. Deux saignées pratiquées sur lui ne donnèrent que quelques gouttes d'un sang épais et noir. On le crut mort, et il fut enterré. L'exhumation, faite quelques jours après, prouva que le malheureux avait été enterré vivant, le sang avait baigné tout son cercueil, et il fut trouvé les traits tout convulsés et les membres crispés.

M. Lenormand raconte dans son ouvrage que le prince L..., mort d'une maladie de langueur, près de Florence, fut déposé tout habillé dans une bière non fermée, près d'une longue suite d'aïeux, dont les corps, grâce à la sécheresse et à la température constante du caveau, se conservaient parfaitement, sans tomber en putréfaction. Un mois après, son fils, venant pour prier dans cet asile, veut en ouvrir la porte; mais il sent un obstacle qui la retient: cet obstacle était le cadavre du prince L..., qui, les traits convulsés et les mains déchirées et tordues dans les angoisses du désespoir, était venu mourir de faim

contre cette porte, qui ne devait plus s'ouvrir pour lui.

Il existait autrefois en Allemagne une croyance populaire qui n'était que trop fondée, dit M. le docteur Crimotel de Tilloy, auquel nous empruntons plusieurs faits et considérations, mais qui était dénaturée par la superstition. On racontait que plusieurs personnes, les femmes surtout, grincent des dents, mâchent leur linceul et tout ce qui est à leur portée, quelquefois même leur propre chair, et l'on ajoutait que c'était là un présage annonçant la mort de quelque proche parent. Dans certaines localités, la déchirure des linceuls et la morsure des bras étaient attribuées aux vampires, dont l'idée seule faisait frémir. On vit des auteurs, sans chercher à expliquer ce fait qu'ils ne pouvaient nier, se livrer à des dissertations (*De Masticatione mortuorum*, 1728) ayant pour but seulement de démontrer que cette mastication ne cause point la mort des parents, et que, si elle arrive dans l'année, elle en est indépendante. Afin de l'éviter toutefois, on conseillait de mettre une motte de terre sous le menton de la personne que l'on enterrait, ou bien une petite pièce d'argent, ou, mieux encore, de leur serrer le cou avec un mouchoir, ce qui, comme le fait remarquer un auteur contemporain plus judicieux, était l'expédient le plus propre à empêcher la mastication, en empêchant le retour à la vie; car il ne doute pas, dit-il, que ceux qui mâchent dans le tombeau n'y aient été mis vivants. Il fait aussi cette réflexion, qu'en France le nombre des morts qui mâchent doit être beaucoup plus considérable qu'en Allemagne, parce qu'on y prend beaucoup moins de précautions pour s'assurer de la réalité du décès. Et si cela arrive plus souvent aux femmes ayant le système nerveux plus sensible, elles sont bien plus exposées aux accidents qui simulent la mort.

M. Le Guern, dans une pétition où il demande que des épreuves plus sérieuses soient faites sur les personnes réputées mortes, a prouvé que, en 1844, à sa connaissance seulement, il y eut, en moins de sept mois, quatre personnes dont le décès avait été constaté, qui furent rendues à la vie au moment de les inhumer, et qu'en 1845, en moins de huit mois, six résurrections semblables ont eu lieu. L'auteur ajoute que, depuis 1833, il y eut à sa connaissance quarante-six cas d'enterrement auxquels le hasard a le plus souvent mis empêchement. Vingt-un individus, dit-il, se sont éveillés d'eux-mêmes au moment où on allait les porter en terre: neuf par suite des soins que leur prodigua une tendresse trop rare, quatre par suite de la chute du cercueil, trois par suite de piqûres faites en épinglant le linceul, sept par les retards non calculés dans la cérémonie des funérailles. Et le décès de toutes ces personnes avait été officiellement constaté !

Les auteurs qui ont étudié les signes caractéristiques de la mort ont tous reconnu que l'aspect cadavéreux de la face, le refroidissement et la lividité de la peau, la flexion des doigts, l'insensibilité aux brûlures et aux incisions, l'obscurcissement et l'effacement des yeux, l'absence de respiration et de vapeurs sortant de la bouche, etc., ne suffisaient pas pour établir la réalité du décès, puisque, d'une part, quelques-uns de ces signes ne se rencontrent pas toujours sur le cadavre, et que, d'un autre côté, on a pu les observer chez des individus qu'on est parvenu à rappeler à la vie.

Cinq autres signes ont été regardés comme caractéristiques; ce sont l'absence des battements du cœur, la rigidité des membres, la putréfaction, la coloration verte des parois abdominales, l'absence de contractilité des muscles sous l'influence du galvanisme.

Les expériences faites par les praticiens les plus distingués ne laissent aucun doute sur la supériorité de l'épreuve par le galvanisme. L'épreuve par le galvanisme, dit M. Marc, membre de l'Académie de médecine, d'accord en cela avec M. Nysten, est la plus sûre de toutes, et les corps ne devraient jamais être portés en terre qu'après que la pile de Volta n'aurait plus d'effet sur eux.

Il est extrêmement rare que, passé vingt-quatre heures après la cessation de la vie, la pile donne des contractions. Or, comme la loi ne permet d'inhumer que vingt-quatre heures après le décès, l'expérience dont il s'agit, entreprise quatre ou six heures avant l'inhumation, rassurerait pleinement sur le danger d'être enterré vif. S'il y avait encore de l'excitabilité, on devrait recourir à des tentatives qu'il ne serait pas impossible de voir parfois couronnées de succès.

Le fluide électrique a une analogie si frappante avec le fluide nerveux, que ces deux principes ont été considérés comme identiques par plusieurs physiologistes. Les courants galvaniques et magnétiques, en leur qualité de stimulants spéciaux du système nerveux, ont encore l'immense avantage de rappeler à la vie, mieux que tout autre moyen, les individus tombés dans un sommeil léthargique. En les employant sur les individus qui meurent subitement, sur les noyés, sur les asphyxiés par le charbon, par le chloroforme, etc., on parviendra souvent à réveiller en eux un reste de vie qui sans cela finirait par s'éteindre complétement, ou, ce qui est plus affreux, ne se manifesterait spontanément que lorsque déjà ils seraient plongés dans le sépulcre.

L'épreuve par le galvanisme remplacerait avec un grand avantage les maisons mortuaires que plusieurs gouvernements ont fait établir dans les cimetières. Après avoir été convenablement déposés dans ces établissements sur un lit et dans des couvertures, les morts sont observés jusqu'au moment où la décomposition putride se manifeste. Chacun des doigts de leur main est passé dans des anneaux fixés à une chaîne aboutissant à une cloche d'alarme, que la plus légère traction peut faire sonner et éveiller ainsi le gardien. Le premier établissement de ce genre fut fondé à Weimar, par le célèbre Hufeland, médecin du roi de Prusse, avec cette inscription : *Vitæ asilum dubiæ.*

On lit dans l'ouvrage de M. Lenormand que, dans l'espace de deux ans et demi, dix personnes réputées mortes ont été rappelées à la vie dans la seule ville de Berlin. N'est-il pas permis de se demander si la ville de Paris, qui est presque cinq fois plus populeuse, ne présenterait pas dans le même intervalle quatre ou cinq fois plus de cas semblables?

L'électricité présenterait des avantages d'autant plus grands qu'elle peut, comme nous l'avons fait remarquer, non-seulement constater la mort d'une manière indubitable, mais elle peut, de plus, rappeler à la vie dans le cas de mort apparente. Une minute suffit pour faire l'épreuve sur les muscles d'un cadavre, soit avec une pile, soit avec un appareil magnéto-électrique.—Voyez *Mort.*   J. RAMBOSSON.

INOCULATION. — Introduction artificielle d'un virus, et particulièrement du virus variolique. L'inoculation, ou l'action de communiquer la petite vérole à une personne qui n'en était point attaquée, pour lui épargner le danger des ravages de cette maladie contractée naturellement, a été pratiquée de temps immémorial dans l'Asie. Vers la fin du dix-septième siècle, elle fut apportée ou peut-être renouvelée à Constantinople par une femme de Thessalonique. Les docteurs Emmanuel Timoni et Jacques Pilarini, de l'université de Padoue, permirent à cette femme d'inoculer, sous leurs yeux, plusieurs milliers de personnes. L'expérience réussit, et l'usage de l'inoculation se répandit dans une grande partie de l'Europe. Le génie de Jenner devait trouver le moyen de nous garantir entièrement de l'affreuse variole. — Voy. *Vaccine.*

INSECTES (zoologie)[en grec *en-tomon*, et en latin *in-sectum*]. Les premiers naturalistes désignèrent sous le nom d'insectes tous les animaux dont le corps était divisé extérieurement en plusieurs sections; et, comme cette disposition répond toujours à l'absence de tout squelette intérieur, la classe des insectes se trouvait embrasser, par définition, tous les animaux dépourvus d'un appareil osseux, intérieur et articulé; ainsi, les annélides et les apodes, les myriapodes, les mollusques, les hexapodes faisaient partie de la classe des insectes dont Aristote et Pline séparèrent néanmoins la grande classe des crustacés. Linnée sépara des insectes les annélides, qu'Aristote paraît y avoir réunis; mais, par compensation, il y réunit les crustacés, qu'Aristote en avait séparés; les naturalistes qui se sont succédé, depuis Linnée jusqu'à Cuvier, ont successivement séparé de la classe des insectes, et réuni sous des distinctions spéciales, les *annélides*, les *crustacés*, les *malacozoaires,* etc.; enfin on a restreint depuis la dénomination d'insectes aux animaux articulés extérieurement, et dépourvus de squelette interne, mais ayant une tête distincte du tronc, des pattes articulées, et respirant par trachées; définition qui a été encore resserrée en limitant le nombre des pattes articulées à six seulement. En conséquence, se trouvent aujourd'hui exclus de la classe primitive des insectes : les annélides, les vers, les chétopodes et les mollusques, dont le corps n'est point articulé extérieurement; les crustacés, qui respirent par des branchies; les araignées, à cavités pulmonaires, et enfin les scorpions, les myriapodes, etc., qui ont plus de trois paires de pattes articulées. En général, on donne le nom d'insectes aux animaux qui, parvenus au dernier terme de leur développement, ont une tête distincte du tronc, un corps articulé extérieurement et dépourvu de squelette interne, un système respiratoire trachéen, enfin des pattes articulées au nombre de six seulement. Nous allons maintenant esquisser brièvement l'anatomie générale et physiologique des insectes, que nous étudierons successivement dans leurs appareils de relation, de conservation et de reproduction.

PREMIÈRE SECTION.— *Appareil de relation.* — *Du tégument externe.* — Le tégument externe des insectes

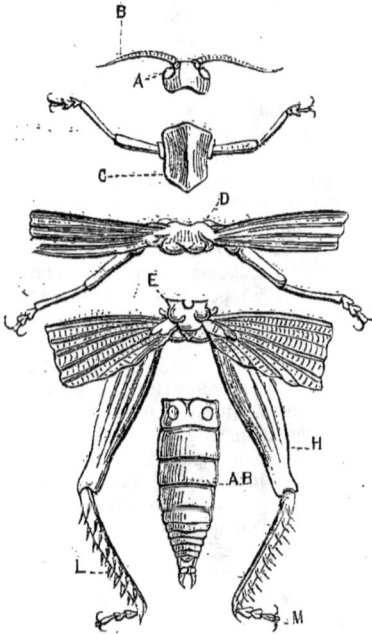

Fig. 61. — INSECTE. Anatomie du squelette tégumenteux d'une sauterelle.—A. Tête et yeux.—B. Antennes.— C. Protothorax.— D. Mésothorax et ailes supérieures. — E. Métathorax et ailes inférieures. — A.B. Abdomen. — H. Cuisses. — L. Jambes.— M. Tarse.

est corné et donne attache aux muscles locomoteurs. Il est formé d'un tissu cellulaire dans les mailles duquel ont été déposés des éléments calcaires, agglutinés par des produits animaux et colorés par des principes huileux dont la nature varie dans les différentes espèces. Le tégument externe de l'insecte parfait est divisé en trois grandes sections plus ou moins profondément distinctes : la tête, le corps, l'abdomen. La tête est formée par la juxtaposition de segments semblables inégalement développés, et les appareils annexés à cette tête, les antennes, les mandibules, les mâchoires sont les appendices analogues

en tout aux appendices locomoteurs des segments du tronc. Le tronc est lui-même divisible en trois segments, distincts ou confondus, séparés et soudés entre eux : le protothorax, le mésothorax, le métathorax ; mais l'un de ces trois segments prédomine toujours sur les deux autres quant au développement. A la partie inférieure de chaque segment s'articule, dans tous les insectes, une paire de pattes dans lesquelles on distingue trois articles : une cuisse, une jambe et un torse. A la partie supérieure des segments thoraciques s'attachent les ailes, dont on ne compte jamais plus de quatre, et qui, quelquefois, manquent tout à fait. L'abdomen, qui forme la troisième section de l'insecte, s'articule de diverses manières avec le tronc, et son organisation est bien moins complexe que celle que nous venons d'indiquer : il est formé par juxtaposition d'un nombre plus ou moins considérable d'anneaux ou de segments, dans lesquels on ne distingue plus de pièces distinctes, et qui décroissent graduellement à mesure qu'ils s'éloignent du tronc.

Le système nerveux des insectes consiste en cordons distincts situés sur la ligne médiane et inférieure du corps, et réunis d'espace en espace par des renflements ganglionnaires. A la partie antérieure de ce double cordon est un renflement bilobé, situé dans la tête, et duquel partent des filets nerveux qui se rendent aux yeux, aux antennes, à la bouche; inférieurement, ce ganglion antérieur fournit deux gros troncs, qui, après avoir formé un anneau autour de l'œsophage, se réunissent en un ganglion commun; de chaque renflement ganglionnaire naissent des filets nerveux qui se distribuent aux muscles du canal alimentaire, au tégument externe, à l'appareil trachéen, etc. Telle est la disposition générale de cet appareil; mais, comme chez les animaux supérieurs, certaines portions de ce système se spécialisent pour former des sens particuliers et pour percevoir les sensations spéciales du goût, du toucher, de l'odorat, de l'ouïe et de la vue.

L'existence du sens de l'odorat paraît moins démontrée que celle du goût. Des expériences tendent à localiser, chez les abeilles du moins, le sens de l'odorat dans la cavité buccale. Quant à l'ouïe, son existence est à peu près certaine, son organe à peu près inconnu. Toutefois, la plupart des naturalistes placent cet organe dans les antennes. Il n'en est pas de même de l'organe et du sens de la vue, car il n'existe pas d'animaux qui offrent un appareil de la vision aussi complexe que celui des insectes. Les yeux des hexapodes sont de deux espèces, simples ou lisses, composés ou chagrinés. Les yeux lisses ont été nommés *stunnates* ; ils manquent souvent.

Les yeux composés forment des réseaux à facettes, quelquefois au nombre de plusieurs mille, qui répètent plusieurs milliers de fois le même objet. Ces yeux sont en général placés sur les parties latérales de la tête; mais, dans quelques familles, l'œil est placé, comme chez les crustacés, à l'extrémité d'un appendice mobile que l'insecte porte au-devant de l'objet qu'il veut regarder. Chez d'autres espèces, qui dardent sur la surface des eaux, les yeux sont disposés à la partie inférieure du corps, de manière à apercevoir les petits objets qui se meuvent dans l'eau sous-jacente.

DEUXIÈME SECTION.— *Appareils de la conservation.*— *Du système respiratoire.*— Le système respiratoire des insectes s'éloigne beaucoup de tout ce qu'on observe dans les autres types du règne animal. Le but de la respiration chez tous les êtres organisés paraît être de puiser dans le milieu atmosphérique des éléments incrémentitiels essentiels à la conservation des organes, et de rejeter dans ce même milieu des éléments excrémentitiels devenus inutiles à cette conservation; et ce double phénomène d'absorption et d'excrétion a toujours lieu à la surface d'une membrane en contact, soit immédiat, soit médiat, avec le milieu atmosphérique. Or, dans la plupart des types organiques, cette membrane est localisée dans un seul point du corps, où elle s'étale en branchies, ou se replie en cellules pulmonaires, et c'est dans son passage à travers cette membrane que le sang subit, sous l'influence de l'atmosphère, la double transformation qui doit le rendre propre à la nutrition de tous les organes. Mais chez les insectes, où le système vasculaire n'existe qu'à l'état rudimentaire, où il n'existe pas de circulation sanguine, les organes ne peuvent être mis en contact médiat avec l'air atmosphérique au moyen d'un liquide qui circule sans cesse des organes à la membrane respiratoire et réciproquement. Il fallait donc créer un système qui mît l'organisme tout entier, et dans tous ses détails, en contact direct avec l'atmosphère; et ce système c'est le système trachéen. Le système trachéen figure exactement un arbre dont le tronc s'insère directement à la périphérie du corps, dont les rameaux se dicotomisent à l'infini, en pénétrant dans l'intérieur des organes, et dont les extrémités terminales forment à tous les appareils organiques des réseaux vasculaires d'une merveilleuse délicatesse : l'air atmosphérique pénètre dans cet arbre vasculaire par des orifices elliptiques toujours béants, que l'on remarque dans l'enveloppe externe des insectes, et que l'on a nommés *stigmates;* il circule dans les nombreuses ramifications qui naissent des grands troncs aérifères, et il pénètre enfin dans l'appareil réticulaire qui parcourt le tissu de chaque organe : c'est dans cette division dernière que s'opère le double mouvement de transformation qui constitue la respiration, de telle sorte qu'il est exact de dire que, chez l'insecte, chaque cellule organique est un appareil respiratoire.

Du système alimentaire.— Le système alimentaire renferme deux ordres d'organes : le canal intestinal, que traverse le bol alimentaire et qui y puise les éléments assimilables, et les appareils glandulaires, qui versent dans ce canal les produits de leur sécrétion. Quant à la disposition de ces différents organes, il est presque impossible d'établir des lois générales, tant la diversité est grande de famille à famille, de genre à genre, d'espèce à espèce. Disons toutefois que, chez les insectes, le canal alimentaire est tou-

jours un tube ouvert à ses deux extrémités, et que sa longueur, ou mieux l'étendue de sa surface absorbante, est généralement en rapport avec la nature des aliments qu'il est destiné à transformer. Ainsi, les insectes qui vivent de matières animales ont en général le canal intestinal court et s'étendant presque sans inflexion de la bouche à l'anus; tandis que chez les insectes phytophages le canal alimentaire se replie en nombreuses circonvolutions, et offre des dilatations et des étranglements de formes extrêmement variées.

Du vaisseau dorsal. — Un vaisseau allongé, fusiforme, apparemment clos à ses deux extrémités, et renfermant un liquide incolore, occupe la région dorsale des insectes, et s'étend presque dans toute la longueur de leur corps. Ce vaisseau est divisé par des cloisons transversales nombreuses, et donne des pulsations manifestes, fréquentes et irrégulières.

Du tissu adipeux. — Les insectes nous offrent à un haut degré de développement une disposition organique qui paraît remplacer chez eux les épiploons des animaux supérieurs; c'est un tissu cellulaire, qui remplit tous les interstices que laissent entre eux les différents appareils que nous avons décrits, et qui lui-même est formé de petites vésicules celluleuses pleines d'un fluide graisseux. Ce fluide s'amasse surtout dans les cellules pendant la belle saison, et se résorbe lentement lorsque le froid de l'hiver condamne les insectes à l'inanition; aussi les insectes sont-ils beaucoup plus maigres au commencement du printemps qu'à la fin de l'automne.

Ainsi, en dépouillant successivement, et par couches, un insecte, on trouve : 1° une couche externe ou périphérique, dure, cornée, inflexible, si ce n'est dans les articulations, et à laquelle s'attachent tous les organes de la locomotion; 2° une couche musculaire, d'une complexité effrayante, et dont les muscles innombrables, s'insérant à la couche tégumentaire par les deux extrémités, produisent par leurs contractions, diversifiées à l'infini, tous les mouvements dont cette couche tégumentaire est susceptible; 3° un axe nerveux, régnant dans toute la longueur de la ligne ventrale médiane; 4° un tuyau vasculaire, régnant dans toute la longueur de la ligne dorsale médiane; 5° un système trachéen, disposé symétriquement des deux côtés; 6° enfin, un canal alimentaire s'étendant de l'extrémité antérieure à l'extrémité postérieure, et formant réellement l'axe central de l'individu.

Mais le fait le plus curieux de l'histoire des insectes, dit Salacroux, est leur *reproduction.* Ils sont tous ovipares et pondent une énorme quantité d'œufs, dont l'incubation se fait par la seule influence des éléments; mais le petit qui en est le résultat n'a presque jamais en naissant la forme qu'ont ses père et mère; il ne parvient à cette dernière que graduellement et par des changements successifs qu'on nomme *métamorphoses.* Ces métamorphoses sont au nombre de trois: l'insecte est d'abord *larve* ou *chenille;* il a une forme allongée, assez semblable à celle d'un ver, tantôt sans pattes, tantôt pourvu de pieds; dans cet état, qui dure assez longtemps, l'animal est toujours mobile et consomme beaucoup de nourriture. Il devient ensuite *nymphe* ou *chrysalide*; il a alors la forme de l'animal parfait; mais les diverses parties de son corps sont contractées et recouvertes par une membrane plus ou moins solide, qui lui donne l'aspect d'une momie emmaillottée; il est par conséquent généralement dépourvu de toute mobilité. Cet état, pendant lequel l'insecte ne prend jamais de nourriture, dure moins que le précédent et se termine par un dernier changement, à la suite duquel l'animal a pris la forme qu'il doit conserver jusqu'à sa mort. Il est alors *insecte parfait*; mais il ne vit que peu de temps sous cette forme; son existence se borne souvent à quelques heures, et ne dépasse que rarement quelques jours : il en profite pour faire sa ponte et pour préparer à sa postérité un endroit convenable à son développement.

Quelques espèces n'éprouvent pas des changements aussi complets. La larve et la nymphe ne diffèrent de l'insecte parfait qu'à raison des ailes; les autres organes extérieurs sont identiques. Ce sont les insectes à *demi-métamorphoses* ou à *métamorphoses incomplètes*; il en est même quelques-uns chez lesquels les changements se bornent à de simples mues, semblables à celles des arachnides et des myriapodes.

D'après ce court exposé de l'organisation des insectes, on voit que ces animaux l'ont assez compliquée; aussi leur connaissance forme-t-elle une des parties les plus intéressantes de l'histoire naturelle. Leurs habitudes sont si variées, si singulières, leur instinct si développé, leurs ouvrages si merveilleux, qu'on a voulu connaître toutes les particularités de leur existence; mais malgré le zèle que les naturalistes ont apporté dans l'étude de cette classe d'animaux, malgré les progrès immenses de l'entomologie, on fait tous les jours, même dans nos contrées, des observations nouvelles sur leurs mœurs, des découvertes sur leur organisation, et l'on trouve de temps en temps des espèces inconnues.

L'étendue de la classe des insectes, dont le nombre surpasse celui de tous les autres animaux réunis, a exigé que les naturalistes fissent une étude approfondie de toutes les parties de leur corps, pour les partager avec méthode en ordres, familles, tribus, genres, etc. C'est principalement sur l'absence ou la présence des ailes, sur la nature et le nombre de ces organes, sur la conformation des parties de la bouche, sur la forme des palpes et des antennes, sur le nombre et la disposition des articles du tarse, etc., qu'on a basé leur division.

D'après ces considérations, on a partagé la classe entière en quatre sections ou sous-classes.

Les uns manquent d'ailes et sont dits *aptères*; ils forment trois ordres : les *thysanoures*, qui ont la bouche broyeuse, qui ne sont pas sujets à des métamorphoses, et dont l'abdomen se termine par deux ou trois filets plus ou moins longs (*lépismes* et *podures*); les *parasites*, qui ont la bouche variable, ne subissent pas de métamorphoses, ont les six pattes égales et n'ont pas de filets abdominaux (*pou* et *ricin*); et les *siphonaptères*, qui ont la bouche en suçoir, les deux pattes postérieures beaucoup plus fortes que celles de devant, les métamorphoses complètes, et qui manquent de filets abdominaux (*puce*).

Tous les autres insectes sont ailés; mais les uns n'ont que deux ailes, tandis que les autres en ont quatre. Les premiers sont divisés en trois ordres, et les autres en quatre.

La classe des insectes se compose des douze ordres suivants : les *thysanoures*, les *parasites*, les *siphonaptères*, les *coléoptères*, les *orthoptères*, les *hémiptères*, les *névroptères*, les *hyménoptères*, les *lépidoptères*, les *rhipiptères*, les *diptères* et les *hématoptères*.

En parlant par métaphore, nous dirons que, parmi les insectes, il en est qui vont à la guerre armés de piques, de lances, de hallebardes, de flèches, de dards, d'instruments à détonations, de mortiers à bombes; qu'il en est qui arrivent à la défense avec des boucliers, des cottes de mailles, des plastrons, des baudriers, etc. Nous dirons encore que jamais arsenal industriel ne mit à la disposition d'ouvriers plus infatigables une collection plus variée de tenailles, de gouges, de ciseaux, de vrilles, de scies, de limes, de faucilles, de truelles, de bêches, de pioches, de balais, etc., pour scier, pour faucher, pour limer, pour tenailler, pour broyer, pour plâtrer, pour forer, sans paix et sans relâche.

Parmi les insectes, les hyménoptères surtout, il en est qui, ayant reçu l'instinct de l'association, vivent en république ou en monarchie absolue, se bâtissent des métropoles, entretiennent une police, ont avec les insectes voisins des traités de paix et de guerre, entretiennent des esclaves, font la traite, constituent des oligarchies dans lesquelles le petit nombre de privilégiés exploite jusqu'à la mort le prolétaire, consomme beaucoup, ne produit rien, et n'a d'autres fonctions en ce bas monde que de briller en cour, et de former à la sultane un sérail d'adorateurs, à la sultane qui, étant chargée de procréer tout un peuple, est en réalité bien légitimement la mère de ses sujets.

Enfin, les insectes dépassent dans leur fécondité toutes les puissances de l'hyperbole, toutes les ressources de la métaphore. Pour parler hyperboliquement, il faudrait dire que les grains de sable au bord de la mer et les étoiles de l'empyrée sont nombreux comme les insectes, et non pas que les insectes sont nombreux comme les astres du ciel ou les sables de l'Océan.

Dans l'espace de quelques heures les dermestes, les staphyles, les sylphes et les nécrophores ont déblayé des monceaux de cadavres; dans l'espace de quelques jours, les feuilles des forêts tombent sous la faux des chenilles; dans l'espace de quelques semaines, un couple de charançons engendre une famille assez nombreuse pour changer en un tas de poussière les céréales de toute une ville; enfin, les Pharaons d'Égypte se courbèrent devant ces nuées de sauterelles que la Providence leur envoyait sur les ailes des vents.

La place que l'insecte occupe entre les êtres est très-bien déterminée dans cet excellent résumé de Lacordaire : Égal aux vertébrés par l'énergie de la fibre musculaire, à peine au-dessous d'eux pour l'organisation du canal digestif, supérieur même à l'oiseau par la quantité de sa respiration, il tombe au-dessous des mollusques par l'imperfection de son système circulatoire. Son système nerveux présente moins de concentration que celui de beaucoup de crustacés. (A. Sirven de Toulouse).

INSTINCT. — « Il y a certaines inclinations d'affection qui naissent quelquefois en nous sans le conseil de la raison... » (Montaigne, *Essai sur les Mœurs*, t. IV, liv. II, chap. xii, Épigraphe.) — En dérivant le mot *instinct* des deux radicaux *én*, dedans, et *stizéin*, piquer, aiguillonner, on fait entendre que ce principe d'action n'est que le résultat des impressions reçues sur les organes internes. Or, cette étymologie, admise par Cabanis, n'est peut-être pas assez compréhensive, et nous lui préférons celle des Latins : *instinctus*, de *instinguere*, qui veut dire pousser, porter, exciter, et qui exprime certain sentiment et certain mouvement naturels, irréfléchis, par lesquels les végétaux, les animaux et l'homme sont déterminés à agir. Les phénomènes instinctifs se trouvant liés à tous ceux de la nature vivante, cette dernière acception nous paraît plus convenable.

I. — Les théologiens, les philosophes, les naturalistes et les médecins, ont pu remarquer, de tout temps, combien est étendu l'empire de l'instinct sur les actes de la vie; mais leurs explications, sur ce sujet, ont varié à l'infini. Dans l'antiquité, plusieurs sectes d'Orient accordent une âme aux bêtes. Platon veut que l'âme des plantes soit une portion de l'âme du monde. Dans son *Timée*, l'âme irrationnelle, qu'il distingue de l'âme raisonnable, est déjà un équivalent de l'instinct des modernes. Plutarque, Lactance et Montaigne se montrent très-favorables à l'opinion de l'intelligence des bêtes; ils se montrent même très-crédules à l'égard des faits qu'ils invoquent.

Par contre, Phérécrate, Anaxagore et Aristote refusent la compréhension aux bêtes. Leur manière de voir trouvera de l'écho parmi les modernes. En attendant, c'est à la médecine que l'on doit les observations les plus exactes sur la faculté qui nous occupe. Hippocrate parle, en maint endroit, d'une force qui fait les choses, pour le mieux, sans les avoir jamais apprises. Nous devons à Galien la belle expérience d'une chèvre tirée à terme de la matrice de sa mère, et qui fut portée dans un endroit où il y avait des vases contenant du lait, du miel, de l'huile, des céréales et des fruits : après avoir flairé, le jeune animal se décida pour le lait. La plus vieille intelligence aurait-elle mieux fait ? Cette expérience nous en dit plus, sur le pouvoir et sur la nature de l'instinct, que toutes les subtilités de la théorie.

Le dogme antique de la métempsycose a dû aussi retarder la connaissance de l'instinct. La transmutation des âmes, leur passage successif dans les divers êtres organisés, n'étaient possibles que par la confusion, l'identification des dynamismes dans toute la série organique.

Une opinion qui a encore contribué à obscurcir le problème de l'instinct, c'est celle d'Aristote sur l'âme. En prenant cette dernière dans un sens générique, et en la considérant comme le principe qui nous fait *vivre*, *sentir*, *mouvoir* et *comprendre* (*anima est principium quo vivimus, sentimus, movemur et intelligimus*), ce philosophe a mis tous ceux venus après lui dans le cas de rapporter à une commune origine les phénomènes d'instinct et les phénomènes d'intelligence. Il est vrai que, pour échapper aux embarras d'un semblable système, l'âme a été divisée en *nutritive* ou *végétative* pour les plantes, en *nutritive* et *sensitive* pour les animaux, et en *nutritive, sensitive* et *intellective* pour l'homme. Mais comme ces trois espèces distinctes d'âmes dérivent constamment d'une même forme substantielle, il s'ensuit un *monothélisme* désespérant pour la science. Par l'identification de natures causales différentes, ce monothélisme verra nécessairement s'élever contre lui l'observation, la comparaison des faits, les résultats de l'analyse et le témoignage de la conscience.

Cependant, grâce à l'autorité presque fabuleuse d'Aristote, ce système s'est imposé à la science presque jusqu'à notre époque. Transmis par Galien et les Arabes, on le retrouve chez Fernel, Sennert, Rivière, Curreau de la Chambre, Etmuller, etc. En 1683, Dedu, de l'école de Montpellier, soutient le système de l'âme des plantes, tant les habitudes de péripatétisme étaient enracinées en Europe!

Le système *animiste*, auquel ont adhéré saint Thomas, Descartes, Stahl, Sauvages, et plusieurs autres, constitue une autre forme de monothélisme peu propre à dissiper les obscurités accumulées autour de l'instinct et de l'intelligence.

Avec Bacon, l'on voit reparaître les notions, oubliées depuis Hippocrate, de l'ordre *mental* et de l'ordre *vital*, l'instinct faisant partie intégrante de ce dernier ordre. Le grand chancelier semble s'être concerté avec Descartes pour démolir le péripatétisme et tout ce qui conserve quelque odeur de scolastique; mais tandis que le philosophe français, rejetant impitoyablement toutes les formes substantielles, et par conséquent les *âmes*, excepté la raisonnable, retombe dans la doctrine des atomes de Démocrite et d'Épicure, en voulant expliquer, par les principes *infaillibles* de la *mécanique*, les opérations des corps naturels et des animaux vivants, Bacon, au contraire, moins hardi, mais plus sage, plus circonspect, plus sûr dans sa marche, remet en question toutes les choses litigieuses, provoque l'observation et l'expérimentation sur tous les points, use du flambeau de l'analyse, et enseigne le grand art de différencier et de limiter les *natures causales*.

Leibnitz, quoique cartésien par principe, abjure le *mécanicisme* de son maître, et devient, en Europe, le fondateur du *dynamisme*, que l'on voit désormais vivifier les sciences physiques et physiologiques. Le trait de séparation qu'il tire entre les *perceptions* et les *aperceptions*, est aussi exact que solide : il suffit pour consacrer la distinction de l'instinct d'avec l'intelligence.

Les opinions de ce grand philosophe ne pouvaient manquer d'avoir du retentissement en médecine. Stahl se présente pour séparer à jamais les corps bruts des corps vivants : c'est sa gloire. Puis il se jette dans l'une des moitiés du système cartésien, et dénature l'explication des phénomènes instinctifs en les refoulant forcément dans l'âme pensante qu'il admet comme moteur unique de l'économie. Ces mêmes phénomènes devaient être encore plus embarrassants pour Boerhaave et pour Hoffmann, lesquels n'avaient retenu du cartésianisme que le côté *mécanicien* dont ils faisaient le principe des corps vivants. Les physiciens, les chimistes, les organiciens, les phrénologistes sont les descendants de cette secte : les phénomènes vitaux ou instinctifs seront toujours pour eux tous une pierre d'achoppement.

L'instinct ne pouvant trouver une place naturelle ni dans l'*animisme*, ni dans le *mécanisme*, il était logique de lui en trouver une dans le domaine de la vitalité. Dès que l'ordre vital a été rétabli dans la science, il y a eu là un nouveau monde à explorer : l'œuvre a été immense ; les horizons infinis ; les points de vue inépuisables ; les systèmes se sont renversés les uns sur les autres, jusqu'au jour de l'avénement de la théorie naturelle ou hippocratique. L'indispensabilité de l'ordre vital, dans les explications des phénomènes de la vie, est prouvée par l'embarras de ceux qui ont voulu le rejeter. Descartes lui-même, poussé à bout, renonce à son *pur automatisme*, et accorde aux animaux la *vie* et le *sentiment*. Buffon va encore plus loin : sans rejeter le système cartésien, il ajoute à la *vie* et au *sentiment* des animaux la *conscience de leur existence actuelle*, une sorte de *mémoire*, un *mécanisme instinctif*.

Dans un sens opposé, l'enthousiasme entraîne Réaumur à élever, par l'*intelligence*, les insectes au-dessus des autres animaux, mettant ainsi tout ce qui est instinctif sur le compte de ce dernier principe. Condillac, qui fait toujours bon marché de toute activité interne, ne voit entre l'instinct et l'intelligence que des différences comblées par l'*habitude* ; et G. Leroy, aussi peu disposé à différencier ces deux faits fondamentaux, est persuadé que les animaux réunissent, à un degré seulement inférieur à nous, *tous les caractères de l'intelligence*. Cette manière de voir, qui est aussi celle de M. Bory de Saint-Vincent, est l'extrême opposé de celle de Descartes. Or, cette opposition, sur des matières d'observation, n'indique-t-elle pas un vice, une lacune, dans l'interprétation des phénomènes de la nature ? L'établissement de l'ordre vital pouvait seul dissiper les nuages amoncelés sur ce sujet.

La philosophie contemporaine a apporté son contingent de lumière à cette discussion. T. Reid, Dugald-Stewart, Cousin, Ch. Bénard, etc., admettent l'ordre vital, et savent distinguer les principes mécaniques, les principes animaux d'action, d'avec les principes rationnels. Pour eux, les facultés *actives*, les facultés *morales* et les facultés *intellectuelles* ne sont pas une seule et même chose. On les surprend parler action *vitale* et *instinct*, comme le feraient les physiologistes les plus consommés.

Ces habitudes philosophiques devaient porter leurs fruits. Le vitalisme s'est irrévocablement fixé dans la science. En botanique, en zoologie, en physiologie, en médecine, on ne se montre plus étranger maintenant aux notions de la *force vitale*, ni à celle de l'*instinct* qui en dérive. Les livres classiques des Mirbel, de Candolle, Richard, Duméril, Bichat, Cabanis, Richerand, Milne-Edwards, Dugès, Lordat, Frédéric Cuvier, Flourens, témoignent de cette vérité. Les travaux de ces trois derniers auteurs sont ceux où l'on s'est le plus occupé, depuis Barthez, de l'existence et de la démarcation des deux puissances actives, l'instinct et l'intelligence, comme si l'on s'était donné le mot pour renverser cette opinion extrême de Gall : « Que le naturaliste se trouve quelquefois embarrassé de dire où l'*animalité* finit et où l'*humanité* commence. »

II. — Les manifestations d'activité de la nature vivante sont ou *intellectuelles*, ou *morales*, ou *vitales*. Les phénomènes instinctifs appartiennent à ces dernières. C'est dire, par anticipation, que l'instinct serait vainement cherché dans le domaine des corps *bruts*, lesquels n'obéissent qu'aux lois de la pesanteur, de l'affinité, des attractions et des répulsions moléculaires. Mais la vitalité étant commune à l'homme, aux plantes et aux animaux, il s'ensuit que nous devons trouver dans chacun de ces trois groupes des traces de phénomènes instinctifs.

Dans les plantes, nous considérons comme tels le mouvement invincible qui porte la racine vers le centre de la terre, et la plumule vers le ciel. Depuis les observations d'Auguste Broussonet, on sait que les plantes volubiles dépérissent plutôt que d'abandonner la forme spirale prise par leurs tiges. Le sommeil des feuilles, l'inclinaison des tiges vers la lumière, se trouvent liés aussi à des états vitaux intérieurs. La mobilité que présentent les feuilles du *dionœa muscipula*, de l'*hedysarum gyrans* ont semblablement exercé la sagacité des physiologistes. Le mouvement, à l'époque de la fécondation, des étamines vers le pistil, l'inclinaison du pistil vers les étamines, l'application du stygmate sur ces dernières, sont encore des phénomènes instinctifs qui président à la conservation des espèces végétales. La *valisneria spiralis*, plante dioïque qui croît dans le canal du Languedoc, présente ce phénomène au plus haut degré. « Cette plante, dit Richard, est attachée au fond de l'eau et entièrement submergée. Les individus mâles et femelles naissent pêle-mêle. Les fleurs femelles, portées sur des pédoncules longs de deux ou trois pieds, et coulés en spirale ou tire-bouchon, se présentent à la surface de l'eau pour s'épanouir. Les fleurs mâles, au contraire, sont renfermées plusieurs ensemble dans une spathe membraneuse portée sur un pédoncule très-court. Lorsque le temps de la fécondation arrive, elles font effort contre cette spathe, la déchirent, se détachent de leur support et de la plante à laquelle elles appartenaient, et viennent à la surface de l'eau s'épanouir et féconder les fleurs femelles. Bientôt, celles-ci par le retrait des spirales qui les supportent, redescendent au-dessous de l'eau, où leurs fruits parviennent à une parfaite maturité. »

Les phénomènes d'instinct sont si multipliés et si saillants chez les animaux, que les Buffon, les Virey, les Lordat se sont crus autorisés à ne pas leur reconnaître d'autres facultés internes. Les principales actions instinctives se rapportent à la conservation de l'individu, à la conservation de l'espèce, et aux relations des individus entre eux. De là les instincts par lesquels les animaux sont portés à rechercher leur nourriture spéciale, à éviter la disette, à se prémunir contre les intempéries des saisons, à protéger la progéniture, et qui les rendent laborieux, courageux, économes, prévoyants, maçons, architectes, chasseurs, dresseurs d'embûches, voyageurs, communistes, sociables. Les *migrations* des mammifères, des oiseaux, des poissons et même des insectes ; les facultés d'*orientation* dont sont doués les pigeons et les hirondelles ; le don *musical* de certains ; la *république* des abeilles, des guêpes, des fourmis et des castors, se rattachent immédiatement aux opérations de l'instinct.

Dugès a divisé les instincts des bêtes en instincts *splanchniques* ou *vitaux*, en instincts *animaux*, et en instincts *encéphaliques*. Les premiers ont pour fin la satisfaction de *besoins naturels* ou non provoqués, à savoir : la faim, la soif, le besoin de respirer, le besoin d'excréter, les attractions sexuelles. Les fonctions relatives à ces divers besoins nécessitent la mise en jeu d'un nombre infini de mouvements musculaires ; elles supposent les plus savantes combinaisons ; elles s'accomplissent pourtant sans aucune expérience, et souvent sans la participation de la volonté. C'est bien là le caractère de l'instinct.

Dans l'exercice des instincts *animaux*, les déterminations semblent se régler sur la *conformation extérieure*. On conçoit, à la première vue, que le serpent est fait pour ramper, le cerf pour courir, l'oiseau pour voler, le poisson pour nager, la puce pour sauter, la taupe pour s'enfouir dans la terre. L'instinct de *propreté* sollicite les mouches et les araignées à se servir des brosses, des peignes, des étrilles dont leurs pattes sont pourvues ; les oiseaux à lisser leurs plumes avec le bec, le chat à se lécher, le chien à se secouer, à se frotter, à se gratter, et le cheval à froncer sa peau et à se servir de sa queue pour chasser les insectes. D'autres animaux se servent des armes que la nature leur a données pour attaquer ou pour se défendre. Le chien sauvage et le lapin se creusent des terriers ; la hyène sait fouir aussi la terre pour découvrir les cadavres. Il s'établit ainsi des corrélations intimes entre les besoins, les fonctions et les organes.

Les instincts *encéphaliques*, les animaux les tiennent d'une véritable transmission héréditaire ; ils les ont en naissant. Le jeune canard, élevé par une poule et au milieu de poussins, se jette à l'eau dès qu'il la rencontre, quoique personne ne lui ait appris les rapports de ce milieu avec son organisation. Un castor retenu dans une cage se met à bâtir, si on lui fournit des matériaux, et sans qu'il y ait pour lui utilité de le faire. L'hirondelle construit un nid de mortier de la même façon que sa mère dont elle n'a pourtant reçu aucune leçon. Les rossignols et les serins, élevés en cage, retiennent les chants de leurs ancêtres. Les chevaux conservent aussi plusieurs instincts de leurs ascendants. *Le chien de race chasse.* Ce proverbe confirme l'*hérédité* du pouvoir instinctif : c'est ce qui faisait dire à de Bonald, que les animaux naissent *âgés*. Curreau de la Chambre et Cuvier concevaient pour eux un *patron intellectuel*, une sorte de *fantôme* perpétuellement présent à leur imagination. Dugès leur suppose une *science infuse*, et admet une aptitude encéphalique certainement *innée, primordiale* et *spécifique*, puisqu'elle se maintient dans les espèces, qu'elle commence avec elles, et qu'elle remonte jusqu'à leur création.

Le développement de l'instinct et celui de l'intelligence se font en sens inverse l'un de l'autre. Or, puisque le principe intellectuel domine chez l'homme, il faut s'attendre à y trouver les phénomènes d'instinct moins nombreux et réduits à leur *minimum* de puissance. Toutefois, il importe de savoir démêler les actes qui découlent de cette source. Les premiers vagissements de l'enfant sont des cris instinctifs, destinés à réveiller la sollicitude maternelle, et relatifs à des premiers besoins de nourriture ou de propreté. Viennent ensuite les actes de préhension du sein, de succion et de déglutition du lait, lesquels s'accomplissent avec une perfection qui ferait supposer une longue expérience. L'instinct d'*imitation*, celui de *musculation* sont excessivement prononcés dans l'enfance. On cligne instinctivement les yeux pour protéger les organes de la vue. On retire instinctivement la main avec la rapidité de l'éclair lorsqu'on se brûle le bout des doigts. Après un faux pas, et quand une chute peut en résulter, on rétablit instinctivement l'équilibre par un effort en sens inverse. Tous ces mouvements se font avant même que la volonté ait eu le temps de se reconnaître.

Les opérations instinctives, chez l'homme, sont encore plus étendues. Outre les suggestions relatives aux fonctions *naturelles* ou *vitales*, il faut de même rattacher à l'instinct toutes les actions synergiques, mises en branle à l'occasion de ces fonctions, soit en dehors de la sphère du sens intime, soit avec la participation de ce principe d'activité. Les battements du cœur, la respiration pendant le sommeil, le hoquet, les épreintes, la toux, l'éternument, le sanglot, les tics, les convulsions toniques et cloniques, etc., nécessitent un concours de ce genre.

Il serait utile que l'on déterminât ce qu'il y a d'instinctif dans la manifestation des phénomènes *sympathiques* et *automatiques*, dans ceux qui sont réglés par *l'habitude*, dans ceux qui résultent des salutaires efforts de la force *conservatrice* et de la force *médicatrice*. On aimerait aussi de savoir si les mouvements *réflexes* de quelques auteurs ne sont pas exclusivement de source instinctive.

C'est l'instinct qui fomente la plupart des propensions vers le vol, vers l'incendie, vers le suicide, l'homicide, l'infanticide et vers la fureur anthropophagique. Dans les *morosités* de Sauvages, dans les *morosophies* du professeur Lordat, les initiatives partent aussi de ce principe d'action.

Il n'est pas permis de méconnaître la part que prend l'instinct dans les plus grandes manifestations de l'existence humaine, telles que la foi, le sentiment, les goûts, les inclinations, les penchants, les désirs, les affections, les passions. Le génie même, dans sa spontanéité, retient plutôt les caractères de l'instinct que ceux de l'intelligence.

Les sympathies et les antipathies morales, les attractions et les répulsions de peuple à peuple, qui engendrent le prosélytisme, l'esprit de parti et souvent des haines indestructibles ; les affinités de race d'où naissent les fédérations, les communions ou les discordes politiques et religieuses, ayant pour cortège habituel la fureur martiale : ces diverses situations ne sont-elles pas des écoulements ou des écarts de l'instinct de *sociabilité* ? Sans doute l'intelligence, témoin de toutes ces scènes, participe à l'action, puisque c'est avec les organes tenus sous sa dépendance que l'action s'accomplit. Mais il est vrai de dire que vaincu, à la longue, par les luttes ou par les importunités de son antagoniste, le principe rationnel finit par abandonner la direction. Voilà comment s'explique la facilité des débordements populaires.

III. — La sphère de l'instinct est immense, nous venons de le voir. *Aveugle, ordonné, machinal*, il confine par là aux forces de l'ordre *physique* ; par la *finalité* de ses opérations, il devient l'analogue de l'*intelligence* ; mais il diffère des premières et de la dernière par ses propres caractères, qui sont : l'*innéité*, l'*hérédité*, la *spontanéité*, la *spécificité*, l'*imperfectibilité*, la *particularité*, le *mutisme*, la *caducité*.

Les philosophes modernes ont fortement discuté sur *l'origine des idées*, les uns les croyant *innées*, les autres les croyant *acquises*. Locke, Condillac, Helvétius et leurs partisans peuvent avoir raison lorsqu'il s'agit de l'intelligence proprement dite, laquelle, étant progressive, se développe peu à peu par l'éducation. Mais, dès qu'il s'agit des merveilles des actions instinctives qui s'étendent si loin, Descartes reprend tous ses droits contre ses adversaires. Ce grand homme a eu tort de si mal doter les bêtes, attendu qu'elles donnent gain de cause à son système des *idées innées*.

Des notions précises sur l'instinct serviront toujours à le différentier de l'intelligence. Ce problème est ardu ; c'est principalement à l'occasion des bêtes qu'il a été soulevé. Descartes ne voyait en elles que des *machines* et leur refusait tout esprit. Le père Boujeant, au contraire, leur en trouve tant, qu'il le croit emprunté des diables. Dupont de Nemours les

croit aussi tout intelligence. A ces opinions extrêmes, il convient d'opposer d'abord celle de Buffon, de Virey, et de M. Lordat, qui ramènent à l'instinct les nombreux prodiges des bêtes ; et, ensuite, celle de Dureau de la Malle, de Dugès, de Bory de Saint-Vincent, de Milne-Edwards, d'Alfred de Nore, de Frédéric Cuvier et de M. Flourens, qui admettent à la fois, chez les brutes, l'instinct et l'intelligence. Il nous est impossible d'avoir une opinion après ces hommes si compétents. Nous nous bornerons donc à hasarder quelques réflexions.

L'instinct, soit de *prévoyance*, soit de *progéniture*, porté au plus haut degré par certains insectes, peut en imposer pour de l'intelligence. Les *nécrophores*, les *pompilles* et les *xilocopes* présentent cette particularité : les femelles, au moment de pondre, ont toujours le soin d'enterrer le cadavre de quelque animal et d'y déposer les œufs ou de les placer à côté, de manière à ce que les petits se trouvent en naissant au milieu des matières les plus propres à les nourrir. Les insectes de ces dernières espèces agissent ainsi, quoique leur régime soit végétal et que leurs larves seules soient carnassières. Le raisonnement le plus profond semble avoir présidé à ces divers préparatifs. L'insecte, ne devant pas survivre à sa progéniture, veut, en bonne mère, lui assurer la nourriture, et, comme il sait que l'organisation et les goûts de ses petits ne seront pas les siens, il leur procure une pitance spéciale.

Duméril et Dugès avaient été frappés de ces faits, et M. Milne-Edwards, qui les a observés, au lieu de les dériver de l'intelligence, les croit, au contraire, très-propres à donner une idée nette de ce que l'on doit entendre par *instinct*. Laissons un moment la parole à ce célèbre zoologiste : « Ces animaux ne verront jamais leur progéniture, et ne peuvent avoir aucune notion acquise de ce que deviendront leurs œufs, et, cependant, ils ont souvent la singulière habitude de placer, à côté de chacun de ces corps, un dépôt de matières alimentaires propres à la nourriture de la larve qui en naîtra, et cela lors même que le régime de celle-ci diffère totalement du leur, et que les aliments qu'ils déposent ainsi ne leur seraient bons à rien pour eux-mêmes. Aucune espèce de raisonnement ne peut les guider dans cette action ; car, s'ils avaient la faculté de raisonner, les faits leur manqueraient pour arriver à de pareilles conclusions, et c'est en aveugles qu'ils doivent nécessairement agir ; mais leur instinct supplée au défaut d'expérience et de raison, et leur apprend à faire précisément ce qui convient pour atteindre le but qu'ils devraient se proposer. »

Après avoir parlé d'un orang-outang, étudié par Frédéric Cuvier, et qui avait donné des signes d'intelligence, M. Flourens conclut en ces termes : « C'est que l'intelligence de l'orang-outang, cette intelligence si développée et développée de si bonne heure, décroît avec l'âge. L'orang-outang lorsqu'il est jeune nous étonne par sa pénétration, par sa ruse, par son adresse ; l'orang-outang devenu adulte n'est plus qu'un animal grossier, brutal, intraitable. Et il en est de tous les singes comme de l'orang-outang. Dans tous, l'intelligence décroît à mesure que les forces s'accroissent. L'animal, considéré comme être perfectible, a donc sa borne marquée, non-seulement comme espèce, il l'a comme indi-vidu. L'animal qui a le plus d'intelligence, n'a toute cette intelligence que dans le jeune âge. »

Évidemment, les procédés de l'intelligence humaine ne sont pas de cette sorte. Et cette caducité prématu-rée des facultés de l'animal nous paraît être plutôt du ressort de l'instinct; car, le propre de l'intelligence c'est d'être perfectible et de résister aux ruines du temps. Ce fait a acquis toute son évidence depuis que le professeur Lordat a soutenu, sans opposition, sa fameuse thèse de l'insénescence du sens intime. L'in-telligence des Sophocle, des Voltaire, des Fontenelle, a marché d'une façon radicalement opposée à celle de l'orang-outang et de tous les singes: les nations civilisées sont encore fières des chefs-d'œuvre de leur vieillesse. Ce qui autorise à penser que les sub-strata intellectuels des uns et des autres ne sont pas de la même fabrique. S'il n'en était ainsi, ce serait obligatoire de faire sortir des académies ou des facultés les vieillards illustres qui en font l'orne-ment.

Du reste, dans l'estimation des facultés internes des animaux, il est bon de savoir qu'ils sont doués de l'affectibilité. A ce titre, ils se montrent capables d'affection et de passion; la joie, la tristesse, l'atta-chement, la générosité, la colère, la vengeance, la sympathie entre individus de la même espèce ou d'espèces différentes, sont des actes qui leur sont or-dinaires, et qui répondent à des modes d'être de la vitalité. Il ne faudrait pas confondre les émotions de cette source avec celles qui partent de l'intelligence. Le prétendu langage des bêtes est constamment lié à quelque état pathétique vital. Aussi est-il toujours naturel, et jamais conventionnel comme celui de l'homme.

IV.—Les opérations de l'instinct, toutes ordonnées, toutes machinales qu'elles sont, n'ont pas néan-moins cette sûreté de résultat qui autorise à les pren-dre pour guide dans tous les cas. Il ne faut pas compter sur leur infaillibilité: la contingence est l'a-panage de tout ce qui appartient à la vie, ou comme faculté, ou comme phénomène. Un citoyen de Cyzi-que, dit Montaigne, se fit une grande réputation pour avoir pénétré le secret du hérisson, dont la tannière était toujours fermée au vent à venir. Les augures tirés du vol des oiseaux étaient fort en cré-dit parmi les anciens. Chez nous, il est des gens qui s'attendent au mauvais temps lorsqu'ils voient les abeilles massacrer leurs compagnes en prévision d'une disette de fleurs. Il en est qui ne croient au re-tour du printemps, dans nos climats, que lorsque les hirondelles s'y sont fixées. Nous savons qu'avant d'é-migrer, elles envoient toujours leurs ambassadrices pour explorer les lieux, et qu'elles savent fuir les pays méphitisés. Le corbeau est affecté aux présages; la corneille prophétise les maux à venir. Pour avoir un bon chien de race, il est plus sûr de laisser le choix à la mère qui sait le trier parmi ses frères. La cigogne se donne des clystères avec son bec, l'hip-popotame se déchire la peau au milieu des buissons pour provoquer des émissions de sang, le chien mange du chiendent pour se purger. Ce sont là des analo-gies éloignées qu'on ne doit pas négliger, mais sur lesquelles il serait imprudent de trop faire fonds.

Les suggestions de l'instinct, chez l'homme, sont encore plus susceptibles d'égarer, à cause de la haute main que l'intelligence s'arroge dans la plu-part de nos actions. La science ne renferme qu'un très-petit nombre de faits où l'on se soit bien trouvé de satisfaire à ce genre d'indications pressantes. Ces faits, néanmoins, doivent être connus des médecins. Le précepte hippocratique qui prescrit d'agir selon les tendances de la nature : Quò natura pergit, eò ducenda est, ne doit être suivi qu'avec réserve. La grande difficulté de la médecine pratique sera tou-jours de savoir là où il faut seconder la nature, et là où il faut la combattre.

V. — Nous avons beaucoup parlé de l'instinct, il est temps de nous élever à sa notion synthétique. Nous avons compris, sous ce nom collectif, la faculté directrice de tous les actes de spontanéité qui ont pour objet la satisfaction de besoins naturels ou anor-maux, qui sont relatifs à la conservation de l'indi-vidu ou de l'espèce, et souvent aussi à leur destruc-tion. Mais puisque cette faculté est constamment liée aux opérations irréfléchies de la nature vivante, elle ne saurait être le produit de l'âme pensante. Ses ca-ractères d'innéité et de spontanéité la rendent sem-blablement indépendant des impressions, soit vis-cérales, soit extérieures. Quant à la conformation extérieure, elle est, il est vrai, coordonnée, dans plu-sieurs cas, en vue des instincts; mais elle n'en est point la cause productrice. Ce serait prendre l'effet pour la cause que de penser autrement. L'instinct préexiste à l'organisme et survit à ses mutilations. Donc il n'en découle pas immédiatement. Les faits abondent pour le prouver.

Un canard fait plusieurs fois le tour d'une basse-cour après avoir eu la tête emportée par un coup de sabre. Le mâle d'une grenouille, dont la tête a été coupée, persiste dans l'acte générateur de la copula-tion. Des mouches se meuvent longtemps encore après avoir été décapitées; Boyle rapporte qu'elles s'accouplent et font des œufs après cette mutilation. Perault raconte que des tronçons de vipère à qui l'on avait coupé la tête et enlevé les entrailles allaient se coucher sous un amas de pierres où l'animal avait coutume de se réfugier. Un coq décapité se jetait en-core sur le grain qu'on lui avait offert pour l'attirer. Legallois a vu des lapins et des chats décapités se frotter encore le cou avec leurs pattes, comme pour chercher leur tête. Aristote, Averrohès et Avicenne avaient déjà rapporté des faits analogues et plus sur-prenants (1). Celui dont M. Poiret a été le témoin mérite d'être reproduit. Il s'agit de deux mantes mises dans un vase. « Le mâle s'étant approché de la

(1) Alfred de Nore, les Animaux raisonnant.

femelle, celle-ci lui saisit la tête de ses pattes tranchantes et la lui coupe. Cette décapitation ne ralentit point l'ardeur du mâle, et l'accouplement eut lieu; mais dès que le but de la nature eut été rempli, la femelle impitoyable dévora celui dont elle venait d'accueillir les étreintes. »

Les faits de ce genre non-seulement affranchissent l'instinct du joug de l'organisation, mais encore ils ruinent de fond en comble toute théorie organicienne, phrénologiste et localisatrice. On ne comprend pas, en présence de tels faits, que Dugès, s'occupant de la théorie de l'instinct, n'ait vu dans ces phénomènes que la sensation des *besoins* transmise d'abord au grand sympathique, et de là à la moelle épinière, ou bien par le pneumo-gastrique, directement à la moelle allongée, au cervelet, et enfin, dans certains cas, au cerveau même par une propagation extraordinaire (1). L'instinct est partout dans l'organisme; aucune partie n'est soustraite à son action; il agit aussi bien sur les centres nerveux que sur les autres organes.

On ne comprend pas non plus qu'à la vue de faits aussi probants, on puisse s'obstiner à établir, dans le cerveau, le siége exclusif de l'*intelligence* ou de l'*instinct* des animaux, et dans le cervelet le principe des mouvements de *locomotion*. Ces vues, qui sont celles de l'illustre M. Flourens, nous paraissent inacceptables au même titre que celles de Gall. Les forces de la vie agissent dans l'organisme; mais elles ne lui sont pas nécessairement subordonnées. Les organes sont des conditions de *causalité*, mais c'est une grande méprise de les prendre pour la causalité elle-même.

Enfin, si l'instinct ne peut être dérivé ni de l'âme pensante, ni de l'exercice des sensations externes ou internes, ni de l'organisation, il ne reste plus que le principe de la vie, à qui on puisse légitimement le rapporter. En effet, universel comme la vie, l'instinct ne s'ébranle que pour satisfaire aux besoins de cette dernière, que pour assurer sa conservation. Il est donc logique d'en faire, à l'exemple du professeur Lordat, une *faculté de la force vitale*, ou de le considérer avec M. Flourens comme une *force primitive*, *propre*, au même titre que la *sensibilité*, le *motilité*, la *plasticité*, la *caloricité*.   D⟨r⟩ BARBASTE.

INSTITUT (de France). — C'est le terme général par lequel on désigne les cinq Académies, l'Académie française, celle des inscriptions et belles-lettres, celle des sciences, des beaux-arts, des sciences morales et politiques.

L'unité de l'Institut d'une part, l'indépendance relative des cinq Académies de l'autre, réalisent ici, moins incomplétement que partout ailleurs, cette république des lettres, qui est la plus ancienne et la plus durable de toutes.

La grandeur et la diversité de notre œuvre éclatent à tous les regards. Analyser les lois du langage et en fixer les règles, depuis les détails intimes de la grammaire jusqu'aux modèles achevés de l'élo-

(1) *Physiol. comp.*, t. I, p. 491.

quence; fouiller la nuit des âges, y puiser ou y porter tout ce qui peut illuminer la vie et la pensée de nos aïeux païens et chrétiens, des peuples de l'Orient comme de l'Occident; continuer et enrichir les grandes collections entreprises par l'intrépide patience des bénédictins; signaler, vérifier, classer dans tous les règnes de la nature les innombrables découvertes et les merveilleuses conquêtes des sciences physiques et mathématiques; reconnaître, en professant et en pratiquant les beaux-arts, leur prééminence sur les arts purement utiles; rappeler à un siècle trop enclin aux préoccupations des sens l'étude des phénomènes de l'âme, leur influence sur la destinée des peuples, les droits de la morale éternelle, les liens de la tradition avec tous les progrès légitimes; toucher ainsi par le côté de la théorie et de l'histoire aux redoutables problèmes de l'économie sociale et de l'organisation politique; puis veiller tous ensemble avec une scrupuleuse équité à la distribution des encouragements et des récompenses que la libre et intelligente munificence de nos concitoyens, plus abondante encore que celle de l'État, nous met à même de prodiguer aux jeunes et laborieux travailleurs dont nous espérons faire nos héritiers : telle est une partie de la tâche qui nous est prescrite.

Toutes les aptitudes intellectuelles sont ainsi appelées à concourir, par un effort commun et une impulsion persévérante à la production continue de la vérité. Ici l'idéal et le réel, le bons sens et l'imagination, la philosophie et la politique, la géométrie et la poésie, le génie de l'observation et l'enthousiasme de la pensée travaillent de concert à faire de l'intelligence la véritable cité du genre humain; pourvu, toutefois, que, à travers les oscillations et les écarts, à travers les élans et les chutes, cette intelligence veuille graviter toujours vers la vérité suprême. (*Montalembert*, Discours d'ouverture prononcé en 1857.)

INSTRUCTION PUBLIQUE. — Enseignement donné ou surveillé par l'État. L'instruction publique se subdivise en trois degrés : l'*instruction primaire*, l'*instruction secondaire* et l'*instruction supérieure*. La première est donnée dans les écoles publiques ou privées, laïques ou ecclésiastiques; la deuxième, dans les lycées, colléges, institutions, pensions et petits séminaires; la troisième dans les Facultés des lettres, des sciences, de droit, de médecine, de théologie à l'École normale supérieure, dans les cours du Collége de France, du Muséum d'histoire naturelle, de la Bibliothèque Impériale, du Conservatoire des arts et métiers, aux Écoles polytechnique, d'application, centrale des Arts et Manufactures, etc.

Autrefois, en France, l'enseignement était donné par des universités laïques et par des corporations religieuses. Ces établissements furent remplacés en 1795 par les écoles centrales, auxquelles la loi du 1⟨er⟩ mai 1802 substitua les lycées et les écoles secondaires. En 1808, un décret impérial réserva à l'État le monopole de l'enseignement, et créa, à cet effet, sous le nom d'*Université*, un vaste corps qui embrassait tous les établissements d'instruction et qui était dirigé par un *grand maître*. Conservée à la Restauration, mais avec des modifications favorables aux instituteurs laïques, l'Université subsista jusqu'en 1848. Dans cet intervalle, l'instruction primaire avait été organisée par la loi du 28 juin 1833. La liberté d'enseignement fut définitivement proclamée par la Constitution de 1848 (Art. 3 : L'enseignement est libre); la loi du 15 mars 1850 organisa ce nouveau régime. Le décret du 9 mars 1852 et la loi du 27 mai 1854, tout en maintenant la liberté, ont fortifié l'action de l'autorité sur l'enseignement public et sur les hommes qui sont appelés à l'exercer. — Voy. *Éducation* et *Université*.

INTELLIGENCE. — Faculté de connaître. C'est, avec la sensibilité et la volonté, l'une des trois facultés essentielles de l'âme. On a voulu quelquefois l'identifier avec la sensibilité ; mais il y a entre elles cette différence caractéristique, que l'intelligence a toujours un objet auquel elle s'applique, tandis que le sentiment est un phénomène tout subjectif, c'est-à-dire renfermé dans le sujet sentant.

Cette faculté de l'âme sensitive, par laquelle nous concevons, nous acquérons la connaissance de nous-mêmes et de toute la nature, dérive de la pluralité des idées imprimées dans le cerveau ; c'est à l'intelligence à les combiner, à en faire le discernement avec sagacité, d'après les principes de la conscience et les lumières de l'expérience. Considérée comme faculté unique par les gens du monde, l'intelligence n'est, au contraire, pour les physiologistes et les philosophes, qu'une expression générique, désignant l'ensemble de toutes les facultés intellectuelles.

INTÉRÊT (règle d') (arithmétique). — On appelle *intérêt* le bénéfice que fait sur son argent celui qui le prête. La somme prêtée se nomme *capital*. Le *taux* est l'intérêt de 100 fr. pendant un an.

L'intérêt légal pour les particuliers est de 5 fr. pour 100 fr.; et pour les négociants, 6 fr. pour 100 fr. qu'on indique simplement par 5 p. 100, 6 p. 100.

L'intérêt est *simple* quand le capital seul porte intérêt, *composé* quand l'intérêt se joint au capital pour porter intérêt avec lui les années suivantes ; dans ce cas, on dit que les intérêts se capitalisent.

La règle d'intérêt a pour but de déterminer non-seulement l'*intérêt*, mais encore le *capital*, le *taux* et le *temps* selon la nature de la question.

Les règles les mieux formulées ne valant pas un exemple raisonné, nous nous bornerons ici à donner un problème de chaque espèce avec solution.

1° *Quel sera l'intérêt de 2,508 fr. à 4 1/2 p. 100 pendant 5 mois et 20 jours?*

Pour mieux saisir la question, on l'écrit ainsi en abrégé en mettant l'inconnue la dernière :

$$100 \text{ fr. rapportent en } 360 \text{ jours } \frac{9}{2} \quad (1)$$
$$2,500 \quad — \quad \text{en } 170 \quad — \quad x$$

(1) Dans les questions d'intérêt, on considère l'année comme n'ayant que 360 jours et les mois trente.

Puisque

100 fr. rapportent en 1 an ou 360 j. $\dfrac{9}{2}$

1 rapportera en 360 j. $\dfrac{9}{2 \times 100}$

1 rapportera en 1 j. $\dfrac{9}{2 \times 100 \times 360}$

2,500 rapportent en 1 j. $\dfrac{9 \times 2500}{2 \times 100 \times 360}$

2,500 rapporteront en 170 j. $\dfrac{9 \times 2500 \times 170}{2 \times 100 \times 360} = 53 \text{ fr. } 12$

2° *Quel capital faut-il placer à 5 p. 100 pour rapporter 240 fr. en 6 mois?*

$$5 \text{ fr. sont l'intérêt en } 12 \text{ mois de } 100$$
$$240 \quad — \quad 6 \quad — \quad x$$

5 fr. en 12 mois sont l'intérêt de 100 fr.

1 en 12 est l'intérêt de $\dfrac{100}{5}$

1 en 1 est l'intérêt de $\dfrac{100 \times 12}{5}$

240 en 1 sont l'intérêt de $\dfrac{100 \times 12 \times 240}{5}$

240 en 6 sont l'intérêt de $\dfrac{100 \times 12 \times 240}{5 \times 6} = 9,600 \text{ fr.}$

3° *A quel taux faut-il placer 2,800 fr. pour rapporter 250 fr. en 2 ans 3 mois?*

$$2,800 \text{ après } 27 \text{ mois rapportent } 252 \text{ fr.}$$
$$100 \quad — \quad 12 \quad — \quad x$$

2,800 fr. après 27 mois rapportent 252 fr.

1 après 27 rapporte $\dfrac{252}{2800}$

1 après 1 rapporte $\dfrac{252}{2800 \times 27}$

100 après 1 rapportent $\dfrac{252 \times 100}{2800 \times 27}$

100 après 12 rapportent $\dfrac{252 \times 100 \times 12}{2800 \times 27} = 4 \text{ fr.}$

4° *Combien faudra-t-il de temps à 2,800 fr., placés à 4 p. 100, pour rapporter 252 fr.?*

$$100 \text{ fr. rapportent } 4 \text{ en } 1 \text{ an}$$
$$2,800 \quad — \quad 252 \text{ en } \quad x$$

100 fr. rapportent 4 en 1 an.

1 rapporte 4 en 100 fois plus de temps c.-à-d. en 100 ans.

1 rapporte 1 en $\dfrac{100}{4}$

2,800 rapportent 1 en $\dfrac{100}{4 \times 2800}$

2,800 rapportent 252 en $\dfrac{100 \times 252}{4 \times 2800} = 2 \text{ ans } 3 \text{ mois.}$

5° *Que devient pendant 3 ans le capital 4,800 fr. pacé, intérêts composés à 5 p. 100?*

L'intérêt de 4,800 fr. pendant la 1re année est 240 fr. Joignant cet intérêt au capital, on a 5,040 fr. pour la 2e année. Les intérêts de ce nouveau capital sont 252 fr., qui, réunis au capital précédent 5,040 fr., donnent 5,292 fr. pour capital pendant la 3e année. L'intérêt de ce nouveau capital est 264 fr. 60, qui, ajoutés au capital précédent, donnent 5,556 fr. 60 pour la valeur de 4,800 fr. après 3 ans, 5 p. 100.

Il y a un moyen plus prompt d'arriver à la réponse par les *logarithmes*. (Voy. ce mot.)

Dupasquier.

INVALIDES (hôtel impérial des).—I. Il s'agit ici, entendons-nous bien, des invalides de Mars, non de ceux de l'énervante Cythère, qui ont jeté leur dernier reste de virilité dans les boudoirs de Camélia (1). Et que nous importent ces fastueux infirmes? Gorger d'or d'insatiables Vénus; dandiner sur l'asphalte ou dans un élégant coupé leur molle et prétentieuse indolence, gantée de jaune et chaussée de vernis : voilà leurs principaux états de service.

Nous éprouvons peu de sympathie pour le héros de ruelle, qui a gagné ses chevrons non sur la terre d'Afrique ou de Crimée, mais sur les champs de bataille de Bréda-Street. Usé, à vingt ans, de cœur, d'esprit et de corps, il lui faut, de bonne heure, une fin, des *invalides*. Ses *invalides* à lui, c'est le mariage avec une riche dot. Au mariage le soin de garnir son escarcelle vidée dans les orgies de Paphos, et quelquefois aussi dans l'agio de l'antre doré de Plutus! Au mariage, désormais, la quotidienne tâche de verser le lait de poule ou le sirop pectoral dans le gosier de l'insipide *loret* (2)! Pauvre femme! Avec ce langoureux Narcisse, avec ses blanches osanores artistement rangées par la délicate main d'un habile Rogers (3), avec sa séduisante fraîcheur empruntée à la chimie, vous vous promettiez l'amour, c'est-à-dire le bonheur! Triste déception! Pour vous dédommager, aurez-vous du moins les caresses d'un beau, d'un sémillant enfant? Non! Pourquoi, d'ailleurs, souhaiter les douceurs de la maternité? Que pourraient les galvaniques exploits de votre Arthur? Qu'adviendrait-il du réveil éphémère d'une incurable torpeur, si votre fade Adonis avait, une fois, le droit de se croire père? Vous donneriez le jour à une rachitique, à une méprisable ébauche, dont vous auriez à rougir, et que la rigide Sparte, armée des dures lois de Lycurgue, eût jadis envoyée à la mort!

II. Que sont les invalides de l'armée? des enfants de la France qui, par de longs services, de nobles travaux, de glorieuses blessures, ont acquis le droit de jouir, aux frais de l'État, jusqu'à la fin de leurs ours, d'une honorable existence dans un somptueux palais, que la justice et la reconnaissance ont élevé à leur indomptable courage. Ce sont les membres de la famille des preux qui, de la pointe de leur glaive, ont buriné les plus brillantes pages de notre histoire. Leurs mains vigoureuses ont tenu haut et ferme notre drapeau. Puissant véhicule de civilisation, leur épée nous a concilié l'amour, l'admiration des peuples : en rapprochant les hommes, la guerre ne leur apprend-elle pas à se connaître, c'est-à-dire à s'estimer, à ne plus se haïr?

> La guerre, en tous les temps, fut le premier des arts.
> FRÉDÉRIC LE GRAND.

A côté des vieilles moustaches de Valmy, des Pyramides, de Marengo, d'Austerlitz, de la Moscowa,

(1 et 2) *Camélia, Loret, Lorette,* types trop connus pour avoir besoin d'être définis.
(3) Dentiste célèbre dans le monde des annonces des dents artificielles, baptisées du nom d'osanores.

vous voyez des guerriers qui, moins âgés, ont rivalisé de bravoure avec leurs aînés et, comme eux, ont versé leur sang pour la patrie, en Morée, à Navarin, à Anvers, dans les plaines de l'Algérie, dans les gorges de l'Atlas, dans la Baltique, sur les rives de l'Euxin, sous les murs de Sébastopol. Ce sont les compagnons, les frères ou les fils de ces immortels soldats du grand capitaine qui, pendant vingt-cinq ans, portèrent leurs armes victorieuses sur tous les points de l'Europe, et qui, une seule fois, connurent, hélas! un échec. Mais quelle gloire dans cet échec! Waterloo! Sublime chute! N'est-ce pas de toi qu'un poëte national a pu dire? — :

> Parmi des tourbillons de flamme et de fumée,
> O douleur! quel spectacle à mes yeux vient s'offrir!
> Le bataillon sacré, seul devant une armée,
>   S'arrête pour mourir!
> C'est en vain que, surpris d'une vertu si rare,
> Les vainqueurs, dans leurs mains, retiennent le trépas ;
> Fier de le conquérir, il court, il s'en empare :
> *La garde*, avait-il dit, *meurt et ne se rend pas !*
> On dit qu'en les voyant couchés sur la poussière,
> D'un aspect douloureux, frappé par tant d'exploits,
> L'ennemi, l'œil fixé sur leur face guerrière,
> Les regarda sans peur pour la première fois.

>   CASIMIR DELAVIGNE. (Iʳᵉ *Messénienne.*)

III. *Vox populi, vox Dei.*

Il y a neuf siècles, le peuple hissa sur le pavois une robuste dynastie. Louis XIV meurt; et, comme si toute la puissance de la séve de l'arbre capétien s'était concentrée dans le grand Roi et l'avait suivi dans la tombe, cet arbre perd tout à coup sa mâle vigueur. Sa moelle est gangrenée, ses fruits empoisonnés. Aux abjections, aux turpitudes de la Régence succède la basse ignominie d'un règne où l'odieux le dispute à l'horrible. *La voix du peuple* appelle la chute d'une dynastie, qui avait fait publiquement asseoir sur le trône le vice effréné, le scandale aux cyniques allures. C'était insulter au droit sens, à l'honneur du pays. *La voix de Dieu, répondant à la voix du peuple,* prononce la déchéance de la dynastie indigne. Par ordre de Dieu, comme jadis au festin de Balthasar, le démon de l'orgie écrit en traits de feu sur l'impudique lambris du Parc-aux-Cerfs, ce terrible arrêt: *Tu mourras!*

Si cette foudroyante sentence n'avait pas été sans appel, elle aurait, à coup sûr, fléchi devant l'imposant cortége des qualités privées de l'honnête et malheureux Louis XVI, dont on ne saurait trop flétrir le juridique meurtre. Mais l'arrêt est irrévocable: la vieille dynastie de Capet s'écroule avec fracas. Un affreuse anarchie traîne partout le tumulte, le désordre, le crime, la mort! Un effroyable abîme menace d'engloutir la France!...

Mais Dieu veille sur elle : du sein de l'armée, où s'était réfugié l'antique honneur du pays, il fait surgir un héros comme la terre n'en avait jamais vu. Il le montre du doigt au peuple; et le peuple, ivre de joie, couronne le héros; et le héros, fier de commander à un tel peuple, le plonge dans un océan de gloire et de bonheur!

Un aussi grandiose spectacle soulève la haine des maîtres étrangers. Ameutée contre nous, l'Europe se coalise pour nous demander raison de notre grandeur et de son abaissement.

Le colosse tombe et la France avec lui !

Mais cette chute n'est pas mortelle : une nation comme la France ne meurt pas, ne plie pas sous le joug. L'adversité peut l'éprouver ; l'abattre, jamais ! Elle attendait des jours meilleurs, non dans une stupide immobilité, mais en agissant. *Aide-toi, le ciel t'aidera* : telle fut sa devise.

Un jour, avons-nous dit, Dieu appelle au trône de de France une dynastie de son choix ; la dynastie napoléonienne : le peuple, assemblé dans ses comices, inscrit aussitôt ce décret sur les tables de la loi.

Et ce décret, les Tartares et les Pandours auraient pu l'effacer sous la flamme de leur lance ! Ou, quinze ans plus tard, pouvait-il s'enfuir devant un tour de prestidigitateur accompli dans un coin du palais Bourbon, en 1830, en plein soleil d'août, par une poignée d'hommes honorables, sans doute, mais sans mission, sans mandat du peuple qui venait de vaincre, qui seul avait droit de parler ?

L'œuvre du 7-9 août fut donc une usurpation ajoutée aux deux sanglantes usurpations de 1814 et 1815.

Comme le monde physique, le monde moral se meut selon des lois éternelles, immuables, qui sont en Dieu, qui sont Dieu, suivant Bossuet. Ces lois régissent surtout les trônes. Le pouvoir héréditaire des souverains revêt le caractère d'un droit inprescriptible, émanant de la volonté de Dieu même, à la condition toutefois que cette volonté suprême se sera manifestée par le peuple, par sa seule volonté librement exprimée. Voilà la seule légitimité incontestable ; voilà l'indestructible base sur laquelle repose la dynastie napoléonienne.

IV. Après un long martyre, Napoléon meurt... Non : il quitte la terre pour monter au ciel ! Une profonde émotion enveloppe le monde ; elle pénètre jusqu'à l'épaisse cuirasse du parlement anglais. Lord Holland s'écrie : « L'univers porte le deuil du héros, et ceux qui ont contribué à ce grand forfait, sont voués aux mépris des générations présentes aussi bien qu'à ceux de la postérité. »

Depuis dix-neuf ans, dans une île inhospitalière, perdue dans l'immensité de l'Atlantique, gisait loin de nous la dépouille mortelle du géant des batailles, qui avait tiré la France d'un chaos de sang et de boue, pour l'élever à une splendeur inouïe dans les fastes du monde.

Cet homme extraordinaire, prodigieux reflet de la Divinité, avait écrit :

« NAPOLÉON :

» Ce jourd'hui, 15 avril 1821, à Longwood, île de Sainte-Hélène.

» Ceci est mon testament, ou acte de ma dernière volonté.

» Je meurs dans la religion apostolique et romaine, dans laquelle je suis né, il y a plus de cinquante ans.

» Je désire que mes cendres reposent sur les bords de la Seine, au milieu du peuple français, que j'ai tant aimé. »

Ce début, cette confession de foi si simple, si belle, parce qu'elle est simple, est bien digne d'un fils aîné de l'Église prêt à paraître devant son juge.

Son âme à Dieu, ses cendres à la capitale de son empire, voilà deux vœux nettement exprimés ; ils sont d'un chrétien, d'un Français : le premier fut exaucé le 5 mai 1821 !!!... le second en 1840.

Pourquoi dix-neuf ans d'attente ? Demandez donc plutôt ce qu'il fallut de temps, d'incroyables efforts pour arracher la réalisation de ce dernier vœu à un pouvoir sorti des baïonnettes ennemies, partant, hostile aux généreux instincts de la France.

Lambeau détaché du monstrueux édifice d'une alliance soi-disant sainte, étonnée, effrayée de nous avoir un jour écrasés sous le nombre, ce pouvoir peureux comme elle, comme elle craignait jusqu'aux cendres de notre empereur, et tenait exilées, loin de nos frontières, et ces précieuses cendres et notre dynastie tutélaire, la dynastie des Napoléons.

A l'idée de voir apparaître sur les rives de la Seine les restes mortels du grand homme, il avait raison de trembler, cet ombrageux pouvoir.

Religieux, parce qu'il est éclairé, notre pays croit, comme les Pascal, les Bossuet, les Fénelon, à la sainteté des reliques de ses martyrs, à leur invisible action sur les vœux pieux de ceux qui invoquent leur infaillible intercession auprès du souverain maître de l'univers.

Les cendres de l'Empereur ne sont-elles pas les reliques du plus auguste de nos martyrs ? Et ces reliques, en touchant notre sol, ne l'ont-elles point purifié des souillures des pas de l'étranger ? Et nos vœux, journellement transmis au Très-Haut par le grand martyr, n'ont-ils pas justifié les craintes du pouvoir trembleur qui, au mépris de l'arrêt du Parc-aux-Cerfs, était venu, accroupi derrière un cosaque, nous faire expier notre excès de grandeur par un excès d'abaissement ? Et le Très-Haut n'a-t-il pas dit au génie du mal, prêt à faire le sac de la France : *Tu n'iras pas plus loin ?* Et le sceptre fort, tombé sans se briser, ne s'est-il pas relevé intact, radieux de sa toute-puissante sanction divine ? Et la preuve la plus convaincante n'en est-elle pas dans cet éclatant verdict jeté trois fois par la main de Dieu dans le phénoménal scrutin de la nation ? Et, au trône de Napoléon III, la prospérité ne coule-t-elle pas en abondance dans toutes les veines du corps social ? Le nom français n'a-t-il pas repris, avec tout son prestige, le rang élevé qui lui appartient ?

Merveilleuse attraction que celle qui relie le grand cœur des Napoléons au grand cœur de la France ! L'expliquer est chose impossible. L'attraction morale s'adresse aux puissances les plus intimes, les plus mystérieuses de l'âme. Elle est incontestable ; mais on ne saurait la discuter. Elle se sent, mais ne se démontre pas : elle est parce qu'elle est.

Il est des nœuds secrets, il est des sympathies,
Dont par les doux rapports, les âmes assorties

S'attachent l'une à l'autre, et se laissent piquer
Par to jé ne sais quoi, qu'on ne peut expliquer.
(CORNEILLE.)

Depuis longtemps, on se demandait, avec une fiévreuse impatience, quand il serait enfin donné satisfaction au vœu de Napoléon Ier.

Un écrivain distingué, M. Adolphe Favre, jeune homme au cœur chaud, à l'âme élevée, saisit la pensée générale, s'en empare, la traduit, la fait sienne, la jette, lui le premier, dans une chaleureuse pétition qu'il adresse, dès le mois d'août 1830, au chef de l'État (1). Chaque année, à pareille époque, il la renouvelle avec un surcroît d'ardeur, avec toute l'énergie d'une volonté forte, signe avant-coureur du succès. Ce qu'il veut, ce qu'il demande avec tout le feu d'une généreuse passion, ce sont les restes du martyr. Sa patriotique initiative remue tous les cœurs. On s'agite, on s'ébranle ; les résistances faiblissent ; les instances redoublent : force est de céder.

Le corps de l'Empereur arrive à Paris !

Le 15 décembre 1840, ce corps, parfaitement conservé, est conduit avec pompe à l'hôtel des Invalides, un des lieux de prédilection de Napoléon. Là, comme premier consul, il avait établi une bibliothèque composée de plusieurs milliers de volumes choisis. Là, il avait solennellement fait transporter les restes de Turenne, et ceux de la Tour d'Auvergne, nommé par lui *le premier grenadier de France*. Ce fut sous son dôme que, devenu empereur, il reçut le serment des premiers membres de la Légion d'honneur. Aux voûtes de son église furent appendus, par son ordre, les drapeaux enlevés à l'ennemi, à Austerlitz, à Iéna, à Wagram et sur plusieurs autres champs de bataille.

La translation des vénérés restes de Napoléon sur les bords d'un fleuve aimé fut une véritable fête de la France. L'émotion profonde, l'enthousiasme sincère de centaines de mille d'assistants, qui se pressaient sur l'Esplanade, sur les quais, sur la place de Vauban et aux alentours, attestèrent que c'était bien là un événement national.

Mais si la joie la plus vive se manifesta sur toute l'étendue du territoire, dans l'enceinte des villes comme sous l'humble chaumière, cette joie fut un véritable délire de bonheur pour les Invalides de Mars. N'avaient-ils pas, désormais pour toujours, au milieu d'eux, dans leur palais, ce sanctuaire de la gloire, leur général, leur empereur, leur père, leur ami, je voudrais oser dire leur Dieu ?

V. Aux termes de l'article 14 de la loi du 8 floréal an XI : « Nul officier, sous-officier ou soldat, ne peut être admis aux Invalides, à moins qu'il n'ait perdu un ou plusieurs de ses membres, ou la vue, par suite des événements de la guerre, ou qu'il ne justifie de *trente* années de service militaire effectif, et de soixante années d'âge. »

Par extension donnée à cette loi, et fondée sur un arrêté ministériel du 6 juin 1793, les militaires atteints de blessures ou d'infirmités reconnues équivalentes à la perte de l'usage d'un membre, sont aussi susceptibles d'être admis à l'hôtel. Cette disposition est d'ailleurs conforme à l'esprit de l'art. 13 de la loi du 11 avril 1831 sur les pensions.

En vertu d'une décision du ministre de la guerre, en date du 21 août 1822, les invalides marchent en tête de tous les corps de l'armée. Ils ont un uniforme lspécial.

Ils sont répartis en divisions de 200 à 300 hommes l'une, dans de grandes salles ou chambres séparées, sous le commandement d'un chef, d'un adjudant et d'un sous-adjudant, dont les fonctions ont beaucoup d'analogie avec celles des capitaines, des lieutenants et des sous-lieutenants dans les corps de troupes ; chaque division se partage en autant de chambrées que la disposition des localités le comporte.

Chaque invalide couche seul.

Les officiers occupent un corps de bâtiment construit pour eux en 1749.

Les invalides qui, par leur caducité et la nature de leurs infirmités, ne peuvent se servir eux-mêmes, sont répartis dans des divisions distinctes, dans l'enceinte de l'infirmerie, sous le titre de *moines laïs*.

La dénomination de *moines laïs* ou d'*oblats*, s'appliquait aux militaires estropiés ou infirmes que l'ancienne monarchie reléguait dans les abbayes, pour y être nourris et soignés, moyennant une pension servie par l'État aux religieux.

Des soldats enfouis dans un cloître ! fi donc ! Quel non-sens, direz-vous ! — Vous croyez ? Erreur ! Ces intrépides grognards n'étaient pas à plaindre, sachez-le bien. Ne vivaient-ils pas de l'abondante vie de leurs chers moines, dont le teint fleuri, dont le triple menton révélait une luxurieuse cuisine ? N'avaient-ils pas là la faculté, dont ils savaient sagement user, d'aspirer, chaque jour, le délicieux bouquet de la science infusée dans les volumineux in-folios de chambertin, de bordeaux, de lunel, de frontignan, de roussillon, symétriquement rangés dans les vastes flancs d'une riche bibliothèque ?

Du reste, pas de froc à endosser, pas de reins à meurtrir d'un cilice expiatoir. Libre à eux de sortir, d'explorer le voisinage du couvent, de pousser au loin des reconnaissances plus ou moins militaires. Surtout pas de renonciation au culte de la femme, la meilleure, la plus belle des créations d'ici-bas. Aime bien qui se bat bien. Un bras, une jambe, un œil de moins, c'est trop pour marcher à l'ennemi ; pas assez pour se soustraire aux impérieux, aux attrayants devoirs de la galanterie, apanage sacré du chevalier du moyen âge, dont le guerrier moderne est le digne héritier. Cupidon est aveugle ; en est-il moins un dieu ; et un dieu qui sait vous commander l'obéissance ? un dieu qui ne compta

____

(1) Ce que l'auteur appelle ici Pétition était une brochure en vers, intitulée *l'Homme du rivage* ou *l'Illustre tombeau*, dédiée à Philippe d'Orléans, roi des Français, et adressée dès le 7 août 1830, à Sa Majesté Louis-Philippe.

Cette brochure, imprimée par Poussin, rue de la Tabletterie, 9, à Paris, a été vendue au profit des blessés des 27, 28 et 29 juillet, chez Terry, libraire au Palais-Royal.

(Note de la Rédaction.)

jamais un seul athée dans l'armée, et dont la statue a dicté ces deux beaux vers à Voltaire ? — :

> Qui que tu sois, voici ton maître :
> Il l'est, le fut ou le doit être.

S'il fallait s'en rapporter à des chroniques du temps, — quant à nous, nous n'y croyons pas, — nos *oblats* n'avaient pas toujours à se louer de leurs abbayes où l'on aurait, parfois, spéculé sur leur entretien.

A leur hôtel, nos Invalides de tout grade ont toujours eu une nourriture saine, abondante, variée, avec un litre de bon vin par homme et par jour. Ils sont l'objet des soins les mieux entendus.

Les officiers supérieurs sont servis dans leurs chambres. Les autres officiers mangent à leur réfectoire, à des tables de douze couverts.

L'impératrice Marie-Louise leur fit don, en 1811, d'un beau service d'argenterie de la valeur de 100,000 francs.

Le nombre de douze par table est aussi appliqué aux sous-officiers et soldats, auxquels sont affectés trois réfectoires.

Plusieurs salles bien exposées, et à la portée desquelles se trouvent une cuisine et une pharmacie, sont desservies par des sœurs de Saint-Vincent-de-Paul, assistées d'un grand nombre d'infirmiers ou servants placés sous leurs ordres.

Un maréchal de France est ordinairement gouverneur de l'Hôtel impérial des Invalides, qui est alors commandé par un général de division. Depuis plusieurs années, S. A. I. le prince Jérôme, ancien roi de Westphalie, frère de Napoléon Ier, en est gouverneur *honoraire*. Le gouverneur *titulaire* est un général de division; le commandant est général de brigade. Il y a, en outre, un colonel major, et des capitaines adjudants-majors, pris dans l'armée, et placés à la suite de l'état-major des places.

Le conseil d'administration est présidé par le gouverneur.

Le contrôle administratif est exercé par deux fonctionnaires du corps de l'intendance militaire.

Les services administratifs sont dirigés par un officier d'administration, principal comptable, qui n'a pas, toutefois, dans ses attributions, celui des bâtiments, pour lequel des architectes sont spécialement attachés à l'hôtel.

Ces services sont assurés par de marchés passés par le conseil d'administration, et qui, au moyen de crédits ouverts par le ministre de la guerre, mettent le directeur en mesure de subvenir aux dépenses résultant :

De la subsistance des invalides inscrits sur les contrôles et des sœurs hospitalières attachées aux infirmeries; du chauffage et de l'éclairage; des infirmeries et des pharmacies; des fournitures d'habillement et de petit équipement; de l'entretien et du renouvellement du mobilier, ainsi que de l'entretien, du renouvellement et du blanchissage du linge; de la propreté, du nettoiement et de l'arrosement des cours et terrains qui en dépendent; de la conservation des approvisionnements de réserve en blé ; des fournitures extraordinaires qu'exigent les besoins du service, et les différentes natures d'infirmités des invalides.

Le service religieux est fait par un curé, assisté de deux chapelains.

Le service de santé est confié à plusieurs médecins, chirurgiens et pharmaciens militaires.

L'établissement relève, dans toutes ses parties, du ministre de la guerre; il est entièrement à la charge du trésor public.

Le nombre actuel des invalides est de près de 3,000 ; sous le premier empire, il s'est élevé jusqu'à 7,000.

VI Si, avant la fondation de l'hôtel, un certain nombre de militaires estropiés étaient recueillis dans des abbayes auxquelles était attribuée, avons-nous dit, une indemnité spéciale pour leur entretien, les autres étaient réduits à la dernière des misères. On les voyait, errants et dispersés dans les provinces, traîner, en mendiant, leurs mutilations, leur vieillesse, leurs infirmités. La pensée d'ouvrir un asile à ces malheureux remonte bien loin. Philippe-Auguste passe pour s'en être occupé le premier. En fondant l'hospice des *Quinze-Vingts*, saint Louis réserva une partie des places aux chevaliers qui avaient perdu la vue pendant la croisade. Charles VII, Louis XII, François Ier, Henri II, François II et Henri III cherchèrent, avec peu de succès, à compléter l'œuvre à peine commencée par saint Louis. Toutefois, Henri III fit plus que tous ses prédécesseurs réunis. Il établit, en 1575, dans le faubourg Saint-Marceau, pour les officiers et soldats estropiés, une maison appelée la *Charité chrétienne*. Pour relever cette institution, il voulut en faire un véritable ordre militaire. Ces invalides portaient sur leur manteau une croix de satin blanc, avec cette devise : *Pour avoir bien servi*. A la maison de la Charité chrétienne, dont les dépenses étaient payées par les pensions des *moines lais*, Henri IV adjoignit un autre établissement, situé rue de l'Oursine, auquel il affecta le produit des amendes et des confiscations prélevées sur les abus et malversations. Un an après la mort de ce prince, et par arrêt du 1er septembre 1611, le conseil d'État détruisit l'œuvre des deux derniers rois : les infortunés invalides durent redevenir les uns *oblats*, les autres mendiants.

Sous l'inspiration de Richelieu, Louis XIII va faire du château de Bicêtre la demeure des Invalides, sous le titre de *Commanderie de Saint-Louis*. Les travaux d'appropriation commencent, sont poussés avec vigueur; mais la mort du grand ministre, suivie de près de celle du roi, en arrête le cours.

A Louis XIV était réservé l'honneur d'ériger aux vétérans de la gloire un palais digne à la fois de l'éclat de leurs services, de la grandeur du souverain, de la reconnaissance de la patrie.

Commencé en 1670, l'hôtel reçut ses valeureux hôtes en 1674. Les plus ardentes sympathies d'une nation essentiellement guerrière furent, depuis, toujours acquises à cette institution. Fier, avec raison, de l'avoir créée, Louis XIV a dit dans son testament : « Entre différents établissements que nous avons faits dans le cours de notre règne, il n'y en a point qui soit plus utile que celui de notre *Hôtel des Invalides*. Toutes sortes de motifs doivent engager le dauphin et tous les rois nos successeurs à soutenir cet établissement, et à lui accorder une protection particulière. Nous les y exhortons autant qu'il est en notre pouvoir. »

En 1814, il y avait à l'Hôtel des Invalides plus de 1,500 drapeaux provenant des guerres de la république et de l'empire. La crainte de les voir enlever par les puissances coalisées, détermina le gouverneur d'alors, le vainqueur de Mondovi, le maréchal Sérurier, à les détruire par le feu, le 31 mars 1814, à huit heures du soir, dans l'hôtel même. Parmi les trophées dévorés par les flammes, figuraient l'épée du grand Frédéric et le sabre du *premier grenadier de France*, l'intrépide La Tour d'Auvergne, tué le 28 juin 1800, sur la hauteur d'Oberhausen, en Allemagne, où un monument lui fut élevé, sous la simple dénomination de *tombeau du brave*, placé sous la sauvegarde des braves de tous les pays (1).

Les drapeaux que nous possédons encore sont au nombre d'un peu plus de 300, dont 164 conquis sous Napoléon Ier, et qui n'étaient pas aux Invalides lors de l'auto-da-fé du 31 mars 1814.

Voici l'origine de ces drapeaux :

Pris aux Autrichiens à Ulm	40
— aux Russes pendant la campagne terminée à Austerlitz	14

Ils étaient au palais du Luxembourg, où ils furent cachés par les soins de M. le marquis de Sémonville, qui n'en révéla l'existence que peu de jours après la révolution de juillet 1830.

Pris aux Espagnols, Portugais et Anglais, pendant la guerre d'Espagne, de 1808 à 1812	110

Ils étaient au musée de l'Artillerie, d'où ils ne furent transportés à l'Hôtel des Invalides que le 20 juin 1831.

Total.	164

dont 60 ornent le tombeau de Napoléon Ier.

Les autres drapeaux, dont faisaient partie ceux consumés, en 1831, par un déplorable incendie, lors des funérailles du maréchal Sébastiani, ont été enlevés par la bravoure française à Alger ou sur d'autres points de l'Algérie, à la Smala d'Abd-el-Kader, à Isly, à Saint-Jean-d'Ulloa, à Mogador, en Crimée.

VII. Nous allons esquisser rapidement l'ensemble de la demeure de nos Invalides, de ce palais que, par ordre de son maître, le ministre de la guerre Louvois fit exécuter par l'architecte *Libéral Bruant*.

Mais, avant de commencer la description du Panthéon ouvert à la gloire de la France, reproduisons ici l'expression des sentiments inspirés à trois hautes intelligences par l'aspect de l'ensemble de l'édifice et par son objet.

« Je fus hier aux Invalides, dit Montesquieu dans une de ses *Lettres persanes*, j'aimerais autant avoir fait cet établissement, si j'étais prince, que d'avoir gagné trois batailles. On y trouve partout la main d'un grand monarque. Je crois que c'est le lieu le plus respectable de la terre ! Quel spectacle, en effet, de voir assemblées, dans un même lieu, toutes ces victimes de la patrie qui n'ont respiré que pour la défendre, et qui se sentant le même cœur et non pas la même force, ne se plaignent que de l'impuissance où elles sont de se sacrifier encore pour elle ! Quoi de plus admirable que de voir ces guerriers débiles dans cette retraite, observer une discipline aussi exacte que s'ils y étaient contraints par la présence de l'ennemi ! »

» Plus les âges qui ont élevé nos monuments ont eu de piété et de foi, plus ces monuments, dit Chateaubriand, ont été frappants par la grandeur et la noblesse de leur caractère. On en voit un exemple remarquable dans l'Hôtel des Invalides, dont les voûtes se sont élevées dans le ciel à la voix du siècle religieux (1).

» Trois corps de logis, formant avec l'église un carré long, composent l'édifice des Invalides. Mais quel goût dans cette simplicité ! Quelle beauté dans

---

(1) Quarante ans plus tard (en 1840) les restes de ce héros furent transportés de Bavière en France.

---

(1) Nous regrettons de ne pouvoir partager l'opinion de l'illustre auteur des *Martyrs* et du *Génie du Christianisme*.

Le grand roi fut véritablement grand ; le surnom, bien mérité, de grand, la postérité le lui conservera à jamais. Louis XIV a toujours eu toute notre admiration comme guerrier, comme législateur, comme protecteur des lettres et des arts, surtout comme monarque *voulant et sachant gouverner* ; mais, si nous n'avons pas à blâmer son double talent d'aimer et de plaire, n'aurait-il pas dû plaire et aimer, sans faire dégénérer ses amours en débauche, sans étaler le spectacle de ses coupables débordements, sans jeter l'amertume dans le noble cœur d'une belle et vertueuse épouse, sans imposer, chaque jour, à trois générations sorties de son sang, de déplorables et pernicieux exemples, sans faire rougir la France du scandale inouï de bâtards indignement érigés en princes légitimes ?

Pouvait-on espérer de trouver l'esprit vraiment religieux chez un prince qui se faisait un jeu de ce que la morale a de plus sacré ? — dans une cour ouvertement dissolue ? — au sein d'un peuple prompt à singer les vices des grands ? Non, mille fois non ! Sans mœurs, vous pourrez avoir des apparences de religion, des momeries ; mais de la piété vraie, jamais !

Nous ne dirons rien des dernières années d'un règne où la spirituelle et ci-devant belle veuve de Scarron vint couvrir chaque visage du masque hideux de l'affreuse hypocrisie.

Aujourd'hui, et malgré les affirmations contraires des détracteurs quand même de notre époque, il y a plus de foi, plus de vertu, mais beaucoup moins de superstition et d'hypocrisie que dans le dix-septième siècle.

L'Hôtel des Invalides ne saurait devoir son cachet de grandeur à une prétendue prééminence du zèle religieux de ce beau siècle. Comme l'a, du reste, fort bien dit M. Sainte-Beuve : « la morale n'est pas le goût, l'art n'est pas la foi : Phidias et Raphaël, les plus grands des artistes, faisaient des dieux et n'y croyaient pas. »

cette cour, qui n'est pourtant qu'un cloître militaire, où l'art a mêlé les idées guerrières aux idées religieuses, et marié l'image d'un camp de vieux soldats aux souvenirs attendrissants d'un hospice! C'est à la fois le monument du Dieu des armées et du Dieu de l'évangile. La rouille du siècle lui donne de nobles rapports avec ces vétérans, ruines animées qui se promènent sous ces vieux portiques. Dans les avant-cours, tout retrace l'idée des combats: fossés, glacis, remparts, tentes, sentinelles. Pénétrez-vous plus avant, le bruit s'affaiblit par degrés et va se perdre à l'église, où règne un profond silence. Ce bâtiment religieux est placé derrière les monuments militaires, comme l'image du repos et de l'espérance au fond d'une vie pleine de troubles et de périls! Le siècle de Louis XIV est peut-être le seul qui ait bien connu ces convenances morales, et qui ait toujours fait dans les arts ce qu'il fallait faire, rien de moins, rien de plus. L'or du commerce a élevé les fastueuses colonnades de Greenwich, en Angleterre (1); mais il y a quelque chose de plus fier et de plus imposant dans la masse des Invalides. On sent qu'une nation qui bâtit de tels palais pour la vieillesse de ses armées, a reçu la puissance du glaive, ainsi que le sceptre des arts. »

« Considérez avec attention, dit notre grand écrivain, notre célèbre philosophe V. Cousin dans son traité du Vrai, du Beau et du Bien, considérez cet édifice, laissez-lui faire son impression sur votre esprit et sur votre âme, et vous arriverez aisément à y reconnaître une beauté particulière. Ce n'est point un monument gothique; ce n'est pas non plus un monument presque païen du seizième siècle : il est moderne et encore chrétien; il est vaste avec mesure, élégant avec gravité. Contemplez au soleil couchant cette coupole réfléchissant les derniers feux du jour, s'élevant doucement vers le ciel sur une courbe légère et gracieuse; traversez cette imposante esplanade, entrez dans cette cour admirablement éclairée malgré ses galeries couvertes; inclinez-vous sous le dôme de cette église où dorment Vauban et Turenne: vous ne pourrez vous défendre d'une émotion à la fois religieuse et militaire; vous vous direz que c'est bien là l'asile des guerriers parvenus au soir de la vie et qui se préparent pour l'éternité! »

Plantée, depuis 1750, d'arbres au faîte élevé, aux branches touffues, une immense esplanade va de la Seine à la grille de l'hôtel, dont la majestueuse fa-

(1) Londres moderne est encombré de constructions hybrides de tout genre, de colonnades doriques, ioniques, etc., de pleins cintres romains, de flèches gothiques; on y marche, dans certains quartiers, entre deux rangs de Parthénons, de temples de Vesta et de Jupiter-Stator; mais ces magnificences sont, pour la plupart, en mastic et toutes chamarrées d'inscriptions marchandes. « Les Anglais, dit un voyageur, sont riches, actifs, industrieux; ils peuvent forger le fer, dompter la vapeur, tordre la matière en tout sens, inventer des machines d'une puissance effrayante; ils peuvent être de grands poëtes; mais l'art, à proprement parler, leur fera toujours défaut; la forme en elle-même leur échappe. Ils le sentent et s'en irritent; ils comprennent qu'au fond ils ne sont que des barbares vernis. »

çade, de 200 mètres d'étendue, dominée par un dôme encore plus majestueux, apparaît en entier de loin, dans l'ouverture d'une large allée.

Elevée de quatre étages, percée de 139 fenêtres, sans compter celles des mansardes, cette façade est précédée d'un jardin cultivé par les vieux soldats, entouré de larges fossés revêtus d'un mur à l'intérieur comme à l'extérieur. Au-dessus du mur intérieur et de chaque côté de la grille, sont montés sur leurs affûts plusieurs canons de divers calibres, pris sur l'ennemi; on les tire dans les réjouissances publiques ou pour annoncer des événements importants. Le jardin est divisé en différentes allées conduisant à diverses cours de l'hôtel.

Dans l'avant-corps du milieu s'ouvre la porte principale, décorée de pilastres ioniques, supportant un grand arc orné de trophées militaires, au milieu duquel est une statue équestre de Louis XIV environnée des figures de la Justice et de la Prudence. Sur le piédestal de ce bas-relief, sculpté par Coustou jeune, on lit cette inscription :

Ludovicus Magnus, militibus regali munificentia, in perpetuum providens, has hœdes posuit, an. 1675.

(*Afin d'assurer pour toujours et avec une munificence toute royale, le sort du soldat invalide, Louis le Grand lui a élevé cet hôtel en 1675.*)

Deux statues de Mars et de Minerve, dues au ciseau du même sculpteur, ornent de part et d'autre cette entrée. Des figures des nations vaincues, qui étaient autrefois aux pieds de la statue de Louis XIV, sur la place des Victoires, décorent chacun des pavillons élevés aux angles de la façade.

Par la porte principale on pénètre dans la cour d'honneur, longue de 130 mètres, large de 64. C'est la plus vaste, la plus belle de l'édifice. Tout y respire la grandeur. Les quatre faces ont chacune deux étages d'arcades superposées, avec des avant-corps au milieu de chaque face et dans leurs angles.

A l'avant-corps du fond ou du midi, est le portail de l'église, chef-d'œuvre d'ordre composite, formé de deux ordres de colonnes ioniques, surmonté d'une statue en pied de Napoléon 1er, et d'une horloge de Lepaute, soutenue par des statues représentant le Temps et l'Étude. Derrière les arcades, à l'est, sont deux réfectoires, chacun de 51 mètres de longueur sur 8 de largeur, ornés de peintures à fresque de *Martin*, élève de *Van-der-Meulen*, restaurées en 1820 par *Vautier*, représentant les villes de Flandre, de Hollande, d'Alsace, de Franche-Comté, conquises par Louis XIV. Le réfectoire de droite est affecté aux officiers; celui de gauche aux sous-officiers et soldats, qui ont encore deux réfectoires disposés de la même manière au rez-de-chaussée de la face de l'ouest.

Une partie du front de l'hôtel est occupée par le gouverneur, le général-commandant, le colonel-major et les autres officiers attachés à l'établissement.

Au premier étage du pavillon du milieu, au-dessus de la porte, est la bibliothèque, d'où la vue s'étend sur les Champs-Élysées et au delà. Elle est ouverte aux Invalides tous les jours, le dimanche et les jours de fête exceptés, de neuf heures du matin à trois heures. Tout auprès est la salle du conseil, renfermant plusieurs portraits et bustes de Napoléon Ier, de Napoléon III, de Louis XIV et de la plupart des gouverneurs de l'hôtel. On y conserve le boulet qui a tué Turenne, le 27 juillet 1675.

L'église, dont l'entrée est dans la cour d'honneur, consiste en une longue nef accompagnée de deux bas côtés au-dessus desquels règnent des tribunes. Les piliers sont décorés de pilastres corinthiens, supportant une corniche au-dessus de laquelle une ligne de fenêtres, percées sur l'entablement, répandent la clarté sur les étendards pris à l'ennemi et suspendus sous la voûte le long de la nef.

De très-belles orgues sont placées au-dessus de la porte.

Aux deux premiers piliers de la nef sont adossés, à droite le mausolée du comte de Guibert, à gauche celui du maréchal de Franquetot, duc de Coigny.

Viennent ensuite d'autres mausolées, et des tables de marbre incrustées dans les piliers. On y lit les noms de plusieurs illustres morts, dont l'église ou les caveaux placés sous la nef possèdent les restes, savoir :

Le Macon, seigneur d'Armoy, prévôt général, premier gouverneur de l'hôtel ; le général de Salignac d'Amarit, baron d'Espagnac ; le cœur du général Kléber ; le général Berruyer ; le cœur du général comte d'Hautpoul ; le cœur du général comte Bisson ; le général Boston, comte de la Riboissière ; le cœur du général comte Éblé ; le maréchal Bessières, duc d'Istrie ; le cœur du général baron de Conchy ; le maréchal Jourdan ; le maréchal Moncey, duc de Conégliano ; le maréchal comte Valée ; le maréchal Mortier, duc de Trévise, tué le 28 juillet 1835, sur le boulevard du Temple, ainsi que les autres victimes de la machine Fieschi, au nombre de quatorze, y compris le général La Chasse de Vérigny ; le cœur du général comte Baraguey-d'Hilliers ; le maréchal Mouton, comte de Lobau ; le général Denys de Damremont ; le maréchal Oudinot, duc de Reggio ; l'amiral baron Duperré ; le maréchal comte Sérurier ; le général de Négrier ; le général Duvivier ; le maréchal Bugeaud, duc d'Isly ; le maréchal comte Molitor ; le maréchal comte Sébastiani ; le général Arrighi de Casanova, duc de Padoue ; le maréchal marquis de Grouchy ; le maréchal Dode de la Brunerie ; le maréchal comte Gérard ; le maréchal comte Excelmans ; le maréchal Lannes, duc de Montébello ; le maréchal Le Roy de Saint-Arnaud ; et, en vertu d'une décision spéciale, le cœur de Mme de Villelume, née de Sombreuil.

Ces noms rappellent d'éminents services rendus à la patrie ; on ne peut les lire sans éprouver une saisissante émotion.

On monte à la chaire, qui est en marbre et fort belle, par deux escaliers garnis d'une balustrade mi-partie fer, mi-partie dorée.

Cette église n'est séparée que par une large arcade et une grille de fer, d'une autre église située à l'ex-trémité sud et derrière l'autel de la première. Cette seconde église forme, en quelque sorte, un édifice détaché. Elle porte le nom de Dôme. C'est, en effet, le magnifique *Dôme* lui-même, dont la construction, achevée l'an 1706, sur les dessins de Jules Hardouin Mansart, dura trente ans. Ce superbe édifice, où les artistes du siècle de Louis XIV ont à l'envi déployé leurs talents, consiste en une tour circulaire surmontée d'un dôme placé sur une masse carrée de bâtiments, qui constitue le corps de l'église. Son entrée principale est formée par un portique tourné vers le midi, vers les boulevards, à l'extrémité d'une longue allée, l'allée de Breteuil, bordée de plusieurs rangées d'arbres, et touchant à la place de Vauban, qui touche elle-même à une belle grille en fer ornant toute la largeur d'une belle cour, plantée à droite et à gauche d'une double rangée d'arbres au feuillage épais. C'est la cour Vauban. Vous la traversez ; vous montez un perron de quatorze marches au-dessus duquel s'élèvent deux ordonnances de colonnes doriques et ioniques superposées, supportant un fronton triangulaire où brillent les armes de la France. Dans deux niches sont placées, aux côtés de la porte, deux statues en marbre blanc, représentant saint Louis et Charlemagne. Dans l'attique sont quatre statues de la Tempérance, la Justice, la Prudence et la Force. Les groupes de la balustrade représentent les quatre pères de l'Église grecque et les quatre pères de l'Église latine. Une ceinture de quarante colonnes corinthiennes règne autour du dôme avant la naissance de sa coupole, terminée par un lanternin, au-dessus duquel paraît une aiguille surmontée d'une croix, dont la pointe est à 108 mètres au-dessus du sol. Cette coupole est couverte en plomb. Ses douze grandes côtes, dorées sous Louis XIV, seulement peintes de couleur jaune sous Louis XV, redorées en 1813, ainsi que les trophées d'armes placés dans leur intervalle, et la boule soutenant le lanternin, jettent au loin une éblouissante clarté, qui contraste avec la teinte sombre que le temps imprime au reste de l'édifice (1). En pénétrant dans son inté-

(1) Avant de pénétrer dans le dôme, faites un demi-tour à droite — ou à gauche, si vous le préférez, cela reviendra au même. — Levez les yeux. Vous avez devant vous, à une faible distance, au beau milieu de la spacieuse allée de Breteuil, un monument nouveau surpassant en magnificence tous les édifices de ce genre. C'est la *Colonne artésienne* de Grenelle, d'où jaillit une eau toujours abondante, toujours limpide. Les travaux en ont été habilement conduits par M. Honappie, sous la savante direction de M. l'ingénieur de Laperche, de M. l'ingénieur en chef Belgrand et de M. l'inspecteur général Michel, tous du corps impérial des ponts et chaussées.

On monte à la colonne par cent cinquante et une marches desservies par des palliers conduisant à des balcons graduellement superposés les uns sur les autres, à des distances moyennes de huit mètres. L'hélice de l'escalier est maintenue par des montants à jour et par un cylindre de 0,60 centimètres. Les marches sont soutenues par des taquets.

Tout est à jour et forme dentelle.

Toutes les pièces dont se compose la colonne sont en

rieur, l'œil est d'abord surpris de la richesse, de l'élégance, de l'éclat de son pavement de marbre, dont les compartiments, du travail le plus précieux et du dessin le plus pur, offrent d'agréables combinaisons. La vue se porte bientôt sur l'intérieur de la coupole, de 17 mètres de diamètre, où *Charles Lafosse*, l'un des premiers coloristes de l'école française, a représenté le ciel ouvert, Jésus-Christ environné d'anges et de saints, dont quelques-uns semblent recevoir saint Louis dans la céleste demeure. Ce prince y paraît à genoux, offrant à Jésus-Christ sa couronne et son épée. *Jouvenet* a peint, entre les croisées, les douze apôtres entourés de groupes d'anges. La voûte du sanctuaire, peinte par *Coypel*, représente la Trinité dans sa gloire et l'assomption de la Vierge. Les groupes d'anges formant des concerts sont de *Louis* et de *Bon Boullongne*. Dans les pendentifs sont les quatre Évangélistes, peints par *Lafosse*. Des colonnes et des pilastres d'ordre corinthien sont distribués avec goût et sagesse, dans l'intérieur du dôme, pour en augmenter la beauté. Dès son entrée, on peut, appuyé sur une belle balustrade en marbre blanc, contempler le monument dans son austère majesté. On a devant soi un magnifique autel, œuvre de M. Visconti. On y monte par dix marches, chacune de sept mètres de longueur, encadrées dans une balustrade de marbre blanc et noir, récemment découvert dans le département de l'Ariége, et semblable à ce marbre noir antique que les Romains tiraient d'Afrique, et qui était devenu d'une extrême rareté.

L'autel, surmonté par un très-beau Christ, de M. Tiquetti, est orné d'un riche baldaquin et de quatre colonnes torses de ce marbre précieux de l'Ariége. Chacun de ces monolithes a sept mètres de haut sur quatre-vingt-dix centimètres de diamètre. Les parois du soubassement de l'autel et de la descente vers la porte de la crypte, dont nous parlerons bientôt, sont revêtues d'un superbe marbre vert, des carrières de Saint-Paul, dans l'Isère.

Autour du dôme, sont six chapelles, trois à droite, trois à gauche. Dans la première à droite, dédiée à saint Augustin, Louis Boullongne a représenté les circonstances les plus remarquables de la vie du saint et savant docteur. On y voit une statue, en marbre, de la Religion, avec celle de saint Alype et de sainte Monique. Dans la chapelle voisine est le monument funèbre consacré à Vauban dont le nom seul est gravé sur le marbre, comme le seul nom de Turenne se lit sur le tombeau de cet illustre capitaine, dans la chapelle correspondante de gauche. Ces deux grands noms se regardent et expriment par eux-

fonte et pèsent 170,000 kilogrammes. Au moyen d'une ingénieuse combinaison d'assemblage, elles se maintiennent sans le secours d'aucun boulon. Les boulons qu'on y voit ont pour unique but d'assurer la sécurité et la rigidité de l'ensemble du monument, couronné par une élégante campanile. Une peinture polychrôme en détache les diverses parties, et en rend l'aspect des plus pittoresques, des plus originaux.

La colonne artésienne de Grenelle ne contribue pas peu à l'embellissement du séjour de nos braves invalides.

mêmes toute la gloire de ceux qui les ont portés.

La chapelle où Vauban a son tombeau a deux bas-reliefs représentant, l'un saint Louis ordonnant la construction des Quinze-Vingts, l'autre, ce prince prisonnier à Damiette. Dans l'archivolte sont les figures de la Prudence et de la Tempérance.

La chapelle dédiée à saint Ambroise est ornée de tableaux représentant les principales actions du saint. Elle possède les statues de saint Ambroise, de saint Satyre, de sainte Marceline. Un bas-relief représente saint Louis lavant les pieds aux pauvres, et une vision où ce prince considère Jésus enfant dans l'atelier de saint Joseph.

La première chapelle à gauche est dédiée à saint Jérôme; Bon Boullongne y a peint les principales actions de la vie de ce saint. Il y a des médaillons où saint Louis paraît, servant les malades et assistant aux funérailles de ses soldats dans la Terre sainte.

La chapelle suivante renferme, depuis 1799, le mausolée de Turenne, érigé d'abord dans l'abbaye de Saint-Denis, dessiné par *Lebrun* et exécuté par *Tuby*. L'Immortalité, posant sur sa tête une couronne de gloire, tient à la main une couronne de laurier, en soutenant dans son bras le héros expirant. La Sagesse et la Valeur admirent le guerrier. Une pyramide s'élève au-dessus du sarcophage, dont le devant est orné d'un bas-relief représentant la bataille de Turckeim. Des médaillons représentent saint Louis touchant les écrouelles, et la translation en France de la couronne d'épines.

Dans la troisième chapelle de gauche, dédiée à saint Grégoire, *Michel Corneille* a peint les principales actions du saint. Les bas-reliefs représentent, dans leurs médaillons, saint Louis recevant la croix des mains du légat du pape, et la cérémonie de son mariage.

Il nous reste à décrire sommairement le

TOMBEAU DU CHEF DE LA DYNASTIE NAPOLÉONIENNE.

On pénètre dans la crypte par une porte placée derrière le grand autel du dôme, dans la partie de l'église dont le sol s'abaisse de deux mètres environ. On y descend en suivant un escalier de marbre qui tourne autour de l'autel. Vous entrez par une porte en bronze de l'aspect le plus sévère, et au-dessus de laquelle on lit, gravée sur une tablette de marbre noir :

« *Je désire que mes cendres reposent sur les bords*
» *de la Seine, au milieu de ce peuple français que j'ai*
» *tant aimé.* »

Aux deux côtés de la porte de la crypte s'élèvent deux statues colossales en bronze, d'un aspect mâle et sauvage : l'une représente la force civile; l'autre, la force militaire. Elles portent sur des coussins le globe et le sceptre impérial. M. Duret, membre de l'Institut, est l'auteur de ces belles figures qui ajoutent à sa légitime renommée.

La porte franchie, on se trouve sous une voûte formée par les marches immenses de l'autel supérieur, auquel nous avons déjà consacré quelques mots. L'obscurité commence. L'architecte, M. Visconti, par une pensée religieuse et poétique à la fois, a voulu porter à l'âme un recueillement respectueux, et disposer le visiteur aux austères impressions du sanctuaire : l'éclat des grandeurs humaines noyé dans le néant !

A droite et à gauche, deux sentinelles mortes gardent le mort qu'elles ont tant aimé ! C'est, d'un côté, le tombeau du général comte Bertrand, et de l'autre, celui du maréchal Duroc, duc de Frioul.

Bertrand, qui suivit Napoléon en Égypte dès 1798, qui prit la part la plus active à toutes ses campagnes du Nord et du Midi ; qui voulut partager son exil à l'île d'Elbe et ses dangers à Waterloo, et qui alla jusqu'à Sainte-Hélène adoucir l'infortune de son maître par une abnégation qu'on retrouverait à peine dans les siècles héroïques. — Duroc, que l'empereur aima comme un frère, compagnon de toutes ses batailles de 1797 à 1813, jusqu'à ce qu'il tombât, en Silésie, avec la gloire d'un soldat et le dévouement d'un ami.

Ce vestibule franchi, on est dans la crypte, qui est circulaire. Sa profondeur, au-dessous du sol du dôme, est de six mètres ; le diamètre de 23. Le centre, qui est à ciel ouvert et bordé de la balustrade dont nous avons parlé au début, se développe sur quinze mètres. Le reste du diamètre général est sous le parvis supérieur, et forme portique.

Le parvis est supporté par douze pilastres en marbre blanc de Carrare, d'un seul bloc, offrant chacun une figure colossale tenant en main les symboles des principales victoires de l'Empereur. Ces génies, ces victoires, sont les dernières grandes œuvres de Pradier. Ces douze figures ont le regard tourné vers le cercueil placé au centre de la crypte.

Le sarcophage est d'un granit rouge antique de Finlande, plus dur et d'un grain plus fin que celui d'Afrique ; matière superbe, faite pour braver les siècles, et qu'a découverte M. de Montferrand, architecte du czar, qui en a fait des colonnes au temple de Saint-Isaac, à Saint-Pétersbourg. Cette précieuse et belle matière était inconnue chez nous. L'idée de son importation appartient à M. Visconti. Le cercueil a quatre mètres de long sur deux de large, et plus de quatre mètres de haut. Il est formé de quatre blocs : la cuve, le couvercle, et deux supports. Il est posé sur un socle de granit vert des Vosges. Le dernier coffre qui a reçu les cercueils de cèdre et de plomb rapportés de Sainte-Hélène, est d'une substance nommée algaïla, venant de Corse, et semblable au soubassement de la colonne de la place Vendôme.

Pour scier et polir le cercueil de granit rouge, il a fallu le secours puissant d'une machine à vapeur : les bras humains ne suffisaient pas.

Au pied du sarcophage s'étend un riche pavé de mosaïques, offrant une immense couronne de laurier dans le goût de l'antique Rome. Des rayons jaillisent de cette couronne qui entoure le monument. On y lit les noms des principales victoires de l'Empereur : Rivoli, les Pyramides, Marengo, Austerlitz, Iéna, Friedland, Wagram, Moskowa.

La portion ouverte de la crypte est éclairée par douze lampes de bronze prises sur les modèles en terre cuite de Pompéïa, et qui ne seront allumées qu'aux jours solennels : la naissance, la mort de l'Empereur.

Les parois de ce portique circulaire sont recouvertes de dix bas-reliefs en marbre blanc, dont les projets sont de M. Simart, et qui ont été exécutés par MM. Chambard, Petit, Ottin, Lanno, etc. Ils représentent les objets suivants, allégoriquement traités : la pacification des troubles civils ; l'institution de la Légion d'honneur ; le Concordat ; l'Administration ; le Conseil d'État ; le Code ; l'Université ; la Cour des comptes ; les Encouragements donnés au commerce et à l'industrie ; les Travaux publics. La suite de ces bas-reliefs est deux fois interrompue par la porte du vestibule et par celle de la chambre souterraine, espèce de sanctuaire en marbre noir d'un aspect austère et religieux, où sont déposées, défendues par une grille, diverses reliques spéciales, savoir : l'épée que l'Empereur portait à Austerlitz, les insignes qui décoraient sa poitrine aux jours solennels, la couronne d'or votée par la ville de Cherbourg, et soixante drapeaux provenant de nos conquêtes. Ces reliques sont déposées sur un coussin placé sur un coffre de bronze. Les drapeaux ornent les parois, faisant ressortir, sur le marbre noir, leurs couleurs européennes ensanglantées et altérées par l'atmosphère des batailles. Au fond, enfin, s'élève une grande statue de Napoléon, en costume impérial, qu'on ne voit qu'à travers les ciselures d'une grille défensive (1).

L'aspect de ce monument a, on peut le comprendre, une grandeur, une richesse sévères, un caractère religieux qui explique la préférence donnée aux plans de M. Visconti, vainqueur du concours.

La cour Vauban, qui précède la principale entrée du dôme, en est, pour ainsi dire, le vestibule. Il faut donc qu'elle annonce le monument qu'on va voir. Elle sera décorée des statues de douze des maréchaux créés par l'Empereur. Des bancs placés au bas des piédestaux de ces statues, formeront l'enceinte de cette cour ; au centre, sur un riche piédestal, s'élèvera la statue de Napoléon en costume militaire, tel qu'il se montrait sur les champs de bataille. Ainsi, au dehors l'homme, au dedans l'apothéose ! »

Seul, ce lieu de repos pouvait convenir à celui qui laissa si loin, derrière lui, les héros, les législateurs, les administrateurs les plus admirés des âges passés ; de celui qui, associant tous les mérites à sa gloire, sut grandir les grands, et montrer aux plus humbles enfants du peuple, en les élevant à la hauteur des plus grands, que les vertus sont de l'homme, la naissance du destin ! LE MAJOR PAUL ROQUES.

INVERSION (grammaire) [du latin *inversio*, même signification]. — Construction dans laquelle on donne

(1) En ce moment (31 juillet 1858) les reliques du martyr de Sainte-Hélène sont provisoirement déposées dans la chapelle Saint-Jérôme, fermée par une grille en fer, et convertie en chapelle ardente. Une lampe sépulcrale y répand une sombre clarté.

La statue de l'Empereur n'est pas encore dans la crypte,

aux mots un autre ordre que celui qui est naturel ou direct.

Plusieurs grammairiens du siècle dernier soutinrent que l'inversion n'est pas un ordre contraire à l'ordre naturel, mais seulement un ordre différent de l'ordre direct. Quelques-uns nièrent même l'inversion grammaticale, réservant le terme d'*inversion* pour marquer le dérangement dans les pensées par rapport à la réalité des choses. C'était aller trop loin.

Les mots ne peuvent pas se ranger au hasard. Si, par l'analyse, on décompose le discours, les idées partielles se présentent dans un certain ordre. Dans cette construction, le sujet se présente toujours le premier, ensuite le verbe, puis l'attribut.

Mais souvent la passion ou des considérations d'élégance et d'harmonie viennent jeter le désordre dans cet arrangement direct. On dit alors qu'il y a *inversion* ou *construction libre*.

Cette disposition est surtout fréquente dans les langues où les relations analytiques des mots sont parfaitement indiquées par les inflexions nombreuses des déclinaisons ou des conjugaisons, telles que la langue grecque et la langue latine, où l'on ne rencontre presque jamais l'ordre direct.

Dans les langues modernes, dans la nôtre en particulier, où les rapports des mots sont marqués par la place qu'ils occupent dans le discours, les inversions sont plus rares.

L'inversion donne de la variété, de la force, de la grâce au langage; elle permet de disposer les éléments de la proposition de manière à suivre à volonté l'ordre logique de la pensée, ou d'y substituer l'ordre de la passion, afin de produire un plus grand effet.

S'il y a des inversions heureuses et élégantes, il y en a d'autres qui sont bizarres, forcées, et qui rendent le discours obscur, ou qui sont trop hardies.

L'inversion est quelquefois désignée sous le nom d'*hyperbole*. Les rhéteurs en distinguent de plusieurs espèces.

Les inversions bien ménagées donnent de la grâce au discours; mais il faut que le dérangement ne puisse causer aucune méprise ni aucune confusion.

L'inversion appartient aussi bien au discours familier qu'au style noble et élevé, et lorsque les transpositions servent à la clarté, il faut les préférer à la construction simple.

L'inversion contribue beaucoup à la clarté des images, dit Condillac. Si je disais : *Cet aigle, dont le vol hardi avait d'abord effrayé nos provinces, prenait déjà l'essor pour se sauver dans les montagnes*, je ne ferais que vous raconter un fait; mais je ferais un tableau en disant avec Fléchier : *Déjà prenait l'essor, pour se sauver dans les montagnes, cet aigle dont le vol hardi avait d'abord effrayé nos provinces*. *Prenait l'essor*, est la principale action; c'est celle qu'il faut peindre sur le devant du tableau. *Déjà* est une circonstance nécessaire, qui viendrait trop tard si elle ne commençait pas la phrase. L'action se peint avec toute sa promptitude dans *déjà prenait l'essor. Pour se sauver dans les montagnes* est une action subordon-

née, qui ne doit venir qu'en seconde ligne. Enfin, *dont le vol avait d'abord effrayé nos provinces* est une action encore plus éloignée; aussi l'orateur la rejette-t-il à la fin; elle n'est là que pour contraster, pour faire ressortir davantage la question principale.

Pour trouver la place de chaque mot, il est souvent utile de consulter le langage d'action, qui est tout à la fois l'objet de l'écrivain et du peintre. Si l'on avait, par exemple, à rendre la pensée suivante : *La nature se montre saisie à la vue de tant d'objets funèbres; tous les visages prennent une teinte triste et lugubre; tous les cœurs sont émus par horreur, par compassion ou par faiblesse*. Dans le langage d'action il faudrait montrer : 1° les objets funèbres; 2° l'affaissement dans la nature; 3° la tristesse sur tous les visages; 4° l'horreur, la compassion, la faiblesse, d'où naîtra l'émotion dans tous les cœurs. C'est ce qu'a fait Fléchier, autant que le lui a permis notre langue. *A la vue de tant d'objets funèbres, la nature se trouve saisie; un air triste et lugubre se répand sur tous les visages; soit horreur, soit compassion, soit faiblesse, tous les cœurs se sentent émus*. Si notre langue lui avait permis de dire : *saisie se trouve la nature, émus sont tous les cœurs*, la construction aurait été encore plus satisfaisante; mais de pareilles inversions ne sont pas permises chez nous.

Dans les langues à déclinaisons, au contraire, un écrivain est à peu près le maître de placer les mots où il veut. Qu'on en juge par ce seul exemple. Dans cette courte phrase française : *Alexandre vainquit Darius*, il n'y a que cette seule construction possible avec les mots dont elle est composée. La phrase latine correspondante : *Alexander vicit Darium*, pourrait, au contraire, se construire de plusieurs manières, suivant le point de vue de l'écrivain. Pour appeler l'attention sur le vainqueur, il pourrait dire : *Alexander Darium vicit* ou *Alexander vicit Darium*. Si le vaincu devait être l'objet principal, il dirait : *Darium vicit Alexander* ou *Darium Alexander vicit*. Si la victoire devait être l'objet principal, il dirait : *Darium vicit Alexander*.

L'inversion est très-propre à augmenter la force des contrastes. Qu'on en juge par cette pensée de Bossuet : *Alors seulement, et ni plus tôt, ni plus tard, ce que les philosophes n'ont osé tenter, ce que ni les prophètes, ni le peuple juif, lorsqu'il a été le plus protégé et le plus fidèle, n'ont pu faire, douze pécheurs, envoyés par Jésus-Christ et témoins de sa résurrection, l'ont accompli*.

En général, l'art de faire valoir une idée consiste à la mettre à la place où elle doit frapper davantage.

Le vers suivant de Voltaire :

Je n'ai pu de mon fils consentir à la mort,

renferme, suivant la Harpe, une inversion dure et forcée, étrangère au génie de notre langue, à cause du concours des deux prépositions *de* et *à*; l'inversion est en quelque sorte double.

On trouve naturelle, au contraire, l'inversion suivante :

A la mort de mon fils je n'ai pu consentir.

J. B. PRUDHOMME,
Correcteur à l'Imprimerie Impériale.

INVOLUCRE (botanique). —Assemblage de folioles ou de feuilles florales disposées symétriquement à la base commune de plusieurs pédoncules; enveloppe commune, continue, ou comme caliciforme, de plusieurs fleurs. Quand le pédoncule se divise, et qu'à la base de chaque pédicelle il se trouve un petit involucre, on nomme celui-ci *involucelle.*

IODATES (chimie).—Composés salins formés par la combinaison de l'acide iodique avec les bases. Chauffés fortement, ils se transforment presque toujours en iodures, ou quelquefois ils dégagent des vapeurs violettes. Le chlore, l'acide sulfureux, en mettent à nu l'iode, qui peut être rendu sensible, soit par volatilisation, soit à l'aide d'un soluté d'amidon. Les iodates, mis en contact avec les charbons, détonent ou fusent, et répandent des vapeurs violacées. On les prépare directement, ou par double décomposition, ou par calcination convenable avec le chlorate de potasse. Ceux de magnésie et de chaux sont à peine solubles; celui de baryte est entièrement insoluble.

IODE (chimie) [en grec *iodé,* violet].—L'iode est un corps simple connu depuis 1811. Il a été découvert par Courtois. Il est solide aux températures ordinaires et affecte la forme de paillettes d'un gris foncé et d'un éclat métallique. Sa densité est de 4,95.

L'odeur de l'iode est analogue à celle du chlore, quoique beaucoup moins forte. Il fond à 107° en un liquide brun foncé et se volatilise vers 180° en produisant une belle vapeur violette, qui lui a fait donner son nom d'iode. La densité de cette vapeur est 8,716 et l'équivalent de l'iode 126. On le fait ordinairement cristalliser en le dissolvant dans l'alcool, que l'on fait ensuite évaporer. Quoique très-peu soluble dans l'eau, l'iode la colore en brun.

Les affinités de l'iode sont les mêmes que celles du chlore, mais plus faibles. Ainsi, l'iode et l'hydrogène se combinent pour former l'acide iodhydrique, auquel le chlore enlève son hydrogène. Le brôme se place entre le chlore et l'iode pour les affinités chimiques.

L'iode colore en jaune la peau, le papier et détruit lentement certaines couleurs végétales. En contact avec l'amidon, dissous dans l'eau ou l'alcool, il produit un composé bleu qui sert à reconnaître l'un ou l'autre de ces composés dans une dissolution.

Si l'on réunit l'iode et le phospore, la combinaison s'opère très-vivement, et, en quelques secondes, on obtient un très-beau feu violet éclatant.

L'iode se combine avec l'argent pour fournir l'iodure d'argent, qui a la propriété de se décomposer à la lumière, et on sait que c'est sur cette propriété que repose la reproduction des images dans le daguerréotype.

Si on verse un excès d'ammoniaque sur l'iode en poudre, on obtient, au bout d'un quart d'heure environ, une poudre noire (AzH³I) qui, lavée et séchée, détone au moindre frottement, et quelquefois d'elle-même entre 25° et 30°.

L'iode se trouve principalement dans les fleurs situées au bord de la mer, où il paraît être à l'état d'iodure de sodium. On le trouve aussi dans les éponges.

Pour extraire l'iode, on réduit en cendres les fleurs et l'on dissout la partie soluble des cendres. On retire ensuite, par cristallisation, de l'iodure de potassium, après que les eaux mères ont déposé les chlorures de potassium et de sodium, ainsi que les sulfates en dissolution. On chauffe ensuite l'iodure de potassium avec de l'acide sulfurique, et l'iode se dégage en une vapeur que l'on condense par le refroidissement.

Il y a de l'avantage à ajouter au mélange du bioxyde de manganèse en poudre.

L'iode est employé en médecine, soit seul, soit à l'état d'*iodure d'amidon,* comme topique sur des ulcères, soit encore à l'état d'*iodure de potassium* contre les goîtres et les engorgements glanduleux, etc.

A. SIRVEN.

IODURES (chimie). — Composés résultant de la combinaison de l'iode avec les corps simples métalliques ou métalloïdes. On en trouve dans la nature, dans le règne minéral et dans certains végétaux. Ils sont solides, ordinairement plus ou moins volatils, la plupart solubles dans l'alcool et l'éther, ainsi que dans l'eau, et considérés, dans ce dernier cas, par les uns comme des hydriodates, par les autres comme des solutions d'iodures. Ils sont facilement cristallisables. Traités par le chlore, par les acides sulfurique, sulfureux, azotique, etc., ils laissent séparer l'iode, qui est sensible au moyen de l'action de la chaleur ou par son contact avec un soluté d'amidon.

Les iodures les plus importants, sous le rapport thérapeutique, sont : l'iodure d'arsenic, qui est solide et d'un rouge de laque; il est employé contre certaines affections de la peau;— l'iodure de baryum, sel blanc et cristallisé, d'une saveur âcre, pour combattre les engorgements scrofuleux; — l'iodure de fer, qui est brun, styptique, très-déliquescent; il est très-efficace pour le traitement des fleurs blanches. — Les iodures de mercure sont employés contre les maladies vénériennes et scrofuleuses. — L'iodure de plomb est remarquable par sa belle couleur d'un jaune d'or; il cristallise en paillettes hexagonales souvent très-larges; on l'emploie comme fondant. — L'iodure de potassium, composé blanc, de l'apparence du sel marin, a la propriété de dissoudre les iodures qui sont insolubles dans l'eau, ceux de plomb et de mercure, par exemple. On l'emploie pour combattre la colique des peintres, les maladies des doreurs au mercure, etc.

A. SIRVEN.

TABLE DES MATIÈRES DU TOME V

D

E

F

G

H

I

Paris.— Typ. Morris et Cie, rue Amelot, 64.

www.ingramcontent.com/pod-product-compliance
Lightning Source LLC
Chambersburg PA
CBHW072000270326
41928CB00009B/1499